2023 ANTIQUES
AUCTION RECORDS

拍卖年鉴 书画

2022-01-01～2023-01-01

欣 弘 编

湖南美术出版社

全国百佳图书出版单位

·长沙·

图书在版编目（CIP）数据

2023古董拍卖年鉴·书画／欣弘编. — 长沙：湖南美术出版社，2023.2
ISBN 978-7-5356-9993-0

I.①2… II.①欣… III.①历史文物－拍卖－价格－中国－2023－年鉴②中国画－拍卖－价格－中国－2023－年鉴③汉字－法书－拍卖－价格－中国－2023－年鉴
IV.①F724.787-54

中国版本图书馆CIP数据核字(2022)第010860号

2023古董拍卖年鉴·书画
2023 GUDONG PAIMAI NIANJIAN · SHUHUA

出 版 人：黄　啸

编　者：欣　弘

策　划：易兴宏　李志文

责任编辑：李　坚

资料统筹：李　倩

湖南美术出版社出版发行(长沙市东二环一段622号)

湖南省新华书店经销

雅昌文化(集团)有限公司制版、印刷

开本：787mm×1092mm　1/16　印张：35

版次：2023年2月第1版　印次：2023年2月第1次印刷

书号：ISBN 978-7-5356-9993-0

定价：298.00元

邮购联系：0731-84787105 邮编：410016
电子邮箱：market@arts-press.com
如有倒装、破损、少页等印装质量问题，请与印刷厂联系黐换。
联系电话：0755-83366138

目　　录

凡　例
中国书画..............1

汉代作者.................1
佚　名.................1

唐代作者.................1
索洞玄.................1

五代作者.................1
赵　幹（传）.................1
周文矩（款）.................1

宋代作者.................2
兰溪道隆.................2
李公麟.................2
李　嵩.................2
刘　韩.................2
马　麟.................3
马兴祖.................3
米　芾.................3
牧　溪（传）.................3
寿　峰.................3
宋徽宗.................4
苏汉臣.................4
温日观.................4
吴　炳.................4
许道宁（传）.................5
佚　名.................5
易元吉（款）.................5
赵大年（传）.................6
赵千里（传）.................6

金代作者.................6
重阳真人.................6

元代作者.................7
鲍　恂.................7
边　鲁.................7
曹云西（款）.................7
陈　琳.................7
方从义.................7
管道升（款）.................7
胡廷晖.................8
吕敬甫（传）.................8
缪　佚.................8
倪　瓒.................8
任贤佐.................8
盛　懋（传）.................9
王　蒙.................9

王　绎.................9
鲜于去矜.................10
鲜于枢（款）.................10
宇文公谅.................10
月江正印禅师 等.................10
张　远.................10
赵孟頫.................11
赵　原.................11
智　海.................11
中峰明本.................11
朱德润.................11

明代作者.................12
安正文.................12
蔡　羽 等.................12
曹学佺 等.................12
车明舆.................12
陈　淳.................12
陈洪绶.................13
陈继儒.................13
陈　容（款）.................14
陈王道 等.................14
陈　遇.................14
戴　进.................14
丁云鹏.................14
董其昌.................15
杜　堇.................16
丰　坊.................16
冯起震 等.................16
傅　釜.................17
高攀龙.................17
高　阳.................17
顾　知.................17
归有光.................17
黄道周.................17
黄　潜.................17
姜　隐.................18
蒋绍煃.................18
焦　竑.................18
金圣叹.................18
孔贞运.................18
蓝　瑛.................18
李流芳.................19
李梦阳.................19
李日华.................19
李士达.................20
李宗谟.................20
林时亮 等.................20
刘　珏.................20
刘　枋.................20
刘敏宽 等.................20

柳如是.................21
娄　坚.................21
鲁得之.................21
鲁可藻 等.................21
鲁　治.................21
陆　治.................21
吕　纪.................21
吕　潜.................21
米万钟.................21
明诸家.................22
莫是龙.................22
倪　岳.................22
藕　益（智旭）.................22
戚继光.................22
钱　榖.................22
钱谦益.................22
仇　英.................23
仇　珠.................24
邵　弥.................24
沈士充 等.................24
沈　周.................24
盛茂烨.................25
施　霖.................26
释大汕.................26
史可法.................26
宋懋晋.................26
孙克弘 等.................26
唐　寅.................27
屠　隆.................27
万寿祺.................27
王　鏊.................27
王　宠 等.................27
王　铎.................28
王　绂.................29
王　衡.................29
王敬臣.................29
王　问.................29
王穉登.................30
文　嘉.................30
王锡爵.................30
文　彭.................31
文震孟.................31
文徵明.................31
吴　彬（款）.................32
吴伯玉 等.................32
吴　宽.................32
吴　麟.................32
吴　令.................32
吴有性.................33
吴　镇（款）.................33
夏　芷.................33

项圣谟 33
项元汴 34
萧云从 34
谢时臣 34
邢侗 34
徐观 34
徐阶 35
徐霖 35
徐有贞 35
徐渭 35
宣德 35
薛素素 35
杨大临 36
杨文骢 36
仰廷宣 36
姚允在 36
殷自成 36
尤求 36
郁乔枝 37
袁尚统 37
恽本初 37
湛若水 37
张弼 37
张翀 37
张凤翼 38
张复 38
张宏 38
张路 38
张溥 38
张瑞图 39
赵南星 等 40
赵朴 40
赵文俶 40
赵珣 41
赵宦光 41
赵左 等 41
郑完 41
郑约 41
钟钦礼 41
周臣 41
周全 42
周顺昌 等 42
周天球 42
周之冕 42
朱端 42
朱鹭 43
朱孟渊 43
朱朗 43
朱栯 43
朱新堞 43
朱之蕃 43
祝允明 44
杨文骢 等 44

清代作者 45
　八大山人 45

巴慰祖 47
包世臣 47
贝点 48
毕弘述 48
毕沅 48
边寿民 48
蔡嘉（传）......48
蔡琇 48
蔡远 48
曹鸿勋 49
曹涧 49
曹夔音 49
曹溶 49
曹秀先 49
陈鸿寿 49
陈嘉言 49
陈曼生 50
陈敏 50
陈栻 50
陈舒 50
陈廷敬 51
陈奕禧 51
陈兆凤 51
陈卓 51
陈梓 51
成亲王 51
程正揆 52
迟煓 52
崔镫（传）......52
慈禧 52
戴苍 52
崔冕 52
戴熙 53
道光 53
邓石如 53
颠道人 53
丁观鹏 等 53
丁敬 54
丁以诚 54
定亲王 54
董邦达 54
董诰 54
法若真 54
范金镛 55
方琮 55
方亨咸 55
方士庶 55
方薰 56
费丹旭 56
冯仙湜 56
傅山 56
傅雯 57
改琦 57
盖仙 57
高凤翰 58
高简 58

高其佩 58
高士奇 58
龚鼎孳 58
龚贤 58
龚自珍 等 59
顾昉 59
顾符稹 60
顾驺 60
关槐 60
光绪帝 60
归允肃 60
郭朝祚 60
韩菼 等 60
何绍基 61
和珅 61
弘历 61
弘旿 等 61
弘仁 61
洪亮吉 61
胡方 62
胡介祉 等 62
胡湄 62
胡澍 62
胡铁梅 62
华嵒 62
黄璧 63
黄鼎 63
黄桂 63
黄机 63
黄卷 64
黄任 64
黄山寿 64
黄慎 64
黄士陵 64
黄太玄 64
黄向坚 65
黄易 65
纪晓岚 65
嘉庆帝 65
贾全 65
姜筠 66
蒋宝龄 66
蒋衡 66
蒋溥 66
蒋廷锡 66
金农 66
金廷标 68
金造士 68
居巢 68
居廉 68
康涛 68
康熙帝 68
蓝孟 69
郎世宁 69
雷恺 等 69
冷枚 69

李端遇.....................70
李方膺.....................70
李鸿章.....................70
李孺.....................70
李鱓.....................70
李世倬.....................71
李渔.....................71
励廷仪.....................71
梁鼎芬.....................71
梁同书.....................72
廖鸿荃.....................72
林则徐.....................72
凌畹.....................72
刘璧.....................72
刘墉.....................73
刘元广.....................73
六舟.....................73
卢焯.....................73
陆瀚.....................73
陆润庠.....................74
陆沅 等.....................74
罗牧.....................74
罗聘.....................74
罗岩.....................74
骆绮兰 等.....................74
吕焕成.....................74
吕学.....................75
马豫.....................75
马元驭.....................75
毛际可.....................75
冒襄.....................75
梅清.....................75
绵恩.....................76
明福.....................76
莫友芝.....................76
倪田.....................76
潘恭寿.....................76
潘祖荫.....................76
彭玉麟.....................76
蒲松龄.....................77
祁寯藻.....................77
祁豸佳.....................77
钱黯.....................78
钱陈群.....................78
钱坫.....................78
钱杜.....................78
钱沣.....................78
钱楷.....................78
钱维城.....................79
钱载.....................79
钱松.....................79
乾隆帝.....................79
秦涟.....................79
瞿子冶.....................80
任伯年.....................80
任熊.....................81

任薰.....................82
上官周.....................82
沈庆兰.....................82
沈铨 等.....................82
沈世杰.....................82
沈增植.....................83
沈治.....................83
沈宗敬 等.....................83
石涛.....................83
石谿.....................84
宋曹.....................84
宋荦.....................85
苏宜.....................85
孙威凤.....................85
孙岳颁 等.....................85
孙钟元.....................85
汤禄名.....................85
唐英.....................85
陶绍原.....................86
陶澍.....................86
铁保.....................86
童二树.....................86
万经.....................86
万岚.....................86
万上遴.....................86
汪宝荣.....................87
汪承霈.....................87
汪士铉.....................87
王宸.....................87
王概.....................88
王鸿绪.....................88
王翚.....................88
王会.....................90
王建章.....................90
王鉴.....................90
王闿运.....................91
王石.....................91
王时敏.....................91
王世贞 等.....................92
王树毂.....................92
王澍.....................92
王愫.....................92
王图炳.....................92
王文治.....................93
王武.....................93
王学浩.....................93
王治梅.....................93
王昱.....................93
王原祁.....................94
王云.....................95
魏象枢.....................95
魏裔介.....................95
魏源.....................96
温一贞.....................96
文点.....................96
文鼎 等.....................96

文觉禅师.....................96
翁方纲.....................97
翁同龢.....................97
吴大澂.....................97
吴待秋.....................97
吴宏.....................97
吴历.....................97
吴滔.....................97
吴伟业.....................98
吴祥.....................98
武丹.....................98
奚冈.....................98
夏贯甫.....................99
夏翚 等.....................99
咸丰.....................99
显亲王.....................99
项奎.....................100
项绅.....................100
萧晨.....................100
虚谷.....................100
徐枋.....................100
徐三庚.....................100
徐璋.....................100
宣统帝.....................101
佚名.....................101
严复.....................101
杨尔德.....................101
杨晋.....................101
姚鼐.....................101
伊秉绶.....................102
雍正帝.....................102
永瑢.....................102
尤侗.....................103
于成龙.....................103
于敏中.....................103
余集.....................103
俞樾.....................103
禹之鼎.....................103
袁江.....................104
袁枚.....................104
袁耀.....................104
袁瑛.....................104
恽冰.....................104
恽寿平.....................105
曾国藩.....................106
查昇.....................106
查士标.....................106
查继佐.....................107
查嗣韩.....................107
翟大坤.....................107
翟继昌.....................107
翟云升.....................108
张赐宁.....................108
张穆.....................108
张嘉谟.....................108
张鹭.....................108

张若霭............109
张廷济............109
张祥河............109
张玉书............109
张裕钊............109
张 照............110
张之洞............110
张宗苍............110
赵之谦............111
郑板桥............112
郑 簠............113
郑 岱............113
郑 珊............114
周安节............114
周亮工............114
周 容............114
朱方蔼............114
朱彝尊 等............114
朱孝纯 等............114
诸 昇............115
邹一桂 等............115
左宗棠............115

近现代及当代作者........116

艾 轩............116
安奇帮............116
白伯骅............116
白 光............116
白 蕉............117
白雪石............117
薄春雨............117
蔡逸溪............118
蔡玉水............118
蔡元培............118
蔡云飞............118
曹 俊............119
曹 锟............119
常 玉............119
陈半丁............119
陈宝琛............120
陈秉忱 等............120
陈大羽............120
陈福善............120
陈家泠............120
陈凯歌............120
陈佩秋............121
陈 平............122
陈 琪............122
陈 茜............122
陈少梅............122
陈师曾............123
陈树人............123
陈文希............123
陈湘波............124
陈 友............124
陈之佛............124

陈致煦 等............124
陈忠洲............125
陈子庄............125
程 澄............126
程十发............126
程与天............126
崔景哲............127
崔如琢............127
达世奇............128
代建红............128
党 震............128
邓卜君............128
邓 芬 等............128
丁 谦............128
丁衍庸............129
董必武............129
董寿平............129
杜月笙............129
樊 枫............129
范曾 等............129
范存刚............131
方楚雄............131
方济众............131
方人定............131
方增先............131
费新我............131
丰子恺............131
冯超然............132
冯大中............132
冯国璋............132
冯永基............132
傅抱石............133
傅增湘............138
高二适............138
高奇峰............138
高 云............139
宫树军............139
龚文桢............139
关 良............139
关山月............140
郭沫若............142
韩必恒............142
韩美林............142
郝 量............142
何百里............143
何海霞............143
何家英............144
何维朴............145
贺天健............145
弘 一............145
胡 适............146
胡 风............146
胡也佛............147
黄宾虹............147
黄 丹............151
黄红涛............151

黄 洪............151
黄建南............151
黄君璧............151
黄美尧............152
黄吴怀............152
黄孝逵............152
黄永玉............152
黄 胄............154
霍春阳............156
季从南............156
冀有泉............156
贾广健............156
贾国英............156
贾平西............156
贾又福............156
江寒汀............157
江上琼山............157
江兆申............157
姜国华............157
蒋兆和............158
金 城............158
荆成义............158
九世班禅............158
巨建伟............158
俊 杰 等............159
康有为............159
赖少其............159
老 树............159
乐 泉............160
黎 鸣............160
黎 谱............160
黎雄才............160
李 兵............161
李伯安............161
李采姣............161
李大钊............161
李德福............161
李凤祥............161
李 斛............161
李华弌............162
李 桦............162
李 晖............163
李 津............163
李锦发............163
李劲堃............163
李净弘............163
李可染............164
李苦禅............166
李老十............166
李琼珍 等............166
李瑞清............167
李学功............167
李晓柱............167
李宗仁............167
李耀林............167
梁启超............167

梁漱溟......168
林风眠......168
林海钟......170
林湖奎......170
林立中......170
林良丰 等......171
林散之......171
林 纾......171
林 墉......171
林子平......171
刘大为......171
刘 丹......171
刘旦宅......172
刘国松......172
刘海粟......172
刘汉宗......173
刘 恒......173
刘洪彪......173
刘继卣......174
刘奎龄......174
刘凌沧......174
刘庆和......174
刘文西......174
刘小刚......174
刘一原......175
刘元广......175
刘振夏......175
柳亚子......175
龙 瑞......175
卢 沉......175
卢俊舟......175
卢晓星......175
卢禹舜......176
鲁 迅......176
陆俨少......176
陆抑非 等......178
罗建泉......179
罗章才......179
吕大江......179
吕 娟......179
吕寿琨......179
马 晋......179
马万国......180
马一浮......180
毛经卿......180
茅 盾......180
梅忠恕......180
梅兰芳......181
莫伯骥 等......182
南海岩......182
南恽笙......182
潘天寿......182
潘锡林......184
庞薰琹......184
庞明璇......185
彭利铭......185

彭 薇......185
彭先诚......185
蒲 华......185
溥 忻......185
溥 儒......185
齐白石......186
启 功......190
钱 穆......190
钱松嵒......190
秦 艾......191
丘 挺......191
饶宗颐......192
任建国......192
任率英......192
任佩韵......192
任 重......193
阮潘正......193
尚小云......193
尚 扬......193
邵 帆......193
邵洵美......193
申万胜......193
沈 勤......193
沈曾植......193
沈 鹏......193
沈尹默......194
师恩钊......194
石金库......194
石 鲁......194
石 齐......195
史国良......196
宋 军......196
宋 陵......196
宋文治......197
宋雨桂......197
宋玉明......197
孙博文......197
孙 晨......197
孙 浩......197
孙其峰 等......198
孙 文......198
孙晓云......198
孙宗慰......198
泰祥洲......198
汤哲明......198
唐 云......199
陶冷月......199
田黎明......199
田世光......199
田志刚......199
童中焘......199
妥木斯......200
王 聪......200
王 丹......200
王福厂......200
王国维......200

王弘力......200
王明明......200
王清州......201
王蘧常......201
王生南......201
王世利......201
王世襄......201
王无邪......201
王兴才......201
王雪涛......201
王 镛......202
王振羽......202
王志安......202
王 震......203
王子武......203
魏紫熙......203
魏云飞......203
文 蔚......204
吴昌硕......204
吴冠中......206
吴湖帆......207
吴 欢......209
吴青霞......209
吴熙曾......209
吴悦石......209
吴作人......209
武 艺......210
夏荷生......210
夏 明......210
萧晖荣......210
萧淑芳......210
谢无量......210
谢稚柳......210
熊红钢......212
徐悲鸿......212
徐乐乐......215
徐 里......215
徐生翁......215
徐世昌......216
徐 祥......216
徐 展......216
徐志摩......216
薛宣林......216
严水龙......216
颜伯龙......216
颜 泉......216
颜文樑......216
晏济元 等......216
杨 刚......217
杨善深......217
杨之光......217
杨运高......217
杨文学......217
姚霁月......218
姚梅梅......218
姚晓冬......218

叶恭绰............................218
叶浅予............................218
一 了............................218
伊立勋............................218
于非闇............................219
于右任............................220
于希宁............................220
余任天............................220
余绍宋 等........................220
俞涤凡 等........................221
俞致贞............................221
喻继高............................221
袁克文............................221
袁世凯............................221
袁松年............................222
袁 武............................222
月照山人........................222
曾梵志............................222
曾来德 等........................222
曾 宓............................223
曾晓浒............................223
曾思德............................223
曾以宁............................223
臧家伟............................223
张伯驹............................224
张伯英............................224
张聪玉............................224
张大千............................224
张 仃............................229
张江舟............................229
张 捷............................229
张 利............................229
张三友............................229
张善孖............................229
张学良............................230
章士钊............................230
赵建成............................230
赵朴初............................230
赵少昂............................231
赵望云............................231
赵无极............................231
郑嘉钰............................231
郑奎飞............................232
郑乃珖............................232
郑午昌............................232
郑孝胥............................232
郑重宾............................232
周昌谷............................232
周光汉............................232
周韶华............................232
周思聪............................233
周同祥............................233
周之江............................233
周午生............................233
周艺文............................233
周子刚............................234

朱德群............................234
朱梅邨............................234
朱屺瞻............................234
朱新建............................234
朱祖国............................234

作者年代不详............234
佚 名............................234

素 描............237
安娜·帕克........................237
常 玉............................237
陈逸飞 等........................237
亨利·马蒂斯......................237
胡也佛............................237
靳尚谊............................238
奈良美智........................238
庞薰琹............................238
史国良............................238
王叔晖............................238
吴冠中............................238
谢南星............................238

版 画............239
方力钧............................239
六角彩子........................239
奈良美智........................239
邱志杰............................239

水粉水彩............239
吴冠中............................239
武 艺............................239
巴布罗·毕加索....................240
草间弥生........................240
常 玉............................240
关 良............................240
乐氏琉............................240
黎 谱............................241
李维世............................241
梁 缨............................241
刘 野............................241
马克·夏加尔......................242
梅忠恕............................242
藤田嗣治........................242
王俊杰............................242
吴冠中............................243
武高谈............................243
徐悲鸿............................243
颜文樑............................243
张荔英............................243
赵无极............................244
朱德群............................244
朱沅芷............................244

油 画............244
KAWS（考斯）........................244

MR.............................244
阿凡迪............................244
阿弗烈·希斯里....................244
阿尔伯托·贾柯梅蒂................245
艾德里安·格尼....................245
艾佛莉·辛雅......................245
艾米莉·梅·史密斯................246
艾 轩............................246
安德烈·德安......................246
安奇帮............................246
巴布罗·毕加索....................247
白发一雄........................248
保罗·高更........................248
皮耶·苏拉吉......................248
彼得·多伊格......................249
布丽奇·莱利......................249
卜 镝............................249
才树新............................249
蔡 磊............................249
蔡国强............................250
蔡 亮............................250
蔡万霖............................250
曹 力............................250
草间弥生........................250
常 玉............................251
常书鸿............................251
陈丹青............................252
陈 飞............................252
陈钧德............................253
陈俊穆............................253
陈 可............................253
陈可之............................254
陈文骥............................254
陈文希............................254
陈衍宁............................254
陈逸飞............................254
陈昭宏............................256
陈彧君............................256
程心怡............................256
程丛林............................257
崔 洁............................257
村上隆............................257
丹龙黄............................257
刁德谦............................257
戴维·霍克尼......................258
丁 方............................258
丁雄泉............................258
丁衍庸............................258
丁 乙............................259
董小蕙............................259
杜春辉............................259
段建伟............................260
段建宇............................260
段平佑............................260
范 勃............................260
方君璧............................260

方力钧...................261
冯法祀...................261
冯丽鹏...................261
冯骁鸣...................261
冯玉琪...................262
傅瑶...................262
高野绫...................262
高瑀...................262
格奥尔格·巴塞利茨...................262
格哈德·里希特...................262
耿建翌...................263
古斯塔夫·卡勒波特...................263
关良...................263
关音夫...................264
郭润文...................264
郭伟...................264
韩冰...................265
郝量...................265
何汶玦...................265
河钟贤...................265
贺慕群...................265
赫尔南·巴斯...................265
赫尔文·安德森...................266
亨利·鲁索...................266
弘一...................266
洪救国...................266
胡安·米罗...................266
胡善馀...................266
黄本蕊...................266
黄建南...................267
黄进曦...................267
黄一山...................267
黄锐...................267
黄宇兴...................267
霍刚...................268
季鑫...................268
加贺温...................268
基思·凡·东根...................269
贾蔼力...................269
江上越...................269
江小华...................270
姜明姬...................270
蒋焕...................270
杰哈德·李希特...................270
金昌烈...................270
金梦...................270
金一德...................271
靳尚谊...................271
康海涛...................271
克劳德·莫奈...................272
克里丝汀·艾珠...................272
勒迈耶...................272
雷内·马格利特...................273
冷军...................273
黎谱...................274
黎清妍...................274

李贵君...................274
李华弌...................275
李继开...................275
李国良...................275
李骆公...................275
李曼峰...................275
李山...................276
李圣子...................276
李铁夫...................276
李禹焕...................276
李秀实...................277
李宗津...................277
李真...................277
利奥诺拉·卡林顿...................277
梁远苇...................277
林风眠...................278
林寿宇...................278
刘锋植...................278
刘斌...................279
刘国夫...................279
刘海粟...................279
刘菁华...................280
刘抗...................280
刘炜...................280
刘韡...................281
刘小东...................281
刘晓辉...................282
刘野...................282
刘溢...................283
龙力游...................283
六角彩子...................284
罗尔纯...................284
罗中立...................284
洛伊·霍洛韦尔...................286
马轲...................286
马克·夏加尔...................287
马克西米利安·卢斯...................287
毛旭辉...................287
毛焰...................288
楳思恩...................289
奈良美智...................289
南海岩...................290
倪贻德...................290
诺曼·罗克韦尔...................290
欧阳春...................290
潘玉良...................291
潘鸿海...................291
庞均...................291
庞茂琨...................292
庞薰琹...................292
皮耶·博纳尔...................293
皮耶·蒙德里安...................293
皮耶·苏拉吉...................293
秦琦...................293
秦宣夫...................294
琼·米切尔...................294

仇晓飞...................294
丘堤...................294
邱光平...................294
邱瑞祥...................294
全山石...................295
阮潘正...................295
沙耆...................295
山口长男...................295
上条晋...................295
尚·保罗·里奥佩尔...................295
尚·米榭·巴斯奇亚...................296
尚扬...................296
沈文燮...................297
施少平...................297
石锐锋...................297
石齐...................297
史丹利·惠特尼...................297
宋琨...................298
宋洋...................298
苏天赐...................298
苏玉云...................299
苏战国...................299
苏新平...................299
孙浩...................299
孙一钿...................299
孙宗慰...................300
谭平...................300
唐永祥...................301
滕振博...................301
藤田嗣治...................301
童雁汝南...................301
涂鸦先生...................301
屠宏涛...................301
汪一...................301
王驰...................302
王川...................302
王岱山...................302
王光乐...................302
王广义...................302
王怀庆...................303
王嘉陵...................303
王克举...................303
王强...................304
王沂东...................304
王兴伟...................304
王亚强...................304
王巖...................304
王易罡...................305
王音...................305
韦海...................305
韦嘉...................305
韦启美...................305
伟恩·第伯...................305
吴峰...................306
吴大羽...................306
吴冠中...................306

吴晶玉 · · · · · · · · · · · · · 308
吴作人 · · · · · · · · · · · · · 308
武高谈 · · · · · · · · · · · · · 308
席德进 · · · · · · · · · · · · · 309
夏小万 · · · · · · · · · · · · · 309
夏 禹 · · · · · · · · · · · · · 309
萧 勤 · · · · · · · · · · · · · 310
萧淑芳 · · · · · · · · · · · · · 310
肖 峰 · · · · · · · · · · · · · 310
谢楚余 · · · · · · · · · · · · · 310
谢景兰 · · · · · · · · · · · · · 310
谢南星 · · · · · · · · · · · · · 310
徐 里 · · · · · · · · · · · · · 310
徐小国 · · · · · · · · · · · · · 311
许宏翔 · · · · · · · · · · · · · 311
许幸之 · · · · · · · · · · · · · 311
许 江 · · · · · · · · · · · · · 311
禤善勤 · · · · · · · · · · · · · 311
薛 松 · · · · · · · · · · · · · 312
亚德里安·格尼 · · · · · · · · · · 312
闫 冰 · · · · · · · · · · · · · 312
闫 平 · · · · · · · · · · · · · 312
颜文樑 · · · · · · · · · · · · · 313
杨飞云 · · · · · · · · · · · · · 313
杨建锋 · · · · · · · · · · · · · 314
杨黎明 · · · · · · · · · · · · · 314
杨识宏 · · · · · · · · · · · · · 314
杨振中 · · · · · · · · · · · · · 314
杨之光 · · · · · · · · · · · · · 315
叶凌瀚 · · · · · · · · · · · · · 315
叶子奇 · · · · · · · · · · · · · 315
尹朝阳 · · · · · · · · · · · · · 315
尹亨根 · · · · · · · · · · · · · 315
由 金 · · · · · · · · · · · · · 315
余 本 · · · · · · · · · · · · · 316
余友涵 · · · · · · · · · · · · · 316
禹国元 · · · · · · · · · · · · · 316
喻 红 · · · · · · · · · · · · · 316
袁 远 · · · · · · · · · · · · · 316
岳敏君 · · · · · · · · · · · · · 316
曾梵志 · · · · · · · · · · · · · 317
翟 倞 · · · · · · · · · · · · · 317
詹建俊 · · · · · · · · · · · · · 318
张充仁 · · · · · · · · · · · · · 318
张恩利 · · · · · · · · · · · · · 318
张 洹 · · · · · · · · · · · · · 318
张方白 · · · · · · · · · · · · · 319
张 慧 · · · · · · · · · · · · · 319
张 季 · · · · · · · · · · · · · 320
张 凯 · · · · · · · · · · · · · 320
张郎郎 · · · · · · · · · · · · · 320
张 利 · · · · · · · · · · · · · 320
张荔英 · · · · · · · · · · · · · 320
张培力 · · · · · · · · · · · · · 321
张蒨英 · · · · · · · · · · · · · 321
张 伟 · · · · · · · · · · · · · 321

张晓刚 · · · · · · · · · · · · · 321
张新权 · · · · · · · · · · · · · 322
张占占 · · · · · · · · · · · · · 322
张月薇 · · · · · · · · · · · · · 322
张英楠 · · · · · · · · · · · · · 322
张义波 · · · · · · · · · · · · · 323
张子飘 · · · · · · · · · · · · · 323
张长江 · · · · · · · · · · · · · 323
张钊瀛 · · · · · · · · · · · · · 323
赵半狄 · · · · · · · · · · · · · 324
赵半丁 · · · · · · · · · · · · · 324
赵大钧 · · · · · · · · · · · · · 324
赵 刚 · · · · · · · · · · · · · 325
赵 溶 · · · · · · · · · · · · · 325
赵能智 · · · · · · · · · · · · · 325
赵无极 · · · · · · · · · · · · · 325
赵 洋 · · · · · · · · · · · · · 326
赵有臣 · · · · · · · · · · · · · 326
赵 赵 · · · · · · · · · · · · · 326
郑国谷 · · · · · · · · · · · · · 326
郑 凯 · · · · · · · · · · · · · 326
钟 涵 · · · · · · · · · · · · · 326
钟泗滨 · · · · · · · · · · · · · 327
钟 跃 · · · · · · · · · · · · · 327
周碧初 · · · · · · · · · · · · · 327
周春芽 · · · · · · · · · · · · · 328
周树桥 · · · · · · · · · · · · · 329
周 松 · · · · · · · · · · · · · 329
朱德群 · · · · · · · · · · · · · 329
朱金石 · · · · · · · · · · · · · 330
朱屺瞻 · · · · · · · · · · · · · 331
朱沅芷 · · · · · · · · · · · · · 331
朱新建 · · · · · · · · · · · · · 331
庄 喆 · · · · · · · · · · · · · 331

雕 塑 · · · · · · · · · · · · **332**
KAWS（考斯） · · · · · · · · · · 332
MR. · · · · · · · · · · · · · · 332
阿尔伯托·贾柯梅蒂 · · · · · · · · 332
奥古斯特·罗丹 · · · · · · · · · · 333
巴布罗·毕加索 · · · · · · · · · · 333
草间弥生 · · · · · · · · · · · · 333
陈 可 · · · · · · · · · · · · · 334
亨利·摩尔 · · · · · · · · · · · · 334
黄本蕊 · · · · · · · · · · · · · 334
空山基 · · · · · · · · · · · · · 334
李 真 · · · · · · · · · · · · · 334
梁任宏 · · · · · · · · · · · · · 335
林恩·查德维克 · · · · · · · · · · 335
露易丝·布尔乔亚 · · · · · · · · · 335
任 哲 · · · · · · · · · · · · · 336
邵译农 · · · · · · · · · · · · · 336
隋建国 · · · · · · · · · · · · · 336
王怀庆 · · · · · · · · · · · · · 336
王克平 · · · · · · · · · · · · · 336
熊秉明 · · · · · · · · · · · · · 337

许东荣 · · · · · · · · · · · · · 337
野口勇 · · · · · · · · · · · · · 337
应晶晶 · · · · · · · · · · · · · 337
展 望 · · · · · · · · · · · · · 337
赵军安 · · · · · · · · · · · · · 337
周春芽 · · · · · · · · · · · · · 338
朱 铭 · · · · · · · · · · · · · 338

摄 影 · · · · · · · · · · · · **338**
芭芭拉·克鲁格 · · · · · · · · · · 338
郎静山 · · · · · · · · · · · · · 338

当代艺术及其他艺术形式·
· · · · · · · · · · · · · · · **339**
阿岱尔·阿贝德赛梅 · · · · · · · · 339
埃德·鲁沙 · · · · · · · · · · · · 339
阿尔伯特·尔莱恩 · · · · · · · · · 339
埃德加·德加 · · · · · · · · · · · 339
埃贡·席勒 · · · · · · · · · · · · 339
艾芙莉·辛格 · · · · · · · · · · · 340
安德鲁·魏斯 · · · · · · · · · · · 340
艾斯沃思·凯利 · · · · · · · · · · 340
安迪·沃霍尔 · · · · · · · · · · · 341
安娜·维扬特 · · · · · · · · · · · 341
巴布罗·毕加索 · · · · · · · · · · 342
巴奈特·纽曼 · · · · · · · · · · · 342
班克斯 · · · · · · · · · · · · · 342
保罗·高更 · · · · · · · · · · · · 343
保罗·德尔沃 · · · · · · · · · · · 343
保罗·克利 · · · · · · · · · · · · 343
保罗·塞尚 · · · · · · · · · · · · 343
保罗·席涅克 · · · · · · · · · · · 343
蔡国强 · · · · · · · · · · · · · 344
蔡 磊 · · · · · · · · · · · · · 344
草间弥生 · · · · · · · · · · · · 344
陈 可 · · · · · · · · · · · · · 344
陈彧君 · · · · · · · · · · · · · 344
村上隆 · · · · · · · · · · · · · 344
达米恩·赫斯特 · · · · · · · · · · 345
戴维·霍克尼 · · · · · · · · · · · 345
丁雄泉 · · · · · · · · · · · · · 345
丁 乙 · · · · · · · · · · · · · 345
董小蕙 · · · · · · · · · · · · · 345
菲利普·加斯顿 · · · · · · · · · · 345
弗朗索瓦·沙维尔·莱兰 · · · · · · · 346
费尔南·雷捷 · · · · · · · · · · · 346
弗朗西斯·培根 · · · · · · · · · · 346
高 瑀 · · · · · · · · · · · · · 347
格奥尔格·巴塞利兹 · · · · · · · · 347
古斯塔夫·卡勒波特 · · · · · · · · 347
郭利伟 · · · · · · · · · · · · · 347
海伦·弗兰肯塔勒 · · · · · · · · · 347
汉斯·霍夫曼 · · · · · · · · · · · 347
赫尔南·巴斯 · · · · · · · · · · · 348
亨利·马蒂斯 · · · · · · · · · · · 348
亨利·埃德蒙·克罗斯 · · · · · · · · 348

胡安·米罗.....................348
黄积铸.........................349
黄一山.........................349
黄宇兴.........................349
基斯·凡·唐金.................349
吉诺·撒维里尼.................349
季大纯.........................350
江贤二.........................350
凯斯·哈林.....................350
康海涛.........................350
康好贤.........................350
克劳德·莫奈...................350
克里·詹姆斯·马歇尔...........351
克里斯蒂娜·夸尔斯.............352
克里斯托弗·坞尔...............352
肯尼斯·诺兰...................352
蒯连会.........................352
雷内·马格利特.................352
李升泽.........................353
李·克拉斯纳...................353
李 山.........................353
李超士.........................353
李向明.........................353
李华式.........................353
李元佳.........................353
李 真.........................354
丽奈特·伊亚登·博亚基耶.......354
利奥诺拉·卡林顿...............354
林风眠.........................354
刘 刚.........................355
刘国松.........................355
刘建文.........................355
刘玖通.........................355
刘 俊.........................355
刘 抗.........................355
刘 婷.........................355
刘 炜.........................356
刘 野.........................356
罗伯特·戈伯...................356
罗伯特·欧文...................356
罗伊·利希滕斯坦...............356
萝蜜迪奥丝·法萝...............356
马克·布拉福德.................356
马克·格罗亚恩.................356
马克·罗斯科...................356
马克·夏加尔...................357
马克斯·贝克曼.................357
马克西米利安·卢斯.............357
马 塔.........................357
玛莉亚·贝利奥.................357
米尔顿·艾弗里.................357
莫里士·刘易斯.................358
奈良美智.......................358
尼古拉·德·斯塔埃尔...........358
尼古拉斯·帕蒂.................358
庞 均.........................359

皮耶-奥古斯特·雷诺阿.........359
邱志杰.........................359
全光荣.........................359
让·阿尔普.....................359
让·保罗·里奥皮勒.............360
萨尔曼·图尔...................360
塞西丽·布朗...................360
塞·托姆布雷...................360
山姆·吉利安...................360
尚·杜布菲.....................360
尚·米榭·巴斯基亚.............361
尚·斯卡里.....................361
尚 扬.........................361
邵 帆.........................361
石 虎.........................362
史丹利·惠特尼.................362
苏新平.........................362
孙 浩.........................362
谭 军.........................362
谭 平.........................362
汤姆·卫索曼...................363
童振刚.........................363
涂鸦先生.......................363
土屋仁应.......................364
托马斯·哈特·本顿.............364
王光乐.........................364
王俊杰.........................364
王玉平.........................364
威廉·德·库宁.................365
韦 嘉.........................365
魏青吉.........................365
文森特·凡·高.................365
邬建安.........................365
武高谈.........................366
西奥·凡·利赛尔伯格...........366
西格马·波尔克.................366
西蒙尼·雷伊...................366
夏 阳.........................366
萧 勤.........................367
谢南星.........................367
谢景兰.........................367
徐 震.........................367
徐 冰.........................367
徐 渠.........................367
薛 松.........................368
亚德里安·格尼.................368
亚历克斯·卡茨.................368
亚历山大·考尔德...............368
亚美迪欧·莫迪里阿尼...........369
塩田千春.......................369
伊莱恩·斯蒂文特...............369
伊莉萨白·佩顿.................369
应晶晶.........................369
余友涵.........................370
袁运生.........................370
曾梵志.........................370

展 望.........................370
张大千.........................371
张培力.........................371
赵英楠.........................371
张无极.........................371
赵 赵.........................371
珍妮花·帕克...................371
郑在东.........................372
郑丽云.........................372
钟泗滨.........................372
朱德群.........................372
周春芽.........................372
朱莉·梅赫雷图.................372

2022书画拍卖成交汇总 373

凡 例

1. 《2023古董拍卖年鉴》分瓷器卷、玉器卷、杂项卷、翡翠珠宝卷、书画卷，共五册，收录了纽约、伦敦、巴黎、日内瓦、香港、澳门、台北、北京、上海、广州、昆明、天津、重庆、成都、合肥、南京、西安、沈阳、济南等城市或地区的几十家拍卖公司几百个专场2022年度的拍卖成交记录与拍品图片。

2. 本书内文条目原则上保留了原拍卖记录（由于拍品来自不同的拍卖公司，为便于搜索，对于用词不一致的名称，如"Cartier"与"CARTIER""年年有鱼"与"年年有余"，"水呈"与"水丞"，"安迪·沃荷"与"安迪·沃霍尔"，"三联葫芦瓶"与"三连葫芦瓶"等，均不作统一)，按拍品号、品名、估价、成交价、尺寸、拍卖公司名称、拍卖日期等排序，部分原内容缺失或不详的不注明。书画卷内文条目还有作者姓名、作品形式、创作年代等内容。玉器卷中收入了部分非玉器物，如琥珀、菩提子、蜜蜡、水晶、翡翠、碧玺等。拍品尺寸中的"直径"如无特殊说明，均指最大直径。因陶器部分拍品不多，此内容放在了瓷器卷中。

3. 因境外拍卖公司所在地不同，本书拍品估价涉及多个币种：RMB（人民币），USD（美元），EUR（欧元），GBP（英镑），HKD（港币），NTD（新台币），CHF（瑞士法郎）。但本书所有拍品成交价均按汇率转换成RMB（人民币）。

4. 多人合作的作品，条目中仅列出一或两位主要作者的名字。

中国书画

汉代作者

4295 佚名 汉代 羽人仙界图
估　价：NTD 1,000,000
成交价：RMB 1,763,580
88cm×51cm 台北艺珍 2022-06-12

唐代作者

813 索洞玄 唐714年作 写经 手卷
估　价：HKD 300,000~500,000
成交价：RMB 864,057
25.5cm×268.5cm 佳士得 2022-05-28

五代作者

1588 赵幹（传）山居图 立轴
估　价：RMB 150,000~250,000
成交价：RMB 218,500
218cm×102cm 中鸿信 2022-09-12

946 周文矩（款）桐荫读书图 镜心
估　价：HKD 10,000~20,000
成交价：RMB 1,545,096
画30cm×21cm 中国嘉德 2022-10-08

宋代作者

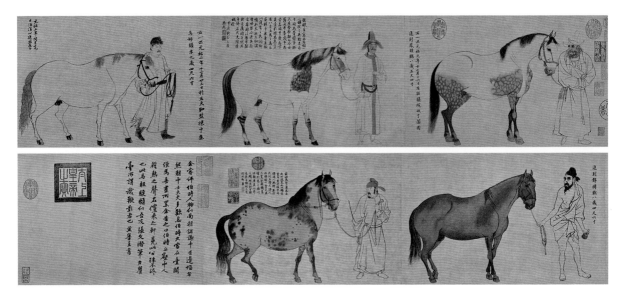

90 李公麟 五马图
估　价：HKD 600,000～900,000
成交价：RMB 749,144
26.9cm×245cm 香港贞观 2022-06-18

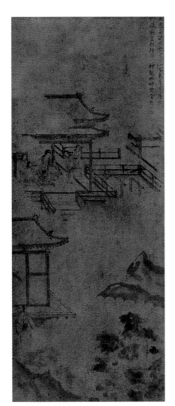

1401 李嵩 论道图 镜心
估　价：RMB 300,000～500,000
成交价：RMB 943,000
30cm×20.5cm 中鸿信 2022-09-12

1608 兰溪道隆 贵妃游园图 立轴
估　价：RMB 60,000～80,000
成交价：RMB 322,000
113.5cm×47.5cm 中鸿信 2022-09-12

1330 刘韩 松鹿长春图 立轴
估　价：RMB 300,000～600,000
成交价：RMB 977,500
173cm×103cm 北京荣宝 2022-07-24

1665 米芾 云山图 立轴
估　价：RMB 350,000～550,000
成交价：RMB 920,000
46cm×32cm 中鸿信 2022-09-12

168 牧溪（传）寒山拾得像（二幅）立轴
估　价：RMB 3,200,000～4,200,000
成交价：RMB 4,427,500
114.5cm×72cm×2 上海嘉禾 2022-11-20

8075 元人仿马麟碧桃临水图团扇 镜心
估　价：RMB 800,000～1,200,000
成交价：RMB 4,025,000
38cm×39.5cm 保利厦门 2022-10-21

1305 寿峰 卧虎图 立轴
估　价：RMB 3,000,000～8,000,000
成交价：RMB 16,675,000
143cm×95cm 北京荣宝 2022-07-24

1310 马兴祖 雪猎图 镜心
估　价：RMB 80,000～250,000
成交价：RMB 230,000
27cm×27cm 北京荣宝 2022-07-24

1627 宋徽宗 御鹰图 立轴
成交价：RMB 379,500
146cm×72.5cm 中鸿信 2022-09-12

867 温日观 墨葡萄图轴 立轴
估　价：RMB 800,000～1,200,000
成交价：RMB 1,380,000
画心36.5cm×63cm 中贸圣佳 2022-12-31

1402 苏汉臣 蕉荫婴戏图 镜心
估　价：RMB 150,000～250,000
成交价：RMB 862,500
23.2cm×23.8cm 中鸿信 2022-09-12

1584 吴炳 春郊玉兔图卷 手卷
估　价：RMB 350,000～550,000
成交价：RMB 897,000
画心35cm×256cm 中鸿信 2022-09-12

1578 许道宁（传）雪夜访戴图 立轴
估　价：RMB 35,000~55,000
成交价：RMB 218,500
55.5cm×68cm 中鸿信 2022-09-12

697 佚名 宋—元 狮吼观音像 立轴
估　价：RMB 200,000~250,000
成交价：RMB 1,840,000
159cm×91cm 中贸圣佳 2022-12-31

645 易元吉（款）八兽 册页（八开）
估　价：RMB 80,000~150,000
成交价：RMB 575,000
25cm×23cm×8 北京保利 2022-07-27

金代作者

818 赵大年（传）柳岸泊舟 镜心
估　价：RMB 500,000～1,000,000
成交价：RMB 782,000
24cm×20cm 北京保利 2022-07-27

1585 赵千里（传）水阁对弈图 立轴
估　价：RMB 200,000～300,000
成交价：RMB 1,380,000
129cm×54.5cm 中鸿信 2022-09-12

1307 重阳真人 吕祖圣像 立轴
估　价：RMB 12,000,000～18,000,000
成交价：RMB 39,675,000
119cm×66cm 北京荣宝 2022-07-24

元代作者

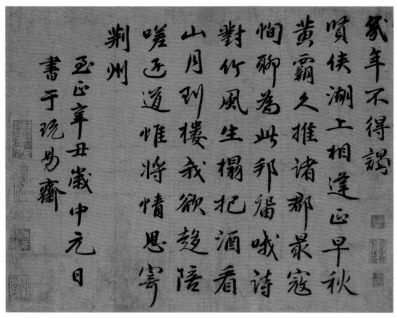

317 鲍恂 1361年作 寄友人诗帖 册片
估　价：RMB 12,000,000～15,000,000
成交价：RMB 13,800,000
29cm×38cm 中国嘉德 2022-12-12

1577 陈琳 金碧山水图 立轴
估　价：RMB 150,000～250,000
成交价：RMB 345,000
画心63.5cm×34cm 中鸿信 2022-09-12

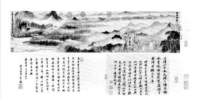

8093 方从义 1377年作 云林钟秀 手卷
成交价：RMB 29,900,000
23.5cm×105cm 上海嘉禾 2022-11-20

2596 边鲁 梅花鸳鸯图 立轴
估　价：HKD 150,000～300,000
成交价：RMB 250,700
121cm×55.5cm 香港苏富比 2022-10-09

922 曹云西（款）清闷阁图 立轴
估　价：RMB 80,000～120,000
成交价：RMB 862,500
50cm×28.5cm 中国嘉德 2022-12-14

2595 管道升（款）墨竹 镜片
估　价：HKD 50,000～80,000
成交价：RMB 512,795
34.3cm×32cm 香港苏富比 2022-10-09

1587 胡廷晖 茅舍结秋图 立轴
估　价：RMB 250,000~350,000
成交价：RMB 322,000
185cm×95.5cm 中鸿信 2022-09-12

531 吕敬甫（传）花卉草虫 镜心
成交价：RMB 356,500
高98cm 北京保利 2022-07-27

1306 缪佚 云山烟霭 镜心
估　价：RMB 3,000,000~8,000,000
成交价：RMB 10,925,000
75cm×27cm 北京荣宝 2022-07-24

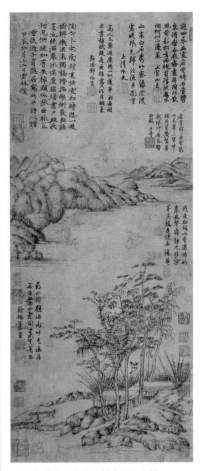

1591 倪瓒 为子贞作南村隐居图 立轴
估　价：RMB 5,000,000~8,000,000
成交价：RMB 8,970,000
74cm×30.5cm　中鸿信 2022-09-12

1308 任贤佐 人马图 立轴
估　价：RMB 6,000,000~10,000,000
成交价：RMB 14,950,000
71.5cm×104cm 北京荣宝 2022-07-24

2533 倪瓒 春雨溪岸图 立轴
估 价：HKD 500,000~1,000,000
成交价：RMB 683,726
91cm×30.6cm
香港苏富比 2022-10-09

1580 王绎 寒窗读雪图 立轴
估 价：RMB 500,000~800,000
成交价：RMB 747,500
153.5cm×47cm 中鸿信 2022-09-12

8092 王蒙 1344年作 村居读书图 立轴
估 价：RMB 8,000,000~12,000,000
成交价：RMB 57,500,000
95.5cm×27cm 上海嘉禾 2022-11-20

2512 盛懋（传）渔父图 团扇裱于立轴
估 价：HKD 100,000~200,000
成交价：RMB 228,246
25cm×25.5cm 香港苏富比 2022-04-27

807 鲜于去矜 草书困学斋诗 册页（十二开二十四页）
估　价：RMB 6,500,000～10,000,000
成交价：RMB 9,200,000
29cm×14.5cm×24 北京保利 2022-07-27

1449 月江正印禅师 等 1323年作 行书 禅语 立轴
估　价：RMB 900,000～1,500,000
成交价：RMB 1,265,000
64.5cm×27cm 西泠印社 2022-01-22

1424 宇文公谅 1346年作 山居图 立轴
估　价：RMB 350,000～550,000
成交价：RMB 483,000
168cm×85cm 中鸿信 2022-09-12

543 鲜于枢（款）行书《题水帘洞》镜框
估　价：RMB 30,000～50,000
成交价：RMB 287,500
29cm×21cm 上海嘉禾 2022-01-01

1061 张远 墨竹 镜心
估　价：RMB 50,000～80,000
成交价：RMB 345,000
69cm×25cm 中国嘉德 2022-06-28

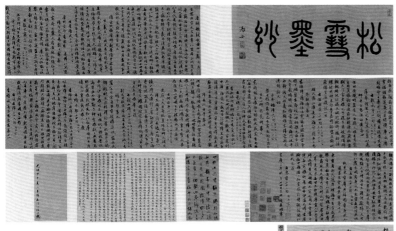

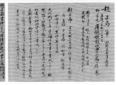

1072 赵孟頫 行书柳宗元《唐铙歌鼓吹曲十二篇并序》手卷
估　价：RMB 380,000～580,000
成交价：RMB 920,000
字27cm×287cm 中国嘉德 2022-06-28

3614 赵原 秋山图 立轴
估　价：RMB 30,000～50,000
成交价：RMB 368,000
44.5cm×28cm 保利厦门 2022-10-22

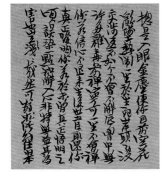

544 中峰明本 行书 镜片
估　价：RMB 250,000～350,000
成交价：RMB 713,000
34.5cm×35cm 上海嘉禾 2022-01-01

1650 赵孟頫（款）1319年作 孔子像 立轴
估　价：RMB 400,000～600,000
成交价：RMB 460,000
76cm×33cm 西泠印社 2022-08-20

1312 朱德润 寒岩飞瀑图 立轴
估　价：RMB 2,800,000～6,000,000
成交价：RMB 8,050,000
127cm×64cm 北京荣宝 2022-07-24

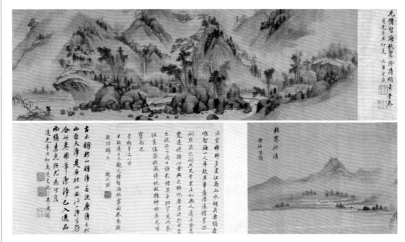

841 智海 秋霁澄清图卷 手卷
估　价：RMB 600,000～800,000
成交价：RMB 1,782,500
画心30.5cm×139cm 中贸圣佳 2022-07-23

明代作者

150 安正文 仙山楼阁
成交价：RMB 218,500
96cm×164cm
上海嘉禾 2022-11-20

396 车明舆 松鹤图 立轴
估　价：RMB 200,000～300,000
成交价：RMB 402,500
123cm×57cm 荣宝斋（南京）2022-12-07

606 曹学佺 萧云从 林晋 许友 等 明人诸先生
赠百拙和尚书画十二幅 立轴
估　价：RMB 80,000～120,000
成交价：RMB 368,000
28.5cm×34cm×12 中贸圣佳 2022-12-31

402 蔡羽 陆治 1517年作、1534年作 销夏湾记·销夏湾图 手卷
估　价：RMB 18,000,000～28,000,000
成交价：RMB 24,265,000
陆 画24.5cm×131cm；蔡 书24.5cm×119cm 中国嘉德 2022-06-26

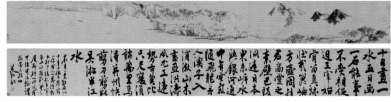

1551 陈淳 1544年作 楷书长卷并云山画稿 手卷
估　价：RMB 3,000,000～5,000,000
成交价：RMB 8,395,000
画27.5cm×259cm；书法27.5cm×230.5cm 西泠印社 2022-08-20

1404 陈淳 紫辛夷图 立轴
估　价：RMB 1,800,000～2,800,000
成交价：RMB 2,587,500
121cm×58cm 西泠印社 2022-01-22

899 陈继儒 1636年作 行书节苏子语录 手卷
估　价：HKD 400,000~600,000
成交价：RMB 5,076,744
书法27.5cm×364cm 中国嘉德 2022-10-08

1332 陈继儒 潇湘夜雨 立轴
估　价：RMB 300,000~500,000
成交价：RMB 1,035,000
66.4cm×27.2cm 北京荣宝 2022-07-24

3071 陈洪绶 会茶图 立轴
估　价：RMB 750,000~950,000
成交价：RMB 1,345,500
104cm×52cm 永乐拍卖 2022-07-25

417 陈洪绶 松下鸣琴图 立轴
估　价：RMB 1,000,000~2,000,000
成交价：RMB 3,220,000
110cm×51cm 荣宝斋（南京）2022-12-07

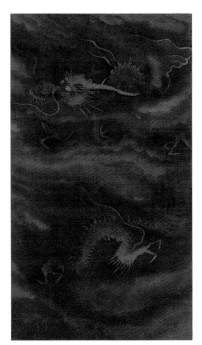

805 陈容（款）云龙图 立轴
估　价：HKD 400,000～600,000
成交价：RMB 432,028
122.5cm×70.5cm 佳士得 2022-05-28

1498 陈遇 巨幅文会图对轴 立轴
估　价：RMB 1,000,000～1,500,000
成交价：RMB 2,300,000
164cm×104cm×2 西泠印社 2022-08-20

1267 陈王道 刘应龙 丁允亨 顾绛 等 和溪翁诗
册页（十九页）
估　价：RMB 150,000～250,000
成交价：RMB 483,000
36cm×28.5cm×19 西泠印社 2022-01-22

434 丁云鹏 1616年作 三生图 立轴
估　价：RMB 1,500,000～2,500,000
成交价：RMB 1,955,000
175cm×65.5cm 广东崇正 2022-08-10

398 戴进 耄耋图 立轴
估　价：RMB 3,000,000～5,000,000
成交价：RMB 8,050,000
126cm×43.5cm 荣宝斋（南京）2022-12-07

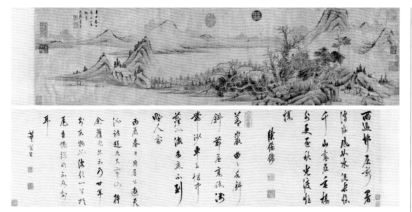

404 董其昌 1601年作 仿黄公望山水 手卷
估　价：RMB 15,000,000～25,000,000
成交价：RMB 17,250,000
画30cm×118.5cm 中国嘉德 2022-06-26

211 董其昌 小楷临褚遂良《老子西升帖》册页
估　价：RMB 2,600,000～3,500,000
成交价：RMB 3,450,000
26cm×13.5cm×19 开拍国际 2022-07-24

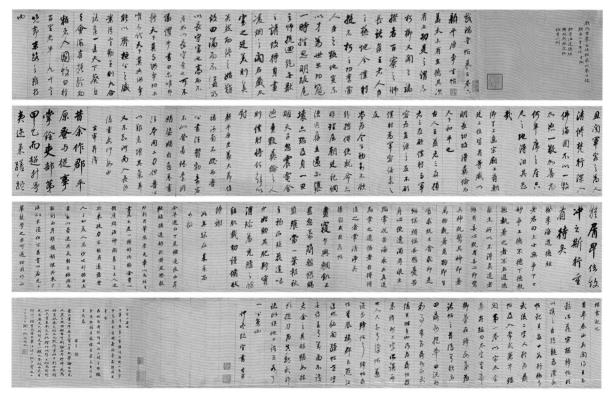

822 董其昌 戏鸿堂摹古法帖第六卷 手卷
估　价：RMB 5,000,000～8,000,000
成交价：RMB 5,750,000
书法22.5cm×513cm 北京保利 2022-07-27

319 董其昌 1613年作 行书唐诗二首 手卷
估　价：RMB 1,200,000～2,200,000
成交价：RMB 3,450,000
书法 26.5cm×489cm 中国嘉德 2022-12-12

386 杜堇 簪花仕女像 镜心
估　价：RMB 20,000～40,000
成交价：RMB 253,000
151cm×81cm 中国嘉德 2022-09-27

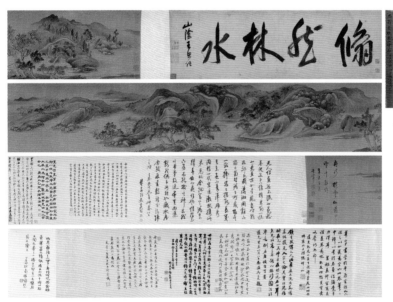

14 董其昌 1631年作 翛然林水卷 手卷
估　价：RMB 1,500,000～1,800,000
成交价：RMB 3,277,500
画心27cm×249cm 北京保利 2022-02-03

320 丰坊 1556年作 草书《千字文》 手卷
估　价：RMB 600,000～800,000
成交价：RMB 1,035,000
30.5cm×970cm 中国嘉德 2022-12-12

2519 冯起震 冯可宾 竹石图 立轴
估　价：HKD 180,000～360,000
成交价：RMB 248,996
166cm×53.5cm 香港苏富比 2022-04-27

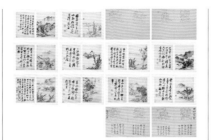

510 顾知 野渔墨戏 册页(十开)
估　价：RMB 220,000～280,000
成交价：RMB 322,000
27cm×21cm×20 中贸圣佳 2022-07-23

568 傅崟 1558年作 归园田居 立轴
估　价：RMB 30,000～60,000
成交价：RMB 345,000
129cm×65cm 中国嘉德 2022-05-28

370 高攀龙 草书 镜心
估　价：RMB 300,000～500,000
成交价：RMB 690,000
33cm×90cm 荣宝斋（南京）2022-12-07

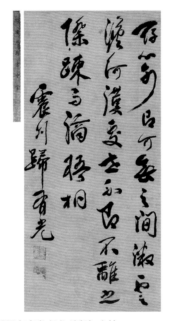

1387 归有光 行书 前贤句 立轴
估　价：RMB 500,000～800,000
成交价：RMB 575,000
117cm×54.5cm 西泠印社 2022-01-22

673 黄道周 行书 立轴
估　价：RMB 1,500,000～1,800,000
成交价：RMB 1,955,000
103cm×51cm 朵云轩 2022-12-00

3031 高阳 风荷 扇面
估　价：RMB 10,000～30,000
成交价：RMB 276,000
17.5cm×52cm 永乐拍卖 2022-07-25

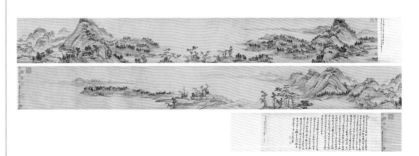

568 黄潜 1352年作 富春山居图卷 手卷
估　价：RMB 2,800,000～3,500,000
成交价：RMB 4,025,000
34cm×608cm 中贸圣佳 2022-07-23

2008 姜隐 1620年作 松林俏逸卷 手卷
成交价：RMB 287,500
31cm×643cm 中国嘉德 2022-06-01

1345 蒋绍煃 秋山图 立轴
估　价：RMB 180,000～380,000
成交价：RMB 483,000
134cm×43cm 北京荣宝 2022-07-24

704 焦竑 行书七言诗 扇面
估　价：RMB 10,000～30,000
成交价：RMB 322,000
17.5cm×54cm 中国嘉德 2022-12-14

934 金圣叹 行书七绝四首 扇面
估　价：RMB 10,000～30,000
成交价：RMB 264,500
18.5cm×55cm 中国嘉德 2022-06-28

1015 蓝瑛 1649年作 秋壑飞泉 立轴
估　价：RMB 800,000～1,500,000
成交价：RMB 1,725,000
174cm×51cm 中国嘉德 2022-06-28

939 孔贞运 行书五言诗 扇面
估　价：RMB 10,000～30,000
成交价：RMB 230,000
17.5cm×54cm 中国嘉德 2022-06-28

519 蓝瑛 雪屋高吟 立轴
估　价：RMB 1,200,000～1,500,000
成交价：RMB 1,380,000
213cm×95cm 中贸圣佳 2022-07-23

1014 李流芳 1624年作 西湖泛舟 手卷
估 价：RMB 1,500,000～2,000,000
成交价：RMB 3,450,000
28cm×204cm 中国嘉德 2022-06-28

514 李流芳 1623年作 林泉清趣 立轴
估 价：RMB 380,000～450,000
成交价：RMB 483,000
诗堂23cm×28.5cm；绘画58.5cm×28.5cm
中贸圣佳 2022-07-23

2539 李梦阳 行书自作诗二首 手卷
估 价：HKD 300,000～500,000
成交价：RMB 24,961,440
23.5cm×123.5cm 香港苏富比 2022-10-09

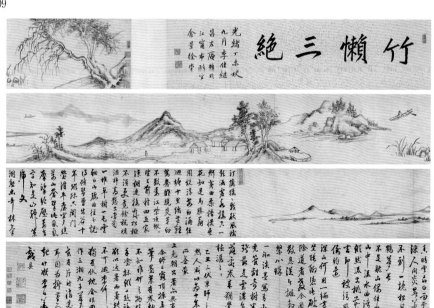

400 李日华 1625年作 竹懒三绝 手卷
估 价：RMB 800,000～1,200,000
成交价：RMB 7,360,000
画24.5cm×498cm 中国嘉德 2022-06-26

1314 李士达 万玉吟仙图卷 手卷
估　价：RMB 1,200,000～2,200,000
成交价：RMB 2,300,000
24cm×140cm 北京荣宝 2022-07-24

3062 李士达 万历三十八年作 观瀑图 立轴
估　价：RMB 600,000～800,000
成交价：RMB 1,173,000
168cm×89.5cm 永乐拍卖 2022-07-25

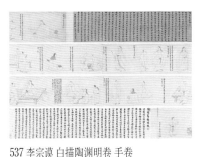

537 李宗谟 白描陶渊明卷 手卷
估　价：RMB 180,000～280,000
成交价：RMB 322,000
26cm×102cm；26cm×398cm；
26cm×125cm 中贸圣佳 2022-10-27

1268 林时亮 林道荣 林丰高 等 称水轩诸名流
联句手卷
估　价：RMB 400,000～600,000
成交价：RMB 598,000
34cm×750cm 西泠印社 2022-01-22

1421 刘敏宽 等 百美图书画卷 手卷
估　价：RMB 400,000～600,000
成交价：RMB 529,000
画心30cm×888cm 西泠印社 2022-01-22

1320 刘枋 函关紫气图 立轴
估　价：RMB 600,000～1,200,000
成交价：RMB 1,840,000
116cm×74cm 北京荣宝 2022-07-24

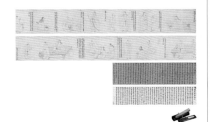

1430 李宗谟 黄晋良 陶渊明懿绩图 手卷
估　价：RMB 280,000～380,000
成交价：RMB 322,000
画心26cm×398cm 西泠印社 2022-01-22

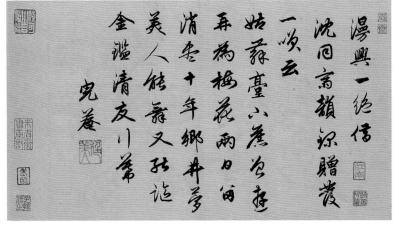

1252 刘珏 和沈恒吉诗 美人帖 镜片
估　价：RMB 500,000～800,000
成交价：RMB 2,530,000
20.5cm×36.5cm 西泠印社 2022-01-22

1537 柳如是 1642年作 临古山水 册页（八页）
估　价：RMB 180,000～280,000
成交价：RMB 322,000
21cm×14cm×8 西泠印社 2022-01-22

1530 娄坚 书法 立轴
估　价：RMB 80,000～160,000
成交价：RMB 207,000
158.1cm×53.7cm 北京荣宝 2022-07-24

1340 鲁得之 古松图 立轴
估　价：RMB 100,000～200,000
成交价：RMB 345,000
159cm×59cm 北京荣宝 2022-07-24

374 鲁可藻 王用极 张思九 等 祝寿 册页
（十八开）
估　价：RMB 400,000～600,000
成交价：RMB 713,000
31.5cm×31.5cm×18
荣宝斋（南京）2022-12-07

1139 鲁治 草书 手卷
估　价：RMB 500,000～600,000
成交价：RMB 575,000
28cm×336.5cm 朵云轩 2022-12-09

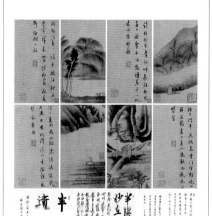

1145 吕潜 诗画合 册页（八开）
估　价：RMB 600,000～800,000
成交价：RMB 690,000
22.5cm×12cm×8 朵云轩 2022-12-09

836 陆治 1562年作 折枝杂花图卷 手卷
估　价：RMB 1,200,000～1,800,000
成交价：RMB 1,955,000
画心25cm×642cm 中贸圣佳 2022-07-23

837 吕纪 双鹰图 立轴
估　价：RMB 500,000～800,000
成交价：RMB 575,000
104cm×63cm 北京保利 2022-07-27

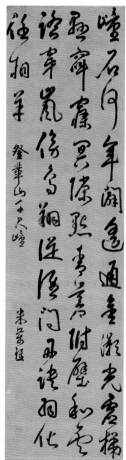

1393 米万钟 巨幅草书 登华山千尺幢诗 镜片
估　价：RMB 300,000～1,000,000
成交价：RMB 3,622,500
293cm×79cm 西泠印社 2022-01-22

710 米万钟 秋山归舟图 扇面
估　价：RMB 10,000～30,000
成交价：RMB 747,500
18.5cm×54.5cm 中国嘉德 2022-12-14

423 钱榖 1569年作 秋林对话 镜心
估　价：RMB 180,000～250,000
成交价：RMB 287,500
18cm×53.5cm 中贸圣佳 2022-07-23

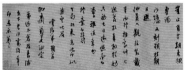

1260 莫是龙 怀仰帖 手卷
估　价：RMB 150,000～250,000
成交价：RMB 368,000
18cm×98.5cm 西泠印社 2022-01-22

875 倪岳 行书纪游联句卷 手卷
估　价：RMB 600,000～800,000
成交价：RMB 805,000
26.5cm×97cm 中贸圣佳 2022-12-31

733 戚继光 1565年作《结庐忆》五言诗卷 手卷
估　价：RMB 600,000～800,000
成交价：RMB 690,000
书法43cm×263cm 中国嘉德 2022-12-14

2536 明诸家 各家墨迹 手卷
估　价：HKD 500,000～800,000
成交价：RMB 4,102,358
尺寸不一 香港苏富比 2022-10-09

299 钱榖 1572年作 为文太史杂咏补图卷 手卷
估　价：RMB 1,500,000～3,000,000
成交价：RMB 2,875,000
26.7cm×233cm 中国嘉德 2022-12-12

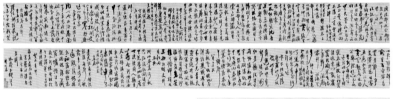

1281 钱谦益 1643年作 自书诗卷 手卷
估　价：RMB 800,000～1,000,000
成交价：RMB 977,500
画心20.5cm×404.5cm 西泠印社 2022-01-22

426 藕益（智旭）岩壑奇姿 手卷
估　价：HKD 120,000～200,000
成交价：RMB 401,553
画心9.5cm×16.5cm×4 保利香港 2022-10-12

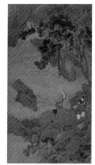

608 仇英 (款) 汉宫春晓图卷 手卷
估　价：RMB 30,000～60,000
成交价：RMB 1,725,000
39cm×397cm 中国嘉德 2022-05-28

2587 仇英 四季山水 四屏
估　价：HKD 4,200,000～6,000,000
成交价：RMB 4,786,085
114.5cm×62cm×4 香港苏富比 2022-10-09

146 仇英 村童闹学图 镜心
估　价：HKD 1,800,000～2,800,000
成交价：RMB 4,414,560
27cm×33cm 华艺国际 2022-11-27

1545 仇英 十八学士登瀛图 镜心
估　价：RMB 1,200,000～2,500,000
成交价：RMB 1,725,000
223cm×102cm 中鸿信 2022-09-12

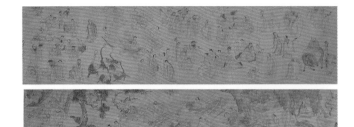

2523 仇珠 临仇英摹李龙眠白描群仙高会图 手卷
估　价：HKD 80,000～160,000
成交价：RMB 398,840
28.5cm×238.7cm 香港苏富比 2022-10-09

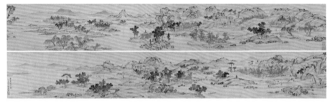

1149 邵弥 1635年作 临王维辋川图卷 手卷
估　价：RMB 300,000～500,000
成交价：RMB 483,000
28.5cm×408.5cm 朵云轩 2022-12-09

679 沈士充 胡存 蒋霭 等 1629年作 山水清音图 手卷
估　价：RMB 30,000～50,000
成交价：RMB 2,415,000
19.5cm×407.5cm 朵云轩 2022-12-08

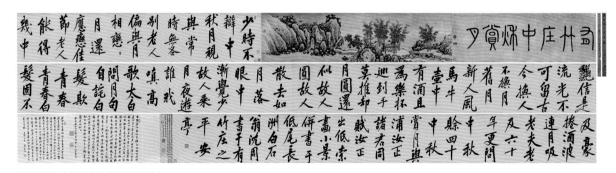

1416 沈周 有竹庄中秋赏月图卷 手卷
成交价：RMB 36,225,000
画心34cm×136cm；书法35cm×897cm
中鸿信 2022-09-12

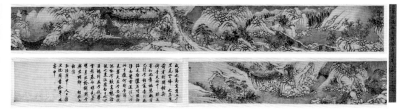

350 沈周 1500年作 雪栈剑阁图 手卷
估　价：RMB 2,200,000～3,200,000
成交价：RMB 3,220,000
画32cm×433cm；书法32cm×137cm 广东崇正 2022-12-24

562 沈周 1471年作 飞来峰图 立轴
估　价：RMB 8,000,000～10,000,000
成交价：RMB 17,480,000
160.5cm×35cm 开拍国际 2022-01-07

1417 沈周 弘治1501年 为西莲上人作幽石牡丹图 立轴
估　价：RMB 1,200,000～3,500,000
成交价：RMB 2,415,000
135cm×82cm 中鸿信 2022-09-12

2534 沈周 蓉汀鹅戏图 立轴
估　价：HKD 800,000～1,200,000
成交价：RMB 1,937,225
134.3cm×66cm 香港苏富比 2022-10-09

416 沈周 远浦归帆 立轴
估　价：RMB 1,800,000～2,800,000
成交价：RMB 2,875,000
49cm×73cm 广东崇正 2022-08-10

1137 盛茂烨 1632年作 水村山郭图 手卷
估　价：RMB 400,000～600,000
成交价：RMB 667,000
20cm×178cm 朵云轩 2022-12-09

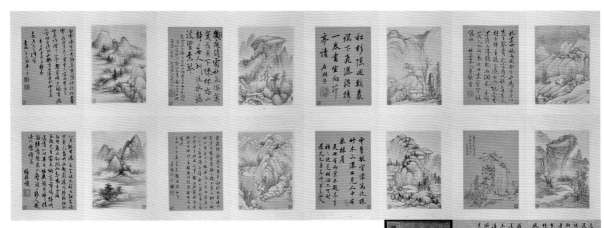

2590 施霖 山水册 册页（八开）
估　价：HKD 150,000～300,000
成交价：RMB 4,102,358
24.7cm×17.7cm×8 香港苏富比 2022-10-09

233 释大汕 寿石幽兰 镜框
估　价：RMB 120,000～180,000
成交价：RMB 356,500
17cm×49cm 华艺国际 2022-09-24

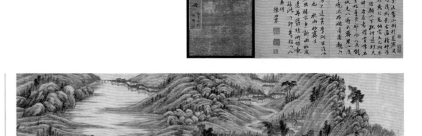

1011 宋懋晋 荆水山居图 手卷
估　价：RMB 2,000,000～3,000,000
成交价：RMB 2,300,000
18.5cm×245.5cm 中国嘉德 2022-06-28

2575 史可法 临古诸家法帖 手卷
估　价：HKD 200,000～300,000
成交价：RMB 512,795
25.6cm×99cm 香港苏富比 2022-10-09

623 孙克弘 1599年作 着色盆景花卉卷 手卷
估　价：RMB 600,000～800,000
成交价：RMB 2,587,500
30.5cm×510cm 北京保利 2022-07-27

1403 孙克弘 杏花玉楼图 立轴
估　价：RMB 1,000,000～1,800,000
成交价：RMB 1,610,000
191cm×98cm 西泠印社 2022-01-22

816 唐寅 晚翠图卷 手卷
估　价：RMB 25,000,000～35,000,000
成交价：RMB 40,825,000
画心26.5cm×140cm 北京保利 2022-07-27

931 屠隆 草书自作诗二首 扇面
估　价：RMB 10,000～30,000
成交价：RMB 207,000
19cm×57cm 中国嘉德 2022-06-28

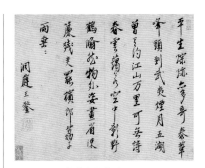

1253 王鏊 平生踪迹帖 镜片
估　价：RMB 500,000～800,000
成交价：RMB 2,070,000
27cm×34.5cm 西泠印社 2022-01-22

643 唐寅（传）画 乾隆帝御题 层岩梵宇 立轴
估　价：RMB 100,000～150,000
成交价：RMB 2,357,500
151cm×57cm 中贸圣佳 2022-12-31

1336 万寿祺 苏武牧羊 镜心
估　价：RMB 180,000～350,000
成交价：RMB 483,000
120cm×92cm 北京荣宝 2022-07-24

2501 王宠 彭年 文彭 行书七言诗 扇面
估　价：HKD 180,000～360,000
成交价：RMB 248,996
17.5cm×52.5cm 香港苏富比 2022-04-27

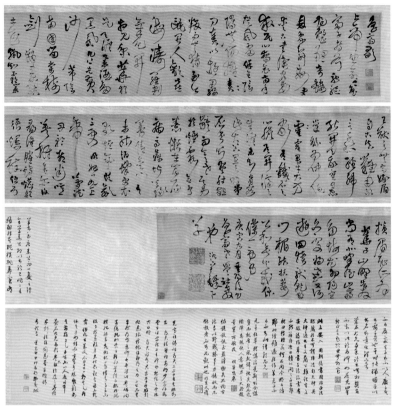

823 王铎 1650年作 草书《鲁斋歌》卷 手卷
估　价：RMB 7,000,000～12,000,000
成交价：RMB 14,030,000
书法25.5cm×311.5cm 北京保利 2022-07-27

1397 王铎 1622年作 为周瑞豹、周瑞旭兄弟
自作诗卷 手卷
估　价：RMB 6,800,000～8,000,000
成交价：RMB 9,085,000
画心29cm×320cm 西泠印社 2022-01-22

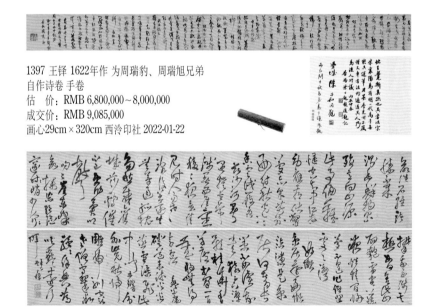

523 王铎 1641年作 辛巳草书自作诗卷 手卷
估　价：RMB 2,200,000～3,000,000
成交价：RMB 8,050,000
25cm×264cm 开拍国际 2022-01-07

840 王铎 1641年作 行书《米芾跋欧阳询〈度
尚帖〉》 立轴
估　价：HKD 4,500,000～5,500,000
成交价：RMB 5,794,110
242cm×47cm 佳士得 2022-12-03

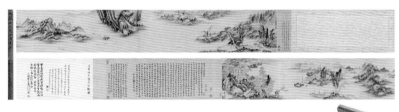

308 王铎 1642年作 自书诗卷 手卷
估　价：RMB 4,800,000～5,800,000
成交价：RMB 5,520,000
书法23cm×218cm 中国嘉德 2022-12-12

1400 王绂 楚江清晓图卷 手卷
估　价：RMB 1,000,000～1,500,000
成交价：RMB 1,150,000
画心34cm×355cm 西泠印社 2022-01-22

452 王问 月夜归樵 立轴
估　价：RMB 300,000～500,000
成交价：RMB 575,000
99cm×49.5cm 广东崇正 2022-08-10

1538 王衡 行书寒山寺诗 扇页
估　价：RMB 100,000～200,000
成交价：RMB 230,000
15cm×47.5cm 西泠印社 2022-08-20

1560 王绂 1409年作 霜柯野筱图 立轴
估　价：RMB 1,500,000～2,500,000
成交价：RMB 2,070,000
88cm×26.5cm 西泠印社 2022-08-20

525 王敬臣 罗浮山指掌图 手卷
估　价：RMB 250,000～350,000
成交价：RMB 368,000
画32cm×450cm 广东崇正 2022-08-10

701 王锡爵 草书《过采石》扇面
估　价：RMB 10,000～30,000
成交价：RMB 552,000
17.5cm×52cm 中国嘉德 2022-12-14

872 王穉登 1569年作 行草书诗卷 手卷
估　价：RMB 800,000～1,200,000
成交价：RMB 1,380,000
25.5cm×412cm 中贸圣佳 2022-12-31

414 王穉登 行书诗 册页（八页）
估　价：RMB 280,000～380,000
成交价：RMB 402,500
26.5cm×11.5cm×8 广东崇正 2022-08-10

3025 文嘉 茅亭读书图 扇面
估　价：RMB 10,000～30,000
成交价：RMB 805,000
17.9cm×51.2cm 永乐拍卖 2022-07-25

1575 文嘉 草阁延宾图 立轴
估　价：RMB 12,000,000～18,000,000
成交价：RMB 32,430,000
117.5cm×37.5cm 华艺国际 2022-09-23

835 文嘉 1577年作 瑶台积雪图并行书诗卷 手卷
估　价：RMB 800,000～1,200,000
成交价：RMB 1,667,500
画心27cm×128cm 中贸圣佳 2022-07-23

668 文彭 1569年作 行书雾岩赋 手卷
估　价：RMB 500,000～800,000
成交价：RMB 2,645,000
25.5cm×136cm 朵云轩 2022-12-08

356 文彭 行书词两阕 手卷
估　价：RMB 800,000～1,200,000
成交价：RMB 1,322,500
31.5cm×489cm 广东崇正 2022-12-24

570 文震孟 行书五言诗 立轴
估　价：RMB 200,000～300,000
成交价：RMB 379,500
137.5cm×51.6cm 北京保利 2022-07-27

829 文徵明 1557年作 金粉福地赋 手卷
估　价：HKD 1,000,000～1,500,000
成交价：RMB 24,693,945
26.8cm×510cm 佳士得 2022-12-03

825 文徵明 1528年作 行书《千字文》《归去来辞》手卷
估　价：HKD 1,200,000～1,800,000
成交价：RMB 8,409,132
26.2cm×433cm 佳士得 2022-05-28

144 文徵明 1526年作 溪山访友图 立轴
估　价：RMB 3,500,000～4,500,000
成交价：RMB 5,692,500
132cm×61cm 上海嘉禾 2022-11-20

353 文徵明 1537年作 兰花图赋书画合卷 手卷
估　价：RMB 2,200,000～3,200,000
成交价：RMB 2,990,000
画25cm×130cm；书法25cm×329cm
广东崇正 2022-12-24

352 文徵明 1542年作 仙华胜游 手卷
估　价：RMB 2,000,000～3,000,000
成交价：RMB 2,645,000
29cm×472cm 广东崇正 2022-12-24

143 文徵明 1498年作 策杖访友图 立轴
估　价：RMB 1,200,000~1,800,000
成交价：RMB 2,127,500
184cm×97cm 上海嘉禾 2022-11-20

1419 文徵明 云林烟瀑图 立轴
估　价：RMB 1,200,000~2,200,000
成交价：RMB 1,725,000
175cm×103.5cm 中鸿信 2022-09-12

821 吴彬（款）栖云山居 立轴
估　价：HKD 400,000~600,000
成交价：RMB 1,100,880
192cm×54cm 佳士得 2022-12-03

298 吴伯玉 朱之蕃 1601年作、1602年作 桃源图咏 手卷
估　价：RMB 1,200,000~1,800,000
成交价：RMB 1,725,000
吴 24cm×268.5cm；朱 24cm×585cm
中国嘉德 2022-12-12

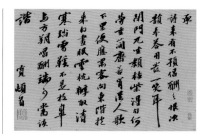

1251 吴宽 承诗帖 镜片
估　价：RMB 500,000~800,000
成交价：RMB 2,875,000
20cm×30.5cm 西泠印社 2022-01-22

782 吴麟 1468年作 蕉扇图 立轴
成交价：RMB 345,000
100cm×51cm 中国嘉德 2022-12-14

566 吴令 1644年作 陈眉公田园歌画意图 手卷
估　价：RMB 300,000~500,000
成交价：RMB 345,000
32cm×360cm 中贸圣佳 2022-07-23

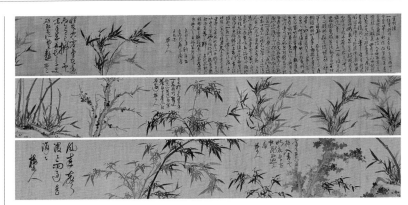

197 吴镇（款）1341年作 墨竹画谱 手卷
估　价：RMB 120,000～220,000
成交价：RMB 1,667,500
31cm×621cm 北京银座 2022-09-16

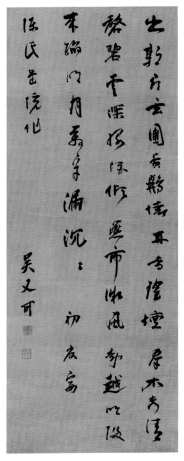

1532 吴有性 行书五言诗 立轴
估　价：RMB 180,000～280,000
成交价：RMB 253,000
127cm×50.5cm 西泠印社 2022-01-22

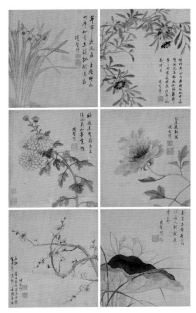

842 项圣谟 1655年作 花卉六开 册页（六开）
估　价：RMB 1,800,000～2,500,000
成交价：RMB 2,530,000
27cm×25.5cm×6 中贸圣佳 2022-07-23

3063 项圣谟 林亭钓艇 立轴
估　价：RMB 400,000～600,000
成交价：RMB 1,138,500
104cm×52cm 永乐拍卖 2022-07-25

582 夏芷 携琴访友图 立轴
估　价：RMB 100,000～200,000
成交价：RMB 1,012,000
121cm×69.5cm 北京保利 2022-07-27

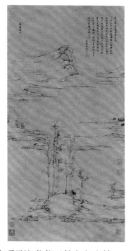

721 项元汴 仿倪云林山水 立轴
估　价：RMB 50,000～80,000
成交价：RMB 230,000
91cm×46cm 北京保利 2022-07-27

614 萧云从 寒峰樾馆图 立轴
估　价：RMB 800,000～1,000,000
成交价：RMB 1,035,000
144.5cm×55.5cm 北京保利 2022-07-27

596 邢侗 草书临羲之帖 立轴
估　价：RMB 100,000～200,000
成交价：RMB 230,000
131cm×33.5cm 北京保利 2022-07-27

383 萧云从 溪山无尽 手卷
估　价：HKD 7,000,000～9,000,000
成交价：RMB 7,387,200
30.5cm×570cm 保利香港 2022-07-12

823 谢时臣 1552年作 清宵雅集 手卷
估　价：HKD 8,000,000～10,000,000
成交价：RMB 8,614,860
29.8cm×127.5cm 佳士得 2022-05-28

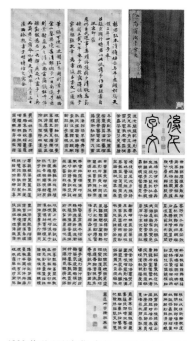

1399 徐观 1462年作 隶书《后千字文》 册页
（共三十三页）
估　价：RMB 250,000～400,000
成交价：RMB 460,000
画心24cm×13.5cm×32 西泠印社 2022-01-22

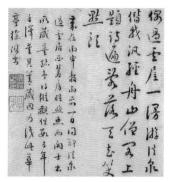

714 徐霖 蕉荫寻诗图 扇面
估　价：RMB 10,000～30,000
成交价：RMB 460,000
18.5cm×49cm 中国嘉德 2022-12-14

524 徐阶 1536年作 行草七言诗册 镜心
估　价：RMB 180,000～250,000
成交价：RMB 287,500
26cm×25cm 中贸圣佳 2022-12-31

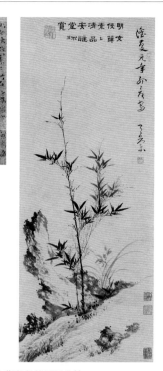

1534 薛素素 竹石图 立轴
估　价：RMB 200,000～300,000
成交价：RMB 322,000
64.5cm×26.5cm 西泠印社 2022-01-22

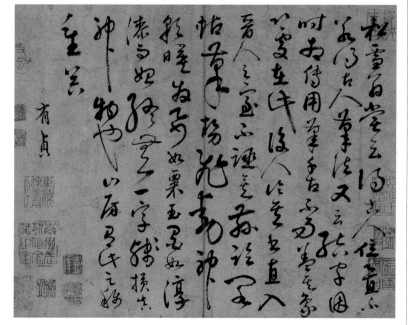

1075 徐有贞 跋赵松雪书 镜心
估　价：RMB 150,000～250,000
成交价：RMB 230,000
25.5cm×31.5cm 中国嘉德 2022-06-28

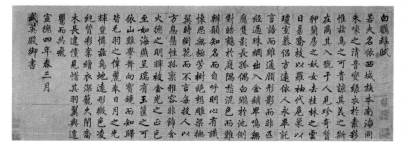

654 宣德 1429年作 楷书《白鹦鹉赋》手卷
估　价：RMB 100,000～150,000
成交价：RMB 345,000
38cm×113cm 北京保利 2022-07-27

412 徐渭 墨葡萄图 立轴
估　价：RMB 7,000,000～8,000,000
成交价：RMB 8,050,000
96cm×32.3cm 中国嘉德 2022-06-26

1324 杨大临 寒鸦花木图 立轴
估 价：RMB 1,200,000~1,800,000
成交价：RMB 2,875,000
226cm×102cm 北京荣宝 2022-07-24

3064 杨文骢 明崇祯十五年作 为周亮工作山
水 立轴
估 价：RMB 800,000~1,500,000
成交价：RMB 920,000
143cm×47cm 永乐拍卖 2022-07-25

1322 仰廷宣 松石图 立轴
估 价：RMB 500,000~1,000,000
成交价：RMB 1,725,000
200cm×110cm 北京荣宝 2022-07-24

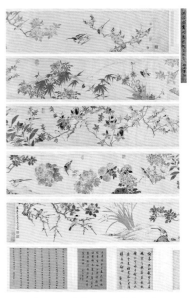

676 殷自成 1607年作 翎羽花卉卷 手卷
估 价：RMB 1,200,000~1,800,000
成交价：RMB 1,840,000
26.5cm×576.5cm 朵云轩 2022-12-08

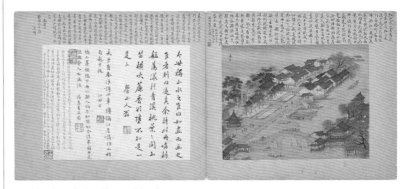

843 姚允在 江淮胜景 散册页（十开）
估 价：HKD 2,200,000~2,800,000
成交价：RMB 14,272,380
22cm×28cm×10 佳士得 2022-05-28

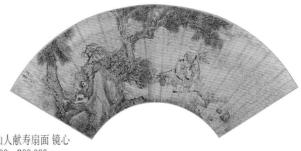

618 尤求 1581年作 仙人献寿扇面 镜心
估 价：RMB 250,000~300,000
成交价：RMB 368,000
16.5cm×51.5cm 中贸圣佳 2022-12-31

27 郁乔枝 平安图 立轴
估　价：RMB 150,000～250,000
成交价：RMB 207,000
157cm×81cm 北京保利 2022-02-03

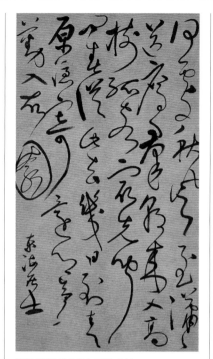

2533 张弼 草书绝句两首 立轴
估　价：HKD 280,000～560,000
成交价：RMB 290,495
108cm×60cm
香港苏富比 2022-04-27

424 张翀 剑阁行旅图 立轴
估　价：RMB 3,800,000～5,800,000
成交价：RMB 7,475,000
183cm×102.5cm
荣宝斋（南京）2022-12-07

1339 袁尚统 渔家乐 立轴
估　价：RMB 200,000～350,000
成交价：RMB 575,000
88cm×88cm 北京荣宝 2022-07-24

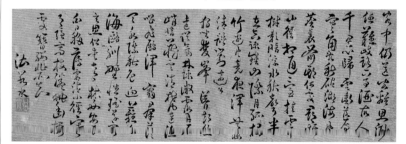

205 湛若水 草书五言诗 手卷
估　价：RMB 180,000～280,000
成交价：RMB 310,500
26cm×79cm 华艺国际 2022-09-24

1338 恽本初 枯木奇石图 立轴
估　价：RMB 90,000～180,000
成交价：RMB 253,000
38cm×34cm 北京荣宝 2022-07-24

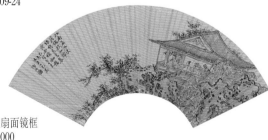

876 张翀 1639年作 亭饮远思 扇面镜框
估　价：HKD 150,000～250,000
成交价：RMB 378,025
14.5cm×46cm 佳士得 2022-05-28

1313 张复 桐庐山水卷——明代的《富春山居图》 手卷
估　价：RMB 3,000,000～7,000,000
成交价：RMB 9,200,000
33cm×1192cm 北京荣宝 2022-07-24

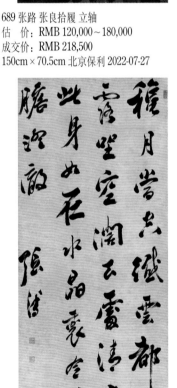

689 张路 张良拾履 立轴
估　价：RMB 120,000～180,000
成交价：RMB 218,500
150cm×70.5cm 北京保利 2022-07-27

3022 张凤翼 行书七言诗 扇面
估　价：RMB 10,000～30,000
成交价：RMB 460,000
19.5cm×56cm 永乐拍卖 2022-07-25

1349 张宏 秋江待渡 立轴
估　价：RMB 380,000～700,000
成交价：RMB 1,955,000
158cm×89cm 北京荣宝 2022-07-24

1389 张溥 行书节录《小窗幽记》 立轴
估　价：RMB 250,000～400,000
成交价：RMB 402,500
124.5cm×51.5cm 西泠印社 2022-01-22

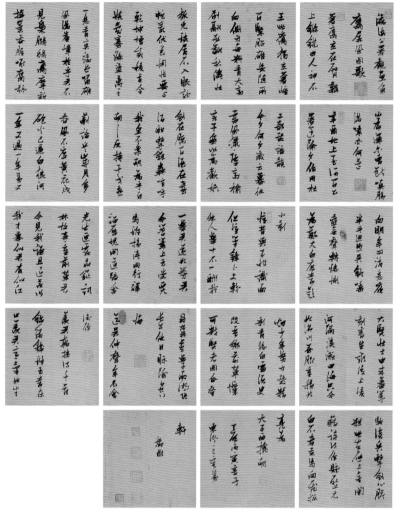

670 张瑞图 行书卷 手卷
估　价：RMB 2,800,000～3,800,000
成交价：RMB 4,197,500
27.5cm×584cm 朵云轩 2022-12-08

10 张瑞图 1626年作 行书自作诗 册页（十开十九页）
估　价：RMB 1,200,000～1,500,000
成交价：RMB 5,290,000
24cm×23cm×19 北京保利 2022-02-03

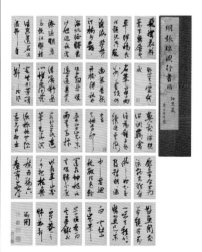

1564 张瑞图 1633年作 《咏鼓山诗册》 册页
（三十页）
估　价：RMB 2,800,000～4,000,000
成交价：RMB 4,140,000
24cm×13cm×30 西泠印社 2022-08-20

8062 张瑞图 1636年作 草书《莲花赋》 册页（十八开）
估　价：RMB 1,800,000～2,200,000
成交价：RMB 3,220,000
12cm×23cm×36 保利厦门 2022-10-21

809 张瑞图 1637年作 草书《东方生行》卷 手卷
估　价：RMB 1,800,000～2,200,000
成交价：RMB 2,587,500
24.5cm×408.5cm 中贸圣佳 2022-07-23

564 赵文俶 花蝶图卷 手卷
估　价：RMB 150,000～200,000
成交价：RMB 207,000
23.5cm×290cm 中贸圣佳 2022-07-23

3028 赵朴 万历四十年作 仿黄公望山水 扇面
估　价：RMB 10,000～30,000
成交价：RMB 333,500
17.5cm×55cm 永乐拍卖 2022-07-25

871 赵南星 高攀龙 周顺昌 罗振玉旧藏赵忠毅、高忠宪、周忠介三公墨迹 册页（九开）
估　价：RMB 3,500,000～4,500,000
成交价：RMB 4,830,000
赵：29cm×14cm×8；高：28cm×29cm×4；周：29cm×14cm×2 中贸圣佳 2022-12-31

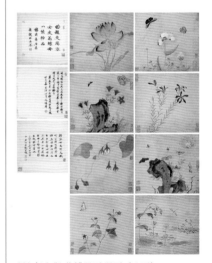

869 赵文俶 花蝶册页 册页（八开）
估　价：RMB 2,800,000～3,500,000
成交价：RMB 3,450,000
26.5cm×29.5cm×8 中贸圣佳 2022-12-31

1414 赵珣 寒林烟树图 立轴
估　价：RMB 150,000～200,000
成交价：RMB 264,500
95cm×41cm 西泠印社 2022-01-22

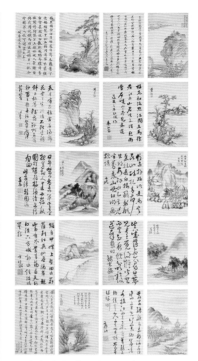

614 赵左 杨亭 章程 等 明季各家小品 册页
（十开）
估　价：RMB 250,000～300,000
成交价：RMB 402,500
26cm×17cm×20 中贸圣佳 2022-12-31

429 郑约 山水（董其昌等人题跋）手卷
估　价：RMB 200,000～300,000
成交价：RMB 322,000
郑：23cm×107cm；董：23cm×48cm；
李：23cm×22.5cm 广东崇正 2022-08-10

834 赵宧光 篆书 立轴
估　价：HKD 60,000～80,000
成交价：RMB 410,427
134.2cm×30.2cm 佳士得 2022-05-28

954 郑完 1638年作 寒江行旅图 立轴
估　价：RMB 50,000～100,000
成交价：RMB 207,000
96cm×54cm 中国嘉德 2022-06-28

1316 钟钦礼 临宋人《盘车图》立轴
估　价：RMB 280,000～000,000
成交价：RMB 1,610,000
187cm×102cm 北京荣宝 2022-07-24

827 周臣 圯上敬履 扇面镜框
估　价：HKD 60,000～100,000
成交价：RMB 347,646
19.3cm×53.3cm 佳士得 2022-12-03

609 周全 桃花源记卷 手卷
成交价：RMB 287,500
28cm×456cm 中国嘉德 2022-05-28

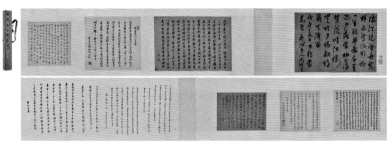

900 周顺昌 袁枚 卢文弨（款）等 1618年作
谢诗并诸家题咏 手卷
估　价：HKD 80,000~120,000
成交价：RMB 309,019
周书：32cm×46cm；余尺寸不一
中国嘉德 2022-10-08

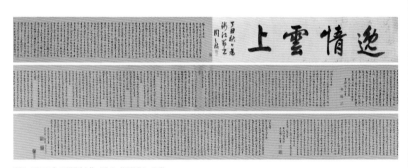

501 周天球 1580年作 溪上草堂记 手卷
估　价：RMB 580,000~880,000
成交价：RMB 667,000
29cm×623cm 上海嘉禾 2022-01-01

1405 周之冕 荷塘双凫图 立轴
估　价：RMB 800,000~1,000,000
成交价：RMB 920,000
136.5cm×55cm 西泠印社 2022-01-22

1321 朱端 王公出行图 立轴
估　价：RMB 400,000~900,000
成交价：RMB 1,150,000
168cm×98cm 北京荣宝 2022-07-24

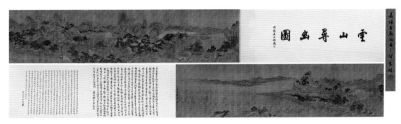

1412 朱朗 嘉靖1532年作 云山寻幽图卷 手卷
估　价：RMB 500,000～800,000
成交价：RMB 977,500
画心38.5cm×325cm 中鸿信 2022-09-12

1348 朱鹭 墨竹图卷 手卷
估　价：RMB 280,000～600,000
成交价：RMB 1,265,000
28.2cm×336.2cm 北京荣宝 2022-07-24

330 朱新堞 行书《独坐敬亭山》 立轴
估　价：RMB 300,000～500,000
成交价：RMB 402,500
184cm×51.5cm 中贸圣佳 2022-07-23

1512 朱孟渊 竹林高士图 镜片
估　价：RMB 250,000～400,000
成交价：RMB 345,000
29cm×31cm 西泠印社 2022-08-20

813 朱栯 行书唐诗《定山寺》轴 立轴
估　价：RMB 800,000～1,200,000
成交价：RMB 977,500
225cm×50cm 中贸圣佳 2022-07-23

1419 朱之蕃 题赞云山张翁像 立轴
估　价：RMB 400,000～600,000
成交价：RMB 690,000
画心143cm×83.5cm；诗堂83cm×41cm
西泠印社 2022-01-22

8080 祝允明 草书《梅花咏》手卷
估　价：RMB 2,200,000～3,200,000
成交价：RMB 5,405,000
32.5cm×472cm 上海嘉禾 2022-11-20

824 祝允明 草书五云裘歌卷 手卷
估　价：RMB 20,000,000～30,000,000
成交价：RMB 27,025,000
35.5cm×476cm 北京保利 2022-07-27

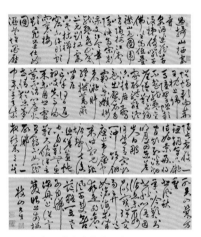

3059 祝允明 草书自作诗 手卷
估　价：RMB 800,000～1,500,000
成交价：RMB 1,127,000
21cm×299cm 永乐拍卖 2022-07-25

302 杨文骢 王时敏 张学曾 恽向 崇祯1638年 四贤山水合卷 手卷
估　价：RMB 30,000,000～50,000,000
成交价：RMB 50,600,000
杨：22.5cm×102.5cm；王：22.5cm×127cm；张：22.5cm×102cm；恽：22.5cm×84.5cm
中国嘉德 2022-12-12

1254 祝允明 1522年作 罕见南京任上用宋纸本书 卢廷玉像赞 镜片
估　价：RMB 1,000,000～2,000,000
成交价：RMB 6,210,000
29cm×51cm 西泠印社 2022-01-22

清代作者

山南李愿隐归盘谷文公闻其言而壮之兴之沔而为之歌曰盘之中维子之宫盘之土维子之稼盘之泉可濯可湘盘之阻谁争子所窈而深廓其有容缭而曲如往而复嗟盘之乐兮乐且无央虎豹远迹兮蛟龙遁藏鬼神守护兮呵禁不祥饮且食兮寿而康无不足兮奚所望膏吾车兮秣吾马从子于盘兮终吾生以徜徉

580 八大山人 福禄寿 镜心
估　价：RMB 12,000,000～20,000,000
成交价：RMB 34,615,000
183.5cm×62cm 华艺国际 2022-07-29

581 八大山人 送李愿归盘谷序 镜心
估　价：RMB 12,000,000～18,000,000
成交价：RMB 20,125,000
165cm×90.5cm 华艺国际 2022-07-29

902 八大山人 鹰蟹图 立轴
估　价：HKD 150,000～200,000
成交价：RMB 9,069,161
126cm×54.5cm 中国嘉德 2022-10-08

1371 八大山人（印款）游鱼飞燕 屏轴
估　价：RMB 20,000～30,000
成交价：RMB 2,932,500
177cm×45cm 朵云轩 2022-12-09

683 八大山人 草书《李母寿序》册页（二十三开）
估　价：RMB 500,000～800,000
成交价：RMB 15,870,000
33cm×49cm×23 朵云轩 2022-12-08

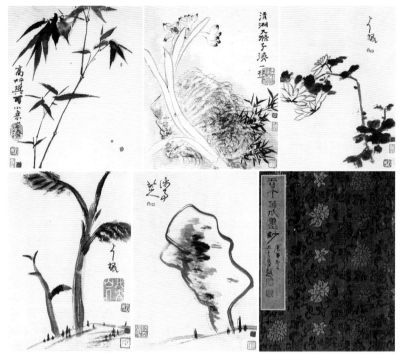

385 八大山人 石涛 花鸟 册页（五开）
估　价：RMB 800,000~1,200,000
成交价：RMB 1,840,000
23.5cm×19.5cm×5 荣宝斋（南京）2022-12-07

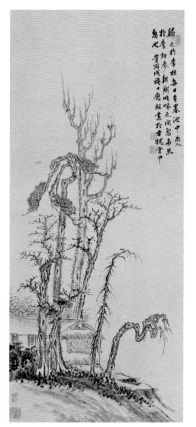

1489 巴慰祖 古槐幽居图 立轴
估　价：RMB 100,000~150,000
成交价：RMB 207,000
102cm×44.5cm 北京荣宝 2022-07-24

966 包世臣 楷书节录《娄寿碑》手卷
估　价：RMB 50,000~80,000
成交价：RMB 517,500
26cm×177cm 中国嘉德 2022-06-28

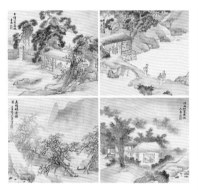

878 贝点 1899年作 清词丽景 册页（十二开）
（节录）
估　价：HKD 240,000～300,000
成交价：RMB 237,615
24.4cm×26cm×12 佳士得 2022-05-28

341 毕沉 行书七言联 立轴
估　价：RMB 180,000～250,000
成交价：RMB 322,000
113cm×24cm×2 中贸圣佳 2022-07-23

1352 蔡琇 饮中八仙图 册页
估　价：RMB 180,000～350,000
成交价：RMB 862,500
32cm×27cm×8 北京荣宝 2022-07-24

1064 毕弘述 1721年作 隶书十三言联 立轴
估　价：RMB 150,000～250,000
成交价：RMB 287,500
175.5cm×25.5cm×2 中国嘉德 2022-06-28

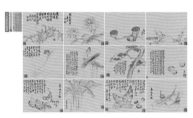

932 边寿民 1747年作 十二月令江南风物 册页
（十二开）
估　价：HKD 600,000～800,000
成交价：RMB 2,428,008
24.1cm×30.7cm×12 中国嘉德 2022-10-08

414 蔡嘉（传）春山闲居卷 手卷
估　价：RMB 60,000～120,000
成交价：RMB 690,000
32cm×422cm 中国嘉德 2022-09-27

921 蔡远 1707年作 樵诸家十二月令山水 册页
（十二开）
估　价：HKD 60,000～100,000
成交价：RMB 1,214,004
39.5cm×27cm×12 中国嘉德 2022-10-08

897 曹鸿勋 楷书九言对联 立轴
估　价：HKD 30,000～50,000
成交价：RMB 301,293
246cm×47.5cm×2 佳士得 2022-12-03

309 曹夔音 法诸家山水 册页（九开）
估　价：RMB 6,500,000～8,500,000
成交价：RMB 7,475,000
23.2cm×29.3cm×9 中国嘉德 2022-12-12

1273 曹溶 为朱德遴作雨色帖 立轴
估　价：RMB 150,000～250,000
成交价：RMB 402,500
35cm×53.5cm 西泠印社 2022-01-22

1356 陈鸿寿 菊蟹图 立轴
估　价：RMB 180,000～350,000
成交价：RMB 690,000
89cm×30cm 北京荣宝 2022-07-24

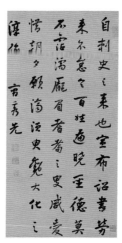

1572 曹涧 临恽格古木垂萝图 立轴
估　价：RMB 550,000～750,000
成交价：RMB 632,500
114cm×44.2cm 华艺国际 2022-09-23

1105 曹秀先 行书节录古文 立轴
估　价：RMB 120,000～200,000
成交价：RMB 253,000
77.5cm×39cm 中国嘉德 2022-06-28

578 陈嘉言 1656年作 花鸟图卷 手卷
估　价：RMB 800,000～1,000,000
成交价：RMB 1,058,000
31.8cm×297.8cm 华艺国际 2022-07-29

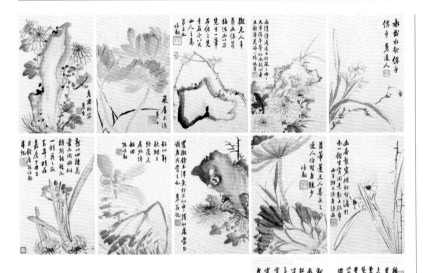

604 陈曼生 1817年 花卉 册页
估　价：RMB 30,000～50,000
成交价：RMB 1,265,000
23cm×15cm×10 中贸圣佳 2022-07-23

1049 陈栻 1792年作 仿古山水 册页（十二开）
估　价：RMB 200,000～300,000
成交价：RMB 230,000
画34cm×8.5cm×12 中国嘉德 2022-06-28

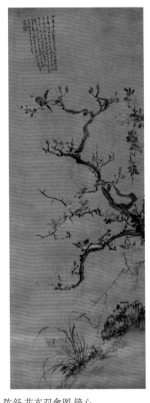

602 陈曼生 1811年作 青绿山水 立轴
估　价：RMB 30,000～50,000
成交价：RMB 517,500
53cm×26.5cm 中贸圣佳 2022-07-23

526 陈敏 麻姑献寿图 立轴
估　价：RMB 180,000～250,000
成交价：RMB 345,000
137cm×64cm 中贸圣佳 2022-07-23

895 陈舒 花卉双禽图 镜心
估　价：RMB 180,000～280,000
成交价：RMB 207,000
128cm×47cm 中国嘉德 2022-12-14

339 陈廷敬 临赵孟頫跋《快雪时晴帖》文 立轴
估 价：RMB 300,000~500,000
成交价：RMB 747,500
98.5cm×48.5cm 中贸圣佳 2022-07-23

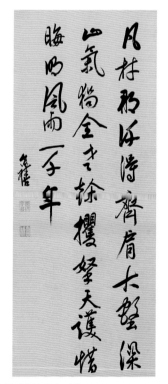

1286 陈奕禧 行书 立轴
估 价：RMB 100,000~120,000
成交价：RMB 287,500
135cm×55cm 朵云轩 2022-12-09

600 陈兆凤 管城春满 立轴
估 价：RMB 50,000~100,000
成交价：RMB 218,500
114cm×56cm 中国嘉德 2022-05-28

404 成亲王 行书随驾诗稿 手卷
估 价：RMB 550,000~750,000
成交价：RMB 805,000
段一30cm×143cm；段二30cm×72cm；
段三30cm×86.5cm 广东崇正 2022-08-10

1150 陈卓 1666年作 钓罢归来图 扇面
估 价：RMB 50,000~80,000
成交价：RMB 230,000
19cm×52cm 中国嘉德 2022-06-28

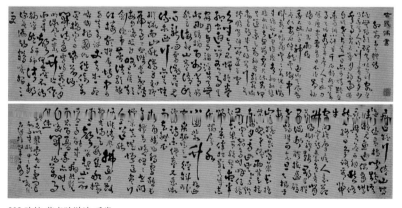

802 陈梓 草书陆游诗 手卷
估 价：RMB 300,000~400,000
成交价：RMB 345,000
39cm×248.5cm 中国嘉德 2022-12-14

453 程正揆 1658年作 山水书法卷 手卷
估　价：RMB 3,500,000～5,500,000
成交价：RMB 5,175,000
画21cm×310.5cm 广东崇正 2022-08-10

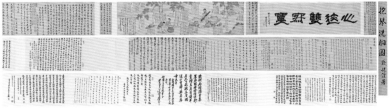

403 戴苍 渔洋山人抱琴洗桐图 手卷
估　价：RMB 26,000,000～36,000,000
成交价：RMB 32,200,000
画31.5cm×126cm 中国嘉德 2022-06-26

870 慈禧 1889年作 葡萄 立轴
估　价：HKD 150,000～200,000
成交价：RMB 648,043
170cm×84.5cm 佳士得 2022-05-28

654 迟煓 1715年作 芦雁图 立轴
估　价：RMB 300,000～500,000
成交价：RMB 345,000
　163cm×93cm 中贸圣佳 2022-12-31

3666 崔镱（传） 18世纪—19世纪 贝氏艺术
珍藏 荷亭消夏 立轴
估　价：HKD 90,000～120,000
成交价：RMB 324,021
121.5cm×41.3cm 香港苏富比 2022-04-29

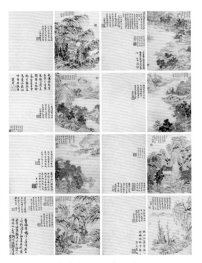

786 崔晃 写生诗意 册页（八开）
估　价：RMB 300,000～500,000
成交价：RMB 759,000
画24cm×18cm×8 中国嘉德 2022-12-14

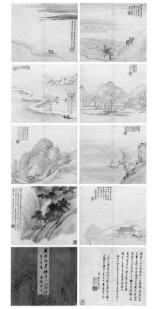

1051 戴熙 1841年作 仿古山水 册页（八开）
估　价：RMB 20,000～50,000
成交价：RMB 575,000
23.5cm×27cm×8 中国嘉德 2022-06-28

584 道光 1822年作 付与东风一缕开 扇面
估　价：RMB 30,000～60,000
成交价：RMB 368,000
17cm×51cm 中国嘉德 2022-05-28

527 邓石如 1799年作 楷书乐天故事 册页
估　价：RMB 500,000～800,000
成交价：RMB 1,322,500
30.5cm×16.5cm×8
开拍国际 2022-01-07

3057 邓石如 篆书《弟子职》十屏立轴
估　价：RMB 3,000,000～5,000,000
成交价：RMB 4,715,000
174cm×45cm×10 永乐拍卖 2022-07-25

749 颠道人 花卉逸品 册页（十二开）
估　价：RMB 800,000～1,000,000
成交价：RMB 2,990,000
画心26cm×17.5cm×12 开拍国际 2022-01-07

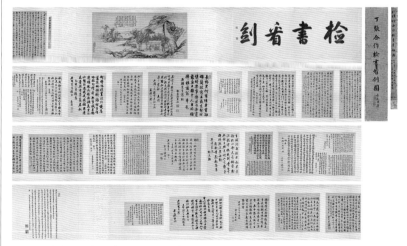

826 丁观鹏 张宗苍 合绘 戴震等三十家仕宦题跋 手卷
估　价：RMB 12,000,000～18,000,000
成交价：RMB 17,480,000
画心36cm×77.5cm 北京保利 2022-07-27

862 丁敬 行书诗作 立轴
估　价：HKD 100,000～150,000
成交价：RMB 2,376,158
128cm×37cm 佳士得 2022-05-28

465 丁以诚 拟新罗山人笔意 镜心
估　价：RMB 600,000～800,000
成交价：RMB 690,000
125cm×74cm 荣宝斋（南京）2022-12-07

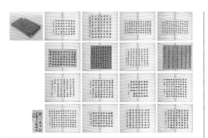

140 定亲王 1820年作 楷书诗 册页
估　价：RMB 100,000～120,000
成交价：RMB 207,000
尺寸不一 中贸圣佳 2022-12-31

2535 董邦达 仿王蒙秋山草堂笔意山水 立轴
估　价：HKD 600,000～800,000
成交价：RMB 2,051,179
117cm×54cm 香港苏富比 2022-10-09

861 董邦达 湖山泛舟卷 手卷
估　价：RMB 600,000～800,000
成交价：RMB 920,000
60.5cm×476cm 中贸圣佳 2022-12-31

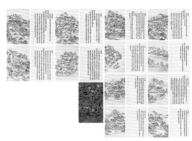

3584 董诰 记景（十二帧）册页
估　价：RMB 150,000～250,000
成交价：RMB 483,000
23cm×15cm×24 保利厦门 2022-10-22

850 法若真 雪山图 立轴
估　价：HKD 2,200,000～2,800,000
成交价：RMB 2,317,644
155cm×47.5cm 佳士得 2022-12-03

407 法若真 行书七律 立轴
估　价：RMB 1,000,000～1,500,000
成交价：RMB 1,495,000
164cm×48cm 广东崇正 2022-08-10

2563 方亨咸 行书节临《书谱》手卷
估　价：HKD 280,000～300,000
成交价：RMB 740,704
30.8cm×406.5cm 香港苏富比 2022-10-09

267 范金镛 梳妆图 立轴
估　价：RMB 100,000～150,000
成交价：RMB 218,500
85cm×39cm 广东崇正 2022-08-11

1247 方士庶 竹溪高隐 立轴
估　价：RMB 120,000～180,000
成交价：RMB 224,250
108cm×33.5cm 朵云轩 2022-12-09

821 方琮 清溪漱玉图轴 立轴
估　价：RMB 2,800,000～3,500,000
成交价：RMB 3,910,000
123cm×56.5cm 中贸圣佳 2022-07-23

1048 方薰 天中节景图 手卷
估　价：RMB 350,000～550,000
成交价：RMB 632,500
画22.5cm×117cm 中国嘉德 2022-06-28

1565 傅山 华严经及唐诗卷 手卷
估　价：RMB 10,000,000～15,000,000
成交价：RMB 18,975,000
23.5cm×213.5cm 西泠印社 2022-08-20

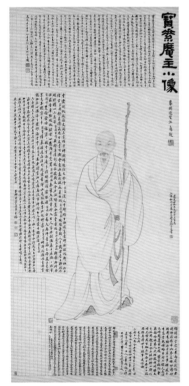

865 费丹旭 1849年作 宝素庵主小像 立轴
估　价：HKD 300,000～500,000
成交价：RMB 1,728,115
132.5cm×62.5cm 佳士得 2022-05-28

855 冯仙湜 1807年作 烟波垂钓 立轴
估　价：HKD 200,000～300,000
成交价：RMB 208,587
123cm×51.5cm 佳士得 2022-12-03

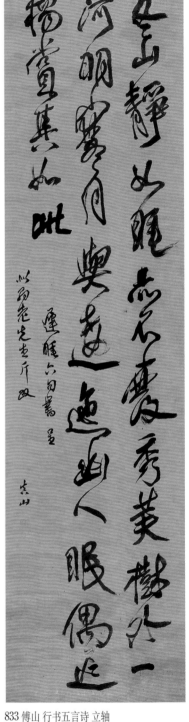

833 傅山 行书五言诗 立轴
估　价：RMB 3,000,000～5,000,000
成交价：RMB 4,600,000
202cm×50cm 北京保利 2022-07-27

811 傅山 行书五言排律、寒林图 扇面
估　价：RMB 3,800,000～6,000,000
成交价：RMB 4,485,000
17.5cm×53.6cm；16cm×51.2cm
北京保利 2022-07-27

1094 傅雯 指画关羽像 立轴
估　价：RMB 20,000～50,000
成交价：RMB 253,000
193.5cm×110.5cm 中国嘉德 2022-06-28

586 改琦 1807年作 消夏雅集图 手卷
估　价：RMB 1,200,000～1,800,000
成交价：RMB 2,242,500
46.1cm×366cm 华艺国际 2022-07-29

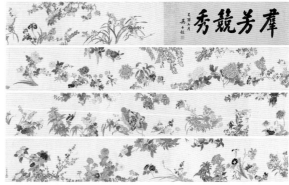

1087 盖仙 群芳竞秀图 手卷
估　价：RMB 80,000～180,000
成交价：RMB 368,000
画32.5cm×770cm 中国嘉德 2022-06-28

587 高凤翰 双松并茂图 立轴
估　价：RMB 400,000~600,000
成交价：RMB 552,000
144cm×55cm 华艺国际 2022-07-29

3072 高其佩 钟馗 立轴
估　价：RMB 550,000~850,000
成交价：RMB 1,127,000
114.5cm×58cm 永乐拍卖 2022-07-25

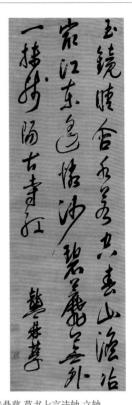

827 龚鼎孳 草书七言诗轴 立轴
估　价：RMB 300,000~500,000
成交价：RMB 345,000
161.8cm×50.8cm 北京保利 2022-07-27

3 高简 1706年作 梅花 册页（八开）
估　价：RMB 100,000~120,000
成交价：RMB 207,000
23cm×31cm×8 北京保利 2022-02-03

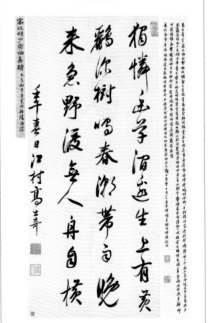

590 高士奇 1702年作 行书韦应物《滁州西
涧》镜框
估　价：RMB 480,000~680,000
成交价：RMB 632,500
130cm×58.5cm 华艺国际 2022-07-29

1410 龚贤 山林茆居图 立轴
估　价：RMB 3,000,000~5,000,000
成交价：RMB 4,255,000
152.5cm×47.5cm 西泠印社 2022-01-22

8086 龚贤 仙客楼居图 立轴
估　价：RMB 4,800,000～6,000,000
成交价：RMB 6,670,000
76.5cm×42.5cm 上海嘉禾 2022-11-20

848 龚贤 山川幽居 立轴
估　价：HKD 600,000～800,000
成交价：RMB 2,317,644
97cm×63cm 佳士得 2022-12-03

528 龚自珍 筱梅女史 行书七言诗、落花飞燕 镜心
成交价：RMB 276,000
40.5cm×28cm 北京保利 2022-07-27

810 顾昉 1709年作 春山图 立轴
估　价：RMB 180,000～280,000
成交价：RMB 207,000
62.5cm×76.5cm 中国嘉德 2022-12-14

1019 顾符稹 山庄静业图 立轴
估　价：RMB 500,000~800,000
成交价：RMB 575,000
182cm×92.5cm 中国嘉德 2022-06-28

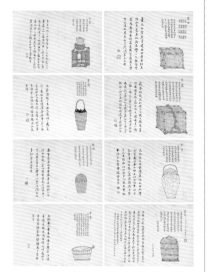

146 顾驺 茶具 册页
估　价：HKD 600,000~800,000
成交价：RMB 1,440,096
27cm×40.2cm×8 华艺国际 2022-05-29

570 关槐 青绿山水对卷 手卷
估　价：RMB 300,000~500,000
成交价：RMB 483,000
10cm×102.5cm×2 中贸圣佳 2022-12-31

602 归允肃 行书《劝学文》句 立轴
成交价：RMB 402,500
156cm×54cm 北京保利 2022-07-27

1207 光绪帝 御笔"三晋遗封" 镜心
估　价：RMB 50,000~80,000
成交价：RMB 322,000
66cm×245cm 中鸿信 2022-09-12

579 郭朝祚 1730年作 西园雅集 通景三幅
估　价：RMB 80,000~150,000
成交价：RMB 632,500
183cm×194cm×2；183cm×204cm
中国嘉德 2022-05-28

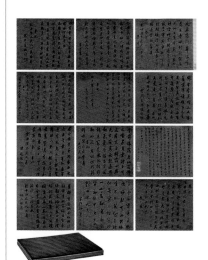

400 韩菼 张英 等 陈太夫人红金笺寿 册页
（十二开）
估　价：RMB 800,000~1,200,000
成交价：RMB 920,000
36cm×41.5cm×12 广东崇正 2022-08-10

398 何绍基 行书节录黄庭坚《题〈校书图〉
后》立轴
估　价：RMB 1,800,000~2,800,000
成交价：RMB 2,070,000
170.5cm×44cm×6 中国嘉德 2022-06-26

1222 和珅 临蔡襄《虹县帖》镜心
估　价：RMB 35,000~55,000
成交价：RMB 264,500
71.5cm×189cm 中鸿信 2022-09-12

1413 弘仁 静谷寒烟图 册页
估　价：RMB 1,200,000~2,200,000
成交价：RMB 12,075,000
22cm×16.8cm×12 中鸿信 2022-09-12

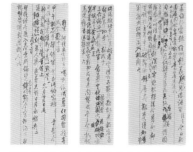

2586 弘历 御制《将军阿桂奏攻克噶喇依贼巢
红旗报捷喜成凯歌十首》诗稿 三片
估　价：HKD 500,000~700,000
成交价：RMB 518,742
尺寸不一 香港苏富比 2022-04-27

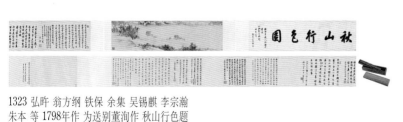

1323 弘旿 翁方纲 铁保 余集 吴锡麒 李宗瀚
朱本 等1798年作 为送别董洵作 秋山行色题
咏卷 手卷
估　价：RMB 600,000~800,000
成交价：RMB 1,115,500
画心28cm×108.5cm 西泠印社 2022-01-22

343 洪亮吉 篆书七言联 立轴
估　价：RMB 200,000~300,000
成交价：RMB 483,000
127cm×26cm×2 中贸圣佳 2022-07-23

446 胡方 楷书自书诗 立轴
估　价：RMB 150,000～200,000
成交价：RMB 207,000
132cm×35cm 广东崇正 2022-12-24

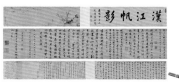

1320 胡介祉 田雯 李坚 等 1684年作 汉江帆影
图卷 手卷
估　价：RMB 180,000～280,000
成交价：RMB 391,000
画心24.5cm×101cm 西泠印社 2022-01-22

1401 胡湄 晴雪雀兔图 立轴
估　价：RMB 400,000～900,000
成交价：RMB 1,495,000
159cm×81cm 北京荣宝 2022-07-24

777 胡澍 1867年作 篆书"爱竹山房"横披
估　价：RMB 30,000～50,000
成交价：RMB 253,000
29cm×134cm 中国嘉德 2022-12-14

1579 胡铁梅 1883年作 峰峦叠嶂对屏 立轴
估　价：RMB 500,000～700,000
成交价：RMB 575,000
177cm×65.5cm×2 华艺国际 2022-09-23

662 华嵒 1728年作 淮河图册十二开 册页
估　价：RMB 800,000～1,200,000
成交价：RMB 1,840,000
24.5cm×29.5cm×12cm 中贸圣佳 2022-12-31

1261 华嵒 1756年作 茶花小鸟 立轴
估　价：RMB 2,800,000～3,500,000
成交价：RMB 3,220,000
134.5cm×53.5cm 朵云轩 2022-12-09

1368 华嵒 松鹤图 立轴
估　价：RMB 450,000～800,000
成交价：RMB 1,955,000
171cm×89cm 北京荣宝 2022-07-24

511 华嵒 海棠绶带 立轴
估　价：RMB 800,000～1,200,000
成交价：RMB 1,357,000
94cm×53cm 上海嘉禾 2022-01-01

1483 华嵒 1756年作 草庐琴趣图 立轴
估　价：RMB 800,000～1,200,000
成交价：RMB 1,265,000
134.5cm×62.5cm 西泠印社 2022-01-22

217 黄璧 1768年作 凌阁风声图 镜心
估　价：RMB 500,000～700,000
成交价：RMB 575,000
116cm×215cm 华艺国际 2022-09-24

311 黄鼎 1707年作 山居幽冥 立轴
估　价：RMB 600,000～1,200,000
成交价：RMB 2,875,000
124cm×50cm 中国嘉德 2022-12-12

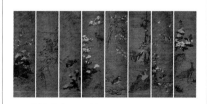

579 黄桂 花鸟八屏 镜心
估　价：RMB 300,000～600,000
成交价：RMB 1,150,000
163.5cm×42.5cm×8 华艺国际 2022-07-29

1463 黄鼎 1694年作 为杨晋作临沈周《庐山
高图》立轴
估　价：RMB 1,200,000～1,800,000
成交价：RMB 2,185,000
200cm×94cm 西泠印社 2022-01-22

1672 黄机 行书七言诗 立轴
估　价：RMB 150,000～250,000
成交价：RMB 241,500
172cm×45.5cm 西泠印社 2022-08-20

2593 黄卷 美人夜游图 立轴
估　价：HKD 20,000～30,000
成交价：RMB 205,118
122cm×52.8cm 香港苏富比 2022-10-09

669 黄任 行书七言联 对联
估　价：RMB 100,000～120,000
成交价：RMB 276,000
108cm×21cm×2 北京保利 2022-07-27

674 黄山寿 1905年作 百美献寿 手卷
估　价：RMB 80,000～120,000
成交价：RMB 402,500
画40.5cm×485.5cm 中国嘉德 2022-06-27

1372 黄慎 八仙图 立轴
估　价：RMB 1,200,000～1,800,000
成交价：RMB 3,220,000
画111cm×146.7cm 北京荣宝 2022-07-24

878 黄慎 狂草无题诗帖卷 手卷
估　价：RMB 1,800,000～2,500,000
成交价：RMB 2,300,000
24.5cm×227cm 中贸圣佳 2022-12-31

354 黄太玄 草书（四幅）屏轴
估　价：RMB 80,000～120,000
成交价：RMB 253,000
148cm×39cm×4 朵云轩 2022-12-08

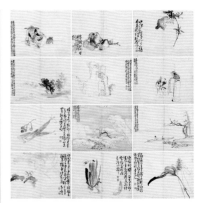

804 黄慎 杂画 册页（十二开）
估　价：RMB 800,000～1,500,000
成交价：RMB 1,380,000
24cm×31cm×12 北京保利 2022-07-27

4287 黄士陵 集金文条屏 立轴
估　价：RMB 100,000～150,000
成交价：RMB 1,092,500
176cm×47cm×2 中国嘉德 2022-06-26

805 黄向坚 滇黔山水 册页（八开）
估　价：RMB 380,000～480,000
成交价：RMB 437,000
26cm×36.5cm×8 中国嘉德 2022-12-14

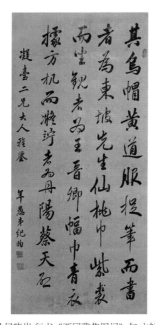

856 纪晓岚 行书《西园雅集图记》句 立轴
估　价：RMB 200,000～300,000
成交价：RMB 460,000
128cm×59cm 中贸圣佳 2022-12-31

457 嘉庆帝 仙桃寿芝图 立轴
估　价：RMB 600,000～800,000
成交价：RMB 805,000
207cm×80cm 荣宝斋（南京）2022-12-07

2527 黄易 春帆北上图 手卷
估　价：HKD 150,000～250,000
成交价：RMB 622,490
24,4cm×126.2cm 香港苏富比 2022-04-27

588 嘉庆帝 1800年作 御笔德楞泰奏报潼河大捷诗 手卷
估　价：RMB 12,000,000～18,000,000
成交价：RMB 22,770,000
28cm×190cm 华艺国际 2022-07-29

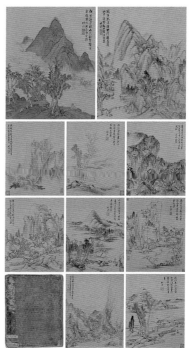

471 贾全 仿古山水 册页（十开）
估　价：RMB 150,000～200,000
成交价：RMB 218,500
34.5cm×28.5cm×10 广东崇正 2022-08-10

515 姜筠 烟波秋思卷 手卷
估 价：RMB 150,000~250,000
成交价：RMB 517,500
画心14cm×319cm 中贸圣佳 2022-10-27

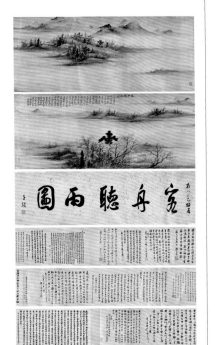

896 蒋宝龄 1824年作 客舟听雨图 手卷
估 价：HKD 150,000~200,000
成交价：RMB 220,728
画25.5cm×125cm 中国嘉德 2022-10-08

345 蒋衡 1727年作 大唐中兴颂 册页（三十开）
估 价：RMB 200,000~250,000
成交价：RMB 253,000
62cm×46.5cm×30 中贸圣佳 2022-07-23

476 蒋溥 诗画对题 册页（十二开）
估 价：RMB 180,000~250,000
成交价：RMB 368,000
11cm×8.5cm×24 中贸圣佳 2022-07-23

399 蒋廷锡 冻竹暖梅图 立轴
估 价：RMB 180,000~280,000
成交价：RMB 2,070,000
99cm×43cm 中国嘉德 2022-06-26

12 金农 1739年作 楷隶书册页（二十开四十页）
估 价：RMB 1,500,000~2,000,000
成交价：RMB 5,865,000
27cm×12cm×40 北京保利 2022-02-03

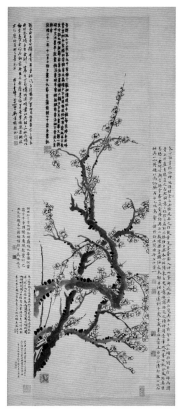

2531 金农 墨梅 立轴
估　价：HKD 1,200,000～2,200,000
成交价：RMB 4,786,085
128cm×39.7cm 香港苏富比 2022-10-09

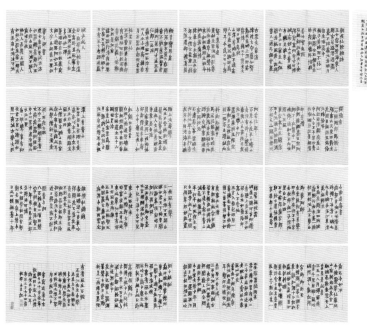

805 金农 1760年作 《龙梭仙馆杂诗》 册页
（十六开三十二页）
估　价：RMB 2,000,000～3,000,000
成交价：RMB 4,140,000
22cm×25cm×16 北京保利 2022-07-27

828 金农 杂画 册页（八开）
估　价：HKD 2,500,000～3,000,000
成交价：RMB 2,700,180
27.7cm×29.3cm×8 佳士得 2022-05-28

868 金农 1756年作 罗汉 立轴
估　价：HKD 3,000,000～5,000,000
成交价：RMB 2,781,172
135.5cm×38.2cm 佳士得 2022-12-03

8084 金农 花果 册页（八开）
估　价：RMB 1,800,000～2,800,000
成交价：RMB 3,162,500
23.7cm×30cm×8 上海嘉禾 2022-11-20

2576 金农 漆书《童蒙八章》 手卷
估　价：HKD 1,500,000～2,000,000
成交价：RMB 2,620,951
32.5cm×959.5cm 香港苏富比 2022-10-09

828 金廷标 听泉图 立轴
估　价：RMB 22,000,000～28,000,000
成交价：RMB 36,340,000
112.5cm×147.5cm 中贸圣佳 2022-07-23

1383 康涛 仕女 立轴
估　价：RMB 80,000～250,000
成交价：RMB 368,000
169cm×85cm 北京荣宝 2022-07-24

858 金廷标 桃源问津 立轴
估　价：RMB 500,000～600,000
成交价：RMB 747,500
65cm×97cm 中贸圣佳 2022-12-31

847 居巢 花卉（四帧）镜心
成交价：RMB 882,912
29cm×44cm×4 中国嘉德 2022-10-08

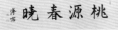

2528 金造士 桃源春晓 手卷
估　价：HKD 150,000～250,000
成交价：RMB 331,994
26cm×130cm 香港苏富比 2022-04-27

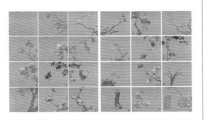

864 居廉 1887年作 二十四番花信 册页
（二十四开）
成交价：RMB 1,489,914
23.5cm×29cm×24 中国嘉德 2022-10-08

370 康熙帝 行书《圣教序》句 立轴
估　价：RMB 1,000,000～1,800,000
成交价：RMB 1,667,500
176cm×46.5cm 广东崇正 2022-12-24

2058 郎世宁（款）秋郊牧马卷 手卷
估　价：RMB 550,000～750,000
成交价：RMB 632,500
67cm×508cm 中国嘉德 2022-06-01

1937 雷恺 马宗霍 递藏 何绍基 行书六屏
估　价：RMB 250,000～400,000
成交价：RMB 1,092,500
29cm×122.5cm 中国嘉德 2022-06-27

830 康熙帝 行书林环《太液晴波》七言诗 立轴
估　价：RMB 800,000～1,200,000
成交价：RMB 1,725,000
160.8cm×61cm 北京保利 2022-07-27

825 冷枚 1732年作 虎子图卷 手卷
估　价：RMB 8,000,000～18,000,000
成交价：RMB 9,200,000
画心32.3cm×64cm 北京保利 2022-07-27

3066 蓝孟 1622年作 秋山策杖 立轴
估　价：RMB 350,000～650,000
成交价：RMB 690,000
144cm×42cm 永乐拍卖 2022-07-25

2585 冷枚 高士赏梅图 立轴
估　价：HKD 10,000,000～15,000,000
成交价：RMB 10,271,915
100cm×58cm 香港苏富比 2022-04-27

406 冷枚 1725年作 九思图 立轴
估　价：RMB 2,200,000～3,200,000
成交价：RMB 2,530,000
165cm×96cm 中国嘉德 2022-06-26

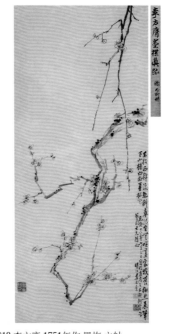

813 李方膺 1751年作 墨梅 立轴
估　价：RMB 600,000～800,000
成交价：RMB 1,495,000
132.5cm×57cm 北京保利 2022-07-27

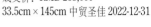

684 李鱓 太常仙蝶图卷 手卷
估　价：RMB 220,000～280,000
成交价：RMB 253,000
33.5cm×145cm 中贸圣佳 2022-12-31

750 李鱓 写生花果 册页（八开）
估　价：RMB 800,000～1,000,000
成交价：RMB 2,530,000
绘画28cm×36cm×8；书法28cm×36cm×8
开拍国际 2022-01-07

597 李端遇 隶书十一言联 立轴
估　价：RMB 200,000～300,000
成交价：RMB 805,000
350cm×62cm×2 中贸圣佳 2022-10-27

513 李鸿章 行书八言联 对联
成交价：RMB 540,500
168cm×34.5cm×2 北京保利 2022-07-27

850 李鱓 金带围图轴 立轴
估　价：RMB 800,000～1,200,000
成交价：RMB 1,265,000
157.5cm×52.5cm 中贸圣佳 2022-07-23

1570 李世倬 竹石霜柯图 立轴
估 价：RMB 450,000~650,000
成交价：RMB 517,500
87cm×38.7cm 华艺国际 2022-09-23

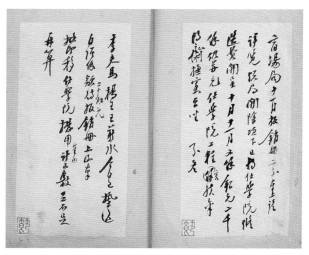

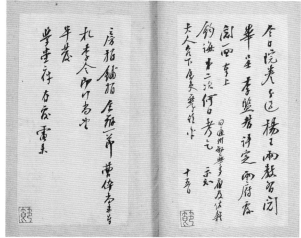

896 梁鼎芬 书札 三册页（共一百一十开）
估 价：HKD 60,000~80,000
成交价：RMB 237,615
23.2cm×12.5cm×110 佳士得 2022-05-28

812 李渔 隶书五言联 立轴
估 价：RMB 800,000~1,000,000
成交价：RMB 5,175,000
80cm×21cm×2 中贸圣佳 2022-07-23

415 励廷仪 1707年作 行书七律 立轴
估 价：RMB 150,000~250,000
成交价：RMB 264,500
191cm×46.5cm 广东崇正 2022-08-10

1155 梁同书 1807年作 行书八言联 立轴
估　价：RMB 100,000~150,000
成交价：RMB 552,000
176.5cm×30.5cm×2 中国嘉德 2022-06-28

1160 廖鸿荃 行书八言联 立轴
估　价：RMB 60,000~100,000
成交价：RMB 322,000
169cm×34.5cm×2 中国嘉德 2022-06-28

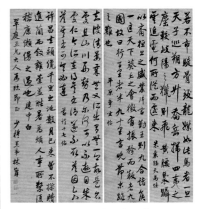

892 林则徐 行书临帖（四幅）屏轴
估　价：RMB 800,000~1,000,000
成交价：RMB 920,000
119cm×28cm×4 朵云轩 2022-12-09

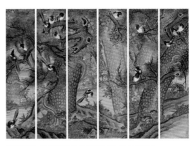

2123 凌畹 报喜图六条屏 通景六条屏
成交价：RMB 437,000
183cm×42cm×6 中国嘉德 2022-06-01

295 梁同书 书法对联
估　价：HKD 327,000
成交价：RMB 367,880
136cm×34cm×2 荣宝斋（香港）2022-11-26

2517 林则徐 行书八言联 对联镜框
估　价：HKD 100,000~200,000
成交价：RMB 1,367,453
169.5cm×31.5cm×2 香港苏富比 2022-10-09

560 刘璧 仙山楼阁 镜心
估　价：RMB 200,000~300,000
成交价：RMB 322,000
201cm×105cm 中贸圣佳 2022-10-27

13 刘元广 辛丑年 清远桃源
估　价：RMB 220,000～460,000
成交价：RMB 529,000
68cm×68cm 保利厦门 2022-10-22

1056 刘墉 行书"仿陈简斋笔意"十条屏 立轴
估　价：RMB 300,000～500,000
成交价：RMB 1,380,000
157cm×36cm×10 中鸿信 2022-09-12

828 卢焯 行书七言诗轴 立轴
估　价：RMB 200,000～300,000
成交价：RMB 460,000
208.1cm×42.4cm 北京保利 2022-07-27

479 刘墉 行书临帖 册页
估　价：RMB 200,000～300,000
成交价：RMB 690,000
24cm×35cm×9 上海嘉禾 2022-01-01

561 六舟 1838—1857年间作 东魏天平四年四
面玉佛造像拓本 册页
估　价：RMB 2,600,000～3,500,000
成交价：RMB 4,715,000
28.3cm×35.3cm×31 开拍国际 2022-01-07

399 陆瀚 钟馗戏蝠 立轴
估　价：HKD 250,000～450,000
成交价：RMB 444,964
194cm×100cm 保利香港 2022-10-12

583 陆润庠 楷书八言联 镜心
估　价：RMB 80,000～120,000
成交价：RMB 310,500
217cm×53cm×2 中贸圣佳 2022-12-31

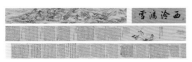

1330 陆沅 司马湘 薛宝田 季纶全 等 西泠鸿雪
题咏卷 手卷
估　价：RMB 100,000～200,000
成交价：RMB 299,000
画心14cm×448.5cm 西泠印社 2022-01-22

820 罗聘 药王图 立轴
估　价：RMB 1,000,000～1,500,000
成交价：RMB 1,150,000
125cm×36.5cm 北京保利 2022-07-27

945 骆绮兰 王文治 1795年作 三朵花图及题咏
立轴
估　价：HKD 30,000～50,000
成交价：RMB 309,019
121cm×41cm 中国嘉德 2022-10-08

459 罗牧 山水 立轴
估　价：RMB 500,000～600,000
成交价：RMB 747,500
205.5cm×77cm 荣宝斋（南京）2022-12-07

1396 罗岩 墨竹图 立轴
估　价：RMB 100,000～250,000
成交价：RMB 483,000
231cm×90cm 北京荣宝 2022-07-24

1464 吕焕成 1699年作 高士雅集图 立轴
估　价：RMB 1,000,000～1,800,000
成交价：RMB 1,725,000
192cm×138cm 西泠印社 2022-01-22

1398 吕学 群仙渡海图 立轴
估　价：RMB 350,000～500,000
成交价：RMB 805,000
247cm×127.6cm 北京荣宝 2022-07-24

406 马元驭 1705年作 荷塘鹭鸶 镜心
估　价：HKD 150,000～300,000
成交价：RMB 390,700
137cm×65cm；110cm×52cm
保利香港 2022-10-12

671 冒襄 草书 立轴
估　价：RMB 1,200,000～1,500,000
成交价：RMB 1,380,000
115cm×66cm 朵云轩 2022-12-08

1400 马豫 墨竹图 立轴
估　价：RMB 300,000～500,000
成交价：RMB 690,000
321cm×129cm 北京荣宝 2022-07-24

1437 毛际可 松原别业图 扇页
估　价：RMB 150,000～250,000
成交价：RMB 287,500
16.5cm×51cm 西泠印社 2022-01-22

2503 冒襄 行草词组 扇面
估　价：HKD 80,000～160,000
成交价：RMB 674,364
16.8cm×52cm 香港苏富比 2022-04-27

1402 梅清 黄山文殊台 立轴
估　价：RMB 1,200,000～2,000,000
成交价：RMB 5,750,000
142cm×54cm 北京荣宝 2022-07-24

354 绵恩 楷书御制《文存石寿》 册页（十开）
估　价：RMB 120,000～180,000
成交价：RMB 299,000
19cm×27cm×10 中贸圣佳 2022-07-23

1127 明福 塞上图 横披
估　价：RMB 10,000～30,000
成交价：RMB 345,000
125cm×320cm 中国嘉德 2022-06-28

373 莫友芝 1866年作 隶书六屏 立轴
估　价：HKD 300,000～600,000
成交价：RMB 307,800
131cm×34.5cm×6 保利香港 2022-07-12

920 倪田 1889年作 为金心兰作山水人物 册页（十二开）
估　价：HKD 40,000～100,000
成交价：RMB 386,274
24cm×38cm×12 中国嘉德 2022-10-08

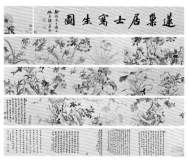

393 潘恭寿 写生 手卷
估　价：RMB 800,000～1,000,000
成交价：RMB 1,265,000
24cm×517cm 荣宝斋（南京）2022-12-07

915 潘恭寿 古木寒鸦 立轴
估　价：HKD 300,000～500,000
成交价：RMB 353,164
149cm×44.5cm 中国嘉德 2022-10-08

4353 潘祖荫 行书匾额 "三百古玺斋" 镜心
估　价：RMB 80,000～120,000
成交价：RMB 483,000
70cm×170.5cm 中国嘉德 2022-12-25

1353 彭玉麟 1869年作 为徐树铭作巨幅墨梅图 立轴
估　价：RMB 120,000～200,000
成交价：RMB 299,000
217cm×105cm 西泠印社 2022-01-22

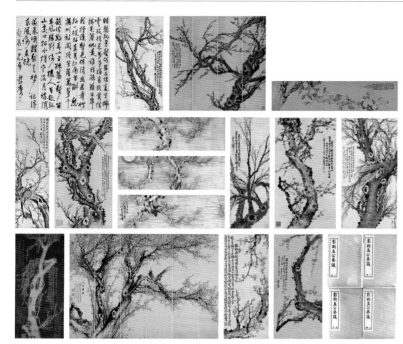

1576 彭玉麟 书法绘画专场题
估　价：RMB 2,800,000～4,800,000
成交价：RMB 6,325,000
尺寸不一 北京荣宝 2022-07-24

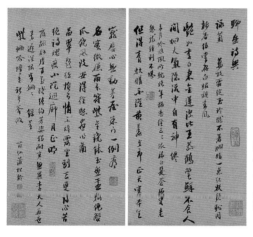

322 蒲松龄 行书《聊斋诗兴·咏菊诗》镜心
估　价：RMB 120,000～180,000
成交价：RMB 299,000
28cm×16cm×2
中贸圣佳 2022-07-23

2565 祁豸佳 行草李白《梁园吟》《襄阳歌》手卷
估　价：HKD 500,000～800,000
成交价：RMB 5,925,629
29cm×720.5cm 香港苏富比 2022-10-09

1272 祁寯藻 1848年作 行书 立轴
估　价：RMB 100,000～150,000
成交价：RMB 391,000
170cm×66cm 朵云轩 2022-12-09

1432 祁隽藻 1838年作 书匾"用严"横披
估　价：RMB 150,000～250,000
成交价：RMB 552,000
143cm×55.5cm 西泠印社 2022-01-22

1409 祁豸佳 1666年作 溪山幽亭图 立轴
估　价：RMB 900,000～1,300,000
成交价：RMB 1,437,500
119.5cm×43.5cm 西泠印社 2022-01-22

811 祁豸佳 1680年作 临米芾《天马赋》 册页
（二十五开）
估　价：RMB 800,000～1,200,000
成交价：RMB 1,265,000
24cm×15cm×50 中贸圣佳 2022-07-23

1256 祁豸佳 1648年作 雪山图 立轴
估　价：RMB 550,000～650,000
成交价：RMB 632,500
95cm×32cm 朵云轩 2022-12-09

1574 钱黯 1708年作 九华福地 立轴
估　价：RMB 400,000～600,000
成交价：RMB 460,000
89cm×40cm 华艺国际 2022-09-23

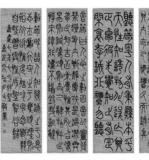

566 钱陈群 行书《黄山狮子峰杂记》 立轴
估　价：RMB 100,000～200,000
成交价：RMB 368,000
204cm×52.5cm 北京保利 2022-07-27

1567 钱坫 1802年作 篆书程夫子四箴 四屏
估　价：RMB 120,000～180,000
成交价：RMB 230,000
137cm×41cm×4 西泠印社 2022-01-22

147 钱杜 1823年作 入关图 手卷
估　价：HKD 800,000～1,000,000
成交价：RMB 1,081,567
绘画29cm×120cm 华艺国际 2022-11-27

1406 钱杜 秋江闲居图卷 手卷
估　价：RMB 180,000～350,000
成交价：RMB 575,000
20cm×254cm 北京荣宝 2022-07-24

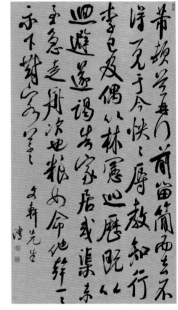

1265 钱沣 行书 立轴
估　价：RMB 500,000～800,000
成交价：RMB 575,000
188.5cm×106.5cm 朵云轩 2022-12-09

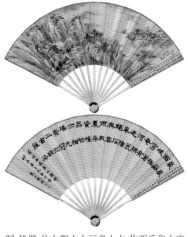

68 钱楷 仿白阳山人画意山水 临西岳华山庙
碑 成扇
估　价：RMB 30,000～50,000
成交价：RMB 287,500
19cm×58cm 中贸圣佳 2022-10-27

1046 钱松 1858年作 隶书七言联 对联
估　价：RMB 300,000～500,000
成交价：RMB 345,000
131.5cm×31.5cm×2 朵云轩 2022-12-09

1299 钱维城 秋林图 镜心
估　价：RMB 120,000～180,000
成交价：RMB 345,000
62cm×179cm 中鸿信 2022-09-12

1412 秦涟 临流幽胜图 立轴
估　价：RMB 100,000～180,000
成交价：RMB 322,000
198cm×106cm 北京荣宝 2022-07-24

856 钱维城 1766年作 仿元四家山水 手卷
估　价：HKD 8,000,000～10,000,000
成交价：RMB 8,111,754
33cm×523cm 佳士得 2022-12-03

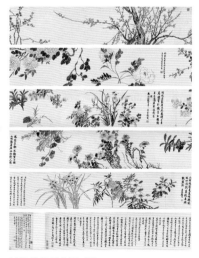

3061 钱载 墨花图 手卷
估　价：RMB 200,000～500,000
成交价：RMB 230,000
画35.5cm×990.5cm 永乐拍卖 2022-07-25

574 乾隆帝 1755年作 御笔临书卷 手卷
估　价：RMB 80,000～100,000
成交价：RMB 9,315,000
书法6.5cm×47cm 北京保利 2022-07-27

885 乾隆帝 御临淳化阁帖武侯传语 木板镜框
估　价：HKD 2,000,000～3,000,000
成交价：RMB 4,867,052
15cm×131cm 佳士得 2022-12-03

269 任伯年 唐孙司空故事图 立轴
估　价：RMB 1,800,000~2,800,000
成交价：RMB 5,715,500
177cm×96cm 中贸圣佳 2022-10-27

241 任伯年 荷塘煎裙 立轴
估　价：RMB 2,000,000~4,000,000
成交价：RMB 4,140,000
148.5cm×34.5cm 中国嘉德 2022-12-12

606 瞿子冶 墨兰 立轴
估　价：RMB 15,000~20,000
成交价：RMB 224,250
161cm×32cm 中贸圣佳 2022-07-23

749 任伯年 春夜宴桃李园 镜心
成交价：RMB 2,869,464
26cm×27cm 中国嘉德 2022-10-08

747 任伯年 1881年作 桃花栖禽 镜心
成交价：RMB 1,876,188
28cm×29.5cm 中国嘉德 2022-10-08

3062 任伯年 1886年作 仿八大山人鸟石图 立轴
成交价：RMB 1,997,881
145.5cm×39.5cm 香港苏富比 2022-10-08

1116 任熊 1850年作 百花图卷 手卷
成交价：RMB 3,680,000
27cm×686cm 朵云轩 2022-12-09

886 任熊 1850年作 斗母圣象图 镜心
估　价：RMB 2,800,000～3,500,000
成交价：RMB 4,082,500
158cm×48cm 中贸圣佳 2022-12-31

2592 任熊 任薰 任伯年 任预 花鸟、山水、人物 团扇册页（七开）镜框
估　价：HKD 1,000,000～1,200,000
成交价：RMB 1,037,484
尺寸不一 香港苏富比 2022-04-27

1416 任薰 人物故事四屏 立轴
估　价：RMB 900,000～1,500,000
成交价：RMB 1,955,000
177cm×47cm×4 北京荣宝 2022-07-24

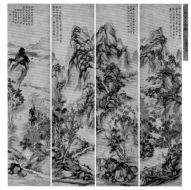

1408 上官周 1733年作 仿沈周笔意四屏 立轴
估　价：RMB 450,000～750,000
成交价：RMB 862,500
237cm×57cm×4 中鸿信 2022-09-12

3073 沈庆兰 御题良吉骝 镜心
估　价：RMB 500,000～800,000
成交价：RMB 977,500
189cm×117cm 永乐拍卖 2022-07-25

8083 沈铨 1749年作 鸾凤呈祥图 立轴
估　价：RMB 1,100,000～1,600,000
成交价：RMB 1,265,000
153cm×81cm 上海嘉禾 2022-11-20

1578 沈铨 吴琦 梁基 陆森 童衡 郑培 郑维培等 南画派专题
估　价：RMB 3,000,000～5,000,000
成交价：RMB 7,360,000
尺寸不一 北京荣宝 2022-07-24

1088 沈世杰 1885年作 松鹤延年 镜心
估　价：RMB 50,000～100,000
成交价：RMB 805,000
214cm×476.5cm 中国嘉德 2022-06-28

1321 沈宗敬 王顼龄 王日藻 朱轩 王九龄 等 为吕老祝七十寿书画合璧屏风十二曲 屏风（十二屏二十四帧）
估　价：RMB 800,000～1,200,000
成交价：RMB 3,450,000
69.5cm×45cm×24 西泠印社 2022-01-22

3215 沈增植 书法对联 立轴
估　价：RMB 500,000～800,000
成交价：RMB 644,000
126.5cm×29.5cm×2 永乐拍卖 2022-07-25

1556 沈治 山水十景 册页（十页）
估　价：RMB 100,000～200,000
成交价：RMB 310,500
23.5cm×23cm×10 西泠印社 2022-08-20

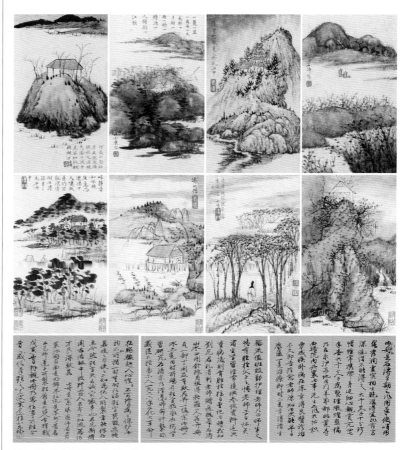

806 石涛 山水小景 册页（八开）
估　价：RMB 5,000,000～10,000,000
成交价：RMB 7,590,000
18cm×10.5cm×8 北京保利 2022-07-27

548 石涛 众爵齐鸣图卷 手卷
估　价：RMB 3,000,000～4,000,000
成交价：RMB 3,450,000
画心59cm×640cm 中贸圣佳 2022-10-27

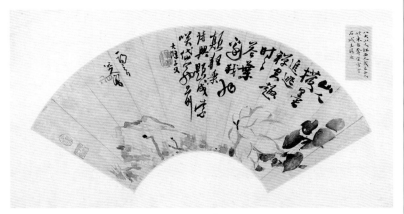

406 石涛 八大山人 菊石图 镜心
估　价：RMB 1,200,000～1,800,000
成交价：RMB 1,955,000
18.5cm×52.5cm 中贸圣佳 2022-07-23

835 石谿 群峰大壑图 立轴
估　价：RMB 600,000～800,000
成交价：RMB 690,000
258.5cm×102.5cm 北京保利 2022-07-27

1302 石谿 1660年作 拟黄子久笔意 立轴
估　价：RMB 250,000～350,000
成交价：RMB 1,023,500
87cm×46.5cm 中鸿信 2022-09-12

876 宋曹 行书自作诗诸首 手卷
估　价：RMB 400,000～600,000
成交价：RMB 517,500
29.5cm×241cm 中贸圣佳 2022-12-31

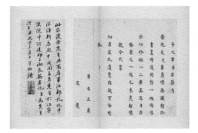

1265 宋荦 为高士奇作 初春帖 信札（一通二页）
估　价：RMB 150,000～250,000
成交价：RMB 322,000
画心17.5cm×31.5cm；17.5cm×19.5cm
西泠印社 2022-01-22

2590 孙威凤 十二名禽图 镜片
估　价：HKD 600,000～800,000
成交价：RMB 622,490
101.2cm×67cm 香港苏富比 2022-04-27

394 汤禄名 花鸟巨幛四屏 立轴
估　价：HKD 120,000～220,000
成交价：RMB 249,614
243cm×59cm×4 保利香港 2022-10-12

518 苏宜 1679年作 秋林云霭图 立轴
估　价：RMB 400,000～600,000
成交价：RMB 575,000
187cm×94cm 中贸圣佳 2022-07-23

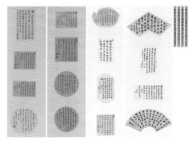

589 孙岳颁 朱绛 胡德迈 潘应宾 江球 查昇 黄叔琳 陈奕禧 李振裕 等1700年作 康雍名人寿言屏 镜心
估　价：RMB 300,000～600,000
成交价：RMB 1,725,000
尺寸不一 中国嘉德 2022-05-28

689 孙钟元 1663年作 为孙曾命名书卷 手卷
估　价：RMB 180,000～200,000
成交价：RMB 287,500
书法20cm×92cm；画19.5cm×13cm
中贸圣佳 2022-12-31

1179 唐英 行书五言联
估　价：RMB 900,000～1,500,000
成交价：RMB 2,530,000
129cm×30cm×2 中贸圣佳 2022-07-26

897 陶绍原 1854年作 梦刘图并诸家题咏 手卷
估　价：HKD 200,000～300,000
成交价：RMB 386,274
画21cm×60.5cm 中国嘉德 2022-10-08

1067 陶澍 楷书御选苏轼诗 册页（二十六开）
成交价：RMB 253,000
13cm×25.5cm×27 中国嘉德 2022-12-14

810 万经 隶书王渔洋五言诗卷 手卷
估　价：RMB 500,000～800,000
成交价：RMB 782,000
31.5cm×273cm 中贸圣佳 2022-07-23

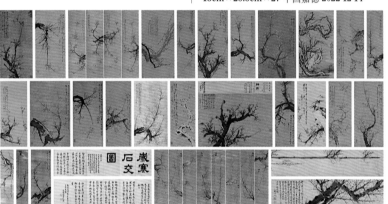

1577 童二树 童二树梅花专题
估　价：RMB 3,000,000～5,000,000
成交价：RMB 8,625,000
尺寸不一 北京荣宝 2022-07-24

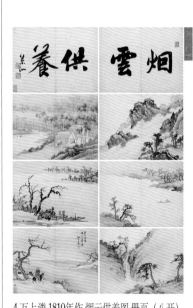

507 万岚 少壮三好图卷 手卷
成交价：RMB 310,500
画心41.5cm×155.5cm 北京保利 2022-07-27

493 铁保 1807年作 临书册页 册页（十六开）
估　价：RMB 400,000～500,000
成交价：RMB 632,500
29.5cm×17.5cm×16 中贸圣佳 2022-07-23

4 万上遴 1810年作 烟云供养图册页（八开）
估　价：RMB 250,000～300,000
成交价：RMB 345,000
27cm×36cm×8 北京保利 2022-02-03

69 汪宝荣 1848年作 汪祥芝像图卷 手卷
估　价：RMB 120,000～180,000
成交价：RMB 207,000
34cm×106.5cm 中贸圣佳 2022-12-31

857 汪承霈 四友图卷 手卷
估　价：RMB 1,500,000～2,200,000
成交价：RMB 2,875,000
28cm×170cm 中贸圣佳 2022-12-31

605 汪士铉 1722年作 行书唐人醵宴诗 立轴
估　价：RMB 180,000～250,000
成交价：RMB 345,000
344cm×144cm 中贸圣佳 2022-12-31

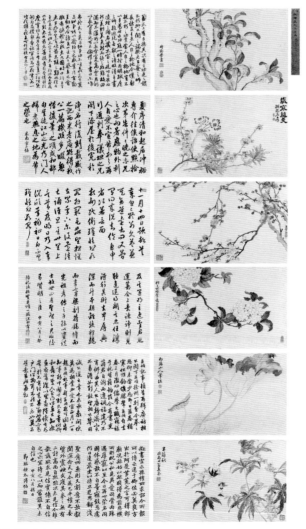

3039 汪承霈 书法花卉 册页
估　价：RMB 600,000～800,000
成交价：RMB 1,173,000
25.8cm×43cm×12 永乐拍卖 2022-07-25

820 王宸 1785年作 永阳图轴 立轴
估　价：RMB 500,000～800,000
成交价：RMB 1,265,000
100cm×46cm 中贸圣佳 2022-07-23

851 王概 千岩万壑草堂图 手卷
估　价：HKD 260,000～300,000
成交价：RMB 518,434
25.8cm×217.5cm 佳士得 2022-05-28

845 王翚 1705年作 仿黄鹤山樵山水卷 手卷
估　价：RMB 1,200,000～1,500,000
成交价：RMB 2,645,000
画心33.5cm×258cm 中贸圣佳 2022-07-23

1099 王鸿绪 1699年作 临各体法帖 册页（八开十六页）
估　价：RMB 600,000～800,000
成交价：RMB 690,000
21cm×14.5cm×16 中国嘉德 2022-06-28

903 王翚 恽寿平 1680年作 仿巨然溪山烟雨 立轴
估 价：HKD 200,000~500,000
成交价：RMB 10,037,605
119cm×48cm 中国嘉德 2022-10-08

661 王翚 仿赵大年山水 立轴
估 价：RMB 1,200,000~1,500,000
成交价：RMB 1,644,500
185cm×49cm 中贸圣佳 2022-12-31

414 王翚 1704年作 松壑垂纶图 立轴
估 价：RMB 3,000,000～4,000,000
成交价：RMB 5,232,500
125cm×63cm 中国嘉德 2022-06-26

1522 王会 行书卷 手卷
估 价：RMB 100,000～160,000
成交价：RMB 287,500
44.5cm×269cm 北京荣宝 2022-07-24

447 王建章 云山图 立轴
估 价：RMB 10,000～20,000
成交价：RMB 276,000
63cm×26.5cm 荣宝斋（南京）2022-12-07

8089 王鉴 1674年作 东坡诗意图 立轴
估 价：RMB 7,000,000～10,000,000
成交价：RMB 12,650,000
116cm×50.5cm 上海嘉禾 2022-11-20

415 王鉴 仿许道宁山水 立轴
估　价：RMB 1,200,000～1,800,000
成交价：RMB 1,380,000
37cm×26.5cm 中国嘉德 2022-06-26

1044 王闿运 行书词一首 镜心
成交价：RMB 368,000
40cm×151cm 中国嘉德 2022-12-14

387 王石 山水 册页（十二开）
估　价：RMB 150,000～250,000
成交价：RMB 345,000
26.5cm×28cm×12 荣宝斋（南京）2022-12-07

660 王时敏 重峦叠嶂 屏轴
估　价：RMB 200,000～300,000
成交价：RMB 2,472,500
66cm×30cm 朵云轩 2022-12-08

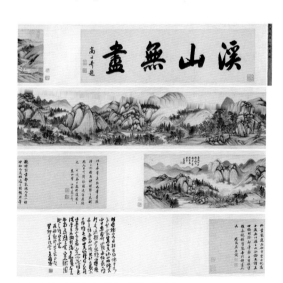

629 王时敏 1667年作 溪山无尽图卷 手卷
估　价：RMB 500,000～800,000
成交价：RMB 575,000
画心24.5cm×190cm 北京保利 2022-07-27

845 王时敏 1665年作 仿黄子久山水 立轴
估　价：HKD 1,000,000～2,000,000
成交价：RMB 2,433,526
164.5cm×94.5cm 佳士得 2022-12-03

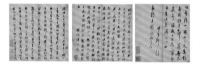

1256 王世贞 曹思邈 侯汸 妇女之文帖 册页
（三页）
估　价：RMB 100,000～200,000
成交价：RMB 345,000
25cm×26cm；27cm×29.5cm；
27cm×29cm 西泠印社 2022-01-22

368 王树穀 1732年作 检玩图 立轴
估　价：RMB 300,000～400,000
成交价：RMB 437,000
166cm×101cm 广东崇正 2022-12-24

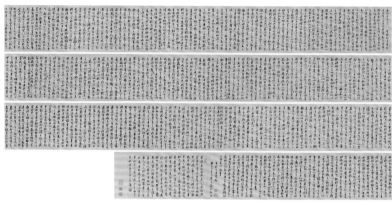

1097 王澍 1725年作 草书临《书谱》手卷
估　价：RMB 700,000～1,000,000
成交价：RMB 2,702,500
33.5cm×963cm 中国嘉德 2022-06-28

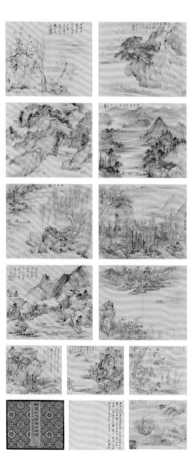

1585 王愫 仿古山水 册页（共十三页）
估　价：RMB 180,000～300,000
成交价：RMB 437,000
画心19cm×22.5cm×12 西泠印社 2022-08-20

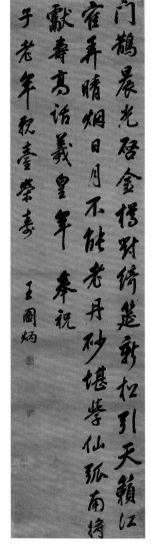

559 王图炳 行书五言诗 立轴
估　价：RMB 200,000～250,000
成交价：RMB 230,000
179cm×47cm 北京保利 2022-07-27

9 王文治 行书刘基诗 册页（十二开二十四页）
估　价：RMB 500,000～600,000
成交价：RMB 575,000
28cm×18cm×24 北京保利 2022-02-03

3067 王学浩 壬子冬仿大痴山水轴 立轴
估　价：RMB 200,000～500,000
成交价：RMB 517,500
107cm×45cm 永乐拍卖 2022-07-25

1467 王昱 秋山佳色图 镜片
估　价：RMB 500,000～700,000
成交价：RMB 667,000
61.5cm×34.5cm 西泠印社 2022-01-22

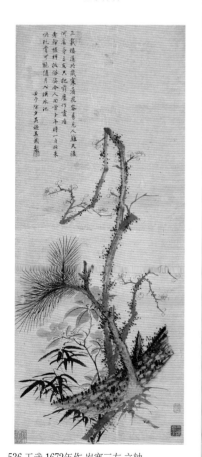

536 王武 1672年作 岁寒三友 立轴
估　价：RMB 120,000～180,000
成交价：RMB 552,000
99.5cm×41cm 上海嘉禾 2022-01-01

380 王冶梅 竹石、兰图 立轴
估　价：RMB 600,000～800,000
成交价：RMB 977,500
尺寸不一 荣宝斋（南京）2022-12-07

212 王原祁 仿董北苑春山图 立轴
估　价：RMB 5,500,000～7,500,000
成交价：RMB 10,120,000
164cm×52cm 开拍国际 2022-07-24

3633 王原祁 1703年作 仿大痴笔法 立轴
估　价：RMB 1,800,000～2,800,000
成交价：RMB 2,645,000
81cm×39cm 保利厦门 2022-10-22

1461 王原祁 1707年作 烟峦竹亭图 立轴
估　价：RMB 1,600,000～2,200,000
成交价：RMB 2,185,000
85cm×45cm 西泠印社 2022-01-22

1440 王云 桃园幽境图 立轴
估　价：RMB 180,000～300,000
成交价：RMB 368,000
162cm×95cm 北京荣宝 2022-07-24

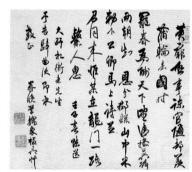

1274 魏象枢 1672年作 为卫周祚作龙门帖 镜片
估　价：RMB 180,000～280,000
成交价：RMB 402,500
35.5cm×41.5cm 西泠印社 2022-01-22

3024 魏裔介 行书杨慎七言诗 扇面
估　价：RMB 10,000～30,000
成交价：RMB 437,000
16.5cm×52cm 永乐拍卖 2022-07-25

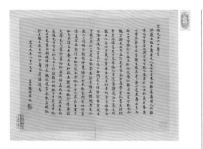

967 魏源 1829年作 行书祝寿言 镜心
成交价：RMB 437,000
24.5cm×33.5cm 中国嘉德 2022-12-14

401 文点 江村读书图 手卷
估　价：RMB 1,800,000~2,800,000
成交价：RMB 7,935,000
画心26.5cm×70cm 中国嘉德 2022-06-26

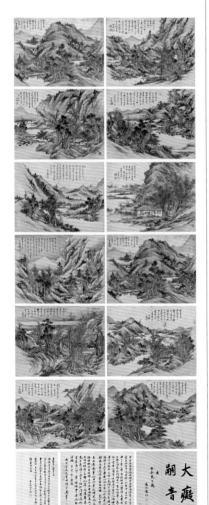

1441 温一贞 仿古山水 册页
估　价：RMB 280,000~500,000
成交价：RMB 1,035,000
画心49cm×65cm×12 北京荣宝 2022-07-24

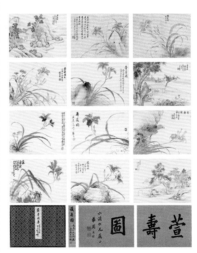

1328 文鼎 戴熙 潘曾莹 陶管 钱聚朝 等 为张
苪作萱寿图 册页（共十四页）
估　价：RMB 180,000~280,000
成交价：RMB 391,000
画心17cm×16.5cm×2；17.5cm×17cm×10
西泠印社 2022-01-22

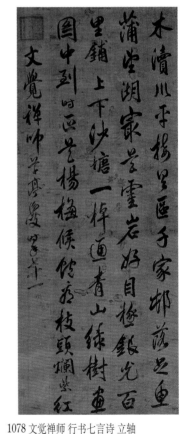

1078 文觉禅师 行书七言诗 立轴
估　价：RMB 150,000~250,000
成交价：RMB 552,000
127.5cm×52.5cm 中国嘉德 2022-06-28

3133 吴大澂 1894年作 行书格言集萃 手卷
估　价：HKD 160,000～300,000
成交价：RMB 832,451
32cm×280cm 香港苏富比 2022-10-08

862 翁方纲 题 张深 绘 苏斋观帖图 镜心
估　价：RMB 100,000～150,000
成交价：RMB 333,500
61cm×75cm 中贸圣佳 2022-12-31

684 翁同龢 1901年作 岁寒对梅图 立轴
估　价：RMB 80,000～100,000
成交价：RMB 483,000
71.5cm×35cm 北京保利 2022-07-27

787 吴宏 1697年作 早秋诗意图 手卷
估　价：RMB 600,000～800,000
成交价：RMB 690,000
画心：23cm×222cm 中国嘉德 2022-12-14

530 吴大澂 1885年作 苏轼像 立轴
估　价：RMB 280,000～350,000
成交价：RMB 402,500
画心：84cm×43cm；诗堂：25cm×54cm
中贸圣佳 2022-07-23

1717 吴待秋 唐肯 紫花蜡地湘妃竹骨成扇 菖
蒲丛花、行书诗二首
估　价：RMB 200,000～300,000
成交价：RMB 356,500
扇骨长37.5cm 中贸圣佳 2022-07-25

2583 吴历 秋江晚渡图 立轴
估　价：HKD 500,000～800,000
成交价：RMB 1,348,729
52.5cm×29.5cm 香港苏富比 2022-04-27

3190 吴滔 山水 册页（十二页）
估　价：RMB 60,000～80,000
成交价：RMB 276,000
30cm×19cm×12 西泠印社 2022-08-21

1344 吴伟业 晚春雨霁卷 手卷
估　价：RMB 280,000～500,000
成交价：RMB 977,500
25cm×357cm 北京荣宝 2022-07-24

326 武丹 1686年作 深山闲居 镜心
估　价：HKD 350,000～500,000
成交价：RMB 677,160
126.5cm×52cm
保利香港 2022-07-12

149 武丹 深山闲居 立轴
估　价：RMB 300,000～500,000
成交价：RMB 345,000
238cm×107cm 上海嘉禾 2022-11-20

1255 吴祥 1540年作 三十九岁书《千字文》册页（十二页）
估　价：RMB 400,000～600,000
成交价：RMB 1,978,000
24cm×31cm×11；24cm×14.5cm 西泠印社 2022-01-22

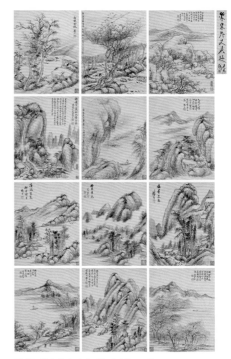

1047 奚冈 仿古山水 册页（十二开）
估　价：RMB 150,000～250,000
成交价：RMB 517,500
34.7cm×28.1cm×12 中国嘉德 2022-06-28

1202 吴祥 1902年作 姑苏二十四景 册页（二十四开）
估　价：HKD 400,000～600,000
成交价：RMB 1,188,079
27cm×34cm×24 佳士得 2022-05-29

744 奚冈 1784年作 高士幽居图 立轴
估　价：RMB 250,000～350,000
成交价：RMB 483,000
170cm×93.5cm 中国嘉德 2022-12-14

379 夏翚 夏令仪 竹石、兰图 立轴
估　价：RMB 800,000～1,200,000
成交价：RMB 1,725,000
尺寸不一 荣宝斋（南京）2022-12-07

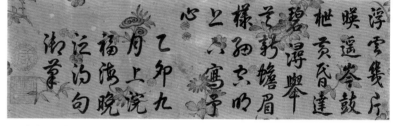

377 咸丰 1855年作 行书《福海晚泛得句》立轴
估　价：RMB 220,000～320,000
成交价：RMB 253,000
18.4cm×59.8cm 广东崇正 2022-12-24

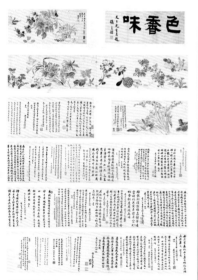

410 夏贯甫 色、香、味花卉蔬果卷 手卷
估　价：HKD 150,000～300,000
成交价：RMB 303,878
23.5cm×61cm；
23.5cm×264cm；
23.5cm×515cm 保利香港 2022-10-12

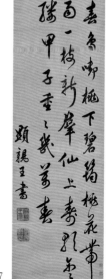

569 显亲王 草书七言诗 立轴
估　价：RMB 150,000～200,000
成交价：RMB 299,000
168.9cm×52.8cm 北京保利 2022-07-27

3029 项奎 1676年作 秋山图 扇面
估　价：RMB 10,000～30,000
成交价：RMB 218,500
17cm×51cm 永乐拍卖 2022-07-25

1452 项绅 晚渡图卷 手卷
估　价：RMB 90,000～150,000
成交价：RMB 230,000
画心33cm×237.5cm 北京荣宝 2022-07-24

1171 萧晨 1731年作 杜甫诗意图 镜框
估　价：USD 15,000～25,000
成交价：RMB 337,307
117cm×48cm 纽约佳士得 2022-03-25

887 虚谷 1894年作 枇杷 立轴
估　价：RMB 2,200,000～2,800,000
成交价：RMB 4,025,000
133.5cm×66cm 中贸圣佳 2022-12-31

3074 虚谷 金秋飞蝶 立轴
估　价：RMB 480,000～680,000
成交价：RMB 920,000
127.5cm×64cm 永乐拍卖 2022-07-25

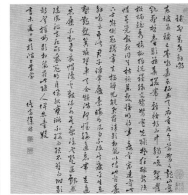

612 徐枋 1691年作 章草苏轼补孟嘉《解嘲》
立轴
估　价：RMB 120,000～180,000
成交价：RMB 230,000
57cm×57cm 中贸圣佳 2022-12-31

520 徐三庚 篆书节录王子渊《圣主得贤臣
颂》四屏 立轴
估　价：RMB 500,000～600,000
成交价：RMB 1,380,000
135.5cm×30cm×4 开拍国际 2022-01-07

575 徐璋 1746年作 人物故事四条屏 四条屏
估　价：RMB 30,000～60,000
成交价：RMB 287,500
194cm×49cm×4 中国嘉德 2022-05-28

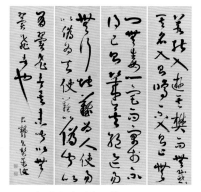

1110 宣统帝 1924年作 行书"旬宣耆德" 横披
估　价：RMB 150,000~250,000
成交价：RMB 322,000
62cm×146.5cm 中国嘉德 2022-06-28

657 严复 草书（四幅）屏轴
估　价：RMB 1,500,000~1,800,000
成交价：RMB 1,725,000
143cm×36cm×4 朵云轩 2022-12-08

1229 佚名 清康熙 宫廷净法身毗卢遮那佛
估　价：RMB 3,000,000~4,500,000
成交价：RMB 4,025,000
215.5cm×121.5cm 永乐拍卖 2022-07-24

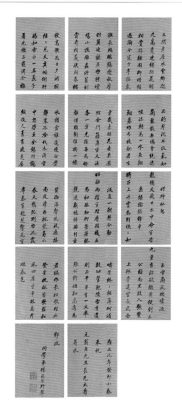

1428 杨尔德 1723年作 行书七言诗 册页
（十四页）
估　价：RMB 180,000~280,000
成交价：RMB 241,500
18.5cm×13cm×14 西泠印社 2022-01-22

877 杨晋 1709年作 仿赵大年湖山佳趣图卷 手卷
估　价：RMB 600,000~800,000
成交价：RMB 839,500
33.54cm×220cm 中贸圣佳 2022-12-31

1573 杨晋 1714年作 牧放图 立轴
估　价：RMB 600,000~800,000
成交价：RMB 690,000
84cm×37cm 华艺国际 2022-09-23

3052 姚鼐 行草杜甫诗 手卷
估　价：RMB 200,000~500,000
成交价：RMB 402,500
书23cm×187cm 永乐拍卖 2022-07-25

812 伊秉绶 长生长乐之居 横幅
估　价：RMB 3,000,000～5,000,000
成交价：RMB 28,750,000
37.8cm×120cm 北京保利 2022-07-27

765 伊秉绶 1805年作 隶书"杏花西阁" 横披
估　价：RMB 800,000～1,200,000
成交价：RMB 1,092,500
34cm×121cm 中国嘉德 2022-12-14

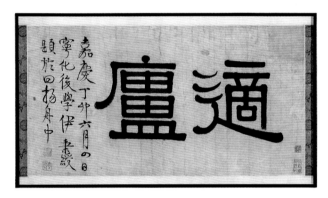

2335 伊秉绶 隶书"适庐" 镜心
估　价：RMB 800,000～1,350,000
成交价：RMB 2,070,000
29.5cm×56cm 中鸿信 2022-09-11

850 雍正帝 1714年作 御笔草书苏轼诗 镜心
估　价：RMB 300,000～500,000
成交价：RMB 1,150,000
38.5cm×31.5cm 中贸圣佳 2022-12-31

816 伊秉绶 行书节临《衡方碑》立轴
估　价：RMB 1,200,000～1,500,000
成交价：RMB 1,725,000
137cm×51cm 中贸圣佳 2022-07-23

1357 伊秉绶 1813年作 行书七言联 对联
估　价：RMB 900,000～1,300,000
成交价：RMB 1,667,500
170cm×32cm×2 西泠印社 2022-01-22

517 永瑢 山水 册页（八开）
估　价：RMB 800,000～1,200,000
成交价：RMB 1,840,000
19cm×37cm×8 中贸圣佳 2022-10-27

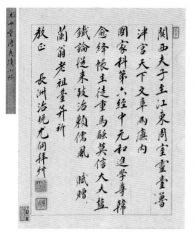

1278 尤侗 天下文章帖 立轴
估　价：RMB 150,000～250,000
成交价：RMB 322,000
31.5cm×24.5cm 西泠印社 2022-01-22

572 于敏中 行书刘宪《人日玩雪应制》七言
诗 立轴
估　价：RMB 180,000～300,000
成交价：RMB 333,500
169.8cm×41.3cm 北京保利 2022-07-27

1028 俞樾 1904年作 隶书十四言联 立轴
估　价：RMB 50,000～80,000
成交价：RMB 402,500
178cm×34.5cm×2 中国嘉德 2022-06-28

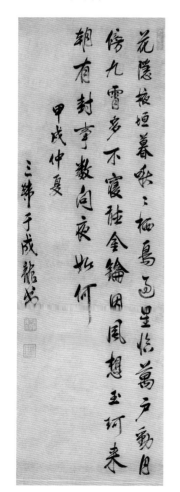

331 于成龙 1694年作 行书杜甫《春宿左省》立轴
估　价：RMB 200,000～300,000
成交价：RMB 287,500
225cm×77cm 中贸圣佳 2022-07-23

1335 余集 黄易小像 立轴
估　价：RMB 150,000～250,000
成交价：RMB 253,000
78cm×41cm 西泠印社 2022-01-22

847 禹之鼎 1695年作 凌云墨竹图轴 立轴
估　价：RMB 400,000～500,000
成交价：RMB 2,415,000
349cm×135cm 中贸圣佳 2022-07-23

1307 袁枚 为严观作春娘帖 镜片（一帧二页）
估　价：RMB 60,000～80,000
成交价：RMB 264,500
21cm×13cm×2 西泠印社 2022-01-22

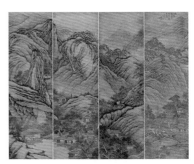

1460 袁瑛 山水通景四屏 立轴
估　价：RMB 250,000～480,000
成交价：RMB 747,500
166cm×52cm×4 北京荣宝 2022-07-24

904 袁江 1722年作 携琴访友图 立轴
估　价：HKD 1,200,000～2,200,000
成交价：RMB 3,090,192
186cm×104cm 中国嘉德 2022-10-08

657 袁瑛 深林闲居 立轴
估　价：RMB 300,000～500,000
成交价：RMB 345,000
168cm×73.5cm 中贸圣佳 2022-12-31

485 袁江 观潮图 立轴
估　价：RMB 1,200,000～1,800,000
成交价：RMB 2,817,500
188.5cm×81cm 上海嘉禾 2022-01-01

149 袁耀 1764年作 行宫秋色图 立轴
估　价：HKD 2,000,000～3,000,000
成交价：RMB 209,691
190cm×75cm 华艺国际 2022-11-27

693 恽冰 1752年作 群芳争艳 横幅
估　价：RMB 80,000～100,000
成交价：RMB 322,000
66cm×114cm 北京保利 2022-07-27

1460 恽寿平 三十五岁前后作罕见拟古山水
册页（八页）
估　价：RMB 8,000,000～12,000,000
成交价：RMB 20,240,000
23cm×28cm×8 西泠印社 2022-01-22

1411 恽寿平 仿宋元诸家设色山水十二开巨
册页
估　价：RMB 800,000～1,200,000
成交价：RMB 2,070,000
47cm×33.5cm×12 中鸿信 2022-09-12

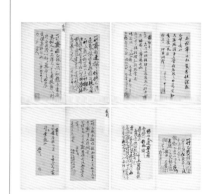

881 恽寿平 南田书简 三册页（共七十一开）
估　价：HKD 2,600,000～3,200,000
成交价：RMB 2,592,172
30cm×17cm×71 佳士得 2022-05-28

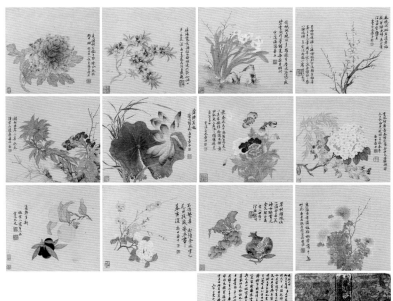

161 恽寿平 秋艳 册页（十二开）
估　价：RMB 8,000,000～10,000,000
成交价：RMB 14,720,000
26.5cm×30cm×12 上海嘉禾 2022-11-20

873 查昇 行楷《洛神赋》《山谷题跋》卷 手卷
估　价：RMB 600,000～800,000
成交价：RMB 977,500
25cm×305cm 中贸圣佳 2022-12-31

1410 查士标 仿董源春山图 立轴
估　价：RMB 650,000～1,200,000
成交价：RMB 1,127,000
116cm×53cm 中鸿信 2022-09-12

3077 曾国藩 行书七言联 立轴
估　价：HKD 80,000～160,000
成交价：RMB 1,620,108
163cm×29.5cm×2 香港苏富比 2022-04-30

1405 曾国藩 为云峰守戎作楷书七言联 立轴
估　价：RMB 300,000～500,000
成交价：RMB 1,552,500
163cm×42.5cm×2 中鸿信 2022-09-12

1521 查士标 行书孙照邻墓表 手卷
估　价：RMB 600,000～800,000
成交价：RMB 1,035,000
33cm×300cm 北京荣宝 2022-07-24

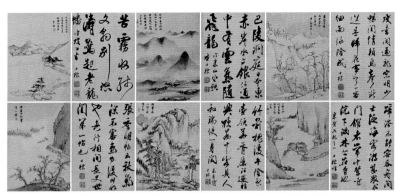

667 查士标 书画合璧 册页（六开十二页）
估　价：RMB 6,000,000～8,000,000
成交价：RMB 6,900,000
21.5cm×15.5cm×12 朵云轩 2022-12-08

932 查嗣韩 行草五言诗 扇面
估　价：RMB 150,000～250,000
成交价：RMB 253,000
16.5cm×51.5cm 中国嘉德 2022-12-14

974 翟大坤 1802年作 连峰接岫图 立轴
估　价：RMB 50,000～80,000
成交价：RMB 253,000
131cm×58cm 中国嘉德 2022-06-28

558 查士标 望瀑图 立轴
估　价：RMB 400,000～600,000
成交价：RMB 920,000
185cm×49cm 中贸圣佳 2022-10-27

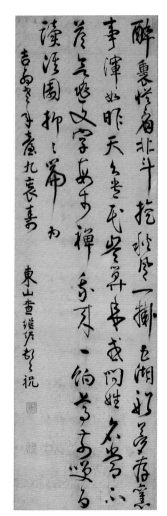

818 查继佐 明清 行草七律 立轴
估　价：HKD 200,000～300,000
成交价：RMB 1,080,072
167.5cm×49.3cm 佳士得 2022-05-28

144 翟继昌 拟古山水 册页
估　价：RMB 150,000～200,000
成交价：RMB 391,000
21cm×27.5cm×12 中贸圣佳 2022-12-31

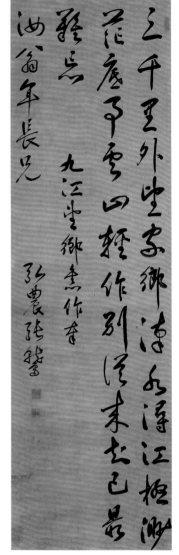

1547 翟云升 隶书节录《文心雕龙·原道》八屏 立轴
估　价：RMB 550,000～800,000
成交价：RMB 1,725,000
179cm×47cm×8 北京荣宝 2022-07-24

584 张赐宁 山水对屏 立轴
估　价：RMB 200,000～300,000
成交价：RMB 287,500
177cm×47cm×2 华艺国际 2022-07-29

289 张嘉谟 1881年作 富贵寿考 镜框
估　价：RMB 220,000～320,000
成交价：RMB 253,000
175cm×80cm 华艺国际 2022-09-24

568 张鹭 草书《九江望乡》七言诗 立轴
估　价：RMB 200,000～300,000
成交价：RMB 230,000
146.8cm×42.6cm 北京保利 2022-07-27

421 张穆 1682年作 兰石图 镜片
估　价：RMB 150,000～200,000
成交价：RMB 207,000
19cm×54.5cm 广东崇正 2022-08-10

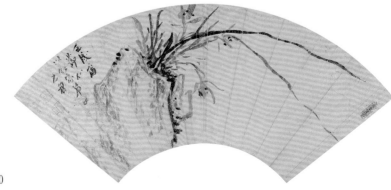

1252 张若霭 卢鸿草堂图 立轴
估 价：RMB 220,000～350,000
成交价：RMB 322,000
131cm×53cm 中鸿信 2022-09-12

1047 张廷济 1842年作 楷书七言联 对联
估 价：RMB 280,000～380,000
成交价：RMB 402,500
122cm×29cm×2 朵云轩 2022-12-09

580 张祥河 1828年作 诗龛居士诗书画 册页
估 价：RMB 280,000～350,000
成交价：RMB 391,000
24cm×29.5cm×12 中贸圣佳 2022-07-23

984 张廷济 1846年作 行书苏轼诗 立轴
估 价：RMB 180,000～280,000
成交价：RMB 460,000
174cm×89.5cm 中国嘉德 2022-06-28

554 张玉书 行书旧作诗 立轴
估 价：RMB 300,000～400,000
成交价：RMB 517,500
203cm×47cm 中贸圣佳 2022-10-27

949 张裕钊 行书四屏 立轴
估 价：RMB 200,000～400,000
成交价：RMB 1,150,000
246cm×61cm×4 中国嘉德 2022-06-28

721 张裕钊 行书五言联 立轴
估 价：RMB 30,000～60,000
成交价：RMB 322,000
232.5cm×53.5cm×2 中国嘉德 2022-12-14

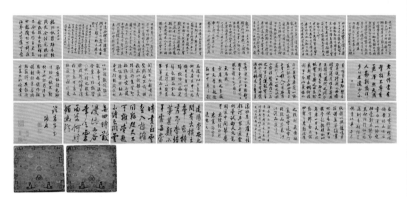

525 张照 1741年作 行书自作碧落轩偶得诗 镜心
估　价：RMB 450,000～600,000
成交价：RMB 1,265,000
44.5cm×243cm 开拍国际 2022-01-07

2540 张宗苍 仿大痴山水 立轴
估　价：HKD 180,000～280,000
成交价：RMB 1,310,476
80.5cm×46.7cm 香港苏富比 2022-10-09

484 张照 行书 册页（二十四开）
估　价：RMB 380,000～580,000
成交价：RMB 1,150,000
27cm×31.5cm×24 上海嘉禾 2022-01-01

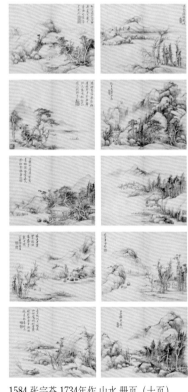

1347 张之洞 为翁同书作行书八言联 对联
估　价：RMB 250,000～350,000
成交价：RMB 517,500
155.5cm×30cm×2 西泠印社 2022-01-22

408 张宗苍 1748年作 蓬莱仙境图 立轴
估　价：RMB 1,500,000～2,500,000
成交价：RMB 4,025,000
162.5cm×94.5cm 中国嘉德 2022-06-26

1584 张宗苍 1734年作 山水 册页（十页）
估　价：RMB 400,000～600,000
成交价：RMB 575,000
23.5cm×30.5cm×10 西泠印社 2022-08-20

284 赵之谦 1882年作 为张鸣珂作楷书五言对联 立轴
估 价：RMB 3,800,000~5,000,000
成交价：RMB 5,060,000
168cm×46cm×2 开拍国际 2022-07-24

607 赵之谦 1865年作 一品百龄 立轴
估 价：RMB 350,000~500,000
成交价：RMB 1,725,000
88.5cm×46.5cm 开拍国际 2022-01-07

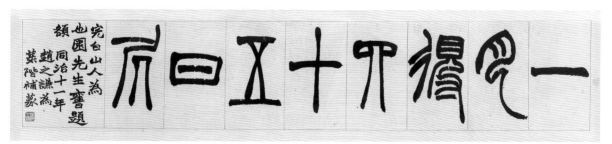

522 赵之谦 1872年作 篆书"一月得四十五日居"额 镜心
估 价：RMB 2,800,000~3,300,000
成交价：RMB 4,715,000
29.5cm×135cm 开拍国际 2022-01-07

887 赵之谦 萱石棘枝图 立轴
估　价：HKD 600,000~800,000
成交价：RMB 1,188,079
136cm×33.2cm 佳士得 2022-05-28

1037 赵之谦 1872年作 隶书七言联 对联
估　价：RMB 400,000~600,000
成交价：RMB 460,000
138cm×33cm×2 朵云轩 2022-12-09

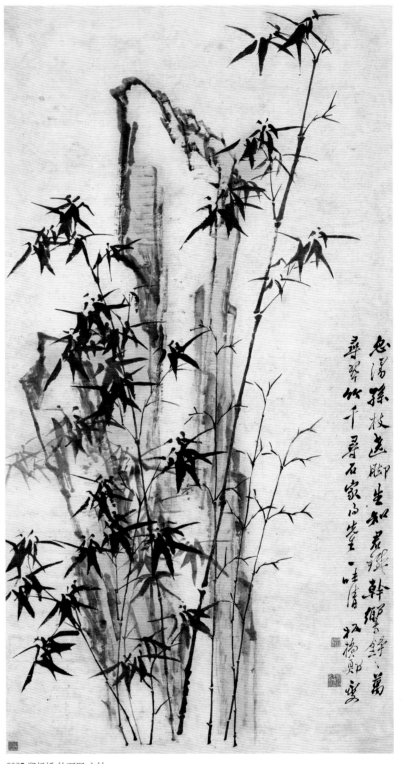

8085 郑板桥 竹石图 立轴
估　价：RMB 1,500,000~2,500,000
成交价：RMB 3,220,000
177cm×92cm 上海嘉禾 2022-11-20

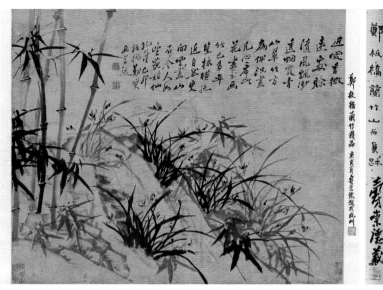

1604 郑板桥 1759年作 兰竹山石图 立轴
估 价：RMB 1,000,000～1,500,000
成交价：RMB 1,380,000
81.5cm×101.5cm 西泠印社 2022-08-20

1390 郑簠 1684年作 隶书唐人诗 立轴
估 价：RMB 600,000～800,000
成交价：RMB 759,000
173.5cm×55.5cm 西泠印社 2022-01-22

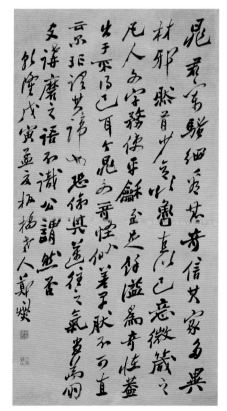

365 郑板桥 草书自作诗两首 立轴
估 价：RMB 400,000～600,000
成交价：RMB 897,000
179cm×40cm 中贸圣佳 2022-07-23

305 郑板桥 1758年作 行书苏轼《与鲁直书》立轴
估 价：RMB 2,200,000～3,200,000
成交价：RMB 2,875,000
177.5cm×93.5cm 中国嘉德 2022-12-12

1470 郑岱 松下高士图 立轴
估 价：RMB 80,000～150,000
成交价：RMB 402,500
193cm×113cm 北京荣宝 2022-07-24

1054 郑珊 1897年作 煮梦庵填词图并诸家题
跋 手卷
估　价：RMB 180,000～280,000
成交价：RMB 621,000
画27cm×87.5cm 中国嘉德 2022-06-28

948 周安节 花果图 手卷
估　价：HKD 600,000～800,000
成交价：RMB 717,366
30.5cm×546.5cm 中国嘉德 2022-10-08

340 周容 草书七言联 立轴
估　价：RMB 300,000～500,000
成交价：RMB 713,000
201.5cm×37.5cm×2 中贸圣佳 2022-07-23

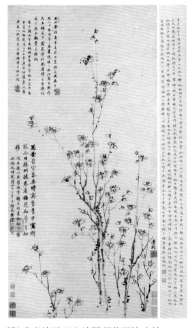

851 朱孝纯画 王文治题 墨梅图轴 立轴
估　价：RMB 800,000～1,000,000
成交价：RMB 1,092,500
92cm×45cm 中贸圣佳 2022-07-23

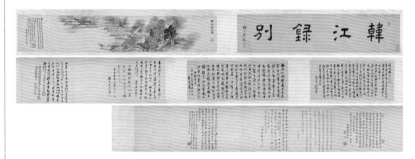

562 朱方蔼 韩江录别图 手卷
估　价：RMB 280,000～350,000
成交价：RMB 402,500
19.5cm×124.5cm 中贸圣佳 2022-07-23

8067 周亮工 行书《寒食诗话楼》 立轴
估　价：RMB 2,200,000～2,600,000
成交价：RMB 3,450,000
179.5cm×61.5cm 保利厦门 2022-10-21

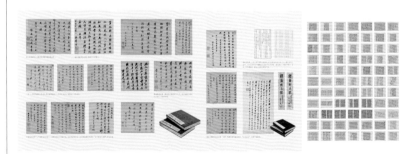

1450 朱彝尊 尤侗 归允肃 彭孙遹 王弘撰 等 为杨自牧作潜籁轩题咏 册页（二册共九十页）
估　价：RMB 600,000～800,000
成交价：RMB 5,807,500
尺寸不一 西泠印社 2022-08-20

1477 诸昇 1684年作 清流修竹图 立轴
估　价：RMB 180,000～250,000
成交价：RMB 207,000
165cm×50cm 西泠印社 2022-01-22

859 邹一桂 郑宣 1761年作、1762年作 花卉诗
册页（六开十二页）
估　价：RMB 500,000～700,000
成交价：RMB 782,000
27cm×20cm×12 中贸圣佳 2022-12-31

450 左宗棠 行书黄庭坚画跋 立轴
估　价：RMB 600,000～900,000
成交价：RMB 977,500
167.5cm×42cm 广东崇正 2022-12-24

381 邹一桂 松菊图 立轴
估　价：RMB 250,000～350,000
成交价：RMB 345,000
177cm×86.5cm 广东崇正 2022-12-24

792 左宗棠 行书七言联 立轴
估　价：RMB 10,000～30,000
成交价：RMB 1,035,000
168cm×34cm×2 中国嘉德 2022-06-27

490 左宗棠 楷书七言联 立轴
估　价：RMB 320,000～420,000
成交价：RMB 552,000
176.5cm×42cm×2 广东崇正 2022-08-10

近现代及当代作者

710 艾轩 2017年作 有故事的土地
估　价：HKD 400,000~800,000
成交价：RMB 486,032
97.5cm×100.8cm 香港苏富比 2022-04-28

18 白伯骅 西施浣纱图
估　价：RMB 160,000~200,000
成交价：RMB 385,000
68cm×45cm 北京伍佰艺 2022-09-17

583 安奇帮 2022年作 书法 镜心
估　价：RMB 30,000~50,000
成交价：RMB 230,000
136cm×68cm 荣宝斋（南京）2022-12-07

30 白光 2022年作 花鸟四条屏
估　价：RMB 800,000~1,000,000
成交价：RMB 1,250,000
136cm×34cm×4 北京伍佰艺 2022-09-17

3051 白蕉 1950年作 为唐云作 陶渊明饮酒诗 手卷
估　价：RMB 150,000~250,000
成交价：RMB 322,000
18cm×94cm 西泠印社 2022-08-21

183 白雪石 漓江春
估　价：HKD 436,000
成交价：RMB 459,850
80cm×100cm 荣宝斋（香港）2022-11-26

579 白雪石 1977年作 清漓之晨 横披
估　价：RMB 700,000~800,000
成交价：RMB 1,092,500
105cm×191cm 北京荣宝 2022-07-24

202 薄春雨 瘦玉仙骥 镜心
估　价：RMD 00,000　120,000
成交价：RMB 575,000
180cm×80cm 中贸圣佳 2022-07-23

3324 白雪石 1994年作 千峰竞秀 镜心
估　价：RMB 700,000~900,000
成交价：RMB 805,000
99.5cm×179.5cm 保利厦门 2022-10-22

337 薄春雨 枝头独立 镜心
估　价：RMB 150,000~250,000
成交价：RMB 345,000
87cm×141cm 中贸圣佳 2022-12-31

749 蔡逸溪 2007年作 莲花系列
估　价：HKD 350,000～550,000
成交价：RMB 486,032
52cm×160.5cm 香港苏富比 2022-04-28

1147 蔡玉水 2021年作 天使的祈祷 镜心
估　价：RMB 80,000～120,000
成交价：RMB 345,000
59.5cm×61cm 中国嘉德 2022-12-15

856 蔡元培 行书七言联 立轴
估　价：RMB 500,000～800,000
成交价：RMB 713,000
174cm×46cm×2 中贸圣佳 2022-07-23

926 蔡元培 1919年作 行书十五言 对联
估　价：RMB 200,000～300,000
成交价：RMB 2,702,500
166cm×41cm×2 朵云轩 2022-12-09

598 蔡云飞 海湾渔港 镜心
估　价：RMB 800,000～1,200,000
成交价：RMB 1,437,500
70cm×240cm 荣宝斋（南京）2022-12-07

2326 曹俊 2018年作 荷花 镜框
估　价：RMB 800,000～1,200,000
成交价：RMB 1,495,000
100cm×49cm 北京保利 2022-07-27

541 曹锟 楷书十六言巨联 立轴
估　价：RMB 550,000～850,000
成交价：RMB 828,000
349cm×46cm×2 中鸿信 2022-09-11

746 常玉 坐姿裸女
估　价：HKD 350,000～550,000
成交价：RMB 433,027
48.5cm×32cm 香港苏富比 2022-10-06

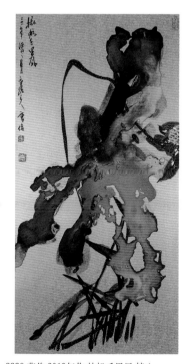

3339 曹俊 2019年作 挂帆千里风 镜心
估　价：RMB 800,000～1,200,000
成交价：RMB 1,380,000
98.5cm×49cm 永乐拍卖 2022-07-25

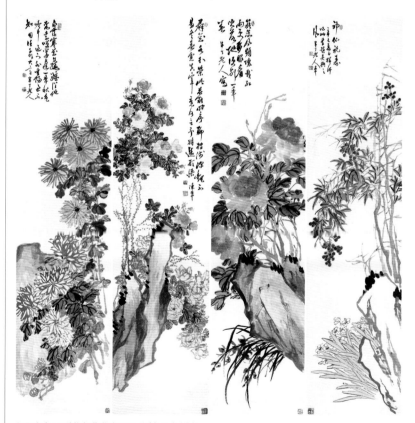

345 陈半丁 群芳争荣花卉四屏 立轴 设色纸本
估　价：RMB 1,800,000～2,200,000
成交价：RMB 2,530,000
136cm×34cm×4 北京荣宝 2022-07-24

8012 陈家泠 2021年作 西湖景色（三号）镜框
估　价：RMB 5,800,000～7,000,000
成交价：RMB 14,950,000
200cm×500cm 上海嘉禾 2022-11-20

欲试良玉须猛火

自携偕便汲清泉

355 陈宝琛 1934年作 行书七言联 对联
估　价：RMB 200,000～300,000
成交价：RMB 690,000
130cm×30.5cm×2 朵云轩 2022-12-08

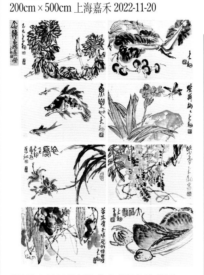

480 陈大羽 1989年作 花卉蔬果鱼乐 册页
估　价：RMB 350,000～450,000
成交价：RMB 747,500
38cm×54.5cm×8 华艺国际 2022-09-24

150 陈福善 1978年作 妙境之海
估　价：HKD 120,000～200,000
成交价：RMB 463,528
136cm×69cm 中国嘉德 2022-10-09

42 陈秉忱 黄胄 1985年作 临定武本兰亭 成扇
估　价：RMB 200,000～300,000
成交价：RMB 345,000
19cm×54cm 中贸圣佳 2022-07-23

59 陈凯歌 书法
估　价：HKD 700,000～1,600,000
成交价：RMB 834,274
70cm×137cm 香港贞观 2022-06-18

965 陈家泠 荷池清趣 镜片
估　价：RMB 280,000～380,000
成交价：RMB 368,000
176cm×94cm 上海嘉禾 2022-01-01

347 陈佩秋 梅竹双禽 立轴
估　价：RMB 3,500,000～4,500,000
成交价：RMB 5,060,000
120cm×64.5cm 上海嘉禾 2022-11-20

8065 陈佩秋 鸳鸯杏花 镜框
估　价：RMB 6,000,000～9,000,000
成交价：RMB 13,800,000
115cm×75cm 上海嘉禾 2022-11-20

449 陈佩秋 溪山雪意图 镜心
估　价：RMB 1,000,000～1,500,000
成交价：RMB 1,955,000
画心40cm×234cm 中鸿信 2022-09-11

345 陈佩秋 2003年作 荷塘清韵 镜框
估　价：RMB 800,000～1,200,000
成交价：RMB 5,175,000
45cm×131cm 上海嘉禾 2022-11-20

3326 陈平 2004年作 山水 镜心
估　价：RMB 200,000～300,000
成交价：RMB 230,000
96cm×90cm 保利厦门 2022-10-22

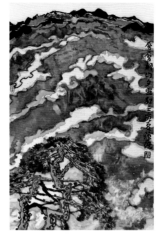

217 陈琪 层层关山夕照红 镜心
估　价：RMB 100,000
成交价：RMB 483,000
68cm×46cm 浙江御承 2022-08-28

9 陈茜 2020年作 爱猫日记
估　价：RMB 100,000～200,000
成交价：RMB 590,000
45cm×1080cm 保利厦门 2022-01-13

412 陈少梅 吹箫引凤 镜心
估　价：RMB 1,000,000～1,500,000
成交价：RMB 1,495,000
129cm×67cm 中贸圣佳 2022-10-27

125 陈琪 云海禅心 立轴
估　价：RMB 300,000
成交价：RMB 715,000
139cm×50cm 浙江御承 2022-12-17

638 陈少梅 1944年作 梅下高士图 立轴
估　价：RMB 1,300,000～1,500,000
成交价：RMB 1,897,500
105cm×44.5cm 北京荣宝 2022-07-24

367 陈少梅 1943年作 唐人诗意图 立轴
估　价：RMB 300,000～500,000
成交价：RMB 1,265,000
101cm×33.5cm 中国嘉德 2022-06-26

3037 陈少梅 仿郭河阳山水 立轴
估　价：HKD 2,800,000～4,000,000
成交价：RMB 3,107,815
67.5cm×37.5cm 香港苏富比 2022-10-08

1038 陈师曾 1920年作 与齐白石订交之作 墨蟹图 立轴
估　价：RMB 600,000～900,000
成交价：RMB 1,127,000
105cm×47.5cm 西泠印社 2022-01-22

757 陈文希 鹭
估　价：HKD 580,000～880,000
成交价：RMB 734,448
121cm×69.5cm 香港苏富比 2022-04-28

307 陈树人 1947年作 峡江渔艇 镜框
估　价：RMB 150,000～200,000
成交价：RMB 333,500
61cm×46cm 华艺国际 2022-09-24

336 陈师曾 1918年作 息翁玩具图 镜心
估　价：RMB 600,000～800,000
成交价：RMB 1,265,000
128cm×26cm 中国嘉德 2022-06-26

1332 陈湘波 回眸 镜心
估　价：RMB 120,000~180,000
成交价：RMB 368,000
48.5cm×77cm 中国嘉德 2022-06-29

582 陈友 2022年作 寿桃中堂 镜心
估　价：RMB 800,000~1,200,000
成交价：RMB 1,495,000
136cm×68cm；136cm×34cm×2
荣宝斋（南京）2022-12-07

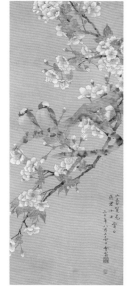

612 陈之佛 1941年作 梨花双栖 镜心
估　价：RMB 300,000~500,000
成交价：RMB 805,000
79cm×32cm 开拍国际 2022-01-07

356 陈之佛 春花双羽 立轴
估　价：RMB 600,000~1,200,000
成交价：RMB 1,495,000
110cm×44cm 中国嘉德 2022-06-26

730 陈之佛 1945年作 竹间群嬉 立轴
估　价：RMB 200,000~300,000
成交价：RMB 1,610,000
128.3cm×51.7cm 开拍国际 2022-01-07

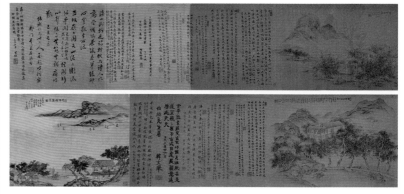

898 陈致煦 许守白 1916年、1918年、1919年作 是诗簃图 手卷
估　价：HKD 150,000~250,000
成交价：RMB 345,623
33cm×716cm 佳士得 2022-05-28

564 陈忠洲 2021年作 幽谷寻友图 镜心
估　价：RMB 2,800,000～3,800,000
成交价：RMB 5,175,000
180cm×96cm 荣宝斋（南京）2022-12-07

3342 陈忠洲 2022年作 初秋时节 镜心
估　价：RMB 600,000～900,000
成交价：RMB 690,000
22cm×61.5cm 永乐拍卖 2022-07-25

565 陈忠洲 2022年作 山中人家 镜心
估　价：RMB 1,800,000～2,800,000
成交价：RMB 3,450,000
68cm×136cm 荣宝斋（南京）2022-12-07

1750 陈子庄 双吉图 立轴
估　价：RMB 200,000～250,000
成交价：RMB 517,500
130cm×34.2cm 北京保利 2022-07-26

555 程澄 观音像 镜心
估　价：HKD 250,000～300,000
成交价：RMB 428,685
110cm×50cm 保利香港 2022-10-12

8060 程十发 1948年作 唐人诗意图 立轴
估　价：RMB 2,800,000～3,800,000
成交价：RMB 5,290,000
183cm×96cm 上海嘉禾 2022-11-20

147 程十发 1960年作 花团锦簇 镜框
估　价：HKD 200,000～300,000
成交价：RMB 2,734,906
101cm×66.5cm 香港苏富比 2022-10-09

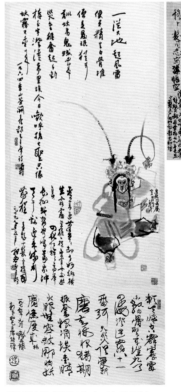

643 程十发 1963年作 齐天大圣 屏轴
估　价：RMB 1,000,000～1,200,000
成交价：RMB 1,552,500
87cm×47cm 朵云轩 2022-12-08

343 程十发 傣村节日图 立轴 设色纸本
估　价：RMB 1,000,000～1,200,000
成交价：RMB 1,380,000
画心：43cm×71cm；诗堂：42cm×71cm
北京荣宝 2022-07-24

3135 程十发 1958年作 民歌诗意人物 立轴
估　价：RMB 1,000,000～1,300,000
成交价：RMB 1,150,000
131.5cm×66cm 永乐拍卖 2022-07-25

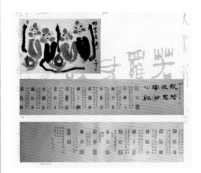

9 程与天 灵猴 书法《心经》篆刻
估　价：RMB 2,000,000～3,000,000
成交价：RMB 2,280,000
46cm×70cm、31cm×248cm
香港贞观 2022-01-16

3313 崔景哲 中国红 镜心
估　价：RMB 180,000～280,000
成交价：RMB 471,500
130cm×74cm 保利厦门 2022-10-22

2075 崔如琢 2008年 忽如一夜春风来 镜心
估　价：RMB 3,000,000～4,000,000
成交价：RMB 3,450,000
144cm×287cm 北京保利 2022-07-26

2388 崔如琢 2010年作 秋山晴霭 手卷
估　价：RMB 800,000～1,000,000
成交价：RMB 1,092,500
画心37cm×286cm 北京保利 2022-07-27

2387 崔如琢 2007年作 秋山晚照图 手卷
估　价：RMB 800,000～1,000,000
成交价：RMB 920,000
画心36cm×276cm 北京保利 2022-07-27

3124 崔如琢 2021年作 秋韵 镜心
成交价：RMB 103,500,000
222.5cm×196cm 永乐拍卖 2022-07-25

270 达世奇 葵花墨竹
估　价：HKD 327,000
成交价：RMB 441,456
140cm×70cm 荣宝斋（香港）2022-11-26

1237 党震 2022年作 玉山飞雪 镜心
估　价：RMB 200,000～250,000
成交价：RMB 253,000
184cm×127.5cm 北京荣宝 2022-07-24

815 邓芬 赵少昂 伏虎罗汉 镜心
成交价：RMB 573,892
126cm×68cm 中国嘉德 2022-10-08

34 代建红 夏韵 镜片
估　价：RMB 150,000～300,000
成交价：RMB 345,000
69cm×69cm 保利厦门 2022-10-22

1022 邓卜君 2016年作 泉落数弯水绿，岩砌
独钓青云 镜框
估　价：HKD 300,000～400,000
成交价：RMB 347,646
217.5cm×96cm 佳士得 2022-12-02

32 丁谦 望洞庭湖赠张丞相 镜片
估　价：RMB 200,000～230,000
成交价：RMB 264,500
138cm×69cm 保利厦门 2022-10-22

3174 丁衍庸 1978年作 八仙祝寿 镜框
估 价：HKD 120,000～200,000
成交价：RMB 610,464
69cm×138.3cm 香港苏富比 2022-10-08

631 董必武 楷书自作诗 镜心
估 价：RMB 80,000～120,000
成交价：RMB 299,000
133cm×66cm 中贸圣佳 2022-10-27

12 杜月笙 行书"菁莪赞化" 镜心
成交价：RMB 483,000
26cm×16.5cm 北京银座 2022-01-12

3154 范曾 1998年作 抱冲逸兴 镜心
估 价：RMB 3,000,000～4,000,000
成交价：RMB 4,830,000
138cm×352cm 永乐拍卖 2022-07-25

2393 樊枫 2010年作 兴山奇峰图 镜心
估 价：RMB 120,000～150,000
成交价：RMB 345,000
150cm×68cm 北京保利 2022-07-27

521 董寿平 黄山松云图 立轴
估 价：RMB 450,000～750,000
成交价：RMB 897,000
112.5cm×53cm 中鸿信 2022-09-11

8018 范曾 萧瀚 1994年作 松下问童子 镜片
估 价：RMB 3,800,000～5,800,000
成交价：RMB 4,600,000
179cm×95.5cm 上海嘉禾 2022-11-20

2210 范曾 钟馗神威·行书八言联 镜心
估　价：RMB 600,000~1,000,000
成交价：RMB 2,415,000
字179cm×33cm×2；画164cm×83cm 北京保利 2022-07-27

1017 范曾 1974年作 跖斥孔丘 立轴
估　价：RMB 2,000,000~2,600,000
成交价：RMB 3,852,500
172cm×95cm 北京荣宝 2022-07-24

1247 范曾 1999年作 老子演易 镜心
估　价：RMB 1,200,000~1,800,000
成交价：RMB 1,495,000
122cm×156cm 中国嘉德 2022-12-15

36 范曾 2002年作 古意人物四屏 镜心
估　价：RMB 1,000,000~1,500,000
成交价：RMB 2,932,500
138cm×34cm×4 北京银座 2022-09-16

2336 范曾 1978年作 松下问童子 镜框
估　价：RMB 1,300,000~1,500,000
成交价：RMB 2,185,000
177.6cm×95.3cm 北京保利 2022-07-27

1237 范存刚 2022年作 春色 镜框
估 价：HKD 400,000～600,000
成交价：RMB 463,528
138.5cm×68.5cm 佳士得 2022-12-02

523 方楚雄 虎虎生威 册页
估 价：RMB 400,000～600,000
成交价：RMB 690,000
33.5cm×44.5cm×12 华艺国际 2022-09-24

627 方济众 1985年作 松林珍禽 立轴
成交价：RMB 529,747
142cm×72cm 中国嘉德 2022-10-07

135 方人定 1971年作 草书诗词长卷 手卷
估 价：HKD 300,000～400,000
成交价：RMB 802,339
38cm×1958cm 华艺国际 2022-05-29

164 方增先 1987年作 马臻筑塘设坝 立轴
估 价：RMB 30,000～50,000
成交价：RMB 402,500
116cm×68cm 中国嘉德 2022-05-28

104 费新我 行书《冬夜杂咏》三首 立轴
估 价：RMB 120,000～180,000
成交价：RMB 264,500
134.5cm×219cm 中贸圣佳 2022-12-31

3159 丰子恺 佛缘 镜框
估 价：HKD 80,000～160,000
成交价：RMB 918,061
49.5cm×26cm 香港苏富比 2022-04-30

270 丰子恺 1941年、1945年作 一览众山小,
振衣千仞冈 镜心、立轴
估 价：RMB 1,800,000～2,800,000
成交价：RMB 2,070,000
画一81cm×53cm；画二72cm×38cm
中国嘉德 2022-12-12

2041 丰子恺 仰之弥高 立轴
估　价：RMB 1,800,000～2,200,000
成交价：RMB 2,817,500
92cm×53.2cm 北京保利 2022-07-26

1247 冯大中 1990年作 晚霞 镜片
估　价：HKD 800,000～1,200,000
成交价：RMB 3,240,216
172.5cm×277.7cm 佳士得 2022-05-29

510 冯大中 1995年作 恋 镜心
估　价：HKD 500,000～1,000,000
成交价：RMB 923,400
78.5cm×123cm 保利香港 2022-07-12

726 冯超然 松下绘石图 立轴
估　价：RMB 300,000～400,000
成交价：RMB 460,000
135cm×67cm 北京荣宝 2022-07-24

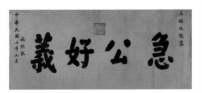

139 冯国璋 1918年作 "急公好义" 匾额 镜心
估　价：RMB 180,000～250,000
成交价：RMB 322,000
85cm×197cm 中贸圣佳 2022-12-31

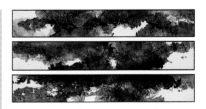

752 冯永基 2021年作 呼吸（二十四）
（二十五）（二十六）
估　价：HKD 350,000～650,000
成交价：RMB 486,032
香港苏富比 2022-04-28

2024 傅抱石 1943年作 洗桐图 立轴
估　价：RMB 8,000,000～10,000,000
成交价：RMB 12,880,000
87cm×60cm 北京保利 2022-07-26

282 傅抱石 1962年作 高山仰止 镜心
估　价：RMB 58,000,000～68,000,000
成交价：RMB 66,700,000
178cm×96.5cm 中国嘉德 2022-12-12

278 傅抱石 1946年作 风雨不动安如山 立轴
估　价：RMB 6,000,000～8,000,000
成交价：RMB 16,100,000
178.8cm×58cm 中国嘉德 2022-12-12

128 傅抱石 蜀山寻胜 立轴
估　价：RMB 15,000,000~20,000,000
成交价：RMB 25,300,000
138cm×46.5cm 广东崇正 2022-08-11

2025 傅抱石 碧海群帆 立轴
估　价：RMB 22,000,000~28,000,000
成交价：RMB 33,350,000
127cm×50cm 北京保利 2022-07-26

364 傅抱石 1944年作 醉僧图 立轴
估　价：RMB 8,000,000～12,000,000
成交价：RMB 20,125,000
104.5cm×61cm 中国嘉德 2022-06-26

519 傅抱石 1946年作 红衣仕女图 立轴
成交价：RMB 27,600,000
130cm×45cm 中鸿信 2022-09-11

281 傅抱石 1962年作 满身苍翠惊高风 立轴
估　价：RMB 35,000,000～45,000,000
成交价：RMB 52,325,000
102.5cm×71.5cm 中国嘉德 2022-12-12

1198 傅抱石 1943年作 听阮图 镜片
估　价：RMB 5,000,000～7,000,000
成交价：RMB 10,120,000
87.5cm×58.5cm 西泠印社 2022-01-22

313 傅抱石 1963年作 飞瀑图 立轴 设色纸本
估　价：RMB 2,200,000～3,000,000
成交价：RMB 7,590,000
83cm×33.5cm 北京荣宝 2022-07-24

3127 傅抱石 徐悲鸿 1942年作 洗马图 立轴
估　价：RMB 10,000,000～16,000,000
成交价：RMB 11,500,000
175cm×57cm 永乐拍卖 2022-07-25

8025 傅抱石 1962年作 杜甫诗意图 立轴
估　价：RMB 10,000,000～15,000,000
成交价：RMB 23,000,000
137.5cm×68cm 上海嘉禾 2022-11-20

2023 傅抱石 1943年作 东山图 立轴
估　价：RMB 14,000,000～18,000,000
成交价：RMB 22,770,000
75.5cm×63.5cm 北京保利 2022-07-26

1148 傅增湘 1931年作 为谢国桢书匾"乐学斋"横披
估　价：RMB 100,000～150,000
成交价：RMB 586,500
31.5cm×129.5cm 西泠印社 2022-08-20

495 高二适 1973年作 行书《沁园春·雪》镜心
估　价：RMB 10,000～20,000
成交价：RMB 414,000
95cm×170cm 中国嘉德 2022-06-27

113 高奇峰 江山啸傲 立轴
估　价：HKD 800,000～1,200,000
成交价：RMB 2,777,328
87.5cm×50cm 华艺国际 2022-05-29

713 傅抱石 1945年作 杜甫《佳人》诗意 立轴
估　价：RMB 8,500,000～10,000,000
成交价：RMB 13,800,000
113cm×33cm 开拍国际 2022-01-07

801 高云 江山如画 镜心
估　价：RMB 180,000
成交价：RMB 322,000
68cm×136cm 中贸圣佳 2022-08-14

1037 龚文桢 2003年作 竹雀图 镜心
估　价：RMB 180,000~220,000
成交价：RMB 333,500
171.5cm×92cm 北京荣宝 2022-07-24

723 高奇峰 1915年作 猿戏图 立轴
估　价：RMB 1,200,000~1,800,000
成交价：RMB 1,840,000
134cm×64.5cm 广东崇正 2022-12-25

267 宫树军 清风高节
估　价：HKD 174,000
成交价：RMB 478,244
138cm×68cm 荣宝斋（香港）2022-11-26

269 关良 1942年作 摩登仕女 立轴
估　价：RMB 800,000~1,800,000
成交价：RMB 1,840,000
111cm×63cm 中国嘉德 2022-12-12

721 关山月 1977年作 朱砂冲哨口 镜心
估 价：RMB 2,000,000～3,000,000
成交价：RMB 3,680,000
71cm×99cm 开拍国际 2022-01-07

348 关山月 1985年作 万壑松风 立轴
估 价：RMB 800,000～1,200,000
成交价：RMB 1,955,000
109cm×69cm 华艺国际 2022-09-24

558 关山月 1972年作 雪梅图 镜片
估 价：RMB 1,500,000～2,500,000
成交价：RMB 2,300,000
145.5cm×164cm 广东崇正 2022-08-11

560 关山月 1997年作 红梅 镜片
估 价：RMB 2,200,000～3,200,000
成交价：RMB 3,105,000
178cm×97cm 广东崇正 2022-08-11

32 关山月 1986年作 人间有正气 立轴
估　价：RMB 600,000~1,000,000
成交价：RMB 2,415,000
138cm×68cm 广东崇正 2022-12-25

349 关山月 1984年作 苍松寿石图 立轴
估　价：RMB 1,200,000~1,800,000
成交价：RMB 1,955,000
177cm×96cm 华艺国际 2022-09-24

615 关山月 1981年作 珠江春色 立轴
估　价：RMB 750,000~850,000
成交价：RMB 3,450,000
152cm×82cm 朵云轩 2022-12-08

1091 关山月 1993年作 清香 镜框
估　价：HKD 300,000~500,000
成交价：RMB 1,404,093
68.3cm×137.5cm 佳士得 2022-05-29

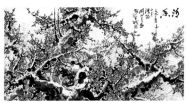

22 韩必恒 吉祥图 镜片
估　价：RMB 580,000~880,000
成交价：RMB 1,012,000
92cm×180cm 保利厦门 2022-10-22

1181 韩美林 1988—2022年作 牛 镜心
估　价：RMB 250,000~350,000
成交价：RMB 552,000
68cm×135cm 中国嘉德 2022-12-15

160 郭沫若 1967年作 行书《沁园春·雪》镜心
估　价：RMB 550,000~650,000
成交价：RMB 931,500
70cm×140cm 北京荣宝 2022-07-24

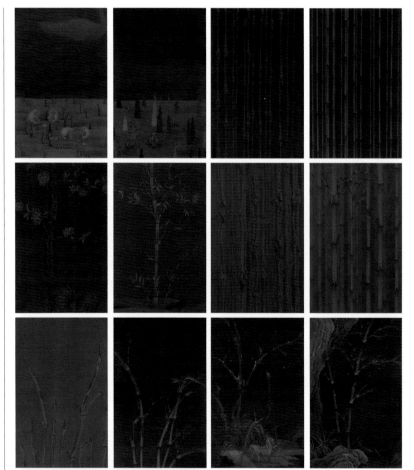

2181 韩美林 1990年作 铁线百骏图 手卷
估　价：RMB 150,000~250,000
成交价：RMB 805,000
28cm×1921cm 北京保利 2022-07-27

1001 韩美林 2005年作 杨万里诗意图 镜心
估　价：RMB 200,000~300,000
成交价：RMB 690,000
69cm×128cm 北京荣宝 2022-07-24

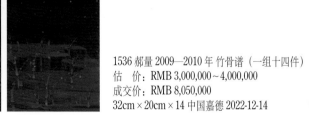

1536 郝量 2009—2010年作 竹骨谱（一组十四件）
估　价：RMB 3,000,000~4,000,000
成交价：RMB 8,050,000
32cm×20cm×14 中国嘉德 2022-12-14

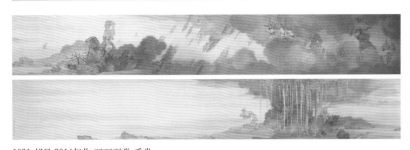

1031 郝量 2014年作 万万石卷 手卷
估　价：HKD 1,000,000～2,000,000
成交价：RMB 3,708,230
23cm×305cm 佳士得 2022-12-02

1078 何百里 谷烟浮翠 镜框
估　价：HKD 800,000～1,200,000
成交价：RMB 1,026,068
90cm×132cm 佳士得 2022-05-29

1036 何百里 河谷梦之二 镜框
估　价：HKD 800,000～1,200,000
成交价：RMB 927,057
01cm×137.5cm 佳士得 2022-12-02

366 何海霞 1980年作 激流勇进图 镜心 设色
纸本
估　价：RMB 1,500,000～1,800,000
成交价：RMB 2,012,500
181cm×97cm 北京荣宝 2022-07-24

208 何海霞 梦中云山卷 手卷
估　价：RMB 800,000～1,200,000
成交价：RMB 1,265,000
画46.8cm×327.5cm 中国嘉德 2022-12-12

149 何海霞 香雪海 镜心
估　价：RMB 800,000～1,200,000
成交价：RMB 1,035,000
94.5cm×132cm 华艺国际 2022-09-23

8050 何海霞 山城繁市 镜片
估　价：RMB 580,000～780,000
成交价：RMB 1,035,000
画心77.5cm×55.5cm；诗堂23cm×55.5cm
上海嘉禾 2022-11-20

31 何海霞 1972年、1977年作 山水四帧 镜心
估　价：RMB 300,000～500,000
成交价：RMB 805,000
70.5cm×48.5cm；68cm×45cm；
69cm×45cm；68cm×49.5cm
中贸圣佳 2022-07-23

1007 何家英 1998年作 窗外物华 镜框
估　价：RMB 800,000～1,200,000
成交价：RMB 2,070,000
107cm×61cm 北京荣宝 2022-07-24

1004 何家英 2003年作 邀凉图 镜框
估　价：RMB 2,000,000～2,600,000
成交价：RMB 3,565,000
111cm×70cm 北京荣宝 2022-07-24

2346 何家英 泉 镜框
估　价：RMB 1,500,000～2,500,000
成交价：RMB 2,990,000
112cm×76cm 北京保利 2022-07-27

1074 何家英 清谈 镜心
估　价：RMB 1,400,000～1,600,000
成交价：RMB 1,840,000
95cm×53cm 北京荣宝 2022-07-24

1184 贺天健 1936年作 为刘湖涵作庐山图 镜片
估　价：RMB 300,000～500,000
成交价：RMB 460,000
176cm×94.5cm 西泠印社 2022-01-22

1006 何家英 2021年作 玉容阑珊晚妆残 镜心
估　价：RMB 1,500,000～1,800,000
成交价：RMB 3,220,000
70.5cm×69.5cm 北京荣宝 2022-07-24

1055 何维朴 拟诸家山水十二屏 立轴
估　价：RMB 120,000～200,000
成交价：RMB 402,500
153.5cm×40cm×12 中国嘉德 2022-06-28

537 贺天健 1937年作 柳荫仕女 立轴
成交价：RMB 471,500
106cm×58.5cm 中国嘉德 2022-12-13

648 弘一 楷书五言联 立轴
估　价：RMB 800,000～1,200,000
成交价：RMB 1,207,500
92cm×21cm×2 中贸圣佳 2022-10-27

却来观世间猶如梦中事人生自少而壮自壮而老自老而死俄然入胞胎俄出胞胎又入又出无穷已生不知来死不知去蒙乙然千生万劫不自知非真乙然枕上片时春梦中行尽江南数千里今贪利名梓山航海岂必枕上尔庄生梦蝴蝶孔子梦周公梦时同是梦醒时行非梦旷大劫来一时一刻皆梦中破尽无明大觉能仁如是乃为梦醒汉如是乃名无上尊

岁次鹤首 姜峰寺调御院沙门如眼

516 弘一 1931年作 楷书《世梦》镜心
估　价：RMB 2,200,000~2,800,000
成交价：RMB 8,740,000
133.5cm×45.5cm 开拍国际 2022-01-07

梗梓在山千岁而已材成宣于将铸治九载而神光烛天若夫槿花早荣而姜不终朝蜉蝣易生而寿不逸夕连其成者小器而已矣故长庆七波蒲团而捧盦大悟赵州八句行脚而杰出丛林大器晚成非此之谓乎颂曰不器之器名曰上器积厚养深一出名世欲速不达古人而刺学道之士静以俟势

大器晚成

观音院为炬

214 弘一 行书《莲池论大器晚成》立轴
估　价：RMB 4,000,000~5,000,000
成交价：RMB 4,600,000
133cm×45cm 中国嘉德 2022-12-12

658 胡风 1951年作 《睡了的村庄》行书诗卷
手卷
估　价：RMB 1,800,000~2,000,000
成交价：RMB 2,070,000
21cm×254.5cm 朵云轩 2022-12-08

峥嵘赤云西，日脚下平地。柴门鸟雀噪，归客千里至。妻孥怪我在，惊定还拭泪。世乱遭飘荡，生还偶然遂。邻人满墙头，感叹亦歔欷。夜阑更秉烛，相对如梦寐。

杜甫的羌村三首，们经过乱离的人更喜欢读，今天写第一首呈

先文女士

胡适

855 胡适 行书杜甫《羌村》诗 横披
估　价：RMB 300,000~500,000
成交价：RMB 1,150,000
28cm×78.5cm 中贸圣佳 2022-07-23

1561 胡也佛 柳塘春思 立轴
估　价：RMB 400,000～600,000
成交价：RMB 460,000
32cm×24cm 北京保利 2022-07-26

3149 黄宾虹 1947年作 青山晋寿图 立轴
估　价：HKD 18,000,000～30,000,000
成交价：RMB 20,049,284
128.5cm×61cm 香港苏富比 2022-10-08

288 黄宾虹 黄吕山居图 立轴
估　价：HKD 4,000,000～6,000,000
成交价：RMB 17,354,739
135cm×64cm 中国嘉德 2022-10-07

262 黄宾虹 1952年作 壬辰年山水 立轴
估　价：RMB 9,000,000～12,000,000
成交价：RMB 11,500,000
88.5cm×31cm 中国嘉德 2022-12-12

369 黄宾虹 1953年作 富春纪游 立轴
估　价：RMB 8,000,000～12,000,000
成交价：RMB 10,350,000
125cm×49cm 中国嘉德 2022-06-26

289 黄宾虹 致刘湖涵山水巨幛 立轴
估　价：HKD 3,000,000～6,000,000
成交价：RMB 8,746,347
243cm×120.5cm 中国嘉德 2022-10-07

1135 黄宾虹 1939年作 息茶庵图卷 手卷
估　价：HKD 2,000,000～3,000,000
成交价：RMB 8,343,518
32.3cm×154cm 佳士得 2022-12-02

257 黄宾虹 1954年作 深山高士 镜心
估　价：RMB 5,000,000~6,000,000
成交价：RMB 5,750,000
34cm×109cm 中国嘉德 2022-12-12

581 黄宾虹 秋山烟霭图 立轴
估　价：RMB 2,000,000~3,000,000
成交价：RMB 5,405,000
128.5cm×66.5cm 北京银座 2022-09-16

1177 黄宾虹 九十一岁作设色山水溪桥初霁
立轴
估　价：RMB 3,600,000~5,000,000
成交价：RMB 8,280,000
83cm×32cm 西泠印社 2022-01-22

622 黄宾虹 1953年作 山间幽居 立轴
估　价：RMB 3,500,000~4,500,000
成交价：RMB 5,750,000
57.5cm×30cm 朵云轩 2022-12-08

558 黄宾虹 1953年作 西泠桥上望北高峰 立轴
估　价：RMB 3,800,000~5,000,000
成交价：RMB 7,015,000
88cm×49cm 开拍国际 2022-01-07

304 黄宾虹 1954年作 西泠峦影 立轴 设色纸本
估　价：RMB 2,200,000~3,200,000
成交价：RMB 5,520,000
72cm×40.5cm 北京荣宝 2022-07-24

1176 黄宾虹 漓水云山图 镜片
估　价：RMB 2,200,000~3,200,000
成交价：RMB 4,600,000
121.5cm×41cm 西泠印社 2022-01-22

1107 黄丹 2020年作 三贤图
估 价：RMB 450,000～650,000
成交价：RMB 690,000
93cm×98cm×3 北京保利 2022-07-25

548 黄建南 2014年作 风景这边独好 镜心
估 价：RMB 8,000,000～12,000,000
成交价：RMB 20,700,000
125cm×335cm 荣宝斋（南京）2022-12-07

1025 黄红涛 2022年作 火山 镜框
估 价：HKD 120,000～180,000
成交价：RMB 359,234
183cm×126cm 佳士得 2022-12-02

1259 黄建南 2020年作 地球密码 镜心
估 价：RMB 3,500,000～4,200,000
成交价：RMB 4,945,000
67cm×68cm 北京荣宝 2022-07-24

1260 黄建南 2020年作 曙光 镜心
估 价：RMB 2,300,000～3,000,000
成交价：RMB 2,990,000
67cm×68cm 北京荣宝 2022-07-24

1032 黄红涛 2021年作 无名山 镜框
估 价：HKD 100,000～150,000
成交价：RMB 324,021
100cm×178cm 佳士得 2022-05-29

101 黄洪 雪景云石图
估 价：HKD 800,000～1,200,000
成交价：RMB 2,000,555
159cm×460cm 香港贞观 2022-06-18

1258 黄建南 2014年作 如何高歌 镜心
估 价：RMB 2,650,000～2,800,000
成交价：RMB 3,565,000
66.5cm×66.5cm 北京荣宝 2022-07-24

3184 黄君璧 1974年作 繁花锦灿 镜框
估 价：HKD 320,000～600,000
成交价：RMB 1,331,921
180cm×88.2cm 香港苏富比 2022-10-08

2001 黄美尧 2018年 烟云奇观气象纵横
估　价：RMB 8,000,000～13,000,000
成交价：RMB 12,075,000
123cm×245cm 景德镇华艺 2022-01-15

1012 黄孝逵 2021年作 伟哉华岳 镜框三幅
估　价：HKD 350,000～500,000
成交价：RMB 432,028
178.5cm×58.5cm；178.5cm×43cm×2
佳士得 2022-05-29

2003 黄美尧 2019年 高山志士意，茂树君子德
估　价：RMB 1,000,000～1,500,000
成交价：RMB 2,452,500
69cm×103cm 景德镇华艺 2022-01-15

2002 黄美尧 2019年 峰藏龙虎气，水住日月情
估　价：RMB 1,500,000～2,000,000
成交价：RMB 1,840,000
95cm×178cm 景德镇华艺 2022-01-15

14 黄吴怀 江南好
估　价：RMB 380,000～500,000
成交价：RMB 575,000
保利厦门 2022-10-22

1012 黄永玉 2014年作 荷梦 镜心
估　价：RMB 1,600,000～1,800,000
成交价：RMB 2,760,000
136cm×67cm 北京荣宝 2022-07-24

132 黄永玉 1987年作 春意闹图 镜心
估　价：HKD 4,500,000～6,500,000
成交价：RMB 6,842,568
144cm×365cm 华艺国际 2022-11-27

1085 黄永玉 2004年作 灼灼荷花瑞 镜心
估　价：RMB 10,000～20,000
成交价：RMB 1,495,000
179cm×96cm 中国嘉德 2022-12-15

127 黄永玉 1991年作 鱼灯图 镜框
估　价：HKD 800,000～1,200,000
成交价：RMB 1,645,824
83cm×153cm 华艺国际 2022-05-29

657 黄永玉 1980年作 整羽 镜心
估　价：RMB 1,000,000～1,300,000
成交价：RMB 1,380,000
95.5cm×117cm 华艺国际 2022-07-29

1205 黄永玉 2012年作 龙年大发 镜心
估　价：RMB 750,000～850,000
成交价：RMB 1,092,500
96cm×89cm 北京荣宝 2022-07-24

3152 黄永玉 1987年作 莫问奴归处 镜心
估　价：RMB 600,000～800,000
成交价：RMB 920,000
177cm×96cm 永乐拍卖 2022-07-25

81 黄胄 日夜想念 立轴
估　价：RMB 3,800,000～5,800,000
成交价：RMB 5,175,000
177.3cm×95cm 广东崇正 2022-08-11

292 黄胄 1981年作 柯尔克孜猎鹰图 镜心
估　价：RMB 6,000,000～8,000,000
成交价：RMB 6,900,000
181cm×97cm 中国嘉德 2022-12-12

2069 黄胄 1973年作 大吉图 立轴
估　价：RMB 1,500,000～1,800,000
成交价：RMB 2,990,000
96cm×60cm 北京保利 2022-07-26

8046 黄胄 1975年作 驯马图 立轴
估 价：RMB 2,000,000～3,000,000
成交价：RMB 3,220,000
83.5cm×86cm 上海嘉禾 2022-11-20

2068 黄胄 1972年作 草原女骑手 镜心
估 价：RMB 5,000,000～6,000,000
成交价：RMB 6,095,000
167cm×97cm 北京保利 2022-07-26

2070 黄胄 1975年作 新疆舞女 立轴
估 价：RMB 1,500,000～1,800,000
成交价：RMB 2,093,000
138cm×69cm 北京保利 2022-07-26

1141 黄胄 1973年作 丰收图 镜框
估　价：HKD 300,000～400,000
成交价：RMB 2,052,136
139cm×69.7cm 佳士得 2022-05-29

1040 霍春阳 2021年作 盛世荷风 镜心
估　价：RMB 600,000～800,000
成交价：RMB 1,035,000
153cm×372cm 北京荣宝 2022-07-24

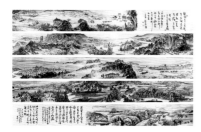

546 季从南 古丝绸之路 手卷
估　价：RMB 800,000～1,200,000
成交价：RMB 920,000
46cm×2140cm 荣宝斋（南京）2022-12-07

62 冀有泉 渔歌唱晚
估　价：HKD 1,500,000～2,000,000
成交价：RMB 1,430,184
90cm×96cm 香港贞观 2022-06-18

1210 贾广健 2022年作 松龄鹤寿图 镜心
估　价：RMB 300,000～400,000
成交价：RMB 460,000
136.5cm×68cm 北京荣宝 2022-07-24

574 贾国英 2021年作 秋末闲居 镜心
估　价：RMB 400,000～600,000
成交价：RMB 920,000
136cm×68cm 荣宝斋（南京）2022-12-07

13 贾平西 2017年作 喜鹊富贵
估　价：RMB 700,000～900,000
成交价：RMB 990,000
97cm×80cm 保利厦门 2022-01-13

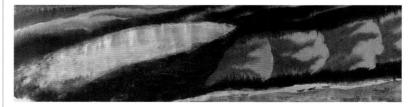

1009 贾又福 朝霞图 镜框
估　价：RMB 600,000～1,000,000
成交价：RMB 1,725,000
35cm×139cm 北京荣宝 2022-07-24

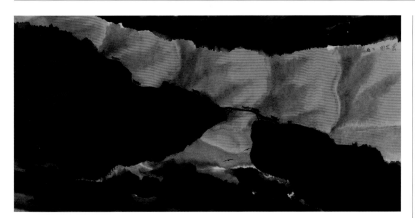

1008 贾又福 霞光图 镜框
估　价：RMB 800,000～1,200,000
成交价：RMB 2,185,000
67.5cm×136cm 北京荣宝 2022-07-24

655 江兆申 溽暑闲居 镜框
估　价：NTD 1,100,000～1,800,000
成交价：RMB 434,880
97cm×181cm 罗芙奥 2022-06-04

557 姜国华 2020年作 前山景气佳 镜心
估　价：RMB 800,000～1,200,000
成交价：RMB 1,955,000
68cm×136cm 荣宝斋（南京）2022-12-07

3322 贾又福 太行秋色图 镜心
估　价：RMB 900,000～1,100,000
成交价：RMB 1,127,000
96.8cm×51.3cm 永乐拍卖 2022-07-25

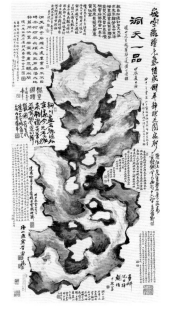

8082 江上琼山 洞天一品图 立轴
估　价：RMB 680,000～880,000
成交价：RMB 1,069,500
133cm×66cm 上海嘉禾 2022-11-20

196 姜国华 2015年作 溪山清韵 镜框
估　价：RMB 600,000～1,200,000
成交价：RMB 2,645,000
68cm×57cm 华艺国际 2022-09-23

774 江寒汀 1947年作 花鸟四屏 立轴
估　价：RMB 350,000～450,000
成交价：RMB 828,000
90cm×27.5cm×4 北京银座 2022-01-12

555 姜国华 2019年作 紫气东来长卷 镜心
估　价：RMB 4,000,000～6,000,000
成交价：RMB 11,500,000
21.5cm×283cm 荣宝斋（南京）2022-12-07

193 姜国华 2015年作 流水青山 镜框
估　价：RMB 600,000~1,200,000
成交价：RMB 1,495,000
68cm×58cm 华艺国际 2022-09-23

389 蒋兆和 卖报 镜心
估　价：RMB 2,500,000~3,500,000
成交价：RMB 2,875,000
106cm×58cm 中国嘉德 2022-06-26

390 蒋兆和 1948年作 一篮春色卖遍人间 镜心
估　价：RMB 2,500,000~3,500,000
成交价：RMB 2,875,000
93cm×53cm 中国嘉德 2022-06-26

2128 蒋兆和 1961年作 向阳花开早，蓖麻子
已肥 立轴
估　价：RMB 180,000~280,000
成交价：RMB 1,552,500
95.5cm×55cm 北京保利 2022-07-27

3169 金城 1923年作 秋山白云图 立轴
估　价：HKD 600,000~1,000,000
成交价：RMB 887,947
140.3cm×60.5cm 香港苏富比 2022-10-08

105 荆成义 国画十二生肖图
估　价：HKD 2,000,000~3,500,000
成交价：RMB 1,600,444
136cm×68cm×12 香港贞观 2022-06-18

503 九世班禅 1931年作 为张希骞将军作"吉
祥如意" 镜心
估　价：RMB 300,000~500,000
成交价：RMB 828,000
79cm×37.5cm 中鸿信 2022-09-11

1247 巨建伟 2020年作 荷花鸳鸯图 镜框
估　价：RMB 220,000~250,000
成交价：RMB 287,500
125.5cm×34cm 北京荣宝 2022-07-24

4 俊杰等五人合作 赏荷图
估　价：HKD 10,000,000～15,000,000
成交价：RMB 11,305,264
146cm×362cm 香港贞观 2022-06-18

472 赖少其 1986年作 七星岩 镜框
估　价：RMB 380,000～480,000
成交价：RMB 1,035,000
68cm×67cm 华艺国际 2022-09-24

780 赖少其 1989年作 铁打江山血铸成 镜心
估　价：RMB 2,000,000～3,000,000
成交价：RMB 4,025,000
124cm×244.5cm 北京银座 2022-01-12

440 赖少其 黄山白岳人家 镜心
估　价：RMB 800,000～1,500,000
成交价：RMB 920,000
96cm×180cm 中国嘉德 2022-12-13

588 康有为 行书《哥舒歌》立轴
估　价：RMB 600,000～1,000,000
成交价：RMB 1,035,000
141cm×77cm 北京银座 2022-09-16

215 康有为 楷书八言联 立轴
估　价：RMB 500,000～800,000
成交价：RMB 805,000
170.5cm×40cm×2 中国嘉德 2022-12-12

1350 老树 2022年年 隐身江湖深处 镜心
估　价：RMB 10,000～20,000
成交价：RMB 322,000
142cm×75cm 中国嘉德 2022-06-29

2422 乐泉 书法陆润庠题联 镜心
估　价：RMB 310,000～350,000
成交价：RMB 356,500
132cm×33cm 北京保利 2022-07-27

17 黎鸣 2009年作 山水之间
估　价：RMB 200,000～300,000
成交价：RMB 345,000
66cm×66cm 保利厦门 2022-10-22

719 黎谱 1943年作 斜靠着的女子
估　价：HKD 1,000,000～2,000,000
成交价：RMB 2,962,814
28.5cm×41cm 香港苏富比 2022-10-06

1012 黎谱 少女与白猫
估　价：HKD 1,000,000～1,500,000
成交价：RMB 3,631,194
41cm×23cm 香港苏富比 2022-04-27

33 黎谱 约1938年作 湖边淋浴
估　价：HKD 1,200,000～2,000,000
成交价：RMB 2,376,158
40cm×39cm 佳士得 2022-05-26

565 黎雄才 1972年作 第一桥 镜片
估　价：RMB 2,000,000～3,000,000
成交价：RMB 2,875,000
141cm×208cm 广东崇正 2022-08-11

617 黎雄才 1983年作 飞瀑游猿图 镜心
估　价：RMB 1,200,000～1,300,000
成交价：RMB 1,495,000
121cm×243cm 北京荣宝 2022-07-24

44 黎雄才 层林尽染 立轴
估　价：RMB 300,000～500,000
成交价：RMB 1,403,000
80cm×34cm 广东崇正 2022-12-25

569 黎雄才 1962年作 秋涧猿戏图 立轴
估　价：RMB 1,000,000～1,500,000
成交价：RMB 1,150,000
130cm×65.5cm 广东崇正 2022-08-11

27 李兵 颂秋图 镜片
估　价：RMB 880,000～1,200,000
成交价：RMB 1,380,000
67cm×68cm 保利厦门 2022-10-22

117 李采姣 2022年作 寸丹透顶是英雄 镜框
估　价：RMB 50,000
成交价：RMB 483,000
66cm×132cm 朵云轩 2022-08-07

966 李凤祥 2020年作 风和雨润家乡美 镜片
估　价：RMB 80,000～120,000
成交价：RMB 575,000
177cm×191.5cm 上海嘉禾 2022-01-01

1396 李伯安 走出巴颜喀拉系列 镜心
估　价：RMB 200,000～300,000
成交价：RMB 1,150,000
180.5cm×96.5cm 中国嘉德 2022-06-29

4463 李大钊 行书五言诗（一幅）
估　价：RMB 30,000
成交价：RMB 690,000
66cm×28.5cm 中鸿信 2022-09-12

1717 李斛 1964年 铁水丹心
估　价：RMB 600,000～800,000
成交价：RMB 690,000
192cm×140cm 中国嘉德 2022-06-28

542 李采姣 2022年作 顶向秋阳片片丹 镜框
估　价：RMB 100,000～150,000
成交价：RMB 517,500
66cm×132cm 朵云轩 2022-12-08

201 李德福 2022年作 漓江春晓
估　价：RMB 4,000,000～4,500,000
成交价：RMB 5,100,000
68cm×136cm 北京伍佰艺 2022-10-28

1019 李华弌 2011年作 不老
估　价：HKD 7,500,000～12,500,000
成交价：RMB 10,271,915
168.5cm×185cm×2 香港苏富比 2022-04-27

1037 李华弌 2008年作 层峦晓雾 镜框
估　价：HKD 2,400,000～3,500,000
成交价：RMB 3,476,466
188.5cm×97cm 佳士得 2022-12-02

1345 李桦 1944年作 常德东门外–清扫战场
估　价：RMB 380,000～480,000
成交价：RMB 1,150,000
23.3cm×32.2cm 中国嘉德 2022-12-14

17 李华弌 2017年作 春末 屏风镜框
估　价：HKD 3,500,000～5,500,000
成交价：RMB 5,940,396
167cm×184.5cm 佳士得 2022-05-26

756 李华弌 2006年作 山水
估　价：HKD 1,600,000～2,600,000
成交价：RMB 1,728,115
76.5cm×146cm 香港苏富比 2022-04-28

10 李晖 2015年作 秋山听泉
估　价：RMB 350,000～450,000
成交价：RMB 565,000
138cm×69cm 保利厦门 2022-01-13

238 李锦发 彩雀颂春
估　价：HKD 1,003,000
成交价：RMB 1,195,610
80cm×157cm 荣宝斋（香港）2022-11-26

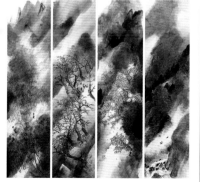

563 李劲堃 2005年作 春夏秋冬 镜框
估　价：RMB 380,000～480,000
成交价：RMB 437,000
137cm×34cm×4 华艺国际 2022-09-24

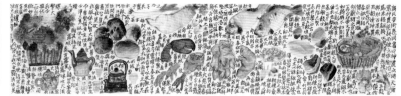

1618 李津 2015年作 肉食者不鄙
估　价：RMB 600,000～800,000
成交价：RMB 690,000
53cm×230cm 中国嘉德 2022-06-28

554 李净弘 2022年作 十二花神 镜心
估　价：RMB 6,000,000～8,000,000
成交价：RMB 14,950,000
136cm×68cm×12 荣宝斋（南京）2022-12-07

200 李净弘 2022年作 清江垂钓 镜框
估　价：RMB 400,000～600,000
成交价：RMB 690,000
106cm×58cm 华艺国际 2022-09-23

319 李可染 爱晚亭图 镜心 设色纸本
估　价：RMB 4,000,000～6,000,000
成交价：RMB 9,430,000
60cm×48.5cm 北京荣宝 2022-07-24

253 李可染 1962年作 苏州狮子林 镜心
估　价：RMB 4,800,000～6,000,000
成交价：RMB 6,900,000
65cm×46cm 开拍国际 2022-07-24

322 李可染 九牛图卷 手卷 水墨纸本
估　价：RMB 5,000,000～6,000,000
成交价：RMB 6,900,000
37.5cm×281cm 北京荣宝 2022-07-24

3154 李可染 1985年作 河山入画图 镜框
估　价：HKD 6,000,000～10,000,000
成交价：RMB 9,137,752
91cm×52.8cm 香港苏富比 2022-04-30

320 李可染 江山胜览图 镜心 设色纸本
估　价：RMB 2,800,000～3,800,000
成交价：RMB 6,900,000
69cm×49cm 北京荣宝 2022-07-24

324 李可染 齐白石 可与言 立轴 设色纸本
估　价：RMB 1,800,000～2,600,000
成交价：RMB 5,865,000
76cm×48.5cm 北京荣宝 2022-07-24

569 李可染 1979年作 九华山 镜心
估　价：RMB 3,500,000～5,500,000
成交价：RMB 5,635,000
83.5cm×51.5cm 北京银座 2022-09-16

2048 李可染 山亭观瀑图 镜框
估　价：RMB 4,000,000～5,000,000
成交价：RMB 5,405,000
68.3cm×47.2cm 北京保利 2022-07-26

8045 李苦禅 1962年作 松鹰图 镜片
估　价：RMB 2,000,000～3,000,000
成交价：RMB 3,450,000
145.8cm×123.3cm 上海嘉禾 2022-11-20

2071 李苦禅 1977年作 高瞻远瞩 立轴
估　价：RMB 1,200,000～1,800,000
成交价：RMB 2,702,500
139cm×70cm 北京保利 2022-07-26

145 李苦禅 赤峰远瞩 立轴
估　价：RMB 800,000～1,200,000
成交价：RMB 2,300,000
135cm×67.5cm 荣宝斋（南京）2022-12-07

769 李苦禅 1982年作 松鹰图 立轴
估　价：RMB 300,000～500,000
成交价：RMB 1,552,500
141cm×81cm 北京银座 2022-01-12

1046 李老十 荷塘风雨 镜心
估　价：RMB 600,000～800,000
成交价：RMB 1,495,000
34cm×280cm 北京荣宝 2022-07-24

1044 李老十 1993年作 观云图 镜心
估　价：RMB 400,000～600,000
成交价：RMB 920,000
137cm×68cm 北京荣宝 2022-07-24

11 李琼珍画 曾来德题 蜀山秋雨图
估　价：HKD 200,000～500,000
成交价：RMB 408,624
69cm×46cm 香港贞观 2022-06-18

1224 李瑞清 1918年作 人马图 书法四屏 立轴五幅
估　价：HKD 80,000～100,000
成交价：RMB 378,025
图52.5cm×52.5cm；书法75.5cm×51.5cm×4
佳士得 2022-05-29

566 李学功 2021年作 江南旧景之忆 镜心
估　价：RMB 1,800,000～2,800,000
成交价：RMB 4,025,000
98cm×248cm 荣宝斋（南京）2022-12-07

433 李宗仁 行书陈与义诗 镜心
估　价：RMB 50,000～100,000
成交价：RMB 828,000
81.5cm×43cm 中国嘉德 2022-12-13

1264 李晓柱 2022年作 风霜 镜心
估　价：RMB 350,000～450,000
成交价：RMB 460,000
47cm×179cm 北京荣宝 2022-07-24

38 李耀林 望岳 镜片
估　价：RMB 200,000～600,000
成交价：RMB 690,000
69cm×137cm 保利厦门 2022-10-22

1257 李学功 2020年作 瑞霭瀛洲 镜框
估　价：RMB 550,000～650,000
成交价：RMB 1,207,500
68cm×68cm 北京荣宝 2022-07-24

1256 李学功 2020年作 黎川老街 镜框
估　价：RMB 550,000～650,000
成交价：RMB 1,092,500
68cm×68cm 北京荣宝 2022-07-24

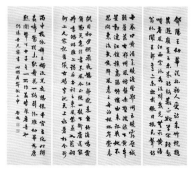

294 梁启超 1923年作 行书赠金还四条屏 立轴
估　价：RMB 800,000～1,000,000
成交价：RMB 1,150,000
149.5cm×43cm×4 开拍国际 2022-07-24

327 梁启超 1922年作 楷书阮步兵诗 手卷
估　价：RMB 500,000～800,000
成交价：RMB 4,140,000
字25cm×96cm 中国嘉德 2022-06-26

1095 林风眠 戏曲人物 镜框
估　价：HKD 2,000,000～3,000,000
成交价：RMB 5,184,345
70.8cm×66.8cm 佳士得 2022-05-29

1522 林风眠 20世纪50年代作 抚琴仕女
估　价：RMB 4,200,000～6,200,000
成交价：RMB 4,830,000
68cm×69cm 中国嘉德 2022-12-14

259 林风眠 打渔杀家 镜框
估　价：RMB 2,000,000～4,000,000
成交价：RMB 4,370,000
63cm×65cm 华艺国际 2022-09-24

502 梁漱溟 行书七言对联 立轴
估　价：RMB 150,000～250,000
成交价：RMB 575,000
162cm×40cm×2 开拍国际 2022-01-07

614 林风眠 瓶花 镜心
估　价：RMB 2,800,000～3,500,000
成交价：RMB 6,670,000
65.2cm×65.6cm 开拍国际 2022-01-07

1152 林风眠 敦煌乐伎 镜框
估　价：HKD 12,000,000～18,000,000
成交价：RMB 16,968,465
138cm×69.5cm 佳士得 2022-12-02

261 林风眠 20世纪40—60年代作 九美图 镜心
估　价：RMB 5,000,000～8,000,000
成交价：RMB 8,740,000
34.5cm×34.5cm×8 开拍国际 2022-07-24

1150 林风眠 秋林 镜框
估　价：HKD 12,000,000～18,000,000
成交价：RMB 10,346,625
68cm×134.5cm 佳士得 2022-12-02

1151 林风眠 京剧人物——过五关 镜框
估　价：HKD 12,000,000～18,000,000
成交价：RMB 10,125,897
66cm×65cm 佳士得 2022-12-02

11 林立中 2021年作 四君子画册 镜心
估　价：RMB 1,200,000
成交价：RMB 5,980,000
32cm×32cm×12 北京得逸 2022-09-24

553 林海钟 2021年作 云林古禅寺 镜心
估　价：RMB 450,000～600,000
成交价：RMB 966,000
68cm×144.5cm 开拍国际 2022-01-07

1101 林湖奎 秋声 镜框
估　价：HKD 200,000～250,000
成交价：RMB 301,293
69.5cm×136cm 佳士得 2022-12-02

104 林立中 2018年作 梦里荷香
估　价：RMB 1,200,000～1,400,000
成交价：RMB 1,639,000
58cm×116cm 英国罗素 2022-01-17

23 林立中 清韵 镜片
估　价：RMB 380,000～490,000
成交价：RMB 747,500
34cm×137cm 保利厦门 2022-10-22

39 林立中 2014年作 巴山夜雨
估　价：RMB 180,000
成交价：RMB 563,500
35cm×138cm 环球艺术 2022-08-28

8235 林良丰 叶韶霖 佛像 镜框
估　价：RMB 100,000～150,000
成交价：RMB 345,000
53cm×143cm 保利厦门 2022-10-21

876 林散之 太湖水墨山水 横披
估　价：RMB 300,000～500,000
成交价：RMB 747,500
27.5cm×151.5cm 中贸圣佳 2022-07-23

516 林墉 1990年作 仕女 立轴
估　价：RMB 400,000～500,000
成交价：RMB 460,000
133cm×67cm 华艺国际 2022-09-24

498 林子平 传统铁匠 镜心
估　价：HKD 300,000～600,000
成交价：RMB 769,500
150cm×240cm 保利香港 2022-07-12

131 刘大为 1981年作 霸王别姬 镜片
估　价：RMB 280,000～380,000
成交价：RMB 322,000
96cm×54cm 上海嘉禾 2022-11-20

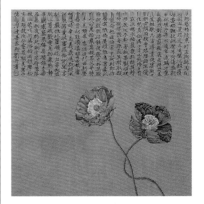

601 林纾 1920年作 百福骈臻 立轴
估　价：RMB 20,000～50,000
成交价：RMB 391,000
194.5cm×80.5cm 朵云轩 2022-12-08

812 林墉 1990年作 荷花少女 立轴
估　价：RMB 200,000～300,000
成交价：RMB 379,500
137cm×68cm 广东崇正 2022-12-25

1038 刘丹 1999年作 花卉 镜框
估　价：HKD 400,000～600,000
成交价：RMB 1,158,822
37.5cm×37.5cm 佳士得 2022-12-02

1046 刘丹 2022年作 小孤山馆藏石 镜框
估　价：HKD 600,000～800,000
成交价：RMB 702,046
42.3cm×39cm 佳士得 2022-05-29

271 刘旦宅 1995年作 谢太傅故实 镜心
估　价：RMB 600,000～1,200,000
成交价：RMB 1,265,000
115cm×83.5cm 中国嘉德 2022-12-12

88 刘旦宅 1981年作 浣纱女 立轴
估　价：RMB 120,000～180,000
成交价：RMB 690,000
95cm×59cm 中国嘉德 2022-06-26

8058 刘旦宅 1985年作 稼轩清夏图 镜框
估　价：RMB 700,000～900,000
成交价：RMB 1,207,500
134cm×68cm 上海嘉禾 2022-11-20

1018 刘国松 1985年作 千山外水长流
估　价：HKD 2,500,000～4,500,000
成交价：RMB 2,593,710
180.5cm×96.2cm 香港苏富比 2022-04-27

1044 刘国松 2005年作 地球，我们的家（B）
镜框
估　价：HKD 2,200,000～3,200,000
成交价：RMB 1,998,133
176.3cm×91.2cm 佳士得 2022-05-29

1018 刘国松 月之蜕变之十二 镜框
估　价：HKD 200,000～300,000
成交价：RMB 440,352
53.5cm×53.5cm 佳士得 2022-12-02

209 刘海粟 1981年作 大富贵亦寿考 镜心
估　价：RMB 600,000～800,000
成交价：RMB 1,380,000
69cm×137cm 开拍国际 2022-07-24

212 刘海粟 1977年作 八月西郊荷映日 立轴
估　价：HKD 50,000～100,000
成交价：RMB 2,979,828
127cm×65.5cm 中国嘉德 2022-10-07

2052 刘海粟 1983年作 黄山狮子林朝晖 镜心
估　价：RMB 1,400,000～1,600,000
成交价：RMB 2,472,500
140cm×274cm 北京保利 2022-07-26

331 刘海粟 1966年作 云山图卷 手卷
估　价：RMB 380,000～580,000
成交价：RMB 2,242,500
25cm×324cm 中国嘉德 2022-06-26

43 刘恒 宿云山寺阁
估　价：HKD 700,000～1,500,000
成交价：RMB 817,248
97cm×180cm 香港贞观 2022-06-18

329 刘海粟 1967年作 富春江小景 立轴
估　价：RMB 180,000～280,000
成交价：RMB 1,725,000
122cm×69cm 中国嘉德 2022-06-26

2499 刘汉宗 1959年作 《除三害》年画四条
屏原稿十六帧（全）镜片
估　价：RMB 200,000～300,000
成交价：RMB 460,000
27cm×34.5cm×16 西泠印社 2022-01-22

55 刘洪彪 青玉案·元夕
估　价：HKD 700,000～1,500,000
成交价：RMB 834,274
96cm×180cm 香港贞观 2022-06-18

2124 刘继卣 爱鹅图 镜心
估　价：RMB 200,000～300,000
成交价：RMB 782,000
138.5cm×71.5cm 北京保利 2022-07-27

45 刘继卣 1978年作 芭蕉月季猫奴 立轴
估　价：RMB 30,000～50,000
成交价：RMB 322,000
137cm×68.5cm 中国嘉德 2022-12-12

324 刘奎龄 1928年作 禽鸟四屏 立轴
估　价：RMB 1,500,000～2,000,000
成交价：RMB 3,680,000
166cm×39cm×4 开拍国际 2022-07-24

145 刘奎龄 1929年作 秋阶晓露 立轴
估　价：RMB 900,000～1,200,000
成交价：RMB 1,725,000
100cm×53cm 中贸圣佳 2022-12-31

915 刘凌沧 1979年作 仕女四屏 镜心
估　价：RMB 600,000～800,000
成交价：RMB 862,500
110cm×34cm×4 中贸圣佳 2022-12-31

1113 刘庆和 2018年作 红墙 镜心
成交价：RMB 1,150,000
150cm×230cm 中国嘉德 2022-12-15

453 刘文西 1980年作 老人 镜心
估　价：HKD 40,000～60,000
成交价：RMB 718,200
68.5cm×45.5cm 保利香港 2022-07-12

40 刘小刚 2021年作 幽香浮动
估　价：RMB 180,000～500,000
成交价：RMB 575,000
136cm×68cm 保利厦门 2022-10-22

1289 刘一原 2004年作 织秋 镜心
估　价：RMB 450,000～550,000
成交价：RMB 690,000
172.5cm×105.5cm 中国嘉德 2022-06-29

1241 刘振夏 2004年作 赴印度写生（哥俩好）镜框
估　价：HKD 400,000～500,000
成交价：RMB 463,528
68.5cm×81cm 佳士得 2022-12-02

603 柳亚子 行书自作七言诗 立轴
估　价：RMB 80,000～120,000
成交价：RMB 345,000
129.5cm×59.5cm 开拍国际 2022-01-07

1232 卢沉 乐园 镜心
成交价：RMB 1,092,500
216cm×160cm 中国嘉德 2022-12-15

1034 卢俊舟 梦 镜片
估　价：HKD 800,000～1,200,000
成交价：RMB 972,064
直径216cm 佳士得 2022-05-29

274 刘元广 黄山景色
估　价：HKD 273,000
成交价：RMB 505,835
136cm×68cm 荣宝斋（香港）2022-11-26

3330 龙瑞 碧海穹峰图 立轴
估　价：RMB 200,000～300,000
成交价：RMB 345,000
213cm×80cm 保利厦门 2022-10-22

218 卢晓星 莲香
估　价：HKD 414,000
成交价：RMB 441,456
138cm×69cm 荣宝斋（香港）2022-11-26

333 卢禹舜 1998年作 梦游天姥图 镜心
估 价：RMB 500,000~600,000
成交价：RMB 1,495,000
124cm×247cm 中贸圣佳 2022-12-31

1201 陆俨少 1959年作 听琴图 立轴
估 价：RMB 2,000,000~3,000,000
成交价：RMB 3,680,000
131cm×62cm 西泠印社 2022-01-22

85 鲁迅 行书"春风狂啸"镜框
估 价：RMB 1,500,000~2,200,000
成交价：RMB 2,702,500
46.5cm×18cm 上海嘉禾 2022-11-20

324 陆俨少 1961—1962年作 岭南胜游 册页
估 价：RMB 8,000,000~12,000,000
成交价：RMB 23,000,000
33cm×33.5cm×10 上海嘉禾 2022-11-20

8070 陆俨少 1964年作 大寨精神 立轴
估　价：RMB 8,000,000～12,000,000
成交价：RMB 23,000,000
130cm×69cm 上海嘉禾 2022-11-20

722 陆俨少 1975年作 霁昙雪雨山水四屏 镜心
估　价：RMB 8,000,000～10,000,000
成交价：RMB 13,800,000
68cm×34cm×4 开拍国际 2022-01-07

8069 陆俨少 郁文华 徐志文 1977年作 大井新貌 镜框
估　价：RMB 3,800,000～5,800,000
成交价：RMB 7,245,000
69cm×138cm 上海嘉禾 2022-11-20

214 陆俨少 1957年作 古贤诗意图 册页
估　价：RMB 8,000,000～12,000,000
成交价：RMB 11,270,000
24cm×35cm×10 开拍国际 2022-07-24

1544 陆俨少 1985年作 吴淞江水图 立轴
估　价：RMB 500,000～600,000
成交价：RMB 1,552,500
89cm×48cm 北京保利 2022-07-26

69 陆抑非 1944年作 花鸟四屏 立轴
估　价：RMB 180,000～280,000
成交价：RMB 632,500
234cm×57.5cm×4 中国嘉德 2022-06-26

348 陆俨少 1959年作 策杖图 立轴 设色绢本
估　价：RMB 1,200,000～1,600,000
成交价：RMB 1,840,000
83.5cm×37cm 北京荣宝 2022-07-24

2105 陆俨少 1977年作 雁荡胜景 立轴
估　价：RMB 300,000～500,000
成交价：RMB 1,840,000
112cm×55cm 北京保利 2022-07-27

110 陆抑非 姚耕云 冯运榆 1973年作 春到百草园 立轴
估　价：RMB 350,000～550,000
成交价：RMB 437,000
180cm×97cm 上海嘉禾 2022-11-20

577 罗建泉 2022年作 得山水清气 镜心
估　价：RMB 80,000~120,000
成交价：RMB 345,000
96cm×180cm 荣宝斋（南京）2022-12-07

239 吕娟 紫气春晓
估　价：HKD 327,000
成交价：RMB 478,244
53cm×93cm 荣宝斋（香港）2022-11-26

3143 马晋 1939年作 乾隆骑射图 镜框
估　价：HKD 180,000~300,000
成交价：RMB 864,057
47.3cm×33.5cm 香港苏富比 2022-04-30

15 罗章才 2016年作 天上人家
估　价：RMB 160,000~300,000
成交价：RMB 345,000
135cm×135cm 保利厦门 2022-10-22

1071 吕寿琨 1970年作 禅 镜框
估　价：HKD 800,000~1,200,000
成交价：RMB 810,054
147.5cm×80cm 佳士得 2022-05-29

17 吕大江 2003年作 三万里河东入海，五千
仞岳上摩天
估　价：RMB 700,000~800,000
成交价：RMB 985,000
90cm×180cm 保利厦门 2022-01-13

1076 吕寿琨 1974年作 静观自在 立轴
估　价：HKD 400,000~600,000
成交价：RMB 370,823
68cm×136cm 佳士得 2022-12-02

3 马万国 昆仑行旅
估　价：RMB 600,000～800,000
成交价：RMB 1,127,000
68cm×136cm 保利厦门 2022-10-22

1178 毛经卿 2022年作 竹鹤图 镜心
估　价：RMB 800,000～1,200,000
成交价：RMB 1,380,000
195.5cm×140.5cm 中国嘉德 2022-12-15

560 马一浮 1954—1956年作 蠲戏老人编年诗卷 手卷
估　价：RMB 2,600,000～3,500,000
成交价：RMB 4,887,500
38.5cm×1730.7cm 开拍国际 2022-01-07

286 茅盾 1978年作 行书自作诗 立轴
估　价：RMB 380,000～480,000
成交价：RMB 448,500
68cm×33cm 北京银座 2022-01-12

1183 马一浮 行书咏物诗八首 镜片（八帧）
估　价：RMB 800,000～1,200,000
成交价：RMB 1,667,500
148.5cm×39cm×8 西泠印社 2022-01-22

1015 梅忠恕 1977年作 母子阅读课
估　价：HKD 2,300,000～3,000,000
成交价：RMB 2,697,458
46cm×54.5cm 香港苏富比 2022-04-27

1016 梅忠恕 1957年作 祖父母
估　价：HKD 2,800,000~4,000,000
成交价：RMB 5,187,420
55cm×45.5cm 香港苏富比 2022-04-27

767 梅忠恕 旋律
估　价：HKD 2,500,000~3,200,000
成交价：RMB 4,330,267
47cm×71.5cm 香港苏富比 2022-10-06

646 梅兰芳 1946年作 青松双绶 屏轴
估　价：RMB 400,000~600,000
成交价：RMB 1,035,000
107cm×40cm 朵云轩 2022-12-08

315 梅兰芳 1931年作 无量寿佛 立轴
估　价：RMB 400,000~600,000
成交价：RMB 747,500
诗堂22.6cm×36.4cm；画心51.3cm×36.4cm
开拍国际 2022-07-24

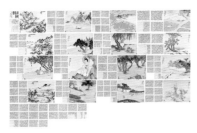

744 莫伯骥 李凤公 卢子枢 鬈龄尘梦图 册页
（两册共七十二开，附手迹两页）
成交价：RMB 1,876,188
29cm×37cm×72 中国嘉德 2022-10-08

72 南恽笙 八骏雄风
估 价：HKD 2,200,000~3,600,000
成交价：RMB 2,536,874
61cm×246cm 香港贞观 2022-06-18

1193 南海岩 浓情 镜心
估 价：RMB 180,000~220,000
成交价：RMB 322,000
97cm×90cm 北京荣宝 2022-07-24

582 潘天寿 1944年作 松荫观瀑 立轴
估 价：RMB 8,000,000~12,000,000
成交价：RMB 16,675,000
99cm×62cm 北京银座 2022-09-16

2021 潘天寿 1956年作 鸡石图 立轴
估　价：RMB 10,000,000～12,000,000
成交价：RMB 14,375,000
148.7cm×41.1cm 北京保利 2022-07-26

531 潘天寿 1962年作 鹰石图 镜心
估　价：RMB 3,500,000～7,500,000
成交价：RMB 10,005,000
112cm×70cm 中鸿信 2022-09-11

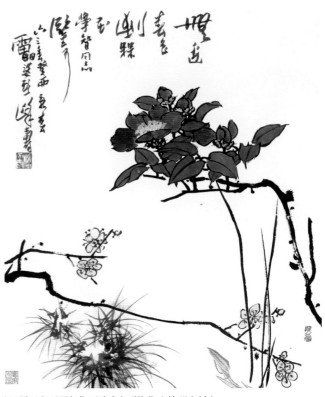

170 潘天寿 双禽栖石图 立轴
估　价：RMB 5,000,000～7,000,000
成交价：RMB 7,360,000
67cm×45cm 广东崇正 2022-08-11

314 潘天寿 1963年作 无边春色到梅花 立轴 设色纸本
估　价：RMB 2,800,000～3,800,000
成交价：RMB 7,130,000
60.5cm×52cm 北京荣宝 2022-07-24

4 潘锡林 2016年作 鸟鸣山更幽
估　价：RMB 700,000～800,000
成交价：RMB 968,000
144cm×367cm 保利厦门 2022-01-13

125 潘天寿 石栖八哥 立轴
估　价：RMB 800,000～1,200,000
成交价：RMB 1,322,500
76cm×34cm 荣宝斋（南京）2022-12-07

630 庞薰琹 约20世纪40年代初作 淡彩唐代
侍女 彩墨
估　价：RMB 300,000～400,000
成交价：RMB 471,500
18.5cm×25.8cm 北京诚轩 2022-08-09

230 庞明璇 母与子
估　价：HKD 392,000
成交价：RMB 551,820
90cm×48cm 荣宝斋（香港）2022-11-26

1023 彭薇 2007年作 雪景寒林 镜框
估　价：HKD 700,000～900,000
成交价：RMB 1,512,100
83cm×158.5cm 佳士得 2022-05-29

3151 彭先诚 1990年作 美女图·长恨歌诗意 镜心
估　价：RMB 100,000～200,000
成交价：RMB 402,500
130cm×79cm 永乐拍卖 2022-07-25

121 溥伒 竹林渔村图 手卷
估　价：RMB 300,000～500,000
成交价：RMB 368,000
53.5cm×358cm 广东崇正 2022-12-25

113 溥儒 临明四家画卷 手卷
估　价：RMB 2,000,000～2,800,000
成交价：RMB 5,117,500
画心9cm×437.5cm 北京诚轩 2022-08-08

1255 彭利铭 彩泼江南第一庄 镜心
估　价：RMB 650,000～800,000
成交价：RMB 1,150,000
220cm×96cm 北京荣宝 2022-07-24

602 蒲华 1884年作 溪山真意 立轴
估　价：RMB 20,000～50,000
成交价：RMB 575,000
182cm×94.5cm 朵云轩 2022-12-08

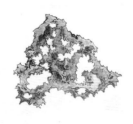

216 溥儒 1958年作 海石图 镜心
估　价：RMB 1,200,000～1,800,000
成交价：RMB 2,990,000
84cm×38cm 开拍国际 2022-07-24

3086 溥儒 山水四帧 未托裱镜框
估 价：HKD 500,000~1,000,000
成交价：RMB 2,497,352
25cm×24.5cm×4 香港苏富比 2022-10-08

3099 溥儒 1961年作 偕老图 镜心
估 价：RMB 1,500,000~2,500,000
成交价：RMB 2,415,000
诗堂31.5cm×40.2cm；画31.5cm×40.2cm
永乐拍卖 2022-07-25

251 溥儒 秋山萧寺 手卷
估 价：RMB 1,500,000~2,500,000
成交价：RMB 1,725,000
7cm×140.5cm 中国嘉德 2022-12-12

2054 溥儒 张廷济 1960年作 净瓶观音·行楷五
言联 立轴
估 价：RMB 600,000~800,000
成交价：RMB 2,300,000
对联69cm×16cm×2；画79cm×41.7cm
北京保利 2022-07-26

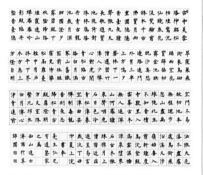

250 溥儒 1937年作 楷书唐诗卷 手卷
估 价：RMB 800,000~1,800,000
成交价：RMB 1,955,000
28cm×528cm 中国嘉德 2022-12-12

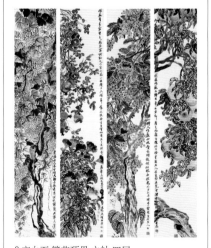

9 齐白石 繁花硕果 立轴 四屏
估 价：HKD 18,000,000~30,000,000
成交价：RMB 69,281,904
283.8cm×54.2cm×4 香港苏富比 2022-10-08

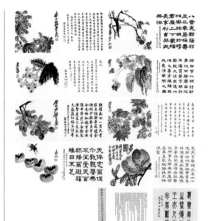

339 齐白石 1935年作 花果双寿 册页（八开）
估 价：RMB 500,000~800,000
成交价：RMB 8,337,500
画22.5cm×25cm×8；
书法22.5cm×25cm×10 上海嘉禾 2022-08-28

339 齐白石 1940年作 三秋图 镜框 设色纸本
估 价：RMB 6,000,000~7,000,000
成交价：RMB 7,705,000
92.5cm×42.5cm 北京荣宝 2022-07-24

352 齐白石 嘉耦图 立轴
成交价: RMB 55,200,000
201cm × 100cm 中国嘉德 2022-06-26

609 齐白石 1948年作 红莲鸣蝉 立轴
估 价: RMB 8,000,000～12,000,000
成交价: RMB 13,455,000
138cm × 61.6cm 开拍国际 2022-01-07

228 齐白石 1948年作 松鹤延年一堂贺黎氏父子寿诞 镜心
估　价：RMB 22,000,000～32,000,000
成交价：RMB 37,375,000
画175cm×80.5cm；联132cm×40cm×2 中国嘉德 2022-12-12

526 齐白石 1925年作 荷花四屏 立轴
估　价：RMB 6,000,000～8,000,000
成交价：RMB 11,270,000
136cm×33.5cm×4 北京银座 2022-09-16

24 齐白石 菩提罗汉 镜框
估　价：HKD 3,500,000～5,000,000
成交价：RMB 26,977,563
136cm×45cm 香港苏富比 2022-10-08

2016 齐白石 竹圃晴岚 立轴
估　价：RMB 16,000,000～18,000,000
成交价：RMB 18,975,000
67cm×41cm 北京保利 2022-07-26

766 齐白石 1931年作 写剧图 立轴
估　价：RMB 8,000,000～12,000,000
成交价：RMB 10,695,000
68.5cm×45.5cm 北京银座 2022-01-12

204 齐白石 1950年作 红荷图 立轴
估　价：RMB 5,000,000～6,800,000
成交价：RMB 7,762,500
138cm×62cm 开拍国际 2022-07-24

167 齐白石 贝叶草虫 镜框
估　价：HKD 4,000,000～6,000,000
成交价：RMB 6,837,264
101cm×33.5cm 香港苏富比 2022-10-09

337 齐白石 题画诗册一函两册 册页
估　价：RMB 500,000～800,000
成交价：RMB 6,440,000
19cm×15cm×60 中国嘉德 2022-06-26

629 启功 1976年作 行书诗文 册页（二十六开）
估　价：RMB 1,800,000~2,800,000
成交价：RMB 5,175,000
31.5cm×32cm×26 华艺国际 2022-07-29

751 启功 1981年作 行书论诗绝句 手卷
估　价：RMB 1,800,000~2,800,000
成交价：RMB 2,070,000
画心33.5cm×208.5cm 北京银座 2022-01-12

17 启功 夏山消闲图 镜框
估　价：RMB 400,000~600,000
成交价：RMB 1,150,000
102cm×34cm 北京荣宝 2022-07-24

646 钱穆 1971年 双钩"半僧草堂" 镜心
估　价：RMB 50,000~80,000
成交价：RMB 356,500
25.5cm×75cm 开拍国际 2022-01-07

208 钱松嵒 1974年作 锦绣山河春常在 镜心
估　价：RMB 16,000,000~25,000,000
成交价：RMB 28,750,000
251cm×470cm 开拍国际 2022-07-24

436 钱松嵒 黄洋界 立轴
估　价：RMB 10,000~20,000
成交价：RMB 2,185,000
51cm×41cm 中国嘉德 2022-06-27

372 钱松嵒 1980年作 古北口 镜心
估　价：RMB 800,000~1,800,000
成交价：RMB 2,070,000
133cm×67cm 中国嘉德 2022-06-26

31 钱松嵒 黄洋界 镜心
估　价：RMB 600,000～800,000
成交价：RMB 1,495,000
53cm×37.5cm 荣宝斋（南京）2022-12-07

1106 秦艾 2014年作 鹿
估　价：RMB 400,000～600,000
成交价：RMB 460,000
117cm×233cm 北京保利 2022-07-25

8023 钱松嵒 鱼满千舟 立轴
估　价：RMB 3,000,000～5,000,000
成交价：RMB 9,085,000
139.5cm×95cm 上海嘉禾 2022-11-20

655 钱松嵒 江南锦绣 镜框
估　价：RMB 900,000～1,200,000
成交价：RMB 1,380,000
42cm×46.5cm 北京荣宝 2022-07-24

1277 丘挺 2009年作 雪霁图 镜心
估　价：RMB 10,000～20,000
成交价：RMB 322,000
画248cm×105.5cm；诗堂29cm×105.5cm
中国嘉德 2022-06-29

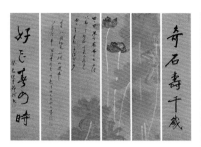

776 饶宗颐 2013年作 六合通屏（六帧）卡纸
估　价：RMB 1,300,000～1,800,000
成交价：RMB 2,875,000
99.5cm×23cm×6 广东崇正 2022-08-11

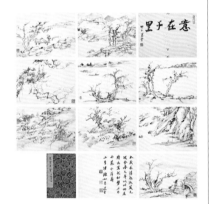

29 饶宗颐 意在千里 册页（十一开）
估　价：RMB 1,200,000～1,800,000
成交价：RMB 1,782,500
绘画24cm×32cm×9；书法24cm×32cm×2
华艺国际 2022-09-23

16 饶宗颐 2012年作 花好月圆人寿·行书五言
联一堂 镜框
估　价：RMB 600,000～800,000
成交价：RMB 1,610,000
画心60cm×50cm；对联60cm×16.5cm×2
华艺国际 2022-09-23

22 饶宗颐 2012年作 朱砂篆书五言联 镜框
估　价：RMB 600,000～800,000
成交价：RMB 1,150,000
180cm×31.5cm×2 华艺国际 2022-09-23

539 任佩韵 2022年作 秋艳 镜片
估　价：RMB 100,000～120,000
成交价：RMB 575,000
87cm×48.5cm 朵云轩 2022-12-08

3341 任建国 2016年作 山城暮色 镜心
估　价：RMB 2,700,000～3,000,000
成交价：RMB 3,105,000
123.5cm×238cm 永乐拍卖 2022-07-25

2498 任率英 1964年作 《苏武》 年画四条屏原
稿十六帧（全）画心
估　价：RMB 200,000～300,000
成交价：RMB 517,500
23.5cm×31cm×16 西泠印社 2022-01-22

8020 任重 2011年作 松荫高士 立轴
估　价：RMB 500,000～700,000
成交价：RMB 920,000
144cm×75cm 上海嘉禾 2022-11-20

35 阮潘正 1932年作 切甘蔗的女子
估　价：HKD 2,800,000～4,800,000
成交价：RMB 3,024,201
60cm×50.5cm 佳士得 2022-05-26

1186 尚小云 秋夜孤舟 立轴
估　价：HKD 80,000～120,000
成交价：RMB 540,036
68.5cm×28.5cm 佳士得 2022-05-29

1894 尚扬 2009年作 天书
估　价：RMB 500,000～650,000
成交价：RMB 575,000
96.5cm×130cm 朵云轩 2022-12-08

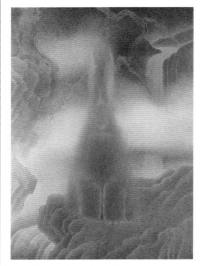

200 邵帆 2017年作 山水野兔
估　价：HKD 800,000～1,200,000
成交价：RMB 2,052,136
270cm×200cm 佳士得 2022-05-27

640 邵洵美 行楷节录《一个人的谈话》扇面
估　价：RMB 100,000～150,000
成交价：RMB 437,000
15cm×50cm 中贸圣佳 2022-10-27

41 申万胜 钟南山
估　价：HKD 700,000～1,500,000
成交价：RMB 834,274
97cm×180cm 香港贞观 2022-06-18

311 沈曾植 1921年作 临汉魏书四屏 立轴
估　价：RMB 600,000～800,000
成交价：RMB 862,500
113cm×36.5cm×4 中贸圣佳 2022-07-23

2180 沈鹏 草书佛经 镜心
估　价：RMB 800,000～1,200,000
成交价：RMB 2,185,000
250cm×806cm 北京保利 2022-07-27

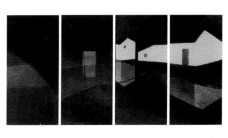

1142 沈鹏 2010年作 行书《沁园春·雪》镜心
估　价：RMB 600,000～800,000
成交价：RMB 1,150,000
66cm×291cm 北京荣宝 2022-07-24

1111 沈勤 水田 镜心
估　价：RMB 400,000～600,000
成交价：RMB 460,000
138cm×67cm×4 中国嘉德 2022-12-15

570 石金库 2022年作 三牛精神 镜心
估　价：RMB 150,000～250,000
成交价：RMB 460,000
130cm×60cm 荣宝斋（南京）2022-12-07

631 沈尹默 1957年作 行书《书谱》卷 手卷
估　价：RMB 4,800,000～6,000,000
成交价：RMB 5,520,000
21.5cm×1056cm 朵云轩 2022-12-08

28 师恩钊 春夏秋冬四屏 镜片
估　价：RMB 300,000～480,000
成交价：RMB 552,000
137cm×34mcm×4 保利厦门 2022-10-22

912 石鲁 行书格言 立轴
估　价：RMB 800,000～1,200,000
成交价：RMB 1,840,000
132cm×64.5cm 中贸圣佳 2022-12-31

911 石鲁 深山行旅图 立轴
估 价：RMB 1,800,000～2,500,000
成交价：RMB 3,852,500
80.5cm×50cm 中贸圣佳 2022-12-31

148 石鲁 月季 立轴
估 价：HKD 1,200,000～2,000,000
成交价：RMB 5,469,811
122cm×47.8cm 香港苏富比 2022-10-09

1026 石齐 凝香惜玉闻佳影 镜心
估 价：RMB 350,000～550,000
成交价：RMB 690,000
135cm×69cm 北京荣宝 2022-07-24

8017 石齐 壮志凌云 镜片
估　价：RMB 3,800,000～5,500,000
成交价：RMB 4,370,000
103.5cm×96cm 上海嘉禾 2022-11-20

1021 史国良 丰收图 镜框
估　价：RMB 1,000,000～1,500,000
成交价：RMB 2,070,000
93.5cm×177cm 北京荣宝 2022-07-24

1015 史国良 1990年作 捡土豆 镜心
估　价：RMB 900,000～1,200,000
成交价：RMB 1,495,000
71cm×178.5cm 北京荣宝 2022-07-24

2342 史国良 2004年作 天山之舞四屏 镜框
估　价：RMB 600,000～800,000
成交价：RMB 1,322,500
64.5cm×34cm×4 北京保利 2022-07-27

2344 史国良 扎西德勒 镜心
估　价：RMB 600,000～800,000
成交价：RMB 1,092,500
69cm×138cm 北京保利 2022-07-27

20 宋军 2021年冬月作 蕉阴宜人
估　价：RMB 200,000
成交价：RMB 350,000
136cm×68cm 保利厦门 2022-01-13

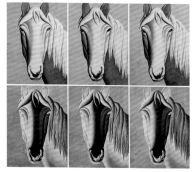

1730 宋陵 1990 年 无意义的选择？58号（一组六件）
估　价：RMB 900,000～1,200,000
成交价：RMB 1,035,000
89.5cm×68cm×6 中国嘉德 2022-06-28

1584 宋陵 1985年 人·管道4号
估　价：RMB 400,000～600,000
成交价：RMB 460,000
90cm×146.5cm 中国嘉德 2022-12-14

8027 宋文治 1958年作 长江之晨 镜片
估　价：RMB 2,200,000～3,200,000
成交价：RMB 3,795,000
56cm×177cm 上海嘉禾 2022-11-20

509 宋玉明 1997年作 香港 镜心
估　价：HKD 500,000～1,000,000
成交价：RMB 872,100
83cm×187cm 保利香港 2022-07-12

588 宋文治 1976年作 梅园长春 镜心
估　价：RMB 600,000～800,000
成交价：RMB 1,092,500
72cm×46cm 中国嘉德 2022-06-27

1245 宋雨桂 1991年作 雪月 镜框
估　价：HKD 80,000～100,000
成交价：RMB 594,039
131cm×82.5cm 佳士得 2022-05-29

3301 宋文治 1981年作 黄山松云 镜心
估　价：RMB 600,000～800,000
成交价：RMB 920,000
95cm×178cm 永乐拍卖 2022-07-25

807 孙博文 1996年作 春湖归帆 扇面
估　价：RMB 80,000～120,000
成交价：RMB 402,500
36cm×94cm 中国嘉德 2022-05-29

24 孙晨 2021年作 荷花
估　价：RMB 600,000
成交价：RMB 800,000
68cm×136cm 保利厦门 2022-01-13

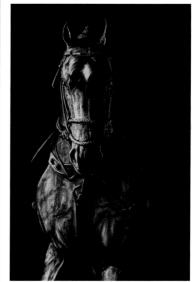

1030 孙浩 2022年作 紫气东来 镜框
估　价：HKD 300,000～400,000
成交价：RMB 579,411
180cm×124cm 佳士得 2022-12-02

1339 孙浩 2019年作 万水千山 镜心
估　价：RMB 3,000,000~5,000,000
成交价：RMB 8,280,000
280cm×800cm 中国嘉德 2022-06-29

1518 孙宗慰 1942年 赴庙会途中
估　价：RMB 200,000~300,000
成交价：RMB 345,000
106cm×62cm 中国嘉德 2022-06-28

2383 孙其峰 霍春阳 1979年作 山花烂漫 镜心
成交价：RMB 322,000
171cm×307cm 北京保利 2022-07-27

655 孙文 楷书 镜框
估　价：RMB 1,000,000~1,200,000
成交价：RMB 1,207,500
61cm×129cm 朵云轩 2022-12-08

227 孙晓云 1993年作 行书七言诗五首 手卷
估　价：RMB 400,000~600,000
成交价：RMB 575,000
书法30.5cm×507cm 中贸圣佳 2022-07-23

2528 泰祥洲 2017年作 天象·身隐云山
估　价：RMB 800,000~1,200,000
成交价：RMB 1,380,000
177cm×88cm 北京荣宝 2022-07-24

3130 孙文 天下为公 镜框
估　价：HKD 3,800,000~7,000,000
成交价：RMB 3,888,259
127.3cm×62.8cm 香港苏富比 2022-04-30

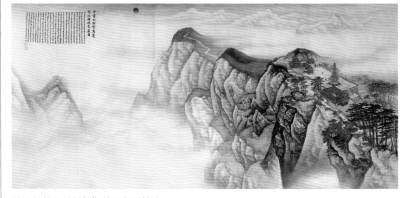

8019 汤哲明 2022年作 峨眉金顶 镜片
估　价：RMB 1,200,000~1,800,000
成交价：RMB 5,750,000
166.5cm×354cm 上海嘉禾 2022-11-20

355 唐云 苍鹰图 镜片
估　价：RMB 380,000～580,000
成交价：RMB 644,000
180cm×96cm 上海嘉禾 2022-11-20

1024 田黎明 大都市 镜框
估　价：RMB 800,000～1,200,000
成交价：RMB 2,300,000
135cm×69cm 北京荣宝 2022-07-24

613 田世光 1948年作 岁朝清供 立轴
估　价：RMB 500,000～800,000
成交价：RMB 1,288,000
126cm×67cm 开拍国际 2022-01-07

7 陶冷月 月下探梅 立轴
估　价：RMB 220,000～320,000
成交价：RMB 724,500
105cm×33cm 中贸圣佳 2022-10-27

203 田世光 1948年作 国色珍禽 立轴
估　价：RMB 1,500,000～2,000,000
成交价：RMB 1,897,500
100cm×50cm 开拍国际 2022-07-24

610 田志刚 鹰 镜心
估　价：RMB 600,000～800,000
成交价：RMB 1,150,000
68cm×46cm 荣宝斋（南京）2022-12-07

1282 童中焘 2003年作 黄河刘家峡 镜心
估　价：RMB 150,000～250,000
成交价：RMB 345,000
41.5cm×82cm 中国嘉德 2022-06-29

2530 妥木斯 1958年作 润之在农村 镜片
估　价：RMB 300,000~380,000
成交价：RMB 517,500
47cm×80cm 西泠印社 2022-01-22

1245 王聪 2022年作 祥瑞云山 镜心
估　价：RMB 160,000~200,000
成交价：RMB 552,000
137.5cm×68.5cm 北京荣宝 2022-07-24

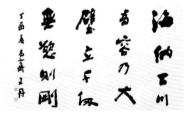

50 王丹 海纳百川，有容乃大，壁立千仞，无欲则刚
估　价：HKD 400,000~1,000,000
成交价：RMB 493,754
70cm×137cm 香港贞观 2022-06-18

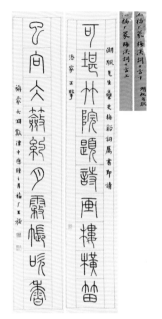

321 王福厂 1935年作 篆书十言 对联
估　价：RMB 180,000~250,000
成交价：RMB 575,000
143cm×25cm×2 朵云轩 2022-12-08

1147 王国维 为谢国桢书柯劭忞七绝二首 立轴
估　价：RMB 600,000~800,000
成交价：RMB 2,645,000
63.5cm×32cm 西泠印社 2022-08-20

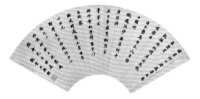

923 王国维 1926年作 耶律楚材《西域河中十咏》扇片
估　价：RMB 350,000~500,000
成交价：RMB 598,000
20cm×54cm 朵云轩 2022-12-09

2476 王弘力 2004年、2009年作 唐宋八大家造像集及书法 画心
估　价：RMB 250,000~350,000
成交价：RMB 402,500
99cm×49cm×16 西泠印社 2022-01-22

1029 王明明 2003年作 金色池塘 镜心
估　价：RMB 800,000~1,200,000
成交价：RMB 1,782,500
96cm×180cm 北京荣宝 2022-07-24

1030 王明明 2004年作 七贤雅集图 镜心
估　价：RMB 600,000~800,000
成交价：RMB 1,207,500
97cm×178cm 北京荣宝 2022-07-24

92 王明明 1994年作 芦汀闲逸图 镜心
估　价：RMB 120,000～180,000
成交价：RMB 632,500
68cm×137.5cm 中国嘉德 2022-06-26

129 王生南 遥望瀑布挂前川 镜心
估　价：RMB 100,000
成交价：RMB 396,000
68cm×135cm 浙江御承 2022-12-17

1014 王无邪 1980年作 孤高之二 镜框
估　价：HKD 400,000～600,000
成交价：RMB 463,528
138.5cm×70cm
佳士得 2022-12-02

1263 王清州 2020年作 风始之地 镜框
估　价：RMB 250,000～280,000
成交价：RMB 333,500
69cm×69cm 北京荣宝 2022-07-24

580 王世利 2022年作 金涛涌动入东海 镜心
估　价：RMB 400,000～600,000
成交价：RMB 920,000
96cm×180cm 荣宝斋（南京）2022-12-07

497 王世襄 书法蚰蚰谱自嘲诗六首
估　价：RMB 100,000
成交价：RMB 713,000
50cm×160cm 中贸圣佳 2022-07-13

22 王兴才 2018年作 秋山图
估　价：RMB 600,000
成交价：RMB 800,000
136cm×68cm 保利厦门 2022-01-13

276 王蘧常 1973年作 章草民歌三首 立轴
估　价：RMB 120,000～150,000
成交价：RMB 598,000
147.5cm×67.5cm 开拍国际 2022-01-07

3195 王雪涛 花鸟四屏 镜框
估　价：HKD 350,000～700,000
成交价：RMB 1,775,894
100cm×33.8cm×4 香港苏富比 2022-10-08

707 王雪涛 1948年作 松鹤延年 立轴
估　价：RMB 250,000～350,000
成交价：RMB 1,322,500
180cm×48cm 上海嘉禾 2022-01-01

768 王雪涛 闹春图 镜心
估　价：RMB 1,000,000～1,500,000
成交价：RMB 1,150,000
126cm×99.5cm 北京银座 2022-01-12

56 王雪涛 蝴蝶牡丹 镜片
估　价：RMB 450,000～550,000
成交价：RMB 1,127,000
81cm×51cm 北京荣宝 2022-07-24

1260 王镛 2011年作 滕王阁序 手卷
估　价：RMB 10,000～20,000
成交价：RMB 402,500
22cm×650.5cm 中国嘉德 2022-12-15

5064 王振羽 山水灿然
估　价：RMB 200,000～300,000
成交价：RMB 322,000
138cm×68cm 中贸圣佳 2022-07-24

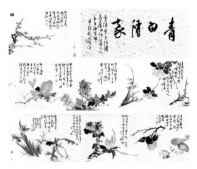

75 王雪涛 1945年作 青白传家手卷 手卷
估　价：RMB 800,000～1,100,000
成交价：RMB 1,265,000
40cm×378cm 北京荣宝 2022-07-24

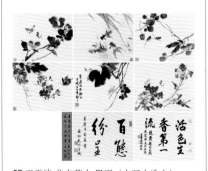

57 王雪涛 花卉草虫 册页（十开十选六）
估　价：RMB 550,000～750,000
成交价：RMB 1,012,000
画心26cm×33cm×10；
书法26cm×33cm×2 上海嘉禾 2022-11-20

33 王志安 玉岭沐新翠，唐泉涌华章 镜片
估　价：RMB 200,000～300,000
成交价：RMB 345,000
137cm×69cm 保利厦门 2022-10-22

251 王震 1933年作 红衣钟馗 镜片
估　价：RMB 150,000～250,000
成交价：RMB 333,500
148cm×82cm 广东崇正 2022-08-11

590 王子武 1984年作 李白吟诗图 镜心
估　价：RMB 1,800,000～2,800,000
成交价：RMB 2,530,000
136cm×69cm 北京银座 2022-09-16

1291 魏云飞 2022年作 春山行旅 镜心
估　价：RMB 600,000～800,000
成交价：RMB 747,500
181.5cm×97cm 中国嘉德 2022-06-29

374 魏紫熙 1989年作 鄱阳湖秋色 镜心
估　价：RMB 2,800,000～3,800,000
成交价：RMB 9,200,000
143.5cm×419cm 中国嘉德 2022-06-26

703 王子武 曹雪芹像 镜心
估　价：RMB 800,000～1,200,000
成交价：RMB 2,760,000
179.5cm×95.5cm 中贸圣佳 2022-10-27

43 魏紫熙 云涌玉屏峰 镜心
估　价：RMB 300,000～500,000
成交价：RMB 920,000
68cm×108.5cm 荣宝斋（南京）2022-12-07

6 文蔚 2021年作 轻舟到天涯
估　价：RMB 1,000,000～3,100,000
成交价：RMB 3,100,000
98cm×356cm 十竹斋拍卖（北京）2022-08-02

353 吴昌硕 1902年作 花卉四屏 镜心
估　价：RMB 2,800,000～3,800,000
成交价：RMB 4,370,000
114cm×30.5cm×4 中国嘉德 2022-06-26

8074 吴昌硕 1916年作 花卉四屏 立轴
估　价：RMB 11,000,000～15,000,000
成交价：RMB 17,825,000
126cm×40.6cm×4 上海嘉禾 2022-11-20

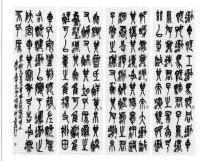

326 吴昌硕 1920年作 节临《石鼓文》四屏 镜心
估　价：RMB 1,600,000～2,600,000
成交价：RMB 3,450,000
109.5cm×33.5cm×4 中国嘉德 2022-06-26

2028 吴昌硕 日下部鸣鹤 花卉书法屏风
估　价：RMB 7,000,000～8,000,000
成交价：RMB 11,500,000
150.5cm×40.3cm×16 北京保利 2022-07-26

478 吴昌硕 1921年作 "贵寿无极" 巨幅屏风
估　价：RMB 3,000,000~5,000,000
成交价：RMB 7,130,000
155cm×343cm 中鸿信 2022-09-11

857 吴昌硕 1926年作 多子图 立轴
估　价：RMB 2,200,000~2,600,000
成交价：RMB 3,392,500
116cm×51.5cm 中贸圣佳 2022-07-23

501 吴昌硕 1904年作 致朱砚涛 "富贵多寿"
四屏 立轴
估　价：HKD 1,200,000~2,200,000
成交价：RMB 6,056,224
186cm×42.5cm×4 中国嘉德 2022-10-07

8073 吴昌硕 1915年作 绵绵图 立轴
估　价：RMB 5,800,000~8,800,000
成交价：RMB 7,130,000
151cm×81cm 上海嘉禾 2022-11-20

3020 吴冠中 1988年作 紫藤 镜框
估　价：HKD 8,000,000～12,000,000
成交价：RMB 12,249,388
66.6cm×131.5cm 香港苏富比 2022-04-30

3019 吴冠中 江南小镇 镜框
估　价：HKD 4,200,000～7,000,000
成交价：RMB 5,327,683
69cm×85cm 香港苏富比 2022-10-08

2073 吴冠中 1997年作 荷塘 镜心
估　价：RMB 8,000,000～10,000,000
成交价：RMB 9,200,000
124cm×246cm 北京保利 2022-07-26

1149 吴冠中 漓江小镇 镜框
估　价：HKD 2,000,000～3,000,000
成交价：RMB 5,214,699
67.5cm×93.3cm 佳士得 2022-12-02

3021 吴冠中 1991年作 松魂 镜框
估　价：HKD 5,000,000～8,000,000
成交价：RMB 5,549,670
68.2cm×138.2cm 香港苏富比 2022-10-08

3023 吴冠中 1982年作 水田 镜框
估　价：HKD 4,800,000～8,000,000
成交价：RMB 4,968,331
88.9cm×95.7cm 香港苏富比 2022-04-30

346 吴冠中 贵州侗家村寨 镜心
估　价：HKD 18,000,000～28,000,000
成交价：RMB 19,506,837
90cm×95cm 中国嘉德 2022-10-07

8009 吴冠中 网师园 镜片
估　价：RMB 4,500,000～5,500,000
成交价：RMB 5,175,000
68cm×123cm 上海嘉禾 2022-11-20

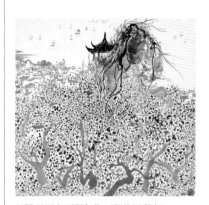

1155 吴冠中 1979年作 无锡梅园 镜框
估　价：HKD 1,200,000～1,800,000
成交价：RMB 4,428,295
66.8cm×70.5cm 佳士得 2022-05-29

3017 吴冠中 1979年作 林 镜框
估　价：HKD 9,000,000～15,000,000
成交价：RMB 12,055,117
97cm×90.5cm 香港苏富比 2022-10-08

8057 吴湖帆 1944年作 仿董北苑溪山图 镜框
估　价：RMB 1,800,000～2,800,000
成交价：RMB 3,680,000
95cm×45cm 上海嘉禾 2022-11-20

3132 吴湖帆 1936年作 晓云碧嶂 立轴
估　价：HKD 10,000,000～15,000,000
成交价：RMB 10,456,283
112.5cm×47cm 香港苏富比 2022-10-08

606 吴湖帆 1936年作 出水芙蓉 立轴
估　价：RMB 1,800,000～2,000,000
成交价：RMB 2,070,000
94cm×33cm 朵云轩 2022-12-08

335 吴湖帆 1934年作 泥絮禅心图 手卷
估　价：RMB 1,200,000～2,200,000
成交价：RMB 1,610,000
画25cm×66cm 中国嘉德 2022-06-26

1521 吴湖帆 潘静淑 草虫卷 手卷
估　价：RMB 1,000,000～1,200,000
成交价：RMB 1,150,000
绘画20cm×161cm 华艺国际 2022-09-23

1811 吴湖帆 1939年作 拟各家山水 册页
估　价：RMB 1,200,000～1,500,000
成交价：RMB 1,380,000
24.5cm×29cm×8 北京保利 2022-07-26

579 吴青霞 1941年作 雁沐秋光 镜心
估　价：RMB 150,000～250,000
成交价：RMB 517,500
133.5cm×68.5cm 北京银座 2022-09-16

1002 吴悦石 2022年作 听松 镜心
估　价：RMB 800,000～1,200,000
成交价：RMB 1,725,000
178cm×96cm 北京荣宝 2022-07-24

2411 吴欢 2022年作 龙凤呈祥 镜框
估　价：RMB 200,000～380,000
成交价：RMB 874,000
131cm×46cm 北京保利 2022-07-27

219 吴熙曾 溪山云霁图
估　价：HKD 327,000
成交价：RMB 386,274
137cm×67cm 荣宝斋（香港）2022-11-26

321 吴作人 1961年作 千里云山 立轴
估　价：RMB 400,000～500,000
成交价：RMB 713,000
133cm×67cm 开拍国际 2022-07-24

1115 武艺 2017年作 佛本生故事 镜心
成交价：RMB 437,000
49cm×822cm 中国嘉德 2022-12-15

11 夏明 2020年作 杜牧《山行》隶书横幅
估　价：RMB 250,000～500,000
成交价：RMB 575,000
52cm×232cm 保利厦门 2022-10-22

1367 夏荷生 2022年作 太湖石 镜心
估　价：RMB 600,000～800,000
成交价：RMB 690,000
136cm×68cm 中国嘉德 2022-06-29

522 萧晖荣 2020年作 平安和谐图 镜心
估　价：RMB 6,000,000～8,000,000
成交价：RMB 11,270,000
192cm×487cm 华艺国际 2022-09-24

170 萧淑芳 山花烂漫 镜心
估　价：RMB 180,000～280,000
成交价：RMB 391,000
108cm×86.5cm 中国嘉德 2022-12-12

1720 谢无量 行书诗文 册页
估　价：RMB 800,000～1,000,000
成交价：RMB 1,035,000
29cm×17.5cm×50 北京保利 2022-07-26

862 谢无量 1948年作 行书四屏（四幅）镜片
估　价：RMB 200,000～300,000
成交价：RMB 575,000
127.5cm×33cm×4 朵云轩 2022-12-09

640 谢稚柳 双松湖石 立轴
估　价：RMB 4,800,000～5,500,000
成交价：RMB 5,520,000
112.5cm×66cm 朵云轩 2022-12-08

8068 谢稚柳 高唐神女图 镜片
估　价：RMB 3,800,000～5,800,000
成交价：RMB 5,002,500
127cm×59cm 上海嘉禾 2022-11-20

334 谢稚柳 层峦清响 立轴
估　价：RMB 4,500,000～6,500,000
成交价：RMB 6,900,000
147cm×95cm 上海嘉禾 2022-11-20

583 谢稚柳 叠嶂层云 立轴
估　价：RMB 1,800,000～2,800,000
成交价：RMB 4,255,000
151cm×81cm 北京银座 2022-09-16

1204 谢稚柳 刘旦宅 1977年作 为于丁作《雪芹著
书图》卷 手卷
估　价：RMB 2,000,000～3,000,000
成交价：RMB 3,220,000
画心30.5cm×130cm 西泠印社 2022-01-22

1203 谢稚柳 1977年作 莺歌燕舞图 立轴
估　价：RMB 1,800,000～2,800,000
成交价：RMB 3,047,500
129.5cm×64cm 西泠印社 2022-01-22

635 熊红钢 2009年作 碧树江村 镜心
估　价：RMB 150,000～250,000
成交价：RMB 345,000
96.5cm×179cm 北京银座 2022-01-12

578 徐悲鸿 1943年作 辍耕之牛 立轴
估　价：RMB 3,000,000～4,000,000
成交价：RMB 4,197,500
85cm×59cm 北京银座 2022-09-16

2047 徐悲鸿 1943年作 三马图 立轴
估　价：RMB 4,000,000～6,000,000
成交价：RMB 6,785,000
103.5cm×74.5cm 北京保利 2022-07-26

661 徐悲鸿 1935年作 乳虎 镜心
估　价：RMB 2,200,000～3,000,000
成交价：RMB 4,830,000
22cm×33.5cm 开拍国际 2022-01-07

1205 谢稚柳 1986年作 林泉丘壑图 镜片
估　价：RMB 1,000,000～1,500,000
成交价：RMB 1,150,000
95.5cm×89cm 西泠印社 2022-01-22

347 徐悲鸿 范曾 六朝诗意图、行书七言联 镜心 水墨纸本
估　价：RMB 12,000,000～14,000,000
成交价：RMB 13,800,000
画心92cm×176cm；书法129.5cm×29cm×2 北京荣宝 2022-07-24

8030 徐悲鸿 1943年作 三吉图 立轴
估　价：RMB 4,800,000~6,000,000
成交价：RMB 11,500,000
94cm×44.5cm 上海嘉禾 2022-11-20

2020 徐悲鸿 1939年作 天高地阔任翱翔 立轴
估　价：RMB 8,000,000~10,000,000
成交价：RMB 8,050,000
155cm×82cm 北京保利 2022-07-26

544 徐悲鸿 1943年作 平安大吉 立轴
估 价：RMB 5,500,000~6,500,000
成交价：RMB 6,325,000
150cm×55cm 北京保利 2022-02-03

612 徐悲鸿 1944年作 费宫人 镜框
估 价：RMB 6,800,000~8,000,000
成交价：RMB 8,050,000
96cm×41cm 朵云轩 2022-12-08

3117 徐悲鸿 1939年作 骏马图 镜心
估 价：RMB 4,000,000～6,000,000
成交价：RMB 4,830,000
111cm×55cm 永乐拍卖 2022-07-25

1128 徐悲鸿 1941年作 三骏图 立轴
估 价：HKD 4,000,000～6,000,000
成交价：RMB 4,968,331
104.8cm×100.8cm 佳士得 2022-05-29

3314 徐乐乐 1998年作 竹林二贤 镜心
估 价：RMB 350,000～550,000
成交价：RMB 402,500
35cm×136cm 永乐拍卖 2022-07-25

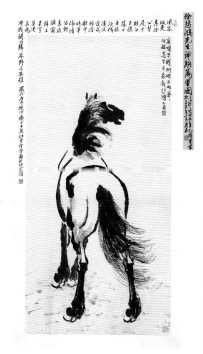

3138 徐悲鸿 1945年作 回首立马 立轴
估 价：RMB 3,000,000～5,000,000
成交价：RMB 4,025,000
134cm×67cm 永乐拍卖 2022-07-25

1010 徐里 2022年作 大壑流泉图 镜心
估 价：RMB 400,000～600,000
成交价：RMB 1,472,000
136cm×68cm 北京荣宝 2022-07-24

3175 徐生翁 行书七言联 对联
估 价：RMB 220,000～250,000
成交价：RMB 529,000
143.5cm×36.5cm×2 西泠印社 2022-01-23

912 徐世昌 行书八言联 对联
估　价：RMB 250,000～350,000
成交价：RMB 437,000
205cm×47cm×2 朵云轩 2022-12-09

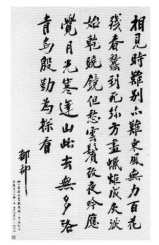

602 徐志摩 行书李商隐《无题》立轴
估　价：RMB 150,000～200,000
成交价：RMB 529,000
102cm×62.5cm 开拍国际 2022-01-07

3137 颜伯龙 1944年作 花鸟 镜心
估　价：RMB 400,000～600,000
成交价：RMB 460,000
124cm×247cm 保利厦门 2022-10-22

3 颜泉 2021年作 秋江冷艳
估　价：RMB 180,000～200,000
成交价：RMB 500,000
40cm×90cm 保利厦门 2022-01-13

2074 徐希 2002年作 山城之夜 镜心
估　价：RMB 400,000～600,000
成交价：RMB 483,000
143cm×180cm 北京保利 2022-07-26

562 薛宣林 黄土情 立轴
估　价：RMB 600,000～800,000
成交价：RMB 1,380,000
76.5cm×83cm 荣宝斋（南京）2022-12-07

111 颜文樑 1976年作 颐和冬韵 镜心
估　价：RMB 30,000～50,000
成交价：RMB 437,000
30cm×39.5cm 中国嘉德 2022-06-26

1398 徐展 2020年作 人物 镜心
估　价：RMB 400,000～600,000
成交价：RMB 552,000
137.5cm×69cm 中国嘉德 2022-06-29

612 严水龙 佛 镜心
估　价：RMB 200,000～300,000
成交价：RMB 345,000
69.5cm×46cm 荣宝斋（南京）2022-12-07

51 晏济元 张大千 1947年作 花鸟 镜片
估　价：RMB 500,000～700,000
成交价：RMB 713,000
133cm×66cm 广东崇正 2022-08-11

1269 杨刚 雪中驼队 镜心
估　价：RMB 250,000~350,000
成交价：RMB 345,000
70.5cm×102.5cm 北京荣宝 2022-07-24

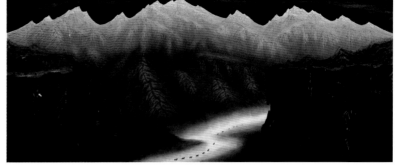

2321 杨运高 山水 镜心
估　价：RMB 200,000~300,000
成交价：RMB 448,500
192cm×500cm 北京保利 2022-07-27

648 杨善深 1941年作 合家欢 镜框
估　价：RMB 3,500,000~4,500,000
成交价：RMB 5,520,000
94cm×173cm 华艺国际 2022-07-29

86 杨文学 飞梦天涯
估　价：HKD 700,000~1,100,000
成交价：RMB 834,274
96cm×184cm 香港贞观 2022-06-18

762 杨之光 1990年作 塔希地的鹦鹉 镜片
估　价：RMB 600,000~1,000,000
成交价：RMB 920,000
68cm×130cm 广东崇正 2022-08-11

808 杨之光 2000年作 西班牙舞 立轴
估　价：RMB 200,000~300,000
成交价：RMB 333,500
94cm×56cm 广东崇正 2022-12-25

242 姚霁月 一眼万年
估　价：HKD 305,000
成交价：RMB 367,880
112cm×82cm 荣宝斋（香港）2022-11-26

1327 姚晓冬 2019年作 紫风绾绶 镜心
估　价：RMB 250,000～350,000
成交价：RMB 345,000
245cm×125cm 中国嘉德 2022-06-29

728 叶浅予 1959年作 苗族姑娘绣花图 立轴
估　价：RMB 150,000～200,000
成交价：RMB 724,500
102cm×52cm 开拍国际 2022-01-07

5075 一了 2014年作 语世系列
估　价：RMB 280,000～480,000
成交价：RMB 322,000
145cm×365cm 中贸圣佳 2022-07-24

581 姚梅梅 2022年作 花团锦簇 镜心
估　价：RMB 300,000～600,000
成交价：RMB 805,000
136cm×68cm 荣宝斋（南京）2022-12-07

320 叶恭绰 行书十言联 对联
估　价：RMB 80,000～120,000
成交价：RMB 356,500
141cm×23.5cm×2 朵云轩 2022-12-08

3097 伊立勋 1924年作 隶书九言联 立轴
估　价：HKD 70,000～140,000
成交价：RMB 776,954
195.6cm×31.6cm 香港苏富比 2022-10-08

685 于非闇 红叶蝴蝶 镜框
估　价：RMB 30,000～50,000
成交价：RMB 1,150,000
51.5cm×23cm 上海嘉禾 2022-01-01

482 于非闇 1944年作 富贵白头 立轴
估　价：HKD 3,500,000～5,500,000
成交价：RMB 3,591,000
102cm×52cm 保利香港 2022-07-12

41 于非闇 1941年作 富贵锦鸡图 立轴
估　价：RMB 580,000～880,000
成交价：RMB 943,000
102cm×36cm 上海嘉禾 2022-11-20

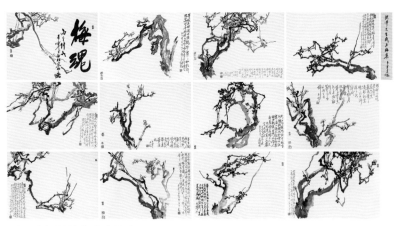

776 于希宁 1996年作 梅魂 册页
估 价：RMB 1,000,000～1,500,000
成交价：RMB 1,725,000
60cm×84cm×12 北京银座 2022-01-12

139 余任天 山水 镜心
估 价：RMB 150,000
成交价：RMB 660,000
95cm×61cm 浙江御承 2022-12-17

114 于右任 草书《后赤壁赋》手卷 手卷
估 价：RMB 1,000,000～1,500,000
成交价：RMB 6,440,000
33cm×526cm 北京荣宝 2022-07-24

319 余绍宋 梁启超 1926年作 柳亭相送、自作
词三首 成扇
成交价：RMB 345,000
17.7cm×49.5cm 北京诚轩 2022-08-08

1167 俞涤凡 周梦坡 等 摹冒襄、董小宛病榻小影 立轴
估　价：RMB 80,000～120,000
成交价：RMB 310,500
65.5cm×40cm 西泠印社 2022-08-20

86 俞致贞 百合鸣禽 镜片
估　价：RMB 80,000～120,000
成交价：RMB 1,012,000
117.5cm×57cm 上海嘉禾 2022-08-28

708 喻继高 瑞鹤迎春 镜心
估　价：RMB 800,000～1,200,000
成交价：RMB 1,863,000
141cm×363cm 中贸圣佳 2022-10-27

8047 俞致贞 摹大千居士真本 镜片
估　价：RMB 1,200,000～1,800,000
成交价：RMB 3,520,000
81.5cm×154cm 上海嘉禾 2022-11-20

915 袁克文 行书五言联 对联片
估　价：RMB 800,000～1,200,000
成交价：RMB 1,288,000
180.5cm×42cm×2 朵云轩 2022-12-09

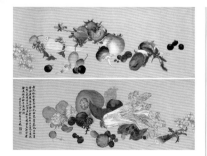

36 俞致贞 1986年作 蔬果图 手卷
估　价：RMB 350,000～550,000
成交价：RMB 1,840,000
36cm×188cm 上海嘉禾 2022-11-20

97 俞致贞 唐人驭马图 镜片
估　价：RMB 50,000～80,000
成交价：RMB 897,000
56cm×79.5cm 上海嘉禾 2022-08-28

539 袁世凯 1909年作 节临古诗《咏钱》四屏 巨幅 立轴
估　价：RMB 550,000～850,000
成交价：RMB 920,000
191cm×88cm×4 中鸿信 2022-09-11

264 袁松年 1958年作 桃源问津图 立轴
估 价：RMB 250,000～350,000
成交价：RMB 402,500
136cm×67cm 华艺国际 2022-09-24

1114 袁武 2018年作 老人与牛 镜心
成交价：RMB 368,000
112cm×185cm 中国嘉德 2022-12-15

552 月照山人 量大福大 镜心
估 价：RMB 150,000～250,000
成交价：RMB 402,500
68cm×68cm 荣宝斋（南京）2022-12-07

2194 曾梵志 1998年作 面具系列习作
估 价：RMB 150,000～250,000
成交价：RMB 460,000
16cm×16cm 永乐拍卖 2022-07-26

8 曾来德 曾来德诗
估 价：HKD 1,500,000～3,000,000
成交价：RMB 2,213,380
248cm×129cm 香港贞观 2022-06-18

2 曾来德 曾迎春 玉林等合作画 繁花幽鸟图
估 价：HKD 10,000,000～15,000,000
成交价：RMB 10,726,380
362cm×146cm 香港贞观 2022-06-18

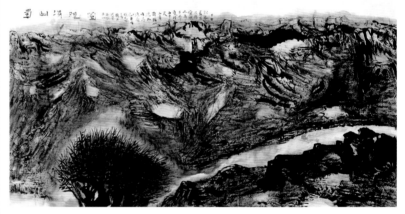

1 曾来德 蜀山清晓图
估 价：HKD 10,000,000～20,000,000
成交价：RMB 14,301,840
129cm×248cm 香港贞观 2022-06-18

3 曾来德 俊杰 八马竞驰图
估 价：HKD 10,000,000～15,000,000
成交价：RMB 11,492,550
146cm×362cm 香港贞观 2022-06-18

1107 曾宓 2002年作 梵音 镜心
估　价：RMB 200,000～300,000
成交价：RMB 1,357,000
97cm×60cm 中国嘉德 2022-12-15

2463 曾宓 1995年作 古道西风 镜片
估　价：RMB 300,000～500,000
成交价：RMB 632,500
89cm×96cm 西泠印社 2022-01-22

9 曾晓浒 2011年 好云无处不遮山 镜心
估　价：RMB 180,000
成交价：RMB 459,200
71cm×141cm 湖南逸典 2022-09-17

3398 曾思德 澹月清辉 立轴
估　价：RMB 180,000～280,000
成交价：RMB 667,000
180cm×47cm 保利厦门 2022-10-22

285 臧家伟 沃土
估　价：HKD 545,000
成交价：RMB 1,011,670
237cm×188cm
荣宝斋（香港）2022-11-26

10 曾以宁 2022年作 书法“精气神”
估　价：RMB 2,800,000～3,200,000
成交价：RMB 3,680,000
136cm×60cm 保利厦门 2022-10-22

簑子三韩萬姓在殷氏一支

绍兴剡水剡山曾趟蒸宋壁

187 张伯驹 1973年作 行书十一言联 立轴
估　价：RMB 150,000～200,000
成交价：RMB 368,000
132cm×21cm×2 中贸圣佳 2022-12-31

515 张伯英 1943年作 为赵椿年书先贤句四屏
镜心
估　价：RMB 100,000～150,000
成交价：RMB 1,150,000
131cm×64cm×4 开拍国际 2022-01-07

16 张聪玉 2020年作 水似青罗带，山如碧玉簪
估　价：RMB 180,000～460,000
成交价：RMB 529,000
95cm×190cm 保利厦门 2022-10-22

3073 张大千 1947年作 仿王希孟《千里江山图》 立轴
估　价：HKD 68,000,000～68,010,000
成交价：RMB 317,588,314
133.6cm×72.8cm 香港苏富比 2022-04-30

8056 张大千 长生殿图 立轴
成交价：RMB 49,450,000
113cm×62cm 上海嘉禾 2022-11-20

635 张大千 1965年作 瑞士风雪 镜框
估　价：RMB 10,000,000~15,000,000
成交价：RMB 16,100,000
43.5cm×59cm 华艺国际 2022-07-29

120 张大千 1950年作 碧荷 立轴
估　价：HKD 12,000,000~18,000,000
成交价：RMB 15,943,920
140cm×69cm 华艺国际 2022-05-29

3042 张大千 1968年作 遥峰雪霁 镜框
估　价：HKD 7,500,000~12,000,000
成交价：RMB 15,785,728
45.2cm×75.5cm 香港苏富比 2022-10-08

383 张大千 1947年作 拟周文矩《戏婴图》 立轴
估　价：RMB 38,000,000～58,000,000
成交价：RMB 43,700,000
138cm×74cm 中国嘉德 2022-06-26

3164 张大千 1949年作 江山无尽 立轴
成交价：RMB 32,307,008
132.6cm×71.7cm 香港苏富比 2022-10-08

634 张大千 1981年作 泼彩红荷 镜框
估　价：RMB 7,000,000～9,000,000
成交价：RMB 15,180,000
82cm×167cm 华艺国际 2022-07-29

2042 张大千 1969年作 溪山春雪 镜心
估　价：RMB 20,000,000～26,000,000
成交价：RMB 26,220,000
68cm×138cm 北京保利 2022-07-26

2044 张大千 1968年作 秋山岚翠 镜心
估　价：RMB 15,000,000～18,000,000
成交价：RMB 17,250,000
61cm×94cm 北京保利 2022-07-26

3105 张大千 1980年作 谷口人家 镜心
估　价：RMB 8,400,000～10,400,000
成交价：RMB 12,420,000
85cm×176.5cm 永乐拍卖 2022-07-25

117 张大千 1940年作 太平景象 立轴
估　价：HKD 12,000,000～18,000,000
成交价：RMB 24,687,360
125cm×54.5cm 华艺国际 2022-05-29

245 张大千 1940年作 青城远眺峨眉图 镜心
估　价：RMB 16,000,000～26,000,000
成交价：RMB 18,400,000
146cm×81cm 中国嘉德 2022-12-12

637 张大千 1937年作 陶圃松菊图 立轴
估　价：RMB 12,000,000~18,000,000
成交价：RMB 28,520,000
165cm×64.5cm 华艺国际 2022-07-29

333 张大千 1936年作 五色荷花 立轴 设色纸本
估　价：RMB 18,000,000~25,000,000
成交价：RMB 32,200,000
185cm×94.7cm 北京荣宝 2022-07-24

382 张大千 1947年作 韩幹双骥图 立轴
估　价：RMB 5,000,000~8,000,000
成交价：RMB 8,050,000
130cm×63cm 中国嘉德 2022-06-26

506 张仃 1994年作 祁连晴岚 立轴
估　价：HKD 2,000,000～3,000,000
成交价：RMB 2,462,400
138cm×68cm 保利香港 2022-07-12

576 张江舟 2022年作 晨光 镜心
估　价：RMB 400,000～600,000
成交价：RMB 920,000
136cm×68cm 荣宝斋（南京）2022-12-07

205 张利 哈尼族少女
估　价：HKD 164,000
成交价：RMB 901,306
60cm×50cm 荣宝斋（香港）2022-11-26

1 张三友 山雨欲来
估　价：RMB 380,000～500,000
成交价：RMB 830,000
68cm×68cm 保利厦门 2022-01-13

3343 张江舟 人物 镜心
估　价：RMB 800,000～1,000,000
成交价：RMB 977,500
137.5cm×69cm 永乐拍卖 2022-07-25

1278 张捷 2016年作 林泉高致 镜心
估　价：RMB 350,000～450,000
成交价：RMB 402,500
180cm×25cm 中国嘉德 2022-06-29

620 张善孖 1936年作 玄猿图 立轴
估　价：RMB 800,000～1,200,000
成交价：RMB 2,415,000
144cm×69cm 朵云轩 2022-12-08

392 张善孖 1939年作 虎踞龙蟠 镜心
估 价：RMB 4,500,000～5,500,000
成交价：RMB 4,600,000
219cm×199cm 中国嘉德 2022-06-26

261 章士钊 1943年作 临《圣教序》手卷
估 价：RMB 600,000～800,000
成交价：RMB 851,000
39cm×692cm 中贸圣佳 2022-07-23

1154 赵建成 2022年作 弘一大师 镜心
估 价：RMB 280,000～380,000
成交价：RMB 322,000
168cm×83cm 中国嘉德 2022-12-15

1893 张学良 自作五言诗
成交价：RMB 425,500
65cm×62cm 中国嘉德 2022-12-13

8022 赵朴初 1987年作 正气歌 镜片
估 价：RMB 800,000～1,200,000
成交价：RMB 3,047,500
93.5cm×256cm 上海嘉禾 2022-11-20

423 赵望云 乡村街头 立轴
估　价：RMB 800,000～1,200,000
成交价：RMB 1,380,000
75cm×49cm 中贸圣佳 2022-10-27

501 赵朴初 行书《清净歌》镜心
估　价：RMB 100,000～150,000
成交价：RMB 805,000
66cm×31cm 开拍国际 2022-01-07

393 赵少昂 1986年作 草泽雄风 镜心
估　价：RMB 500,000～800,000
成交价：RMB 1,380,000
134cm×66.5cm 中国嘉德 2022-06-26

704 赵无极 1951年作 静物
估　价：HKD 300,000～500,000
成交价：RMB 968,612
40.8cm×31cm 香港苏富比 2022-10-06

748 赵少昂 1933年作 花鸟廿开 册页
估　价：RMB 1,800,000～2,000,000
成交价：RMB 2,645,000
尺寸不一 开拍国际 2022-01-07

782 赵少昂 1984年作 雪竹群雀 镜心
估　价：RMB 600,000～800,000
成交价：RMB 1,300,000
123cm×247cm 北京银座 2022-01-12

367 赵少昂 1970年作 漓江图 镜心
估　价：RMB 800,000～1,200,000
成交价：RMB 1,322,500
145cm×71cm 华艺国际 2022-09-24

228 郑嘉钰 大象先元
估　价：HKD 872,000
成交价：RMB 965,685
50cm×100cm 荣宝斋（香港）2022-11-26

227 郑奎飞 抱道御物
估　价：HKD 981,000
成交价：RMB 1,011,670
50cm×100cm 荣宝斋（香港）2022-11-26

514 郑孝胥 临汉碑四品 立轴
估　价：RMB 150,000～250,000
成交价：RMB 460,000
145cm×38cm×4 开拍国际 2022-01-07

231 周光汉 溪山访友图
估　价：HKD 436,000
成交价：RMB 478,244
136cm×68cm 荣宝斋（香港）2022-11-26

484 郑乃珖 田野鹅群 镜片
估　价：RMB 300,000～500,000
成交价：RMB 345,000
130.5cm×67.5cm 朵云轩 2022-12-08

50 郑重宾 2015年作 穿越的白光
估　价：HKD 300,000～500,000
成交价：RMB 308,592
178cm×158cm 华艺国际 2022-05-29

638 郑午昌 1947年作 知足居图 镜片
估　价：RMB 600,000～800,000
成交价：RMB 690,000
114cm×53cm 朵云轩 2022-12-08

2439 周昌谷 少女与羊等人物四屏 立轴
估　价：RMB 300,000～380,000
成交价：RMB 460,000
34cm×45cm×4 西泠印社 2022-01-22

2320 周韶华 2013年作 边陲秋风 镜心
估　价：RMB 200,000～400,000
成交价：RMB 805,000
68.5cm×69.5cm 北京保利 2022-07-27

1294 周思聪 1981年作 曦微 镜心
估　价：RMB 1,000,000～2,000,000
成交价：RMB 4,370,000
166cm×164.5cm 中国嘉德 2022-06-29

2381 周午生 2022年作 荷花鸳鸯 镜心
估　价：RMB 450,000～500,000
成交价：RMB 552,000
84cm×91cm 北京保利 2022-07-27

2562 周艺文 白石意象
估　价：RMB 1,000,000～2,000,000
成交价：RMB 1,955,000
178cm×96.5cm 保利厦门 2022-10-21

18 周同祥 2021年作 鸣秋图
估　价：RMB 550,000～650,000
成交价：RMB 988,000
68cm×68cm 保利厦门 2022-01-13

1219 周思聪 1982年作 山色空蒙雨亦奇 镜心
成交价：RMB 862,500
101cm×103cm 中国嘉德 2022-12-15

541 周之江 2021年作 行书五言联 对联片
估　价：RMB 180,000～250,000
成交价：RMB 345,000
136cm×35cm×2 朵云轩 2022-12-08

81 周子刚 秋月
估　价：HKD 500,000~1,100,000
成交价：RMB 834,274
70cm×137cm 香港贞观 2022-06-18

1037 朱德群 1952年作 苏轼《赤壁怀古》
估　价：HKD 800,000~1,500,000
成交价：RMB 911,635
66.9cm×67.3cm 香港苏富比 2022-10-07

1214 朱梅邨 1958年作 建设新动脉 镜片
估　价：RMB 180,000~280,000
成交价：RMB 333,500
63cm×92.5cm 西泠印社 2022-01-22

3172 朱屺瞻 1977年作 溪畔山家 镜框
估　价：HKD 80,000~160,000
成交价：RMB 499,470
70cm×69cm 香港苏富比 2022-10-08

1204 朱新建 花鸟四屏 镜心
估　价：RMB 450,000~550,000
成交价：RMB 632,500
138cm×35cm×4 中国嘉德 2022-12-15

139 朱祖国 2022年作 神鹰护主 镜片
估　价：RMB 880,000~1,200,000
成交价：RMB 4,312,500
123cm×245cm 上海嘉禾 2022-11-20

作者年代不详

815 佚名 万花春睡 圆光
估　价：RMB 15,000,000~25,000,000
成交价：RMB 23,000,000
直径27cm 北京保利 2022-07-27

866 佚名 秋山瑞霭图 镜心
成交价：RMB 32,200,000
216.5cm×84.3cm 中贸圣佳 2022-12-31

400 佚名 腊梅芦雁图 立轴
估　价：RMB 8,000,000～12,000,000
成交价：RMB 14,375,000
140.5cm×89.5cm 荣宝斋（南京）2022-12-07

399 佚名 圉人立马图 立轴
估　价：RMB 8,000,000～12,000,000
成交价：RMB 13,225,000
84cm×64.5cm 荣宝斋（南京）2022-12-07

1329 佚名 四大天王(法海寺壁画粉本) 镜心
估　价：RMB 4,000,000～8,000,000
成交价：RMB 19,550,000
137.5cm×69.5cm×4 北京荣宝 2022-07-24

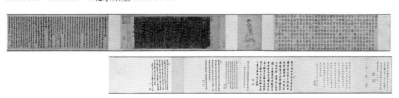

2570 佚名 王羲之《兰亭序》手卷
估　价：HKD 800,000～1,000,000
成交价：RMB 5,706,162
26.3cm×63cm 香港苏富比 2022-04-27

1318 佚名 寒山行旅图 立轴
估　价：RMB 2,800,000～6,000,000
成交价：RMB 7,475,000
335cm×98cm 北京荣宝 2022-07-24

1301 佚名 嵩阳大将军柏 立轴
估　价：RMB 1,800,000~3,600,000
成交价：RMB 5,290,000
136cm×72cm 北京荣宝 2022-07-24

405 佚名 阳生启瑞图 镜心
估　价：RMB 3,800,000~4,800,000
成交价：RMB 4,600,000
95.5cm×62.5cm 中国嘉德 2022-06-26

2 佚名 瓜草图 册页一开 镜框
估　价：HKD 300,000~500,000
成交价：RMB 4,550,729
27cm×28.5cm 香港苏富比 2022-10-08

819 佚名 新年接喜图 立轴
估　价：RMB 2,000,000~3,000,000
成交价：RMB 2,300,000
画心56.5cm×40.5cm；书法37.5cm×40.5cm
北京保利 2022-07-27

1451 佚名 行楷七言诗 立轴（两轴）
估　价：RMB 10,000~20,000
成交价：RMB 3,450,000
122cm×25cm；26cm×28cm
西泠印社 2022-01-22

573 佚名 宋人宫苑图 立轴
估　价：RMB 1,200,000~1,800,000
成交价：RMB 2,300,000
144.5cm×71cm 华艺国际 2022-07-29

素 描

83 安娜·帕克 2020年作 这值得么？
估　价：HKD 300,000～500,000
成交价：RMB 3,476,466
132cm×107cm 佳士得 2022-11-30

31 亨利·马蒂斯 1941年作 女人头像
估　价：HKD 280,000～500,000
成交价：RMB 529,747
52.5cm×40.5cm 华艺国际 2022-11-27

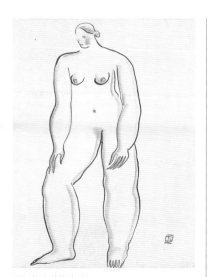

363 常玉 站姿女人
估　价：HKD 300,000～500,000
成交价：RMB 594,039
55.5cm×43.5cm 佳士得 2022-05-27

3004 陈逸飞 蔡江白 凝寒大地——纪念周文雍、陈铁军烈士
估　价：RMB 350,000～550,000
成交价：RMB 483,000
152cm×200cm 中鸿信 2022-09-12

2501 胡也佛 1962年作 《蔡文姬》连环画原稿一百一十三帧（全）
估　价：RMB 600,000～800,000
成交价：RMB 1,414,500
15cm×21cm×113 西泠印社 2022-01-22

115 靳尚谊 女人体 镜心
估　价：RMB 300,000～500,000
成交价：RMB 483,000
109cm×76cm 荣宝斋（南京）2022-12-07

1503 庞薰琹 1946年作 回望（一组两件）
估　价：RMB 280,000～380,000
成交价：RMB 437,000
28cm×36.5cm×2 中国嘉德 2022-06-28

3155 史国良 朝山 镜心
估　价：RMB 500,000～800,000
成交价：RMB 920,000
151cm×427cm 永乐拍卖 2022-07-25

2515 王叔晖 1956年作 《桑园会》连环画原稿六十九帧（全）
估　价：RMB 500,000～600,000
成交价：RMB 1,840,000
17cm×23cm×69 西泠印社 2022-01-22

339 奈良美智 无题
估　价：HKD 1,500,000～2,500,000
成交价：RMB 4,635,288
31.5cm×24cm 佳士得 2022-12-01

81 吴冠中 1980年作 苏州网师园
估　价：HKD 550,000～850,000
成交价：RMB 607,002
22.5cm×32cm 中国嘉德 2022-10-09

48 谢南星 1995年作 素描
估　价：HKD 300,000～500,000
成交价：RMB 493,747
71cm×102cm 华艺国际 2022-05-29

版　画

2183 方力钧 2003年作 2003.3.1
估　价：RMB 800,000～1,000,000
成交价：RMB 920,000
397cm×121.5cm×7 永乐拍卖 2022-07-26

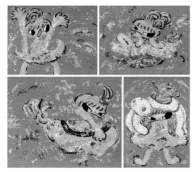

3031 六角彩子 四幅套装丝网版画纸卡板
估　价：RMB 300,000～500,000
成交价：RMB 1,012,000
59.5cm×44.5cm 中鸿信 2022-09-12

1642 邱志杰 记忆考古系列之近代报纸刊物题头
估　价：RMB 800,000～1,200,000
成交价：RMB 1,127,000
89cm×89cm×25 中贸圣佳 2022-10-27

水粉水彩

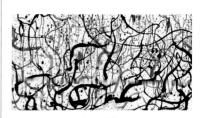

1546 吴冠中 2007年作 紫藤
成交价：RMB 322,000
134cm×260cm 中国嘉德 2022-06-28

1637 武艺 舍身饲虎
估　价：RMB 300,000～500,000
成交价：RMB 437,000
120cm×243cm 中贸圣佳 2022-10-27

573 奈良美智 1999年作 浪游浮世（一组十六幅）
估　价：HKD 1,200,000～2,200,000
成交价：RMB 1,367,453
41.5cm×29.5cm×12；29.3cm×41.5cm×4 香港苏富比 2022-10-06

33 巴布罗·毕加索 1919年作 吉他和高脚盘
估　价：HKD 1,500,000～2,300,000
成交价：RMB 3,090,192
11cm×16.5cm 华艺国际 2022-11-27

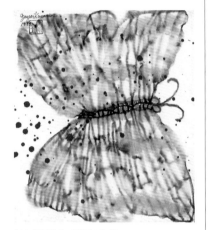

241 草间弥生 1979年作 蝶
估　价：NTD 950,000～1,500,000
成交价：RMB 978,480
27cm×24cm 罗芙奥 2022-06-05

313 常玉 20世纪20—30年代作 阅读中的黄裙
女子
估　价：HKD 500,000～800,000
成交价：RMB 1,188,079
44cm×27cm 佳士得 2022-05-27

1693 关良 峨眉山景
估　价：RMB 200,000～300,000
成交价：RMB 345,000
43cm×57cm 西泠印社 2022-01-22

709 乐氏琉 园中两孩
估　价：HKD 350,000～650,000
成交价：RMB 5,400,360
60cm×46cm 香港苏富比 2022-04-28

1017 黎谱 1962年作 午后的茶叙
估 价：HKD 3,800,000～6,800,000
成交价：RMB 9,640,904
56cm×76cm 香港苏富比 2022-10-07

211 黎谱 约1940年作 女子与玫瑰
估 价：HKD 1,200,000～2,200,000
成交价：RMB 4,867,052
61cm×42cm 佳士得 2022-12-01

60 李维世 甘南秋色 镜片
估 价：RMB 350,000
成交价：RMB 365,000
80cm×120cm 北京中贝 2022-04-11

5076 梁缨 京狮
估 价：RMB 200,000～300,000
成交价：RMB 322,000
214cm×139.5cm 中贸圣佳 2022-07-24

1019 刘野 2014年作 无题之三
估 价：RMB 500,000～800,000
成交价：RMB 575,000
76.9cm×58cm 北京保利 2022-07-25

3 马克·夏加尔 1924年作 死亡
估　价：USD 1,000,000～1,500,000
成交价：RMB 8,210,334
34.9cm×42.9cm 纽约苏富比 2022-05-17

768 梅忠恕 疲劳
估　价：HKD 700,000～900,000
成交价：RMB 3,240,216
33cm×46cm 香港苏富比 2022-04-28

712 藤田嗣治 1950年作 抱着小猫的女孩
估　价：HKD 900,000～1,500,000
成交价：RMB 1,512,100
37cm×27.2cm 香港苏富比 2022-04-28

13 梅忠恕 1943年作 优雅的思考
估　价：HKD 3,000,000～6,000,000
成交价：RMB 4,055,877
55.5cm×46cm 佳士得 2022-11-30

111 王俊杰 2018年作 攀登
估　价：HKD 800,000～1,200,000
成交价：RMB 1,026,068
40.6cm×30.5cm 佳士得 2022-05-27

1077 吴冠中 1976年作 龙须岛 镜框
估　价：HKD 1,000,000～1,500,000
成交价：RMB 4,403,523
37cm×40cm 佳士得 2022-12-02

1316 吴冠中 1980年作 早春
估　价：RMB 3,200,000～4,200,000
成交价：RMB 3,680,000
52cm×39cm 中国嘉德 2022-12-14

317 武高谈 约1935年作 女子肖像
估　价：HKD 120,000～220,000
成交价：RMB 702,046
23cm×17cm 佳士得 2022-05-27

8324 徐悲鸿 1927—1928年作 东方之美 — 价悲鸿绘观世音像
成交价：RMB 92,000,000
146cm×77cm 华艺国际 2022-07-28

1689 颜文樑 湖光山色
估　价：RMB 350,000～450,000
成交价：RMB 540,500
28cm×41cm 西泠印社 2022-01-22

308 张荔英 榴莲、山竹与红毛丹
估　价：HKD 1,500,000～2,500,000
成交价：RMB 1,512,100
43.5cm×59.5cm 佳士得 2022-05-27

744 赵无极 1968年作 无题
估　价：HKD 900,000~1,600,000
成交价：RMB 1,512,100
38cm×56.5cm 香港苏富比 2022-04-28

2013 朱德群 1960年作 构图第25号
估　价：RMB 800,000~1,200,000
成交价：RMB 1,265,000
55.7cm×37.1cm 永乐拍卖 2022-07-26

721 朱沅芷 1952年作 带着球的女人
估　价：HKD 700,000~1,000,000
成交价：RMB 756,050
59cm×48cm 香港苏富比 2022-04-28

油　画

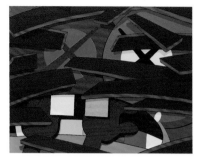

96 KAWS（考斯） 2011年作 会不会发生
估　价：HKD 3,800,000~5,800,000
成交价：RMB 6,257,638
173cm×218.7cm 佳士得 2022-11-30

327 MR. 2017年作 Misaki - 绿色森林
估　价：HKD 1,500,000~2,500,000
成交价：RMB 3,476,466
120cm×148.7cm 佳士得 2022-12-01

122 阿弗烈·希斯里 五月早上的阵风
估　价：USD 1,000,000~1,500,000
成交价：RMB 12,981,519
73cm×60cm 纽约苏富比 2022-11-14

1047 阿凡迪 1974年作 巴利岛赌徒
估　价：HKD 1,800,000~2,800,000
成交价：RMB 2,697,458
99.5cm×129.5cm 香港苏富比 2022-04-27

249 阿凡迪 1968年作 斗鸡
估　价：HKD 800,000~1,200,000
成交价：RMB 2,317,644
140cm×230cm 佳士得 2022-12-01

125 阿尔伯托·贾柯梅蒂 卡露莲
估　价：USD 15,000,000～20,000,000
成交价：RMB 111,268,671
91.4cm×71.1cm 纽约苏富比 2022-11-14

0008A 艾德里安·格尼 2014年作 馅饼斗室 12
估　价：HKD 68,000,000～98,000,000
成交价：RMB 69,484,632
284cm×350cm 佳士得 2022-05-26

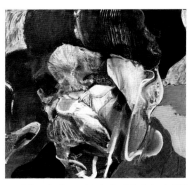

29 艾德里安·格尼 2018年作 退化艺术（以割耳后的文森特·凡·高作自画像）
估　价：HKD 48,000,000～68,000,000
成交价：RMB 52,284,945
180cm×200cm 佳士得 2022-11-30

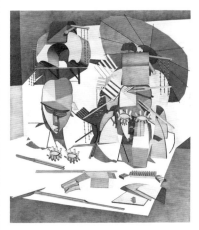

90 艾佛莉·辛雅 2013年作 伟大缪斯
估　价：HKD 20,000,000～30,000,000
成交价：RMB 21,383,025
220cm×196cm 佳士得 2022-11-30

6 艾佛莉·辛雅 2017年作 无题
估　价：HKD 10,000,000～15,000,000
成交价：RMB 18,901,260
199cm×156cm 佳士得 2022-05-26

1205 艾米莉·梅·史密斯 2017年作 谜语
估 价：HKD 1,800,000～2,500,000
成交价：RMB 11,282,390
170.2cm×129.5cm 香港苏富比 2022-10-07

2605 艾轩 2009年作 圣山
估 价：RMB 18,000,000～28,000,000
成交价：RMB 23,000,000
190cm×220cm 北京荣宝 2022-07-24

1134 艾轩 1983年作 野风
估 价：RMB 1,500,000～2,500,000
成交价：RMB 1,955,000
72cm×90cm 北京保利 2022-07-25

111 安德烈·德安 塞纳-马恩省河畔的沙图
估 价：USD 2,500,000～3,500,000
成交价：RMB 20,561,612
73.7cm×123.8cm 纽约苏富比 2022-11-14

1448 艾轩 2003年作 西藏女孩
估 价：RMB 380,000～480,000
成交价：RMB 805,000
62cm×62cm 中国嘉德 2022-12-14

2606 艾轩 2005年作 远方
估 价：RMB 1,500,000～1,800,000
成交价：RMB 1,840,000
78.5cm×78.5cm 北京荣宝 2022-07-24

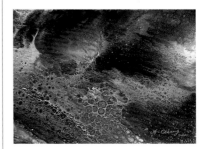

559 安奇帮 2022年作 梦境升华
估 价：RMB 600,000～800,000
成交价：RMB 2,185,000
50cm×70cm 荣宝斋（南京）2022-12-07

2686 安奇帮 草原、山川风景（两幅）
估 价：RMB 1,100,000～1,500,000
成交价：RMB 1,265,000
23cm×33cm×2 北京荣宝 2022-07-24

2687 安奇帮 2022年作 无题
估 价：RMB 1,800,000～2,200,000
成交价：RMB 2,185,000
120cm×120cm 北京荣宝 2022-07-24

1029 巴布罗·毕加索 冠冕女子与国王饼
估 价：HKD 60,000,000～80,000,000
成交价：RMB 69,051,844
91.7cm×73cm 香港苏富比 2022-10-07

127 巴布罗·毕加索 裸女坐像
估 价：USD 6,000,000～8,000,000
成交价：RMB 47,045,999
114.3cm×146cm 纽约苏富比 2022-11-14

108 巴布罗·毕加索 桌上吉他
成交价：RMB 258,186,055
100cm×80.7cm 纽约苏富比 2022-11-14

48 巴布罗·毕加索 1969年3月29日作于穆然 画框中的男子半身像
成交价：RMB 149,967,140
92cm×73cm 佳士得 2022-05-26

16 白发一雄 约1967年作 宇治川（宇治の战）
估　价：HKD 15,000,000～24,000,000
成交价：RMB 16,843,980
183cm×273cm 佳士得 2022-05-26

566 白发一雄 1963年作 江户的深色
估　价：HKD 6,000,000～8,000,000
成交价：RMB 8,826,588
60cm×90cm 香港苏富比 2022-04-28

20 皮耶·苏拉吉 1962年作 画作 97×130 公分
　　（97cm×130cm），1962年6月5日
估　价：HKD 26,000,000～36,000,000
成交价：RMB 33,302,220
97cm×130cm 佳士得 2022-05-26

133 保罗·高更 阿旺桥的乡村生活
估　价：USD 8,000,000～12,000,000
成交价：RMB 63,119,590
73.4cm×93cm 纽约苏富比 2022-11-14

40 皮耶·苏拉吉 1949年作 绘画 130×97公分
　　（130cm×97cm），1949年
估　价：HKD 18,000,000～28,000,000
成交价：RMB 20,279,385
130cm×97cm 佳士得 2022-11-30

1214 彼得·多伊格 1999年作 乡村摇滚（后视镜）
估　价：HKD 75,000,000～98,000,000
成交价：RMB 68,012,689
194.9cm×270cm 香港苏富比 2022-10-07

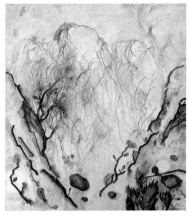

1109 卜镝 2015年作 2015-6#
估　价：RMB 200,000～400,000
成交价：RMB 598,000
200cm×180cm 北京保利 2022-07-25

2565 才树新 2020年作 亚青
估　价：RMB 700,000～900,000
成交价：RMB 805,000
120cm×100cm 保利厦门 2022-10-21

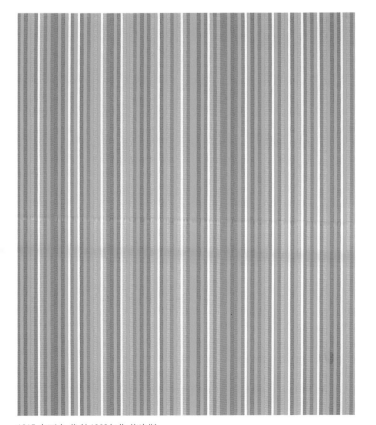

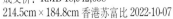

1215 布丽奇·莱利 1983年作 德洛斯
估　价：HKD 15,000,000～25,000,000
成交价：RMB 18,942,658
214.5cm×184.8cm 香港苏富比 2022-10-07

26 蔡磊 2020年作 0102#
估　价：HKD 250,000～300,000
成交价：RMB 640,111
180cm×152cm×5cm 华艺国际 2022-11-27

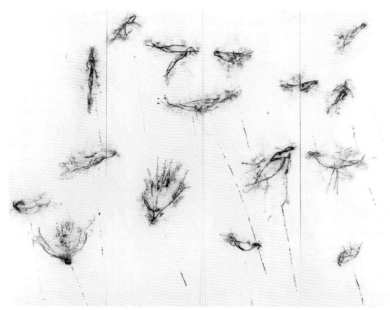

175 蔡国强 2003年作 人类、老鹰与天空之眼
估 价: RMB 2,600,000~3,600,000
成交价: RMB 2,990,000
230cm×75cm×4 开拍国际 2022-07-24

1606 蔡万霖 2021年 YY之梦
估 价: RMB 700,000~900,000
成交价: RMB 2,070,000
150cm×150cm 中国嘉德 2022-06-28

1951 曹力 2006年作 龙马系列之六
估 价: RMB 450,000~550,000
成交价: RMB 517,500
90cm×140cm 西泠印社 2022-08-20

1913 蔡亮 1986年作 地铁二重奏——巴黎艺
人组画之三
估 价: RMB 850,000~900,000
成交价: RMB 977,500
90cm×85cm 朵云轩 2022-12-08

2554 蔡万霖 2021年作 重点培养
估 价: RMB 500,000~800,000
成交价: RMB 1,840,000
160cm×120cm 北京荣宝 2022-07-24

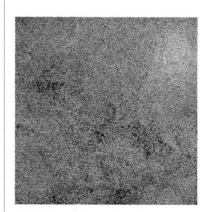

38 草间弥生 2015年作 无限金网
估 价: HKD 12,000,000~22,000,000
成交价: RMB 44,725,011
145.5cm×145.5cm 中国嘉德 2022-10-09

18 草间弥生 2006年作 无限之网（TWHOQ）
估　价：HKD 28,000,000～38,000,000
成交价：RMB 48,974,025
194cm×130.3cm×3 佳士得 2022-11-30

314 常玉 1930—1940年间作 花鹿
估　价：HKD 10,000,000～15,000,000
成交价：RMB 9,129,180
26.5cm×21.5cm 佳士得 2022-05-27

1018 常玉 1956年作 红底瓶枝
估　价：HKD 50,000,000～100,000,000
成交价：RMB 78,404,245
130cm×195cm 香港苏富比 2022-10-07

1509 常书鸿 1989年作 君子兰
估　价：RMB 400,000～600,000
成交价：RMB 862,500
82cm×62cm 中国嘉德 2022-06-28

1703 常书鸿 1975年作 阅尽人间春色
估　价：RMB 1,200,000～1,800,000
成交价：RMB 4,830,000
59cm×48cm 中国嘉德 2022-06-28

1672 陈丹青 1988年作 牧羊女
估 价：RMB 4,000,000~6,000,000
成交价：RMB 5,520,000
76cm×102cm 中贸圣佳 2022-10-27

1445 陈丹青 1985年作 坐在街沿的藏人
估 价：RMB 600,000~800,000
成交价：RMB 920,000
31cm×40.5cm 中国嘉德 2022-12-14

1370 陈飞 2017年作 阿蔓达家的午后
估 价：RMB 2,000,000~3,000,000
成交价：RMB 2,415,000
200cm×300cm 中国嘉德 2022-12-14

121 陈飞 2007年作 我的安全气囊打开了
估 价：HKD 800,000~1,200,000
成交价：RMB 2,160,144
140cm×180cm 佳士得 2022-05-27

8 陈丹青 1986年作 一对年轻的牧羊人
估 价：HKD 5,000,000~8,000,000
成交价：RMB 15,429,600
100cm×74.5cm 华艺国际 2022-05-29

126 陈飞 2008年作 勤劳致富
估　价：RMB 2,600,000～3,600,000
成交价：RMB 4,485,000
200cm×180.5cm 开拍国际 2022-07-24

1 陈飞 2013年作 忧伤的农夫
估　价：HKD 800,000～1,200,000
成交价：RMB 864,057
直径150cm 佳士得 2022-05-26

1911 陈钧德 2015年作 瓶花
估　价：RMB 500,000～600,000
成交价：RMB 690,000
80cm×60cm 西泠印社 2022-08-20

1696 陈俊穆 2021年作 舞蹈
估　价：RMB 300,000～400,000
成交价：RMB 345,000
180cm×160cm 中国嘉德 2022-06-28

36 陈可 2006年作 英雄归来
估　价：HKD 800,000～1,200,000
成交价：RMB 2,468,736
215cm×215cm 华艺国际 2022-05-29

56 陈可 2007年作 珍珠
估　价：HKD 900,000～1,500,000
成交价：RMB 2,207,280
160cm×160cm 中国嘉德 2022-10-09

2131 陈可 2005年作 泉
估　价：RMB 900,000~1,200,000
成交价：RMB 1,265,000
110cm×110cm 永乐拍卖 2022-07-26

550 陈可之 2009年作 我家就在奉节岸上住
估　价：RMB 800,000~1,200,000
成交价：RMB 1,725,000
100cm×80cm 荣宝斋（南京）2022-12-07

1728 陈文骥 2009年作 涵·九识
估　价：RMB 800,000~1,000,000
成交价：RMB 920,000
115cm×200cm 中国嘉德 2022-06-28

1740 陈文骥 1987年作 绳子
估　价：RMB 1,800,000~2,500,000
成交价：RMB 2,070,000
75.5cm×57cm 中国嘉德 2022-06-28

13 陈文希 约20世纪50年代作 晒网
估　价：HKD 1,800,000~2,800,000
成交价：RMB 1,944,129
91cm×107cm 佳士得 2022-05-26

1846 陈衍宁 2007年作 茶缘
估　价：RMB 1,200,000~1,500,000
成交价：RMB 1,380,000
117cm×137cm 西泠印社 2022-01-22

1680 陈衍宁 2001年作 元宵
估　价：RMB 1,000,000~1,500,000
成交价：RMB 1,150,000
156.5cm×159.5cm 中国嘉德 2022-06-28

2008 陈衍宁 2009年作 檀香扇——昨夜星辰
估　价：RMB 800,000~1,200,000
成交价：RMB 920,000
142cm×127cm 永乐拍卖 2022-07-26

1136 陈逸飞 1989年作 等待演出
估　价：RMB 2,800,000~3,800,000
成交价：RMB 3,450,000
73cm×60cm 北京保利 2022-07-25

1044 陈逸飞 1991年作 夜宴
成交价：RMB 44,891,768
137cm×208cm 香港苏富比 2022-04-27

1841 陈逸飞 水乡回望
估　价：RMB 3,000,000～3,800,000
成交价：RMB 4,025,000
100cm×80cm 西泠印社 2022-01-22

1886 陈逸飞 1999年作 期盼
估　价：RMB 5,500,000～7,500,000
成交价：RMB 7,383,000
170cm×160cm 朵云轩 2022-12-08

31 陈逸飞 1996年作 静物·花卉
估　价：HKD 6,000,000～12,000,000
成交价：RMB 19,929,900
200cm×200cm 佳士得 2022-05-26

8011 陈逸飞 午后威尼斯 镜框
估　价：RMB 1,200,000～1,800,000
成交价：RMB 3,795,000
49cm×69cm 上海嘉禾 2022-11-20

1135 陈逸飞 1998年作 上海滩
估　价：RMB 12,000,000～18,000,000
成交价：RMB 14,030,000
179cm×121.2cm 北京保利 2022-07-25

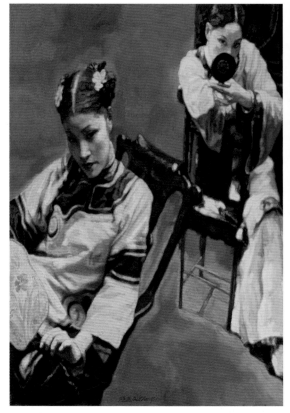

270 陈逸飞 1999年作 姐妹
估　价：HKD 2,500,000～4,000,000
成交价：RMB 2,085,879
165cm×115cm 佳士得 2022-12-01

48 陈昭宏 1970—1971年作，补签于2015年 两个她
估　价：HKD 400,000～600,000
成交价：RMB 753,234
178cm×179cm 佳士得 2022-11-30

302 程心怡 2017年作 理发师
估　价：HKD 400,000～600,000
成交价：RMB 2,317,644
105cm×90.6cm 佳士得 2022-12-01

1102 程心怡 2018年作 开胃酒
估　价：HKD 300,000～500,000
成交价：RMB 3,780,252
105cm×90cm 香港苏富比 2022-04-27

2096 陈彧君 2011年作 临时家庭——美式风格
估　价：RMB 350,000～450,000
成交价：RMB 402,500
180cm×260cm 永乐拍卖 2022-07-26

1560 程丛林 1984年作 华工船
估　价：RMB 26,000,000～36,000,000
成交价：RMB 31,050,000
183cm×183cm 中国嘉德 2022-12-14

239 丹龙黄 1993年作 回归乡村
估　价：HKD 180,000～280,000
成交价：RMB 324,470
64cm×93cm 佳士得 2022-12-01

1726 刁德谦 1973年作 无题
估　价：RMB 600,000～800,000
成交价：RMB 2,185,000
216cm×168cm 中国嘉德 2022-06-28

108 崔洁 2014年作 停车场入口
估　价：RMB 500,000～600,000
成交价：RMB 862,500
150cm×200cm 开拍国际 2022-07-24

91 村上隆 2015年作 紧握双手
估　价：HKD 12,000,000～18,000,000
成交价：RMB 9,794,805
180.2cm×240.3cm 佳士得 2022-11-30

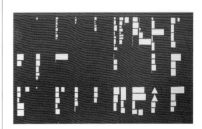

1569 刁德谦 2019年作 对巴尼特·纽曼绘画的
比例解构
估　价：RMB 1,500,000～2,000,000
成交价：RMB 1,725,000
199cm×336cm 中国嘉德 2022-12-14

26 戴维·霍克尼 2017年作 尼科尔斯峡谷三
估　价：HKD 100,000,000～120,000,000
成交价：RMB 81,262,560
121.9cm×243.8cm 佳士得 2022-05-26

1744 丁方 1983年作 浇灌
估　价：RMB 1,800,000～2,500,000
成交价：RMB 2,070,000
122.5cm×199cm 中国嘉德 2022-06-28

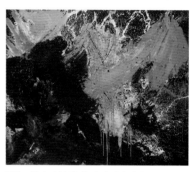

238 丁雄泉 1961年作 海水溅起浪花
估　价：NTD 2,200,000～3,200,000
成交价：RMB 597,960
127cm×152cm 罗芙奥 2022-06-05

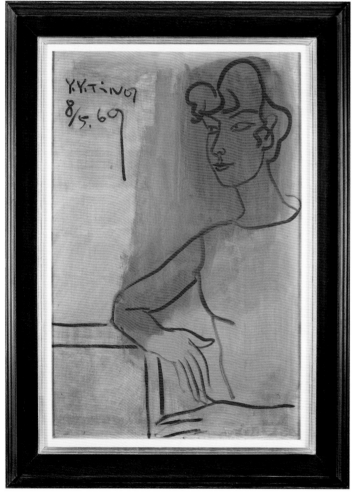

1523 丁衍庸 1969年作 橘色仕女
估　价：RMB 7,000,000～9,000,000
成交价：RMB 8,050,000
91cm×60.5cm 中国嘉德 2022-12-14

1704 丁衍庸 1971年作 瓶花
估　价：RMB 4,000,000～6,000,000
成交价：RMB 6,670,000
61cm×46cm 中国嘉德 2022-06-28

32 丁衍庸 1969年作、1972年作 抽象三角及瓶花静物
估　价：HKD 9,000,000～12,000,000
成交价：RMB 9,643,500
92cm×61cm×2 佳士得 2022-05-26

5031 丁乙 1989年作 十示1989-5
估　价：RMB 8,000,000～12,000,000
成交价：RMB 28,750,000
50cm×60cm 中贸圣佳 2022-07-24

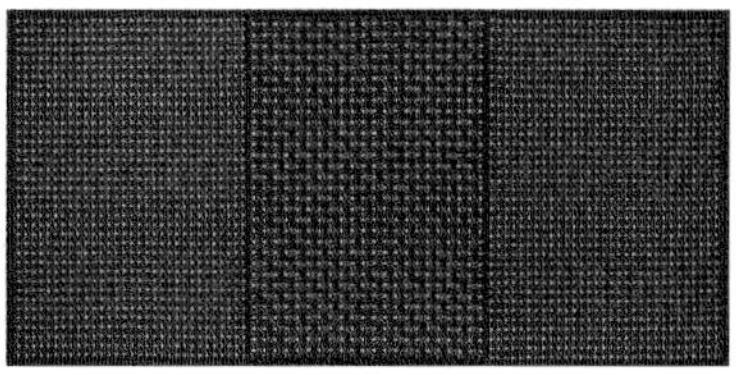

49 丁乙 1998年作 十示 98-4（三联作）
估　价：HKD 3,200,000～4,200,000
成交价：RMB 4,867,052
200cm×140cm×3 佳士得 2022-11-30

61 董小蕙 2013年作 静日——石榴花
估　价：HKD 180,000～280,000
成交价：RMB 331,092
91cm×72.5cm 中国嘉德 2022-10-09

1056 杜春辉 2022年作 孟春
估　价：RMB 250,000～350,000
成交价：RMB 345,000
200cm×150cm 北京保利 2022-07-25

1363 段建伟 2016年作 水库一
估　价：RMB 400,000～600,000
成交价：RMB 460,000
130cm×160cm 中国嘉德 2022-12-14

1535 段建宇 2008年作 山顶
估　价：RMB 1,600,000～2,000,000
成交价：RMB 1,840,000
187cm×218cm 中国嘉德 2022-12-14

625 范勃 2008年作 花开花落之十
估　价：RMB 850,000～1,200,000
成交价：RMB 1,380,000
230cm×120cm 华艺国际 2022-09-23

120 段建宇 2010年作 他的名字叫红
估　价：RMB 2,200,000～2,800,000
成交价：RMB 3,220,000
181cm×217cm 开拍国际 2022-07-24

1322 方君璧 1955年作 樱花
估　价：RMB 800,000～1,000,000
成交价：RMB 920,000
53.3cm×73.7cm 中国嘉德 2022-12-14

1325 段平佑 1931年作 有酒瓶的静物（双面画）
估　价：RMB 300,000～400,000
成交价：RMB 552,000
45cm×73cm 中国嘉德 2022-12-14

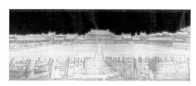

35 冯丽鹏 幻殿
估　价：RMB 80,000～300,000
成交价：RMB 345,000
100cm×300cm 保利厦门 2022-10-22

615 方君璧 1963年作 长安花
估　价：RMB 1,000,000～1,500,000
成交价：RMB 3,450,000
63.5cm×68.5cm 开拍国际 2022-01-07

198 冯骁鸣 2015年作 N°08.05.15
估　价：HKD 400,000～600,000
成交价：RMB 1,728,115
100cm×81cm 佳士得 2022-05-27

1120 方力钧 2010—2011年作 2010-2011
估　价：RMB 6,000,000～10,000,000
成交价：RMB 8,855,000
400cm×175cm×5 北京保利 2022-07-25

3007 冯法祀 2005年作 长白山天池
估　价：RMB 200,000～300,000
成交价：RMB 322,000
47cm×148cm 中鸿信 2022-09-12

8076 冯玉琪 2008年作 黄竹
估　价：RMB 280,000～400,000
成交价：RMB 460,000
75cm×60cm 华艺国际 2022-07-28

2 高野绫 2006年作 所多玛和蛾摩拉之地
估　价：HKD 600,000～800,000
成交价：RMB 1,506,468
182cm×227.5cm 佳士得 2022-11-30

8309 高瑀 2012年作 防川（四联作）
估　价：RMB 2,200,000～3,800,000
成交价：RMB 4,255,000
380cm×157cm×4 华艺国际 2022-07-28

1546 傅瑶 2017年作 出逃记No.30
估　价：RMB 800,000～1,000,000
成交价：RMB 2,185,000
200cm×280cm 中国嘉德 2022-12-14

1537 高瑀 2009年作 这样的夜晚我们该如
何相爱
估　价：RMB 1,600,000～2,000,000
成交价：RMB 1,840,000
200cm×300cm 中国嘉德 2022-12-14

28 格奥尔格·巴塞利茨 1976年作 静物1
估　价：HKD 12,000,000～22,000,000
成交价：RMB 16,968,465
160.9cm×129.9cm 佳士得 2022-11-30

1219 格哈德·里希特 1990年作 抽象画
估　价：HKD 175,000,000～235,000,000
成交价：RMB 181,280,649
225cm×200cm 香港苏富比 2022-10-07

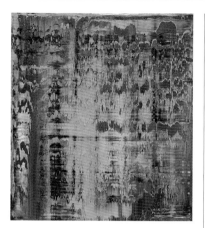

1122 格哈德·里希特 1997年作 抽象画
估　价：HKD 35,000,000～45,000,000
成交价：RMB 31,437,810
100cm×90cm 香港苏富比 2022-04-27

136 古斯塔夫·卡勒波特 小热讷维利耶的野生花园
估　价：USD 1,200,000～1,800,000
成交价：RMB 15,508,216
63.7cm×74.2cm 纽约苏富比 2022-11-14

1581 耿建翌 1992年作 花边5号
估　价：RMB 600,000～800,000
成交价：RMB 862,500
60cm×89.5cm 中国嘉德 2022-12-14

1691 关良 海伦
估　价：RMB 2,200,000～2,800,000
成交价：RMB 2,875,000
46cm×37cm 西泠印社 2022-01-22

234 关良 1957年作 红墙教堂
估　价：RMB 1,000,000～1,800,000
成交价：RMB 4,025,000
28cm×35.5cm 开拍国际 2022-07-24

1520 关良 20世纪60年代作 繁花吐艳
估　价：RMB 8,000,000~10,000,000
成交价：RMB 9,200,000
71cm×50cm 中国嘉德 2022-12-14

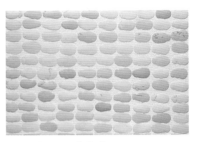

1513 关音夫 2013年作 作品16号
估　价：RMB 350,000~450,000
成交价：RMB 483,000
244cm×366cm 中国嘉德 2022-12-14

2612 郭润文 1998年作 困倦的早晨
估　价：RMB 650,000~850,000
成交价：RMB 747,500
100cm×80cm 北京荣宝 2022-07-24

1878 关良 1979年作 雉鸡
估　价：RMB 2,500,000~3,500,000
成交价：RMB 3,358,000
35cm×61cm 西泠印社 2022-08-20

235 关良 20世纪70年代作 钟馗
估　价：RMB 1,500,000~2,500,000
成交价：RMB 3,703,000
40cm×47cm 开拍国际 2022-07-24

859 郭伟 2022年作 龙虾
估　价：RMB 250,000~320,000
成交价：RMB 322,000
100cm×120cm 广东崇正 2022-08-10

1514 韩冰 2016年作 双屏
估　价：RMB 180,000～280,000
成交价：RMB 345,000
182cm×152cm 中国嘉德 2022-12-14

863 何汶玦 2014年作 日常影像·稳稳的幸福 No.2
估　价：RMB 350,000～400,000
成交价：RMB 402,500
130cm×200cm 广东崇正 2022-08-10

631 贺慕群 1970年作 蹲
估　价：RMB 600,000～750,000
成交价：RMB 874,000
115cm×89cm 北京诚轩 2022-08-09

121 郝量 2015年作 由仙通鬼 II
估　价：RMB 3,200,000～4,200,000
成交价：RMB 6,440,000
135cm×61cm 开拍国际 2022-07-24

234 河钟贤 1984年作 接合 84 - 06
估　价：HKD 1,600,000～2,400,000
成交价：RMB 2,085,879
182cm×227.3cm 佳士得 2022-12-01

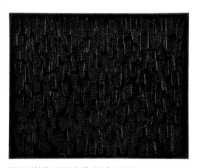

568 河钟贤 2017年作 接合 17-15
估　价：HKD 600,000～800,000
成交价：RMB 1,404,093
91cm×116.8cm 香港苏富比 2022-04-28

9 赫尔南·巴斯 2016年作 现代性的曙光
估　价：HKD 8,000,000～12,000,000
成交价：RMB 19,313,700
213.4cm×182.9cm×3 华艺国际 2022-11-27

1121 赫尔文·安德森 2005年作 屋子
估　价：HKD 12,000,000～18,000,000
成交价：RMB 17,954,054
150cm×237cm 香港苏富比 2022-04-27

109 亨利·鲁索 插上长春藤枝的花瓶（第一版本）
估　价：USD 1,500,000～2,000,000
成交价：RMB 10,990,787
46.4cm×33cm 纽约苏富比 2022-11-14

490 弘一 渔归
估　价：RMB 1,000,000～2,000,000
成交价：RMB 1,150,000
39.5cm×54.5cm 荣宝斋（南京）2022-12-07

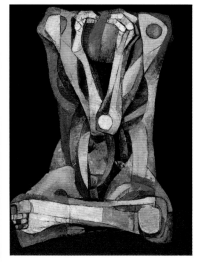

388 洪救国 1979年作 思想者
估　价：HKD 400,000～600,000
成交价：RMB 669,644
80.5cm×60cm 佳士得 2022-05-27

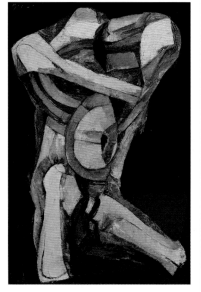

229 洪救国 1978年作 坐像
估　价：HKD 350,000～550,000
成交价：RMB 405,587
59.5cm×39.8cm 佳士得 2022-12-01

8 黄本蕊 2017—2018年作 月亮变奏曲（四联作）
估　价：HKD 170,000～250,000
成交价：RMB 331,092
51cm×40.5cm×4 中国嘉德 2022-10-09

1031 胡安·米罗 1965年1月11—24日间作 星夜漫步
估　价：HKD 12,000,000～18,000,000
成交价：RMB 13,471,038
100cm×73cm 香港苏富比 2022-10-07

210 胡善馀 1979年作 杜鹃花
估　价：RMB 1,800,000～2,500,000
成交价：RMB 3,335,000
74cm×61cm 开拍国际 2022-07-24

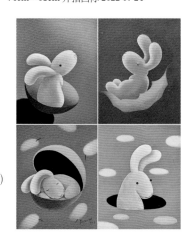

2694 黄建南 2020年作 锦绣前程
估　价：RMB 22,000,000～28,000,000
成交价：RMB 52,900,000
118cm×240cm 北京荣宝 2022-07-24

114 黄宇兴 2019年作 樱花峪
估　价：HKD 600,000～800,000
成交价：RMB 5,940,396
160cm×120cm 佳士得 2022-05-27

81 黄进曦 2018年作 大东山（从伯公坳到梅窝码头）
估　价：HKD 150,000～250,000
成交价：RMB 984,998
200cm×150cm×2 佳士得 2022-11-30

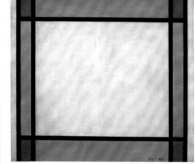

2516 黄锐 1984年作 空间结构84-5
估　价：RMB 350,000～550,000
成交价：RMB 517,500
61cm×69cm 北京荣宝 2022-07-24

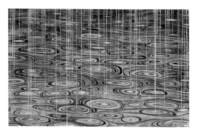

1103 黄宇兴 2014年作 河流｜塞纳河的雨
估　价：RMB 1,200,000～1,800,000
成交价：RMB 4,772,500
145cm×230cm 北京保利 2022-07-25

109 黄一山 2015年作 神圣婚礼的颂 No.2
估　价：RMB 150,000～200,000
成交价：RMB 322,000
100cm×80cm 开拍国际 2022-07-24

5 黄宇兴 2016—2018年作 白石秘境
估　价：RMB 2,000,000～4,000,000
成交价：RMB 5,166,000
200cm×300cm 佳士得（上海）2022-03-01

2102 黄宇兴 2015年作 乐园
估 价：RMB 9,800,000～10,800,000
成交价：RMB 16,100,000
370cm×545cm 永乐拍卖 2022-07-26

6 黄宇兴 2015—2019年作 万疆
估 价：HKD 2,500,000～4,500,000
成交价：RMB 12,553,905
200cm×400cm 佳士得 2022-11-30

738 霍刚 2011年作 承合之三
估 价：HKD 300,000～500,000
成交价：RMB 1,481,407
200cm×200.5cm 香港苏富比 2022-10-06

160 季鑫 2020年作 午后
估 价：HKD 80,000～120,000
成交价：RMB 1,026,068
130cm×90cm 佳士得 2022-05-27

328 加贺温 2019年作 9月15日，京都
估 价：HKD 300,000～500,000
成交价：RMB 984,998
61cm×46cm 佳士得 2022-12-01

12 基思·凡·东根 1908年作 戴项链的女子
估　价：RMB 19,500,000～32,000,000
成交价：RMB 23,160,000
100.3cm×81.2cm 佳士得（上海）2022-03-01

357 贾蔼力 2014年作 无题
估　价：HKD 2,000,000～3,000,000
成交价：RMB 4,751,170
133.8cm×97.5cm 佳士得 2022-12-01

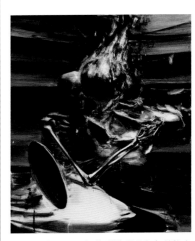

1528 贾蔼力 2016年作 燃烧的少年与赫拉克利特
估　价：RMB 3,500,000～4,500,000
成交价：RMB 4,025,000
132cm×113cm 中国嘉德 2022-12-14

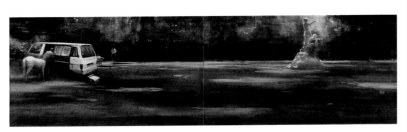

2085 贾蔼力 2009年作 面包车（双联作）
估　价：RMB 7,800,000～9,800,000
成交价：RMB 9,200,000
110cm×200cm×2 永乐拍卖 2022-07-26

1 江上越 2022年作 彩虹-2022-t-10
估　价：HKD 500,000～1,000,000
成交价：RMB 1,214,004
202cm×325.5cm 华艺国际 2022-11-27

2 江小华 2021年作 星河·系列1
估　价：RMB 300,000～350,000
成交价：RMB 552,000
150cm×200cm 保利厦门 2022-10-22

726 姜明姬 2021年作 百日草
估　价：HKD 300,000～500,000
成交价：RMB 945,822
101cm×89cm 香港苏富比 2022-10-06

22 杰哈德·李希特 1984年作 Besen
估　价：HKD 55,000,000～75,000,000
成交价：RMB 68,503,138
224.7cm×200cm 佳士得 2022-05-26

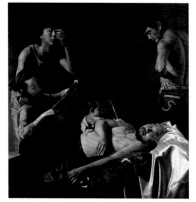

6 蒋焕 2009年作 哀悼超人
估　价：RMB 500,000～600,000
成交价：RMB 678,500
210cm×200cm 北京华辰 2022-09-21

43 金昌烈 1978年作 水滴第2M号
估　价：HKD 3,800,000～5,800,000
成交价：RMB 6,048,403
182cm×228cm 佳士得 2022-05-26

307 金梦 2020年作 爱很美味
估　价：HKD 80,000～120,000
成交价：RMB 521,469
182.9cm×152.4cm 佳士得 2022-12-01

2024 金一德 1979年作 建设者
估　价：RMB 320,000~380,000
成交价：RMB 368,000
110cm×150cm 西泠印社 2022-08-20

1742 靳尚谊 1978年作 憩
估　价：RMB 2,800,000~3,800,000
成交价：RMB 3,220,000
65cm×101cm 中国嘉德 2022-06-28

965 靳尚谊 1972年作 周树桥肖像
估　价：RMB 300,000~500,000
成交价：RMB 805,000
46cm×33cm 广东崇正 2022-08-10

1743 靳尚谊 1997年作 老桥东望
估　价：RMB 16,000,000~20,000,000
成交价：RMB 19,550,000
74cm×54cm 中国嘉德 2022-06-28

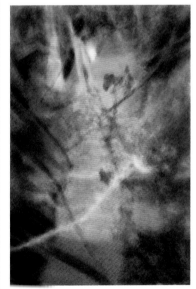

1994 康海涛 2019年作 荆棘
估　价：RMB 600,000~700,000
成交价：RMB 747,500
177cm×119cm 西泠印社 2022-08-20

26 康海涛 2020年作 乐园（三联作）
估　价：HKD 1,500,000~2,500,000
成交价：RMB 3,085,920
246cm×485cm 华艺国际 2022-05-29

121 克劳德·莫奈 贝勒岛的风暴
估　价：USD 4,000,000～6,000,000
成交价：RMB 42,247,361
60.5cm×73.8cm 纽约苏富比 2022-11-14

1117 克里丝汀·艾珠 2014年作 黑色1号
估　价：HKD 5,500,000～7,500,000
成交价：RMB 10,693,570
180cm×200cm 香港苏富比 2022-04-27

12 克里丝汀·艾珠 2013年作 藏身层迭（叠）
之中
估　价：HKD 5,500,000～8,500,000
成交价：RMB 11,186,460
180cm×200cm 佳士得 2022-05-26

1041 勒迈耶 约1954—1957年作 勒迈耶家中的峇里四美
估　价：HKD 2,000,000～3,000,000
成交价：RMB 5,706,162
89.5cm×111cm 香港苏富比 2022-04-27

1042 勒迈耶 约1954—1957年作 花园里的峇里三美
估　价：HKD 1,500,000～2,500,000
成交价：RMB 4,149,936
75cm×90.5cm 香港苏富比 2022-04-27

119 雷内·马格利特 1950年作 天方夜谭
估　价：USD 8,000,000～12,000,000
成交价：RMB 58,622,173
40cm×30cm 纽约苏富比 2022-11-14

1838 冷军 2013年作 竹石双友
估　价：RMB 1,200,000～1,500,000
成交价：RMB 1,380,000
70cm×50cm 西泠印社 2022-01-22

619 冷军 2013年作 画室中的提琴手
估　价：RMB 2,000,000～3,500,000
成交价：RMB 3,080,000
40cm×80cm 华艺国际 2022-09-23

1735 冷军 1993年作 文物——新产品设计
估　价：RMB 40,000,000～50,000,000
成交价：RMB 48,300,000
97cm×127cm 中国嘉德 2022-06-28

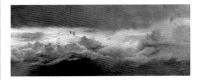

2615 冷军 2022年作 紫气东来
估　价：RMB 1,000,000～2,000,000
成交价：RMB 2,300,000
50cm×130cm 北京荣宝 2022-07-24

37 黎清妍 2013年作 重量
估　价：HKD 1,200,000～2,000,000
成交价：RMB 4,320,288
100cm×80cm 佳士得 2022-05-26

1028 黎谱 庭园人物
估　价：HKD 2,000,000～3,000,000
成交价：RMB 14,755,328
175cm×69.5cm×3 香港苏富比 2022-04-27

722 黎谱 插花
估　价：HKD 500,000～700,000
成交价：RMB 4,860,324
113cm×145cm 香港苏富比 2022-04-28

777 黎谱 春宴
估　价：HKD 800,000～1,200,000
成交价：RMB 3,240,216
147.5cm×97cm 香港苏富比 2022-04-28

101 黎清妍 2012年作 The Yellow Water（黄色的水）
估　价：HKD 400,000～600,000
成交价：RMB 1,512,100
46cm×61cm 佳士得 2022-05-27

2616 李贵君 2011年作 感觉你的存在
估　价：RMB 1,000,000～1,500,000
成交价：RMB 1,150,000
156cm×62cm 北京荣宝 2022-07-24

1025 李华弌 1924年作 月柏图
估　价：HKD 3,000,000~5,000,000
成交价：RMB 3,418,632
30.2cm×64.8cm 香港苏富比 2022-10-07

8310 李继开 2007年作 大猛犸
估　价：RMB 600,000~1,000,000
成交价：RMB 1,725,000
200cm×300cm 华艺国际 2022-07-28

301 李国良 2021年作 瑕日
估　价：RMB 787,000
成交价：RMB 980,000
70cm×60cm 北京中贝 2022-03-16

239 李骆公 1945年作 松花江畔之一
估　价：RMB 500,000~700,000
成交价：RMB 644,000
38cm×45.5cm 开拍国际 2022-07-24

309 李曼峰 1983年作 金鱼
估　价：HKD 350,000~550,000
成交价：RMB 486,032
60.6cm×122cm 佳士得 2022-05-27

2629 李继开 2017年作 蘑菇风景
估　价：RMB 500,000~900,000
成交价：RMB 1,150,000
147cm×270cm
北京荣宝 2022-07-24

1752 李山 1997年作 李山1号·生命的逻辑
估　价：RMB 2,500,000～3,500,000
成交价：RMB 3,220,000
180cm×150cm 西泠印社 2022-01-22

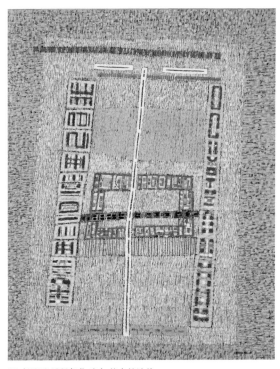

14 李圣子 1961年作 突如其来的法律
估　价：HKD 3,000,000～4,000,000
成交价：RMB 4,860,324
146cm×113cm 佳士得 2022-05-26

50 李圣子 1961年作 无题
估　价：HKD 1,300,000～2,500,000
成交价：RMB 1,854,115
145.5cm×96.5cm 佳士得 2022-11-30

602 李铁夫 1947—1948年作 白菜胖头鱼
估　价：RMB 1,800,000～3,200,000
成交价：RMB 2,932,500
63.5cm×79.5cm 华艺国际 2022-09-23

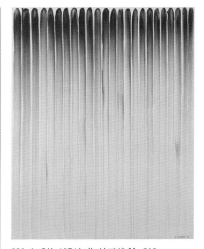

230 李禹焕 1974年作 始于线 No.218
估　价：HKD 2,500,000～3,500,000
成交价：RMB 2,897,055
90cm×72cm 佳士得 2022-12-01

1710 李铁夫 1947年作 鱼
估　价：RMB 1,500,000～2,000,000
成交价：RMB 1,725,000
60.5cm×73cm 中国嘉德 2022-06-28

2517 李秀实 1986年作 甲骨遐思之一
估 价：RMB 380,000～480,000
成交价：RMB 483,000
72.8cm×90.9cm 北京荣宝 2022-07-24

132 利奥诺拉·卡林顿 《食人族盛宴》初步草稿
估 价：USD 1,800,000～2,500,000
成交价：RMB 13,402,635
87.9cm×149.1cm 纽约苏富比 2022-11-14

1343 李宗津 20世纪40年代作 瓶花和水果
估 价：RMB 600,000～800,000
成交价：RMB 690,000
51cm×61cm 中国嘉德 2022-12-14

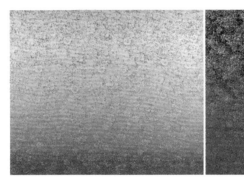

1530 梁远苇 2010年作 双联绘画2010-1
估 价：RMB 9,000,000～12,000,000
成交价：RMB 17,250,000
250cm×300cm×2 中国嘉德 2022-12-14

1032 李真 1952年10月作 水漾套组
估 价：HKD 1,200,000～2,200,000
成交价：RMB 2,962,814
65cm×50cm 香港苏富比 2022-10-07

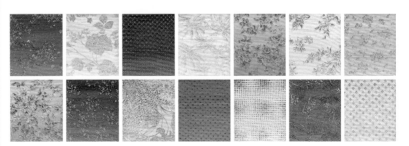

2127 梁远苇 2006—2008年作 生活的片断
估 价：RMB 2,800,000～3,800,000
成交价：RMB 4,887,500
28cm×24.5cm×14 永乐拍卖 2022-07-26

2002 林风眠 宝莲灯
估　价：RMB 4,000,000～5,000,000
成交价：RMB 4,600,000
72cm×74cm 永乐拍卖 2022-07-26

78 林风眠 1959年作 金鱼与静物
估　价：HKD 1,600,000～2,500,000
成交价：RMB 2,207,280
67cm×67.3cm 中国嘉德 2022-10-09

1030 林风眠 1959年至20世纪60年代作 中国戏曲系列：刺王僚（鱼肠剑）
估　价：HKD 4,000,000～8,000,000
成交价：RMB 4,558,176
58.4cm×47.8cm 香港苏富比 2022-10-07

16 林寿宇 1970年作 七
估　价：RMB 600,000～900,000
成交价：RMB 1,197,000
88.9cm×101.6cm 佳士得（上海）2022-03-01

1763 刘锋植 2001年作 红黄
估　价：RMB 320,000～380,000
成交价：RMB 402,500
100cm×150cm 西泠印社 2022-01-22

280 刘斌 小汐
估　价：HKD 218,000
成交价：RMB 505,835
120cm×72cm 荣宝斋（香港）2022-11-26

1712 刘海粟 1982年作 福州鼓山
估　价：RMB 28,000,000～35,000,000
成交价：RMB 33,350,000
76cm×100cm 中国嘉德 2022-06-28

753 刘国夫 2017年作 冷山（六）
估　价：HKD 400,000～800,000
成交价：RMB 1,296,086
190cm×150cm 香港苏富比 2022-04-28

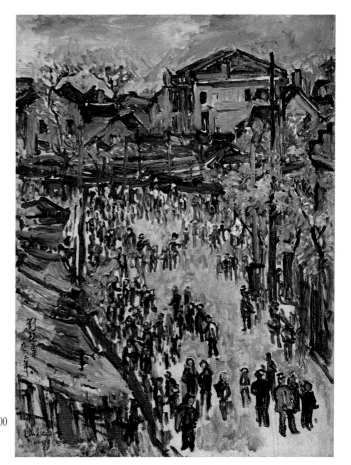

1555 刘海粟 1962年作 上海庙会
估　价：RMB 38,000,000～48,000,000
成交价：RMB 43,700,000
80cm×61cm 中国嘉德 2022-12-14

11 刘菁华 2021年作 超越
估　价：RMB 500,000
成交价：RMB 920,000
130cm×300cm 盈昌国际 2022-04-14

12 刘抗 1949年作 路边摊贩
估　价：HKD 600,000~800,000
成交价：RMB 984,998
98.5cm×131.5cm 佳士得 2022-11-30

1731 刘炜 1992年作 全家福
估　价：RMB 35,000,000~45,000,000
成交价：RMB 57,500,000
200cm×200cm 中国嘉德 2022-06-28

2044 刘炜 1999年作 无题
估　价：RMB 3,500,000~4,000,000
成交价：RMB 4,370,000
259cm×148.5cm 永乐拍卖 2022-07-26

168 刘炜 2004年作 风景三号
估　价：RMB 4,000,000~6,000,000
成交价：RMB 5,980,000
106cm×76cm 开拍国际 2022-07-24

150 刘炜 2005年作 风景
估　价：HKD 2,000,000～4,000,000
成交价：RMB 2,484,165
148.5cm×200cm 佳士得 2022-05-27

176 刘铧 2005年作 钻石
估　价：RMB 1,000,000～1,500,000
成交价：RMB 1,150,000
202cm×252cm 开拍国际 2022-07-24

1733 刘小东 1990年作 人鸟
估　价：RMB 15,000,000～20,000,000
成交价：RMB 18,400,000
167cm×120cm 中国嘉德 2022-06-28

654 刘小东 2000年作 观看
估　价：HKD 2,400,000～3,200,000
成交价：RMB 3,646,541
200.5cm×200.5cm 香港苏富比 2022-10-06

1127 刘小东 2010年作 两个人
估　价：RMB 2,500,000～3,500,000
成交价：RMB 3,105,000
150cm×140cm 北京保利 2022-07-25

139 刘小东 2005年作 童年的记忆——大草沟
估　价：HKD 1,200,000~1,800,000
成交价：RMB 1,231,200
200cm×200cm 保利香港 2022-07-13

127 刘晓辉 2015—2016年作 家务练习·晾衣服
估　价：RMB 350,000~550,000
成交价：RMB 1,495,000
160cm×140cm 开拍国际 2022-07-24

1574 刘野 1996年作 男孩与鱼No.1
估　价：RMB 1,900,000~3,000,000
成交价：RMB 5,290,000
24cm×24cm 中国嘉德 2022-12-14

653 刘小东 1993年作 少女闲读
估　价：HKD 400,000~600,000
成交价：RMB 1,025,590
76cm×63cm 香港苏富比 2022-10-06

1725 刘晓辉 2013—2014年作 海平面上
估　价：RMB 380,000~580,000
成交价：RMB 1,610,000
145cm×165cm 中国嘉德 2022-06-28

50 刘野 1998年作 拿红旗的海军
估　价：HKD 19,000,000~25,000,000
成交价：RMB 32,273,580
120cm×140cm 佳士得 2022-05-26

3018 刘溢 春
估　价：RMB 800,000～1,200,000
成交价：RMB 1,380,000
121.5cm×91cm 中鸿信 2022-09-12

338 刘野 2009—2010年作 小画家
估　价：HKD 4,000,000～6,000,000
成交价：RMB 7,184,696
30cm×20cm 佳士得 2022-12-01

617 刘溢 2000年作 进阶之路
估　价：RMB 500,000～800,000
成交价：RMB 632,500
121.5cm×181cm 华艺国际 2022-09-23

2614 龙力游 2003年作 读书
估　价：RMB 3,500,000～4,500,000
成交价：RMB 4,025,000
165cm×110cm 北京荣宝 2022-07-24

59 六角彩子 2021年作 无题
估　价：HKD 800,000～1,200,000
成交价：RMB 8,820,588
180cm×140cm 佳士得 2022-05-26

1934 罗尔纯 2007年作 夏日
估　价：RMB 800,000～1,000,000
成交价：RMB 1,035,000
99.5cm×149cm 西泠印社 2022-08-20

8330 罗中立 2013年作 过河
估　价：RMB 1,600,000～2,000,000
成交价：RMB 2,300,000
150cm×130cm 华艺国际 2022-07-28

1715 罗尔纯 1980年作 躺姿的女人体
估　价：RMB 450,000～550,000
成交价：RMB 1,104,000
80cm×70cm 西泠印社 2022-01-22

3002 罗中立 2004年作 雨中夜行
估　价：RMB 150,000～350,000
成交价：RMB 2,012,500
100cm×80cm 中鸿信 2022-09-12

1900 罗中立 1996年作 吹渣渣
估　价：RMB 3,500,000~4,500,000
成交价：RMB 4,485,000
150cm×119cm 朵云轩 2022-12-08

22 罗中立 1983年作 推磨
估　价：HKD 2,000,000~3,800,000
成交价：RMB 2,207,280
150cm×130cm 华艺国际 2022-11-27

2007 罗中立 1994年作 荷花池
估　价：RMB 800,000~1,200,000
成交价：RMB 2,300,000
95.5cm×130cm 永乐拍卖 2022-07-26

8038 罗中立 1989年作 初冬
估　价：RMB 1,200,000~1,800,000
成交价：RMB 2,070,000
98cm×78.5cm 华艺国际 2022-07-28

1565 罗中立 1987年作 暖阳
估　价：RMB 1,000,000～1,500,000
成交价：RMB 2,645,000
92cm×71.5cm 中国嘉德 2022-12-14

1564 罗中立 1987年作 岁月
估　价：RMB 1,000,000～1,500,000
成交价：RMB 2,070,000
92cm×71.5cm 中国嘉德 2022-12-14

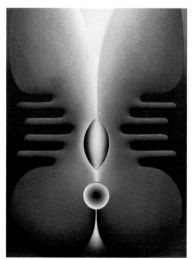

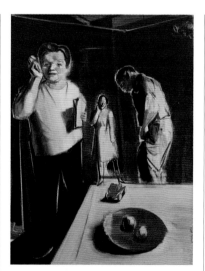

10 洛伊·霍洛韦尔 2018年作 感性的物体
估　价：HKD 4,000,000～6,000,000
成交价：RMB 10,672,140
121.9cm×91.4cm×7.6cm
佳士得 2022-05-26

1760 马轲 2007年作 成语故事
估　价：RMB 380,000～480,000
成交价：RMB 1,725,000
200cm×150cm 中国嘉德 2022-06-28

2621 马轲 2005年作 赤子情怀
估　价：RMB 800,000～1,200,000
成交价：RMB 1,495,000
250cm×200cm 北京荣宝 2022-07-24

1093 马轲 2012年作 沙尘暴
估　价：RMB 1,000,000～1,500,000
成交价：RMB 1,495,000
219cm×390cm 北京保利 2022-07-25

107 马克·夏加尔 约1979年作 飞翔的艺术家
估　价：HKD 12,000,000～18,000,000
成交价：RMB 20,831,205
129.8cm×97cm 佳士得 2022-12-01

137 马克西米利安·卢斯 塞纳-马恩省河畔的圣
米歇尔桥
估　价：USD 3,000,000～5,000,000
成交价：RMB 30,668,403
89.2cm×116.2cm 纽约苏富比 2022-11-14

6 马克·夏加尔 1968年作 丁香花
估　价：RMB 13,000,000～20,000,000
成交价：RMB 18,960,000
81cm×100.3cm 佳士得（上海）2022-03-01

2045 毛旭辉 1993年作 黑色古钟四号
估　价：RMB 600,000～800,000
成交价：RMB 954,500
162cm×112cm 永乐拍卖 2022-07-26

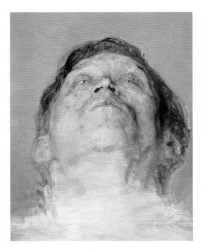

1758 毛焰 1999年作 H的肖像
估　价：RMB 1,200,000～1,800,000
成交价：RMB 1,782,500
61cm×50cm 西泠印社 2022-01-22

2576 毛焰 2011年作 托马斯肖像2011No.1
估　价：RMB 3,800,000～4,800,000
成交价：RMB 4,600,000
114cm×75cm 保利厦门 2022-10-21

1573 毛焰 2009年作 大托马斯肖像之二
估　价：RMB 15,000,000～20,000,000
成交价：RMB 17,250,000
400cm×200cm 中国嘉德 2022-12-14

1019 梅忠恕 1965年2月15日作 百合静物
估　价：HKD 2,400,000～3,200,000
成交价：RMB 3,646,541
60.5cm×46cm 香港苏富比 2022-10-07

51 奈良美智 2014年作 愿世界和平
估　价：HKD 88,000,000～128,000,000
成交价：RMB 83,225,548
194cm×162.2cm 佳士得 2022-05-26

1013 梅忠恕 1989年作 母与子
估　价：HKD 1,500,000～2,500,000
成交价：RMB 2,734,906
60cm×30.3cm 香港苏富比 2022-10-07

34 奈良美智 1994年作 Present（礼物）
估　价：HKD 65,000,000～95,000,000
成交价：RMB 66,126,430
180.3cm×149.9cm 佳士得 2022-11-30

962 南海岩 春的祈盼
估　价：RMB 120,000~180,000
成交价：RMB 655,500
83cm×174cm 上海嘉禾 2022-01-01

1715 倪贻德 1963年作 工人像
估　价：RMB 1,800,000~2,500,000
成交价：RMB 2,185,000
74.5cm×56cm 中国嘉德 2022-06-28

140 诺曼·罗克韦尔 1953年作 烘焙师阅读节食
书籍
估　价：USD 4,000,000~6,000,000
成交价：RMB 28,983,938
68.6cm×63.5cm 纽约苏富比 2022-11-14

1527 欧阳春 2012年作 孤独症
估　价：RMB 3,000,000~4,000,000
成交价：RMB 7,245,000
260cm×370cm 中国嘉德 2022-12-14

119 欧阳春 2007年作 王朝
估　价：RMB 800,000~1,500,000
成交价：RMB 3,680,000
180cm×500cm 开拍国际 2022-07-24

1090 欧阳春 2008年作 王者不死
估　价：RMB 1,000,000~2,000,000
成交价：RMB 1,955,000
245cm×160cm（拼接后）北京保利 2022-07-25

1021 潘玉良 20世纪40年代作 青瓶红菊
估　价：HKD 2,000,000~4,000,000
成交价：RMB 5,469,811
81cm×116.4cm 香港苏富比 2022-10-07

7 庞均 2020年作 春到我家
估　价：HKD 900,000~1,200,000
成交价：RMB 1,234,368
150cm×150cm 华艺国际 2022-05-29

21 庞均 2021年作 金秋季节
估　价：HKD 1,500,000~2,500,000
成交价：RMB 1,846,800
201cm×250.5cm 保利香港 2022-07-12

2020 潘鸿海 2003年作 美丽洲
估　价：RMB 320,000~380,000
成交价：RMB 1,955,000
116cm×163cm 西泠印社 2022-08-20

762 庞均 2017年作 柳绿花红漓水清
估　价：HKD 1,000,000~1,500,000
成交价：RMB 1,025,590
100cm×200cm 香港苏富比 2022-10-06

728 庞均 2014年作 家在小河杨柳岸
估　价：HKD 800,000~1,600,000
成交价：RMB 1,836,122
115cm×180cm 香港苏富比 2022-04-28

1024 庞均 2004年作 窗外古城
估　价：HKD 600,000~1,200,000
成交价：RMB 1,244,980
165cm×165cm 香港苏富比 2022-04-27

272 庞均 2005年作 千年村屋
估　价：HKD 490,000~790,000
成交价：RMB 579,411
116.5cm×91cm 佳士得 2022-12-01

16 庞茂琨 2020年作 斜倚的妮娜
估　价：HKD 1,100,000～1,450,000
成交价：RMB 1,285,800
120cm×150cm 华艺国际 2022-05-29

1702 庞薰琹 1978年作 百花齐放
估　价：RMB 8,000,000～10,000,000
成交价：RMB 23,000,000
55cm×45cm 中国嘉德 2022-06-28

1901 庞茂琨 2004年作 游离者之五
估　价：RMB 800,000～1,200,000
成交价：RMB 1,265,000
185cm×140cm 朵云轩 2022-12-08

1516 庞薰琹 1948年作 湖畔
估　价：RMB 2,000,000～3,000,000
成交价：RMB 7,130,000
33cm×31.5cm 中国嘉德 2022-12-14

110 皮耶·博纳尔 静物
估　价：USD 2,500,000～3,500,000
成交价：RMB 32,352,868
53.3cm×52.7cm 纽约苏富比 2022-11-14

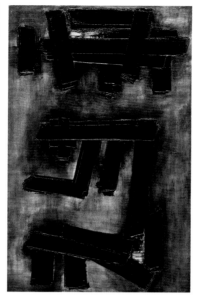

1042 皮耶·苏拉吉 1956年作 画作 195（厘
米）×130 厘米，1956年12月3日
估　价：HKD 40,000,000～60,000,000
成交价：RMB 40,829,138
119.5cm×90.5cm 香港苏富比 2022-10-07

1582 秦琦 2005年作 就
估　价：RMB 380,000～480,000
成交价：RMB 2,530,000
190cm×143cm 中国嘉德 2022-06-28

1757 秦琦 2014年作 无题
估　价：RMB 700,000～900,000
成交价：RMB 2,300,000
280cm×361cm 中国嘉德 2022-06-28

105 皮耶·蒙德里安 构图第II号
成交价：RMB 354,990,600
51cm×51cm（画布）纽约苏富比 2022-11-14

2107 秦琦 2015年作 告别1
估　价：RMB 600,000～800,000
成交价：RMB 2,127,500
300cm×300cm 永乐拍卖 2022-07-26

2586 秦宣夫 1944年作 磁器口
估　价：RMB 1,500,000～2,500,000
成交价：RMB 2,070,000
79cm×63cm 北京荣宝 2022-07-24

1515 丘堤 1939年作 两朵山茶花
估　价：RMB 2,000,000～3,000,000
成交价：RMB 8,970,000
38cm×29cm 中国嘉德 2022-12-14

864 邱光平 2021年作 绿马骑士之二
估　价：RMB 600,000～800,000
成交价：RMB 805,000
160cm×120cm 广东崇正 2022-12-24

41 琼·米切尔 1966—1967年作 无题
成交价：RMB 76,656,995
278cm×199cm 佳士得 2022-11-30

1508 邱瑞祥 2012—2014年作 内部
成交价：RMB 805,000
220cm×180cm 中国嘉德 2022-12-14

2089 仇晓飞 2005年作 小凉亭
估　价：RMB 1,000,000～1,500,000
成交价：RMB 1,150,000
100cm×140cm 永乐拍卖 2022-07-26

1910 全山石 新疆姑娘
估　价：RMB 800,000～900,000
成交价：RMB 920,000
100cm×81cm 朵云轩 2022-12-08

1553 沙耆 1942年作 比国写影——评论家
Stéphane Rey（斯特凡·雷伊）夫人像
估　价：RMB 1,500,000～2,000,000
成交价：RMB 1,725,000
92cm×65cm 中国嘉德 2022-12-14

104 上条晋 2020年作 若没人在你身旁
估　价：HKD 200,000～300,000
成交价：RMB 1,512,100
248.9cm×182.8cm 佳士得 2022-05-27

1015 阮潘正 1957年作 中国书法课
估　价：HKD 2,800,000～3,500,000
成交价：RMB 3,988,404
92.5cm×60cm 香港苏富比 2022-10-07

1716 沙耆 1942年作 比利时画室
估　价：RMB 800,000～1,000,000
成交价：RMB 920,000
80cm×70cm 中国嘉德 2022-06-28

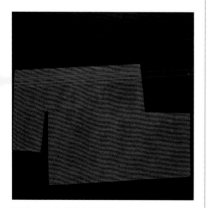

21 山口长男 1961年作 甬
估　价：HKD 8,000,000～15,000,000
成交价：RMB 10,672,140
183.5cm×183.5cm 佳士得 2022-05-26

38 尚·保罗·里奥佩尔 1954年作 奥地利之三
估　价：HKD 19,000,000～28,000,000
成交价：RMB 39,041,265
195cm×300cm 佳士得 2022-11-30

8 尚·米榭·巴斯奇亚 1982年作 领导者
估　价：RMB 80,000,000～120,000,000
成交价：RMB 94,160,000
152.4cm×152.4cm 佳士得（上海）2022-03-01

1123 尚扬 1995年作 SALE（出售）
估　价：RMB 5,000,000～8,000,000
成交价：RMB 5,750,000
153cm×193cm 北京保利 2022-07-25

1947 尚扬 1992年作 给朋友们
估　价：RMB 1,200,000～1,500,000
成交价：RMB 1,495,000
81cm×100cm 西泠印社 2022-08-20

1567 尚扬 1994年作 诊断-3
估　价：RMB 12,000,000～15,000,000
成交价：RMB 13,800,000
193cm×153cm 中国嘉德 2022-12-14

1122 尚扬 1995年作 有阳光的风景之三
估　价：RMB 800,000～1,200,000
成交价：RMB 1,322,500
61cm×80cm 北京保利 2022-07-25

344 沈文燮 2018年作 呈现
估　价：HKD 450,000～650,000
成交价：RMB 864,057
113cm×161cm 佳士得 2022-05-27

274 石齐 少女
估　价：RMB 500,000～800,000
成交价：RMB 1,725,000
100cm×80cm 开拍国际 2022-07-24

1142 石齐 祥云长在
估　价：RMB 800,000～1,200,000
成交价：RMB 920,000
80cm×60cm 中国嘉德 2022-12-15

865 施少平 2014年作 莫非·逍遥游系列
估　价：RMB 450,000～600,000
成交价：RMB 575,000
245cm×145cm 广东崇正 2022-12-24

8 石锐锋 自愚自乐·空五
估　价：RMB 400,000～450,000
成交价：RMB 552,000
80cm×80cm 保利厦门 2022-10-22

1139 史丹利·惠特尼 2018年作 简短的历史
估　价：HKD 2,300,000～3,800,000
成交价：RMB 10,693,570
183cm×183cm 香港苏富比 2022-04-27

123 宋琨 2006年作 这就是我的生活（90件）
估　价：RMB 2,600,000~3,600,000
成交价：RMB 4,370,000
27cm×35cm×90 开拍国际 2022-07-24

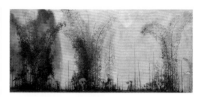

5011 苏天赐 1978年作 漓江春雨
估　价：RMB 1,000,000~1,500,000
成交价：RMB 1,897,500
47cm×106cm 中贸圣佳 2022-07-24

1701 苏天赐 1996年作 怒放的鸡冠花
估　价：RMB 1,200,000~1,800,000
成交价：RMB 1,955,000
68cm×68cm 中国嘉德 2022-06-28

1747 宋琨 2015年作 宝藏天女
估　价：RMB 600,000~800,000
成交价：RMB 1,725,000
220cm×140cm 中国嘉德 2022-06-28

47 宋琨 2017年作 清风
估　价：HKD 600,000~900,000
成交价：RMB 1,854,115
140cm×180.2cm 佳士得 2022-11-30

1907 苏天赐 1990年作 春风
估　价：RMB 800,000~1,200,000
成交价：RMB 1,150,000
62.5cm×98.5cm 西泠印社 2022-08-20

2555 宋洋 2012年作 海洋之巅1
估　价：RMB 600,000~800,000
成交价：RMB 2,530,000
180cm×200cm 北京荣宝 2022-07-24

318 苏玉云 1942年作 年轻女子肖像
估　价：HKD 1,500,000~2,500,000
成交价：RMB 4,860,324
73cm×54cm 佳士得 2022-05-27

8059 苏新平 2008年作 干杯 50号
估　价：RMB 300,000~500,000
成交价：RMB 460,000
115cm×147cm 华艺国际 2022-07-28

137 孙浩 2021年作 潜龙勿用
估　价：RMB 180,000~280,000
成交价：RMB 483,000
125cm×97cm 开拍国际 2022-07-24

4 苏战国 2020年作 净土
估　价：RMB 380,000~450,000
成交价：RMB 552,000
150cm×120cm 保利厦门 2022-10-22

1504 孙一钿 2017年作 一双眼睛看两个世界
（双联画）
估　价：RMB 250,000~350,000
成交价：RMB 1,035,000
100cm×81cm×2 中国嘉德 2022-12-14

1556 孙宗慰 1942年作 蒙藏人民歌舞图
估　价：RMB 5,000,000～7,000,000
成交价：RMB 5,750,000
54cm×68cm 中国嘉德 2022-12-14

1524 孙宗慰 1942年作 塔尔寺宗喀巴塔
估　价：RMB 1,200,000～1,800,000
成交价：RMB 2,760,000
38cm×50cm 中国嘉德 2022-12-14

1714 孙宗慰 1947年作 溜冰场
估　价：RMB 1,200,000～1,800,000
成交价：RMB 2,300,000
88cm×65cm 中国嘉德 2022-06-28

1727 谭平 2016年作 无题
估　价：RMB 750,000～950,000
成交价：RMB 977,500
160cm×200cm 中国嘉德 2022-06-28

8318 谭平 2006年作 红色背后的红（三联作）
估　价：RMB 1,800,000～2,600,000
成交价：RMB 4,600,000
200cm×480cm 华艺国际 2022-07-28

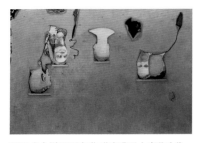

1724 唐永祥 2013年作 蓝色背景上有些头像
估　价：RMB 400,000～600,000
成交价：RMB 1,610,000
200cm×300cm 中国嘉德 2022-06-28

299 滕振博 2019年作 青绿山水
估　价：RMB 3,290,000
成交价：RMB 3,670,000
70cm×70cm 北京中贝 2022-03-16

8323 藤田嗣治 1956年作 抱猫少女
估　价：RMB 6,000,000～10,000,000
成交价：RMB 10,580,000
46cm×38cm 华艺国际 2022-07-28

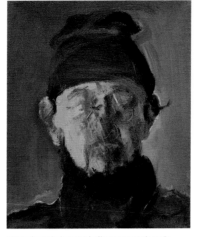

1999 童雁汝南 2020年作 2003110我是谁
估　价：RMB 180,000～300,000
成交价：RMB 345,000
41cm×33cm 西泠印社 2022-08-20

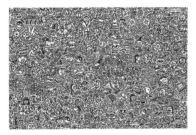

4 涂鸦先生 鸟山
估　价：HKD 1,800,000～2,800,000
成交价：RMB 1,949,400
199.5cm×299cm 保利香港 2022-07-12

165 涂鸦先生 2020年作 黄色花朵
估　价：HKD 1,500,000～2,500,000
成交价：RMB 2,592,172
213cm×198cm 佳士得 2022-05-27

251 涂鸦先生 2019年作 Doodle小岛的星期日下午
估　价：NTD 2,400,000～4,000,000
成交价：RMB 869,760
80cm×130cm 罗芙奥 2022-06-05

1749 屠宏涛 2012—2013年作 树的肖像
估　价：RMB 500,000～700,000
成交价：RMB 575,000
210cm×100cm 中国嘉德 2022-06-28

1507 汪一 2021年作 追逐（双联画）
估　价：RMB 800,000～1,000,000
成交价：RMB 920,000
200cm×200cm×2 中国嘉德 2022-12-14

1847 王驰 2016年作 收获
估　价：RMB 150,000~200,000
成交价：RMB 356,500
170cm×170cm 西泠印社 2022-01-22

2533 王川 2006年作 欲界
估　价：RMB 250,000~400,000
成交价：RMB 460,000
130cm×199cm 北京荣宝 2022-07-24

1531 王光乐 2006年作 水磨石
估　价：RMB 3,000,000~4,000,000
成交价：RMB 3,450,000
180cm×140cm 中国嘉德 2022-12-14

1111 王岱山 2020年作 逆光的花
估　价：RMB 150,000~250,000
成交价：RMB 460,000
180cm×150cm 北京保利 2022-07-25

1734 王广义 1987年作 黑色理性
估　价：RMB 12,000,000~15,000,000
成交价：RMB 13,800,000
148cm×198cm 中国嘉德 2022-06-28

1418 王广义 1994年作 大批判——香奈儿
估　价：RMB 400,000～600,000
成交价：RMB 851,000
148cm×98.5cm 中国嘉德 2022-12-14

1568 王怀庆 1998年作 门
估　价：RMB 6,000,000～8,000,000
成交价：RMB 6,900,000
200cm×165cm 中国嘉德 2022-12-14

573 王嘉陵 2012年作 珠峰群
估　价：RMB 800,000～1,200,000
成交价：RMB 2,070,000
80cm×180cm 荣宝斋（南京）2022-12-07

571 王嘉陵 2021年作 龚滩风景
估　价：RMB 120,000～180,000
成交价：RMB 345,000
60cm×50cm 荣宝斋（南京）2022-12-07

83 王怀庆 2008年作 一根红线（双联作）
估　价：HKD 16,000,000～25,000,000
成交价：RMB 19,506,837
200cm×120cm×2 中国嘉德 2022-10-09

2561 王克举 2008年作 峨庄秋色
估　价：RMB 350,000～450,000
成交价：RMB 345,000
160cm×180cm 北京荣宝 2022-07-24

1395 王强 2016年作 树
估　价：RMB 350,000~450,000
成交价：RMB 402,500
187.5cm×250cm 中国嘉德 2022-12-14

43 王兴伟 2007年作 无题（小树）
估　价：HKD 1,800,000~2,800,000
成交价：RMB 2,897,055
177cm×170.2cm 佳士得 2022-11-30

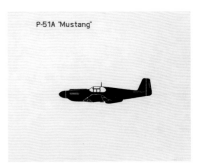

1620 王亚强 2010年作 飞机
估　价：RMB 180,000~220,000
成交价：RMB 345,000
120cm×150cm 中贸圣佳 2022-10-27

1576 王巖 2015年作 沧浪幽迹3
估　价：RMB 800,000~1,000,000
成交价：RMB 977,500
300cm×600cm 中国嘉德 2022-12-14

8331 王沂东 2007年作 约会春天
估　价：RMB 6,000,000~8,000,000
成交价：RMB 12,650,000
146cm×100cm 华艺国际 2022-07-28

2607 王沂东 2005年作 小石榴
估　价：RMB 3,200,000~4,200,000
成交价：RMB 4,025,000
88cm×88cm 北京荣宝 2022-07-24

9 王易罡 2022年作 抽象作品H50号
估　价：RMB 400,000～500,000
成交价：RMB 638,250
120cm×150cm 北京华辰 2022-09-21

2515 韦海 1979年作 国王之战
估　价：RMB 300,000～400,000
成交价：RMB 345,000
48cm×56cm 北京荣宝 2022-07-24

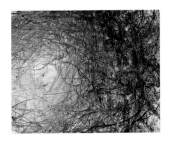

128 韦嘉 2008年作 白头到老VI
成交价：RMB 1,380,000
120cm×150cm 开拍国际 2022-07-24

1526 王音 2010年作 无题系列·鞋匠
估　价：RMB 2,800,000～3,800,000
成交价：RMB 3,220,000
180cm×230cm 中国嘉德 2022-12-14

2099 韦嘉 2007年作 不夜城
成交价：RMB 2,415,000
200cm×300cm 永乐拍卖 2022-07-26

1741 王音 2008年作 池塘生春草 I
估　价：RMB 3,500,000～4,500,000
成交价：RMB 4,025,000
180cm×301cm 中国嘉德 2022-06-28

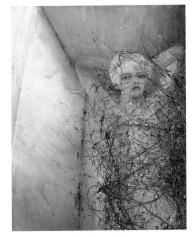

1529 韦嘉 2008年作 白头到老II
估　价：RMB 3,000,000～4,000,000
成交价：RMB 4,370,000
240cm×190cm 中国嘉德 2022-12-14

1521 韦启美 1991年作 山花
成交价：RMB 322,000
65cm×80.7cm 中国嘉德 2022-06-28

1361 王音 2014年作 乐乐
估　价：RMB 1,000,000～1,500,000
成交价：RMB 1,265,000
105cm×161cm 中国嘉德 2022-12-14

11 伟恩·第伯 2010—2011年作 礼物蛋糕
估　价：HKD 60,000,000～86,000,000
成交价：RMB 67,716,000
182.9cm×121.9cm 保利香港 2022-07-12

1521 吴大羽 20世纪80年代作 千里之势
估　价：RMB 8,000,000～10,000,000
成交价：RMB 9,200,000
52cm×38cm 中国嘉德 2022-12-14

1038 吴冠中 1973年作 红梅
估　价：HKD 90,000,000～120,000,000
成交价：RMB 85,573,491
89.6cm×70cm 香港苏富比 2022-04-27

607 吴峰 2021年作 雅物清新
估　价：RMB 120,000～180,000
成交价：RMB 632,500
50cm×100cm 荣宝斋（南京）2022-12-07

1557 吴冠中 1961年作 格桑花儿开
估　价：RMB 5,000,000～8,000,000
成交价：RMB 5,750,000
156cm×82cm 中国嘉德 2022-12-14

18 吴冠中 1976年作 山村春暖
估　价：HKD 16,000,000～24,000,000
成交价：RMB 24,111,000
46cm×61cm 保利香港 2022-07-12

28 吴冠中 1977年作 绍兴农家
估　价：HKD 15,000,000～25,000,000
成交价：RMB 23,015,820
46cm×61cm 佳士得 2022-05-26

2594 吴冠中 1974年作 高粱溪流
估　价：RMB 8,000,000～12,000,000
成交价：RMB 14,375,000
61cm×46cm 北京荣宝 2022-07-24

124 吴冠中 1980年作 侗家山寨
估　价：HKD 15,000,000～20,000,000
成交价：RMB 16,279,200
61cm×45.7cm 保利香港 2022-10-10

1026 吴冠中 1994年作 西双版纳村寨
估　价：HKD 12,000,000~22,000,000
成交价：RMB 11,268,229
76.5cm×60.5cm 香港苏富比 2022-04-27

11 吴冠中 1991年作 桂林
估　价：HKD 14,500,000~25,000,000
成交价：RMB 16,968,465
46cm×54.7cm 佳士得 2022-11-30

28 吴晶玉 2022年作 蜜月月
估　价：HKD 120,000~200,000
成交价：RMB 320,055
155cm×120cm×3.5cm 华艺国际 2022-11-27

598 吴作人 1960年作 渔帆夕照
估　价：RMB 600,000~1,000,000
成交价：RMB 1,092,500
49cm×39cm 华艺国际 2022-09-23

260 武高谈 1967年作 神
估　价：HKD 150,000~250,000
成交价：RMB 1,506,468
92cm×73.5cm 佳士得 2022-12-01

316 武高谈 1977年作 花园冥想
估　价：HKD 600,000～800,000
成交价：RMB 2,376,158
146cm×114cm 佳士得 2022-05-27

2060 夏小万 1990年作 不再消逝
估　价：RMB 600,000～800,000
成交价：RMB 782,000
150cm×120cm 永乐拍卖 2022-07-26

24 夏禹 2020年作 桃园（四联作）
估　价：HKD 800,000～1,200,000
成交价：RMB 2,057,280
300cm×600cm 华艺国际 2022-05-29

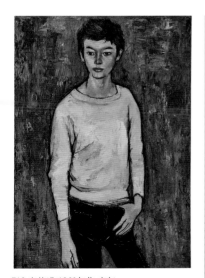

718 席德进 1960年作 青年
估　价：HKD 600,000～1,000,000
成交价：RMB 2,268,151
91.5cm×65.5cm 香港苏富比 2022-04-28

235 席德进 1962年作 戴手套女士像
估　价：NTD 4,000,000～6,000,000
成交价：RMB 1,821,060
100cm×72.5cm 罗芙奥 2022-06-05

384 夏禹 2020年作 猫与少女
估　价：HKD 80,000～120,000
成交价：RMB 695,293
120cm×90cm 佳士得 2022-12-01

288 萧勤 1990年作 永久的花园－59
估　价：NTD 1,100,000～2,200,000
成交价：RMB 326,160
100cm×130cm 罗芙奥 2022-06-05

624 谢楚余 1997年作 伴
估　价：RMB 480,000～650,000
成交价：RMB 598,000
120cm×100cm 华艺国际 2022-09-23

26 谢南星 2008年作 第一顿鞭子 No.2（浪 No.2）
估　价：HKD 3,500,000～5,500,000
成交价：RMB 3,591,000
219cm×384cm 保利香港 2022-07-12

1309 萧淑芳 1959年作 佛子岭水库
估　价：RMB 100,000～150,000
成交价：RMB 391,000
20cm×29.3cm 中国嘉德 2022-12-14

2569 徐里 1999年作 永恒的辉煌
估　价：RMB 800,000～1,200,000
成交价：RMB 1,633,000
80cm×150cm 保利厦门 2022-10-21

46 谢景兰 1970年作 花之舞
估　价：HKD 1,900,000～2,500,000
成交价：RMB 2,317,644
130cm×89cm 中国嘉德 2022-10-09

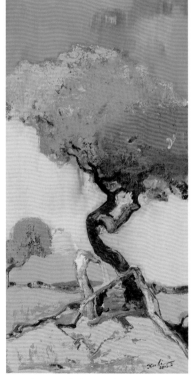

2022 肖峰 2000年作 春
估　价：RMB 150,000～180,000
成交价：RMB 322,000
60cm×73cm 西泠印社 2022-08-20

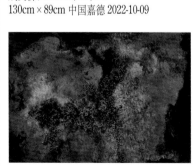

1039 谢景兰 1944年作 无题
估　价：HKD 1,200,000～2,200,000
成交价：RMB 1,481,407
46cm×55cm 香港苏富比 2022-10-07

1428 徐里 2013年作 内蒙（古）胡杨
估　价：RMB 900,000～1,200,000
成交价：RMB 1,035,000
120cm×60cm 中国嘉德 2022-12-14

2564 徐里 2009年作 秋韵
估　价：RMB 2,800,000～3,200,000
成交价：RMB 3,450,000
89cm×120cm 北京荣宝 2022-07-24

8045 许江 1987年作 织网
估　价：RMB 600,000～800,000
成交价：RMB 782,000
101cm×68cm 华艺国际 2022-07-28

113 徐小国 2013年作 球笼
估　价：RMB 480,000～680,000
成交价：RMB 828,000
290cm×250cm 开拍国际 2022-07-24

1524 许幸之 1957年作 旅顺街景
估　价：RMB 400,000～600,000
成交价：RMB 460,000
40cm×57cm 中国嘉德 2022-06-28

36 褚善勤 2018年作 Joel和Balltsz
估　价：HKD 300,000～500,000
成交价：RMB 1,188,079
160cm×200cm 佳士得 2022-05-26

1384 许宏翔 2017年作 好风景No.6
估　价：RMB 220,000～320,000
成交价：RMB 402,500
200cm×260cm 中国嘉德 2022-12-14

1149 褚善勤 2016年作 石澳
估　价：HKD 1,200,000～2,500,000
成交价：RMB 1,620,108
240cm×500cm 香港苏富比 2022-04-27

609 薛松 2012年作 罗斯科上的芥子园
估　价：HKD 300,000～500,000
成交价：RMB 810,054
120cm×100cm 香港苏富比 2022-04-28

1130 闫平 2003年作 青庄稼
估　价：RMB 2,000,000～3,000,000
成交价：RMB 5,750,000
180cm×200cm 北京保利 2022-07-25

12 亚德里安·格尼 2016—2018年作 无眼帘
估　价：HKD 50,000,000～75,000,000
成交价：RMB 51,300,000
180.4cm×149.8cm 保利香港 2022-07-12

2092 闫冰 2018年作 蘑菇No.7
估　价：RMB 800,000～1,200,000
成交价：RMB 1,782,500
120cm×150cm 永乐拍卖 2022-07-26

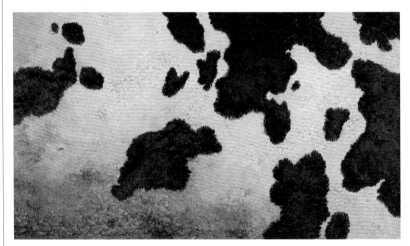

131 闫冰 2011年作 五头牛之五
估　价：RMB 1,400,000～2,400,000
成交价：RMB 3,128,000
160cm×280cm 开拍国际 2022-07-24

1518 颜文樑 20世纪60年代作 金蕊流苏
估　价：RMB 3,200,000～4,200,000
成交价：RMB 5,405,000
39cm×21.5cm 中国嘉德 2022-12-14

2608 杨飞云 1987年作 女人与猫
估　价：RMB 3,000,000～4,000,000
成交价：RMB 3,450,000
115cm×125cm 北京荣宝 2022-07-24

1711 颜文樑 1950年作 冬渡夕照
估　价：RMB 1,500,000～2,000,000
成交价：RMB 3,220,000
24cm×33.5cm 中国嘉德 2022-06-28

327 杨飞云 1998年作 自在
估　价：RMB 2,500,000～3,500,000
成交价：RMB 2,875,000
161.5cm×130cm 北京保利 2022-02-03

2609 杨飞云 红衣少女
估　价：RMB 1,000,000～1,800,000
成交价：RMB 2,300,000
130cm×89cm 北京荣宝 2022-07-24

2610 杨飞云 2007—2008年作 朝向光
估　价：RMB 4,800,000~5,800,000
成交价：RMB 5,520,000
185cm×115cm 北京荣宝 2022-07-24

6 杨建锋 2021年作 阡陌
估　价：RMB 480,000~500,000
成交价：RMB 575,000
80cm×120cm 保利厦门 2022-10-22

2634 杨黎明 2018年作 书写 No.3
估　价：RMB 280,000~380,000
成交价：RMB 322,000
200cm×150cm 北京荣宝 2022-07-24

151 杨识宏 1994年作 宁静之旅
估　价：HKD 350,000~450,000
成交价：RMB 595,965
186cm×242cm 中国嘉德 2022-10-09

1960 杨振中 2018年作 静物与风景33
估　价：RMB 350,000~400,000
成交价：RMB 414,000
200cm×196cm 西泠印社 2022-08-20

424 杨之光 2006年作 玫瑰 镜框
估　价：RMB 400,000～600,000
成交价：RMB 552,000
73cm×73cm 华艺国际 2022-09-24

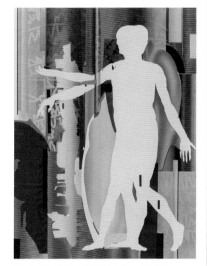

17 叶凌瀚 2017—2018年作 Lucy-C-006
估　价：RMB 100,000～200,000
成交价：RMB 529,200
200cm×150cm 佳士得（上海）2022-03-01

94 叶子奇 2020—2021年作 含笑
估　价：HKD 220,000～320,000
成交价：RMB 309,019
50.8cm×50.8cm 中国嘉德 2022-10-09

2622 尹朝阳 1997年作 雪狼
估　价：RMB 1,500,000～2,500,000
成交价：RMB 2,070,000
150cm×180cm 北京荣宝 2022-07-24

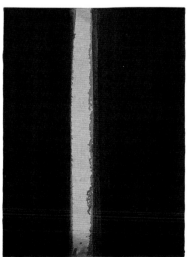

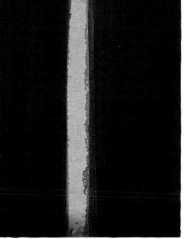

569 尹亨根 1985年作 赭蓝
估　价：HKD 500,000～700,000
成交价：RMB 1,188,079
73cm×54cm 香港苏富比 2022-04-28

20 尹朝阳 2018年作 红谷
估　价：HKD 1,600,000～2,200,000
成交价：RMB 2,571,600
100cm×250cm 华艺国际 2022-05-29

1751 由金 2017年作 寻找别处的静谧
估　价：RMB 350,000～450,000
成交价：RMB 1,265,000
150cm×200cm 中国嘉德 2022-06-28

2583 余本 1945年作 蟹与菊
估　价：RMB 500,000~600,000
成交价：RMB 575,000
49.8cm×89.8cm 北京荣宝 2022-07-24

27 余友涵 2016年作 抽象·彩圆（三）
估　价：HKD 3,200,000~5,200,000
成交价：RMB 3,488,400
170cm×170cm 保利香港 2022-07-12

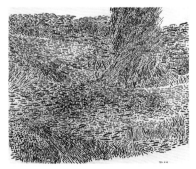

28 余友涵 1990年作 抽象1990-14
估　价：HKD 3,200,000~5,200,000
成交价：RMB 3,078,000
94.5cm×114cm 保利香港 2022-07-12

673 余友涵 1992年作 毛主席与他来自第三世
界的朋友们
估　价：HKD 600,000~800,000
成交价：RMB 1,595,362
165cm×118cm 香港苏富比 2022-10-06

214 禹国元 2021年作 顺其自然
估　价：HKD 80,000~120,000
成交价：RMB 1,620,108
181.3cm×221cm 佳士得 2022-05-27

1129 喻红 1999年作 繁衍
估　价：RMB 2,600,000~3,200,000
成交价：RMB 3,047,500
185cm×230cm 北京保利 2022-07-25

117 袁远 2014年作 地下铁
估　价：RMB 400,000~600,000
成交价：RMB 598,000
130cm×200cm 开拍国际 2022-07-24

13 岳敏君 2021年作 百合花
估　价：HKD 5,000,000~6,000,000
成交价：RMB 7,714,800
200cm×250cm 华艺国际 2022-05-29

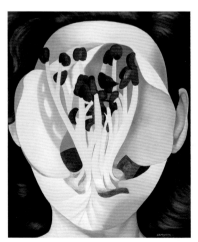

14 岳敏君 2020年作 花蕊
估　价：HKD 1,000,000~1,200,000
成交价：RMB 1,851,552
120cm×100cm 华艺国际 2022-05-29

54 曾梵志 1992年作 协和三联画之三
估　价：HKD 38,000,000～60,000,000
成交价：RMB 41,531,340
150cm×115cm×3 佳士得 2022-05-26

5041 曾梵志 2007年作 无题07-10-8
估　价：RMB 8,000,000～12,000,000
成交价：RMB 14,375,000
215cm×330cm 中贸圣佳 2022-07-24

45 曾梵志 1997年作 面具系列4号
估　价：HKD 22,000,000～35,000,000
成交价：RMB 22,486,665
169cm×199cm 佳士得 2022-11-30

11 曾梵志 2004年作 小女孩
估　价：RMB 3,000,000～5,000,000
成交价：RMB 5,796,000
250cm×175cm 佳士得（上海）2022-03-01

42 曾梵志 2010年作 江山如此多娇之一
估　价：HKD 10,000,000～20,000,000
成交价：RMB 14,209,365
250.2cm×350.2cm×3 佳士得 2022-11-30

1509 翟倞 2017年作 流浪者
估　价：RMB 250,000～350,000
成交价：RMB 345,000
250cm×180cm 中国嘉德 2022-12-14

2023 詹建俊 1980年作 石林湖
估 价：RMB 350,000~400,000
成交价：RMB 402,500
54cm×78cm 西泠印社 2022-08-20

2582 张充仁 上海街景——乍浦路桥、四川路桥
成交价：RMB 345,000
38cm×46cm；39.3cm×46cm
北京荣宝 2022-07-24

8321 张洹 2007年作 无题
成交价：RMB 3,220,000
273cm×430cm 华艺国际 2022-07-28

1525 张恩利 2000年作 盛宴4号
估 价：RMB 8,000,000~10,000,000
成交价：RMB 17,250,000
247.7cm×198.1cm 中国嘉德 2022-12-14

53 张恩利 1999年作 少女
估 价：HKD 6,500,000~9,000,000
成交价：RMB 8,614,860
147.5cm×107cm×3 佳士得 2022-05-26

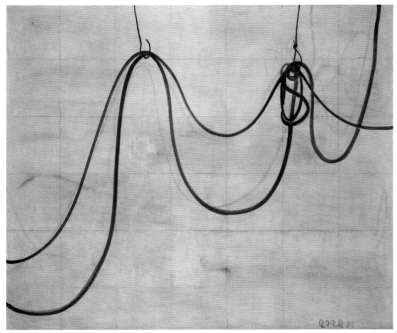

8320 张恩利 2012年作 绿色电线
估　价：RMB 2,200,000~3,800,000
成交价：RMB 4,600,000
230cm×280cm 华艺国际 2022-07-28

1739 张恩利 2008年作 画展
估　价：RMB 2,000,000~3,000,000
成交价：RMB 4,715,000
250cm×200cm 中国嘉德 2022-06-28

1668 张方白 2017年作 鹰017.7
估　价：RMB 250,000~350,000
成交价：RMB 322,000
150cm×200cm 中贸圣佳 2022-10-27

1116 张恩利 2013年作 火
估　价：RMB 1,600,000~2,600,000
成交价：RMB 3,507,500
200cm×180cm 北京保利 2022-07-25

8061 张慧 2011年作 听·对话（双联作）
估　价：RMB 200,000~300,000
成交价：RMB 310,500
112cm×162cm×2 华艺国际 2022-07-28

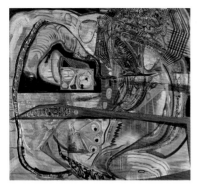

1501 张季 2020年作 浪海花轮盘，择日启航
估 价：RMB 180,000～280,000
成交价：RMB 483,000
220cm×240cm 中国嘉德 2022-12-14

3010 张利 爱尼姑娘
估 价：RMB 180,000～250,000
成交价：RMB 552,000
80cm×65cm 中鸿信 2022-09-12

1022 张荔英 1989年作 三色堇花
估 价：HKD 7,000,000～9,000,000
成交价：RMB 6,723,310
146cm×114cm 香港苏富比 2022-10-07

112 张凯 2012年作 那心中的美丽
估 价：HKD 550,000～750,000
成交价：RMB 872,100
119.5cm×100cm 保利香港 2022-07-13

1449 张郎郎 2014年作 随他
估 价：RMB 200,000～300,000
成交价：RMB 437,000
56cm×75.5cm 中国嘉德 2022-12-14

8 张荔英 约20世纪60年代作 红毛丹、山竹与菠萝
估 价：HKD 5,000,000～7,000,000
成交价：RMB 12,002,085
53cm×65.2cm 佳士得 2022-11-30

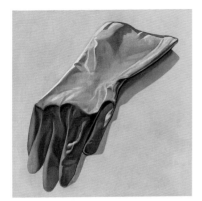

2033 张培力 1986年作 X?系列
估　价：RMB 1,200,000～1,800,000
成交价：RMB 3,105,000
80cm×80cm 永乐拍卖 2022-07-26

1571 张晓刚 2007—2010年作 血缘——大家庭：全家福No.1
估　价：RMB 15,000,000～20,000,000
成交价：RMB 17,250,000
250cm×330cm 中国嘉德 2022-12-14

1551 张倩英 1935年作 自画像
估　价：RMB 600,000～800,000
成交价：RMB 805,000
78cm×64cm 中国嘉德 2022-12-14

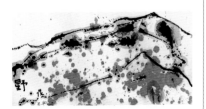

2513 张伟 1981年作 EXPE5
估　价：RMB 300,000～400,000
成交价：RMB 345,000
70cm×139cm 北京荣宝 2022-07-24

8327 张晓刚 2006年作 血缘
估　价：RMB 6,800,000～10,000,000
成交价：RMB 13,570,000
199cm×260cm 华艺国际 2022-07-28

1949 张晓刚 2006—2007年作 戴红领巾的女孩
估　价：RMB 3,800,000～4,800,000
成交价：RMB 5,290,000
100cm×85cm 西泠印社 2022-08-20

1456 张新权 2015年作 古调狮林
估　价：RMB 800,000～1,000,000
成交价：RMB 1,380,000
90cm×130cm 中国嘉德 2022-12-14

1597 张占占 2021年作 迷失
估　价：RMB 150,000～200,000
成交价：RMB 402,500
160cm×120cm 中国嘉德 2022-06-28

1503 张月薇 2018年作 制图者的梦
估　价：RMB 350,000～450,000
成交价：RMB 920,000
210cm×180cm 中国嘉德 2022-12-14

105 张英楠 2020年作 晚风
估　价：HKD 200,000～300,000
成交价：RMB 1,048,458
130cm×170cm 中国嘉德 2022-10-09

381 张英楠 2021年作 再见未来
估　价：HKD 150,000～250,000
成交价：RMB 1,100,880
150cm×200cm 佳士得 2022-12-01

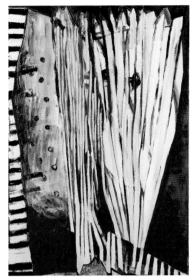

1505 张子飘 2018年作 红色手风琴
估　价：RMB 250,000～350,000
成交价：RMB 460,000
175cm×140cm 中国嘉德 2022-12-14

1048 张长江 2011年作 we系列·移动城堡
估　价：RMB 200,000～300,000
成交价：RMB 460,000
120cm×150cm 北京保利 2022-07-25

2406 张义波 2015年作 遥远的地方 镜框
估　价：RMB 2,000,000～2,600,000
成交价：RMB 2,530,000
120cm×160cm 北京保利 2022-07-27

1607 张钊瀛 2013年作 泰坦之宴（三联画）
估　价：RMB 250,000～350,000
成交价：RMB 437,000
190cm×120cm×3 中国嘉德 2022-06-28

2037 赵半狄 1992年作 小张
估　价：RMB 12,000,000～15,000,000
成交价：RMB 14,950,000
214.5cm×139.6cm 永乐拍卖 2022-07-26

300 赵半丁 2021年作 油画静物
估　价：RMB 1,300,000
成交价：RMB 1,640,000
70cm×50cm 北京中贝 2022-03-16

20 赵半狄 2022年作 Miyou和曾经的朋友
估　价：HKD 5,000,000～8,000,000
成交价：RMB 11,036,400
240cm×260cm 华艺国际 2022-11-27

1651 赵大钧 2017年作 作品1726
估　价：RMB 120,000～180,000
成交价：RMB 690,000
160cm×150cm 中国嘉德 2022-06-28

1096 赵刚 2013年作 散步者
估　价：RMB 700,000～1,000,000
成交价：RMB 805,000
300cm×400cm 北京保利 2022-07-25

963 赵溶 静物
估　价：RMB 380,000～580,000
成交价：RMB 690,000
90cm×60cm 上海嘉禾 2022-01-01

7 赵能智 2016年作 巨人阵No.3
估　价：RMB 750,000～1,000,000
成交价：RMB 1,150,000
200cm×600cm 北京华辰 2022-09-21

13 赵无极 2004年作 皇宫酒店之夜
估　价：RMB 11,000,000～18,000,000
成交价：RMB 24,360,000
130cm×195cm 佳士得（上海）2022-03-01

15 赵无极 1964年作 29.09.64
估　价：HKD 220,000,000～280,000,000
成交价：RMB 238,301,600
230cm×345cm 佳士得 2022-05-26

21 赵无极 1983年作 12.05.83
估　价：HKD 38,000,000～48,000,000
成交价：RMB 33,523,065
130cm×162cm 佳士得 2022-11-30

2106 赵洋 2018年作 罗马是个湖
估　价：RMB 700,000～1,000,000
成交价：RMB 839,500
200cm×400cm 永乐拍卖 2022-07-26

19 郑国谷 2015年作 与无为交流——扑面而来
估　价：HKD 350,000～500,000
成交价：RMB 504,033
192cm×166.5cm 华艺国际 2022-05-29

1752 赵赵 2018年作 星空
估　价：RMB 450,000～650,000
成交价：RMB 517,500
201cm×161cm 中国嘉德 2022-06-28

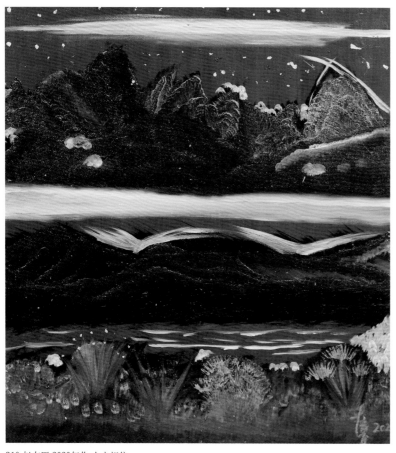

310 赵有臣 2020年作 山水相依
估　价：RMB 4,910,000
成交价：RMB 5,190,000
41cm×45cm 北京中贝 2022-03-16

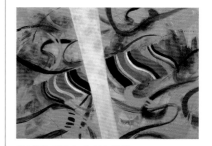

641 郑凯 2021年作 抽象敦煌 21614
估　价：RMB 550,000～700,000
成交价：RMB 690,000
100cm×150cm 华艺国际 2022-09-23

1677 钟涵 1989年作 在激浪里
估　价：RMB 120,000～180,000
成交价：RMB 322,000
89cm×116.5cm 中国嘉德 2022-06-28

14 钟泗滨 1975年作 归途
估　价：HKD 3,000,000～5,000,000
成交价：RMB 4,635,288
82cm×101.5cm 佳士得 2022-11-30

5 钟跃 2022年作 天上的月亮
估　价：RMB 200,000～300,000
成交价：RMB 345,000
120cm×80cm 保利厦门 2022-10-22

1713 周碧初 1984年作 上海宋庆龄故居
估　价：RMB 2,680,000～3,800,000
成交价：RMB 3,105,000
73cm×92cm 中国嘉德 2022-06-28

1040 钟泗滨 1976年作 姐弟
估　价：HKD 700,000～900,000
成交价：RMB 2,904,955
99cm×81cm 香港苏富比 2022-04-27

2588 周碧初 1977年作 井冈山
估　价：RMB 2,800,000～3,800,000
成交价：RMB 3,450,000
73cm×100cm 北京荣宝 2022-07-24

2038 周春芽 1998年作 绿狗系列
估　价：RMB 5,800,000～6,800,000
成交价：RMB 10,465,000
150cm×120cm 永乐拍卖 2022-07-26

2039 周春芽 2005年作 桃花盛开的季节
估　价：RMB 6,800,000～8,800,000
成交价：RMB 10,350,000
250cm×200cm 永乐拍卖 2022-07-26

1118 周春芽 1994年作 雅安上里红石（一）、雅安上里红石（二）
估　价：RMB 7,000,000～10,000,000
成交价：RMB 9,430,000
100cm×80cm；100cm×80cm 北京保利 2022-07-25

1736 周春芽 1994年作 中国风景
估　价：RMB 3,000,000～4,000,000
成交价：RMB 7,820,000
100cm×80cm 中国嘉德 2022-06-28

963 周树桥 湖南共产主义小组
估　价：RMB 2,000,000～4,000,000
成交价：RMB 8,050,000
180cm×250cm 广东崇正 2022-08-10

1022 朱德群 1989年作 迎风
估　价：HKD 20,000,000～30,000,000
成交价：RMB 28,205,567
200cm×360cm 香港苏富比 2022-04-27

884 周树桥 1975年作 毛主席在棠下
估　价：RMB 300,000～600,000
成交价：RMB 575,000
113cm×178cm 广东崇正 2022-12-24

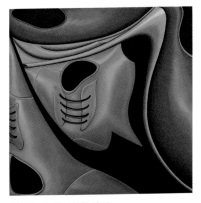

1547 周松 2020年作 关系
估　价：RMB 400,000～600,000
成交价：RMB 805,000
160cm×160cm 中国嘉德 2022-12-14

23 朱德群 1991年作 微妙的积云
估　价：HKD 15,000,000～25,000,000
成交价：RMB 15,595,200
200.4cm×200cm 保利香港 2022-07-12

1124 朱德群 1958年作 幻想曲
估　价：RMB 7,200,000～9,000,000
成交价：RMB 9,890,000
92cm×73cm 北京保利 2022-07-25

2531 朱德群 1995年作 仰望莫及
估　价：RMB 10,000,000～20,000,000
成交价：RMB 20,125,000
195cm×130cm 北京荣宝 2022-07-24

8040 朱金石 1985年作 潜风景
估　价：RMB 400,000～650,000
成交价：RMB 747,500
103cm×75.5cm 华艺国际 2022-07-28

1902 朱德群 1968年作 第282号
估　价：RMB 8,000,000～12,000,000
成交价：RMB 13,800,000
97cm×130cm 西泠印社 2022-08-20

8003 朱屺瞻 1983年作 秋岳云海 镜框
估　价：RMB 2,800,000～3,500,000
成交价：RMB 4,025,000
60cm×45cm 上海嘉禾 2022-11-20

1669 朱新建 山风眼界
估　价：RMB 450,000～650,000
成交价：RMB 632,500
60.5cm×50cm 中贸圣佳 2022-10-27

285 庄喆 2002年作 雪舟破墨山水变奏06
估　价：NTD 1,500,000～2,600,000
成交价：RMB 516,420
173cm×101cm 罗芙奥 2022-06-05

82 朱沅芷 1939年作 巴黎友人画像——安德烈·沙蒙
估　价：HKD 3,000,000～5,000,000
成交价：RMB 3,310,920
92.5cm×72.5cm 中国嘉德 2022-10-09

232 朱沅芷 1940年作 纽约中央公园
估　价：NTD 11,000,000～18,000,000
成交价：RMB 15,800,640
63.5cm×80cm 罗芙奥 2022-06-05

雕 塑

19 KAWS（考斯）2020年作 假期(4)
估　价：RMB 1,200,000～1,800,000
成交价：RMB 2,520,000
28cm×100cm×40cm
佳士得（上海）2022-03-01

92 MR. 2018年作 Karin
估　价：HKD 2,800,000～4,800,000
成交价：RMB 3,476,466
160cm×50cm×70cm 佳士得 2022-11-30

26 阿尔伯托·贾柯梅蒂 威尼斯女子Ⅱ
估　价：USD 8,000,000～12,000,000
成交价：RMB 119,148,231
高122cm 纽约苏富比 2022-05-17

126 阿尔伯托·贾柯梅蒂 男子头像
估　价：USD 1,500,000～2,000,000
成交价：RMB 12,981,519
高26.8cm 纽约苏富比 2022-11-14

112 奥古斯特·罗丹 加莱民众：五尊铜像
估　价：USD 1,500,000～2,000,000
成交价：RMB 16,350,449
身高43.2—47.7cm 纽约苏富比 2022-11-14

15 草间弥生 2014年作 南瓜（M）
估　价：USD 3,500,000～5,500,000
成交价：RMB 45,446,453
187cm×182cm×182cm
纽约苏富比 2022-11-16

17 草间弥生 2013年作 我继续与南瓜相伴生活
估　价：HKD 13,800,000～18,800,000
成交价：RMB 15,644,097
180cm×180cm×30cm 佳士得 2022-11-30

120 奥古斯特·罗丹 赛姬提灯（亦称赛姬照亮
爱神丘比特）
估　价：USD 2,000,000～3,000,000
成交价：RMB 14,665,984
高74.5cm 纽约苏富比 2022-11-14

1213 草间弥生 2007年作 无题（南瓜雕塑）
估　价：HKD 32,000,000～45,000,000
成交价：RMB 24,852,008
100cm×100cm×100cm
香港苏富比 2022-10-07

1 巴布罗·毕加索 女子立像
估　价：USD 500,000～700,000
成交价：RMB 14,296,838
高31.2cm 纽约苏富比 2022-05-17

39 草间弥生 2014年作 金色星夜南瓜
估　价：HKD 20,000,000～30,000,000
成交价：RMB 34,330,860
185cm×214cm×214cm 佳士得 2022-05-26

2133 陈可 2008年作 看得见风景的房间（一组十三件）
估　价：RMB 500,000～800,000
成交价：RMB 862,500
尺寸不一 永乐拍卖 2022-07-26

128 亨利·摩尔 躺卧人像：英国节
成交价：RMB 215,778,600
长238.8cm 纽约苏富比 2022-11-14

123 空山基 2018年作 机械姬：太空漫游
估　价：HKD 2,800,000～4,800,000
成交价：RMB 3,024,201
183cm×50cm×40cm 佳士得 2022-05-27

111 黄本蕊 2017年作 尼尼
估　价：HKD 400,000～600,000
成交价：RMB 410,400
200cm×92cm×107cm 保利香港 2022-07-13

28 李真 1999年作 大士
估　价：NTD 7,000,000～9,500,000
成交价：RMB 2,446,200
118cm×64cm×112cm 罗芙奥 2022-06-04

760 李真 2013年作 烟花
估　价：HKD 600,000~1,200,000
成交价：RMB 1,728,115
82.5cm×31cm×25cm
香港苏富比 2022-04-28

132 梁任宏 2018年作 转进论16AS1025
估　价：HKD 300,000~500,000
成交价：RMB 496,638
165cm×64.7cm×64.7cm
中国嘉德 2022-10-09

138 露易丝·布尔乔亚 1947—1949年构思，
1989年铸造 观察者
估　价：USD 1,500,000~2,000,000
成交价：RMB 21,403,845
198.1cm×71.1cm×30.5cm
纽约苏富比 2022-11-17

178 李真 2002年作 观
估　价：NTD 4,200,000~5,200,000
成交价：RMB 1,359,000
92cm×37cm×31cm 中诚国际 2022-05-08

55 林恩·查德维克 三个厄勒克特拉
估　价：USD 1,500,000~2,000,000
成交价：RMB 11,833,738
最高人像223cm 纽约苏富比 2022-05-17

1116 露易丝·布尔乔亚 蜘蛛 IV
估　价：HKD 120,000,000~150,000,000
成交价：RMB 110,754,526
203.2cm×180.3cm×53.3cm 香港苏富比 2022-04-27

761 任哲 2015年作 臻妙境
估　价：HKD 300,000～600,000
成交价：RMB 432,028
120cm×67cm×85cm 香港苏富比 2022-04-28

1034 王怀庆 2011—2012年作 三足鼎立
估　价：HKD 1,000,000～2,000,000
成交价：RMB 1,037,484
200cm×295cm×163cm
香港苏富比 2022-04-27

22 邵译农 2017年作 叠罗汉-1
估　价：RMB 380,000～800,000
成交价：RMB 575,000
378cm×95cm×95cm 北京华辰 2022-09-21

665 隋建国 1992—1993年作 地罣（两件作品）
估　价：HKD 240,000～350,000
成交价：RMB 341,863
40cm×49cm×35cm；31cm×41cm×50cm
香港苏富比 2022-10-06

676 王克平 1999年作 坦率（文艺复兴）
估　价：HKD 480,000～700,000
成交价：RMB 683,726
178cm×84cm×55cm 香港苏富比 2022-10-06

136 熊秉明 1997—1998年作 扁肚牛
估　价：HKD 500,000～700,000
成交价：RMB 772,548
18cm×45cm×21cm 中国嘉德 2022-10-09

275 许东荣 2017年作 摇曳莲华
估　价：HKD 80,000～150,000
成交价：RMB 405,587
75cm×44cm×31cm 佳士得 2022-12-01

254 应晶晶 2021年作 以地球之名系列No.3
(IN THE NAME OF EARTH No.3)
估　价：RMB 280,000～380,000
成交价：RMB 425,500
310cm×185cm×245cm 上海嘉禾 2022-11-20

571 展望 2006年作 假山石96号
估　价：HKD 300,000～450,000
成交价：RMB 433,027
98cm×66cm×35cm
香港苏富比 2022-10-06

112 野口勇 1981年作 石守
估　价：USD 2,000,000～3,000,000
成交价：RMB 29,826,171
作品148cm×72.1cm×60cm；花岗岩底座49.8cm×66cm×55.9cm 纽约苏富比 2022-11-17

16 赵军安 兵圣孙武
估　价：RMB 300,000
成交价：RMB 726,000
75cm×40cm×28cm 基鸿祥 2022-07-11

摄 影

2549 周春芽 2008年作 绿狗
估 价：RMB 1,000,000～1,600,000
成交价：RMB 1,667,500
117cm×90cm×48cm 保利厦门 2022-10-21

1033 朱铭 1972年作 太极系列
估 价：HKD 2,800,000～3,800,000
成交价：RMB 4,330,267
36.2cm×44.2cm 香港苏富比 2022-10-07

218 朱铭 1993年作 太极系列——单鞭下势
估 价：HKD 2,200,000～3,000,000
成交价：RMB 3,476,466
54.7cm×60cm×38cm 佳士得 2022-12-01

101 芭芭拉·克鲁格 1982年作 无题（我的脸蛋是你的财富）
估 价：USD 600,000～800,000
成交价：RMB 10,875,937
189.2cm×123.8cm 纽约苏富比 2022-11-17

1873 郎静山 1934年作 春树奇峰
估 价：RMB 10,000～20,000
成交价：RMB 120,750
43.4cm×34.5cm 西泠印社 2022-08-20

当代艺术及其他艺术形式

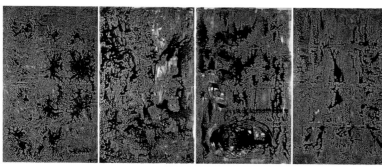

27 阿岱尔·阿贝德赛梅 2018年作 禁色（四联作）
估　价：HKD 6,000,000~10,000,000
成交价：RMB 10,286,400
320cm×200cm×4 华艺国际 2022-05-29

106 埃德·鲁沙 1993年作 冷啤酒美丽女孩
估　价：USD 15,000,000~20,000,000
成交价：RMB 127,103,126
213.4cm×152.4cm 纽约苏富比 2022-05-19

12 阿尔伯特·尔莱恩 1992—2004年作 无题
估　价：USD 1,200,000~1,800,000
成交价：RMB 14,665,984
230cm×180cm 纽约苏富比 2022-11-16

135 埃德加·德加 练马师
估　价：USD 3,500,000~4,500,000
成交价：RMB 24,772,775
38.4cm×88.6cm 纽约苏富比 2022-11-14

113 埃贡·席勒 自画像
估　价：USD 4,000,000~6,000,000
成交价：RMB 32,352,868
45.2cm×30.5cm 纽约苏富比 2022-11-14

25 埃贡·席勒 1914年作 正在脱下衣裙的少女
估　价：USD 2,500,000～3,500,000
成交价：RMB 29,896,472
48cm×30cm 纽约苏富比 2022-05-17

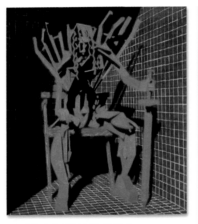

7 艾芙莉·辛格 2018年作 昆德丽
估　价：USD 1,800,000～2,500,000
成交价：RMB 14,665,984
241.3cm×215.9cm 纽约苏富比 2022-11-16

6 艾芙莉·辛格 2014年作 正在发生
估　价：USD 2,500,000～3,500,000
成交价：RMB 35,470,357
254cm×304.8cm 纽约苏富比 2022-05-19

125 艾斯沃思·凯利 2010年作 灰色曲线浮雕
估　价：USD 1,200,000～1,800,000
成交价：RMB 13,410,266
203.5cm×134cm×6.7cm
纽约苏富比 2022-05-19

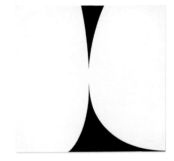

122 艾斯沃思·凯利 1959年作 反弹
估　价：USD 4,000,000～6,000,000
成交价：RMB 28,934,034
174cm×182.2cm 纽约苏富比 2022-05-19

2 埃贡·席勒 1910年作 站姿女
估　价：USD 2,500,000～3,500,000
成交价：RMB 15,938,905
55.9cm×34.3cm 纽约苏富比 2022-05-17

124 安德鲁·魏斯 1964年作 守灵
估　价：USD 2,500,000～3,500,000
成交价：RMB 32,352,868
74.3cm×122.6cm 纽约苏富比 2022-11-14

108 安迪·沃霍尔 1963年作 猫王
估　价：USD 15,000,000～25,000,000
成交价：RMB 145,723,544
210.2cm×117.5cm 纽约苏富比 2022-05-19

114 安迪·沃霍尔 1963年作 白色灾难（白色车祸19次）
成交价：RMB 594,090,690
367.7cm×210.5cm 纽约苏富比 2022-11-17

116 安迪·沃霍尔 1976年作 美洲印第安人（罗素·米恩斯）
估　价：USD 3,000,000～4,000,000
成交价：RMB 41,759,543
127cm×106.7cm×3 纽约苏富比 2022-05-19

1 安娜·维扬特 2020年作 堕落中的女子
估　价：USD 150,000～200,000
成交价：RMB 10,959,145
121.9cm×91.4cm 纽约苏富比 2022-05-19

23 巴布罗·毕加索 1932年4月2日作 躺卧女
成交价：RMB 458,292,701
129.9cm×161.7cm 纽约苏富比 2022-05-17

12 巴布罗·毕加索 1938年作 托腮的女子半身像
估　价：GBP 14,000,000～18,000,000
成交价：RMB 103,190,683
61cm×50cm 伦敦苏富比 2022-03-02

29 巴布罗·毕加索 1969年11月19日作 拥抱
估　价：USD 12,000,000～18,000,000
成交价：RMB 95,758,958
162cm×130cm 纽约苏富比 2022-05-17

1030 巴布罗·毕加索 1939年3月27日作 多
拉·玛尔
成交价：RMB 139,500,428
60cm×45.5cm 香港苏富比 2022-04-27

13 巴奈特·纽曼 1946年作 无题
估　价：USD 1,500,000～2,000,000
成交价：RMB 12,654,771
60.3cm×44.8cm 纽约苏富比 2022-05-17

1126 班克斯 2006年作 爱在空气中
估　价：HKD 40,000,000～60,000,000
成交价：RMB 43,779,775
91.4cm×91.4cm 香港苏富比 2022-04-27

6 保罗·高更 约1892年作 大溪地河畔风光
估　价：USD 5,000,000～7,000,000
成交价：RMB 60,675,047
27.2cm×32.8cm 纽约苏富比 2022-05-17

22 保罗·德尔沃 1968年作 旅途最终站
估　价：USD 2,000,000～3,000,000
成交价：RMB 15,742,128
160cm×140.4cm 纽约苏富比 2022-05-17

16 保罗·塞尚 约1895年作 林间空地
估　价：USD 30,000,000～40,000,000
成交价：RMB 282,873,148
100.3cm×81.2cm 纽约苏富比 2022-05-17

17 保罗·克利 1919年作 有绞刑架的风景
估　价：USD 1,500,000～2,000,000
成交价：RMB 16,350,449
36.3cm×46cm 纽约苏富比 2022-11-14

33 保罗·席涅克 1904年春天作 小屋（圣特罗佩）
估　价：USD 2,500,000～3,500,000
成交价：RMB 22,507,172
65.4cm×81.2cm 纽约苏富比 2022-05-17

7 保罗·席涅克 1924年作 巴黎的洪水（塞纳-
马恩省河与艺术桥）
估　价：USD 2,000,000～3,000,000
成交价：RMB 15,117,871
50.2cm×65cm 纽约苏富比 2022-05-17

574 蔡国强 2005年作 电视购画
估　价：HKD 2,500,000～4,500,000
成交价：RMB 2,484,165
200cm×300cm 香港苏富比 2022-04-28

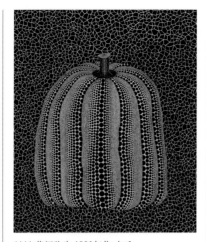

1111 草间弥生 1990年作 南瓜
估　价：HKD 8,000,000～15,000,000
成交价：RMB 26,251,750
72.5cm×60.5cm 香港苏富比 2022-04-27

1140 草间弥生 2014年作 来自哈迪斯的讯息
估　价：HKD 5,500,000～7,000,000
成交价：RMB 11,730,782
194cm×194cm 香港苏富比 2022-04-27

8229 蔡磊 2013年作 毛坯之三
估　价：RMB 80,000～120,000
成交价：RMB 368,000
196cm×97cm 华艺国际 2022-07-28

145 陈可 2014年作 相见欢
估　价：HKD 300,000～500,000
成交价：RMB 1,188,079
直径150cm 佳士得 2022-05-27

1629 陈可 2008年作 ××留念
估　价：RMB 700,000～1,000,000
成交价：RMB 902,750
160cm×160cm 中贸圣佳 2022-10-27

1633 陈彧君 2021年作 生长｜星世纪No.007121
估　价：RMB 280,000～380,000
成交价：RMB 379,500
200cm×110cm 中贸圣佳 2022-10-27

1134 村上隆 2013年作 菩提树下六十九罗汉
估　价：HKD 23,000,000～30,000,000
成交价：RMB 32,993,628
300cm×1000cm 香港苏富比 2022-04-27

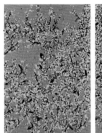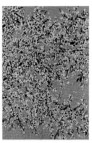

18 达米恩·赫斯特 2018年作 幸福生活之花
估　价：USD 2,000,000～3,000,000
成交价：RMB 37,880,289
274.2cm×183.3cm×2
纽约苏富比 2022-05-19

31 丁雄泉 1979年作 夏日午后
估　价：NTD 7,500,000～11,000,000
成交价：RMB 1,904,280
153cm×205cm 罗芙奥 2022-12-03

276 董小蕙 2010年作 青春时光
估　价：NTD 650,000～850,000
成交价：RMB 327,888
100cm×80cm 罗芙奥 2022-12-04

104 戴维·霍克尼 2017年作 大峡谷 II
估　价：USD 10,000,000～15,000,000
成交价：RMB 74,510,708
121.9cm×243.8cm 纽约苏富比 2022-05-19

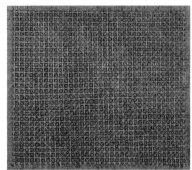

557 丁乙 1996年作 十示96-36
估　价：HKD 800,000～1,500,000
成交价：RMB 2,268,151
139.3cm×158.8cm 香港苏富比 2022-04-28

135 戴维·霍克尼 1996年作 向日葵与三个橙子
估　价：USD 3,000,000～5,000,000
成交价：RMB 26,457,240
121.9cm×91.4cm 纽约苏富比 2022-11-17

15 菲利普·加斯顿 1958年作 尼罗河
估　价：USD 20,000,000～30,000,000
成交价：RMB 122,137,200
164.8cm×191cm 纽约苏富比 2022-05-17

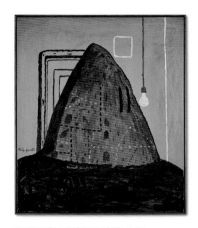

107 菲利普·加斯顿 1969年作 悔恨
估 价：USD 5,000,000～7,000,000
成交价：RMB 52,621,453
121.9cm×106.7cm 纽约苏富比 2022-05-19

38 费尔南·雷捷 1954年作 露营者（习作）
估 价：USD 4,000,000～6,000,000
成交价：RMB 48,980,410
92.1cm×73cm 纽约苏富比 2022-05-17

20 费尔南·雷捷 1929年作 游戏（静物与扑克牌）
估 价：USD 2,000,000～3,000,000
成交价：RMB 23,328,205
92cm×73.1cm 纽约苏富比 2022-05-17

123 弗朗索瓦·沙维尔·莱兰 约1965年设计，
1968年制造 身披羊毛的绵羊群
估 价：USD 1,800,000～2,500,000
成交价：RMB 21,824,961
每头绵羊83.8cm×94cm×45.7cm；
每张脚凳55.9cm×76.2cm×45.7cm
纽约苏富比 2022-11-17

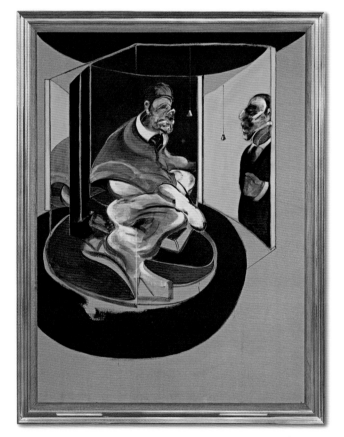

115 弗朗西斯·培根 1971年作 1962年红衣主教习作（1971年第二版）
估 价：USD 40,000,000～60,000,000
成交价：RMB 312,531,458
198cm×147.5cm 纽约苏富比 2022-05-19

120 弗朗西斯·培根 1964年作 卢西安·弗洛伊德肖像习作三幅
估　价：USD 30,000,000～40,000,000
成交价：RMB 208,818,000
35.6cm×30.5cm×3 纽约苏富比 2022-11-17

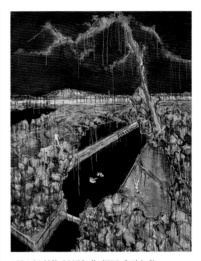

1634 郭利伟 2007年作 想园系列之憩
估　价：RMB 900,000～1,500,000
成交价：RMB 1,380,000
180cm×140cm 中贸圣佳 2022-10-27

2646 高瑀 2015年作 接不住啊
估　价：RMB 400,000～500,000
成交价：RMB 667,000
150cm×200cm 北京荣宝 2022-07-24

111 格奥尔格·巴塞利兹 1966年作 陷阱
估　价：USD 8,000,000～12,000,000
成交价：RMB 56,500,707
162.6cm×130.2cm 纽约苏富比 2022-05-19

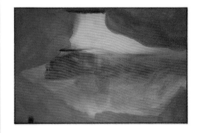

103 海伦·弗兰肯塔勒 1974年作 喀耳刻
估　价：USD 2,500,000～3,500,000
成交价：RMB 32,202,196
156.2cm×243.8cm 纽约苏富比 2022-05-19

110 格奥尔格·巴塞利兹 1990年作 德累斯顿的
女子——从布拉格到访
估　价：USD 3,000,000～4,000,000
成交价：RMB 75,896,976
150cm×75cm×45.7cm 纽约苏富比 2022-05-19

26 古斯塔夫·卡勒波特 1877年作 R先生的肖像
估　价：GBP 4,000,000～6,000,000
成交价：RMB 57,619,964
81cm×105cm 伦敦苏富比 2022-03-02

137 汉斯·霍夫曼 1965年作 金晖
估　价：USD 2,000,000～3,000,000
成交价：RMB 14,665,984
121.9cm×152.4cm 纽约苏富比 2022-11-17

30 赫尔南·巴斯 2008年作 蝙蝠和谷仓桥
估　价：HKD 9,000,000~15,000,000
成交价：RMB 10,346,625
213cm×152.5cm×2 佳士得 2022-11-30

32 亨利·埃德蒙·克罗斯 1906—1907年作 山雨欲来（泊船）
估　价：USD 1,500,000~2,000,000
成交价：RMB 12,145,866
65cm×80cm 纽约苏富比 2022-05-17

22 胡安·米罗 1945年作 太阳下的女子和雀鸟
估　价：USD 1,500,000~2,000,000
成交价：RMB 45,446,453
40.3cm×120.6cm 纽约苏富比 2022-11-14

18 亨利·马蒂斯 1923年作 鲜花（画像前的鲜花）
估　价：USD 12,000,000~18,000,000
成交价：RMB 103,555,382
100.3cm×81.2cm 纽约苏富比 2022-05-17

4 胡安·米罗 1945年5月7日作于巴塞罗那 女子与星星
估　价：USD 15,000,000~20,000,000
成交价：RMB 123,824,201
114cm×146cm 纽约苏富比 2022-11-14

353 黄积铸 1973年作 玉山祠，河内
估　价：HKD 500,000～800,000
成交价：RMB 1,404,093
100cm×100cm 佳士得 2022-05-27

1109 黄宇兴 2019年作 丛林中的白色建筑
估　价：HKD 1,000,000～2,000,000
成交价：RMB 3,348,223
120cm×160cm 香港苏富比 2022-04-27

1082 黄一山 2019年作 毕加索的自画像
估　价：RMB 350,000～550,000
成交价：RMB 1,104,000
120cm×00cm 北京保利 3033 07 25

1235 黄宇兴 2013年作 黑桥的过去
估　价：HKD 1,800,000～3,800,000
成交价：RMB 2,279,088
175cm×275cm 香港苏富比 2022-10-07

47 基斯·凡·唐金 1909—1910年作 杂技演员
估　价：GBP 650,000～850,000
成交价：RMB 7,061,418
73cm×50cm 伦敦苏富比 2022-03-02

51 吉诺·撒维里尼 1913年作 公共汽车（习作）
估　价：GBP 500,000～700,000
成交价：RMB 5,975,046
35.4cm×27cm 伦敦苏富比 2022-03-02

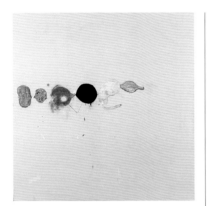

2553 季大纯 2005年作 好胃口
估　价：RMB 350,000～450,000
成交价：RMB 517,500
140cm×140cm 北京荣宝 2022-07-24

2637 康海涛 2017年作 夜曲
估　价：RMB 700,000～1,200,000
成交价：RMB 1,725,000
202cm×138.5cm 北京荣宝 2022-07-24

611 康好贤 2022年作 MIMI乐园
估　价：HKD 180,000～260,000
成交价：RMB 398,840
174.6cm×126.2cm 香港苏富比 2022-10-06

163 江贤二 2002年作 莲花的联想 02-03
估　价：NTD 3,800,000～5,000,000
成交价：RMB 1,005,660
152cm×122cm 中诚国际 2022-05-08

115 凯斯·哈林 1987年作 无题
估　价：USD 3,000,000～4,000,000
成交价：RMB 27,299,473
241.3cm×241.9cm 纽约苏富比 2022-11-17

8 克劳德·莫奈 1908年作 威尼斯大运河与安康圣母教堂
成交价：RMB 384,226,668
73.5cm×92.5cm 纽约苏富比 2022-05-17

6 克劳德·莫奈 1914—1917年作 睡莲
估　价：GBP 15,000,000～25,000,000
成交价：RMB 200,276,127
132cm×84cm 伦敦苏富比 2022-03-02

46 克劳德·莫奈 1913年作 吉维尼的玫瑰花拱
估　价：USD 20,000,000～30,000,000
成交价：RMB 158,130,354
81.5cm×93.5cm 纽约苏富比 2022-05-17

18 克劳德·莫奈 1897年作 菊花
估　价：GBP 10,000,000～15,000,000
成交价：RMB 71,489,313
130.7cm×88.8cm 伦敦苏富比 2022-03-02

20 克劳德·莫奈 1897年作 在迪耶普附近的悬崖上，夕阳
估　价：GBP 3,500,000～5,000,000
成交价：RMB 45,731,950
65cm×100cm 伦敦苏富比 2022-03-02

11 克里·詹姆斯·马歇尔 1993年作 剖析美丽
估　价：USD 8,000,000～12,000,000
成交价：RMB 91,413,991
214.9cm×252cm 纽约苏富比 2022-05-19

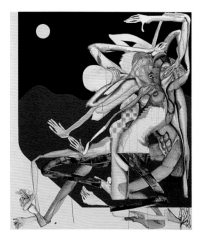

2 克里斯蒂娜·夸尔斯 2019年作 夜幕降临在我们身上
估　价：USD 600,000～800,000
成交价：RMB 30,568,115
213.4cm×182.9cm 纽约苏富比 2022-05-19

21 克里斯蒂娜·夸尔斯 2019年作 点滴
估　价：USD 600,000～800,000
成交价：RMB 11,086,495
182.9cm×152.4cm 纽约苏富比 2022-11-16

1663 蒯连会 2021年作 Happy Birthday（生日快乐）
估　价：RMB 200,000～300,000
成交价：RMB 322,000
170cm×150cm 中贸圣佳 2022-10-27

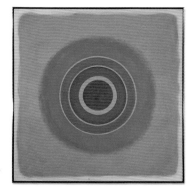

118 肯尼斯·诺兰 1962年作 夏夜的声音
估　价：USD 2,000,000～3,000,000
成交价：RMB 22,246,077
177.2cm×177.2cm 纽约苏富比 2022-11-17

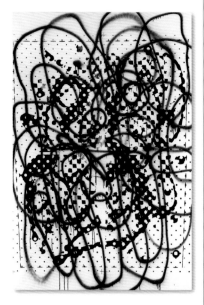

133 克里斯托弗·坞尔 2000年作 无题
估　价：USD 2,500,000～3,500,000
成交价：RMB 15,626,547
274.3cm×183cm 纽约苏富比 2022-11-17

14 雷内·马格利特 1961年作 光之帝国
成交价：RMB 512,336,484
114.5cm×146cm 伦敦苏富比 2022-03-02

51 雷内·马格利特 1926年作 诗意世界
估　价：USD 4,000,000～6,000,000
成交价：RMB 28,261,191
98.2cm×74cm 纽约苏富比 2022-05-17

345 李升泽 1973年作 无题
估　价：HKD 300,000～400,000
成交价：RMB 594,039
90cm×130cm×2 佳士得 2022-05-27

1643 李山 1999年作 胭脂
估　价：RMB 1,500,000～2,200,000
成交价：RMB 2,300,000
82cm×184cm 中贸圣佳 2022-10-27

1707 李超士 1955年作 瓦舍葵花
估　价：RMB 800,000～1,000,000
成交价：RMB 920,000
28cm×38cm 中国嘉德 2022-06-28

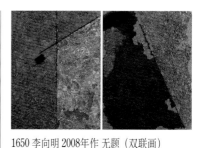

1650 李向明 2008年作 无题（双联画）
估　价：RMB 150,000～200,000
成交价：RMB 368,000
180cm×140cm×2 中国嘉德 2022-06-28

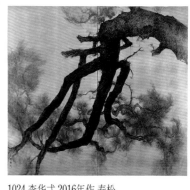

1024 李华弍 2016年作 寿松
估　价：HKD 5,000,000～8,000,000
成交价：RMB 4,330,267
157cm×173.5cm 香港苏富比 2022-10-07

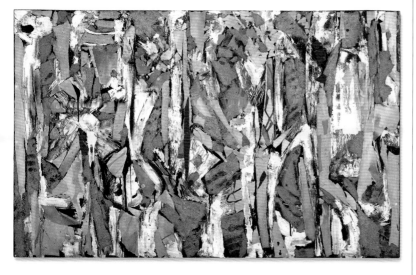

103 李·克拉斯纳 1955年作 瓷
估　价：USD 3,000,000～5,000,000
成交价：RMB 25,615,008
76.2cm×122.2cm 纽约苏富比 2022-11-14

755 李元佳 无题
估　价：HKD 300,000～600,000
成交价：RMB 453,630
40cm×68cm×8 香港苏富比 2022-04-28

236 李真 2005年作 清风云露
估　价：NTD 3,800,000～4,800,000
成交价：RMB 1,685,160
80cm×43cm×36cm 罗芙奥 2022-06-05

5 利奥诺拉·卡林顿 1957年作 帕拉塞尔苏斯的花园
估　价：USD 1,200,000～1,800,000
成交价：RMB 22,096,655
85.1cm×120cm 纽约苏富比 2022-05-17

10 丽奈特·伊亚登·博亚基耶 2011年作 周日晚
上11点
估　价：USD 1,200,000～1,800,000
成交价：RMB 11,776,186
200.7cm×129.9cm 纽约苏富比 2022-05-19

1023 林风眠 白色茶壶与静物
估　价：HKD 2,000,000～4,000,000
成交价：RMB 2,279,088
68cm×98cm 香港苏富比 2022-10-07

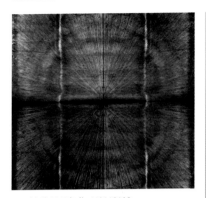

177 刘刚 2018年作 440118102
估　价：RMB 150,000～200,000
成交价：RMB 333,500
195cm×182cm 开拍国际 2022-07-24

1104 刘建文 2022年作 集思广益·花卉系列
估　价：HKD 450,000～950,000
成交价：RMB 1,296,086
200cm×160cm 香港苏富比 2022-04-27

34 刘抗 1997年作 绑腰带
估　价：HKD 800,000～1,500,000
成交价：RMB 2,700,180
118.5cm×170cm 佳士得 2022-05-26

754 刘国松 距离组织之十一
估　价：HKD 450,000～650,000
成交价：RMB 486,032
92cm×44.5cm 香港苏富比 2022-04-28

193 刘玖通 2019年作 烟火云间是人家
估　价：NTD 1,550,000～2,000,000
成交价：RMB 407,700
158cm×196cm（三联屏）
中诚国际 2022-05-08

1685 刘婷 2021年作 后山丛
估　价：RMB 300,000～400,000
成交价：RMB 425,500
294cm×155cm 中贸圣佳 2022-10-27

236 刘俊 幻霄
估　价：HKD 305,000
成交价：RMB 367,880
100cm×100cm 荣宝斋（香港）2022-11-26

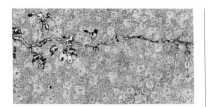

121 刘炜 2013年作 无题1-20
估　价：HKD 260,000~360,000
成交价：RMB 309,019
70cm×130cm 中国嘉德 2022-10-09

121 罗伯特·欧文 1967年作 无题
估　价：USD 3,000,000~4,000,000
成交价：RMB 24,772,775
直径121.9cm 纽约苏富比 2022-11-17

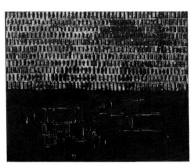

1226 马克·布拉福德 2006年作 出埃及记
估　价：HKD 14,000,000~20,000,000
成交价：RMB 15,659,686
121.9cm×152.4cm 香港苏富比 2022-10-07

1115 刘野 2005年作 夜
估　价：HKD 15,000,000~25,000,000
成交价：RMB 20,547,084
220cm×180cm 香港苏富比 2022-04-27

113 罗伊·利希滕斯坦 1967年作 现代画作与小
闪电
估　价：USD 6,000,000~8,000,000
成交价：RMB 47,845,772
173.7cm×208.6cm 纽约苏富比 2022-11-17

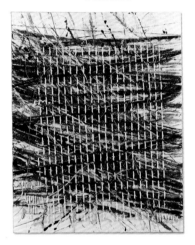

18 马克·格罗亚恩 2018年作 无题（解放卡普
利岛）50.54
估　价：USD 1,200,000~1,800,000
成交价：RMB 10,454,821
218.4cm×173.4cm 纽约苏富比 2022-11-16

124 罗伯特·戈伯 1993—1994年作 无题
估　价：USD 6,000,000~8,000,000
成交价：RMB 25,615,008
整体142.2cm×95.3cm×86.4cm；
青铜格栅3.8cm×74.3cm×55.8cm；
外箱72.4cm×74.3cm×55.8cm；
水槽73cm×127cm×86.3cm 纽约苏富比
2022-11-17

118 萝蜜迪奥丝·法萝 拜访整形外科医生
估　价：USD 2,000,000~3,000,000
成交价：RMB 21,403,845
71cm×35.5cm 纽约苏富比 2022-11-14

130 马克·罗斯科 1968年作 无题
估　价：USD 5,000,000~7,000,000
成交价：RMB 43,447,021
85cm×65.5cm 纽约苏富比 2022-11-14

9 马克·夏加尔 1972年作 模特儿
估　价：USD 3,000,000～4,000,000
成交价：RMB 26,897,326
81cm×65cm 纽约苏富比 2022-05-17

1 马克斯·贝克曼 1930年作 海边的艺术家
估　价：GBP 350,000～450,000
成交价：RMB 3,802,302
36.2cm×24.1cm 伦敦苏富比 2022-03-02

58 马塔 1945—1946年作 唇枪舌剑
估　价：USD 800,000～1,200,000
成交价：RMB 5,129,762
139.7cm×195.6cm 纽约苏富比 2022-05-17

1203 玛莉亚·贝利奥 2015年作 恋人 3
估　价：HKD 2,500,000～4,500,000
成交价：RMB 10,735,228
182.9cm×182.9cm 香港苏富比 2022-10-07

59 马克·夏加尔 1979年作 黄色小丑
估　价：USD 2,500,000～3,500,000
成交价：RMB 21,686,138
92cm×65cm 纽约苏富比 2022-05-17

48 马克西米利安·卢斯 1892年作 圣特罗佩的
女人
估　价：USD 2,000,000～4,000,000
成交价：RMB 30,717,506
129.5cm×161.7cm 纽约苏富比 2022-05-17

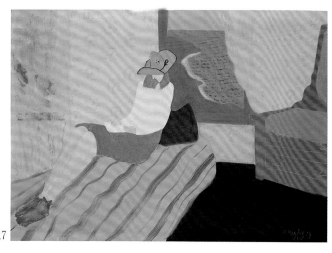

44 米尔顿·艾弗里 1945年作 来鸿
估　价：USD 2,500,000～4,000,000
成交价：RMB 41,183,985
86.4cm×121.9cm 纽约苏富比 2022-05-17

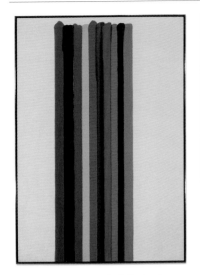

117 莫里士·刘易斯 1962年作 第4-31号
估　价：USD 2,500,000～3,500,000
成交价：RMB 30,668,403
209.5cm×147.3cm 纽约苏富比 2022-11-17

8 奈良美智 2020年作 朦胧之日（习作）
估　价：USD 9,000,000～12,000,000
成交价：RMB 83,035,781
220cm×195cm 纽约苏富比 2022-11-16

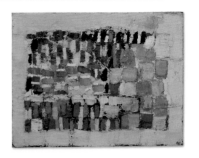

13 尼古拉·德·斯塔埃尔 1951年作 构图
估　价：USD 1,500,000～2,000,000
成交价：RMB 11,297,053
89.2cm×116.2cm 纽约苏富比 2022-11-14

88 尼古拉斯·帕蒂 2018年作 蓝色日落
估　价：HKD 38,000,000～48,000,000
成交价：RMB 47,870,385
180cm×150.2cm 佳士得 2022-11-30

1112 奈良美智 2013年作 格外的舒适
估　价：HKD 80,000,000～120,000,000
成交价：RMB 95,980,684
194cm×161.9cm 香港苏富比 2022-04-27

124 尼古拉斯·帕蒂 2014年作 静物
估　价：HKD 9,000,000～15,000,000
成交价：RMB 14,272,380
116cm×89cm 佳士得 2022-05-27

27 庞均 2008年作 阳朔桂林
估 价：NTD 1,800,000～2,800,000
成交价：RMB 597,960
72cm×91cm 罗芙奥 2022-06-04

17 皮耶–奥古斯特·雷诺阿 1912年作 拭身的女人
估 价：USD 3,000,000～4,000,000
成交价：RMB 18,402,005
65.9cm×55.3cm 纽约苏富比 2022-05-17

30 皮耶–奥古斯特·雷诺阿 1884年作 女子侧面半身像
估 价：GBP 6,500,000～8,000,000
成交价：RMB 43,110,000
65.1cm×54.2cm 伦敦苏富比 2022-03-02

1115 邱志杰 2021年作 如何成为无知者
估 价：RMB 600,000～1,000,000
成交价：RMB 690,000
40cm×60cm×108 北京保利 2022-07-25

1 让·阿尔普 淘气的水果
估 价：USD 500,000～700,000
成交价：RMB 17,192,682
高49cm 纽约苏富比 2022-11-14

153 全光荣 2020年作 聚合 20-SE056
估 价：HKD 350,000～550,000
成交价：RMB 594,039
92.8cm×74.5cm×6cm 佳士得 2022-05-27

49 让·保罗·里奥皮勒 1950年作 箭
估　价：USD 800,000～1,200,000
成交价：RMB 11,833,738
53.9cm×64.8cm 纽约苏富比 2022-05-17

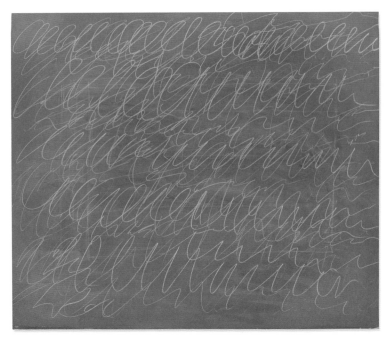

119 塞·托姆布雷 1969年作 无题
估　价：USD 40,000,000～60,000,000
成交价：RMB 256,591,200
200cm×237.5cm 纽约苏富比 2022-05-19

2 萨尔曼·图尔 2019年作 四友人
估　价：USD 300,000～400,000
成交价：RMB 10,875,937
101.6cm×101.6cm 纽约苏富比 2022-11-16

106 山姆·吉利安 1970年作 光线Ⅱ
估　价：USD 1,200,000～1,800,000
成交价：RMB 12,981,519
124.8cm×274.6cm 纽约苏富比 2022-11-17

11 塞西丽·布朗 2001年作 装聋作哑
估　价：USD 4,000,000～6,000,000
成交价：RMB 31,510,636
203.2cm×213.4cm 纽约苏富比 2022-11-16

6 尚·杜布菲 1967年1月22日作 景致
估　价：USD 3,500,000～4,500,000
成交价：RMB 35,721,799
146.1cm×162.6cm 纽约苏富比 2022-11-14

40 尚·杜布菲 1971年作 三人行
估　价：USD 1,400,000～1,800,000
成交价：RMB 24,149,239
190.5cm×203.2cm 纽约苏富比 2022-05-17

127 尚·米榭·巴斯基亚 1986年作 Saxaphone
（萨克斯风）
估　价：USD 12,000,000～18,000,000
成交价：RMB 95,133,304
167.6cm×152.4cm 纽约苏富比 2022-11-17

1224 尚·米榭·巴斯基亚 1984年作 象征
估　价：HKD 28,000,000～35,000,000
成交价：RMB 25,508,602
218.4cm×248.9cm 香港苏富比 2022-10-07

128 尚·斯卡里 1985年作 歌
估　价：USD 800,000～1,200,000
成交价：RMB 13,818,787
228.6cm×279.4cm×28.6cm
纽约苏富比 2022-05-19

2532 尚扬 2013年作 寂寞的风景
估　价：RMB 2,800,000～4,800,000
成交价：RMB 5,750,000
100cm×150cm 北京荣宝 2022-07-24

2019 尚扬 2018年作 坏山水No.2（双联作）
估　价：RMB 7,500,000～8,500,000
成交价：RMB 12,075,000
122cm×218cm×2 永乐拍卖 2022-07-26

2021 尚扬 2009年作 册页 - 8
估　价：RMB 1,000,000～1,500,000
成交价：RMB 1,437,500
100cm×150cm 永乐拍卖 2022-07-26

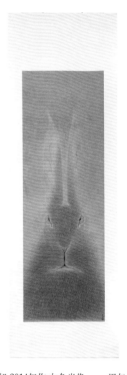

570 邵帆 2014年作 白兔肖像——甲午（七）
估　价：HKD 800,000～1,200,000
成交价：RMB 1,025,590
作品224cm×75.7cm；立轴308cm×101.7cm
香港苏富比 2022-10-06

710 石虎 1999年作 人物
估　价：HKD 500,000～1,000,000
成交价：RMB 2,051,179
219cm×154cm 香港苏富比 2022-10-06

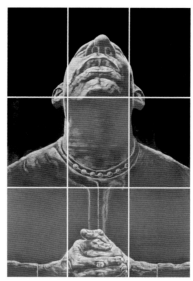

15 苏新平 2004年作 肖像系列（九联作）
估　价：HKD 350,000～500,000
成交价：RMB 462,888
330cm×240cm 华艺国际 2022-05-29

2643 孙浩 2022年作 一路高歌
估　价：RMB 1,200,000～1,500,000
成交价：RMB 2,070,000
148cm×338cm 北京荣宝 2022-07-24

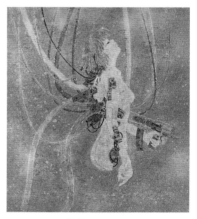

2625 谭军 2021年作 逍遥游
估　价：RMB 200,000～250,000
成交价：RMB 460,000
215cm×200cm 北京荣宝 2022-07-24

16 史丹利·惠特尼 1992年作 激进开放性
估　价：USD 600,000～800,000
成交价：RMB 15,044,347
207cm×262.9cm 纽约苏富比 2022-05-19

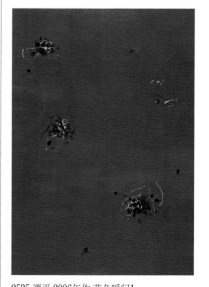

2535 谭平 2006年作 蓝色瞬间1
估　价：RMB 450,000～600,000
成交价：RMB 782,000
200cm×160cm 北京荣宝 2022-07-24

139 汤姆·卫索曼 1967—1975年作 迟来的裸体
估　价：USD 1,800,000～2,500,000
成交价：RMB 12,139,286
172.1cm×258.4cm 纽约苏富比 2022-11-17

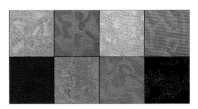

8 童振刚 2022年作 暗物质空间色
估　价：RMB 350,000～400,000
成交价：RMB 460,000
70cm×70cm×8 北京华辰 2022-09-21

229 涂鸦先生 2019年作 吻
估　价：NTD 2,400,000～4,000,000
成交价：RMB 1,092,960
100cm×100cm 罗芙奥 2022-12-04

595 涂鸦先生 2019年作 大猫
估　价：HKD 300,000～500,000
成交价：RMB 5,400,360
200cm×200cm 香港苏富比 2022-04-28

1239 涂鸦先生 2019年作 呐喊
估　价：HKD 1,800,000～2,800,000
成交价：RMB 4,558,176
150cm×100cm 香港苏富比 2022-10-07

254 土屋仁应 2012年作 豹
估　价：NTD 1,600,000~2,600,000
成交价：RMB 1,141,560
82cm×38cm×83cm 罗芙奥 2022-06-05

13 王俊杰 2018年作 守夜人
估　价：USD 1,500,000~2,000,000
成交价：RMB 39,819,916
152.4cm×122cm 纽约苏富比 2022-05-19

1729 王玉平 2010年作 70后
估　价：RMB 700,000~900,000
成交价：RMB 805,000
200cm×220cm 中国嘉德 2022-06-28

114 托马斯·哈特·本顿 1944年作 火烧农舍庭院
估　价：USD 4,000,000~6,000,000
成交价：RMB 34,037,334
74.9cm×116.2cm 纽约苏富比 2022-11-14

661 王光乐 2013年作 130608
估　价：HKD 2,000,000~3,000,000
成交价：RMB 2,962,814
180cm×150cm 香港苏富比 2022-10-06

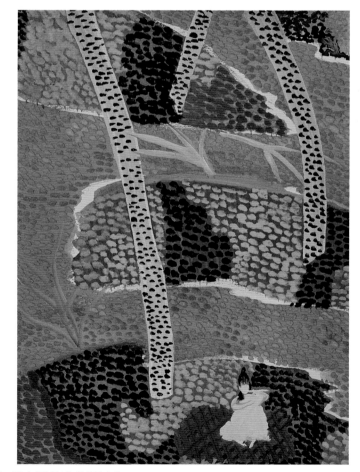

529 王俊杰 2018年作 长笛演奏家
估　价：HKD 800,000~1,200,000
成交价：RMB 2,160,144
41cm×30.8cm 香港苏富比 2022-04-28

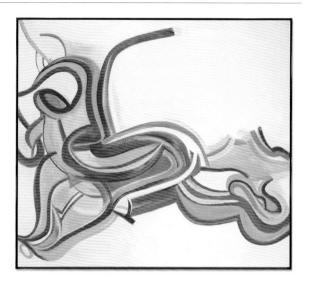

107 威廉·德·库宁 1969年作 蒙托克 II
估　价：USD 10,000,000～15,000,000
成交价：RMB 88,145,558
184.2cm×178.4cm 纽约苏富比 2022-11-17

109 威廉·德·库宁 1987年作 楼上的帽子
估　价：USD 9,000,000～12,000,000
成交价：RMB 74,238,279
195.6cm×223.5cm 纽约苏富比 2022-11-17

139 文森特·凡·高 风平浪静的席凡宁根海滩
估　价：USD 2,500,000～3,500,000
成交价：RMB 19,719,379
35.5cm×49.5cm 纽约苏富比 2022-11-14

2631 韦嘉 2007年作 Who Are You（你是谁）II
估　价：RMB 450,000～650,000
成交价：RMB 713,000
200cm×160cm 北京荣宝 2022-07-24

23 文森特·凡·高 一双恋人，普罗旺斯的田园牧歌
估　价：GBP 7,000,000～10,000,000
成交价：RMB 86,349,330
32.5cm×23cm 伦敦苏富比 2022-03-02

2644 邬建安 2019—2020年作 白昼的虎，夜晚的虎（一组两幅）
估　价：RMB 800,000～1,100,000
成交价：RMB 1,265,000
160cm×120cm×2 北京荣宝 2022-07-24

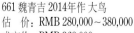

661 魏青吉 2014年作 大鸟
估　价：RMB 280,000～380,000
成交价：RMB 368,000
123cm×123cm 华艺国际 2022-09-23

1014 武高谈 2000年作 坐姿仕女
估 价：HKD 3,500,000～5,500,000
成交价：RMB 4,558,176
160cm×130cm 香港苏富比 2022-10-07

121 西格马·波尔克 1988年作 西伯利亚玻璃陨石 I
估 价：USD 2,000,000～3,000,000
成交价：RMB 23,623,271
300.7cm×223.8cm 纽约苏富比 2022-05-19

3 西蒙尼·雷伊 2012年作 伯明翰
估 价：USD 150,000～200,000
成交价：RMB 14,635,827
38.7cm×29.2cm×29.2cm
纽约苏富比 2022-05-19

28 西奥·凡·利赛尔伯格 1905年作 罗西尼奥尔海角（莱耶海岬）
估 价：GBP 800,000～1,200,000
成交价：RMB 10,212,759
73.4cm×85.2cm 伦敦苏富比 2022-03-02

179 夏阳 1998年作 拾穗
估 价：NTD 3,800,000～5,000,000
成交价：RMB 951,300
130cm×194cm 中诚国际 2022-05-08

1046 萧勤 约1935—1940年作 三昧地-24
估　价：HKD 800,000～1,500,000
成交价：RMB 1,481,407
74cm×55cm 香港苏富比 2022-10-07

1031 谢景兰 1985年作 蓝色阴影，蓝色群山
估　价：HKD 1,000,000～2,000,000
成交价：RMB 2,904,955
81cm×149cm 香港苏富比 2022-04-27

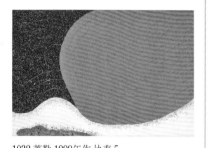

1032 萧勤 1999年作 协奏-5
估　价：HKD 800,000～1,600,000
成交价：RMB 1,141,232
120cm×180cm 香港苏富比 2022-04-27

1660 徐震 2012年作 无题
估　价：RMB 250,000～350,000
成交价：RMB 304,750
161cm×107cm 中贸圣佳 2022-10-27

651 徐渠 2016年作 拉奥孔
估　价：HKD 100,000～200,000
成交价：RMB 341,863
300cm×250.4cm 香港苏富比 2022-10-06

196 谢南星 1994年作 老龄族（No. 2）
估　价：HKD 400,000～600,000
成交价：RMB 432,028
129cm×129cm 佳士得 2022-05-27

2051 徐冰 1997年作 新英文书法
估　价：RMB 1,200,000～1,500,000
成交价：RMB 1,495,000
150cm×150cm 永乐拍卖 2022-07-26

569 薛松 2013年作 与大师对话之四——伊
凡·普尼
估 价：HKD 350,000~550,000
成交价：RMB 569,772
150cm×150cm 香港苏富比 2022-10-06

17 亚德里安·格尼 2016年作 到访
估 价：USD 4,000,000~6,000,000
成交价：RMB 30,385,800
240cm×199.8cm 纽约苏富比 2022-05-19

105 亚历克斯·卡茨 1979年作 东岸室内
估 价：USD 1,500,000~2,000,000
成交价：RMB 17,086,948
243.8cm×182.9cm 纽约苏富比 2022-05-19

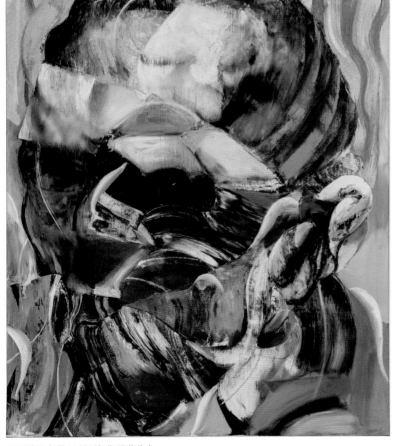

14 亚德里安·格尼 2016年作 堕落艺术
估 价：USD 7,000,000~10,000,000
成交价：RMB 62,707,513
200.7cm×180.3cm 纽约苏富比 2022-05-19

3 亚历山大·考尔德 1959年作 十六片黑色
估 价：USD 3,000,000~4,000,000
成交价：RMB 59,042,593
114.3cm×190.5cm 纽约苏富比 2022-11-14

19 亚历山大·考尔德 1966年作 无题
估 价：USD 3,500,000~5,000,000
成交价：RMB 30,717,506
78.7cm×322.6cm×116.8cm
纽约苏富比 2022-05-17

28 亚美迪欧·莫迪里阿尼 1916年作 朵希华夫人
估　价：USD 10,000,000～15,000,000
成交价：RMB 119,148,231
61.2cm×46cm 纽约苏富比 2022-05-17

253 应晶晶 2018年作 YOU WANT IT DARKER（你想要它更黑暗）No.19
估　价：RMB 350,000～500,000
成交价：RMB 575,000
276cm×122cm 上海嘉禾 2022-11-20

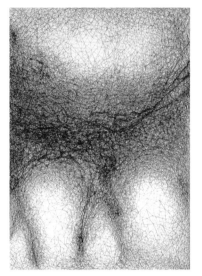

377 塩田千春 2017年作 无声爆炸（五）
估　价：HKD 300,000～500,000
成交价：RMB 1,274,704
280cm×200cm 佳士得 2022-12-01

102 伊莱恩·斯蒂文特 1991年作 琼斯的白旗
估　价：USD 600,000～800,000
成交价：RMB 14,227,307
198.5cm×305cm 纽约苏富比 2022-05-19

4 伊莉萨白·佩顿 2003年作 闭眼的尼克
估　价：USD 1,000,000～1,500,000
成交价：RMB 17,192,682
27.9cm×35.6cm 纽约苏富比 2022-11-16

1566 袁运生 1996年作 搏
估　价：RMB 4,000,000~6,000,000
成交价：RMB 6,325,000
240cm×240cm 中国嘉德 2022-12-14

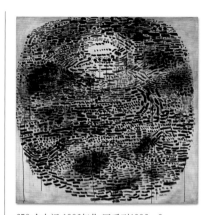

658 余友涵 1986年作 圆系列1986－8
估　价：HKD 6,000,000~8,000,000
成交价：RMB 6,837,264
198.2cm×198.4cm 香港苏富比 2022-10-06

1114 曾梵志 面具系列1999第2号
估　价：HKD 18,000,000~28,000,000
成交价：RMB 22,102,898
150cm×180cm 香港苏富比 2022-04-27

8332 展望 1998—2008年作 山水家具（桌椅
一套五件）
估　价：RMB 2,200,000~3,200,000
成交价：RMB 4,370,000
桌子150cm×135cm×175cm；
椅子107cm×52cm×47cm
华艺国际 2022-07-28

1041 赵无极 1956年作 15.02.65
估　价：HKD 65,000,000～100,000,000
成交价：RMB 70,091,000
46cm×60.5cm 香港苏富比 2022-10-07

1045 赵无极 1932年作 故乡
估　价：HKD 12,000,000～18,000,000
成交价：RMB 11,282,390
49cm×64cm 香港苏富比 2022-10-07

4 珍妮花·帕克 2012年作 下一次将是烈火
估　价：USD 600,000～800,000
成交价：RMB 15,861,388
178cm×396.2cm 纽约苏富比 2022-05-19

611 张英楠 2015年作 新物质主义
估　价：HKD 100,000～200,000
成交价：RMB 453,630
200.4cm×200.2cm 香港苏富比 2022-04-28

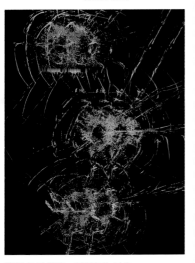

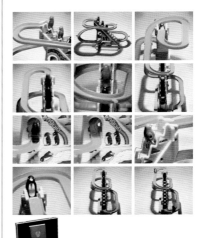

8225 赵赵 2020—2021年作 星空
估　价：RMB 300,000～400,000
成交价：RMB 483,000
177cm×135cm 华艺国际 2022-07-28

2652 张大千 天女散花
估　价：RMB 500,000～800,000
成交价：RMB 3,450,000
北京荣宝 2022-07-24

1579 张培力 1992年作 儿童乐园
估　价：RMB 700,000～900,000
成交价：RMB 805,000
中国嘉德 2022-12-14

1636 郑在东 2018年作 艮岳遗石
估　价：RMB 350,000~600,000
成交价：RMB 442,750
200cm×200cm 中贸圣佳 2022-10-27

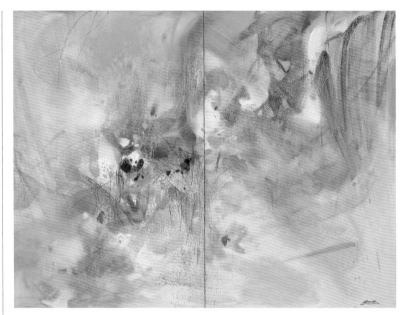

1040 朱德群 1985年作 春雪（双联屏）
估　价：HKD 18,000,000~28,000,000
成交价：RMB 20,036,982
192cm×258cm 香港苏富比 2022-10-07

191 郑丽云 2019年作 牡丹 19
估　价：NTD 1,500,000~1,900,000
成交价：RMB 407,700
130cm×134cm 中诚国际 2022-05-08

2559 周春芽 2017年作 园林·假山
估　价：RMB 380,000~480,000
成交价：RMB 437,000
33cm×44cm 北京荣宝 2022-07-24

1012 钟泗滨 1962年9月13日作 采莲
估　价：HKD 1,000,000~2,000,000
成交价：RMB 1,253,498
128cm×102cm 香港苏富比 2022-10-07

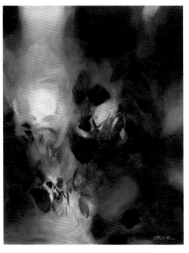

236 朱德群 1993年作 深渊中的希望
估　价：NTD 18,000,000~28,000,000
成交价：RMB 4,098,600
146cm×114cm 罗芙奥 2022-12-04

9 朱莉·梅赫雷图 2012年作 突现式算法（巴勒斯坦马纳拉圆环）
估　价：USD 3,000,000~4,000,000
成交价：RMB 33,019,236
150.5cm×225.1cm 纽约苏富比 2022-05-19

2022书画拍卖成交汇总
（成交价RMB：6万元以上）

拍品名称	物品尺寸	成交价RMB	拍卖公司	拍卖日期
中国书画				
汉代作者				
佚名 汉代 羽人仙界图	88cm×51cm	1,763,580	台北艺珍	2022-06-12
隋代作者				
王羲之（传）（唐宋摹本）祖暑帖 镜心	24cm×10cm	1,265,000	中鸿信	2022-09-12
王羲之（传）适得书帖 镜心	26cm×43cm	1,092,500	中鸿信	2022-09-12
唐代作者				
陈若愚（传）东华天地君像 立轴	151cm×81cm	402,500	中鸿信	2022-09-12
索玄 唐714年作 写经 手卷	25.5cm×268.5cm	864,057	佳士得	2022-05-28
无款 唐摄大乘论卷第四 手卷	26cm×575cm	3,824,112	佳士得	2022-12-03
颜真卿（款）军门帖 手卷	25.7cm×43.7cm	74,070	香港苏富比	2022-10-09
五代作者				
赵幹（传）山居图 立轴	218cm×102cm	218,500	中鸿信	2022-09-12
周文矩（款）桐荫读书图 镜心	画30cm×21cm	1,545,096	中国嘉德	2022-10-08
宋代作者				
安德义（款）多宝格图 镜心	128cm×204cm	166,750	中国嘉德	2022-09-30
陈容 墨龙图 镜心	直径23cm	80,500	中鸿信	2022-09-12
陈与义（款）行书五言诗 镜心	45cm×30cm	126,500	中国嘉德	2022-09-30
高克明（款）松鹿图 立轴	画心125.5cm×79cm	92,000	上海嘉禾	2022-01-01
胡舜臣（传）寒山行旅图 镜心	27cm×94.5cm	230,000	中鸿信	2022-09-12
季友直（传）柳荫观荷图 镜心	25.5cm×21.5cm	138,000	中鸿信	2022-09-12
金粟 小楷书法 立轴	127cm×53cm	161,000	北京荣宝	2022-07-24
孔夷（款）行书录古诗三首 手卷	34.5cm×344cm	70,150	中鸿信	2022-09-12
兰溪道隆 贵妃游园图 立轴	113.5cm×47.5cm	322,000	中鸿信	2022-09-12
李公麟 五马图	26.9cm×245cm	749,144	香港贞观	2022-06-18
李公麟（传）摹吴道子《孔子及七十二弟子像》手卷	31cm×1456.5cm	207,000	中贸圣佳	2022-07-23
李公麟（传）五百罗汉卷 手卷	45cm×658cm	69,000	中国嘉德	2022-06-02
李公麟（款）罗汉图 立轴	101cm×48cm	63,250	荣宝斋（南京）	2022-12-07
李嵩 论道图 镜心	30cm×20.5cm	943,000	中鸿信	2022-09-12
李韩 松鹿长春图 立轴	173cm×103cm	977,500	北京荣宝	2022-07-24
刘松年（传）扁舟访友图 立轴	94cm×29cm	690,000	中鸿信	2022-09-12
刘松年（传）山水卷 手卷	21cm×124cm	230,000	中贸圣佳	2022-07-23
马兴祖 雪猎图 镜心	27cm×27cm	230,000	北京荣宝	2022-07-24
马兴祖 栖禽图 镜框	32cm×23.5cm	69,000	保利厦门	2022-10-21
米芾（款）嶷山独钓图	68cm×45cm	2,830,608	香港福羲国际	2022-12-28
米芾 云山图 立轴	46cm×32cm	920,000	中鸿信	2022-09-12
牧溪（传）寒山拾得像（二幅）立轴	114.5cm×72cm×2	4,427,500	上海嘉禾	2022-11-20
牧溪 观音像 立轴	84cm×32cm	359,100	保利香港	2022-07-12
寿峰 卧虎图 立轴	143cm×95cm	16,675,000	北京荣宝	2022-07-24
宋徽宗 御鹰图 立轴	146cm×72.5cm	379,500	中鸿信	2022-09-12
宋徽宗（款）御鹰图 镜心	107cm×40cm	166,750	中鸿信	2022-09-12
苏轼（款）行书节录诗文集卷 手卷	33.5cm×508cm	69,000	中鸿信	2022-09-12
苏轼 行书庾信《奉和法筵应诏诗》手卷	36.5cm×278cm	115,000	中鸿信	2022-09-12
苏汉臣 蕉荫婴戏图 镜心	23.2cm×23.8cm	862,500	中鸿信	2022-09-12
温日观墨葡萄图轴 立轴	画心36.5cm×63cm	1,380,000	中贸圣佳	2022-12-31
温日观 墨葡萄 立轴	63cm×36.5cm	920,000	西泠印社	2022-01-22
温日观（传）墨葡萄 立轴	58.5cm×31.5cm	92,000	中国嘉德	2022-12-14
文志仁 八仙过海 镜心	105cm×61.5cm	69,000	荣宝斋（南京）	2022-12-07
吴炳 春郊玉兔图卷 手卷	画心35cm×256cm	897,000	中鸿信	2022-09-12
谢师稷（传）隶书赵丙诗 立轴	30cm×35cm	114,123	香港苏富比	2022-04-27
许道宁（传）雪夜访戴图 立轴	55.5cm×68cm	218,500	中鸿信	2022-09-12
姚月华（传）博古图 镜心	23cm×25cm	293,250	中鸿信	2022-09-12
佚名 宋—元 狮吼观音像 立轴	159cm×91cm	1,840,000	中贸圣佳	2022-12-31
易元吉（款）八兽册页（八开）	25cm×23cm×8	575,000	北京保利	2022-07-27
易元吉（传）牧羊图 镜心	25.5cm×29.5cm	63,250	中鸿信	2022-09-12
赵伯驹 赵孟頫瀛台清晓·行书 手卷		97,750	中鸿信	2022-09-12
赵昌（款）蜂王图 镜框	25cm×198.5cm	185,411	佳士得	2022-12-03
赵大年（传）柳岸泊舟 镜心	24cm×20cm	782,000	北京保利	2022-07-27
赵千里（传）水阁对弈图 立轴	129cm×54.5cm	1,380,000	中鸿信	2022-09-12
赵元长 十地菩萨像 立轴	138cm×61cm	828,000	中鸿信	2022-09-12
周左 海棠珍禽图 立轴	162cm×92cm	103,500	北京荣宝	2022-07-24
金代作者				
王庭筠 花荫戏猫图 立轴	69cm×48cm	2,702,500	中鸿信	2022-09-12
重阳真人 吕祖圣像 立轴	119cm×66cm	39,675,000	北京荣宝	2022-07-24
元代作者				
鲍恂 1361年作 寄友人诗帖 册片	29cm×38cm	13,800,000	中国嘉德	2022-12-12
边鲁 梅花鸳鸯图 立轴	121cm×55.5cm	250,700	香港苏富比	2022-10-09
曹云西（款）清閟阁图 立轴	50cm×28.5cm	862,500	中国嘉德	2022-12-14
陈琳 金碧山水图 立轴	画心63.5cm×34cm	345,000	中鸿信	2022-09-12
方从义 1377年作 云林钟秀 手卷	23.5cm×105cm	29,900,000	上海嘉禾	2022-11-20
方从义 日暮归棹 镜片	23cm×30cm	69,000	朵云轩	2022-12-09
管道升（款）墨竹 镜心	34.3cm×32cm	512,795	香港苏富比	2022-10-09
胡廷晖 茅舍结秋图 立轴	185cm×95.5cm	322,000	中鸿信	2022-09-12
灵石如芝 财神 立轴	44cm×30cm	109,250	中贸圣佳	2022-10-27
陆天游 朱陵别馆图 立轴	106.5cm×32cm	690,000	中贸圣佳	2022-12-31
吕敬甫（传）花卉草虫 镜心	高98cm	356,500	北京保利	2022-07-27
马臻 贵妃簪花图 立轴	114cm×72cm	172,500	中贸圣佳	2022-07-23
缪佚 云山烟霭 镜心	75cm×27cm	10,925,000	北京荣宝	2022-07-24
倪瓒 为子贞作南村隐居图 立轴	74cm×30.5cm	8,970,000	中鸿信	2022-09-12
倪瓒 春雨溪岸图 立轴	91cm×30.6cm	683,726	香港苏富比	2022-10-09
倪瓒 1372年作 楷书 镜片	25cm×16cm	195,500	朵云轩	2022-12-09
倪瓒（传）寒林远山图 立轴	97cm×37.5cm	94,300	中贸圣佳	2022-12-31
钱选（传）秋窗图 手卷	画21.5cm×173cm	195,500	中国嘉德	2022-12-14
钱选（传）乐人图 镜心	21cm×22cm	184,000	北京保利	2022-02-03
钱淶 枯野千艺图 立轴	80.5cm×28.5cm	115,000	中鸿信	2022-09-12
饶介 信札 屏轴双挖	24cm×14.5cm	115,000	朵云轩	2022-12-09
任仁发 平安白头 立轴	150cm×78.5cm	63,250	中鸿信	2022-09-12
盛懋（传）渔父图团扇裱于立轴	25cm×25.5cm	228,246	香港苏富比	2022-04-27
王履 溪山隐居 立轴	111cm×56cm	172,500	中国嘉德	2022-09-30
王蒙 1344年作 村居读书图 立轴	95.5cm×27cm	57,500,000	上海嘉禾	2022-11-20
王绎 寒窗读雪图 立轴	153.5cm×47cm	747,500	中鸿信	2022-09-12
王振鹏（款）西园雅集图 手卷	画心31.5cm×333cm	126,500	上海嘉禾	2022-11-20
王振鹏（款）列后图赞 手卷	29cm×433cm	115,000	朵云轩	2022-08-08
无款（前传刘贯道）元/明 葛仙移居图 手卷	36.5cm×302.5cm	927,057	佳士得	2022-12-03
鲜于去矜 草书困学斋诗 册页（十二开二十四页）	29cm×14.5cm×24	9,200,000	北京保利	2022-07-27
鲜于枢（款）行书《题水帘洞》镜框	29cm×21cm	287,500	上海嘉禾	2022-01-01
颜辉 达摩造像 立轴	105cm×55cm	230,000	荣宝斋（南京）	2022-12-07

2022书画拍卖成交汇总(续表)

(成交价RMB：6万元以上)

拍品名称	物品尺寸	成交价RMB	拍卖公司	拍卖日期
杨叔谦 1318年作 赵文敏像 手卷	画心 29cm×22.5cm	2,024,000	朵云轩	2022-12-09
一山一宁禅师草书 镜片	46cm×19.5cm	92,000	广东崇正	2022-08-10
佚名 十四世纪 高丽水月观音像立轴	109cm×66cm	1,840,000	中贸圣佳	2022-12-31
俞和 1332年作 草书千字文 立轴	36.5cm×50cm	264,500	北京保利	2022-07-27
宇文公谅 1346年作 山居图 立轴	168cm×85cm	483,000	中鸿信	2022-09-12
元人 罗汉图 立轴	76.5cm×38.5cm	2,070,000	西泠印社	2022-08-20
月江正印禅师 等 1323年作行书 禅语 立轴	64.5cm×27cm	1,265,000	西泠印社	2022-01-22
张远 墨竹 镜心	69cm×25cm	345,000	中国嘉德	2022-06-28
赵孟頫 行书柳宗元《唐铙歌鼓吹曲十二篇并序》手卷	字27cm×287cm	920,000	中国嘉德	2022-06-28
赵孟頫 (款) 人马图	107cm×47cm	609,367	香港福羲国际	2022-12-28
赵孟頫 (款) 1319年作 孔子像 立轴	76cm×33cm	460,000	西泠印社	2022-08-20
赵孟頫 1315年作 驯马图卷 手卷	31cm×231cm	82,800	中鸿信	2022-09-12
赵孟頫 葛仙翁移居图 手卷	29cm×462cm	74,750	中鸿信	2022-09-12
赵希远 (款) 汉宫图 镜框	33cm×39cm	92,000	上海嘉禾	2022-01-01
赵原 秋山图 立轴	44.5cm×28cm	368,000	保利厦门	2022-10-22
智海 秋霁澄清图卷 手卷	画心 30.5cm×139cm	1,782,500	中贸圣佳	2022-07-23
中峰明本 行书 镜片	34.5cm×35cm	713,000	上海嘉禾	2022-01-01
明代作者				
释大汕 寿石幽兰 镜框	17cm×49cm	356,500	华艺国际	2022-09-24
安正文 仙山楼阁	96cm×164cm	218,500	上海嘉禾	2022-11-20
鲍台元 龙王礼佛图 手卷	28cm×617cm	92,000	荣宝斋(南京)	2022-12-07
卜文瑜 秋亭晚岫 立轴	68cm×36cm	109,250	北京荣宝	2022-07-24
蔡羽 陆治 1517年作、1534年作 销夏湾记·销夏湾图 手卷	陆画 24.5cm×131cm；蔡书 24.5cm×119cm	24,265,000	中国嘉德	2022-06-26
曹羲 1618年作 献寿图 镜心	70cm×40cm	161,000	中国嘉德	2022-06-28
曹学佺 草书李白《清平调·其一》立轴	137cm×63cm	126,500	保利厦门	2022-10-21
曹学佺 萧云从 林晋许友 等明人诸先生赠百拙和尚书画十二 立轴	28.5cm×34cm×12	368,000	中贸圣佳	2022-12-31
常莹 1626年作 春日山居图 扇面	17cm×53.5cm	184,000	中国嘉德	2022-06-28
车明舆 松鹤图 立轴	123cm×57cm	402,500	荣宝斋(南京)	2022-12-07
陈淳 1544年作 楷书长卷并云山画稿 手卷	画 27.5cm×259cm；书法 27.5cm×230.5cm	8,395,000	西泠印社	2022-08-20
陈淳 紫辛夷图 立轴	121cm×58cm	2,587,500	西泠印社	2022-01-22
陈淳 1539年作 墨花图卷 手卷	画心26.5cm×307cm	586,500	中鸿信	2022-09-12
陈淳 秋江千艇图 扇面	18.5cm×52.5cm	575,000	中国嘉德	2022-06-28
陈淳 洞庭秋月诗意图 立轴	58cm×38.5cm	363,119	香港苏富比	2022-04-27
陈淳 行草书法 扇面镜框	19.5cm×51.2cm	108,007	佳士得	2022-05-28
陈栝 1550年作 折枝花卉卷 手卷	43cm×465.5cm	1,725,000	中贸圣佳	2022-12-31
陈洪绶 松下鸣琴图 立轴	110cm×51cm	3,220,000	荣宝斋(南京)	2022-12-07
陈洪绶 老莲 画心	128cm×63.8cm	1,880,000	北京传世	2022-12-15
陈洪绶 会茶图 立轴	104cm×52cm	1,345,500	永乐拍卖	2022-07-25
陈洪绶 行书五言诗 扇页	16.5cm×51cm	552,000	西泠印社	2022-01-22
陈洪绶 花鸟 立轴	139cm×49cm	437,000	广东崇正	2022-12-24
陈洪绶 雅集图 立轴	181cm×54cm	138,000	中鸿信	2022-09-12
陈洪绶 高仕读书图 立轴	97cm×43cm	103,500	中鸿信	2022-09-12
陈焕 携琴访友图 立轴	150cm×39cm	207,000	西泠印社	2022-01-22
陈玑 水竹幽居 镜心	35cm×189cm	109,250	中国嘉德	2022-06-02
陈继儒 1636年作 行书节苏子语录 手卷	书法 27.5cm×364cm	5,076,744	中国嘉德	2022-10-08
陈继儒 行书 手卷	27cm×483cm	1,242,000	上海嘉禾	2022-11-20
陈继儒 潇湘夜雨 立轴	66.4cm×27.2cm	1,035,000	北京荣宝	2022-07-24
陈继儒 行书佳句 立轴	127.5cm×48.5cm	1,035,000	北京保利	2022-07-27
陈继儒 1633年作 行书《峨眉行》诗册页(八开十六页)	22.2cm×14cm×16	920,000	北京保利	2022-07-27
陈继儒 《种茶帖》等三帧 镜片(三帧)	22cm×13.5cm×3	414,000	西泠印社	2022-01-22
陈继儒 行书东坡《节饮食说》手卷	35cm×323cm	287,500	广东崇正	2022-12-24
陈继儒 行书诗册页(八开)	22cm×15cm×14	230,000	中贸圣佳	2022-12-31
陈继儒 行书五言诗 扇页	16cm×51.5cm	207,000	西泠印社	2022-01-22
陈继儒 (传) 临董北苑山水 镜心	157.5cm×39.5cm	126,500	中贸圣佳	2022-12-31
陈继儒 山居图 立轴	149cm×64cm	92,000	中鸿信	2022-09-12
陈继儒 平安阁图 立轴	80.5cm×42cm	92,000	北京保利	2022-07-27
陈蒨 墨兰卷 手卷	画30cm×299cm	184,000	中国嘉德	2022-06-28
陈芹 竹石图 扇面	16cm×42.7cm	205,118	香港苏富比	2022-10-09
陈容 (款) 云龙图 立轴	122.5cm×70.5cm	432,028	佳士得	2022-05-28
陈王道刘应龙丁允亨顾绛 等 和溪翁诗册页(十九页)	36cm×28.5cm×19	483,000	西泠印社	2022-01-22
陈希稷 行书五言诗 立轴	131cm×56.5cm	69,000	保利厦门	2022-10-21
陈贤 罗汉像 立轴	诗堂 37cm×99cm；画心 142cm×95cm	920,000	中鸿信	2022-09-12
陈有寓 刘海戏金蟾 立轴	138cm×69cm	69,000	中国嘉德	2022-09-30
陈遇 巨幅文会图对轴 立轴	164cm×104cm×2	2,300,000	西泠印社	2022-08-20
陈子和 观世音菩萨 镜片	77.5cm×32cm	69,000	上海嘉禾	2022-11-20
陈子壮 行书信札 册页	尺寸不一	897,000	广东崇正	2022-08-10
程环 官苑图 镜心	130cm×90cm	138,000	中国嘉德	2022-09-30
程嘉燧 1643年作 晴山疏影图 立轴	93.5cm×32cm	207,000	西泠印社	2022-01-22
程嘉燧 仿古山水 八开册	21cm×12cm×8	82,998	香港苏富比	2022-04-27
戴进 耄耋图 立轴	126cm×43.5cm	8,050,000	荣宝斋(南京)	2022-12-07
戴进 秋林行客 镜心	171.5cm×98cm	437,000	保利厦门	2022-10-22
戴缙 (款) 1466年作 青山幽居卷 手卷	32cm×577cm	80,500	中国嘉德	2022-06-01
戴明说 临王右军、王筠书册页镜片两幅	29cm×25.5cm×2	92,705	佳士得	2022-12-03
戴明说 竹柏长青 立轴	125cm×65cm	86,250	中国嘉德	2022-05-28
担当 秋山问道图 立轴	78cm×26cm	207,000	中贸圣佳	2022-10-27
丁云鹏 1616年作 三生图 立轴	175cm×65.5cm	1,955,000	广东崇正	2022-08-10
丁云鹏 1607年作 拟倪云林枯木寒林图 镜心	68cm×33cm	195,500	中鸿信	2022-09-12
丁云鹏 十六罗汉渡海图 手卷	28cm×373cm	184,000	北京保利	2022-02-03
丁云鹏 1613年作 酒国仙饮图卷 手卷	画心 32cm×658.5cm	138,000	中鸿信	2022-09-12
丁云鹏 1606年作 文殊洗象图 立轴	57.5cm×27cm	115,000	中贸圣佳	2022-07-23
丁云鹏 应真图 镜片十二开	25cm×21.5cm×12	91,164	香港苏富比	2022-10-09

拍品名称	物品尺寸	成交价RMB	拍卖公司	拍卖日期
董其昌 1601年作 仿黄公望山水 手卷	画30cm×118.5cm	17,250,000	中国嘉德	2022-06-26
董其昌 临王右军书卷 手卷	本幅 25cm×357cm	7,475,000	华艺国际	2022-09-23
董其昌 戏鸿堂摹古法帖第六卷 手卷	书法 22.5cm×513cm	5,750,000	北京保利	2022-07-27
董其昌 小楷临褚遂良《老子西升帖》册页	26cm×13.5cm×19	3,450,000	开拍国际	2022-07-24
董其昌 1613年作 行书唐诗二首 手卷	书法 26.5cm×489cm	3,450,000	中国嘉德	2022-12-12
董其昌 1631年作 翛然林水卷 手卷	画心 27cm×249cm	3,277,500	北京保利	2022-02-03
董其昌 行书临晋唐名家书帖 手卷	27.5cm×294.5cm	2,869,464	华艺国际	2022-11-27
董其昌 草书临帖 手卷	36.5cm×488cm	2,376,158	佳士得	2022-05-28
董其昌 1614年作 苍林白石图 立轴	87cm×39.5cm	2,070,000	中国嘉德	2022-06-28
董其昌 书画合璧卷 手卷	24cm×260cm	1,897,500	中贸圣佳	2022-07-23
董其昌 1621年作 行书《游惠山访友诗》卷 手卷	30cm×433cm	1,725,000	中贸圣佳	2022-07-23
董其昌 书画合璧卷 手卷	画心26cm×263cm	1,725,000	北京保利	2022-02-03
董其昌 金笺山水书法 册页（八开）	31.5cm×25cm×16	1,380,000	中国嘉德	2022-06-28
董其昌 真行草书法卷 手卷	25.2cm×279.2cm	1,348,729	香港苏富比	2022-04-27
董其昌 1625年作 楷书《洛神赋》册页（共十六页）	画心 26.5cm×13.5cm×14	1,322,500	西泠印社	2022-01-22
董其昌 山水对题 册页（十六页）	22cm×13cm×16	1,058,000	西泠印社	2022-08-20
董其昌 行书《后赤壁赋》十屏	85cm×56cm×10	1,037,484	香港苏富比	2022-04-27
董其昌 仿董北苑山水 立轴	125cm×51cm	943,000	上海嘉禾	2022-11-20
董其昌 行书临裴将军诗 手卷	书法 24cm×309cm	920,000	北京保利	2022-02-03
董其昌 缥缈烟云图并自题卷 手卷	画心 27cm×110.5cm; 27cm×127.5cm	862,500	西泠印社	2022-01-22
董其昌 行书诗卷 手卷	24cm×279cm	862,500	朵云轩	2022-12-08
董其昌 仿高克恭云山图 手卷	23cm×156cm	829,987	香港苏富比	2022-04-27
董其昌 临唐人书册页（十三开）	22cm×27.5cm×13	690,000	中贸圣佳	2022-07-23
董其昌 行书论画 手卷	画25cm×86cm	690,000	永乐拍卖	2022-07-25
董其昌 临唐人法书册页（共十三页）	38cm×25cm×10; 38cm×33cm×3	632,500	西泠印社	2022-01-22
董其昌 行书词组 立轴	162.3cm×54.5cm	626,749	香港苏富比	2022-10-09
董其昌 行书杜少陵题山水图 立轴	90cm×46cm	552,000	中贸圣佳	2022-07-23
董其昌 草书古诗句 立轴	140cm×30cm	517,500	西泠印社	2022-01-22
董其昌 1631年作 行书七言诗 手卷	27cm×375.5cm	517,500	上海嘉禾	2022-01-01
董其昌 1620年作 行书五言诗 镜片	158cm×46.5cm	483,000	西泠印社	2022-08-20
董其昌 行书《小赤壁诗》手卷	42.5cm×1002.6cm	455,818	香港苏富比	2022-10-09
董其昌 行书《知足常乐诗》册页（二十开）	24cm×15.2cm×20	453,630	佳士得	2022-05-28
董其昌 1620年作 行书五言诗	308cm×28.5cm	437,000	西泠印社	2022-08-20
董其昌 行书《同诸客携酒早看樱桃花》镜心	15.3cm×47cm	425,500	中国嘉德	2022-12-14
董其昌 1614年作 山川出云 手卷	32cm×187cm	402,500	中国嘉德	2022-05-28
董其昌 1611年作 仿米家山水 手卷	25.5cm×240cm	368,000	上海嘉禾	2022-01-01
董其昌 行书《洛田名园记》手卷	24.5cm×258cm	368,000	上海嘉禾	2022-01-01
董其昌 行书五言诗 册页（五开）	28cm×32.5cm×5	353,164	中国嘉德	2022-10-08
董其昌 行书七言诗 立轴	136cm×49cm	345,000	西泠印社	2022-01-22
董其昌 红树秋山图 立轴	90.5cm×30.5cm	345,000	中鸿信	2022-09-12
董其昌 草书手卷	24cm×264cm	333,500	华艺国际	2022-07-29
董其昌 1607年作 仿米家山水 立轴	107.5cm×53.5cm	322,000	中鸿信	2022-09-12
董其昌 1636年作 行书《天马赋》册页（十开）	27cm×28.5cm×10	322,000	朵云轩	2022-12-09
董其昌 山水书法对题 册页	24cm×17cm	287,500	北京荣宝	2022-07-24
董其昌 草书杜甫诗 立轴	103.5cm×24cm	287,500	西泠印社	2022-01-22
董其昌 行书唐人九日应制二首 扇面	16.5cm×50cm	287,500	中国嘉德	2022-06-28
董其昌 草书绝句 立轴	123cm×42cm	254,940	佳士得	2022-12-03
董其昌 行书五言诗《剑戟诗》镜心	113cm×49cm	218,500	中鸿信	2022-09-12
董其昌 1629年作 行书唐人诗卷 手卷	29cm×287cm	209,691	中国嘉德	2022-10-08
董其昌 行书扇片	15cm×46cm	166,750	朵云轩	2022-12-09
董其昌 草书《听江笛送陆侍御》立轴	95.5cm×26cm	129,608	佳士得	2022-05-28
董其昌 行书七言诗 扇面镜框	14.5cm×46cm	118,807	佳士得	2022-05-28
董其昌 禅悦册 十六开册	21.5cm×14cm×16	103,748	香港苏富比	2022-04-27
董其昌 行书五言诗 立轴	147cm×53cm	97,750	北京保利	2022-07-27
董其昌 松林清幽图 镜心	27cm×35cm	92,000	保利厦门	2022-10-22
董其昌 信札两通 信札	25cm×15cm; 25cm×9.5cm	92,000	上海嘉禾	2022-11-20
董其昌 信札一通 信札	19.5cm×31.5cm	69,000	上海嘉禾	2022-11-20
董嗣成 1585年作 云中帝城 扇面	18cm×51.5cm	92,000	中国嘉德	2022-12-14
杜堇 簪花仕女像 镜心	151cm×81cm	253,000	中国嘉德	2022-09-27
杜堇 桃园夜宴图 手卷	50.5cm×198cm	69,000	保利厦门	2022-10-22
范允临 十美人诗 镜心（十开）	20.5cm×20cm×10	138,000	北京保利	2022-07-27
范允临 1611年作 楷书《乐志论》扇面	15.5cm×46.5cm	80,500	中国嘉德	2022-06-28
范濂 牡丹富贵 立轴	162cm×97cm	149,500	华艺国际	2022-09-23
方孝孺 草书临东汉张芝《终年帖》镜心	179cm×85.5cm	155,250	中鸿信	2022-09-12
方孝孺 1383年作 行书杜甫诗卷 手卷	31.5cm×316cm	149,500	北京保利	2022-07-27
丰坊 1556年作 草书《千字文》手卷	30.5cm×970cm	1,035,000	中国嘉德	2022-12-12
丰坊 1553年作 草书临杜甫《甘园》古诗 立轴	135.5cm×26.5cm	322,000	中鸿信	2022-09-12
冯起震 冯可宾 竹石图 立轴	166cm×53.5cm	248,996	香港苏富比	2022-04-27
傅瀚 1558年作 归园田居 立轴	129cm×65cm	345,000	中国嘉德	2022-05-28
高拱 1571年作 行书册页（六开）	21.5cm×15cm×6	184,000	朵云轩	2022-12-09
高攀龙 草书 镜心	33cm×90cm	690,000	荣宝斋（南京）	2022-10-07
高阳 风荷 扇面	17.5cm×52cm	276,000	永乐拍卖	2022-07-25
顾鏻 竹石图 镜片	142cm×51.5cm	109,250	西泠印社	2022-01-22
顾国宝 行书七言诗 扇面	17cm×52cm	161,000	北京保利	2022-07-27
顾见龙 广寒凌波图 立轴	88cm×43.5cm	63,250	荣宝斋（南京）	2022-12-07
顾侃 琴溪垂钓 立轴	129cm×43cm	81,396	保利香港	2022-10-12
顾咨 致蓬庄公札 镜片	13.5cm×29cm	92,000	朵云轩	2022-12-09
顾懋龙（款）1538年作 再思图 立轴	158cm×95cm	184,000	中国嘉德	2022-05-28
顾懿德 1632年作 碧山草堂图 扇面	17cm×51.5cm	161,000	中国嘉德	2022-12-14
顾正谊 山林茅屋图 扇面	18.5cm×57.5cm	195,500	中国嘉德	2022-12-14
顾知野 渔墨戏 册页（十开）	27cm×21cm×20	322,000	中贸圣佳	2022-07-23
归昌世 竹石图 扇片	16.5cm×51cm	138,000	朵云轩	2022-12-09
归有光 行书 前贤句 立轴	117cm×54.5cm	575,000	西泠印社	2022-01-22
郭诩 松下读书图 镜片	128cm×79cm	155,250	江苏汇中	2022-08-17
韩敬 行书卷 手卷	473cm×38cm	195,500	中鸿信	2022-09-12
黄道周 行书 立轴	193cm×51cm	1,955,000	朵云轩	2022-12-08

2022书画拍卖成交汇总(续表)

(成交价RMB：6万元以上)

拍品名称	物品尺寸	成交价RMB	拍卖公司	拍卖日期
黄道周 行书自作古风诗赠徐霞客卷 手卷	24cm×218cm	782,000	上海嘉禾	2022-11-20
黄道周 草书历代名贤赞语卷 手卷	27cm×252cm	483,000	北京保利	2022-07-27
黄道周 (传) 深林读书图 立轴	209cm×54.5cm	149,500	中贸圣佳	2022-12-31
黄道周 草书 立轴	209cm×52cm	109,250	广东崇正	2022-12-24
黄梦麟 行书 立轴	182.5cm×48.5cm	172,811	佳士得	2022-05-28
黄潜 1352年作 富春山居图卷 手卷	本幅 34cm×608cm	4,025,000	中贸圣佳	2022-07-23
黄汝亨 1616年作 行书书法 立轴	165cm×52cm	207,000	中贸圣佳	2022-07-23
黄枢 酒醒帖 镜片(二页)	26cm×14.5cm; 26cm×13cm	63,250	西泠印社	2022-01-22
计盛 (款) 互市图 镜心	34cm×153cm	86,250	中国嘉德	2022-06-02
纪之竹 草书唐李端诗 镜心	147.6cm×47.6cm	115,000	中贸圣佳	2022-12-31
姜隐 1620年作 松林俏逸卷 手卷	31cm×643cm	287,500	中国嘉德	2022-06-01
姜隐 1621年作 渔牧图卷 手卷	31cm×456cm	80,500	中国嘉德	2022-09-30
姜之浩 1617年作 行书《半住园自叙语》镜片	162cm×30cm	92,000	西泠印社	2022-01-22
蒋蔼 秋林读书图 扇面	16.5cm×50cm	161,000	中国嘉德	2022-06-28
蒋绍煃 秋山图 立轴	134cm×43cm	483,000	北京荣宝	2022-07-24
焦竑 行书七言诗 扇面	17.5cm×54cm	322,000	中国嘉德	2022-12-14
金圣叹 行书七绝四首 扇面	18.5cm×55cm	264,500	中国嘉德	2022-06-28
居节 1554年作 雪霁图 立轴	113cm×27cm	230,000	北京保利	2022-07-27
居节 放艇梅林图卷 手卷	画心 24cm×165cm	172,500	北京保利	2022-07-27
居节 (款) 春山游骑图卷 手卷	40cm×280cm	63,250	中国嘉德	2022-09-30
鞠养龙 草书李白诗 立轴	180cm×46.5cm	86,250	中国嘉德	2022-06-28
柯曜 文会图 扇面镜心	18cm×56.5cm	115,000	北京银座	2022-09-17
孔贞运 行书五言诗 扇面	17.5cm×54cm	230,000	中国嘉德	2022-06-28
来复 山居图 扇面	15.5cm×49cm	172,500	中国嘉德	2022-06-28
蓝瑛 1649年作 秋壑飞泉 立轴	174cm×51cm	1,725,000	中国嘉德	2022-06-28
蓝瑛 雪屋高吟 立轴	213cm×95cm	1,380,000	中贸圣佳	2022-07-23
蓝瑛 溪山行旅图 立轴	179.5cm×74.5cm	897,000	中鸿信	2022-09-12
蓝瑛 青绿山水 立轴	160cm×43.5cm	770,500	中贸圣佳	2022-12-31
蓝瑛 巫峡云深 立轴	37.8cm×24.5cm	540,500	华艺国际	2022-07-29
蓝瑛 1646年作 溪山秋壑 立轴	130cm×46cm	410,400	保利香港	2022-07-12
蓝瑛 疏山远山图 镜框	129.5cm×40cm	302,420	佳士得	2022-05-28
蓝瑛 行书七言诗 扇面	16.7cm×50.8cm	207,496	香港苏富比	2022-04-27
蓝瑛 1646年作 泉壑寻诗 立轴	143.5cm×44.5cm	172,500	中国嘉德	2022-06-28
蓝瑛 1635年作 松下对茗 立轴	180cm×67cm	138,000	中鸿信	2022-09-12
蓝瑛 (款) 观瀑图 镜心	110cm×56cm	103,500	中国嘉德	2022-06-01
蓝瑛 花港观渔 立轴	169cm×45cm	92,340	保利香港	2022-07-12
蓝瑛 枯木竹石图 立轴	123cm×58cm	89,700	中鸿信	2022-09-12
黎民表 1577年作 隶书《过秦论》下篇 手卷	画心 45cm×152cm	115,000	中鸿信	2022-09-12
黎遂球 翎毛海错册页 (四开)	22cm×20cm×4	207,000	华艺国际	2022-09-24
李澄 为石泉作鹤寿图 立轴	97cm×55cm	80,500	中鸿信	2022-09-12
李继贞 行书七言诗 扇面	16cm×51.5cm	115,000	中国嘉德	2022-12-14
李麟驾 山高水长 镜心	直径57cm	62,720	开禧国际	2022-12-28
李流芳 1624年作 西湖泛舟图卷 手卷	28cm×204cm	3,450,000	中国嘉德	2022-09-12
李流芳画 何适题 1621年作 青山茅屋图轴 立轴	161cm×43.5cm	782,000	中贸圣佳	2022-07-23
李流芳 1623年作 林泉清趣 立轴	诗堂 23cm×28.5cm; 绘画 58.5cm×28.5cm	483,000	中贸圣佳	2022-07-23
李流芳 1621年作 秋江泛舟图 手卷	画心28cm×91cm	241,500	中鸿信	2022-09-12
李流芳 雪江载鹤图 手卷	31.8cm×162cm	207,496	香港苏富比	2022-04-27
李流芳 秋江泛舟图 手卷	画心 28.5cm×91.5cm	207,000	上海嘉禾	2022-11-20
李流芳 1620年作 仿高克恭山水 立轴	72.5cm×25.5cm	184,497	保利香港	2022-10-12
李流芳 1620年作 仿大痴笔意山水 立轴	96cm×47cm	115,000	中国嘉德	2022-06-28
李流芳 松吹泉声图 立轴	109.2cm×24.4cm	114,123	香港苏富比	2022-04-27
李流芳 1625年作 仿倪云林山水 立轴	116.5cm×31cm	92,000	中国嘉德	2022-06-28
李梦阳 行书自作诗二首 手卷	23.5cm×123.5cm	24,961,440	香港苏富比	2022-10-09
李攀龙 草书七言诗 立轴	125cm×48cm	149,500	荣宝斋(南京)	2022-12-07
李日华 1625年作 竹懒三绝 手卷	画24.5cm×498cm	7,360,000	中国嘉德	2022-06-26
李日华 雪竹图 立轴	176cm×85cm	184,000	上海嘉禾	2022-01-01
李日华 1626年作 竹石图 镜片	画心 130cm×61cm	138,000	上海嘉禾	2022-01-01
李日华 行书 立轴	81cm×31cm	115,000	朵云轩	2022-12-09
李士达 万玉吟仙图卷 手卷	24cm×140cm	2,300,000	北京荣宝	2022-07-24
李士达 万历三十八年作 观瀑图 立轴	168cm×89.5cm	1,173,000	永乐拍卖	2022-07-25
李士达 子猷赏竹图 镜心	43cm×28cm	230,000	北京荣宝	2022-07-24
李士达 1618年作 祭田课耕 立轴	109cm×41cm	71,300	北京保利	2022-07-27
李士达 岁朝图 立轴	74.9cm×32.4cm	67,436	香港苏富比	2022-04-27
李士达 1616年作 枯木论通图 立轴	126.5cm×49cm	66,700	中鸿信	2022-09-12
李仙风 草书五言诗 扇面	16cm×52cm	97,750	中国嘉德	2022-06-28
李着 听松图 扇面	19.5cm×54cm	92,000	中国嘉德	2022-12-14
李钟衡 竹石图 立轴	130.4cm×47.2cm	690,000	北京荣宝	2022-07-24
李宗谟 黄晋良 陶渊明鬵绩图 手卷	画心 26cm×398cm	322,000	西泠印社	2022-01-22
李宗谟 白描陶渊明卷 手卷	26cm×102cm; 26cm×398cm; 26cm×125cm	322,000	中贸圣佳	2022-10-27
练国事 行书七言诗 扇面	18.5cm×54cm	161,000	中国嘉德	2022-06-28
林良 寒梅双栖图 立轴	198cm×95.5cm	78,200	中鸿信	2022-09-12
林时亮 林道荣 林丰高 等 称水轩诸名流联句 手卷	750cm×34cm	598,000	西泠印社	2022-01-22
刘枋 函关紫气图 立轴	116cm×74cm	1,840,000	北京荣宝	2022-07-24
刘珏 和沈恒吉诗 美人帖 镜片	20.5cm×36.5cm	2,530,000	西泠印社	2022-01-22
刘敏宽 等 百美图书画卷 手卷	画心30cm×888cm	529,000	西泠印社	2022-01-22
刘原起 亭榉赏秋 扇面	17cm×49cm	71,300	保利厦门	2022-10-22
刘重庆 草书 节录李白诗 立轴	176cm×52cm	92,000	西泠印社	2022-08-20
柳如是 1642年作 临古山水 册页 (八页)	21cm×14cm×8	322,000	西泠印社	2022-01-22
娄坚 书法 立轴	158.1cm×53.7cm	207,000	北京荣宝	2022-07-24
娄坚 行书韦应物诗 立轴	132cm×42cm	96,861	香港苏富比	2022-10-09
鲁得之 古松图 立轴	159cm×59cm	345,000	北京荣宝	2022-07-24
鲁得之 墨竹手卷	24.5cm×159.5cm	159,536	香港苏富比	2022-10-09
鲁可藻 王用极 张思九 等 祝寿册页(十八开)	31.5cm×31.5cm×18	713,000	荣宝斋(南京)	2022-12-07
鲁治 草书手卷	28cm×336.5cm	575,000	朵云轩	2022-12-09
陆治 1562年作 折枝杂花图卷 手卷	画心 25cm×642cm	1,955,000	中贸圣佳	2022-07-23
陆治 仿古诗意册页	27cm×26.5cm×8	1,280,630	保利香港	2022-10-12
陆治 仿云林山水卷 手卷	30cm×513cm	747,500	中鸿信	2022-09-12
陆治 杏花鱼戏图 扇面	16cm×45cm	736,000	华艺国际	2022-07-29

拍品名称	物品尺寸	成交价RMB	拍卖公司	拍卖日期	拍品名称	物品尺寸	成交价RMB	拍卖公司	拍卖日期
陆治 溪阁泛舟图 扇面	18cm×50cm	345,000	中国嘉德	2022-06-28	仇英(款)汉宫春晓图卷 手卷	39cm×397cm	1,725,000	中国嘉德	2022-05-28
陆治 玉田图 立轴	94cm×40cm	287,500	保利厦门	2022-10-22	仇英 十八学士登瀛图 镜心	223cm×102cm	1,725,000	中鸿信	2022-09-12
陆治 碧桃双燕 镜心	17cm×49.5cm	115,000	中贸圣佳	2022-07-23	仇英(传)桃源图 手卷	30cm×371cm	1,188,079	佳士得	2022-05-28
陆治 疏亭图 扇面	16cm×48cm	109,250	保利厦门	2022-10-22	仇英 梅花公主图 立轴	131cm×46cm	690,000	西泠印社	2022-01-22
陆治 1533年作 山居图 镜心	19.5cm×53cm	80,500	中贸圣佳	2022-12-31	仇英 汉宫美人图卷 手卷	31.5cm×483cm	667,000	上海嘉禾	2022-01-01
路一麟 康乃心 康强 明末理学家书画册页(十六页)	尺寸不一	149,500	西泠印社	2022-01-22	仇英(款)桃源仙境图卷 手卷	32cm×448cm	437,000	中国嘉德	2022-05-28
罗文瑞 1581年作 松下抚琴图 立轴	169cm×94cm	161,000	中国嘉德	2022-05-28	仇英 水岸清坐图 册页	17.5cm×48cm	437,000	西泠印社	2022-09-12
吕端俊 竹雀兰石 立轴	173cm×84cm	230,000	中国嘉德	2022-05-28	仇英(款)青山红树图 立轴	56cm×30cm	393,999	佳士得	2022-12-03
吕纪 双鹰图 立轴	104cm×63cm	575,000	北京保利	2022-07-27	仇英(款)汉宫春晓卷 手卷	30cm×447cm	368,000	中国嘉德	2022-06-01
吕纪 和平富贵图 镜心	103cm×40cm	391,000	中鸿信	2022-09-12	仇英 西园雅集图 立轴	画心129cm×66cm	207,000	中鸿信	2022-09-12
吕纪(款)沈周(款)唐寅(款)等宋元明各家册页	尺寸不一	184,000	中国嘉德	2022-06-02	仇英(款)观瀑图 扇面	17cm×52cm	207,000	中鸿信	2022-12-14
吕潜 官铨 拟古山水、行书书法景格扇面 镜心	19.5cm×56cm	94,300	中贸圣佳	2022-07-23	仇英(款)四景美人图卷 手卷		205,118	香港苏富比	2022-10-09
马守真 1572年作 竹石图 立轴	71cm×28cm	92,000	中鸿信	2022-09-12	仇英 董其昌 文徵明 观音大士像 立轴	画心55cm×28.5cm	172,500	中鸿信	2022-09-12
孟阶(款)草书游记卷 手卷	29cm×268cm	80,500	中国嘉德	2022-09-30	仇英 桃源图卷 手卷	画心28cm×452cm	172,500	中鸿信	2022-09-12
米万钟 巨幅草书 登华山千尺幢诗 镜片	293cm×79cm	3,622,500	西泠印社	2022-01-22	仇英(传)桃源图 手卷		172,500	中贸圣佳	2022-10-27
米万钟 秋山归舟图 扇面	18.5cm×54.5cm	747,500	中国嘉德	2022-12-14	仇英 婴戏图 立轴	123cm×61.5cm	105,800	中鸿信	2022-09-12
米万钟 行书《烂柯山》七言绝句 立轴	185cm×52cm	575,000	北京保利	2022-07-27	仇英(传)青绿山水 镜心	180cm×96.5cm	97,750	中贸圣佳	2022-12-31
米万钟 草书七言诗 扇面	16cm×49.5cm	109,250	保利厦门	2022-10-22	仇英(款)白描神斗图卷 手卷	34cm×866cm	92,000	中国嘉德	2022-09-27
明纲 草书五言诗 扇面	18cm×56.5cm	172,500	中国嘉德	2022-12-14	仇英(款)宫廷乐游图 手卷	30.5cm×353cm	92,000	中鸿信	2022-09-12
明诸家各家墨迹 手卷	尺寸不一	4,102,358	香港苏富比	2022-10-09	仇英 汉宫春晓图 手卷	33cm×323cm	92,000	保利厦门	2022-10-22
莫是龙 怀仰帖 手卷	18cm×98.5cm	368,000	西泠印社	2022-01-22	仇英(款)仕女图 手卷	44.1cm×987.3cm	82,998	香港苏富比	2022-04-27
莫是龙 草书五言诗 扇面	18cm×52cm	172,500	中国嘉德	2022-12-14	仇英 游春图卷 手卷	33cm×302cm	82,800	中鸿信	2022-09-12
莫是龙 行书五言诗 扇面	15cm×46cm	126,500	中国嘉德	2022-12-14	仇英(款)庭院仕女 镜心	184cm×55cm	74,750	北京保利	2022-07-27
倪于让 山水(四帧)立轴	26.5cm×22cm×4	126,500	中国嘉德	2022-12-14	仇英 松庭戏婴图 立轴	76cm×29cm	71,300	中鸿信	2022-09-12
倪元璐 行书《莲舟买荷度》立轴	164cm×48cm	1,495,000	保利厦门	2022-10-21	仇英(款)桃源坐禅 镜心	31cm×153cm	69,000	中国嘉德	2022-09-30
倪元璐 1622年作 茅亭江帆图 扇页	18cm×51cm	563,500	西泠印社	2022-01-22	仇珠 临仇英摹李龙眠白描群仙高会图卷 手卷	28.5cm×238.7cm	398,840	香港苏富比	2022-10-09
倪元璐 早年草书陆游诗 立轴	143cm×48cm	552,000	西泠印社	2022-01-22	仇珠 进爵献禄图卷 手卷	19.5cm×378cm	207,000	保利厦门	2022-10-22
倪元璐 行书自作诗 立轴	83cm×34cm	322,000	中鸿信	2022-09-12	仇珠 宫苑仕女图 立轴	132cm×43cm	92,000	西泠印社	2022-01-22
倪元璐 云山图 手卷	画41cm×261cm	230,000	江苏汇中	2022-08-16	任贤佐 人马图 立轴	71.5cm×104cm	14,950,000	北京荣宝	2022-07-24
倪岳 行き纪游联句卷 手卷	26.5cm×97cm	805,000	中贸圣佳	2022-12-31	商辂 草书七言诗 镜框	17cm×49.5cm	69,000	上海嘉禾	2022-01-01
倪云林(传)1348年作 寒林山水图 立轴	56cm×34cm	132,436	华艺国际	2022-11-27	邵弥 1635年作 临王维辋川图卷 手卷	28.5cm×408.5cm	483,000	朵云轩	2022-12-09
藕益(智旭)岩壑奇姿 手卷	画心9.5cm×16.5cm×4	401,553	保利香港	2022-10-09	邵弥 江天云影 手卷	23.5cm×359.3cm	170,932	香港苏富比	2022-10-09
戚继光 1565年作《结庐忆》五言诗卷 手卷	书法43cm×263cm	690,000	中国嘉德	2022-12-14	沈灏 山水花鸟册 十二册页	15.6cm×34.5cm×12	68,373	香港苏富比	2022-10-09
钱贡 饲鹤图 立轴	144.5cm×84.5cm	149,500	北京荣宝	2022-07-24	沈捷 行书七言诗 扇面	16cm×51.5cm	115,000	中国嘉德	2022-12-14
钱榖 1574年作 风雨归途 扇面	15.5cm×45cm	88,291	中国嘉德	2022-10-08	沈士充 仿赵大年秋山雨雾 立轴	126cm×52cm	345,000	中贸圣佳	2022-07-23
钱榖 1572年作 为文太史杂咏补图卷 手卷	26.7cm×233cm	2,875,000	中国嘉德	2022-12-12	沈士充 疏帘看雪图 立轴	68.5cm×31.5cm	172,500	中国嘉德	2022-12-14
钱榖 1569年作 秋林对话 镜心	18cm×53.5cm	287,500	中贸圣佳	2022-07-23	沈士充 胡存 蒋蔼 等 1629年作 山水清音卷 手卷	19.5cm×407.5cm	2,415,000	朵云轩	2022-12-08
钱榖 栈道图 立轴	149cm×37cm	138,000	中鸿信	2022-09-12	沈士鲠(款)庭院挥毫图 立轴	189cm×91cm	69,000	中国嘉德	2022-09-12
钱谦益 1643年作 自作诗卷 手卷	画心20.5cm×404.5cm	977,500	西泠印社	2022-01-22	沈贞 陈兆凤 等 博古四屏 立轴	155cm×43.5cm×4	80,500	北京保利	2022-07-27
丘浚 弘治1492年作 行书苏诗 册页(九开)	37cm×21cm×17	88,291	中国嘉德	2022-10-08	沈仲津 1581年作 行书录王宠诗 册页(十五开三十页)		80,500	北京保利	2022-07-27
丘之徒 夏日山居 镜心	16cm×48cm	80,500	中贸圣佳	2022-07-23	沈周 有竹庄中秋赏月图卷 手卷	画心34cm×136cm; 书法35cm×897cm	36,225,000	中鸿信	2022-09-12
仇英 寿石灵芝图 镜框	159cm×70cm	4,937,472	华艺国际	2022-05-29	沈周 1471年作 飞来峰图 立轴	160.5cm×35cm	17,480,000	开拍国际	2022-01-07
仇英 四季山水 四屏	114.5cm×62cm×4	4,786,085	香港苏富比	2022-10-09	沈周 1500年作 雪栈剑阁图 手卷	画32cm×433cm; 书法32cm×137cm	3,220,000	广东崇正	2022-12-24
仇英 村童闹学图 镜心	27cm×33cm	4,414,560	华艺国际	2022-11-27	沈周 远浦归帆 立轴	49cm×73cm	2,875,000	广东崇正	2022-08-10

2022书画拍卖成交汇总(续表)

(成交价RMB：6万元以上)

拍品名称	物品尺寸	成交价RMB	拍卖公司	拍卖日期
沈周 弘治1501年 为西莲上人作幽石牡丹图 立轴	135cm×82cm	2,415,000	中鸿信	2022-09-12
沈周 蓉汀鹅戏图 立轴	134.3cm×66cm	1,937,225	香港苏富比	2022-10-09
沈周 杖履寻春图 横披	102cm×186cm	1,725,000	中鸿信	2022-09-12
沈周 秋溪坐话图 立轴	118.5cm×60cm	1,150,000	中鸿信	2022-09-12
沈周 隐逸山水 册页镜框四幅	29.5cm×47.5cm×4	927,057	佳士得	2022-12-03
沈周 弘治1494年作 桐江钓隐书画合璧卷 手卷	画心 30cm×273cm	862,500	中鸿信	2022-09-12
沈周 (款) 行书七绝诗 立轴	77cm×24cm	393,999	佳士得	2022-12-03
沈周 秋林晚眺图 立轴	37cm×36cm	368,000	北京保利	2022-07-27
沈周 行书四言联 对联	213cm×54cm×2	345,000	上海嘉禾	2022-11-20
沈周 梅花书屋卷 手卷	29cm×123.5cm	304,750	朵云轩	2022-12-09
沈周 (传) 吴宽 (传) 喜雨图诗合卷 手卷	画29cm×229cm	253,000	中贸圣佳	2022-12-31
沈周 弘治1488年作 竹居图 立轴	136cm×63cm	253,000	中鸿信	2022-09-12
沈周 (款) 独骑寻梅 立轴	294cm×149cm	172,500	中国嘉德	2022-09-30
沈周 云山悠游 立轴	326cm×95.5cm	126,500	朵云轩	2022-12-09
沈周 素秋赏月图 镜心	26.5cm×54.5cm	101,200	中贸圣佳	2022-12-31
盛茂烨 1632年作 水村山郭卷 手卷	20cm×178cm	667,000	朵云轩	2022-12-09
盛茂烨 晴雪图 立轴	112cm×40cm	575,000	北京荣宝	2022-07-24
盛茂烨 等明清 山水-梅花 (八幅) 扇面镜片	21cm×47cm×8	432,028	佳士得	2022-05-28
盛茂烨 1632年作 雪景山水 立轴	112cm×41cm	368,000	中贸圣佳	2022-12-31
施霖 山水册页 (八开)	24.7cm×17.7cm×8	4,102,358	香港苏富比	2022-10-09
史可法 临古诸家法帖 手卷	25.6cm×99cm	512,795	香港苏富比	2022-10-09
史可法 书法 立轴	143cm×49.7cm	195,500	北京荣宝	2022-07-24
史可法 (款) 草书节录孙过庭《书谱》手卷	25.5cm×247.5cm	66,550	香港苏富比	2022-08-01
史忠 山水扇面 扇面	17.5cm×48.8cm	402,500	北京荣宝	2022-07-24
史忠 (痴翁) 山水 镜心	17.5cm×49cm	287,500	荣宝斋 (南京)	2022-12-07
宋珏 1629年作 树石新篁图 扇面	16.5cm×53.5cm	138,000	中国嘉德	2022-12-14
宋懋晋 荆水山居图 手卷	18.5cm×245.5cm	2,300,000	中国嘉德	2022-06-28
宋懋晋 仿古山水 册页 (十二开)	27.5cm×29.5cm×12	287,500	中国嘉德	2022-06-28
宋旭 红衣罗汉 立轴	119.5cm×31cm	178,250	保利厦门	2022-10-22
孙承泽 行书 录明理学家言 册页 (共八页)	20.5cm×10cm×7; 20.5cm×11cm	195,500	西泠印社	2022-01-22
孙克弘 1599年作 着色盆景花卉卷 手卷	30.5cm×510cm	2,587,500	北京保利	2022-07-27
孙克弘 杏花玉楼图 立轴	191cm×98cm	1,610,000	西泠印社	2022-01-22
孙克弘 桃柳莺啼图 立轴	169cm×59cm	322,000	中鸿信	2022-09-12
孙克弘 兰石扇面 镜心	18.5cm×54.5cm	80,500	中贸圣佳	2022-07-23
孙矿 草书七言诗 扇面	15.5cm×48cm	172,500	中国嘉德	2022-12-14
损斋 行书 扇片	17cm×25cm	184,000	朵云轩	2022-08-08
汤焕 草书薛能秋溪独坐诗 扇面	16.5cm×51cm	172,500	中国嘉德	2022-06-28
唐道时 兰石图 扇面	15.5cm×47cm	227,909	香港苏富比	2022-10-09
唐寅 晚翠图卷 手卷	画心 26.5cm×140cm	40,825,000	北京保利	2022-07-27
唐寅 (款) 晓林慈鸟 立轴	76cm×29cm	1,150,000	朵云轩	2022-12-09
唐寅 麻姑献寿图 立轴	114cm×55cm	747,500	中鸿信	2022-09-12
唐寅 松荫消暑图 扇片	16cm×43.5cm	632,500	上海嘉禾	2022-11-20
唐寅 (款) 飞雨归家 立轴	126cm×53cm	402,500	中国嘉德	2022-09-27
唐寅 (传) 携酒访友图 立轴	160cm×96cm	299,000	中贸圣佳	2022-07-12
唐寅 (传) 湖山高士图 立轴	180cm×53cm	299,000	中贸圣佳	2022-12-31
唐寅 (款) 1615年作 松山论道 镜心	191cm×98cm	207,000	中国嘉德	2022-05-28
唐寅 风雨归舟图 立轴	216cm×99cm	207,000	中鸿信	2022-09-12
唐寅 (款) 1521年作 桐荫论古 立轴	193cm×97cm	184,000	中国嘉德	2022-05-28
唐寅 (款) 松下读书图 镜心	67cm×42cm	138,000	中国嘉德	2022-09-27
唐寅 (款) 松间草阁 镜心	132cm×63cm	138,000	中国嘉德	2022-09-27
唐寅 溪山泛舟 扇面	16.5cm×50cm	120,750	中鸿信	2022-09-12
唐寅 (款) 1514年作 林泉论古 立轴	122cm×40cm	109,250	中国嘉德	2022-06-01
唐寅 (款) 访友图 镜心	151cm×69cm	103,500	中国嘉德	2022-06-01
唐寅 杏花飞瀑 立轴	117.5cm×40.5cm	92,000	上海嘉禾	2022-01-01
唐寅 (传) 画 乾隆帝御题 层岩梵宇 立轴	151cm×57cm	2,357,500	中贸圣佳	2022-12-31
屠隆 草书自作诗二首 扇面	19cm×57cm	207,000	中国嘉德	2022-06-28
万寿祺 苏武牧羊 镜心	120cm×92cm	483,000	北京荣宝	2022-07-24
万寿祺 1622年作 历史故事十二屏 十二条屏	180cm×46cm×12	322,000	中国嘉德	2022-09-27
万寿祺 献瑞图 立轴	115.5cm×65cm	166,750	保利厦门	2022-10-22
万寿祺 (传) 人物十二条屏 立轴	180cm×46cm×12	108,100	中贸圣佳	2022-07-12
万寿祺 神仙故事 册页	27.4cm×30.2cm×12	61,560	保利香港	2022-07-12
王鉴 平生踪迹帖 镜片	27cm×34.5cm	2,070,000	西泠印社	2022-01-22
王宪 黄易 吴履 1526年作 小楷临欧阳询《九成宫碑》镜片 (共三帧六页)	31.5cm×9.5cm×4; 28.5cm×12.5cm×2	1,035,000	西泠印社	2022-08-20
王宠 彭年 文彭 行书七言诗 扇面	17.5cm×52.5cm	248,996	香港苏富比	2022-04-27
王铎 1650年作 草书《鲁斋歌》卷 手卷	书法 25.5cm×311.5cm	14,030,000	北京保利	2022-07-27
王铎 1622年作 为周瑞豹、周瑞旭兄弟自作诗卷 手卷	画心 29cm×320cm	9,085,000	西泠印社	2022-01-22
王铎 1641年作 辛巳草书自作诗卷 手卷	25cm×264cm	8,050,000	开拍国际	2022-01-07
王铎 1641年作 行书《米芾跋欧阳询〈度尚帖〉》立轴	242cm×47cm	5,794,110	佳士得	2022-12-03
王铎 1642年作 自书诗卷 手卷	书法 23cm×218cm	5,520,000	中国嘉德	2022-12-12
王铎 行书《京中春日留苏州友人作》立轴	212.5cm×49.5cm	5,405,000	中国嘉德	2022-12-12
王铎 戴明说1646年作行书四札手卷	尺寸不一	4,600,000	朵云轩	2022-12-08
王铎 1647年作 行书五言诗 立轴	236cm×52cm	4,140,000	中国嘉德	2022-12-12
王铎 行书 立轴	191cm×48.5cm	3,105,000	上海嘉禾	2022-11-20
王铎 1650年作临《鸭头丸帖》立轴	173cm×42cm	1,782,500	华艺国际	2022-09-23
王铎 草书节录《菊花帖》立轴	199cm×50cm	1,633,000	中贸圣佳	2022-10-27
王铎 大字书法册页 (共四十四页)	尺寸不一	1,437,500	西泠印社	2022-01-22
王铎 1646年作 行书送二弟七言诗 扇面	17cm×52cm	1,357,000	永乐拍卖	2022-07-25
王铎 法书册页 (十六开)	23cm×13cm×16	1,150,000	北京保利	2022-07-27
王铎 1649年作 幽兰悬溜图 扇面	16cm×51cm	920,000	中国嘉德	2022-12-14
王铎 草书七言诗 立轴	158.5cm×42.5cm	322,000	北京银座	2022-09-16
王铎 1622年作 行书 册页四开	29cm×20.5cm×4	301,293	佳士得	2022-12-03
王铎 (款) 1631年作行书五言诗轴	289cm×75cm	287,500	中国嘉德	2022-05-28
王铎 1651年作草书《永兴帖》立轴	99cm×24cm	230,000	广东崇正	2022-12-24

拍品名称	物品尺寸	成交价RMB	拍卖公司	拍卖日期
王铎 1646年作 行书 立轴	190cm×50cm	218,500	中鸿信	2022-09-12
王澍 行旅图 立轴	133cm×67cm	89,700	中鸿信	2022-09-12
王绂 1409年作 霜柯野筱图 立轴	88cm×26.5cm	2,070,000	西泠印社	2022-08-20
王绂 楚江清晓图卷 手卷	画心 34cm×355cm	1,150,000	西泠印社	2022-01-22
王绂 (款) 山居秋韵 立轴	62.5cm×35.5cm	138,000	上海嘉禾	2022-11-20
王绂 (传) 山水 镜框	110.8cm×53.8cm	64,804	佳士得	2022-05-28
王光庵 楷书 镜片	22.5cm×25.5cm	103,500	朵云轩	2022-12-09
王衡 行书 寒山寺诗 扇页	15cm×47.5cm	230,000	西泠印社	2022-12-09
王敬臣 罗浮山指掌图 手卷	画32cm×450cm	368,000	广东崇正	2022-08-10
王醴 松鹤延年 立轴	196cm×59cm	143,750	保利厦门	2022-10-22
王思 山水 立轴	135cm×68.5cm	63,250	中国嘉德	2022-06-27
王斯来 1565年作 行书诗文 册页 (二十开)	26cm×16.5cm×40	161,000	中贸圣佳	2022-07-23
王问 月夜归樵 立轴	99cm×49.5cm	575,000	广东崇正	2022-08-10
王锡爵 草书《过采石》扇面	17.5cm×52cm	552,000	中国嘉德	2022-12-14
王祥 1561年作 梅石图 立轴	148.5cm×59cm	1,265,000	中贸圣佳	2022-07-23
王祥 1556年作 群仙拱寿图 立轴	125cm×52cm	322,000	中国嘉德	2022-06-28
王祥 楷书 团扇轴	直径27cm	86,250	朵云轩	2022-12-09
王阳明 草书七言联 镜心	141cm×33cm×2	241,500	中鸿信	2022-09-12
王之美 众仙图 立轴	137cm×73cm	90,850	中贸圣佳	2022-10-27
王穉登 1569年作 行草书诗卷 手卷	25.5cm×412cm	1,380,000	中贸圣佳	2022-12-31
王穉登 行书诗 册页 (八页)	26.5cm×11.5cm×8	402,500	广东崇正	2022-08-10
王穉登 文震孟 张凤翼 杜大绶 胡师闵 七言诗五首 扇面	15cm×44cm	391,000	永乐拍卖	2022-07-25
王穉登 生儿歌、元日春雨帖 立轴 (双挖)	25cm×22.5cm; 30cm×28cm	322,000	西泠印社	2022-01-22
王穉登 春江花月帖 镜片	52.5cm×27cm	253,000	西泠印社	2022-01-22
王穉登 行书七言诗 扇面	16.5cm×52cm	89,700	保利厦门	2022-10-21
王祚远 草书五言诗 扇面	19cm×57cm	63,250	北京保利	2022-07-27
魏居敬 便桥会盟卷 手卷	28cm×264cm	63,250	中国嘉德	2022-05-28
文伯仁 (款) 1535年作 青山楼阁 手卷	32.5cm×366cm	92,000	朵云轩	2022-08-08
文伯仁 1568年作 溪山行旅图卷 手卷	32cm×533cm	64,400	中鸿信	2022-09-12
文俶 红花蝶石 扇面镜框	16cm×50cm.	162,010	佳士得	2022-05-28
文从简 行书《论书》一则 镜心	19cm×51cm	149,500	荣宝斋 (南京)	2022-12-07
文从龙 行书扇面 镜心	18cm×55cm	80,500	中贸圣佳	2022-07-23
文嘉 草阁延宾图 立轴	117.5cm×37.5cm	32,430,000	华艺国际	2022-09-23
文嘉 1577年作 瑶台积雪图并行书诗卷 手卷	画心 27cm×128cm	1,667,500	中贸圣佳	2022-07-23
文嘉 茅亭读书图 扇面	17.9cm×51.2cm	805,000	永乐拍卖	2022-07-25
文嘉 1562年作 前赤壁图 手卷	画心 29.5cm×410cm	437,000	上海嘉禾	2022-11-20
文嘉 待渡图 扇面	16cm×48cm	322,000	中国嘉德	2022-06-28
文嘉 山水扇面 扇面	17.3cm×48.5cm	299,000	北京荣宝	2022-07-24
文嘉 1563年作 林泉高逸图 镜框	76.8cm×28cm	140,409	佳士得	2022-05-28
文嘉 云林风格图 镜心	17.5cm×48.5cm	138,000	荣宝斋 (南京)	2022-12-07
文彭 1569年作 行书霁岩赋 手卷	25.5cm×136cm	2,645,000	朵云轩	2022-12-08
文彭 行书词两阕 手卷	31.5cm×489cm	1,322,500	广东崇正	2022-12-24
文彭 携琴访友图 手卷	画心28cm×46cm	63,250	中鸿信	2022-09-12
文震亨 文震孟 文从简附后帖·新岁帖·一扇帖 镜片 (三帧四页)		299,000	西泠印社	2022-08-20
文震孟 行书五言诗 立轴	137.5cm×51.6cm	379,500	北京保利	2022-07-27

拍品名称	物品尺寸	成交价RMB	拍卖公司	拍卖日期
文震孟 草书 五言诗 扇面	53.5cm×18.5cm	178,250	西泠印社	2022-08-20
文震孟 行书《西湖荷花》镜心	17cm×52cm	126,500	中贸圣佳	2022-12-31
文徵明 1557年作 金粉福地赋 手卷	26.8cm×510cm	24,693,945	佳士得	2022-12-03
文徵明 1528年作 行书《千字文》《归去来辞》手卷	26.2cm×433cm	8,409,132	佳士得	2022-05-28
文徵明 1526年作 溪山访友图 立轴	132cm×61cm	5,692,500	上海嘉禾	2022-11-20
文徵明 1537年作 兰花图赋书画合卷 手卷	画 25cm×130cm; 书法 25cm×329cm	2,990,000	广东崇正	2022-12-24
文徵明 1542年作 仙华胜游 手卷	29cm×472cm	2,645,000	广东崇正	2022-12-24
文徵明 1498年作 策杖访友图 立轴	184cm×97cm	2,127,500	上海嘉禾	2022-11-20
文徵明 1526年作 自书《怀归诗》三十二首 手卷	21.5cm×431cm	1,897,500	朵云轩	2022-12-08
文徵明 1532年作 小楷《南华经》册页 (二十九开)	18.8cm×9.8cm×29	1,728,115	佳士得	2022-05-28
文徵明 云林烟瀑图 立轴	175cm×103.5cm	1,725,000	中鸿信	2022-09-12
文徵明 行书七言诗 镜心	142cm×66cm	1,437,500	中鸿信	2022-09-12
文徵明 (款) 1556年作 草书《赤壁赋》手卷	24cm×281cm	1,380,000	中国嘉德	2022-05-28
文徵明 高峰林壑图 立轴	104.5cm×41.5cm	1,322,500	西泠印社	2022-01-22
文徵明 1556年作 草书《赤壁赋》手卷	23.5cm×280cm	1,207,500	广东崇正	2022-12-24
文徵明 1540年作 行书《题渔隐图》横披	22cm×127cm	927,057	佳士得	2022-12-03
文徵明 1551年作 行书《赤壁赋》册页	24cm×12cm×16	828,000	中鸿信	2022-09-12
文徵明 1533年作 行书《千里马赞》扇面	16cm×49cm	770,500	永乐拍卖	2022-07-25
文徵明 溪亭客话图 手卷	画心 19cm×108cm	690,000	保利厦门	2022-10-22
文徵明 行书《满江红》立轴	108cm×33cm	648,043	佳士得	2022-05-28
文徵明 山水 立轴	108.5cm×29.5cm	632,500	广东崇正	2022-12-24
文徵明 信札 镜片	26cm×43cm	517,500	朵云轩	2022-12-09
文徵明 行书《春雨漫兴》诗 立轴	152.5cm×21.5cm	463,528	佳士得	2022-12-03
文徵明 书画 扇面八幅	15cm×47cm×8	370,823	佳士得	2022-12-03
文徵明 行书《雨中放朝出左掖》立轴	349cm×99cm	368,000	广东崇正	2022-08-10
文徵明 (传) 潇湘八景 朋图 (十六开)	23cm×21cm×16	345,000	中贸圣佳	2022-07-23
文徵明 (款)《西厢记》之"夫人停婚"	31cm×31cm×2	343,997	香港福羲国际	2022-12-28
文徵明 黄鹤山樵笔意 镜心	137cm×54.5cm	299,000	中鸿信	2022-09-12
文徵明 行书七言诗 (两幅) 扇面镜框	15cm×47cm; 17.5cm×51cm	280,818	佳士得	2022-05-28
文徵明 潇湘八景之五 册页 (五开十页)	25cm×16.5cm×10	253,000	北京保利	2022-07-27
文徵明 携童访友图 立轴	157.5cm×62cm	230,000	上海嘉禾	2022-01-01
文徵明 行书《南楼》(其二) 立轴	123cm×29cm	230,000	北京保利	2022-07-27
文徵明 行书《忆昔》立轴	158cm×71cm	184,000	广东崇正	2022-12-24
文徵明 (传) 行书自作诗《静隐》立轴	118cm×34cm	178,250	中贸圣佳	2022-10-27
文徵明 1545年作 行书《桃源记》镜心	27.5cm×62cm	173,644	保利香港	2022-10-12
文徵明 青绿山水 立轴	117cm×52cm	172,500	广东崇正	2022-12-24
文徵明 (款) 行书七言诗 立轴	144cm×63cm	172,500	中国嘉德	2022-09-30

2022书画拍卖成交汇总(续表)

(成交价RMB：6万元以上)

拍品名称	物品尺寸	成交价RMB	拍卖公司	拍卖日期
文徵明(无款) 山水(三帧) 镜片	21cm×27cm×3	172,500	上海嘉禾	2022-01-01
文徵明 深树幽屋图 立轴	19cm×51.5cm	138,000	中贸圣佳	2022-07-23
文徵明 云峦萧寺 镜心	45cm×31.5cm	138,000	中鸿信	2022-09-12
文徵明 松柏树石 镜框两幅	24.2cm×24.2cm×2	136,745	香港苏富比	2022-10-09
文徵明(款) 行书七言诗 立轴	241cm×66cm	103,500	中国嘉德	2022-09-27
文徵明 雪溪行旅 镜心	45.5cm×31.5cm	103,500	中鸿信	2022-09-12
文徵明 行书 立轴	132cm×38.5cm	92,000	中鸿信	2022-09-12
文徵明 松阴闲坐 立轴	90cm×45cm	69,000	朵云轩	2022-12-09
无款 明 渡桥图 立轴	160cm×97cm	637,352	佳士得	2022-12-03
无款 明 楼阁话别 镜框	126cm×76cm	208,587	佳士得	2022-12-03
无款 明 兰亭雅集图 手卷	32.5cm×294.5cm	185,411	佳士得	2022-12-03
无款 明 渔捞图 立轴	137cm×74.5cm	185,411	佳士得	2022-12-03
无款 明 曲项天歌图 扇面立轴	22cm×22.7cm	127,470	佳士得	2022-12-03
无款 明 秋窗读书图 册页镜框	28cm×20cm	104,293	佳士得	2022-12-03
无款 明 古木双鹰 立轴	122cm×64.5cm	86,405	佳士得	2022-05-28
无款 明 梅竹双清 镜框	20cm×16.5cm	69,529	佳士得	2022-12-03
吴本泰 1640年作 行草七言诗 扇面	17cm×51cm	172,500	中国嘉德	2022-06-01
吴彬(款) 栖云山居 立轴	192cm×54cm	1,100,880	佳士得	2022-12-03
吴彬 罗汉 镜心	28cm×41cm	63,250	中贸圣佳	2022-07-23
吴伯玉 朱之蕃 1601年作、1602年作 桃源图咏 手卷	吴 24cm×268.5cm; 朱 24cm×585cm	1,725,000	中国嘉德	2022-12-12
吴宽 承诗帖 镜片	20cm×30.5cm	2,875,000	西泠印社	2022-01-22
吴宽 虞文靖公帖 镜心	31cm×51cm	977,500	中国嘉德	2022-06-28
吴麟 1468年作 蕉扇图 立轴	100cm×51cm	345,000	中国嘉德	2022-12-14
吴令 1644年作 陈眉公田园歌画意图 手卷	32cm×360cm	345,000	中贸圣佳	2022-07-23
吴伟 芝仙图 立轴	57cm×25.5cm	3,335,000	中鸿信	2022-09-12
吴伟 林和靖访梅图 立轴	167.5cm×92cm	483,000	北京保利	2022-07-27
吴伟 苏武牧羊图 立轴	156cm×95cm	92,000	上海嘉禾	2022-01-01
吴闻礼 行书跋汉人墨迹 镜片	70cm×27.5cm	103,500	西泠印社	2022-01-22
吴有性 行书五言诗 立轴	127cm×50.5cm	253,000	西泠印社	2022-01-22
吴筠 1632年作 湖山雪瑞 立轴	128.5cm×48cm	87,210	保利香港	2022-07-12
吴镇(款) 1341年作 墨竹谱 手卷	31cm×621cm	1,667,500	北京银座	2022-09-16
吴镇(款) 墨竹 立轴	32.7cm×71cm	96,861	香港苏富比	2022-10-09
吴镇 清江春晓图卷 手卷	画心 29.5cm×370cm	69,000	中鸿信	2022-09-12
吴之璂 九如图 扇面	16cm×49cm	69,000	中国嘉德	2022-06-28
夏芷 携琴访友图 立轴	121cm×69.5cm	1,012,000	北京保利	2022-07-27
项圣谟 1655年作 花卉六开 册页(六开)	27cm×25.5cm×6	2,530,000	中贸圣佳	2022-07-23
项圣谟 林亭钓艇 立轴	104cm×52cm	1,138,500	永乐拍卖	2022-07-25
项元汴 仿倪云林山水 立轴	91cm×46cm	230,000	北京保利	2022-07-27
项元汴 1573年作 泛舟图 扇面	17cm×51.5cm	184,000	中国嘉德	2022-06-28
萧云从 溪山无尽 手卷	30.5cm×570cm	7,387,200	保利香港	2022-07-12
萧云从 寒峰樾馆图 立轴	144.5cm×55.5cm	1,035,000	北京保利	2022-07-27
萧云从 1647年作 岩峦松云图 册页	51cm×19cm	977,500	西泠印社	2022-01-22
萧云从 1668年作 秋林远岫(两幅) 扇片	18cm×52.5cm×2	253,000	朵云轩	2022-12-09
萧云从 1668年作 峻岩碧树(两幅) 扇片	18cm×53cm×2	172,500	朵云轩	2022-12-09
萧云从 携隐湖山 扇片	18cm×53cm	86,250	朵云轩	2022-12-09
萧增 玉兰锦鸡 立轴	141cm×79cm	69,000	中国嘉德	2022-05-28
谢谷 周之冕 单铎 周容 山水花鸟		193,722	香港苏富比	2022-10-09
谢时臣 1552年作 清宵雅集 手卷	29.8cm×127.5cm	8,614,860	佳士得	2022-05-28
邢侗 草书临羲之帖 立轴	131cm×33.5cm	230,000	北京保利	2022-07-27
邢侗 书法扇页 镜片	16cm×50cm	149,500	江苏汇中	2022-08-17
徐观 1462年作 隶书《后千字文》册页(共三十三页)	画心 24cm×13.5cm×32	460,000	西泠印社	2022-01-22
徐阶 1536年作 行草七言诗册 镜心	26cm×25cm	287,500	中贸圣佳	2022-12-31
徐霖 蕉荫寻诗图 扇面	18.5cm×49cm	460,000	中国嘉德	2022-12-14
徐渭 墨葡萄图 立轴	96cm×32.3cm	8,050,000	中国嘉德	2022-06-26
徐渭 枯木幽窗图 立轴	画心33cm×40cm	690,000	中贸圣佳	2022-07-23
徐渭 枯木寒鸦图 立轴	36cm×51cm	391,000	中鸿信	2022-09-12
徐渭(款) 墨荷图 立轴	45.5cm×24cm	345,000	西泠印社	2022-01-22
徐渭 1579年作 草书七言诗 立轴	128cm×42.5cm	333,500	中鸿信	2022-09-12
徐渭 行书唐人张说诗 立轴	138cm×60cm	218,500	中鸿信	2022-09-12
徐象梅 寒林石壁图 扇面	17.5cm×53cm	97,750	中国嘉德	2022-12-14
徐有贞 跋赵松雪书 镜心	25.5cm×31.5cm	230,000	中国嘉德	2022-06-28
许维新为李庸庵作《建礼帖》镜片	31.5cm×28.5cm	80,500	西泠印社	2022-01-22
宣德 1429年作 楷书《白鹦鹉赋》手卷	38cm×113cm	345,000	北京保利	2022-07-27
薛始亨隶书 横披	24cm×73cm	109,250	华艺国际	2022-09-24
薛文孙董其昌(传) 山水对题册页	23cm×16cm×16	69,000	中贸圣佳	2022-07-23
薛瑄 1423年作 草书行状 镜心	150cm×35cm	63,250	中国嘉德	2022-09-30
薛素素 竹石图 立轴	64.5cm×26.5cm	322,000	西泠印社	2022-01-22
薛素素 1598年作 兰花卷 手卷	画心 28cm×430cm	63,250	北京保利	2022-07-27
杨大临 寒鸦花木图 立轴	226cm×102cm	2,875,000	北京荣宝	2022-07-24
杨涟 草书诗句 扇面	17cm×48.5cm	80,500	保利厦门	2022-10-22
杨文骢 明崇祯十五年作 为周亮工作山水 立轴	143cm×47cm	920,000	永乐拍卖	2022-07-25
杨文骢 1643年作 江山孤亭图 立轴	37.5cm×17.5cm	345,000	开拍国际	2022-07-24
杨文聪 1640年作 村居图 镜心	27cm×33cm	772,548	华艺国际	2022-11-27
仰廷宣 松石图 立轴	200cm×110cm	1,725,000	北京荣宝	2022-07-24
佚名 明 漳绒墨彩童子拜观音挂饰	206cm×141cm	85,100	浙江佳宝	2022-03-13
佚名 明崇祯 绢本设色 十善萨像	172cm×98cm×2	517,500	永乐拍卖	2022-07-24
佚名 明 毗卢遮那佛画	140cm×70cm	115,000	中贸圣佳	2023-01-01
姚允在 江淮胜景散册页(十开)	22cm×28cm×10	14,272,380	佳士得	2022-05-28
殷都 汤焕 陆应阳 各体诗三篇 扇面	18.5cm×56cm	97,750	中国嘉德	2022-06-28
殷自成 1607年作 翎羽花卉卷 手卷	26.5cm×576.5cm	1,840,000	朵云轩	2022-12-08
尤求 生公说法图卷 手卷	19cm×48cm	569,250	中鸿信	2022-09-12
尤求 1581年作 仙人献寿扇面 镜心	16.5cm×51.5cm	368,000	中贸圣佳	2022-12-31
于谦(款) 1436年作 柳湖幽居 镜心	151cm×71cm	74,750	中国嘉德	2022-09-27
余飔 行书七言诗 扇面	16cm×51.5cm	184,000	中国嘉德	2022-12-14
郁乔枝 平安图 立轴	157cm×81cm	207,000	北京保利	2022-02-03
袁崇焕(传) 草书《枫桥夜泊》立轴	130cm×36cm	109,250	中贸圣佳	2022-10-27
袁尚统 渔家乐 立轴	88cm×88cm	575,000	北京荣宝	2022-07-24
恽本初 枯木枯石图 立轴	38cm×34cm	253,000	北京荣宝	2022-07-24
翟文英 听泉图 立轴	145cm×73cm	149,500	北京保利	2022-07-27
臧懋循 楷书《寄喻邦相诗》扇面	16cm×49cm	172,500	中国嘉德	2022-12-14
詹景凤 凌霄劲干图 扇面	18cm×54.5cm	207,000	中国嘉德	2022-07-24
詹景凤 松鹤图 立轴	79.5cm×30cm	138,000	北京荣宝	2022-07-24
詹僖 1512年作行书《归去来兮辞》立轴	28.5cm×48cm	126,500	中国嘉德	2022-06-28
湛若水 草书五言诗 手卷	26cm×79cm	310,500	华艺国际	2022-09-24
湛若水 行书律诗 镜框	43.5cm×20cm	81,117	佳士得	2022-12-03
张弼 草书绝句两首 立轴	108cm×60cm	290,495	香港苏富比	2022-04-27

2022书画拍卖成交汇总(续表)

(成交价RMB：6万元以上)

拍品名称	物品尺寸	成交价RMB	拍卖公司	拍卖日期
张弼 草书 立轴	142cm×68cm	115,000	广东崇正	2022-08-10
张成龙(款) 仙山楼阁 立轴	168cm×91cm	138,000	中国嘉德	2022-09-27
张翀 剑阁行旅图 立轴	183cm×102.5cm	7,475,000	荣宝斋(南京)	2022-12-07
张翀 1520年作 西园雅集 手卷	28.5cm×94cm	862,500	朵云轩	2022-12-08
张翀 1639年作 亭饮远思 扇面镜框	14.5cm×46cm	378,025	佳士得	2022-05-28
张翀 西园雅集图 立轴	199cm×103.5cm	368,000	荣宝斋(南京)	2022-12-07
张凤翼 行书七言诗 扇面	19.5cm×56cm	460,000	永乐拍卖	2022-07-25
张凤翼 行书七言诗 扇面	17.5cm×52.5cm	253,000	北京保利	2022-07-27
张凤翼 清秋帖 立轴	39.5cm×28cm	69,000	西泠印社	2022-01-22
张复 1623年作 春山酒社图 手卷	33cm×328.5cm	805,000	上海嘉禾	2022-11-20
张复 为长卿作山水 扇面	17cm×52cm	460,000	中国嘉德	2022-12-14
张复 桐庐山水卷——明代的《富春山居图》手卷	33cm×1192cm	9,200,000	北京荣宝	2022-07-24
张复 停棹图 立轴	18cm×49cm	69,000	保利厦门	2022-10-22
张宏 秋江待渡 立轴	158cm×89cm	1,955,000	北京荣宝	2022-07-24
张宏 1634年作 春云秀壑 立轴	124.5cm×30.5cm	208,587	佳士得	2022-12-03
张宏 风雨载菊 立轴	148cm×64.5cm	115,000	朵云轩	2022-12-09
张灵 于敏中山水人物、楷书 成扇	18cm×52cm	230,000	广东崇正	2022-12-24
张路 张良拾履 立轴	150cm×70.5cm	218,500	北京保利	2022-07-27
张路(款) 拜石图 立轴	114cm×78cm	149,500	中国嘉德	2022-06-01
张懋修 行书节选李白《树中草》中堂 立轴	135cm×58cm	80,500	中鸿信	2022-09-12
张溥 行书节录《小窗幽记》立轴	124.5cm×51.5cm	402,500	西泠印社	2022-01-22
张琦 1635年作 国朝忠臣像 镜心	45cm×36cm×2	64,400	中鸿信	2022-09-12
张瑞图 1625年作《广弘明集》行草卷 手卷	26.5cm×516cm	6,095,000	开拍国际	2022-07-24
张瑞图 1626年作 行书自作诗 册页(十开十九页)	24cm×23cm×19	5,290,000	北京保利	2022-02-03
张瑞图 行书卷 手卷	27.5cm×584cm	4,197,500	朵云轩	2022-12-08
张瑞图 1633年作《咏鼓山诗册》册页(三十页)	24cm×13cm×30	4,140,000	西泠印社	2022-08-20
张瑞图 1636年作 草书《莲花赋》册页(十八开)	12cm×23cm×36	3,220,000	保利厦门	2022-10-21
张瑞图 行书 立轴	178cm×51cm	3,105,000	朵云轩	2022-12-08
张瑞图 1626年作 草书《骢马行》手卷	26cm×283cm	2,702,500	中国嘉德	2022-12-12
张瑞图 1637年作 草书《东方生行》卷 手卷	24.5cm×408.5cm	2,587,500	中贸圣佳	2022-07-23
张瑞图 草书杜甫诗 镜片	168cm×51.5cm	2,127,500	西泠印社	2022-01-22
张瑞图 行书六言句 立轴	185.5cm×41cm	1,440,096	华艺国际	2022-05-29
张瑞图 草书王维诗《终南山》立轴	149cm×50cm	897,000	保利厦门	2022-10-21
张瑞图 行书偈语 立轴	125cm×29.5cm	667,000	保利厦门	2022-10-21
张瑞图 草书 立轴	144.5cm×34.5cm	517,500	华艺国际	2022-07-29
张瑞图 1639年作 山居图 立轴	207cm×53cm	402,500	中鸿信	2022-09-12
张瑞图 行书五言诗 立轴	17cm×53cm	391,000	中国嘉德	2022-06-28
张瑞图 行书李梦阳绝句 册页(九开十八页)	28cm×18.5cm×18	345,000	北京保利	2022-07-27
张瑞图 行书诗句 立轴	307cm×38.5cm	345,000	保利厦门	2022-10-22
张瑞图 行书五言 立轴	189cm×50.5cm	276,000	保利厦门	2022-10-21
张瑞图 1635年作 赤壁行游图卷 手卷	画心 26.5cm×93cm	264,500	中鸿信	2022-09-12
张瑞图 行书七言诗 立轴	174cm×42cm	230,000	北京保利	2022-07-27
张瑞图 行书词组 立轴	114.5cm×41.5cm	165,997	香港苏富比	2022-04-27
张瑞图 草书 册页	24.5cm×14cm×12	103,500	保利厦门	2022-10-22
张瑞图(款) 1640年作 寒林野桥图 立轴	141cm×44cm	92,000	中国嘉德	2022-06-01
张瑞图(款) 行书五言诗 立轴	190cm×47cm	92,000	中国嘉德	2022-09-27
赵备 牡丹 扇面	15.5cm×50cm	92,000	永乐拍卖	2022-07-25
赵南星 高攀龙 周顺昌 罗振玉旧藏 赵忠毅、高忠宪、周忠介三公墨迹 册页(九开)	赵29cm×14cm×8;高28cm×29cm×4;周29cm×14cm×2	4,830,000	中贸圣佳	2022-12-31
赵朴 1612年作 仿黄公望山水 扇面	17.5cm×55cm	333,500	永乐拍卖	2022-07-25
赵文俶 花蝶册页 册页(八开)	26.5cm×29.5cm×8	3,450,000	中贸圣佳	2022-12-31
赵文俶 蝶舞花间 扇面	17cm×49cm	104,845	中国嘉德	2022-10-08
赵文俶 花蝶图卷 手卷	23.5cm×290cm	207,000	中贸圣佳	2022-07-23
赵珣 寒林烟树图 立轴	95cm×41cm	264,500	西泠印社	2022-01-22
赵珣 花果图 立轴	63cm×58cm	253,000	北京荣宝	2022-07-24
赵宧光 篆书 立轴	134.2cm×30.2cm	410,427	佳士得	2022-05-28
赵左 杨亭 章程 等 明季各家小品 册页(十开)	26cm×17cm×20	402,500	中贸圣佳	2022-12-31
赵左(款) 1611年作 孤崖隐居 立轴	151cm×47cm	92,000	中国嘉德	2022-09-27
正德帝 庭院婴戏图 镜心	136cm×66cm	276,000	保利厦门	2022-10-22
郑时 草书诗卷 手卷	28cm×103cm	96,861	香港苏富比	2022-10-09
郑完 1638年作 寒江行旅图 立轴	96cm×54cm	207,000	中国嘉德	2022-06-28
郑元勋 行书扇面 镜心	15.5cm×50cm	178,250	中贸圣佳	2022-07-23
郑约 山水(董其昌等人题跋) 手卷	郑23cm×107cm;董23cm×48cm;李23cm×22.5cm	322,000	广东崇正	2022-08-10
钟钦礼 临宋人《盘车图》立轴	187cm×102cm	1,610,000	北京荣宝	2022-07-24
钟惺 1615年作 夏阳送友图 扇面	18.5cm×52cm	97,750	中国嘉德	2022-12-14
周臣 圯上敬履 扇面镜框	19.3cm×53.3cm	347,646	佳士得	2022-12-03
周臣(传) 览瀑图 立轴	192cm×83.5cm	71,300	中贸圣佳	2022-10-27
周全 桃花源记卷 手卷	28cm×456cm	287,500	中国嘉德	2022-05-28
周全 湖石飞蝶 立轴	39cm×67cm	230,000	永乐拍卖	2022-07-25
周淑禧(款) 春色满园 立轴	133cm×57cm	103,500	中国嘉德	2022-09-30
周顺昌 袁枚 卢文弨(款) 等 1618年作 谢诗并诸家题咏 手卷	周书:32cm×46cm;余尺寸不一	309,019	中国嘉德	2022-10-08
周天球 1580年作 溪上草堂记 手卷	29cm×623cm	667,000	上海嘉禾	2022-01-01
周天球 行书 扇片	16.5cm×48.5cm	86,250	朵云轩	2022-12-09
周天球 行书《登岱》诗 扇页	54cm×18.5cm	69,000	西泠印社	2022-01-22
周天球 行书 扇面	18cm×55cm	64,400	中鸿信	2022-09-12
周之冕 荷塘双凫图 立轴	136.5cm×55cm	920,000	西泠印社	2022-01-22
周之冕 朱鹤登 花卉扇面 镜框	18.5cm×55cm	94,300	中贸圣佳	2022-10-27
周之冕 清趣图卷 手卷	27cm×281cm	69,000	保利厦门	2022-10-22
周之冕 秋花幽禽图 立轴	164.7cm×89cm	62,249	香港苏富比	2022-04-27
朱德润 寒岩飞瀑图 立轴(元)	127cm×64cm	8,050,000	北京荣宝	2022-07-24
朱德润 翁方纲 李委吹笛图 镜心	画心 41.5cm×50cm	575,000	华艺国际	2022-07-29
朱德润 1351年作 枯松树石图 立轴	123cm×58.5cm	115,000	中鸿信	2022-09-12
朱端 王公出行图 立轴	168cm×98cm	1,150,000	北京荣宝	2022-07-24
朱枫 行书唐诗《定山寺》轴 立轴	225cm×50cm	977,500	中贸圣佳	2022-07-23
朱继祚 草书古诗两首 立轴	141cm×45cm	172,500	保利厦门	2022-10-22

2022书画拍卖成交汇总(续表)

(成交价RMB：6万元以上)

拍品名称	物品尺寸	成交价RMB	拍卖公司	拍卖日期
朱朗 嘉靖1532年作 云山寻幽图卷 手卷	画心 38.5cm×325cm	977,500	中鸿信	2022-09-12
朱朗 1567年作 山水 立轴	99.5cm×46.5cm	69,000	广东崇正	2022-12-24
朱鹭 墨竹图卷 手卷	28.2cm×336.2cm	1,265,000	北京荣宝	2022-07-24
朱孟渊 竹林高士图 镜片	29cm×31cm	345,000	西泠印社	2022-08-20
朱谋鹍 山岩论道图 镜心	20cm×54.5cm	264,500	中贸圣佳	2022-07-23
朱朴 听贤图 立轴	134cm×91cm	126,500	中国嘉德	2022-05-28
朱士瑛(款) 人物故事 册页	33cm×32cm×8	92,000	中国嘉德	2022-09-30
朱受甫 1620年作 台阁山水 镜心	172cm×95.5cm	126,500	北京保利	2022-07-27
朱新典行书《独坐敬亭山》立轴	184cm×51.5cm	402,500	中贸圣佳	2022-07-23
朱瞻基 三官大帝 镜心	129cm×65cm	172,500	中鸿信	2022-09-12
朱之蕃 题赞云山张翁像 立轴	画心 143cm×83.5cm; 诗堂 83cm×41cm	690,000	西泠印社	2022-01-22
祝世禄 草书七言诗 立轴	214cm×64cm	138,000	北京保利	2022-07-27
祝允明 草书五云裘歌卷 手卷	35.5cm×476cm	27,025,000	北京保利	2022-07-27
祝允明 1522年作 罕见南京任上用宋纸本书 卢廷玉像赞 镜片	29cm×51cm	6,210,000	西泠印社	2022-01-22
祝允明 草书《梅花咏》手卷	书法 32.5cm×472cm	5,405,000	上海嘉禾	2022-11-20
祝允明 草书《赤壁赋》手卷	30.5cm×616cm	1,380,000	朵云轩	2022-12-08
祝允明(款) 杂诗六首 手卷	30.8cm×302cm	1,158,822	佳士得	2022-12-03
祝允明 草书自作诗 手卷	21cm×299cm	1,127,000	永乐拍卖	2022-07-25
祝允明 草书梅花咏卷 手卷	画心 32cm×472cm; 题跋 32cm×75cm	517,500	中鸿信	2022-09-12
祝允明 行草七言诗 扇面镜框	19.8cm×51.1cm	102,606	佳士得	2022-05-28
祝允明 草书自作诗 手卷	32cm×502cm	92,000	中鸿信	2022-09-12
邹迪光 草书避暑山园诗 扇面	18cm×55.5cm	69,000	中国嘉德	2022-12-14
邹之麟 仿倪迂山水 立轴	83.5cm×27cm	115,000	广东崇正	2022-08-10
杨文骢 王时敏 张学曾 恽向 崇祯1638年作 四贤山水合卷 手卷	杨:22.5cm×102.5cm; 王:22.5cm×127cm; 张:22.5cm×102cm; 恽:22.5cm×84.5cm	50,600,000	中国嘉德	2022-12-12
吕潜 诗画合册页 (八开)	22.5cm×12cm×8	690,000	朵云轩	2022-12-09
清代作者				
释宝筏 1880年作 罗浮一角 立轴	138cm×39cm	101,200	广东崇正	2022-08-10
释达受 1855年作 篆书七言联 立轴	111cm×28cm×2	264,500	中贸圣佳	2022-07-23
释普度 罗汉 镜心	180cm×51cm	69,000	中国嘉德	2022-09-30
18世纪 贝氏艺术珍藏 插画 (一册十一帧)	37.8cm×37.5cm	518,434	香港苏富比	2022-04-29
18世纪 贝氏艺术珍藏《美人沐浴图》立轴	155cm×87cm	237,615	香港苏富比	2022-04-29
18世纪 贝氏艺术珍藏《燕寝怡情》(一册十二帧全)	25.6cm×26.1cm	194,412	香港苏富比	2022-04-29
19世纪 贝氏艺术珍藏《断袖情缘》(一册十二帧)	29.5cm×33cm	216,014	香港苏富比	2022-04-29
19世纪 贝氏艺术珍藏《主仆情牵》(一册十二帧全)	34cm×43cm	194,412	香港苏富比	2022-04-29
19世纪 贝氏艺术珍藏《夜韵》(一册十二帧全)	26cm×27cm	194,412	香港苏富比	2022-04-29
19世纪 贝氏艺术珍藏《秘戏》(一册八帧全)	26cm×22cm	97,206	香港苏富比	2022-04-29
19世纪初 贝氏艺术珍藏《西厢记》插画附诗文 (一册十四帧)	39.5cm×31cm	540,036	香港苏富比	2022-04-29
爱新觉罗·旻宁 楷书五言联 镜心	163cm×35cm×2	92,340	保利香港	2022-07-12
爱新觉罗·颙琰 行书"允执厥中" 镜心	55.5cm×167cm	205,200	保利香港	2022-07-12
爱新觉罗·弘旿《石渠宝笈》画稿《洋菊图册》镜心	34cm×25.5cm; 33.5cm×22cm	82,800	北京荣宝	2022-07-24
八大山人 福禄寿 镜心	183.5cm×62cm	34,615,000	华艺国际	2022-07-29
八大山人 送李愿归盘谷序 镜心	165cm×90.5cm	20,125,000	华艺国际	2022-07-29
八大山人 草书《李母寿序》册页 (二十三开)	49cm×33cm×23	15,870,000	朵云轩	2022-12-08
八大山人 书画合璧册页	25.5cm×22cm×16	10,350,000	北京银座	2022-09-16
八大山人 鹰鹯图 立轴	126cm×54.5cm	9,069,161	中国嘉德	2022-10-08
八大山人(印款) 游鱼飞燕 屏风	177cm×45cm	2,932,500	朵云轩	2022-12-09
八大山人 1694年作 行书《甲戌夏为宝崖先生题拥书饮酒图兼正》镜心	27.7cm×17cm	1,897,500	北京保利	2022-07-27
八大山人 石涛 花鸟 册页 (五开)	23.5cm×19.5cm×5	1,840,000	荣宝斋(南京)	2022-12-07
八大山人 枯石寒禽图 镜心	114cm×42cm	805,000	中鸿信	2022-09-12
八大山人(款) 柏鹿图 立轴	88cm×49cm	379,500	荣宝斋(南京)	2022-12-07
八大山人 芙蓉 立轴	135.8cm×47.4cm	319,072	香港苏富比	2022-10-09
八大山人 行书 镜心	34cm×23.5cm	94,300	中鸿信	2022-09-12
八大山人 枯木小鸟 立轴	44cm×30cm	80,500	中鸿信	2022-09-12
巴慰祖 古槐幽居图 立轴	102cm×44.5cm	207,000	北京荣宝	2022-07-24
半山法师 岩石山水图 立轴	214.5cm×49cm	195,500	西泠印社	2022-01-22
包栋 仕女册·清娱 册页	27cm×38cm×8	230,000	永乐拍卖	2022-07-25
包栋 人物册 (十二帧) 册页	20cm×28cm×12	195,500	保利厦门	2022-10-22
包栋 仿古仕女册页(八开)	27cm×38cm×8	138,000	中贸圣佳	2022-12-31
包世臣 楷书节录《娄寿碑》手卷	26cm×177cm	517,500	中国嘉德	2022-06-28
包世臣 吴昌硕 永阪石埭 蒲华 俞樾 莫友芝 等明清法书精粹 册页(八开)	尺寸不一	275,910	中国嘉德	2022-10-08
包世臣 行书 立轴	166cm×85cm	207,000	朵云轩	2022-12-09
包世臣 行书七言联 立轴	128cm×30cm×2	126,500	中国嘉德	2022-12-14
包世臣 草书七言联 对联	179.5cm×32cm×2	115,000	西泠印社	2022-01-22
包世臣 吴大澂 何绍基 翁同龢 张之万 杨岘 吴熙载 万岚 1851年作 包世臣先生七十六岁像 立轴	136cm×67cm	115,000	中鸿信	2022-09-12
包世臣 七言对联 立轴	128cm×30cm×2	115,000	永乐拍卖	2022-07-25
包世臣 草书五言联 立轴	166cm×42cm×2	97,750	中国嘉德	2022-06-28
包世臣 刘彦冲楷书法书、鸳鸯仕女 成扇	17cm×51cm	92,000	中贸圣佳	2022-07-23
包世臣 行书自作诗卷 手卷	21.5cm×209cm	63,250	北京保利	2022-07-27
包燮 1657年作 清芬图 扇面	16cm×50cm	143,640	保利香港	2022-07-12
宝熙 1939年作 楷书 (四幅) 屏轴	165.5cm×38.5cm×4	80,500	朵云轩	2022-12-09
鲍俊 等 花鸟 镜心	41cm×190cm	189,750	华艺国际	2022-09-24
鲍俊 1848年作 行书十一言联 立轴	255cm×39cm×2	115,000	北京银座	2022-01-12
贝点 1899年作 清词丽景 册页 (十二开) (节录)	24.4cm×26cm×12	237,615	佳士得	2022-05-28
毕弘述 1721年作隶书十三言联 立轴	175.5cm×25.5cm×2	287,500	中国嘉德	2022-06-28
毕沅 行书七言联 立轴	113cm×24cm×2	322,000	中贸圣佳	2022-07-23

拍品名称	物品尺寸	成交价RMB	拍卖公司	拍卖日期
边寿民 1747年作 十二月令江南风物册页(十二开)	24.1cm×30.7cm×12	2,428,008	中国嘉德	2022-10-08
边寿民 芦雁图 立轴	画心 132cm×70cm	552,000	西泠印社	2022-08-20
边寿民 1750年作 芦雁图卷 手卷	26cm×242cm	460,000	北京保利	2022-07-27
边寿民 1738年作 雪后芦雁 立轴	96cm×36cm	207,000	朵云轩	2022-12-09
边寿民 富贵平安 立轴	109cm×40cm	126,500	中国嘉德	2022-12-14
边寿民 芦雁图 立轴	137cm×44cm	92,000	中鸿信	2022-09-12
边寿民 瓶菊图 立轴	122cm×49cm	69,000	中鸿信	2022-09-12
蔡嘉(传) 春山闲居卷 手卷	32cm×422cm	690,000	中国嘉德	2022-09-27
蔡嘉 金瞻 立轴	96cm×47cm	575,000	荣宝斋(南京)	2022-12-07
蔡嘉 凉亭清夏图 立轴	105cm×65cm	115,000	荣宝斋(南京)	2022-12-07
蔡嘉 昼卧图 立轴	84.5cm×28cm	110,364	中国嘉德	2022-10-08
蔡嘉 1767年作 陈仲春柳荫渡溪图 镜心	17cm×50.5cm	80,500	中贸圣佳	2022-07-23
蔡升元 草书张籍《寄西峰僧》五言诗 立轴	152cm×47cm	149,500	北京荣宝	2022-07-24
蔡琇 饮中八仙图 册页	32cm×27cm×8	862,500	北京荣宝	2022-07-24
蔡远 1707年作 樵诸家十二月令山水 册页(十二开)	39.5cm×27cm×12	1,214,004	中国嘉德	2022-10-08
蔡泽 梅花高士图 立轴	133cm×49.5cm	109,250	中国嘉德	2022-12-14
蔡泽 松下高士图 立轴	67.5cm×51cm	92,000	西泠印社	2022-01-22
曹鸿勋 楷书九言对联 立轴两件	246cm×47.5cm×2	301,293	佳士得	2022-12-03
曹鸿勋 楷书李适诗 立轴	172cm×91cm	92,000	中贸圣佳	2022-07-23
曹鸿勋 行书七言联	27.3cm×170cm	69,000	中国嘉德	2022-12-13
曹洞 临挥格古木垂萝阁 立轴	114cm×44.2cm	632,500	华艺国际	2022-09-23
曹夔音 法诸家山水 册页(九开)	23.2cm×29.3cm×9	7,475,000	中国嘉德	2022-12-12
曹日瑛1697年作行书《临帖册》册页	26cm×23cm×8	102,600	保利香港	2022-07-12
曹溶 为朱德遒作雨色帖 立轴	35cm×53.5cm	402,500	西泠印社	2022-01-22
曹溶 体中帖 镜片	27cm×11cm	195,500	西泠印社	2022-01-22
曹溶 黄口帖 镜片	29cm×13cm	195,500	西泠印社	2022-01-22
曹文埴 七言对联 立轴	125.5cm×29cm×2	97,750	永乐拍卖	2022-07-25
曹秀先 行书节录古文 立轴	77.5cm×39cm	253,000	中国嘉德	2022-06-28
曹雪芹 行书王维《田园乐七首》(其六) 立轴	88cm×24cm	97,750	中鸿信	2022-09-12
曹垣 芭蕉双燕图 立轴	214cm×80cm	92,000	西泠印社	2022-01-22
曹岳 仿古山水 镜心	16cm×51cm	149,500	中贸圣佳	2022-07-23
陈邦彦 行书《送少师归闽四首》诗册页	30.5cm×17cm×17	126,500	开拍国际	2022-01-07
陈邦彦 行书五言诗 镜心	110cm×55cm	115,000	北京保利	2022-07-27
陈浩 仿蓝田叔画意 立轴	98.5cm×37cm	82,080	保利香港	2022-07-12
陈鸿寿 菊蟹图 立轴	89cm×30cm	690,000	北京荣宝	2022-07-24
陈鸿寿 桂岭观亲图 立轴(双挖)	画心40cm×34cm	483,000	西泠印社	2022-08-20
陈鸿寿 芭蕉 立轴	136.5cm×32cm	433,027	香港苏富比	2022-10-09
陈鸿寿 1811年作 篆书临汉《铜神钩铭》 立轴	129.5cm×30cm	402,500	西泠印社	2022-01-22
陈鸿寿 1812年作 种榆仙馆墨妙 册页(十页)	29.5cm×23cm×10	402,500	西泠印社	2022-08-20
陈鸿寿 行书八言联 对联	170cm×31.5cm×2	379,500	朵云轩	2022-12-09
陈鸿寿 行书 立轴	125cm×57cm	264,500	朵云轩	2022-12-09
陈鸿寿 1812年作 三清图卷 手卷	25cm×130cm	207,000	中贸圣佳	2022-07-23
陈鸿寿 行书 立轴	145cm×42cm	172,500	上海嘉禾	2022-01-01
陈鸿寿 隶书对联 立轴两幅	134cm×27.5cm×2	150,646	佳士得	2022-12-03
陈鸿寿 行书七言联 立轴	130cm×32cm×2	149,500	中国嘉德	2022-06-28
陈鸿寿 行书七言联 立轴	166.5cm×30.5cm×2	149,500	中国嘉德	2022-12-14
陈鸿寿 秋菊 镜心	画25cm×14.5cm	132,436	中国嘉德	2022-10-08
陈鸿寿 行书八言联 立轴	147cm×27cm×2	115,000	江苏汇中	2022-08-17
陈鸿寿 行书 立轴	90cm×37cm	115,000	朵云轩	2022-12-09
陈鸿寿 行书七言联 立轴	161cm×31.5cm×2	92,000	中国嘉德	2022-06-28
陈鸿寿 1817年作 茶已热菊已开 立轴	74cm×29cm	80,500	中国嘉德	2022-09-30
陈继昌 行书七言联 对联	123.5cm×28.5cm×2	80,500	西泠印社	2022-01-22
陈继昌 行书文恭公自箴十则 立轴	158.5cm×45.5cm×2	63,250	北京荣宝	2022-07-24
陈嘉言 1656年作 花鸟图卷 手卷	31.8cm×297.8cm	1,058,000	华艺国际	2022-07-29
陈嘉言 1667年作 百龄图 立轴	111.5cm×38.5cm	287,500	西泠印社	2022-01-22
陈嘉言 虬松喜鹊 立轴	157cm×72cm	86,250	中国嘉德	2022-05-28
陈介祺 行楷七言联 立轴	29.3cm×129.5cm×2	74,750	中国嘉德	2022-12-25
陈朗 山水书法册页(共二十四页)	29.5cm×18.5cm×24	172,500	西泠印社	2022-08-20
陈曼生 1817年 花卉册页	23cm×15cm×10	1,265,000	中贸圣佳	2022-07-23
陈曼生 1811年作 青绿山水 立轴	53cm×26.5cm	517,500	中贸圣佳	2022-07-23
陈冕 行书七言联 立轴	136cm×32.5cm×2	86,250	中国嘉德	2022-06-28
陈冕 行书八言联 立轴	161cm×34cm×2	86,250	广东崇正	2022-08-10
陈敏 麻姑献寿图 立轴	137cm×64cm	345,000	中贸圣佳	2022-07-23
陈鹏年 1713年作 自作诗文卷《茅山杂诗卷》 手卷	19cm×590cm	166,750	中鸿信	2022-09-12
陈鹏年 行书自作诗 镜心	116cm×43.5cm	80,500	中国嘉德	2022-12-14
陈鹏年 行草七言诗 立轴	125cm×61.5cm	69,000	中国嘉德	2022-06-28
陈清远 仿元人人物图 手卷	24cm×138cm	141,086	保利香港	2022-10-12
陈三立 楷书 镜框	25cm×26cm	178,250	朵云轩	2022-12-08
陈三立 1884年作 行书 镜片	19cm×49cm	94,300	广东崇正	2022-08-11
陈栻 1792年作 仿古山水 册页(十二开)	画 34cm×8.5cm×12	230,000	中国嘉德	2022-06-28
陈书 花卉 册页八开	22cm×30.8cm×8	173,823	佳士得	2022-12-03
陈舒 花卉双禽图 镜心	128cm×47cm	207,000	中国嘉德	2022-12-14
陈廷敬 临赵孟頫跋《快雪时晴帖》文 立轴	98.5cm×48.5cm	747,500	中贸圣佳	2022-07-23
陈勋 山水 册页(八开)	24cm×20cm×8	126,500	中贸圣佳	2022-12-31
陈奕禧 行书 立轴	135cm×55cm	287,500	朵云轩	2022-12-09
陈奕禧 临王右军圣教序 立轴	97.5cm×33cm	195,350	保利香港	2022-10-12
陈奕禧 行书七言诗 立轴	118cm×39cm	88,291	中国嘉德	2022-10-08
陈元龙 行书七言诗 手卷	23cm×257cm	172,500	中国嘉德	2022-06-28
陈兆凤 笪城春满 立轴	114cm×56cm	218,500	中国嘉德	2022-05-28
陈兆仑 泥金书法《千字文》	29.9cm×15.4cm	110,400	中贸圣佳	2022-07-27
陈卓 1666年作 钓艇归来图 扇面	19cm×52cm	230,000	中国嘉德	2022-06-28
陈梓 草书陆游诗 手卷	39cm×248.5cm	345,000	中国嘉德	2022-12-14
成亲王 行书随驾诗稿 手卷	段一 30cm×143cm; 段二 30cm×72cm; 段三30cm×86.5cm	805,000	广东崇正	2022-08-10
成亲王 手绘蜡笺行书为刘埔书赵孟頫句四屏 镜心	164cm×34.5cm×4	598,000	中鸿信	2022-09-12
成亲王 1785年、1787年、1788年作 随乾隆帝至避暑山庄诗稿卷 手卷	30cm×143cm; 30.5cm×72.5cm; 30.5cm×87cm	575,000	西泠印社	2022-01-22
成亲王 1790年作行书《扈从诗》册页(二十开三十九页)	16.8cm×21.6cm×2	264,500	北京保利	2022-07-27
成亲王 行书节录张丑《清河书画舫》 立轴	101cm×30cm	97,750	保利厦门	2022-10-21

2022书画拍卖成交汇总(续表)

(成交价RMB: 6万元以上)

拍品名称	物品尺寸	成交价RMB	拍卖公司	拍卖日期
成亲王 篆书七言联 立轴	131cm×29cm×2	86,250	保利厦门	2022-10-21
程曾煌 师林八景 册页(二十开)	16cm×26cm×20	115,000	荣宝斋(南京)	2022-12-07
程邃 草书 镜片	22cm×15cm	80,500	朵云轩	2022-12-09
程庭鹭 1826年作 临古山水册十开 镜心	28.5cm×32.5cm×10	207,000	中贸圣佳	2022-12-31
程正揆 1658年作 山水书法卷 手卷	画21cm×310.5cm	5,175,000	广东崇正	2022-08-10
迟煓 1715年作 芦雁图 立轴	163cm×93cm	345,000	中贸圣佳	2022-12-31
崇恩 1856年作 行书 八言联 对联	175.5cm×34cm×2	89,700	西泠印社	2022-01-22
醇亲王 楷书《与翁同龢同游诗》横披	28cm×165cm	109,250	中鸿信	2022-09-12
慈禧 寿桃福禄 立轴	218cm×91cm	690,000	上海嘉禾	2022-11-20
慈禧 1889年作 葡萄 立轴	170cm×84.5cm	648,043	佳士得	2022-05-28
慈禧 1902年作 御笔富贵长寿 立轴	90cm×39cm	253,000	中鸿信	2022-09-12
慈禧 行书"涵海养春" 镜心	37cm×96cm	230,000	北京银座	2022-09-16
慈禧 1904年作 锦屏春丽 团扇	直径24cm	149,500	北京保利	2022-07-27
慈禧 行书"龙" 立轴	178cm×89cm	149,500	中国嘉德	2022-12-14
慈禧 1905年作 御笔牡丹 立轴	121cm×61.5cm	115,000	中贸圣佳	2022-12-31
慈禧 富贵花禽 镜心	绘画79cm×47cm	115,000	北京保利	2022-07-27
慈禧 行书"福"字 立轴	202cm×98.5cm	115,000	中国嘉德	2022-12-14
慈禧 1903年作 清香浓艳 团扇	直径24.5cm	109,250	北京保利	2022-07-27
慈禧 万寿图 立轴	116.5cm×55cm	109,250	北京保利	2022-07-27
慈禧 1891年作 富贵长寿 镜心	145cm×107cm	109,250	北京保利	2022-07-27
慈禧(款)1892年作 花鸟 册页	26cm×20cm×12	92,000	中国嘉德	2022-06-01
慈禧 菊石双清 立轴	画131cm×63cm	77,254	中国嘉德	2022-10-08
慈禧 1904年作 锦屏春丽 镜心	34cm×42cm	69,000	中国嘉德	2022-09-30
慈禧 富贵花香图 立轴	76cm×36.5cm	69,000	西泠印社	2022-01-22
慈禧(款)菊花清供图	112cm×58cm	471,768	香港福羲国际	2022-12-28
慈禧 1902年作 秋英纷飞 立轴	120cm×59cm	109,250	朵云轩	2022-12-09
崔干城 1660年作 草书《谯周帖》立轴	139.5cm×47.5cm	184,680	保利香港	2022-07-12
崔冕 写生诗意 册页(八开)	24cm×18cm×8	759,000	中国嘉德	2022-12-14
崔锴(传)18世纪~19世纪 贝氏艺术珍藏 荷亭消夏 立轴	121.5cm×41.3cm	324,021	香港苏富比	2022-04-29
崔锴 秋庭乐舞图 立轴	129cm×51cm	126,500	中鸿信	2022-09-12
崔致远 行书题渔乐图诗 立轴	384cm×43cm	195,500	中国嘉德	2022-12-14
戴本孝 五君子图 立轴	画心102cm×42cm	80,500	中鸿信	2022-09-12
戴苍 渔洋山人抱琴洗桐图 手卷	画31.5cm×126cm	32,200,000	中国嘉德	2022-06-26
戴瀚 等手书册页	31.6cm×21.5cm	63,250	中贸圣佳	2022-07-27
戴衢亨 楷书词句 扇面	17cm×50cm	78,200	保利厦门	2022-10-22
戴熙 1841年作 仿古山水 册页(八开)	23.5cm×27cm×8	575,000	中国嘉德	2022-06-28
戴熙 1840年作 寒林图·行书八言联一堂 立轴	中堂100cm×38.5cm	230,000	中鸿信	2022-09-12
戴熙 1847年作 山水 手卷	23.5cm×259.5cm	115,882	佳士得	2022-12-03
戴熙 1857年作 野径板桥图 立轴	97cm×47.5cm	109,250	中国嘉德	2022-12-14
戴熙 1848年作 山水册页	24cm×32cm×12	103,500	中鸿信	2022-09-12
戴熙 行书八言联 镜心	165cm×29.5cm×2	92,000	中贸圣佳	2022-12-31
戴熙 若耶山水 立轴	131cm×32cm	92,000	北京保利	2022-07-27
戴熙 行书八言联 立轴	167cm×33.5cm×2	69,000	中国嘉德	2022-06-28
戴熙 元人笔意图 镜片	130cm×31cm	69,000	江苏汇中	2022-08-17
戴熙 古木竹石图 屏轴	28.5cm×29.5cm	69,000	朵云轩	2022-12-09
戴正泰 1773年作 十八罗汉图卷 手卷	26cm×308cm	80,500	中国嘉德	2022-09-30
淡轩 画 怡亲王 藏(传)山水册页 册页(十二开)	46cm×32cm×12	115,000	中贸圣佳	2022-12-31
道光 1822年作付与东风一缕开扇面	17cm×51cm	368,000	中国嘉德	2022-05-28
道光(款)1829年作 行书七言诗 立轴	170cm×91cm	86,250	中国嘉德	2022-06-02
道光帝 御笔"昊天罔极" 镜心	48cm×124cm	97,750	中鸿信	2022-09-12
德荫 满文对联 立轴	134cm×33cm×2	92,000	中贸圣佳	2022-07-23
邓石如 篆书《弟子职》十屏 立轴	174cm×45cm×10	4,715,000	永乐拍卖	2022-07-25
邓石如 1799年作 楷书乐书天故事 册页	30.5cm×16.5cm×8	1,322,500	开拍国际	2022-01-07
邓石如 1804年作 篆书节录古文 镜片	97cm×67cm	920,000	西泠印社	2022-08-20
邓石如 1805年作 隶书 立轴	132cm×74.7cm	864,057	佳士得	2022-05-28
邓石如 1790年作 行书自作诗《登岱》八屏 立轴	123cm×46cm×8	115,000	中鸿信	2022-09-12
邓石如 1794年作 隶书黄兼济评镜心	90cm×43cm	82,800	中鸿信	2022-09-12
邓石如 1800年作 隶书八言联 立轴	174.5cm×38.5cm×2	77,254	中国嘉德	2022-10-08
邓时 楷书双井诗 立轴	134cm×40cm	86,250	北京荣宝	2022-07-24
颠道人 花卉逸品 册页(十二开)	画心26cm×17.5cm×12	2,990,000	开拍国际	2022-01-07
丁丙 陶浚宣 邹安 毛奇龄、朱彝尊 小像 立轴	112cm×32.5cm	92,000	西泠印社	2022-01-22
丁观鹏 张宗苍 合绘 戴震等三十家 仕宦题跋 手卷	画绘36cm×77.5cm	17,480,000	北京保利	2022-07-27
丁敬 行书诗传 立轴	128cm×37cm	2,376,158	佳士得	2022-05-28
丁以诚 拟新罗山人笔意 镜心	125cm×74cm	690,000	荣宝斋(南京)	2022-12-07
定亲王 1820年作 楷书诗 册页	尺寸不一	207,000	中贸圣佳	2022-12-31
董邦达 仿王蒙秋山草堂笔意山水 立轴	117cm×54cm	2,051,179	香港苏富比	2022-10-09
董邦达 湖山泛舟卷 手卷	60.5cm×476cm	920,000	中贸圣佳	2022-12-31
董邦达 溪山春潮 镜心	69cm×36cm	747,500	北京银座	2022-09-16
董邦达 乾隆帝 春日山居 行书《有意轩诗》成扇	19cm×52cm	425,500	中贸圣佳	2022-10-27
董邦达 钱维城 张照 于敏中 方观承 汪由敦等1751年作 书画合璧卷手卷	画心203cm×18.5cm	391,000	西泠印社	2022-01-22
董邦达 1767年作 山水 立轴	119cm×43.5cm	195,500	广东崇正	2022-08-10
董邦达 仿刘松年笔意 立轴	123cm×68cm	161,000	中鸿信	2022-09-12
董邦达 晓霭苍苍 立轴	110cm×60.5cm	115,000	保利厦门	2022-10-22
董邦达 文殊菩萨像 立轴	126cm×65cm	109,250	中鸿信	2022-09-12
董邦达 1735年作 云壑万象(四幅)屏轴	213.5cm×53cm×4	89,700	朵云轩	2022-08-08
董诰 记景(十二帧)册页	23cm×15cm×24	483,000	保利厦门	2022-10-22
董诰 重峦叠嶂图 手卷	29.1cm×359.7cm	195,500	中国嘉德	2022-06-28
董诰 1798年作 九峰雪霁图 立轴	93cm×30.5cm	115,882	佳士得	2022-12-03
董诰 纸上天机 手卷	17.6cm×44cm×6	103,748	香港苏富比	2022-04-27
董诰 楷书七言诗 镜心	101cm×69cm	92,000	北京保利	2022-07-27
董诰 仿古山水 手卷	16cm×162.2cm	74,070	香港苏富比	2022-10-09
董棨 花鸟 立轴	149cm×73cm	115,000	北京荣宝	2022-07-24
董旭 钟馗图 立轴	174cm×90cm	149,500	西泠印社	2022-01-22
鄂云布 行草册页 册页	32.5cm×23cm×16	63,250	北京荣宝	2022-07-24
法若真 雪山图 立轴	155cm×47.5cm	2,317,644	佳士得	2022-12-03
法若真 行书七律 立轴	164cm×48cm	1,495,000	广东崇正	2022-08-10
法若真 行书五言诗 立轴	73.5cm×50cm	322,000	西泠印社	2022-01-22
法若真 草书 立轴	112cm×39.5cm	138,000	朵云轩	2022-12-09

拍品名称	物品尺寸	成交价RMB	拍卖公司	拍卖日期
樊云 寒山幽居 立轴	123cm×71cm	63,250	中鸿信	2022-09-12
范当世 为吴汝纶书自作诗 镜片	102cm×33.5cm	230,000	西泠印社	2022-01-23
范金镛 梳妆图 立轴	85cm×39cm	218,500	广东崇正	2022-08-11
范士桢 富贵长春 立轴	139cm×94cm	92,000	中国嘉德	2022-06-28
范仕纯 花卉 立轴	168cm×40cm	63,250	北京荣宝	2022-07-24
范骧 行书五言诗 扇面	16cm×49.5cm	161,000	中国嘉德	2022-12-14
范雪仪 寿萱耄耋图 立轴	84cm×31cm	184,000	中国嘉德	2022-12-14
方琮 清溪漱玉图轴 立轴	123cm×56.5cm	3,910,000	中贸圣佳	2022-07-23
方琮 兰亭修禊图 手卷	画31cm×340cm	598,000	广东崇正	2022-08-10
方琮 江干雪霁图 手卷	画心 45cm×840cm; 题跋 48.5cm×194cm	506,000	保利厦门	2022-10-22
方琮 山水 镜片	64cm×42cm	80,500	广东崇正	2022-12-24
方观承御制观潮诗册页(十二开)	17.5cm×22cm×6	126,500	北京保利	2022-07-27
方亨咸 行书节临《书谱》手卷	30.8cm×406.5cm	740,704	香港苏富比	2022-10-09
方士庶 竹溪高隐 立轴	108cm×33.5cm	224,250	朵云轩	2022-12-09
方士庶 1730年作 幽居清流 立轴	125cm×62cm	218,500	中国嘉德	2022-12-14
方士庶 1730年作 文徵明笔意 镜片	画17cm×50cm	89,700	广东崇正	2022-12-24
方薰 天中节景图 手卷	画22.5cm×117cm	632,500	中国嘉德	2022-06-28
方薰 拟恽寿平笔意 立轴	93cm×32cm	75,969	保利香港	2022-10-12
费丹旭 1849年作 宝素庵主小像 立轴	132.5cm×62.5cm	1,728,115	佳士得	2022-05-28
费丹旭 冯箕 等 雪景山水 册页(四页)	27cm×17cm×4	218,500	西泠印社	2022-01-22
费丹旭 英武大将军 立轴	93cm×42cm	184,000	北京荣宝	2022-07-24
费丹旭 1838、1839、1846年作 梅影寻诗图 册页(十七开)	20cm×27.5cm×17	173,823	佳士得	2022-12-03
费丹旭 1842年作 林逋隐居 立轴	83cm×46.5cm	92,000	中国嘉德	2022-06-28
费丹旭 人物四屏 立轴	100cm×25cm×4	66,700	中贸圣佳	2022-10-27
冯箕 1847年作 万竹楼图卷 手卷	32cm×180cm	609,500	华艺国际	2022-07-29
冯宁 宫院图 立轴	133cm×56cm	149,500	保利厦门	2022-10-22
冯仙湜 1807年作 烟波垂钓 立轴	123cm×51.5cm	208,587	佳士得	2022-12-03
冯仙湜 1670年作 放棹图 立轴	33cm×24cm	74,750	中国嘉德	2022-12-14
傅山 华严经及唐诗卷 手卷	23.5cm×213.5cm	18,975,000	西泠印社	2022-08-20
傅山 隶书孟郊《游华山云台观》立轴	161cm×47.5cm	9,085,000	北京银座	2022-09-16
傅山 行书五言诗 立轴	202cm×50cm	4,600,000	北京保利	2022-07-27
傅山 行书五言排律、寒林图 扇面	17.5cm×53.6cm; 16cm×51.2cm	4,485,000	北京保利	2022-07-27
傅山 草书五言诗 立轴	323cm×45.5cm	805,000	上海嘉禾	2022-11-20
傅山 草书七言诗 立轴	175cm×22cm	747,500	上海嘉禾	2022-11-20
傅山 行书 立轴	157cm×46.5cm	552,000	中鸿信	2022-09-12
傅山 行书王维诗 立轴	29cm×42cm	529,000	北京保利	2022-07-27
傅山 行书七言诗 立轴	224cm×63.5cm	391,000	上海嘉禾	2022-01-01
傅山 草书七言诗 立轴	162.5cm×41.2cm	302,420	佳士得	2022-05-28
傅山 墨牡丹 扇面	16.5cm×51cm	207,000	华艺国际	2022-07-29
傅山 1683年作 行书杜甫诗八屏 立轴	207cm×47cm×8	172,500	中鸿信	2022-09-12
傅山 云壑山隐 立轴	94cm×37cm	115,000	朵云轩	2022-12-09
傅山(款) 幽兰 扇面	16cm×45.5cm	80,500	中国嘉德	2022-12-14
傅雯 指画关羽像 立轴	193.5cm×110.5cm	253,000	中国嘉德	2022-06-28
改琦 1807年作 消夏雅集图 手卷	46.1cm×366cm	2,242,500	华艺国际	2022-07-29
改琦 19世纪初 贝氏艺术珍藏《作坊白描秘戏图》(一组七帧)	尺寸不一	216,014	香港苏富比	2022-04-29

拍品名称	物品尺寸	成交价RMB	拍卖公司	拍卖日期
改琦 人物故事四屏 立轴	160cm×45.5cm×4	172,500	保利厦门	2022-10-22
改琦 百美图 手卷	28cm×622.8cm	170,932	香港苏富比	2022-10-09
改琦 红衣仕女 立轴	34.8cm×26.8cm	136,745	香港苏富比	2022-10-09
改琦 1822年作 岁朝集吉 立轴	101.5cm×46cm	103,500	中贸圣佳	2022-07-23
改琦 把酒祝东风 立轴	96.5cm×29.5cm	69,000	北京银座	2022-09-16
改琦 墨竹图 立轴	152cm×46cm	68,373	香港苏富比	2022-10-09
盖仙 群芳竞秀图 手卷	画 32.5cm×770cm	368,000	中国嘉德	2022-06-28
高岑 松芝竹石 立轴	154cm×43.5cm	178,250	北京保利	2022-07-27
高岑 疏林曳杖 镜心	17.5cm×51.5cm	115,000	荣宝斋(南京)	2022-12-07
高岑 疏林曳杖图 扇面	17cm×51cm	109,250	北京荣宝	2022-07-24
高层云 春山图 立轴	150cm×40cm	97,750	保利厦门	2022-10-22
高凤翰 双松并茂图 立轴	144cm×55cm	552,000	华艺国际	2022-07-29
高凤翰 蕉菊图 立轴	131cm×52cm	264,500	北京保利	2022-07-27
高凤翰 蕉菊图 立轴	150cm×40cm	253,000	北京荣宝	2022-07-24
高凤翰 草书 立轴	132cm×39cm	230,000	北京荣宝	2022-07-24
高凤翰 奇石图 立轴	17cm×51cm	143,750	保利厦门	2022-10-22
高凤翰 1747年作 芙蓉石图 立轴	88cm×31.5cm	92,000	中贸圣佳	2022-07-23
高凤翰 泣谢帖 镜片	尺寸不一	92,000	西泠印社	2022-01-22
高凤翰 芭蕉菊石图 立轴	128cm×54cm	92,000	北京保利	2022-07-27
高凤翰 隶书 屏轴	134.5cm×49cm	92,000	朵云轩	2022-12-09
高简 1706年作 梅花 册页(八开)	23cm×31cm×8	207,000	北京保利	2022-02-03
高简 等 茂伦先生小像图 镜心	91cm×76cm	103,500	中贸圣佳	2022-10-27
高简 山水 镜片	150cm×47cm	89,700	泰和嘉成	2022-07-30
高垲 1831年作 临魏晋唐宋诸帖 册页(十二页)	29.5cm×21.5cm×12	66,700	西泠印社	2022-01-22
高其佩 钟馗 立轴	114.5cm×58cm	1,127,000	永乐拍卖	2022-07-25
高其佩 指画虎 镜心	106.5cm×52.5cm	230,000	中国嘉德	2022-06-28
高其佩 多子图 立轴	113cm×63cm	207,000	西泠印社	2022-01-22
高其佩 花鸟双轴 立轴	129.5cm×33cm×2	123,120	保利香港	2022-07-12
高其佩 山君图 立轴	203cm×101cm	97,750	泰和嘉成	2022-07-30
高其佩 高占枝头图 立轴	177cm×45cm	92,000	广东崇正	2022-12-24
高士奇 1702年作 行书韦应物《滁州西涧》镜框	130cm×58.5cm	632,500	华艺国际	2022-07-29
高士奇 行书《岩栖幽事》立轴	177.5cm×90.5cm	195,500	中国嘉德	2022-06-28
高士奇 江村泛舟图 立轴	画心 99.5cm×34cm	172,500	西泠印社	2022-01-22
高士奇 行书 立轴	153.5cm×47cm	149,500	朵云轩	2022-12-09
高俨 溪山幽居图 立轴	176cm×45cm	115,000	华艺国际	2022-09-24
龚橙 1878年作 佛说四十二章经 手卷	30cm×383cm	140,409	佳士得	2022-05-28
龚鼎孳 草书七言诗轴 立轴	161.8cm×50.8cm	345,000	北京保利	2022-07-27
龚鼎孳 草书 扇片	18cm×54cm	161,000	朵云轩	2022-12-09
龚克庸 何琪 伊秉绶 钱载 等 诸家手迹 册页(十四开)	尺寸不一	110,364	中国嘉德	2022-10-08
龚贤 仙客楼居图 立轴	76.5cm×42.5cm	6,670,000	上海嘉禾	2022-11-20
龚贤 山林茆居图 立轴	152.5cm×47.5cm	4,255,000	西泠印社	2022-01-22
龚贤 山川幽居 立轴	97cm×63cm	2,317,644	佳士得	2022-12-03
龚贤 雪后寒林图 立轴	画心 52.5cm×22.5cm	690,000	西泠印社	2022-01-22
龚贤(传) 山水册页 册页	30cm×32cm×8	109,250	中贸圣佳	2022-07-12
龚贤(款) 1684年作 山中空楼 立轴	177cm×94cm	74,750	中国嘉德	2022-09-27
龚贤 松寿图 立轴	193cm×50.5cm	74,750	中鸿信	2022-09-12

2022书画拍卖成交汇总(续表)

(成交价RMB：6万元以上)

拍品名称	物品尺寸	成交价RMB	拍卖公司	拍卖日期
龚自珍 筱梅女史 行书七言诗、落花飞燕 镜心	40.5cm×28cm	276,000	北京保利	2022-07-27
龚自珍 王东槐 殷寿彭 毛鸿宾 牟所等七楼图并题咏卷 手卷	画心24cm×92cm	115,000	上海嘉禾	2022-11-20
顾昉 1709年作 春山图 立轴	62.5cm×76.5cm	207,000	中国嘉德	2022-12-14
顾昉 仿赵大年笔意 立轴	179cm×53cm	69,000	广东崇正	2022-12-24
顾符稹 山庄静业图 立轴	92.5cm×182cm	575,000	中国嘉德	2022-06-28
顾概 丘岳 等八家诗画册（八开）	14.3cm×10.8cm×8	114,123	香港苏富比	2022-04-27
顾鹤庆 书画"兜娄香室" 镜片	32cm×93cm	109,250	西泠印社	2022-01-22
顾鹤庆 1814年作 摄山九老松图 立轴	235cm×120cm	80,500	中国嘉德	2022-09-27
顾鹤庆 1802年作 清溪草庐图卷 手卷	画心 24.5cm×110cm	63,250	北京保利	2022-07-27
顾麟士 柳溪读《易》立轴	125.5cm×54.5cm	194,412	香港苏富比	2022-04-30
顾麟士 秋江归棹图 手卷	画 17cm×135.5cm	74,750	中国嘉德	2022-12-14
顾洛 黛玉葬花 立轴	86.7cm×30.6cm	102,606	佳士得	2022-05-28
顾諟 书画合璧 立轴	画63.5cm×34cm	115,000	中国嘉德	2022-12-14
顾西厓 夏山图 立轴	111cm×56cm	74,750	中鸿信	2022-09-11
顾炎武 草书轴	128cm×20.5cm	69,000	江苏汇中	2022-08-17
顾应泰 九歌图 册页	20.5cm×14cm×24	195,500	永乐拍卖	2022-07-25
顾驹 茶具 册页	27cm×40.2cm×8	1,440,096	华艺国际	2022-05-29
关槐 青绿山水对卷 手卷	10cm×102.5cm×2	483,000	中贸圣佳	2022-12-31
光绪帝 御笔"三晋遗封" 镜心	66cm×245cm	322,000	中鸿信	2022-09-12
归允肃 行书《劝学文》句 立轴	156cm×54cm	402,500	北京保利	2022-07-27
桂馥 1797年作 隶书四屏 立轴	128cm×62cm×4	333,500	广东崇正	2022-12-24
桂馥 1797年作 隶书四屏 立轴	128.5cm×62cm×4	437,000	中贸圣佳	2022-07-23
桂馥 1800年作 隶书《世说新语》一则 立轴	158cm×95.5cm	368,000	西泠印社	2022-01-22
桂馥 隶书词组 立轴	118cm×61cm	176,372	香港苏富比	2022-04-27
桂馥 1756年作 隶书七言联 对联	152.5cm×34cm×2	94,300	朵云轩	2022-12-09
桂馥 隶书六言联 立轴	125cm×26.5cm×2	80,500	中鸿信	2022-09-12
郭朝祚 1730年作 西园雅集通景三幅	183cm×194cm×2; 183cm×204cm	632,500	中国嘉德	2022-05-28
郭朝祚 行书《争座位帖》立轴	204cm×66cm	195,500	北京荣宝	2022-07-24
郭尚先 行书节录方熏画论四屏 立轴	168.5cm×42.5cm×4	402,500	北京银座	2022-01-12
郭尚先 行书《论书》立轴	183cm×85cm	138,000	北京荣宝	2022-07-24
郭尚先 行书《论书》语 立轴	162cm×72.5cm	115,000	中国嘉德	2022-06-28
郭尚先 行书 立轴	172cm×86cm	97,750	朵云轩	2022-12-09
郭尚先 行书七言联 对联	126cm×26cm×2	69,000	北京保利	2022-07-27
果亲王 行书临王献之《敬祖帖》立轴	132.5cm×50cm	115,000	北京保利	2022-07-27
韩菼 行书杨巨源《早朝诗》立轴	190cm×46.4cm	345,000	北京保利	2022-07-27
韩菼 张英 等陈太夫人红金笺寿册页（十二开）	36cm×41.5cm×12	920,000	广东崇正	2022-08-10
何焯 1696年作 行书陆游诗 立轴	166cm×47.5cm	161,000	中国嘉德	2022-12-14
何绍基 行书山谷题跋四屏 立轴	184cm×54cm×4	2,702,500	中贸圣佳	2022-10-27
何绍基 行书节录黄庭坚《题〈校书图〉后》立轴	170.5cm×44cm×6	2,070,000	中国嘉德	2022-06-26
何绍基 程庭鹭 李鸿裔章钰 杨钟羲 等为潘遵祁绘堂号图 香雪草堂题咏卷 手卷	画心 24cm×92.5cm	1,495,000	西泠印社	2022-01-22
何绍基 行书 对屏 立轴	183cm×49cm×2	1,058,000	北京银座	2022-01-12
何绍基 1868年作 裴行俭公帖六条屏 立轴	171cm×47.3cm×6	1,012,000	开拍国际	2022-07-24
何绍基 1865年作 楷书十一言长联 立轴	318cm×49cm×2	920,000	中国嘉德	2022-06-26
何绍基 1858年作 行书《研山铭》手卷	30cm×240cm	862,500	广东崇正	2022-08-10
何绍基 行书"读书堂" 镜心	29.5cm×74.5cm	805,000	中国嘉德	2022-06-26
何绍基 节临《孔林碑》四屏 镜心	183cm×48cm×4	805,000	中国嘉德	2022-12-14
何绍基 1847年作 篆隶四条屏	171cm×44cm×4	747,500	中国嘉德	2022-05-28
何绍基 行书四条屏 立轴	169.5cm×45.5cm×4	552,000	保利厦门	2022-10-21
何绍基 行书书法 立轴	220cm×59cm	483,000	中贸圣佳	2022-10-27
何绍基 行书《小山画谱》四屏 立轴	135cm×32.5cm×4	460,000	中贸圣佳	2022-10-27
何绍基 行书七言联 立轴	131cm×32cm×2	368,000	中国嘉德	2022-06-26
何绍基 1857年作 书画"龙蟠凤举" 横披	29.5cm×113cm	322,000	西泠印社	2022-01-22
何绍基 行书东坡诗 立轴	147cm×78cm	322,000	北京保利	2022-07-27
何绍基 张石舟先生墓志铭 立轴	71cm×71cm	309,019	中国嘉德	2022-10-08
何绍基 行书七言联 立轴	170cm×31.5cm×2	287,500	北京荣宝	2022-07-24
何绍基 行书七言联 立轴	190.5cm×46cm×2	287,500	广东崇正	2022-08-10
何绍基 1864年作 行书七言联 立轴	135cm×30.5cm×2	264,500	中国嘉德	2022-12-14
何绍基 行书"陈书獭祭鱼" 镜心	18cm×102cm	241,500	中贸圣佳	2022-07-23
何绍基 行书七言联 对联	162cm×31cm×2	230,000	西泠印社	2022-01-22
何绍基 行书节录黄庭坚《见张文定公》四屏	176.4cm×44.3cm×4	207,496	香港苏富比	2022-04-27
何绍基 行书七言联	161cm×29cm×2	195,500	中国嘉德	2022-06-27
何绍基 行书"艺术印岁寒" 横额 镜心	34cm×113cm	195,500	中贸圣佳	2022-12-31
何绍基 隶书五言联 立轴	74cm×18cm×2	172,500	中国嘉德	2022-06-28
何绍基 草书（四屏）镜心	128cm×31cm×4	162,792	保利香港	2022-10-12
何绍基 篆书"甄秘室" 镜心	36.5cm×146cm	149,500	北京保利	2022-07-27
何绍基 书房对 五言联 对联	77cm×21cm×2	138,000	西泠印社	2022-01-22
何绍基 行书四屏 镜片	131cm×33cm×4	138,000	上海嘉禾	2022-01-01
何绍基 为李鸿裔作行书苏轼诗 扇页	17cm×52cm	126,500	西泠印社	2022-01-22
何绍基 行书七言联 对联	129cm×30cm×2	126,500	北京保利	2022-07-27
何绍基 1848年作 行书节选《后汉书》立轴	131cm×61cm	126,500	中国嘉德	2022-12-14
何绍基 行书六言联 对联	107.5cm×28cm×2	115,000	西泠印社	2022-01-22
何绍基 行书七言联 立轴	126cm×31cm×2	115,000	中国嘉德	2022-06-28
何绍基 行书八言联 立轴	149.5cm×28cm×2	115,000	广东崇正	2022-08-10
何绍基 行书七言联 立轴	130cm×29cm×2	103,500	北京荣宝	2022-07-24
何绍基 张盘行书·藤花幽禽图 立轴	画直径26cm	97,750	中国嘉德	2022-12-14
何绍基 行书七言联 立轴	131cm×30cm×2	92,000	中贸圣佳	2022-07-23
何绍基 行书七言联 立轴	125.5cm×32.5cm×2	92,000	中国嘉德	2022-06-28
何绍基 行书八言联 立轴	153cm×32cm×2	92,000	保利厦门	2022-10-22
何绍基 行书七言联 立轴	136.5cm×30.5cm×2	80,500	北京银座	2022-01-12
何绍基 行书七言联 对联	126cm×28cm×2	74,750	朵云轩	2022-08-07
何绍基 行书七言联 立轴	126cm×29.5cm×2	69,000	北京银座	2022-09-16
何绍基 隶书格言 立轴	117cm×35cm	69,000	北京银座	2022-09-16
何绍基 行书七言联 立轴	127cm×28.5cm×2	69,000	中贸圣佳	2022-12-31
何绍基 隶书五言联 对联	113cm×26.5cm×2	69,000	朵云轩	2022-12-09
何绍基 行书七字 立轴	120cm×48cm	60,700	中国嘉德	2022-10-08
何杼 行书七言诗 立轴	158cm×50cm	149,500	北京荣宝	2022-07-24
和珅 临蔡襄《虹县帖》镜心	71.5cm×189cm	264,500	中鸿信	2022-09-12
弘历 御制《将军阿桂奏克喀喇依贼巢红旗报捷喜成凯歌十首》诗稿 三片	尺寸不一	518,742	香港苏富比	2022-04-27
弘历 御赐群臣诗稿 五片	22.3cm×9.5cm×5	414,993	香港苏富比	2022-04-27
弘历 御制《过通州》等诗稿 五折	22.4cm×9.5cm×5	398,840	香港苏富比	2022-10-09

拍品名称	物品尺寸	成交价RMB	拍卖公司	拍卖日期
弘历 御制《过卢沟桥》等诗稿五折	22.4cm × 9.5cm × 5	341,863	香港苏富比	2022-10-09
弘历 御题民间见闻诗稿 六片		331,994	香港苏富比	2022-04-27
弘历 御制南宫诗稿 四折	22.4cm × 9.5cm × 4	227,909	香港苏富比	2022-10-09
弘历 御制咏雨诗稿 四折		227,909	香港苏富比	2022-10-09
弘历 御题咏物诗稿 三片	22.3cm × 9.5cm × 3	207,496	香港苏富比	2022-04-27
弘仁 静谷寒烟图 册页	22cm × 16.8cm × 12	12,075,000	中鸿信	2022-09-12
弘昨 翁方纲 铁保 余集 吴锡麒 李宗瀚 朱本 等1798年作 为送别董洵作秋山行色题咏卷 手卷	画心 28cm × 108.5cm	1,115,500	西泠印社	2022-01-22
洪钧 书法四屏	134cm × 30cm × 4	63,250	中国嘉德	2022-12-13
洪亮吉 篆书七言联 立轴	127cm × 26cm × 2	483,000	中贸圣佳	2022-07-23
洪亮吉 篆书七言联 立轴	128.5cm × 29cm × 2	138,000	中贸圣佳	2022-12-31
洪亮吉 1807年作 篆书 册页	32.5cm × 34.5cm × 12	126,500	中国嘉德	2022-06-28
洪亮吉 1797年作 篆书八言联 立轴	122cm × 21cm × 2	103,500	中鸿信	2022-09-12
洪亮吉 篆书七言联 立轴	132cm × 31.2cm × 2	96,861	香港苏富比	2022-10-09
洪亮吉 陈廷庆 李方湛 郭麟 王衍梅 陈叔 等 碧天秋思图题诗册页(八页)	33.5cm × 26.5cm × 8	86,250	西泠印社	2022-08-20
侯良旸 行书唐陆龟蒙诗 立轴	103cm × 38cm	66,700	西泠印社	2022-01-22
胡方 楷书自书诗 立轴	132cm × 35cm	207,000	广东崇正	2022-12-24
胡方 草书诗卷 手卷	24cm × 154cm	195,500	华艺国际	2022-09-24
胡公寿 1876年作 四季花卉 立轴四屏	132.2cm × 31.7cm × 4	99,894	香港苏富比	2022-10-08
胡公寿 三友图 立轴	129cm × 62cm	63,250	荣宝斋(南京)	2022-12-07
胡桂 花鸟六屏 立轴	179cm × 49cm × 6	80,500	北京保利	2022-07-27
胡介祉 田雯 李坚 等1684年作 汉江帆影图卷 手卷	画心 24.5cm × 101cm	391,000	西泠印社	2022-01-22
胡镢 行书七言诗四屏 镜片(四帧)	147cm × 39cm × 4	184,000	西泠印社	2022-01-22
胡镢 1907年作 行书 立轴	140cm × 39cm × 2	92,000	朵云轩	2022-12-09
胡林翼 骆秉章 等1840年作 为赵光书诗 镜心	42cm × 153cm	103,500	中国嘉德	2022-12-14
胡湄 晴雪雀兔图 立轴	159cm × 81cm	1,495,000	北京荣宝	2022-07-24
胡澍 1867年作 篆书 "爱竹山房" 横披	29cm × 134cm	253,000	中国嘉德	2022-12-14
胡澍 篆书(四幅) 屏轴	127cm × 30.5cm × 4	92,000	朵云轩	2022-12-09
胡澍 篆书七言联 对联	120.5cm × 29cm × 2	69,000	西泠印社	2022-01-22
胡铁梅 1883年作 峰峦叠嶂对屏 立轴	177cm × 65.5cm × 2	575,000	华艺国际	2022-09-23
胡铁梅 梅花书屋通景 六屏轴	155cm × 55cm × 6	64,400	江苏汇中	2022-08-17
胡渭 行书潘贞女诗 镜片	27.5cm × 27cm	103,500	西泠印社	2022-01-22
胡锡珪 1881年作 仕女四屏 立轴	141cm × 39cm × 4	69,000	中国嘉德	2022-06-27
华世奎 王鸿钧 楷书七言联、行书七言联 立轴		149,500	北京荣宝	2022-07-24
华嵒 1728年作 淮河图册十二开 册页	24.5cm × 29.5cm × 12	1,840,000	中贸圣佳	2022-12-31
华嵒 柳荫垂钓 立轴	129cm × 32.5cm	322,000	中国嘉德	2022-12-14
华嵒 1756年作 茶花小鸟 立轴	134.5cm × 53.5cm	3,220,000	朵云轩	2022-12-09
华嵒 空翠千嶂图 立轴	148cm × 44cm	2,012,500	北京保利	2022-02-03
华嵒 松鹤图 立轴	171cm × 89cm	1,955,000	北京荣宝	2022-07-24
华嵒 桐荫双凤 立轴	168cm × 96.5cm	1,495,000	上海嘉禾	2022-11-20
华嵒 海棠绶带 立轴	94cm × 53cm	1,357,000	上海嘉禾	2022-01-01
华嵒 1756年作 草庐琴趣图 立轴	134.5cm × 62.5cm	1,265,000	西泠印社	2022-01-22
华嵒 秋林静读 镜片	168cm × 44.5cm	1,012,000	朵云轩	2022-12-08
华嵒 摹周臣绘陈伯庖五十岁像 立轴	91cm × 36cm	805,000	中贸圣佳	2022-12-27
华嵒 羽临凤 立轴	94cm × 53cm	690,000	华艺国际	2022-07-29
华嵒 仿吴伟《网下一潭圆图》立轴	114cm × 57cm	494,500	西泠印社	2022-08-20
华嵒 山禽乐春图 立轴	188cm × 108cm	471,500	上海嘉禾	2022-11-20
华嵒 山水人物 册页(十二开)	画 25cm × 31cm × 12	230,000	北京保利	2022-07-27
华嵒 西园雅集 立轴	182cm × 91cm	126,500	中国嘉德	2022-09-27
华嵒 仙猿献寿 立轴	145cm × 56cm	69,000	中鸿信	2022-09-12
黄璧 1768年作 凌阁风声图 镜心	116cm × 215cm	575,000	华艺国际	2022-09-24
南源性派 悦山道宗 等 黄檗宗高僧墨迹 手卷	29cm × 1246.5cm	77,811	香港苏富比	2022-04-27
黄鼎 1707年作 山居幽冥 立轴	124cm × 50cm	2,875,000	中国嘉德	2022-12-12
黄鼎 1694年作 为杨晋作临沈周《庐山高图》立轴	200cm × 94cm	2,185,000	西泠印社	2022-01-22
黄鼎 1728年作 篁村图 镜框	70cm × 96cm	753,234	佳士得	2022-12-03
黄鼎 1727年作 山中烟岚 扇片	16.5cm × 50.5cm	149,500	朵云轩	2022-12-09
黄桂 花鸟八屏 镜心	163.5cm × 42.5cm × 8	1,150,000	华艺国际	2022-07-29
黄机 行书七言诗 立轴	172cm × 45.5cm	241,500	西泠印社	2022-08-20
黄节 1928年作 行书节录《高轩过》四屏 立轴	124cm × 32cm × 4	92,000	华艺国际	2022-09-24
黄卷 美人夜游图 立轴	122cm × 52.8cm	205,118	香港苏富比	2022-10-09
黄任 行书七言联 对联	108cm × 21cm × 2	276,000	北京保利	2022-07-27
黄山寿 1905年作 百美献寿手卷	画 40.5cm × 485.5cm	402,500	中国嘉德	2022-06-27
黄山寿 青绿山水六屏 立轴	176cm × 47cm × 6	368,000	中贸圣佳	2022-10-27
黄山寿 1884年作 读者 镜心	画心55cm × 89cm	184,000	中贸圣佳	2022-12-31
黄山寿 夏山高逸图 立轴	150cm × 40.5cm	112,700	中鸿信	2022-09-11
黄山寿 仕女四屏 立轴	132cm × 33cm × 4	80,500	泰和嘉成	2022-07-30
黄山寿 1917年作 金莲归院 立轴	140cm × 77cm	80,500	广东崇正	2022-08-11
黄山寿 秋花瑞鸟 立轴	148cm × 81cm	80,500	中贸圣佳	2022-07-23
黄山寿 1903年作 插了梅花便过年 立轴	146cm × 80cm	77,254	中国嘉德	2022-10-08
黄慎 八仙图 立轴	画111cm × 146.7cm	3,220,000	北京荣宝	2022-07-24
黄慎 狂草无题诗帖卷 手卷	24.5cm × 227cm	2,300,000	中贸圣佳	2022-12-31
黄慎 1745年作 天官赐福图 巨幅中堂	208cm × 110.5cm	1,725,000	江苏汇中	2022-08-16
黄慎 杂画 册页(十二开)	24cm × 31cm × 12	1,380,000	北京保利	2022-07-27
黄慎 杏林燕语 立轴	197.5cm × 54cm	805,000	中贸圣佳	2022-07-23
黄慎 为杨开鼎作鹭门晓歌图 手卷	画28.5cm × 88cm	575,000	中国嘉德	2022-12-14
黄慎 踏雪寻梅图 立轴	166.5cm × 91cm	552,000	北京荣宝	2022-07-24
黄慎 芦雁图 轴	155cm × 68cm	471,500	江苏汇中	2022-08-16
黄慎 辽海归图 立轴	174cm × 94cm	350,750	华艺国际	2022-07-29
黄慎 调马图 立轴	160cm × 46.5cm	287,500	北京保利	2022-07-27
黄慎 行草对联(两幅) 镜框	128cm × 28.7cm × 2	140,409	佳士得	2022-05-28
黄慎 花卉四幅 镜心	28.5cm × 39.5cm × 4	115,000	中贸圣佳	2022-07-23
黄慎 人物 立轴	画68.5cm × 38cm	115,000	广东崇正	2022-12-24
黄慎 桃花双兔 立轴	126cm × 55cm	103,500	中鸿信	2022-09-12
黄慎 醉翁图 立轴	107cm × 76.5cm	92,000	中国嘉德	2022-12-14
黄慎 1712年作 草书节录《观濠堂记》手卷	34.8cm × 186cm	81,117	佳士得	2022-12-03
黄慎 猫 立轴	111cm × 37.5cm	71,736	中国嘉德	2022-10-07
黄士陵 集金文条屏 立轴	176cm × 47cm × 2	1,092,500	中国嘉德	2022-06-26
黄士陵 临西周颂鼎铭文 手卷	书法 30.5cm × 106cm	862,500	中国嘉德	2022-06-26
黄士陵 篆书七言联 立轴	148.5cm × 34cm × 2	575,000	中国嘉德	2022-06-26
黄士陵 各体篆书四条屏 立轴	140cm × 34cm × 4	575,000	中国嘉德	2022-06-26
黄士陵 篆书匾额 "金寿室" 镜心	37cm × 144cm	414,000	中国嘉德	2022-06-26
黄士陵 商蛮鼎博古图 立轴	125cm × 51cm	299,000	中国嘉德	2022-06-26

拍品名称	物品尺寸	成交价RMB	拍卖公司	拍卖日期
黄士陵 篆书七言联 立轴	135cm×33cm×2	253,000	中国嘉德	2022-06-26
黄士陵 篆书八言联 立轴	158cm×32cm×2	230,000	中国嘉德	2022-06-26
黄士陵 史颂鼎博古图 镜心	122cm×39cm	207,000	中国嘉德	2022-06-26
黄士陵 史颂鼎博古图 立轴	94cm×42.5cm	207,000	中国嘉德	2022-06-26
黄士陵 陈伯匜博古图 立轴	42.2cm×94cm	161,000	中国嘉德	2022-12-25
黄士陵 篆书六言联 立轴	27cm×127.5cm×2	138,000	中国嘉德	2022-06-26
黄士陵 芮太子篮博古图 立轴	111.5cm×35cm	138,000	中国嘉德	2022-06-26
黄士陵 宝鼎生花图 立轴	33.5cm×81cm	138,000	中国嘉德	2022-06-26
黄士陵 篆书《拟天玺碑》节录《韩诗外传》镜心	18.5cm×51.5cm	126,500	中国嘉德	2022-06-26
黄士陵 苗安作篆图 立轴	99cm×36.5cm	115,000	中国嘉德	2022-06-26
黄士陵 1890年作 集石鼓文七言联 立轴	139cm×32cm×2	115,000	中国嘉德	2022-12-25
黄士陵 周伯颐鼎博古图 立轴	94cm×35cm	103,500	中国嘉德	2022-06-26
黄士陵 金文七言联 立轴	131cm×32cm×2	86,250	中国嘉德	2022-06-26
黄士陵 宝瓹生花图 立轴	78cm×41.5cm	80,500	中国嘉德	2022-06-26
黄士陵 金文《答新渝侯和诗书》扇面	18.3cm×53cm	80,500	中国嘉德	2022-12-25
黄太玄 草书（四幅）屏轴	148cm×39cm×4	253,000	朵云轩	2022-12-08
黄涛 黄山寿 吴昌硕 1879年作 芙蓉禽嬉 立轴	134cm×65.5cm	92,000	朵云轩	2022-12-08
黄向坚 滇黔山水 册页（八开）	26cm×36.5cm×8	437,000	中国嘉德	2022-12-14
黄向坚 1634年作 响水关图卷 手卷	画心 23.5cm×168cm	69,000	北京保利	2022-07-27
黄易 春帆北上图卷 手卷	24.4cm×126.2cm	622,490	香港苏富比	2022-04-27
黄易 1794年作 隶书对联（两幅）立轴	131cm×40cm×2	378,025	佳士得	2022-05-28
黄易 竹江秋泛 手卷	33cm×338cm	201,250	朵云轩	2022-12-09
黄燡照 山水花卉画十开、题跋两开镜片	16cm×24cm×12	207,000	广东崇正	2022-08-10
黄应谌 1664年作 云山仙阁 立轴	196cm×98cm	92,000	中国嘉德	2022-09-27
黄沅 溪山春雨图 立轴	108cm×42cm	138,000	上海嘉禾	2022-01-01
黄钺 千岩万壑图卷 手卷	30cm×345cm	483,000	北京荣宝	2022-07-24
黄增 1789年作 石庵大人像 立轴	148cm×108cm	172,500	中国嘉德	2022-09-30
黄倬 楷书《文选》句 镜片	75.5cm×176cm	132,250	广东崇正	2022-12-24
黄倬 楷书 立轴	92.5cm×89cm	92,000	广东崇正	2022-12-24
黄宗羲 1694年作 楷书杜甫五言诗 镜心	18cm×54cm	69,000	中贸圣佳	2022-07-23
计芬 梅花 册页（八开）	23cm×30cm×8	115,000	北京保利	2022-02-03
计芬 岁朝佳景 立轴	113cm×51.5cm	103,500	北京荣宝	2022-07-24
计芬 春江水暖鸭先知 立轴	96cm×30cm	92,248	保利香港	2022-10-12
纪大复 隶书 册页（六十九开）	24.5cm×16cm×69	149,500	荣宝斋（南京）	2022-12-07
纪晓岚 行书 "如香书屋" 镜心	49.5cm×147cm	149,500	中鸿信	2022-09-12
纪晓岚 行书《西园雅集图记》句 立轴	128cm×59cm	460,000	中贸圣佳	2022-12-31
嘉庆帝 1800年作 御笔德楞泰奏报潼河大捷诗 手卷	28cm×190cm	22,770,000	华艺国际	2022-07-29
嘉庆帝 仙桃寿芝图 立轴	207cm×80cm	805,000	荣宝斋（南京）	2022-12-07
嘉庆帝 1803年作 御笔楷书七言诗 立轴	65.5cm×33cm	632,500	华艺国际	2022-07-29
嘉庆帝 1811年作 楷书 立轴	62cm×28cm	322,000	广东崇正	2022-12-24
嘉庆帝 1803年作 楷书五言诗 立轴	40cm×38cm	207,000	中贸圣佳	2022-07-23
嘉庆帝 1811年作 楷书五言诗 立轴	165cm×78cm	207,000	北京保利	2022-07-27
嘉庆帝 秋荷诗 镜片	62cm×82cm	207,000	泰和嘉成	2022-07-30

拍品名称	物品尺寸	成交价RMB	拍卖公司	拍卖日期
嘉庆帝 1820年作 御笔楷书《乐山书室》立轴	153cm×65cm	178,250	中贸圣佳	2022-12-31
嘉庆帝 御笔行书 "静观清华历品" 镜心	34cm×157cm	92,000	中鸿信	2022-09-12
贾全 仿古山水 册页（十开）	34.5cm×28.5cm×10	218,500	广东崇正	2022-08-10
贾全 唐宋古文十景 册页	36cm×23cm×10	86,250	保利厦门	2022-10-22
江介 1813年作 晋爵图 立轴	126cm×66cm	86,250	中国嘉德	2022-06-28
江注 1662年作 仿倪赞笔意 立轴	161cm×73cm	92,000	广东崇正	2022-12-24
姜宸英 1699年作 楷书《乐毅论》《侯靖录》等 册页十三开	尺寸不一	75,323	佳士得	2022-12-03
姜桂 海棠画眉 立轴	47cm×23.5cm	115,000	中国嘉德	2022-06-28
姜任修 隶书 立轴	156cm×45cm	115,000	北京保利	2022-07-27
姜渔 春水游鱼图 立轴	160cm×45.5cm	184,000	北京荣宝	2022-07-24
姜筠 烟波秋思卷 手卷	画心 14cm×319cm	517,500	中贸圣佳	2022-10-27
姜筠 横幅山水 镜心	106cm×208cm	161,000	北京荣宝	2022-07-24
姜筠 1915年作 大森观梅图 手卷	画心 33cm×119.5cm	115,000	中贸圣佳	2022-12-31
姜筠 墨梅图卷 手卷	29cm×229cm	103,500	中贸圣佳	2022-10-27
姜筠 岩边树色含风冷 立轴	170cm×90cm	86,250	北京荣宝	2022-07-24
姜筠 1890年作 早年临石谷十二景 册页（十二页）	25.5cm×23cm×12	69,000	西泠印社	2022-01-21
姜筠 端江钱别图卷 手卷	30cm×122cm	69,000	中贸圣佳	2022-10-27
蒋宝龄 1824年作 客舟听雨图 手卷	画 25.5cm×125cm	220,728	中国嘉德	2022-10-08
蒋宝龄 湖山孤棹图 立轴	109cm×40.5cm	92,000	中国嘉德	2022-06-28
蒋衡 1727年作 大唐中兴颂 册页（三十开）	46.5cm×31cm×60	253,000	中贸圣佳	2022-07-23
蒋莲 吴荣光 十八罗汉书画合 册页	26cm×34cm×18	195,500	北京荣宝	2022-07-24
蒋溥 诗画对题 册页（十二开）	11cm×8.5cm×24	368,000	中贸圣佳	2022-07-23
蒋溥 1756年作 芍药图 立轴	画心70cm×33cm	115,000	西泠印社	2022-01-21
蒋仁 行书九言联 立轴	135cm×30cm×2	97,750	中国嘉德	2022-06-28
蒋生芝 丁巳年作 疏林茅屋 扇面	17cm×53cm	126,500	永乐拍卖	2022-07-25
蒋淑 1729年作 手盈和乐 立轴	139cm×29cm	109,250	北京保利	2022-02-03
蒋廷锡 冻竹暖梅图 立轴	99cm×43cm	2,070,000	中国嘉德	2022-12-25
蒋廷锡 柳荫飞燕图 立轴	157.5cm×43cm	598,000	中鸿信	2022-09-12
蒋廷锡 花鸟画面四帧 镜心	尺寸不一	529,000	中贸圣佳	2022-07-23
蒋廷锡 花卉册（八帧）册页	32.5cm×23cm×8	517,500	保利厦门	2022-10-22
蒋廷锡 1726年作 墨笔花卉 册页（十二开）	28.5cm×22cm×12	172,500	北京保利	2022-07-27
蒋廷锡 花蝶图 扇面	16.5cm×49.5cm	161,000	中鸿信	2022-09-12
蒋廷锡 兰亭雅集图卷 手卷	画心 24cm×222.5cm	115,000	北京保利	2022-07-27
蒋廷锡 仿宋徽宗白鹰图 立轴	129cm×66cm	69,000	中鸿信	2022-09-12
焦秉贞 庭园美人图 立轴	155cm×51cm	138,000	中鸿信	2022-09-12
金俊明 1648年作 小楷《归去来辞》扇面	16.5cm×50.5cm	86,250	华艺国际	2022-07-29
金礼嬴 1790年作 山水 册页十二开	13.7cm×10cm×12	75,323	佳士得	2022-12-03
金农 1739年作 楷隶书 册页（二十开四十页）	27cm×12cm×40	5,865,000	北京保利	2022-02-03
金农 墨梅 立轴	128cm×39.7cm	4,786,085	香港苏富比	2022-10-09
金农 1760年作《龙梭仙馆杂诗》册页（十六开三十二页）	22cm×25cm×16	4,140,000	北京保利	2022-07-27
金农 花果 册页（八开）	23.7cm×30cm×8	3,162,500	上海嘉禾	2022-11-20
金农 1756年作 罗汉 立轴	135.5cm×38.2cm	2,781,172	佳士得	2022-12-03

拍品名称	物品尺寸	成交价RMB	拍卖公司	拍卖日期
金农 杂画册页 (八开)	27.7cm×29.3cm×8	2,700,180	佳士得	2022-05-28
金农 漆书《童蒙八章》手卷	32.5cm×959.5cm	2,620,951	香港苏富比	2022-10-09
金农 漆书 镜框	21cm×33cm	667,000	上海嘉禾	2022-11-20
金农 白桃花 立轴	34cm×24cm	345,000	中国嘉德	2022-12-14
金农 1761年作 墨梅图 立轴	116cm×41cm	310,500	中鸿信	2022-09-12
金农 1754年作 漆书七言绝 手卷	32.5cm×160cm	302,420	佳士得	2022-05-28
金农 楷书 立轴	103cm×40cm	287,500	朵云轩	2022-12-09
金农 漆书 立轴	103cm×40cm	138,000	广东崇正	2022-08-10
金农 1761年作 寒梅图 镜心	85.5cm×158cm	69,000	中鸿信	2022-09-12
金廷标 听泉图 立轴	112.5cm×147.5cm	36,340,000	中贸圣佳	2022-07-23
金廷标 桃源问津 立轴	65cm×97cm	747,500	中贸圣佳	2022-12-31
金玥 1622年作 仙台楼阁图 立轴	132.5cm×147cm	109,250	上海嘉禾	2022-01-01
金造士 桃源春晓 手卷	26cm×130cm	331,994	香港苏富比	2022-04-27
居巢 花卉 (四帧) 镜心	29cm×44cm×4	882,912	中国嘉德	2022-10-08
居巢 花鸟四屏 镜心	103cm×27cm×4	662,184	中国嘉德	2022-10-08
居巢 1875年作 花卉草虫 册页 (十二开)	32cm×25.5cm×12	386,274	中国嘉德	2022-10-07
居巢 1865年作 草虫花卉 镜片	28cm×36cm	126,500	广东崇正	2022-12-25
居巢 露气星光 镜片	28cm×37cm	109,250	广东崇正	2022-12-25
居巢 绣球蝴蝶 镜片	29cm×40cm	97,750	广东崇正	2022-12-25
居巢 1877年作 螳螂梨实 镜片	30cm×41cm	74,750	广东崇正	2022-12-25
居巢 秋光艳阳 镜片	27cm×37cm	69,000	广东崇正	2022-12-25
居巢 树荫花篮 镜片	29cm×40cm	63,250	广东崇正	2022-12-25
居巢 相识东风 镜片	27cm×36cm	63,250	广东崇正	2022-12-25
居巢 蜂拥富贵 镜片	29cm×40cm	63,250	广东崇正	2022-12-25
居廉 1887年作 二十四番花信 册页 (二十四开)	23.5cm×29cm×24	1,489,914	中国嘉德	2022-10-08
居廉 1891年作 花鸟四屏 镜心	134.5cm×35cm×4	573,892	中国嘉德	2022-10-08
居廉 花虫 (八帧) 镜心	29cm×41.5cm×8	353,164	中国嘉德	2022-10-08
居廉 花卉 册页 (八页)	25cm×25cm×8	310,500	西泠印社	2022-01-22
居廉 花卉四屏 镜心	112cm×25.5cm×4	286,946	中国嘉德	2022-10-08
居廉 1891年作 梅妻鹤子 立轴	181cm×46.5cm	241,500	广东崇正	2022-08-10
居廉 走兽人物 册页 (八开)	35cm×35cm×8	220,728	中国嘉德	2022-10-08
居廉 1886年作 花鸟四屏 立轴	105cm×29cm×4	149,500	北京保利	2022-07-27
居廉 1877年、1892年作 草虫图 镜心	18.5cm×53cm×2	126,500	中贸圣佳	2022-12-31
居廉 1890年作 金鱼图 镜片	直径25cm	126,500	广东崇正	2022-12-25
居廉 1895年作 蜂拥富贵 镜心	130cm×50cm	115,000	华艺国际	2022-09-24
居廉 花卉对屏 立轴	25.5cm×25.5cm×9	115,000	广东崇正	2022-12-24
居廉 1892年作 花鸟 (一对) 圆光	24cm×24cm×2	97,750	中国嘉德	2022-06-28
居廉 花卉草虫 (六帧) 镜片	27cm×35cm×6	80,500	广东崇正	2022-08-10
居廉 1899年作 大利鸣蝉 镜片	直径25cm	80,500	广东崇正	2022-12-25
居廉 1876年作 花蝶图 镜心	70.5cm×34cm	77,254	中国嘉德	2022-10-08
居廉 1876年作 鸣蝉图 镜片	28cm×42cm	63,250	广东崇正	2022-12-25
居廉 秋花螳螂 镜片	28cm×41cm	63,250	广东崇正	2022-12-25
居廉 1876年作 争先并进 镜片	28cm×41cm	63,250	广东崇正	2022-12-25
居廉 1900年作、1900年作、1892年作、1894年作 花卉草虫四开 镜心	18cm×53cm×4	60,950	中鸿信	2022-09-11
康涛 仕女 立轴	169cm×85cm	368,000	北京荣宝	2022-07-24
康涛 1752年作 松下钟馗图 立轴	150cm×59cm	207,000	西泠印社	2022-01-22
康涛 汉冯夫人图 镜片	61cm×32cm	103,500	西泠印社	2022-08-20
康涛 红裳读书图 立轴	132.5cm×67cm	92,000	荣宝斋（南京）	2022-12-07
康熙帝 行书《圣教序》句 立轴	176cm×46.5cm	1,667,500	广东崇正	2022-12-24
康熙 楷书五言联 对联	200cm×50cm×2	1,035,000	上海嘉禾	2022-11-20
康熙 御笔临米芾行书 立轴	118.5cm×36cm	920,000	开拍国际	2022-07-24
康熙 御制题山水画诗 扇面	16cm×47cm	402,500	北京保利	2022-07-27
康熙 行书 立轴	85cm×34cm	86,250	朵云轩	2022-08-08
康熙帝 行书林环《太液晴波》七言诗 立轴	160.8cm×61cm	1,725,000	北京保利	2022-07-27
康熙帝 御笔行书唐诗 镜心	158cm×61cm	759,000	中贸圣佳	2022-12-31
康熙帝 楷书八言联 镜片	137.5cm×30.5cm×2	97,750	上海嘉禾	2022-01-01
孔传檀 乾隆1752年作 隶书节录古赋 镜心	324.5cm×120cm	115,000	中国嘉德	2022-12-14
蒯嘉珍 溪山烟雨 立轴	58cm×23cm	81,396	保利香港	2022-10-12
蓝孟 1622年作 秋山策杖 立轴	144cm×42cm	690,000	永乐拍卖	2022-07-25
蓝孟 山水四屏 立轴	151.5cm×41cm×4	287,500	荣宝斋（南京）	2022-12-07
蓝孟 松涧论道图 立轴	142cm×47.5cm	126,500	保利厦门	2022-10-22
郎世宁 (款) 秋郊牧马卷 手卷	67cm×508cm	632,500	中国嘉德	2022-06-01
郎世宁 (传) 神武英姿 立轴	129cm×66cm	276,000	中贸圣佳	2022-05-27
郎世宁 万壑松风 立轴	158cm×64.5cm	138,000	保利厦门	2022-10-22
郎世宁 (传) 母鸡哺子图 立轴	60.5cm×32.5cm	76,950	保利香港	2022-07-12
劳芹 牡丹湖石图 立轴	110cm×41cm	115,000	北京荣宝	2022-07-24
雷恺 马宗霍递藏 何绍基行书六屏	29cm×122.5cm	1,092,500	中国嘉德	2022-06-26
冷枚 高士赏梅图 立轴	100cm×58cm	10,271,915	香港苏富比	2022-04-27
冷枚 1732年作 虎子图卷 手卷	画心 32.3cm×64cm	9,200,000	北京保利	2022-07-27
冷枚 1725年作 九思图 立轴	165cm×96cm	2,530,000	中国嘉德	2022-06-26
冷枚 汉宫仕女 十二开册	29.7cm×36.5cm×12	269,745	香港苏富比	2022-04-27
冷枚 世掌丝纶图 立轴	56cm×46cm	207,000	中贸圣佳	2022-10-27
冷枚 人物 (二帧) 镜心	33cm×28.5cm×2	165,546	中国嘉德	2022-10-07
黎简 1793年作 春江泛舟 立轴	112cm×40cm	115,000	华艺国际	2022-09-24
黎简 行书五言诗 立轴	135cm×34cm	63,250	荣宝斋（南京）	2022-12-07
李端遇 隶书十一言联 立轴	350cm×62cm×2	805,000	中贸圣佳	2022-10-27
李方膺 1751年作 墨梅 立轴	132.5cm×57cm	1,495,000	北京保利	2022-07-27
李绂麟 牡丹 立轴	98cm×61cm	80,500	北京荣宝	2022-07-24
李复堂 花卉 扇面	17.5cm×49cm	109,250	永乐拍卖	2022-07-25
李瀚章 书法四屏 立轴	132.3cm×28.3cm×4	161,000	北京荣宝	2022-07-24
李鸿章 行书八言联 对联	168cm×34.5cm×2	540,500	北京保利	2022-07-27
李鸿章 行书八言联 镜心	135cm×33.5cm×2	437,000	北京银座	2022-09-16
李鸿章 行书七言联 立轴	163cm×38cm×2	207,000	中鸿信	2022-09-12
李鸿卓 临全教序书法 册页 (三十二页)	26.5cm×22cm×32	172,500	西泠印社	2022-01-22
李鸿章 行书八言联 镜心	170cm×43cm×2	115,000	中鸿信	2022-09-12
李鸿章 行楷九言联 立轴	135cm×20cm×2	115,000	江苏汇中	2022-08-16
李鸿章 行书八言联 镜心	168cm×34cm×2	115,000	荣宝斋（南京）	2022-12-07
李鸿章 (款) 行书四条屏	121cm×29cm×4	97,750	中国嘉德	2022-09-30
李鸿章 行书七言联 立轴	129.5cm×32cm×2	92,000	中国嘉德	2022-12-14
李嘉福 1869年作 山居图 立轴	142cm×57cm	115,000	朵云轩	2022-12-09
李嘉福 1873年作 载酒晋江图 镜片	170.5cm×42.5cm	69,000	西泠印社	2022-01-22
李锦鸿 周闲 手拓曼生壶并折枝花卉 立轴	101.5cm×28cm	89,700	开拍国际	2022-01-07
李目 行书诗二首 镜心	17cm×51.5cm	149,500	中贸圣佳	2022-07-23
李其蔚行书苏轼《评淄端砚》镜心	16cm×51.5cm	126,500	中贸圣佳	2022-07-23
李庆 斜阳翠色 立轴	130.5cm×32cm	132,250	北京银座	2022-09-16
李孺陈曾寿朱孝臧胡嗣瑗 等为陈曾寿作《西湖雅集仙蝶图》手卷	33cm×145cm	287,500	西泠印社	2022-01-22

2022书画拍卖成交汇总(续表)

(成交价RMB:6万元以上)

拍品名称	物品尺寸	成交价RMB	拍卖公司	拍卖日期
李鱓 太常仙蝶图卷 手卷	33.5cm×145cm	253,000	中贸圣佳	2022-12-31
李鱓 墨兰、行书 镜片 双挖	16cm×50cm; 22cm×32cm	86,250	朵云轩	2022-12-09
李鱓 新篁、墨梅小鸟 屏轴 双挖	21cm×30.5cm	63,250	朵云轩	2022-12-09
李鱓 写生花果 册页(八开)	绘画 28cm×36cm×8; 书法 28cm×36cm×8	2,530,000	开拍国际	2022-01-07
李鱓 金带围图轴 立轴	157.5cm×52.5cm	1,265,000	中贸圣佳	2022-07-23
李鱓 1756年作 芝兰松石图 镜心	169cm×45cm	943,000	中贸圣佳	2022-07-23
李鱓 1754年作 仿青藤道人紫藤图卷巨幅 手卷	77cm×298cm	138,000	中鸿信	2022-09-12
李鱓 有余图 立轴	105cm×32.5cm	92,000	中贸圣佳	2022-07-23
李邵生 1693年作行书 千字文 册页(共十五页)		63,250	西泠印社	2022-01-22
李世倬 竹石霜柯图 立轴	87cm×38.7cm	517,500	华艺国际	2022-09-23
李世倬 草亭话古图 立轴	94cm×38cm	207,000	中贸圣佳	2022-07-23
李世倬 晴山楼阁图 立轴	154cm×45cm	149,500	广东崇正	2022-12-24
李世倬 仿李公麟人物扇面 镜心	17.5cm×55cm	80,500	广东崇正	2022-12-24
李世倬 山水六帧 册页	22cm×14.5cm×6	80,500	广东崇正	2022-12-24
李世倬 摹文衡山画意 镜心	17.5cm×53cm	71,300	中贸圣佳	2022-07-23
李呈应 1888年作 兰草 立轴	151cm×82.5cm	74,750	中国嘉德	2022-12-14
李文田 行书四屏 立轴	131cm×33cm×4	69,000	华艺国际	2022-09-24
李孝 花鸟 立轴	141cm×67cm	138,000	北京荣宝	2022-07-24
李孝 松溪访友 镜心	108cm×136cm	69,000	中国嘉德	2022-09-30
李修易 徐宝篆 1844年作 仕女四屏 立轴	132cm×31cm×4	184,000	中贸圣佳	2022-12-31
李瑶 1821年作 笔底烟云 册页(共十四页)	画心 30cm×24cm×10	172,500	西泠印社	2022-01-22
李瑶 江南山水 册页(十四开)	24cm×30cm×12	80,500	北京保利	2022-07-27
李因 1680年作 平沙芦雁立轴	129cm×49.5cm	920,000	朵云轩	2022-12-08
李因 1675年作 群芳馥郁 手卷	27cm×490cm	287,500	中贸圣佳	2022-07-23
李因 1672年作 墨笔花鸟图卷 手卷	29cm×538cm	218,500	中鸿信	2022-09-12
李因 1654年作 枝头禽唱图 立轴	113.5cm×49.5cm	126,500	西泠印社	2022-01-22
李渔 隶书五言联 立轴	80cm×21cm×2	5,175,000	中贸圣佳	2022-07-23
李鱓 牡丹 立轴	112.5cm×60cm	68,373	香港苏富比	2022-10-09
李宗瀚 行书应物诗 镜心	187cm×46cm	126,500	中国嘉德	2022-06-28
厉鹗 行书调寄百字令、致释明中信札一通 镜心		86,250	开拍国际	2022-01-07
励杜讷 行书临米芾《闰月帖》立轴	178.2cm×45.5cm	115,000	北京保利	2022-07-27
励廷仪 1707年作 行书七律 立轴	191cm×46.5cm	264,500	广东崇正	2022-08-10
励宗万 钱汝诚 兰花、楷书 成扇	16cm×46cm	80,500	广东崇正	2022-12-24
莲峰和尚 书法 立轴	122cm×34cm	126,500	北京荣宝	2022-07-24
良宽 自作五言诗·担薪下翠岑 立轴	126cm×26.5cm	253,000	开拍国际	2022-09-24
良宽 草书六扇屏风	134cm×47cm×6	115,000	中鸿信	2022-09-12
梁鼎芬 书札 三册页(共一百一十开)	23.2cm×12.5cm×110	237,615	佳士得	2022-05-28
梁鼎芬 1886年作 书法四屏 立轴	131cm×39cm×4	132,250	广东崇正	2022-12-25
梁鼎芬 行书自作诗 册页(八开)	23cm×33cm×8	126,500	广东崇正	2022-08-10
梁治恺 行书御制诗文册页(十九开)	19.5cm×21.5cm×19	161,000	中国嘉德	2022-06-28
梁佩兰 行书 立轴	88cm×34cm	207,000	华艺国际	2022-09-24
梁佩兰 愿光禅师 吴文炜 等 题咏临流独坐图 立轴	86cm×28.5cm	172,500	西泠印社	2022-08-20

拍品名称	物品尺寸	成交价RMB	拍卖公司	拍卖日期
梁枢 书画合璧卷 手卷	绘画 30cm×41cm; 书法 30cm×273cm	299,000	华艺国际	2022-09-24
梁同书 1807年作 行书八言联 立轴	176.5cm×30.5cm×2	552,000	中国嘉德	2022-06-28
梁同书 楷书全祖望撰丁敬《西湖金石文字录》序 册页(共九页)	28cm×13cm×9	437,000	西泠印社	2022-01-22
梁同书 1810年作 行书"寿" 立轴	139cm×66cm	437,000	中国嘉德	2022-06-28
梁同书 书法对联	136cm×34cm×2	367,880	荣宝斋(香港)	2022-11-26
梁同书 行书八言联 对联	168cm×30cm×2	287,500	北京保利	2022-07-27
梁同书 行书退谷《销夏记》卷 手卷	21cm×339.5cm	264,500	中贸圣佳	2022-12-31
梁同书 1807年作 行书八言联 对联	171.5cm×31cm×2	230,000	朵云轩	2022-12-09
梁同书 1789年作 行书《笔花书院记》册页(五开十页)	26cm×18cm×10	218,500	中国嘉德	2022-12-14
梁同书 行书《画禅室随笔》立轴	160cm×74.5cm	115,000	中贸圣佳	2022-07-23
梁同书 行书苏轼《祭常山回小猎》立轴	169cm×64cm	115,000	北京荣宝	2022-07-24
梁同书 行书《东都赋》镜心	154cm×63.5cm	115,000	中鸿信	2022-09-12
梁同书 行书苏轼《观棋》镜心	31cm×123.5cm	112,700	北京银座	2022-09-16
梁同书 1813年作 行书韩愈文 立轴	128cm×62cm	74,750	北京保利	2022-07-27
梁同书 行书香光语 立轴	132cm×58cm	69,000	中国嘉德	2022-12-14
梁同书 行书文同诗 扇面	17.5cm×52.5cm	68,373	香港苏富比	2022-10-09
梁巘 行书临书谱册;陈陶遗引首、沈惟贤后跋 册页(十二开)	本幅 27.5cm×35cm	172,500	广东崇正	2022-08-10
梁巘 行书韦诞书论 立轴	139.5cm×44.5cm	115,000	中贸圣佳	2022-10-27
梁巘 临大照禅师碑册页(十二开)	23cm×30cm×12	115,000	中国嘉德	2022-12-14
梁巘 行书临《评纸帖》立轴	131.5cm×57.5cm	97,750	保利厦门	2022-10-21
廖鸿荃 行书八言联 立轴	169cm×34.5cm×2	322,000	中国嘉德	2022-06-28
林鸿年 行书八言联	150cm×31.5cm×2	149,500	中国嘉德	2022-12-13
林则徐 行书八言联 对联镜框	169.5cm×31.5cm×2	1,367,453	香港苏富比	2022-10-09
林则徐 临帖 四屏 立轴	118.5cm×28cm×4	977,500	北京银座	2022-01-12
林则徐 行书临帖(四幅) 屏轴	119cm×28cm×4	920,000	朵云轩	2022-12-09
林则徐 行书七言联 对联	122cm×28cm×2	632,500	朵云轩	2022-12-09
林则徐 行书七言联 立轴	122.5cm×27cm×2	517,500	北京银座	2022-01-12
林则徐 行书四屏 立轴	64cm×20cm×4	437,000	泰和嘉成	2022-07-30
林则徐 行书七言联 对联	126cm×29cm×2	345,000	朵云轩	2022-12-09
林则徐 1837年作 楷书 立轴	121cm×36cm	345,000	朵云轩	2022-12-09
林则徐 行书《东坡跋语》立轴	172.5cm×40cm	333,500	西泠印社	2022-01-22
林则徐 行书七言联 立轴	138cm×26cm×2	322,000	北京银座	2022-01-12
林则徐 楷书李峤《奉和幸韦嗣立山庄侍宴应制》立轴	104.5cm×31cm	109,250	北京银座	2022-09-16
林则徐 行书四屏 立轴	128cm×21cm×4	103,500	中鸿信	2022-09-12
林则徐 书法对联 立轴	75cm×10cm×2	71,300	浙江佳宝	2022-03-13
林则徐 行书八言联 立轴	168cm×39.5cm×2	69,000	中国嘉德	2022-06-28
林则徐 行书八言联 对联	161cm×33cm×2	63,250	中国嘉德	2022-09-27
林召棠 史致蕃 许乃普 周开麒 行书诗词(四幅)镜片	198cm×41.5cm×4	85,100	上海驰翰	2022-02-19
凌霄 草书《天鼠膏帖》立轴	166cm×41cm	184,680	保利香港	2022-07-12
凌畹 报喜图六条屏 通景六条屏	183cm×42cm×6	437,000	中国嘉德	2022-06-01
凌畹 1693年作 瑞鹤图 立轴	183cm×94.5cm	299,000	北京保利	2022-07-27
凌畹(款) 花实双雀 镜心	167cm×90cm	63,250	中国嘉德	2022-09-30
刘璧 仙山楼阁 镜心	201cm×105cm	322,000	中贸圣佳	2022-10-27
刘春霖 1904年作诗文临帖四屏 立轴	63cm×30.5cm×4	230,000	中贸圣佳	2022-12-31

拍品名称	物品尺寸	成交价RMB	拍卖公司	拍卖日期
刘春霖 行楷八言联 立轴	166cm×37cm×2	184,000	中国嘉德	2022-06-28
刘春霖 溥儒 书画成扇	19.2cm×50.5cm	172,500	中国嘉德	2022-12-13
刘春霖 楷书宋无《铜陵五松山中》	67.5cm×141.5cm	115,000	中国嘉德	2022-06-27
刘春霖 朱汝珍 商衍鎏 张启后 行书四屏 镜心	129cm×30.5cm×4	92,000	中国嘉德	2022-06-27
刘春霖 行书七言联 镜框	127.5cm×30.5cm×2	88,795	香港苏富比	2022-10-08
刘春霖 商衍鎏 张启后 朱汝珍 楷书四屏 立轴	141cm×34cm×4	73,600	泰和嘉成	2022-07-30
刘春霖 楷书陆游《江楼》	66.6cm×133.3cm	63,250	中国嘉德	2022-12-13
刘醴平 八仙图 镜心		126,500	北京荣宝	2022-07-24
刘起 钟灵帖 镜片	34cm×31.5cm	80,500	西泠印社	2022-01-22
刘权之 楷书节录《郎官壁记》立轴	141cm×68cm	126,500	中国嘉德	2022-12-14
刘统勋 行书五言诗 立轴	132cm×60cm	149,500	北京保利	2022-07-27
刘维城 等 诵芬书屋图 卷轴	图22cm×62cm	174,800	北京荣宝	2022-07-24
刘维城 等 青岑公行乐图 卷轴	图32cm×157cm	92,000	北京荣宝	2022-07-24
刘熙载 行书七言联	29.2cm×130cm	63,250	中国嘉德	2022-12-13
刘墉 1788年作 太傅遗韵卷 手卷	23cm×333cm	1,725,000	开拍国际	2022-06-27
刘墉 行书"仿陈简斋笔意"十条屏 立轴	157cm×36cm×10	1,380,000	中鸿信	2022-09-12
刘墉 1793年作 行书论装行俭书轴 立轴	184cm×93cm	1,265,000	中贸圣佳	2022-12-31
刘墉 用宣德纸作行书卷 镜片	148.5cm×26.5cm	1,035,000	西泠印社	2022-01-22
刘墉 行书 "荣封禄养" 镜框	27.5cm×89cm	665,506	香港苏富比	2022-08-01
刘墉 节临王羲之《十七帖》轴 立轴	105cm×60.5cm	621,000	中贸圣佳	2022-07-23
刘墉 行书录古文十二则 镜心	19cm×23.5cm×12	448,500	保利厦门	2022-10-21
刘墉 1789年作 行书节录《吕氏春秋》卷 手卷	书法 21cm×136cm	402,500	北京保利	2022-07-27
刘墉 文公手书册页 册页	23.7cm×15.4cm	379,500	北京荣宝	2022-07-24
刘墉 1798年作 行书七言诗 立轴	132cm×72cm	379,500	广东崇正	2022-08-10
刘墉 翁方纲行书卷 手卷	37cm×366cm	345,000	中贸圣佳	2022-07-23
刘墉 黄轩 张敞 周升恒 汪灏 王杰 高凤翰 等十六人手札诗稿 册页（二十八开）	尺寸不一	345,000	中贸圣佳	2022-12-31
刘墉 1793年作 行书诗文卷 手卷	书法 27cm×284cm	345,000	北京保利	2022-07-27
刘墉 梁同书 王文治 清三家行书合卷 手卷		310,500	开拍国际	2022-01-07
刘墉 行书临帖 册页	24cm×35cm×9	690,000	上海嘉禾	2022-01-01
刘墉 行书七言联 对联	131.5cm×28cm×2	621,000	上海嘉禾	2022-08-28
刘墉 书麝公诗并引书卷 手卷	24cm×92cm	230,000	中贸圣佳	2022-10-27
刘墉 汪承需 董浩 铁保 为景中朝议大夫六十贺四屏 镜心	187cm×44.5cm×4	805,000	中贸圣佳	2022-12-31
刘墉 行书七言联 对联	131.5cm×28cm×2	448,500	上海嘉禾	2022-11-20
刘墉 行书七言 对联	167cm×38cm×2	425,500	朵云轩	2022-12-09
刘墉 宫笺小幅 立轴	95cm×37cm	322,000	中贸圣佳	2022-12-31
刘墉 1799年作 诸体书文 册页（十七开）	24cm×12cm×34	287,500	中贸圣佳	2022-12-31
刘墉 文清公书法 册页	28cm×16cm	241,500	北京荣宝	2022-07-24
刘墉 1787年作 行书 五言联 对联	88cm×24.5cm×2	230,000	西泠印社	2022-01-22
刘墉 行书《傅严操》手卷	26cm×129.5cm	207,000	江苏汇中	2022-08-17
刘墉 杨涵 刘翼明 等 鹤园翰墨 册页（十开）	尺寸不一	195,500	中贸圣佳	2022-12-31
刘墉 行书黄庭坚诗卷 横披	173cm×22.5cm	172,500	西泠印社	2022-01-22

拍品名称	物品尺寸	成交价RMB	拍卖公司	拍卖日期
刘墉 行书《题着色山图》卷 手卷	29cm×209cm	172,500	朵云轩	2022-12-09
刘墉 各体书诗文 册页（十三开）	21cm×14cm×24	161,000	中贸圣佳	2022-12-31
刘墉 为刘墫作书法临古二则 扇页	49.5cm×15.5cm	161,000	西泠印社	2022-01-22
刘墉 行书《瓜园诗并序》镜心	99cm×36cm	138,000	开拍国际	2022-01-07
刘墉 行书七言联	29.5cm×127.5cm	138,000	中国嘉德	2022-12-13
刘墉 文清公自书奏疏 册页	28.7cm×14.8cm	126,500	北京荣宝	2022-07-24
刘墉 1803年作 行书诗文卷 手卷	221.5cm×14cm	115,000	西泠印社	2022-01-22
刘墉 行书册页 册页（十二开选四）	22.5cm×11cm×12	115,000	上海嘉禾	2022-11-20
刘墉 行书万柳堂诗 立轴	145cm×72.5cm	92,705	佳士得	2022-12-03
刘墉 行书 立轴	129.5cm×59cm	92,000	北京银座	2022-01-12
刘墉 行草书法 册页（十开）	23.5cm×12.5cm×10	81,117	佳士得	2022-12-03
刘墉 行书扇面 镜心	16.5cm×47cm	80,500	中贸圣佳	2022-07-23
刘墉 行书题句 立轴	86cm×41cm	80,500	北京保利	2022-07-27
刘墉 1795年作 行书 册页（二十二开选八）	25cm×12cm×22	69,000	上海嘉禾	2022-11-20
刘元 广 辛丑年 清远桃源	68cm×68cm	529,000	保利厦门	2022-10-22
刘元勋 1671年作 行书七言诗 立轴	202.5cm×52cm	109,250	中国嘉德	2022-12-14
刘钺 仙媛献寿 立轴	173cm×75cm	86,250	北京荣宝	2022-07-24
柳谊 行书七言联 对联	118cm×29cm×2	86,250	西泠印社	2022-01-22
六舟 1838—1857年间作 东魏天平四年四面玉佛造像拓本 册页	28.3cm×35.3cm×31	4,715,000	开拍国际	2022-01-07
六舟 吴昌硕 题跋 六舟画像	71.5cm×115.5cm	460,000	中国嘉德	2022-06-27
龙元份 秋江渔隐 镜心	83cm×36cm	92,000	华艺国际	2022-09-24
卢焯 行书七言诗轴 立轴	208.1cm×42.4cm	460,000	北京保利	2022-07-27
陆定一 行书 评赵丹演艺 画心	69cm×47cm	74,750	西泠印社	2022-01-22
陆瀚 钟馗戏蝠 立轴	194cm×100cm	444,964	保利香港	2022-10-12
陆润庠 楷书八言联 镜心	217cm×53cm×2	310,500	中贸圣佳	2022-12-31
陆润庠 楷书 八言联	41.5cm×170.5cm	138,000	中国嘉德	2022-12-13
陆润庠 行书四屏 立轴	84cm×40.5cm×4	126,500	中贸圣佳	2022-12-23
陆润庠 行书七言联	29.3cm×123.3cm	97,750	中国嘉德	2022-12-13
陆润庠 1912年作 行书节录王绩《答杜松之书》立轴	178cm×56cm	92,000	中贸圣佳	2022-07-23
陆润庠 行书八言对联 立轴两幅	166cm×41.5cm×2	86,911	佳士得	2022-12-03
陆润庠 楷书七言联 立轴	126cm×30cm×2	74,750	广东崇正	2022-08-10
陆润庠 行书八言联 对联	163cm×31.5cm×2	66,700	朵云轩	2022-12-08
陆沅 司马湘 薛宝田 季绘全 等 西泠鸿雪题咏卷 手卷	画心 14cm×448.5cm	299,000	西泠印社	2022-01-22
陆遵书 十二开山水 册页	18cm×21.5cm×12	109,250	北京荣宝	2022-07-24
罗典 行书《录地志》一则 立轴	138.5cm×72.5cm	126,500	北京保利	2022-07-27
罗牧 山水 立轴	205.5cm×77cm	747,500	荣宝斋（南京）	2022-12-07
罗牧 香光笔意图 立轴	263cm×96cm	690,000	北京荣宝	2022-07-24
罗牧 1698年作 行书卷 手卷	24.5cm×153cm	540,500	朵云轩	2022-12-09
罗牧 仿北苑笔意 立轴	139.5cm×37cm	115,000	广东崇正	2022-08-10
罗牧（款）1696年作 溪山高隐 立轴	199cm×88cm	69,000	中国嘉德	2022-09-30
罗聘 药王图 立轴	125cm×36.5cm	1,150,000	北京保利	2022-07-27
罗聘 指画福禄图 立轴	80cm×45.5cm	575,000	北京保利	2022-07-27
罗聘 秋文兰石图 立轴	148cm×32.5cm	540,500	中鸿信	2022-09-12
罗聘 百石图 手卷	32.2cm×352.5cm	341,863	香港苏富比	2022-10-09
罗聘 墨梅图 立轴	162cm×26cm	322,000	荣宝斋（南京）	2022-12-07
罗聘 仿陈老莲笔意 扇面	18.5cm×55.5cm	195,500	华艺国际	2022-07-29
罗聘 1778年作 松竹 立轴	89cm×48cm	161,000	广东崇正	2022-12-24

(成交价RMB：6万元以上)

拍品名称	物品尺寸	成交价RMB	拍卖公司	拍卖日期	拍品名称	物品尺寸	成交价RMB	拍卖公司	拍卖日期
罗聘 墨梅 立轴	72cm×44cm	115,000	广东崇正	2022-12-24	莫友芝 1864年作 篆书节录《韩诗外传》镜心	52cm×195cm	126,500	北京保利	2022-07-24
罗聘 张岳崧 书画双挖 立轴	15cm×46cm×2	92,000	北京保利	2022-02-03	莫友芝 1868年作 篆书四条屏 立轴	134cm×32cm×4	126,500	中国嘉德	2022-12-14
罗棠 竹石图 立轴	167.6cm×90.7cm	80,500	北京荣宝	2022-07-24	莫友芝 隶书七言联 立轴	131cm×29.5cm×2	69,000	北京银座	2022-09-16
罗岩 墨竹图 立轴	231cm×90cm	483,000	北京荣宝	2022-07-24	缪嘉蕙 四序皆春图 镜心	80cm×320cm	115,000	中国嘉德	2022-09-27
骆秉章 行书十一言联 立轴	261cm×37cm×2	63,250	荣宝斋（南京）	2022-12-07	缪嘉蕙 1903年作 写生珍禽 册页	29cm×29cm×8	80,500	中国嘉德	2022-09-30
骆绮兰 王文治 1795年作 三朵花图及题咏 立轴	121cm×41cm	309,019	中国嘉德	2022-10-08	倪田 1889年作 为金心兰作山水人物册页（十二开）	24cm×38cm×12	386,274	中国嘉德	2022-10-08
吕焕成 1699年作 高士雅集图 立轴	192cm×138cm	1,725,000	西泠印社	2022-01-22	倪田 青山白云图 立轴	152cm×82cm	195,500	中贸圣佳	2022-10-27
吕焕成 1702年作 秋山远涉 立轴	133cm×69cm	97,750	广东崇正	2022-08-10	倪田 人物故事图 立轴	145cm×80cm	103,500	中贸圣佳	2022-07-23
吕培 隶书八言联 立轴	214.5cm×37cm×2	69,000	华艺国际	2022-09-24	倪田 1916年作 羲之爱鹅图 立轴	137cm×68cm	92,000	中贸圣佳	2022-12-31
吕潜 1685年作 行书七言诗 立轴	144.5cm×46cm	138,000	广东崇正	2022-08-10	年羹尧 五言大联 立轴	166cm×43cm×2	276,000	江苏汇中	2022-08-16
吕学 群仙渡海图 立轴	247cm×127.6cm	805,000	北京荣宝	2022-07-24	钮学 百禄图 立轴	172cm×86.5cm	103,500	华艺国际	2022-07-29
吕学 1652年作 仙客临流 设色绢本	129cm×63cm	129,608	佳士得	2022-05-28	潘恭寿 写生 手卷	24cm×517cm	1,265,000	荣宝斋（南京）	2022-12-07
吕学 松下问童子 立轴	137cm×50cm	126,500	北京荣宝	2022-07-24	潘恭寿 王文治 书画对题册页（六开）	22cm×29cm×12	575,000	中贸圣佳	2022-12-31
吕学 1682年作 受天百禄图 立轴	126cm×62cm	86,250	保利厦门	2022-10-22	潘恭寿 古木寒鸦 立轴	149cm×44.5cm	353,164	中国嘉德	2022-10-08
吕学 十八罗汉图卷 手卷	28cm×229cm	63,250	中国嘉德	2022-06-02	潘恭寿题 王文治画 仿古山水 立轴	96cm×43cm	414,000	中贸圣佳	2022-07-23
吕犹龙 仿宋元诸家笔意 册页（十二开）	20cm×26cm×12	115,000	中贸圣佳	2022-10-27	潘有为 行书七言诗 立轴	150cm×38cm	92,000	荣宝斋（南京）	2022-12-07
马安吉 十八开动物花卉册页 镜框	37cm×52cm×18	195,500	北京荣宝	2022-07-24	潘祖荫 行书匾额"三百古玺斋"镜心	70cm×170.5cm	483,000	中国嘉德	2022-12-25
马起凤 陈明熙 摹文徵明像 立轴	125cm×32cm	138,000	西泠印社	2022-01-22	潘祖荫 行书七言联 立轴	132cm×32cm×2	92,000	中国嘉德	2022-06-28
马荃 碧荷白莲 镜心	91.4cm×39.4cm	276,000	北京保利	2022-02-03	裴谦 行书《兰亭》诗 立轴	175cm×70cm	172,500	北京荣宝	2022-07-24
马荃 菊花 立轴	159cm×89.5cm	176,372	香港苏富比	2022-04-27	彭玉麟 1869年作 为徐树铭作巨幅墨梅图 立轴	217cm×105cm	299,000	西泠印社	2022-01-22
马荃 1702年作 龙鳞虬枝 立轴	61.5cm×34cm	69,000	上海嘉禾	2022-11-20	彭玉麟 行书七言诗 镜心	168cm×41.5cm×4	287,500	中国嘉德	2022-12-14
马荃 报春图 立轴	113cm×59cm	63,250	中鸿信	2022-09-12	彭玉麟 墨梅四屏	148.5cm×39cm×4	253,000	中国嘉德	2022-06-27
马延禧 法倪云林笔 扇面	16cm×51.5cm	184,680	保利香港	2022-07-12	彭玉麟 行书八言联 镜心	172cm×32cm×2	126,500	中国嘉德	2022-12-14
马豫 墨竹图 立轴	321cm×129cm	690,000	北京荣宝	2022-07-24	彭玉麟 行书七言联	174.5cm×46cm×2	115,000	中国嘉德	2022-06-27
马元钦 梅妻鹤子 立轴	199.5cm×113cm	253,000	荣宝斋（南京）	2022-12-07	彭玉麟 1875年作 墨梅图 立轴	144cm×60cm	86,250	中国嘉德	2022-12-14
马元驭 1705年作 荷塘鹭鸶 镜心	137cm×65cm；110cm×52cm	390,700	保利香港	2022-10-12	彭玉麟 书法绘画专场题	尺寸不一	6,325,000	北京荣宝	2022-07-24
马元驭 松鹤图 立轴	157cm×78cm	120,750	中贸圣佳	2022-10-27	彭玉麟 梅花四屏	251cm×249cm	322,000	保利厦门	2022-10-22
马元驭 1697年作 仿赵昌折枝花卉 镜心	19cm×55cm	74,750	中贸圣佳	2022-07-23	彭玉麟 行书八言联 立轴	203cm×38cm×2	287,500	广东崇正	2022-12-24
马元驭 于寿伯 鹦鸽枯枝 立轴	74.5cm×37cm	66,700	上海嘉禾	2022-01-01	蒲松龄 行书《聊斋诗兴·咏菊诗》镜心	28cm×16cm×2	299,000	中贸圣佳	2022-07-23
马振 十八罗汉卷 手卷	画心38cm×190cm	172,500	中贸圣佳	2022-10-27	蒲松龄 行书《聊斋诗兴之咏菊诗》镜片（二页）	28cm×16cm×2	299,000	西泠印社	2022-01-22
毛际可 松原别业图 扇页	16.5cm×51cm	287,500	西泠印社	2022-01-22	蒲松龄（款）行书 立轴	69.5cm×25.5cm	103,500	朵云轩	2022-12-08
茅麟 1716年作 张英大人像 镜心	204cm×133cm	115,000	中国嘉德	2022-06-01	朴齐家 行书七言联 立轴	127.5cm×28.5cm×2	82,800	中贸圣佳	2022-07-23
冒襄 草书 立轴	115cm×66cm	1,380,000	朵云轩	2022-12-08	溥侗 行书龙门对 立轴	131cm×30.5cm×2	184,000	中国嘉德	2022-12-14
冒襄 行草词组 扇面	16.8cm×52cm	674,364	香港苏富比	2022-04-27	祁寯藻 1848年作 行书 立轴	170cm×66cm	391,000	朵云轩	2022-12-09
冒襄 行书七言诗 立轴	122.5cm×59cm	460,000	中贸圣佳	2022-07-23	祁寯藻 1838年作 书画匾"用严" 横披	143cm×55.5cm	552,000	西泠印社	2022-01-22
梅宝璐 杨光仪 等题咏 扶疏闲坐图 立轴	126.5cm×33.5cm	92,000	西泠印社	2022-07-23	祁寯藻 楷书四屏 立轴	133cm×32cm×4	241,500	广东崇正	2022-08-10
梅调鼎 行书 五言联 对联	102cm×22cm×2	69,000	西泠印社	2022-07-23	祁寯藻 行书八言联 立轴	159cm×36cm×2	161,000	中贸圣佳	2022-07-23
梅清 黄山文殊台 立轴	142cm×54cm	5,750,000	北京荣宝	2022-07-24	祁寯藻 1836年作 祁相国楷书册页	25.5cm×16.5cm×38	115,000	江苏汇中	2022-08-17
梅清（款）云门双峰 立轴	50.2cm×31.2cm	86,405	佳士得	2022-05-28	祁寯藻 1850年作 行书黄庭坚诗 立轴	124.5cm×57cm	115,000	中国嘉德	2022-12-14
梅振瀛 等 书画集萃（九件）成扇	尺寸不一	66,700	朵云轩	2022-08-08	祁寯藻 节书大达碑铭四屏 立轴	134cm×32.5cm×4	92,000	中国嘉德	2022-12-14
绵德 楷书 立轴	130cm×66cm	115,000	广东崇正	2022-12-24	祁寯藻 行书八言联 立轴	164.5cm×34.5cm×2	86,250	北京银座	2022-09-16
绵恩 楷书御制《文存石寿》册页（十开）	19cm×27cm×10	299,000	中贸圣佳	2022-07-23	祁寯藻 行书七言联 立轴	160.5cm×38cm×2	80,500	北京银座	2022-09-16
绵亿 楷书《禹贡》册页（五开）	23cm×27.5cm×5	138,000	中国嘉德	2022-12-14	祁寯藻 行书七言联 立轴	131.5cm×32.5cm×2	80,500	北京银座	2022-09-16
闵贞 人物 立轴	162cm×79.5cm	230,000	上海嘉禾	2022-01-01	祁寯藻 临《快雪时晴帖》镜心	81cm×34.5cm	69,000	北京银座	2022-09-16
明福 塞上图 横披	125cm×320cm	345,000	中国嘉德	2022-06-28	祁豸佳 行草李白《梁园吟》《襄阳歌》手卷	29cm×720.5cm	5,925,629	香港苏富比	2022-10-09
明俭法师 溪山飞瀑图 立轴	146.5cm×76.5cm	161,000	西泠印社	2022-01-22					
莫友芝 1866年作 隶书六屏 立轴	131cm×34.5cm×6	307,800	保利香港	2022-07-12					

2022书画拍卖成交汇总(续表)

（成交价RMB：6万元以上）

拍品名称	物品尺寸	成交价RMB	拍卖公司	拍卖日期
祁豸佳 1666年作 溪山幽亭图 立轴	119.5cm×43.5cm	1,437,500	西泠印社	2022-01-22
祁豸佳 1680年作 临米芾《天马赋》册页(二十五开)	24cm×15cm×50	1,265,000	中贸圣佳	2022-07-23
祁豸佳 1652年作 拟王蒙《水阁纳凉图》立轴	155cm×51cm	920,000	中贸圣佳	2022-07-23
祁豸佳 1648年作 雪山图 立轴	95cm×32cm	632,500	朵云轩	2022-12-09
祁豸佳 草书五言诗 立轴	130cm×56cm	172,500	中贸圣佳	2022-12-31
祁豸佳 1652年作 山居图 立轴	93cm×42cm	149,500	中鸿信	2022-09-12
祁豸佳 行书七言诗 立轴	211cm×77cm	138,000	中鸿信	2022-09-12
祁豸佳 行书七言诗 扇面	16.7cm×48.8cm	88,186	香港苏富比	2022-04-27
祁豸佳 仿倪瓒山水 立轴	79.8cm×35cm	82,998	香港苏富比	2022-04-27
千呆性侒等 禅僧书法 手卷	31cm×934.7cm	83,188	香港苏富比	2022-08-01
钱黯 1708年作 九华福地 立轴	89cm×40cm	460,000	华艺国际	2022-09-23
钱陈群 行书《黄山狮子峰杂记》立轴	204cm×52.5cm	368,000	北京保利	2022-07-27
钱陈群 行书苏轼诗 扇面	15cm×48.5cm	68,373	香港苏富比	2022-10-09
钱大昕 隶书七言联 立轴	132.5cm×30cm×2	69,000	中国嘉德	2022-06-28
钱坫 1802年作 篆书程夫子四箴 四屏	137cm×41cm×4	230,000	西泠印社	2022-01-22
钱杜 1823年作 入关图 手卷	绘画 29cm×120cm	1,081,567	华艺国际	2022-11-27
钱杜 秋江闲居图卷 手卷	20cm×254cm	575,000	北京荣宝	2022-07-24
钱杜 1817年作 左右修竹图 手卷	画心 127cm×32cm	345,000	西泠印社	2022-07-24
钱杜 奚冈 1800年作 江南春影 立轴	111cm×24cm	110,364	中国嘉德	2022-10-08
钱杜 1816年作 仙椠螺舟 立轴	101cm×41cm	69,000	广东崇正	2022-12-24
钱杜 1813年作 清供图 镜心	75.5cm×29cm	66,218	中国嘉德	2022-10-08
钱沣 行书 立轴	188.5cm×106.5cm	575,000	朵云轩	2022-12-09
钱沣 节录《争座位帖》立轴	212cm×51cm×6	138,000	上海嘉禾	2022-01-01
钱沣 行书七言联 对联	127cm×29.5cm×2	74,750	西泠印社	2022-01-22
钱沣 楷书七言联 立轴	125cm×26cm×2	69,000	中国嘉德	2022-06-28
钱沣 1793年作 楷书节录朱熹《近思录》立轴	108.5cm×54.5cm	69,000	保利厦门	2022-10-21
钱慧安 倪田 吴大澂 郑文焯 山水书法四屏 立轴	画 32cm×45cm×4	149,500	北京保利	2022-02-03
钱慧安 1907年作 送子观音 立轴	124cm×63.5cm	109,250	朵云轩	2022-12-08
钱慧安 1903年作 经营百万图 立轴	134cm×66cm	82,800	西泠印社	2022-01-22
钱慧安 谢家咏絮图 镜心	135cm×60cm	80,500	北京荣宝	2022-07-24
钱慧安 谢家咏絮图 镜心	135cm×61cm	69,000	中贸圣佳	2022-10-27
钱楷 仿白阳山人画意山水 临西岳华山庙碑 成扇	19cm×58cm	287,500	中贸圣佳	2022-10-27
钱松 1858年作 隶书七言联 对联	131.5cm×31.5cm×2	345,000	朵云轩	2022-12-09
钱维城 1766年作 仿元四家山水 手卷	33cm×523cm	8,111,754	佳士得	2022-12-03
钱维城 秋林图 镜心	62cm×179cm	345,000	中鸿信	2022-09-12
钱维城(款) 1758年作 群山雪霁 手卷	30cm×314cm	207,000	朵云轩	2022-08-08
钱维城 楷书册页(六开十二页)	14.5cm×19cm×12	138,000	广东崇正	2022-08-10
钱维城 山中幽居 扇片	15cm×48.5cm	97,750	朵云轩	2022-12-09
钱泳 行书自作诗 立轴	126.5cm×29cm	115,000	中国嘉德	2022-06-28
钱泳 隶书五言联 立轴	101cm×21.5cm×2	63,250	中国嘉德	2022-06-28
钱泳等跋《秋江载月》书画册页	26.7cm×15.5cm	143,750	中贸圣佳	2022-07-27
钱载 墨花图图卷 手卷	画 35.5cm×990.5cm	230,000	永乐拍卖	2022-07-25
钱载 芝兰并茂 立轴	102cm×67cm	92,000	中贸圣佳	2022-10-27
乾隆帝 1748年作 御笔临王羲之《游目帖》镜心	58.5cm×30cm	3,105,000	开拍国际	2022-07-24
乾隆帝 行书《句容雨望》立轴	107cm×57cm	1,380,000	北京荣宝	2022-07-24
乾隆帝 1754年作 兰石图 立轴	44cm×26cm	828,000	广东崇正	2022-12-24
乾隆帝 御笔行书《游平山堂即景杂咏》镜心	114cm×57.5cm	632,500	中鸿信	2022-09-12
乾隆帝 1751年作 行书《游平山堂即景诗》镜片	125cm×48.5cm	287,500	广东崇正	2022-12-24
乾隆帝 行书"寿" 立轴	169cm×58cm	184,000	保利厦门	2022-10-21
乾隆帝(款) 行书七言对联 对联	170cm×37cm×2	109,250	中国嘉德	2022-09-27
乾隆帝 1759年作 行书 镜片	110cm×34cm	92,000	朵云轩	2022-08-08
乾隆帝 1755年作 御笔临书卷 手卷	书法 6.5cm×47cm	9,315,000	北京保利	2022-07-27
乾隆帝 1748年作 御笔用金粟山藏经纸临王羲之《游目帖》镜片	58.5cm×30cm	2,760,000	西泠印社	2022-01-22
乾隆帝 1762年作 行书《再题横云馆二绝句》镜心	55.5cm×167cm	1,840,000	中国嘉德	2022-12-14
乾隆帝 1779年作 行书《至避暑山庄得句》诗轴 立轴	194cm×41.5cm	1,380,000	中贸圣佳	2022-12-31
乾隆帝 御笔行书"蕉雨轩" 镜心	30.5cm×65.5cm	1,265,000	中贸圣佳	2022-12-31
乾隆帝 1761年作 御笔行书七言诗 镜心	27cm×57cm	862,500	中国嘉德	2022-06-28
乾隆帝 1758年作 御笔行书《交芦馆》立轴	119cm×45cm	747,500	中贸圣佳	2022-12-31
乾隆帝 御笔行书《再游平山即景杂咏八首》其一 立轴	82.5cm×46.5cm	575,000	中贸圣佳	2022-12-31
乾隆帝 风竹图 镜心	画心16cm×12cm	402,500	北京荣宝	2022-07-24
乾隆帝 阿克敦 御题诗、山水 镜心	26cm×30cm×2	345,000	中鸿信	2022-09-12
乾隆帝 行书七言诗 立轴	129cm×47.5cm	287,500	荣宝斋(南京)	2022-12-07
乾隆帝 御笔七言联 立轴	189cm×32cm×2	230,000	中鸿信	2022-09-12
乾隆帝 行书 立轴	166cm×62.5cm	230,000	上海嘉禾	2022-11-20
乾隆帝 1786年作 行书七言诗 立轴	121cm×50cm	115,000	北京保利	2022-07-27
乾隆帝 行书七言联 镜心	129cm×24cm×2	71,300	中鸿信	2022-09-12
乾隆帝 御临淳化阁帖武侯传语 木板镜框	15cm×131cm	4,867,052	佳士得	2022-12-03
乾隆御笔楷书题植秀轩七言联 立轴	169.5cm×34cm×2	2,070,000	广东崇正	2022-12-24
乾隆御笔 御赐刘墉书法 立轴	138cm×41cm	258,750	北京荣宝	2022-07-24
秦恩复 录旧作五言呈法式善	40cm×49.5cm	63,250	西泠印社	2022-01-21
秦涟 临流幽胜图 立轴	198cm×106cm	322,000	北京荣宝	2022-07-24
秦涟 塔寺山色 立轴	164.5cm×51cm	92,000	北京保利	2022-07-27
秦其奉 于冰 张丛孝 张融李 等 赠佳乃铺寿考作人集册页(五十九开)	尺寸不一	149,500	中贸圣佳	2022-10-27
秦仪 1769年作 晴岚暖翠 册页(八开)	18.5cm×25cm×8	63,250	朵云轩	2022-12-09
清 林则徐像通草画	21.5cm×31cm	161,000	广东崇正	2022-12-25
清一瓢一壶庐室 手卷	画32cm×88cm	109,250	保利厦门	2022-10-22
无款 1724年作 内府雍正二年《时宪历》朱墨精写本 一函一册(共四百二十八开)	19cm×8.5cm×428	2,160,144	佳士得	2022-05-28
佚名 清康熙 宫廷净法身毗卢遮那佛	215.5cm×121.5cm	4,025,000	永乐拍卖	2022-07-24
清杂家 古柏重青图并跋 手卷	30cm×65cm	570,616	香港苏富比	2022-04-27
屈大均 行书自作诗 镜片	16cm×50cm	402,500	广东崇正	2022-08-10
屈兆麟 松石兰花 立轴	65.5cm×43.5cm	92,000	北京银座	2022-09-17
屈兆麟 罗振玉 罗浮清梦 行书明人诗 成扇	19cm×49cm	80,500	中贸圣佳	2022-12-31
屈兆麟 群雀鸣春 立轴	119cm×53cm	76,950	保利香港	2022-07-12
瞿子冶 墨兰 立轴	161cm×32cm	224,250	中贸圣佳	2022-07-23

2022书画拍卖成交汇总(续表)

(成交价RMB: 6万元以上)

拍品名称	物品尺寸	成交价RMB	拍卖公司	拍卖日期
瞿子冶 墨竹四条屏 立轴	135.5cm×31cm×4	135,700	中贸圣佳	2022-07-23
瞿子冶 写意水墨花 册页	23×19.5cm×8	115,000	中贸圣佳	2022-07-23
瞿子冶 竹契图 册页	29.5cm×40cm×10	115,000	中贸圣佳	2022-07-23
瞿子冶 兰石 立轴	137cm×44cm	92,000	中贸圣佳	2022-07-23
瞿子冶 芍药图 镜心	22cm×31.5cm	92,000	中贸圣佳	2022-07-23
瞿子冶 墨竹画赞 立轴	131cm×28.5cm	86,250	中贸圣佳	2022-07-23
瞿子冶 墨竹 立轴	123cm×30.5cm	80,500	中贸圣佳	2022-07-23
瞿子冶 墨竹 立轴	132.5cm×31cm	80,500	中贸圣佳	2022-07-23
全祖望 行书七言联 立轴	243cm×51cm×2	92,000	北京银座	2022-01-12
全祖望 行书七言联 立轴	242cm×51cm×2	74,750	上海嘉禾	2022-11-20
任伯年 唐孙司空故事图 立轴	177cm×96cm	5,715,500	中贸圣佳	2022-10-27
任伯年 荷塘煎裙 立轴	148.5cm×34.5cm	4,140,000	中国嘉德	2022-12-12
任伯年 春夜宴桃李园 镜心	26cm×27cm	2,869,464	中国嘉德	2022-10-08
任伯年 (款) 松风高士图	171cm×45.5cm	2,457,125	香港福羲国际	2022-12-28
任伯年 1886年作 仿八大山人鸟石图 立轴	145.5cm×39.5cm	1,997,881	香港苏富比	2022-10-08
任伯年 1881年作 桃花栖禽 镜心	28cm×29.5cm	1,876,188	中国嘉德	2022-10-08
任伯年 1892年作 玉兰寿石图 立轴	150cm×81cm	1,840,000	北京保利	2022-07-26
任伯年 1868年作 花荫栖禽 镜心	25cm×25cm	1,214,004	中国嘉德	2022-10-08
任伯年 1885年作 眉寿图 立轴	147cm×80cm	1,138,500	上海嘉禾	2022-11-20
任伯年 1881年作 动物家趣图 册页	33.5cm×45cm×12	1,115,500	中贸圣佳	2022-07-23
任伯年 1892年作 人物故事四屏 立轴	179cm×41cm×4	1,058,000	中鸿信	2022-09-11
任伯年 1890年作 荷塘雅趣 镜心	135cm×65cm	1,035,000	华艺国际	2022-09-23
任伯年 1879年作 秋苑狸奴 立轴	147cm×39.5cm	943,000	北京银座	2022-09-16
任伯年 木兰从军 立轴	149cm×79cm	897,000	荣宝斋(南京)	2022-12-07
任伯年 胡公寿 1872、1873年作 团光双挖	直径27cm×2	782,000	中贸圣佳	2022-12-31
任伯年 1889年作 梧桐栖禽 立轴	146.5cm×76cm	747,500	中国嘉德	2022-06-26
任伯年 1888年作 东坡泊舟 镜心	27.5cm×27.5cm	717,366	中国嘉德	2022-10-08
任伯年 松树绶带 立轴	135cm×68.5cm	632,500	荣宝斋(南京)	2022-12-07
任伯年 1885年作 牧牛图 立轴	145cm×80.5cm	483,000	北京银座	2022-09-16
任伯年 1870年作 钟进士图 立轴	92.5cm×39cm	483,000	中贸圣佳	2022-12-31
任伯年 1879年作 桃花八哥 立轴	173.5cm×45cm	483,000	朵云轩	2022-12-08
任伯年 1885年作 松下高士图 立轴	176cm×47cm	460,000	上海嘉禾	2022-08-28
任伯年 1874年作 鹦鹉 镜心	17.5cm×52cm	414,000	中贸圣佳	2022-12-31
任伯年 1889年作 猫石芭蕉 立轴	126cm×61.5cm	402,500	中国嘉德	2022-06-27
任伯年 1884年作 菊花鹦鹉图 立轴	103cm×44cm	402,500	上海嘉禾	2022-11-20
任伯年 1891年作 秋原放牧 立轴	92cm×53cm	353,164	中国嘉德	2022-10-08
任伯年 1893年作 紫藤松鼠 立轴	129.5cm×64cm	299,000	上海嘉禾	2022-01-01
任伯年 陈璚 浅绿清白 节临《贯经堂帖》成扇	19cm×56cm	299,000	中贸圣佳	2022-07-27
任伯年 1887年作 枇杷图 立轴	143cm×49cm	241,500	西泠印社	2022-01-23
任伯年 1881年作 苏武牧羊 镜心	直径28.4cm	235,750	北京诚轩	2022-08-08
任伯年 读书图 立轴	114cm×51cm	230,000	中贸圣佳	2022-10-27
任伯年 任霞 小品三挖 立轴		207,000	广东崇正	2022-12-24
任伯年 1884年作 雁来红 立轴	112cm×45cm	198,655	中国嘉德	2022-10-08
任伯年 1872年作 玉兰牡丹图 立轴	130cm×69cm	189,750	西泠印社	2022-01-23
任伯年 顾文彬 吴宫采莲图·书法成扇	20cm×52.5cm	184,000	西泠印社	2022-01-23
任伯年 1869年作 石峰狸奴图 立轴	125cm×38cm	184,000	中鸿信	2022-09-11
任伯年 1886年作 雏鸡图 扇面镜框	18.3cm×53cm	183,612	佳士得	2022-05-28
任伯年 树下高士 镜心	18cm×51cm	161,000	北京荣宝	2022-07-24

拍品名称	物品尺寸	成交价RMB	拍卖公司	拍卖日期
任伯年 1891年作 山水人物 立轴	91cm×41cm	161,000	广东崇正	2022-12-25
任伯年 石榘幽亭作画图·行书成扇	18cm×53cm×2	149,500	中鸿信	2022-09-11
任伯年 1893年作 雄鸡图 立轴	131.5cm×31cm	138,000	上海嘉禾	2022-01-01
任伯年 1888年作 花鸟团扇	26cm×27cm	138,000	中国嘉德	2022-12-13
任伯年 1885年作 秋柳鸬鹚 立轴	144cm×39cm	138,000	朵云轩	2022-12-08
任伯年 杨伯润 花间禽趣图·书法成扇	52cm×19cm	126,500	西泠印社	2022-01-23
任伯年 松鼠戏枝 立轴	141cm×40.5cm	126,500	北京保利	2022-07-27
任伯年 1895年作 秋声图 立轴	162.7cm×40cm	110,993	香港苏富比	2022-10-08
任伯年 1886年作 高士泛舟 镜心	28cm×29cm	110,364	中国嘉德	2022-10-08
任伯年 1877年作 果蔬图 镜心	19cm×51cm	80,500	中贸圣佳	2022-12-31
任伯年 荷塘美眷 镜心	直径24.5cm	71,300	北京诚轩	2022-08-08
任伯年 胡公寿 朱梦庐 秋收图 扇面	18cm×52cm	69,000	中贸圣佳	2022-12-31
任伯年 花卉草虫 镜片	半径26cm	63,250	广东崇正	2022-08-10
任伯年 1880年作 花鸟 单面成扇	19cm×50cm	63,250	江苏汇中	2022-08-17
任伯年 杨岘 叶大荣 等 各式名家成扇(十二件) 成扇	尺寸不一	63,250	中贸圣佳	2022-10-27
任焕章 松鹤图 立轴	124cm×64cm	126,500	北京荣宝	2022-07-24
任熊 1850年作 斗母圣象图 镜心	158cm×48cm	4,082,500	中贸圣佳	2022-12-31
任熊 1850年作 百花图卷 手卷	27cm×686cm	3,680,000	朵云轩	2022-12-09
任熊 任熏 任伯年 任预 花鸟、山水、人物团扇册页(七开) 镜框	尺寸不一	1,037,484	香港苏富比	2022-04-27
任熊 1856年作 驯古图 镜心	18cm×52cm	92,000	中贸圣佳	2022-12-31
任熊 紫藤稗鸡 立轴	178cm×53cm	92,000	中鸿信	2022-09-11
任熊 行书七言联 立轴	133cm×30.5cm×2	92,000	中国嘉德	2022-06-28
任熊 栖枝孔雀 立轴	178cm×93cm	69,000	北京保利	2022-07-27
任薰 1883年作 柳畔谈玄 立轴	146.7cm×58cm	140,409	香港苏富比	2022-04-30
任薰 花鸟 册页(十二页)	32.5cm×33cm×12	109,250	中国嘉德	2022-12-13
任薰 清1882年作 暗香疏影 手卷	33cm×178cm	81,005	佳士得	2022-05-28
任薰 吕光浩 王焌 汪恩 等1888年作 名家集锦 成扇	18cm×50cm	63,250	北京银座	2022-01-12
任薰 人物故事四屏 立轴	177cm×47cm×4	1,955,000	北京荣宝	2022-07-24
任薰 1890年作 老子出关 立轴	130cm×65.5cm	92,000	北京银座	2022-09-16
任预 吴昌硕 山径行旅、节临《石鼓文》成扇	18.4cm×52.5cm	138,000	北京诚轩	2022-08-08
任预 1891年作 天山立马图 立轴	97cm×45.5cm	70,204	香港苏富比	2022-04-30
阮元 1839年作 文石册页(十开)	18cm×30cm×10	241,500	朵云轩	2022-12-09
阮元 行书自作诗 立轴	169cm×39cm	184,000	中国嘉德	2022-06-28
阮元 行书八言联 对联	173cm×33cm×2	126,500	中国嘉德	2022-09-30
阮元 恭和高宗南巡诗 册页(六开)	125cm×8.5cm×11	103,500	中贸圣佳	2022-12-31
沙馥 1895年作 四时花鸟 立轴	169cm×40cm×4	138,000	中国嘉德	2022-06-27
上官周 1733年作 仿沈周笔意四屏 立轴	237cm×57cm×4	862,500	中鸿信	2022-09-12
上官周 金写无双谱人物 册页(八开)	30cm×20.5cm×8	218,500	江苏汇中	2022-08-17
上官周 楼船浮海卷 手卷	36cm×248cm	201,250	朵云轩	2022-12-09
上官周 秋山行旅图 立轴	161cm×43cm	115,000	江苏汇中	2022-08-17
上睿 1700年作 山水四屏 立轴	29cm×29cm×4	63,250	中国嘉德	2022-12-14
沈葆桢 行书七言 对联	140.5cm×28.5cm×2	138,000	朵云轩	2022-12-09
沈德潜 西泠孤山帖 立轴(双挖)	29.5cm×21.5cm×2	101,200	西泠印社	2022-01-22
沈德潜 1741年作 行书七言诗 立轴	89cm×38.5cm	97,750	西泠印社	2022-01-22
沈济 玉言春色 镜心	150cm×291cm	241,500	北京保利	2022-07-27
沈庆兰 御题良吉骝 镜心	189cm×117cm	977,500	永乐拍卖	2022-07-25
沈荃 行书《太冲叙》立轴	90.5cm×53.5cm	195,500	中贸圣佳	2022-12-31
沈荃 行书七言诗 立轴	153.3cm×44.5cm	172,500	北京保利	2022-07-27

拍品名称	物品尺寸	成交价RMB	拍卖公司	拍卖日期
沈铨 吴琦 梁基 陆森 童衡 郑培 郑维培 等 南画派专题		7,360,000	北京荣宝	2022-07-24
沈铨 1749年作 鸾凤呈祥图 立轴	153cm×81cm	1,265,000	上海嘉禾	2022-11-20
沈铨 松鹤遐龄	136cm×68cm	827,730	荣宝斋（香港）	2022-11-26
沈铨 海鹤蟠桃图 立轴	107.5cm×52cm	803,107	保利香港	2022-10-12
沈铨 1758年作 蟠桃仙禽图 立轴	137cm×77cm	425,500	中鸿信	2022-09-12
沈铨（款）1751年作 受天百禄图 立轴	217cm×72cm	195,500	中国嘉德	2022-09-27
沈铨 富贵延年 立轴两幅	128cm×46.3cm×2	173,823	佳士得	2022-12-03
沈铨 1730年作 桃花梅雀 立轴	127.6cm×53.4cm	172,811	佳士得	2022-05-28
沈铨 受天柏禄图 立轴	142cm×85cm	161,000	中鸿信	2022-09-12
沈铨 松鹤延年 立轴	168cm×84.5cm	138,000	中鸿信	2022-09-12
沈铨 1757年作 双鹿图 立轴	64cm×32cm	120,750	上海嘉禾	2022-01-01
沈铨 1738年作 富贵大吉 立轴	129cm×56cm	69,000	中鸿信	2022-09-12
沈世杰 1885年作 松鹤延年 镜心	214cm×476.5cm	805,000	中国嘉德	2022-06-28
沈世杰 荷塘清趣 立轴	202cm×119cm	207,000	中国嘉德	2022-09-30
沈世儒（款）清供图 册页	28cm×28cm×19	74,750	中国嘉德	2022-06-01
沈瑜 烟湖庭院 立轴	78cm×34cm	115,000	广东崇正	2022-12-24
沈增植 书法对联 立轴	126.5cm×29.5cm×2	644,000	永乐拍卖	2022-07-25
沈增植 草书 立轴	89cm×43cm	132,250	朵云轩	2022-12-09
沈振麟 屈兆麟 缪嘉蕙 于桢培 等 集锦 四条屏	155cm×44cm×4	126,500	中国嘉德	2022-06-01
沈治 山水十景 册页（十页）	23.5cm×23cm×10	310,500	西泠印社	2022-08-20
沈竹宾 山水 册页（十三开）	35.5cm×43.5cm×12	138,000	中贸圣佳	2022-12-31
沈宗敬 王顼龄 王日藻 朱轩 王九龄 等 为吕老祝七十寿书画合璧屏风十二曲屏风（十二屏二十四帧）	69.5cm×45cm×24	3,450,000	西泠印社	2022-01-22
沈宗敬 1699年作 洞壑幽深 立轴	146cm×47cm	414,000	朵云轩	2022-12-09
沈宗敬 山水 册页（十二开）	28.5cm×41cm×12	368,000	荣宝斋（南京）	2022-12-07
沈宗敬 1691年作 桃源春光 立轴	143cm×82.5cm	324,470	佳士得	2022-12-03
沈宗敬 1719年作 仿大痴山水长卷 手卷	画心 26.5cm×579cm	172,500	中鸿信	2022-09-12
沈宗骞 溪桥通幽 镜心	180cm×94cm	690,000	中贸圣佳	2022-07-23
沈宗骞 草书《千字文》手卷	24cm×265cm	322,000	华艺国际	2022-07-29
沈宗骞 1788年作 春耕图 立轴	179cm×90cm	172,500	上海嘉禾	2022-01-01
盛年 秋山闲居图 扇页	54cm×17cm	103,500	西泠印社	2022-01-22
石庚 土彪宝 竹石对屏 立轴	127cm×64.5cm×2	69,000	荣宝斋（南京）	2022-12-07
石渠 吴昌硕 闲看牡丹亭图 立轴	104cm×39cm	92,000	中贸圣佳	2022-10-27
石渠 1828年作 十八应真图 册页（八开）	30.5cm×32.5cm×8		华艺国际	2022-07-29
石涛 山水小景 册页（八开）	18cm×10.5cm×8	7,590,000	北京保利	2022-07-27
石涛 乾坤清气 立轴	176cm×95cm	4,304,196	华艺国际	2022-11-27
石涛 众爵齐鸣图卷 手卷	画心:59cm×640cm	3,450,000	中贸圣佳	2022-10-27
石涛 洞庭秋月 镜片	211cm×96cm	3,220,000	广东崇正	2022-08-10
石涛 八大山人 菊石图 镜心	18.5cm×52.5cm	1,955,000	中贸圣佳	2022-07-23
石涛 1699年作 瑞兰图 立轴	53cm×26.5cm	1,495,000	江苏汇中	2022-08-16
石涛 四季花卉 立轴	96.1cm×57cm	1,037,484	香港苏富比	2022-04-27
石涛 行书《牛赋》镜片	28cm×18.5cm	448,500	西泠印社	2022-01-22
石涛（款）松岩独泛 立轴	177cm×47cm	86,250	中国嘉德	2022-06-01
石涛（传）墨笔山水 立轴	87cm×43cm	80,500	中贸圣佳	2022-12-31
石谿 1660年作 拟黄子久笔意 立轴	87cm×46.5cm	1,023,500	中鸿信	2022-09-12
石谿（款）1660年作 山水 镜片	89.5cm×48.5cm	287,500	广东崇正	2022-12-24

拍品名称	物品尺寸	成交价RMB	拍卖公司	拍卖日期
石谿（款）1642年作 携琴访友卷 手卷	28cm×247cm	86,250	中国嘉德	2022-06-01
石谿 群峰大壑图 立轴	258.5cm×102.5cm	690,000	北京保利	2022-07-27
史颜节 1674年作 竹石图 立轴	197cm×92.2cm	254,940	佳士得	2022-12-03
史颜节 1662年作 万竿烟雨 立轴	137cm×63.5cm	126,500	中国嘉德	2022-12-14
史喻义 登高图 立轴	116cm×50cm	207,000	北京保利	2022-07-27
史致光 楷书朱子《治家格言》立轴	157.5cm×92.5cm	97,750	西泠印社	2022-01-22
释赖镜 行书 镜片	16.5cm×50cm	322,000	广东崇正	2022-12-24
顺治帝 御笔行书《般若波罗蜜心经》立轴	127.5cm×51cm	92,000	中鸿信	2022-09-12
松年 溪山欲雨图 立轴	248cm×122cm	287,500	北京荣宝	2022-07-24
宋曹 行书杜甫《秋兴八首》诗卷 手卷	30.5cm×515cm	2,300,000	开拍国际	2022-01-07
宋曹 行书自作诗首 手卷	29.5cm×241cm	517,500	中贸圣佳	2022-12-31
宋曹 1682年作 行书临二王帖 手卷	23.5cm×224cm	460,000	北京银座	2022-09-16
宋曹 行书《重入金陵诗》册页	24cm×23cm×12	195,500	北京保利	2022-07-27
宋曹 行书诗 横披	29.3cm×244cm	162,010	佳士得	2022-05-28
宋曹 行草诗文 立轴	172.5cm×46.5cm	109,250	北京荣宝	2022-07-24
宋曹 草书节录《自叙帖》手卷	27cm×245.5cm	69,000	上海嘉禾	2022-01-01
宋光宝 1825年作 紫薇画眉图 立轴	126cm×41cm	97,120	中国嘉德	2022-10-08
宋荦 为高士奇作 初春帖 信札（一通二页）	画心 17.5cm×31.5cm；17.5cm×19.5cm	322,000	西泠印社	2022-01-22
宋湘 行书王维诗 立轴	158cm×76.5cm	230,000	中贸圣佳	2022-10-21
宋湘 行书十言联 立轴	241cm×28.5cm×2	92,000	华艺国际	2022-09-24
苏浚 仿董其昌诗意图 立轴	170.7cm×87.3cm	134,872	香港苏富比	2022-04-27
苏六朋 人生四快 镜片	107cm×25cm×4	72,450	广东崇正	2022-12-24
苏六朋 1830年作 燕市图 册页（十二开）	32cm×39.5cm×12	66,700	广东崇正	2022-08-10
苏仁山 山水四屏 立轴	119cm×33cm×4	115,000	中鸿信	2022-09-12
苏仁山 1848年作 行书四屏 立轴	122cm×36.5cm×4	103,500	广东崇正	2022-12-25
苏仁山 诸君像 立轴	121cm×29cm	80,500	广东崇正	2022-08-10
苏宣 1679年作 秋林云霭图 立轴	187cm×94cm	575,000	中贸圣佳	2022-07-23
苏元春 约1885年作 中法战争边关形胜图及经述 镜片（扇面双挖）	直径25.5cm×2	149,500	西泠印社	2022-01-22
肃亲王 1909年作临《东方朔画赞碑》册页（五十开）	21cm×30cm×50	230,000	中贸圣佳	2022-07-23
孙玉佩楷 书律诗四目 镜心	16.5cm×51.5cm	149,500	中贸圣佳	2022-07-23
孙家蒲 楷书十二言句联 立轴	367cm×56.5cm×2	299,000	北京银座	2022-09-16
孙家蒲 行书四屏 镜片	136cm×33cm×4	69,000	广东崇正	2022-08-10
孙楷 八百春秋通景六条屏 六条屏	184cm×50cm×6	74,750	中国嘉德	2022-09-27
孙如仅 1857年作 行书节录《楹联续话》四屏 立轴	147.5cm×39cm×4	253,000	北京银座	2022-01-12
孙威凤 十二名禽图 镜片	101.2cm×67cm	622,490	香港苏富比	2022-04-27
孙星衍 篆书临《开母庙石阙》立轴	191.5cm×43.5cm	109,250	北京保利	2022-07-27
孙岳颁 朱绛 胡德迈 潘应宾 江球 查异 黄叔琳 陈奕禧 李振裕 等 1700年作 康雍名人寿诗屏 镜心	尺寸不一	1,725,000	中国嘉德	2022-05-28
孙钟元 1663年作 为孙曾命名书卷 手卷	书法 20cm×92cm；画19.5cm×13cm	287,500	中贸圣佳	2022-12-31
谈九乾 行书七言诗 立轴	180cm×47cm	92,000	北京荣宝	2022-07-24
谭绍隆 1723年作 行书诗卷 手卷	37cm×234cm	141,086	保利香港	2022-10-12
谭行义 行书唐岑参五言诗 立轴	161cm×45cm	195,500	北京荣宝	2022-07-24

拍品名称	物品尺寸	成交价RMB	拍卖公司	拍卖日期
汤斌 1663年作 草书七言绝句 立轴	225cm×52cm	172,500	中贸圣佳	2022-12-31
汤禄名 花鸟巨幛四屏 立轴	243cm×59cm×4	249,614	保利香港	2022-10-12
汤密 竹石图 立轴	233.5cm×92.5cm	86,250	中贸圣佳	2022-10-27
汤贻汾 博山园雅集 手卷	画40cm×174cm	1,173,000	永乐拍卖	2022-07-25
汤贻汾 1828年作 西泠读书图 手卷	30cm×106cm	453,630	佳士得	2022-05-28
汤贻汾 1847年作 前贤笔意 册页 (八开)	28cm×38.5cm×8	129,608	佳士得	2022-05-28
汤贻汾 1847年作 山水 册页（八开）	22cm×27.5cm×8	69,000	中国嘉德	2022-06-28
汤贻汾 1848年作 草泽双兔 立轴	115.5cm×31.5cm	69,000	广东崇正	2022-12-24
汤贻汾 1845年作 红树秋山图 镜心	28cm×133cm	63,250	中鸿信	2022-09-12
唐淳 夜宴桃李园 扇面镜心	17.5cm×52cm	69,000	北京银座	2022-09-17
唐芠 荷塘清趣 立轴	166cm×76cm	103,500	中国嘉德	2022-06-01
唐俊 千山叠嶂图 立轴	150cm×72.5cm	138,000	荣宝斋（南京）	2022-12-07
唐俊 松壑流泉 立轴	157.5cm×38cm	81,005	佳士得	2022-05-28
唐英 行书五言联	129cm×30cm×2	2,530,000	中贸圣佳	2022-07-26
唐岳 1724年作 仙鹤祝寿 立轴	178cm×86cm	63,250	中国嘉德	2022-06-01
陶绍原 1854年作 梦刘图并诸家题咏 手卷	画21cm×60.5cm	386,274	中国嘉德	2022-10-08
陶澍 楷书御选苏轼诗 册页（二十七开）	13cm×25.5cm×27	253,000	中国嘉德	2022-12-14
田文镜 1696年作 书画扇面三挖 立轴		67,850	北京银座	2022-09-17
铁保 1807年作 临书册页 册页 (十六开)	29.5cm×17.5cm×16	632,500	中贸圣佳	2022-07-23
铁保 行书六言联 对联	111.5cm×24.5cm×2	115,000	朵云轩	2022-12-09
铁保 行书六言联 立轴	111cm×24.5cm×2	86,250	中国嘉德	2022-06-28
铁保 行书七言诗 镜心	131cm×52cm	69,000	北京银座	2022-01-12
同治 1869年作 楷书《咏夏》镜片	66cm×47cm	138,000	广东崇正	2022-12-24
童二树 童二树梅花专题		8,625,000	北京荣宝	2022-07-24
童华 楷书 镜片	73cm×112.5cm	69,000	广东崇正	2022-12-24
万经 隶书王渔洋五言诗卷 手卷	31.5cm×273cm	782,000	中贸圣佳	2022-07-23
万岚 少壮三好图卷 手卷	画心 41.5cm×155.5cm	310,500	北京保利	2022-07-27
万上遴 1810年作 烟云供养图 册页 (八开)	27cm×36cm×8	345,000	北京保利	2022-02-03
万上遴 行书七言联 立轴	131cm×28cm×2	63,250	中贸圣佳	2022-07-23
万上遴 梅花 立轴	177cm×47cm	63,250	北京荣宝	2022-07-24
汪宝荣 1848年作 汪祥龙像图卷 手卷	34cm×106.5cm	207,000	中贸圣佳	2022-12-31
汪承霈 四友图卷 手卷	28cm×170cm	2,875,000	中贸圣佳	2022-12-31
汪承霈 书法花卉 册页	25.8cm×43cm×12	1,173,000	永乐拍卖	2022-07-25
汪承霈 行书论 立轴	123cm×56.5cm	241,500	北京银座	2022-01-12
汪昉 1866年作 松泉高隐图 手卷	画心 40.5cm×208cm	115,000	中国嘉德	2022-06-28
汪恭 行书临董其昌书陆机诗 册页 (十二页)	27cm×23cm×12	63,250	西泠印社	2022-01-22
汪楫 行书五言诗 扇面	15.5cm×50.5cm	69,000	保利厦门	2022-10-21
汪家珍 1676年作 杖履寻芳 立轴	208.5cm×47.5cm	102,606	佳士得	2022-05-28
汪士铨 1722年作 行书唐人酺宴诗 立轴	344cm×144cm	345,000	中贸圣佳	2022-12-31
汪士铨 1719年作 各体书册页 册页	29cm×17cm×40	264,500	中贸圣佳	2022-07-23
汪士铨 1713年作 行书《归田赋》手卷	32.5cm×199.5cm	139,058	佳士得	2022-12-03
汪洵 楷书朱子《治家格言》四屏 立轴	135cm×33cm×4	89,700	中鸿信	2022-09-12
汪峰 拟古山水 立轴	175.3cm×97.3cm	68,373	香港苏富比	2022-10-09

拍品名称	物品尺寸	成交价RMB	拍卖公司	拍卖日期
汪由敦 行书录古文 立轴	167.5cm×53.5cm	184,000	西泠印社	2022-01-22
汪由敦 蒋廷锡 隶书五言诗 奇卉螳螂 成扇	18cm×54cm	80,500	中贸圣佳	2022-12-31
汪由敦 皇上肇建辟雍释奠讲学礼成恭颂 册页（八开）	20cm×24.5cm×4	63,250	北京保利	2022-07-27
王玖 1765年作 临倪瓒山水 镜框	56.2cm×79.5cm	69,529	佳士得	2022-12-03
王宸 1785年作 永阳图轴 立轴	100cm×46cm	1,265,000	中贸圣佳	2022-07-23
王宸 庐山图 立轴	132cm×63.5cm	170,932	香港苏富比	2022-10-09
王宸 1772年作 仿大痴山水 立轴	94.7cm×41.7cm	115,000	中国嘉德	2022-06-28
王宸 1791年作 松吟万壑 立轴	123cm×30cm	97,750	朵云轩	2022-12-09
王宸 1794年作 秋卉图 立轴	82.5cm×45cm	69,000	中国嘉德	2022-12-14
王大鹤 澄怀园四咏 册页（十二开）	17cm×24cm×12	97,750	朵云轩	2022-12-09
王端淑 林亭秋蔼 立轴	160cm×85cm	63,250	中国嘉德	2022-05-28
王二水 西湖八景图 手卷	画心 39.5cm×21cm×8	103,500	西泠印社	2022-08-20
王概 山水四帧 册页（四开）	21.5cm×26.5cm×4	92,000	朵云轩	2022-12-09
王概 千岩万壑草堂图 手卷	25.8cm×217.5cm	518,434	佳士得	2022-05-28
王晖 仕女人物图 册页（十二开）	26cm×32cm×12	120,750	北京保利	2022-02-03
王鸿绪 1699年作 临各体法帖 册页 (八开十六页)	21cm×14.5cm×16	690,000	中国嘉德	2022-06-28
王鸿绪 行书苏轼七言诗三首 立轴	192.5cm×48.8cm	287,500	北京保利	2022-07-27
王鸿绪 行书谢氏《兰亭诗》二首 立轴	191cm×48cm	230,000	北京保利	2022-07-27
王翚 1695年作、1696年作、1697年作 仿古山水 册页（十开）	29.5cm×29cm×10	10,925,000	中贸圣佳	
王翚 恽寿平 1680年作 仿巨然溪山烟雨 立轴	119cm×48cm	10,037,605	中国嘉德	2022-10-08
王翚 1704年作 松壑垂纶图 立轴	125cm×63cm	5,232,500	中国嘉德	2022-06-28
王翚 松风涧响图 立轴	101cm×54cm	4,140,000	北京保利	2022-02-03
王翚 1705年作 仿黄鹤山樵山水卷 手卷	画心 33.5cm×258cm	2,645,000	中贸圣佳	2022-07-23
王翚 拟王维山水卷 手卷	画心 32cm×460cm	2,185,000	中贸圣佳	2022-10-27
王翚 1673年作 摹倪瓒《春林远岫图》立轴	113.5cm×58cm	2,070,000	中国嘉德	2022-06-28
王翚 仿赵大年山水 立轴	185cm×49cm	1,644,500	中贸圣佳	2022-12-31
王翚 仿宋人山水 立轴	191cm×98cm	1,610,000	北京荣宝	2022-07-24
王翚 1673年作 江干七树图 立轴	100cm×56cm	1,324,368	华艺国际	2022-11-27
王翚 1673年作 雪山行旅图 手卷	画心 25.5cm×190cm	1,207,500	上海嘉禾	2022-11-20
王翚 杨晋 恽寿平 柏芝长生 扇面	19cm×55cm	632,500	北京保利	2022-07-27
王翚 1686年作 溪山雪霁图 镜片	134cm×66cm	575,000	西泠印社	2022-01-22
王翚 1670年作 溪山苍翠 扇面	16.6cm×50cm	402,500	永乐拍卖	2022-07-25
王翚 1709年作 溪桥秋景 立轴	86.5cm×44.5cm	287,500	上海嘉禾	2022-01-01
王翚 1714年作 溪亭野兴图 镜片	28.5cm×24.5cm	207,000	西泠印社	2022-01-22
王翚 1716年作 茂林叠嶂 扇面	16.5cm×53cm	172,500	中鸿信	2022-09-12
王翚 仿古山水 册页（两开）	42.8cm×30.3cm×2	155,622	香港苏富比	2022-04-27
王翚 秋山行旅图 立轴	37cm×31.5cm	138,000	中鸿信	2022-09-12
王翚 山居渔叟 扇面	16.5cm×51cm	113,954	香港苏富比	2022-10-09
王翚 青绿山水小境 立轴四幅	29.5cm×18cm×4	93,373	香港苏富比	2022-04-27
王翚 1676年作 仿子久山水图 立轴	画心46.5cm×30cm	86,250	中鸿信	2022-09-12
王翚 秋江渔父图 立轴	62cm×26cm	66,700	中贸圣佳	2022-10-27
王翚（款）1677年作 草堂对谈 立轴	35cm×23cm	63,250	中国嘉德	2022-09-27
王会 行书卷 手卷	44.5cm×269cm	287,500	北京荣宝	2022-07-24
王会图 草书《行安法师》立轴	199cm×42cm	172,500	中国嘉德	2022-12-14

拍品名称	物品尺寸	成交价RMB	拍卖公司	拍卖日期
王建章 云山图 立轴	63cm×26.5cm	276,000	荣宝斋(南京)	2022-12-07
王建章 秋山烟雨图 手卷	画27.5cm×137.5cm	115,000	中国嘉德	2022-12-14
王鉴 1674年作 东坡诗意图 立轴	116cm×50.5cm	12,650,000	上海嘉禾	2022-11-20
王鉴 仿许道宁山水 立轴	37cm×26.5cm	1,380,000	中国嘉德	2022-06-26
王鉴 高简 吴伟业 顾大申 等国初诸名家山水 册页(十六开)	20.5cm×15cm×12;25cm×18cm×4	816,500	北京保利	2022-07-27
王鉴 1676年作 仿王蒙《九峰读书图》立轴	111cm×51cm	690,000	中鸿信	2022-09-12
王鉴(传) 寒林高士图轴	171cm×86.5cm	483,000	中贸圣佳	2022-12-31
王鉴 1668年作 秋山棹舟 扇面	16cm×50cm	402,500	永乐拍卖	2022-07-25
王鉴(传) 1676年作 雨余云起镜框	34.7cm×22.7cm	220,176	佳士得	2022-12-03
王鉴(传) 烟浮远岫图 立轴	127cm×52cm	207,000	中贸圣佳	2022-10-27
王鉴(款) 1668年作 仿赵文敏山水十条屏	198cm×42cm×10	97,750	中国嘉德	2022-06-01
王鉴 仿古山水 册页(两开)	41.8cm×30.3cm×2	82,998	香港苏富比	2022-04-27
王玖 仿诸家山水 册页(十二开)	18cm×10cm×12	345,000	华艺国际	2022-07-29
王闿运 行书词一首 镜心	40cm×151cm	368,000	中国嘉德	2022-12-14
王闿运 行书节录《陈夷务疏》镜心	38.4cm×147cm	184,000	中国嘉德	2022-12-14
王闿运 1915年作 乙卯作行书 镜心	90cm×35cm	149,500	中国嘉德	2022-12-14
王闿运 行书七言联 立轴	129cm×28cm×2	109,250	中国嘉德	2022-06-27
王闿运 1910年作 青云万里 镜心	139.5cm×79cm	103,500	中国嘉德	2022-12-14
王闿运 1897年作 行书五言诗 镜心	48cm×88.5cm	69,000	中国嘉德	2022-12-14
王荦 仿唐寅山水 立轴	85cm×33cm	161,000	中贸圣佳	2022-07-23
王璞 阆苑仙姑四屏 四条屏	182cm×46cm×4	63,250	中国嘉德	2022-06-01
王朴 1638年作 游园赏湖 立轴	101cm×39cm	80,500	中国嘉德	2022-06-01
王仁堪 楷书录《安乐铭》四屏 立轴	100cm×17.5cm×4	86,250	中贸圣佳	2022-07-12
王仁堪 楷书四屏 立轴	84cm×19cm×4	71,300	中贸圣佳	2022-07-12
王仁堪 行书七言联 立轴	134cm×31cm×2	69,000	广东崇正	2022-08-10
王仁堪 行书八言联 立轴	166.5cm×33cm×2	63,250	中国嘉德	2022-06-26
王石 山水 册页(十二开)	26.5cm×28cm×12	345,000	荣宝斋(南京)	2022-12-07
王石 1790年作 江山胜揽 册页(十二开)	24cm×16cm×12	172,500	朵云轩	2022-12-09
王时敏 重峦叠嶂 屏轴	66cm×30cm	2,472,500	朵云轩	2022-12-08
王时敏 1665年作 仿黄子久山水立轴	164.5cm×94.5cm	2,433,526	佳士得	2022-12-03
王时敏 仿王蒙九峰读书图 手卷	32cm×177cm	632,500	荣宝斋(南京)	2022-12-07
王时敏 1667年作 溪山无尽图卷 手卷	画心24.5cm×190cm	575,000	北京保利	2022-07-27
王时敏 1672年作 行书扇页 镜片	17cm×55cm	552,000	江苏汇中	2022-08-17
王世贞 曹思邈 侯汸 妇女之文帖 册页(三页)	25cm×26cm;27cm×29.5cm;27cm×29cm	345,000	西泠印社	2022-01-22
王式杜 笋鱼图 立轴	129.2cm×38.7cm	80,500	北京荣宝	2022-07-24
王树毂 1732年作 检玩图 立轴	166cm×101cm	437,000	广东崇正	2022-12-24
王树毂 临风独坐图·读易图·高士拈花图 立轴(三轴)	21cm×16.5cm×3	115,000	西泠印社	2022-01-22
王树毂 三星图 立轴	135.5cm×76cm	92,000	中国嘉德	2022-12-14
王树毂 1732年作 检玩图 立轴	166cm×101.5cm	517,500	西泠印社	2022-08-20
王澍 1725年作 草书临《书谱》手卷	书法33.5cm×963cm	2,702,500	中国嘉德	2022-06-28
王澍 行书临米芾《淡墨秋山诗帖》立轴	185cm×59cm	138,000	永乐拍卖	2022-07-25

拍品名称	物品尺寸	成交价RMB	拍卖公司	拍卖日期
王澍 楷书七言联 立轴	113cm×24cm×2	103,500	中贸圣佳	2022-07-23
王澍 1727年作 草书临怀素《千字文》册页(三十开六十页)	28.5cm×32cm×30	74,750	北京保利	2022-07-27
王素 1852年作 四时花卉仕女 册页(十二开)	27.5cm×41.5cm×12	172,811	佳士得	2022-05-28
王愫 仿古山水 册页(共十三页)	画心19cm×22.5cm×12	437,000	西泠印社	2022-08-20
王廷议 行书扇面 镜心	16.5cm×51.5cm	149,500	中贸圣佳	2022-07-23
王图炳 行书五言诗 立轴	179cm×47cm	230,000	北京保利	2022-07-27
王图炳 行书杜甫诗 镜心	17cm×49cm	103,500	中贸圣佳	2022-07-23
王文治 行书刘基诗 册页(十二开二十四页)	28cm×18cm×24	575,000	北京保利	2022-02-03
王文治题 顾绣竹林观音像	62cm×36cm	345,000	中贸圣佳	2022-07-26
王文治 临诸家碑帖四屏 立轴	194cm×48cm×4	322,000	北京荣宝	2022-07-24
王文治 1787年作 行书楚中律诗通景八屏 立轴	75cm×22cm×8	241,500	中贸圣佳	2022-12-31
王文治 行书八言联 立轴	189cm×42cm×2	218,500	中贸圣佳	2022-10-27
王文治 行书七言联 立轴	125.5cm×27cm×2	172,500	中国嘉德	2022-06-28
王文治 行书七言联 立轴	175cm×31cm×2	126,500	中贸圣佳	2022-07-23
王文治 行书自作七言诗 立轴	111.5cm×37.5cm	109,250	西泠印社	2022-01-22
王文治 行书七言联 立轴	131cm×32cm×2	103,500	中贸圣佳	2022-07-23
王文治 行书七言联 对联	121cm×26cm×2	103,500	上海嘉禾	2022-01-01
王文治 行书自作诗 立轴	175cm×34cm	97,750	中鸿信	2022-09-12
王文治 行书八言联 镜心	134.5cm×32cm×2	69,000	北京银座	2022-09-16
王文治 行书《题水仙》卷 手卷	30cm×234cm	69,000	广东崇正	2022-08-10
王文治 1761年作 行书节录古文 立轴	84cm×56cm	69,000	西泠印社	2022-08-20
王文治 行书七言联 立轴	166cm×30cm×2	63,250	中贸圣佳	2022-12-31
王文治 行书自作五言诗 立轴	116cm×49cm	63,250	中鸿信	2022-09-12
王无颇 行书 手卷	33.5cm×284cm	138,000	上海嘉禾	2022-01-01
王武 周淑禧 许仪 陈嘉言 等1666年作 清初八家花鸟果品 册页(共十页)	40cm×27cm×10	667,000	西泠印社	2022-08-20
王武 1672年作 岁寒三友 立轴	99.5cm×41cm	552,000	上海嘉禾	2022-01-01
王武 1689年作 菊石图 立轴	125cm×47.5cm	230,000	中鸿信	2022-09-12
王武 蝶石 扇面	18cm×53.5cm	172,500	永乐拍卖	2022-07-25
王武 1675年作 山茶鸣禽图 镜心	17cm×51.5cm	149,500	中贸圣佳	2022-07-23
王武 释莲溪 李林 张之万 上官周 顾隽 蒋廷锡 黄鹤 王文治 清人绘画精粹 册页(十四开)	尺寸不一	143,473	中国嘉德	2022-10-09
王武 1683年作 千秋柱石 立轴	161cm×52cm	69,000	中鸿信	2022-09-12
王埭 行书"笔下还为鲁直书"(一幅)	129cm×63cm	63,250	中鸿信	2022-09-12
王学浩 壬子冬仿大痴山水轴 立轴	107cm×45cm	517,500	永乐拍卖	2022-07-25
王学浩 朱昂之沈焯等山水一组 立轴	33cm×28cm×8	460,000	中贸圣佳	2022-12-31
王学浩 1805年作 苍山逸趣 立轴	132cm×61cm	115,000	保利厦门	2022-10-21
王学浩 松柏同春图 立轴	131cm×61cm	109,250	中鸿信	2022-09-12
王揆 行书七言诗 立轴	70.5cm×34.5cm	138,000	中国嘉德	2022-12-14
王冶梅 竹石、兰图 立轴	尺寸不一	977,500	荣宝斋(南京)	2022-12-07
王昱 秋山佳色图 镜片	61.5cm×34.5cm	667,000	西泠印社	2022-01-22
王昱 1851年作 邓尉写景 镜框	63cm×36cm	345,000	朵云轩	2022-12-09
王昱 1740年作 溪山秋色图 立轴	131cm×51cm	264,500	中国嘉德	2022-06-28
王昱 烟雨五洲图 手卷	画心20.5cm×352cm	195,500	广东崇正	2022-08-10
王原祁 仿董北苑春山图 立轴	164cm×52cm	10,120,000	开拍国际	2022-07-24

2022书画拍卖成交汇总(续表)
(成交价RMB：6万元以上)

拍品名称	物品尺寸	成交价RMB	拍卖公司	拍卖日期
王原祁 万壑松风 立轴	55cm×23.5cm	3,220,000	上海嘉禾	2022-11-20
王原祁 1703年作 仿大痴笔法 立轴	81cm×39cm	2,645,000	保利厦门	2022-10-22
王原祁 1707年作 烟峦竹亭图 立轴	85cm×45cm	2,185,000	西泠印社	2022-01-22
王原祁 1695年作 仿子久山水 立轴	95cm×49cm	575,000	中鸿信	2022-09-12
王原祁 1686年作 四十五岁作 云峦幽隐图 扇面	17.5cm×53cm	460,000	西泠印社	2022-01-22
王原祁 1678年作 山水卷 手卷	画34cm×342cm	345,000	江苏汇中	2022-08-17
王原祁 1705年作 仿倪黄山水 扇片	16.5cm×46.5cm	264,500	朵云轩	2022-12-09
王原祁 1714年作 远山疏树 扇片	19cm×54cm	253,000	朵云轩	2022-12-09
王原祁(款) 松阴高士 立轴	116cm×60cm	74,750	中国嘉德	2022-09-30
王原祁 1695年作 仿黄子久笔意 手卷	30cm×255cm	69,000	中鸿信	2022-09-12
王云 桃园幽境图 立轴	162cm×95cm	368,000	北京荣宝	2022-07-24
王云 1921年作 香林扫塔 立轴	44.5cm×24.7cm	101,200	北京诚轩	2022-08-08
王云 亭台楼阁 镜心	174cm×57cm	92,000	保利厦门	2022-10-22
王云 1733年作 幽居图 立轴	143cm×46cm	86,250	中国嘉德	2022-06-01
王云 汪吉麟 1924年作 拄杖高士 立轴	73cm×32cm	69,000	中贸圣佳	2022-07-23
王中立 1617年作 封爵图 立轴	129cm×31.5cm	149,500	中国嘉德	2022-06-28
魏畹 柳荫牧羊图 立轴	222.5cm×113cm	172,500	荣宝斋(南京)	2022-12-07
魏象枢 1672年作 为卫周祚作龙门帖 镜片	35.5cm×41.5cm	402,500	西泠印社	2022-01-22
魏裔介 行书杨慎七言诗 扇面	16.5cm×52cm	437,000	永乐拍卖	2022-07-25
魏裔介 行书 扇片	18cm×53cm	184,000	朵云轩	2022-12-09
魏裔介 行书杜甫诗 镜心	17cm×51.5cm	149,500	中贸圣佳	2022-07-23
魏源 1829年作 行书祝寿言 镜心	24.5cm×33.5cm	437,000	中国嘉德	2022-12-14
温一贞 仿古山水 册页	画心49cm×65cm×12	1,035,000	北京荣宝	2022-07-24
温仪 山水 镜心	133cm×66cm	115,000	北京荣宝	2022-07-24
温仪 八开梅花 册页	19cm×22cm×8	86,250	北京荣宝	2022-07-24
文点 江村读书图 手卷	画心26.5cm×70cm	7,935,000	中国嘉德	2022-06-26
文点 寒林雪意图 立轴	77.5cm×32.5cm	241,500	西泠印社	2022-01-22
文鼎 戴熙潘曾莹陶管钱聚朝 等 为张芾作萱寿图册页(共十四页)	画心17cm×16.5cm×2	391,000	西泠印社	2022-01-22
文鼎 1839年作 雪庵夜话图 立轴	103cm×33.5cm	92,000	中国嘉德	2022-06-28
文鼎 翠柏灵芝 立轴	24.5cm×17cm	69,000	北京银座	2022-01-12
文觉禅师 行书七言诗 立轴	127.5cm×52.5cm	552,000	中国嘉德	2022-06-28
文可后 草书唐人五言诗 立轴	172cm×40cm	103,500	中贸圣佳	2022-07-23
翁方纲题 张深绘 苏斋观帖图 镜心	61cm×75cm	333,500	中贸圣佳	2022-12-31
翁方纲 1769年作 行书《题家模册子歌》手卷	画心29cm×131cm	207,000	北京银座	2022-01-22
翁方纲 1788年作 行书节录《述书赋》立轴	137cm×62.5cm	172,500	西泠印社	2022-01-22
翁方纲 行书《书论卷》手卷	129cm×31cm	92,000	西泠印社	2022-01-22
翁方纲 1784年作 后六君子图歌手卷	31cm×357cm	69,000	中贸圣佳	2022-07-23
翁雒 1839年作 草虫册页(十二页)	14.5cm×18.5cm×12	103,500	中国嘉德	2022-12-13
翁同龢 康有为 沈曾植 等维新人物手札 册页(十开)	尺寸不一	575,000	中贸圣佳	2022-10-27
翁同龢 1901年作 岁寒对梅图 立轴	71.5cm×35cm	483,000	北京保利	2022-07-27
翁同龢 陈宝箴 等 1890—1951年作 跋《钱应溥甲申年极乐寺看海棠图》手卷	33.5cm×256.5cm	356,500	开拍国际	2022-07-24
翁同龢 楷书八言联 立轴	232cm×52.5cm×2	327,750	上海嘉禾	2022-11-20
翁同龢 行书五言联 立轴	149cm×38.5cm×2	322,000	中贸圣佳	2022-07-23
翁同龢 行书七言巨联 立轴	240cm×58cm×2	322,000	中鸿信	2022-09-12
翁同龢 为左宝贵隶书五言对联 立轴	175.5cm×47.5cm×2	310,500	开拍国际	2022-07-24
翁同龢 山居静趣 立轴	88cm×33cm	310,500	北京保利	2022-07-27
翁同龢 楷书"空同山馆" 横披	83cm×180cm	299,000	广东崇正	2022-08-10
翁同龢 1891年作 楷书《江赋》四条屏 立轴	174cm×68cm×4	253,000	江苏汇中	2022-08-16
翁同龢 楷书七言联 立轴	169cm×42cm×2	230,000	中国嘉德	2022-06-28
翁同龢 楷书《文苑传序》卷 手卷		230,000	中贸圣佳	2022-10-27
翁同龢 行书节录《枯树赋》四屏 镜心	167.5cm×40.5cm×4	218,500	中国嘉德	2022-12-14
翁同龢 1901年作 行书(四幅) 屏轴	71cm×38cm×4	184,000	朵云轩	2022-12-09
翁同龢 楷书七言联 立轴	133.5cm×32.5cm×2	172,500	北京银座	2022-01-12
翁同龢 楷书八言联 立轴	210cm×50.5cm×2	172,500	北京银座	2022-09-16
翁同龢 行书临争座帖 立轴	128.5cm×61cm	161,000	北京保利	2022-07-27
翁同龢 行书七言联 立轴	171.5cm×44cm×2	161,000	广东崇正	2022-08-10
翁同龢 墨笔山水 立轴	120cm×35cm	149,500	中贸圣佳	2022-12-31
翁同龢 行书《度尚帖》立轴	172cm×69cm	149,500	中鸿信	2022-09-12
翁同龢 行书七言联 立轴	181cm×45cm×2	149,500	中鸿信	2022-09-12
翁同龢 行书七言联 立轴	208cm×50cm×2	126,500	中鸿信	2022-09-12
翁同龢 1892年作 行书四条屏 立轴	86.5cm×43cm×4	126,500	中国嘉德	2022-06-28
翁同龢 行书《帝京篇》立轴	71cm×37cm×4	126,500	广东崇正	2022-08-10
翁同龢 行书五言联 立轴	126cm×29cm×2	115,000	中贸圣佳	2022-12-31
翁同龢 一笔虎 立轴	71cm×41cm	115,000	广东崇正	2022-08-10
翁同龢 1891年作 楷书诗文四屏 立轴	172cm×96.5cm×4	115,000	保利厦门	2022-10-21
翁同龢 行书八言句 镜心	41.5cm×113cm	115,000	中国嘉德	2022-12-14
翁同龢 仿华嵒山水 册页	26cm×19cm×8	109,250	中国嘉德	2022-05-28
翁同龢 策杖行旅 立轴	80cm×35cm	92,000	荣宝斋(南京)	2022-12-07
翁同龢 楷书七言联 立轴	166cm×38cm×2	86,250	中贸圣佳	2022-07-12
翁同龢 楷书八言联	166cm×33cm×2	74,750	中国嘉德	2022-06-27
翁同龢 行书五言联 立轴	117cm×46cm×2	74,750	中鸿信	2022-09-12
翁同龢 行书七言联 立轴	134cm×32.5cm×2	74,750	中国嘉德	2022-06-28
翁同龢 节临孙过庭《书谱》镜心	37.5cm×88cm	74,750	中国嘉德	2022-12-14
翁同龢 行书临苏帖 立轴	126cm×58.5cm	69,000	西泠印社	2022-01-22
翁同龢 行书五言联 立轴	149cm×40cm×2	66,700	中鸿信	2022-09-12
翁小海 1846年作 花卉草虫 册页(十二开)	25cm×35cm×12	115,000	朵云轩	2022-12-09
倭仁 楷书七言联	110cm×24cm×2	92,000	中国嘉德	2022-12-13
吴伯滔 1894年作 四时山水(四幅) 屏轴	149cm×40cm×4	126,500	朵云轩	2022-12-08
吴大澂 行书自题画梅诗 立轴	145cm×52.5cm	460,000	西泠印社	2022-01-22
吴大澂 1866年作 篆书《小学》四屏 立轴	133cm×30.5cm×4	437,000	开拍国际	2022-01-07
吴大澂 1885年作 苏轼像 立轴	画心：84cm×43cm 诗堂：25cm×54cm	402,500	中贸圣佳	2022-07-23
吴大澂 篆书八言对联 立轴	177cm×38cm×2	322,000	开拍国际	2022-01-07
吴大澂 篆书七言联 立轴	165.5cm×36.5cm×2	184,000	中国嘉德	2022-06-28
吴大澂 篆书七言联 对联	132cm×31.5cm×2	115,000	西泠印社	2022-08-20
吴大澂 篆书"与古为徒" 横披	39cm×131.5cm	103,500	上海嘉禾	2022-01-01
吴大澂 1888年作 集散盘七言对联 立轴	110.5cm×25cm×2	92,000	开拍国际	2022-01-07
吴大澂 1876年作 篆书十言联 立轴	138cm×23cm×2	71,300	中鸿信	2022-09-12
吴大澂 王云 等 竹院闲话图·金书扇面	画18.5cm×52.5cm	69,000	中国嘉德	2022-06-28
吴大澂 1892年作 寒烟飞瀑 立轴	105cm×44cm	69,000	北京保利	2022-07-26
吴大澂 1894年作 行书格言集萃 手卷	32cm×280cm	832,451	香港苏富比	2022-10-08

拍品名称	物品尺寸	成交价RMB	拍卖公司	拍卖日期
吴大澂 行书七言联 立轴	244cm×54cm×2	586,500	中贸圣佳	2022-12-31
吴大澂 1893年作 行书自作诗卷 手卷	48.5cm×237cm	287,500	中贸圣佳	2022-12-31
吴大澂 1895年作 四季山水 册页	12cm×26cm×12	126,500	中国嘉德	2022-05-28
吴大澂 篆书四屏（四幅）屏轴	132cm×31cm×4	115,000	朵云轩	2022-12-08
吴大澂 篆书临古 册页（十四开）		62,249	香港苏富比	2022-04-27
吴毂秋 唐肯 紫花蜡地湘妃竹骨成扇 菖蒲丛花、行书诗二首	扇骨长37.5cm	356,500	中贸圣佳	2022-07-25
吴毂祥 1874年作 仿华新罗人物镜片	173.5cm×73cm	126,500	西泠印社	2022-01-23
吴规臣 1822年作 香满溢清 立轴	105.5cm×39.5cm	132,436	中国嘉德	2022-10-08
吴规臣 1830年作 蝶恋花 册页（十二开）	24.5cm×15.8cm×12	98,499	佳士得	2022-12-03
吴宏 1697年作 早秋诗意图 手卷	画心 23cm×222cm	690,000	中国嘉德	2022-12-14
吴儁 竹亭秋爽图 立轴	118.5cm×47cm	115,000	西泠印社	2022-01-22
吴历 秋江晚渡图 立轴	52.5cm×29.5cm	1,348,729	香港苏富比	2022-04-27
吴历 1685年作 湖山闲居图 立轴	120cm×44cm	97,750	保利厦门	2022-10-21
吴历 1673年作 晴山万重 立轴	119cm×52cm	69,000	朵云轩	2022-08-08
吴历 1678年作 溪山秋晓图卷 手卷	30cm×565cm	63,250	中鸿信	2022-09-12
吴麟 1765年作 松阴论道图 立轴	120cm×51cm	126,500	西泠印社	2022-01-22
吴麟 1766年作 凌泉楼阁图 立轴	101.5cm×36cm	115,000	中国嘉德	2022-12-14
吴祺 云山高逸图 立轴	137.5cm×104.5cm	126,500	保利厦门	2022-10-22
吴让之 楷书"有犀浮生"龙门对 立轴	161cm×33cm×2	184,000	中贸圣佳	2023-01-01
吴让之 1856年作 篆书四屏 立轴	87cm×23cm×4	161,000	中贸圣佳	2022-07-23
吴让之 隶书"梨云馆" 镜框	31cm×117.5cm	150,646	佳士得	2022-12-03
吴让之 行书"琴隐园" 镜心	34cm×100cm	126,500	中国嘉德	2022-09-30
吴让之 行书论座位帖 立轴	104.5cm×18.5cm	126,500	中国嘉德	2022-12-25
吴让之 篆书五言联 立轴	83cm×20cm×2	103,500	中贸圣佳	2022-07-23
吴让之 花卉 册页（十二开）	26cm×31.5cm×12	92,000	北京保利	2022-07-27
吴让之 草书临孙过庭《书谱》立轴	122cm×15.5cm	86,250	中国嘉德	2022-06-26
吴让之 1863年作 硕果累累 立轴	138cm×40cm	80,500	上海嘉禾	2022-08-28
吴让之 篆书七言 对联	128cm×29cm×2	69,000	朵云轩	2022-12-09
吴让之 枯木兰竹图 镜框	191cm×50cm	63,735	佳士得	2022-12-03
吴滔 山水 册页（十二页）	30cm×19cm×12	276,000	西泠印社	2022-08-21
吴滔 山水四屏 立轴	151.5cm×41cm×4	115,000	荣宝斋（南京）	2022-12-07
吴伟业 晚春雨霁卷 手卷	25cm×357cm	977,500	北京荣宝	2022-07-24
吴伟业 夏山帖 横披	16.5cm×75.5cm	517,500	西泠印社	2022-01-22
吴雯 林佶 孔继涵 李兆洛 书法 扇面四开		273,491	香港苏富比	2022-10-09
吴熙载 1863年作 书画合璧 扇页	19cm×58.5cm	172,500	西泠印社	2022-01-22
吴熙载 篆书六言联 立轴	114.5cm×19cm×2	138,000	中国嘉德	2022-12-14
吴熙载 楷书节录《黄庭经》立轴	135.5cm×29.5cm	74,750	西泠印社	2022-01-22
吴熙载 行书七言联 立轴	114.5cm×28cm×2	71,736	中国嘉德	2022-10-08
吴熙载 隶书五言联 对联	131.5cm×30.5cm×2	69,000	西泠印社	2022-01-22
吴祥 1540年作 三十九岁书《千字文》册页（十二页）	24cm×31cm×11；24cm×14.5cm	1,978,000	西泠印社	2022-01-22
吴祥 1902年作 姑苏二十四景 册页（二十四开）	27cm×34cm×24	1,188,079	佳士得	2022-05-29
吴祥 1888年作 拟古山水 册页（十二开）	31cm×41.3cm×12	173,823	佳士得	2022-12-02
吴祥 1894年作 仿明各家书画 册页（八开）	30.5cm×26.5cm×16	149,500	中贸圣佳	2022-12-31
吴祥 1899年作 松溪高隐 立轴	140cm×67cm	138,000	朵云轩	2022-12-08
吴祥 湖光春影（四幅）屏轴	87.5cm×33cm×4	109,250	朵云轩	2022-12-08
吴祥 1895年作 山村雪霁 立轴	146cm×70cm	86,250	中国嘉德	2022-06-28
吴照 竹石图 立轴	151cm×68cm	86,250	北京荣宝	2022-07-24
吴芝瑛 廉泉 书画合璧 册页		161,000	北京银座	2022-09-16
武丹 1686年作 深山闲居 镜心	126.5cm×52cm	677,160	保利香港	2022-07-12
武丹 深山闲居 立轴	238cm×107cm	345,000	上海嘉禾	2022-11-20
奚冈 仿古山水 册页（十二开）	34.7cm×28.1cm×12	517,500	中国嘉德	2022-06-28
奚冈 1784年作 高士幽居图 立轴	170cm×93.5cm	483,000	中国嘉德	2022-12-14
奚冈 张问陶 永瑆 周尔墉 等清人诗翰集 册页（十九开）	尺寸不一	368,000	中国嘉德	2022-06-28
奚冈 郭麐 竹林高士图 立轴	156cm×45cm	368,000	西泠印社	2022-08-20
奚冈 1798年作 栀子萱花 立轴	120cm×35.5cm	218,500	开拍国际	2022-01-07
奚冈 行书 立轴	139cm×33cm	161,000	朵云轩	2022-12-09
奚冈 草书 立轴	83.3cm×27.3cm	115,000	中贸圣佳	2023-01-01
奚冈 行书董文敏语一则 册页（六开）	29cm×42.5cm×6	97,750	中国嘉德	2022-06-28
奚冈 1786年作 四时山水卷 手卷	画心 32cm×80cm×4	92,000	上海嘉禾	2022-01-01
奚冈 山静日长图 立轴	121.5cm×28cm	80,500	朵云轩	2022-12-09
奚冈 山水 立轴	99cm×29cm	74,750	广东小雅斋	2022-05-25
奚冈 双清图 立轴	88cm×33cm	69,000	保利厦门	2022-10-22
席慧文 十全富贵图 册页（十开）、题跋（三开）	22cm×34cm×10	195,500	广东崇正	2022-08-10
夏贯甫 色、香、味花卉蔬果卷 手卷	23.5cm×61cm；23.5cm×264cm；23.5cm×515cm	303,878	保利香港	2022-10-12
夏羋 夏令仪 竹石、兰图 立轴	尺寸不一	1,725,000	荣宝斋（南京）	2022-12-07
夏同龢 行书八言联	161.5cm×35.4cm	92,000	中国嘉德	2022-12-13
夏同龢 楷书八言联 镜片	144cm×32cm×2	69,000	西泠印社	2022-01-22
咸丰 1855年作 行书《福海晚泛得句》立轴	18.4cm×59.8cm	253,000	广东崇正	2022-12-24
咸丰帝 楷书"影绎崇霞" 镜心	53cm×143cm	483,000	北京银座	2022-09-16
显亲王 草书七言诗 立轴	168.9cm×52.8cm	299,000	北京保利	2022-07-27
项奎 1676年作 秋山图 扇面	17cm×51cm	218,500	永乐拍卖	2022-07-25
项绅 晚渡图卷 手卷	画心 33cm×237.5cm	230,000	北京荣宝	2022-07-24
萧晨 1731年作 杜甫诗意图 镜框	117cm×48cm	337,307	纽约佳士得	2022-03-25
熊璡 蔚起阁印笺 立轴	120cm×38cm	141,086	保利香港	2022-10-12
熊文辅 山水（十二帧）册页	23cm×25cm×24	115,000	保利厦门	2022-10-22
虚谷 1894年作 枇杷 立轴	133.5cm×66cm	4,025,000	中贸圣佳	2022-12-31
虚谷 金秋飞蝶 立轴	127.5cm×64cm	920,000	永乐拍卖	2022-07-25
虚谷 秋山雨霁 立轴	68cm×41.5cm	667,000	朵云轩	2022-12-08
虚谷 菊寿延年 镜框	31.5cm×55.5cm	626,749	香港苏富比	2022-10-09
虚谷 松鼠·秋菊 成扇	15.7cm×40cm	287,500	上海嘉禾	2022-11-20
虚谷 松鼠 立轴	141cm×78cm	230,000	中贸圣佳	2022-10-27
虚谷 1891年作 玉兰花 立轴	39cm×35cm	207,000	中国嘉德	2022-12-14
虚谷 篱外菊花 立轴	127.5cm×64cm	205,213	佳士得	2022-05-28
虚谷 吴淦 1876年作 垂涎欲滴、元人题画诗三章扇面一对立轴	18.5cm×56.2cm×2	177,589	香港苏富比	2022-10-08
虚谷 松鼠葡萄 立轴	95cm×32cm	126,500	中鸿信	2022-09-11
虚谷 1896年作 松鼠 立轴	110cm×35.5cm	103,500	中国嘉德	2022-06-27
虚谷 春波鱼戏 立轴	66.5cm×32cm	97,750	保利厦门	2022-10-22
虚谷 吴淦 碧波金鱼·恽寿平画跋 扇面镜心	17.7cm×53cm	92,000	北京诚轩	2022-08-08
虚谷 金鱼 镜片	23.5cm×33.5cm	92,000	朵云轩	2022-12-09

(成交价RMB：6万元以上)

拍品名称	物品尺寸	成交价RMB	拍卖公司	拍卖日期
徐枋 1691年作 章草苏轼补孟嘉《解嘲》立轴	57cm×57cm	230,000	中贸圣佳	2022-12-31
徐枋 1689年作 湖石芝兰 立轴	119cm×44cm	109,250	中国嘉德	2022-12-14
徐郙 行书八言联 立轴	164cm×39cm×2	132,250	中贸圣佳	2022-10-27
徐坚 1789年作 隶书 旧作四时词 立轴	241cm×117cm	92,000	西泠印社	2022-01-22
徐溥 1769年作 江山览胜 册页	26cm×20cm×12	201,250	永乐拍卖	2022-07-25
徐乾学 行书七言诗 镜片	30cm×28cm	94,300	西泠印社	2022-08-20
徐溶 王峻明 周彬如 等1862年作 书画堂幅 立轴	107.5cm×56cm	82,800	西泠印社	2022-08-20
徐三庚 篆书节录王子渊《圣主得贤臣颂》四屏 立轴	135.5cm×30cm×4	1,380,000	开拍国际	2022-01-07
徐三庚 隶书八言联 立轴	150cm×39cm×2	747,500	中贸圣佳	2022-07-23
徐三庚 篆书八言联 对联	133cm×21.5cm×2	172,500	北京保利	2022-07-27
徐三庚 篆书十八言龙门联 立轴	130cm×30cm×2	80,500	保利厦门	2022-10-22
徐三庚 隶书八言联 (一对)	134cm×27.5cm×2	69,000	中鸿信	2022-09-12
徐士燕 1868年作 篆书临金文 立轴	133cm×31cm	126,500	西泠印社	2022-01-22
徐树壁 行书 手卷	33cm×281cm	74,750	北京荣宝	2022-07-24
徐扬 (款) 操练图 镜心	35cm×56cm	172,500	中国嘉德	2022-05-28
徐峄 雅集图卷 手卷	34cm×375.5cm	161,000	荣宝斋(南京)	2022-12-07
徐峄 茶花双禽 立轴	82cm×32.5cm	69,000	中国嘉德	2022-12-14
徐璋 1746年作 人物故事四条屏 四条屏	194cm×49cm×4	287,500	中国嘉德	2022-05-28
徐璋 1747年作 群仙称祝八条屏 八条屏	157cm×36cm×8	97,750	中国嘉德	2022-09-12
徐璋 1748年作 秋山行旅 立轴	185cm×47cm	74,750	中国嘉德	2022-05-28
许邦光 等多人书法册页	23cm×133cm	64,400	中贸圣佳	2022-07-27
许桢 五体书法 镜心	40cm×185cm	92,000	北京荣宝	2022-07-24
许桢 1844年作 钟鼎五言联 立轴	133cm×28.5cm×2	80,500	中贸圣佳	2022-12-31
许友 行草七言诗卷 手卷	22cm×189cm	230,000	北京保利	2022-07-27
宣统 隶书 "有馥其馨" 镜片	63cm×203cm	86,250	上海驰翰	2022-02-19
宣统帝 1924年作 行书 "旬宣耆德" 横披	62cm×146.5cm	322,000	中国嘉德	2022-06-28
薛伯蒲 行书诗轴 立轴	106cm×27cm	80,500	华艺国际	2022-09-24
薛泓 叠嶂晴峦图 立轴	183cm×55.5cm	149,500	中国嘉德	2022-06-28
严复 草书 (四幅) 屏轴	143cm×36cm×4	1,725,000	朵云轩	2022-12-08
严复 楷书四条屏 立轴	134cm×32cm×4	747,500	保利厦门	2022-10-21
严复 朱笔自撰咏古联句 镜片		80,500	西泠印社	2022-08-20
严复 书法二种		74,750	中国嘉德	2022-12-13
严礼 云山访友 立轴	126.5cm×62.2cm	97,750	北京荣宝	2022-07-24
严伦 秋山行旅 立轴	145cm×52cm	138,000	华艺国际	2022-09-24
严绳孙 赠虹亭老人楷书册页 (十开)	14.5cm×9.5cm×20	110,364	中国嘉德	2022-10-08
严绳孙 1671年作 南山松寿 镜心	61.5cm×30.5cm	92,000	中贸圣佳	2022-07-23
颜岳 十二喜图 立轴	193cm×103cm	120,750	中国嘉德	2022-12-14
杨宾 行书自作诗 镜心	27cm×28.5cm	63,250	中国嘉德	2022-06-28
杨草仙 草法 (四幅) 四屏轴	176cm×47.5cm×4	63,250	上海驰翰	2022-02-19
杨尔德 1723年作 行书七言诗 册页 (十四页)	18.5cm×13cm×14	241,500	西泠印社	2022-01-22
杨法 1751年作 草书卷 手卷	书法 23.5cm×222cm	241,500	北京保利	2022-07-27
杨晋 1709年作 仿赵大年湖山佳趣图卷 手卷	33.54cm×220cm	839,500	中贸圣佳	2022-12-31
杨晋 1714年作 牧放图 立轴	84cm×37cm	690,000	华艺国际	2022-09-23
杨晋 1695年作 苍林图 手卷	28.8cm×130cm	347,646	佳士得	2022-12-03
杨晋 江山渔乐图 立轴	165cm×53.5cm	322,000	中贸圣佳	2022-07-23
杨晋 1728年作 岁寒三友 立轴	129cm×43cm	172,500	中国嘉德	2022-06-28
杨乃武 隶书八言联 对联	171.5cm×33.5cm×2	195,500	西泠印社	2022-08-20
杨守敬 行书四屏 立轴	144cm×39cm×4	109,250	中鸿信	2022-09-12
杨守敬 1903年作 行书节录《水经注》四条屏	176cm×45cm×4	80,500	中国嘉德	2022-06-01
杨岘 1889年作 隶书十言联 立轴	141.5cm×24cm×2	184,000	中国嘉德	2022-06-28
杨岘 1879年作 隶书《焦氏易林注》立轴四屏	165.3cm×45.3cm×4	129,608	香港苏富比	2022-04-30
杨岘 隶书十言联 立轴	165cm×24cm×2	99,327	中国嘉德	2022-10-08
杨岘 1884年作 隶书四屏 (四幅) 屏轴	180cm×46cm×4	80,500	朵云轩	2022-12-08
杨沂孙 四体书法 (四幅) 屏条	165cm×36.5cm×4	138,000	朵云轩	2022-12-09
杨沂孙 1865年作 篆书《夏小正》六屏 立轴	124.5cm×30cm×6	97,750	中国嘉德	2022-06-28
杨沂孙 篆书四屏 立轴	178cm×47cm×4	92,000	上海嘉禾	2022-08-28
杨沂孙 1867年作 篆书节录《大戴礼记》镜框	31.5cm×133.3cm	72,146	香港苏富比	2022-10-08
杨沂孙 1862年作 行书四屏 (四幅) 屏轴	79cm×16cm×4	66,700	朵云轩	2022-12-09
杨颐 行书节录《滕王阁序》立轴	130cm×40cm	74,750	西泠印社	2022-01-22
姚蒲 行书七言诗 手卷	21cm×137cm	402,500	永乐拍卖	2022-07-25
姚蒲 行草杜甫诗 手卷	书23cm×187cm	402,500	永乐拍卖	2022-07-25
姚蒲 1806年作 行书兰亭序卷 手卷	画心27cm×93cm	345,000	北京保利	2022-07-27
姚蒲 行书偕王文治诗 立轴	109.5cm×47cm	172,500	西泠印社	2022-01-22
姚蒲 行书七言对联 立轴	140cm×27cm×2	115,000	开拍国际	2022-01-07
姚蒲 行书 立轴	170cm×92cm	80,500	朵云轩	2022-12-09
姚文燮 书画合卷 手卷	31.1cm×318.5cm	290,495	香港苏富比	2022-04-27
姚燮 1840年作行书 "蔚咏楼" 镜片	26cm×121cm	86,250	朵云轩	2022-12-09
姚与穆 群仙祝寿图卷 手卷	30cm×452cm	80,500	中国嘉德	2022-05-28
姚元之 富贵长寿图 手卷	65cm×337cm	138,000	荣宝斋(南京)	2022-12-07
姚元之 对联	126cm×29cm×2	126,500	浙江御承	2022-08-28
叶道本 古渡归思 镜心	267cm×135cm	97,750	中国嘉德	2022-09-30
叶恒 1816年作 抚梅道人笔 立轴	93.5cm×47.5cm	97,675	保利香港	2022-10-12
伊秉绶 长生长乐之居 横幅	37.8cm×120cm	28,750,000	北京保利	2022-07-27
伊秉绶 隶书 "适庐" 镜心	29.5cm×56cm	2,070,000	中鸿信	2022-09-11
伊秉绶 行书节临《衡方碑》立轴	137cm×51cm	1,725,000	中贸圣佳	2022-07-23
伊秉绶 1813年作 行书七言联 对联	170cm×32cm×2	1,667,500	西泠印社	2022-01-22
伊秉绶 1804年作 行书节录虞允文字帖 立轴	199cm×51cm	1,380,000	华艺国际	2022-07-29
伊秉绶 1805年作 隶书 "杏花西阁" 横披	34cm×121cm	1,092,500	中国嘉德	2022-12-14
伊秉绶 岁寒三友 立轴	89cm×49cm	747,500	北京荣宝	2022-07-24
伊秉绶 1811年作 隶书 镜片	38cm×123cm	747,500	朵云轩	2022-12-08
伊秉绶 隶书 "救书楼" 额 镜心	38.5cm×111cm	632,500	开拍国际	2022-01-07
伊秉绶 1805年作 隶书节临《乙瑛碑》册页(二十九页)	38cm×21cm×29	460,000	中国嘉德	2022-06-28
伊秉绶 1815年作 行书五言联 立轴	84.5cm×44cm	437,000	北京银座	2022-09-16
伊秉绶 行书《颜真卿送刘太冲序》镜心	132.5cm×35cm	322,000	北京银座	2022-09-16
伊秉绶 1796年作 书法诗文 (四帧) 镜框	23cm×13.5cm×4	230,000	保利厦门	2022-10-21
伊秉绶 1815年作 行书五言联 立轴	136cm×31cm×2	172,500	上海嘉禾	2022-11-20

拍品名称	物品尺寸	成交价RMB	拍卖公司	拍卖日期
伊秉绶 1815年作 隶书七字 立轴	153.5cm×28.5cm	121,400	中国嘉德	2022-10-08
伊秉绶 1806年作 墨竹图 立轴	60.5cm×31cm	115,000	保利厦门	2022-10-21
伊秉绶 行书五言联 立轴	113.5cm×25cm×2	97,750	保利厦门	2022-10-22
伊秉绶 1803年作 行书《寻南园故址》诗扇面 镜心	16.5cm×50.5cm	92,000	中贸圣佳	2022-12-31
伊秉绶 行书七言诗 镜框	126.5cm×40.5cm	92,000	上海嘉禾	2022-01-01
伊秉绶 行书五言诗 扇面	18cm×51cm	86,250	北京保利	2022-07-27
伊秉绶 1807年作 隶书五言联 立轴	93cm×20.5cm×2	80,500	保利厦门	2022-10-22
伊秉绶 隶书五言联 立轴	132cm×32cm×2	66,700	中鸿信	2022-09-11
殷兆镛 楷书 立轴	85cm×37	69,000	广东崇正	2022-12-24
尹谐 山水花鸟 册页(十二页)	22cm×16cm×12	97,750	西泠印社	2022-01-22
英和 行书诗廿四首 手卷	32cm×281cm	63,250	中国嘉德	2022-06-28
雍正(款) 1724年作 行书五言诗 立轴	247cm×61cm	207,000	中国嘉德	2022-05-28
雍正(款) 瓶花清供 镜心	32cm×137cm	78,200	中国嘉德	2022-09-30
雍正帝 1714年作 御笔草书苏轼诗 镜心	38.5cm×31.5cm	1,150,000	中贸圣佳	2022-12-31
雍正帝 1724年作 行书 立轴	104cm×49cm	690,000	上海嘉禾	2022-11-20
雍正帝 行书唐太上隐者《答人》立轴	139cm×48cm	230,000	中鸿信	2022-09-12
雍正帝 1726年作 御笔十二言联 镜心	194cm×37cm×2	207,000	中鸿信	2022-09-12
永琪 楷书唐人崔日用应制诗 立轴	137.5cm×60cm	115,000	广东崇正	2022-12-24
永瑢 山水 册页(八开)	19cm×37cm×8	1,840,000	中贸圣佳	2022-10-27
永瑢 摹古山水(十二帧) 镜框	绘画 19cm×14cm×12	920,000	华艺国际	2022-07-29
永瑢 斗鹿图并楷书御制斗鹿赋 手卷	画心 24cm×121cm	862,500	北京荣宝	2022-07-24
永瑆 诗陵卷(十一段) 手卷	尺寸不一	862,500	中国嘉德	2022-06-28
永瑆 楷书八言联 对联	154cm×36cm×2	368,000	朵云轩	2022-12-09
永瑆 行书七言联 立轴	176.5cm×40.5cm×2	115,000	中国嘉德	2022-06-28
永瑆 行书 立轴	122cm×29cm	115,000	朵云轩	2022-12-09
永瑆 幽谷兰香 扇片	16cm×50cm	63,250	朵云轩	2022-12-09
永忠 成桂 高书勋 等 诗札一 册页(二十五开)	尺寸不一	483,000	中贸圣佳	2022-12-31
尤侗 天下文章帖 立轴	31.5cm×24.5cm	322,000	西泠印社	2022-01-22
于成龙 1694年作 行书杜甫《春宿左省》立轴	225cm×77cm	287,500	中贸圣佳	2022-07-23
于敏中 行书刘宪《人日玩雪应制》七言诗 立轴	169.8cm×41.3cm	333,500	北京保利	2022-07-27
于敏中 行书裴杞诗《风光草际浮》立轴	167cm×66cm	92,000	中贸圣佳	2022-07-23
于敏中 楷书七言联 立轴	172.5cm×40cm×2	66,700	江苏汇中	2022-08-17
余达 1744年作 楷书《孝经》册页(十二开)	21cm×13.5cm×23	138,000	中国嘉德	2022-12-14
余集 黄易小像 立轴	78cm×41cm	253,000	西泠印社	2022-01-22
余集 毕沅 1790年作 法式善肖像 立轴	89.5cm×53cm	90,498	中国嘉德	2022-10-08
余集 文姬归汉图 立轴	107cm×83.5cm	80,500	保利厦门	2022-12-09
余集 1768年作 观音像 立轴	100cm×39cm	69,000	西泠印社	2022-01-22
余集 西园雅集 横披	26cm×104cm	69,000	广东崇正	2022-12-24
余省 1770年作 溪雪双凫图 镜心	94cm×47cm	287,500	中贸圣佳	2022-12-24
余省 锦鸡梧桐 立轴	127cm×65.5cm	287,500	广东崇正	2022-12-24
余省(款) 1757年作 百鸟朝凤 手卷	34cm×233cm	195,500	中国嘉德	2022-09-27
俞龄 松下高士 立轴	188cm×51cm	97,470	保利香港	2022-07-12
俞龄 出塞图卷 手卷	27cm×404cm	69,000	中国嘉德	2022-09-30
俞曲园 隶书四屏 立轴	136cm×32.5cm×4	115,000	北京银座	2022-09-16
俞榕 翠岫琼林 立轴	95cm×45cm	172,500	中国嘉德	2022-05-28
俞樾 1904年作 隶书十四言联 立轴	178cm×34.5cm×2	402,500	中国嘉德	2022-06-28
俞樾 1887年作 隶书龙门联 立轴	206cm×40cm×2	264,500	中贸圣佳	2022-07-23
俞樾 1891年作 篆书八言联 对联	135cm×24cm×2	184,000	朵云轩	2022-12-09
俞樾 隶书八言联 立轴	201cm×40cm×2	126,500	北京银座	2022-09-16
俞樾 1888年作 隶书五言联 对联	108.5cm×18cm×2	126,500	西泠印社	2022-01-22
俞樾 隶书四言联 对联	120.5cm×50cm×2	103,500	西泠印社	2022-01-22
俞樾 1878年作 书法 立轴	182cm×47cm	92,000	永乐拍卖	2022-07-25
俞樾 1876年作 隶书七言联 立轴	174cm×46.5cm×2	80,500	中国嘉德	2022-12-14
俞樾 篆书七言联 立轴	128cm×30cm×2	71,300	中贸圣佳	2022-10-27
俞樾 隶书集《汉百石卒史碑》立轴	171cm×43cm	69,000	中贸圣佳	2022-07-23
俞樾 隶书八言联 对联	167cm×37cm×2	69,000	北京保利	2022-07-27
虞蟾 仿王叔明笔意 立轴	181cm×91cm	138,000	保利厦门	2022-10-22
虞沅 庭院雪霁 立轴	173cm×77cm	109,250	中国嘉德	2022-09-30
禹之鼎 1695年作 凌云墨竹图轴 立轴	349cm×135cm	2,415,000	中贸圣佳	2022-07-25
毓奇 行书诗句 立轴	168cm×69cm	161,000	保利厦门	2022-10-22
袁昶 行书 手卷	30cm×131cm	69,000	广东崇正	2022-08-10
袁弘勋 1657年作 草书七律二首 立轴	153.5cm×49.5cm	126,500	西泠印社	2022-01-22
袁江 1722年作 携琴访友图 立轴	186cm×104cm	3,090,192	中国嘉德	2022-10-08
袁江 观潮图 立轴	188.5cm×81cm	2,817,500	上海嘉禾	2022-01-01
袁江 1723年作 溪岸草亭 立轴	69cm×37.5cm	920,000	朵云轩	2022-12-08
袁江 玉簪花 册片	42cm×34cm	138,000	中国嘉德	2022-12-14
袁江 1721年作 云松巢 立轴	175.5cm×44cm	63,250	中鸿信	2022-09-12
袁枚 为严观作春娘帖 镜片(一帧二页)	21cm×13cm×2	264,500	西泠印社	2022-01-22
袁枚 行书 "无味周旋" 札 镜心	24.7cm×16cm	109,250	开拍国际	2022-01-07
袁枚 钱慧安 楷书《关圣帝君显应戒士子文》随园老人像 扇面 镜片		77,254	中国嘉德	2022-10-08
袁桐 1835年作 隶书八言联 立轴	164cm×32.5cm×2	92,000	中国嘉德	2022-06-28
袁耀 1764年作 行宫秋色图 立轴	190cm×75cm	209,691	华艺国际	2022-11-27
袁耀(款) 蓬莱仙境图 立轴	232cm×54.5cm×4	172,500	荣宝斋(南京)	2022-12-07
袁瑛 山水通景四屏 立轴	166cm×52cm×4	747,500	北京荣宝	2022-07-24
袁瑛 深林闲居 立轴	168cm×73.5cm	345,000	中贸圣佳	2022-12-31
袁瑛 雪夜读书图 立轴	178.5cm×57cm	136,745	香港苏富比	2022-10-09
允禧 草堂闲庭 立轴	169cm×43cm	69,000	北京荣宝	2022-07-24
恽冰 1752年作 群芳争艳 横幅	66cm×114cm	322,000	北京保利	2022-07-27
恽冰 临南田花卉 册页(四开)	35cm×30cm×4	290,495	香港苏富比	2022-04-27
恽冰 牡丹图 镜框	97cm×49cm	81,117	佳士得	2022-12-03
恽寿平 三十五岁前后作罕见拟古山水 册页(八页)	28cm×23cm×8	20,240,000	西泠印社	2022-01-22
恽寿平 秋艳册页(十二开)	26.5cm×30cm×12	14,720,000	上海嘉禾	2022-11-20
恽寿平 南田书简 三册页(共七十一开)	30cm×17cm×71	2,592,172	佳士得	2022-07-24
恽寿平 仿宋元诸家设色山水十二开巨 册页	47cm×33.5cm×12	2,070,000	中鸿信	2022-09-11
恽寿平(传) 花果秋艳 册页(十二开)	27cm×30cm×12	1,357,000	中贸圣佳	2022-07-23
恽寿平 1684年作 花卉 册页(十选六)	24cm×26cm×10	920,000	保利厦门	2022-10-22
恽寿平 张鸣珂 1685、1904年跋 跋《东魏武定三年造像》立轴	画心 40.5cm×32.5cm	862,500	开拍国际	2022-07-24
恽寿平 花卉	136cm×68cm	570,214	荣宝斋(香港)	2022-11-26
恽寿平 秋石松菊图 立轴	133cm×62cm	460,000	西泠印社	2022-01-22

(成交价RMB：6万元以上)

拍品名称	物品尺寸	成交价RMB	拍卖公司	拍卖日期
恽寿平 仿倪云林笔意 立轴	41cm×40cm	402,500	北京荣宝	2022-07-24
恽寿平 1684年作 仿大痴浮岚暖翠图 立轴	77cm×33cm	230,000	中鸿信	2022-09-12
恽寿平 (传) 拟唐人山水 立轴	154cm×48cm	207,000	中贸圣佳	2022-10-27
恽寿平 库绢行书七言联 立轴	130cm×30.5cm	184,000	中鸿信	2022-09-12
恽寿平 万卷书楼图 立轴	102cm×43cm	184,000	保利厦门	2022-10-21
恽寿平 落花图 镜心	17cm×51.5cm	172,500	中贸圣佳	2022-07-23
恽寿平 玉露凝香 立轴	151cm×39cm	138,000	上海嘉禾	2022-01-01
恽寿平 花开富贵图 立轴	115cm×52cm	115,000	保利厦门	2022-10-22
恽寿平 (传) 菊石图 立轴	147cm×64.5cm	115,000	中贸圣佳	2022-10-27
恽寿平 1685年作 国香春霁·花卉四屏 立轴	140cm×33cm×4	101,200	中鸿信	2022-09-12
恽寿平 端阳景 立轴	164.4cm×47.2cm	62,249	香港苏富比	2022-04-27
恽毓嘉 1892年作 行书"致足乐也" 横披	47cm×176.5cm	110,400	北京银座	2022-09-16
曾国藩 行书七言联 立轴	163cm×29.5cm	1,620,108	香港苏富比	2022-04-30
曾国藩 1852年作 篆书五言联 对联	136cm×32cm×2	1,610,000	朵云轩	2022-12-09
曾国藩 为云峰守戎作楷书七言联 立轴	163cm×42.5cm×2	1,552,500	中鸿信	2022-09-12
曾国藩 行书七言联 立轴	181cm×36cm×2	1,012,000	中贸圣佳	2022-12-31
曾国藩 行书八言联 立轴	160cm×32cm×2	782,000	上海嘉禾	2022-11-20
曾国藩 楷书七言联	35.7cm×159cm	747,500	中国嘉德	2022-06-27
曾国藩 行书集唐人句联 立轴	159.8cm×33.5cm×2	702,046	香港苏富比	2022-04-30
曾国藩 行书八屏 立轴	122cm×37cm×8	690,000	中国嘉德	2022-12-14
曾国藩 行书七言联 对联	171cm×34.5cm×2	575,000	西泠印社	2022-01-22
曾国藩 为章寿麟作行书七言联 对联	174.5cm×34.5cm×2	575,000	西泠印社	2022-01-22
曾国藩 早年为孔宪彝作篆书五言联 对联	131cm×30cm×2	552,000	西泠印社	2022-01-22
曾国藩 楷书"虚静堂" 镜心	33cm×84cm	517,500	中鸿信	2022-09-12
曾国藩 行楷七言联 立轴	131cm×33.5cm×2	345,000	中国嘉德	2022-06-28
曾国藩 行书七言联 对联	124cm×29.5cm×2	345,000	朵云轩	2022-12-09
曾国藩 行书 立轴	81cm×31.5cm	322,000	中鸿信	2022-09-12
曾国藩 行书七言联 立轴	167.5cm×40cm×2	253,000	中国嘉德	2022-12-14
曾国藩 楷书七言联 立轴	165cm×29cm×2	195,500	广东崇正	2022-12-24
曾国藩 1850年作 楷书宋濂《题花门将军游宴图》镜心	18.5cm×52cm	184,000	中国嘉德	2022-12-14
曾国藩 1866年作 楷书七言联 立轴	133cm×32cm×2	110,364	中国嘉德	2022-10-08
曾国藩 楷书七言联	173cm×44.5cm×2	97,750	中国嘉德	2022-06-27
曾国藩 楷书书法词句 立轴	232cm×56cm	92,000	保利厦门	2022-10-21
曾国藩 楷书七言联 对联	115.5cm×30cm×2	69,000	上海嘉禾	2022-01-01
曾纪泽 篆书七言联 对联	140cm×33cm×2	184,000	西泠印社	2022-01-22
曾纪泽 吴昌硕 1891年作 行书、兰花 成扇	18.5cm×51cm×2	103,500	北京保利	2022-07-27
曾衍东 雁宕奇景 立轴	176cm×45cm	63,250	中国嘉德	2022-12-13
查昇 行楷《洛神赋》《山谷题跋》卷 手卷	25cm×305cm	977,500	中贸圣佳	2022-12-31
查昇 1693年作 行书诗翰卷 手卷	27.8cm×338.3cm	690,000	广东崇正	2022-08-10
查昇 行书诗句 立轴	163cm×47cm	471,500	保利厦门	2022-10-22
查昇 1702年作 行书《释迦如来成道记》手卷	23cm×341cm	230,000	中国嘉德	2022-12-14
查昇 楷书《黄庭经》册页(十八开)	21cm×15.5cm×18	230,000	中贸圣佳	2022-10-27
查昇 行书为友人书座右铭 立轴	83cm×22cm	166,750	西泠印社	2022-01-22
查昇 行书 扇片	14.5cm×44cm	143,750	朵云轩	2022-12-09
查昇 临苏轼诗 立轴	47.5cm×30.5cm	92,000	中贸圣佳	2022-07-23
查昇 书法 立轴	91cm×44cm	63,250	北京荣宝	2022-07-24
查士标 1687年作 江山问奇图 立轴	156cm×49cm	1,437,500	保利厦门	2022-10-21
查士标 仿董源春山图 立轴	116cm×53cm	1,127,000	中鸿信	2022-09-12
查士标 行书孙照邻墓表 手卷	33cm×300cm	1,035,000	北京荣宝	2022-07-24
查士标 望瀑图 立轴	185cm×49cm	920,000	中贸圣佳	2022-10-27
查士标 1668年作 雨窗清况图轴 立轴	110cm×41.5cm	828,000	中贸圣佳	2022-07-23
查士标 行书《题三芳图诗》中堂 立轴	219cm×75cm	690,000	开拍国际	2022-07-24
查士标 行书册页(十二开)	21cm×15.7cm×24	299,000	上海嘉禾	2022-01-01
查士标 草书《湖上晚望》立轴	123cm×49cm	230,000	华艺国际	2022-07-29
查士标 渔舟烟峦 立轴	184cm×87cm	205,213	佳士得	2022-05-28
查士标 山水双挖对屏 立轴	265cm×21cm×4	172,500	中鸿信	2022-09-12
查士标 行书七言诗 立轴	121.5cm×55cm	138,000	西泠印社	2022-01-22
查士标 行书《寄南游兄弟》镜心	19cm×57cm	105,800	中贸圣佳	2022-07-23
查士标 行书七言诗 扇面镜心	16cm×46cm	89,700	北京银座	2022-09-16
查士标 墨笔山水 立轴	117cm×39.5cm	82,080	保利香港	2022-07-12
查士标 书画合璧册页(六开十二页)	21.5cm×15.5cm×12	6,900,000	朵云轩	2022-12-08
查士标 草书 立轴	144cm×60cm	230,000	朵云轩	2022-12-09
查继佐 楚山清晓 立轴	106cm×29cm	115,000	朵云轩	2022-12-09
查继佐 明清 行草七律 立轴	167.5cm×49.3cm	1,080,072	佳士得	2022-05-28
查嗣韩 行草五言诗 扇面	16.5cm×51.5cm	253,000	中国嘉德	2022-12-14
翟大坤 1802年作 连峰接岫图 立轴	131cm×58cm	253,000	中国嘉德	2022-06-28
翟大坤 携琴访友 立轴	189cm×47.5cm	126,500	中贸圣佳	2022-12-31
翟大坤 山水手卷 手卷	画心 28.5cm×417cm	92,000	北京荣宝	
翟继昌 拟古山水 册页	21cm×27.5cm×12	391,000	中贸圣佳	2022-12-31
翟云升 隶书节录《文心雕龙·原道》八屏 立轴	179cm×47cm×8	1,725,000	北京荣宝	2022-07-24
翟云升 隶书《周盘铭》手卷	34cm×257cm	230,000	北京荣宝	2022-07-24
翟云升 书法四屏 镜心	108cm×29cm×4	218,500	北京荣宝	2022-07-24
翟云升 隶书 立轴两幅		139,058	佳士得	2022-12-03
张宾鹤 行书扇面 镜心	17cm×50cm	80,500	中贸圣佳	2022-07-23
张宾鹤 行书苏轼《同柳子玉游鹤林招隐醉归呈景纯》镜心	17cm×51cm	80,500	中贸圣佳	2022-07-23
张船山 行书五言联 镜框	125cm×29cm×2	69,000	华艺国际	2022-09-23
张赐宁 山水对屏 立轴	177cm×47cm×2	287,500	华艺国际	2022-07-29
张大风 1648年作 山水 镜片	81cm×35.5cm	69,000	广东崇正	2022-12-24
张度 溪山云隐图 镜片	30.5cm×19.5cm	69,000	西泠印社	2022-01-22
张庚 1759年作 仿王蒙山水轴 立轴	110cm×44.2cm	632,500	华艺国际	2022-09-23
张庚 闭目养神 立轴	132cm×63cm	207,000	中贸圣佳	2022-10-27
张庚 1713年作 仿宋人山水大中堂 立轴	316cm×128cm	184,000	中贸圣佳	2022-12-31
张衡 旅愁帖 镜片	51cm×17cm	92,000	西泠印社	2022-01-22
张衡 四时山水 立轴	150.5cm×36.5cm×4	86,083	中国嘉德	2022-10-08
张继龄 1740年作 楷书《千字文》册页	24.5cm×25.5cm×17	119,380	保利香港	2022-10-12
张嘉谟 1881年作 富贵寿考 镜框	175cm×80cm	253,000	华艺国际	2022-09-24
张謇 行书 (四幅) 屏轴	120cm×35cm×4	172,500	朵云轩	2022-12-09
张謇 行书八言联 镜心	201.5cm×40cm×2	161,000	北京银座	2022-09-16
张謇 行书七言联 立轴	137cm×34cm×2	149,500	中国嘉德	2022-06-28
张謇 书法四屏 立轴	139cm×36cm×4	132,436	中国嘉德	2022-10-08
张謇 行书七言联	175.64cm×4.4cm×2	115,000	中国嘉德	2022-12-13
张謇 行书八言联 立轴	171cm×36cm×2	92,000	北京银座	2022-01-12
张謇 行书七言联 立轴	167cm×36cm×2	71,300	中贸圣佳	2022-10-27
张謇 行书七言联 对联	144.5cm×39cm×2	63,250	朵云轩	2022-12-09

拍品名称	物品尺寸	成交价RMB	拍卖公司	拍卖日期
张锦芳 黄丹书 黎简 书法扇面 镜框(三开)	15.5cm×49cm×3	69,000	华艺国际	2022-09-24
张鷟 草书《九江望乡》七言诗 立轴	146.8cm×42.6cm	230,000	北京保利	2022-07-27
张恺 摹古图 立轴	81.5cm×61cm	92,000	保利厦门	2022-10-22
张恺 狩猎图 立轴	155cm×78cm	63,250	中国嘉德	2022-06-01
张镠 1818年作 仿古山水 册页(十二开)	19cm×44cm×12	333,500	北京保利	2022-02-03
张镠 1818年作 山水 册页(十二开)	19cm×44cm×12	241,500	中国嘉德	2022-06-28
张镠 山水册(宝熙跋) 册页(十二开)	28.5cm×37cm×13	115,000	广东崇正	2022-08-10
张镠 倪璨 汪圻 等 山水花鸟 册页(十二开)	28cm×35cm×12	92,000	中国嘉德	2022-12-14
张孟皋 杜鹃花 立轴	119.5cm×42cm	69,000	中国嘉德	2022-12-14
张穆 1682年作 兰石图 镜片	19cm×54.5cm	207,000	广东崇正	2022-08-10
张穆 1680年作 秋郊饮马图 立轴	123.5cm×68.5cm	138,000	上海嘉禾	2022-11-20
张穆 踪马图卷 手卷	画心 35cm×480cm	120,750	保利厦门	2022-10-22
张穆 憩马图 立轴	103cm×37cm	75,605	佳士得	2022-05-28
张乃耆 四景花卉 立轴	229cm×59.5cm×4	103,500	中贸圣佳	2022-10-27
张樊 1863年作 富贵前缘 立轴	77.5cm×42cm	69,000	中国嘉德	2022-06-28
张洽 双松湖石图 立轴	70cm×33cm	115,000	中国嘉德	2022-12-14
张若霭 卢鸿草堂图 立轴	131cm×53cm	322,000	中鸿信	2022-09-12
张若霭 岁寒三友册页(十一选九)	12cm×21cm×11	207,000	保利厦门	2022-10-22
张若霭 松鹤遐龄 立轴	118cm×67cm	69,000	北京荣宝	2022-07-24
张莘 槿桂飘香 立轴	129.7cm×31.1cm	91,806	佳士得	2022-05-28
张莘 富贵仙寿 立轴	129cm×30cm	74,750	中国嘉德	2022-06-01
张舒 四时胜景 四条屏	180cm×49cm×4	63,250	中国嘉德	2022-09-30
张廷济 1846年作 行书苏轼词 立轴	174cm×89.5cm	460,000	中国嘉德	2022-06-28
张廷济 1842年作 楷书七言联 对联	122cm×29cm×2	402,500	朵云轩	2022-12-09
张廷济 楷书七言联 立轴	127.7m×25.5cm×2	241,500	中贸圣佳	2022-07-25
张廷济 1840年作 隶书"小梅花馆" 镜心	33cm×120.5cm	149,500	北京银座	2022-09-16
张廷济 1830年作 篆书六言联 镜心	110.5cm×22cm×2	149,500	中贸圣佳	2022-12-31
张廷济 1837年作 楷书八言联 对联	170.5cm×35cm×2	109,250	北京保利	2022-07-27
张廷济 1847年作 篆书五言对联 立轴	75.5cm×18cm×2	103,500	开拍国际	2022-01-07
张廷玉 行书萨都剌《元统乙亥》七言诗 立轴	139.5cm×47.6cm	287,500	北京保利	2022-07-27
张廷玉 行书七言联 立轴	136cm×27cm×2	172,500	中贸圣佳	2022-10-27
张维屏 鲍俊 温荞悌 陈其锟 书法四屏 立轴	137.5cm×34.5cm×4	195,500	华艺国际	
张炜 松鹤图 立轴	160cm×89cm	184,000	北京荣宝	2022-07-24
张为邦 溪山访友 立轴	115cm×71cm	172,500	保利厦门	2022-10-22
张问陶 行书七言联 立轴	129cm×27.5cm×2	218,500	泰和嘉成	2022-07-30
张问陶 十八猴王图 立轴	163.5cm×79cm	115,000	中贸圣佳	2022-07-23
张问陶 行书 立轴	69.5cm×30.5cm	92,000	广东崇正	2022-12-24
张问陶 克勒马画像 手卷	26.5cm×151cm	86,250	中鸿信	2022-09-12
张问陶 1807年作 兰花图·行书七言诗 成扇	16.5cm×46cm	69,000	西泠印社	2022-01-22
张祥河 1828年作 诗龄居士诗书画 册页	24cm×29.5cm×12	391,000	中贸圣佳	2022-07-23
张燮 好鸟枝头得朋友 立轴	130cm×60cm	109,250	上海嘉禾	2022-01-01
张熊 王秋言 胡公寿 费以耕 双挖集锦 四屏 立轴	34cm×41cm×8	126,500	北京银座	2022-01-12

拍品名称	物品尺寸	成交价RMB	拍卖公司	拍卖日期
张熊 1874年作 露华粉香图 立轴	148.5cm×55.5cm	92,000	西泠印社	2022-01-23
张熊 1865年作 秋影图 立轴	80cm×40cm	69,000	中国嘉德	2022-06-28
张熊 1868年作 秋阶艳图 立轴	135cm×67cm	69,000	中国嘉德	2022-12-14
张熊 四季花卉 手卷	29cm×464cm	65,116	保利香港	2022-10-12
张延济 1847年作 篆书五言联 立轴	75.5cm×18.5cm×2	149,500	中贸圣佳	2023-01-01
张燕昌 飞白书七言对联 立轴	124cm×28.5cm×2	184,000	开拍国际	2022-01-07
张崟 柳荫高士 立轴	158cm×73.5cm	126,500	中贸圣佳	2022-07-23
张崟 1821年作 山水册页 册页(十开)	21.5cm×35.5cm×10	103,500	上海嘉禾	2022-11-20
张英 行书七言诗 立轴	98.5cm×50cm	149,500	中国嘉德	2022-12-14
张玉书 行书旧作诗 立轴	203cm×47cm	517,500	中贸圣佳	2022-10-27
张裕钊 行书四屏 立轴	246cm×61cm×4	1,150,000	中国嘉德	2022-12-14
张裕钊 行书五言联 立轴	232.5cm×53.5cm×2	322,000	中国嘉德	2022-12-14
张裕钊 修学阁 镜心	33.2cm×91cm	92,000	北京荣宝	2022-07-24
张元忭 草书五言诗 镜心	16.5cm×48.5cm	103,500	北京保利	2022-07-27
张照 1741年作 行书自作碧落轩偶得诗 镜心	44.5cm×243cm	1,265,000	开拍国际	2022-01-07
张照 行书 册页(二十四开)	27cm×31.5cm×24	1,150,000	上海嘉禾	2022-01-01
张照 行书颜真卿《赠裴将军》立轴	175.6cm×49.9cm	437,000	北京保利	2022-07-27
张照 御制说经诗册页(十八开)	21cm×28cm×35	402,500	中贸圣佳	2022-07-23
张照 行书七言诗 立轴	168cm×68.5cm	230,000	中国嘉德	2022-12-14
张照 行书临古 二册(三十三开)	18.6cm×22.3cm×33	227,909	香港苏富比	2022-10-09
张照 行书郑遂昌七言古诗 立轴	155cm×43cm	207,000	江苏汇中	2022-08-17
张照 法书长卷 手卷	书法 22.5cm×293cm	187,618	中国嘉德	2022-10-08
张照 行书七言诗 立轴	155.5cm×43cm	172,500	西泠印社	2022-01-22
张照 1736年作 临米书法 册页	24.5cm×31cm×12	92,000	中贸圣佳	2022-12-31
张之洞 为翁同书作行书八言联 对联	155.5cm×30cm×2	517,500	西泠印社	2022-01-22
张之洞 行书七言联 对联	171cm×41.5cm×2	437,000	北京保利	2022-07-27
张之洞 行书 镜片	70cm×137cm	368,000	广东崇正	2022-08-10
张之洞 为章寿麟作行书七言联 镜片	130.5cm×28cm×2	322,000	西泠印社	2022-08-20
张之洞 行书七言联 对联	125.5cm×29cm×2	322,000	西泠印社	2022-08-20
张之洞 为秦树镕作行书七言联 对联	132cm×31cm×2	276,000	西泠印社	2022-08-20
张之洞 行书 立轴	90cm×47cm	218,500	广东崇正	2022-08-10
张之洞 为容闳作行书八言联 对联	165cm×39.5cm×2	172,500	西泠印社	2022-01-22
张之洞 行书七言联 立轴	129cm×26cm×2	172,500	中国嘉德	2022-12-14
张之洞 等 行书七言诗·花卉 立轴(团扇双挖)	直径26cm×2	161,000	西泠印社	2022-01-22
张之洞 行书八言诗 立轴	168cm×40cm×2	120,750	中鸿信	2022-09-12
张之洞 行书七言诗 立轴	143cm×32.5cm×2	115,000	中鸿信	2022-09-12
张之洞 行书东坡诗二首 镜心	26cm×24.5cm	103,500	开拍国际	2022-01-07
张之洞 等 为郑观应作行书诗四首·山水 成扇	18.5cm×53cm	92,000	西泠印社	2022-01-22
张之洞 1864年作 楷书节录《文赋》立轴	78.5cm×18.5cm	80,500	西泠印社	2022-01-22
张之万 山水册页(十开)	22cm×27cm×10	287,500	中国嘉德	2022-06-28
张之万 行书七言联	126.5cm×30.7cm×2	97,750	中国嘉德	2022-12-13
张灼 1813年作 各体书卷 手卷		97,750	西泠印社	2022-01-22
张灼 1813年作 临晋唐各帖卷 手卷	书法 30cm×148.5cm	80,500	北京保利	2022-07-27
张宗苍 1748年作 蓬莱仙境图 立轴	162.5cm×94.5cm	4,025,000	中国嘉德	2022-06-26
张宗苍 仿大痴山水 立轴	80.5cm×46.7cm	1,310,476	香港苏富比	2022-10-09
张宗苍 1734年作 山水册页(十页)	23.5cm×30.5cm×10	575,000	西泠印社	2022-08-20
张宗苍 山林幽隐图 立轴	150.5cm×84cm	402,500	西泠印社	2022-01-22
章葆 百鸟朝凤卷 手卷	27.5cm×347cm	253,000	北京保利	2022-07-27
章谷 绿树楼台 立轴	111.5cm×93.5cm	97,750	北京保利	2022-07-27

2022书画拍卖成交汇总(续表)

(成交价RMB: 6万元以上)

拍品名称	物品尺寸	成交价RMB	拍卖公司	拍卖日期
章声 董文灿 梅溪山房书画卷 手卷	30cm×93cm; 30cm×92cm; 30cm×337cm	195,500	西泠印社	2022-01-22
赵尔巽(款) 楷书东坡词二首手卷	13cm×22cm	138,000	中国嘉德	2022-06-02
赵光 1865年作 行楷"般若波罗蜜多心经" 横披	31cm×116cm	63,250	中鸿信	2022-09-12
赵千里(款) 竹里煎茶图卷	35.5cm×592cm	184,000	北京保利	2022-07-29
赵廷璧 赵伊 人物(二帧) 镜框	38.5cm×38.5cm; 38cm×37cm	138,000	上海嘉禾	2022-11-20
赵维 1671年作 西园雅集图 立轴	124cm×54cm	287,500	西泠印社	2022-01-22
赵文楷 行书五言绝句 立轴	97.5cm×40cm	70,543	保利香港	2022-10-12
赵以炯 1883年作 楷书陆游诗 镜心	18cm×50.5cm	63,250	北京银座	2022-01-12
赵之琛 隶书六言联 对联	132cm×28cm×2	230,000	朵云轩	2022-12-09
赵之琛 1845年作 花卉(两件) 手卷	29cm×770cm; 29cm×792cm	109,250	中鸿信	2022-09-12
赵之谦 1882年作 为张鸣珂作楷书五言对联 立轴	168cm×46cm×2	5,060,000	开拍国际	2022-07-24
赵之谦 1872年作 篆书"一月得四十五日居" 额镜心	29.5cm×135cm	4,715,000	开拍国际	2022-01-07
赵之谦 拟八大、石涛诸家花卉四屏 立轴	244cm×60cm×4	2,875,000	中鸿信	2022-09-11
赵之谦 1865年作 一品百龄 立轴	88.5cm×46.5cm	1,725,000	开拍国际	2022-01-07
赵之谦 萱石棘枝图 立轴	136cm×33.2cm	1,188,000	佳士得	2022-05-28
赵之谦 篆书五言联 立轴	109cm×27cm×2	1,127,000	北京银座	2022-01-12
赵之谦 行书七言联 对联	165.7cm×33cm×2	1,025,590	香港苏富比	2022-10-09
赵之谦 1873年作 行书七言联 立轴	125cm×31.5cm×2	1,012,000	开拍国际	2022-01-07
赵之谦 1865年作 隶书八言联 对联	130.5cm×29cm×2	805,000	上海嘉禾	2022-01-01
赵之谦 篆书五言联 对联	108.5cm×27cm×2	690,000	北京保利	2022-07-27
赵之谦 1872年作 隶书七言联 立轴	138cm×33cm×2	460,000	朵云轩	2022-12-09
赵之谦 1871年作 隶书八言联 立轴	129.5cm×32cm×2	345,000	保利厦门	2022-10-21
赵之谦 行书·琵琶双挖 立轴	24.5cm×24.5cm×2	287,500	中鸿信	2022-09-11
赵之谦(款) 行书七言联 对联	203cm×42.5cm×2	276,000	上海嘉禾	2022-01-01
赵之谦 花卉 镜框	直径24cm	276,000	中贸圣佳	2022-10-27
赵之谦 篆书八言联 立轴	178.5cm×37.5cm×2	244,185	香港苏富比	2022-10-08
赵之谦 隶书七言联 立轴	130cm×31.5cm×2	230,000	中国嘉德	2022-12-14
赵之谦 黄复初 书法·花卉 成扇	18.5cm×49cm	162,235	佳士得	2022-12-03
赵之谦 钟馗遮面 立轴	64cm×27cm	92,000	朵云轩	2022-12-09
赵之谦 致蔚青信札 镜心	23cm×12cm×2	80,500	中贸圣佳	2022-12-31
赵之谦(款) 北堂萱寿 立轴	176cm×46cm	75,900	广东崇正	2022-12-24
赵执信 行书陆游《小阁纳凉》诗 立轴	166.8cm×48.7cm	230,000	北京保利	2022-07-27
郑板桥 竹石图 立轴	177cm×92cm	3,220,000	上海嘉禾	2022-11-20
郑板桥 行书五言诗 立轴	134.5cm×72cm	2,070,000	北京银座	2022-09-16
郑板桥 竹石图 立轴	178cm×96cm	1,840,000	荣宝斋（南京）	2022-12-07
郑板桥 1759年作 兰竹山石图 立轴	81.5cm×101.5cm	1,380,000	西泠印社	2022-08-20
郑板桥 竹石图对屏 立轴	165cm×43cm×2	1,265,000	中贸圣佳	2022-07-23
郑板桥 墨竹 镜框	144.5cm×74.5cm	933,735	香港苏富比	2022-04-27
郑板桥 草书自作诗两首 立轴	179cm×40cm	897,000	中贸圣佳	2022-07-23
郑板桥 1758年作 行书《论苏轼书》立轴	170cm×94cm	690,000	中贸圣佳	2022-07-23
郑板桥 1756年作 行书四屏 镜心	96cm×32cm×4	667,000	中鸿信	2022-09-12
郑板桥 墨竹图 镜心	75cm×45.5cm	632,500	北京银座	2022-09-16
郑板桥 1748年作 行书七言联 立轴	113cm×21cm×2	632,500	中鸿信	2022-09-12
郑板桥 行书四言联 镜心	98cm×23cm×2	517,500	中鸿信	2022-09-12
郑板桥 1741年作 书画合集册页(十二开)	尺寸不一	402,500	中贸圣佳	2022-07-23

拍品名称	物品尺寸	成交价RMB	拍卖公司	拍卖日期
郑板桥 1757年作 行书七言诗 立轴	139cm×74cm	241,500	保利厦门	2022-10-21
郑板桥 幽竹图 立轴	118cm×29.5cm	172,500	中鸿信	2022-09-12
郑板桥 行书七言联 对联	116.5cm×23cm×2	92,000	上海嘉禾	2022-01-01
郑板桥 行书 立轴	76cm×18cm	72,450	中鸿信	2022-09-12
郑板桥 行书五言绝句 立轴	142cm×37cm	69,000	北京保利	2022-07-27
郑板桥(传) 竹石图 立轴	131cm×54cm	61,560	保利香港	2022-07-12
郑成功 草书诗句 手卷	画心 34cm×456cm	155,250	保利厦门	2022-10-22
郑岱 松下高士图 立轴	193cm×113cm	402,500	北京荣宝	2022-07-24
郑岱 松荫清话图 立轴	163cm×98cm	368,000	北京荣宝	2022-07-24
郑岱(款) 仙山人物六条屏 立轴	139cm×45cm×6	126,500	中国嘉德	2022-09-30
郑岱 东坡会友图 立轴	83cm×93cm	126,500	上海嘉禾	2022-11-20
郑岱 1726年作 山林高士四条屏 四条屏	155cm×42cm×4	103,500	中国嘉德	2022-05-28
郑簠 1684年作 隶书唐人诗 立轴	173.5cm×55.5cm	759,000	西泠印社	2022-01-22
郑簠 草书李廓《长安少年行之一》立轴	173cm×55cm	230,000	开拍国际	2022-01-07
郑簠 隶书五言诗 立轴	111cm×55cm	138,000	中国嘉德	2022-06-28
郑珊 1897年作 煮梦庵填词图并诸家题跋 手卷	画27cm×87.5cm	621,000	中国嘉德	2022-06-28
郑板桥 1758年作 行书苏轼《与鲁直书》立轴	177.5cm×93.5cm	2,875,000	中国嘉德	2022-12-12
郑板桥 竹石图 立轴	99cm×39.5cm	1,380,000	朵云轩	2022-12-09
郑板桥 1762年作 草书 立轴	120cm×56cm	1,150,000	朵云轩	2022-12-08
郑板桥 行书苏轼《书临皋亭》立轴	191cm×50cm	747,500	中国嘉德	2022-12-14
郑板桥 行书七言诗 立轴	67.5cm×31.5cm	667,000	中国嘉德	2022-12-14
郑板桥 墨竹图 立轴	164cm×97.5cm	207,000	中国嘉德	2022-12-14
郑板桥 1753年作 拂云擎日 镜片	77cm×30cm	92,000	朵云轩	2022-12-09
周安节 花果图手卷	30.5cm×546.5cm	717,366	中国嘉德	2022-10-08
周拔 天宝九如图 立轴	167.5cm×88cm	80,500	北京荣宝	2022-07-24
周凯 1832年作 松亭观瀑图 立轴	96cm×41cm	80,500	西泠印社	2022-01-22
周笠 1820年作 仿恽寿平花卉 册页(十六开)	27cm×38.5cm×16	230,000	中国嘉德	2022-12-14
周亮工 行书《寒食诗话楼》立轴	179.5cm×61.5cm	3,450,000	保利厦门	2022-10-21
周亮工 行书"残龙浊酒" 镜心	20cm×60.5cm	451,440	保利香港	2022-07-12
周亮工 狂喜帖 镜片(一帧二页)	27cm×12cm; 27cm×9cm	402,500	西泠印社	2022-01-22
周容 草书七言联 立轴	201.5cm×37.5cm×2	713,000	中贸圣佳	2022-07-23
周淑禧 1671年作 渡海罗汉 立轴	191cm×84cm	184,000	中国嘉德	2022-09-30
周闲 蔬果图卷 手卷	36cm×266.5cm	287,500	中贸圣佳	2022-12-31
周闲 紫绶 立轴	187cm×42cm	69,000	上海嘉禾	2022-08-28
朱昂之 仙山楼阁图 镜心	199cm×103cm	166,750	保利厦门	2022-10-21
朱昂之 墨笔花卉卷 手卷	25.5cm×410cm	138,000	中国嘉德	2022-06-28
朱昌颐 1829年作 左田八十翁小像 立轴	135cm×66cm	253,000	中国嘉德	2022-06-01
朱昌颐 草书临王羲之帖 横披	31cm×123.5cm	92,000	西泠印社	2022-01-22
朱偁 1869年作 玉堂富贵 立轴	136cm×58cm	115,000	中国嘉德	2022-06-01
朱方蔼 韩江录别图 手卷	19.5cm×124.5cm	402,500	中贸圣佳	2022-07-23
朱珪 1797年作 楷书考证实录 横披	37cm×97cm	63,250	中贸圣佳	2022-07-23
朱伦翰 1741年作 三老图 立轴	107cm×93cm	97,750	中鸿信	2022-09-12
朱伦瀚 1754年作 雪岭听松 立轴	132cm×65cm	80,500	中国嘉德	2022-12-14
朱纶 策杖寻幽 立轴	197cm×91cm	138,000	北京银座	2022-01-12
朱汝珍 楷书八言联 立轴	173.2cm×39.8cm×2	72,146	香港苏富比	2022-10-08
朱瑞宁 四相簪花 立轴	170cm×95.5cm	94,300	保利厦门	2022-10-22
朱式 玉堂富贵图 镜心	158cm×78.5cm	138,000	中贸圣佳	2022-07-23

拍品名称	物品尺寸	成交价RMB	拍卖公司	拍卖日期
朱为弼 顾莼 墨兰图·节临《圣教序》镜片（二帧）	33.5cm×27cm×2	103,500	西泠印社	2022-01-22
朱文震 隶书七言联 对联	123cm×27.5cm×2	74,750	西泠印社	2022-08-20
朱孝纯画 王文治题 墨梅图轴 立轴	92cm×45cm	1,092,500	中贸圣佳	2022-07-23
朱彝尊 隶书五言联 对联	109cm×28.5cm×2	368,000	西泠印社	2022-08-20
朱彝尊 隶书七言联 对联	123cm×22.5cm×2	356,500	北京保利	2022-07-27
朱彝尊 尤侗 归允肃 彭孙遹 王弘撰 等 为杨自牧作潜籁轩题咏 册页（二册共九十页）	尺寸不一	5,807,500	西泠印社	2022-08-20
朱之瑜《答野传七首之一》札立轴	41.1cm×28.1cm	205,118	香港苏富比	2022-10-09
朱之瑜 书法册页	26.3cm×12cm	63,250	中贸圣佳	2022-07-27
朱祖谋 1926年作 行书十三言联 立轴两幅	193cm×28.5cm×2	118,807	佳士得	2022-05-29
诸昇 1684年作 清流修竹图 立轴	165cm×50cm	207,000	西泠印社	2022-01-22
诸昇 戴大有 竹菊图 立轴	140cm×42cm	149,500	北京荣宝	2022-07-24
竹禅 1898年作 鸟语花香 立轴	251cm×122cm	115,000	中国嘉德	2022-06-26
竹禅 1892年作 罗汉 册页（十二开）	26cm×35.5cm×12	74,750	中贸圣佳	2022-12-31
祝昌 1649年作 避暑图 扇面	18cm×56.5cm	92,000	中国嘉德	2022-06-28
邹履升 1767年作 芦雁图 镜片	99.5cm×85cm	74,750	西泠印社	2022-01-22
邹一桂 湖石花卉·秋爽图 镜心	106.5cm×54cm	862,500	永乐拍卖	2022-07-25
邹一桂 松菊图 立轴	177cm×86.5cm	345,000	广东崇正	2022-12-24
邹一桂 1725年作 大富贵亦寿考 立轴	160cm×53.5cm×8	322,000	上海嘉禾	2022-01-01
邹一桂 1758年作 五瑞图 立轴	43cm×25cm	97,750	北京保利	2022-07-27
邹一桂 1747年作 芍药紫藤 立轴	160.5cm×65.5cm	92,000	中国嘉德	2022-06-28
邹一桂 富贵永驻 立轴	245cm×120.5cm	69,000	保利厦门	2022-10-22
邹一桂 郑燮 1761年作、1762年作 花卉诗 册页（六开十二页）	27cm×20cm×12	782,000	中贸圣佳	2022-12-31
邹之麟 茂林仙馆 立轴	122cm×38cm	690,000	中贸圣佳	2022-12-31
左宗棠 行书七言联 立轴	168cm×34cm×2	1,035,000	中国嘉德	2022-06-27
左宗棠 行书七言联	185.5cm×37.5cm×2	977,500	中国嘉德	2022-06-27
左宗棠 行书黄庭坚画跋 立轴	167.5cm×42cm	977,500	广东崇正	2022-12-24
左宗棠 行书七言联 立轴	148cm×33cm×2	690,000	北京银座	2022-09-16
左宗棠 楷书七言联 立轴	176.5cm×42cm×2	552,000	广东崇正	2022-08-10
左宗棠 行书七言 对联 立轴	110cm×25cm×2	483,000	开拍国际	2022-01-07
左宗棠 行书八言联 立轴	162cm×32cm×2	483,000	中国嘉德	2022-06-28
左宗棠 1883年作 行书七言联 对联	151.5cm×30cm×2	483,000	朵云轩	2022-12-09
左宗棠 行书八言联 立轴	155.5cm×35cm×2	471,500	北京银座	2022-09-16
左宗棠 行书八言联 立轴	231cm×49cm×2	460,000	广东崇正	2022-08-10
左宗棠 行楷七言联 对联	125cm×20.5cm×2	368,000	北京保利	2022-07-27
左宗棠 行书七言联 对联	178cm×39.5cm×2	368,000	朵云轩	2022-12-09
左宗棠 1884年作 行书节录张载《正蒙·中正》立轴	170cm×45cm	345,000	北京保利	2022-07-27
左宗棠 篆书节录《西铭》横幅	37cm×15cm	322,000	中国嘉德	2022-05-28
左宗棠 行书七言联 立轴	160cm×31cm×2	322,000	中贸圣佳	2022-12-31
左宗棠 行书七言联 镜心	147.5cm×36cm×2	230,000	北京银座	2022-01-12
左宗棠 行书七言联 立轴	129.5cm×22.5cm×2	184,000	江苏汇中	2022-08-16
左宗棠 篆书六言联	115cm×28cm×2	126,500	中国嘉德	2022-12-13
左宗棠 行书七言联 立轴	174cm×36cm×2	115,000	中鸿信	2022-09-12
左宗棠 篆书七言联 镜片	126cm×32cm×2	115,000	广东崇正	2022-08-10
左宗棠 篆书七言联 对联	138cm×24cm×2	92,000	朵云轩	2022-12-09
左宗棠 行书七言联（一对）	164cm×39.5cm×2	69,000	中鸿信	2022-09-12
左宗棠（款）行书七言联 对联	166cm×33cm×2	69,000	中国嘉德	2022-09-27
左宗棠（款）1876年作 行书节录《管子》手卷	37cm×260cm	63,250	中国嘉德	2022-06-02

拍品名称	物品尺寸	成交价RMB	拍卖公司	拍卖日期
左宗棠 行书七言联 立轴	107cm×37.5cm×2	63,250	中鸿信	2022-09-12
近现代及当代作者				
艾轩 2017年作 有故事的土地	97.5cm×100.8cm	486,032	香港苏富比	2022-04-28
艾轩 2011年作 藏族人物 镜心	68cm×68cm	230,000	中国嘉德	2022-06-26
艾轩 2011年作 草原牧女 镜心	68.5cm×68cm	92,000	北京保利	2022-07-27
安德烈·迈尔 约1925年 威尼斯运河	38cm×28cm	69,000	西泠印社	2022-08-21
安奇帮 2022年作 书法 镜心	136cm×68cm	230,000	荣宝斋（南京）	2022-12-07
安涛 2022年作 秋声	45cm×180cm	125,000	北京伍佰艺	2022-10-28
白伯骅 西施浣纱图	68cm×45cm	385,000	北京伍佰艺	2022-09-17
白伯骅 送子观音 立轴	136cm×68cm	230,000	北京荣宝	2022-07-24
白伯骅 长安水边多丽人 镜心	140cm×70cm	138,000	北京荣宝	2022-07-24
白伯骅 1997年作 林黛玉小像 立轴	133cm×64cm	103,500	北京荣宝	2022-07-24
白伯骅 观音像 镜心	108cm×45cm	80,500	北京荣宝	2022-07-24
白崇禧 隶书"乐育英才"镜心	26.5cm×16cm	299,000	北京银座	2022-01-07
白光 2022年作 花鸟四条屏	136cm×34cm×4	1,250,000	北京伍佰艺	2022-09-17
白光 2022年作 花鸟四条屏	136cm×34cm×4	1,010,000	北京伍佰艺	2022-09-17
白光 2021年作 荷香满园	68cm×68cm	625,000	北京伍佰艺	2022-09-17
白光 2021年作 紫藤	68cm×68cm	600,000	北京伍佰艺	2022-09-17
白健生 楷书八言联 立轴	150cm×34cm×2	172,500	北京银座	2022-09-17
白蕉 1950年作 为唐云作陶渊明饮酒诗 手卷	18cm×94cm	322,000	西泠印社	2022-08-21
白蕉 仿元人诗意兰花 立轴	98cm×32cm	253,000	中贸圣佳	2022-10-27
白蕉 1947年作 行书七言诗 立轴	102.5cm×33cm	230,000	西泠印社	2022-01-23
白蕉 兰石 立轴	画69cm×30cm	201,250	中贸圣佳	2022-10-27
白蕉 1940年作 行书赠友人诗二首 镜片	33cm×26.5cm	172,500	西泠印社	2022-08-21
白蕉 邓散木 墨兰 行书苏轼《与人二首》（其一）成扇	19cm×51cm	161,000	中贸圣佳	2022-12-31
白蕉 行书诗词三首 镜心	28cm×103.5cm	161,000	中国嘉德	2022-12-13
白蕉 墨兰 镜框	72.5cm×34.3cm	127,470	佳士得	2022-12-02
白蕉 草书临王羲之《采菊帖》立轴	132.5cm×32.5cm	118,807	香港苏富比	2022-04-30
白蕉 行书十一言联	132.5cm×21.5cm×2	115,000	中国嘉德	2022-12-13
白蕉 马公愚 谭泽闿 王福厂 1942年作 四体书（四幅）屏轴	130cm×32cm×4	115,000	朵云轩	2022-12-08
白蕉 行书七言联 立轴	129.5cm×25cm×2	105,800	广东崇正	2022-08-11
白蕉 1942年作 行书处事格言 立轴	105cm×26cm	97,750	开拍国际	2022-01-07
白蕉 兰竹双清 立轴	63.5cm×31.5cm	97,750	广东崇正	2022-08-11
白蕉 1943年作 书法扇面 镜心	18cm×51cm	92,000	中贸圣佳	2022-12-31
白蕉 吴聱青 深山行旅图 立轴	169.5cm×88.5cm	92,000	西泠印社	2022-01-23
白蕉 1943年作 兰花 立轴	98cm×32.5cm	92,000	中国嘉德	2022-12-13
白蕉 1943年作 墨兰 立轴	95.5cm×32.5cm	91,806	佳士得	2022-05-29
白蕉 1940年作 为马季良作墨兰书法扇（二帧）扇页	51.5cm×18cm×2	89,700	西泠印社	2022-01-23
白蕉 1947年作 行书七律诗 立轴	90cm×33cm	86,250	开拍国际	2022-01-07
白蕉 行书七言诗 扇面	19cm×51cm	80,500	中国嘉德	2022-06-27
白蕉 1943年作 行书节录《容斋随笔》扇页	19cm×50.5cm	74,750	西泠印社	2022-01-23
白蕉 兰花、行书 成扇	18cm×49cm	74,750	广东崇正	2022-08-11
白蕉 临王羲之草书《采菊帖》镜框	63.6cm×123.8cm	72,146	香港苏富比	2022-10-08
白蕉 行书七言联 立轴	97cm×22cm×2	66,700	中贸圣佳	2022-10-27
白蕉 行书五言诗四首 横幅	28cm×129cm	63,250	中国嘉德	2022-09-28
白蕉 兰花、行书 成扇	19cm×49cm	63,250	广东崇正	2022-08-11
白雪石 1977年作 漓漓之晨 横披	105cm×191cm	1,092,500	北京荣宝	2022-07-24

2022书画拍卖成交汇总(续表)

(成交价RMB：6万元以上)

拍品名称	物品尺寸	成交价RMB	拍卖公司	拍卖日期
白雪石1994年作 千峰竞秀 镜心	99.5cm×179.5cm	805,000	保利厦门	2022-10-22
白雪石2001年作 漓江一曲千峰秀 镜心	96cm×177cm	782,000	北京荣宝	2022-07-24
白雪石1999年作 饮马图 镜心	96cm×179cm	701,500	华艺国际	2022-07-29
白雪石1999年作 峡江图 镜心	135cm×67cm	667,000	北京荣宝	2022-07-24
白雪石1988年作 奇峰耸翠 立轴	134cm×68cm	460,000	北京荣宝	2022-07-24
白雪石 漓江春	80cm×100cm	459,850	荣宝斋（香港）	2022-11-26
白雪石1993年作 桂林山水 镜心	68cm×138cm	402,500	中国嘉德	2022-06-26
白雪石1986年作 奇峰耸翠 立轴	132.5cm×67.5cm	402,500	中国嘉德	2022-06-26
白雪石1993年作 雨后飞流 立轴	89cm×86cm	368,000	北京银座	2022-09-16
白雪石1984年作 奇峰耸翠 立轴	101.5cm×67.5cm	322,000	北京荣宝	2022-07-24
白雪石 渔村山水	67cm×66cm	320,000	香港贞观	2022-01-16
白雪石1943年作 婴戏图 镜框	98.5cm×31.5cm	299,000	北京荣宝	2022-07-24
白雪石1984年作 漓江山水 镜心	68cm×137cm	275,910	中国嘉德	2022-10-07
白雪石1984年作家都在画屏中 立轴	95cm×59cm	218,500	开拍国际	2022-01-07
白雪石1990年作 漓江渔歌 镜心	67cm×102.5cm	207,000	开拍国际	2022-01-07
白雪石1990年作 漓江渔歌 镜心	67cm×120cm	184,000	北京保利	2022-07-26
白雪石1979年作 出峡图 镜框	67.8cm×135.8cm	177,589	香港苏富比	2022-10-08
白雪石2001年作 漓江春早 镜心	69cm×68cm	138,000	中国嘉德	2022-05-30
白雪石1985年作 江边渔家 镜心	41cm×50cm	138,000	北京荣宝	2022-07-24
白雪石2005年作 漓江烟雨 镜心	69cm×69cm	138,000	中国嘉德	2022-06-27
白雪石 幽林 镜心	55cm×44cm	126,500	中国嘉德	2022-09-27
白雪石2004年作 漓江春 镜心	47cm×69cm	115,000	中国嘉德	2022-06-27
白雪石1998年作 雨后新绿 镜心	69cm×46cm	115,000	中国嘉德	2022-06-27
白雪石1983年作 黄山松云 立轴	68cm×45cm	109,250	中国嘉德	2022-05-28
白雪石2007年作 渔村 镜心	68cm×45cm	103,500	中国嘉德	2022-06-27
白雪石 杏林春暖 镜心	44cm×54cm	92,000	北京荣宝	2022-07-24
白雪石2005年作 漓江渔歌 镜心	41cm×59.5cm	92,000	中国嘉德	2022-06-27
白雪石1984年作 奇峰耸翠 镜心	68cm×46cm	89,700	北京银座	2022-09-16
白雪石1983年作 奇峰耸翠图 镜心	68cm×45cm	86,250	中贸圣佳	2022-07-23
白雪石1989年作 云涌青峰 镜心	88cm×46.5cm	82,800	北京银座	2022-09-17
白雪石1985年作 雨后 镜心	68cm×41cm	74,750	中国嘉德	2022-05-28
白雪石1998年作 云涌桂山 成扇	19.7cm×61.7cm	69,000	北京诚轩	2022-08-08
白雪石1976年作 桂林山水 立轴	画心 37.5cm×42cm	63,250	北京银座	2022-01-12
白雪石 黄山松 镜心	69cm×45.5cm	63,250	中国嘉德	2022-06-27
白云侠2022年作 东林鸣禽 镜心	68cm×136cm	698,000	北京中贝	2022-03-16
柏平2020年作 江流有声 镜心	68cm×136cm	108,000	北京中贝	2022-03-16
包卫东 一起向未来 画心	136cm×68cm	350,000	北京传世	2022-12-15
薄春雨 瘦玉仙骥 镜心	180cm×80cm	575,000	中贸圣佳	2022-07-23
薄春雨 枝头独立 镜心	87cm×141cm	345,000	中贸圣佳	2022-12-31
薄春雨 竹禽图 立轴	123cm×69cm	172,500	中国嘉德	2022-12-15
鲍少游 降魔图 镜框	画80.8cm×50.3cm	97,206	香港苏富比	2022-04-30
鲍贤伦2021年作 苏轼富春诗九首长卷 手卷	28cm×460cm	195,500	中国嘉德	2022-06-29
边培元 卜算子·咏梅 立轴	136cm×70cm	224,000	开禧国际	2022-12-28
边培元 精气神	136cm×70cm	179,200	开禧国际	2022-12-28
边培元 高朋满座	136cm×35cm	168,000	开禧国际	2022-12-28
边平山 花鸟（四十帧）镜心		138,000	中国嘉德	2022-12-15
卞增林 万山红遍 画心	240cm×100cm	780,000	北京传世	2022-12-15
冰心 行书 镜片	69cm×39cm	172,500	朵云轩	2022-12-09
伯揆 花卉奇趣 画心	95cm×52cm	4,000,000	北京传世	2022-12-15
卜兹2007年作 东坡《水调歌头》（五联幅）	240cm×265cm	217,632	罗芙奥	2022-12-03

拍品名称	物品尺寸	成交价RMB	拍卖公司	拍卖日期
卜兹 草书《邗沟绝句》（三联幅）	181cm×270cm	114,156	罗芙奥	2022-06-04
蔡锷 行书四屏 立轴	248cm×60cm×4	253,000	中鸿信	2022-09-12
蔡鹤汀 人物故事集 镜心	44cm×51cm×18	805,000	中鸿信	2022-09-11
蔡鹤汀1942年作 松荫虎啸 立轴	86cm×42cm	132,250	中贸圣佳	2022-07-23
蔡鹤汀 三虎图 立轴	136cm×39.5cm	109,250	西泠印社	2022-01-23
蔡守1928年作 春山访友 立轴	109cm×53.5cm	86,250	广东崇正	2022-08-11
蔡文成 水色烟光皆诗意 画心	136cm×68cm	720,000	北京传世	2022-12-15
蔡铣 花鸟四屏 立轴	49cm×27cm×4	109,250	中贸圣佳	2022-10-27
蔡铣 朱文侯汪琨邓散木 等花卉·双虎图·书法（两把）成扇		78,200	西泠印社	2022-01-23
蔡铣 萧退闇等林泉幽游书画 册页（十二开二十四帧）	32.5cm×38.8cm×24	75,900	北京诚轩	2022-08-08
蔡逸溪2007年 莲花系列	52cm×160.5cm	486,032	香港苏富比	2022-04-28
蔡玉水2021年作 天使的祈祷 镜心	59.5cm×61cm	345,000	中国嘉德	2022-12-15
蔡玉水 丹妮与猫 镜心	61.5cm×60cm	109,250	中国嘉德	2022-06-29
蔡元培1919年作 行书十五言 对联	166cm×41cm×2	2,702,500	朵云轩	2022-12-09
蔡元培 行书七言联 立轴	174cm×46cm×2	713,000	中贸圣佳	2022-07-23
蔡元培1913年作 行书陶渊明诗 立轴	108cm×48.5cm	437,000	中鸿信	2022-09-12
蔡元培 行书五言诗 立轴	145cm×40cm	402,500	中国嘉德	2022-12-13
蔡元培 梁启超 罗振玉 张伯英 为石桥先生作书法四屏 立轴	131cm×31cm×4	333,500	中鸿信	2022-09-12
蔡元培 行书论书一则 镜心	169.5cm×43cm	230,000	中贸圣佳	2022-12-31
蔡元培 书前贤警句二则 镜心	29cm×32.5cm	195,500	开拍国际	2022-07-24
蔡元培 行书八言联 立轴	146cm×38cm×2	82,800	中鸿信	2022-09-12
蔡元培 行书格言 镜心	27.5cm×17.5cm	74,750	北京银座	2022-09-16
蔡云飞 海湾渔港 镜心	240cm×70cm	1,437,500	荣宝斋（南京）	2022-12-07
蔡云飞 一束阳光照山间 镜心	69cm×138cm	1,265,000	荣宝斋（南京）	2022-12-07
蔡云飞 风雨同舟 镜心	69cm×138cm	1,104,000	荣宝斋（南京）	2022-12-07
蔡云飞 高原吉祥 镜心	69cm×138cm	1,046,500	荣宝斋（南京）	2022-12-07
蔡云飞 秋山红树 镜心	69cm×138cm	1,035,000	荣宝斋（南京）	2022-12-07
蔡云飞 水乡清幽 镜心	133cm×65cm	977,500	荣宝斋（南京）	2022-12-07
蔡云飞 清溪流韵 镜心	132cm×65cm	977,500	荣宝斋（南京）	2022-12-07
蔡云飞 泉音 镜心	68cm×68cm	874,000	荣宝斋（南京）	2022-12-07
蔡云飞 为有源头活水来 镜心	68cm×68cm	805,000	荣宝斋（南京）	2022-12-07
蔡云飞 碧池清影 镜心	68cm×68cm	747,500	荣宝斋（南京）	2022-12-07
蔡云飞 黄山松涛 镜心	69cm×70cm	747,500	荣宝斋（南京）	2022-12-07
蔡云飞 圣水 镜心	68cm×68cm	690,000	荣宝斋（南京）	2022-12-07
蔡志忠2014年作 观音百态 手卷	33cm×380.4cm	161,000	西泠印社	2022-01-22
曹俊2018年作 荷花 镜框	100cm×49cm	1,495,000	北京保利	2022-07-27
曹俊2019年作 挂帆千里风 镜心	98.5cm×49cm	1,380,000	永乐拍卖	2022-07-25
曹开林 镇宅之宝阴阳和合 画心	48cm×94cm	460,000	北京传世	2022-12-15
曹开林 镇宅之宝扭转乾坤 画心	48cm×94cm	360,000	北京传世	2022-12-15
曹克家 王雪涛 猫趣图 镜心	20.5cm×53cm	287,500	中贸圣佳	2022-12-31

拍品名称	物品尺寸	成交价RMB	拍卖公司	拍卖日期
曹锟 楷书十六言巨联 立轴	349cm×46cm×2	828,000	中鸿信	2022-09-11
曹锟 行书七言联 对联片	201cm×47.5cm×2	287,500	朵云轩	2022-12-08
曹锟 行书"爱梅居"镜心	45cm×117cm	115,000	中鸿信	2022-09-12
曹锟 1931年作楷书《梅花赋》立轴	131cm×92cm	103,500	中鸿信	2022-09-12
曹锟 1925年作 如来石 立轴	131cm×39.5cm	92,000	中贸圣佳	2022-12-31
曹锟 1937年作 菊石图 立轴	92cm×41.5cm	69,000	西泠印社	2022-01-23
曹孟龙 2022年作 群峰碧水 镜心	70cm×183cm	1,770,000	北京中贝	2022-03-16
曹孟龙 2022年作 清溪祥瑞 镜心	70cm×183cm	1,610,000	北京中贝	2022-03-16
曹禺 行书五言联 立轴	68cm×16cm×2	86,250	中贸圣佳	2022-10-27
曹长春 2020年作 秋光无限 镜心	96cm×180cm	190,000	北京中贝	2022-03-16
曹长春 2021年作 智者 镜心	68cm×136cm	160,000	北京中贝	2022-03-16
曹长春 2021年作 吉祥金秋 镜心	68cm×68cm	120,000	北京中贝	2022-03-16
曹仲珊 楷书七言联 立轴	140.5cm×24cm×2	69,000	北京银座	2022-09-17
曹仲珊 行书七言联 立轴	165cm×39cm×2	69,000	北京银座	2022-09-17
常畅 蠲堂 画心	31cm×69cm	330,000	北京传世	2022-12-15
常畅 2022年作《沁园春·雪》书法镜心	22cm×300cm	180,000	北京中贝	2022-03-16
常玉 坐姿裸女	48.5cm×32cm	433,027	香港苏富比	2022-10-06
常玉 阅读的女子	44.3cm×27cm	398,840	香港苏富比	2022-10-06
常玉 戴着耳环的坐姿裸女	44.7cm×27.5cm	364,654	香港苏富比	2022-10-06
常玉 阅读中的女子 线描	44cm×27.5cm	310,500	开拍国际	2022-07-24
常玉 侧身站姿裸女	44.2cm×27.7cm	273,491	香港苏富比	2022-10-06
常玉 坐姿仕女	26cm×31cm	231,764	佳士得	2022-12-01
陈半丁 群芳争荣花卉四屏 立轴设色纸本	136cm×34cm×4	2,530,000	北京荣宝	2022-07-24
陈半丁 1948年作 松荫观瀑 立轴	84cm×51cm	402,500	华艺国际	2022-07-29
陈半丁 1943年作 会友图 镜心	65cm×32cm	368,000	中鸿信	2022-09-11
陈半丁 昌寿 立轴装于镜框内	72.5cm×26.2cm	341,863	香港苏富比	2022-10-09
陈半丁 1941年作 白狐挑梁黄狐 立轴	99cm×39cm	264,500	中鸿信	2022-09-11
陈半丁 牡丹湖石 立轴	102.5cm×33.5cm	218,500	北京银座	2022-09-17
陈半丁 1961年作 海棠三秋 立轴	137cm×68cm	207,000	中国嘉德	2022-12-13
陈半丁 一片和平声 立轴	141cm×50cm	195,500	中贸圣佳	2022-12-31
陈半丁 1921年作 幽篁图 立轴	123cm×70cm	184,000	北京荣宝	2022-07-24
陈半丁 1946年作 牡丹 镜心	103cm×34cm	172,500	中国嘉德	2022-06-27
陈半丁 1927年作 清风满面落藤花 立轴	97.5cm×47.5cm	161,000	中贸圣佳	2022-07-23
陈半丁 1927年作 梅花 立轴	59cm×37cm	161,000	中国嘉德	2022-12-12
陈半丁 张伯英 1947、1949年作一朵香浓蝶已知行书谢惠连《雪赋》节录 成扇	19cm×52cm	149,500	中贸圣佳	2022-12-31
陈半丁 1959年作 春满乾坤 立轴	137cm×76cm	149,500	保利厦门	2022-10-22
陈半丁 1964年作 清供 镜心	97cm×44.5cm	123,436	华艺国际	2022-05-29
陈半丁 茶花腊梅 立轴	132cm×32.5cm	120,750	北京荣宝	2022-07-24
陈半丁 观瀑 花卉 成扇	20cm×56cm	115,000	中贸圣佳	2022-10-27
陈半丁 花卉四屏 镜片	27.5cm×30.5cm×4	109,250	泰和嘉成	2022-07-30
陈半丁 金城 等1910年作 钟馗 立轴	96cm×39.5cm	103,500	中国嘉德	2022-06-26
陈半丁 宝熙 为陆麟仲作《松荫悟道图》·书法 成扇	20.5cm×58cm	103,500	西泠印社	2022-08-21
陈半丁 1962年作 月淡清色图 镜心	179cm×48.5cm	103,500	保利厦门	2022-10-22
陈半丁 七尺珊瑚枝 立轴	101cm×34cm	97,750	中贸圣佳	2022-07-23
陈半丁 1927年作 枇杷 立轴	129cm×32cm	97,750	中鸿信	2022-09-11
陈半丁 1948年作 金桂芙蓉 镜心	93cm×29cm	89,700	华艺国际	2022-07-29
陈半丁 山居图 立轴	84cm×38cm	89,700	荣宝斋(南京)	2022-12-07
陈半丁 1942年作 荔枝图 立轴	69cm×35cm	82,800	中鸿信	2022-09-11
陈半丁 长春花 立轴	128cm×31.5cm	80,500	上海嘉禾	2022-01-01
陈半丁 秋菊 立轴	129cm×35cm	71,300	北京保利	2022-07-26
陈半丁 1929年作 松荫延年 镜心	110cm×40cm	69,000	中国嘉德	2022-05-28
陈半丁 华堂春满 立轴	95cm×32cm	69,000	中鸿信	2022-09-11
陈半丁 1928年作 松石之寿 立轴	116cm×39cm	69,000	北京保利	2022-07-27
陈半丁 1922年作 锦屏红蓼图 立轴	111cm×50.5cm	66,700	北京荣宝	2022-07-24
陈半丁 萱花 立轴	100.5cm×33cm	63,250	中国嘉德	2022-06-27
陈宝琛 1934年作 行书七言联 对联	130cm×30.5cm×2	690,000	朵云轩	2022-12-08
陈宝琛 梁耀枢 等 二十家楷书五挖四屏 立轴	23.5cm×30cm×20	172,500	广东崇正	2022-08-10
陈宝琛 荣松润德 手卷	26cm×173cm	172,500	保利厦门	2022-10-22
陈宝琛 1931年作 行书陈子昂《别中岳二三真人序》立轴	179cm×91.5cm	138,000	北京银座	2022-09-16
陈宝琛 楷书五言诗 立轴	174cm×46.5cm	138,000	华艺国际	2022-07-29
陈宝琛 1929年作行书九言联 对联片	163cm×26cm×2	92,000	朵云轩	2022-12-09
陈宝琛 书法(二帧)扇面	18.5cm×51cm; 18.5cm×54cm	80,500	保利厦门	2022-10-22
陈宝琛 行书七言联 立轴	125cm×26.5cm×2	69,000	保利厦门	2022-10-21
陈宝琛 1915年作 行书《寓斋杂述》立轴	141cm×41cm	63,250	中国嘉德	2022-05-31
陈秉忱 黄胄 1985年作 临定武本兰亭 成扇	19cm×54cm	345,000	中贸圣佳	2022-07-23
陈布雷1922年作行楷唐诗宋词册页	16.5cm×26.5cm×15	69,000	中鸿信	2022-09-12
陈晨 2017年作 黔南人家 镜心	68cm×136cm	1,965,000	北京中贝	2022-03-16
陈晨 2021年作 人在行云里 镜心	68cm×136cm	1,544,000	北京中贝	2022-03-16
陈晨 2021年作 苍岭归舟图 镜心	68cm×136cm	1,476,000	北京中贝	2022-03-16
陈诚 行书"长濡化雨"镜心	25.5cm×17.5cm	178,250	北京银座	2022-01-12
陈传席 江山无边 画心	367cm×147cm	11,000,000	北京传世	2022-12-15
陈传席 长青 画心	367cm×147cm	9,000,000	北京传世	2022-12-15
陈达 拟古山水四屏 镜心	117cm×33cm×4	195,500	中国嘉德	2022-12-13
陈大羽 1989年作花卉蔬果鱼乐册页	38cm×54.5cm×8	747,500	华艺国际	2022-09-24
陈大羽 齐白石 花卉 立轴	138cm×33cm	575,000	中贸圣佳	2022-10-27
陈大羽画 齐白石题 蜀葵 立轴	138cm×33cm	460,000	中贸圣佳	2022-12-31
陈大羽 1976年作 红梅雄鸡 镜心	111.5cm×40cm	437,000	中国嘉德	2022-06-27
陈大羽 1978年作 雄鸡 立轴	73cm×50cm	299,000	广东崇正	2022-12-25
陈大羽 大吉图 立轴	100cm×46cm	253,000	荣宝斋(南京)	2022-12-07
陈大羽 紫藤蜡嘴雀 立轴	89cm×48cm	195,500	中国嘉德	2022-06-26
陈大羽 1945年作 百寿 立轴	100cm×34cm	184,000	中国嘉德	2022-06-27
陈大羽 1983年作 迎新春 立轴	68cm×67cm	184,000	广东崇正	2022-08-11
陈大羽 大寿 镜心	66.5cm×44.5cm	184,000	荣宝斋(南京)	2022-12-07
陈大羽 1979年作 果硕花木繁 镜心	95.5cm×88.5cm	184,000	中国嘉德	2022-12-13
陈大羽 1977年作 加官图 立轴	69cm×46cm	172,500	广东崇正	2022-08-11
陈大羽 1977年作 大福寿 镜框	绘画46cm×45cm	164,582	华艺国际	2022-05-29
陈大羽 1980年作 大吉图 镜框	98.5cm×57cm	162,235	佳士得	2022-12-02
陈大羽 1978年作 绿梅雄鸡图 轴	72cm×49cm	161,000	江苏汇中	2022-08-16
陈大羽 1979年作 紫藤蜜蜂 立轴	96cm×48cm	161,000	华艺国际	2022-09-24
陈大羽 1984年作 迎新春 立轴	68cm×67cm	138,000	北京银座	2022-01-12
陈大羽 1977年作 除害全无敌 镜心	42cm×72cm	138,000	中鸿信	2022-09-11
陈大羽 清供图 镜片	32.5cm×127.5cm	138,000	江苏汇中	2022-08-16
陈大羽 双吉图 立轴	95cm×58.5cm	133,400	广东崇正	2022-08-11
陈大羽 1977年作 除害全无敌 镜片	66.5cm×45.5cm	132,250	广东崇正	2022-08-11

2022书画拍卖成交汇总(续表)

(成交价RMB：6万元以上)

拍品名称	物品尺寸	成交价RMB	拍卖公司	拍卖日期
陈大羽 雄鸡迎春 立轴	81cm×68cm	126,500	中国嘉德	2022-06-26
陈大羽 1979年作 紫藤大吉 镜片	95cm×48cm	109,250	广东崇正	2022-08-11
陈大羽 绿梅大吉 镜片	95cm×47.5cm	109,250	广东崇正	2022-08-11
陈大羽 1977年作 豆荚双吉 立轴	95.5cm×43cm	109,250	广东崇正	2022-08-11
陈大羽 1979年作 松菊图 镜心	83cm×155cm	105,800	中贸圣佳	2022-07-23
陈大羽 1981年作 雄鸡 立轴	67cm×44.5cm	103,500	上海嘉禾	2022-11-20
陈大羽 大吉图 镜心	69.5cm×46cm	97,750	中国嘉德	2022-12-13
陈大羽 紫藤蜜蜂 镜框	70cm×70cm	97,720	华艺国际	2022-05-29
陈大羽 1994年作 大吉图 立轴	81cm×49cm	92,000	中国嘉德	2022-05-29
陈大羽 吉报新春 立轴	128.5cm×94cm	92,000	北京荣宝	2022-07-24
陈大羽 岁朝春 镜框	51.5cm×46cm	89,700	华艺国际	2022-09-24
陈大羽 1979年作 喜气迎春 立轴	101.5cm×57cm	88,291	中国嘉德	2022-10-07
陈大羽 紫藤蜡嘴 镜心	96cm×44cm	86,250	中国嘉德	2022-06-27
陈大羽 斑斓秋色 镜片	60cm×69cm	86,250	广东崇正	2022-12-25
陈大羽 幸福万年 镜心	68cm×68cm	80,500	中国嘉德	2022-06-27
陈大羽 1976年作 秋光灿烂 立轴	68.5cm×39.5cm	74,750	中国嘉德	2022-06-27
陈大羽 梨花满庭园 镜片	94cm×179cm	69,000	广东小雅斋	2022-05-25
陈大羽 1988年作 大吉图 镜片	69cm×46.5cm	69,000	广东崇正	2022-08-11
陈大羽 1984年作 雄鸡图 镜片	95.5cm×63cm	69,000	广东崇正	2022-12-25
陈大羽 紫藤小鸟 立轴	69cm×68cm	68,425	中国嘉德	2022-10-07
陈大羽 1978年作 金鸡迎春 镜片	68.5cm×68.5cm	66,700	上海嘉禾	2022-01-01
陈大羽 1986年作 年年有余·篆书(一堂) 立轴 对联	画69.5cm×45.5cm	63,250	上海嘉禾	2022-01-01
陈大章 2008年作 泰山秋色 立轴	70cm×69cm	69,000	北京保利	2022-07-27
陈大章 金默如 山水花卉集锦 册页 镜心	尺寸不一	68,425	中国嘉德	2022-10-07
陈登祥 念奴娇·赤壁怀古 画心	140cm×70cm	398,000	北京传世	2022-12-15
陈东风 云溪野烟 画心	138cm×68cm	265,000	北京传世	2022-12-15
陈东山 2019年作 纸里故国	200cm×200cm	320,000	北京伍佰艺	2022-09-17
陈东山 2020年作 微风吹过	194cm×190cm	268,000	北京伍佰艺	2022-09-17
陈东山 2019年作 形影相依	180cm×125cm	265,000	北京伍佰艺	2022-09-17
陈东山 2020年作 坡道	180cm×170cm	225,000	北京伍佰艺	2022-09-17
陈东山 偶然	68cm×68cm	120,000	北京伍佰艺	2022-09-17
陈独秀 草书七言联 镜心	128cm×33cm×2	862,500	中鸿信	2022-09-12
陈独秀 隶书《秋日过员太祝林园》镜心	35cm×23cm	80,500	中鸿信	2022-09-12
陈福善 1978年作 妙境之海	136cm×69cm	463,528	中国嘉德	2022-10-09
陈福善 1986年作 梦中之人 册页(七开)	22cm×20cm×7	248,416	佳士得	2022-05-29
陈福善 1979年作 鱼乐图 镜框	82.5cm×153cm	220,176	佳士得	2022-12-02
陈福善 1979年作 人物二十五 立轴	152cm×82.5cm	127,470	佳士得	2022-12-02
陈福善 1974年作 山水 镜框	43cm×69cm	82,773	华艺国际	2022-11-27
陈光仔 八仙过海 镜片	68cm×136cm	548,800	开禧国际	2022-12-28
陈浩 葡萄(荣宝松竹崇真) 画心	138cm×68cm	395,000	北京传世	2022-12-15
陈衡恪 1918年作 隶书七言联 立轴	165cm×41cm×2	115,000	中国嘉德	2022-12-14
陈衡恪 1922年作 隶书吉语 镜框	33.4cm×134.5cm	108,007	香港苏富比	2022-04-30
陈衡恪 篆书十四言联 镜心	211cm×26.5cm×2	84,651	保利香港	2022-10-12
陈衡恪 松月山居 扇面镜框	17.8cm×51.5cm	70,204	香港苏富比	2022-04-30
陈家泠 2021年作 西湖景色(三号) 镜框	200cm×500cm	14,950,000	上海嘉禾	2022-11-20
陈家泠 荷池清趣 镜片	176cm×94cm	368,000	上海嘉禾	2022-01-01
陈家泠 荷趣 镜框三幅	136.5cm×67.5cm×3	172,811	佳士得	2022-05-29
陈家泠 1980年作 漓江雨意 册页(八开)	26cm×18cm×8	74,750	中国嘉德	2022-12-15
陈金章 云山行 镜心	124cm×248cm	1,092,500	华艺国际	2022-09-24
陈金章 2001年作 松涛云壑 镜框	67cm×46cm	97,750	华艺国际	2022-09-24
陈金章 江景	43cm×50cm	64,400	广东小雅斋	2022-05-18
陈精武 2021年作 烟云叠嶂 镜心	68cm×136cm	868,000	北京中贝	2022-03-16
陈精武 2021年作 溪山秋爽 镜心	68cm×136cm	768,000	北京中贝	2022-03-16
陈旧村 1946年作 九如图 立轴	136.5cm×67cm	74,750	朵云轩	2022-12-08
陈巨来 1942年作 篆书七言联 镜心	133cm×32cm	86,250	中国嘉德	2022-05-28
陈巨来 摹古山水 立轴	90cm×43cm	69,000	华艺国际	2022-09-23
陈君 硕果醉秋 画心	136cm×68cm	350,000	北京传世	2022-12-15
陈钧德 2005年作 粉色女郎	36cm×26cm	178,250	朵云轩	2022-12-08
陈俊 2022年作 仿古山水 镜心	200cm×55cm	300,000	北京中贝	2022-03-16
陈俊 2015年作 经典 今典NO.4	110cm×112cm	69,000	保利厦门	2022-10-21
陈凯歌 书法	70cm×137cm	834,274	香港贞观	2022-06-18
陈立夫 行书 镜心	25.5cm×17.5cm	230,000	北京银座	2022-01-12
陈立夫 1997—1999年作 致李兆云夫妇上款书法等十二种		74,750	西泠印社	2022-01-23
陈立夫 行书二十四言龙门 对立轴	89cm×15.5cm×2	63,250	中鸿信	2022-09-12
陈立新 2021年作 深山可居 镜心	68cm×136cm	429,000	北京中贝	2022-03-16
陈立新 2021年作 清风摇影伴乾坤 镜心	68cm×136cm	375,000	北京中贝	2022-03-16
陈丽华 2022年作 事事大吉 立轴	134cm×66cm	172,500	北京荣宝	2022-07-24
陈丽华 2016年作 松鹤长春 立轴	95cm×59cm	172,500	北京荣宝	2022-07-24
陈利波 冬奥之光 镜片	136cm×68cm	805,000	北京中贝	2022-01-14
陈明坤 2022年作 清风明月之庐 镜心	画心 56cm×120cm	103,500	中国嘉德	2022-06-29
陈明圆 源远流长 画心	180cm×68cm	120,000	北京传世	2022-12-15
陈摩 赵古泥 水轩清话图·行书七言诗 成扇	18.5cm×51cm	224,250	西泠印社	2022-01-23
陈佩秋 鸳鸯杏花 镜框	115cm×75cm	13,800,000	上海嘉禾	2022-11-20
陈佩秋 2003年作 荷塘清韵 镜框	45cm×131cm	5,175,000	上海嘉禾	2022-11-20
陈佩秋 梅竹双禽 立轴	120cm×64.5cm	5,060,000	上海嘉禾	2022-11-20
陈佩秋 1994年作 荷亭纳凉 镜框	65cm×132.5cm	4,312,500	上海嘉禾	2022-11-20
陈佩秋 海棠双鹏 镜框	147cm×81.5cm	4,312,500	上海嘉禾	2022-11-20
陈佩秋 2005年作 青溪白云 镜片	69.5cm×136cm	2,990,000	朵云轩	2022-12-08
陈佩秋 溪山雪意图 镜心	画心 40cm×234cm	1,955,000	中鸿信	2022-09-11
陈佩秋 水仙蛱蝶 立轴	81cm×39.8cm	1,840,000	上海嘉禾	2022-11-20
陈佩秋 2012—2013年作 兰花行书 册页(十二开)	画心 29cm×40cm×12	1,357,000	上海嘉禾	2022-11-20
陈佩秋 岩边树色图 立轴	131.5cm×32.5cm	1,265,000	上海嘉禾	2022-11-20
陈佩秋 河塘放鸭 立轴	137cm×68cm	1,127,000	上海嘉禾	2022-11-20
陈佩秋 1974年作 为曹漫之作草书线装本(共五十三页)	34.5cm×22.5cm×53	575,000	西泠印社	2022-01-22
陈佩秋 溪山秋霁图 手卷	画心 29.5cm×225cm	517,500	中鸿信	2022-09-11
陈佩秋 栖枝禽趣图 镜片	79cm×49cm	368,000	西泠印社	2022-01-22
陈佩秋 2012年作 梅石图 手卷	画心 29cm×182.5cm	322,000	上海嘉禾	2022-11-20
陈佩秋 2013年作 青山晴霭 镜框	23.5cm×105.5cm	322,000	上海嘉禾	2022-11-20
陈佩秋 1977年作 翠带临风 手卷	28.3cm×95.5cm	264,500	开拍国际	2022-01-07
陈佩秋 竹林双蝶 立轴	100cm×43cm	253,000	中国嘉德	2022-06-26
陈佩秋 花鸟·草书七言联一堂	画90cm×54cm	253,000	江苏汇中	2022-08-16
陈佩秋 1987年作 柳荫栖雀 立轴	68cm×67.5cm	207,000	上海嘉禾	2022-11-20
陈佩秋 鱼戏海天 手卷	画心 26.5cm×136cm	207,000	上海嘉禾	2022-11-20

2022书画拍卖成交汇总(续表)
(成交价RMB: 6万元以上)

拍品名称	物品尺寸	成交价RMB	拍卖公司	拍卖日期
陈佩秋 太华长松 书法对联 轴片		195,500	浙江佳宝	2022-03-13
陈佩秋 蕉荫飞雀 镜片	65.5cm×44cm	195,500	上海嘉禾	2022-11-20
陈佩秋 梅花鸟憩图 镜框	33.5cm×15cm	184,000	上海嘉禾	2022-11-20
陈佩秋 竹林飞鸟·草书七言联 镜心	画 136cm×69cm	172,500	北京荣宝	2022-07-24
陈佩秋 绿梅 手卷	画心27cm×68cm	166,750	上海嘉禾	2022-11-20
陈佩秋 2000年作 山行霜红 扇片框	18.5cm×53cm	149,500	朵云轩	2022-12-08
陈佩秋 1975年作 幽兰 镜框	40cm×136.1cm	140,409	香港苏富比	2022-04-30
陈佩秋 1996年作 草书五言诗 镜心	47cm×411cm	138,000	中国嘉德	2022-06-26
陈佩秋 2006年作 青山松林 手卷	32.5cm×68cm	138,000	华艺国际	2022-09-23
陈佩秋 2005年作 层峦叠翠 立轴	画心 63.5cm×43.5cm	132,250	中鸿信	2022-09-11
陈佩秋 1982年作 竹荫憩禽 立轴	72cm×43.5cm	103,500	中国嘉德	2022-06-26
陈佩秋 1980年作 熊猫 镜心	89cm×48cm	101,534	中国嘉德	2022-10-07
陈佩秋 1982年作 兰石图 镜片	29cm×83.5cm	97,750	上海嘉禾	2022-11-20
陈佩秋 秋林黄雀 镜心	137cm×69cm	92,000	北京银座	2022-01-12
陈佩秋 1978年作 竹兰栖禽图 镜片	75.5cm×45.5cm	92,000	上海嘉禾	2022-01-01
陈佩秋 1982年作 竹子熊猫 镜心	65cm×44cm	92,000	中鸿信	2022-09-11
陈佩秋 国宝 立轴	55cm×34cm	89,700	上海嘉禾	2022-08-28
陈佩秋 馋涎欲滴 立轴	画心 33.5cm×45.5cm	86,250	上海嘉禾	2022-08-28
陈佩秋 1984年作 深山藏古寺 镜片	27cm×32cm	80,500	广东崇正	2022-12-25
陈佩秋 草书、兰花 (二帧) 立轴	直径25cm×2	79,462	中国嘉德	2022-10-07
陈佩秋 程十发 秋栖 立轴	画心63cm×42cm	74,750	中鸿信	2022-09-11
陈佩秋 2003年作 草书七言诗 镜框	139.5cm×67cm	74,750	上海嘉禾	2022-08-28
陈佩秋 竹雀芭蕉 立轴	109.5cm×61.5cm	69,000	保利厦门	2022-10-22
陈平 2004年作 山水 镜心	96cm×90cm	230,000	保利厦门	2022-10-22
陈平 1989年作 山南人家 镜心	135cm×68cm	69,000	保利厦门	2022-10-22
陈萍如 丝画俩相依	55cm×86cm	170,200	保利厦门	2022-10-22
陈其宽 1987年作 春 镜框	46cm×46cm	176,826	罗芙奥	2022-12-03
陈其宽 1989年作 荷山 立轴	58cm×31cm	168,516	罗芙奥	2022-06-04
陈其宽 1966年作 泉 立轴	119.3cm×22.5cm	162,010	佳士得	2022-05-29
陈其宽 雪夜 镜框	30cm×22.7cm	97,206	香港苏富比	2022-04-30
陈其宽 庭院 镜框	43cm×44.5cm	81,005	佳士得	2022-05-29
陈其宽 1991年作 机缘 立轴	44.6cm×44.6cm	70,668	罗芙奥	2022-06-04
陈其宽 吾子	31.5cm×22.5cm	65,232	罗芙奥	2022-06-04
陈其美 楷书"春如锦" 立轴	63cm×29cm	138,000	开拍国际	2022-01-07
陈琪 云海禅心 立轴	139cm×50cm	715,000	浙江御承	2022-12-17
陈琪 寒鹤憩霜 立轴	139cm×50cm	660,000	浙江御承	2022-12-17
陈琪 层层关山夕照红 镜心	68cm×46cm	483,000	浙江御承	2022-08-28
陈琪 瑞雪兆丰年 镜心	68cm×46cm	368,000	浙江御承	2022-08-28
陈茜 2020年作 爱猫日记	45cm×1080cm	590,000	保利厦门	2022-01-13
陈茜 2013年作 怀人相思	180cm×90cm	440,000	保利厦门	2022-01-13
陈茜 2018年作 人间天堂	178cm×90cm	380,000	保利厦门	2022-01-13
陈茜 2018年作 一见如故	136cm×68cm	160,000	保利厦门	2022-01-13
陈去病 1933年作 行书 镜片	145cm×31cm	70,150	朵云轩	2022-08-08
陈少立 2021年作 芳华	65cm×34cm	75,600	北京伍佰艺	2022-10-28
陈少梅 仿郭河阳山水 立轴	67.5cm×37.5cm	3,107,815	香港苏富比	2022-10-08
陈少梅 1942年作 松溪临水 立轴	133.5cm×66.5cm	3,105,000	开拍国际	2022-07-24
陈少梅 1944年作 梅下高士图 立轴	105cm×44.5cm	1,897,500	北京荣宝	2022-07-24
陈少梅 吹箫引凤 镜心	129cm×67cm	1,495,000	中贸圣佳	2022-10-27
陈少梅 1943年作 唐人诗意图 立轴	101cm×33.5cm	1,265,000	中国嘉德	2022-06-26
陈少梅 1947年作 长夏山居 立轴	78cm×33.5cm	1,150,000	北京银座	2022-01-12
陈少梅 宋人小景 镜心	27cm×72cm	977,500	开拍国际	2022-07-24
陈少梅 沈枢 1942年作 修竹仕女·楷书 成扇	18.5cm×59cm×2	632,500	北京银座	2022-01-12
陈少梅 1943年作 鹤寿无纪 立轴	62.5cm×26.5cm	529,000	中贸圣佳	2022-07-23
陈少梅 山间高士二屏 镜框	65cm×28cm×2	448,500	北京荣宝	2022-07-24
陈少梅 1937年作 竹溪观瀑 立轴	102cm×23cm	437,000	朵云轩	2022-12-08
陈少梅 岭桥溪瀑 镜心	124cm×33cm	345,000	永乐拍卖	2022-07-25
陈少梅 溥修 1945年作 梅花书屋图、草书唐人五律 成扇	17.5cm×50cm×2	322,000	开拍国际	2022-01-07
陈少梅 秋林高士 立轴	105cm×46cm	322,000	北京保利	2022-07-26
陈少梅 冯忠莲 王文珍 1942年作 梧桐仕女 立轴	98.5cm×18cm	322,000	北京保利	2022-07-26
陈少梅 1942年作 游园仕女 立轴	101cm×43cm	172,500	朵云轩	2022-12-08
陈少梅 刘子久 1941年作 梅花高士 立轴	104.5cm×32cm	155,250	北京保利	2022-07-26
陈少梅 柳塘仕女 立轴	100cm×29cm	126,500	中国嘉德	2022-12-13
陈少梅 1931年作 柳荫仕女 立轴	114cm×24cm	115,000	中贸圣佳	2022-07-23
陈少梅 1945年作 高士图 立轴	110.5cm×50cm	115,000	保利厦门	2022-10-21
陈少梅 樵新罗山人相思曲 立轴	62.5cm×34cm	108,007	佳士得	2022-05-29
陈少梅 王揖唐 柳岸放舟图·书法 成扇	18cm×51.5cm	103,500	西泠印社	2022-01-23
陈少梅 惠孝同 金开藩 寿鐧 等 1930年作 为闾锡山作坐对松崖图 立轴	92cm×31cm	92,000	西泠印社	2022-01-23
陈少梅 对弈图 立轴	81cm×35.5cm	92,000	广东小雅斋	2022-05-25
陈少梅 1936年作 蓊庵图 轴	81cm×35cm	90,850	江苏汇中	2022-08-17
陈少梅 1945年作 寒山策杖图 立轴	60cm×29.5cm	82,800	中贸圣佳	2022-07-23
陈少梅 1940年作 洛神图 立轴	102cm×26cm	69,000	中鸿信	2022-09-11
陈盛发 见贤思齐 画心	138cm×68cm	1,280,000	北京传世	2022-12-15
陈师曾 1918年作 息翁玩具图 镜心	128cm×62cm	1,265,000	中国嘉德	2022-06-26
陈师曾 1920年作 与齐白石订交之作 墨蟹图 立轴	105cm×47.5cm	1,127,000	西泠印社	2022-01-23
陈师曾 花草 赏石图 册页 (二十八开)	30cm×40cm×28	782,000	江苏汇中	2022-08-17
陈师曾 为陈汉第作竹石图 立轴	138cm×48cm	552,000	西泠印社	2022-01-22
陈师曾 秋山图 立轴	137.2cm×33.2cm	368,000	中国嘉德	2022-06-26
陈师曾 1923年作 荷 立轴	131.6cm×39.2cm	345,000	中国嘉德	2022-06-26
陈师曾 仿沈周《春山图》 手卷	162cm×390cm	212,750	中鸿信	2022-09-11
陈师曾 1922年作 墨竹 立轴	99cm×60cm	149,500	中贸圣佳	2022-12-31
陈师曾 西府海棠 立轴	130.5cm×65.5cm	138,000	北京保利	2022-07-27
陈师曾 清供图 镜心	47.5cm×32cm	126,500	开拍国际	2022-01-07
陈师曾 1923年作 清供图 立轴	133.5cm×66cm	92,000	广东崇正	2022-12-25
陈师曾 1914年作 兰石牡丹 立轴	80cm×47cm	63,250	中国嘉德	2022-06-26
陈述国 精气神 画心	180cm×70cm	360,000	北京传世	2022-12-15
陈树人 1947年作 峡江渔艇 镜框	61cm×46cm	333,500	华艺国际	2022-09-24
陈树人 1928年作 花鸟二帧 立轴 (双挖)	35cm×31.5cm; 80cm×34.5cm	138,000	西泠印社	2022-01-23
陈树人 1947年作 寒塘 立轴	131cm×33cm	138,000	广东崇正	2022-08-11
陈树人 1947年作 木棉小鸟 镜框	76cm×38.5cm	115,000	华艺国际	2022-09-24
陈树人 1948年作 绿柳黄鹂 镜框	66cm×32cm	109,250	华艺国际	2022-09-24
陈树人 封侯图 立轴	86cm×30cm	103,500	华艺国际	2022-09-24
陈树人 红棉 镜框	33cm×65cm	93,150	华艺国际	2022-09-24
陈树人 1947年作 春光 立轴	66cm×43.5cm	86,250	中国嘉德	2022-06-26
陈树人 赵少昂 1931年作 丹柏火鸠 立轴	86.2cm×35.9cm	72,146	香港苏富比	2022-10-08
陈树人 1935年作 双绶鸣春 立轴	81cm×47cm	69,000	华艺国际	2022-09-24

2022书画拍卖成交汇总(续表)
(成交价RMB：6万元以上)

拍品名称	物品尺寸	成交价RMB	拍卖公司	拍卖日期
陈树人1947年作 木棉小鸟 镜心	76cm×39cm	63,250	中国嘉德	2022-06-27
陈天 2019年作 荷塘清趣 镜片	68cm×136cm	110,000	北京中贝	2022-04-11
陈维福 家和万事兴	34cm×136cm	425,600	开禧国际	2022-12-28
陈维福 观海听涛 镜心	34cm×136cm	403,200	开禧国际	2022-12-28
陈文希 鹭	121cm×69.5cm	734,448	香港苏富比	2022-04-28
陈文希 鲤鱼	69.5cm×140cm	410,427	香港苏富比	2022-04-28
陈文希 葫芦和鸭子	138cm×69cm	378,025	香港苏富比	2022-04-28
陈文希 1987年作 长臂猿之乐	143cm×76cm	345,623	佳士得	2022-05-27
陈文希 约20世纪60年代作 红毛丹树与两只麻雀	89cm×45cm	280,818	佳士得	2022-05-27
陈文希 约20世纪50—60年代作 渔村	95.5cm×33.5cm	220,176	佳士得	2022-12-01
陈湘波 回眸 镜心	48.5cm×77cm	368,000	中国嘉德	2022-06-29
陈小舟 秋林高士图 立轴	145cm×81cm	126,500	中贸圣佳	2022-10-27
陈学营 2020年作 奔马图 镜心	68cm×136cm	1,384,000	北京中贝	2022-03-16
陈学营 2020年作 一马平川 镜心	68cm×136cm	896,000	北京中贝	2022-03-16
陈延地 唐韩愈诗句 画心	34cm×146cm	117,700	北京传世	2022-12-15
陈一心 红墙	68cm×68cm	257,516	荣宝斋（香港）	2022-11-26
陈逸飞 2004年作 阳光	89cm×48cm	218,500	西泠印社	2022-01-22
陈逸飞 妩媚	44cm×46cm	92,000	西泠印社	2022-08-20
陈毅 草书《广东》诗两首 诗稿	28.5cm×24cm	1,805,500	中贸圣佳	2022-10-27
陈永锵 2012年 红棉 镜心	97cm×180cm	195,500	华艺国际	2022-09-24
陈永锵 2004年作 岭南风骨 镜心	97cm×180cm	138,000	中国嘉德	2022-05-29
陈永锵 细雨莲塘 镜片	140cm×69.5cm	63,250	广东崇正	2022-04-17
陈友 2022年作 寿桃中堂 镜心	136cm×68cm；136cm×34cm×2	1,495,000	荣宝斋（南京）	2022-12-07
陈垣 行书七言诗 镜心	66cm×33cm	161,000	中国嘉德	2022-12-13
陈缘督 1958年作 妇女突击队 立轴	128cm×66cm	207,000	中贸圣佳	2022-12-31
陈缘督 1931年作 百子图 镜片	114cm×50cm	97,750	江苏汇中	2022-08-17
陈缘督 瑶台望月 立轴	94.3cm×52.5cm	74,750	北京诚轩	2022-08-08
陈占伟 喜上眉梢 画心	180cm×70cm	380,000	北京传世	2022-12-15
陈长智 富贵香中知春暖 镜片	68cm×138cm	2,550,000	北京中贝	2022-06-09
陈长智 春山行旅图 镜片	68cm×138cm	2,120,000	北京中贝	2022-06-09
陈长智 秋园拾趣 镜片	68cm×138cm	1,680,000	北京中贝	2022-06-09
陈政毅 2022年作 千载古韵	136cm×68cm	166,000	北京伍佰艺	2022-09-17
陈之佛 1945年作 竹间群嬉 立轴	128.3cm×51.7cm	1,610,000	开拍国际	2022-01-07
陈之佛 桃花双羽 立轴	110cm×44cm	1,495,000	中国嘉德	2022-06-26
陈之佛 1941年作 梨花双栖 镜心	79cm×32cm	805,000	开拍国际	2022-01-07
陈之佛 1942年作 山茶螳螂 立轴	111cm×32.5cm	575,000	中国嘉德	2022-06-27
陈之佛 1948年作 寒花白鹰 立轴	124cm×41cm	368,000	上海嘉禾	2022-08-28
陈之佛 1946年作 春塘双栖图 镜片	125cm×40cm	356,500	江苏汇中	2022-08-16
陈之佛 为山寿、燕日作玉兰双雀图 立轴	82cm×36cm	184,000	中鸿信	2022-09-11
陈之佛 寒花栖雀 立轴	76cm×33.5cm	172,500	上海嘉禾	2022-11-20
陈之佛 1946年作 王福厂1947年作 竹林猫戏 隶书 成扇	19.5cm×52cm	105,800	朵云轩	2022-12-09
陈志安 水浒一百单八将 手卷	83.5cm×921cm	345,000	荣宝斋（南京）	2022-12-07
陈致煦 许守白1916年、1918年、1919年作 是诗簃图 手卷	33cm×716cm	345,623	佳士得	2022-05-28
陈忠洲 2021年作 幽谷寻友图 镜心	180cm×96cm	5,175,000	荣宝斋（南京）	2022-12-07
陈忠洲 2022年作 山中人家 镜心	68cm×136cm	3,450,000	荣宝斋（南京）	2022-12-07
陈忠洲 2022年作 江山如画 镜心	136cm×68cm	2,875,000	荣宝斋（南京）	2022-12-07
陈忠洲 2022年作 初秋时节 镜心	22cm×61.5cm	690,000	永乐拍卖	2022-07-25
陈子奋 1956年作 青芝纪游 镜框	42cm×59cm	71,300	保利厦门	2022-10-21
陈子庄 双吉图 立轴	130cm×34.2cm	517,500	北京保利	2022-07-26
陈子庄 1972年作 牡丹图 立轴	107cm×33cm	207,000	北京荣宝	2022-07-24
陈子庄 1972年作 银山小景 镜心	20.5cm×55cm	138,000	中国嘉德	2022-06-27
陈子庄 猫石图 镜心	84.5cm×34cm	126,500	中国嘉德	2022-12-13
陈子庄 1964年作 钟馗 镜片	24.5cm×18.5cm	115,000	西泠印社	2022-01-22
陈子庄 花鸟书法 册页	24cm×35cm×5	115,000	中鸿信	2022-09-11
陈子庄 春江水暖鸭先知、登枝图 镜心		69,000	北京荣宝	2022-07-24
陈子庄 1966年作 泛舟图·行书七言诗 成扇	16cm×50cm	69,000	中国嘉德	2022-06-27
陈子庄 1973年作 山居图 立轴	85.5cm×37.5cm	63,250	中国嘉德	2022-06-27
陈宗瑞 约20世纪70年代作 南洋风景	68cm×101cm	183,612	佳士得	2022-05-27
成元德 心经	136cm×68cm	478,244	荣宝斋（香港）	2022-11-26
成忠臣 七律二首·送瘟神 画心	48cm×180cm×16	1,830,000	北京传世	2022-12-15
程保忠 2022年作 夜雪沐江华	145.5cm×76cm	69,000	中贸圣佳	2022-10-27
程澄 观音像 镜心	110cm×50cm	428,685	保利香港	2022-10-12
程澄 曼陀之雅·观音大士像	105cm×33cm	218,500	西泠印社	2022-01-22
程良 瀑流春珠 立轴	67.5cm×43.5cm（绘画）	80,500	保利厦门	2022-10-22
程良 瀑流春岩 立轴	67.5cm×43.5cm（绘画）	80,500	保利厦门	2022-10-22
程良 三友图 立轴	67.5cm×43.5cm（绘画）	71,300	保利厦门	2022-10-22
程敏 高原的礼赞 镜心	113cm×109cm	149,500	北京荣宝	2022-07-24
程十发 1948年作 唐人诗意图 立轴	183cm×96cm	5,290,000	上海嘉禾	2022-11-20
程十发 1960年作 花团锦簇 镜框	101cm×66.5cm	2,734,906	香港苏富比	2022-10-09
程十发 1985年作 飞天 镜片	92cm×176cm	1,782,500	上海嘉禾	2022-11-20
程十发 1963年作 齐天大圣 屏轴	87cm×47cm	1,552,500	朵云轩	2022-12-08
程十发 傣村节日图 立轴 设色纸本	画心 43cm×71cm；诗堂 42cm×71cm	1,380,000	北京荣宝	2022-07-24
程十发 群鹿少女 软片	139cm×69cm	1,380,000	上海嘉禾	2022-11-20
程十发 漫画人物图卷 手卷	画 41.5cm×305cm	1,380,000	中国嘉德	2022-12-13
程十发 长乐 镜心	93cm×179cm	1,322,500	中贸圣佳	2022-12-31
程十发 1973年作 春天的花朵 立轴 设色纸本	140cm×70cm	1,150,000	北京荣宝	2022-07-24
程十发 1958年作 民歌诗意人物立轴	131.5cm×66cm	1,150,000	永乐拍卖	2022-07-25
程十发 1958年作 民歌诗意 立轴	136cm×68cm	1,046,500	开拍国际	2022-01-07
程十发 1978年作 红衣剑侠 立轴	180cm×69cm	977,500	朵云轩	2022-12-08
程十发 太白词意 立轴	139.5cm×69cm	943,000	中贸圣佳	2022-10-27
程十发 1988年作 阆苑仙音 镜片	135cm×67cm	897,000	上海嘉禾	2022-11-20
程十发 牧牛双童 立轴	96.5cm×74cm	874,000	朵云轩	2022-12-08
程十发 1983年作 少女迎春 立轴	96cm×59cm	862,500	朵云轩	2022-12-08
程十发 1979年作 遏云图 立轴	75cm×69cm	828,000	上海嘉禾	2022-11-20
程十发 橘颂 立轴	139cm×68cm	805,000	北京荣宝	2022-07-24
程十发 1982年作 茶花双吉图 立轴	95cm×58.5cm	713,000	上海嘉禾	2022-11-20
程十发 1978年作 少女与鹿 立轴	画心 49.5cm×67.5cm	690,000	北京荣宝	2022-07-24
程十发 1985年作 终南出游图 镜心	138cm×68.5cm	632,500	北京银座	2022-01-12

拍品名称	物品尺寸	成交价RMB	拍卖公司	拍卖日期	拍品名称	物品尺寸	成交价RMB	拍卖公司	拍卖日期
程十发1997年作行书十一言联 立轴	360cm×47cm×2	609,500	上海嘉禾	2022-11-20	程十发 春归图 立轴	画心69cm×45cm	149,500	上海嘉禾	2022-11-20
程十发(款) 双美图	92cm×49.5cm	589,710	香港福羲国际	2022-12-28	程十发1984年作 茶花双吉图 立轴	85cm×40.5cm	149,500	上海嘉禾	2022-11-20
程十发1984年作 鹿苑长春图 镜心	121.5cm×246cm	575,000	北京荣宝	2022-07-24	程十发1991年作 少女牧羊 立轴	69cm×45.5cm	149,500	中国嘉德	2022-12-12
程十发1978、1979年作 花鸟八种 册页(十开)	27.5cm×48cm×10	554,967	香港苏富比	2022-10-08	程十发1978年作 少女与羊 立轴	82.5cm×38cm	143,473	中国嘉德	2022-10-07
程十发1961年作 喜羊图 镜框	94cm×40cm	552,000	上海嘉禾	2022-11-20	程十发1960年作 东风吹着便成春 镜片	67cm×35cm	138,000	上海嘉禾	2022-01-01
程十发1981年作 少女双鹿 镜片	95.5cm×62cm	529,000	上海嘉禾	2022-11-20	程十发1997年作 春归 立轴	画69cm×45.5cm	138,000	中国嘉德	2022-06-27
程十发1982年作 报羊图 镜框	137cm×67.8cm	521,469	佳士得	2022-12-02	程十发 吹笛少女 立轴	94cm×62.5cm	138,000	广东崇正	2022-08-11
程十发1985年作 献寿图 立轴	103cm×68.5cm	483,000	朵云轩	2022-12-08	程十发1976年作 芙蕖 立轴	画心48cm×34cm	138,000	上海嘉禾	2022-08-28
程十发1981年作 少女与鹿 镜心	77cm×49.5cm	460,000	西泠印社	2022-01-22	程十发1983年作 少女与鸟 镜片	154cm×83cm	138,000	朵云轩	2022-12-08
程十发 花篮 立轴	83cm×67cm	460,000	中贸圣佳	2022-10-27	程十发1989年作 山茶梅花 镜框	91.5cm×68cm	129,608	佳士得	2022-05-29
程十发1973年作 报春图 镜心	83cm×153cm	437,000	华艺国际	2022-07-29	程十发 牧牛图 镜片	80cm×35.5cm	126,500	西泠印社	2022-01-23
程十发1978年作 春静鸟声乐 手卷	画心 25.5cm×351cm	437,000	上海嘉禾	2022-11-20	程十发1979年作 秋庭一角 镜框	63.5cm×40.5cm	126,500	上海嘉禾	2022-11-20
程十发1988年作 迎春图 镜片	100cm×52cm	414,000	广东崇正	2022-08-11	程十发 秋菊双鸡 立轴	65.6cm×48.5cm	122,093	香港苏富比	2022-10-08
程十发1982年作 花间少女 镜片	100cm×49cm	414,000	上海嘉禾	2022-11-20	程十发 瓶花 立轴	61.5cm×39.5cm	121,400	中国嘉德	2022-10-07
程十发1985年作 苏子卿望乡图 立轴	137cm×68cm	402,500	中国嘉德	2022-06-26	程十发1987年作 瓶花 镜心	68.5cm×68cm	119,380	保利香港	2022-10-12
程十发1990年作 武陵山 立轴	68cm×48cm	402,500	上海嘉禾	2022-11-20	程十发1992年作 捧花少女 镜心	129cm×60.5cm	117,300	朵云轩	2022-12-08
程十发1982年作 长春 立轴	133cm×66cm	386,274	中国嘉德	2022-10-07	程十发1990年作 长乐图 镜心	68cm×44.5cm	115,000	北京银座	2022-09-16
程十发1980年作 鹿苑长春 镜心	91.5cm×171cm	368,000	朵云轩	2022-12-08	程十发1978年作 瓶花图 镜片	55cm×35cm	115,000	上海嘉禾	2022-01-01
程十发1987年作 林峦缥缈 镜心	82cm×74cm	331,092	中国嘉德	2022-10-07	程十发1996年作 草书放翁诗 镜心	51cm×368cm	115,000	中国嘉德	2022-06-26
程十发1989年作 清静图 立轴	67.5cm×49.5cm	322,000	北京银座	2022-09-17	程十发1982年作 少女与鹿 立轴	87cm×51cm	115,000	北京保利	2022-07-21
程十发 少女骑牛 镜心	128.5cm×65.5cm	322,000	中国嘉德	2022-06-26	程十发1958年作 民歌诗意 镜片	22cm×29.5cm	115,000	上海嘉禾	2022-11-20
程十发1980年作 拈花图 立轴	67cm×46cm	322,000	上海嘉禾	2022-08-28	程十发 少女图 镜片	68.5cm×45cm	115,000	上海嘉禾	2022-11-20
程十发 刘小晴1977年作 吉庆少女图行书 成扇	18cm×50cm	322,000	上海嘉禾	2022-11-20	程十发1982年作 芙蓉双吉 立轴	84cm×54cm	115,000	上海嘉禾	2022-11-20
程十发 雨洗秋山 立轴	124cm×67.5cm	299,000	朵云轩	2022-12-08	程十发 花间双雏图 立轴	69.5cm×34.5cm	115,000	上海嘉禾	2022-11-20
程十发1986年作 丙寅钟馗 立轴	66cm×67cm	276,000	广东崇正	2022-12-25	程十发 彩虹一瞥 镜片	133cm×63cm	112,700	广东小雅斋	2022-05-25
程十发1978年作 瓶花 立轴	68.3cm×44cm	266,384	香港苏富比	2022-10-08	程十发1982年作 双吉图 镜片	33cm×44cm	112,700	上海嘉禾	2022-11-20
程十发1988年作 钟馗啖果图 立轴	89cm×69.5cm	253,000	北京银座	2022-01-12	程十发1996年作 探梅图·行书七言诗 成扇	18.5cm×51cm	109,250	中国嘉德	2022-06-26
程十发1993年作 行书龙门对 立轴	172cm×41cm×2	253,000	中国嘉德	2022-06-26	程十发 赵冷月 1973年作 泽畔牵牛、行书太白诗 成扇	18cm×42.5cm	108,007	香港苏富比	2022-04-30
程十发1977年作 橘颂 立轴	96cm×58cm	253,000	北京保利	2022-07-27	程十发1981年作 羲之爱鹅图 镜心	82.5cm×50.5cm	103,500	中贸圣佳	2022-12-31
程十发1983年作 少女与鹿 镜心	120cm×63cm	230,000	中国嘉德	2022-05-29	程十发1990年作 行书七言联 立轴	179cm×48.5cm×2	103,500	中国嘉德	2022-06-27
程十发1980年作 少女饲鸡 镜心	85cm×47.5cm	230,000	北京银座	2022-09-17	程十发 祖孙情 镜心	42.5cm×95.5cm	103,500	荣宝斋(南京)	2022-12-07
程十发2003年作 花卉四屏 镜片	69cm×34.5cm×4	230,000	上海嘉禾	2022-08-28	程十发1996年作 探梅图·行书 成扇	18cm×49cm	103,500	上海嘉禾	2022-11-20
程十发 斜插鬓边花 立轴	95cm×53cm	230,000	中贸圣佳	2022-10-27	程十发1981年作 大吉图 立轴	59.5cm×47.5cm	97,750	北京银座	2022-09-16
程十发1984年作 少女 立轴	69.5cm×44.5cm	218,500	北京银座	2022-01-12	程十发1992年作 大吉图 镜框	68cm×51cm	97,750	上海嘉禾	2022-08-28
程十发1980年作 少女 立轴	103cm×53cm	218,500	广东崇正	2022-12-25	程十发1980年作 鹤寿 镜心	80.5cm×47cm	97,750	中国嘉德	2022-12-12
程十发 滇西小景 立轴	95cm×40cm	207,000	中国嘉德	2022-06-27	程十发1979年作 重午即景 立轴	74.5cm×40.9cm	94,344	香港苏富比	2022-10-08
程十发1985年作 二阳开泰 镜片	121cm×63cm	207,000	广东崇正	2022-08-11	程十发1977年作 牧鹿图 镜心	81cm×50.5cm	92,000	北京荣宝	2022-07-24
程十发1981年作 迎春图 镜片	65cm×40cm	201,250	西泠印社	2022-01-22	程十发1978年作 捧花少女 立轴	78.5cm×48.5cm	92,000	上海嘉禾	2022-01-01
程十发 朱屺瞻1993年作 磐石虬松 镜心	67cm×133cm	184,000	中鸿信	2022-09-11	程十发1987年作 奏乐图 立轴	99cm×34cm	92,000	江苏汇中	2022-08-17
程十发1957年作 点苍山远跳 镜心	51.5cm×51.5cm	184,000	中国嘉德	2022-06-27	程十发1992年作 行书七言联 对联	102.5cm×22.5cm×2	92,000	上海嘉禾	2022-08-28
程十发1990年作 平安长乐 立轴	98cm×60cm	184,000	上海嘉禾	2022-11-20	程十发 施大畏 韩敏 钱行健 杨正新 毛国伦 何曦 徐昌酩 韩硕 车鹏飞 蔡天雄 笔精墨妙 册页	33.5cm×34cm×11	92,000	朵云轩	2022-12-08
程十发1985年作 锦葵双鸽 立轴	97.5cm×45.5cm	184,000	上海嘉禾	2022-11-20	程十发1981年作 瓶花 镜片	100cm×60.5cm	92,000	朵云轩	2022-12-08
程十发1979年作 双姝献瑞 立轴	68cm×45cm	176,582	中国嘉德	2022-10-07	程十发 少女抱鸽 镜框	68.5cm×45cm	86,405	佳士得	2022-05-29
程十发1961年作 放牧图 立轴	59cm×34cm	172,500	北京荣宝	2022-07-24	程十发1985年作 少女湖石 立轴	72cm×47cm	86,250	上海嘉禾	2022-01-01
程十发1977年作 双吉图 立轴	66cm×45.5cm	172,500	西泠印社	2022-08-21	程十发1988年作 少女与鹿 镜心	48cm×52cm	86,250	中国嘉德	2022-06-27
程十发1983年作 瓶花 立轴	69.5cm×44.5cm	166,750	上海嘉禾	2022-11-20	程十发1987年作 和合图 立轴	63cm×37cm	86,250	上海嘉禾	2022-08-28
程十发1960年作 牧羊图 立轴	106cm×32.7cm	162,010	佳士得	2022-05-29	程十发 迎春图 立轴	70cm×45cm	82,800	中鸿信	2022-09-11
程十发 观民族舞蹈 镜心	79cm×46.1cm	161,000	北京荣宝	2022-07-24	程十发2003年作 隶书 镜心	178cm×96cm	80,500	上海嘉禾	2022-08-28
程十发1976年作 富贵大吉图 镜心	44cm×33.5cm	161,000	西泠印社	2022-01-22	程十发 双吉图 立轴	67.5cm×46cm	79,462	中国嘉德	2022-10-07
程十发 仕女图 立轴	45cm×34.5cm	161,000	上海嘉禾	2022-08-28					
程十发1958年作 上学图 镜片	68.5cm×36cm	149,500	西泠印社	2022-08-21					

拍品名称	物品尺寸	成交价RMB	拍卖公司	拍卖日期
程十发 张金锜 1981年作 葫芦有余图、行书七言联 一堂		74,750	中国嘉德	2022-05-30
程十发 神女图 立轴	66cm×43cm	74,750	中国嘉德	2022-09-29
程十发 1987年作 荷塘双鱼 立轴	88cm×46.5cm	74,750	中国嘉德	2022-12-13
程十发 1980年作 瓶花 镜心	79cm×43cm	69,000	中国嘉德	2022-05-30
程十发 1984年作 抚琴图扇面 镜心	19cm×51cm	69,000	中贸圣佳	2022-12-31
程十发 1972年作 幽闺记之走雨 立轴	67.5cm×43cm	69,000	中国嘉德	2022-06-26
程十发 1996年作 行书七言联 立轴	128.5cm×31cm×2	69,000	中国嘉德	2022-06-27
程十发 荷塘清趣 镜心	76.5cm×49cm	69,000	荣宝斋(南京)	2022-12-07
程十发 1978年作 孺子牧牛 镜片	51cm×64cm	69,000	朵云轩	2022-12-08
程十发 瓶花图 立轴	88.5cm×46.5cm	69,000	朵云轩	2022-12-08
程十发 苏州东山 立轴	43cm×34.5cm	68,425	中国嘉德	2022-10-07
程十发 1985年作 芝有图 镜心	78.5cm×51cm	68,425	中国嘉德	2022-10-07
程十发 枸杞小鸟、竹林麻雀一对镜框	19.2cm×25.5cm×2	64,804	香港苏富比	2022-04-30
程十发 1982年作 双吉图 立轴	84cm×55cm	63,250	中国嘉德	2022-05-28
程十发 1992年作 行书七言联 立轴	136.5cm×32cm×2	63,250	中国嘉德	2022-06-27
程十发 2005年作 行书七言联 镜片	245.5cm×61cm×2	63,250	广东崇正	2022-08-11
程十发 1982年作 水积鱼聚 立轴	77cm×64cm	60,700	中国嘉德	2022-10-07
程砚秋 1940年作 楷书十七言联对联	163cm×26cm×2	195,500	中国嘉德	2022-05-30
程砚秋 楷书七言联 立轴	103cm×23.5cm×2	63,250	中国嘉德	2022-12-13
程与天 灵猴 书法心经篆刻	46cm×70cm、31cm×248cm	2,280,000	香港贞观	2022-01-16
程璋 画 吴待秋 题 1918年作 八骏图 立轴	135cm×66.5cm	82,800	中贸圣佳	2022-12-31
崇雨竹 2021年作 秋声 镜心	68cm×136cm	348,000	北京中贝	2022-03-16
储楚 2016—2022年作 璀璨的星——立夏 镜框	86.5cm×135cm	81,005	佳士得	2022-05-29
储金融 金色家园 画心	68cm×68cm	3,500,000	北京传世	2022-12-15
储金融 鹤鸣万里 画心	68cm×68cm	1,980,000	北京传世	2022-12-15
褚德彝 沈心海 伊立勋 汪琨 曹广桢 赵云壑 谭泽闿 胡郑卿 1933年作 1938年作 书画格景 成扇	19cm×50cm	97,750	朵云轩	2022-12-09
褚栓海 富贵园 画心	188cm×64cm	280,000	北京传世	2022-12-15
崔景哲 中国红 镜心	130cm×74cm	471,500	保利厦门	2022-10-22
崔景哲 瑶族姑娘 镜心	180.5cm×115.5cm	253,000	北京银座	2022-09-17
崔景哲 书法《岳阳楼记》镜心	66cm×130.5cm	69,000	荣宝斋(南京)	2022-12-07
崔可辉 山涧帆影 画心	90cm×170cm	800,000	北京传世	2022-12-15
崔娜 舞翩跃	136cm×68cm	280,000	北京乔禧	2022-12-25
崔娜 海南芭蕉	136cm×68cm	200,000	北京乔禧	2022-12-25
崔娜 花卉	68cm×68cm	120,000	北京乔禧	2022-12-25
崔娜 蝶恋花	68cm×68cm	120,000	北京乔禧	2022-12-25
崔如琢 2021年作 秋韵 镜心	222.5cm×196cm	103,500,000	永乐拍卖	2022-07-25
崔如琢 2008年 忽如一夜春风来 镜心	144cm×287cm	3,450,000	北京保利	2022-07-26
崔如琢 2010年作 秋山晴霭 手卷	画心 37cm×286cm	1,092,500	北京保利	2022-07-27
崔如琢 2007年作 秋山晚照图 手卷	画心 36cm×276cm	920,000	北京保利	2022-07-27
崔如琢 2010年作 放鹤人归雪满舟 镜心	75cm×71cm	575,000	北京保利	2022-07-27
崔如琢 1986年作 秋露 镜心	177cm×94cm	230,000	北京保利	2022-07-27
崔如琢 2002年作 留得残荷听雨声 立轴	136cm×34cm	115,000	上海嘉禾	2022-11-20
崔晓军 2016年作 鸿运当头 镜心	70cm×183cm	1,980,000	北京中贝	2022-03-16
崔振宽 2009年作 华山险峰 镜心	186cm×97cm	230,000	北京保利	2022-07-27
崔振宽 2011年作 渭北高秋 镜心	145cm×75cm	138,000	北京保利	2022-07-27
崔振宽 1982年作 家在青山白云间 立轴	136cm×68cm	138,000	北京保利	2022-07-27
崔子范 1991年作 红梅双鹤 横披	67cm×133cm	276,000	北京银座	2022-09-16
崔子范 1985年作 富贵长寿 立轴	152cm×83cm	201,250	北京银座	2022-09-16
崔子范 1979年作 蔬香图 立轴	130.5cm×68cm	86,250	北京银座	2022-09-17
崔子范 1987年作 荷塘清趣 立轴	87cm×47.5cm	66,700	北京诚轩	2022-08-08
崔子范 兔子 立轴	78.5cm×52cm	63,250	荣宝斋(南京)	2022-12-07
达世奇 葵花墨竹	140cm×70cm	441,456	荣宝斋(香港)	2022-11-26
代建红 夏韵 镜片	69cm×69cm	345,000	保利厦门	2022-10-22
戴传贤 1943年作 行书诗文四屏 立轴	126cm×29.5cm×4	92,000	保利厦门	2022-10-21
戴传贤 1940年作 行书五言联 立轴	97.5cm×15cm×2	80,500	北京银座	2022-09-16
戴敦邦 戴红倩 80年代作《种梨》连环画原稿二十三帧(全) 画心	26.5cm×28cm×23	230,000	西泠印社	2022-01-22
戴敦邦 1977年作 曹雪芹像 镜框	画心:34.2cm×20cm	140,409	香港苏富比	2022-04-30
戴敦邦 1991年作 高奇倬《快乐岛》连环画原稿三十五帧(全) 画心		97,750	西泠印社	2022-01-22
戴敦邦 1989年作 欢天喜地 镜片	101cm×88.5cm	94,300	朵云轩	2022-12-08
戴辉旭 2021年作 瀑布横飞 镜心	68cm×136cm	179,000	北京中贝	2022-03-16
戴辉旭 2021年作 风堰新翠 镜心	68cm×136cm	168,000	北京中贝	2022-03-16
戴久林 李白古风	137cm×60cm	137,955	荣宝斋(香港)	2022-11-26
党震 2022年作 玉山飞雪 镜心	184cm×127.5cm	253,000	北京荣宝	2022-07-24
邓邦述 1923年作 篆书七言联 立轴	146cm×37.5cm×2	115,000	北京银座	2022-01-12
邓邦述 1923年作 篆书七言联 立轴	146cm×38cm×2	115,000	华艺国际	2022-07-29
邓卜君 2016年作 泉落数弯水绿,岩砌独钓青云 镜框	217.5cm×96cm	347,646	佳士得	2022-12-02
邓尔雅 赵少昂 黄苗子 等 花卉书法集锦手卷	25cm×798cm	149,500	华艺国际	2022-09-24
邓尔雅 沈仲强 篆书七言联、菊雀图 立轴		121,400	中国嘉德	2022-10-07
邓尔雅 篆书七言联 立轴	114cm×23cm×2	109,250	广东崇正	2022-08-11
邓尔雅 隶书"木兰花馆" 镜心	34cm×110cm	105,800	华艺国际	2022-09-24
邓尔雅 1924年作 篆书七言联 立轴	94.5cm×17cm×2	72,146	香港苏富比	2022-10-08
邓芬 赵少昂 伏虎罗汉 镜心	126cm×68cm	573,892	中国嘉德	2022-10-08
邓芬 1936年作 百财满载 镜心	18.5cm×51.5cm	419,383	中国嘉德	2022-10-08
邓芬 冯湘碧 张纯初 张祥凝 余匡父 1940年作 仪斋侃佩图 镜框	69cm×108cm	410,427	佳士得	2022-05-29
邓芬 1958年作品茗清夏图 镜框	48cm×82cm	368,000	华艺国际	2022-09-24
邓芬 1959年作 浣纱图 镜框	94cm×43cm	288,583	香港苏富比	2022-10-08
邓芬 1942年作 丈室千座 镜心	19cm×52.5cm	242,800	中国嘉德	2022-10-08
邓芬 1943年作 仕女图 立轴	92cm×32cm	195,500	西泠印社	2022-01-23
邓芬 1964年作 采莲图 镜片	36cm×95cm	195,500	广东崇正	2022-08-11
邓芬 1955年作 送寿图 立轴	106cm×42.2cm	177,589	香港苏富比	2022-10-08
邓芬 1963年作 避风塘、行书七言诗 镜心	13cm×45cm	154,509	中国嘉德	2022-10-08
邓芬 梧桐佳人 镜片	89cm×35cm	138,000	广东崇正	2022-08-11
邓芬 1957年作 布袋和尚 立轴	79.6cm×41cm	108,007	香港苏富比	2022-04-30
邓芬 1961年作 行书"木兰花馆" 镜心	30cm×145cm	103,500	华艺国际	2022-09-24
邓芬 1963年作 兆光居士像 立轴	133cm×67.7cm	92,705	佳士得	2022-12-02
邓芬 1947年作 群雀图 立轴	107cm×35cm	92,000	广东崇正	2022-08-11

拍品名称	物品尺寸	成交价RMB	拍卖公司	拍卖日期
邓芬 1940年作 为吴伟佳作花卉书法扇 成扇	19.5cm×54cm	80,500	西泠印社	2022-01-23
邓芬 罗叔重 为欧振雄作花卉书法扇 成扇	18.5cm×49cm	80,500	西泠印社	2022-01-23
邓芬 1941年作 携琴仕女 立轴	106.5cm×35cm	60,700	中国嘉德	2022-10-08
邓散木 书法 临古 四屏	104.5cm×16cm×4	115,000	西泠印社	2022-01-22
邓散木 1941年作 隶书五言联 立轴	145.5cm×37.5cm×2	74,750	中国嘉德	2022-06-27
邓散木 1949年作 行书《离骚》《九歌》书册 线装册(四十四页)	34.5cm×20cm×44	69,000	西泠印社	2022-01-22
邓散木 隶书十六言联 立轴	134.5cm×22.5cm×2	69,000	中国嘉德	2022-06-26
邓散木 隶书集宋人词联 立轴	180cm×29.5cm×2	69,000	中国嘉德	2022-06-27
邓散木 1934年作 楷书临碑四屏 立轴	152cm×40cm×4	66,218	中国嘉德	2022-10-07
邓拓 1960年作 草书 立轴	43cm×22cm	92,000	朵云轩	2022-12-09
邓以蛰 1963年作 行书祝寿联(金岳霖撰联) 立轴	161cm×30cm×2	80,500	中贸圣佳	2022-12-31
邓玉平 长城赞 立轴	176cm×97cm	134,400	开禧国际	2022-12-28
邓玉平 长征图 立轴	136cm×68cm	89,600	开禧国际	2022-12-28
邓振喜 2022年作 平潭秋月	138cm×68cm	310,000	北京伍佰艺	2022-09-17
邓振喜 2022年作 秋江独钓	138cm×68cm	285,000	北京伍佰艺	2022-09-17
邓振喜 2022年作 华岳松云	138cm×68cm	282,000	北京伍佰艺	2022-09-17
邓振喜 2022年作 松韵泉声	138cm×68cm	226,000	北京伍佰艺	2022-09-17
邓振喜 2022年作 溪山秋晓	138cm×68cm	211,000	北京伍佰艺	2022-09-17
翟晓辉 2020年作 池塘秋色 镜心	48cm×76cm	728,000	北京中贝	2022-03-16
翟晓辉 2020年作 多子多福图 镜心	43cm×67cm	682,000	北京中贝	2022-03-16
翟晓辉 2019年作 林间自在啼 镜心	44cm×67cm	627,000	北京中贝	2022-03-16
翟晓辉 2019年作 竹报平安 镜心	40cm×67cm	574,000	北京中贝	2022-03-16
翟晓辉 2020年作 云水而居 镜心	33cm×67cm	520,000	北京中贝	2022-03-16
翟晓辉 2020年作 林深 镜心	32cm×66cm	485,000	北京中贝	2022-03-16
翟晓辉 2020年作 福寿禄 镜心	32cm×66cm	470,000	北京中贝	2022-03-16
邸超 2014年作 候场 镜心	139cm×69cm	161,000	北京保利	2022-07-27
丁宝书 1931年作 三代封侯 立轴	178cm×95cm	80,500	中国嘉德	2022-09-29
丁宝书 荷塘双侣 立轴	172cm×86cm	69,000	中贸圣佳	2022-10-27
丁佛言 1922年作 篆书《古陶颂》镜片	132cm×31cm	69,000	西泠印社	2022-01-22
丁辅之 沈景乾 葡萄龙眼图·草书诗 成扇	18.5cm×50cm	86,250	西泠印社	2022-01-22
丁立人 戏曲人物	51.5cm×73cm	80,500	中贸圣佳	2022-10-27
丁谦 望洞庭湖赠张丞相 镜片	138cm×69cm	264,500	保利厦门	2022-10-22
丁香阳 2022年作 山韵 镜心	96.5cm×239cm	230,000	北京荣宝	2022-07-24
丁雄泉 1970年作 仕女图 镜框	182.5cm×91cm	203,850	罗芙奥	2022-06-04
丁雄泉 1971年作 芙蓉花螳虫图 镜框	181cm×91cm	149,490	罗芙奥	2022-06-04
丁雄泉 1969年作 美女捧蟑图 镜框	184cm×94cm	119,592	罗芙奥	2022-06-04
丁雄泉 墨林山间 镜框	180cm×96.5cm	114,156	罗芙奥	2022-06-04
丁雄泉 1972年作 意想图 立轴	112cm×67cm	108,720	罗芙奥	2022-06-04
丁衍庸 1978年作 八仙祝寿 镜心	69cm×138.3cm	610,464	香港苏富比	2022-10-08
丁衍庸 1971年作 东风吹玉树 镜心	272cm×125.5cm	575,000	中国嘉德	2022-06-26
丁衍庸 十里长松 镜心	180.5cm×97cm	552,000	北京银座	2022-09-16
丁衍庸 素描(二十件一组)	尺寸不一	421,290	罗芙奥	2022-06-04
丁衍庸 1969年作 茅庵论道图 镜框	180cm×96cm	380,520	罗芙奥	2022-06-04
丁衍庸 素描(十件一组)	28cm×22cm×10	380,520	罗芙奥	2022-06-04
丁衍庸 1976年作 面壁图 立轴	136cm×67.5cm	368,000	中国嘉德	2022-06-26
丁衍庸 1975年作 山水 立轴	138.2cm×68.5cm	259,217	香港苏富比	2022-04-30
丁衍庸 1975年作 田园逸趣 手卷	37.5cm×695.5cm	259,217	佳士得	2022-05-29
丁衍庸 1971年作 戏剧人物 册页(十开)	33cm×46.5cm×10	242,800	中国嘉德	2022-10-07
丁衍庸 1977年作 人物花鸟图卷 手卷	46cm×321.5cm	230,000	中国嘉德	2022-06-26
丁衍庸 花鸟鱼虫 册页(二十四开)	14.6cm×19.8cm×24	205,213	香港苏富比	2022-04-30
丁衍庸 1967年作 鸟石葫芦 立轴	148.7cm×81cm	183,612	香港苏富比	2022-04-30
丁衍庸 京剧人物 镜心	28cm×20cm	172,500	中国嘉德	2022-06-26
丁衍庸 1972年作 钟馗降妖 镜心	141cm×70.5cm	172,500	中国嘉德	2022-06-26
丁衍庸 1978年作 松鹤 牡丹 蜀葵 竹蝉 镜心	137cm×35cm×4	153,900	保利香港	2022-07-12
丁衍庸 1975年作 花鸟四屏 镜心	92.5cm×34.5cm×4	149,500	中国嘉德	2022-12-13
丁衍庸 仙桃图 立轴	138cm×34.5cm	138,000	中贸圣佳	2022-07-23
丁衍庸 荷花鸳鸯 立轴	133cm×66.5cm	138,000	中国嘉德	2022-06-26
丁衍庸 君子图卷 手卷	38cm×448cm	138,000	中国嘉德	2022-06-26
丁衍庸 松寿四屏 立轴	137cm×34cm×4	138,000	广东崇正	2022-12-25
丁衍庸 1975年作 紫藤小鸟 立轴	138cm×69cm	126,500	广东崇正	2022-08-11
丁衍庸 1975年作 西湖佛影 镜框	70cm×45.7cm	118,807	佳士得	2022-05-29
丁衍庸 1978年作 霸王别姬 镜心	140.5cm×70cm	112,860	保利香港	2022-07-12
丁衍庸 一点相思泪(东坡像)及陶渊明采菊东篱图(两件一组) 镜框	34cm×34cm×2	108,720	罗芙奥	2022-06-04
丁衍庸 钟馗嫁妹、竹影摇风 手卷	18.7cm×268.5cm	108,007	香港苏富比	2022-04-30
丁衍庸 寿桃 立轴	93cm×34.5cm	103,500	中国嘉德	2022-06-26
丁衍庸 三顾草庐 立轴	94cm×52.5cm	103,500	中国嘉德	2022-12-12
丁衍庸 1976年作 鸭趣图 立轴	96cm×44cm	103,500	广东崇正	2022-12-25
丁衍庸 1978年作 荷花池里春蛙鸣 镜心	140.5cm×70.5cm	102,600	保利香港	2022-07-12
丁衍庸 1975年作 蝶恋花 立轴	102.5cm×57cm	92,000	中国嘉德	2022-06-26
丁衍庸 花鸟四屏 镜心	139.5cm×35cm×4	92,000	华艺国际	2022-07-29
丁衍庸 1967年作 荷花鸳鸯 立轴	151cm×82.5cm	92,000	广东崇正	2022-12-25
丁衍庸 1974年作 西游记 镜心	96cm×51cm	88,550	华艺国际	2022-09-24
丁衍庸 1966年作 荷池秋景 立轴	137cm×68cm	86,976	罗芙奥	2022-06-04
丁衍庸 1975年作 诗画卷 手卷	18.2cm×267.2cm	83,245	香港苏富比	2022-10-08
丁衍庸 太白像 立轴	84.5cm×34.6cm	83,245	香港苏富比	2022-10-08
丁衍庸 1978年作 飞鹰 镜心	140cm×70.5cm	82,481	保利香港	2022-10-12
丁衍庸 1974年作 钟馗嫁妹 镜框	69cm×138cm	81,117	佳士得	2022-12-02
丁衍庸 1978年作 西游记 立轴	68.8cm×45.4cm	81,005	香港苏富比	2022-04-30
丁衍庸 1978年作 贵妃醉酒图 立轴	69cm×45cm	76,104	罗芙奥	2022-06-04
丁衍庸 1969年作 小鸟葫芦及虾兵蟹将听蛙声(两件一组) 立轴	69cm×34cm; 69cm×35cm	76,104	罗芙奥	2022-06-04
丁衍庸 1973年作 戏剧人物 立轴	119cm×52.5cm	74,750	中国嘉德	2022-12-12
丁衍庸 伏虎 立轴	68cm×42cm	72,004	华艺国际	2022-05-29
丁衍庸 1965年作 猫 立轴	166cm×94cm	71,736	中国嘉德	2022-10-07
丁衍庸 1975年作 伏虎罗汉 立轴	91cm×46cm	70,668	罗芙奥	2022-06-04
丁衍庸 海天对联 立轴	138cm×34cm×2	70,668	罗芙奥	2022-06-04
丁衍庸 1976年作 攀枝迎上 镜心	76.7cm×42cm	70,204	香港苏富比	2022-04-30
丁衍庸 丹顶双鹤 立轴	90cm×48cm	70,204	佳士得	2022-05-29
丁衍庸 1975年作 江海鱼龙 镜心	51.5cm×97cm	69,000	北京银座	2022-09-16
丁衍庸 兰石蛙声图 手卷镜框	画心 45cm×187.1cm	66,596	香港苏富比	2022-10-08
丁衍庸 1978年作 一串明珠夜有光 镜框	69.5cm×79.7cm	64,804	佳士得	2022-05-29
丁衍庸 池塘清趣 镜框	47.5cm×82.5cm	64,804	佳士得	2022-05-29
丁衍庸 1976年作 鸭 立轴	96.8cm×44.3cm	63,250	北京诚轩	2022-08-08
丁衍庸 1976年作 玉堂双寿 立轴	136cm×68cm	63,250	华艺国际	2022-09-24
丁衍镛 1977年作 霸王别姬	83cm×37cm	154,509	中国嘉德	2022-10-09
丁衍镛 1975年作 古木幽禽 镜心	45cm×69cm	115,000	北京银座	2022-01-12
丁衍镛 1974年作 富贵神仙	44.6cm×58.5cm	60,700	中国嘉德	2022-10-09

2022书画拍卖成交汇总(续表)
(成交价RMB：6万元以上)

拍品名称	物品尺寸	成交价RMB	拍卖公司	拍卖日期
董必武 楷书自作诗 镜心	133cm×66cm	299,000	中贸圣佳	2022-10-27
董必武 1963年作 行书自作诗 立轴	132cm×40.5cm	126,500	中贸圣佳	2022-12-31
董康 汉镜拓片并题跋 镜心	45.5cm×69.5cm	103,500	开拍国际	2022-01-07
董立宝 2021年作 波光粼粼 镜心	69.5cm×138cm	184,000	北京荣宝	2022-07-24
董立宝 2021年作 波光粼粼 镜心	45cm×45cm	92,000	中国嘉德	2022-05-29
董立宝 2019年作 碧水青山 镜心	68cm×68cm	92,000	中国嘉德	2022-09-28
董桥 2019年作 行书《读胡适》自序 镜心	22.5cm×94cm	110,364	中国嘉德	2022-10-07
董桥 行书十五言联 镜心	100cm×14cm×2	80,500	中国嘉德	2022-12-13
董桥 2019年作 行书"懂得" 镜心	22cm×81cm	68,425	中国嘉德	2022-10-07
董桥 行书弘一语 未装裱、不连框	22.7cm×69.7cm	61,004	香港苏富比	2022-08-01
董寿平 黄山松云图 立轴	112.5cm×53cm	897,000	中鸿信	2022-09-11
董寿平 黄山烟云 镜心	90cm×68.5cm	736,000	开拍国际	2022-01-07
董寿平 1949年作 苍松高瀑 立轴	117cm×43cm	552,000	北京荣宝	2022-07-24
董寿平 报春图 镜心	144cm×76cm	506,000	北京保利	2022-07-26
董寿平 1984年作 群峰竞秀 镜心	130cm×65cm	494,500	开拍国际	2022-07-24
董寿平 1984年作 墨竹 镜心	136cm×68cm	471,500	开拍国际	2022-07-24
董寿平 黄山烟云 立轴	59cm×44cm	402,500	北京荣宝	2022-07-24
董寿平 1948年作 迎春图 镜心	103cm×32cm	345,000	北京银座	2022-01-12
董寿平 苍松 立轴	132cm×65cm	345,000	北京荣宝	2022-07-24
董寿平 幽兰图 立轴	47.5cm×67.5cm	345,000	北京荣宝	2022-07-24
董寿平 一松高寿 立轴	135cm×68cm	322,000	中贸圣佳	2022-07-23
董寿平 红梅	60cm×80cm	321,895	荣宝斋（香港）	2022-11-26
董寿平画 范曾题 牡丹 镜心	37cm×138cm	253,000	中贸圣佳	2022-07-23
董寿平 墨竹 立轴	98cm×52cm	253,000	北京荣宝	2022-07-24
董寿平 1979年作 墨竹 立轴	138cm×68cm	253,000	中国嘉德	2022-06-26
董寿平 1984年作 墨竹图 镜框	122.5cm×245.5cm	231,764	佳士得	2022-12-02
董寿平 1949年作 粉梅 立轴	66cm×36cm	230,000	北京银座	2022-01-12
董寿平 1946年作 蜀西写景 立轴	110cm×40cm	230,000	中鸿信	2022-09-11
董寿平 墨竹 镜心	135cm×67cm	207,000	北京荣宝	2022-07-24
董寿平 黄山松云 立轴	116cm×43cm	207,000	广东崇正	2022-12-25
董寿平 1985年作 直节藐寒云 立轴	135cm×67cm	184,000	北京诚轩	2022-08-08
董寿平 香中别有韵 镜心	48cm×56cm	172,500	中国嘉德	2022-06-26
董寿平 墨葡萄 立轴	134.5cm×68cm	172,500	北京保利	2022-07-27
董寿平 1991年作 墨竹 立轴	95cm×58.5cm	161,000	北京荣宝	2022-07-24
董寿平 1984年作 风中劲节 镜心	61cm×90.5cm	149,500	中国嘉德	2022-12-12
董寿平 行书七言联 镜心	130cm×31.5cm×2	132,250	北京银座	2022-01-12
董寿平 1929年作 桃花翠竹 镜片	134cm×33.5cm	132,250	上海嘉禾	2022-01-01
董寿平 竹石图 镜心	96cm×160cm	126,500	中国嘉德	2022-06-27
董寿平 1993年作 行书李白《赠汪伦》立轴	145cm×44.5cm	115,000	北京荣宝	2022-07-24
董寿平 1944年作 松山深秋 立轴	110cm×43cm	112,700	北京银座	2022-09-16
董寿平 1984年作 红梅报春 镜心	33cm×150cm	109,250	中国嘉德	2022-05-30
董寿平 云山松瀑图 立轴	106cm×32cm	109,250	北京银座	2022-09-16
董寿平 墨竹 镜心	120cm×44.5cm	103,500	中国嘉德	2022-06-26
董寿平 黄山 镜片	26.5cm×38.6cm	94,300	江苏汇中	2022-08-17
董寿平 行书 镜心	153cm×83.5cm	92,000	北京荣宝	2022-07-24
董寿平 1944年作 竹石清高 立轴	148cm×45cm	92,000	中国嘉德	2022-09-29
董寿平 1981年作 墨竹 镜心	71.5cm×42cm	92,000	中鸿信	2022-09-11
董寿平 墨竹 立轴	100cm×54cm	92,000	北京保利	2022-07-24
董寿平 1987年作 墨竹图 立轴	137cm×69cm	92,000	中国嘉德	2022-09-13
董寿平 1985年作 墨竹图 镜片	68cm×135.5cm	92,000	广东崇正	2022-12-25
董寿平 郭味蕖 红梅·行书《咏梅》成扇	18cm×53cm×2	80,500	中鸿信	2022-09-11
董寿平 草书五言诗 镜心	67cm×127.5cm	74,750	中国嘉德	2022-06-27
董寿平 劲节凌霜 立轴	138cm×27.5cm	74,750	朵云轩	2022-12-08
董寿平 1989年作 草书俚句 立轴	135cm×47.5cm	71,300	开拍国际	2022-01-07
董寿平 黄山小景 镜心	41cm×60cm	69,000	中国嘉德	2022-05-28
董寿平 1978年作 墨竹 立轴	96cm×64cm	69,000	北京荣宝	2022-07-24
董寿平 墨竹 镜片	53cm×64cm	69,000	上海嘉禾	2022-08-28
董寿平 墨竹 立轴	68.5cm×51cm	63,250	中国嘉德	2022-06-26
董晓龙画 韦继宗题字 九龙图 画心	180cm×48cm	2,280,000	北京传世	2022-12-15
董欣宾 行舟图 镜心	112cm×64cm	86,250	中国嘉德	2022-12-15
董阳孜 2013年作 处其实（双拼）	144cm×152cm	272,040	罗芙奥	2022-12-03
董阳孜 万象归春 镜框	50cm×57cm	92,412	罗芙奥	2022-06-04
董逸泉 2020年作 香韵梅花 镜心	68cm×136cm	980,000	北京中贝	2022-03-16
董逸泉 2020年作 清香 镜心	68cm×136cm	910,000	北京中贝	2022-03-16
董逸泉 2020年作 早梅春色 镜心	68cm×136cm	890,000	北京中贝	2022-03-16
董逸泉 2020年作 腊梅图 镜心	68cm×136cm	870,000	北京中贝	2022-03-16
董逸泉 2020年作 花开富贵 镜心	68cm×136cm	690,000	北京中贝	2022-03-16
董英华 2022年作 桃源图	136cm×68cm	3,000,000	北京伍佰艺	2022-09-17
董正文 2021年作 碧海银涛 镜心	70cm×180cm	450,000	北京中贝	2022-03-16
董正文 2021年作 峨眉金顶 镜心	70cm×180cm	180,000	北京中贝	2022-03-16
董作宾 1960年作 甲骨文七言诗 镜心	69cm×34cm	92,000	中国嘉德	2022-12-13
董作宾 1953年作 金文八言联 镜心	146cm×32cm×2	74,750	华艺国际	2022-09-23
董作宾 1925年作 甲骨文七言诗 镜心	80cm×26cm	63,250	中国嘉德	2022-12-13
杜建斌 江南春晓 画心	180cm×70cm	980,000	北京传世	2022-12-15
杜建斌 井冈山 画心	68cm×136cm	860,000	北京传世	2022-12-15
杜伟 和顺图 画心	169cm×63cm	1,680,000	北京传世	2022-12-15
杜小同 寒 镜框	59cm×127cm	287,500	北京荣宝	2022-07-24
杜月笙 行书"菁莪赞化" 镜心	26cm×16.5cm	483,000	北京银座	2022-01-12
杜长祥 鸿运当头山水 画心	180cm×70cm	1,200,000	北京传世	2022-12-15
杜长祥 君子墨风四条屏 画心	130cm×30cm×4	800,000	北京传世	2022-12-15
杜滋龄 1989年作 高原情 镜心	119cm×136cm	149,500	北京保利	2022-07-27
杜滋龄 1989年作 藏民 镜心	120cm×136cm	86,250	中国嘉德	2022-05-28
段祺瑞 1925年作 楷书"慈和敦福" 镜心	79.5cm×178.5cm	138,000	中国嘉德	2022-12-13
段祺瑞 行书自作诗 立轴	85cm×37cm	103,500	中贸圣佳	2022-07-23
段祺瑞 王揖唐 书法二帧 立轴（二轴）	42.5cm×31cm; 122cm×32cm	80,500	西泠印社	2022-01-23
段祺瑞 1904年作 行书《出师表》立轴	173cm×96cm	80,500	中鸿信	2022-09-12
樊枫 2010年作 兴山奇峰图 镜心	150cm×68cm	345,000	北京保利	2022-07-27
樊功 《沁园春》行草镜片 画心	240cm×70cm	760,000	北京传世	2022-12-15
樊增祥 行书方回《桥西杂咏》语 立轴	133cm×65cm	92,000	北京荣宝	2022-07-24
范曾 1998年作 抱冲逸兴 镜心	138cm×352cm	4,830,000	永乐拍卖	2022-07-25
范曾 黄宾瀚 1994年作 松下问童子 镜片	179cm×95.5cm	4,600,000	上海嘉禾	2022-11-20
范曾 1974年作 跖斥孔丘 立轴	172cm×95cm	3,852,500	北京荣宝	2022-07-24
范曾 2002年作 古意人物四屏 镜心	138cm×34cm×4	2,932,500	北京银座	2022-09-16
范曾 钟馗神威·行书八言联 镜心	字179cm×33cm×2; 画164cm×83cm	2,415,000	北京保利	2022-07-27
范曾 2010年作 老子出关 立轴	133.5cm×70cm	2,185,000	永乐拍卖	2022-07-25
范曾 1978年作 松下问童子 镜框	177.6cm×95.3cm	2,185,000	北京保利	2022-07-27
范曾 2015年作 搏斗 立轴	96cm×121cm	2,093,000	北京银座	2022-09-16
范曾 1989年作 苏轼赤壁吟啸图 镜片	95.5cm×178cm	1,728,115	佳士得	2022-05-29
范曾 1999年作 老子演易 镜心	122cm×156cm	1,495,000	中国嘉德	2022-12-15
范曾 2011年作 老子出关 镜心	53.5cm×151cm	1,357,000	北京保利	2022-07-27

拍品名称	物品尺寸	成交价RMB	拍卖公司	拍卖日期	拍品名称	物品尺寸	成交价RMB	拍卖公司	拍卖日期
范曾2011年作 老子出关	68cm×68cm	1,260,000	北京伍佰艺	2022-10-28	范曾2001年作 行书四言句镜心	直径105cm	379,500	北京银座	2022-01-12
范曾1986年作 老子出关 镜心	68cm×137cm	1,127,000	北京银座	2022-09-16	范曾 岭上高士 镜心	76cm×67cm	379,500	北京保利	2022-07-27
范曾1988年作 逸兴集册页（七开）	37.7cm×54.6cm×7	1,109,934	香港苏富比	2022-10-08	范曾2001年作 行书白居易诗镜心	直径106.5cm	368,000	北京银座	2022-01-12
范曾2011年作 幽壑鹿鸣 镜心	137.5cm×69.5cm	1,092,500	北京保利	2022-07-27	范曾2002年作 东坡侣鹤 镜心	68.5cm×45cm	368,000	北京银座	2022-01-12
范曾2003年作 松鹤之歌 镜心	139cm×68cm	1,069,500	北京保利	2022-07-27	范曾1987年作 人物 镜心	69.5cm×65cm	368,000	中国嘉德	2022-06-29
范曾2004年作 钟馗神威 镜心	97cm×60.5cm	1,035,000	北京荣宝	2022-07-24	范曾2001年作 行书七言句镜心	直径105cm	345,000	北京银座	2022-01-12
范曾1989年作 一书一画 立轴	画直径49.5cm	1,035,000	永乐拍卖	2022-07-25	范曾2001年作 行书四言句镜心	直径106.5cm	345,000	北京银座	2022-01-12
范曾2001年作 达摩得悟图 立轴	137cm×68cm	977,500	北京保利	2022-07-27	范曾2001年作 行书四言句镜心	直径106.5cm	345,000	北京银座	2022-01-12
范曾1982年作 促织 镜框	68cm×95cm	920,000	北京荣宝	2022-07-24	范曾2001年作 行书七言句镜心	直径106.5cm	345,000	北京银座	2022-01-12
范曾2003年作 田边小子 镜心	138cm×68cm	874,000	北京保利	2022-07-27	范曾2001年作 行书七言句镜心	直径105cm	345,000	北京银座	2022-01-12
范曾1984年作 钟进士山林搜神图 镜心	82cm×60cm	862,500	北京荣宝	2022-07-24	范曾2012年作 行书"静心斋" 立轴	137cm×35cm	345,000	北京荣宝	2022-07-24
范曾1979年作 补天图 镜心	68cm×135.8cm	862,500	中国嘉德	2022-06-29	范曾1987年作 白首忘机 立轴	102cm×53cm	345,000	江苏汇中	2022-08-16
范曾 孟祥顺2004年作 山林偶逢奇景 镜心	69cm×137cm	862,500	中国嘉德	2022-06-29	范曾1996年作 威震六合 立轴	137cm×68cm	345,000	广东崇正	2022-12-25
范曾1980年作 浮丘汲泉图 立轴	120cm×67.5cm	805,000	中国嘉德	2022-06-29	范曾1995年作 度吕图 镜片	44cm×67cm	345,000	广东崇正	2022-12-25
范曾2007年作 亥岁淳和 镜心	69cm×68.5cm	805,000	中国嘉德	2022-06-29	范曾2004年作 行书七言联 镜心	134cm×33cm×2	322,000	北京荣宝	2022-07-24
范曾1982年作 苏子吟啸图 立轴	137cm×68.3cm	782,000	中国嘉德	2022-12-12	范曾1978年作 达摩面壁图 立轴	82cm×49cm	322,000	北京保利	2022-02-03
范曾1995年作 威震遐迩 镜心	104cm×68cm	747,500	北京荣宝	2022-07-24	范曾1995年作 采莲图 镜片	44cm×67cm	322,000	广东崇正	2022-12-25
范曾 岭上闲云 镜心	133.5cm×67cm	747,500	荣宝斋（南京）	2022-12-07	范曾2006年作 书法对联"偶逢" 镜心	138cm×35cm	310,500	中国嘉德	2022-12-15
范曾1989年作 怀素临池图 镜心	137cm×67cm	713,000	北京保利	2022-07-27	范曾1984年作 谢灵运诗意图 镜框	99cm×67cm	287,500	华艺国际	2022-07-29
范曾2005年作 荷叶蟹头归 镜心	97cm×44.5cm	690,000	北京荣宝	2022-07-24	范曾1961年作 白描人物 镜片	42cm×44cm	287,500	广东崇正	2022-12-25
范曾1998年作 钟馗神威 立轴	134cm×67cm	690,000	广东崇正	2022-12-25	范曾1985年作 楚韵 立轴	58.5cm×47cm	276,000	中国嘉德	2022-06-29
范曾 1980年作 松下演法图 镜框	111.2cm×67.8cm	648,043	香港苏富比	2022-04-30	范曾1980年作 达摩 立轴	88cm×68.5cm	275,910	中国嘉德	2022-10-07
范曾1996年作 钟馗神威 镜心	94cm×43cm	644,000	北京荣宝	2022-07-24	范曾1985年作 达摩 立轴	90.5cm×67cm	275,910	中国嘉德	2022-10-07
范曾1982年作 端阳禳获图 镜心	138.5cm×34.5cm	632,500	北京荣宝	2022-07-24	范曾1981年作 钟馗搜神图 立轴	68cm×46cm	253,000	北京保利	2022-07-27
范曾1986年作 达摩神悟 立轴	109cm×68cm	632,500	北京保利	2022-07-27	范曾1979年作 雄鸡图 镜心	95.5cm×60.5cm	253,000	中国嘉德	2022-12-12
范曾1982年作 孟浩然造像 镜框	60cm×97cm	632,500	北京保利	2022-07-27	范曾1979年作 守株图 镜心	84cm×50cm	242,800	中国嘉德	2022-10-07
范曾1994年作 画龙点睛 镜心	68cm×135.5cm	615,600	保利香港	2022-07-12	范曾2004年作 夏日食果图 镜心	96.2cm×60cm	230,000	开拍国际	2022-01-07
范曾2004年作 行书七言联（两件） 镜心	136cm×34cm×4	580,750	北京银座	2022-09-16	范曾1991年作 行书十言句 立轴	179cm×49cm	224,250	北京银座	2022-09-16
范曾1981年作 夜吟图 镜心	68cm×68cm	575,000	北京荣宝	2022-07-24	范曾2020年作 "道法自然" 书法镜心	35.5cm×137cm	218,500	中国嘉德	2022-12-15
范曾2008年作 云出无心 镜心	136.5cm×70cm	575,000	中国嘉德	2022-06-29	范曾1994年作 达摩 镜心	60cm×96cm	217,056	保利香港	2022-10-12
范曾 胡爽庵1976年作 罗汉伏虎图 镜心	138cm×68cm	575,000	中国嘉德	2022-06-29	范曾1977年作 彭泽荫息图 立轴	69.5cm×49cm	207,000	中国嘉德	2022-06-27
范曾2007年作 老子出关 镜心	直径33.5cm	575,000	永乐拍卖	2022-07-25	范曾1999年作 行书八言联句 镜心	135.5cm×33cm	207,000	中国嘉德	2022-06-29
范曾1987年作 一行和尚观象图 立轴	96cm×60cm	575,000	北京保利	2022-07-27	范曾 灵运歌啸图 立轴	112.5cm×68.5cm	207,000	荣宝斋（南京）	2022-12-07
范曾1900年作 灵运吟啸图 立轴	136cm×68cm	575,000	江苏汇中	2022-08-16	范曾2004年作 骆宾王诗思图 镜心	68.5cm×68cm	195,500	中贸圣佳	2022-12-31
范曾1987年作 钟馗山林搜神图 镜心	96.5cm×35cm	552,000	中国嘉德	2022-06-29	范曾 行书七言联 镜心	132cm×31.5cm×2	195,500	荣宝斋（市京）	2022-12-07
范曾 孟祥顺2002年作 神童太始 镜心	137cm×68cm	552,000	中国嘉德	2022-06-29	范曾2007年作 行书 "牛劲虎威" 镜心	35cm×136.5cm	184,000	北京荣宝	2022-07-24
范曾1987年作 东坡像 立轴	97cm×53cm	540,500	北京保利	2022-07-27	范曾1998年作 行书七言联 立轴	130cm×30cm×2	184,000	北京保利	2022-07-27
范曾 于无佛处称尊 立轴	135.8cm×67.8cm	529,000	永乐拍卖	2022-07-25	范曾2004年作 "有酒学仙" 书法镜心	34.5cm×136.5cm	184,000	中国嘉德	2022-12-15
范曾1989年作 山鬼 镜心	112cm×68cm	517,500	北京荣宝	2022-07-24	范曾2008年作 "柳掩画桥" 书法镜心	35.5cm×137cm	184,000	中国嘉德	2022-12-15
范曾2011年作 钟馗神威图 镜心	69.5cm×68cm	517,500	中国嘉德	2022-06-29	范曾1988年作 怀素神悟图 镜心	45cm×63cm	172,500	中国嘉德	2022-05-28
范曾2002年作 南无阿弥陀佛 镜心	34cm×137.5cm	517,500	中国嘉德	2022-06-29	范曾1982年作 葛洪得丹图 镜心	69cm×69cm	172,500	中国嘉德	2022-09-27
范曾1987年作 亦有所思 镜心	68cm×68cm	483,000	中国嘉德	2022-06-26	范曾2009年作 老子出关 立轴	画心66cm×39cm	172,500	中鸿信	2022-09-11
范曾1998年作 老子出关 镜心	96cm×45cm	483,000	中国嘉德	2022-12-15	范曾1979年作 行书《枫桥夜泊》句 立轴	130cm×67cm	172,500	中国嘉德	2022-06-26
范曾2006年作 行书七言联 镜心	138cm×35cm×2	460,000	中国嘉德	2022-06-29	范曾1989年作 书画双挖镜心	直径55cm×2	172,500	北京保利	2022-07-27
范曾1981年作 武松和潘金莲 镜心	67cm×67.5cm	460,000	中国嘉德	2022-12-15	范曾1987年作 书古诗句 镜心	125.5cm×67cm	172,500	中国嘉德	2022-12-15
范曾1985年作 东坡策杖 镜心	68cm×63cm	448,500	北京保利	2022-07-27	范曾1982年作 达摩得悟图 扇面镜心	17.5cm×54cm	161,000	北京银座	2022-09-17
范曾1985年作 包公私访图 立轴	118cm×67cm	437,000	朵云轩	2022-12-08	范曾1975年作《离骚》词意 立轴	33.5cm×61.5cm	161,000	中国嘉德	2022-06-29
范曾2001年作 行书四言句 镜心	直径105cm	425,500	北京银座	2022-01-12					
范曾1985年作 灵运石门岩上宿图 立轴	137cm×33.5cm	402,500	永乐拍卖	2022-07-25					

2022书画拍卖成交汇总(续表)

(成交价RMB: 6万元以上)

拍品名称	物品尺寸	成交价RMB	拍卖公司	拍卖日期
范曾 1998年作 行书《读魔窟生涯》诗 立轴	76cm×47cm	161,000	北京保利	2022-07-27
范曾 行书题词 扇面	16cm×46cm	161,000	中贸圣佳	2022-10-27
范曾 2005年作 童牧亦有趣 镜心	27cm×24cm	149,500	中国嘉德	2022-12-15
范曾 1989年作 补天 镜心	49cm×52.5cm	138,000	北京银座	2022-01-12
范曾 1990年作 行书七言联 立轴	126cm×30cm×2	138,000	北京荣宝	2022-07-24
范曾 行书四言联 镜心	124cm×32cm×2	138,000	荣宝斋（南京）	2022-12-07
范曾 1980年作 鲁迅神威图 立轴	67.5cm×68cm	138,000	广东崇正	2022-12-25
范曾 1996年作 行书"龙游于天" 镜框	34cm×138cm	126,500	广东崇正	2022-08-11
范曾 2003年作 诗思 镜心	15.5cm×46cm	126,500	中国嘉德	2022-12-15
范曾 1986年作 独立苍茫自吟诗 镜心	28cm×40cm×2	115,000	中国嘉德	2022-09-27
范曾 1998年作 行书赠张仲诗 立轴	76cm×47cm	115,000	北京保利	2022-07-27
范曾 1977年作 行书毛主席词句 立轴	121.5cm×59cm	97,750	北京银座	2022-01-12
范曾 2007年作 行书"饮君忘忧" 镜心	35cm×138cm	92,000	中贸圣佳	2022-12-31
范曾 1977年作 幽石寒雀图 立轴	62.5cm×44.5cm	89,700	北京银座	2022-09-17
范曾 1985年作 书法圆光李白《清平调》镜心	直径67cm	86,250	永乐拍卖	2022-07-25
范曾 行书七言联 立轴	137cm×34.5cm×2	78,200	中鸿信	2022-09-12
范曾 1987年作 行书李白《黄鹤楼送孟浩然之广陵》立轴	111.5cm×56cm	69,000	中鸿信	2022-09-11
范曾 2001年作 行书"有酒学仙" 立轴	133cm×31cm	69,000	北京保利	2022-07-27
范曾 1989年作 行书"松云" 镜心	45.5cm×69cm	69,000	华艺国际	2022-07-29
范昌乾 1984年作 红梅绿石	136cm×67cm	226,815	佳士得	2022-05-27
范存刚 2022年作 春色 镜框	138.5cm×68.5cm	463,528	佳士得	2022-12-02
范扬 2022年作 菩提禅悟图 镜心	49cm×144cm	230,000	北京荣宝	2022-07-24
范扬 唐人诗意图 镜心	36cm×30cm×2	195,500	中贸圣佳	2022-08-14
范扬 2015年作 山中听泉 镜心	139cm×70cm	126,500	中国嘉德	2022-06-29
范扬 山水 镜心	201cm×51cm	82,800	中贸圣佳	2022-07-10
范扬 观世音菩萨宝像 镜心	50cm×77cm	80,500	中贸圣佳	2022-07-10
范扬 2003年作 观音像 镜心	54.5cm×38.5cm	66,700	北京保利	2022-07-27
范扬 2008年作 大道之行 镜心	96cm×43.5cm	63,250	中国嘉德	2022-12-15
方本幼 湖边小郢 镜片	136cm×68cm	1,955,000	北京中贝	2022-01-14
方本幼 湖晨色 镜片	68cm×68cm	805,000	北京中贝	2022-01-14
方楚雄 虎虎生威 册页	33.5cm×44.5cm×12	690,000	华艺国际	2022-09-24
方楚雄 2004年作 观日图 镜心	70cm×138cm	275,910	中国嘉德	2022-10-08
方楚雄 2012年作 百鸟之王 立轴	178cm×96cm	230,000	江苏汇中	2022-08-17
方楚雄 1987年作 双豹 镜心	69cm×136.5cm	195,350	保利香港	2022-10-12
方楚雄 1997年作 情意绵绵 镜心	69cm×136cm	184,680	保利香港	2022-07-12
方楚雄 1988年作 动物册页（十二开）	34cm×45.8cm×12	166,490	香港苏富比	2022-10-08
方楚雄 1997年作 葫芦藤底一家亲 镜心	69cm×136.5cm	153,900	保利香港	2022-07-12
方楚雄 竹石松鼠 镜片	138cm×70cm	126,500	广东崇正	2022-04-17
方楚雄 2005年作 红叶犬戏 镜片	69.5cm×45cm	101,200	广东崇正	2022-08-11
方楚雄 农家闲趣 立轴	65cm×76cm	92,000	广东崇正	2022-08-11
方楚雄 春酣、行书七言联一堂 镜框	绘画 69cm×45cm	92,000	华艺国际	2022-09-24
方楚雄 2016年作 闻香 镜框	45cm×38cm	80,500	华艺国际	2022-09-24
方楚雄 1998年作 亲密无间 镜框	56cm×49.5cm	80,500	华艺国际	2022-09-24
方楚雄 1988年作 群鸡图 镜框	68.5cm×138cm	75,323	佳士得	2022-12-02
方楚雄 春眠不觉晓 镜片	70cm×69cm	69,000	广东小雅斋	2022-05-25
方地山 行书四屏 立轴	100.5cm×25.5cm×4	109,250	中国嘉德	2022-06-26

拍品名称	物品尺寸	成交价RMB	拍卖公司	拍卖日期
方济众 1985年作 松林珍禽 立轴	142cm×72cm	529,747	中国嘉德	2022-10-07
方济众 1961年作 渔家小景 镜心	89cm×56cm	310,500	北京荣宝	2022-07-24
方济众 1981年作 春华秋实 镜片	131.5cm×30cm	138,000	广东崇正	2022-08-11
方济众 1985年作 沙鸟聚相亲 镜片	72cm×60cm	105,800	上海嘉禾	2022-08-28
方济众 1982年作 雪兆丰年图 立轴	96cm×59cm	69,000	北京银座	2022-01-12
方济众 80年代作《鹿铃》动画背景设计稿四帧 镜片	22.5cm×31cm×4	63,250	西泠印社	2022-01-22
方介堪 1964年作 万古长春 镜心	135.5cm×68cm	66,700	北京银座	2022-01-12
方军 2022年作 蓄势待发		626,500	北京伍佰艺	2022-10-28
方君璧 1954年作 豆蔻年华	38.1cm×33cm	82,080	保利香港	2022-07-13
方君璧 水仙 立轴	25cm×36cm; 45cm×30.5cm	71,300	保利厦门	2022-10-22
方骏 宋人诗意 镜心	89cm×52cm	149,500	中贸圣佳	2022-07-10
方骏 风起云间 镜心	102.5cm×35cm	69,000	中国嘉德	2022-12-15
方骏 2004年作 烟云九水 镜心	96cm×89.5cm	63,250	中国嘉德	2022-06-29
方染之 风正一帆悬 镜心	138cm×68cm	2,080,000	北京中贝	2022-03-16
方人定 1971年作 草书诗词长卷 手卷	38cm×1958cm	802,339	华艺国际	2022-05-29
方人定 1945年作 渔父辞剑图 立轴	170.5cm×95.5cm	632,500	西泠印社	2022-01-23
方人定 白马夜宿 立轴	87cm×70cm	275,910	中国嘉德	2022-10-08
方宋 究竟涅槃	120cm×240cm	126,500	中贸圣佳	2022-07-24
方向 2004年作 闲步水乡 镜片	142cm×97cm	161,000	广东崇正	2022-08-11
方向 2004年作 牧归 镜心	97cm×145cm	138,000	华艺国际	2022-09-24
方向 2005年作 春风 镜心	145cm×97cm	138,000	华艺国际	2022-09-24
方向 1990年作 临河品茗图 镜心	83.5cm×116cm	82,773	中国嘉德	2022-10-07
方增先 1995年作 达摩 立轴	130cm×67cm	460,000	朵云轩	2022-12-08
方增先 1987年作 马臻筑塘设坝 立轴	116cm×68cm	402,500	中国嘉德	2022-05-28
方增先 战时妇女 镜框	42cm×35cm; 40cm×34cm	161,000	中贸圣佳	2022-10-27
方增先 1968年作 在战斗中成长 镜片	124cm×87cm	86,250	上海嘉禾	2022-01-01
方召麐 1997年作 轻舟已过万重山 镜框	98cm×63.5cm	129,608	佳士得	2022-05-29
方召麐 黄山蓬莱三岛 镜框	99.5cm×68.9cm	97,206	佳士得	2022-05-29
方召麐 1985年作 壮美河山 立轴	178.5cm×95.5cm	63,250	中国嘉德	2022-06-27
费孝通 1984年作 行书鲁迅诗 未装裱、不连框	28.8cm×33.5cm	72,096	香港苏富比	2022-08-01
费新我 行书《冬夜杂咏》三首 立轴	134.5cm×219cm	264,500	中贸圣佳	2022-12-31
费新我 1986年作 行书刘禹仁诗 镜心	158.5cm×126cm	126,500	中国嘉德	2022-06-27
费新我 行书杜荀鹤《送人游吴》立轴	136cm×64cm	105,800	北京荣宝	2022-07-24
费新我 1990年作 行书四屏 立轴	31cm×8cm×4	103,500	中国嘉德	2022-12-12
费新我 1988年作 行书杜甫诗 镜心	134cm×68cm	69,000	中国嘉德	2022-06-26
丰伟 2022年作 群英荟	95cm×180cm	668,000	北京伍佰艺	2022-10-28
丰伟 2022年作 我家洗砚池边树	120cm×95cm	460,000	北京伍佰艺	2022-10-28
丰伟 暖阳图 镜片	96cm×180cm	414,000	北京中贝	2022-01-14
丰伟 气壮山河 镜片	70cm×180cm	402,500	北京中贝	2022-01-14
丰伟 2021年作 雄视眈眈为九州 镜心	68cm×136cm	218,000	北京中贝	2022-03-16
丰子恺 仰之弥高 立轴	92cm×53.2cm	2,817,500	北京保利	2022-07-26
丰子恺 1941年、1945年作 一览众山小，振衣千仞冈 镜心、立轴	画一 81cm×53cm; 画二 72cm×38cm	2,070,000	中国嘉德	2022-12-12
丰子恺 佛缘 镜框	49.5cm×26cm	918,061	香港苏富比	2022-04-30
丰子恺 1944年作 松岩观瀑图 立轴	29cm×20cm×2	805,000	西泠印社	2022-01-22
丰子恺 一片孤城万仞山 立轴	80.5cm×31.5cm	759,000	北京银座	2022-01-12
丰子恺 春日游 镜心	34.5cm×27.5cm	690,000	开拍国际	2022-01-07

2022书画拍卖成交汇总(续表)

(成交价RMB: 6万元以上)

拍品名称	物品尺寸	成交价RMB	拍卖公司	拍卖日期
丰子恺 1947年作 南无本师释迦牟尼佛 立轴	画心 38cm×32cm	678,500	开拍国际	2022-01-07
丰子恺 1937年作 人物画(九帧) 镜片	30.5cm×22.5cm×9	644,000	上海嘉禾	2022-11-20
丰子恺 村田乐 立轴 设色纸本	65cm×34cm	494,500	北京荣宝	2022-07-24
丰子恺 一轮红日东方涌 镜心	50cm×35cm	402,500	永乐拍卖	2022-07-25
丰子恺 春日游 镜框	32cm×21.5cm	356,500	华艺国际	2022-07-29
丰子恺 瓜车翻覆 镜心	66cm×32.5cm	345,000	北京银座	2022-01-12
丰子恺 田家 镜心	53cm×34cm	322,000	保利厦门	2022-10-21
丰子恺 好风又落桃花片 镜框	26cm×28cm	310,500	中贸圣佳	2022-10-27
丰子恺 1948年作 夜深满载月明归 扇面镜心	18.3cm×51cm	287,500	北京诚轩	2022-08-08
丰子恺 童嬉 立轴	39cm×33.5cm	287,500	中国嘉德	2022-06-26
丰子恺 庆祝国庆 镜框	33cm×26cm	280,818	佳士得	2022-05-29
丰子恺 长亭树老闻人多 镜心	34cm×28cm	276,000	北京诚轩	2022-08-08
丰子恺 书画合璧扇 成扇	18.8cm×50.5cm	270,250	北京诚轩	2022-08-08
丰子恺 1963年作 锣鼓响 扇面	19cm×52cm	264,500	西泠印社	2022-01-22
丰子恺 1941年作 太平人间 立轴	74.5cm×40.5cm	259,217	佳士得	2022-05-29
丰子恺 1942年作 我见青山都妩媚 立轴	68cm×42cm	254,940	佳士得	2022-12-02
丰子恺 1943年作 笑语平生 镜心	33cm×26cm	253,000	永乐拍卖	2022-07-25
丰子恺 春风来似未曾来 镜心	34cm×24cm	253,000	北京保利	2022-07-27
丰子恺 窗边 立轴	34cm×27cm	241,500	北京荣宝	2022-07-24
丰子恺 此去人间不知几里 成扇	18.5cm×44cm	237,615	佳士得	2022-05-29
丰子恺 努力爱春华 镜心	画34cm×27.5cm	230,000	永乐拍卖	2022-07-25
丰子恺 故园春风 片	33.5cm×23.5cm	230,000	朵云轩	2022-12-08
丰子恺 1948年作 任重道远 镜片	33.5cm×23cm	201,250	上海嘉禾	2022-11-20
丰子恺 释迦牟尼佛 镜心	40cm×38cm	195,500	北京保利	2022-07-26
丰子恺 小妹的话 镜框	33cm×36.5cm	194,412	佳士得	2022-12-02
丰子恺 自己相打 镜框	33cm×35.5cm	185,411	佳士得	2022-12-02
丰子恺 1958年作 行书《菩萨蛮》 立轴	138cm×33.5cm	172,500	中鸿信	2022-09-11
丰子恺 东风频借力 镜心	37.5cm×33cm	162,792	保利香港	2022-10-12
丰子恺 1962年作 为光洽法师作景园课子图 镜心	31cm×65.5cm	149,500	中鸿信	2022-09-11
丰子恺 同情之泪 镜心	33cm×35.5cm	143,473	中国嘉德	2022-10-07
丰子恺 湖滨的热情 镜框	22.8cm×30.4cm	129,608	香港苏富比	2022-04-30
丰子恺 吻 镜心	35cm×25.5cm	120,750	北京银座	2022-01-12
丰子恺 家家扶得醉人归 镜框	23.3cm×38.7cm	115,882	佳士得	2022-12-02
丰子恺 驻马望青山 立轴	68cm×29cm	115,000	江苏汇中	2022-08-16
丰子恺 1960年 行书《清平乐》 镜心	34cm×27.5cm	86,250	华艺国际	2022-07-29
丰子恺 借问过道双蝴蝶 立轴	67cm×32.5cm	80,500	上海嘉禾	2022-01-01
丰子恺 行书(二帧) 镜片	26cm×16cm×2	80,500	广东崇正	2022-08-11
丰子恺 把酒话桑麻 立轴	65cm×31.5cm	74,750	中国嘉德	2022-12-13
丰子恺 故山松竹春来好 镜心	70cm×34cm	69,000	中鸿信	2022-09-11
丰子恺 梨熟图 立轴	65cm×17cm	66,700	广东崇正	2022-12-25
冯超然 宝熙 1923、1941年作 花鸟 临宋思陵御书 成扇	22cm×65.5cm	529,000	中贸圣佳	2022-12-31
冯超然 松下绘石图 立轴	135cm×67cm	460,000	北京荣宝	2022-07-24
冯超然 翠池风雨图 立轴	134cm×67cm	287,500	中贸圣佳	2022-10-27
冯超然 1926年作 天际隐寺 立轴	150cm×65cm	218,500	中国嘉德	2022-06-26
冯超然 1924年作 红衣佛像 立轴	137cm×39cm	207,000	西泠印社	2022-01-23
冯超然 1951年作 烟波无际 镜片	74cm×33cm	184,000	朵云轩	2022-12-08
冯超然 1934年作 太行山色 立轴	102cm×33cm	172,500	朵云轩	2022-12-08
冯超然 夏山观瀑 立轴	146cm×62cm	166,750	中贸圣佳	2022-10-27
冯超然 1920年作 晏坐独吟 立轴	136.5cm×68cm	166,490	香港苏富比	2022-10-08
冯超然 1931年作 拟董北苑《溪山雪霁图》 立轴	104cm×52.5cm	149,500	中贸圣佳	2022-07-23
冯超然 1922年作 重峦双松话旧时 立轴	116.5cm×58.3cm	149,500	北京诚轩	2022-08-08
冯超然 草堂对弈 立轴	141cm×38cm	143,750	北京荣宝	2022-07-24
冯超然 1935年作 溪山无尽图 立轴	105cm×48.5cm	143,750	上海嘉禾	2022-01-01
冯超然 1939年作 长堤官柳 立轴	120cm×38.5cm	143,750	永乐拍卖	2022-07-25
冯超然 谢佩真 1930年作 戏鹦图 立轴	111cm×46.5cm	138,000	西泠印社	2022-01-23
冯超然 1920年作 梅花高士 立轴	148cm×40cm	115,000	中国嘉德	2022-06-26
冯超然 1938年作 松阴垂钓图 立轴	124cm×40.5cm	115,000	中国嘉德	2022-06-27
冯超然 松风琴韵·行书自作诗 成扇	17.5cm×48.5cm	115,000	中国嘉德	2022-06-27
冯超然 1928年作 兰花 横披 镜心	29cm×61cm	103,500	中贸圣佳	2022-12-31
冯超然 1913年作 梧桐清夜 立轴	92cm×37cm	103,500	北京保利	2022-07-27
冯超然 吴征吴华源岁寒三友图 立轴	138cm×68cm	97,750	西泠印社	2022-01-23
冯超然 罗振玉 山居图 金文节临休盘 成扇	18cm×49cm	92,000	中国嘉德	2022-06-27
冯超然 1951年作 清溪泛舟 镜框	73.8cm×33.7cm	86,405	香港苏富比	2022-04-30
冯超然 1918年作 耕牛图 立轴	82cm×45cm	80,500	中贸圣佳	2022-12-31
冯超然 1920年作 执扇仕女 立轴	111cm×29.5cm	79,350	上海嘉禾	2022-01-01
冯超然 1942年作 云山萧寺 镜心	99cm×50cm	75,047	中国嘉德	2022-10-07
冯超然 1904年作 南峰禅居 立轴	161.5cm×79cm	74,750	中国嘉德	2022-06-27
冯超然 1942年作 苍松之荫 立轴	94cm×44cm	69,000	华艺国际	2022-07-29
冯超然 庞国钧 1951年作 花鸟成扇 楷书节录《文心雕龙》 成扇	18.5cm×51cm	63,250	中贸圣佳	2022-12-31
冯超然 吴征 赵叔孺 等 1938年作 人马图 立轴	104.5cm×52.5cm	63,250	中国嘉德	2022-12-13
冯超然 携琴访友 立轴	103.5cm×33cm	63,250	中国嘉德	2022-12-13
冯超然 1920年作 深山读书 立轴	98.5cm×50.5cm	63,250	中国嘉德	2022-12-13
冯大中 1990年作 晚霞 镜片	172.5cm×277.7cm	3,240,216	佳士得	2022-05-29
冯大中 1995年作 恋 镜心	78.5cm×123cm	923,400	保利香港	2022-07-12
冯大中 双虎 镜片	69cm×136cm	517,500	广东崇正	2022-08-11
冯大中 2010年作 林泉高逸 镜心	124cm×82cm	138,000	北京荣宝	2022-07-24
冯大中 1997年作 晨妆 立轴	137cm×69cm	115,000	中贸圣佳	2022-07-23
冯大中 刘春华 周尊成 等 1993年作 现代名家翰墨册 册页(十五开)	27.5cm×39.5cm×15	103,500	开拍国际	2022-01-07
冯大中 2004年作 老虎 镜心	70cm×137.5cm	86,250	中国嘉德	2022-06-29
冯大中 霜林信步 镜心	69cm×136cm	80,500	中贸圣佳	2022-10-27
冯大中 2012年作 林泉胜境 镜心	121cm×47.5cm	69,000	北京荣宝	2022-07-24
冯国璋 1918年作 "急公好义" 匾额 镜心	85cm×197cm	322,000	中贸圣佳	2022-12-31
冯火春 楷书《沁园春·雪》 镜心	35cm×95cm	253,000	北京荣宝	2022-07-24
冯建 1984年作 横绝峨眉巅 立轴	96cm×67cm	189,750	北京银座	2022-09-16
冯建吴 清荷 立轴	79cm×54cm	115,000	华艺国际	2022-09-23
冯健 云山入怀 画心	34cm×136cm	320,000	北京传世	2022-12-15
冯聚成 2019年作 云门献寿	244cm×120cm	180,000	保利厦门	2022-01-13
冯康侯 1949年作 小篆书集宋词联 立轴	137cm×21cm×2	86,405	香港苏富比	2022-04-30
冯康侯 1963年作 竹报平安 镜框	38cm×89.5cm	75,605	香港苏富比	2022-04-30
冯康侯 1975年作 篆书张继《枫桥夜泊》 立轴	89.2cm×29.8cm	75,605	香港苏富比	2022-04-30
冯康侯 博古石榴 镜框	100.7cm×32cm	244,185	香港苏富比	2022-10-08
冯文蔚 临赵孟頫小楷《参同契》 卷 手卷	33cm×518cm	230,000	中贸圣佳	2022-10-27
冯永基 2021年作 呼吸(二十四)(二十五)(二十六)		486,032	香港苏富比	2022-04-28

2022书画拍卖成交汇总(续表)

(成交价RMB: 6万元以上)

拍品名称	物品尺寸	成交价RMB	拍卖公司	拍卖日期
冯玉祥 1939年作 隶书七言联 立轴	171cm×45cm×2	207,000	广东崇正	2022-08-11
冯玉祥 1926年作 隶书七言联 立轴	133cm×33cm×2	64,400	江苏汇中	2022-08-17
冯远 2004年作 四季心	68cm×68cm	138,000	北京荣宝	2022-07-24
冯远 龙瑞 刘大为 郭怡孮等合作 天山牧歌图 镜心	143cm×364cm	138,000	中国嘉德	2022-09-28
冯月庵 七律·答友人	120cm×33cm	221,338	香港贞观	2022-06-18
冯月庵 绝句	67cm×33cm	127,695	香港贞观	2022-06-18
冯之茵 2020年作 罗衣轻曳 镜心	210cm×180cm	92,000	北京保利	2022-07-27
冯志强 和财 画心	138cm×68cm	250,000	北京传世	2022-12-15
扶清生 书法对联	136cm×34cm×2	89,600	开禧国际	2022-12-28
付艳 荷花三	132cm×19cm	500,000	北京伍佰艺	2022-09-17
付艳 荷花二	135.5cm×19cm	400,000	北京伍佰艺	2022-09-17
付艳 荷花一	135.5cm×18.5cm	350,000	北京伍佰艺	2022-09-17
傅抱石 1962年作 高山仰止 镜心	178cm×96.5cm	66,700,000	中国嘉德	2022-12-12
傅抱石 1962年作 满身苍翠惊高风 立轴	102.5cm×71.5cm	52,325,000	中国嘉德	2022-12-12
傅抱石 碧海群帆 立轴	127cm×50cm	33,350,000	北京保利	2022-07-26
傅抱石 1946年作 红衣仕女图 立轴	130cm×45cm	27,600,000	中鸿信	2022-09-11
傅抱石 蜀山寻胜 立轴	138cm×46.5cm	25,300,000	广东崇正	2022-08-11
傅抱石 1962年作 杜甫诗意图 立轴	137.5cm×68cm	23,000,000	上海嘉禾	2022-11-20
傅抱石 1943年作 东山图 立轴	75.5cm×63.5cm	22,770,000	北京保利	2022-07-26
傅抱石 1944年作 醉僧图 立轴	104.5cm×61cm	20,125,000	中国嘉德	2022-06-26
傅抱石 1946年作 风雨不动安如山 立轴	178.8cm×58cm	16,100,000	中国嘉德	2022-12-12
傅抱石 1945年作 杜甫《佳人》诗意 立轴	113cm×33cm	13,800,000	开拍国际	2022-01-07
傅抱石 1943年作 洗桐图 立轴	87cm×60cm	12,880,000	北京保利	2022-07-26
傅抱石 徐悲鸿 1942年作 洗马图 立轴	175cm×57cm	11,500,000	永乐拍卖	2022-07-25
傅抱石 1943年作 听阮图 镜片	87.5cm×58.5cm	10,120,000	西泠印社	2022-01-22
傅抱石 1942年作 桐阴读画图 立轴	98.5cm×46cm	8,165,000	上海嘉禾	2022-11-20
傅抱石 1961年作 雪山 立轴	48.5cm×56.5cm	8,050,000	开拍国际	2022-07-24
傅抱石 1963年作 飞瀑图 立轴 设色纸本	83cm×33.5cm	7,590,000	北京荣宝	2022-07-24
傅抱石 1962年作 虹飞千尺走雷霆 镜框	109.3cm×63.3cm	5,940,396	香港苏富比	2022-04-30
傅抱石 1965年作 天池飞瀑 镜心	141cm×60.5cm	5,750,000	开拍国际	2022-07-24
傅抱石 1944年作 东山携妓图 立轴	60.4cm×47.7cm	5,562,345	佳士得	2022-12-02
傅抱石 云山高士 立轴	111cm×38.3cm	5,520,000	华艺国际	2022-07-29
傅抱石 1962年作 湘夫人 镜片	34cm×46cm	5,520,000	朵云轩	2022-12-08
傅抱石 1962年作 嘉陵江 镜心	33.5cm×45cm	5,175,000	永乐拍卖	2022-07-25
傅抱石 秦淮柳荫 镜心	62.5cm×110cm	4,772,500	华艺国际	2022-09-23
傅抱石 1962年作 湘夫人 立轴 设色纸本	106cm×38cm	4,715,000	北京荣宝	
傅抱石 1945年作 湘夫人 立轴	55.5cm×54cm	4,715,000	广东崇正	2022-12-25
傅抱石 1946年作 观瀑图 镜片	27cm×32cm	3,967,500	广东崇正	2022-08-11
傅抱石 1944年作 百事如意 立轴	44cm×56cm	3,450,000	开拍国际	2022-01-07
傅抱石 怒瀑图 立轴	104.5cm×29.5cm	3,335,000	北京保利	2022-07-26
傅抱石 1964年作 待细把江山图画 立轴	97.5cm×60.5cm	3,220,000	中贸圣佳	2022-12-31
傅抱石 1963年作 梅江泛舟 立轴	146cm×39.5cm	3,220,000	中国嘉德	2022-06-26
傅抱石 1943年作 松下高士 镜框	26.8cm×21cm	2,962,814	香港苏富比	2022-10-09
傅抱石 齐燕铭 1962年作 春溪垂钓、篆书毛泽东《十六字令》成扇 设色纸本	19cm×50cm	2,875,000	北京荣宝	2022-07-24
傅抱石 1943年作 策杖观瀑图 立轴	76cm×49cm	2,875,000	中鸿信	2022-09-11
傅抱石 1951年作 烹茶图 镜心	30cm×34cm	2,645,000	中国嘉德	2022-12-12
傅抱石 1964年作 朝晖图并行书诗 成扇	19cm×50cm×2	2,472,500	开拍国际	2022-01-07
傅抱石 山雨 立轴	58.7cm×58cm	2,415,000	北京诚轩	2022-08-08
傅抱石 1961年作 为韩少婴作飞泉高士图 立轴	86.5cm×45.5cm	2,357,500	西泠印社	2022-01-22
傅抱石 1965年作 湘君图 立轴	68cm×45cm	2,317,644	佳士得	2022-12-02
傅抱石 1962年作 西风吹下红雨来 镜框 设色纸本	68cm×42cm	2,300,000	北京荣宝	2022-07-24
傅抱石 1960年作 延安曙色 镜心	画45cm×67.5cm	2,300,000	永乐拍卖	2022-07-25
傅抱石 1943年作 石涛诗意 立轴	59cm×43cm	1,725,000	北京保利	2022-07-26
傅抱石 登高图 立轴	56cm×34cm	1,725,000	中贸圣佳	2022-10-27
傅抱石 1945年作 高士悟道 成扇	18cm×50cm	1,610,000	中国嘉德	2022-06-26
傅抱石 1964年作《娄山关》词意 立轴	37.5cm×46.5cm	1,610,000	中国嘉德	2022-12-12
傅抱石 1948年作 山鬼图 成扇	20cm×52cm	1,437,500	西泠印社	2022-01-22
傅抱石 1964年作《娄山关》词意图 立轴	46.5cm×34cm	1,380,000	西泠印社	2022-01-22
傅抱石 1945年作 看山图 镜心	28.5cm×30cm	1,207,500	中国嘉德	2022-06-27
傅抱石 1962年作 临流观瀑 镜心	68.5cm×43.5cm	1,092,500	中国嘉德	2022-06-26
傅抱石 1962年作 少陵诗意 镜框	41.5cm×68cm	984,998	佳士得	2022-12-02
傅抱石 1965年作 浪淘沙 扇面	18.5cm×55cm	862,500	中国嘉德	2022-12-12
傅抱石 苏葆桢 等1945年作 中央大学同仁集册页（六开）	22.5cm×29cm×6	713,000	开拍国际	2022-01-07
傅抱石 1953年作 载酒图 成扇	18cm×50cm	690,000	永乐拍卖	2022-07-25
傅抱石 东坡小像 镜片	22.5cm×29cm	667,000	广东崇正	2022-12-25
傅抱石 1963年作 湘夫人 镜心	15cm×50cm	632,500	中国嘉德	2022-06-27
傅抱石 1964年作 苍山云影 立轴	48.5cm×33cm	594,039	香港苏富比	2022-04-30
傅抱石 1962年作 群贤论道 镜心	30.5cm×41cm	575,000	北京银座	2022-09-17
傅抱石 1945年作 潺溪小楼图 镜框	画心18cm×26cm	460,000	上海嘉禾	2022-01-01
傅抱石 雨中访友	65cm×54cm	441,456	荣宝斋（香港）	2022-11-26
傅抱石 山水 立轴	43cm×30.5cm	402,500	永乐拍卖	2022-07-25
傅抱石 芙蓉国里映朝晖	60cm×67cm	349,486	荣宝斋（香港）	2022-11-26
傅抱石 1945年作 深溪小楼 立轴	画心17cm×21cm	345,000	北京保利	2022-07-26
傅抱石 张安治 等1945年作 集锦册页(六开)	23cm×29.3cm×6	322,000	中国嘉德	2022-06-26
傅抱石 1964年作 致宜生信札一通 镜心	26.5cm×18.7cm	230,000	北京荣宝	2022-07-24
傅二石 1982年作 虹飞千尺 立轴	168cm×78cm	88,550	北京银座	2022-09-17
傅申 行书"眉山堂" 镜心	34cm×137cm	92,000	中国嘉德	2022-09-28
傅申 2001年作 行书"碧桐山房" 镜心	34cm×137cm	92,000	中国嘉德	2022-09-28
傅申 2001年作 行书"听松琴馆" 镜心	34cm×137cm	92,000	中国嘉德	2022-09-28
傅申 2020年作 行书"柳溪书屋" 镜心	34cm×137cm	86,250	中国嘉德	2022-09-28
傅申 2001年作 行书"藕花仙馆" 镜心	34cm×137cm	86,250	中国嘉德	2022-09-28
傅申 2020年作 行书"听雨书屋" 镜心	34cm×137cm	86,250	中国嘉德	2022-09-28
傅申 2020年作 行书"小自怡室" 镜心	34cm×137cm	86,250	中国嘉德	2022-09-28
傅申 2001年作 行书"问津草堂" 镜心	34cm×137cm	86,250	中国嘉德	2022-09-28
傅申 2020年作 行书"夏云山馆" 镜心	34cm×137cm	80,500	中国嘉德	2022-09-28

拍品名称	物品尺寸	成交价RMB	拍卖公司	拍卖日期	拍品名称	物品尺寸	成交价RMB	拍卖公司	拍卖日期
傅申 2001年作 行书"寒香书屋" 镜心	34cm×137cm	80,500	中国嘉德	2022-09-28	高剑父 1932年作 秋树独鸣 立轴	66cm×34cm	74,750	广东崇正	2022-08-11
傅申 2020年作 行书"随缘阁" 镜心	34cm×137cm	80,500	中国嘉德	2022-09-28	高马得 戏剧人物十二屏 立轴 (十二帧)	41cm×55cm×12	138,000	北京诚轩	2022-08-08
傅申 2001年作 行书"梅花小筑" 镜心	34cm×137cm	80,500	中国嘉德	2022-09-28	高马得 十八罗汉 手卷	34cm×137cm	92,000	荣宝斋(南京)	2022-12-07
傅申 2001年作 行书"敏求斋" 镜心	34cm×100cm	69,000	中国嘉德	2022-09-28	高马得 八仙图 立轴	101cm×33cm×2	92,000	荣宝斋(南京)	2022-12-07
傅申 2001年作 行书"巢松馆" 镜心	34cm×100cm	69,000	中国嘉德	2022-09-28					
傅申 2001年作 行书"憩云轩" 镜心	34cm×100cm	69,000	中国嘉德	2022-09-28	高马得 春草闯堂 镜心	68cm×137.5cm	86,250	荣宝斋(南京)	2022-12-07
傅申 2020年作 行书"卧云居" 镜心	34cm×100cm	69,000	中国嘉德	2022-09-28	高明柱 书法《岳阳楼记》	67cm×550cm	160,500	香港天骐	2022-01-22
傅申 2001年作 行书"怡性山房" 镜心	34cm×137cm	69,000	中国嘉德	2022-09-28	高明柱 书法《沁园春·雪》	67cm×275cm	107,000	香港天骐	2022-01-22
傅申 2001年作 行书"鸣鹤精舍" 镜心	34cm×137cm	69,000	中国嘉德	2022-09-28	高洋科 丰年大吉 镜片	68cm×68cm	201,600	开禧国际	2022-12-28
傅小石 夫子庙 镜心	137cm×68.5cm	126,500	中贸圣佳	2022-08-14	高培 获蒲征鸿图 立轴	78cm×58cm	74,750	西泠印社	2022-01-22
傅小石 游春图 镜心	22cm×146cm	92,000	荣宝斋(南京)	2022-12-07	高奇峰 江山啸傲 立轴	87.5cm×50cm	2,777,328	华艺国际	2022-05-29
傅小石 盘丝洞 镜心	46cm×34cm	71,300	中贸圣佳	2022-07-10	高奇峰 1915年作 猿戏图 立轴	134cm×64.5cm	1,840,000	广东崇正	2022-12-25
傅增湘 1931年作 为谢国桢书匾 "乐学斋" 横披	31.5cm×129.5cm	586,500	西泠印社	2022-08-20	高奇峰 1932年作 梧桐栖凤图 立轴	129cm×46.5cm	667,000	中鸿信	2022-09-11
傅增湘 1925年作 楷书十二言联 立轴	256cm×44cm×2	63,250	中鸿信	2022-09-12	高奇峰 1932年作 芭蕉 立轴	134.5cm×49.3cm	594,039	香港苏富比	2022-04-30
傅志伟 2019年作 灵秀溪山 镜心	96cm×59.5cm	149,500	永乐拍卖	2022-07-25	高奇峰 1930年作 锦鸠呼雨烟林外 立轴	94.5cm×39.5cm	552,000	华艺国际	2022-09-24
高本兴 2022年作 江山神韵 镜心	70cm×183cm	1,910,000	北京中贝	2022-03-16					
高本兴 2022年作 秋高叶正红 镜心	70cm×183cm	1,890,000	北京中贝	2022-03-16	高奇峰 1911年作 月季蜜蜂、行书 成扇	12.5cm×40cm	287,500	广东崇正	2022-12-25
高殿霞 2017年作 红叶青山锁白云 镜心	97cm×200cm	1,280,000	北京中贝	2022-03-16	高奇峰 柳湖舟泊图 镜框	42.9cm×65.5cm	108,007	香港苏富比	2022-04-30
高殿霞 2021年作 紫花幽锦 镜心	68cm×136cm	350,000	北京中贝	2022-03-16	高奇峰 喜上眉梢 立轴	94cm×31cm	103,500	中贸圣佳	2022-07-23
高殿霞 2022年作 深山幽寨图 镜心	68cm×68cm	230,000	北京中贝	2022-03-16	高奇峰 1922年 菊花双兔立轴	87cm×35cm	103,500	中鸿信	2022-09-11
高二适 1973年作 行书《沁园春·雪》镜心	95cm×170cm	414,000	中国嘉德	2022-06-27	高茜 2009年作 桃之夭夭	49cm×65cm	103,500	华艺国际	2022-09-23
高二适 草书 手卷	31cm×119cm	356,500	北京荣宝	2022-07-24	高译 2017年作 中国飞龙丹顶鹤图	136cm×68cm	85,000	北京伍佰艺	2022-09-17
高二适 行书 立轴	37.5cm×19cm	103,500	广东崇正	2022-12-25	高源 2017年作 诗词《重阳》	136cm×68cm	86,000	北京伍佰艺	2022-09-17
高晖 道法图 镜心	50cm×100cm	63,250	荣宝斋(南京)	2022-12-07	高云 江山如画 镜心	68cm×136cm	322,000	中贸圣佳	2022-08-14
高剑父 锦鸡图 立轴	128cm×56.5cm	839,500	北京银座	2022-09-16	高云 坐看云起时 镜心	69cm×137cm	207,000	中国嘉德	2022-05-29
高剑父 1901年作 灵猴献瑞 立轴	163.5cm×38.5cm	782,000	华艺国际	2022-09-24	高筠亭 陈半丁 1933年作 隶书书法 花卉 成扇	18.5cm×54cm	66,700	中贸圣佳	2022-07-23
高剑父 1902年作 早年花卉 四屏	113cm×30.5cm×4	460,000	西泠印社	2022-01-23	戈湘岚 杨融 合作 溪畔立马、马公愚 节临《近与铁石帖》成扇	20cm×56cm	207,000	北京诚轩	2022-08-08
高剑父 1950年作 沙漠风光 立轴	95cm×32.5cm	402,500	北京荣宝	2022-07-24	戈湘岚 1949年作 八骏图 横披	64cm×121cm	115,000	西泠印社	2022-01-23
高剑父 1938年作 猛虎长啸 立轴	132cm×67cm	402,500	永乐拍卖	2022-07-25	戈湘岚 牧牛图 立轴	102cm×32.5cm	69,000	荣宝斋(南京)	2022-12-07
高剑父 1934年作 为黄祝蕖作游鱼图 立轴	93cm×40cm	310,500	西泠印社	2022-01-23					
高剑父 1942年作 秋趣 镜心	135cm×67cm	309,019	中国嘉德	2022-10-07	宫树军 清风高节	138cm×68cm	478,244	荣宝斋(香港)	2022-11-26
高剑父 赵少昂 杨善深 鱼乐 (三帧) 镜心	18.5cm×23.5cm×3	275,910	中国嘉德	2022-10-07	宫晓光 2022年作 溪山清远 镜心	68cm×136cm	260,000	北京中贝	2022-03-16
高剑父 1917年作 行书五言联 镜心	110cm×22.5cm×2	166,750	北京银座	2022-09-16	宫晓光 2022年作 春山祥云 镜心	68cm×136cm	248,000	北京中贝	2022-03-16
高剑父 书法"美意延年室" 镜框	43cm×129cm	162,010	佳士得	2022-05-29	龚文桢 2003年作 竹雀图 镜心	171.5cm×92cm	333,500	北京荣宝	2022-07-24
高剑父 红梅 立轴	69cm×32cm	138,000	华艺国际	2022-09-24	龚文桢 1985年作 芙蓉 镜心	89cm×129cm	276,000	北京荣宝	2022-07-24
高剑父 杨善深 板桥晚归 立轴	138cm×54cm	138,000	广东崇正	2022-12-25	龚文桢 花鸟 立轴	65cm×66cm	115,000	湖南国拍	2022-10-30
高剑父 1938年作 江山依旧 镜框	71.5cm×47cm	115,882	佳士得	2022-12-02	龚心甫 黄山颂 画心	90cm×244cm	5,900,000	北京传世	2022-12-15
高剑父 杨善深 1942年作 金菊翠竹图 镜框	135.5cm×48cm	108,007	香港苏富比	2022-04-30	龚心甫 香远溢清 画心	53cm×235cm	5,100,000	北京传世	2022-12-15
高剑父 黄般若 林聘孙先生孺慕亭纪念 册页 (二十二开)	29.5cm×36cm×22	104,845	中国嘉德	2022-10-07	龚心甫 亭亭玉立图 画心	97cm×179cm	4,700,000	北京传世	2022-12-15
高剑父 得利图	36cm×47cm	92,000	江苏汇中	2022-08-17	辜鸿铭 行书 立轴	46cm×41cm	80,500	广东崇正	2022-08-11
高剑父 1950年作 草书五言联 立轴	134cm×32cm×2	86,250	广东崇正	2022-12-25	古元 1993年作 大漠飞沙	45cm×65cm	69,000	西泠印社	2022-01-22
高剑父 飞鱼 镜框	34.5cm×47cm	77,695	香港苏富比	2022-10-08	谷文达 1998年作 无题 (一组三件)	260cm×170cm×3	402,500	中国嘉德	2022-12-14
高剑父 1942年作 行书七言诗 立轴	125.5cm×32.5cm	74,750	中国嘉德	2022-06-27	谷文达 2006年作 遗失J系列	96cm×60cm	92,000	中贸圣佳	2022-10-27
					谷增志 碧水云山沐祥晖 画心	124cm×248cm	680,000	北京传世	2022-12-15
					顾大希 2021年作 潇湘一夜雨晖 镜片	110.5cm×56cm	92,000	上海嘉禾	2022-11-20
					顾杰 2021年作 山间花鸟香 镜心	69cm×138	4,784,000	北京中贝	2022-03-16
					顾杰 2021年作 松鹤图 镜心	69cm×138	4,686,000	北京中贝	2022-03-16
					顾杰 2021年作 秋高图 镜心	69cm×138	4,651,000	北京中贝	2022-03-16

2022书画拍卖成交汇总（续表）

（成交价RMB：6万元以上）

拍品名称	物品尺寸	成交价RMB	拍卖公司	拍卖日期
顾杰 2021年作 秋塘之恋 镜心	140cm×69	4,502,000	北京中贝	2022-03-16
顾杰 2021年作 志在凌霄 镜心	69cm×138	4,376,000	北京中贝	2022-03-16
顾杰 2021年作 曼陀罗 镜心	69cm×138	3,902,000	北京中贝	2022-03-16
顾颉刚 1978年作 行书杜甫《客至》横披	28cm×68cm	69,000	保利厦门	2022-10-21
顾坤伯 1941年作 洞庭秋色图 册页（十二页）	14.5cm×10.5cm×12	172,500	西泠印社	2022-01-23
顾利君 兰竹双清 画心	140cm×55cm	68,000	北京传世	2022-12-15
顾媚 1982年作 山水 镜框	69.5cm×181.8cm	280,818	香港苏富比	2022-04-30
顾媚 1994年作 山水 镜框	96cm×186cm	280,818	佳士得	2022-05-29
顾媚 秋山暮霭 镜框	26.4cm×76.8cm	155,391	香港苏富比	2022-10-08
顾媚 翠岭云涌 镜框	26.4cm×76.8cm	133,192	香港苏富比	2022-10-08
顾媚 秋霞 镜框	183.5cm×56.3cm	127,470	佳士得	2022-12-02
顾媚 幽谷清流 镜框	89.8cm×89.8cm	110,993	香港苏富比	2022-10-08
顾媚 1998年作 夕晖 镜框	56.3cm×58.2cm	102,606	香港苏富比	2022-04-30
顾随 致沈兼士自作诗词十六首	216.5cm×20.5cm	483,000	中国嘉德	2022-12-13
顾随 致沈兼士自作诗词十三首	87.5cm×27.5cm	172,500	中国嘉德	2022-12-13
顾廷龙 1988年作 篆书"延春之阁" 镜心	26cm×82cm	66,700	北京银座	2022-09-16
关良 1942年作 摩登仕女 立轴	111cm×63cm	1,840,000	中国嘉德	2022-12-12
关良 1984年作 花果图 镜心	91cm×67cm	1,092,500	开拍国际	2022-07-24
关良 1979年作 瓶花	68.5cm×47cm	920,000	中国嘉德	2022-12-14
关良 1984年作 天平山秋收图 镜心	68cm×38cm	805,000	开拍国际	2022-07-24
关良 1964年作 孙悟空三打白骨精 镜片	107cm×68cm	805,000	广东崇正	2022-12-25
关良 1978年作 孙大圣	67cm×67.5cm	736,000	西泠印社	2022-01-22
关良 1978年作 金猴奋起千钧棒 镜框	116cm×56cm	632,500	华艺国际	2022-09-24
关良 1976年作 孙悟空三打白骨精	135cm×69cm	621,000	西泠印社	2022-01-22
关良 1984年作 悟空斗铁扇公主 镜心	67.5cm×67.5cm	575,000	开拍国际	2022-01-07
关良 太白醉写 立轴	89cm×47cm	517,500	开拍国际	2022-01-07
关良 1980年作 武剧人物图	64cm×66cm	425,500	西泠印社	2022-08-20
关良 1977年作 孙悟空三打白骨精	72.5cm×57cm	402,500	西泠印社	2022-08-20
关良 山村小景 镜心	40cm×32.5cm	356,500	开拍国际	2022-07-24
关良 武剧图	45cm×73cm	322,000	西泠印社	2022-01-22
关良 西游故事图 立轴	67.5cm×51cm	322,000	西泠印社	2022-01-23
关良 孙悟空 立轴	85.5cm×47cm	322,000	中国嘉德	2022-12-12
关良 1984年作 孙大圣图 镜心	68cm×41cm	299,000	北京银座	2022-01-12
关良 石家沟 镜心	28cm×37.5cm	287,500	北京银座	2022-01-12
关良 1982年作 钟馗图 立轴	67.5cm×51.5cm	287,500	北京银座	2022-09-16
关良 1979年作 今日欢呼孙大圣 镜心	68.5cm×46cm	287,500	北京保利	2022-07-24
关良 红枫	67.6cm×45.6cm	276,000	西泠印社	2022-08-20
关良 李逵杀虎	68.2cm×48.9cm	276,000	西泠印社	2022-08-20
关良 1979年作 铁弓缘 立轴	68cm×45cm	253,000	北京荣宝	2022-07-24
关良 威虎山 立轴	68.5cm×45cm	253,000	中国嘉德	2022-06-26
关良 1977年作 三打白骨精 立轴	88cm×46.5cm	230,000	开拍国际	2022-01-07
关良 献花	56cm×45cm	230,000	西泠印社	2022-01-22
关良 武剧图 立轴	67.5cm×67.5cm	230,000	中国嘉德	2022-12-12
关良 1977年作 瓶花	41cm×31cm	218,500	西泠印社	2022-01-22
关良 1962年作 赵宠写状	46.8cm×44cm	212,750	西泠印社	2022-08-20
关良 三打白骨精 立轴	68cm×35cm	212,750	广东崇正	2022-12-25
关良 1943年作 宝鸡写生 立轴	50cm×37cm	207,000	开拍国际	2022-07-24
关良 1979年作 鸿鸾禧 立轴	67cm×46cm	207,000	中国嘉德	2022-06-26
关良 花果图 镜片	65cm×44cm	207,000	广东崇正	2022-08-11
关良 朱屺瞻 等 名家集锦 册页（八开）	33cm×46.5cm×8	195,500	开拍国际	2022-01-07
关良 达摩面壁	52cm×38cm	195,500	西泠印社	2022-01-22
关良 1965年作 红灯记 立轴	43.5cm×34.5cm	195,500	中国嘉德	2022-06-26
关良 1979年作 淮剧《官禁民灯》立轴	68cm×45cm	189,750	开拍国际	2022-01-07
关良 红灯记梳妆（一组两件）		184,000	西泠印社	2022-08-20
关良 小放牛 镜片	68cm×46cm	184,000	广东崇正	2022-12-25
关良 1978年作 群花争艳 立轴	136cm×67.5cm	173,823	佳士得	2022-12-02
关良 1979年作 十字坡 立轴	68cm×46cm	172,500	北京银座	2022-09-16
关良 1982年作 火焰山 立轴	67.5cm×45cm	172,500	中国嘉德	2022-06-26
关良 杨门女将 镜片	20.5cm×28cm	172,500	广东崇正	2022-08-11
关良 1984年作 霸王别姬 镜框	52cm×49cm	172,500	朵云轩	2022-12-08
关良 金猴奋起千钧棒	35.8cm×38.6cm	166,750	西泠印社	2022-08-20
关良 红灯记 镜框	47.5cm×35.5cm	162,010	香港苏富比	2022-04-30
关良 太白醉写	52cm×35cm	161,000	西泠印社	2022-01-22
关良 1976年作 棒打老君	67cm×46cm	149,500	西泠印社	2022-01-22
关良 对阵（一组两件）		149,500	西泠印社	2022-08-20
关良 武剧人物（一组两件）		149,500	西泠印社	2022-08-20
关良 朱屺瞻 等名家集锦 册页（八开）	33cm×47cm×8	138,000	中国嘉德	2022-06-27
关良 1976年作 晴雯补裘 镜心	66cm×66cm	138,000	永乐拍卖	2022-07-25
关良 1978年作 闹桃园 立轴	46cm×34.5cm	138,000	西泠印社	2022-08-21
关良 1962年作 武剧图 镜心	43cm×34.5cm	138,000	中国嘉德	2022-12-13
关良 1962年作 捉放宿店图 镜框	68.6cm×35.5cm	133,192	香港苏富比	2022-10-08
关良 戏剧人物 镜心	33.5cm×33.5cm	126,500	北京银座	2022-01-12
关良 戏曲人物 立轴	34cm×31cm	126,500	开拍国际	2022-07-24
关良 1981年作 钟馗图 立轴	48cm×44.5cm	126,500	西泠印社	2022-08-21
关良 1977年作 三打白骨精 镜心	44cm×44.5cm	121,400	中国嘉德	2022-10-07
关良 戏曲人物（一组两件）		120,750	西泠印社	2022-08-20
关良 武剧图 立轴	66.5cm×44cm	115,000	中国嘉德	2022-06-26
关良 杨门女将	20.6cm×28.2cm	115,000	西泠印社	2022-08-20
关良 戏曲人物 镜心	33cm×43.5cm	110,364	中国嘉德	2022-10-07
关良 金猴奋起千钧棒 镜心	64cm×30.5cm	103,500	中鸿信	2022-09-11
关良 孙大圣 镜心	34cm×30cm	103,500	永乐拍卖	2022-07-25
关良 醉打山门 立轴	50cm×34cm	92,000	中国嘉德	2022-06-26
关良 1977年作 武松图 镜心	46cm×36.5cm	92,000	永乐拍卖	2022-07-25
关良 林冲雪夜上梁山 镜片	50cm×36cm	92,000	广东崇正	2022-08-11
关良 人物故事 镜心	31.5cm×39.5cm	92,000	保利厦门	2022-10-22
关良 黛玉葬花图 立轴	66.8cm×30.5cm	86,405	香港苏富比	2022-04-30
关良 贵妃醉酒 立轴	78cm×34cm	86,250	中国嘉德	2022-05-30
关良 钟馗行引图 立轴	67cm×43cm	86,250	中鸿信	2022-09-11
关良 京剧人物之对打 镜心	20.5cm×23.5cm	80,500	开拍国际	2022-01-07
关良 戏剧人物 镜片	20.5cm×23cm	80,500	广东崇正	2022-12-25
关良 1978年作 刺配恩州图 镜片	79cm×38cm	80,500	广东崇正	2022-12-25
关良 1961年作 戏剧人物 镜心	31.5cm×32.5cm	79,462	中国嘉德	2022-10-07
关良 专诸刺王僚	32.8cm×43.5cm	79,462	中国嘉德	2022-10-09
关良 武松打店图 镜片	31.5cm×29cm	78,200	西泠印社	2022-01-22
关良 1978年作 打严嵩 镜框	33.3cm×45.3cm	70,204	佳士得	2022-05-29
关良 京剧人物之时迁偷鸡 镜心	20cm×19cm	69,000	开拍国际	2022-01-07
关良 1980年作 西游人物记 镜心	68cm×46.5cm	69,000	中鸿信	2022-09-11
关良 桐庐小景 镜心	46cm×65cm	66,700	中鸿信	2022-09-11
关良 戏曲人物	29cm×31cm	63,250	西泠印社	2022-01-22
关良 林冲风雪山神庙 镜心	45.5cm×34cm	63,250	中国嘉德	2022-12-13
关山月 1977年作 朱砂冲哨口 镜心	71cm×99cm	3,680,000	开拍国际	2022-01-07
关山月 1981年作 珠江春色 立轴	152cm×82cm	3,450,000	朵云轩	2022-12-08
关山月 1997年作 红梅 镜片	178cm×97cm	3,105,000	广东崇正	2022-08-11
关山月 1986年作 人间有正气 立轴	138cm×68cm	2,415,000	广东崇正	2022-12-25
关山月 1972年作 雪梅 镜片	145.5cm×164cm	2,300,000	广东崇正	2022-08-11

拍品名称	物品尺寸	成交价RMB	拍卖公司	拍卖日期	拍品名称	物品尺寸	成交价RMB	拍卖公司	拍卖日期
关山月 1985年作 万壑松风 立轴	109cm×69cm	1,955,000	华艺国际	2022-09-24	关山月 1982年作 梅竹双清 立轴	106cm×41cm	184,000	中国嘉德	2022-09-29
关山月 1984年作 苍松寿石图 立轴	177cm×96cm	1,955,000	华艺国际	2022-09-24	关山月 1982年作 春消息 镜心	67.5cm×55cm	184,000	中国嘉德	2022-12-12
关山月 1993年作 清香 镜框	68.3cm×137.5cm	1,404,093	佳士得	2022-05-29	关山月 1957年作 棕榈游鱼 立轴	100.5cm×54cm	172,500	保利厦门	2022-10-21
关山月 1984年作 老梅雪里见精神 立轴	153cm×80cm	1,357,000	北京保利	2022-07-26	关山月 迎春图 立轴	69cm×46cm	161,000	开拍国际	2022-01-07
关山月 1978年作 春满梅山 立轴	79cm×50cm	1,012,000	北京荣宝	2022-07-24	关山月 1982年作 梅花泄漏春消息 立轴	70cm×34cm	138,000	华艺国际	2022-09-24
关山月 1990年作 风正一帆悬·行书七言联 镜心	画131cm×66cm	1,012,000	北京银座	2022-09-16	关山月 1960年作 春江帆影 立轴	61cm×34cm	138,000	华艺国际	2022-09-24
关山月 雪梅图 镜片	77cm×122cm	897,000	广东崇正	2022-12-25	关山月 1943年作 祁连山写生 镜心	33.5cm×46.5cm	138,000	中国嘉德	2022-12-13
关山月 1997年作 回春图 镜片	68.5cm×137cm	897,000	广东崇正	2022-12-25	关山月 雏乐图 立轴	84cm×38cm	126,500	朵云轩	2022-12-08
关山月 长白林海 镜心	66cm×132cm	862,500	中国嘉德	2022-12-12	关山月 1985年作 双色梅 镜心	48cm×123cm	115,000	中国嘉德	2022-09-27
关山月 1986年作 双清图 立轴	91cm×48.5cm	805,000	广东崇正	2022-08-11	关山月 1940年作 风雨故人来 镜片	66.5cm×32cm	115,000	西泠印社	2022-01-22
关山月 1998年作 红梅 立轴	136cm×66cm	747,500	中贸圣佳	2022-12-31	关山月 1953年作 霍夫梅斯特像 镜框	32cm×25cm	115,000	华艺国际	2022-09-24
关山月 1943年作 秋山船渡图 立轴	106cm×50cm	690,000	北京银座	2022-09-16	关山月 梅竹双清 镜心	44cm×33.5cm	109,250	中国嘉德	2022-06-27
关山月 梅竹图 镜心	68.5cm×100.5cm	684,256	中国嘉德	2022-10-08	关山月 红梅一枝春 立轴	49cm×36cm	97,750	中国嘉德	2022-05-29
关山月 搏鱼图	98cm×52cm	680,000	香港贞观	2022-01-16	关山月 1994年作 双清图 立轴	66cm×44cm	97,750	中国嘉德	2022-09-29
关山月 红梅图 镜心	68cm×39cm	644,000	北京银座	2022-01-12	关山月 雀跃图 立轴	69.5cm×37cm	97,675	保利香港	2022-10-12
关山月 黎雄才 赵少昂 杨善深 喜鹊登梅 立轴	134.5cm×66cm	609,500	北京银座	2022-09-16	关山月 赵少昂 1991年作 红梅、蝶趣(二帧) 镜心	33cm×46cm×2	92,000	华艺国际	2022-09-24
关山月 1975年作 雄鸡一唱天下白 镜心	138cm×70cm	598,000	北京银座	2022-09-16	关山月 1956年作 行旅图 镜框	18.5cm×52cm	92,000	华艺国际	2022-09-24
关山月 1959年作 棕榈麻雀 立轴	133cm×66cm	575,000	华艺国际	2022-09-24	关山月 黄佩宜 鹤寿松龄 立轴	97.5cm×34cm	91,806	香港苏富比	2022-04-30
关山月 1988年作 红梅 镜片	83cm×55cm	460,000	广东崇正	2022-08-11	关山月 黄山纪游 镜框	34cm×46cm	89,700	华艺国际	2022-09-24
关山月 1943年作 柳雀图 立轴	131cm×32.5cm	425,500	华艺国际	2022-09-24	关山月 1948年作 竹雀 镜心	18cm×53cm	88,291	中国嘉德	2022-10-07
关山月 1982年作 红梅盛放 立轴	138cm×68cm	402,500	中国嘉德	2022-05-29	关山月 1981年作 红梅 手卷	40cm×76cm	87,210	保利香港	2022-07-12
关山月 1959年作 育子图 立轴	74cm×49cm	402,500	北京银座	2022-09-16	关山月 1992年作 红梅朵朵 镜片	31.5cm×45cm	86,250	朵云轩	2022-12-09
关山月 (款) 红梅	96.5cm×132cm	393,140	香港福羲国际	2022-12-28	关山月 1991年作 铁骨幽香 镜心	69cm×46cm	80,500	中国嘉德	2022-05-31
关山月 逐春图 立轴	82cm×39.5cm	368,000	广东崇正	2022-12-25	关山月 多子图 镜心	93.5cm×42cm	69,000	北京银座	2022-01-12
关山月 牧牛图 立轴 设色纸本	85cm×45cm	345,000	北京荣宝	2022-07-24	关山月 草书《书论》镜心	136cm×33.5cm	69,000	中国嘉德	2022-06-27
关山月 1978年作 梅清图 镜心	107cm×53.5cm	345,000	北京银座	2022-09-16	关山月 1953年作 鸣春 镜框	67cm×40cm	69,000	华艺国际	2022-09-24
关山月 红叶山居 镜片	92.5cm×41cm	345,000	广东崇正	2022-04-17	关山月 行书"古琴楼" 镜片	40cm×67.5cm	69,000	广东崇正	2022-12-25
关山月 1977年作 百花闹南粤 镜片	83cm×37cm	345,000	广东崇正	2022-08-11	管平湖 寿石公 书画合璧 横幅	46.2cm×98.5cm	115,000	中贸圣佳	2022-07-27
关山月 迎春图片	47cm×69cm	333,500	广东小雅斋	2022-05-25	管平湖 倚阑观柳 镜心	102cm×41cm	115,000	中国嘉德	2022-12-13
关山月 1984年作 墨梅 立轴	101.5cm×59cm	322,000	上海嘉禾	2022-01-01	管平湖 没骨花卉	65cm×32.7cm	69,000	中贸圣佳	2022-07-13
关山月 1983年作 月里横枝影 镜框	59cm×96.5cm	301,293	佳士得	2022-12-02	桂兆海 2021年作 神游净土 镜心	124cm×62cm	280,000	北京中贝	2022-03-16
关山月 1982年作 双清图 镜片	67cm×34cm	299,000	广东崇正	2022-08-11	郭慧庆 2022年作 寒林欲雪	68cm×68cm	1,650,000	北京伍佰艺	2022-10-28
关山月 谢稚柳 程十发 等 艺苑丹青 册页 (八开)	28cm×39.5cm×8	287,500	中国嘉德	2022-12-13	郭慧庆 2022年作 榴林隐逸	68cm×68cm	1,620,000	北京伍佰艺	2022-10-28
关山月 1940年作 红棉花开 立轴	95cm×43cm	276,000	北京银座	2022-01-12	郭兰枝 褚德彝 风雨出蛰图·楷书古文 成扇	19cm×51.5cm	97,750	西泠印社	2022-01-23
关山月 1985年作 梅花香自苦寒来 立轴	138cm×68cm	253,000	中国嘉德	2022-09-29	郭兰枝 1934年作 山水四屏 (四幅) 屏轴	134cm×40.5cm×4	97,750	朵云轩	2022-12-08
关山月 1988年作 红梅 镜片	42cm×61cm	253,000	广东崇正	2022-08-11	郭利光 2021年作 罗汉修行图	70cm×180cm	233,000	北京伍佰艺	2022-09-17
关山月 1987年作 双清图 镜框	67.3cm×135.3cm	231,764	佳士得	2022-12-02	郭沫若 1965年作 行书七言诗 立轴	96.5cm×54cm	1,035,000	北京银座	2022-01-12
关山月 红梅图 镜心	71cm×43cm	230,000	中贸圣佳	2022-07-23	郭沫若 1967年作 行书《沁园春·雪》镜心	70cm×140cm	931,500	北京荣宝	2022-07-24
关山月 1959年作 武钢工地 立轴	画心 85.5cm×48cm	230,000	中鸿信	2022-09-11	郭沫若 行书五言联 立轴 水墨纸本	98cm×30cm×2	920,000	北京荣宝	2022-07-24
关山月 1992年作 梅香傲骨 镜心	41cm×59cm	230,000	中国嘉德	2022-06-27	郭沫若 1953年作 为赵丹作行书七言诗 画心	64.5cm×43.5cm	805,000	西泠印社	2022-01-22
关山月 1987年作 红梅 立轴	68.5cm×44cm	230,000	广东崇正	2022-08-11	郭沫若 1961年作 行书《登泰山诗》立轴	132cm×64cm	782,000	北京荣宝	2022-07-24
关山月 1995年作 红梅 镜片	70cm×46cm	230,000	江苏汇中	2022-08-16	郭沫若 1975年作 行书《满江红》立轴	136cm×69cm	632,500	永乐拍卖	2022-07-25
关山月 1964年作 清晨即景 镜心	82cm×39cm	218,500	开拍国际	2022-01-07	郭沫若 1965年作 行书《东风吟》一首 镜片	97cm×179cm	517,500	北京荣宝	2022-07-24
关山月 黎雄才 鸟石图 立轴	101cm×35cm	207,000	广东小雅斋	2022-05-25	郭沫若 1964年作 草书毛主席诗 立轴	131cm×63.5cm	460,000	中贸圣佳	2022-12-31
关山月 1996年作 寒梅傲骨 立轴	137cm×69cm	195,500	中国嘉德	2022-09-27	郭沫若 于立群 1966年作 为韩哲一作 公鸡下蛋图 立轴	68.5cm×45cm	414,000	西泠印社	2022-08-21
关山月 1986年作 红梅墨竹 立轴	67cm×44cm	187,618	中国嘉德	2022-10-07					
关山月 1988年作 双色梅花 镜心	50cm×70cm	184,000	中国嘉德	2022-05-30					
关山月 1980年作 迎春图 镜心	98cm×45cm	184,000	中国嘉德	2022-09-27					

2022书画拍卖成交汇总（续表）

（成交价RMB：6万元以上）

拍品名称	物品尺寸	成交价RMB	拍卖公司	拍卖日期
郭沫若 1964年作 行书《满江红》立轴	87cm×47.5cm	345,000	中国嘉德	2022-06-26
郭沫若 1963年作 行书 立轴	134cm×36.5cm	322,000	上海嘉禾	2022-11-20
郭沫若 于立群 1966年作 行书对屏 立轴	67cm×44cm×2	287,500	北京银座	2022-01-12
郭沫若 1945年作 草书七言诗 立轴	65.5cm×32cm	287,500	北京银座	2022-01-12
郭沫若 1942年作 行书《张逸生饰河伯》镜心	62cm×17.5cm	264,500	开拍国际	2022-07-24
郭沫若 1964年作 行书七言诗 横披	68cm×137cm	253,000	中国嘉德	2022-06-26
郭沫若 行书七言诗 立轴	92.5cm×41cm	253,000	中国嘉德	2022-06-26
郭沫若 行书自作诗 立轴	57cm×43cm	230,000	中贸圣佳	2022-07-23
郭沫若 1970年作 行书七言句 镜心	30.5cm×64.5cm	184,000	中国嘉德	2022-06-26
郭沫若 于立群 1964年作 隶书四言联 立轴	116.5cm×33cm×2	172,500	中国嘉德	2022-06-26
郭沫若 行书毛主席词 立轴	67cm×32cm	138,000	上海嘉禾	2022-11-20
郭沫若 叶浅予 钱瘦铁 张正宇 原剧照及名家画 册页（三开）	32cm×45cm×3	138,000	朵云轩	2022-12-08
郭沫若 书法 立轴	89cm×48cm	115,000	永乐拍卖	2022-07-25
郭沫若 东方人 1963年作 得鱼图 立轴	103cm×64.5cm	92,000	北京银座	2022-09-17
郭沫若 1962年作 行书五言诗 立轴	107cm×52cm	92,000	保利厦门	2022-10-22
郭沫若 1964年作 行书毛泽东诗句 立轴	65.2cm×38cm	86,250	开拍国际	2022-01-07
郭沫若 行书"风华正茂" 立轴	104.5cm×20cm	69,000	保利厦门	2022-10-21
郭沫若 行书送郎觉民毛主席诗（五页）	26cm×19cm×5	63,250	中鸿信	2022-09-12
郭清生 紫气东来 画心	136cm×34cm	200,000	北京传世	2022-12-15
郭如瑞 2022年作 秋韵图 镜心	70cm×183cm	1,710,000	北京中贝	2022-03-16
郭如瑞 2022年作 宝地生金书法 镜心	70cm×183cm	790,000	北京中贝	2022-03-16
郭石夫 1990年作 银塘秋溃 镜心	89cm×95cm	69,000	中国嘉德	2022-09-28
郭味蕖 1962年作 秋意阑珊 立轴	138cm×68.5cm	86,250	朵云轩	2022-12-08
郭文杰 2021年作 雅苑清韵依云天 镜心	68cm×136cm	580,000	北京中贝	2022-03-16
郭文杰 2021年作 古塬春曲 镜心	68cm×68cm	456,000	北京中贝	2022-03-16
郭文杰 2021年作 高山流水 镜心	68cm×68cm	423,000	北京中贝	2022-03-16
郭一峰 橘：《小丑》镜心	120cm×120cm	138,000	中贸圣佳	2022-12-31
郭怡孮 2021年作 爱莲图 镜心	129cm×243cm	747,500	北京荣宝	2022-07-24
郭怡孮 山花漫野 镜心	136cm×68cm	92,000	北京荣宝	2022-07-24
郭怡孮 迎春图 立轴	180cm×97cm	69,000	保利厦门	2022-10-22
海日汗一心真悟	138cm×70cm	183,940	荣宝斋（香港）	2022-11-26
海上四家 1947年作 岁寒姿 镜框	133.5cm×66cm	355,179	香港苏富比	2022-10-08
韩必恒 吉祥图 镜片	92cm×180cm	1,012,000	保利厦门	2022-10-22
韩必恒 万芳竞辉 镜片	90cm×173cm	920,000	北京中贝	2022-01-14
韩必恒 玉堂富贵 镜片	90cm×173cm	805,000	北京中贝	2022-01-14
韩必恒 大慈大悲圆光观音菩萨镜片	137cm×67cm	793,500	北京中贝	2022-01-14
韩必恒 大慈大悲观世音菩萨 镜片	90cm×60cm	667,000	北京中贝	2022-01-14
韩必恒 福寿绵绵多喜图 镜片	137cm×67cm	471,500	北京中贝	2022-01-14
韩必恒 迎春早发不疑寒 镜片	90cm×45cm	322,000	北京中贝	2022-01-14
韩美林 1990年作 铁线百骏图 手卷	28cm×1921cm	805,000	北京保利	2022-07-27
韩美林 2005年作 杨万里诗意图 镜心	69cm×128cm	690,000	北京荣宝	2022-07-24
韩美林 范曾 1979年作 蒲公与狐狸 册页（十一开）	28.5cm×37cm×11	575,000	中国嘉德	2022-06-29
韩美林 1988—2022年作 牛 镜心	68cm×135cm	552,000	中国嘉德	2022-12-15
韩美林 1979年作 小老虎 镜心	38cm×40.5cm	517,500	中国嘉德	2022-06-29
韩美林 2008年作 马 镜心	51cm×70cm	437,000	中国嘉德	2022-06-29
韩美林 2007年作 奔马 镜心	51cm×70cm	345,000	中国嘉德	2022-06-29
韩美林 1979年作 虎娃 镜框	35cm×38cm	345,000	北京保利	2022-07-27
韩美林 1979年作 虎虎生威 镜心	38.5cm×35.5cm	230,000	北京荣宝	2022-07-24
韩美林 2016年作 猴 镜心	69.5cm×60cm	230,000	中国嘉德	2022-12-15
韩美林 1982年作 小老虎 镜心	36cm×38.5cm	230,000	中国嘉德	2022-12-15
韩美林 2007年作 奔马 镜心	51cm×70cm	218,500	中国嘉德	2022-12-15
韩美林 2007年作 奔马 镜心	51cm×70cm	218,500	中国嘉德	2022-12-15
韩美林 1978年作 小狗 镜心	37.7cm×41.5cm	195,500	中国嘉德	2022-06-29
韩美林 1996年作 大鹰 镜心	96cm×140cm	195,500	中国嘉德	2022-12-15
韩美林 猴戏图 镜心	36cm×46cm	184,000	中鸿信	2022-01-24
韩美林 2012年作 奔马图 镜心	53cm×69cm	184,000	北京保利	2022-07-27
韩美林 2015年作 小熊猫 镜心	33.8cm×38.7cm	184,000	中国嘉德	2022-12-15
韩美林 1979年作 金钱豹 镜心	32.5cm×36.5cm	178,250	北京荣宝	2022-07-24
韩美林 熊猫 镜心	32.5cm×35cm	172,500	中国嘉德	2022-06-29
韩美林 熊猫 镜心	34.5cm×35cm	149,500	北京荣宝	2022-07-24
韩美林 大吉图 镜心	38cm×42cm	149,500	中国嘉德	2022-12-15
韩美林 狗 镜心	35cm×37.5cm	149,500	中国嘉德	2022-12-15
韩美林 1978年作 熊猫 卡纸	31.5cm×34.5cm	143,750	北京荣宝	2022-07-24
韩美林 1979年作 小狐狸 镜心	34.5cm×37.5cm	138,000	中国嘉德	2022-06-26
韩美林 1984年作 小斑马 镜心	36cm×38cm	138,000	中国嘉德	2022-06-29
韩美林 1990年作 大吉图 镜框	45cm×69cm	138,000	北京保利	2022-07-27
韩美林 1980年作 雄狮 镜心	35cm×38cm	132,250	北京荣宝	2022-07-24
韩美林 1979年作 猫 镜心	33cm×37cm	132,250	北京荣宝	2022-07-24
韩美林 1978年作 熊猫 镜心	34cm×35cm	126,500	北京荣宝	2022-07-24
韩美林 1978年作 狐狸 卡纸	37.5cm×37.5cm	126,500	北京荣宝	2022-07-24
韩美林 1979年作 鹿 镜心	34cm×36.5cm	115,000	北京荣宝	2022-07-24
韩美林 2006年作 大吉图 镜框	70cm×54cm	115,000	北京保利	2022-07-24
韩美林 1980年作 狐狸 镜心	35cm×37.5cm	115,000	中国嘉德	2022-06-29
韩美林 1990年作 大吉图 镜心	45cm×69cm	109,250	中国嘉德	2022-05-29
韩美林 1977年作 双驴图 镜心	36cm×39cm	109,250	中国嘉德	2022-05-29
韩美林 1980年作 鸭子 镜心	35.5cm×38.5cm	109,250	北京荣宝	2022-07-24
韩美林 1978年作 牛 镜心	68cm×135cm	109,250	中贸圣佳	2022-12-31
韩美林 1991年作 鹰 镜心	67cm×90cm	109,250	中国嘉德	2022-06-29
韩美林 1974年作 吉祥双鸽 镜心	29.5cm×31cm	109,250	中国嘉德	2022-12-15
韩美林 1979年作 骆驼 镜心	33cm×36.5cm	103,500	北京荣宝	2022-07-24
韩美林 猫头鹰 镜心	39cm×38cm	97,750	开拍国际	2022-01-07
韩美林 1978年作 鹅趣图 立轴	75cm×44cm	97,750	中国嘉德	2022-09-28
韩美林 1980年作 狐狸 镜心	35.7cm×37.5cm	92,000	北京荣宝	2022-07-24
韩美林 1980年作 鹰 镜心	35.5cm×38.5cm	92,000	北京荣宝	2022-07-24
韩美林 1979年作 狐狸 镜心	35.7cm×37.5cm	92,000	北京荣宝	2022-07-24
韩美林 1979年作 骆驼 镜心	34.5cm×38cm	92,000	北京荣宝	2022-07-24
韩美林 1978年作 大吉图	33.5cm×30cm	92,000	北京保利	2022-02-03
韩美林 小驴 镜心	35cm×38cm	92,000	北京保利	2022-07-27
韩美林 朱鹭 镜心	36cm×39cm	92,000	中贸圣佳	2022-10-27
韩美林 1991年作 奔马 镜心	45.5cm×68cm	86,250	中国嘉德	2022-06-29
韩美林 2014年作 草书李清照词 镜心	34cm×270cm	86,250	北京保利	2022-07-27
韩美林 鹰 镜心	35cm×38.5cm	86,250	中国嘉德	2022-12-15
韩美林 1993年作 萌犬图 镜心	39cm×38cm	80,500	开拍国际	2022-01-07
韩美林 1978年作 熊猫 镜心	23.5cm×26.5cm	80,500	中鸿信	2022-09-11
韩美林 1980年作 鸡——爆竹声声里 镜心	35cm×37.5cm	80,500	中国嘉德	2022-12-15
韩美林 猫 镜心	36cm×39cm	78,200	永乐拍卖	2022-07-25
韩美林 1999年作 此物最相思 镜心	54.5cm×64.5cm	74,750	北京荣宝	2022-07-24
韩美林 1991年作 大吉图 镜心	45cm×68cm	74,750	中国嘉德	2022-06-29
韩美林 1979年作 动物（二帧）镜心		74,750	中国嘉德	2022-06-29

拍品名称	物品尺寸	成交价RMB	拍卖公司	拍卖日期
韩美林 1996年作 菩萨像 镜心	53.5cm×38.5cm	69,000	北京银座	2022-01-12
韩美林 2006年作 大吉图 镜心	78cm×54.5cm	69,000	北京荣宝	2022-07-24
韩美林 1986年作 友谊长存 立轴	67.5cm×36cm	69,000	北京保利	2022-07-27
韩美林 1993年作 马 手卷	50cm×70cm	69,000	北京保利	2022-07-27
韩美林 大吉图 镜心	34.5cm×36cm	69,000	中国嘉德	2022-12-15
韩美林 1979年作 毛驴 镜框	34cm×39cm	66,700	北京荣宝	2022-07-24
韩美林 1979年作 驴 镜心	35cm×37cm	63,250	北京荣宝	2022-07-24
韩美林 1994年作 书法"佛" 立轴	96cm×89cm	63,250	北京保利	2022-07-27
韩敏 1966年作《方阿姨》连环画原稿二十八帧(全) 画心	尺寸不一	368,000	西泠印社	2022-01-22
韩敏 2006年作 琵琶行 手卷	52cm×232.5cm	230,000	上海嘉禾	2022-08-28
韩敏 竹林七贤 镜片	68.5cm×137cm	212,750	朵云轩	2022-12-08
韩硕 等 1975年作 咱和儿子同扎根 立轴	153cm×83cm	253,000	西泠印社	2022-01-22
韩天衡 金秋图 镜心	86cm×46.5cm	184,000	中国嘉德	2022-06-29
韩天衡 夏荷图 镜片	41cm×75cm	105,800	朵云轩	2022-12-08
韩天衡 1990年作 十里荷香 镜心	画84.5cm×69cm	74,750	中国嘉德	2022-12-15
韩学中 工笔侍女	68cm×68cm	142,000	北京伍佰艺	2022-09-17
韩羽 幼时记忆 立轴	44cm×39.5cm	74,750	中国嘉德	2022-06-29
韩玉玲 雀巢之恋	68cm×68cm	149,800	北京伍佰艺	2022-10-28
韩志峰 2021年作 千里江山 镜心	46cm×165cm	450,000	北京中贝	2022-03-16
韩中 沁园春·长沙 长卷	38cm×271cm	188,160	开禧国际	2022-12-28
韩中 为人民服务 镜片	70cm×140cm	76,160	开禧国际	2022-12-28
郝量 2009—2010年作 竹骨谱(一组十四件)	32cm×20cm×14	8,050,000	中国嘉德	2022-12-14
郝量 2014年作 万万石卷 手卷	23cm×305cm	3,708,230	佳士得	2022-12-02
郝世民 2022年作 桃花源	96cm×180cm	126,500	开拍国际	2022-07-24
郝世明 繁生之灵隐寺	60cm×150cm	109,250	中贸圣佳	2022-10-27
郝银平 福山贵水聚祥瑞 画心	178cm×68cm	750,000	北京传世	2022-12-15
何百里 谷烟浮翠 镜框	90cm×132cm	1,026,068	佳士得	2022-05-29
何百里 河谷梦之二 镜框	94cm×137.5cm	927,057	佳士得	2022-12-02
何百里 曦望	65cm×65cm	360,024	华艺国际	2022-05-29
何百里 浮岚积翠 镜框	38.1cm×105.2cm	118,807	香港苏富比	2022-04-30
何百里 吉祥如意 镜框	21cm×130.5cm	230,000	朵云轩	2022-12-08
何凤莲 2022年作 三峡金秋 镜框	55.3cm×84cm	75,605	佳士得	2022-05-29
何凤莲 2022年作 黟山雾迷 镜框	58cm×97cm	69,529	佳士得	2022-12-02
何馥君 观音 镜框	93.5cm×52.5cm	101,200	华艺国际	2022-09-24
何海霞 1980年作 激流勇进图 镜心 设色纸本	181cm×97cm	2,012,500	北京荣宝	2022-07-24
何海霞 梦中云山卷 手卷	画46.8cm×327.5cm	1,265,000	中国嘉德	2022-12-12
何海霞 香雪海 镜心	94.5cm×132cm	1,035,000	华艺国际	2022-09-23
何海霞 山城繁市 镜片	画心77.5cm×55.5cm；诗堂23cm×55.5cm	1,035,000	上海嘉禾	2022-11-20
何海霞 1972年、1977年作 山水四帧 镜心	70.5cm×48.5cm；68cm×45cm；69cm×45cm；68cm×49.5cm	805,000	中贸圣佳	2022-07-23
何海霞 峨眉金顶		580,000	香港贞观	2022-01-16
何海霞 1977年作 晓山行 立轴	88cm×47.5cm	575,000	北京荣宝	2022-07-24
何海霞 西岳崚嵘何壮哉 镜心	109.5cm×47.5cm	575,000	北京荣宝	2022-07-24
何海霞 海啸惊鱼龙 镜心	39.5cm×59.5cm	356,500	中国嘉德	2022-12-12
何海霞 西岳崚嵘 立轴	69cm×47cm	310,500	中国嘉德	2022-05-29
何海霞 华山下棋亭 镜片	40cm×60cm	310,500	广东崇正	2022-08-11
何海霞 溪山仙馆 镜心	19.5cm×54.5cm	307,800	保利香港	2022-07-12
何海霞 1957年作 史前遗址 立轴	85cm×44cm	299,000	北京保利	2022-07-27
何海霞 1985年作 晓行览胜 立轴	67cm×45cm	287,500	中贸圣佳	2022-07-23
何海霞 春光好 镜心	68cm×68cm	276,000	北京保利	2022-07-27
何海霞 燕山八月已飞雪 镜心	39.5cm×59.5cm	276,000	中国嘉德	2022-12-12
何海霞 陕北风光 镜心	39.5cm×59.5cm	276,000	中国嘉德	2022-12-12
何海霞 秋山红树·行书七言联 立轴		230,000	保利厦门	2022-10-22
何海霞 1980年作 延安颂·行书七言联 镜心	画心99cm×49.5cm	224,250	中鸿信	2022-09-11
何海霞 1983年作 华岳写生 立轴	68cm×45.5cm	218,500	中国嘉德	2022-12-12
何海霞 1994年作 春云吐絮 镜片	48cm×89cm	207,000	广东崇正	2022-08-11
何海霞 1994年作 春云吐絮 镜心	48cm×88.5cm	207,000	中国嘉德	2022-12-13
何海霞 寒林楼观图 立轴	102cm×33cm	184,000	中国嘉德	2022-09-27
何海霞 回娘家 镜心	39.5cm×59.5cm	184,000	中国嘉德	2022-12-12
何海霞 1989年作 山水、行书(两帧) 镜片	18m×53.5cm×2	172,500	广东崇正	2022-08-11
何海霞 1993年作 梅花欢喜漫天雪 立轴	74.5cm×41cm	149,500	广东崇正	2022-08-11
何海霞 黎寨之晨 镜片	68.5cm×45cm	138,000	广东崇正	2022-08-11
何海霞 李桦 王文芳 方济众 溥佺 赵望云等 1973年作 艺苑掇英 册页	20cm×26cm×12	115,000	中国嘉德	2022-09-27
何海霞 剑门途中 镜心	39.5cm×59.5cm	115,000	中国嘉德	2022-12-12
何海霞 行书"清心斋" 镜心	35cm×112.5cm	109,250	北京银座	2022-01-12
何海霞 松荫高士图 镜心	64.5cm×46.5cm	109,250	中鸿信	2022-09-11
何海霞 1985年作 江峰帆影图 镜片	70cm×48cm	103,500	西泠印社	2022-01-23
何海霞 1936年作 仙山楼阁图 立轴	93.5cm×33cm	92,000	中鸿信	2022-09-11
何海霞 巫峡清秋 镜心	34cm×45.5cm	92,000	中国嘉德	2022-06-27
何海霞 黎雄才 川陕小景图 镜心	50cm×67cm	88,291	中国嘉德	2022-10-07
何海霞 1987年作 梅花 立轴	95.5cm×57cm	80,500	中贸圣佳	2022-07-23
何海霞 1977年作 淡极始觉花更艳 立轴	69cm×45cm	74,750	中国嘉德	2022-05-29
何海霞 山色空蒙雨亦奇 镜心	36cm×47.5cm	74,750	北京诚轩	2022-08-08
何海霞 荷花 镜心	41cm×60cm	74,750	中国嘉德	2022-06-26
何海霞 1984年作 秋山行吟 立轴	68cm×45cm	74,750	中国嘉德	2022-12-13
何海霞 汉水忆旧 镜心	97cm×68cm	69,000	中国嘉德	2022-09-27
何海霞 何纪争 大地微微暖气吹·行书五言联 镜心	画心68cm×46.5cm	69,000	北京保利	2022-02-03
何海霞 山色有无中 镜心	68.5cm×46cm	69,000	中国嘉德	2022-12-13
何纪岚 透视格式 镜框	89cm×89cm	92,705	佳士得	2022-12-02
何纪岚 2022年作 闪耀城城 镜框	35.5cm×126cm	64,804	佳士得	2022-05-29
何加林 溪山闻瀑图 镜心	48cm×180cm	92,000	北京荣宝	2022-07-24
何家英 2003年作 邀凉图 镜框	111cm×70cm	3,565,000	北京荣宝	2022-07-24
何家英 2021年作 玉容阑珊晚妆残 镜心	70.5cm×69.5cm	3,220,000	北京荣宝	2022-07-24
何家英 泉 镜框	112cm×76cm	2,990,000	北京保利	2022-07-27
何家英 露华 镜心	96cm×88cm	2,300,000	华艺国际	2022-07-29
何家英 1998年作 窗外物华 镜框	107cm×61cm	2,070,000	北京荣宝	2022-07-24
何家英 清谈 镜心	95cm×53cm	1,840,000	北京荣宝	2022-07-24
何家英 2003年作 潇湘夜雨 镜心	106cm×64cm	1,426,000	北京保利	2022-07-27
何家英 出浴图 镜框	81cm×74cm	1,380,000	北京荣宝	2022-07-24
何家英 1989年作 梨花解相思 立轴	96cm×51cm	1,150,000	北京保利	2022-07-27
何家英 2000年作 少女读书图 镜心	69.5cm×70cm	1,012,000	北京保利	2022-07-27
何家英 萌 镜心	60cm×79cm	971,203	中国嘉德	2022-10-07
何家英 1996年作 海棠相思 镜心	97cm×52cm	954,500	北京保利	2022-07-27
何家英 1996年作 人面梅花 立轴	85cm×59cm	943,000	北京保利	2022-07-27

(成交价RMB：6万元以上)

拍品名称	物品尺寸	成交价RMB	拍卖公司	拍卖日期
何家英 裸女 立轴	54cm × 43cm	747,500	北京荣宝	2022-07-24
何家英 2011年作 惠安双美 镜心	80.5cm × 66.5cm	713,000	北京荣宝	2022-07-24
何家英 白庚延 1995年作 雪里红梅 立轴	100cm × 81cm	644,000	北京保利	2022-07-27
何家英 1996年作 一枝春雪冻梨花 镜框	66.5cm × 52.5cm	575,000	北京荣宝	2022-07-24
何家英 静思 镜心	37cm × 31cm	517,500	北京荣宝	2022-07-24
何家英 白庚延 1994年作 落花人独立 镜心	114cm × 51.5cm	410,400	保利香港	2022-07-12
何家英 裸女 镜心	70cm × 69cm	230,000	中贸圣佳	2022-12-31
何家英 梅花少女 立轴	95.5cm × 50cm	230,000	上海嘉禾	2022-01-01
何家英 少女读书图 立轴	66.5cm × 66cm	217,056	保利香港	2022-10-12
何家英 2021年作 行书 "乐是幽居" 镜心	69cm × 138cm	80,500	北京荣宝	2022-07-24
何家英 仕女 立轴	68cm × 57cm	69,000	广东小雅斋	2022-05-25
何甲荣 山高水长 带框	70cm × 145cm	515,200	开禧国际	2022-12-28
何镜涵 1996年作 颐和胜境	100cm × 50cm	610,000	北京伍佰艺	2022-09-17
何琴 2022年作 秋山晚翠图 镜心	68cm × 136cm	240,000	北京中贝	2022-03-16
何仁浩 2019年作 幸福家园	200cm × 200cm	8,100,000	北京伍佰艺	2022-09-17
何仁浩 2020年作 有了绿水青山就是金山银山	180cm × 68cm	610,000	北京伍佰艺	2022-09-17
何仁浩 2021年作 金秋神韵图	136cm × 68cm	560,000	北京伍佰艺	2022-09-17
何维朴 拟诸家山水十二屏 立轴	153.5cm × 40cm × 12	402,500	中国嘉德	2022-06-28
何维朴 山居图 手卷	画13.5cm × 47cm	345,000	中国嘉德	2022-12-14
何香凝 柳亚子 1930年作 红梅 草书七言诗 扇面	15.5cm × 45cm	253,000	中国嘉德	2022-06-27
何香凝 山水、梅花、松梅 (三帧) 立轴		218,500	广东崇正	2022-12-25
何香凝 杜进高花卉篆书立轴/扇面		172,500	广东崇正	2022-08-11
何香凝 寒梅 立轴	85cm × 32cm	162,010	佳士得	2022-05-29
何香凝 牡丹 镜片	98cm × 34cm	161,000	广东崇正	2022-12-25
何香凝 三清图 立轴	106cm × 48cm	92,000	北京银座	2022-01-12
何应辉 1999年作 行书自作诗长卷 手卷	32cm × 345cm	63,250	中国嘉德	2022-06-29
何玉春 事事如意	136cm × 68cm	185,000	北京乔禧	2022-12-25
何玉春 年年红	136cm × 68cm	180,000	北京乔禧	2022-12-25
何玉春 紫牡丹	180cm × 49cm	150,000	北京乔禧	2022-12-25
何玉春 紫牡丹	180cm × 49cm	150,000	北京乔禧	2022-12-25
何玉春 春荷	136cm × 34cm	150,000	北京乔禧	2022-12-25
何玉春 如意	100cm × 50cm	138,000	北京乔禧	2022-12-25
贺海锋 霞光映照	180cm × 90cm	88,550	中贸圣佳	2022-07-24
贺鹏飞 2021年作 达摩写意图 镜片	70cm × 16cm	115,000	北京中贝	2022-04-11
贺鹏飞 2021年作 萨拉乌苏·意象大荒42 镜片	69cm × 85cm	86,800	北京中贝	2022-04-11
贺天健 1937年作 柳荫仕女 立轴	106cm × 58.5cm	471,500	中国嘉德	2022-12-13
贺天健 1936年作 为刘湖涵作庐山图 镜片	176cm × 94.5cm	460,000	西泠印社	2022-01-22
贺天健 1937年作 坐看云起图 立轴	105cm × 58cm	333,500	西泠印社	2022-08-21
贺天健 潘絜兹 崔子范 颜伯龙等 1978、1980、1983年作 画册 册页 (九开)	28.5cm × 36cm × 9	276,000	中贸圣佳	2022-12-31
贺天健 层峦叠翠 立轴	115cm × 56.5cm	207,000	中贸圣佳	2022-10-27
贺天健 1945年作 草木春深 立轴	102cm × 46.5cm	178,250	北京保利	2022-07-26
贺天健 曹典初 策杖访友 行书苏轼诗 成扇	20cm × 56cm	172,500	中国嘉德	2022-06-27
贺天健 1929年作 泛舟寻诗 立轴	107cm × 53cm	161,000	朵云轩	2022-12-08
贺天健 1943年作 山居谭玄图 立轴	85.5cm × 59cm	144,291	香港苏富比	2022-10-08
贺天健 1935年作 倚峰烟外图 立轴	112cm × 40.5cm	115,000	西泠印社	2022-08-21
贺天健 五里乡瞳图 立轴	70cm × 35cm	103,500	中国嘉德	2022-06-26
贺天健 1930年作 拟石涛山山水 立轴	86cm × 40cm	92,000	西泠印社	2022-01-23
贺天健 仿梅清笔意 立轴	76cm × 40.5cm	92,000	广东崇正	2022-08-11
贺天健 陈陶遗 山坞村居、节录《滃水燕谈录》成扇	18.5cm × 50.5cm	74,750	北京诚轩	2022-08-08
贺天健 1942年作 深山泉瀑图 立轴	70.5cm × 31.5cm	63,250	西泠印社	2022-01-23
贺友直 2007年作 夜市 镜片	51cm × 94cm	126,500	西泠印社	2022-01-22
黑伯龙 1979年作 花卉四屏 立轴	66.5cm × 32cm × 4	178,250	中鸿信	2022-09-11
黑伯龙 1984年作 盼鱼 立轴	89.5cm × 47.5cm	132,250	北京银座	2022-01-12
黑伯龙 1975年作 古槐旭日 立轴	80cm × 50cm	115,000	中国嘉德	2022-05-29
黑伯龙 1976年作 山逶奇峰 立轴	137cm × 70cm	109,250	中国嘉德	2022-05-29
弘一 1931年作 楷书《世梦》镜心	133.5cm × 45.5cm	8,740,000	开拍国际	2022-01-07
弘一 行书《莲池论大器晚成》立轴	133cm × 45cm	4,600,000	中国嘉德	2022-12-12
弘一 1914年作 楷书五言联 立轴	160cm × 34.5cm × 2	3,531,648	华艺国际	2022-11-27
弘一 1932年作 行书七言联 立轴	115cm × 20.5cm × 2	2,645,000	中国嘉德	2022-12-12
弘一 华严经偈 "南无阿弥陀佛" 立轴	82.5cm × 23.5cm	2,127,500	开拍国际	2022-07-24
弘一 行书五言联 立轴	80.5cm × 15cm × 2	2,047,000	上海嘉禾	2022-11-20
弘一 1942年作 楷书《华严经》集句五言对联 镜心	68cm × 16cm × 2	1,840,000	开拍国际	2022-11-20
弘一 南无阿弥陀佛 立轴	67cm × 31.7cm	1,782,118	香港苏富比	2022-04-30
弘一 1938年作 篆书 立轴	65cm × 33cm	1,610,000	朵云轩	2022-12-08
弘一 南无阿弥陀佛 镜心	27.5cm × 11cm	1,552,500	荣宝斋 (南京)	2022-12-07
弘一 1932年作 行书十言联 立轴	139cm × 20cm × 2	1,495,000	上海嘉禾	2022-11-20
弘一 行书四言联 镜心		1,380,000	中国嘉德	2022-12-12
弘一 行书 对联片	52cm × 16.5cm × 2	1,380,000	朵云轩	2022-12-08
弘一 楷书 屏轴	86cm × 26.5cm	1,380,000	朵云轩	2022-12-08
弘一 行书 屏轴	52cm × 14.5cm	1,265,000	朵云轩	2022-12-08
弘一 楷书五言联 立轴	92cm × 21cm × 2	1,207,500	中贸圣佳	2022-10-27
弘一 行书五言联 镜心	83cm × 19cm × 2	1,150,000	北京保利	2022-07-26
弘一 朱书南无阿弥陀佛 镜心	11cm × 62cm	1,127,000	开拍国际	2022-07-24
弘一 1937年作 行书七言联 镜框	68cm × 23cm × 2	1,035,000	北京保利	2022-07-26
弘一 行书 屏轴	52cm × 14.5cm	1,035,000	朵云轩	2022-12-08
弘一 1917年作 为堵申甫作楷书临古四种 扇页	17.5cm × 52cm	943,000	西泠印社	2022-08-21
弘一 书法 立轴	67.5cm × 32.8cm	834,351	佳士得	2022-12-02
弘一 1917年作 楷书 立轴	136cm × 69cm	805,000	朵云轩	2022-12-08
弘一 行书 "仁慈佑物" 立轴	66cm × 20cm	747,500	荣宝斋 (南京)	2022-07-24
弘一 1932年作朱砂行书八言联 立轴	118cm × 20.5cm × 2	717,366	华艺国际	2022-11-27
弘一 行书泥金本大方广佛华严经句 镜心	56cm × 26cm	713,000	中鸿信	2022-09-11
弘一 1910年作 楷书五言联 对联	66cm × 18cm × 2	690,000	上海嘉禾	2022-08-28
弘一 1910年作 楷书五言联 立轴	66cm × 18cm × 2	690,000	上海嘉禾	2022-11-20
弘一 行书四言联 对联框	57cm × 19cm × 2	621,000	上海驰翰	2022-02-19
弘一 书法中堂 立轴	88cm × 35cm	598,000	江苏汇中	2022-08-16
弘一 1941年作 不二门 镜心	20.2cm × 5cm	552,000	开拍国际	2022-07-24
弘一 华严经句 镜心	12cm × 18.5cm	552,000	开拍国际	2022-07-24
弘一 行书五言联 镜心	64cm × 13cm × 2	402,500	中鸿信	2022-09-12
弘一 南无阿弥陀佛 镜片	19.5cm × 82cm	368,000	江苏汇中	2022-08-16

拍品名称	物品尺寸	成交价RMB	拍卖公司	拍卖日期
弘一 书法	100cm × 50cm	367,880	荣宝斋（香港）	2022-11-26
弘一 行书"救一切众生"镜心	20.5cm × 60.5cm	299,000	荣宝斋（南京）	2022-12-07
弘一 1932年作 行书十言联 对联	146cm × 22cm × 2	253,000	中国嘉德	2022-05-28
弘一 1936年作 行书佛偈 镜心	137cm × 21cm	149,500	中国嘉德	2022-05-31
弘一 行书佛偈 立轴	62cm × 24cm	115,000	中国嘉德	2022-09-28
弘一 1932年作 行书"大方广佛华严经句" 立轴	67cm × 29.5cm	115,000	中鸿信	2022-09-12
弘一 行书《华严经》集句五言联 立轴	73cm × 16cm × 2	115,000	中鸿信	2022-09-12
弘一 行书"无上菩提" 镜心	19cm × 69cm	103,500	中国嘉德	2022-05-31
弘一 1905年作 佛尘 立轴	39cm × 32cm	63,250	中鸿信	2022-09-12
弘一法师 楷书禅语 手卷	书法 32cm × 234cm	1,150,000	永乐拍卖	2022-07-25
弘一法师 书法 镜心	35cm × 28cm	1,150,000	永乐拍卖	2022-07-25
弘一法师 书法 镜心	59cm × 33cm	172,500	永乐拍卖	2022-07-25
洪波 2019年作 滟滟莲光·别样红 镜心	180cm × 97cm × 2	230,000	中国嘉德	2022-06-29
洪东升 镇宅之宝 横轴	68cm × 136cm	313,600	开禧国际	2022-12-28
洪念周 滴水观音普度众生 画心	108cm × 77cm	390,000	北京传世	2022-12-15
洪念周 坐莲观音菩萨 画心	108cm × 77cm	390,000	北京传世	2022-12-15
洪念周 酒仙象形书画 画心	108cm × 77cm	290,000	北京传世	2022-12-15
侯彦生 踏雪丰年	390cm × 139cm	476,100	浙江当代	2022-01-03
胡崇炜 酬乐天扬州初逢席上见赠	180cm × 97cm	493,754	香港贞观	2022-06-18
胡崇炜 念奴娇·赤壁怀古	180cm × 97cm	493,754	香港贞观	2022-06-18
胡崇炜 临江仙·滚滚长江东逝水	180cm × 97cm	493,754	香港贞观	2022-06-18
胡崇炜 登鹳雀楼	180cm × 97cm	493,754	香港贞观	2022-06-18
胡崇炜 浣溪沙	180cm × 97cm	476,728	香港贞观	2022-06-18
胡崇炜 登金陵凤凰台	180cm × 97cm	476,728	香港贞观	2022-06-18
胡崇炜 观沧海	180cm × 97cm	476,728	香港贞观	2022-06-18
胡崇炜 水调歌头	180cm × 97cm	476,728	香港贞观	2022-06-18
胡崇炜 过零丁洋	180cm × 97cm	476,728	香港贞观	2022-06-18
胡崇炜 临江仙·柳絮	180cm × 97cm	468,215	香港贞观	2022-06-18
胡崇炜 沁园春·雪	180cm × 97cm	468,215	香港贞观	2022-06-18
胡崇炜 春江花月夜	137cm × 70cm	297,955	香港贞观	2022-06-18
胡崇炜 天净沙·春	137cm × 70cm	297,955	香港贞观	2022-06-18
胡崇炜 将进酒（君不见）	137cm × 70cm	297,955	香港贞观	2022-06-18
胡崇炜 行路难	137cm × 70cm	280,929	香港贞观	2022-06-18
胡崇炜 江南春（千里莺啼绿映红）	137cm × 70cm	280,929	香港贞观	2022-06-18
胡崇炜 劝学诗	137cm × 70cm	280,929	香港贞观	2022-06-18
胡崇炜 月下独酌四首（其一）	137cm × 70cm	280,929	香港贞观	2022-06-18
胡崇炜 山居秋暝	137cm × 70cm	272,416	香港贞观	2022-06-18
胡崇炜 赠曾志	137cm × 70cm	272,416	香港贞观	2022-06-18
胡崇炜 续座右铭	137cm × 35cm	212,825	香港贞观	2022-06-18
胡崇炜 送柳淳	137cm × 35cm	195,799	香港贞观	2022-06-18
胡崇炜 易水送别	137cm × 35cm	187,286	香港贞观	2022-06-18
胡崇炜 相思	137cm × 35cm	170,260	香港贞观	2022-06-18
胡丹 2022年作 春色遍天涯 镜心	95cm × 180	480,000	北京中贝	2022-03-16
胡风 1951年作《睡了的村庄》行书诗卷 手卷	21cm × 254.5cm	2,070,000	朵云轩	2022-12-08
胡高期 富水长流泼墨山水 画心	180cm × 70cm	1,580,000	北京传世	2022-12-15
胡高期 物华天宝书法 画心	168cm × 42cm	215,000	北京传世	2022-12-15
胡汉民 1931年作 隶书 立轴	103cm × 41.5cm	230,000	朵云轩	2022-12-08
胡汉民 致黄瑞华隶书七言联 镜框	130.5cm × 31cm × 2	194,412	香港苏富比	2022-04-30

拍品名称	物品尺寸	成交价RMB	拍卖公司	拍卖日期
胡汉民 致黄隆生行书联 镜框	143.8cm × 34cm × 2	97,206	香港苏富比	2022-04-30
胡怀琛 蒋瑞藻校字 太虚 柳亚子 于右任 书稿四种 近代三十余名家题咏 手卷	23.5cm × 236.5cm；23.5cm × 558cm	920,000	北京银座	2022-09-16
胡镢 叶鸿业 1907年作 行书七言诗·栖枝鹦鹉图 成扇	17.5cm × 51cm	66,700	西泠印社	2022-01-23
胡梦 2019年作 秋韵 镜心	95cm × 178cm	1,340,000	北京中贝	2022-03-16
胡梦 2013年作 南山松 镜心	97cm × 168cm	1,280,000	北京中贝	2022-03-16
胡梦 2021年作 山间人家 镜心	68cm × 136cm	890,000	北京中贝	2022-03-16
胡梦 2021年作 寻鹤觅仙 镜心	68cm × 136cm	780,000	北京中贝	2022-03-16
胡梦 2021年作 峡江远春 镜心	35cm × 138cm	680,000	北京中贝	2022-03-16
胡梦 2021年作 云辉叠翠 镜心	35cm × 138cm	670,000	北京中贝	2022-03-16
胡梦 2021年作 归梦 镜心	50cm × 100cm	660,000	北京中贝	2022-03-16
胡梦 2021年作 梦湖山 镜心	50cm × 100cm	480,000	北京中贝	2022-03-16
胡梦 2021年作 恋天涯 镜心	50cm × 100cm	410,000	北京中贝	2022-03-16
胡梦情 花鸟四君子条屏 画心	34cm × 138cm × 4	750,000	北京传世	2022-12-15
胡梦情 花鸟四君子斗方 画心	68cm × 68cm × 4	690,000	北京传世	2022-12-15
胡明辉 魏峰山 和顺图 画心	180cm × 35cm	1,650,000	北京传世	2022-12-15
胡佩衡 西山龙泉 镜心	135cm × 70cm	178,250	华艺国际	2022-09-23
胡佩衡 1926年作 瑞兰图 手卷	画 26.5cm × 64.5cm	172,500	广东崇正	2022-08-11
胡佩衡 王雪涛 叶恭绰 三松图 行书王安石诗 成扇	18cm × 50cm	138,000	中贸圣佳	2022-10-27
胡若思 1942年作 风雨归舟图 立轴	101.5cm × 50.8cm	108,007	佳士得	2022-05-29
胡若思 曹典初 松溪隐兴图·行书七言诗 成扇	18.5cm × 49.5cm	69,000	西泠印社	2022-01-23
胡若思 日暮倚修竹 立轴	90cm × 39.5cm	69,000	广东崇正	2022-12-25
胡若思 鹿猴花果（四帧）镜心	34cm × 34cm × 4	63,250	北京银座	2022-01-12
胡生旺 2021年作 夏云多奇峰	136cm × 68cm	1,020,000	北京伍哲艺	2022-09-17
胡生旺 2021年作 天山云起	136cm × 68cm	975,000	北京伍哲艺	2022-09-17
胡适 行书杜甫《羌村》诗 横披	28cm × 78.5cm	1,150,000	中贸圣佳	2022-07-23
胡适 行书 对联	131.5cm × 33cm × 2	874,000	朵云轩	2022-12-09
胡适 行书题字 镜心	70cm × 31.5cm	690,000	中国嘉德	2022-12-13
胡适 行书辛稼轩《西江月·遣兴》立轴	64.5cm × 33.5cm	575,000	中贸圣佳	2022-07-23
胡适 书法 镜框	63.5cm × 32cm	367,224	佳士得	2022-05-29
胡适 行书七言律诗 镜心	37.5cm × 47.5cm	333,500	中贸圣佳	2022-07-23
胡适 行书 立轴	74cm × 35cm	230,000	广东崇正	2022-08-11
胡适 行书自作词 镜心	58cm × 30.5cm	218,500	北京银座	2022-01-12
胡适 行书《清江引》镜心	33cm × 42cm	172,500	中国嘉德	2022-12-12
胡适 行书 镜心	32cm × 18cm	109,250	中鸿信	2022-09-12
胡适 王荆公诗句 镜心	26cm × 17cm	97,750	开拍国际	2022-07-24
胡适 楷书诗句 镜心	23cm × 26cm	75,969	保利香港	2022-10-12
胡适 高振翰 吴亚明 等 为陈守德题字留言纪念册（一册）	18cm × 11cm	63,250	中鸿信	2022-09-12
胡适 行书致钱玄同札 镜心	26cm × 28cm	63,250	北京银座	2022-09-16
胡爽盦 虎跃图 镜心	103.5cm × 103.5cm	115,000	北京荣宝	2022-07-24
胡爽盦 虎 镜心	113cm × 56.5cm	109,250	华艺国际	2022-09-23
胡爽盦 汪溶 1944年作 临钱善扬十二金钗之一 镜心	127cm × 55cm	74,750	中鸿信	2022-09-11
胡小石 为陈恭禄作临古四屏	130.5cm × 31.5cm × 4	264,500	西泠印社	2022-01-23
胡小石 1960年作 行书"凌云堂" 镜心	28.7cm × 83.5cm	241,500	中国嘉德	2022-06-27

2022书画拍卖成交汇总(续表)

(成交价RMB：6万元以上)

拍品名称	物品尺寸	成交价RMB	拍卖公司	拍卖日期
胡小石 1960年作 隶书节临《西狭颂》立轴	137cm×40.5cm	172,500	中国嘉德	2022-06-27
胡小石 1960年作 行书临王羲之书 横披	20.5cm×130.5cm	115,000	中国嘉德	2022-12-12
胡学武 高山青云 画心	136cm×68cm	120,000	北京传世	2022-12-15
胡也佛 柳塘春思 立轴	32cm×24cm	460,000	北京保利	2022-07-26
胡也佛 江天暮雪 立轴	80cm×35cm	322,000	中国嘉德	2022-05-30
胡也佛 观涛听瀑 立轴	79cm×30cm	138,000	上海嘉禾	2022-01-01
胡也佛 春思图	30cm×39cm	103,500	江苏汇中	2022-08-17
胡也佛 李芳园 赵俊民 汪超 1942年作 雅逸 四屏立轴	65.5cm×21cm×4	92,000	北京银座	2022-01-12
胡也佛 1973年作 黄山云海 立轴	51cm×34.5cm	92,000	上海嘉禾	2022-01-01
胡也佛 1972年作 太华西峰 立轴	50.5cm×34cm	92,000	上海嘉禾	2022-01-01
胡也佛 待归人 立轴	66.5cm×33cm	92,000	中国嘉德	2022-06-27
胡也佛 虎生生风 立轴	79.5cm×31cm	92,000	中国嘉德	2022-06-27
胡也佛 奇峰云海 立轴	65.5cm×27cm	69,000	上海嘉禾	2022-01-01
胡也佛 1949年作 庭院深深 镜心	30cm×24cm	69,000	华艺国际	2022-09-23
胡应祥 中庭夜宴图 立轴	171.3cm×105.3cm	115,000	北京荣宝	2022-07-24
胡藻斌 双牛图 立轴	143cm×81cm	299,000	华艺国际	2022-09-24
胡藻斌 白孔雀 立轴	175cm×95cm	115,000	华艺国际	2022-09-24
胡正伟 2016年作 晨练	136cm×68cm	105,000	北京伍佰艺	2022-09-17
花元 群仙祝寿图 立轴	170cm×88cm	92,000	中国嘉德	2022-06-01
华君武 1993年作 难得幽默 镜心 (十开)	34cm×34cm×12	115,000	中国嘉德	2022-06-26
华君武 漫画 (六帧) 镜心	33.5cm×33.5cm×6	109,250	中国嘉德	2022-12-14
华喦 溪堂寒泷卷 手卷	画心 32.5cm×428cm	86,250	中贸圣佳	2022-12-31
华拓 峡江船号 镜心	96cm×178cm	96,600	中贸圣佳	2022-07-10
华拓 大宁河图卷 手卷	画心 40cm×784cm	86,250	中贸圣佳	2022-10-27
华学文 2010年作 人间月常明	136cm×68cm	960,000	北京伍佰艺	2022-10-28
华学文 2012年作 五雄图	68cm×68cm	460,000	北京伍佰艺	2022-10-28
皇甫宜喜 归去归来 画心	138cm×68cm	193,000	北京传世	2022-12-15
黄般若 1959年作 红树流泉 立轴	130cm×63cm	138,000	中国嘉德	2022-09-27
黄般若 达摩面壁图 立轴	129.8cm×58.3cm	86,405	香港苏富比	2022-04-30
黄宾虹 1947年作 青山晋寿图 立轴	128.5cm×61cm	20,049,284	香港苏富比	2022-10-08
黄宾虹 黄昌山居图 立轴	135cm×64cm	17,354,739	中国嘉德	2022-10-07
黄宾虹 1952年作 壬辰年山水 立轴	88.5cm×31cm	11,500,000	中国嘉德	2022-12-12
黄宾虹 1953年作 富春纪游 立轴	125cm×49cm	10,350,000	中国嘉德	2022-06-26
黄宾虹 致刘湖涵山水巨幛 立轴	243cm×120.5cm	8,746,347	中国嘉德	2022-10-07
黄宾虹 1939年作 息茶庵图卷 手卷	32.3cm×154cm	8,343,518	佳士得	2022-12-02
黄宾虹 九十一岁作设色山水溪桥初霁 立轴	83cm×32cm	8,280,000	西泠印社	2022-01-22
黄宾虹 1953年作 西泠桥上望北高峰 立轴	88cm×49cm	7,015,000	开拍国际	2022-01-07
黄宾虹 1954年作 深山高士 镜心	34cm×109cm	5,750,000	中国嘉德	2022-12-12
黄宾虹 1953年作 山间幽居 立轴	57.5cm×30cm	5,750,000	朵云轩	2022-12-08
黄宾虹 1954年作 西泠峦影 立轴 设色纸本	72cm×40.5cm	5,520,000	北京荣宝	2022-07-24
黄宾虹 秋山烟霭图 立轴	128.5cm×66.5cm	5,405,000	北京银座	2022-09-16
黄宾虹 漓水云山图 镜片	121.5cm×41cm	4,600,000	西泠印社	2022-01-22
黄宾虹 1942年作 李梦阳诗意山水图 立轴	91cm×39cm	4,542,500	中贸圣佳	2022-07-23
黄宾虹 池阳湖舍 立轴	98cm×41cm	4,403,523	佳士得	2022-12-02

拍品名称	物品尺寸	成交价RMB	拍卖公司	拍卖日期
黄宾虹 茗泉论道 立轴	108cm×41cm	4,312,500	开拍国际	2022-07-24
黄宾虹 日暮寒江 立轴	108cm×37.5cm	3,862,740	中国嘉德	2022-10-07
黄宾虹 为帅铭初作山水四屏 镜片 (四帧)	57.5cm×35cm×4	3,680,000	西泠印社	2022-01-22
黄宾虹 奇石艳卉 立轴	123cm×40cm	3,680,000	上海嘉禾	2022-11-20
黄宾虹 1943年作 翠湖渔居图 立轴	101cm×49.7cm	3,450,000	上海嘉禾	2022-11-20
黄宾虹 1952年作 高邻访客 立轴	96cm×43cm	3,335,000	北京保利	2022-07-26
黄宾虹 1952年作 夏山幽居图 镜心	136.5cm×34cm	3,105,000	中鸿信	2022-09-11
黄宾虹 1946年作 春江放舸 镜心	19.5cm×59cm	3,105,000	北京保利	2022-07-26
黄宾虹 黄山平天矼 立轴	95.5cm×48.5cm	2,530,000	中鸿信	2022-09-11
黄宾虹 1944年作 池阁叙饮 立轴	52cm×26.5cm	2,530,000	广东崇正	2022-08-11
黄宾虹 阆苑长春 镜心	68cm×39.5cm	2,530,000	中国嘉德	2022-12-12
黄宾虹 萧愻 溥儒 胡佩衡 等 1942年作 名家山水 册页 (十开)	32.5cm×32.5cm×10	2,530,000	朵云轩	2022-12-08
黄宾虹 1952年作金文七言对联 立轴	105.5cm×22cm×2	2,357,500	开拍国际	2022-01-07
黄宾虹 溪云山居图 立轴	97cm×43.5cm	2,300,000	西泠印社	2022-01-22
黄宾虹 1942年作 诗意图 立轴	90.5cm×30cm	2,300,000	永乐拍卖	2022-07-25
黄宾虹 1947年作 湘江纪游 镜心	68cm×33.5cm	2,207,280	中国嘉德	2022-10-07
黄宾虹 1940年作 曲水之滨 镜心	34cm×103cm	2,185,000	开拍国际	2022-07-24
黄宾虹 江行图 立轴	111cm×40.5cm	2,070,000	中贸圣佳	2022-07-23
黄宾虹 斗茶图 立轴	79cm×37cm	2,070,000	中国嘉德	2022-06-27
黄宾虹 1949年作 湖舍清读图 镜框	70cm×33cm	2,070,000	上海嘉禾	2022-11-20
黄宾虹 山云飞瀑 立轴	110cm×39cm	1,986,552	中国嘉德	2022-10-07
黄宾虹 1943年作 青山雅意 立轴	76cm×35cm	1,897,500	上海嘉禾	2022-11-20
黄宾虹 书法"息茶盦" 镜框	26cm×73.5cm	1,854,115	佳士得	2022-12-02
黄宾虹 1948年作 秋溪泛舟 立轴	90cm×38.5cm	1,725,000	北京保利	2022-07-26
黄宾虹 1952年作 溪山深处 立轴	86.5cm×32cm	1,610,000	中国嘉德	2022-12-13
黄宾虹 1934年作 山水 镜心	110cm×44.5cm	1,552,500	永乐拍卖	2022-07-25
黄宾虹 1941年作 西山有鸣鹤 镜框	98.5cm×41.3cm	1,506,468	佳士得	2022-12-02
黄宾虹 1932年作 峨眉清秋 立轴	130.5cm×45.5cm	1,495,000	广东崇正	2022-08-11
黄宾虹 万壑千峰图 立轴	150cm×40cm	1,437,500	北京保利	2022-07-26
黄宾虹 黄山纪游 立轴	103cm×31cm	1,437,500	中国嘉德	2022-12-12
黄宾虹 秋山行旅图 立轴	145cm×55cm	1,434,732	中国嘉德	2022-10-07
黄宾虹 启功 渡江图 草书临《十七帖》成扇	19cm×52cm	1,380,000	中贸圣佳	2022-10-27
黄宾虹 邓尔雅 四季山水·篆书五言联 镜框六幅	91cm×17.7cm×5	1,296,086	佳士得	2022-05-29
黄宾虹 1947年作 翠壑访友 镜框	74cm×35.5cm	1,242,082	香港苏富比	2022-04-30
黄宾虹 1948年作 山中春雨 镜心	66.5cm×33.2cm	1,207,500	开拍国际	2022-01-07
黄宾虹 1940年作 金文书法七言联 (两副) 立轴	135cm×25.2cm×4	1,158,822	佳士得	2022-12-02
黄宾虹 阳朔纪游 立轴	76.5cm×40cm	1,150,000	北京银座	2022-01-12
黄宾虹 梅花山茶图 立轴	74cm×41cm	1,092,500	西泠印社	2022-01-22
黄宾虹 1952年作 灵峰坐雨图 立轴	67cm×32cm	1,012,000	北京保利	2022-07-26
黄宾虹 深山独行 立轴	88.2cm×33.5cm	998,941	香港苏富比	2022-10-08
黄宾虹 篆书七言对联 立轴	143cm×24cm×2	920,000	开拍国际	2022-01-07
黄宾虹 轩辕峰顶扰龙松 立轴	72cm×29.5cm	920,000	开拍国际	2022-07-24
黄宾虹 1951年作 山居图 立轴 水墨纸本	69.5cm×34cm	920,000	北京荣宝	2022-07-24
黄宾虹 仿古山水 镜心	75cm×127cm	920,000	北京荣宝	2022-07-24
黄宾虹 1952年作 溪桥烟霭 立轴	89cm×37cm	920,000	北京银座	2022-09-17
黄宾虹 1951年作 仿宋人山水 立轴	79.5cm×37cm	920,000	广东崇正	2022-08-11
黄宾虹 元人诗意图 立轴	75.8cm×33.9cm	918,061	香港苏富比	2022-04-30
黄宾虹 1953年作 繁花图 镜心	79.5cm×32cm	897,000	北京保利	2022-07-26

拍品名称	物品尺寸	成交价RMB	拍卖公司	拍卖日期
黄宾虹 远山回溪 立轴	130cm×31.8cm	862,500	广东崇正	2022-08-11
黄宾虹 沈尹默1948年作 秋山图 行书《题王晋卿春晓图》成扇	18.5cm×48.5cm	822,912	华艺国际	2022-05-29
黄宾虹 元人诗意图 立轴	95.5cm×39.5cm	805,000	广东崇正	2022-12-25
黄宾虹 篆书"佛酒楼" 镜心	33.5cm×112cm	794,620	中国嘉德	2022-10-08
黄宾虹 金文七言联 立轴	137.8cm×24.8cm×2	770,500	北京银座	2022-01-12
黄宾虹 1931年作 溪山晚岫 立轴	125cm×60cm	759,000	北京保利	2022-07-27
黄宾虹 1954年作 山居图 镜心	70cm×40cm	747,500	中鸿信	2022-09-11
黄宾虹 山水三帧 镜片（三帧）	26.5cm×24cm×3	713,000	西泠印社	2022-01-22
黄宾虹 王个簃 郑洪年 陈兆五1947年作 红梅山茶图 立轴	136cm×34cm	713,000	西泠印社	2022-01-23
黄宾虹 玉兰桃花 立轴	107.5cm×44.5cm	695,293	佳士得	2022-12-02
黄宾虹 1909年作 山水三帧 镜片（三帧）	34cm×27cm×3	690,000	西泠印社	2022-01-22
黄宾虹 1949年作 山水 镜心	66.5cm×23cm	690,000	永乐拍卖	2022-07-25
黄宾虹 1946年作 篆书七言联 立轴	132.5cm×25.5cm×2	690,000	中国嘉德	2022-12-12
黄宾虹 1937年作 山水图 立轴	81cm×32.5cm	632,500	北京银座	2022-01-12
黄宾虹 山近云生图 立轴	178cm×49.5cm	632,500	中贸圣佳	2022-12-31
黄宾虹 1932年作 为王震作山水居图 镜心	67.5cm×33cm	632,500	中鸿信	2022-09-11
黄宾虹 粤西邑岩 立轴	113cm×40cm	632,500	中国嘉德	2022-06-27
黄宾虹 黄山道中 立轴	88.5cm×34cm	632,500	保利厦门	2022-10-21
黄宾虹 1949年作 秋江归棹 立轴	64.5cm×30cm	621,000	开拍国际	2022-01-07
黄宾虹 1952年作 幽山闲话 立轴	83.2cm×37.7cm	610,464	香港苏富比	2022-10-08
黄宾虹 拟米元章笔意长卷 手卷	40cm×1082cm	564,300	保利香港	2022-07-12
黄宾虹 野景自悦目 立轴	88.5cm×32.5cm	517,500	北京荣宝	2022-07-24
黄宾虹 1952年作 高阁轩窗图 镜心	100cm×33cm	517,500	中鸿信	2022-09-11
黄宾虹 水润村亭 立轴	40cm×35cm	517,500	中贸圣佳	2022-10-27
黄宾虹 泛舟图 镜框	16cm×50cm	511,750	中贸圣佳	2022-10-27
黄宾虹 简笔山水 镜片	61cm×23cm	494,500	江苏汇中	2022-08-16
黄宾虹 峨眉纪游 立轴	61.5cm×39.5cm	483,000	中国嘉德	2022-06-26
黄宾虹 1917年作 仿九龙山人笔意 立轴	95cm×38.5cm	460,000	北京荣宝	2022-07-24
黄宾虹 乌山寺 立轴	76cm×33.5cm	437,000	上海嘉禾	2022-01-01
黄宾虹 栖霞山色 立轴	36cm×34.5cm	437,000	中国嘉德	2022-06-27
黄宾虹 山寺访旧图 立轴	95.5cm×43.5cm	402,500	北京银座	2022-01-12
黄宾虹 1945年作 雪霁图 镜心	39.5cm×27.5cm	402,500	北京银座	2022-01-12
黄宾虹 武夷高峰 镜心	32cm×22cm	402,500	中贸圣佳	2022-07-23
黄宾虹 1951年作 花团锦簇 立轴	69.5cm×30cm	402,500	中国嘉德	2022-06-27
黄宾虹 1942年作 江阁闲坐 立轴	34cm×25.5cm	402,500	上海嘉禾	2022-08-28
黄宾虹 山水 镜心	38.5cm×27cm	356,500	永乐拍卖	2022-07-25
黄宾虹 山中独往 立轴	110.5cm×44cm	345,623	佳士得	2022-05-29
黄宾虹 1932年作 溪山艇子 立轴	66.5cm×33cm	345,000	北京银座	2022-01-12
黄宾虹 毛友峰 万璽峦 临《散氏盘铭》 成扇	19cm×50.5cm	345,000	中国嘉德	2022-06-27
黄宾虹 1932年作 湖山一角 立轴	65.5cm×33cm	345,000	广东崇正	2022-08-11
黄宾虹 奇石四帧（许承尧题诗）镜片	22cm×34cm×4	345,000	广东崇正	2022-12-25
黄宾虹 1931年作 隔溪山亭 立轴	72.2cm×40.5cm	324,021	香港苏富比	2022-04-30
黄宾虹 潘天寿 唐云 等1939年、1940年作 雪泥鸿爪 册页	28.5cm×37cm×16	322,000	江苏汇中	2022-08-16
黄宾虹 雁荡龙湫 镜片	57cm×30cm	299,000	江苏汇中	2022-08-16
黄宾虹 春山读书图 立轴	33cm×30.5cm	287,500	北京银座	2022-01-12
黄宾虹 1926年作 溪山幽居 扇面	18cm×50cm	287,500	北京保利	2022-02-03
黄宾虹 1921年作 幽谷卜筑 立轴	101.5cm×29.5cm	287,500	中国嘉德	2022-12-13
黄宾虹 1926年作 溪山幽居 扇面	18cm×50cm	276,000	北京保利	2022-07-26

拍品名称	物品尺寸	成交价RMB	拍卖公司	拍卖日期
黄宾虹 1948年作 集古擂文书法 立轴	100cm×32cm	264,500	北京保利	2022-07-26
黄宾虹 蜀中山水 镜片	26cm×67cm	264,500	江苏汇中	2022-08-16
黄宾虹 为张大千作渴笔山水 扇页	18.5cm×52.5cm	253,000	西泠印社	2022-01-23
黄宾虹 1948年作 山居图 立轴	97cm×32cm	230,000	中国嘉德	2022-05-30
黄宾虹 苍松图 立轴	33.5cm×33cm	230,000	西泠印社	2022-01-23
黄宾虹 绿阴多处自生凉 立轴	33cm×33cm	218,500	北京诚轩	2022-08-08
黄宾虹 山水写生（四帧）镜心	21.8cm×24.3cm×4	218,500	中国嘉德	2022-06-27
黄宾虹 1933年作 高阁对弈 镜片	103cm×33.5cm	207,000	上海嘉禾	2022-01-01
黄宾虹 1945年作 书画合璧 镜心	30.5cm×40.5cm	207,000	中国嘉德	2022-12-13
黄宾虹 汪律本 巴本源 等1895年、1896年、1904年作 致容斋书画 册页（十九开）	尺寸不一	195,500	中国嘉德	2022-12-13
黄宾虹 山茶水仙 立轴	33cm×23cm	195,500	中国嘉德	2022-12-13
黄宾虹 摹李檀园山水 立轴	34.5cm×33.5cm	184,000	中贸圣佳	2022-07-23
黄宾虹 山水（二帧）镜框	45.5cm×33cm×2	138,000	上海嘉禾	2022-01-01
黄宾虹 江亭对话图 立轴	37.5cm×28.5cm	138,000	上海嘉禾	2022-11-20
黄宾虹 行书七言诗 立轴	107.5cm×37cm	138,000	中国嘉德	2022-12-13
黄宾虹 山居品茗 立轴	69cm×30.5cm	126,500	中国嘉德	2022-12-13
黄宾虹 水村图 镜片	38.5cm×28.5cm	115,000	上海嘉禾	2022-01-01
黄宾虹 前贤画意图 立轴	82cm×37.5cm	115,000	保利厦门	2022-10-22
黄宾虹 金文七言联 镜心	96cm×18.5cm×2	115,000	中国嘉德	2022-12-13
黄宾虹 1941年作 池阳湖上 镜框	30cm×26cm	109,250	上海嘉禾	2022-01-01
黄宾虹 么其琴 合作 梧阴佳人 成扇面	19cm×49cm	97,750	北京诚轩	2022-08-08
黄宾虹 山水 镜心	27cm×32cm	97,750	永乐拍卖	2022-07-25
黄宾虹 池阳湖舍 镜框	31cm×18cm	97,750	朵云轩	2022-12-08
黄宾虹 山水 镜框	21cm×33cm	92,000	浙江佳宝	2022-03-13
黄宾虹 1948年作 晓烟未泮 镜心	85cm×27cm	86,250	中国嘉德	2022-09-29
黄宾虹 山居图 镜框	26cm×32cm	80,500	北京荣宝	2022-07-24
黄宾虹 溪山深处 镜框	27cm×33cm	80,500	北京荣宝	2022-07-24
黄宾虹 山居清话 扇片	18cm×52cm	69,000	中贸圣佳	2022-10-27
黄宾虹 溪亭秋色 立轴	画心 67cm×33.5cm	64,400	中鸿信	2022-09-11
黄春香 雄风万里	50cm×180cm	570,214	荣宝斋（香港）	2022-11-26
黄春香 龙行天下	140cm×70cm	551,820	荣宝斋（香港）	2022-11-26
黄纯尧 1993年作 峡江归船 镜心	124cm×246cm	92,000	中国嘉德	2022-05-28
黄纯尧 峡江行 立轴	68cm×45cm	92,000	荣宝斋（南京）	2022-12-07
黄纯尧 山水 立轴	72cm×32cm	86,250	荣宝斋（南京）	2022-12-07
黄纯尧 峡江行 镜心	124cm×246cm	80,500	中国嘉德	2022-05-28
黄纯尧 2004年作 峡江滴翠 镜心	124cm×245cm	69,000	中国嘉德	2022-05-28
黄丹 2020年作 三贤图	93cm×98cm×3	690,000	北京保利	2022-07-25
黄丹 少女与鹿	179.5cm×95cm	172,500	北京保利	2022-07-25
黄丹 树与少年 镜心	179cm×96cm	149,500	中国嘉德	2022-12-15
黄丹 红水	47.5cm×187cm	109,250	北京保利	2022-07-25
黄丹 马上行 镜心	190cm×96cm	103,500	中国嘉德	2022-06-27
黄丹 马戏 镜心	93.5cm×95cm	74,750	中国嘉德	2022-12-15
黄独峰 1991年作 万年报喜 立轴	177cm×95cm	92,000	北京保利	2022-07-27
黄国豹 天行健 画心	180cm×50cm	1,420,000	北京传世	2022-12-15
黄红涛 2022年作 火山 镜框	183cm×126cm	359,234	佳士得	2022-12-02
黄红涛 2021年作 无名山 镜框	100cm×178cm	324,021	佳士得	2022-05-29
黄红涛 2020年作 乱云飞渡仍从容	183cm×126cm	322,000	中国嘉德	2022-12-14

2022书画拍卖成交汇总(续表)

(成交价RMB: 6万元以上)

拍品名称	物品尺寸	成交价RMB	拍卖公司	拍卖日期
黄红涛 2021年 无名山叙事	51cm×171cm	241,500	中国嘉德	2022-06-28
黄红涛 无题	42cm×242cm	230,000	北京保利	2022-07-25
黄红涛 无名山 镜心	75cm×212cm	207,000	华艺国际	2022-07-29
黄洪雪 景云石图	159cm×460cm	2,000,555	香港贞观	2022-06-18
黄幻吾 樱花双鸟 立轴	114cm×48.5cm	149,500	中贸圣佳	2022-12-31
黄幻吾 红棉花开 立轴	138cm×68.5cm	138,000	广东崇正	2022-12-25
黄幻吾 报春图 立轴	94.5cm×49cm	126,500	中鸿信	2022-09-11
黄幻吾 雪山行旅 立轴	128cm×59cm	109,250	中国嘉德	2022-09-27
黄幻吾 南风熟枇杷 镜片	102cm×39cm	94,300	浙江佳宝	2022-03-13
黄幻吾 归帆图 镜心	63cm×45cm	80,500	中鸿信	2022-09-11
黄幻吾 芙蓉双鸭 镜心	68cm×136cm	74,750	中鸿信	2022-09-11
黄幻吾 松瀑图 镜心	92cm×45cm	74,750	中鸿信	2022-09-11
黄幻吾 巫山烟雨对屏 镜框	31.5cm×40cm×2	66,700	中贸圣佳	2022-10-22
黄家芳 福禄寿喜	68cm×68cm	165,546	荣宝斋(香港)	2022-11-26
黄家芳 佛	138cm×69cm	91,970	荣宝斋(香港)	2022-11-26
黄家芳 福	138cm×69cm	80,933	荣宝斋(香港)	2022-11-26
黄建南 2014年作 风景这边独好 镜心	125cm×335cm	20,700,000	荣宝斋(南京)	2022-12-07
黄建南 2020年作 地球密码 镜心	67cm×68cm	4,945,000	北京荣宝	2022-07-24
黄建南 2014年作 如何高歌 镜心	66.5cm×66.5cm	3,565,000	北京荣宝	2022-07-24
黄建南 2020年作 曙光 镜心	67cm×68cm	2,990,000	北京荣宝	2022-07-24
黄建南 2020年作 心中的祖国 镜心	67cm×69cm	2,783,000	北京荣宝	2022-07-24
黄建南 2020年作 高原密码 镜心	67cm×69cm	2,645,000	北京荣宝	2022-07-24
黄建南 2020年作 永恒的旋律 镜心	67.5cm×68.5cm	2,645,000	永乐拍卖	2022-07-25
黄建南 2020年作 光明在即 镜框	68cm×69cm	2,645,000	华艺国际	2022-09-23
黄建南 2020年作 高原之春 镜心	67cm×69cm	2,530,000	永乐拍卖	2022-07-25
黄建南 2020年作 湖边之家 镜框	68cm×69cm	2,530,000	华艺国际	2022-09-23
黄建勋 2021年作 霞染山晴 镜心	68cm×136cm	791,000	北京中贝	2022-03-16
黄建勋 2021年作 山色空蒙雨亦奇 镜心	68cm×136cm	767,000	北京中贝	2022-03-16
黄均 1979年作 画龙点睛 立轴	128cm×65.5cm	207,000	中贸圣佳	2022-07-23
黄均 1936年作 长门吹箫图 立轴	64cm×32.5cm	103,500	开拍国际	2022-01-07
黄均 桐荫仕女 立轴	66cm×33cm	103,500	中贸圣佳	2022-10-27
黄均 1828年作 仿黄鹤山樵笔意 立轴	140cm×38cm	92,000	中贸圣佳	2022-07-23
黄均 1999年作 古梅仕女图 立轴	104cm×52cm	71,300	西泠印社	2022-01-23
黄均 蕉阴结夏 镜心	98.5cm×33cm	66,700	北京银座	2022-09-17
黄均 1940年作 飞流直下 立轴	105cm×46cm	66,700	广东崇正	2022-12-25
黄君璧 1974年作 繁花锦灿 镜框	180cm×88.2cm	1,331,921	香港苏富比	2022-10-08
黄君璧 1967年作 飞霞洞 立轴	176cm×95cm	747,500	开拍国际	2022-01-07
黄君璧 1975年作 飞瀑清谈 镜框	92cm×185cm	695,293	佳士得	2022-12-02
黄君璧 1942年作 秋林向瀑 镜框	92.2cm×28.1cm	665,960	香港苏富比	2022-10-08
黄君璧 1951年作 玉兰双雀 镜片	94cm×43cm	586,500	上海嘉禾	2022-11-20
黄君璧 1965年作 秋光云影 立轴	181.6cm×93.2cm	532,768	香港苏富比	2022-10-08
黄君璧 1976年作 红叶听秋声 镜心	画心 59.5cm×119.5cm	494,500	北京银座	2022-01-12
黄君璧 1943年作 蕉园雅集 镜框	49cm×37cm	493,747	华艺国际	2022-05-29
黄君璧 1967年作 松下观云 镜心	68cm×132cm	402,500	开拍国际	2022-01-07
黄君璧 1968年作 苍崖云树图 镜片	120cm×60cm	402,500	西泠印社	2022-01-23
黄君璧 晴烟秋色图 立轴	120cm×47cm	345,000	北京银座	2022-09-16
黄君璧 (款) 云溪行旅图	100cm×45cm	343,997	香港福羲国际	2022-12-28
黄君璧 1971年作 灵鹫云开图 木版镜框	60.5cm×120cm	301,293	佳士得	2022-12-02
黄君璧 1979年作 飞瀑图 镜心	60.5cm×121cm	299,000	中鸿信	2022-09-11
黄君璧 1978年作 飞瀑动青山 镜框	137.5cm×69cm	280,818	香港苏富比	2022-04-30
黄君璧 1927年作 好鸟和鸣 立轴	121cm×52cm	241,500	华艺国际	2022-09-24
黄君璧 1947年作 水仙 镜心	85cm×39cm	230,000	永乐拍卖	2022-07-25
黄君璧 山水四屏 画心(四帧)	96cm×30cm×4	224,250	西泠印社	2022-08-21
黄君璧 1968年作 双狮图 镜心	94cm×177.5cm	218,500	北京保利	2022-07-26
黄君璧 草阁对坐 镜片	63.5cm×110.5cm	218,500	广东崇正	2022-08-11
黄君璧 1940年作 嘉陵秋色 镜心	102cm×32.5cm	184,000	北京银座	2022-01-12
黄君璧 1974年作 汉中纪游 镜框	84.5cm×54.5cm	177,589	香港苏富比	2022-10-08
黄君璧 1967年作 云山飞瀑 立轴	130cm×69cm	176,826	罗芙奥	2022-12-03
黄君璧 1976年作 山光云影 镜框	68.8cm×134.5cm	172,811	香港苏富比	2022-04-30
黄君璧 1941年作 松瀑对坐图 镜心	114cm×30cm	172,500	西泠印社	2022-01-22
黄君璧 1967年作 坐看风云起 镜心	68cm×132cm	172,500	北京保利	2022-07-26
黄君璧 1987年作 疏林野溪 镜心	67.3cm×45.4cm	162,010	香港苏富比	2022-04-30
黄君璧 1970年作 瀑布 镜框	93.5cm×55cm	162,010	佳士得	2022-05-29
黄君璧 1941年作 云山图 画心	105cm×42cm	161,000	西泠印社	2022-01-22
黄君璧 1963年作 人间何处不桃源 镜心	57.5cm×89cm	149,500	开拍国际	2022-01-07
黄君璧 1980年作 松瀑图 屏风	105cm×91.5cm	149,500	北京保利	2022-07-26
黄君璧 1962年作 雨山含云 镜片	118cm×62.5cm	149,500	广东崇正	2022-08-11
黄君璧 1973年作 嘉陵一角 镜片	57cm×89cm	143,750	广东崇正	2022-12-25
黄君璧 1979年作 山水四屏 镜心	画 30cm×30cm×4	138,000	开拍国际	2022-01-07
黄君璧 1961年作 秋江钓艇 镜心	91cm×39cm	138,000	中国嘉德	2022-05-28
黄君璧 策杖观瀑 立轴	90cm×38cm	138,000	浙江佳宝	2022-03-13
黄君璧 1941年作 夏山云树图 画心	108.5cm×42cm	138,000	西泠印社	2022-01-22
黄君璧 1949年作 万壑分烟 立轴	102cm×34.5cm	133,380	保利香港	2022-07-12
黄君璧 饶宗颐 吴千山 1986年作 松柏同春 镜框	137cm×68cm	115,882	佳士得	2022-12-02
黄君璧 1981年作 霭色含晴 镜心	93.5cm×44.5cm	115,000	北京银座	2022-01-12
黄君璧 1966年作 荷香清芬 镜心	121cm×60cm	115,000	中国嘉德	2022-05-30
黄君璧 1979年作山水书法四屏镜心	画 30cm×30cm×4	115,000	北京保利	2022-07-26
黄君璧 1980年作 四季山水 镜心	41cm×28cm×4	115,000	广东崇正	2022-08-11
黄君璧 1960年作 云山幽居 镜片	57cm×90cm	115,000	广东崇正	2022-08-11
黄君璧 1941年作 松下对弈图 镜片	106cm×32cm	109,250	西泠印社	2022-01-22
黄君璧 1962年作 云岩观瀑 立轴	120cm×58cm	106,950	中鸿信	2022-09-11
黄君璧 1940年作 白云山隐图 镜片	91cm×26.5cm	103,500	西泠印社	2022-01-22
黄君璧 1934年作 西山放鹤 立轴	101cm×31cm	97,750	北京保利	2022-07-26
黄君璧 1986年作 满载而归 镜心	43cm×66.5cm	97,750	广东崇正	2022-08-11
黄君璧 1956年作 云满山头 镜心	79cm×29cm	92,000	北京银座	2022-01-12
黄君璧 1975年作 八哥石竹 立轴	120cm×60cm	92,000	北京保利	2022-07-26
黄君璧 1948年作 霜叶红于二月花	102cm×41cm	89,700	江苏汇中	2022-08-11
黄君璧 竹石灵芝四帧 镜心	30cm×30.5cm×4	80,500	开拍国际	2022-01-07
黄君璧 1941年作 柳岸归舟图 画心	79.5cm×30.5cm	80,500	西泠印社	2022-01-22
黄君璧 1968年作 云山浩荡 镜框	59.5cm×119cm	76,171	罗芙奥	2022-12-03
黄君璧 1963年作 持扇仕女 镜框	61.5cm×30cm	76,104	罗芙奥	2022-06-04
黄君璧 1951年作 观瀑图 镜心	90cm×32cm	71,300	北京银座	2022-09-16
黄君璧 1964年作 秋林访友 镜心	89cm×30cm	71,300	广东崇正	2022-08-11
黄君璧 1960年作 云山渔舟图 立轴	63cm×28.5cm	69,000	北京银座	2022-09-16
黄君璧 1952年作 一帆风顺 镜心	57cm×30cm	69,000	中国嘉德	2022-06-26
黄君璧 1982年作 观瀑图 镜片	60cm×40cm	66,700	广东崇正	2022-08-11
黄君璧 1964年作 峨眉金顶云 镜心	59cm×29.5cm	66,218	中国嘉德	2022-10-07
黄君璧 1974年作 白云出岫 镜心	33.5cm×65cm	66,218	中国嘉德	2022-10-08

2022书画拍卖成交汇总(续表)

(成交价RMB：6万元以上)

拍品名称	物品尺寸	成交价RMB	拍卖公司	拍卖日期	拍品名称	物品尺寸	成交价RMB	拍卖公司	拍卖日期
黄君璧 1976年作 云山耸翠 镜片	30cm×60cm	63,250	广东崇正	2022-08-11	黄永玉 1987年作 莫问奴归处 镜心	177cm×96cm	920,000	永乐拍卖	2022-07-25
黄君璧 1986年作 柳林读书 镜片	40cm×60.5cm	63,250	广东崇正	2022-08-11	黄永玉 1996年作 双鹤 镜心	96cm×90cm	747,500	中国嘉德	2022-06-29
黄君璧 1964年作 山水 立轴	68cm×37cm	63,250	华艺国际	2022-09-24	黄永玉 2012年作 夏荷图 镜心	68cm×68.5cm	713,000	中国嘉德	2022-12-15
黄君璧 荷花 镜心	25cm×95cm	63,250	中国嘉德	2022-12-13	黄永玉 2002年作 春消息 镜心	68.5cm×137.5cm	690,000	中国嘉德	2022-12-15
黄骏 2022年作 境象No.1 镜心	116cm×69cm	161,000	中国嘉德	2022-12-15	黄永玉 1996年作 仁者寿 镜框	97cm×90cm	640,111	华艺国际	2022-11-27
黄侃 1934年作 行书《道德经》句 立轴	137.5cm×37cm	517,500	开拍国际	2022-01-07	黄永玉 1999年作 卷舒开合任天真 镜心	151.5cm×151.5cm	632,500	中国嘉德	2022-12-15
黄侃 篆书 "放下文章赏心湖山山馆" 镜心	34cm×133cm	207,000	北京银座	2022-09-16	黄永玉 1997年作 大自在 镜心	88cm×95.5cm	529,000	北京荣宝	2022-07-24
黄美尧 2018年作 烟云奇观气象纵横	123cm×245cm	12,075,000	景德镇华艺	2022-01-15	黄永玉 1986年作 皆大欢喜 镜心	90cm×95.5cm	517,500	中贸圣佳	2022-07-23
黄美尧 2019年 高山志士意，茂树君子德	69cm×103cm	2,452,500	景德镇华艺	2022-01-15	黄永玉 2010年作 戏虎图 镜心	68.5cm×137cm	506,000	北京荣宝	2022-07-24
黄美尧 2019年 峰藏龙虎气，水住日月情	95cm×178cm	1,840,000	景德镇华艺	2022-01-15	黄永玉 1984年作 苏曼殊诗意 镜心	67cm×66cm	483,000	开拍国际	2022-01-07
黄美尧 2013年 山雄气森	68cm×72cm	862,500	景德镇华艺	2022-01-15	黄永玉 1980年作 红荷 立轴	103.5cm×41.5cm	483,000	北京银座	2022-09-17
黄苗子 书画 册页（十开）	33.5cm×33.5cm×10	86,250	中国嘉德	2022-06-27	黄永玉 1983年作 癸亥大有年 镜心	55cm×40cm	483,000	中国嘉德	2022-12-13
黄绮 黄绮书法 画心	135.5cm×67.5cm	98,000	北京传世	2022-12-15	黄永玉 2007年作 秋山图 镜心	67cm×136cm	460,000	北京保利	2022-07-27
黄秋园 1946年作 松荫抚琴图 立轴	82cm×54.5cm	138,000	中贸圣佳	2022-07-23	黄永玉 1981年作 白云故乡 立轴	121cm×117.5cm	460,000	保利厦门	2022-10-22
黄秋园 松风听泉 镜心	41cm×44cm	63,250	北京银座	2022-01-12	黄永玉 1978年作 彩荷 镜框	67.5cm×69cm	453,630	佳士得	2022-05-29
黄文斌 2020年作 荆山意象 镜心	34cm×68cm	6,733,000	北京中贝	2022-03-16	黄永玉 1982年作 好荷图 镜心	69cm×68cm	437,000	中国嘉德	2022-06-29
黄文斌 2019年作 风景独好 镜心	34cm×68cm	6,234,000	北京中贝	2022-03-16	黄永玉 1984年作 猫头鹰 镜心	68cm×68cm	414,000	北京荣宝	2022-07-24
黄友佑 红都瑞金 镜片	218cm×128cm	2,070,000	北京中贝	2022-01-14	黄永玉 1978年作 益鸟也 镜框	59cm×43cm	410,427	佳士得	2022-05-29
黄吴怀 将进酒 镜片	138cm×69cm×4	1,176,000	开禧国际	2022-12-28	黄永玉 1979年作 白荷图 镜心	101cm×101cm	402,500	北京荣宝	2022-07-24
黄吴怀 陋室铭 镜片	70cm×206cm	1,030,400	开禧国际	2022-12-28	黄永玉 2007年作 采荷图 镜心	68cm×137cm	402,500	北京荣宝	2022-07-24
黄吴怀 紫气东来 镜片	69cm×138cm	1,008,000	开禧国际	2022-12-28	黄永玉 1989年作 钟馗 镜心	96.5cm×89cm	402,500	中国嘉德	2022-12-13
黄吴怀 山行 镜片	69cm×138cm	918,400	开禧国际	2022-12-28	黄永玉 2003年作 一梦旧荷塘 镜框	67cm×67.5cm	378,025	佳士得	2022-05-29
黄吴怀 江南好		575,000	保利厦门	2022-10-22	黄永玉 1980年作 洞庭香满 镜心	68cm×137cm	368,000	中国嘉德	2022-09-27
黄象明 花好月圆 镜心	61cm×36.5cm×4	230,000	荣宝斋（南京）	2022-12-07	黄永玉 1985年作 山居图卷 手卷	14.5cm×333cm	368,000	中鸿信	2022-09-11
					黄永玉 1978年作 红梅图 镜心	90cm×84cm	368,000	中鸿信	2022-09-11
黄孝逵 2021年作 伟哉华岳 镜框三幅	178.5cm×58.5cm；178.5cm×43cm×2	432,028	佳士得	2022-05-29	黄永玉 1986年作 湘荷在水 镜心	66.5cm×96.5cm	368,000	中国嘉德	2022-12-12
黄孝逵 2022年作 维港暮色（三幅）镜框	122cm×122cm×3	231,764	佳士得	2022-12-02	黄永玉 2013年作 双兔图 镜心	68cm×67cm	356,500	北京保利	2022-07-27
黄兴 行书《秋夜游法华》立轴	127cm×59cm	322,000	开拍国际	2022-01-07	黄永玉 1987年作 无边荷塘秋 镜心	67.5cm×136cm	345,000	北京荣宝	2022-07-24
黄兴 行书七言诗 镜心	133cm×43cm	276,000	中国嘉德	2022-12-14	黄永玉 2005年作 鸡年大吉 镜心	89.5cm×96.5cm	345,000	中国嘉德	2022-12-15
黄兴 行书 "天涯若比邻" 镜心	31cm×121cm	172,500	中国嘉德	2022-12-13	黄永玉 1987年作 墨荷图 立轴	136.5cm×68.8cm	333,500	广东崇正	2022-08-11
黄兴 行书 立轴	118cm×56.5cm	132,250	广东崇正	2022-12-25	黄永玉 1986年作 有美人兮在水之湄 镜框	65.5cm×68cm	324,470	佳士得	2022-12-02
黄兴辉 2022年作 竹林细雨	180cm×96cm	380,000	北京伍佰艺	2022-09-17	黄永玉 1999年作 好鹤图 镜片	68cm×137cm	322,000	上海嘉禾	2022-01-01
黄兴辉 2021年作 盛世欢歌	180cm×96cm	360,000	北京伍佰艺	2022-09-17	黄永玉 2003年作 井底蛙 镜心	137cm×68.5cm	322,000	中国嘉德	2022-12-13
黄炎培 1927年作 行书五言联 立轴	143cm×37.5cm×2	287,500	中鸿信	2022-09-12	黄永玉 2002年作 清寂 镜心	69cm×69cm	299,000	北京保利	2022-07-26
黄炎培 1931年作 行书 横披	31cm×112cm	230,000	朵云轩	2022-12-09	黄永玉 1983年作 姜太公 立轴	133cm×66.5cm	287,500	北京荣宝	2022-07-24
黄炎培 1928年作 行书六言联 对联	145cm×41cm×2	126,500	朵云轩	2022-08-08	黄永玉 1986年作 杨柳岸，晓风残月 镜框	9.5cm×136.5cm	259,217	佳士得	2022-05-29
黄炎培 1946年作 行书七言联 画心	130.5cm×33cm×2	74,750	西泠印社	2022-01-22	黄永玉 向日葵小鸟 镜框	50.3cm×52.8cm	254,940	佳士得	2022-12-02
黄炎培 1948年作 行书七言诗 立轴	133.5cm×36.5cm	69,000	北京银座	2022-09-16	黄永玉 2001年作 读闲书图 立轴	68.5cm×67.5cm	253,000	北京荣宝	2022-07-24
黄永厚 1990年作 九方皋 镜心	269cm×80cm	218,500	中国嘉德	2022-12-15	黄永玉 1985年作 湘荷在水 镜片	136cm×68cm	253,000	广东崇正	2022-08-11
黄永厚 酒鬼 镜心	137.5cm×69cm	92,000	中国嘉德	2022-12-15	黄永玉 2011年作 蛙趣图 镜心	69.5cm×68.5cm	253,000	中国嘉德	2022-12-15
黄永厚 世上几多开山戏 镜心	107cm×76.5cm	80,500	中国嘉德	2022-12-15	黄永玉 1979年作 猫头鹰 镜心	42.5cm×62cm	242,800	中国嘉德	2022-10-07
黄永厚 2007年作 比翼 镜心	69cm×70cm	74,750	中国嘉德	2022-12-15	黄永玉 水仙 镜框	50cm×52cm	230,000	中贸圣佳	2022-10-27
黄永砯 雪地里的两棵老树 画心	62cm×55cm	990,000	北京传世	2022-12-15	黄永玉 1980年作 在水之湄 镜心	94.5cm×89.5cm	209,691	中国嘉德	2022-10-07
黄永玉 1987年作 春临闹图 镜心	144cm×365cm	6,842,568	华艺国际	2022-11-27	黄永玉 1987年作 秋水 镜心	68cm×68cm	207,000	北京荣宝	2022-07-24
黄永玉 2014年作 荷梦 镜心	136cm×67cm	2,760,000	北京荣宝	2022-07-24	黄永玉 1981年作 留得残荷听雨声 立轴	67cm×59cm	195,500	北京银座	2022-09-17
黄永玉 1991年作 鱼灯图 镜框	83cm×153cm	1,645,824	华艺国际	2022-05-29	黄永玉 瞻仰 镜框	68cm×68cm	185,411	佳士得	2022-12-02
黄永玉 2004年作 灼灼荷花瑞 镜心	179cm×96cm	1,495,000	中国嘉德	2022-12-15	黄永玉 1977年作 猫头鹰 镜心	48.5cm×38cm	184,000	北京银座	2022-09-17
黄永玉 1980年作 整羽图 镜心	95.5cm×117cm	1,380,000	华艺国际	2022-07-29	黄永玉 2010年作 观棋不语真君子 镜心	46cm×69cm	184,000	中国嘉德	2022-12-15
黄永玉 2012年作 龙年大发 镜心	96cm×89cm	1,092,500	北京荣宝	2022-07-24	黄永玉 1989年作 花好叶茂 镜框	48cm×90cm	176,582	华艺国际	2022-11-27
					黄永玉 1978年作 飞鹤图 立轴	134.5cm×68.5cm	176,582	华艺国际	2022-11-27

2022书画拍卖成交汇总(续表)

(成交价RMB：6万元以上)

拍品名称	物品尺寸	成交价RMB	拍卖公司	拍卖日期
黄永玉 红梅小鸟图 镜心	47cm×50cm	172,500	中国嘉德	2022-09-27
黄永玉 1979年作 红荷图 镜片	48cm×45cm	172,500	广东崇正	2022-08-11
黄永玉 1999年作 瓶花 立轴	130cm×67cm	172,500	江苏汇中	2022-08-16
黄永玉 1984年作 墨荷图 镜心	136cm×68cm	161,000	中贸圣佳	2022-12-31
黄永玉 2007年作 永光家猫 镜心	69cm×69.5cm	161,000	中国嘉德	2022-12-15
黄永玉 1995年作 漳州水仙 镜心	48cm×44cm	138,000	中贸圣佳	2022-07-23
黄永玉 许麟庐 醉陶图 镜片	69.5cm×135cm	138,000	广东崇正	2022-08-11
黄永玉 墨荷图 镜心	34cm×46cm	138,000	中国嘉德	2022-12-15
黄永玉 比翼图 镜片	40cm×50cm	138,000	广东崇正	2022-12-25
黄永玉 1986年作 虎年平安 镜心	26cm×76cm	132,436	中国嘉德	2022-10-07
黄永玉 1984年作 插了梅花便过年 镜心	68cm×34cm	132,436	中国嘉德	2022-10-07
黄永玉 1977年作 白荷 镜心	34.5cm×46cm	132,436	中国嘉德	2022-10-08
黄永玉 1975年作 水仙 镜心	50cm×52cm	132,250	北京保利	2022-02-03
黄永玉 1986年作 海南岛 镜框	40.5cm×60cm	126,500	上海嘉禾	2022-01-01
黄永玉 立地太岁 镜心	50cm×83.5cm	115,000	北京荣宝	2022-07-24
黄永玉 1986年作 白荷图 镜心	48cm×46cm	115,000	北京银座	2022-09-17
黄永玉 1997年作 书《千忠录》节选 镜心	64.5cm×125cm	103,500	中国嘉德	2022-12-15
黄永玉 洪福齐天 镜心	66cm×66cm	97,750	中国嘉德	2022-12-15
黄永玉 1989年作 沽酒图 镜心	83cm×50cm	92,000	北京保利	2022-07-26
黄永玉 1996年作 荷花 镜片	46cm×33cm	89,700	广东崇正	2022-08-11
黄永玉 1980年作 红荷 镜心	49cm×56cm	86,822	保利香港	2022-10-12
黄永玉 荷花 镜心	53cm×49.5cm	80,500	中贸圣佳	2022-12-31
黄永玉 2002年作 洞庭香满 镜心	67cm×136.5cm	69,000	保利厦门	2022-10-21
黄永玉 2012年作 上善若水 镜心	68.5cm×69.5cm	69,000	中国嘉德	2022-12-15
黄永玉 自得其乐 镜心	34cm×46cm	63,250	中国嘉德	2022-12-15
黄玉森 江山如画图 画心	180cm×70cm	550,000	北京传世	2022-12-15
黄元治 行书十屏 立轴	171cm×41.5cm×10	138,000	中国嘉德	2022-12-14
黄元治 行书五言诗 立轴	186cm×93cm	126,500	中国嘉德	2022-06-28
黄知秋 2022年作 潇湘图 镜框	69cm×182cm	172,500	华艺国际	2022-09-23
黄知秋 2021年作 风姿	70cm×48cm	68,000	北京伍佰艺	2022-09-17
黄忠平 云山古刹 镜片	69cm×69cm	358,400	开禧国际	2022-12-28
黄胄 1983年作 梅驴与美猫 镜心	67.8cm×44.8cm	405,587	佳士得	2022-12-02
黄胄 1973年作 牧驴图 镜框	89.5cm×53.7cm	347,646	佳士得	2022-12-02
黄胄 1973年作 柳下牧驴 镜框	76.5cm×41.8cm	278,117	佳士得	2022-12-02
黄胄 1973年作 欢欣 镜框	68.3cm×44.3cm	254,940	佳士得	2022-12-02
黄胄 1973年作 赶集 镜框	69.5cm×46.5cm	254,940	佳士得	2022-12-02
黄胄 1981年作 柯尔克孜猎鹰图 镜心	181cm×97cm	6,900,000	中国嘉德	2022-12-12
黄胄 1972年作 草原女骑手 镜心	167cm×97cm	6,095,000	北京保利	2022-07-26
黄胄 日夜想念 立轴	177.3cm×95cm	5,175,000	广东崇正	2022-08-11
黄胄 1975年作 驯马图 立轴	83.5cm×86cm	3,220,000	上海嘉禾	2022-11-20
黄胄 1973年作 大吉图 立轴	96cm×60cm	2,990,000	北京保利	2022-07-26
黄胄 运粮图 立轴	137cm×69cm	2,242,500	荣宝斋(南京)	2022-12-07
黄胄 1975年作 新疆舞女 立轴	138cm×69cm	2,093,000	北京保利	2022-07-26
黄胄 1973年作 丰收图 镜框	139cm×69.7cm	2,052,136	佳士得	2022-05-29
黄胄 1961年作 天山歌舞 立轴	122cm×93cm	1,725,000	北京保利	2022-07-27
黄胄 群驴图 手卷	40.5cm×320cm	1,725,000	荣宝斋(南京)	2022-12-07
黄胄 1976年作 饲鸡图 立轴	102.5cm×69cm	1,552,500	广东崇正	2022-08-11
黄胄 四美图 立轴	137cm×67cm	1,288,000	北京银座	2022-01-12
黄胄 赶驴图 镜心	138cm×68cm	1,150,000	北京荣宝	2022-07-24
黄胄 1976年作 出诊图 立轴	88cm×69.5cm	1,035,000	中国嘉德	2022-12-12
黄胄 1973年作 维吾尔族舞蹈 镜框	68cm×44cm	1,026,068	佳士得	2022-05-29
黄胄 饲鸡图 立轴	96.5cm×59.5cm	943,000	中国嘉德	2022-06-26
黄胄 人物四条屏	137cm×34cm×4	920,000	香港贞观	2022-01-16
黄胄 1977年作 松鹰 镜框 水墨纸本	72cm×68cm	920,000	北京荣宝	2022-07-24
黄胄 1977年作 牧牛图 立轴	87cm×45cm	920,000	北京保利	2022-07-27
黄胄 1973年作 读写图 镜框	67.8cm×67.7cm	887,947	香港苏富比	2022-10-08
黄胄 1978年作 出诊图 立轴	81.5cm×51cm	828,000	北京银座	2022-01-12
黄胄 1982年作 饲驴图 立轴	68.5cm×46cm	805,000	北京银座	2022-01-12
黄胄 1972年作 溪边 镜框	68cm×45cm	782,000	北京荣宝	2022-07-24
黄胄 (款) 牧驴图	68cm×45cm	766,623	香港福羲国际	2022-12-28
黄胄 1973年作 风雪高原行 镜框	124cm×83cm	753,234	佳士得	2022-12-02
黄胄 少女牧驴 镜心	137cm×68.5cm	747,500	北京银座	2022-01-12
黄胄 1983年作 赶驴图 立轴	78cm×68.5cm	747,500	中国嘉德	2022-12-12
黄胄 1975年作 柳荫牧驴 立轴	86cm×34.5cm	713,000	中国嘉德	2022-12-13
黄胄 1984年作 渔家少女 立轴	87cm×47cm	690,000	北京银座	2022-09-17
黄胄 牧马图 镜心	69cm×95cm	690,000	中国嘉德	2022-09-27
黄胄 少数民族少女 镜心	132cm×66cm	690,000	永乐拍卖	2022-07-25
黄胄 新疆舞 镜心	87cm×45cm	690,000	永乐拍卖	2022-07-25
黄胄 课余 立轴	69.5cm×50.5cm	678,500	广东崇正	2022-08-11
黄胄 1988年作 新疆舞 镜心	136cm×68cm	662,184	中国嘉德	2022-10-07
黄胄 1978年作 少女牧驴 立轴	68.5cm×45cm	632,500	中国嘉德	2022-12-12
黄胄 1963年作 提罐赶驴图 立轴 设色纸本	70cm×45cm	598,000	北京荣宝	2022-07-24
黄胄 1978年作 大吉图 立轴	99.5cm×62cm	575,000	北京银座	2022-01-12
黄胄 1963年作 驴 镜心	34cm×179cm	575,000	永乐拍卖	2022-07-25
黄胄 1977年作 赶驴图 立轴	105cm×62cm	575,000	广东崇正	2022-12-25
黄胄 1973年作 饲鸡图 镜心	97cm×24.5cm	563,500	中贸圣佳	2022-07-23
黄胄 1983年作 赶驴图 镜心	68cm×68cm	552,000	中国嘉德	2022-09-27
黄胄 1973年作 竹林丰收 镜心	96cm×24cm	540,500	中贸圣佳	2022-07-23
黄胄 1972年作 金沙江边少女 镜心	92cm×67cm	517,500	永乐拍卖	2022-07-25
黄胄 1980年作 英雄独立 镜心	89cm×68.5cm	483,000	开拍国际	2022-07-24
黄胄 1972年作 永走革命路 立轴	95cm×48cm	483,000	中国嘉德	2022-12-12
黄胄 1982年作 舞蹈 镜框	107cm×62cm	471,500	北京保利	2022-07-26
黄胄 1972年作 归牧图 镜框	70cm×47.3cm	466,172	香港苏富比	2022-10-08
黄胄 大吉图 镜心	81cm×122cm	460,000	北京荣宝	2022-07-24
黄胄 1975年作 饲鸡图 镜心	84cm×68cm	460,000	永乐拍卖	2022-07-25
黄胄 1978年作 赶驴图 镜心	67cm×68cm	460,000	永乐拍卖	2022-07-25
黄胄 1985年作 李清照像 镜心	69cm×68cm	460,000	永乐拍卖	2022-07-25
黄胄 1979年作 赶驴图 镜心	46cm×69cm	437,000	中国嘉德	2022-12-13
黄胄 1973年作 牧驴图 立轴	68.5cm×44cm	414,000	中国嘉德	2022-12-12
黄胄 1980年作 牧驴图 立轴	68.5cm×45.5cm	402,500	北京银座	2022-01-12
黄胄 竹林放牛 立轴	68cm×33.5cm	402,500	北京银座	2022-09-17
黄胄 1980年作 驴 镜心	82cm×23.5cm	402,500	中国嘉德	2022-12-13
黄胄 (款) 母子情	68cm×45.5cm	393,140	香港福羲国际	2022-12-28
黄胄 双驴图	60cm×60cm	386,274	荣宝斋(香港)	2022-11-26
黄胄 1980年作 群驴图 立轴	68cm×46cm	368,000	北京荣宝	2022-07-24
黄胄 沙漠之舟 立轴	90cm×51cm	368,000	北京荣宝	2022-07-24
黄胄 少女牧驴 镜心	49.3cm×69cm	362,250	北京诚轩	2022-08-08
黄胄 1977年作 赶驴图 立轴	105cm×62cm	345,000	北京荣宝	2022-07-24
黄胄 仕女 立轴	84cm×41cm	345,000	北京银座	2022-09-17
黄胄 1963年作 少女赶驴 镜心	78cm×70cm	345,000	永乐拍卖	2022-07-25
黄胄 柳荫牧驴 立轴	82cm×38cm	345,000	北京保利	2022-07-27
黄胄 牧驴图 立轴	68.5cm×36cm	345,000	中国嘉德	2022-12-13
黄胄 1977年作 六驴图 立轴	69cm×46cm	331,092	中国嘉德	2022-10-07
黄胄 1973年作 少女牧驴图 镜框	68cm×44.2cm	324,021	佳士得	2022-05-29

拍品名称	物品尺寸	成交价RMB	拍卖公司	拍卖日期
黄胄 1979年作 牧驴图 镜心	66cm×36cm	322,000	中国嘉德	2022-05-28
黄胄 叶圣陶 1985年作 双驴图 立轴	画心 48.5cm×61cm	322,000	北京银座	2022-09-17
黄胄 倚竹仕女 立轴	109.5cm×68.5cm	322,000	中国嘉德	2022-12-13
黄胄 1978年作 麻雀 镜心	83cm×49cm	299,000	永乐拍卖	2022-07-25
黄胄 牧驴图 立轴	68.5cm×44cm	299,000	北京保利	2022-07-27
黄胄 1985年作 三驴图 镜框	42cm×66cm	287,500	北京荣宝	2022-07-24
黄胄 群驴图 镜片	70cm×48cm	287,500	北京荣宝	2022-07-24
黄胄 白猫图 立轴	68.5cm×52.5cm	287,500	北京银座	2022-09-17
黄胄 1986年作 维吾尔族舞 立轴	93cm×68cm	287,500	中鸿信	2022-09-11
黄胄 1980年作 双驴 立轴	68cm×32cm	287,500	北京保利	2022-07-27
黄胄 1975年作 七驴图 镜片	78cm×54cm	287,500	广东崇正	2022-12-25
黄胄 1964年作 少女与驴 镜框	88.2cm×45.1cm	266,384	香港苏富比	2022-10-08
黄胄 1976年作 赶海 镜心	43cm×29.5cm	253,000	中鸿信	2022-09-11
黄胄 1973年作 放驴图 立轴	67cm×34.5cm	253,000	中国嘉德	2022-06-26
黄胄 猫 镜心	92cm×34cm	241,500	北京银座	2022-01-12
黄胄 1985年作 三驴图 镜心	43cm×66.5cm	230,000	北京银座	2022-01-12
黄胄 1982年作 四驴图 镜心	69cm×45cm	230,000	中国嘉德	2022-05-29
黄胄 1960年作 四驴图 镜心	34cm×70cm	230,000	北京荣宝	2022-07-24
黄胄 1978年作 赶驴图 立轴	67cm×66cm	230,000	中国嘉德	2022-09-27
黄胄 1975年作 牧驴图 镜心	56cm×38.5cm	230,000	中国嘉德	2022-06-26
黄胄 旺财图 立轴	67cm×66.5cm	230,000	广东崇正	2022-12-25
黄胄 1985年作 群雀图 镜框	68.5cm×45cm	218,500	华艺国际	2022-09-23
黄胄 1985年作 墨驴 立轴	64.5cm×43.5cm	218,500	中国嘉德	2022-12-12
黄胄 瀚海之舟 镜心	69cm×46cm	212,750	荣宝斋(南京)	2022-12-07
黄胄 驴戏 立轴	68.5cm×46.5cm	209,691	中国嘉德	2022-10-07
黄胄 1981年作 三驼图 镜心	35cm×44cm	207,000	开拍国际	2022-01-07
黄胄 1984年作 饲驴图 立轴	68cm×42cm	207,000	北京荣宝	2022-07-24
黄胄 1984年作 三驴图 镜心	68cm×46cm	207,000	中鸿信	2022-09-11
黄胄 1958年作 赶集 立轴	61cm×35.5cm	207,000	中国嘉德	2022-06-26
黄胄 1980年作 驴 立轴	82.5cm×50.5cm	207,000	中国嘉德	2022-06-26
黄胄 1981年作 八驴图 镜心	68cm×45.5cm	206,203	保利香港	2022-10-12
黄胄 董寿平 山水人物	121cm×95cm	202,334	荣宝斋(香港)	2022-11-26
黄胄 六驴图 立轴	67.5cm×44.5cm	197,800	北京银座	2022-09-17
黄胄 1980年作 猫 立轴	68cm×45.5cm	195,500	中国嘉德	2022-06-26
黄胄 1976年作 驴 立轴	67cm×45cm	187,618	中国嘉德	2022-10-07
黄胄 芊芊雀歌 镜心	36.5cm×47.5cm	184,000	北京银座	2022-01-12
黄胄 八驴图	46cm×62cm	184,000	中贸圣佳	2022-07-23
黄胄 1978年作 三驴图 镜心	69cm×50cm	184,000	北京保利	2022-07-26
黄胄 1973年作 少女牧驴图 镜心	68.5cm×44cm	184,000	中国嘉德	2022-12-11
黄胄 1982年作 十驴图 镜心	58.8cm×65cm	184,000	中国嘉德	2022-12-13
黄胄 1984年作 驴 立轴	73cm×46.5cm	184,000	朵云轩	2022-12-08
黄胄 1977年作 八驴图 手卷	31cm×142cm	184,000	广东崇正	2022-12-25
黄胄 1984年作 竹石猫雏 镜心	37cm×57cm	172,500	北京银座	2022-09-17
黄胄 1957年作 巡逻 镜心	43cm×46cm	172,500	中国嘉德	2022-06-26
黄胄 群驴 镜框	45.6cm×85cm	155,391	香港苏富比	2022-10-08
黄胄 1979年作 八驴图 立轴	82cm×37.5cm	154,509	中国嘉德	2022-10-07
黄胄 1993年作 驴 镜心	102cm×87cm	138,000	北京保利	2022-07-26
黄胄 1978年作 三驴图 立轴	58cm×66cm	138,000	北京保利	2022-07-26
黄胄 1986年作 七驴图 轴	86cm×51cm	138,000	江苏汇中	2022-08-16
黄胄 1988年作 芦塘深处 镜心	32cm×44.5cm	132,250	北京银座	2022-01-12
黄胄 双驴犬戏 立轴	49cm×33cm	126,500	中国嘉德	2022-05-29
黄胄 三犬图 立轴	76cm×34cm	126,500	中国嘉德	2022-05-29
黄胄 1980年作 八驴图 立轴	81cm×23cm	126,500	中国嘉德	2022-12-12
黄胄 1982年作 教子图 立轴	68.5cm×45cm	126,500	中国嘉德	2022-12-12
黄胄 1980年作 黄山老松 镜心	72cm×37cm	115,000	北京银座	2022-01-12
黄胄 1978年作 三驴 镜心	46cm×70cm	115,000	中国嘉德	2022-05-28
黄胄 双驴图 立轴	43cm×33cm	115,000	北京荣宝	2022-07-24
黄胄 麻雀 立轴	82cm×23cm	115,000	北京荣宝	2022-07-24
黄胄 钟馗 册页	画心34cm×44cm	115,000	北京荣宝	2022-07-24
黄胄 1977年作 群驴图 立轴	68cm×45cm	115,000	北京保利	2022-07-26
黄胄 1984年作 猫 镜心	35cm×48cm	115,000	中国嘉德	2022-12-13
黄胄 1992年作 行书《春晓》立轴	136.5cm×68cm	112,700	北京银座	2022-01-12
黄胄 1984年作 猫 镜框	41.2cm×50.5cm	110,993	香港苏富比	2022-10-08
黄胄 1980年作 猫 立轴	69cm×45.5cm	110,364	中国嘉德	2022-10-07
黄胄 三驴图 立轴	68cm×37cm	109,250	中国嘉德	2022-05-30
黄胄 1988年作 三驴图 镜心	45cm×63cm	103,500	中国嘉德	2022-05-28
黄胄 水牛 镜心	44.5cm×32.5cm	103,500	中国嘉德	2022-12-13
黄胄 1973年作 六驴图 镜心	55cm×69cm	97,750	中国嘉德	2022-09-27
黄胄 1958年作 赶驴图 镜心	49cm×49cm	97,750	保利厦门	2022-10-22
黄胄 群雏 立轴	81.5cm×33.5cm	97,750	荣宝斋(南京)	2022-12-07
黄胄 1973年作 赶集图 镜片	36.5cm×50.5cm	97,750	朵云轩	2022-12-09
黄胄 三驴 镜框	33.6cm×43.5cm	94,344	香港苏富比	2022-10-08
黄胄 果园归来 立轴	67.3cm×38cm	92,000	开拍国际	2022-01-07
黄胄 育雏图 镜心	51.2cm×69cm	92,000	开拍国际	2022-01-07
黄胄 1975年作 饲鸡图 镜心	26cm×25cm	92,000	中国嘉德	2022-05-28
黄胄 双驴图 镜心	16.5cm×22.5cm	92,000	北京银座	2022-09-17
黄胄 1978年作 五驴图 立轴	75cm×50cm	86,250	中国嘉德	2022-09-27
黄胄 雄鸡 镜心	39cm×35.5cm	86,250	中国嘉德	2022-12-13
黄胄 五驴图 立轴	64cm×42cm	80,500	中国嘉德	2022-05-28
黄胄 1995年作 鱼戏落花 镜心	34.5cm×44.5cm	80,500	中国嘉德	2022-12-13
黄胄 五驴图 镜心	69cm×50cm	74,750	中国嘉德	2022-05-28
黄胄 1977年作 双鹿图 镜心	33cm×45cm	69,000	中国嘉德	2022-09-27
黄胄 1982年作 蕉阴仕女 立轴	69cm×44cm	69,000	中鸿信	2022-09-11
黄胄 1981年作 大吉图 镜片	37.5cm×53cm	69,000	广东崇正	2022-08-11
黄胄 1975年作 五驴图 立轴	67cm×44cm	66,700	上海嘉禾	2022-01-01
黄胄 1975年作 赶驴图 立轴	57.5cm×53.5cm	66,700	中鸿信	2022-09-11
黄胄 1980年作 双驴图 镜心	34cm×44cm	63,250	中国嘉德	2022-09-27
黄胄 三驴图 镜心	43cm×63cm	63,250	中国嘉德	2022-09-27
黄胄 1989年作 行书七言诗 立轴	136cm×65.5cm	63,250	中国嘉德	2022-06-27
惠天罡 2014年作 临郭熙《早春图》立轴	画151cm×109cm	112,700	北京保利	2022-07-27
惠孝同 1939年作 秋江捕鱼 立轴	96cm×62cm	69,000	北京保利	2022-07-26
霍伯修 家在青山绿水间 画心	100cm×200cm	970,000	北京传世	2022-12-15
霍伯修 春潮带雨晚来急 画心	68cm×147cm	330,000	北京传世	2022-12-15
霍伯修 秋山清逸图 画心	60cm×120cm	280,000	北京传世	2022-12-15
霍伯修 秋山问道 画心	48cm×69cm	250,000	北京传世	2022-12-15
霍春阳 2021年作 盛世荷风 镜心	153cm×372cm	1,035,000	北京荣宝	2022-07-24
霍春阳 2021年作 盛世荷花 镜心	152cm×384cm	747,500	北京保利	2022-07-27
霍春阳 孙其峰 合作 1994年作 梅竹和谐图	66.5cm×137cm	115,000	北京荣宝	2022-07-24
霍瑞强 秋色清华 画心	180cm×46cm	560,000	北京传世	2022-12-15
姬子 2009年作 追踪既往	183.3cm×144cm	287,500	中国嘉德	2022-12-14
嵇培 郑午昌 临南田客书 柳阴沧舟 扇片	18cm×52cm×2	89,700	中贸圣佳	2022-10-27
籍忠亮 罗汉十八生像图 镜片	97cm×540cm	9,800,000	北京中贝	2022-04-11
籍忠亮 群仙毕至 镜片	129cm×248cm	5,500,000	北京中贝	2022-04-11

2022书画拍卖成交汇总（续表）

（成交价RMB：6万元以上）

拍品名称	物品尺寸	成交价RMB	拍卖公司	拍卖日期
籍忠亮 竹林七贤	176cm×96cm	4,000,000	北京乔禧	2022-12-25
籍忠亮 逸性自闲	177cm×96cm	3,500,000	北京乔禧	2022-12-25
籍忠亮 风逐自然清	138cm×65cm	1,380,000	北京乔禧	2022-12-25
籍忠亮 飘香意	135cm×68cm	1,350,000	北京乔禧	2022-12-25
籍忠亮 养心	138cm×65cm	1,350,000	北京乔禧	2022-12-25
籍忠亮 竹林七贤图 镜片	96cm×180cm	880,000	北京中贝	2022-04-11
籍忠亮 修身 镜片	68cm×136cm	605,000	北京中贝	2022-04-11
籍忠亮 慧风 镜片	68cm×136cm	572,000	北京中贝	2022-04-11
籍忠亮 山林神曲 镜片	136cm×68cm	572,000	北京中贝	2022-04-11
籍忠亮 雅趣 镜片	68cm×136cm	550,000	北京中贝	2022-04-11
籍忠亮 高逸 镜片	68cm×136cm	528,000	北京中贝	2022-04-11
籍忠亮 恬澹 镜片	68cm×136cm	528,000	北京中贝	2022-04-11
籍忠亮 清澹 镜片	136cm×60cm	495,000	北京中贝	2022-04-11
籍忠亮 静观 镜片	55cm×100cm	440,000	北京中贝	2022-04-11
籍忠亮 清音 镜片	100cm×55cm	440,000	北京中贝	2022-04-11
籍忠亮 神风 镜片	55cm×100cm	440,000	北京中贝	2022-04-11
籍忠亮 临风 镜片	100cm×55cm	418,000	北京中贝	2022-04-11
籍忠亮 秋风 镜片	100cm×55cm	418,000	北京中贝	2022-04-11
籍忠亮 霞飞 镜片	100cm×55cm	418,000	北京中贝	2022-04-11
籍忠亮 品茗图 镜片	55cm×100cm	385,000	北京中贝	2022-04-11
籍忠亮 竹韵 镜片	100cm×55cm	385,000	北京中贝	2022-04-11
籍忠亮 觅句 镜片	70cm×30cm	242,000	北京中贝	2022-04-11
籍忠亮 静赏 镜片	70cm×30cm	220,000	北京中贝	2022-04-11
籍忠亮 默思图 镜片	70cm×30cm	220,000	北京中贝	2022-04-11
籍忠亮 舒意图 镜片	56cm×90cm	184,000	保利厦门	2022-10-22
籍忠亮 佳境 镜片	56cm×90cm	184,000	保利厦门	2022-10-22
纪德润 海纳百川 画心	180cm×70cm	998,000	北京传世	2022-12-15
纪德润 紫气东来 画心	180cm×70cm	720,000	北京传世	2022-12-15
纪杯昌 书法 镜心	70cm×137cm	287,500	保利厦门	2022-10-22
纪文普 大地银装 画心	140cm×69cm	660,000	北京传世	2022-12-15
纪文普 古诗词《滁州西涧》画心	180cm×48cm	560,000	北京传世	2022-12-15
季从南 古丝绸之路 手卷	46cm×2140cm	920,000	荣宝斋（南京）	2022-12-07
冀燕 2022年作 观云图	136cm×68cm	870,000	北京伍佰艺	2022-09-17
冀燕 2012年作 云起秋山图	68cm×45cm	860,000	北京伍佰艺	2022-09-17
冀燕 2021年作 山水小品	68cm×68cm	400,000	北京伍佰艺	2022-09-17
冀燕 2012年作 山水小品	34cm×34cm	390,000	北京伍佰艺	2022-09-17
冀燕 2021年作 将进酒	138cm×34cm	150,000	北京伍佰艺	2022-09-17
冀燕 2017年作 山水小品	34cm×34cm	70,000	北京伍佰艺	2022-09-17
冀有泉 渔歌唱晚	90cm×96cm	1,430,184	香港贞观	2022-06-18
冀有泉 深山情	68cm×69cm	1,259,924	香港贞观	2022-06-18
冀有泉 胡杨初雪	68cm×69cm	1,174,794	香港贞观	2022-06-18
冀有泉 胡杨情	68cm×69cm	1,089,664	香港贞观	2022-06-18
冀有泉 秋实	68cm×69cm	493,754	香港贞观	2022-06-18
贾广健 2022年作 松龄鹤寿图 镜心	136.5cm×68cm	460,000	北京荣宝	2022-07-24
贾广健 2001年作 荷花鸳鸯 镜心	68.5cm×137cm	92,000	北京银座	2022-09-17
贾国英 2021年作 秋末闲居 镜心	136cm×68cm	920,000	荣宝斋（南京）	2022-12-07
贾进考 2022年作 瑶池仙品世稀有相见得寿三千年	136cm×68cm	68,000	北京伍佰艺	2022-10-28
贾霖 云水禅心 画心	183cm×97cm	580,000	北京传世	2022-12-15
贾平西 2017年作 喜鹊富贵	97cm×80cm	990,000	保利厦门	2022-01-13
贾平西 2019年作 春燕孜孜	136cm×34cm	960,000	保利厦门	2022-01-13
贾平西 2018年作 冬日	136cm×68cm	900,000	保利厦门	2022-01-13
贾平西 2018年作 花开富贵	68cm×68cm	880,000	保利厦门	2022-01-13
贾平西 2013年作 新月出东山	68cm×68cm	780,000	保利厦门	2022-01-13
贾平西 2016年作 我家家雀落我家	35cm×35cm	480,000	保利厦门	2022-01-13
贾绍昌 彩墨水乡 画心	68cm×136cm	2,900,000	北京传世	2022-12-15
贾绍昌 彩墨山水 画心	68cm×136cm	2,600,000	北京传世	2022-12-15
贾绍昌 彩墨荷香 画心	68cm×136cm	2,300,000	北京传世	2022-12-15
贾绍昌 彩墨作品 画心	68cm×136cm	1,500,000	北京传世	2022-12-15
贾同辉 辉煌金尊 镜片	78cm×240cm	4,250,000	北京中贝	2022-06-09
贾同辉 金碧辉煌 镜片	78cm×240cm	3,680,000	北京中贝	2022-06-09
贾同辉 路路畅通奔向前 镜片	69cm×138cm	980,000	北京中贝	2022-06-09
贾文华 万山红遍 画心	110cm×65cm	9,980,000	北京传世	2022-12-15
贾文华 观爆图 画心	50cm×70cm	998,000	北京传世	2022-12-15
贾又福 霞光图 镜框	67.5cm×136cm	2,185,000	北京荣宝	2022-07-24
贾又福 朝霞图 镜框	35cm×139cm	1,725,000	北京荣宝	2022-07-24
贾又福 太行秋色图 镜心	96.8cm×51.3cm	1,127,000	永乐拍卖	2022-07-25
贾又福 山月徘徊 镜心	86cm×122cm	483,000	北京荣宝	2022-07-24
贾又福 明月之诗 镜心	49.5cm×34.5cm	460,000	永乐拍卖	2022-07-25
贾又福 山雨急来 镜框	46.5cm×43cm	345,000	北京荣宝	2022-07-24
贾又福 1992年作 太行秋来风景异 镜心	138cm×69.5cm	286,946	中国嘉德	2022-10-07
贾又福 太行秋色 镜心	49.5cm×46cm	165,546	中国嘉德	2022-10-07
贾又福 竹溪清响管弦 镜心	87cm×53cm	149,500	北京保利	2022-07-27
贾又福 山月徘徊 立轴	67cm×65.5cm	115,000	中国嘉德	2022-06-29
贾又福 牧归 镜心	34cm×34cm	92,000	北京银座	2022-09-17
贾又福 对酌 镜心	68.5cm×68.5cm	86,083	中国嘉德	2022-10-07
贾又福 水乡 镜心	67cm×50cm	75,047	中国嘉德	2022-10-07
贾又福 1992年作 金色霞光 镜心	33cm×31.5cm	63,250	北京诚轩	2022-08-08
贾又福 吾与山月共徘徊 镜心	68cm×50cm	60,700	中国嘉德	2022-10-07
江晨 秋山松泉图 画心	240cm×120cm	360,000	北京传世	2022-12-15
江晨 江山多娇 画心	244cm×62cm	280,000	北京传世	2022-12-15
江晨 精气神 画心	180cm×48cm	80,000	北京传世	2022-12-15
江寒汀 1947年作 花鸟四屏 立轴	90cm×27.5cm×4	828,000	北京银座	2022-01-12
江寒汀 花鸟 册页（十二开）	27.5cm×39cm×12	517,500	中贸圣佳	2022-12-31
江寒汀 1958年作 花开遍地 镜心	67.5cm×135cm	414,000	北京银座	2022-01-12
江寒汀 1946年作 花鸟四条屏 镜心	105cm×34cm×4	402,500	中贸圣佳	2022-07-23
江寒汀 1944年作 瓜瓞连绵 立轴	106.5cm×51.5cm	402,500	上海嘉禾	2022-11-20
江寒汀 1940年作 蒲塘清趣 镜片	92cm×38.5cm	345,000	上海嘉禾	2022-08-28
江寒汀 1949年作 闹春图 立轴	131cm×66cm	149,500	朵云轩	2022-08-07
江寒汀 1941年作 枝头对浴 立轴	96cm×27.5cm	138,000	中鸿信	2022-09-11
江寒汀 1951年作 三喜图 立轴	85cm×38cm	133,192	香港苏富比	2022-10-08
江寒汀 1961年作 大利 立轴	63cm×44cm	132,250	北京荣宝	2022-07-24
江寒汀 1949年作 鹰逐图 立轴	135cm×68cm	92,000	中贸圣佳	2022-07-23
江寒汀 1940年作 柳塘翠凫图 立轴	111cm×48cm	92,000	西泠印社	2022-01-23
江寒汀 1948年作 花鸟 四屏镜框	58cm×24.5cm×4	92,000	上海嘉禾	2022-01-01
江寒汀 八哥游鱼 立轴	102cm×52cm	89,700	中贸圣佳	2022-10-27
江寒汀 四季花卉 手卷	35cm×457cm	86,250	中贸圣佳	2022-07-12
江寒汀 1936年作 柳梢喜鹊 镜心	107cm×47.5cm	80,500	开拍国际	2022-01-07
江寒汀 1944年作 蕉石鹦鹉 立轴	84cm×36cm	80,500	中国嘉德	2022-06-26
江寒汀 叶潞渊 1941年作 墨花图·雁来红图 成扇	15.5cm×50.5cm	74,750	西泠印社	2022-01-23
江寒汀 1948年作 春鸣 立轴	95cm×32cm	74,750	北京保利	2022-07-26
江寒汀 1957年作 解暑佳品 镜心	107cm×40cm	69,000	北京诚轩	2022-08-08
江寒汀 梅石 立轴	86cm×31.5cm	69,000	广东崇正	2022-08-11
江寒汀 1947年作 岁朝清供图 立轴	89.5cm×41.5cm	66,700	北京银座	2022-01-12
江寒汀 海棠虫趣 立轴	65cm×32cm	63,250	上海嘉禾	2022-01-01
江寒汀 1947年作 梅石长寿 立轴	102cm×33cm	63,250	中国嘉德	2022-06-27

拍品名称	物品尺寸	成交价RMB	拍卖公司	拍卖日期
江寒汀 春柳翠羽 立轴	111cm×48cm	63,250	朵云轩	2022-08-07
江寒汀 1939年作 耄耋图 立轴	105.5cm×46cm	60,700	中国嘉德	2022-10-07
江宏伟 春消息 镜心	70.5cm×44.5cm	195,500	中国嘉德	2022-06-29
江宏伟 凝视 镜心	43cm×46cm	126,500	北京保利	2022-07-27
江上琼山 洞天一品图 立轴	133cm×66cm	1,069,500	上海嘉禾	2022-11-20
江喜晖 行书黄庭坚七言诗 立轴	176cm×72cm	63,250	荣宝斋（南京）	2022-12-07
江先春 水墨四条屏 镜片	138cm×69cm×4	537,600	开禧国际	2022-12-28
江先春 群鹿峥嵘 立轴	68cm×68cm	224,000	开禧国际	2022-12-28
江先春 大海朝夕 镜心	98cm×198cm	212,800	开禧国际	2022-12-28
江先春 春日紫光 镜片	98cm×198cm	201,600	开禧国际	2022-12-28
江先春 大美山河屹立东方 镜心	98cm×198cm	201,600	开禧国际	2022-12-28
江先春 精灵 镜心	68cm×68cm	201,600	开禧国际	2022-12-28
江先春 紫气东来 镜心	198cm×99cm	201,600	开禧国际	2022-12-28
江先春 晨辉 镜片	136cm×69cm	179,200	开禧国际	2022-12-28
江先春 王安石诗意图 镜片	138cm×69cm	179,200	开禧国际	2022-12-28
江先春 闲卧拓山石间 镜心	69cm×138cm	179,200	开禧国际	2022-12-28
江先春 群鹰会 镜心	68cm×68cm	134,400	开禧国际	2022-12-28
江兆申 澥暑闲居 镜框	97cm×181cm	434,880	罗芙奥	2022-06-04
江兆申 墨莲图 镜框	92.5cm×185cm	217,440	罗芙奥	2022-06-04
江兆申 1989年作 四季山水 镜框	98cm×30cm×4	176,670	罗芙奥	2022-06-04
江兆申 1980年作 深山秋意 镜心	68.5cm×136cm	92,000	北京银座	2022-09-17
江兆申 1992年作 行书对联 镜框	88.5cm×18.5cm×2	65,289	罗芙奥	2022-12-03
姜东明 山水	240cm×98cm	950,000	北京乔禧	2022-12-25
姜东明 蓬莱图	180cm×98cm	850,000	北京乔禧	2022-12-25
姜东明 山水	150cm×150cm	550,000	北京乔禧	2022-12-25
姜东明 朝霞映东岳	150cm×150cm	550,000	北京乔禧	2022-12-20
姜国华 2021年作 传统山水长卷 镜片	50cm×1000cm	15,000,000	北京中贝	2022-06-09
姜国华 2019年作 紫气东来长卷 镜心	21.5cm×283cm	11,500,000	荣宝斋（南京）	2022-12-07
姜国华 2018年作 瑞雪迎春图 镜片	68cm×68cm	6,300,000	北京中贝	2022-04-11
姜国华 2018年作 黄山图 镜片	68cm×68cm	6,000,000	北京中贝	2022-04-11
姜国华 2018年作 辉光月新 镜片	68cm×68cm	5,800,000	北京中贝	2022-04-11
姜国华 2017年作 清水池塘 镜片	68cm×68cm	5,500,000	北京中贝	2022-04-11
姜国华 2018年作 虾 镜片	68cm×68cm	5,300,000	北京中贝	2022-04-11
姜国华 2015年作 花鸟 镜片	68cm×68cm	5,200,000	北京中贝	2022-04-11
姜国华 2015年作 溪山清韵 镜框	68cm×57cm	2,645,000	华艺国际	2022-09-23
姜国华 2020年作 前山景气佳 镜心	68cm×136cm	1,955,000	荣宝斋（南京）	2022-12-07
姜国华 2020年作 浮翠流丹 镜心	136cm×68cm	1,955,000	荣宝斋（南京）	2022-12-07
姜国华 2020年作 出淤泥而不染 镜心	136cm×68cm	1,840,000	荣宝斋（南京）	2022-12-07
姜国华 2015年作 流水青山 镜框	68cm×58cm	1,495,000	华艺国际	2022-09-23
姜国华 2017年作 泉声春色 镜框	68cm×69cm	1,495,000	华艺国际	2022-09-23
姜国华 2021年作 幽村图 镜框	70cm×68cm	1,495,000	华艺国际	2022-09-23
姜国华 2020年作 山水 镜心	69cm×136cm	1,380,000	永乐拍卖	2022-07-25
姜国华 2021年作 山水 镜心	69cm×136cm	1,265,000	永乐拍卖	2022-07-25
姜国华 2021年作 山水 镜心	69cm×136cm	1,265,000	永乐拍卖	2022-07-25
姜国华 祥云浮紫阁 镜心	68cm×68cm	1,150,000	北京荣宝	2022-07-24
姜国华 山河风月古 镜心	68cm×68cm	1,150,000	北京荣宝	2022-07-24
姜国华 2020年作 花鸟 镜心	136.5cm×69.5cm	1,150,000	永乐拍卖	2022-07-25
姜国华 成双成对 立轴	68cm×136cm	320,000	北京中贝	2022-06-09
姜国华 秋菊傲霜 立轴	68cm×136cm	280,000	北京中贝	2022-06-09
姜寿民 2022年作 烟波行舟	138cm×68cm	3,289,000	北京伍佰艺	2022-09-17
姜寿民 2021年作 黄山其峰	138cm×68cm	2,814,000	北京伍佰艺	2022-09-17
姜寿民 2020年作 烟岚晴雪	69cm×69cm	1,249,000	北京伍佰艺	2022-09-17
姜耀南 侍女图 湘君 镜片	68cm×136cm	1,250,000	北京中贝	2022-06-09
姜耀南 遥远的碧海湖 镜片	68cm×136cm	860,000	北京中贝	2022-06-09
蒋风白 1986年作 李清照诗意 立轴	96cm×45cm	92,000	北京荣宝	2022-07-24
蒋梦麟 为高希舜书李白诗 扇面	19cm×52cm	172,500	西泠印社	2022-01-23
蒋梦麟 行书寺阁杂兴句 立轴	83.5cm×33cm	86,250	开拍国际	2022-07-26
宋美龄 兰石图 册页	33.5cm×37cm×6	172,500	保利厦门	2022-10-22
蒋兆和 卖报 镜心	106cm×58cm	2,875,000	中国嘉德	2022-06-26
蒋兆和 1948年作 一篮春色卖遍人间 镜心	93cm×53cm	2,875,000	中国嘉德	2022-06-26
蒋兆和 1961年作 向阳花开早，蓖麻子已肥 立轴	95.5cm×55cm	1,552,500	北京保利	2022-07-23
蒋兆和 1961年 春光 镜心	80cm×62cm	920,000	开拍国际	2022-01-07
蒋兆和 小男孩 镜心	65cm×44cm	805,000	中贸圣佳	2022-07-23
蒋兆和 1981年作 抚松而盘桓 立轴	64cm×64cm	552,000	北京荣宝	2022-07-24
蒋兆和 1978年作 李时珍像 镜片	64.5cm×41cm	253,000	广东崇正	2022-12-25
蒋兆和 孩童与蜻蜓 镜心	70cm×43.5cm	172,500	中国嘉德	2022-06-27
蒋兆和 1981年作 杜甫行吟图 镜心	76cm×51cm	69,000	北京保利	2022-07-26
蒋志香 魏峰山龙腾四海 画心	180cm×35cm	1,760,000	北京传世	2022-12-15
蒋中正 楷书 "勤恪堪念" 镜心	60cm×110.5cm	112,700	北京银座	2022-01-12
蒋中正 楷书 镜片	36cm×23.5cm	103,500	广东崇正	2022-08-11
蒋中正 1926年作 行书 "惠风和畅" 镜心	25cm×66cm	66,700	中鸿信	2022-09-12
焦立初 2021年作 白云只在山 镜心	68cm×136cm	880,000	北京中贝	2022-03-16
焦立初 2022年作 山居图 镜心	68cm×136cm	680,000	北京中贝	2022-03-16
焦立初 2022年作品尽人间六月香 镜心	68cm×136cm	280,000	北京中贝	2022-03-16
金城 1923年作 秋山白云图 立轴	140.3cm×60.5cm	887,947	香港苏富比	2022-10-08
金城 张朝墉 葡萄彩蝶图·行书古文 成扇	20cm×54.5cm	437,000	西泠印社	2022-01-23
金城 1922年作 秋山行旅图 立轴	141.5cm×41cm	402,500	中国嘉德	2022-12-13
金城 1924年作 仿石涛《山居高丘图》镜心	116.5cm×42.5cm	299,000	中鸿信	2022-09-11
金城 张荫椿 江阁览胜、节临《礼器碑》成扇	20.6cm×56cm	293,250	北京诚轩	2022-08-08
金城 陈衍 石润 等 消社咸员 扎记扎稿 卷 手卷	画心 10.5cm×132cm	287,280	保利香港	2022-07-12
金城 1925年作 修竹山房 立轴	117cm×40cm	253,000	开拍国际	2022-01-07
金城 李鹤筹 1918年作 花鸟四屏 镜心	173cm×46cm×4	230,000	中贸圣佳	2022-12-31
金城 仿石田本《富春山居图》立轴	94cm×51cm	230,000	中贸圣佳	2022-10-27
金城 1923年作 猫趣图 立轴	168.5cm×46.2cm	155,250	北京保利	2022-07-26
金城 1923年作 泛舟图 立轴	55cm×34cm	138,000	中国嘉德	2022-05-30
金城 1926年作 仿元人花鸟图 立轴	134cm×63cm	138,000	中鸿信	2022-09-11
金城 1926年作 翠竹伯劳 立轴	151cm×40.7cm	109,250	北京诚轩	2022-08-08
金城 秋英缤纷 立轴	131.5cm×64cm	97,750	中贸圣佳	2022-10-27
金城 1911年作 摹辽人东丹王出行图 镜心	26.5cm×120cm	80,500	中鸿信	2022-09-11
金城 蒋汝藻 荷香图 楷书 成扇	18cm×50cm	73,600	朵云轩	2022-12-09
金城 溪山访道 立轴	99cm×40cm	64,400	保利厦门	2022-10-22
金城 1922年作 寿母图 立轴	110cm×31cm	63,250	上海嘉禾	2022-01-01
金梁 息庐藏印跋记 立轴四屏	128.7cm×29.6cm×4	77,695	香港苏富比	2022-10-08
金默如 花鸟 册页	60cm×84cm×10	63,250	中国嘉德	2022-09-29

2022书画拍卖成交汇总(续表)
(成交价RMB：6万元以上)

拍品名称	物品尺寸	成交价RMB	拍卖公司	拍卖日期
金蓉镜 王震 商笙伯 1924年作 岁朝清供 镜心	227cm×113cm	80,500	中国嘉德	2022-05-31
金雪野 1941年作 春云晓霭 立轴	146cm×81cm	120,750	朵云轩	2022-12-08
金庸 行书 偈语	34cm×65.5cm	138,000	中国嘉德	2022-06-27
金章 紫绶金章花卉 册页	21cm×44.5cm×12	138,000	中鸿信	2022-09-11
金章 1920年作 花卉 册页	22cm×30cm×12	86,250	中国嘉德	2022-06-01
金章 花卉 册页	22cm×30cm×12	74,750	中国嘉德	2022-06-01
金章 1923年作 花卉 册页	22cm×30cm×12	63,250	中国嘉德	2022-09-29
京华四家 翰林四家 1942年作 山水、书法 四帧镜框	画 31.5cm×32.2cm×4	499,470	香港苏富比	2022-10-08
经冠一 2016年作 清逸	136cm×68cm	65,000	北京伍佰艺	2022-09-17
经亨颐 1919年作 隶书五言联 镜片	133cm×34cm×2	92,000	广东崇正	2022-12-25
经颐渊 楷书 镜心	91cm×48.5cm	69,000	保利厦门	2022-10-22
荆成义 国画十二生肖图	136cm×68cm×2	1,600,444	香港贞观	2022-06-18
景宏强 篆书四条屏 镜心	137cm×30cm×4	108,000	北京传世	2022-12-15
九沐 2022年作 兰亭序 镜心	40cm×700cm	480,000	北京中贝	2022-03-16
九世班禅 1931年作 为张希骞将军作 "吉祥如意" 镜心	79cm×37.5cm	828,000	中鸿信	2022-09-11
居正 行书五言联 对联	129cm×29.5cm×2	103,500	上海嘉禾	2022-01-01
巨建伟 2020年作 荷花鸳鸯图 镜框	125.5cm×34cm	287,500	北京荣宝	2022-07-24
俊杰 等五人合作 赏荷图	146cm×362cm	11,305,264	香港贞观	2022-06-18
康生 篆书 "山水之间" 镜框	31cm×30cm	1,028,640	华艺国际	2022-05-29
康生 墨荷 立轴	131.5cm×30cm	123,120	保利香港	2022-07-12
康廷荣 秋山览胜 画心	180cm×68cm	875,000	北京传世	2022-12-15
康有为 行书《哥舒歌》立轴	141cm×77cm	1,035,000	北京银座	2022-09-16
康有为 楷书八言联 立轴	170.5cm×40cm×2	805,000	中国嘉德	2022-12-12
康有为 行书七言联 对联	160cm×41.5cm×2	747,500	朵云轩	2022-12-09
康有为 行书为康同薇书七言巨联 镜心	363cm×71cm×2	690,000	中鸿信	2022-09-11
康有为 行书七言联 立轴	163cm×40cm×2	632,500	中国嘉德	2022-06-26
康有为 行书五言联 立轴	150cm×64cm×2	563,500	上海嘉禾	2022-01-01
康有为 行书七言对联 立轴	163cm×40cm×2	552,000	开拍国际	2022-01-07
康有为 1918年作 行书手卷 镜心	41cm×303cm	517,500	北京荣宝	2022-07-24
康有为 行书《杭州高庄记游诗》立轴	178cm×46.5cm	463,528	佳士得	2022-12-02
康有为 行书 "鹤寿" 镜心	98.5cm×192cm	460,000	北京银座	2022-01-12
康有为 行书五言联 立轴	174.5cm×44.5cm×2	460,000	北京银座	2022-09-16
康有为 行书五言联 立轴	160cm×43cm×2	460,000	北京银座	2022-09-16
康有为 行书七言对联 立轴	178cm×41cm×2	437,000	开拍国际	2022-01-07
康有为 行书 "思深斋" 立轴	145cm×39.5cm	437,000	北京保利	2022-07-26
康有为 1918年作 寿 镜框	84.5cm×68.5cm	432,028	香港苏富比	2022-04-30
康有为 行书 "严庄室" 额 镜心	30cm×85.5cm	414,000	开拍国际	2022-01-07
康有为 1914年作 行书 "博施济众" 额 镜心	49.5cm×185cm	402,500	开拍国际	2022-01-07
康有为 行书五言对联	171cm×45.5cm×2	402,500	西泠印社	2022-01-22
康有为 行书 "金膏水碧斋" 镜心	38cm×144cm	402,500	中鸿信	2022-09-12
康有为 行书 立轴	136cm×77.5cm	402,500	广东崇正	2022-08-11
康有为 为康同环作行书 "破烦入佛" 镜心	37.5cm×108.5cm	379,500	中鸿信	2022-09-11
康有为 行书 "忠义不可忘" 镜心	36cm×112.5cm	345,000	中国嘉德	2022-06-27
康有为 行书 "博施济众"、行书七言联 横披 立轴	对联 178cm×41cm×2	345,000	华艺国际	2022-09-24
康有为 行书 "寿" 立轴	138cm×61.5cm	345,000	中国嘉德	2022-12-13
康有为 行书五言对联	141cm×36.5cm×2	327,750	朵云轩	2022-12-09
康有为 行书七言联 立轴	168.5cm×35.5cm×2	322,000	北京银座	2022-01-12
康有为 行书 "金膏水碧斋" 镜心	38cm×124cm	322,000	中国嘉德	2022-06-27
康有为 1921年作 行书五言对联 立轴	148cm×39.5cm×2	299,000	开拍国际	2022-01-07
康有为 行书五言联 立轴	145cm×39cm×2	287,500	开拍国际	2022-07-24
康有为 平生五车书 立轴	175cm×44cm	287,500	北京荣宝	2022-07-24
康有为 行书七言诗	126cm×66cm	264,500	中贸圣佳	2022-07-23
康有为 行书五言联 立轴	130cm×30cm×2	264,500	中鸿信	2022-09-12
康有为 行书四言句 立轴	89cm×55.5cm	230,000	中国嘉德	2022-06-26
康有为 隶书五言联 立轴	127cm×30cm×2	230,000	中贸圣佳	2022-10-27
康有为 草书五言联 立轴	149cm×38cm×2	218,500	中鸿信	2022-09-12
康有为 行书 "大成行" 镜片	77cm×142cm	218,500	上海嘉禾	2022-11-20
康有为 行书五言联 立轴	135cm×33cm×2	207,000	中鸿信	2022-09-12
康有为 行书 立轴	105cm×51cm	207,000	中国嘉德	2022-06-26
康有为 行书五言联 镜心	167cm×42cm×2	184,000	中贸圣佳	2022-07-23
康有为 行书《酬若海民部老弟二章》镜心	68.5cm×182cm	184,000	中国嘉德	2022-12-13
康有为 行书五言联	167.5cm×42cm×2	155,250	中国嘉德	2022-12-13
康有为 行书书法 (手卷)	33.5cm×352cm	143,750	中鸿信	2022-09-12
康有为 行书 镜心	18cm×45.5cm	138,000	北京荣宝	2022-07-24
康有为 1917年作 行书七言诗 立轴	140cm×38.5cm	138,000	北京银座	2022-09-16
康有为 行书五言联 立轴	140.5cm×38cm×2	138,000	华艺国际	2022-09-24
康有为 行书《焦氏易林·剥卦》立轴	129cm×30.5cm	132,250	北京银座	2022-01-12
康有为 行书 "勤求佛道" 额 镜心	33cm×134cm	126,500	开拍国际	2022-01-07
康有为 行书七言诗 立轴	130.5cm×33cm×2	126,500	北京银座	2022-09-16
康有为 行书 "阅竹楼" 镜心	33.5cm×106cm	126,500	中鸿信	2022-09-12
康有为 草书 "六丗歌头" 立轴	130cm×60.5cm	126,500	北京保利	2022-07-26
康有为 行书《易经》万象盅句立轴	143cm×39cm	115,000	开拍国际	2022-01-07
康有为 行书五言诗 立轴	130cm×30cm	115,000	北京荣宝	2022-07-24
康有为 行书杜甫诗 立轴	131cm×57cm	115,000	中国嘉德	2022-12-13
康有为 1921年作 行草 "静观众妙" 镜片	34cm×129cm	103,500	江苏汇中	2022-08-16
康有为 行书 镜心	49cm×32cm	101,200	中鸿信	2022-09-12
康有为 1924年作 行书七言诗 立轴	148.5cm×39.5cm	92,000	北京银座	2022-09-16
康有为 行书七言 对联	173cm×40.5cm×2	92,000	上海嘉禾	2022-01-01
康有为 1906年作 行书 立轴	190cm×50cm	92,000	中鸿信	2022-09-12
康有为 行书五言联 立轴	148cm×38cm×2	92,000	中鸿信	2022-09-12
康有为 行书五言联 镜心	131cm×31.5cm×2	88,291	中国嘉德	2022-10-07
康有为 五言联 立轴	161cm×42cm×2	75,900	江苏汇中	2022-08-17
康有为 行书五言联 立轴	127cm×31cm×2	69,000	泰和嘉成	2022-07-30
康有为 行书七言联 立轴	172cm×40.5cm×2	69,000	保利厦门	2022-10-22
康有为 行书 "顺时施恩" 镜片	58cm×99cm	66,700	上海嘉禾	2022-01-01
康有为 行书 立轴	114.5cm×23cm	63,250	北京荣宝	2022-07-24
康有为 行书五言对联	132cm×32cm×2	63,250	上海嘉禾	2022-01-01
柯桐枝 繁花	68cm×68cm	190,000	北京伍佰艺	2022-09-17
孔繁洲 金龙献瑞 画心	63cm×130cm	980,000	北京传世	2022-12-15
孔苦奔 东园图 画心	70cm×275cm	380,000	北京传世	2022-12-15
孔凌 2022年作 千红万紫显风骚	136cm×68cm	415,000	北京伍佰艺	2022-09-17
孔凌 2022年作 春天有约	136cm×68cm	350,000	北京伍佰艺	2022-09-17
孔令国 忠厚传家德为本，仁义处世信当先 画心	70cm×240cm	480,000	北京传世	2022-12-15
孔庆福 苏轼诗词《念奴娇·赤壁怀古》画心	240cm×68cm	688,000	北京传世	2022-12-15
孔宪旺 隶书 画心	138cm×69cm	120,000	北京传世	2022-12-15
孔小瑜 (款) 洗砚鱼吞墨	108cm×55.5cm	275,198	香港福羲国际	2022-12-28

拍品名称	物品尺寸	成交价RMB	拍卖公司	拍卖日期	拍品名称	物品尺寸	成交价RMB	拍卖公司	拍卖日期
孔小瑜 1935年作 如意清供图 立轴	128cm×67.5cm	172,500	中国嘉德	2022-06-26	赖少其 隶书"荼香亭" 镜心	40cm×150cm	86,250	华艺国际	2022-09-24
孔小瑜 1939年作 岁朝清供 立轴	109.5cm×53cm	172,500	广东崇正	2022-08-11	赖少其 山高水流长并漆书刘长卿《听弹琴》成扇	15cm×47cm	82,800	中贸圣佳	2022-10-27
孔小瑜 1939年作 岁朝清供 立轴	110cm×54cm	115,000	上海驰翰	2022-02-19	赖少其 1993年作行书五言对联 镜心	94cm×20.5cm×2	69,000	开拍国际	2022-01-07
孔小瑜 1928年作 钟馗引福图 立轴	147cm×79cm	92,000	中鸿信	2022-09-11	赖少其 楷书五言联 画心	93cm×23cm×2	69,000	西泠印社	2022-01-23
孔小瑜 博古清供 立轴	152cm×83cm	86,250	中贸圣佳	2022-10-27	赖少其 1978年作 隶书王维《汉江临眺》立轴	95cm×33cm	69,000	上海驰翰	2022-02-19
孔燕《天尘》之一 镜心	137.5cm×34cm	92,000	北京荣宝	2022-07-24	赖少其 1982年作 行书《张家界放歌》镜心	55cm×75cm	69,000	华艺国际	2022-09-24
寇子皓 汤丹之雪 画心	375cm×156cm	800,000	北京传世	2022-12-15	赖少其 1976年作 隶书 立轴	72cm×26.5cm	69,000	广东崇正	2022-12-25
寇子皓 川西的风景 画心	78cm×48cm	180,000	北京传世	2022-12-15	赖少其 漆书五言联 镜片	116cm×25cm×2	69,000	广东崇正	2022-12-25
寇子皓 银杏村的早晨 画心	78cm×48cm	170,000	北京传世	2022-12-15	赖少其 隶书 "共创明天辉煌" 镜片	37cm×139cm	66,700	广东崇正	2022-08-11
来楚生 说文要字 手卷	画心 24cm×361cm	230,000	中国嘉德	2022-12-25	赖少其 1978年作 漆书五言联 对联	101cm×23cm×2	63,250	中国嘉德	2022-05-31
来楚生 1945年作 行书九言联 对联	172.5cm×35.5cm×2	230,000	朵云轩	2022-12-09	赖少其 为赵汉光书匾 "紫罗兰室" 镜片	67cm×38.5cm	63,250	西泠印社	2022-01-22
来楚生 1972年作 行书九言联 镜心	120cm×20cm×2	184,000	开拍国际	2022-01-07	赖少其 隶书五言联 镜片	95cm×23.5cm×2	63,250	广东崇正	2022-08-11
来楚生 1970年作 隶书杜甫诗词 册页	45cm×32.8cm×11	115,000	中国嘉德	2022-12-25	赖少其 梅花 镜心	32cm×42cm	63,250	中贸圣佳	2022-10-27
来楚生 隶书鲁迅诗 镜心	135cm×34.7cm	115,000	中国嘉德	2022-12-25	兰晓龙 2022年作 乾坤清气	136cm×68cm	560,000	北京伍佰艺	2022-09-17
来楚生 1973年作 为徐云叔作书匾 且口室 镜片	62cm×27cm	69,000	西泠印社	2022-01-22	兰晓龙 2022年作 多寿	136cm×68cm	530,000	北京伍佰艺	2022-09-17
来楚生 1947年作 紫藤花开 行书 扇轴双挖	19cm×50cm	69,000	朵云轩	2022-12-09	蓝瑞龙 高雅富足 画心	90cm×90cm	1,000,000	北京传世	2022-12-15
来楚生 1973年作 行书七言联 对联	65cm×11.5cm×2	63,250	朵云轩	2022-12-08	蓝荫鼎 1950年作 驱鸭归栏·江边饲鸭(两件一组)		190,260	罗芙奥	2022-06-05
赖少其 1989年作 铁打江山血铸成 镜心	124cm×244.5cm	4,025,000	北京银座	2022-01-12	蓝荫鼎 20世纪50年代作 庙埕 故乡(两件一组)	20cm×30cm×2	109,296	罗芙奥	2022-12-04
赖少其 1986年作 七星岩 镜框	68cm×67cm	1,035,000	华艺国际	2022-09-24	蓝荫鼎 1950年作 古寺塔影 挑果上市(两件一组)		97,848	罗芙奥	2022-06-05
赖少其 黄山白岳人家 镜心	96cm×180cm	920,000	中国嘉德	2022-12-13	懒悟法师 山水 立轴	174cm×80cm	80,500	荣宝斋(南京)	2022-12-07
赖少其 1985年作 黄山图 镜片	35cm×96cm	782,000	广东崇正	2022-08-11	郎静山 1943年作 山亭论古 立轴	84cm×43cm	115,000	上海嘉禾	2022-11-20
赖少其 1986年作 黄山胜概 立轴	96.5cm×56.6cm	702,046	香港苏富比	2022-04-30	老树 2022年年 隐身江湖深处 镜心	142cm×75cm	322,000	中国嘉德	2022-12-29
赖少其 1990年作 宋人诗意图 镜心	64cm×66cm	402,500	华艺国际	2022-09-24	乐泉 书法陆润庠题联 镜心	132cm×33cm	356,500	北京保利	2022-07-27
赖少其 1985年作 抚琴听泉 立轴	90cm×51cm	345,000	北京荣宝	2022-07-24	乐泉 书法录林散之诗《感旧》镜心	103.5cm×34.5cm	287,500	北京保利	2022-07-27
赖少其 1984年作 黄山 立轴	96cm×40cm	345,000	广东崇正	2022-12-25	乐之(宋胜利) 2021年作 七贤图 镜心	68cm×136cm	68,000	北京中贝	2022-03-16
赖少其 1987年作 绿衣钟馗 立轴	55cm×38cm	333,500	广东崇正	2022-12-25	冷军 2013年作 兄弟 镜心	66cm×66cm	115,000	中国嘉德	2022-09-28
赖少其 1982年作 为韩哲一作海疆山水图 立轴	76cm×46.5cm	322,000	西泠印社	2022-08-21	冷军 2012年作 我爱我家 镜心	69cm×138.5cm	109,250	中国嘉德	2022-06-29
赖少其 1980年作 山上人家 镜心	68cm×34cm	287,500	中国嘉德	2022-06-26	冷军 2022年作 虎 镜心	97cm×16.5cm	86,250	中国嘉德	2022-12-15
赖少其 1984年作 烟雨楼台 立轴	94cm×37.5cm	253,000	上海嘉禾	2022-01-01	黎鸣 2009年作 山水之间	66cm×66cm	345,000	保利厦门	2022-10-22
赖少其 秋山云溪 镜框	43cm×72cm	253,000	华艺国际	2022-09-24	黎鸣 2009年作 松鹤长寿	66cm×66cm	345,000	保利厦门	2022-10-22
赖少其 1978年作 隶书五言联 镜心	148cm×38cm×2	241,500	北京银座	2022-09-16	黎谱 少女与白猫	41cm×23cm	3,631,194	香港苏富比	2022-04-27
赖少其 1989年作 吴楚山河 镜心	59cm×48cm	230,000	朵云轩	2022-12-08	黎谱 1943年作 斜靠着的女子	28.5cm×41cm	2,962,814	香港苏富比	2022-10-06
赖少其 1985年作 黄山图 镜框	44.6cm×68.9cm	216,014	香港苏富比	2022-04-30	黎谱 约1938年作 湖边淋浴	40cm×39cm	2,376,158	佳士得	2022-05-26
赖少其 1981年作 书书屈原句 立轴	96cm×27cm	195,500	广东崇正	2022-08-11	黎雄才 1972年作 第一桥 镜片	141cm×208cm	2,875,000	广东崇正	2022-08-11
赖少其 1977年作 梅石图 镜心	72cm×48cm	172,500	北京银座	2022-01-12	黎雄才 1983年作 飞瀑游猿图 镜心	121cm×243cm	1,495,000	北京荣宝	2022-07-24
赖少其 1992年作 松风岭 立轴	83cm×75.5cm	138,000	开拍国际	2022-01-07	黎雄才 天外三峰 镜框	123cm×46cm	1,472,000	华艺国际	2022-09-24
赖少其 1981年作 隶书书节录《离骚》立轴	96cm×27cm	138,000	北京银座	2022-01-12	黎雄才 层林尽染 立轴	80cm×34cm	1,403,000	广东崇正	2022-12-25
赖少其 1980年作 岁寒图 立轴	96cm×47cm	138,000	上海嘉禾	2022-11-20	黎雄才 1962年作 秋涧猿戏图 立轴	130cm×65.5cm	1,150,000	广东崇正	2022-08-11
赖少其 1984年作 万壑松风 镜心	91cm×49cm	126,500	中国嘉德	2022-06-27	黎雄才 1986年作 深山猿啼 镜片	179cm×96.5cm	920,000	广东崇正	2022-08-11
赖少其 隶书 "锦兰苑" 镜片	34cm×83cm	126,500	广东崇正	2022-08-11	黎雄才 1986年作 松峰翠岭 镜框	136.5cm×68cm	918,061	佳士得	2022-05-29
赖少其 1991年作 楷书五言对联 立轴	111.5cm×24cm×2	115,000	开拍国际	2022-01-07	黎雄才 1986年作 长瀑倚空飞 立轴	130.3cm×66.5cm	648,043	香港苏富比	2022-04-30
赖少其 1980年作 隶书杜甫《丹青引赠曹将军霸》镜心	129cm×32cm	115,000	北京银座	2022-01-12	黎雄才 1993年作 碧江帆影 镜心	54cm×98cm	632,500	华艺国际	2022-09-24
赖少其 1982年作 隶书五言联 立轴	100cm×22cm×2	115,000	广东崇正	2022-08-11	黎雄才 1984年作 松瀑图 立轴	137cm×68.5cm	575,000	广东崇正	2022-08-11
赖少其 1990年作 石底鸣琴 镜片	44.5cm×33cm	103,500	上海驰翰	2022-02-19	黎雄才 1992年作 松涛猿嬉 镜心	54cm×99cm	552,000	华艺国际	2022-09-24
赖少其 1985年作 云溪木屋 立轴	83cm×56.5cm	97,750	中国嘉德	2022-06-27	黎雄才 1960年作 桂林南溪山 立轴	120.5cm×25cm	483,000	广东崇正	2022-12-25
赖少其 隶书格言 镜心	32.5cm×85cm	93,150	中贸圣佳	2022-07-23					
赖少其 1983年作 书画合璧卷 手卷		86,822	保利香港	2022-10-12					

2022书画拍卖成交汇总(续表)

(成交价RMB：6万元以上)

拍品名称	物品尺寸	成交价RMB	拍卖公司	拍卖日期	拍品名称	物品尺寸	成交价RMB	拍卖公司	拍卖日期
黎雄才 1943年作 飞鸦捕雉图立轴	131cm×65cm	460,000	华艺国际	2022-09-24	黎雄才 赵世光 1982年作 春花怒放 镜心	97cm×51cm	69,000	华艺国际	2022-09-24
黎雄才 1973年作 粤北风光 镜心	80cm×39cm	437,000	华艺国际	2022-09-24	黎雄才 枫叶荻花秋瑟瑟 镜心	34cm×112cm	66,700	华艺国际	2022-09-24
黎雄才 1946年作 巫峡风帆 立轴	126cm×31cm	414,000	北京保利	2022-07-26	黎雄才 枫叶草虫 镜心	34cm×82cm	66,700	华艺国际	2022-09-24
黎雄才 1944年作 雪山行旅 镜心	82cm×31cm	402,500	华艺国际	2022-09-24	黎雄才 1987年作 行旅图 镜心	34cm×45cm	63,250	中国嘉德	2022-05-29
黎雄才 1956年作 灵隐探幽 镜片	32cm×25cm	368,000	广东崇正	2022-08-11	黎雄才 1976年作 峨眉华严顶 镜心	44cm×39cm	63,250	中国嘉德	2022-05-30
黎雄才 1982年作 松落猿啼	97cm×45cm	345,000	北京荣宝	2022-07-24	黎元洪 楷书七言联 立轴	163.5cm×39.5cm×2	362,250	北京银座	2022-01-12
黎雄才《为祖国寻找更多的资源》画稿 镜心	142cm×66cm	345,000	中国嘉德	2022-06-27	黎元洪 楷书七言联 立轴	140.5cm×35cm×2	92,000	中国嘉德	2022-06-26
黎雄才 1983年作 山水 立轴	135cm×66cm	345,000	永乐拍卖	2022-07-25	李兵 领秋图 镜片	67cm×68cm	1,380,000	保利厦门	2022-10-22
黎雄才 1946年作 峡江舟行图 镜片	96cm×36cm	345,000	广东崇正	2022-08-11	李伯安 走出巴颜喀拉系列 镜心	180.5cm×96.5cm	1,150,000	中国嘉德	2022-06-29
黎雄才 黄山松柏 镜片	96cm×26cm	322,000	广东小雅斋	2022-05-25	李伯安 1994年作 惠风和畅图 镜心	69cm×69cm	115,000	北京保利	2022-07-27
黎雄才 1990年作 松溪泊舟 镜片	136cm×69cm	322,000	广东崇正	2022-08-11	李采姣 2022年作 顶向秋阳片片丹 镜框	66cm×132cm	517,500	朵云轩	2022-12-08
黎雄才 1980年作 石险水自流 立轴	134cm×67cm	322,000	江苏汇中	2022-08-16	李采姣 2022年作 寸丹透顶是英雄 镜框	66cm×132cm	483,000	朵云轩	2022-08-07
黎雄才 1977年作 峡江行 立轴	83.5cm×57cm	287,500	中国嘉德	2022-06-26	李成林 2022年作 林深无人鸟相呼	122cm×244cm	1,520,000	北京伍佰艺	2022-09-17
黎雄才 1990年作 青绿山水、草书 成扇	18cm×51cm	287,500	广东崇正	2022-12-25	李成林 2021年作 冰雪红梅	136cm×68cm	460,000	北京伍佰艺	2022-09-17
黎雄才 1960年作 雨后云山 镜框	46cm×77.4cm	244,185	香港苏富比	2022-10-08	李成林 2021年作 冬日暖阳	136cm×68cm	455,000	北京伍佰艺	2022-09-17
黎雄才 登高图 镜片	70cm×45cm	230,000	广东崇正	2022-04-17	李成林 2022年作 松趣	68cm×68cm	160,000	北京伍佰艺	2022-09-17
黎雄才 1947年作 西北雪景 镜框	81cm×27cm	230,000	华艺国际	2022-09-24	李川浦 祁连山色苍茫中 镜片	100cm×360cm	3,850,000	北京中贝	2022-06-09
黎雄才 竞渡图、草书 成扇	18cm×51cm	230,000	广东崇正	2022-12-25	李川浦 黄河颂 镜心	360cm×145cm	1,650,000	北京传世	2022-12-15
黎雄才 1986年作 秋林闲步 镜框	36cm×63cm	195,500	上海嘉禾	2022-01-01	李川浦 荷塘清夏 画心	100cm×45cm	680,000	北京传世	2022-12-15
黎雄才 丛菊 (二帧) 镜心	59.5cm×41.5cm×2	195,500	中国嘉德	2022-06-27	李传新 江南新绿 镜片	136cm×68cm	2,260,000	北京中贝	2022-04-11
黎雄才 1988年作 松溪幽禽图 立轴	95cm×45cm	172,500	中鸿信	2022-09-11	李传新 曲岸帆影 镜片	180cm×48cm	2,180,000	北京中贝	2022-04-11
黎雄才 1982年作 松壑飞瀑 立轴	68cm×46cm	172,500	上海嘉禾	2022-08-28	李传新 黄山秀色 镜片	68cm×68cm	1,380,000	北京中贝	2022-04-11
黎雄才 1972年作 黄山始信峰 镜框	31cm×46cm	149,500	华艺国际	2022-09-24	李传新 春波万里 镜片	68cm×68cm	1,360,000	北京中贝	2022-04-11
黎雄才 1991年作 松峰策马 镜片	34cm×40cm	138,000	广东崇正	2022-12-25	李传新 桃花春风江南 镜片	68cm×68cm	1,350,000	北京中贝	2022-04-11
黎雄才 1981年作 松猿图 立轴	51cm×41cm	132,436	中国嘉德	2022-10-07	李传新 江南水乡皆秀色 镜片	68cm×68cm	1,320,000	北京中贝	2022-04-11
黎雄才 1976年作 雨中黄山 立轴	48cm×38cm	132,250	朵云轩	2022-12-09	李大钊 行书五言诗 (一幅)	66cm×28.5cm	690,000	中鸿信	2022-09-12
黎雄才 1972年作 放筏图 镜心	47.5cm×68cm	115,000	北京银座	2022-01-12	李德福 2022年作 漓江春晓	68cm×136cm	5,100,000	北京伍佰艺	2022-10-28
黎雄才 仿耕烟散人法 镜片	34cm×45cm	115,000	广东崇正	2022-08-11	李德功 2021年作 竹报平安 镜心	68cm×136cm	490,000	北京中贝	2022-03-16
黎雄才 1943年作 鸳鸯 立轴	45cm×33.5cm	115,000	广东崇正	2022-08-11	李德功 2022年作 福禄大吉图 镜心	68cm×136cm	240,000	北京中贝	2022-03-16
黎雄才 1984年作 松照归帆 镜片	37cm×48cm	115,000	华艺国际	2022-09-24	李铎 启功 欧阳中石 行书"三笔亭" 镜心		230,000	中鸿信	2022-09-12
黎雄才 1948年作 高士闲吟图 立轴	86.5cm×27cm	115,000	华艺国际	2022-09-24	李铎 2010年作 行书《重访延安》镜心	123cm×444cm	218,500	中国嘉德	2022-06-29
黎雄才 黄山松瀑 镜片	60cm×96cm	115,000	朵云轩	2022-12-08	李铎 1996年作 书法 镜心	257cm×66cm×4	207,000	北京保利	2022-07-27
黎雄才 1987年作 松猿图 镜片	70cm×46cm	115,000	广东崇正	2022-12-25	李铎 天道酬勤	138cm×34cm	100,000	北京伍佰艺	2022-09-17
黎雄才 1963年作 松山飞瀑 立轴	88cm×48cm	109,250	中国嘉德	2022-09-27	李铎 1989年作 书法一堂 立轴		69,000	保利厦门	2022-10-22
黎雄才 陈子毅《艺海涌芬》册页 (十开)	40cm×55cm×10	109,250	广东崇正	2022-04-17	李芳园 1936年作 经营百万 立轴	148cm×81cm	115,000	广东崇正	2022-08-11
黎雄才 1986年作 群峰策马 镜片	36cm×48cm	103,500	广东崇正	2022-08-11	李峰 傲雪迎春 画心	180cm×70cm	472,000	北京传世	2022-12-15
黎雄才 一帆风顺 镜片	34cm×45cm	101,200	广东崇正	2022-04-17	李凤公 1954年作 岳阳楼图 镜框	67.5cm×66cm	112,700	华艺国际	2022-09-24
黎雄才 幽涧流泉 镜片	34.5cm×46cm	97,750	广东崇正	2022-12-25	李凤公 1948年作 观音 镜框	83cm×33cm	92,000	华艺国际	2022-09-24
黎雄才 1974年作 松溪舟渡 立轴	25cm×49cm	97,750	广东崇正	2022-08-11	李凤公 1937年作 麻姑献寿图 立轴	153cm×90cm	69,000	华艺国际	2022-09-24
黎雄才 1956年作 秋山骑行图 镜心	36.5cm×40cm	94,300	中鸿信	2022-09-11	李凤公 1955年作 织女 立轴	89cm×40cm	69,000	华艺国际	2022-09-24
黎雄才 1985年作 松岭登高 立轴	139cm×33.5cm	94,300	广东崇正	2022-08-11	李凤公 1958年作 孔子像 镜框	113cm×59cm	69,000	华艺国际	2022-09-24
黎雄才 司徒奇 花鸟 立轴	79cm×35.5cm	92,000	广东小雅斋	2022-05-25	李凤公 拟清宫耕织图 手卷	画心 28cm×402cm	62,100	中贸圣佳	2022-10-27
黎雄才 1983年作 山水 镜心	33.5cm×48cm	80,500	中国嘉德	2022-12-12	李凤祥 2020年作 风和雨润家乡美 镜片	177cm×191.5cm	575,000	上海嘉禾	2022-01-01
黎雄才 1988年作 松瀑图 镜心	35cm×46cm	79,462	中国嘉德	2022-10-07	李高峰 花开富贵 画心	180cm×70cm	260,000	北京传世	2022-12-15
黎雄才 行旅图 镜心	35cm×46cm	74,750	中国嘉德	2022-05-30	李国华 观音像 镜框	150cm×82cm	80,500	华艺国际	2022-09-24
黎雄才 行书五言联 镜心	233cm×54cm×2	74,750	北京荣宝	2022-07-24	李昊 2021年作 振翅高飞 镜心	68cm×136cm	300,000	北京中贝	2022-03-16
黎雄才 松猿图 镜框	45cm×69cm	74,750	华艺国际	2022-09-24	李昊 2021年作 敦煌山水江山跃纸上 镜心	46cm×133cm	268,000	北京中贝	2022-03-16
黎雄才 行书"业精于勤" 镜心	26.5cm×113cm	69,000	北京银座	2022-01-12					
黎雄才 松石延年 镜心	60cm×97cm	69,000	北京保利	2022-07-26					
黎雄才 1991年作 松瀑飞鸟 镜心	33cm×46cm	69,000	华艺国际	2022-09-24					
黎雄才 松灵祝寿图 镜框	84cm×36cm	69,000	华艺国际	2022-09-24					

拍品名称	物品尺寸	成交价RMB	拍卖公司	拍卖日期
李昊 2021年作 幽竹印诗 镜心	68cm×136cm	236,000	北京中贝	2022-03-16
李昊 2021年作 敦煌花鸟幽荷雅韵 镜心	68cm×136cm	189,000	北京中贝	2022-03-16
李昊 2022年作 竹报平安图 镜心	68cm×136cm	145,000	北京中贝	2022-03-16
李昊 2020年作 雪竹图 镜心	42cm×36cm	126,000	北京中贝	2022-03-16
李昊 2022年作 夏日雅荷 镜心	68cm×136cm	120,000	北京中贝	2022-03-16
李昊 2021年作 古韵图 镜心	68cm×136cm	80,000	北京中贝	2022-03-16
李斛 1964年 铁水丹心	192cm×140cm	690,000	中国嘉德	2022-06-28
李华生 山水 册页(八开)	34cm×46cm×8	74,750	中国嘉德	2022-12-15
李华弌 2011年作 不老	168.5cm×185cm×2	10,271,915	香港苏富比	2022-04-27
李华弌 2017年作 春末 屏风镜框	167cm×184.5cm	5,940,396	佳士得	2022-05-26
李华弌 2008年作 层峦晓雾 镜框	188.5cm×97cm	3,476,466	佳士得	2022-12-02
李华弌 2006年作 山水	76.5cm×146cm	1,728,115	香港苏富比	2022-04-28
李桦 1944年作 常德东门外——清扫战场	23.3cm×32.2cm	1,150,000	中国嘉德	2022-12-14
李桦 20世纪40年代作 水田	27cm×36cm	322,000	中国嘉德	2022-06-28
李桦 1943年作 水上之家	25.5cm×40.5cm	322,000	中国嘉德	2022-12-14
李晖 2015年作 秋山听泉	138cm×69cm	565,000	保利厦门	2022-01-13
李济深 隶书五言诗 立轴	65cm×23cm	172,500	北京银座	2022-01-12
李济深 1940年作 隶书节临《曹景完碑》立轴	290cm×83cm	138,000	北京荣宝	2022-07-24
李济深 楷书七言联 立轴	145cm×34cm×2	115,000	中鸿信	2022-09-12
李继庆 荷美喜康乐 厚德庆有余	69cm×138cm	97,750	保利厦门	2022-10-22
李津 2015年 肉食者不鄙	53cm×230cm	690,000	中国嘉德	2022-06-28
李津 长沙美食(二) 镜心	35cm×275cm	529,000	中国嘉德	2022-12-15
李津 长沙美食(四) 镜心	35cm×275cm	483,000	中国嘉德	2022-12-15
李津 收尽春色图 镜心	62cm×182cm	460,000	永乐拍卖	2022-07-25
李津 长沙美食(三) 镜心	35cm×275cm	460,000	中国嘉德	2022-12-15
李津 长沙美食(一) 镜心	35cm×275cm	460,000	中国嘉德	2022-12-15
李津 人物长卷 镜心	35cm×180cm	230,000	北京保利	2022-07-27
李津 去留无意	52.5cm×117cm	201,250	中贸圣佳	2022-07-24
李津 栽花种竹图	34.5cm×89.5cm	138,000	西泠印社	2022-08-20
李津 战无不胜 镜心	38cm×43cm	103,500	中国嘉德	2022-06-29
李津 我所欲也	35cm×138cm	103,500	广东崇正	2022-12-24
李津 一杯酒一根肠,日子方久长 镜心	43cm×49cm	92,000	北京保利	2022-07-27
李津 2012年作 养气图	38cm×43.5cm	92,000	华艺国际	2022-09-23
李津 清静门中 镜框	画 34.2cm×64.8cm	91,806	佳士得	2022-05-29
李津 丽人行 镜框	36cm×42cm	80,500	北京保利	2022-07-27
李津 荷海望情图	45cm×68cm	80,500	广东崇正	2022-12-24
李津 2014年 饮食男女	37cm×43cm	69,000	中国嘉德	2022-06-28
李津 满园春色	136cm×68cm	69,000	北京荣宝	2022-07-24
李锦发 彩雀颂春	80cm×157cm	1,195,610	荣宝斋(香港)	2022-11-26
李锦发 春山情怀	138cm×68cm	965,685	荣宝斋(香港)	2022-11-26
李锦沐 2022年作 山居图 镜心	70cm×183cm	1,760,000	北京中贝	2022-03-16
李锦沐 2022年作 天道酬勤书法 镜心	70cm×183cm	980,000	北京中贝	2022-03-16
李劲堃 2005年作 春夏秋冬 镜框	137cm×34cm×4	437,000	华艺国际	2022-09-24
李劲堃 2013年作 初春犹藏去年雪 镜心	178.5cm×72cm	402,500	华艺国际	2022-09-24
李劲堃 秋山行旅图 镜片	27cm×150cm	103,500	广东崇正	2022-08-11
李劲堃 2008年作 初秋 镜片	35cm×108cm	69,000	广东崇正	2022-12-25
李净弘 2022年作 十二花神 镜心	136cm×68cm×12	14,950,000	荣宝斋(南京)	2022-12-07
李净弘 2022年作 祥云碧水波 镜心	175cm×68cm	1,265,000	荣宝斋(南京)	2022-12-07
李净弘 月照山人量大福大 镜心	136cm×68cm	805,000	荣宝斋(南京)	2022-12-07
李净弘 太湖石 镜框	105cm×58cm	690,000	华艺国际	2022-09-23
李净弘 2022年作 清江垂钓 镜框	106cm×58cm	690,000	华艺国际	2022-09-23
李可染 爱晚亭图 镜心 设色纸本	60cm×48.5cm	9,430,000	北京荣宝	2022-07-24
李可染 1985年作 河山入画图 镜框	91cm×52.8cm	9,137,752	香港苏富比	2022-04-30
李可染 1962年作 苏州狮子林 镜心	65cm×46cm	6,900,000	开拍国际	2022-07-24
李可染 江山胜览图 镜心 设色纸本	69cm×49cm	6,900,000	北京荣宝	2022-07-24
李可染 九牛图卷 手卷 水墨纸本	37.5cm×281cm	6,900,000	北京荣宝	2022-07-24
李可染 齐白石可与言立轴设色纸本	76cm×48.5cm	5,865,000	北京荣宝	2022-07-24
李可染 1979年作 九华山 镜心	83.5cm×51.5cm	5,635,000	北京银座	2022-09-16
李可染 1963年作 雁荡山 镜心	66cm×43.5cm	5,405,000	永乐拍卖	2022-07-25
李可染 山亭观瀑图 镜框	68.3cm×47.2cm	5,405,000	北京保利	2022-07-26
李可染 松桥观瀑 镜框 设色纸本	67cm×43cm	4,600,000	北京荣宝	2022-07-24
李可染 暮韵图 镜框	68cm×40cm	4,600,000	北京保利	2022-07-26
李可染 灵隐冷泉 镜心	56cm×44cm	4,485,000	开拍国际	2022-07-24
李可染 桥亭听泉图 镜片	69cm×48.5cm	4,370,000	广东崇正	2022-12-25
李可染 1964年作 漓江风光 立轴 设色纸本	66cm×44cm	4,255,000	北京荣宝	2022-07-24
李可染 1962年作 漓江胜景图 镜心	69cm×54cm	3,795,000	开拍国际	2022-07-24
李可染 1977年作 漓江胜景 镜心	87cm×56.5cm	3,795,000	中鸿信	2022-09-11
李可染 1987年作 五牛图 镜框	66.5cm×136.5cm	3,780,252	佳士得	2022-05-29
李可染 1985年作 五牛图 镜心	68cm×135cm	3,565,000	北京保利	2022-07-26
李可染 1961年作 杏花春雨江南 镜片	70cm×44cm	3,450,000	广东崇正	2022-08-11
李可染陆俨少周思聪艺苑之华册页	32cm×46cm×16	3,427,000	中贸圣佳	2022-10-27
李可染 1977年作 千岩竞秀 万壑争流立轴	69.5cm×47cm	3,335,000	开拍国际	2022-01-07
李可染 雨余山 镜框	58cm×51cm	3,335,000	上海嘉禾	2022-11-20
李可染 1963年作 漓江山水 镜心	69.5cm×46.5cm	3,220,000	中国嘉德	2022-12-12
李可染 1985年作 五牛图 镜心	68cm×137cm	2,875,000	中国嘉德	2022-12-12
李可染 1962年作 江南春雨 立轴	69cm×46cm	2,852,000	中国嘉德	2022-05-28
李可染 1962年作 纳凉图 立轴	69.5cm×47.5cm	2,760,000	北京银座	2022-01-12
李可染 1979年作 黄山饱游图 立轴	49.5cm×41cm	2,760,000	中国嘉德	2022-06-26
李可染 1979年作 井冈山图立轴镜框	60cm×45cm	2,700,180	佳士得	2022-05-29
李可染 1981年作 书法 立轴	138cm×68cm	2,645,000	北京银座	2022-09-16
李可染 《水牛赞》画意图 立轴	69cm×80cm	2,415,000	中贸圣佳	2022-07-23
李可染 千岩竞秀, 万壑争流 镜框	68.8cm×46.5cm	2,201,761	佳士得	2022-12-02
李可染 1961年作 山青水碧图 镜心	68cm×45.5cm	2,012,500	广东崇正	2022-08-11
李可染 1963年作 丑钟馗图 镜心	68cm×46cm	1,955,000	开拍国际	2022-01-07
李可染 暮韵图 立轴	画心 68.5cm×48.5cm	1,840,000	北京银座	2022-09-16
李可染 归牧图 镜片	69.5cm×46.5cm	1,840,000	上海嘉禾	2022-11-20
李可染 1962年作 春雨江南 镜片	68cm×42.5cm	1,725,000	朵云轩	2022-12-08
李可染 人在万点梅花中 立轴	69.5cm×50.5cm	1,622,350	佳士得	2022-12-02
李可染 1989年作 冬牧图 镜框	89.5cm×48cm	1,622,350	佳士得	2022-12-02
李可染 牧童牛背画中行 镜心	69cm×47cm	1,552,500	荣宝斋(南京)	2022-12-07
李可染 1954年作 龙井 镜框	31.6cm×40.5cm	1,442,914	香港苏富比	2022-10-08
李可染 1985年作 夜吟图 镜心	86cm×52.5cm	1,437,500	中国嘉德	2022-12-13

2022书画拍卖成交汇总(续表)

(成交价RMB：6万元以上)

拍品名称	物品尺寸	成交价RMB	拍卖公司	拍卖日期
李可染 1948年作 东坡与朝云 立轴	70.5cm×34.5cm	1,380,000	广东崇正	2022-08-11
李可染 1984年作 绿荫归牧 镜框	91.7cm×53cm	1,350,090	香港苏富比	2022-04-30
李可染 1984年作 暮归图 立轴	66.3cm×42.8cm	1,296,086	香港苏富比	2022-04-30
李可染 苦吟图 立轴	68cm×45.5cm	1,274,704	佳士得	2022-12-02
李可染 钟馗仗剑图 立轴	59cm×41cm	1,127,000	广东崇正	2022-12-25
李可染 群峰栈道图 立轴	69cm×46cm	1,109,934	香港苏富比	2022-10-08
李可染 1947年作 牧童牛背画中行 镜心	98cm×34cm	1,046,500	北京银座	2022-01-12
李可染 牧牛图 立轴 设色纸本	66cm×34cm	977,500	北京荣宝	2022-07-24
李可染 1984年作 行书刘禹锡诗 镜心	152cm×83.5cm	977,500	中国嘉德	2022-06-26
李可染 桐庐山景 镜心	36cm×46cm	977,500	中国嘉德	2022-06-26
李可染 春溪浴牛 立轴	76cm×42cm	977,500	永乐拍卖	2022-07-25
李可染 暮韵图 镜心	57cm×38cm	977,500	荣宝斋（南京）	2022-12-07
李可染 1948年作 蕉荫逭暑 立轴	137cm×34cm	943,000	开拍国际	2022-01-07
李可染 1965年作 秋趣图 立轴	70cm×45cm	943,000	中鸿信	2022-09-11
李可染 1980年作 牧童牛背画中行 镜心	68cm×48cm	920,000	开拍国际	2022-07-24
李可染 树下牧牛图 镜心	69cm×46cm	920,000	开拍国际	2022-07-24
李可染 1961年作 看山图 立轴	45.5cm×37cm	920,000	中国嘉德	2022-06-26
李可染 人人都说江南好 立轴	69cm×45cm	920,000	永乐拍卖	2022-07-25
李可染 1988年作 钟馗醉舞图 镜心	85cm×51.5cm	862,500	中国嘉德	2022-12-13
李可染 牧牛图 镜心	56.5cm×41cm	839,500	北京银座	2022-09-16
李可染 1987年作 赏心喜看雨余山 镜心	68cm×41cm	805,000	中鸿信	2022-09-11
李可染 1989年作 行书四言句 镜心	64.5cm×44.5cm	805,000	中国嘉德	2022-06-26
李可染 1983年作 行书"圆转如意" 镜心	79cm×40.5cm	805,000	中国嘉德	2022-06-26
李可染 忽闻蟋蟀鸣 立轴	67.5cm×46cm	805,000	广东崇正	2022-08-11
李可染 1987年作 行书"澄怀观道" 立轴	83cm×43cm	805,000	广东崇正	2022-08-11
李可染 暮韵图 镜片	67cm×45.5cm	805,000	广东崇正	2022-12-25
李可染 柳溪放牧 镜框	68.5cm×41.6cm	776,954	香港苏富比	2022-10-08
李可染 1979年作 行书青松诗 镜心	138cm×69cm	747,500	中国嘉德	2022-06-26
李可染 牧牛图 镜心	67cm×45.5cm	667,000	永乐拍卖	2022-07-25
李可染 江山如画图 立轴	68cm×46cm	667,000	北京保利	2022-07-27
李可染 1960年作 迎春图 镜框	75cm×48.5cm	648,043	佳士得	2022-05-29
李可染 春牧图 镜片	54.5cm×38cm	575,000	江苏汇中	2022-08-16
李可染 春到枝头 立轴	33cm×39.5cm	552,000	中国嘉德	2022-06-26
李可染 看山图 立轴	52cm×38cm	552,000	保利厦门	2022-10-22
李可染 1979年作 行书李白下江陵 中堂 立轴	136.5cm×69cm	483,000	开拍国际	2022-07-24
李可染 高士赏菊图 立轴	70.5cm×34.5cm	460,000	西泠印社	2022-01-23
李可染 行书《沁园春·雪》词句 镜心	175cm×96.5cm	437,000	中国嘉德	2022-12-13
李可染 行书《卜算子·咏梅》立轴	83cm×41cm	402,500	北京荣宝	2022-07-24
李可染 行书"中国历代绘画精华" 镜心	68cm×18.5cm	402,500	中国嘉德	2022-06-26
李可染 春山图 立轴	58cm×35cm	402,500	中贸圣佳	2022-10-27
李可染 柳塘牧童 镜片	75.5cm×50cm	368,000	广东崇正	2022-08-11
李可染 春湖渡牛图 立轴	40.5cm×45.5cm	368,000	荣宝斋（南京）	2022-12-07
李可染 1987年作 行书"艺海无涯" 镜心	74cm×35cm	353,164	中国嘉德	2022-10-07
李可染 1946年作 消夏纳凉图 立轴	68cm×45cm	345,000	西泠印社	2022-01-23
李可染 1988年作 行书"澄怀观道" 镜心	34.5cm×105cm	299,000	中国嘉德	2022-12-13
李可染 1982年作 擘牛图 镜心	56cm×44cm	253,000	北京荣宝	2022-07-24
李可染 1975年作 行书《最新指示》镜心	41.5cm×38cm	253,000	中国嘉德	2022-06-26
李可染 1981年作 行书"艺无涯" 立轴	69cm×33.5cm	230,000	广东崇正	2022-08-11
李可染 1980年作 行书"得心应手" 镜心	68.5cm×37.5cm	230,000	中国嘉德	2022-12-12
李可染 柳塘双牧 镜片	35cm×47cm	218,500	广东崇正	2022-08-11
李可染 1985年作 行书"清赏" 镜心	23cm×47cm	207,000	中国嘉德	2022-06-26
李可染 迎春图 镜片	69cm×48cm	201,250	上海嘉禾	2022-01-01
李可染 俯首甘为孺子牛 镜心	40.5cm×35cm	195,500	荣宝斋（南京）	2022-12-07
李可染 行书"藏弓庐" 镜心	34cm×101.5cm	184,000	中贸圣佳	2022-12-31
李可染 1984年作 行书"澄怀观道" 立轴	72cm×35cm	172,500	中贸圣佳	2022-07-23
李可染 1982年作 行书"翰墨因缘" 镜心	45cm×63cm	172,500	北京保利	2022-07-27
李可染 1980年作 行书"宜书画" 镜心	67.5cm×38.5cm	172,500	中国嘉德	2022-12-12
李可染 1984年作 行书"痴思长绳系日" 镜心	69cm×38cm	161,000	北京银座	2022-09-16
李可染 牧牛图 镜片	39cm×50cm	161,000	上海嘉禾	2022-01-01
李可染 行书"雄狮美术" 镜心	34.5cm×115.5cm	149,500	中贸圣佳	2022-12-31
李可染 行书李白诗 镜心	102cm×34.5cm	149,500	中国嘉德	2022-12-13
李可染 行书张继诗 镜心	78.5cm×43cm	149,500	中国嘉德	2022-12-13
李可染 1981年作 行书唐诗 镜心	100cm×34.5cm	149,500	中国嘉德	2022-12-13
李可染 1985年作 行书唐宋两家诗 镜框	35.7cm×54.5cm	144,291	香港苏富比	2022-10-08
李可染 行书"神韵" 镜片	25.5cm×76cm	138,000	广东崇正	2022-08-11
李可染 1989年作 行书"翰墨缘" 立轴	64cm×34cm	115,000	中鸿信	2022-09-11
李可染 行书"中国历代名画" 镜片	77.5cm×19cm	115,000	广东崇正	2022-12-25
李可染 1984年作 行书"实者慧" 镜心	76cm×24cm	109,250	北京保利	2022-07-26
李可染 1987年作 行书 立轴	74cm×48cm	97,750	朵云轩	2022-12-08
李可染 1982年作 行书五言诗 镜心	68cm×46cm	92,000	中国嘉德	2022-09-27
李可染 行书"艺海无涯" 立轴	66.5cm×50.5cm	92,000	上海嘉禾	2022-01-01
李可染 行书画论 镜心	19cm×58.5cm	92,000	中国嘉德	2022-06-26
李可染 1985年作 行书游峨眉记 镜心	21cm×52cm	92,000	中国嘉德	2022-06-26
李可染 1987年作 行书"墨林集粹" 镜心	49.5cm×69cm	92,000	保利厦门	2022-10-21
李可染 行书"墨海青山" 镜心	34cm×9.5cm	80,500	中国嘉德	2022-06-26
李可染 行书"戏马台" 镜心	34cm×102.5cm	80,500	中国嘉德	2022-06-26
李可染 归牧图（一幅）	34cm×31cm	69,000	中鸿信	2022-09-12
李可染 1946年作 琵琶行 镜心	36cm×17cm	69,000	中国嘉德	2022-09-27
李可染 1989年作 行书"民族精神" 立轴	68.5cm×44.5cm	69,000	北京保利	2022-07-26
李苦禅 1962年作 松鹰图 镜心	145.8cm×123.3cm	3,450,000	上海嘉禾	2022-11-20
李苦禅 1977年作 高瞻远瞩 立轴	139cm×70cm	2,702,500	北京保利	2022-07-26
李苦禅 赤峰远瞩 立轴	135cm×67.5cm	2,300,000	荣宝斋（南京）	2022-12-07
李苦禅 1982年作 松鹰图 立轴	141cm×81cm	1,552,500	北京银座	2022-01-12
李苦禅 蕉竹鱼鹰图 立轴	82cm×51.5cm	747,500	中鸿信	2022-09-11
李苦禅 远瞻 立轴	70cm×45cm	747,500	中鸿信	2022-09-11

拍品名称	物品尺寸	成交价RMB	拍卖公司	拍卖日期	拍品名称	物品尺寸	成交价RMB	拍卖公司	拍卖日期
李苦禅 松鹰图 镜心	140cm×66cm	747,500	永乐拍卖	2022-07-25	李苦禅(款) 寒梅栖禽图	135cm×41cm	216,227	香港福羲国际	2022-12-28
李苦禅 1982年作 远瞻山河壮 立轴 设色纸本	68cm×46cm	690,000	北京荣宝	2022-07-24	李苦禅 1978年作 高瞻远瞩 立轴	68.4cm×45cm	210,887	香港苏富比	2022-10-08
李苦禅 范曾题 山居图 立轴	99cm×47cm	690,000	北京荣宝	2022-07-24	李苦禅 苇叶灰鹭 立轴	68cm×46cm	209,691	中国嘉德	2022-10-07
李苦禅 荷塘翠鸟 镜心	69cm×138cm	540,500	中贸圣佳	2022-07-23	李苦禅 1977年作 崔巍高踞 立轴	68.5cm×45cm	207,000	中贸圣佳	2022-07-23
李苦禅 远瞻图 立轴	95cm×88cm	517,500	北京银座	2022-09-17	李苦禅 1962年作 行书七言句 立轴	138.5cm×66cm	207,000	中国嘉德	2022-06-26
李苦禅 鹰 镜心	画96cm×45.5cm	517,500	永乐拍卖	2022-07-25	李苦禅 1963年作 芭蕉八哥 立轴	108.5cm×49cm	207,000	中国嘉德	2022-06-26
李苦禅 1978年作 高瞻远瞩 立轴	82cm×66cm	437,000	中国嘉德	2022-05-29	李苦禅 渔鹰图 镜心	96cm×180cm	207,000	保利厦门	2022-10-22
李苦禅 1963年作 鹰 立轴	138cm×63cm	437,000	北京荣宝	2022-07-24	李苦禅 1936年作 涅槃佛像 立轴	81.5cm×42cm	207,000	广东崇正	2022-12-25
李苦禅 1979年作 绿雨清风 立轴	102cm×34cm	437,000	中鸿信	2022-09-11	李苦禅 1978年作 年年有余 立轴	135cm×66cm	195,500	北京保利	2022-07-26
李苦禅 八哥菊花 镜心	83cm×55cm	437,000	中鸿信	2022-09-11	李苦禅 荷花 镜心	68cm×44cm	195,500	中国嘉德	2022-12-13
李苦禅 十年香雪 立轴	137cm×45cm	402,500	北京荣宝	2022-07-24	李苦禅 鹰石图 立轴	68cm×41cm	184,000	中国嘉德	2022-05-29
李苦禅 1979年作 英雄独立 立轴	125cm×65cm	402,500	北京保利	2022-07-26	李苦禅 1964年作 兰石八哥 立轴	69cm×46cm	184,000	北京荣宝	2022-07-24
李苦禅 1977年作 高瞻远瞩 镜心	69cm×43cm	402,500	中国嘉德	2022-12-12	李苦禅 重阳美意(姜东舒上款)	37.5cm×68cm	184,000	中国嘉德	2022-12-13
李苦禅 20世纪40年代初作 鱼鹰图 立轴	117cm×58.7cm	368,000	中鸿信	2022-09-11	李苦禅 1956年作 荷塘游鱼 立轴	画心66.5cm×60.5cm	184,000	中国嘉德	2022-06-26
李苦禅 卢光照 安吉图 镜心	99cm×34.5cm	368,000	中国嘉德	2022-12-13	李苦禅 1974年作 水禽图 立轴	69cm×45cm	184,000	北京保利	2022-07-26
李苦禅 花卉	44cm×49cm	358,683	荣宝斋(香港)	2022-11-26	李苦禅 1980年作 赠赵丹兰石图 镜心	68.5cm×136.5cm	184,000	中国嘉德	2022-12-12
李苦禅 1979年作 行书八言联 立轴	246cm×59cm×2	345,000	北京银座	2022-09-16	李苦禅 1979年作 荫下 立轴	61cm×49.5cm	184,000	中国嘉德	2022-12-13
李苦禅 芭蕉梅雀图 镜片	96cm×179cm	345,000	广东崇正	2022-08-11	李苦禅 1973年作 重九佳色 镜片	69cm×34.5cm	184,000	广东崇正	2022-12-25
李苦禅 秋葵八哥 立轴	125cm×50cm	345,000	中国嘉德	2022-12-13	李苦禅 1955年作 明珠串垂 立轴	153cm×76cm	177,589	香港苏富比	2022-10-08
李苦禅 双鹰图 立轴	68.5cm×46cm	331,092	中国嘉德	2022-10-07	李苦禅 育雏图 镜心	68cm×34cm	176,582	中国嘉德	2022-10-07
李苦禅 鹰 镜心	69cm×35cm	322,000	北京荣宝	2022-07-24	李苦禅 大吉图 立轴	94cm×44cm	172,500	北京荣宝	2022-07-24
李苦禅 竹雀图 立轴	68cm×38.5cm	322,000	北京荣宝	2022-07-24	李苦禅 1961年作 清荷图 立轴	85cm×46cm	172,500	中国嘉德	2022-06-26
李苦禅 双鹭 立轴	88cm×47.5cm	322,000	中国嘉德	2022-06-27	李苦禅 连年有余 立轴	139cm×70cm	172,500	荣宝斋(南京)	2022-12-07
李苦禅 1944年作 万里江山一击中 立轴	136cm×67.5cm	322,000	中国嘉德	2022-12-13	李苦禅 1954年作 育雏图 立轴	96cm×54.5cm	172,500	中国嘉德	2022-12-13
李苦禅 荷花 立轴	69cm×45.5cm	310,500	永乐拍卖	2022-07-25	李苦禅 绿荫之下 镜心	68.5cm×45cm	172,500	中国嘉德	2022-12-13
李苦禅 鹰	100cm×50cm	303,501	荣宝斋(香港)	2022-11-26	李苦禅 三鹰图 镜片	28cm×79.5cm	166,750	广东崇正	2022-12-25
李苦禅 1979年作 秋味图 立轴	69cm×45cm	299,000	北京荣宝	2022-07-24	李苦禅 英雄独立 镜片	68.5cm×34.5cm	166,750	广东崇正	2022-12-25
李苦禅 桃花流水鳜鱼肥 镜心	69.7cm×48.3cm	299,000	中鸿信	2022-09-11	李苦禅 山雀图 镜心	65cm×63.5cm	161,000	北京银座	2022-01-12
李苦禅 大吉图 立轴	68cm×46cm	299,000	北京保利	2022-07-27	李苦禅 1963年作 幽石寒雀图 镜心	96cm×48cm	161,000	中鸿信	2022-09-11
李苦禅 鹰 立轴	134.5cm×66cm	299,000	保利厦门	2022-10-22	李苦禅 鸬鹚 镜片	49cm×68.5cm	161,000	广东崇正	2022-12-25
李苦禅 1980年作 鹰石图 镜心	69cm×46cm	299,000	中国嘉德	2022-12-13	李苦禅 1978年作 绿雨之下 立轴	68cm×46cm	154,500	中国嘉德	2022-10-07
李苦禅 远瞩图 立轴	67cm×75cm	287,500	中国嘉德	2022-05-30	李苦禅 1963年作 幽谷花香鸟声清 立轴	136cm×69cm	149,500	中鸿信	2022-09-11
李苦禅 1934年作 菊禽图 镜心	103cm×60cm	287,500	北京荣宝	2022-07-24	李苦禅 秋味图 镜心	68cm×34cm	149,500	中国嘉德	2022-12-13
李苦禅 鳜鱼 立轴	69cm×51.5cm	287,500	永乐拍卖	2022-07-25	李苦禅 江南鲜蔬图 立轴	138cm×35cm	138,000	北京荣宝	2022-07-24
李苦禅 天峰白羽 镜心	69cm×46cm	276,000	中国嘉德	2022-05-28	李苦禅 1924年作 牡丹水仙 立轴	177.5cm×96cm	138,000	上海嘉禾	2022-01-01
李苦禅 松鹰图 立轴	134.5cm×54cm	264,500	北京银座	2022-09-17	李苦禅 1980年作 松鹤图 镜框	67cm×41cm	126,000	北京保利	2022-07-26
李苦禅 1980年作 为纪念周乃世 兰石图 镜片	136cm×68cm	264,500	西泠印社	2022-01-22	李苦禅 红荷 立轴	65.5cm×33cm	126,500	北京银座	2022-01-12
李苦禅 1938年作 鹭鸶 立轴	137cm×34.5cm	253,000	北京荣宝	2022-07-24	李苦禅 1962年作 行书画论 立轴	113cm×66cm	126,500	中国嘉德	2022-06-26
李苦禅 菊花松石 镜心	130cm×61cm	253,000	中国嘉德	2022-12-13	李苦禅 1932年作 蛇 立轴	132cm×33cm	126,500	广东崇正	2022-08-11
李苦禅 1979年作 远瞻 立轴	69.5cm×46cm	242,800	中国嘉德	2022-10-07	李苦禅 梳羽图 镜心	44.5cm×48.5cm	126,500	中国嘉德	2022-12-13
李苦禅 1965年作 芭蕉竹鸡图 立轴	97cm×46.5cm	230,000	北京银座	2022-01-12	李苦禅 1974年作 蔬味 镜心	34.4cm×46.4cm	126,500	中国嘉德	2022-12-13
李苦禅 荔枝松鼠 镜框	134cm×33cm	230,000	北京荣宝	2022-07-24	李苦禅 天峰立足 镜心	83.5cm×49cm	117,300	中鸿信	2022-09-11
李苦禅 鸬鹚 立轴	136cm×69cm	230,000	上海嘉禾	2022-01-01	李苦禅 1980年作 竹雀 镜心	52cm×36cm	115,000	中国嘉德	2022-05-28
李苦禅 鹰 立轴	69cm×44cm	230,000	永乐拍卖	2022-07-25	李苦禅 秋色图 立轴	88cm×95cm	109,250	保利厦门	2022-10-22
李苦禅 山河之鹰 镜片	110cm×65cm	230,000	江苏汇中	2022-08-17	李苦禅 天峰鹰鹫图 立轴	61cm×41cm	103,500	北京荣宝	2022-07-24
李苦禅 竹雀 立轴	68cm×39cm	230,000	中国嘉德	2022-12-13	李苦禅 1980年作 忆家园 立轴	89.5cm×47.5cm	103,500	中国嘉德	2022-06-27
李苦禅 1962年作 蕉叶双安 立轴	画心81.5cm×49.5cm	218,500	北京银座	2022-01-12	李苦禅 1973年作 蕉雨 镜心	35.5cm×46cm	101,534	中国嘉德	2022-10-07
李苦禅 蕉叶鸬鹚 镜心	69cm×34cm	218,500	中国嘉德	2022-06-26	李苦禅 八大笔意 镜心	50.5cm×41.5cm	97,750	中国嘉德	2022-12-13
李苦禅 1973年作 菊花八哥 镜心	66cm×44cm	218,500	荣宝嘉德	2022-12-12	李苦禅 清白图 镜心	60cm×120cm	94,300	中鸿信	2022-09-11
李苦禅 1982年作 息荫图 镜心	68.5cm×46cm	218,500	中国嘉德	2022-12-13	李苦禅 兰石图 立轴	68cm×40cm	92,000	永乐拍卖	2022-07-25
					李苦禅 秋趣 立轴	101cm×33cm	92,000	广东崇正	2022-08-11
					李苦禅 1972年作 教三子图 镜框	69.5cm×34.5cm	91,806	佳士得	2022-05-29

2022书画拍卖成交汇总（续表）

（成交价RMB：6万元以上）

拍品名称	物品尺寸	成交价RMB	拍卖公司	拍卖日期
李苦禅 梅竹双禽 镜心	45cm×60cm	90,498	中国嘉德	2022-10-07
李苦禅 渔鹰图 立轴	89cm×66cm	86,250	保利厦门	2022-10-22
李苦禅 1981年作 兰石香逸 立轴	68.5cm×44.5cm	80,500	北京银座	2022-09-17
李苦禅 松鹰图 立轴	66cm×42cm	80,500	北京保利	2022-07-26
李苦禅 梅花 镜心	94.5cm×54cm	80,500	中国嘉德	2022-12-13
李苦禅 远瞻山河壮 立轴	62cm×43cm	74,750	中国嘉德	2022-09-27
李苦禅 花鸟册 镜心（六开）	46cm×34cm×6	74,750	中鸿信	2022-09-11
李苦禅 1963年作 松鹰 镜片	34cm×49cm	74,750	广东崇正	2022-08-11
李苦禅 群芳图 镜心	45.5cm×49.5cm	74,750	中国嘉德	2022-12-13
李苦禅 松鹰图 镜框	82cm×45.5cm	70,204	佳士得	2022-05-29
李苦禅 1978年作 古木八哥 立轴	112cm×32cm	69,000	中国嘉德	2022-05-30
李苦禅 行书四言联句 立轴	75.5cm×38.5cm	69,000	北京荣宝	2022-07-24
李苦禅 墨竹 立轴	35.5cm×132cm	69,000	北京保利	2022-07-26
李苦禅 巫峡所见 立轴	45cm×51cm	69,000	中国嘉德	2022-12-13
李苦禅 秋味图 立轴	68cm×69cm	63,250	中国嘉德	2022-09-27
李苦禅 1972年作 荷花墨竹 镜心	97cm×52cm	63,250	北京保利	2022-07-26
李老十 荷塘风雨 镜心	34cm×280cm	1,495,000	北京荣宝	2022-07-24
李老十 1993年作 观云图 镜心	137cm×68cm	920,000	北京荣宝	2022-07-24
李老十 醉归图 镜心	136cm×68cm	805,000	北京荣宝	2022-07-24
李老十 1995年作 一花一叶一莲蓬 镜心	136cm×68cm	690,000	北京荣宝	2022-07-24
李老十 1989年作 秋风又起 镜心	112cm×68cm	690,000	北京荣宝	2022-07-24
李老十 群雄图 镜心	138cm×69cm	345,000	北京荣宝	2022-07-24
李老十 焦墨残荷 镜心	34cm×135.5cm	287,500	北京荣宝	2022-07-24
李老十 秋风独立图 镜心	88.5cm×55.5cm	287,500	北京荣宝	2022-07-24
李老十 1993年作 潭深鱼不知 镜心	104cm×68cm	287,500	北京荣宝	2022-07-24
李老十 奇文共欣赏 镜心	87cm×47cm	287,500	北京荣宝	2022-07-24
李老十 何苦 镜心	79cm×61cm	287,500	北京荣宝	2022-07-24
李老十 秋荷 镜心	34cm×137cm	287,500	北京荣宝	2022-07-24
李老十 行书诗词四首 镜心	32.5cm×134cm	230,000	北京荣宝	2022-07-24
李老十 东坡先生赏砚图 镜心	67cm×63cm	207,000	北京荣宝	2022-07-24
李老十 雄鸡独步图 镜心	90cm×57cm	195,500	中国嘉德	2022-06-29
李老十 人鬼难辨 镜心	66cm×56cm	172,500	北京荣宝	2022-07-24
李老十 荷塘雁趣 镜心	34cm×136cm	126,500	中国嘉德	2022-05-29
李老十 古瓶莲蓬图 镜心	44cm×45cm	97,750	北京荣宝	2022-07-24
李老十 事如意 镜心	48cm×40cm	92,000	北京荣宝	2022-07-24
李立强 三羊开泰 画心	85cm×78cm	535,000	北京传世	2022-12-15
李烈钧 楷书七言联语 立轴	161.5cm×35.5cm×2	575,000	北京银座	2022-09-16
李灵伽 1968年作 为谁风露立终宵 立轴	68cm×54cm	80,500	西泠印社	2022-01-23
李娜 晚宴8 镜心	180cm×90cm	230,000	北京保利	2022-07-27
李沛泰 2021年作 雅室清韵乐居安康 镜心	97cm×180cm	873,000	北京中贝	2022-03-16
李沛泰 2022年作 万壑千岩锁翠烟 镜心	68cm×136cm	392,000	北京中贝	2022-03-16
李强 无题 镜心	118.5cm×36cm	103,500	中国嘉德	2022-06-29
李琼珍画 曾承德题 蜀山秋雨图	69cm×46cm	408,624	香港贞观	2022-06-18
李琼珍画 曾承德题 蜀山春云图	69cm×46cm	408,624	香港贞观	2022-06-18
李蕊 荷花四条屏 镜片	138cm×34.5cm×4	485,000	北京中贝	2022-04-11
李蕊 鸡冠花 镜片	138cm×69cm	245,000	北京中贝	2022-04-11
李瑞清 1918年作 人马图 书法四屏 立轴五幅	图52.5cm×52.5cm 书法75.5cm×51.5cm×4	378,025	佳士得	2022-05-29
李瑞清 1919年作 行书《兰亭序》 卷 手卷	37.5cm×295cm	253,000	中贸圣佳	2022-12-31

拍品名称	物品尺寸	成交价RMB	拍卖公司	拍卖日期
李瑞清 1917年作 临颂书法四屏 立轴	143.5cm×39.5cm×4	161,000	中贸圣佳	2022-12-31
李瑞清 楷书临颂文卷 手卷	28cm×1258cm	161,000	中贸圣佳	2022-10-27
李瑞清 1918年作 楷书五言联 立轴	213cm×52cm×2	149,500	北京银座	2022-01-12
李瑞清 1917年作 楷书五言联 镜片	172cm×37.5cm×2	92,000	西泠印社	2022-01-23
李瑞清 1915年作 隶书节临《礼器碑》镜心	81cm×35cm	86,250	北京保利	2022-07-27
李瑞清 集散盘七言对联 镜心	152.5cm×37cm×2	74,750	开拍国际	2022-01-07
李瑞清 魏碑六言联 立轴	150cm×38cm×2	69,000	中鸿信	2022-09-12
李瑞清 1919年作 篆书五言联 立轴	132cm×32cm×2	66,700	保利厦门	2022-10-22
李山聚 漓江春早 画心	138cm×68cm	4,000,000	北京传世	2022-12-15
李上达 拟龚贤山水 册页（三十六开）	尺寸不一	172,500	中贸圣佳	2022-10-27
李上达 褚德彝 1926年作 临江独钓图行书节录《水经注》成扇	19.5cm×51cm	69,000	中贸圣佳	2022-12-31
李世南 赶集 镜心	68.5cm×67.5cm	63,250	荣宝斋（南京）	2022-12-07
李铁夫 行书七言联 镜心	129cm×33.5cm×2	138,000	北京银座	2022-09-16
李铁夫 行书五言联 立轴	131cm×32.5cm×2	89,700	北京银座	2022-09-16
李伟 草原三月 画心	200cm×200cm	836,000	北京传世	2022-12-15
李文信 山水 立轴	43.5cm×54cm	149,500	荣宝斋（南京）	2022-12-07
李西伟 腾飞中国	140cm×240cm	520,000	北京伍佰艺	2022-09-17
李西伟 2018年作 南国情	160cm×244cm	480,000	北京伍佰艺	2022-09-17
李霞 铁拐李 立轴	135cm×67cm	74,750	中国嘉德	2022-06-27
李翔 王维诗意图 镜心	137cm×68cm	63,250	中国嘉德	2022-09-28
李小华 2021年作 花鸟怡人 镜心	67cm×132cm	890,000	北京中贝	2022-03-16
李小华 2021年作 春日 镜心	69cm×131cm	769,000	北京中贝	2022-03-16
李小可 1988年作 宫墙 镜心	96.5cm×89cm	132,436	中国嘉德	2022-10-07
李小可 1988年作 雪 镜心	96.5cm×88.5cm	75,047	中国嘉德	2022-10-07
李晓林 《马赛曲和葡萄酒》原稿八帧画心	尺寸不一	69,000	西泠印社	2022-01-22
李晓侠 2021年作 拨云见幽居 镜心	68cm×136cm	890,000	北京中贝	2022-03-16
李晓侠 2021年作 太行山 镜心	68cm×136cm	880,000	北京中贝	2022-03-16
李晓柱 2022年作 风霜 镜心	47cm×179cm	460,000	北京荣宝	2022-07-24
李晓柱 2022年作 静坐得幽趣 镜心	70cm×139cm	230,000	北京荣宝	2022-07-24
李孝萱 2000年作 古意人物四屏 立轴	178cm×47.5cm×4	138,000	中国嘉德	2022-06-29
李孝萱 何家英 "制心一处" 册页	44cm×63cm×12	92,000	北京保利	2022-07-27
李秀峰 走出大山的人们 镜片	97cm×180cm	418,000	北京中贝	2022-04-11
李虚白 2013年作 太姥烟云 镜框	130cm×65cm	91,806	佳士得	2022-05-29
李学功 2021年作 江南旧景之忆 镜心	98cm×248cm	4,025,000	荣宝斋（南京）	2022-12-07
李学功 2020年作 瑞霭瀛洲 镜框	68cm×68cm	1,207,500	北京荣宝	2022-07-24
李学功 2020年作 黎川老街 镜框	68cm×68cm	1,092,500	北京荣宝	2022-07-24
李学功 2020年作 岭南春早 镜心	69cm×69cm	977,500	荣宝斋（南京）	2022-12-07
李学功 2020年作 曾经农场 镜心	69cm×69cm	920,000	荣宝斋（南京）	2022-12-07
李学军 荷风送香 镜片	34cm×136cm	207,200	开禧国际	2022-12-28
李学军 高山水长 镜心	96cm×60cm	201,600	开禧国际	2022-12-28
李学军 春意盎然 镜片	34cm×136cm	134,400	开禧国际	2022-12-28
李学松 猫 镜心	74cm×47cm	92,000	北京保利	2022-07-27
李学伟 九月九日忆山东兄弟	137cm×35cm	153,234	香港贞观	2022-06-18

拍品名称	物品尺寸	成交价RMB	拍卖公司	拍卖日期
李学伟 题墨竹	137cm×35cm	127,695	香港贞观	2022-06-18
李亚伟 2021年作 空山不见人 镜心	68cm×136cm	289,000	北京中贝	2022-03-16
李亚伟 2021年作 雨后春山 镜心	68cm×68cm	126,000	北京中贝	2022-03-16
李亚伟 2021年作 山溪激流 镜心	68cm×68cm	118,000	北京中贝	2022-03-16
李研山 1951年作 夏山图 镜心	65.5cm×39cm	101,534	中国嘉德	2022-10-07
李研山 1938年作 林塘秋暇图 镜框	22.2cm×50.3cm	86,405	佳士得	2022-05-29
李研山 碧山高士图 立轴	146cm×79.5cm	81,650	中贸圣佳	2022-10-27
李研山 1939年作 仿马远临溪抚琴 立轴	62.8cm×64.6cm	64,804	香港苏富比	2022-04-30
李艳霞 2021年作 赴荷约 镜心	68cm×136cm	526,000	北京中贝	2022-03-16
李燕 母爱图 镜心	84.5cm×50.5cm	132,250	中鸿信	2022-09-11
李燕 竹报平安享大寿 镜心	84cm×50.5cm	115,000	中鸿信	2022-09-11
李燕 风声虎来 镜心	68cm×68cm	109,250	中鸿信	2022-09-11
李燕 三余图 镜心	136cm×34cm	66,700	中鸿信	2022-09-11
李燕 理羽即景 镜心	68cm×46cm	63,250	中鸿信	2022-09-11
李燕 安居图 镜心	68cm×46cm	63,250	中鸿信	2022-09-11
李瑶屏 1936年作 榄溪渔隐 镜框	15.5cm×143cm	71,300	华艺国际	2022-09-24
李耀昌 乡韵 镜心	138cm×69cm	220,000	北京传世	2022-12-15
李耀春 2022年作 祖孙同乐图	136cm×68cm	2,900,000	北京伍佰艺	2022-09-17
李耀春 2022年作 菩提达摩面壁修 行图	136cm×68cm	2,300,000	北京伍佰艺	2022-09-17
李耀林 望岳 镜片	69cm×137寸	690,000	保利厦门	2022-10-22
李也青 不到清影逐晓风	136cm×68cm	268,000	北京伍佰艺	2022-09-17
李也青 树树皆秋色	136cm×68cm	245,000	北京伍佰艺	2022-09-17
李也青 蕉凉	136cm×68cm	230,000	北京伍佰艺	2022-09-17
李野 芝兰寿桃 立轴	180cm×105.5cm	138,000	中国嘉德	2022-06-27
李义弘 1994年作 乡野人情 立轴	178.5cm×96cm	76,171	罗芙奥	2022-12-03
李悠凯 2022年作 荷塘清趣 镜心	34cm×136cm	365,000	北京中贝	2022-03-16
李悠凯 2022年作 贺寿图 镜心	68cm×68cm	359,000	北京中贝	2022-03-16
李悠凯 2022年作 福禄图 镜心	68cm×68cm	340,000	北京中贝	2022-03-16
李悠凯 2022年作 梅香独自来 镜心	38cm×50cm	190,000	北京中贝	2022-03-16
李玉夕 晨露 画心	138cm×68cm	163,000	北京传世	2022-12-15
李钰 2012年作 君子清风 镜心	68cm×136cm	430,000	北京中贝	2022-03-16
李钰 2012年作 秋风昨夜渡潇潇 镜心	68cm×136cm	397,000	北京中贝	2022-03-16
李钰 2012年作 竹生空野外 镜心	68cm×136cm	370,000	北京中贝	2022-03-16
李云集 2015年作 望夫石 镜心	68cm×272cm	115,000	北京保利	2022-07-27
李增勇 荷花八条屏 画心	138cm×68cm	1,880,000	北京传世	2022-12-15
李增勇 富贵绵绵 画心	136cm×68cm	950,000	北京传世	2022-12-15
李增勇 灵隐寺对联 画心	138cm×68cm×2	700,000	北京传世	2022-12-15
李占军 2022年作 春江水暖 镜心	70cm×183cm	1,880,000	北京传世	2022-12-15
李长贵 花瑞欣荣 画心	136cm×68cm	200,000	北京传世	2022-12-15
李振权 2021年作 少女像 镜心	139cm×82cm	92,000	中国嘉德	2022-05-29
李振权 2022年作 双福系红叶 镜心	97cm×180cm	8,740,000	北京中贝	2022-03-16
李振权 2022年作 天马行空相见时 镜心	98cm×180cm	7,960,000	北京中贝	2022-03-16
李振权 2021年作 仕女图 镜心	68cm×136cm	1,680,000	北京中贝	2022-03-16
李政 龙马精神 画心	138cm×68cm	1,330,000	北京传世	2022-12-15
李志财 锦上添花 画心	138cm×69cm	366,000	北京传世	2022-12-15
李志财 茶 画心	138cm×69cm	280,000	北京传世	2022-12-15
李志财 云水禅心 画心	138cm×69cm	260,000	北京传世	2022-12-15
李志清 飞雪连天射白鹿 镜框	80.5cm×120.5cm	75,323	佳士得	2022-12-02
李紫妍 2022年作 竹林七贤 镜心	68cm×136cm	1,980,000	北京中贝	2022-03-16
李紫妍 2021年作 春日 镜心	68cm×136cm	1,800,000	北京中贝	2022-03-16
李紫妍 2021年作 晨曲 镜心	68cm×136cm	1,200,000	北京中贝	2022-03-16
李宗颢 卢子枢 米海岳年谱初稿卷 手卷	画心 25cm×142cm	109,250	西泠印社	2022-01-22
李宗仁 行书陈与义诗 镜心	81.5cm×43cm	828,000	中国嘉德	2022-12-13
李宗仁 白崇禧 1951年作 张兆棠寿 序八屏、楷书十一言联 镜片		69,000	广东崇正	2022-12-25
梁寒操 行书"静则生明" 镜心	30.5cm×67cm	92,000	中国嘉德	2022-12-13
梁纪 1957年作 白鹅 立轴	166cm×91cm	149,500	广东崇正	2022-08-11
梁纪 1993年作 松树双栖 镜片	96cm×179cm	138,000	广东崇正	2022-08-11
梁纪 1997年作 松瀑群鸟 镜片	96cm×178cm	115,000	广东崇正	2022-08-11
梁纪 1990年作 红梅翠鸟 镜片	95cm×178cm	115,000	广东崇正	2022-08-11
梁纪 1982年作 岭南春色 立轴	130.5cm×81cm	92,000	广东崇正	2022-08-11
梁纪 1956年作 百合花 立轴	124cm×62.5cm	80,500	广东崇正	2022-08-11
梁建甫 2017年作 得果献寿	136cm×68cm	1,290,000	北京伍佰艺	2022-09-17
梁启超 1922年作 楷书阮步兵诗 手卷	字25cm×96cm	4,140,000	中国嘉德	2022-06-26
梁启超 1923年作 行书赠金还四条屏 立轴	149.5cm×43cm×4	1,150,000	开拍国际	2022-07-24
梁启超 1927年作 楷书集宋词十一 言联 立轴	131.8cm×21.7cm×2	665,960	香港苏富比	2022-10-08
梁启超 行书《大唐三藏圣教序》 镜框	38cm×131.8cm	518,434	香港苏富比	2022-04-30
梁启超 1927年作 行书七言联 立轴	132cm×31.5cm×2	402,500	中国嘉德	2022-06-26
梁启超 1925年作 行书苏轼诗 镜心	131cm×31cm	368,000	中国嘉德	2022-06-26
梁启超 1927年作 楷书七言联 镜心	166cm×39cm×2	345,000	北京银座	2022-09-16
梁启超 1924年作 为陈博生书朱希 真词 立轴	82cm×40cm	322,000	西泠印社	2022-01-23
梁启超 1925年作 行书 镜框	32cm×123cm	287,500	朵云轩	2022-12-09
梁启超 1925年作 行书"耕云楼" 镜心	22cm×58.5cm	276,000	北京保利	2022-07-27
梁启超 1925年作 行书东坡《东栏 梨花》诗 镜心	131cm×31cm	230,000	开拍国际	2022-01-07
梁启超 1926年作 隶书中堂 镜心	85cm×43cm	230,000	永乐拍卖	2022-07-25
梁启超 1926年作 隶书五言联 立轴	133cm×31.5cm×2	184,000	中鸿信	2022-09-12
梁启超 1927年作 书法对联 立轴两 幅	134cm×32.5cm×2	183,612	佳士得	2022-05-29
梁启超 行书七言联 镜心	159cm×35cm×2	172,500	北京银座	2022-09-16
梁启超 1900年作 为相羽恒次书七 言诗 镜心	121.5cm×37cm	161,000	西泠印社	2022-01-23
梁启超 楷书 书隊轩阿成扇	19cm×49cm	149,500	北京保利	2022-07-26
梁启超 楷书七言对联 立轴	132.5cm×30.5cm×2	103,500	开拍国际	2022-01-07
梁启超 1926年作 隶书节临《圣教 序》立轴	127.5cm×30cm	103,500	中鸿信	2022-09-12
梁启超 行书"志士多苦心" 镜心	33cm×125cm	100,050	中鸿信	2022-09-12
梁启超 1925年作楷书八言对联 立轴	179cm×45cm×2	92,000	开拍国际	2022-01-07
梁启超 节临《史晨碑》立轴	73cm×30cm	92,000	西泠印社	2022-01-23
梁启超 楷书六言联 立轴	127cm×32cm×2	86,250	中贸圣佳	2022-10-27
梁实秋 1984年作 行书《山坡羊》 立轴	68.5cm×35cm	92,000	北京银座	2022-01-12
梁士诒 行书八言联 立轴	160cm×35cm×2	230,000	北京银座	2022-09-16
梁树年 松柏常青 镜心	95cm×176cm	106,950	中贸圣佳	2022-07-12
梁漱溟 行书七言对联 立轴	162cm×40cm×2	575,000	开拍国际	2022-01-07
梁漱溟 1984年作书五言联句 镜心	92cm×24cm	149,500	中国嘉德	2022-06-26
梁漱溟 1984年作 行书 镜心	68.5cm×54.5cm	149,500	中国嘉德	2022-06-26
梁漱溟 1980年作 行书五言联 立轴	52cm×12cm×2	92,000	华艺国际	2022-09-23
梁思成 行书 镜片	24cm×17cm	69,000	广东崇正	2022-08-11

2022书画拍卖成交汇总(续表)

(成交价RMB：6万元以上)

拍品名称	物品尺寸	成交价RMB	拍卖公司	拍卖日期
梁思成绘《山西五台山佛光寺祖师塔》手稿（一幅）	35cm×25.5cm	207,000	中鸿信	2022-09-12
梁晓红 2022年作 家山有泉 镜心	68cm×136cm	784,000	北京中贝	2022-03-16
梁晓红 2022年作 碧泉绕家山 镜心	68cm×136cm	776,000	北京中贝	2022-03-16
梁缨 2021年作 有菜有花	68cm×136cm	299,000	北京保利	2022-07-25
梁羽生 行书"各随缘分到天涯" 镜片	133cm×31.5cm	115,000	西泠印社	2022-01-23
廖冰兄 1996年作 齐天大圣 镜心	76cm×127cm	90,850	华艺国际	2022-09-24
林丰俗 2000年作 粤山叠翠 镜心	69cm×138cm	276,000	华艺国际	2022-09-24
林丰俗 1993年作 粤山秋色 镜框	63.5cm×67cm	230,000	华艺国际	2022-09-24
林丰俗 1986年作 巫峡烟云 立轴	135cm×68cm	207,000	华艺国际	2022-09-24
林丰俗 2005年作 兰石图 镜心	137cm×69cm	92,000	华艺国际	2022-09-24
林丰俗 1978年作 紫藤蜜蜂 立轴	135cm×34cm	74,750	广东崇正	2022-08-11
林风眠 敦煌乐伎 镜框	138cm×69.5cm	16,968,465	佳士得	2022-12-02
林风眠 秋林 镜框	68cm×134.5cm	10,346,625	佳士得	2022-12-02
林风眠 京剧人物——过五关 镜框	66cm×65cm	10,125,897	佳士得	2022-12-02
林风眠 20世纪40—60年代作 九美图 镜心	34.5cm×34.5cm×8	8,740,000	开拍国际	2022-07-24
林风眠 瓶花 镜心	65.2cm×65.6cm	6,670,000	开拍国际	2022-01-07
林风眠 戏曲人物 镜框	70.8cm×66.8cm	5,184,345	佳士得	2022-05-29
林风眠 20世纪50年代作 抚琴仕女	68cm×69cm	4,830,000	中国嘉德	2022-12-14
林风眠 打渔杀家 镜心	63cm×65cm	4,370,000	华艺国际	2022-09-24
林风眠 持莲仕女 镜框	69.2cm×66.5cm	4,212,280	香港苏富比	2022-04-30
林风眠 风景 镜框	68.5cm×67.3cm	3,780,252	香港苏富比	2022-04-30
林风眠 大丽花 镜框	68cm×65cm	3,708,230	佳士得	2022-12-02
林风眠 荷花 镜片	66cm×66.5cm	3,473,000	西泠印社	2022-01-22
林风眠 红花绿芒 镜心	68cm×67.5cm	3,456,230	佳士得	2022-05-29
林风眠 20世纪60年代作 惊涛拍岸 镜心	65.5cm×64.5cm	3,450,000	开拍国际	2022-01-07
林风眠 静物 镜框	68.5cm×68.5cm	3,329,802	香港苏富比	2022-10-08
林风眠 鸣弦图 镜框	69cm×69cm	3,240,216	香港苏富比	2022-04-30
林风眠 敦煌仕女图 镜框	120cm×38cm	3,220,000	上海嘉禾	2022-11-20
林风眠 渔舟唱晚 镜心	65.5cm×65.5cm	2,990,000	开拍国际	2022-01-07
林风眠 1947年作 瓶花 镜心	67cm×61cm	2,875,000	永乐拍卖	2022-07-25
林风眠 秋叶小鸟 镜框	68cm×68cm	2,808,187	佳士得	2022-05-29
林风眠 抱猫的女人 镜心	68cm×68cm	2,530,000	开拍国际	2022-07-24
林风眠 戏剧人物 镜心	68.5cm×68.5cm	2,530,000	中鸿信	2022-09-11
林风眠 归帆图 镜心	65.5cm×66cm	2,530,000	荣宝斋（南京）	2022-12-07
林风眠 20世纪70年代作 南方	40cm×49cm	2,300,000	中国嘉德	2022-12-14
林风眠 雪景 镜片	60cm×82cm	2,185,000	上海嘉禾	2022-11-20
林风眠 鸡冠花 镜片	62cm×67cm	2,185,000	上海嘉禾	2022-11-20
林风眠 弄花仕女 镜框	66cm×65.7cm	2,085,879	佳士得	2022-12-02
林风眠 仙鹤 镜框	67cm×67cm	2,047,000	上海嘉禾	2022-11-20
林风眠 约20世纪70年代末期作 天上人间	65.8cm×67cm	1,876,188	中国嘉德	2022-10-09
林风眠 秋景 镜心	69.5cm×68cm	1,744,200	保利香港	2022-07-12
林风眠 松林叠翠 镜心	66cm×67cm	1,725,000	中国嘉德	2022-06-26
林风眠 荷塘	69cm×68cm	1,495,000	西泠印社	2022-01-22
林风眠 山村秋色 镜框	68cm×67.5cm	1,440,096	华艺国际	2022-05-29
林风眠 仕女 镜框	65cm×68cm	1,390,586	佳士得	2022-12-02
林风眠 渔船 镜心	66cm×69cm	1,380,000	开拍国际	2022-07-24
林风眠 秋曦 镜心	67cm×67cm	1,380,000	中贸圣佳	2022-07-23
林风眠 松林 镜心	64cm×65cm	1,380,000	中国嘉德	2022-12-12
林风眠 秋声 立轴	69.5cm×46cm	1,345,500	开拍国际	2022-01-07
林风眠 1942年作 松涧清泉 镜心 设色纸本	81cm×49cm	1,322,500	北京荣宝	2022-07-24
林风眠 青山待渡 镜心	39.5cm×49.5cm	1,207,500	开拍国际	2022-07-24
林风眠 秋 镜框	34cm×34cm	1,188,079	佳士得	2022-05-29
林风眠 50年代作 渔舟 镜片	33cm×33.5cm	1,150,000	西泠印社	2022-01-22
林风眠 苇丛翔雁 镜心	66cm×68cm	1,150,000	永乐拍卖	2022-07-25
林风眠 柳荫双禽图 镜心	46cm×69cm	1,092,500	北京荣宝	2022-07-24
林风眠 水乡 镜心	67cm×67cm	1,092,500	中鸿信	2022-09-11
林风眠 荷塘 镜心	63cm×74cm	1,026,000	保利香港	2022-07-12
林风眠 秋阳白鹭 镜心	66.5cm×67cm	977,500	开拍国际	2022-01-07
林风眠 捕鱼图 镜框	68.3cm×67.3cm	972,064	香港苏富比	2022-04-30
林风眠 松涛远帆 镜心	67.5cm×67.5cm	920,000	开拍国际	2022-01-07
林风眠 海边夜色 镜心	66cm×66cm	920,000	中国嘉德	2022-12-12
林风眠 清水芙蓉 镜框	49cm×57.5cm	920,000	朵云轩	2022-12-08
林风眠 约20世纪40年代作 闲情（一组两件）	33.3cm×33.3cm×2	882,912	中国嘉德	2022-10-09
林风眠 苇畔鹅鹚 镜框	67.5cm×68.6cm	756,050	香港苏富比	2022-04-30
林风眠 1977年作 翮翮羽翼 镜框	48.5cm×68cm	756,050	佳士得	2022-05-29
林风眠 读书 镜框	33.5cm×34cm	756,050	佳士得	2022-05-29
林风眠 海岸风景 镜框	63cm×63cm	753,234	佳士得	2022-12-02
林风眠 秋林 镜框	34cm×46cm	753,234	佳士得	2022-12-02
林风眠 秋景 镜框	33cm×32.6cm	721,457	香港苏富比	2022-10-08
林风眠 晨曦 镜心	38cm×24cm	690,000	中贸圣佳	2022-07-23
林风眠 屋前闲坐 镜心	35cm×41.5cm	690,000	永乐拍卖	2022-07-25
林风眠 渔歌 镜心	66cm×67cm	690,000	永乐拍卖	2022-07-25
林风眠 月色荷塘 镜心	35cm×34cm	644,000	开拍国际	2022-01-07
林风眠 雪夜泊舟图 镜心	66.5cm×67cm	632,500	北京银座	2022-01-12
林风眠 泊舟图 镜心	66cm×66cm	632,500	中贸圣佳	2022-10-27
林风眠 瓶花仕女 镜片	68cm×68cm	632,500	上海嘉禾	2022-11-20
林风眠 苇塘飞雁 镜框	61.5cm×64cm	579,411	佳士得	2022-12-02
林风眠 芦塘鹭鸶 镜框	68cm×82.5cm	579,411	佳士得	2022-12-02
林风眠 苇塘暮色 镜心	45.5cm×42.5cm	552,000	北京银座	2022-09-17
林风眠 秋景 镜心	52cm×66cm	540,500	中贸圣佳	2022-12-31
林风眠 苇塘 镜框	40cm×42cm	540,036	佳士得	2022-05-29
林风眠 读书仕女 立轴	33cm×22.3cm	518,434	佳士得	2022-05-29
林风眠 1977年作 和鸣 镜心	34cm×45cm	506,000	北京保利	2022-07-26
林风眠 松风行旅图 镜心	36cm×39.5cm	494,500	北京银座	2022-09-17
林风眠 荷塘清韵 镜片	68.5cm×69.5cm	494,500	上海嘉禾	2022-11-20
林风眠 鱼鹰芦塘 镜框	34cm×46cm	486,032	佳士得	2022-05-29
林风眠 盛夏 立轴	68cm×68cm	460,000	中鸿信	2022-09-11
林风眠 芦塘白鹭 镜心	68cm×68cm	460,000	广东崇正	2022-08-11
林风眠 花果静物 镜心	35cm×33.5cm	460,000	中国嘉德	2022-12-12
林风眠 1934年作 桃花仙鹤 立轴	122cm×61cm	448,500	中鸿信	2022-09-11
林风眠 1965年作 苇塘飞雁 镜框	34.5cm×46.2cm	440,352	佳士得	2022-12-02
林风眠 京剧仕女 镜框	33.5cm×34cm	411,456	华艺国际	2022-05-29
林风眠 荷塘 镜片	68.5cm×68.5cm	402,500	广东崇正	2022-12-25
林风眠 母与女 镜心	33.5cm×34cm	345,000	开拍国际	2022-07-24
林风眠 仕女 镜片	45cm×36cm	299,000	广东崇正	2022-12-25
林风眠 1945年作 一帆风顺 立轴	40cm×43cm	287,500	中国嘉德	2022-05-28
林风眠 渔村小景 镜心	33cm×33cm	287,500	北京保利	2022-07-26
林风眠 仕女	34.5cm×22cm	212,750	华艺国际	2022-07-28
林风眠 梳妆图 镜片	35cm×30cm	207,000	江苏汇中	2022-08-17
林风眠 泊舟 镜心	31cm×31cm	207,000	中国嘉德	2022-12-12
林风眠 仕女抚琴图 立轴	40.5cm×27.5cm	207,000	朵云轩	2022-12-09
林风眠 唐云 1950年作 1962年作 风景 书法 成扇	18cm×50cm×2	184,000	江苏汇中	2022-08-17
林风眠 1932年作 紫藤双禽 立轴	131cm×33cm	172,500	广东崇正	2022-08-11

拍品名称	物品尺寸	成交价RMB	拍卖公司	拍卖日期
林风眠 航帆 镜片	22cm×32cm	149,500	上海嘉禾	2022-11-20
林风眠 芦溪独游 镜心	20.5cm×23cm	132,436	中国嘉德	2022-10-07
林风眠 抚琴仕女 镜心	33cm×33cm	126,500	中国嘉德	2022-05-28
林风眠 1930年作 西湖 镜片	28.5cm×51.5cm	103,500	广东崇正	2022-08-11
林风眠 芦岸禽鸟 镜片	34cm×33.5cm	103,500	朵云轩	2022-12-09
林风眠 一鹭清莲 立轴	120cm×48cm	74,750	江苏汇中	2022-08-17
林国成 2017年作 无法容纳的风景——山口待渡	216cm×153cm	287,500	中贸圣佳	2022-07-24
林国廙 行书八言联 立轴	148cm×36.5cm×2	402,500	保利厦门	2022-10-21
林海钟 2021年作 云林古禅寺 镜心	68cm×144.5cm	966,000	开拍国际	2022-01-07
林湖奎 秋声 镜框	69.5cm×136cm	301,293	佳士得	2022-12-02
林湖奎 戏雪 镜框	69.5cm×138.5cm	183,612	佳士得	2022-05-29
林湖奎 雄风 镜框	92.5cm×76.5cm	86,405	佳士得	2022-05-29
林立中 2021年作 四君子画册 镜心	32cm×32cm×12	5,980,000	北京得逸	2022-09-24
林立中 2015年作 梅竹长春 镜片	130cm×250cm	3,850,000	北京中贝	2022-04-11
林立中 2018年作 梦里荷香	58cm×116cm	1,639,000	英国罗素	2022-01-17
林立中 2005年作 元人诗意图 镜片	67cm×138cm	1,210,000	北京中贝	2022-04-11
林立中 2021年作 劲节春风 镜片	48cm×180cm	935,000	北京中贝	2022-04-11
林立中 清韵 镜片	34cm×137cm	747,500	保利厦门	2022-10-22
林立中 2014年作 巴山夜雨	35cm×138cm	563,500	环球艺术	2022-08-28
林良丰 叶韶霖 佛像 镜框	53cm×143cm	345,000	保利厦门	2022-10-21
林茂苁 出水荷风带露香 画心	136cm×68cm	680,000	北京传世	2022-12-15
林散之 太湖水墨山水 横披	27.5cm×151.5cm	747,500	中贸圣佳	2022-07-23
林散之 草书《卜算子·咏梅》立轴	172cm×93.5cm	575,000	北京银座	2022-01-12
林散之 1980年作 草书《归思》镜心	96cm×36.5cm	517,500	中国嘉德	2022-06-27
林散之 1982年作 行书杜甫诗 立轴	138cm×69cm	483,000	中国嘉德	2022-06-26
林散之 山水书法 册页	画 14cm×16.5cm×12	483,000	中国嘉德	2022-06-27
林散之 草书七言律诗一首 立轴	137cm×48cm	460,000	北京保利	2022-07-27
林散之 草书手卷	31cm×178cm	460,000	广东崇正	2022-12-25
林散之 为房震作草书 立轴	137.5cm×31.5cm	368,000	西泠印社	2022-01-22
林散之 草书《姑苏怀古》镜心	137cm×33cm	368,000	中国嘉德	2022-06-27
林散之 草书自作诗 镜心	48cm×177cm	368,000	北京保利	2022-07-26
林散之 草书《咏梅》立轴	132cm×32.5cm	368,000	荣宝斋（南京）	2022-12-07
林散之 1977年作 草书《八十自述》卷 手卷	32cm×261cm	345,000	中国嘉德	2022-09-27
林散之 万水千山特特来 镜心	97cm×36cm	345,000	中国嘉德	2022-06-27
林散之 草书杜牧诗 立轴	94cm×37cm	345,000	中国嘉德	2022-12-12
林散之 1973年作 黄山 立轴	86cm×23cm	322,000	中国嘉德	2022-06-26
林散之 书法	130cm×34cm	321,895	荣宝斋（香港）	2022-11-26
林散之 草书《清平乐·会昌》立轴	93cm×32cm	299,000	中国嘉德	2022-06-27
林散之 1978年作 草书 立轴	109cm×34cm	287,500	广东崇正	2022-08-11
林散之 1984年作 草书曾几诗 立轴	130cm×32cm	264,500	中国嘉德	2022-06-27
林散之 草书杜牧诗 镜心	35cm×140cm	253,000	中国嘉德	2022-06-26
林散之 行书 立轴	178cm×43.5cm	253,000	广东崇正	2022-08-11
林散之 1979年作 行书五言联 立轴	112cm×26.5cm×2	253,000	广东崇正	2022-08-11
林散之 1966年作 行书七言联 镜心	130cm×30cm×2	230,000	中贸圣佳	2022-07-23
林散之 草书杜牧《山行》立轴	102cm×34.5cm	230,000	北京荣宝	2022-07-24
林散之 1962年作 草书七言诗 立轴	150.5cm×31.5cm	230,000	中国嘉德	2022-06-27
林散之 1987年作 草书七言联 立轴	134cm×32cm×2	207,000	中国嘉德	2022-06-26
林散之 1978年作 荆溪纪游 立轴	94cm×33.5cm	207,000	江苏汇中	2022-08-16
林散之 行书《蝶恋花·从汀州向长沙》镜心	137cm×36.5cm	207,000	荣宝斋（南京）	2022-12-07
林散之 1982年作 草书五言联 对联	137cm×33.5cm×2	207,000	朵云轩	2022-12-08
林散之 1978年作 草书王昌龄诗一首 立轴	117cm×34cm	201,250	北京保利	2022-07-27
林散之 草书 立轴	98cm×33cm	195,500	荣宝斋（南京）	2022-12-07
林散之 1976年作 草书《悼周总理诗二首》镜片	31.5cm×67cm	189,750	广东崇正	2022-12-25
林散之 草书宋人诗 立轴	95cm×33.5cm	184,000	西泠印社	2022-01-22
林散之 1973年作 草书书论 立轴	105cm×30.5cm	184,000	中国嘉德	2022-06-27
林散之 草书 立轴	106cm×32.5cm	184,000	荣宝斋（南京）	2022-12-07
林散之 1972年作 隶书五言联 镜片	78cm×17cm×2	184,000	广东崇正	2022-12-25
林散之 为曹简楼作草书王昌龄诗 立轴	98.5cm×33cm	172,500	西泠印社	2022-01-22
林散之 1979年作 草书论书诗一首 立轴	97cm×36.5cm	172,500	西泠印社	2022-01-23
林散之 草书七言联 立轴	136.5cm×29cm×2	172,500	中国嘉德	2022-06-27
林散之 草书《卜算子·咏梅》镜心	96.5cm×43cm	161,000	中国嘉德	2022-06-26
林散之 草书《清平乐·六盘山》镜心	40cm×155cm	161,000	中国嘉德	2022-06-27
林散之 草书节录《满江红》立轴	100cm×33.5cm	161,000	中国嘉德	2022-06-26
林散之 草书鲁迅诗 镜心	107cm×30cm	161,000	北京保利	2022-07-27
林散之 隶书七言联 立轴	112cm×29cm×2	161,000	荣宝斋（南京）	2022-12-07
林散之 行书 立轴	93cm×27cm	161,000	荣宝斋（南京）	2022-12-07
林散之 草书 立轴	134cm×34cm	149,500	泰和嘉成	2022-07-30
林散之 草书七言诗 镜心	68cm×218cm	149,500	中国嘉德	2022-09-28
林散之 草书《山行》立轴	95cm×35.5cm	149,500	荣宝斋（南京）	2022-12-07
林散之 草书自作诗 镜心	95cm×33.5cm	138,000	中贸圣佳	2022-07-23
林散之 1982年作 "芳草、梅花" 七言联 镜片	135cm×24cm×2	138,000	江苏汇中	2022-08-16
林散之 草书《春晓》立轴	66cm×31.5cm	138,000	中国嘉德	2022-12-13
林散之 草书 立轴	121cm×26cm	132,250	广东崇正	2022-12-25
林散之 1965年作 草书七言诗 立轴	134cm×34cm	126,500	上海嘉禾	2022-11-20
林散之 1987年作 草书《长丁曲》一首 立轴	99cm×33.5cm	115,000	保利厦门	2022-10-22
林散之 1964年作 草书七言诗 镜片	35cm×137cm	115,000	上海嘉禾	2022-11-20
林散之 草书杜牧诗 立轴	97cm×36cm	110,364	中国嘉德	2022-10-07
林散之 草书毛泽东《卜算子·咏梅》立轴	118cm×34cm	103,500	中贸圣佳	2022-07-23
林散之 草书 立轴	68cm×36.5cm	103,500	广东崇正	2022-12-25
林散之 1978年作 行草 镜片	68cm×30cm	97,750	广东崇正	2022-08-11
林散之 1985年作 "生天、旷世" 五言联 立轴	99cm×22cm×2	97,750	江苏汇中	2022-08-16
林散之 草书自作《画楼》镜心	109.5cm×32cm	94,300	中鸿信	2022-09-16
林散之 草书杜牧《山行》镜心	99cm×33cm	92,000	北京银座	2022-09-16
林散之 1975年作 草书毛主席词 立轴	112cm×38cm	92,000	上海嘉禾	2022-11-20
林散之 草书 "乐育英材" 镜心	34cm×70cm	89,700	荣宝斋（南京）	2022-12-07
林散之 草书《江南春》镜心	130cm×33cm	86,250	中国嘉德	2022-05-31

2022书画拍卖成交汇总(续表)

(成交价RMB：6万元以上)

拍品名称	物品尺寸	成交价RMB	拍卖公司	拍卖日期
林散之1987年作 草书七言联 立轴	134.5cm×31cm×2	86,250	中国嘉德	2022-06-26
林散之 草书《剑门道中》立轴	82cm×33.5cm	80,500	中贸圣佳	2022-12-31
林散之 松溪放棹 镜心	23.5cm×34cm	80,500	中国嘉德	2022-06-27
林散之 草书《清平乐·会昌》镜心	32cm×45.5cm	80,500	中国嘉德	2022-06-27
林散之1976年作 草书自作七言一首 镜片	33.5cm×64cm	80,500	江苏汇中	2022-08-16
林散之 草书杜牧诗 立轴	96cm×35cm	80,500	上海嘉禾	2022-08-28
林散之1982年作行书 "平安" 镜片	31cm×68cm	80,500	上海嘉禾	2022-11-20
林散之 草书 "民生在勤" 镜心	30cm×95.5cm	80,500	中国嘉德	2022-12-13
林散之 草书诗句 镜心	68.5cm×33.5cm	75,900	保利厦门	2022-10-22
林散之1976年作 自作诗一首 镜片	33.5cm×64cm	74,750	江苏汇中	2022-08-16
林散之 毛词《清平乐·会昌》	95cm×35cm	74,750	江苏汇中	2022-08-17
林散之 草书《论书》立轴	104cm×33.5cm	74,750	上海嘉禾	2022-08-28
林散之 草书七言诗 立轴	97cm×34cm	69,000	中国嘉德	2022-05-31
林散之 1987年作 行书五言联对联	135cm×32cm×2	69,000	中国嘉德	2022-09-28
林散之 草书 "慎思" 镜心	34cm×56cm	69,000	中国嘉德	2022-06-26
林纾1920年作 百福骈臻 立轴	194.5cm×80.5cm	391,000	朵云轩	2022-12-08
林纾1908年作 仿马远山水 册页(十二开选六)	41.5cm×45cm×12	322,000	上海嘉禾	2022-11-20
林纾 梅花书屋·西山放鹤 镜心		207,000	中国嘉德	2022-06-28
林树森2020年作 圣人含道应物	138cm×34cm	158,000	北京伍佰艺	2022-09-17
林曦明1991年作 田园乐 册页(十开)	34cm×45cm×10	75,900	华艺国际	2022-09-23
林墉1990年作 仕女 立轴	133cm×67cm	460,000	华艺国际	2022-09-24
林墉1990年作 荷花少女 立轴	137cm×68cm	379,500	广东崇正	2022-12-25
林墉1998年作 吉庆丰年 镜片	137cm×69cm	368,000	广东崇正	2022-08-11
林墉1991年作 四季倩影卷 手卷	画 33.5cm×67.5cm×4	333,500	中国嘉德	2022-06-29
林墉1987年作 芭蕉仕女 立轴	135cm×67cm	241,500	中国嘉德	2022-06-29
林墉1988年作 秋兴图 立轴	136cm×67cm	207,000	中国嘉德	2022-06-29
林墉1988年作 芭蕉仕女 立轴	137cm×67.5cm	207,000	中国嘉德	2022-06-29
林墉1980年作 霜叶红于二月花 镜框	136cm×58.5cm	184,000	华艺国际	2022-09-24
林墉1976年作 听广播 镜片	87cm×54cm	161,000	广东崇正	2022-08-11
林墉1997年作 仕女 镜片	138cm×68cm	149,500	广东崇正	2022-08-11
林墉1994年作 梅花少女 镜心	138.5cm×68cm	126,500	北京银座	2022-01-12
林墉 人物 立轴	99cm×52cm	115,000	广东小雅斋	2022-05-25
林墉1988年作 南国三月红 立轴	98cm×51cm	115,000	中国嘉德	2022-06-29
林墉2001年作 红花仕女图 镜片	68cm×136cm	115,000	广东崇正	2022-12-25
林墉1993年作 执扇仕女 立轴	136cm×68cm	109,250	北京保利	2022-07-27
林墉1988年作 日暮依依修竹 立轴	97.5cm×51cm	103,500	中国嘉德	2022-06-29
林墉1994年作 清和图 镜心	137cm×68cm	103,500	北京保利	2022-07-27
林墉1986年作 关雎图 镜心	138cm×70cm	101,534	中国嘉德	2022-10-07
林墉1987年作 高士图 镜片	136cm×67.5cm	92,000	广东崇正	2022-08-11
林墉2002年作 春早 镜心	138cm×69cm	92,000	华艺国际	2022-09-24
林墉2000年作 花间少女 镜心	69cm×138.5cm	80,500	中国嘉德	2022-12-15
林墉1996年作 梅花少女 镜片	69cm×137cm	74,750	广东崇正	2022-08-11
林墉1988年作 达摩 立轴	133cm×68cm	143,750	保利厦门	2022-10-22
林墉 背影 镜心	136cm×68cm	115,000	开拍国际	2022-07-24
林于思2021年作 云中豹	136cm×68cm	138,000	华艺国际	2022-07-28
林语堂1968年作 行书苏轼《临江仙·夜归临皋》立轴	84cm×37.5cm	253,000	北京银座	2022-09-16
林语堂 伯乐不在时 镜心	30.5cm×88cm	242,800	中国嘉德	2022-10-07
林语堂 书法《归去来兮》《暮从山下》镜心		198,655	中国嘉德	2022-10-07
林语堂 陈宝琛三骏图、书法(二帧)立轴		77,254	中国嘉德	2022-10-07
林语堂 行书 镜片	22cm×18cm	69,000	广东崇正	2022-08-11
林长民1918年作 行书诗 镜心	19.5cm×55cm	126,500	北京保利	2022-07-26
林长民1925年作 为李宣偁作楷书五言诗 扇面	18.5cm×51cm	97,750	西泠印社	2022-08-21
林之源2022年作 四尺全堂山水(云霞皆妙趣 山水有清音)	136cm×276cm	690,000	北京伍佰艺	2022-09-17
林之源2022年作 四尺全堂山水(远村杳岁月 苍岭锁云烟)	136cm×276cm	569,000	北京伍佰艺	2022-09-17
林志钧 楷书 录旧作诗词	27.2cm×109.3cm	80,500	中国嘉德	2022-06-27
林子平 传统铁屋 镜心	150cm×240cm	769,500	保利香港	2022-07-12
林子平 新加坡河景	143.5cm×367cm	432,028	佳士得	2022-05-27
林子平 新加坡河景 镜心	110cm×96.5cm	225,720	保利香港	2022-07-12
林子平2014年作 老树 镜心	120cm×120cm	205,200	保利香港	2022-07-12
林子平2010年作 新加坡河景	145cm×183cm	162,235	佳士得	2022-12-01
凌焕忠 百蝶图镜心	21cm×59cm×12	89,600	开禧国际	2022-12-28
凌叔华 陈源1928年作 书画合璧 册页(十六页)	29cm×23.5cm×16	126,500	西泠印社	2022-01-23
凌叔华1931年作 花卉(八帧)镜心	18cm×22cm×8	92,000	中鸿信	2022-09-12
凌虚 管仲贤 朱熙1958年作 嫦娥谒驾图通景六屏 立轴	174cm×255cm×6	126,500	中鸿信	2022-09-11
岭南诸家1932年作 秋菊鸣禽 镜框	97.7cm×41cm	70,204	香港苏富比	2022-04-30
刘宝纯1991年作 桃源碧泉 镜心	96cm×177cm	126,500	中鸿信	2022-09-11
刘宝纯70年代作 高原春色 镜片	63cm×82.5cm	97,750	西泠印社	2022-01-22
刘宝纯1983年作 江流天地外 镜心	70cm×140cm	86,250	中鸿信	2022-09-11
刘宝纯1981年作 蓬莱仙阁 镜心	140cm×68cm	86,250	中鸿信	2022-09-11
刘宝纯1983年作 蓬莱仙阁 镜心	137cm×68cm	80,500	中鸿信	2022-09-11
刘炳森 隶书七言联 镜心	180cm×38cm×2	138,000	北京银座	2022-09-16
刘炳森 乾隆《卢沟晓月》镜心	97.8cm×177cm	101,200	北京诚轩	2022-08-08
刘炳森 隶书 "紫气东来满地春" 立轴	131cm×63.5cm	80,500	中国嘉德	2022-12-12
刘炳森1986年作 隶书朱熹诗 立轴	128cm×64cm	63,250	北京保利	2022-07-26
刘昌潮1978年作 松石凌霄 镜心	136cm×68cm	161,000	华艺国际	2022-09-24
刘昌潮1982年作 五月红 立轴	97cm×65cm	115,000	华艺国际	2022-09-24
刘超2021年作 华柳一园春 镜心	68cm×136cm	494,000	北京中贝	2022-03-16
刘超2021年作 钟馗巡视图 镜心	68cm×136cm	482,000	北京中贝	2022-03-16
刘超2021年作 佛在心中不远求 镜心	68cm×136cm	459,000	北京中贝	2022-03-16
刘超2021年作 福送万家天地和 镜心	68cm×136cm	425,000	北京中贝	2022-03-16
刘超2021年作 劝学图 镜心	68cm×136cm	381,000	北京中贝	2022-03-16
刘超2021年作 云山悟道 镜心	68cm×136cm	327,000	北京中贝	2022-03-16
刘大为1981年作 霸王别姬 镜片	96cm×54cm	322,000	上海嘉禾	2022-11-20
刘大为2006年作 跃马图 镜心	68cm×137cm	103,500	中国嘉德	2022-09-28
刘丹1999年作 花卉 镜框	37.5cm×37.5cm	1,158,822	佳士得	2022-12-02
刘丹2022年作 小孤山馆藏石 镜框	42.3cm×39cm	702,046	佳士得	2022-05-27
刘旦宅1995年作 谢太傅故实 镜心	115cm×83.5cm	1,265,000	中国嘉德	2022-12-12
刘旦宅1985年作 稼轩清夏图 镜框	134cm×68cm	1,207,500	上海嘉禾	2022-11-20
刘旦宅1978年作 红楼梦故事图 册页(十二开)	38.5cm×38.5cm×12	920,000	中鸿信	2022-09-11
刘旦宅1985年作 仁兽繁花 镜心	96.5cm×59.5cm	920,000	中国嘉德	2022-12-12
刘旦宅1981年作 浣纱女 立轴	95cm×59cm	690,000	中国嘉德	2022-06-26
刘旦宅1984年作 耶溪采莲图 镜心	89.5cm×48cm	460,000	中国嘉德	2022-12-12
刘旦宅1984年作 红叶题诗 镜心	89cm×48cm	460,000	中国嘉德	2022-12-12
刘旦宅1986年作 敬松濑诗意 立轴	97cm×44cm	402,500	中国嘉德	2022-06-26

拍品名称	物品尺寸	成交价RMB	拍卖公司	拍卖日期
刘旦宅 1978年作 阴满中庭 立轴	96cm×58.5cm	402,500	朵云轩	2022-12-08
刘旦宅 1980年作 富贵猫蝶图 立轴	97cm×60cm	391,000	中国嘉德	2022-12-12
刘旦宅 1983年作 啸歌图 镜心	90cm×48.5cm	368,000	中国嘉德	2022-12-12
刘旦宅 1985年作 翰墨飘香 册页（八开）	32.5cm×45cm×9	356,500	广东崇正	2022-08-11
刘旦宅 1978年作 柴桑松菊图 立轴	93.5cm×58cm	287,500	上海嘉禾	2022-08-28
刘旦宅 1985年作 白牡牡丹 立轴	49.5cm×47.5cm	287,500	中国嘉德	2022-12-12
刘旦宅 1978年作 天风海水图 立轴	95cm×59cm	258,750	西泠印社	2022-01-23
刘旦宅 1980年作 牧女 镜片	100cm×68.5cm	253,000	上海嘉禾	2022-11-20
刘旦宅 1978年作 天风海水 立轴	95cm×59cm	241,500	朵云轩	2022-08-07
刘旦宅 1995年作 左笔反书苏轼词 立轴	136.5cm×68cm	230,000	中国嘉德	2022-12-12
刘旦宅 1981年作 天仙下凡 镜框	65cm×43cm	230,000	朵云轩	2022-12-08
刘旦宅 荷花双凫 镜心	42cm×69.5cm	184,000	中国嘉德	2022-12-12
刘旦宅 1988年作 黑猫芙蓉 镜心	68.5cm×46cm	172,500	中国嘉德	2022-12-12
刘旦宅 1978年作 风尘三侠 镜片	94.5cm×60cm	172,500	广东崇正	2022-12-25
刘旦宅 1984年作 荷花蜻蜓 镜心	68.5cm×46cm	161,000	中国嘉德	2022-12-12
刘旦宅 1981年作 行草李白诗 立轴	202.5cm×50.5cm	149,500	北京荣宝	2022-07-24
刘旦宅 1997年作 拜石图 立轴	95cm×80cm	138,000	上海嘉禾	2022-08-28
刘旦宅 2006年作 行书"前程万里" 镜心	51cm×135cm	126,500	中国嘉德	2022-06-26
刘旦宅 1980年作 月夜抚琴 镜心	64cm×40cm	86,250	中国嘉德	2022-05-30
刘旦宅 1988年作 寻梅图 立轴	68.5cm×44.5cm	71,736	中国嘉德	2022-10-07
刘旦宅 1986年作 柳林双骏 镜心	96cm×56.5cm	71,300	北京保利	2022-12-12
刘旦宅 1962年作 蕉石仕女 镜心	84cm×40cm	69,000	中国嘉德	2022-12-12
刘旦宅 军民水乳情 镜心	74cm×32.5cm	64,400	中鸿信	2022-09-11
刘旦宅 1991年作 蕉下仕女 镜片	40.5cm×64cm	60,480	上海嘉禾	2022-07-31
刘德超 2019年作 雨过山头云气湿	136cm×68cm	326,000	北京伍佰艺	2022-10-28
刘德超 2022年作 山风吹作满屋云	68cm×68cm	274,000	北京伍佰艺	2022-10-28
刘德宽 小窗幽记 画心	240cm×70cm	80,000	北京传世	2022-12-15
刘恩军 墨荷四屏 镜片	179cm×48cm×4	138,000	保利厦门	2022-10-22
刘二刚 1990年作 艺林堂设想图 立轴	178cm×96cm	69,000	中国嘉德	2022-06-29
刘国松 1985年作 千山外水长流	180.5cm×96.2cm	2,593,710	香港苏富比	2022-04-27
刘国松 2005年作 地球，我们的家(B) 镜框	176.3cm×91.2cm	1,998,133	佳士得	2022-05-29
刘国松 1969年作 地球何许之九	122cm×77.5cm	706,680	罗芙奥	2022-06-05
刘国松 1979年作 家乡月光	90cm×90cm	453,630	佳士得	2022-05-27
刘国松 月之蜕变之十二 镜框	53.5cm×53.5cm	440,352	佳士得	2022-12-02
刘国松 1966年作 构图		432,028	佳士得	2022-05-27
刘国松 2010年作 甘肃石门印象	61cm×94cm	414,000	中贸圣佳	2022-07-24
刘国松 1967年作 蟋蟀渐多秋不浅	59.6cm×75.3cm	271,320	保利香港	2022-10-10
刘国松 1993年作 潮起潮落	21.5cm×40.6cm	108,528	保利香港	2022-10-10
刘国松 1988年作 拼贴的山水	57.5cm×105.5cm	575,000	北京荣宝	2022-07-24
刘海粟 万山山上万峰奇 画心	96cm×177cm	4,600,000	北京传世	2022-12-15
刘海粟 1977年作 八月西郊荷映日 立轴	127cm×65.5cm	2,979,828	中国嘉德	2022-10-07
刘海粟 1983年作 黄山狮子林朝晖 镜心	140cm×274cm	2,472,500	北京保利	2022-07-26
刘海粟 1966年作 云山图卷 手卷	25cm×324cm	2,242,500	中国嘉德	2022-06-26
刘海粟 1967年作 富春江小景 立轴	122cm×69cm	1,725,000	中国嘉德	2022-06-26
刘海粟 1981年作 大富贵亦寿考 镜心	69cm×137cm	1,380,000	开拍国际	2022-07-24
刘海粟 1981年作 黄山奇峰 镜心	122.5cm×245cm	1,380,000	中国嘉德	2022-06-26
刘海粟 玉洞流泉 立轴	103.5cm×50.5cm	1,357,000	中贸圣佳	2022-10-27
刘海粟 1988年作 红梅 镜心	367cm×144cm	1,150,000	北京保利	2022-07-26
刘海粟 黄海云门峰 立轴	137cm×68.5cm	1,092,500	中国嘉德	2022-06-26
刘海粟 1938年作 山居图 立轴	138cm×63cm	1,012,000	永乐拍卖	2022-07-25
刘海粟 1983年作 黄山西海 镜心	68.5cm×136cm	920,000	北京银座	2022-09-17
刘海粟 熊猫 镜片	133cm×64.5cm	897,000	上海嘉禾	2022-11-20
刘海粟 1935年作 幼虎 立轴	画心 31cm×63cm	782,000	开拍国际	2022-01-07
刘海粟 1985年作 行书倚满庭芳·为中国共产党成立六十周年献词 镜心	142cm×360cm	759,000	中鸿信	2022-09-11
刘海粟 1982年作 荷花鸳鸯 镜心	144cm×70cm	690,000	北京保利	2022-07-26
刘海粟 1980年作 《满庭芳》词意 镜心	96.5cm×178.5cm	667,000	华艺国际	2022-07-29
刘海粟 1945年作 双栖 立轴	132cm×65.2cm	586,500	北京荣宝	2022-07-24
刘海粟 1979年作 墨葡萄 立轴	137cm×68cm	575,000	朵云轩	2022-12-08
刘海粟 1983年作 四友图 镜心	144.5cm×367cm	563,500	中鸿信	2022-09-11
刘海粟 1985年作 铁骨红梅图·行书《水龙吟》镜片三幅		486,032	佳士得	2022-05-29
刘海粟 1977年作 万古长青 立轴	138cm×69.5cm	441,456	中国嘉德	2022-10-07
刘海粟 飞瀑苍松 立轴	138cm×68cm	437,000	上海嘉禾	2022-11-20
刘海粟 齐眉 立轴	68cm×68cm	402,500	北京银座	2022-09-17
刘海粟 1982年作 黄山人字瀑 镜框	135cm×68cm	378,025	佳士得	2022-05-29
刘海粟 熊猫 镜心	47cm×97cm	368,000	中国嘉德	2022-06-26
刘海粟 1978年作 岭上红梅 立轴	100cm×52cm	345,000	中贸圣佳	2022-07-23
刘海粟 1984年作 红梅图 镜心	67.5cm×134cm	345,000	北京保利	2022-07-26
刘海粟 墨葡萄 立轴	134.5cm×56cm	345,000	上海嘉禾	2022-11-20
刘海粟 1984年作 云横绝岫 立轴	179cm×95cm	287,500	北京保利	2022-07-26
刘海粟 黄山 镜心	92cm×177cm	287,500	荣宝斋（南京）	2022-12-07
刘海粟 沈尹默 劲松直节·行书刘翰《江南曲》成扇	18.5cm×45.5cm	280,818	香港苏富比	2022-04-30
刘海粟 绿天歧秀 立轴	136.5cm×69.5cm	275,910	中国嘉德	2022-10-07
刘海粟 1982年作 千峰竞秀 镜心	133cm×64.5cm	275,910	中国嘉德	2022-10-07
刘海粟 1978年作 黄山烟云 镜片	95.5cm×267.2cm	254,940	佳士得	2022-12-02
刘海粟 庐山青玉峡 立轴	104cm×50cm	242,800	中国嘉德	2022-10-07
刘海粟 松鹰图 镜心	133cm×66.5cm	230,000	中国嘉德	2022-06-27
刘海粟（款）湖中垂钓	32.5cm×55cm	216,227	香港福羲国际	2022-12-28
刘海粟 1976年作 汉柏图 立轴	89cm×96cm	195,500	中贸圣佳	2022-07-23
刘海粟 行书"福院" 镜心	48cm×110cm	172,500	北京荣宝	2022-07-24
刘海粟 1982年作 荷花图 立轴	96.5cm×55.5cm	172,500	西泠印社	2022-01-23
刘海粟 行书"福禄寿" 镜心	37cm×78.5cm	166,750	北京银座	2022-01-12
刘海粟 奇峰林海 镜心	60.5cm×120cm	165,546	华艺国际	2022-11-27
刘海粟 墨葡萄 镜心	68cm×45.5cm	161,000	北京保利	2022-07-26
刘海粟 1982年作 华光普照清凉台 镜心	135.5cm×64.5cm	151,939	保利香港	2022-10-12
刘海粟 1985年作 泼墨淋漓贯彩虹 镜片	55cm×92cm	149,500	江苏汇中	2022-08-16
刘海粟 1980年作 黄山飞泉 镜框	176.5cm×94cm	127,470	佳士得	2022-12-02
刘海粟 1982年作 黄山白龙潭 立轴	126cm×64cm	126,500	北京保利	2022-07-27
刘海粟 1981年作 花好月圆人寿 镜片	69cm×138.5cm	126,500	广东崇正	2022-08-11
刘海粟 录题画诗卷 手卷	21cm×572cm	115,000	北京银座	2022-09-17
刘海粟 行书"天真斋" 镜心	66cm×131cm	103,500	北京荣宝	2022-07-24
刘海粟 1927年作 意在清湘 镜片	30cm×41cm	103,500	广东崇正	2022-08-11
刘海粟 1978年作 风雨溪山 镜心	48cm×73.5cm	90,498	中国嘉德	2022-10-07
刘海粟 1987年作 东风红梅图 立轴	134cm×65cm	86,250	北京保利	2022-07-27
刘海粟 1927年作 江南春色 镜片	36cm×47cm	80,500	广东崇正	2022-08-11
刘海粟 行书警句 镜心	122cm×82cm	74,750	开拍国际	2022-01-07

2022书画拍卖成交汇总(续表)

(成交价RMB：6万元以上)

拍品名称	物品尺寸	成交价RMB	拍卖公司	拍卖日期
刘海粟 1985年作 行书定盒句 镜心	69cm×137cm	74,750	华艺国际	2022-09-23
刘海粟 1986年作 书法 立轴	96cm×56cm	71,300	江苏汇中	2022-08-17
刘海粟 蒋维乔 钱振煌 丁悚 吴青霞 等 1939—1946年作 为刘瑞芳作书画册页(约四十七页)	13cm×9.5cm(册)	69,000	西泠印社	2022-01-23
刘海粟 行书"翔云楼" 镜心	48cm×95cm	69,000	中国嘉德	2022-06-27
刘海粟 唐云 朱屺瞻 程十发 叶露渊 钱君匋 三清图 镜片	68cm×137cm	69,000	朵云轩	2022-12-08
刘海粟 铁骨红梅 立轴	102cm×52.5cm	63,735	佳士得	2022-12-02
刘海粟 行书"爱" 镜心	64cm×64cm	63,250	中鸿信	2022-09-11
刘海粟 1982年作 行书题词 画心	139cm×68.5cm	63,250	西泠印社	2022-08-21
刘海粟 1982年作 行书诗 立轴	98.5cm×48.5cm	63,250	朵云轩	2022-12-08
刘汉宗 1959年作《除三害》年画四条屏原稿十六帧(全) 镜片	27cm×34.5cm×16	460,000	西泠印社	2022-01-22
刘汉宗 1961年作《双枪将陆文龙》年画四条屏原稿十六帧(全) 画心	23cm×31cm×16	460,000	西泠印社	2022-01-22
刘恒 宿云山寺阁	97cm×180cm	817,248	香港贞观	2022-06-18
刘恒 和友人戏赠二首(一作和令狐)戏题	180cm×97cm	808,735	香港贞观	2022-06-18
刘恒 春日登金华观	137cm×70cm	493,754	香港贞观	2022-06-18
刘恒 渭川田家	137cm×70cm	476,728	香港贞观	2022-06-18
刘洪彪 青玉案·元夕	96cm×180cm	834,274	香港贞观	2022-06-18
刘洪彪 早梅	137cm×70cm	578,884	香港贞观	2022-06-18
刘洪彪 要做正常人	137cm×35cm	323,494	香港贞观	2022-06-18
刘洪彪 当谋奇特事	137cm×35cm	297,955	香港贞观	2022-06-18
刘洪滨 老树看花无丑枝	137cm×70cm	136,208	香港贞观	2022-06-18
刘恒麟 烂漫秋色 画心	90cm×90cm	360,000	北京传世	2022-12-15
刘辉 2021年作 秋山林木图 镜心	142cm×69cm	960,000	北京中贝	2022-03-16
刘辉 2020年作 多子多福 镜心	68cm×136cm	620,000	北京中贝	2022-03-16
刘辉 2019年作 红荷映日 镜心	68cm×136cm	390,000	北京中贝	2022-03-16
刘继卣 爱鹅图 镜心	138.5cm×71.5cm	782,000	北京保利	2022-07-27
刘继卣 1981年作 猫戏图 立轴	135cm×67cm	460,000	中鸿信	2022-09-11
刘继卣 1978年作 芭蕉月季猫奴立轴	137cm×68.5cm	322,000	中国嘉德	2022-12-12
刘继卣 1978年作 狩猎图 立轴	195.5cm×107.5cm	253,000	中贸圣佳	2022-12-31
刘继卣 熊猫 立轴	136cm×67.5cm	218,500	上海嘉禾	2022-01-01
刘继卣 1978年作 芭蕉月季猫奴立轴	137cm×68.5cm	205,213	佳士得	2022-05-29
刘继卣 少女与兔	69cm×44cm	202,334	荣宝斋(香港)	2022-11-26
刘继卣 双狮图 镜心	68.5cm×134.5cm	195,500	北京荣宝	2022-07-24
刘继卣 1983年作 修竹凝露晓风清立轴	132.5cm×68cm	184,000	中贸圣佳	2022-12-31
刘继卣 1980年作 竹影风清 镜心	68cm×42.5cm	172,500	北京银座	2022-09-17
刘继卣 1977年作 雄狮 镜心	137cm×68cm	172,500	中国嘉德	2022-06-27
刘继卣 1978年作 双兔 镜心	78cm×45cm	172,500	中国嘉德	2022-12-13
刘继卣 1981年作 陶渊明诗意立轴	135cm×64.5cm	138,000	中国嘉德	2022-06-27
刘继卣 狮子 立轴	68.5cm×46.5cm	126,500	中国嘉德	2022-12-13
刘继卣 松鼠 横披	45.5cm×68.5cm	115,000	中国嘉德	2022-12-13
刘继卣 鹦鹉 镜心	92cm×49cm	115,000	中国嘉德	2022-12-13
刘继卣 1982年作 雪纳瑞 立轴	66.5cm×64.5cm	103,500	中国嘉德	2022-06-26
刘继卣 1982年作 一夜潇潇雨立轴	137.5cm×67cm	92,000	北京荣宝	2022-07-24
刘继卣 1977年作 鹰 镜心	96.5cm×63cm	86,250	中国嘉德	2022-06-27
刘继卣 1976年作 鹦鹉 立轴	71cm×33cm	74,750	中贸圣佳	2022-07-23
刘继卣 狐狸 镜心	94cm×58.5cm	69,000	中鸿信	2022-09-11
刘继卣 小花狗 横披	45.5cm×68.5cm	69,000	中国嘉德	2022-12-13
刘继卣 1979年作 熊猫翠竹 立轴	84.5cm×62.5cm	63,250	中国嘉德	2022-12-12
刘菁华 霞光渔色 镜片	76cm×103cm	241,500	保利厦门	2022-10-22
刘静河 2021年作 清照诗意	136cm×68cm	710,000	北京伍佰艺	2022-09-17
刘静河 2020年作 野逸清趣图	136cm×68cm	670,000	北京伍佰艺	2022-09-17
刘静河 2020年作 松荫对弈图	136cm×68cm	650,000	北京伍佰艺	2022-09-17
刘静河 2020年作 清照诗意二	136cm×68cm	640,000	北京伍佰艺	2022-09-17
刘俊 精气神 画心	138cm×69cm	560,000	北京传世	2022-12-15
刘俊 马到成功 画心	180cm×69cm	550,000	北京传世	2022-12-15
刘俊 和画心	69cm×69cm	360,000	北京传世	2022-12-15
刘奎龄 1928年作 禽鸟四屏 立轴	166cm×39cm×4	3,680,000	开拍国际	2022-07-24
刘奎龄 1929年作 秋阶晓露 立轴	100cm×53cm	1,725,000	中贸圣佳	2022-12-31
刘奎龄 1933年作 三公富贵 立轴	119cm×41.5cm	460,000	朵云轩	2022-12-08
刘奎龄 松泉虎啸 立轴	81.5cm×33.5cm	237,615	香港苏富比	2022-04-30
刘奎龄 邢端 俾尔多寿 楷书 成扇	19cm×51cm	149,500	北京保利	2022-07-26
刘奎龄 1945年作 双犬图 立轴	71cm×34.5cm	138,000	北京银座	2022-09-17
刘奎龄 春风得意 立轴	91cm×31cm	110,364	中国嘉德	2022-10-07
刘奎龄 溥忻 1953年作 二羊图 行书成扇	18.5cm×50cm	86,250	上海嘉禾	2022-01-01
刘奎龄 陆文郁 1923年作 花鸟草虫成扇	19cm×51cm	80,500	永乐拍卖	2022-07-25
刘奎龄 1936年作 鸟倦鸣香扇面镜心	18cm×50cm	69,000	北京银座	2022-09-17
刘昤 红妆照水 立轴	178cm×102cm	184,000	保利厦门	2022-10-21
刘凌沧 1979年作 仕女四屏 镜心	110cm×34cm×4	862,500	中贸圣佳	2022-12-31
刘凌沧 抚琴仕女图 立轴	77cm×52cm	230,000	保利厦门	2022-10-21
刘凌沧 1982年作 屈子行吟 立轴	137cm×68cm	207,000	北京诚轩	2022-08-08
刘凌沧 1932年作 喜象太平 立轴	166cm×94cm	115,000	江苏汇中	2022-08-17
刘凌沧 1979年作 艳露凝香 立轴	127cm×65cm	71,300	北京荣宝	2022-07-24
刘孟宽 2022年作 观星悟道 镜框	62cm×178cm	172,811	佳士得	2022-05-29
刘孟宽 2022年作 泼彩荷花(两幅)镜框	92cm×40cm×2	104,293	佳士得	2022-12-02
刘明玉 2021年作 寥禽 镜心	68cm×136cm	486,000	北京中贝	2022-03-16
刘明玉 2021年作 如意图 镜心	68cm×136cm	432,000	北京中贝	2022-03-16
刘琦 人物 镜心	92.5cm×250cm	115,000	中国嘉德	2022-06-29
刘琦 2014年作 安晚	48.5cm×187cm	69,000	中贸圣佳	2022-10-12
刘谦 长寿 画心	180cm×97cm	3,000,000	北京传世	2022-12-15
刘谦 起舞 画心	180cm×97cm	3,000,000	北京传世	2022-12-15
刘清郁 2022年作 惠风祥云 镜心	136cm×75cm	450,000	北京中贝	2022-03-16
刘清郁 2021年作 书法古诗三首镜心	163cm×90cm	150,000	北京中贝	2022-03-16
刘庆和 2018年作 红墙 镜心	150cm×230cm	1,150,000	中国嘉德	2022-12-15
刘瑞 2022年作 江山如此多娇	180cm×70cm	488,000	北京伍佰艺	2022-09-17
刘瑞 2022年作 江山永固	68cm×136cm	368,000	北京伍佰艺	2022-09-17
刘瑞江 王允倜 浓墨点江山 画心	140cm×70cm	1,765,000	北京传世	2022-12-15
刘瑞江 春江花月夜 画心	240cm×70cm	1,620,000	北京传世	2022-12-15
刘瑞江 武昌怀古 画心	240cm×70cm	859,000	北京传世	2022-12-15
刘士苓 秋趣图 镜心	98cm×240cm	873,600	开禧国际	2022-12-28
刘世禹 2022年作 远望云山隔秋水	100cm×240cm	1,600,000	北京伍佰艺	2022-09-17
刘世禹 2022年作 天清远峰出	136cm×68cm	860,000	北京伍佰艺	2022-09-17
刘世禹 2022年作 云静山浮翠	136cm×68cm	855,000	北京伍佰艺	2022-09-17
刘世禹 2022年作 云横秀岭	68cm×68cm	490,000	北京伍佰艺	2022-09-17
刘世禹 2022年作 云岭飞瀑天清远峰出	68cm×68cm	460,000	北京伍佰艺	2022-09-17
刘思远 2021年作 春山清音图 镜片	180cm×96cm	223,000	北京中贝	2022-06-09

拍品名称	物品尺寸	成交价RMB	拍卖公司	拍卖日期	拍品名称	物品尺寸	成交价RMB	拍卖公司	拍卖日期
刘思远 2021年作 清泉石上流 镜片	138cm×68cm	165,000	北京中贝	2022-04-11	刘振夏 1979年作 小学生 镜心	70.5cm×48cm	230,000	中国嘉德	2022-12-15
刘思远 高山秋韵 镜片	136cm×68cm	165,000	北京中贝	2022-06-09	刘振夏 1978年作 新芽 镜心	72.7cm×48.3cm	207,000	中国嘉德	2022-06-29
刘思远 幽径通幽 镜片	136cm×68cm	165,000	北京中贝	2022-06-09	刘振夏 女青年头像 镜框	43.8cm×41.5cm	91,806	香港苏富比	2022-04-30
刘思远 万山红遍 镜片	136cm×34cm	85,600	北京中贝	2022-06-09	刘志贤 雪韵	60cm×130cm	82,773	荣宝斋（香港）	2022-11-26
刘天怜 2014年作 ……和我们想的不一样	117.7cm×118.2cm	92,000	永乐拍卖	2022-07-26	刘子建 1998年作 闪灵2	68cm×136cm	184,000	华艺国际	2022-09-23
刘铁冷 1930年作 行书六言联 立轴	340cm×48cm×2	89,700	中鸿信	2022-09-12	柳滨 李芳园 1940年作 人物故事 四条屏	150cm×39cm×4	63,250	中国嘉德	2022-09-27
刘文西 1980年作 老人 镜心	68.5cm×45.5cm	718,200	保利香港	2022-07-12	柳亚子 行书自作七言诗 立轴	129.5cm×59.5cm	345,000	开拍国际	2022-01-07
刘文西 毛主席像 镜心	66cm×39cm	517,500	中鸿信	2022-09-11	柳亚子 谢玉岑 萧愻 陈研因 钱二南 陈澧 画 李清照酴醾春去图 立轴	113.5cm×30cm	149,500	西泠印社	2022-08-20
刘文西 杨晓阳 张立柱 人物（三帧）镜心		299,000	北京保利	2022-07-27	柳亚子 1945年作 行书自作诗 立轴	131cm×64.5cm	97,750	中国嘉德	2022-06-26
刘文西 1994年作 黄土地的老人 立轴	92.5cm×68cm	253,000	中贸圣佳	2022-12-31	柳亚子 行书诗 立轴	58cm×28cm	80,500	泰和嘉成	2022-07-30
刘文西 1991年作 陕北老农 镜心	69cm×68.5cm	225,720	保利香港	2022-07-12	柳亚子 1947年作 行书 "致可钧先生" 立轴	84cm×38cm	80,500	中鸿信	2022-09-12
刘文西 人物	98cm×52cm	220,000	香港贞观	2022-01-16	柳子谷 吴湖帆 汪采白 郑午昌 1934年作 合作书画锦扇 成扇	17.5cm×50cm	161,000	中贸圣佳	2022-12-31
刘文西 1984年作 日本新娘 立轴	65.5cm×44cm	194,940	保利香港	2022-07-12	柳子谷 1974年作 高瞻远瞩 立轴	105.5cm×31cm	92,000	广东崇正	2022-08-11
刘文西 神威震四方 镜心	69.5cm×140.5cm	161,000	荣宝斋（南京）	2022-12-07	龙泉 浩然正气 镜片	70cm×140cm	288,000	北京中贝	2022-06-09
刘文西 1963年作 少女像 镜心	48cm×41cm	132,250	北京银座	2022-01-12	龙泉 海纳百川 镜片	70cm×140cm	264,800	北京中贝	2022-06-09
刘文西 1977年作 少女 镜心	55cm×40cm	126,500	中国嘉德	2022-12-13	龙泉 紫气东来 镜片	70cm×140cm	255,800	北京中贝	2022-06-09
刘文西 陆俨少 谢稚柳 李可染 1987年作、1986年作、1990年作、1987年作 书画合集 册页	24cm×33cm×22	115,000	中国嘉德	2022-05-31	龙瑞 2011年作 苗山新绿 镜心	96cm×180cm	345,000	开拍国际	2022-07-24
					龙瑞 碧海穹峰图 立轴	213cm×80cm	345,000	保利厦门	2022-10-22
刘文西 黄土地老人 镜心	135.5cm×69cm	103,500	荣宝斋（南京）	2022-12-07	龙瑞 2004年作 翠微山晓 镜框	179cm×93.5cm	322,000	北京荣宝	2022-07-24
刘文西 陕北老人 立轴	137cm×68cm	92,000	荣宝斋（南京）	2022-12-07	龙瑞 2001年作 青城后山记游 镜心	123cm×240cm	253,000	北京保利	2022-07-27
刘文西 1992年作 池趣 立轴	66.5cm×66cm	82,080	保利香港	2022-07-12	龙瑞 2003年作 闲云流水 镜心	68cm×137cm	74,750	北京保利	2022-07-27
刘文西 1987年作 荷花图 立轴	68cm×52cm	69,000	朵云轩	2022-08-08	龙新平 2022年作 雪域狼踪 镜心	50cm×360cm	1,020,000	北京中贝	2022-03-16
刘小刚 2021年作 幽香浮动	136cm×68cm	575,000	保利厦门	2022-10-22	龙新平 2022年作 熊猫 镜心	136cm×68cm	550,000	北京中贝	2022-03-16
刘小刚 初雪寒鹭	136cm×68cm	575,000	保利厦门	2022-10-22	龙新平 2021年作 豹 镜心	70cm×70cm	238,000	北京中贝	2022-03-16
刘晓东 三思图 镜片	185cm×70cm	138,000	北京中贝	2022-01-14	龙新平 2022年作 白鹭双栖 镜心	68cm×46cm	190,000	北京中贝	2022-03-16
刘行 物华天宝 画心	68cm×136cm	66,600	北京传世	2022-12-15	娄师白 春醅	68cm×45cm	825,000	北京伍佰艺	2022-09-17
刘兴华 唐罗邺《行次诗》一首	180cm×97cm	229,925	荣宝斋（香港）	2022-11-26	娄师白 芭蕉蜻蜓 立轴	175cm×94cm	287,500	北京荣宝	2022-07-24
刘煦宁 2022年作 雄风万里 镜心	138cm×81cm	580,000	北京中贝	2022-03-16	娄师白 红梅双喜 立轴	96cm×70cm	138,000	北京荣宝	2022-07-24
刘岩 行书五言诗 立轴	229cm×49.5cm	253,000	荣宝斋（南京）	2022-12-07	娄师白 吊兰图 镜心	120.5cm×69cm	126,500	北京银座	2022-01-12
刘彦湖 2011年作 篆书七言巨联 立轴	342.5cm×45cm×2	253,000	北京银座	2022-01-12	娄师白 1990年作 发财图 镜心	47cm×70cm	109,250	北京保利	2022-07-26
刘彦湖 2022年作 塔 镜心	222cm×50cm	138,000	北京保利	2022-07-27	娄师白 岁朝清供 镜心	152cm×84cm	86,250	北京保利	2022-02-03
刘彦湖 2007年作 篆书 七言对联 镜心	203cm×37cm×2	86,250	中国嘉德	2022-12-15	娄师白 三思图 镜片	95cm×179cm	86,250	广东崇正	2022-12-25
刘彦湖 2011年作 陋室铭 镜心	34.5cm×258.5cm	74,750	中国嘉德	2022-12-15	娄师白 月圆人寿图 立轴	96cm×44cm	80,500	北京保利	2022-07-27
刘雁枫 2021年作 欢歌戏 镜心	68cm×136cm	700,000	北京中贝	2022-03-16	娄师白 牡丹 立轴	104cm×31cm	74,730	中国嘉德	2022-09-27
刘一原 2004年作 织秋 镜心	172.5cm×105.5cm	690,000	中国嘉德	2022-06-29	娄师白 大寿 立轴	66cm×42cm	63,250	北京诚轩	2022-08-08
刘荫祥 走自己的路 画心	33cm×30cm	77,500	北京传世	2022-12-15	娄师白 1980年作 墨虾 镜心	68.5cm×33cm	63,250	中国嘉德	2022-12-12
刘墉 2021年作 月夜之华 镜框	56cm×73cm	216,014	香港苏富比	2022-04-30	娄渊波 牧云风 溪山秋韵 画心	180cm×68cm	1,980,000	北京传世	2022-12-15
刘禹文 南国风光 画心	214cm×93cm	800,000	北京传世	2022-12-15	娄渊波 牧云风 富山雅居 画心	240cm×100cm	1,800,000	北京传世	2022-12-15
刘元广 黄山景色	136cm×68cm	505,835	荣宝斋（香港）	2022-11-26	娄渊波 牧云风《念奴娇·赤壁怀古》画心	240cm×68cm	680,000	北京传世	2022-12-15
刘兆鸿 2021年作 吉猴图 镜心	95cm×179cm	520,000	北京中贝	2022-03-16	楼峰 春趣 画心	68cm×68cm	650,000	北京传世	2022-12-15
刘兆鸿 2021年作 八仙祝寿 镜心	35cm×300cm	480,000	北京中贝	2022-03-16	楼峰 黄鹂双蝶图 画心	38cm×38cm	280,000	北京传世	2022-12-15
刘兆鸿 2019年作 笑口常开 镜心	68cm×136cm	430,000	北京中贝	2022-03-16	卢沉 乐园 镜心	216cm×160cm	1,092,500	中国嘉德	2022-12-15
刘兆鸿 2019年作 云山逍遥图 镜心	68cm×136cm	420,000	北京中贝	2022-03-16	卢沉 1983年作 明月出天山 镜心	69cm×46.5cm	195,500	中国嘉德	2022-06-29
刘振江 锦绣山河 画心	240cm×70cm	1,250,000	北京传世	2022-12-15	卢沉 1983年作 唐人诗意 镜心	69cm×46cm	109,250	中国嘉德	2022-06-29
刘振夏 2004年作 赴印度写生（哥俩好）镜框	68.5cm×81cm	463,528	佳士得	2022-12-02	卢沉 1978年作 春雨 立轴	78cm×52cm	103,500	中鸿信	2022-09-11
					卢沉 2001年作 清凉世界 镜心	70cm×45.5cm	97,750	中国嘉德	2022-06-29
					卢沉 1996年作 太白诗意 镜心	69.5cm×46cm	97,750	中国嘉德	2022-06-29
					卢沉 1984年作 太白醉吟图 镜心	69cm×46cm	92,000	中国嘉德	2022-06-29
					卢沉 1984年作 东坡先生夜游图 镜心	69cm×46cm	86,250	中国嘉德	2022-06-29

(成交价RMB：6万元以上)

拍品名称	物品尺寸	成交价RMB	拍卖公司	拍卖日期
卢沉 1999年作 鸣禽图 镜心	69.5cm×69.5cm	86,250	中国嘉德	2022-12-15
卢沉 2001年作 沽酒闲饮图 镜心	70.5cm×46cm	80,500	中国嘉德	2022-06-29
卢沉 1984年作 观荷图 镜心	69cm×45.5cm	80,500	中国嘉德	2022-06-29
卢沉 1988年作 东坡先生夜游图 镜心	69cm×46cm	80,500	中国嘉德	2022-06-29
卢沉 1984年作 米颠拜石图 镜心	69cm×46.5cm	74,750	中国嘉德	2022-06-29
卢沉 1984年作 米颠拜石图 镜心	68.5cm×46cm	74,750	中国嘉德	2022-06-29
卢沉 1980年作 铁拐李 镜心	69cm×46cm	74,750	中国嘉德	2022-06-29
卢沉 1990年作 鸣禽图 镜心	69cm×46cm	74,750	中国嘉德	2022-12-15
卢沉 1998年作 将进酒 镜心	34cm×137cm	69,000	北京银座	2022-09-17
卢沉 2001年作 山居闲趣 镜心	70cm×46cm	69,000	中国嘉德	2022-06-29
卢沉 1986年作 众鸟高飞 镜心	69.5cm×46cm	69,000	中国嘉德	2022-12-15
卢沉 2001年作 山中夏日 镜心	70cm×46cm	63,250	中国嘉德	2022-06-29
卢沉 1981年作 观鱼图 镜心	69cm×46cm	63,250	中国嘉德	2022-06-29
卢沉 1986年作 借题发挥 镜心	69cm×46.5cm	63,250	中国嘉德	2022-06-29
卢沉 观瀑图 镜心	69cm×46cm	63,250	中国嘉德	2022-06-29
卢沉 1985年作 不知天上宫阙 镜心	69cm×45.5cm	63,250	中国嘉德	2022-06-29
卢沉 钟馗图 镜心	69cm×46cm	63,250	中国嘉德	2022-06-29
卢光照 八哥石榴图 镜心	136cm×69cm	86,250	中国嘉德	2022-12-13
卢光照 1983年作 梅洁鹤寿图 镜心	136cm×69cm	86,250	中国嘉德	2022-12-13
卢辉 2021年作 瑞雪21-05 镜框	89cm×99cm	81,117	佳士得	2022-12-02
卢辉 2022年作 芦汀春雪 镜框	53cm×119cm	75,605	佳士得	2022-05-29
卢俊舟 梦 镜片	直径216cm	972,064	佳士得	2022-05-29
卢俊舟 2012年作 近黄昏	94cm×69cm	126,500	北京保利	2022-07-25
卢俊舟 故园情 镜心	180cm×48.5cm	103,500	中国嘉德	2022-06-29
卢坤峰 1996年作 清风图 立轴	136cm×69cm	126,500	中国嘉德	2022-06-29
卢清远 孔雀杜鹃 立轴	139cm×74cm	208,587	佳士得	2022-12-02
卢清远 雄狮 镜框	72cm×130cm	162,010	佳士得	2022-05-29
卢晓星 莲香	138cm×69cm	441,456	荣宝斋（香港）	2022-11-26
卢禹舜 1998年作 梦游天姥图 镜心	124cm×247cm	1,495,000	中贸圣佳	2022-12-31
卢禹舜 唐人诗意图 镜心	34cm×136cm	299,000	北京荣宝	2022-07-24
卢禹舜 1987年作 红云 立轴	190cm×188cm	287,500	北京荣宝	2022-07-24
卢禹舜 2005年作《酬张少府》诗意图 镜心	69cm×137cm	172,500	北京保利	2022-07-27
卢禹舜 2016年作 吉寿永昌图 手卷	画 24.5cm×167.5cm	138,000	中国嘉德	2022-06-29
卢禹舜 赠汪伦诗意图 镜心	68.5cm×69cm	80,500	北京荣宝	2022-07-24
卢禹舜 陈平 陈向迅 赵卫 1987年、1990年作 山水册页 镜心	41cm×55.7cm×5	63,250	中国嘉德	2022-06-29
卢禹舜 2005年作《春泛若耶溪》诗意图 镜心	68cm×68cm	63,250	北京保利	2022-07-27
卢子枢 1968年作 山水 手卷	32cm×172cm	333,500	广东崇正	2022-12-25
卢子枢 1949年作 仿古山水 册页（十二开）	26cm×33.5cm×12	143,473	中国嘉德	2022-10-08
卢子枢 1968年作 山水 立轴	136cm×34cm	109,250	广东崇正	2022-12-25
芦增峰 尖峰时刻——上天入地 镜片	165cm×230cm	6,500,000	北京中贝	2022-06-09
芦增峰 我们在太行山上 镜片	160cm×215cm	5,600,000	北京中贝	2022-06-09
芦增峰 望双清楼外山谷幽谷 镜片	170cm×220cm	4,800,000	北京中贝	2022-06-09
鲁迅 行书"春风狂啸" 镜框	46.5cm×18cm	2,702,500	上海嘉禾	2022-11-20
鲁迅 行书自作七言诗（一幅）	77cm×45cm	74,750	中鸿信	2022-09-12
陆亨 2013年作 鸿运当头 镜心	106.5cm×246cm	115,000	北京银座	2022-01-12
陆鸿年 张墨卿 吴小如 等 书法文房集锦 砚台、成扇、镜心	尺寸不一	108,156	中国嘉德	2022-10-07
陆恢 秋山暮霭 立轴	175cm×94cm	230,000	北京荣宝	2022-07-24
陆恢 京兆画眉 立轴	174.5cm×46.5cm	230,000	朵云轩	2022-12-08
陆恢 为庞来臣所畜双犬写照 照片	74cm×35.5cm	212,750	西泠印社	2022-01-23
陆恢 1919年作 寒林雪骑 立轴	135cm×67cm	161,000	北京银座	2022-09-17
陆恢 1919年作 百爵图 立轴	146cm×81cm	143,473	中国嘉德	2022-10-08
陆恢 1913年作 1912年作 南山滴翠图·隶书八言联 立轴对联	画 171.5cm×75.5cm	126,500	上海嘉禾	2022-01-01
陆恢 1891年作 晴明寒川图 立轴	129cm×50cm	120,750	中贸圣佳	2022-07-23
陆恢 1910年作 梅花高士 手卷	画心 19cm×296cm	86,250	北京保利	2022-07-27
陆恢 1917年作 大痴老人《富春山卷》遗意 立轴	148.5cm×40.5cm	80,500	北京荣宝	2022-07-24
陆曙轮 行书七言联 对联	131cm×32.5cm ×2	69,000	上海驰翰	2022-02-19
陆维钊 1973年作 竹石梅花图 立轴	90.5cm×34cm	178,250	北京银座	2022-01-12
陆小曼 为陈独秀作溪山幽居图 镜片	72cm×31cm	1,782,500	西泠印社	2022-01-23
乐震文 百度AI 陆小曼《未完·待续》立轴	138cm×69cm×2	1,265,000	朵云轩	2022-12-08
陆小曼 1948年作 南无观世音菩萨 镜心	101cm×40cm	483,000	中鸿信	2022-09-12
陆小曼 1943年作 溪水泛舟 立轴	110cm×30cm	322,000	中鸿信	2022-09-12
陆小曼 1945年作 仕女 立轴	63cm×30cm	69,000	上海嘉禾	2022-01-01
陆小曼 楷书唐人诗 扇面	18.5cm×51cm	69,000	保利厦门	2022-10-22
陆小曼 1942年作 白描罗汉·心经 镜心	42.5cm×111.5cm	65,116	保利香港	2022-10-12
陆俨少 1961—1962年作 岭南胜游 册页	33cm×33.5cm×10	23,000,000	上海嘉禾	2022-11-20
陆俨少 1964年作 大寨精神 立轴	139cm×69cm	23,000,000	上海嘉禾	2022-11-20
陆俨少 1975年作 雾晨雪雨山水四屏 镜心	68cm×34cm×4	13,800,000	开拍国际	2022-01-07
陆俨少 1957年作 古贤诗意图 册页	24cm×35cm×10	11,270,000	开拍国际	2022-07-24
陆俨少 郁文华 徐志文 1977年作 大井新貌 镜框	69cm×138cm	7,245,000	上海嘉禾	2022-11-20
陆俨少 1984年作 烟江叠嶂图 手卷	画心 34cm×272.5cm	5,060,000	上海嘉禾	2022-11-20
陆俨少 1959年作 听琴图 立轴	131cm×62cm	3,680,000	西泠印社	2022-01-22
陆俨少 1985年作 晴簏横云 册页（十开）	33cm×22cm×10	3,335,000	朵云轩	2022-12-08
陆俨少 龙蟠一道入云端 镜心	138cm×68cm	2,990,000	中贸圣佳	2022-12-31
陆俨少 1962年作 深山密林 立轴	107.5cm×42cm	2,127,500	朵云轩	2022-12-08
陆俨少 1942年作 远寺闻钟 立轴	105cm×35cm	1,897,500	北京银座	2022-09-16
陆俨少 1959年作 策杖图 立轴 设色绢本	83.5cm×37cm	1,840,000	北京荣宝	2022-07-24
陆俨少 1977年作 雁荡胜景 立轴	112cm×55cm	1,840,000	北京保利	2022-07-27
陆俨少 1965年作 永定北门谯楼 立轴	88cm×35cm	1,667,500	开拍国际	2022-01-07
陆俨少 1985年作 吴淞江水图 立轴	89cm×48cm	1,552,500	北京保利	2022-07-26
陆俨少 1985年作 杜甫诗意 册页	32cm×22.2cm×10	1,437,500	北京保利	2022-07-26
陆俨少 1982年作 秋山归樵图·行书七言联 立轴 对联	画心 136.5cm×68cm	1,380,000	上海嘉禾	2022-11-20
陆俨少 1977年作 巴船出峡图 镜片	21cm×74cm	1,242,000	江苏汇中	2022-08-16
陆俨少 无量寿佛 镜心	68.5cm×46cm	1,150,000	中贸圣佳	2022-07-23
陆俨少 1978年作 黄山云起之图 手卷	画心 24cm×179cm	1,150,000	北京荣宝	2022-07-24
陆俨少 1981年作 深谷灵苗 立轴	90cm×47cm	1,150,000	北京保利	2022-07-26
陆俨少 徐云叔 松溪钓艇 行书 成扇	17.5cm×50.5cm	1,150,000	上海嘉禾	2022-11-20
陆俨少 1987年作 溪亭闲眺 镜框	34.5cm×136.8cm	1,109,934	香港苏富比	2022-10-08

拍品名称	物品尺寸	成交价RMB	拍卖公司	拍卖日期	拍品名称	物品尺寸	成交价RMB	拍卖公司	拍卖日期
陆俨少 1980年作 崇岩云树 立轴	96cm×44cm	977,500	北京银座	2022-09-17	陆俨少 黄岳奇峰 立轴	38cm×52cm	253,000	中国嘉德	2022-12-13
陆俨少 1963年作 毛主席词意图 立轴 设色纸本	82cm×38cm	943,000	北京荣宝	2022-07-24	陆俨少 1977年作 黄山云峰 镜片	60cm×59cm	253,000	广东崇正	2022-12-25
陆俨少 1942年作 松风高士 立轴	107cm×45.2cm	887,947	香港苏富比	2022-10-08	陆俨少 早发白帝城 立轴	136cm×66cm	218,500	中贸圣佳	2022-10-27
陆俨少 诗意图 镜框	16cm×82.4cm	864,057	香港苏富比	2022-04-30	陆俨少 黄山松云 立轴	81cm×35cm	218,500	广东崇正	2022-12-25
陆俨少 何论荆关象 手卷		805,000	中贸圣佳	2022-07-23	陆俨少 黄山胜概图 镜心	44cm×34cm	207,000	中贸圣佳	2022-10-27
陆俨少 1978年作 雁荡飞泉图 立轴	138.5cm×37cm	805,000	江苏汇中	2022-08-16	陆俨少 1979年作 黄山松云 镜片	67cm×33cm	207,000	上海嘉禾	2022-11-20
陆俨少 1978年作 云山奔泉 立轴	62cm×35cm	805,000	江苏汇中	2022-08-16	陆俨少 行书 立轴	136.5cm×68cm	207,000	朵云轩	2022-12-08
陆俨少 雁荡泉石图 手卷		701,500	中贸圣佳	2022-10-27	陆俨少 1982年作 赠苏烈同志山水 立轴	67.5cm×44.5cm	198,655	中国嘉德	2022-10-07
陆俨少 1981年作 崖南览胜图 镜片	96cm×44cm	690,000	西泠印社	2022-01-22	陆俨少 1984年作 归帆图 立轴	68cm×45.5cm	195,500	中国嘉德	2022-12-13
陆俨少 1986年作 富春泛舟图 手卷	画26cm×301cm	690,000	中国嘉德	2022-06-26	陆俨少 1961年作 广海渔舟 镜框	24.2cm×32.8cm	188,689	香港苏富比	2022-10-08
陆俨少 1978年作 黄山松云图 立轴	82cm×49.5cm	690,000	永乐拍卖	2022-07-25	陆俨少 1980年作 行书七言联 立轴	131.5cm×32.5cm×2	184,000	中贸圣佳	2022-12-31
陆俨少 1982年作 雁荡山 立轴	95cm×44cm	690,000	北京保利	2022-07-26	陆俨少 墨梅、书法双挖 立轴	画26cm×29.5cm	184,000	广东崇正	2022-08-11
陆俨少 1962年作 浙东小景 镜片	69cm×38.5cm	644,000	上海嘉禾	2022-11-20	陆俨少 拄杖看泉图 镜片	34.5cm×41cm	184,000	江苏汇中	2022-08-17
陆俨少 1979年作 雁荡飞泉 镜片	82cm×51cm	632,500	上海嘉禾	2022-11-20	陆俨少 1963年作 大龙湫 镜片	45.5cm×34.5cm	184,000	上海嘉禾	2022-11-20
陆俨少 雁荡飞瀑 立轴	96cm×43.5cm	598,000	北京保利	2022-07-26	陆俨少 1982年作 百紫千红点岁华 立轴	69cm×46cm	172,500	北京保利	2022-07-26
陆俨少 1979年作 林岚初霁图 立轴	69cm×46cm	575,000	中贸圣佳	2022-07-23	陆俨少 1986年作 梅石图 立轴	76cm×41cm	161,000	上海嘉禾	2022-11-20
陆俨少 1985年作 适兴山水 册页（十八开选八）	37cm×22.5cm×18	575,000	上海嘉禾	2022-01-01	陆俨少 1987年作 梅竹幽石图 镜心	68cm×463cm	143,750	中鸿信	2022-09-11
陆俨少 1962年作 坐看云起时 手卷	画 27.5cm×85.5cm	575,000	中国嘉德	2022-06-27	陆俨少 雁荡飞瀑 立轴	69cm×39cm	140,300	荣宝斋（南京）	2022-12-07
陆俨少 1982年作 蒲江远岫 镜片	68cm×46cm	552,000	上海嘉禾	2022-11-20	陆俨少 草书《洞庭秋月行》镜心	34cm×134cm	138,000	中国嘉德	2022-12-12
陆俨少 1985年作 溪山访友图 手卷	画23cm×180cm	517,500	中国嘉德	2022-06-26	陆俨少 1976年作 行书七言诗 立轴	81.5cm×70.5cm	126,500	上海嘉禾	2022-01-01
陆俨少 1990年作 三潭印月 立轴	68cm×39cm	506,000	开拍国际	2022-01-07	陆俨少 1988年作 云岩飞瀑 镜心	44cm×33.5cm	126,500	北京保利	2022-07-26
陆俨少 1986年作 溪山胜揽 立轴	70cm×42cm	483,000	华艺国际	2022-07-29	陆俨少 程十发 等 1984年作 册页 镜片（六开）	32cm×46cm×6	126,500	江苏汇中	2022-08-17
陆俨少 1979年作 黄山松云 立轴	78cm×31.5cm	483,000	朵云轩	2022-12-08	陆俨少 行书李长吉诗 立轴	97cm×43cm	121,400	中国嘉德	2022-10-07
陆俨少 书法	90cm×60cm	478,244	荣宝斋（香港）	2022-11-26	陆俨少 1982年作 远山归舟 镜心	20cm×28cm	115,000	中贸圣佳	2022-07-23
陆俨少 黄山胜景 镜心	77cm×41cm	471,500	永乐拍卖	2022-07-25	陆俨少 1978年作 山水 软片	62cm×48cm	115,000	江苏汇中	2022-08-16
陆俨少 1947年作 书画合璧图 成扇	18.3cm×50.5cm	460,000	北京诚轩	2022-08-08	陆俨少 秋硕图 镜框	43cm×26cm	115,000	上海嘉禾	2022-11-20
陆俨少 雁荡飞瀑 立轴	42cm×33cm	437,000	西泠印社	2022-01-22	陆俨少 松石图 镜心	81cm×58cm	109,250	荣宝斋（南京）	2022-12-07
陆俨少 1984年作 梅珠乌龙寺图 立轴	68cm×45cm	437,000	北京保利	2022-07-26	陆俨少 1982年作 梅石图 镜心	69cm×47cm	109,250	中国嘉德	2022-12-13
陆俨少 1980年作 崇岩云树 镜心	69cm×33.8cm	425,500	开拍国际	2022-01-07	陆俨少 1989年作 行书李白诗 立轴	136cm×65.5cm	105,800	上海嘉禾	2022-11-20
陆俨少 程十发 1990年作 蕉荫书屋 花卉 成扇	18cm×48cm	379,500	上海嘉禾	2022-11-20	陆俨少 1983年作 报春图 立轴	176cm×47cm	103,500	江苏汇中	2022-08-16
陆俨少 1990年作 山居图 镜框	46cm×68.5cm	378,025	香港苏富比	2022-04-30	陆俨少 1981年作 行书杜甫诗《有客》镜心	36cm×28cm	97,750	中贸圣佳	2022-07-23
陆俨少 1980年作 黄山松云 立轴	69.5cm×45.5cm	368,000	中国嘉德	2022-12-13	陆俨少 1984年作 梅花·行书七言诗 成扇	18.5cm×49cm	97,750	中国嘉德	2022-06-26
陆俨少 1984年作 秋岩茂树 立轴	110cm×69cm	345,000	北京荣宝	2022-07-24	陆俨少 归樵图 镜心	28cm×37cm	97,120	中国嘉德	2022-10-07
陆俨少 秋江帆影 立轴	34cm×34cm	345,000	北京荣宝	2022-07-24	陆俨少 1979年作 峡江图 立轴	45cm×34cm	94,300	江苏汇中	2022-08-17
陆俨少 秋山溪水 立轴	52cm×37.5cm	345,000	上海嘉禾	2022-01-01	陆俨少 1988年作 松岩坐忘 镜心	41cm×57cm	92,000	中国嘉德	2022-05-28
陆俨少 1980年作 千峰万壑 镜片	68cm×45cm	345,000	江苏汇中	2022-08-16	陆俨少 1988年作 梅石图 立轴	68cm×33cm	92,000	北京保利	2022-02-03
陆俨少 1976年作 销寒小卷 手卷		332,980	香港苏富比	2022-10-08	陆俨少 1990年作 先发映春台 镜片	88.5cm×43.5cm	92,000	朵云轩	2022-12-08
陆俨少 1988年作 凌寒百梅 立轴	135.5cm×66.5cm	327,750	北京银座	2022-09-17	陆俨少 1977年作 雪梅清香 镜框	68.5cm×48cm	86,405	佳士得	2022-05-29
陆俨少 1982年作 平皋秋树 立轴	67cm×35cm	322,000	北京荣宝	2022-07-24	陆俨少 1986年作 行书七言联 镜心	136cm×34cm×2	86,250	华艺国际	2022-07-29
陆俨少 山水两屏 立轴	81.5cm×19cm×2	322,000	上海嘉禾	2022-08-28	陆俨少 1986年作 秋壑山居图 立轴	68.5cm×39cm	86,250	保利厦门	2022-10-21
陆俨少 词意书画合璧一对扇面立轴	17.7cm×51.5cm×2	302,420	香港苏富比	2022-04-30	陆俨少 1967年作行书毛主席诗 立轴	72cm×40.5cm	82,800	中贸圣佳	2022-12-31
陆俨少 1979年作 草书毛主席诗词二首 立轴	97cm×32cm	287,500	北京银座	2022-09-17	陆俨少 东风多在向阳枝 镜片	33cm×39.5cm	80,500	上海嘉禾	2022-11-20
陆俨少 1985年作 清溪垂钓 立轴	68.5cm×44.5cm	287,500	中国嘉德	2022-06-26	陆俨少 行书"学海无涯"镜心	28cm×77.5cm	80,500	上海嘉禾	2022-11-20
陆俨少 1979年作 黄山奇峰 立轴	69.5cm×32.5cm	287,500	上海嘉禾	2022-11-20	陆俨少 行书五言 镜片	74cm×35.5cm	80,500	上海嘉禾	2022-11-20
陆俨少 1971年作 草书八言联 立轴	178cm×38.5cm×2	276,000	北京银座	2022-09-17	陆俨少 孙雪泥 1958年作 塞外风光 立轴	115.5cm×67cm	80,500	朵云轩	2022-12-08
陆俨少 行书七言联 立轴	129cm×25cm×2	264,500	北京银座	2022-01-12	陆俨少 行书杜甫诗 镜心	44cm×80cm	74,750	中贸圣佳	2022-07-23
陆俨少 峡江险水 镜心	绘画 58.5cm×95cm	264,500	华艺国际	2022-09-23	陆俨少 行书七言诗 镜片	67.5cm×42.5cm	74,750	上海嘉禾	2022-01-01
陆俨少 1979年作 雁荡云瀑 镜心	63.5cm×44.5cm	253,000	北京银座	2022-01-12					

2022书画拍卖成交汇总（续表）

（成交价RMB：6万元以上）

拍品名称	物品尺寸	成交价RMB	拍卖公司	拍卖日期
陆俨少 1984年作 行书七言联 镜心	103cm×28cm×2	73,600	北京诚轩	2022-08-08
陆俨少 松风惊涛 镜心	34cm×54.5cm	69,000	北京银座	2022-09-17
陆俨少 1979年作 行书五言诗 立轴	67cm×29cm	69,000	永乐拍卖	2022-07-25
陆俨少 行书《满江红》立轴	68cm×45cm	69,000	中国嘉德	2022-12-12
陆俨少 1979年作 先发映春台镜心	65.5cm×47cm	68,425	中国嘉德	2022-10-07
陆俨少 春风来故人 立轴	66.5cm×33cm	63,250	中贸圣佳	2022-12-31
陆抑非 1944年作 花鸟四屏 立轴	234cm×57.5cm×4	632,500	中国嘉德	2022-06-26
陆抑非 陇上春寒轴	132cm×64.5cm	575,000	江苏汇中	2022-08-16
陆抑非 姚耕云 冯运榆 1973年作 春到百草园 立轴	180cm×97cm	437,000	上海嘉禾	2022-11-20
陆抑非 1965年作 荷花蜻蜓 立轴	99cm×47cm	345,000	北京荣宝	2022-07-24
陆抑非 赵叔孺 为叶潞渊作花卉书法扇 成扇	19cm×52cm	230,000	西泠印社	2022-01-23
陆抑非 1985年作 花开富贵 立轴	150cm×83cm	218,500	北京保利	2022-07-26
陆抑非 1964年作 报春图立轴	137cm×68.5cm	212,750	北京银座	2022-01-12
陆抑非 花能解语鸟能言 镜片	84cm×79.5cm	207,000	上海嘉禾	2022-11-20
陆抑非 邓散木 1947年作 荷花蜻蜓图·行书七言诗 成扇	18cm×51.5cm	195,500	西泠印社	2022-01-23
陆抑非 春夏秋冬 镜心	180cm×95cm	184,000	北京保利	2022-07-27
陆抑非 1948年作 延龄益寿 立轴	100cm×33cm	172,500	北京银座	2022-09-17
陆抑非 花果册 (四页) 册页		138,000	西泠印社	2022-01-23
陆抑非 1983年作 四景山水图 手卷	51cm×1023cm	103,500	中国嘉德	2022-12-13
陆抑非 行书诗八屏 镜心	97cm×34cm×8	92,000	中国嘉德	2022-06-27
陆抑非 1988年作 匡庐飞瀑卷 手卷	45.5cm×999cm	86,911	佳士得	2022-12-02
陆抑非 1989年作 群雏觅食忙 立轴	62.5cm×37.5cm	74,750	中国嘉德	2022-06-27
陆抑非 月下牡丹 镜片	83.5cm×47.5cm	66,700	朵云轩	2022-12-08
陆抑非 牡丹 镜片	84cm×48cm	63,250	江苏汇中	2022-08-17
逯远 2021年作 水调歌头 镜心	42cm×175cm	780,000	北京中贝	2022-03-16
逯远 2021年作 陋室铭 镜心	42cm×175cm	768,000	北京中贝	2022-03-16
罗艮斋 赵浩公 邓芬 李凤公 郑伯都 嘉禾莲花 马蹄菱角 凤仙花 小蟹 镜心	18.5cm×51.5cm×4	61,560	保利香港	2022-07-12
罗家伦 行书七绝 立轴	64.5cm×32.8cm	64,804	香港苏富比	2022-04-30
罗家轩 花鸟四条屏 画心	138cm×34cm×4	5,000,000	北京传世	2022-12-15
罗家轩 梅兰竹菊四条屏 画心	138cm×25cm×4	4,590,000	北京传世	2022-12-15
罗家轩 红梅报春 画心	180cm×70cm	4,220,000	北京传世	2022-12-15
罗家轩 松迎八方客 画心	180cm×70cm	3,880,000	北京传世	2022-12-15
罗家轩 苏轼词《赤壁怀古》画心	180cm×70cm	2,980,000	北京传世	2022-12-15
罗建泉 2022年作 得山水清气 镜心	96cm×180cm	345,000	荣宝斋(南京)	2022-12-07
罗健翔 瑞映华堂 画心	180cm×70cm	280,000	北京传世	2022-12-15
罗士捷 万里一击中	98cm×98cm	297,955	香港贞观	2022-06-18
罗士捷 红冠耀日披翠含丹	68cm×68cm	238,364	香港贞观	2022-06-18
罗天水 我们都是追梦人 画心	180cm×48cm	100,000	北京传世	2022-12-15
罗孝松 苏轼 宋词草书《念奴娇·赤壁怀古》画心	240cm×70cm	1,000,000	北京传世	2022-12-15
罗章才 2016年作 天上人家	135cm×135cm	345,000	保利厦门	2022-10-22
罗振玉 篆书集殷契遗文 镜心	44cm×151cm	230,000	中贸圣佳	2022-07-23
罗振玉 殷墟铭文节录双面画 成扇	19cm×56cm	166,750	中贸圣佳	2022-09-27
罗振玉 集契文七言对联 立轴	126cm×29.5cm×2	149,500	开拍国际	2022-01-07
罗振玉 篆书八言联 立轴	138.5cm×22.5cm×2	115,000	中国嘉德	2022-12-25
罗振玉 甲骨文八言联 立轴	136cm×22.5cm×2	92,000	中贸圣佳	2023-01-01
罗振玉 篆书 临窗契文 立轴	107cm×32cm	81,650	西泠印社	2022-01-23
罗振玉 金文七言联 立轴	134.5cm×33cm×2	69,000	华艺国际	2022-07-29
罗振玉 篆书七言联 立轴	162cm×39.5cm×2	69,000	广东崇正	2022-08-11

拍品名称	物品尺寸	成交价RMB	拍卖公司	拍卖日期
罗振玉 甲骨文七言 对联	132cm×27.5cm×2	69,000	朵云轩	2022-12-09
吕大江 2003年作 三万里河东入海，五千仞岳上摩天	90cm×180cm	985,000	保利厦门	2022-01-13
吕凤子 维摩诘室中天女群女子立轴	68.5cm×46.5cm	218,500	中国嘉德	2022-06-27
吕凤子 冬梅仕女图立轴	68cm×34.5cm	195,500	西泠印社	2022-01-23
吕凤子 1948年作 罗汉 立轴	122cm×45.5cm	187,618	中国嘉德	2022-10-07
吕凤子 1928年作 西湖灵隐松 立轴	135.3cm×32.7cm	155,391	香港苏富比	2022-10-08
吕凤子 牧牛图立轴	63.5cm×31.5cm	80,500	江苏汇中	2022-08-16
吕福林 云水出远岫	240cm×120cm	150,000	北京伍佰艺	2022-09-17
吕景端 何维朴 王震 沈卫 1914年作 行书 (四幅) 屏轴	136cm×33cm×4	74,750	朵云轩	2022-12-08
吕娟 紫气春晓	53cm×93cm	478,244	荣宝斋(香港)	2022-11-26
吕寿琨 1970年作 禅镜框	147.5cm×80cm	810,054	佳士得	2022-05-29
吕寿琨 1974年作 静观自在 立轴	68cm×136cm	370,823	佳士得	2022-12-02
吕寿琨 1970年作 画禅	137cm×69cm	345,623	香港苏富比	2022-04-28
吕寿琨 劫余 镜框	39.4cm×93cm	301,293	佳士得	2022-12-02
吕寿琨 1960年作 泊镜框	95.1cm×184.5cm	288,583	香港苏富比	2022-10-08
吕寿琨 1963年作 重峦叠嶂 镜框	92.5cm×45.5cm	231,764	佳士得	2022-05-29
吕寿琨 1963年作 太平山背境立轴	83.8cm×57.6cm	91,806	佳士得	2022-05-29
吕寿琨 1957年作 艇之集镜心	36cm×65cm	88,291	中国嘉德	2022-10-07
吕万 紫藤垂柳 立轴	150cm×81.5cm	138,000	中国嘉德	2022-06-27
吕维超 相依 画心	68cm×68cm	5,000,000	北京传世	2022-12-15
吕维超 旷野雄风 镜片	136cm×68cm	1,589,300	北京中贝	2022-01-14
吕维超 秋水长天 镜片	136cm×68cm	1,555,950	北京中贝	2022-01-14
马骀 太湖渔归立轴	146cm×81cm	172,500	荣宝斋(南京)	2022-12-07
马骀 山水 镜心	177.5cm×93.5cm	103,500	荣宝斋(南京)	2022-12-07
马骀 牡丹鹤石图 镜心	135cm×68cm	74,750	荣宝斋(南京)	2022-12-07
马海方 闲情图	138cm×34cm	168,000	北京伍佰艺	2022-09-17
马鸿禧 2022年作 积聚留风	180cm×96cm	350,000	北京伍佰艺	2022-09-17
马晋 1939年作 乾隆骑射图 镜框	47.3cm×33.5cm	864,057	香港苏富比	2022-04-30
马晋 三阳开泰 镜心	129cm×65cm	402,500	中国嘉德	2022-09-27
马晋 溥儒 1946年作 立马图·行书自作七言诗 成扇	18cm×52cm×2	172,500	开拍国际	2022-01-07
马晋 1957年作 五马图 立轴	186cm×120cm	161,000	中贸圣佳	2022-12-31
马晋 双兔 团扇	23.5cm×22cm	126,500	中国嘉德	2022-12-12
马晋 双骏 立轴	85.5cm×55cm	120,750	荣宝斋(南京)	2022-12-07
马晋 1926年作 松荫双马图 立轴	131cm×31cm	115,000	北京荣宝	2022-07-24
马晋 1927年作 受天百禄 圆光	直径32cm	92,000	中国嘉德	2022-05-28
马晋 1927年作 松鹤延龄 圆光	直径32cm	92,000	中国嘉德	2022-09-27
马晋 1962年作 神骏图 册页(十开)	29.5cm×39.5cm×10	92,000	江苏汇中	2022-08-17
马瑞端 1946年作 松荫八骏图 立轴	130cm×65cm	82,800	中鸿信	2022-09-11
马晋 三羊开泰 立轴	117cm×46.5cm	74,750	中国嘉德	2022-06-27
马晋郭传璋 1946年作 松溪双骏图 立轴	98cm×31cm	63,250	保利厦门	2022-10-22
马连良 王凤翔 王少楼 等 1930年、1931年作 书画合璧三条屏 三条屏	42cm×32cm×9	69,000	中国嘉德	2022-05-30
马林 龙行天下 画心	180cm×70cm	980,000	北京传世	2022-12-15
元人仿马麟 碧桃临水图 团扇 镜心	38cm×39.5cm	4,025,000	保利厦门	2022-10-21
马万国 昆仑行旅	68cm×136cm	1,127,000	保利厦门	2022-10-22

2022书画拍卖成交汇总(续表)
(成交价RMB：6万元以上)

拍品名称	物品尺寸	成交价RMB	拍卖公司	拍卖日期
马相伯 1920年作 行书八言联 对联	137cm×30.5cm×2	195,500	北京保利	2022-07-27
马相伯 1932年作 行书五言联 对联	125cm×25cm×2	63,250	朵云轩	2022-12-09
马小刚 2021年作 松涧飞瀑图 镜心	55.5cm×92.5cm	172,500	北京荣宝	2022-07-24
马叙伦 1926年作 行书十三言联 对联	131cm×16cm×2	115,000	西泠印社	2022-01-23
马一浮 1954—1956年间作 蠲戏老人编年诗卷 手卷	38.5cm×1730.7cm	4,887,500	开拍国际	2022-01-07
马一浮 行书咏物诗八首 镜片（八帧）	148.5cm×39cm×8	1,667,500	西泠印社	2022-01-22
马一浮 书匾"五安堂" 镜片	234.5cm×75.5cm	667,000	西泠印社	2022-01-22
马一浮 隶书节录《郊居赋》立轴	85cm×47.5cm	414,000	西泠印社	2022-08-21
马一浮 节临琅琊台刻石残字 立轴	161.5cm×46cm	402,500	开拍国际	2022-01-07
马一浮 1955年作 篆书五言联 对联	134cm×34cm×2	293,250	朵云轩	2022-12-09
马一浮 篆书"寿" 镜片	128cm×64.5cm	264,500	西泠印社	2022-08-21
马一浮 行书七言对联片	173cm×32cm×2	253,000	朵云轩	2022-12-09
马一浮 行书 镜心	174cm×48cm	224,250	朵云轩	2022-12-09
马一浮 行书崔颢诗 立轴	132cm×36cm	218,500	西泠印社	2022-08-21
马一浮 行书七言诗 立轴	129cm×32cm	212,750	西泠印社	2022-08-21
马一浮 行书节录古文 立轴	102.5cm×33cm	207,000	西泠印社	2022-08-21
马一浮 隶书《急就章》立轴	129cm×34cm	195,500	北京银座	2022-09-16
马一浮 1957年作 篆书"宝姜堂" 镜心	39cm×90cm	195,500	朵云轩	2022-12-09
马一浮 1943年作 行书答缪秋杰诗 立轴	38.5cm×44cm	189,750	北京银座	2022-01-12
马一浮 为叶熙春作隶书唐诗二首 立轴	127cm×45.5cm	189,750	西泠印社	2022-01-23
马一浮 1931年作 篆书 横披	32.5cm×63cm	189,750	朵云轩	2022-12-09
马一浮 李商隐《访隐者不遇》立轴	124.3cm×30.3cm	184,000	北京诚轩	2022-08-08
马一浮 1948年作 酬寿毅成行书自作诗 镜心	36cm×82cm	155,250	朵云轩	2022-12-09
马一浮 1959年作 隶书 镜心	23.5cm×86cm	155,250	朵云轩	2022-12-09
马一浮 1954年作 行书自作诗《望月》镜片	43.5cm×35cm	149,500	西泠印社	2022-01-23
马一浮 行书"说食斋" 横披	27cm×92.5cm	149,500	中国嘉德	2022-12-13
马一浮 行书五言 镜心	130cm×33cm×2	126,500	中国嘉德	2022-12-13
马一浮 行书五言诗 立轴	49.5cm×29.5cm	97,750	北京银座	2022-01-12
马一浮 行书节选北周庾信《小园赋》四屏 立轴	127cm×32cm×4	97,750	中鸿信	2022-09-12
马一浮 1928年作 行书七言联 立轴	134cm×32cm×2	97,750	中国嘉德	2022-06-26
马一浮 行书禅林公案 立轴	132cm×31.5cm	92,000	中贸圣佳	2022-12-31
马一浮 行书 镜片	175cm×30.5cm	92,000	广东崇正	2022-08-11
马一浮 谢蔼《戏咏石榴晚开二首》（其一）立轴	88.3cm×29.7cm	74,750	北京诚轩	2022-08-08
马一浮 1949年作 行书自作诗 镜心	34cm×43cm	74,750	朵云轩	2022-12-09
马一浮 书法 镜框	136cm×34.5cm	63,250	浙江佳宝	2022-03-13
马治富 2022年作 江山览胜图 镜心	68cm×136cm	2,240,000	北京中贝	2022-03-16
马治富 2022年作 溪山清韵 镜心	68cm×136cm	1,980,000	北京中贝	2022-03-16
马忠田 日暮峡江映霞晖 半山半水半是云	140cm×70cm	2,800,000	北京伍佰艺	2022-09-17
满威 2022年作 多彩山乡	136cm×68cm	960,000	北京伍佰艺	2022-10-28
满威 2022年作 日出东方之彩霞	136cm×68cm	920,000	北京伍佰艺	2022-10-28
满威 2022年作 日出东方之佳境	136cm×68cm	880,000	北京伍佰艺	2022-10-28
满威 2022年作 日出东方之静观	136cm×68cm	860,000	北京伍佰艺	2022-10-28
满威 2021年作 春风到山寨	68cm×68cm	480,000	北京伍佰艺	2022-10-28
满维起 2014年作 和谐家园 镜心	139.5cm×282cm	368,000	北京保利	2022-07-27

拍品名称	物品尺寸	成交价RMB	拍卖公司	拍卖日期
毛东升 溪山清幽图 画心	68cm×68cm	160,000	北京传世	2022-12-15
毛国伦 三人行必有我师 镜心	92cm×179cm	126,500	中贸圣佳	2022-10-27
毛华兮 九龙双绝 画心	100cm×50cm×2	482,000	北京传世	2022-12-15
毛经卿 2022年作 竹鹤图 镜心	195.5cm×140.5cm	1,380,000	中国嘉德	2022-12-15
茆帆 清莲 镜片	18cm×99cm	69,000	上海嘉禾	2022-01-01
茅盾 1978年作 行书自作诗 立轴	68cm×33cm	448,500	北京银座	2022-01-12
茅盾 1977年作 行书《桂枝香·刺霜》镜心	69cm×26cm	402,500	北京银座	2022-09-16
茅盾 穆旦 行书赠诗两首 立轴	29.5cm×73cm×2	97,750	中鸿信	2022-09-12
梅忠恕 1957年作 祖父母	55cm×45.5cm	5,187,420	香港苏富比	2022-04-27
梅忠恕 1977年作 母子阅读课	46cm×54.5cm	2,697,458	香港苏富比	2022-04-27
梅忠恕 1953年作 阳台上的仕女（未婚妻）	55.7cm×31cm	2,489,961	香港苏富比	2022-04-27
梅忠恕 旋律	47cm×71.5cm	4,330,267	香港苏富比	2022-10-06
梅忠恕 缝纫盒	36.6cm×27cm	2,506,997	香港苏富比	2022-10-06
梅忠恕 1978年作 两姐妹	32.5cm×44cm	1,367,453	香港苏富比	2022-10-06
梅忠恕 1954年作 母与子	19.5cm×15cm	972,064	香港苏富比	2022-04-28
梅忠恕 1953年作 母与子	21cm×14cm	864,057	香港苏富比	2022-04-28
梅忠恕 1941年作 两位少女	27cm×13.5cm	540,036	香港苏富比	2022-04-28
梅兰芳 1946年作 青松双绶 屏轴	107cm×40cm	1,035,000	朵云轩	2022-12-08
梅兰芳画 罗惇曧题 姚华 孟良与焦赞、自作赋 成扇	20cm×56.2cm	885,500	北京诚轩	2022-08-08
梅兰芳 1931年作 无量寿佛 立轴	诗堂 22.6cm×36.4cm；画心 51.3cm×36.4cm	747,500	开拍国际	2022-07-24
梅兰芳 1939年作 天女散花 立轴	102cm×34cm	138,000	中国嘉德	2022-05-30
梅兰芳 桐荫卧马 立轴	65.5cm×33cm	126,500	中贸圣佳	2022-07-23
梅兰芳 徐兰沅 岁寒三友·书法 成扇	18cm×50cm	92,000	北京保利	2022-07-26
梅兰芳 1934年作 观音 立轴	67cm×33cm	92,000	保利厦门	2022-10-22
梅兰芳 溥儒 1925年作 梅花·楷书 成扇	12cm×40cm×2	92,000	保利厦门	2022-10-22
梅兰芳 人物 立轴	75cm×32cm	69,000	浙江佳宝	2022-03-13
梅兰芳 1936年作 金玉满堂 镜心	78cm×43cm	69,000	中鸿信	2022-09-12
孟德平 2022年作 淡烟疏雨泉声幽 镜心	57cm×180cm	68,500	北京中贝	2022-03-16
米谷 赵延年 余白墅 张乐平 等50年代作《美国纸老虎》连环画原稿三十帧(30选24) 镜片	尺寸不一	138,000	西泠印社	2022-01-22
米文卿 梅花 立轴	171.5cm×84cm	69,000	荣宝斋（南京）	2022-12-07
苗桂欣 2018年作 马到成功	138cm×68cm	87,000	北京伍佰艺	2022-09-17
苗重安 雪域圣春传福音	138cm×68cm	165,000	北京伍佰艺	2022-09-17
闵文 自强不息隶书四言对联 画心	135cm×70cm	120,000	北京传世	2022-12-15
莫宝申 山高水远 镜片	70cm×140cm	79,350	浙江当代	2022-01-03
莫伯骥 李凤公 卢子枢 髫龄尘梦图册页(两册共七十二开，附手迹两页)	29cm×37cm×72	1,876,188	中国嘉德	2022-10-08
莫淇麟 2022年作 群峰叠翠 镜心	68cm×136cm	380,000	北京中贝	2022-03-16

（成交价RMB：6万元以上）

拍品名称	物品尺寸	成交价RMB	拍卖公司	拍卖日期	拍品名称	物品尺寸	成交价RMB	拍卖公司	拍卖日期
莫淇麟 2022年作 桂山雨后秀 镜心	68cm×136cm	360,000	北京中贝	2022-03-16	潘伯鹰 1952年作 行书诗三首 镜心	33cm×128.5cm	92,000	中国嘉德	2022-12-12
莫文轩 源远流长 画心	360cm×100cm	768,000	北京传世	2022-12-15	潘絜兹 林阴听琴 成扇	17.5cm×52.5cm	92,000	北京诚轩	2022-08-08
莫文轩 鸿运当头 画心	240cm×70cm	320,000	北京传世	2022-12-15	潘素 云山秋霁 镜心	64cm×131cm	92,000	北京荣宝	2022-07-24
莫雄 玉堂春富贵 镜心	153cm×145cm	184,000	中国嘉德	2022-06-29	潘素 1986年作 桃源仙境 立轴	99.5cm×32cm	92,000	上海嘉禾	2022-01-01
莫雄 花瑞满堂 镜心	74cm×142cm	115,000	中国嘉德	2022-12-15	潘天寿 1944年作 松荫观瀑 立轴	99cm×62cm	16,675,000	北京银座	2022-09-16
莫言 2013年作 行书 镜心	138cm×69cm	115,000	保利厦门	2022-10-22	潘天寿 1956年作 鸡石图 立轴	148.7cm×41.1cm	14,375,000	北京保利	2022-07-26
墨染 八骏雄风 画心	210cm×70cm	950,000	北京传世	2022-12-15	潘天寿 1962年作 鹰石图 镜心	112cm×70cm	10,005,000	中鸿信	2022-09-11
牧青 2021年作 松山飞瀑图	136cm×68cm	120,000	北京伍佰艺	2022-10-28	潘天寿 双禽栖石图 立轴	67cm×45cm	7,360,000	广东崇正	2022-08-11
牧青 2019年作 松鹤延年	136cm×68cm	80,000	北京伍佰艺	2022-10-28	潘天寿 1963年作 无边春色到梅花 立轴 设色纸本	60.5cm×52cm	7,130,000	北京荣宝	2022-07-24
慕凌飞 1984年作 华岳松云 立轴	113cm×67.5cm	94,300	朵云轩	2022-12-08	潘天寿 1941年作 山居图 立轴	81cm×40.5cm	5,520,000	北京保利	2022-07-26
慕凌飞 华山西峰图 镜心	113cm×58cm	71,300	中鸿信	2022-09-11	潘天寿 1947年作 松居论道 立轴	92cm×35.5cm	4,255,000	开拍国际	2022-01-07
南海岩 浓情 镜心	97cm×90cm	322,000	北京荣宝	2022-07-24	潘天寿 1965年作 石榴八哥 立轴	69cm×52cm	4,140,000	中鸿信	2022-09-11
南海岩 西藏组画 镜框	34cm×23cm×4	149,500	北京荣宝	2022-07-24	潘天寿 1965年作 鱼鹰 镜心 水墨纸本	59cm×40cm	4,025,000	北京荣宝	2022-07-24
南海岩 高原风情 镜心	68cm×68cm	149,500	北京保利	2022-07-27	潘天寿 1944年作 三友图 立轴 设色纸本	148cm×38.5cm	3,967,500	北京荣宝	2022-07-24
南海岩 1996年作 母亲 镜心	69cm×66.5cm	105,800	北京银座	2022-01-12	潘天寿 1961年作 秋酣 立轴 设色纸本	61cm×47cm	3,220,000	北京荣宝	2022-07-24
南怀瑾 2007年作 行书七言诗 镜心	42cm×121cm	80,500	华艺国际	2022-09-23	潘天寿 1965年作 美人蕉 立轴	55cm×41cm	3,220,000	广东崇正	2022-08-11
南晖笙 八骏雄风	61cm×246cm	2,536,874	香港贞观	2022-06-18	潘天寿 水仙灵石图 立轴	143cm×70cm	2,587,500	永乐拍卖	2022-07-25
南晖笙 鸿运当头一路顺风	68cm×69cm	1,685,574	香港贞观	2022-06-18	潘天寿 1965年作 残荷图 立轴	66.5cm×44.5cm	2,415,000	西泠印社	2022-01-22
南晖笙 双马	68cm×69cm	1,600,444	香港贞观	2022-06-18	潘天寿 1961年作 荷花 立轴	86cm×40cm	2,300,000	开拍国际	2022-01-07
南晖笙 春风清意	68cm×69cm	1,430,184	香港贞观	2022-06-18	潘天寿 鹰石图 立轴	59.6cm×53.3cm	1,997,881	香港苏富比	2022-10-08
南晖笙 生生无限意	137cm×70cm	1,430,184	香港贞观	2022-06-18	潘天寿 石栖八哥 立轴	76cm×34cm	1,322,500	荣宝斋（南京）	2022-12-07
南晖笙 晴空万里	68cm×69cm	1,259,924	香港贞观	2022-06-18	潘天寿 1965年作 蝶恋花 屏轴	46cm×35cm	1,207,500	朵云轩	2022-12-08
聂成文 柳桥晚眺	137cm×35cm	297,955	香港贞观	2022-06-18	潘天寿 1924年作 岁朝 立轴	137.5cm×67cm	1,150,000	中国嘉德	2022-06-26
聂俗谷 禅定	69cm×69cm	265,000	北京伍佰艺	2022-10-28	潘天寿 1964年作 蝶恋花 镜片	58cm×47cm	1,150,000	朵云轩	2022-12-08
聂文江 秋思 画心	68cm×46cm	488,000	北京传世	2022-12-15	潘天寿 墨兰图 立轴	44cm×34cm	1,092,500	中国嘉德	2022-12-12
牛玉博 2021年作 春日 镜心	68cm×136cm	1,453,000	北京中贝	2022-03-16	潘天寿 1947年作 秋菊 立轴	66cm×31.5cm	1,035,000	北京保利	2022-07-26
牛玉博 2021年作 清韵图 镜心	68cm×136cm	1,411,000	北京中贝	2022-03-16	潘天寿 1963年作 稚鸡图并信札一通 镜心	尺寸不一	977,500	中贸圣佳	2022-07-23
牛玉博 2021年作 大唐进士钟馗图 镜心	68cm×136cm	1,329,000	北京中贝	2022-03-16	潘天寿 1941年作 墨荷 立轴	119.5cm×41cm	931,500	北京荣宝	2022-07-24
牛玉博 2021年作 李白醉酒图 镜心	68cm×136cm	1,234,000	北京中贝	2022-03-16	潘天寿 1945年作 春深香到紫兰花 镜心	52.5cm×47.5cm	862,500	中国嘉德	2022-06-26
欧豪年 1989年作 三峡图 镜心	101cm×247cm	805,000	北京银座	2022-01-12	潘天寿 自作诗《飞来峰》横披	21cm×168cm	805,000	北京诚轩	2022-08-08
欧豪年 1974年作 春夏秋冬四屏 镜心	93.5cm×29cm×4	92,000	开拍国际	2022-01-07	潘天寿 1937年作 行书 立轴	133cm×34cm	667,000	朵云轩	2022-12-08
欧豪年 1978年作 山水四屏 镜心	69cm×34.5cm×4	75,047	中国嘉德	2022-10-07	潘天寿 1941年作 三清图 镜心	68cm×35cm	632,500	中国嘉德	2022-06-26
欧阳新召 务实致远 画心	138cm×68cm	1,880,000	北京传世	2022-12-15	潘天寿 行书七言诗 立轴	147cm×33cm	575,000	西泠印社	2022-01-22
欧阳中石 2005年作 行书《沁园春·雪》镜心	96cm×179.5cm	517,500	北京荣宝	2022-07-24	潘天寿 1965年作 花鸟 立轴	45cm×33cm	575,000	永乐拍卖	2022-07-25
欧阳中石 书法	80cm×100cm	275,910	荣宝斋（香港）	2022-11-26	潘天寿 1963年作 为甘文芳作行书节录《孟子》画心	154cm×40cm	575,000	西泠印社	2022-08-21
欧阳中石 行书杨万里诗 镜心	68cm×136cm	230,000	北京荣宝	2022-07-24	潘天寿 秋趣 镜片	10.5cm×13.5cm	575,000	朵云轩	2022-12-08
欧阳中石 行书自作诗 镜心	248cm×123cm	218,500	中鸿信	2022-09-11	潘天寿 1948年作 岵梦图 镜片	33cm×36cm	552,000	朵云轩	2022-12-09
欧阳中石 行书七言绝句 镜心	131cm×61.5cm	115,000	北京荣宝	2022-07-24	潘天寿 1923年作 水仙 镜心	106cm×51cm	496,638	中国嘉德	2022-10-07
欧阳中石 1987年作 行书《登楼见乔公偶题》镜心	100cm×64cm	109,250	北京荣宝	2022-07-24	潘天寿 1943年作 行书画论 立轴	166cm×46.5cm	483,000	中国嘉德	2022-12-12
欧阳中石 行书韩愈诗 镜心	68.5cm×137cm	109,250	中国嘉德	2022-06-29	潘天寿 1943年作 行书弘一法师警句 立轴	147cm×36cm	471,500	开拍国际	2022-01-07
欧阳中石 1988年作 行书自作诗 镜心	248cm×110cm	89,700	中鸿信	2022-09-12	潘天寿 1965年作 憩禽图 立轴	80.5cm×38.5cm	437,000	上海嘉禾	2022-01-01
欧阳中石 行书自作诗 镜心	68cm×137cm	86,250	中鸿信	2022-09-11	潘天寿 苔石八哥 镜心	23cm×34.5cm	414,000	北京诚轩	2022-08-08
欧阳中石 行书 镜心	175cm×89cm	86,250	中鸿信	2022-09-12	潘天寿 墨兰 镜片	49cm×34.5cm	391,000	上海嘉禾	2022-11-20
欧阳中石 行书对屏 镜心	33cm×11.5cm×2	78,200	北京银座	2022-01-12	潘天寿 1945年作 竹石小鸟 立轴	76cm×33cm	368,000	中国嘉德	2022-06-26
欧阳中石 行书七言诗 镜心	68cm×135cm	69,000	保利厦门	2022-10-22	潘天寿 篆书"春酣"镜心	26cm×40cm	345,000	中贸圣佳	2022-07-23
欧阳中石 行书王维句 镜心	69cm×45.5cm	66,700	北京银座	2022-01-12	潘天寿 1961年作 行草毛主席《清平乐·六盘山》镜心 水墨纸本	17cm×50cm	345,000	北京荣宝	2022-07-24
鸥洋 山花烂漫 镜心	144.5cm×83.5cm	92,000	中国嘉德	2022-06-27	潘天寿 1962年作 鱼鹰图 立轴	78cm×40cm	287,500	保利厦门	2022-10-21
派瑞芬 2022年作 越野无边镜框两幅		81,005	佳士得	2022-05-29					
潘伯鹰 1955年作 行书临《兰亭序》手卷	32cm×104cm	161,000	中国嘉德	2022-06-26					

2022书画拍卖成交汇总(续表)

(成交价RMB: 6万元以上)

拍品名称	物品尺寸	成交价RMB	拍卖公司	拍卖日期
潘天寿 1928年作 雨后山景 镜心	19cm×50cm	266,760	保利香港	2022-07-12
潘天寿 赵丹1931年作 重要画作 仿巨然山水 立轴	174cm×94cm	218,500	西泠印社	2022-01-22
潘天寿 行书毛泽东词 立轴	91cm×34cm	207,000	中贸圣佳	2022-07-23
潘天寿 1924年作 萝卜 立轴	142cm×27cm	207,000	朵云轩	2022-12-08
潘天寿 1959年作 集卜文字 立轴	170.5cm×31cm	205,200	保利香港	2022-07-12
潘天寿 1916年作 夏日荷塘 立轴	142.5cm×46cm	94,300	中鸿信	2022-09-11
潘天寿 书法 立轴	133cm×21cm	80,500	广东小雅斋	2022-05-18
潘天寿 八哥图 立轴	43cm×33cm	69,000	中鸿信	2022-09-11
潘汮汛 倾谈 立轴	60cm×53cm	97,206	佳士得	2022-05-29
潘锡林 2016年作 鸟鸣山更幽	144cm×367cm	968,000	保利厦门	2022-01-13
潘振镛 徐惟琨 1885年作 仕女图·临金文八种 成扇	18.5cm×51cm	66,700	西泠印社	2022-01-23
潘志云 子路问津 镜心	86cm×37cm	115,000	中国嘉德	2022-06-27
庞飞 2022年作 王维《过香积寺》诗意 镜心	136cm×67.5cm	207,000	中国嘉德	2022-12-15
庞飞 2021年作、2022年作 人物小品系列 镜心	27cm×24cm×8	69,000	北京保利	2022-07-27
庞明璇 母与子	90cm×48cm	551,820	荣宝斋(香港)	2022-11-26
庞泰嵩 2014年作 长城万里映春晖 镜心	144cm×365cm	230,000	华艺国际	2022-09-24
庞薰琹 约20世纪40年代初作 淡彩唐代侍女 彩墨	18.5cm×25.8cm	471,500	北京诚轩	2022-08-09
庞薰琹 20世纪40年代作 红衣带舞	66.3cm×41cm	368,000	中国嘉德	2022-06-28
彭飞 岭上春色 画心	97cm×68cm	98,000	北京传世	2022-12-15
彭利铭 彩泼江南第一庄 镜心	220cm×96cm	1,150,000	北京荣宝	2022-07-24
彭薇 2007年作 雪景寒林 镜框	83cm×158.5cm	1,512,100	佳士得	2022-05-29
彭先诚 1990年作 美女图·长根歌 诗意 镜心	130cm×79cm	402,500	永乐拍卖	2022-07-25
彭先诚 1995年作《丽人行》诗意图 镜心	55cm×100cm	299,000	中国嘉德	2022-12-15
彭先诚 1993年作 唐代仕女 镜心	100cm×54cm	287,500	中国嘉德	2022-12-15
彭先诚 2002年作 相马图 镜心	45cm×96.5cm	253,000	中国嘉德	2022-12-15
彭先诚《丽人行》诗意图 镜心	137.5cm×34.5cm	184,000	中国嘉德	2022-12-15
彭先诚 唐人马球卷 手卷	画33cm×114cm	172,500	中国嘉德	2022-06-29
彭先诚 1989年作 轻罗小扇扑流萤 立轴	137cm×68cm	172,500	中国嘉德	2022-06-29
彭先诚 1988年作 杜甫诗意卷 手卷	画 36.5cm×131cm	161,000	中国嘉德	2022-06-29
彭先诚 1989年作 唐人仕女·紫袖红弦 镜心	32.5cm×151.5cm	149,500	中国嘉德	2022-12-15
彭先诚 2003年作 降福图 镜心	89.5cm×66.5cm	126,500	中国嘉德	2022-12-15
彭先诚 2005年作 唐人马球图 镜心	133cm×33cm	115,000	中国嘉德	2022-05-29
彭先诚 1988年作《丽人行》诗意图 立轴	93cm×54.5cm	109,250	中国嘉德	2022-06-29
彭先诚 1988年作 人物册页	13cm×24cm×9	97,750	中国嘉德	2022-06-29
彭先诚 杂画册页	19.5cm×18cm×9	97,750	中国嘉德	2022-06-29
彭先诚 1989年作 夜游图 立轴	68.5cm×62cm	86,250	中国嘉德	2022-06-29
彭先诚 1989年作 丽人行 立轴	69cm×45.5cm	74,750	中国嘉德	2022-06-29
蒲华 1884年作 溪山真意 立轴	182cm×94.5cm	575,000	朵云轩	2022-12-08
蒲华 1876年作 西湖岚翠 立轴	134.5cm×67cm	345,000	北京银座	2022-09-16
蒲华 行书八言联 立轴	169.5cm×35cm×2	276,000	北京银座	2022-01-12
蒲华 1897年作 行书七言联 立轴	169cm×41cm×2	230,000	北京银座	2022-09-16
蒲华 山高水长 立轴	画心 93.5cm×54cm	172,500	北京银座	2022-01-12
蒲华 1889年作 溪山真意 立轴	178cm×94.5cm	172,500	中国嘉德	2022-06-27

拍品名称	物品尺寸	成交价RMB	拍卖公司	拍卖日期
蒲华 拟吴镇诗意山水 立轴	94cm×42cm	172,500	中贸圣佳	2022-10-27
蒲华 1882年作 溪山静尘 立轴	130.5cm×63cm	149,500	北京诚轩	2022-08-08
蒲华 1903年作 行书 六言联 对联	148.5cm×40.5cm×2	126,500	西泠印社	2022-01-23
蒲华 行书八言联 对联	159cm×31cm×2	115,000	西泠印社	2022-01-23
蒲华 荷花 立轴	142.5cm×37.5cm	115,000	中国嘉德	2022-06-26
蒲华 竹石图 镜片	145cm×80cm	115,000	朵云轩	2022-08-08
蒲华 1904年作 菊石图 立轴	123cm×46cm	103,500	中国嘉德	2022-09-27
蒲华 西涧泊舟图 立轴	152cm×40.5cm	103,500	中贸圣佳	2022-12-31
蒲华 1874年作 墨竹(四幅) 立轴	142cm×37.5cm×4	103,500	朵云轩	2022-08-08
蒲华 1882年作 溪山静坐图 立轴	130cm×63cm	97,750	西泠印社	2022-01-23
蒲华 1911年作 贺岁图 立轴	133cm×47cm	92,000	北京荣宝	2022-07-24
蒲华 林泉茅屋 立轴	135cm×33.5cm	92,000	朵云轩	2022-12-08
蒲华 竹石图 立轴	128.5cm×31.5cm	86,250	西泠印社	2022-01-23
蒲华 秋江独钓 立轴	170cm×45cm	80,500	北京保利	2022-07-26
蒲华 1893年作 修竹灵石 立轴	127cm×61cm	80,500	朵云轩	2022-12-09
蒲华 竹石图 立轴	142cm×78cm	74,750	中贸圣佳	2022-12-31
蒲华 1908年作 行书五言联 对联	135cm×33cm×2	69,000	上海嘉禾	2022-01-01
蒲华 1895年作 人在千岩万壑中 立轴	117cm×35cm	69,000	保利厦门	2022-10-22
蒲华 家在江南水竹村 立轴	142.5cm×38cm	63,250	中国嘉德	2022-12-13
溥洞 张于相 双骏图 行书七言诗 成扇	18.5cm×49cm	80,500	中贸圣佳	2022-12-31
溥伒 载涛 朱益藩 八骏图 立轴	132cm×67cm	396,750	北京银座	2022-01-12
溥伒 竹林渔村图 手卷	53.5cm×358cm	368,000	广东崇正	2022-12-25
溥伒 秋郊放马图 镜心	99cm×49cm	287,500	中鸿信	2022-09-11
溥伒 幽居图 立轴	103cm×50cm	207,000	北京荣宝	2022-07-24
溥伒 仿仇英笔意 立轴	66cm×32.5cm	184,000	永乐拍卖	2022-07-25
溥伒 王雪涛 1945年作 春郊试马图 立轴	97.5cm×32cm	172,500	华艺国际	2022-07-29
溥伒 溪阁联吟图 立轴	104.5cm×40.5cm	161,000	西泠印社	2022-01-23
溥伒 秋林策杖 立轴	133.5cm×38.9cm	108,007	香港苏富比	2022-04-30
溥伒 朱汝珍 1932年作 秋溪仕女·节录《论书表》成扇	20cm×54.5cm	105,800	北京诚轩	2022-08-08
溥伒 冯恕月下轻·行书贾至、董其昌诗 成扇	18.5cm×48.5cm	104,293	佳士得	2022-12-02
溥伒 山居秋晚 立轴	140cm×36cm	101,200	保利厦门	2022-10-22
溥伒 雪霁图 立轴	98.2cm×32.4cm	86,250	中国嘉德	2022-12-12
溥伒 雪霁图 立轴	98.2cm×32.4cm	81,005	香港苏富比	2022-04-30
溥伒 苏武牧羊图 镜心	89cm×28cm	74,750	中贸圣佳	2022-07-23
溥伒 春郊双骏图 成扇	20cm×52cm	74,750	西泠印社	2022-01-23
溥伒 陈云诰 1941年作 秋江孤帆图·行书李伯时《九歌图》成扇	18.5cm×48.5cm×2	71,300	北京银座	2022-09-17
溥伒 傅增湘 松风图·楷书苏轼文句 成扇	19.5cm×53cm	66,700	西泠印社	2022-01-23
溥伒 1962年作 水阁观瀑·行书七言诗 成扇		63,250	中国嘉德	2022-09-24
溥伒 松山图·书法 成扇	18cm×50.5cm	63,250	西泠印社	2022-01-23
溥靖秋 仿南田百花图卷 手卷	画心 34cm×332cm	172,500	中鸿信	2022-09-11
溥佺 1952年作 神骏图 镜心	77cm×128cm	218,500	开拍国际	2022-01-07
溥佺 王提 1940年作 百寿图·篆书百寿 成扇	18.5cm×51cm×2	184,000	开拍国际	2022-01-07
溥佺 秋林息马 立轴	132cm×71cm	97,750	中国嘉德	2022-09-27
溥佺 1985年作 十骏图 镜心	67cm×134cm	92,248	保利香港	2022-10-12
溥佺 1980年作 松荫逸骏 立轴	65.5cm×43cm	92,000	北京银座	2022-01-12
溥佐 松下六骏 立轴	131cm×66cm	92,000	北京荣宝	2022-07-24
溥佺 松阴三骥 镜心	102cm×52.5cm	64,400	北京诚轩	2022-08-08

2022书画拍卖成交汇总(续表)

(成交价RMB：6万元以上)

拍品名称	物品尺寸	成交价RMB	拍卖公司	拍卖日期
溥儒 临明四家画卷 手卷	画心 9cm×437.5cm	5,117,500	北京诚轩	2022-08-08
溥儒 1958年作 海石图 镜心	84cm×38cm	2,990,000	开拍国际	2022-07-24
溥儒 1937年作 为完颜衡永书唐诗礼佛卷 手卷	28cm×529.5cm	2,530,000	开拍国际	2022-01-07
溥儒 唐人诗意 册页	25cm×17cm×12	2,530,000	开拍国际	2022-07-24
溥儒 山水四帧 未托裱镜框	25cm×24.5cm×4	2,497,352	香港苏富比	2022-10-08
溥儒 1961年作 偕老图 镜心	诗堂 31.5cm×40.2cm； 画31.5cm×40.2cm	2,415,000	永乐拍卖	2022-07-25
溥儒 张廷济 1960年作 净瓶观音·行楷五言联 立轴	对联 69cm×16cm×2； 画79cm×41.7cm	2,300,000	北京保利	2022-07-26
溥儒 1945年作 行书诗文八屏	129.5cm×31cm×8	1,955,000	西泠印社	2022-01-23
溥儒 1937年作 楷书唐诗卷 手卷	28cm×528cm	1,955,000	中国嘉德	2022-12-12
溥儒 钟进士醉归图 立轴	84.3cm×37.5cm	1,728,115	香港苏富比	2022-04-30
溥儒 秋山萧寺 手卷	7cm×140.5cm	1,725,000	中国嘉德	2022-12-12
溥儒 天趣清晖 册页(八开)	11.5cm×6.5cm×16	1,610,000	中国嘉德	2022-06-26
溥儒 洞水山馆 镜心	31cm×113cm	1,380,000	开拍国际	2022-07-24
溥儒 琵琶行 镜心	136cm×35cm	1,380,000	永乐拍卖	2022-07-25
溥儒 松鹤延年 立轴	131.5cm×33.5cm	1,207,500	中国嘉德	2022-06-27
溥儒 1957年作 陶渊明诗意 立轴	86cm×37cm	1,127,000	开拍国际	2022-01-07
溥儒 春山幽居 镜心	69.5cm×36.5cm	1,127,000	开拍国际	2022-07-24
溥儒 雪衣栖卧柳 镜心	65.5cm×34cm	1,092,500	开拍国际	2022-01-07
溥儒 双骏图 镜心	81.5cm×40cm	1,035,000	开拍国际	2022-07-24
溥儒 行书 镜框	48cm×47cm	1,035,000	朵云轩	2022-12-08
溥儒 溪山帆影 镜心	59cm×28cm	920,000	开拍国际	2022-07-24
溥儒 松涧觅句 立轴	80.5cm×36.2cm	897,000	开拍国际	2022-07-24
溥儒 鸳鸯浦上恋秋光 镜心	80cm×35cm	828,000	开拍国际	2022-07-24
溥儒 雪峰萧寺图 手卷	10.2cm×71.5cm	782,000	广东崇正	2022-12-25
溥儒 满天风雨洞庭秋 镜心	34.5cm×135cm	750,475	中国嘉德	2022-10-08
溥儒 1938年作 瓜瓞绵绵 镜片	85cm×38.5cm	747,500	上海嘉禾	2022-11-20
溥儒 乌来飞瀑 镜框	107.3cm×40.4cm	721,457	香港苏富比	2022-10-08
溥儒 钟馗上朝图 立轴	117.5cm×33.3cm	695,293	佳士得	2022-12-02
溥儒 双姝联吟图 立轴	88cm×32cm	690,000	中国嘉德	2022-12-13
溥儒 1946年作 秋window闻蝉声 立轴	75.8cm×31.3cm	667,000	北京诚轩	2022-08-08
溥儒 书画合璧 手卷	画心25cm×44cm	615,600	保利香港	2022-07-12
溥儒 南极仙翁 镜框	36.6cm×23.2cm	610,464	香港苏富比	2022-10-08
溥儒 冷叶山秋 镜心	30.5cm×92cm	609,500	永乐拍卖	2022-07-25
溥儒 拟吴道子钟馗 镜心	94cm×40cm	598,000	开拍国际	2022-01-07
溥儒 奚官牵马图 镜心	56cm×36cm	575,000	开拍国际	2022-07-24
溥儒 1950年作 寿星 镜心	55.5cm×31.5cm	575,000	开拍国际	2022-07-24
溥儒 1935年作 溪山无尽卷 手卷	11.3cm×77.9cm (画心)	575,000	北京诚轩	2022-08-08
溥儒 云气生虚壁 镜心	15cm×8cm	552,000	开拍国际	2022-07-24
溥儒 1962年作 行书古诗数首 镜心	43.5cm×181.5cm	552,000	中贸圣佳	2022-12-31
溥儒 楷书十三言联 镜心	169cm×14.5cm×2	552,000	中鸿信	2022-09-11
溥儒 松荫双骏 立轴	109.5cm×49cm	552,000	华艺国际	2022-07-29
溥儒 1949年作 临宋人仕女 立轴	65.5cm×32.5cm	518,434	佳士得	2022-05-29
溥儒 1941年作 屋上青山屋下亭 立轴	105cm×36.8cm	516,420	罗芙奥	2022-06-04
溥儒 猿挂岛藤间并行书五言对联 镜心	画心90cm×28cm	506,000	开拍国际	2022-01-07
溥儒 张大千 黄君璧 等 1951年作、1952年作、1953年作 为张目寒作云蒸霞蔚 册页(十四开)	42cm×30cm×14	506,000	北京保利	2022-07-26

拍品名称	物品尺寸	成交价RMB	拍卖公司	拍卖日期
溥儒 琴音蕉石图 立轴	109.5cm×33cm	494,500	西泠印社	2022-08-21
溥儒 柳溪荡舟 镜框	100.5cm×49cm	486,032	香港苏富比	2022-04-30
溥儒 四时山水 镜片	直径16.5cm×4	471,500	上海嘉禾	2022-11-20
溥儒 行书《点绛唇》 立轴	130.5cm×64cm	448,500	开拍国际	2022-01-07
溥儒 猿戏图 镜心	57cm×29.5cm	437,000	开拍国际	2022-07-24
溥儒 昆虫 镜心	15cm×10cm	437,000	中国嘉德	2022-06-27
溥儒 1946年作 试马图 立轴	83cm×38cm	437,000	永乐拍卖	2022-07-25
溥儒 一梦华胥 镜框	81cm×41.3cm	421,775	香港苏富比	2022-10-08
溥儒 1962年作 行书唐诗 镜框	43.5cm×181.7cm	421,775	香港苏富比	2022-10-08
溥儒 疏树绕群峰 镜心	10.7cm×69.5cm	402,500	北京诚轩	2022-08-08
溥儒 青山观云 立轴	98.5cm×33cm	402,500	永乐拍卖	2022-07-25
溥儒 深山问道 立轴	99.5cm×32cm	402,500	华艺国际	2022-07-29
溥儒 远浦归帆 立轴	105cm×30.5cm	391,000	北京保利	2022-07-26
溥儒 1933年作 湖石瑞鸟并行书七言诗 成扇	17.5cm×51cm×2	379,500	开拍国际	2022-01-07
溥儒 行书十言对联 镜心	128.5cm×20cm×2	379,500	开拍国际	2022-01-07
溥儒 1933年作 深山独行图 镜心	63cm×27cm	379,500	北京银座	2022-09-16
溥儒 清溪渔船 立轴	90.5cm×28.5cm	379,500	永乐拍卖	2022-07-25
溥儒 1932年作 寒山松雪 镜框	63.5cm×13.2cm	370,823	佳士得	2022-12-02
溥儒 1949年作 对屏"一帆风顺下蓬莱" 镜心	54cm×27cm×2	368,000	北京银座	2022-01-12
溥儒 送饮图 镜心	28cm×19cm	368,000	中国嘉德	2022-06-27
溥儒 1949年作 浦溆炊烟 镜心	86cm×28.5cm	368,000	中国嘉德	2022-06-27
溥儒 秋浦钓艇 立轴	68cm×31cm	368,000	北京保利	2022-07-26
溥儒 六一图 立轴	61cm×28.6cm	356,500	开拍国际	2022-07-24
溥儒 西郊大觉寺 立轴	106cm×50cm	356,500	中鸿信	2022-09-11
溥儒 山水楼阁 立轴	100cm×33cm	356,500	北京保利	2022-07-26
溥儒 金果小鸟 镜心	52cm×28.5cm	353,164	中国嘉德	2022-10-07
溥儒 1937年作 楷书十三言联(两幅) 镜框	85cm×9.5cm×2	347,646	佳士得	2022-12-02
溥儒 1935年作 秋江葭苇 立轴	42cm×22.5cm	347,646	佳士得	2022-12-02
溥儒 聚猿图 立轴	74cm×27cm	345,623	佳士得	2022-05-29
溥儒 行书自作诗九首 手卷	34.5cm×232cm	345,000	开拍国际	2022-01-07
溥儒 溪山行旅 立轴	93.5cm×32.5cm	345,000	北京银座	2022-01-12
溥儒 马 镜心	画32cm×43cm	345,000	永乐拍卖	2022-07-25
溥儒 1956年作 鸟鸣枝头 镜心	31cm×28cm	345,000	北京保利	2022-07-26
溥儒 寒林赏雀 立轴	103.3cm×32.7cm	324,021	佳士得	2022-05-29
溥儒 1963年作 阿里山新娘 立轴	画心 62.5cm×26.5cm	322,000	开拍国际	2022-01-07
溥儒 1933年作 楼台松风 立轴	134cm×65cm	322,000	中国嘉德	2022-06-26
溥儒 沈尹默 猴子捞月 行书黄庭坚题跋二则 成扇	18.5cm×52cm	322,000	中国嘉德	2022-06-27
溥儒 夏日山居 镜心	104cm×26cm	322,000	朵云轩	2022-12-08
溥儒 芙蓉花 镜心	28cm×42cm	310,500	开拍国际	2022-01-07
溥儒 升官图 镜心	20cm×45cm	310,500	北京银座	2022-09-16
溥儒 霜林秋霁 立轴	67cm×27cm	299,000	北京银座	2022-01-12
溥儒 万峰雪霁 立轴	130.3cm×32.5cm	299,000	北京诚轩	2022-08-08
溥儒 柳荫渔隐图 立轴	115.5cm×41cm	299,000	永乐拍卖	2022-07-25
溥儒 溥伒高士图临《书谱》 成扇	18cm×49cm	299,000	中贸圣佳	2022-10-27
溥儒 老榴结子 立轴	113cm×34.4cm	288,583	香港苏富比	2022-10-08
溥儒 秋壑探泉 镜框	84.2cm×36.8cm	288,583	香港苏富比	2022-10-08
溥儒 1949年作 书画合璧扇 成扇	18.4cm×50.5cm	287,500	北京诚轩	2022-08-08
溥儒 为黄杰作花蝶图 镜心	60cm×21cm	287,500	中鸿信	2022-09-11
溥儒 清风栖隐 镜心	32cm×32cm	287,500	中国嘉德	2022-06-27

2022书画拍卖成交汇总(续表)

（成交价RMB：6万元以上）

拍品名称	物品尺寸	成交价RMB	拍卖公司	拍卖日期
溥儒 1954年作 仙猿献寿 镜心	67.5cm×16.5cm	287,500	永乐拍卖	2022-07-25
溥儒 颐和园景色 立轴	105.5cm×32cm	287,500	北京保利	2022-07-26
溥儒 采薇图 立轴	102cm×41cm	287,500	广东崇正	2022-12-25
溥儒 牧牛图 镜框	96cm×31.2cm	259,217	佳士得	2022-05-29
溥儒 溥忻 玉楼天半起·楷书《滕王阁序》成扇	19cm×50.5cm×2	253,000	开拍国际	2022-01-07
溥儒 1945年作 山芙蓉 镜框	39.9cm×24.8cm	244,185	香港苏富比	2022-10-08
溥儒 行书六言联 镜片	75cm×13.5cm×2	241,500	西泠印社	2022-01-22
溥儒 红杏绮梦 立轴	80.3cm×33.7cm	231,764	佳士得	2022-12-02
溥儒 行书"磐溪赓虞" 横披	32cm×104cm	230,000	北京银座	2022-01-12
溥儒 楷书五言联 立轴	106.5cm×32.5cm×2	230,000	北京银座	2022-09-16
溥儒 花枝禽趣图 镜片	52.5cm×38cm	230,000	西泠印社	2022-01-23
溥儒 张伯英 为曾宗鉴鉴作山水书法扇 成扇	19cm×54cm	230,000	西泠印社	2022-01-23
溥儒 高士抚琴 镜心	99cm×34cm	230,000	北京保利	2022-07-26
溥儒 邢端秋山放舟图 楷书 成扇	18.5cm×50cm	230,000	北京保利	2022-07-26
溥儒 楷书七言联 立轴	96cm×19.5cm×2	220,728	中国嘉德	2022-10-07
溥儒 周肇祥 远帆秋色·行书《李靖舞剑台诗》成扇	18.5cm×48cm×2	218,500	开拍国际	2022-01-07
溥儒 绿阴著书图 立轴	131cm×37.5cm	218,500	中国嘉德	2022-06-27
溥儒 平林散牧 镜框	44cm×35cm	216,014	佳士得	2022-05-29
溥儒 果蔬图 镜心	32cm×65cm	212,750	北京银座	2022-01-12
溥儒 达摩 立轴	83cm×28cm	209,691	中国嘉德	2022-10-07
溥儒 楷书十言文房联 立轴	66cm×12cm×2	207,000	中贸圣佳	2022-07-23
溥儒 1932年作 高士图 立轴	99cm×33cm	207,000	中贸圣佳	2022-12-31
溥儒 周肇祥 山水成扇	18.5cm×50cm	207,000	永乐拍卖	2022-07-25
溥儒 张伯英 秋林牧童·行书苏轼诗 成扇	18cm×51cm	207,000	中国嘉德	2022-12-12
溥儒 行书五言诗 立轴	127cm×31.5cm	207,000	中国嘉德	2022-12-12
溥儒 山水 册页（八开）	26.5cm×17cm×8	201,250	上海嘉禾	2022-01-01
溥儒 秋意图 立轴	100cm×32.1cm	196,999	佳士得	2022-12-02
溥儒 为陈怡作 松下泛舟图 镜片	21cm×17cm	195,500	西泠印社	2022-01-23
溥儒 1947年作 没骨山水 立轴	96.5cm×31.8cm	194,412	佳士得	2022-05-29
溥儒 秋山听泉 立轴	102cm×25.5cm	194,412	佳士得	2022-05-29
溥儒 溪畔孤亭 镜心	97.5cm×44cm	189,750	北京银座	2022-09-16
溥儒 雪中望山 立轴	118cm×26.5cm	185,411	佳士得	2022-12-02
溥儒 萧萧凫雁 立轴	64cm×32.5cm	184,000	中国嘉德	2022-06-27
溥儒 秋江待左 扇面	18cm×51cm	184,000	中国嘉德	2022-06-27
溥儒 芝兰图 镜心	63cm×29.5cm	184,000	北京保利	2022-07-26
溥儒 访幽图 立轴	59cm×33cm	184,000	北京保利	2022-07-26
溥儒 斜日远帆 镜框	30.2cm×39.7cm	183,612	香港苏富比	2022-04-30
溥儒 仿宋人山水牧牛（四帧）镜心	24.5cm×15.5cm×4	178,250	中鸿信	2022-09-11
溥儒 双松嵩寿 立轴	105.3cm×40cm	172,811	香港苏富比	2022-04-30
溥儒 行书《灵光集序》镜心	23cm×212cm	172,500	中国嘉德	2022-05-28
溥儒 花卉小景 镜心	68cm×24cm	172,500	北京荣宝	2022-07-24
溥儒 青山访友图 立轴	114cm×37.5cm	172,500	北京银座	2022-09-16
溥儒 陈英三溪山钓艇、雷峰夕照 立轴	画44cm×27cm	172,500	北京银座	2022-09-16
溥儒 溥忻 1939年作 山水成扇	18.5cm×50.5cm	172,500	永乐拍卖	2022-07-25
溥儒 空山急雨 镜心	19cm×32cm	172,500	永乐拍卖	2022-07-25
溥儒 1963年作 秋江泛舟图 镜心	24cm×80cm	172,500	永乐拍卖	2022-07-25
溥儒 灵石 镜心	12cm×14.5cm	172,500	中国嘉德	2022-12-12
溥儒 清啼楚山月 立轴	67cm×26cm	172,500	广东崇正	2022-12-25
溥儒 行书七言联 立轴	141.5cm×38cm×2	172,500	广东崇正	2022-12-25
溥儒 秋庭啼鸟 镜心	57cm×32cm	165,546	中国嘉德	2022-10-07
溥儒 荷塘清秋 镜心	54cm×30cm	165,546	中国嘉德	2022-10-07
溥儒 张伯英 1944年作 松阴高士图·行书节录贺铸《飞鸿亭》成扇	19cm×47.5cm	162,235	佳士得	2022-12-02
溥儒 张伯英 神仙鱼·行书苏轼《题杨朴妻诗》成扇	19cm×50cm	162,235	佳士得	2022-12-02
溥儒 1953年作 楼观江潮 镜心	18cm×51cm	161,000	开拍国际	2022-01-07
溥儒 竹石图 立轴	64.5cm×31.5cm	161,000	北京荣宝	2022-07-24
溥儒 为张人杰作寒水芙蓉图 立轴	94.5cm×37cm	161,000	西泠印社	2022-01-23
溥儒 策杖行吟 立轴	98.5cm×32.5cm	161,000	中国嘉德	2022-06-26
溥儒 楷书七言联 镜心	63cm×12cm×2	161,000	中国嘉德	2022-06-27
溥儒 叶映朱辉 镜心	48cm×37cm	161,000	中国嘉德	2022-12-12
溥儒 秋林高士 镜心	59cm×28cm	155,250	中贸圣佳	2022-10-27
溥儒 1936年作 滕王阁会 镜框	113.5cm×31cm	151,210	佳士得	2022-05-29
溥儒 溥忻 1942年作 行书庾信《灯赋》节录 秋居图 成扇	18cm×50cm	149,500	中贸圣佳	2022-07-23
溥儒 苍冥鸟道深 镜心	49cm×9.5cm	149,500	北京诚轩	2022-08-08
溥儒 行书七言联 立轴	130cm×31cm×2	149,500	北京银座	2022-09-16
溥儒 雅集图 立轴	126cm×56cm	149,500	中国嘉德	2022-09-27
溥儒 岩树畅游图·书法 镜片（双挖）		149,500	西泠印社	2022-01-23
溥儒 为震五作青山楼阁图 镜心	52cm×19cm	149,500	中鸿信	2022-09-11
溥儒 烟雨蒙蒙 镜心	93cm×35cm	149,500	北京保利	2022-07-26
溥儒 行书五言联 镜心	83cm×16cm×2	149,500	北京保利	2022-07-27
溥儒 秋林晚渡 立轴	99.5cm×33cm	149,500	朵云轩	2022-12-08
溥儒 炼丹高士 镜片	88.5cm×27cm	149,500	朵云轩	2022-12-08
溥儒 松影鸟声 镜框	56.7cm×26.1cm	144,291	香港苏富比	2022-10-08
溥儒 倦寻芳 立轴	97cm×32cm	143,750	北京银座	2022-09-16
溥儒 刘春霖 松溪寄怀·楷书宋诗 成扇	18.5cm×47cm	140,409	香港苏富比	2022-04-30
溥儒 林德玺 于右任 乔曾劬 书法（四幅）镜框	92cm×18.5cm×4	139,058	佳士得	2022-12-02
溥儒 草书五言对联 镜心	75cm×17cm×2	138,000	开拍国际	2022-01-07
溥儒 行书五言对联 镜心	69.5cm×12.5cm×2	138,000	开拍国际	2022-01-07
溥儒 水西庄图 扇面镜心	17.5cm×47.5cm	138,000	北京银座	2022-09-16
溥儒 行书五言诗 立轴	115.5cm×34.5cm	138,000	北京银座	2022-09-16
溥儒 三驼图 镜框	30cm×21cm	138,000	北京保利	2022-07-26
溥儒 1932年作 溪桥楼阁 立轴	106cm×44cm	138,000	北京保利	2022-07-26
溥儒 1957年作 行书七言联 立轴	126cm×23cm×2	138,000	北京保利	2022-07-26
溥儒 1951年作 高士寻幽 镜心	97.5cm×27.38m	138,000	北京保利	2022-07-26
溥儒 山居图 镜心	126cm×32cm	138,000	华艺国际	2022-09-23
溥儒 秋山图 镜心	97cm×28cm	138,000	华艺国际	2022-09-23
溥儒 婴戏图 立轴	96cm×31cm	138,000	荣宝斋（南京）	2022-12-07
溥儒 郭则沄 秋水无声·行书诗 成扇	18cm×47cm	132,250	华艺国际	2022-09-23
溥儒 书法对联 立轴	128.2cm×33cm×2	129,608	佳士得	2022-05-29
溥儒 秋景 镜框两幅	22.3cm×6.5cm×2	129,608	佳士得	2022-05-29
溥儒 红蓼清波鹜羽毛 镜框	38.5cm×22.5cm	129,608	佳士得	2022-05-29
溥儒 溥佺 行书·荷花朱竹 成扇	20.5cm×54cm	126,500	开拍国际	2022-01-07
溥儒 题《华严经》·雷佩芝剪观音坐像 镜心	56cm×30cm	126,500	北京保利	2022-02-03
溥儒 1950年作 行书五言诗 镜心	73.5cm×29.5cm	126,500	北京保利	2022-07-26
溥儒 松猿·松鹤遐龄 屏风	28cm×83cm×2	126,500	保利厦门	2022-10-22

2022书画拍卖成交汇总(续表)

(成交价RMB: 6万元以上)

拍品名称	物品尺寸	成交价RMB	拍卖公司	拍卖日期
溥儒 云影青松 立轴	68cm×34cm	126,500	中贸圣佳	2022-10-27
溥儒 倚松听瀑音 镜框	90.2cm×28.2cm	122,093	香港苏富比	2022-10-08
溥儒 孤亭临水 镜框	86.5cm×24.7cm	122,093	香港苏富比	2022-10-08
溥儒 碧山隐居 镜心	66.5cm×27.5cm	115,000	开拍国际	2022-01-07
溥儒 1943年作 拟倪瓒《秋水扁舟图》立轴	68.5cm×33cm	115,000	北京荣宝	2022-07-24
溥儒 春山策杖 镜心	52cm×36cm	115,000	北京银座	2022-09-16
溥儒 松下高士 镜心	98cm×33cm	115,000	北京银座	2022-09-16
溥儒 寒蝉啼鸟 镜心	65cm×30cm	115,000	北京银座	2022-09-16
溥儒 行书七言联 立轴	135cm×34.5cm×2	115,000	中国嘉德	2022-06-27
溥儒 松溪泛舟 镜心	18.5cm×131.5cm	115,000	中国嘉德	2022-06-27
溥儒 1949年作 野塘飞禽 扇面	18cm×52cm	115,000	中国嘉德	2022-06-27
溥儒 观音大士 镜片	97.5cm×30cm	115,000	江苏汇中	2022-08-16
溥儒 读书秋树根 镜心	38cm×59cm	115,000	荣宝斋(南京)	2022-12-07
溥儒 行书七言联 立轴	167cm×42.5cm×2	115,000	中国嘉德	2022-12-12
溥儒 荷花翠鸟 镜心	45cm×28cm	115,000	中国嘉德	2022-12-13
溥儒 丹桂飘香 立轴	72cm×33cm	115,000	朵云轩	2022-12-08
溥儒 烟波泛舟 镜框	9.8cm×45.2cm	110,993	香港苏富比	2022-10-08
溥儒 戏猿图 镜框	37cm×28cm	110,364	华艺国际	2022-11-27
溥儒 行书七言联 立轴	91cm×16.5cm×2	109,250	北京银座	2022-01-12
溥儒 1945年作 牧马图 镜心	19.5cm×52cm	109,250	北京保利	2022-07-26
溥儒 1961年作 小楷回文诗 镜心	35cm×33cm	109,250	北京保利	2022-07-26
溥儒 高士 镜框	56cm×24.2cm	108,007	佳士得	2022-05-29
溥儒 1941年作 楷书十一言联 立轴	129cm×30cm×2	103,500	广东崇正	2022-08-11
溥儒 1931年作 携琴访友 立轴	125.5cm×32.5cm	103,500	中国嘉德	2022-12-13
溥儒 半轮月印梅花影·行书五言诗 成扇	19cm×50cm×2	101,200	北京银座	2022-09-16
溥儒 1958年作 古木经霜·行书五言诗 成扇	17cm×50cm×2	101,200	北京银座	2022-09-16
溥儒 幽壑清瀑 立轴	86.5cm×24cm	97,848	罗芙奥	2022-06-04
溥儒 携琴访友 镜心	99cm×32.5cm	97,750	中国嘉德	2022-06-26
溥儒 1952年作 朱笔钟馗 镜心	67.5cm×32.5cm	97,750	中国嘉德	2022-06-26
溥儒 行书"驻鹤" 镜框	32.3cm×69.5cm	94,344	香港苏富比	2022-10-08
溥儒 钟馗 立轴	41.5cm×21.2cm	92,705	佳士得	2022-12-02
溥儒 细雨春山 立轴	103cm×33cm	92,000	中国嘉德	2022-05-30
溥儒 待月图 立轴	53cm×17cm	92,000	中贸圣佳	2022-12-31
溥儒 秋池照雪衣 立轴	80cm×28.5cm	92,000	中国嘉德	2022-06-26
溥儒 荷花 镜心	29cm×59cm	92,000	华艺国际	2022-09-23
溥儒 深谷观云 立轴	65.5cm×33cm	92,000	中国嘉德	2022-12-12
溥儒 行书七言联 镜心	94cm×19cm×2	92,000	中国嘉德	2022-12-12
溥儒 归渔图 立轴	61cm×30.5cm	92,000	中国嘉德	2022-12-13
溥儒 1958年作 行书 立轴	100cm×33cm	92,000	朵云轩	2022-12-08
溥儒 行书杜诗四首 手卷	42.8cm×131cm	88,795	香港苏富比	2022-10-08
溥儒 行书七言对联 镜心	100cm×19cm×2	86,250	开拍国际	2022-01-07
溥儒 行书七言联 立轴	131.8cm×32.7cm×2	86,250	北京诚轩	2022-08-08
溥儒 秋色满空山 立轴	99.5cm×33.5cm	86,250	中国嘉德	2022-06-27
溥儒 郭则沄1943年作 湘江秋色·行书书法 成扇	19cm×53cm	86,250	永乐拍卖	2022-07-25
溥儒 书法七言联 立轴	127cm×30cm×2	86,250	永乐拍卖	2022-07-25
溥儒 拟易元吉笔意 镜框	45.5cm×13cm	86,250	华艺国际	2022-07-29
溥儒 献寿图 镜框	30cm×27cm	86,250	华艺国际	2022-07-29
溥儒 1951年作 渔棹晚归图·行书 二挖 镜片	画28cm×33.5cm	82,800	广东崇正	2022-08-11
溥儒 1953年作 秋江小景卷 手卷	3.5cm×147cm	80,500	中国嘉德	2022-09-29
溥儒 双干比玉图 镜片	66cm×32cm	80,500	西泠印社	2022-01-22
溥儒 水居访友图 立轴	101cm×31cm	80,500	北京保利	2022-07-27
溥儒 溪云初起 镜片	97cm×31.5cm	80,500	广东崇正	2022-08-11
溥儒 玉壶春景 立轴	89cm×28.5cm	80,500	中国嘉德	2022-12-13
溥儒 1947年作 秋山读书图 立轴	126.5cm×31.5cm	80,500	中国嘉德	2022-12-13
溥儒 梅兰芳 为吴湖帆作楷书七言联 镜心	69cm×10cm×2	78,200	中鸿信	2022-09-12
溥儒 行书《观永乐公主入番诗句》镜框	103cm×34.5cm	75,605	佳士得	2022-05-29
溥儒 仙凤楼阁 立轴	100cm×32cm	74,750	中国嘉德	2022-05-30
溥儒 行书七言联 镜心	148cm×30cm×2	74,750	北京银座	2022-09-16
溥儒 古木骏马图 镜心	64cm×30.5cm	74,750	中鸿信	2022-09-11
溥儒 朱影清声 镜片	60cm×31cm	74,750	广东崇正	2022-08-11
溥儒 自藏山水微型 册页	5cm×10cm×8	74,750	江苏汇中	2022-08-17
溥儒 1958年作 行书《寒雨》诗 镜框	59cm×32cm	70,204	香港苏富比	2022-04-30
溥儒 1947年作 行书七言联 立轴	163cm×40cm×2	69,000	北京银座	2022-01-12
溥儒 溪桥楼阁 镜心	79cm×14cm	69,000	北京银座	2022-09-16
溥儒 行书五言联 镜心	68cm×15cm×2	69,000	北京银座	2022-09-16
溥儒 秋江待友 立轴	50cm×21cm	69,000	北京银座	2022-09-16
溥儒 永夏日嘉 立轴	82.5cm×28cm	69,000	北京银座	2022-09-16
溥儒 行书七言联 立轴	132.5cm×32cm×2	69,000	北京银座	2022-09-16
溥儒 题侠名百骏图卷 手卷	画心 63cm×1386.5cm	69,000	西泠印社	2022-01-23
溥儒 秋江泛舟 立轴	57cm×29cm	69,000	中鸿信	2022-09-11
溥儒 山水 立轴	68cm×27cm	69,000	永乐拍卖	2022-07-25
溥儒 鬼趣图 镜心	23cm×14cm	69,000	永乐拍卖	2022-07-25
溥儒 引福图 镜心	30cm×34cm	69,000	北京保利	2022-07-26
溥儒 行书五言联 镜心	75cm×17.5cm×2	69,000	华艺国际	2022-07-29
溥儒 1952年作 楷书十一言书房联 立轴	89cm×10cm×2	69,000	江苏汇中	2022-08-16
溥儒 献寿图 立轴	65cm×29cm	69,000	江苏汇中	2022-08-17
溥儒 吕仙像 镜片	120cm×56cm	69,000	江苏汇中	2022-08-17
溥儒 朱竹图 镜心	52cm×31cm	66,700	永乐拍卖	2022-07-25
溥儒 悬崖古木疏 镜框	43.5cm×14cm	65,232	罗芙奥	2022-06-04
溥儒 1958年作 行书《易水别送》立轴	97cm×33.5cm	64,804	佳士得	2022-05-29
溥儒 林中高士 镜心	23.5cm×16cm	64,400	北京保利	2022-07-26
溥儒 疏树带寒烟 镜心	80cm×22.2cm	63,250	北京诚轩	2022-08-08
溥儒 1939年作 秋山观流 立轴	127cm×31cm	63,250	中国嘉德	2022-09-27
溥儒 幽篁图·行书七言联 立轴	中堂80cm×28cm	63,250	中鸿信	2022-09-11
溥儒 秋塘夕色 立轴	56cm×32cm	63,250	广东小雅斋	2022-05-18
溥儒 严家淦 书法(两幅) 镜心		63,250	中国嘉德	2022-06-27
溥儒 栖雀图 立轴	64cm×25cm	63,250	江苏汇中	2022-08-16
溥儒 1960年作 小楷书朱柏庐《治家格言》立轴	67cm×35cm	63,250	江苏汇中	2022-08-17
溥儒 翠竹山禽 镜心	56cm×29.5cm	63,250	中国嘉德	2022-12-13
溥儒 秋山亭子 镜框	22cm×10cm	130,579	罗芙奥	2022-12-03
溥儒 梅花 立轴	92.5cm×45.3cm	125,138	罗芙奥	2022-12-03
溥儞 索樾平 1933年作 池塘佳趣·行书赵孟頫《天冠山题咏二十八首其十三雷公岩》成扇	18cm×47cm	98,499	佳士得	2022-12-02
溥儞 双清幽禽 立轴	101.7cm×32.7cm	88,795	香港苏富比	2022-10-08
溥仪 御笔"蹈仁"(附郑孝胥跋) 立轴	133cm×33.5cm	483,000	开拍国际	2022-01-07

拍品名称	物品尺寸	成交价RMB	拍卖公司	拍卖日期
溥仪 篆书"德" 立轴	15.5cm×48.5cm	310,500	北京银座	2022-09-17
溥佐 伊立勋骏马图·书法 成扇	20cm×54cm	299,000	西泠印社	2022-01-23
溥佐 人马图 镜框	94cm×48.8cm	118,807	香港苏富比	2022-04-30
溥佐 婉如 晏济元 花卉(二帧)镜心		104,845	中国嘉德	2022-10-07
溥佐 1985年作 三友图·楷书古人诗 成扇	24cm×62cm	92,000	北京荣宝	2022-07-24
溥佐 神骏图 立轴	98cm×46.5cm	92,000	中国嘉德	2022-12-12
溥佐 十骏图 立轴	129.5cm×66cm	86,250	中国嘉德	2022-12-13
溥佐 花卉山水册 镜心	15.5cm×21.5cm×12	71,300	北京保利	2022-07-26
溥佐 驯马图 镜心	98.5cm×32cm	69,000	北京银座	2022-09-17
溥佐 仿龙眠《双骏图》立轴	67.5cm×36cm	69,000	中国嘉德	2022-06-26
溥佐 1982年作 马 立轴	82cm×45cm	63,250	北京荣宝	2022-07-24
齐白石 繁花硕果 立轴 四屏	283.8cm×54.2cm×4	69,281,904	香港苏富比	2022-10-08
齐白石 嘉耦图 立轴	201cm×100cm	55,200,000	中国嘉德	2022-06-26
齐白石 1948年作 松鹤延年一堂贺黎氏父子寿诞 镜心	画175cm×80.5cm; 联132cm×40cm×2	37,375,000	中国嘉德	2022-12-12
齐白石 菩提罗汉 镜框	136cm×45cm	26,977,563	香港苏富比	2022-10-08
齐白石 竹酒晴岚 立轴	67cm×41cm	18,975,000	北京保利	2022-07-26
齐白石 1948年作 红莲鸣蝉 立轴	138cm×61.6cm	13,455,000	开拍国际	2022-01-07
齐白石 1925年作 荷花四屏 立轴	136cm×33.5cm×4	11,270,000	北京银座	2022-09-16
齐白石 1931年作 写剧图 立轴	68.5cm×45.5cm	10,695,000	北京银座	2022-01-12
齐白石 1935年作 花果双寿 册页(八开)	画22.5cm×25cm×8; 书法22.5cm×25cm×10	8,337,500	上海嘉禾	2022-08-28
齐白石 1950年作 红荷图 立轴	138cm×62cm	7,762,500	开拍国际	2022-07-24
齐白石 1940年作 三秋图 镜框 设色纸本	92.5cm×42.5cm	7,705,000	北京荣宝	2022-07-24
齐白石 贝叶草虫 镜框	101cm×33.5cm	6,837,264	香港苏富比	2022-10-09
齐白石 多子·大利·双寿三屏 立轴	69cm×34cm×3	6,440,000	中贸圣佳	2022-07-23
齐白石 题画诗册一函两册 册页	19cm×15cm×60	6,440,000	中国嘉德	2022-06-26
齐白石 双寿 镜框	100cm×34cm	6,274,704	华艺国际	2022-05-29
齐白石 花石蜻蜓 立轴	128cm×61cm	5,750,000	中贸圣佳	2022-07-23
齐白石 工妙自知 立轴	110cm×35cm	5,750,000	北京银座	2022-09-16
齐白石 多寿 立轴	103cm×35cm	5,750,000	北京银座	2022-09-16
齐白石 天竺腊梅图 立轴	129.5cm×30.3cm	5,635,000	华艺国际	2022-07-29
齐白石 三寿图 立轴	100cm×33.5cm	5,635,000	中国嘉德	2022-12-12
齐白石 贝叶草虫 镜框	97cm×35.5cm	5,520,000	上海嘉禾	2022-11-20
齐白石 多寿图 镜心	103cm×34cm	5,382,000	北京银座	2022-01-12
齐白石 1945年作 花果四屏 镜片	105.5cm×35cm×4	5,175,000	广东崇正	2022-12-25
齐白石 1953年作 白菜有心 立轴	64cm×33cm	4,945,000	北京银座	2022-09-16
齐白石 和平 立轴	86.5cm×68cm	4,922,000	北京银座	2022-01-12
齐白石 1950年作 篆书四言联 立轴	136cm×34cm×2	4,715,000	中国嘉德	2022-12-12
齐白石 1918年作 铁拐李 镜心	106.5cm×71.5cm	4,600,000	中鸿信	2022-09-11
齐白石 铁拐李 立轴	181cm×45cm	4,600,000	北京保利	2022-07-26
齐白石 大匠根苗 立轴	76cm×30.5cm	4,600,000	上海嘉禾	2022-11-20
齐白石 篆书五言联 立轴	143cm×38.5cm×2	4,485,000	北京保利	2022-07-26
齐白石 1925年作 松柏寿石 镜心	82cm×48cm	4,370,000	北京保利	2022-07-26
齐白石 1945年作 夜深独酌蟹初肥 立轴	104cm×33.5cm	4,140,000	中国嘉德	2022-12-12
齐白石 佳果(四帧)镜心	绘画 32cm×34cm×4	4,025,000	华艺国际	2022-07-29
齐白石 1926年作 山水扬帆 立轴	116.2cm×41.2cm	3,995,762	香港苏富比	2022-10-08
齐白石 大富贵 立轴	68.5cm×34cm	3,910,000	中国嘉德	2022-06-26
齐白石 1952年作 红梅花开 立轴	133cm×57cm	3,795,000	北京保利	2022-07-26
齐白石 鼠子噬书图 立轴	132cm×34cm	3,680,000	开拍国际	2022-01-07
齐白石 1948年作 大利图 立轴	100cm×33.5cm	3,680,000	北京银座	2022-09-16
齐白石 柳牛图 立轴	137cm×34cm	3,680,000	中鸿信	2022-09-11
齐白石 桃花雏鸡 立轴	135.5cm×34cm	3,565,000	中国嘉德	2022-06-26
齐白石 1953年作 福禄绵长 立轴	146cm×40.5cm	3,507,500	开拍国际	2022-01-07
齐白石 狩猎图 立轴	81.5cm×33.8cm	3,456,230	佳士得	2022-05-29
齐白石 丹桂双兔 立轴	133.5cm×35.5cm	3,450,000	北京保利	2022-07-26
齐白石 二月春风花不如 镜框	67.5cm×34.5cm	3,220,000	华艺国际	2022-07-29
齐白石 小雏凤群嬉戏图 立轴	132cm×34.5cm	3,162,500	中贸圣佳	2022-12-31
齐白石 太平多利 镜框	103.5cm×35cm	3,105,000	朵云轩	2022-12-08
齐白石 三秋图 镜心 设色纸本	100cm×33cm	3,047,500	北京荣宝	2022-07-24
齐白石 1948年作 高官图 立轴	65.5cm×34.5cm	2,990,000	北京银座	2022-01-12
齐白石 花鸟水族(四帧)镜心	34cm×34cm×4	2,990,000	中国嘉德	2022-12-12
齐白石 陈半丁 花鸟四屏 立轴	117cm×40cm×4	2,932,500	北京保利	2022-07-26
齐白石 为章伯钧作玉兰大吉图 镜心	103cm×34.5cm	2,875,000	中鸿信	2022-09-11
齐白石 (款)群虾图	103cm×34cm	2,751,980	香港福羲国际	2022-12-28
齐白石 1948年作 六虾图 立轴	102cm×32.2cm	2,734,906	香港苏富比	2022-10-09
齐白石 1947年作 秋菊虫草图 镜片	101cm×34cm	2,702,500	西泠印社	2022-08-21
齐白石 1952年作 和平万年 镜框	94cm×32cm	2,645,000	上海嘉禾	2022-11-20
齐白石 陈半丁 王雪涛 颜伯龙 1948年作 福寿延年(四屏)立轴	137cm×33.5cm×4	2,587,500	上海嘉禾	2022-11-20
齐白石 群雏嬉戏图 立轴	131.5cm×34cm	2,530,000	开拍国际	2022-01-07
齐白石 荷花水鸭 立轴	94.5cm×33.5cm	2,472,500	北京保利	2022-07-26
齐白石 荷花鸳鸯 立轴 设色纸本	133cm×32cm	2,415,000	北京荣宝	2022-07-24
齐白石 芭蕉蛙趣图 镜心	177.5cm×47cm	2,300,000	北京银座	2022-01-12
齐白石 加官 立轴	138cm×47cm	2,300,000	上海嘉禾	2022-11-20
齐白石 1945年作 牵牛图 镜心	67.5cm×34cm	2,185,000	中贸圣佳	2022-07-23
齐白石 姑射丹砂 镜心	100cm×33.5cm	2,185,000	北京银座	2022-09-16
齐白石 教子图 立轴 设色纸本	70cm×38cm	2,127,500	北京荣宝	2022-07-24
齐白石 东篱佳色 立轴	131cm×35cm	2,127,500	北京银座	2022-09-16
齐白石 偷油图 立轴	101cm×33.5cm	2,070,000	北京银座	2022-09-16
齐白石 1945年作 一枝红杏出墙来 立轴	135cm×33.5cm	2,012,500	开拍国际	2022-07-24
齐白石 蜻蜓葡萄 镜心 设色纸本	101cm×33cm	2,012,500	北京荣宝	2022-07-24
齐白石 凤仙蝴蝶 立轴	103cm×33.5cm	1,955,000	上海嘉禾	2022-11-20
齐白石 1944年作 嘉耦图 镜框	99.5cm×33.5cm	1,944,129	香港苏富比	2022-04-30
齐白石 1924年作 篆书七言对联 立轴	127cm×29cm×2	1,897,500	开拍国际	2022-01-07
齐白石 慈姑虾戏 立轴	135cm×34cm	1,897,500	北京银座	2022-01-12
齐白石 和平鸽雁来红 立轴	103.5cm×32.5cm	1,897,500	中鸿信	2022-09-11
齐白石 大吉图 镜心	56cm×43.5cm	1,897,500	中国嘉德	2022-12-12
齐白石 瓜果草虫(四幅)镜框	21cm×33cm×4	1,854,115	佳士得	2022-12-02
齐白石 延年益寿 立轴	106cm×35cm	1,840,000	北京荣宝	2022-07-24
齐白石 1951年作 棕榈雏鸡 镜心	179cm×47.5cm	1,840,000	北京银座	2022-09-16
齐白石 1929年作 放鸢图·书法 扇面镜框两幅	图22.5cm×67cm×2	1,836,122	佳士得	2022-05-29
齐白石 1919年作 花草昆虫 册页(六开)	27.4cm×17.7cm×6	1,836,122	佳士得	2022-05-29

2022书画拍卖成交汇总(续表)

(成交价RMB：6万元以上)

拍品名称	物品尺寸	成交价RMB	拍卖公司	拍卖日期
齐白石 1929年作 三友图 立轴	86.5cm×44cm	1,782,500	开拍国际	2022-07-24
齐白石 寿桃图 立轴	105cm×35cm	1,782,500	中贸圣佳	2022-10-27
齐白石 灯鼠图 立轴	96.6cm×41cm	1,728,115	香港苏富比	2022-04-30
齐白石 紫藤 立轴 设色纸本	139cm×44.5cm	1,725,000	北京荣宝	2022-07-24
齐白石 瓜园蜻蜓图 镜片	70cm×35cm	1,725,000	西泠印社	2022-01-23
齐白石 篱菊麻雀 立轴	102cm×45cm	1,725,000	中国嘉德	2022-06-26
齐白石 紫藤蜜蜂 镜心	100cm×34cm	1,725,000	永乐拍卖	2022-07-25
齐白石 1940年作 牵牛花 镜心	100cm×34cm	1,725,000	华艺国际	2022-09-23
齐白石 蟹行图 立轴	102cm×35.5cm	1,725,000	中国嘉德	2022-12-12
齐白石 芋叶群虾 立轴	135cm×33cm	1,667,500	北京银座	2022-09-16
齐白石 事事如意 立轴	136.5cm×33.3cm	1,667,500	北京保利	2022-07-26
齐白石 富贵坚固 立轴	103cm×33cm	1,610,000	开拍国际	2022-01-07
齐白石 1957年作 牵牛花 立轴 设色纸本	104cm×34cm	1,610,000	北京荣宝	2022-07-24
齐白石 墨蟹 成扇	23.5cm×75cm	1,610,000	北京银座	2022-09-16
齐白石 1948年作 秋荷图 立轴	101.5cm×34cm	1,610,000	西泠印社	2022-01-22
齐白石 牵牛工虫 立轴	117.5cm×40.5cm	1,610,000	中国嘉德	2022-06-26
齐白石 群蟹图 立轴	128cm×37cm	1,610,000	北京保利	2022-07-26
齐白石 1930年作 蟠桃寿酒 立轴	135.5cm×33.5cm	1,610,000	中国嘉德	2022-12-12
齐白石 钟进士醉酒图 立轴	66cm×34cm	1,587,000	中贸圣佳	2022-12-31
齐白石 牵牛秋虫 立轴	104cm×33cm	1,587,000	北京保利	2022-07-27
齐白石 新粟饭香 立轴	67.5cm×34.5cm	1,552,500	开拍国际	2022-01-07
齐白石 1933年作 依样 立轴	126.5cm×60cm	1,495,000	开拍国际	2022-01-07
齐白石 1951年作 瓜架 立轴	106cm×34.2cm	1,495,000	开拍国际	2022-07-24
齐白石 叶鸿业 袁培基 1925年作 紫藤 繁花山鸟 赏雨茅屋 立轴	尺寸不一	1,495,000	北京银座	2022-09-16
齐白石 瓜瓞绵绵图 镜片	68cm×33.5cm	1,495,000	西泠印社	2022-01-23
齐白石 1948年作 松风葡萄 立轴	135cm×34cm	1,495,000	中鸿信	2022-09-11
齐白石 1944年作 富贵坚固 立轴	101cm×34.5cm	1,495,000	广东崇正	2022-08-11
齐白石 群虾图 立轴	138cm×40cm	1,495,000	中贸圣佳	2022-10-27
齐白石 富贵双寿 镜心	74cm×33.5cm	1,495,000	荣宝斋(南京)	2022-12-07
齐白石 愿者上钩 立轴	67cm×18.5cm	1,495,000	上海嘉禾	2022-11-20
齐白石 雁来红 立轴	138cm×34cm	1,437,500	中贸圣佳	2022-10-27
齐白石 大喜坚固 篆书 立轴双挖	64cm×34cm; 81cm×23cm	1,437,500	朵云轩	2022-12-08
齐白石 1940年作 红苞鸳鸯 立轴	68cm×33cm	1,434,732	中国嘉德	2022-10-07
齐白石 溪边山庄 立轴 设色纸本	45cm×34cm	1,380,000	北京荣宝	2022-07-24
齐白石 葡萄蚱蜢 立轴 设色纸本	65cm×33cm	1,380,000	北京荣宝	2022-07-24
齐白石 荷塘蜻蜓 立轴 设色纸本	92cm×43cm	1,380,000	北京荣宝	2022-07-24
齐白石 1946年作 牵牛花 立轴	96cm×35.5cm	1,380,000	北京荣宝	2022-07-24
齐白石 水簇图 立轴	139cm×41cm	1,380,000	中贸圣佳	2022-12-31
齐白石 虾 镜心	101cm×34cm	1,380,000	中贸圣佳	2022-12-31
齐白石 虾蟹图 镜框	103cm×33cm	1,322,500	北京荣宝	2022-07-24
齐白石 篆书唐人绝句 立轴	100.5cm×41cm	1,322,500	中贸圣佳	2022-12-31
齐白石 1945年作 凤仙花 立轴	135.5cm×33.5cm	1,296,086	佳士得	2022-05-29
齐白石 坐久不闻香 镜心	51cm×17.5cm	1,288,000	北京银座	2022-09-16
齐白石 为畹华作篆书"福寿康宁" 镜心	34cm×129cm	1,288,000	中鸿信	2022-09-11
齐白石 1934年作 花下安居图 立轴	94.7cm×33.2cm	1,265,000	开拍国际	2022-01-07
齐白石 1937年作 母子图 立轴 水墨纸本	102.5cm×34cm	1,265,000	北京荣宝	2022-07-24
齐白石 1925年作 山居图 扇面 镜心	17.5cm×49cm	1,265,000	北京银座	2022-09-16
齐白石 红梅山雀 立轴	136cm×39cm	1,265,000	北京银座	2022-09-16
齐白石 1945年作 秋菊图 镜片	100.5cm×36cm	1,265,000	西泠印社	2022-01-23
齐白石 1925年作 旭日青山 成扇	18.5cm×51cm	1,242,000	开拍国际	2022-01-07
齐白石 十全图 镜片	100cm×34cm	1,242,000	广东崇正	2022-12-25
齐白石 喜上眉头 立轴	133cm×33.5cm	1,207,500	开拍国际	2022-01-07
齐白石 老少年 立轴	131cm×34cm	1,207,500	北京保利	2022-07-26
齐白石 长年大吉 立轴	91cm×49cm	1,161,500	北京保利	2022-07-27
齐白石 1949年作 棕树草虫 立轴 设色纸本	103cm×43.5cm	1,150,000	北京荣宝	2022-07-24
齐白石 1942年作 菊花蜻蜓 镜心 设色纸本	66cm×34.5cm	1,150,000	北京荣宝	2022-07-24
齐白石 1945年作 荷花 立轴 设色纸本	97cm×36cm	1,150,000	北京荣宝	2022-07-24
齐白石 群鸡菊花 立轴	136cm×50.5cm	1,150,000	广东崇正	2022-08-11
齐白石 鱼塘蟹趣 立轴	104cm×34.5cm	1,150,000	朵云轩	2022-12-08
齐白石 1925年作 芭蕉 立轴	136cm×33cm	1,092,500	北京荣宝	2022-07-24
齐白石 1931年作 秋色斑斓 镜心	67cm×32cm	1,092,500	北京银座	2022-09-16
齐白石 1948年作 延年益寿对屏 镜心	105cm×34cm×2	1,092,500	永乐拍卖	2022-07-25
齐白石 1921年作 蟋蟀 镜框	40.5cm×12.5cm	1,080,072	香港苏富比	2022-04-30
齐白石 世世多子 立轴	100.5cm×34cm	1,035,000	开拍国际	2022-01-07
齐白石 1923年作 竹雀 立轴	134cm×32cm	1,035,000	北京荣宝	2022-07-24
齐白石 栗子 立轴	131cm×32.5cm	1,035,000	北京荣宝	2022-07-24
齐白石 南瓜图 镜心	101cm×33.5cm	1,035,000	中贸圣佳	2022-12-31
齐白石 三寿作朋 立轴	69cm×33cm	1,012,000	开拍国际	2022-01-07
齐白石 菊酒图 立轴	105cm×34cm	1,012,000	北京荣宝	2022-07-24
齐白石 1926年作 秋色斓斑 镜框	93cm×40cm	1,012,000	朵云轩	2022-12-08
齐白石 各有所爱 立轴	99.8cm×33.5cm	998,941	香港苏富比	2022-10-08
齐白石 蝶影图 立轴	75cm×28.5cm	989,000	上海嘉禾	2022-11-20
齐白石 玉簪花 立轴	101.5cm×34cm	977,500	中国嘉德	2022-06-26
齐白石 寿桃 镜框	64.5cm×32.5cm	972,064	佳士得	2022-05-29
齐白石 墨虾 立轴	104.5cm×33.5cm	943,000	北京银座	2022-09-16
齐白石 三秋 立轴	68cm×32cm	943,000	保利厦门	2022-10-22
齐白石 玉簪花 立轴	83.5cm×42.5cm	920,000	中贸圣佳	2022-07-23
齐白石 1923年作 篆书"仁者寿" 立轴	84cm×26cm	920,000	北京荣宝	2022-07-24
齐白石（款）1934年作 松鹰图 立轴	176cm×47.5cm	920,000	上海嘉禾	2022-01-01
齐白石 牡丹蜜蜂 镜心	65cm×33cm	920,000	北京保利	2022-07-26
齐白石 玉兰寿石 立轴	127cm×29.5cm	920,000	北京保利	2022-07-26
齐白石 双寿 镜心	68cm×33.5cm	920,000	北京保利	2022-07-26
齐白石 荷花双鸭 立轴	136cm×34cm	920,000	北京保利	2022-07-27
齐白石 芋叶螃蟹 立轴	103.5cm×33cm	920,000	保利厦门	2022-10-22
齐白石 小鱼儿 镜框	24cm×17cm	920,000	中贸圣佳	2022-10-27
齐白石 樱桃 镜框	17.5cm×53cm	920,000	上海嘉禾	2022-11-20
齐白石 桂子孙山 立轴	103.5cm×35.5cm	920,000	中国嘉德	2022-12-12
齐白石 紫藤 立轴	135.5cm×33.5cm	920,000	中国嘉德	2022-12-12
齐白石 红蓼蜻蜓 立轴	103cm×34cm	920,000	朵云轩	2022-12-08
齐白石 1926年作 蟹酒图 镜框	65cm×32.8cm	910,146	香港苏富比	2022-10-08
齐白石 海棠花 立轴	89.5cm×34.5cm	897,000	开拍国际	2022-01-07
齐白石 寿桃成扇 成扇	19cm×51cm	897,000	中贸圣佳	2022-07-23
齐白石 鸢尾蜜蜂 镜心	33cm×67cm	897,000	北京银座	2022-09-16
齐白石 赵世骏 1923年作 雁来红 立轴	115cm×52cm	874,000	北京银座	2022-09-16
齐白石 玉兰 立轴	135.5cm×33.5cm	874,000	中国嘉德	2022-12-13
齐白石 1923年作 玉兰花卉 立轴	134cm×33cm	862,500	北京荣宝	2022-07-24
齐白石 墨蟹图 立轴	99cm×34.5cm	862,500	西泠印社	2022-01-23

拍品名称	物品尺寸	成交价RMB	拍卖公司	拍卖日期
齐白石 1947年作 鱼虾图 立轴	102.5cm×34cm	862,500	上海嘉禾	2022-11-20
齐白石 1949年作 篱豆花开蟋蟀鸣 镜框	20cm×55cm	862,500	上海嘉禾	2022-11-20
齐白石 1934年作 水族图 屏轴	113cm×33.5cm	828,000	朵云轩	2022-12-08
齐白石 花卉 立轴	85cm×26.5cm	805,000	北京荣宝	2022-07-24
齐白石 牵牛花 立轴	116cm×26cm	805,000	北京银座	2022-09-16
齐白石 枇杷 立轴	135.5cm×33.5cm	805,000	中贸圣佳	2022-12-31
齐白石 群虾 立轴	103cm×35cm	805,000	中国嘉德	2022-12-12
齐白石 蟋蟀 镜片	32cm×34cm	805,000	广东崇正	2022-12-25
齐白石 1947年作 小雏捉虫图 立轴	133.5cm×33.5cm	793,500	西泠印社	2022-01-22
齐白石 松树八哥 镜心	135cm×33cm	782,000	北京银座	2022-09-16
齐白石 梅花八哥 立轴	99cm×34cm	782,000	中鸿信	2022-09-11
齐白石 红蓼昆虫 立轴	84cm×33.5cm	782,000	永乐拍卖	2022-07-25
齐白石 芭蕉雏鸡图 立轴	134cm×33cm	770,500	保利厦门	2022-10-22
齐白石 红菊斑衣 镜框	33cm×31.4cm	756,050	香港苏富比	2022-04-30
齐白石 海棠蜻蜓 镜心	63cm×32cm	747,500	北京荣宝	2022-07-24
齐白石 群蟹图 立轴	138cm×30cm	747,500	中鸿信	2022-09-11
齐白石 1946年作 工虫雁来红 镜心	48cm×27.7cm	747,500	中国嘉德	2022-06-26
齐白石 1941年作 虾蟹图 立轴	97.5cm×34cm	747,500	北京保利	2022-07-26
齐白石 墨松 立轴	137cm×33.2cm	721,457	香港苏富比	2022-10-08
齐白石 1947年作 池塘虾趣 立轴	137cm×34cm	713,000	江苏汇中	2022-08-16
齐白石 草虾 立轴	101cm×33.7cm	702,046	佳士得	2022-05-29
齐白石 小鱼 镜心	24cm×18cm	690,000	开拍国际	2022-07-24
齐白石 芭蕉蚂蚱 立轴	134cm×33cm	690,000	中贸圣佳	2022-07-23
齐白石 大利图 立轴	134cm×30cm	690,000	中贸圣佳	2022-07-23
齐白石 群蟹图 镜心 水墨纸本	101cm×34.5cm	690,000	北京荣宝	2022-07-24
齐白石 1921年作 风竹 立轴	97cm×32cm	690,000	北京荣宝	2022-07-24
齐白石 名园无两 镜心	18cm×51cm	690,000	北京银座	2022-09-16
齐白石 寿石工 1932年作 水草游虾 成扇	18cm×49cm	690,000	永乐拍卖	2022-07-25
齐白石 1954年作 玉米 立轴	100cm×34cm	690,000	永乐拍卖	2022-07-25
齐白石 桃花枝头 立轴	135cm×31cm	690,000	北京保利	2022-07-26
齐白石 蟾宫折桂 镜心	70cm×34cm	690,000	北京保利	2022-07-26
齐白石 芦苇螃蟹 立轴	133cm×32cm	690,000	北京保利	2022-07-26
齐白石 大荔图 立轴	53cm×39.5cm	690,000	中国嘉德	2022-12-12
齐白石 老少年·节临《石鼓文》镜框	33cm×33cm×2	678,500	北京荣宝	2022-07-24
齐白石 雏鸡图 镜心	136cm×34cm	678,500	永乐拍卖	2022-07-25
齐白石（款）老鼠偷油图	102cm×34cm	668,338	香港福羲国际	2022-10-20
齐白石 汪亚尘 金果双吉 立轴	104.5cm×55cm	667,000	开拍国际	2022-01-07
齐白石 1923年作 丝瓜图 立轴	101cm×33cm	667,000	北京荣宝	2022-07-24
齐白石 1948年作 秋趣 立轴	104.5cm×34cm	667,000	中鸿信	2022-09-11
齐白石 葡萄 镜心	66cm×34cm	667,000	永乐拍卖	2022-07-25
齐白石 稻香 镜心	67cm×33.5cm	667,000	北京保利	2022-07-26
齐白石 三秋图 立轴	108.3cm×41.2cm	665,960	香港苏富比	2022-10-08
齐白石 红树佳禽 立轴	98.9cm×33cm	665,960	香港苏富比	2022-10-08
齐白石 墨蟹 立轴	103cm×34.8cm	648,043	佳士得	2022-05-29
齐白石 鼠戏图 立轴	21.5cm×26.5cm	632,500	北京银座	2022-09-16
齐白石 水族群乐图 立轴	103cm×33.5cm	632,500	保利厦门	2022-10-21
齐白石 1946年作 麻雀牵牛花 立轴	102cm×34cm	607,002	中国嘉德	2022-10-07
齐白石 群鸡图 立轴	96cm×35cm	598,000	中贸圣佳	2022-07-23
齐白石 群虾 立轴	103cm×35cm	598,000	永乐拍卖	2022-07-25
齐白石 群雄图 镜片	87cm×47.2cm	598,000	广东崇正	2022-08-11
齐白石 富贵家风 镜框	82cm×37.5cm	594,039	佳士得	2022-05-29
齐白石 洗耳图 立轴	68cm×34cm	594,039	佳士得	2022-05-29
齐白石 红莲相依 镜心	130.5cm×32.5cm	586,500	北京银座	2022-01-12
齐白石 紫藤图 立轴	86cm×32cm	586,500	西泠印社	2022-01-23
齐白石 六合同风 立轴	74.5cm×34.5cm	575,000	北京银座	2022-01-12
齐白石 墨蟹 立轴	102.5cm×33.5cm	575,000	北京银座	2022-09-16
齐白石 竹石白颈鸦 立轴	130cm×32.5cm	575,000	中国嘉德	2022-06-26
齐白石 1948年作 墨叶葡萄 立轴	103cm×34.5cm	575,000	永乐拍卖	2022-07-25
齐白石 1942年作 雏鸡图 镜心	66.5cm×36.5cm	575,000	北京保利	2022-07-26
齐白石 1951年作 寿桃 镜心	64.5cm×34cm	575,000	北京保利	2022-07-26
齐白石 柳荫游虾 立轴	101cm×33cm	575,000	北京保利	2022-07-27
齐白石 虾趣图 镜片	103cm×34cm	575,000	广东崇正	2022-08-11
齐白石 延年益寿图 立轴	36cm×29cm	575,000	西泠印社	2022-08-21
齐白石 眼看五世 镜心	20cm×55.5cm	575,000	中国嘉德	2022-12-12
齐白石 虾趣 立轴	129.5cm×34cm	575,000	中国嘉德	2022-12-13
齐白石 齐良迟 1948年作 群虾图 牵牛花（二幅）立轴	95.5cm×34cm×2	575,000	朵云轩	2022-12-08
齐白石 1947年作 篆书“吴承燕诗书画展”镜心	20.5cm×126cm	554,040	保利香港	2022-07-12
齐白石 陈少梅 等 1933—1935年作 格锦成扇 成扇	18.5cm×50cm×2	552,000	北京银座	2022-01-12
齐白石 玉兰八哥 立轴	34cm×32.5cm	552,000	中贸圣佳	2022-07-23
齐白石 1947年作 螃蟹 立轴	68cm×34cm	552,000	中鸿信	2022-09-11
齐白石 松梅图 立轴	135cm×33.5cm	551,820	中国嘉德	2022-10-07
齐白石 1948年作 蟹行图 立轴	103cm×34.2cm	532,768	香港苏富比	2022-10-08
齐白石 蝴蝶兰 成扇	20cm×54cm	529,000	开拍国际	2022-01-07
齐白石 富贵牡丹 扇面镜心	18.5cm×51.5cm	529,000	北京银座	2022-01-12
齐白石 紫藤 镜心	19cm×51.5cm	529,000	中贸圣佳	2022-07-23
齐白石 1955年作 大利速来 镜心	38.5cm×40cm	529,000	北京保利	2022-07-27
齐白石 芦蟹图 立轴	133.5cm×31.5cm	529,000	华艺国际	2022-07-29
齐白石 寿石红梅 立轴	131.5cm×32.5cm	517,500	北京荣宝	2022-07-24
齐白石 芦花双鹑 立轴	131cm×34cm	517,500	北京荣宝	2022-07-24
齐白石 1922年作 葡萄 镜框	131.5cm×31cm	517,500	北京荣宝	2022-07-24
齐白石 陈半丁 1945年作 拜石图 立轴	109.5cm×50.5cm	517,500	北京银座	2022-09-16
齐白石 螃蟹 镜心	27cm×42.8cm	517,500	永乐拍卖	2022-07-25
齐白石 萱花蜻蜓 立轴	68cm×33.5cm	517,500	上海嘉禾	2022-08-28
齐白石 雏鸡白菜 立轴	69.5cm×26cm	506,000	中国嘉德	2022-12-12
齐白石 虾蟹图 立轴	58cm×33.5cm	471,500	北京银座	2022-09-16
齐白石 海棠秋艳 镜框	66.6cm×30cm	463,328	佳士得	2022-12-02
齐白石 雏鸡 镜框	32cm×28cm	462,888	华艺国际	2022-05-29
齐白石 雏鸡 立轴	81cm×32cm	460,000	中贸圣佳	2022-07-23
齐白石 事事大利 立轴	27cm×36cm	460,000	北京荣宝	2022-07-24
齐白石 群虾图 立轴	101cm×33.5cm	448,500	中贸圣佳	2022-07-23
齐白石 1944年作 自游爽情图 立轴	94.5cm×33cm	437,000	北京银座	2022-01-12
齐白石 古松松鼠 立轴	132cm×32.5cm	437,000	中鸿信	2022-09-11
齐白石 菊花 立轴	100cm×32.5cm	432,028	佳士得	2022-05-29
齐白石 1948年作 虾趣图 镜片	98cm×33cm	414,000	广东崇正	2022-08-11
齐白石 牵牛蜜蜂 镜框	27cm×17.1cm	410,427	香港苏富比	2022-04-30
齐白石 1942年作 松鼠葡萄 镜心	34cm×68cm	402,500	中国嘉德	2022-05-30
齐白石 鹌鹑 镜心	21cm×25cm	402,500	北京银座	2022-09-16
齐白石 沈尹默 富贵花开 成扇	18.5cm×50cm	402,500	北京银座	2022-09-16
齐白石 1938年作 虾戏图 扇面镜心	18cm×50.5cm	402,500	北京银座	2022-09-16
齐白石 芋叶图 立轴	97cm×42cm	402,500	北京保利	2022-07-26
齐白石 1923年作 墨荷 立轴	107.5cm×28.5cm	391,000	北京银座	2022-09-16

2022书画拍卖成交汇总（续表）

（成交价RMB：6万元以上）

拍品名称	物品尺寸	成交价RMB	拍卖公司	拍卖日期
齐白石 坐久始闻其香 成扇	18.8cm×51.5cm	379,500	北京诚轩	2022-08-08
齐白石 枇杷 立轴	53cm×25cm	368,000	中国嘉德	2022-06-27
齐白石 水族 立轴	54cm×38cm	356,500	中国嘉德	2022-12-13
齐白石 草虫四条屏	130cm×21cm×4	350,000	香港贞观	2022-01-16
齐白石 丹心铁骨 镜心	直径25cm	345,000	北京荣宝	2022-07-24
齐白石 春桃 立轴	128cm×30.5cm	345,000	中鸿信	2022-09-11
齐白石 1936年作 松鼠 立轴	120cm×25.5cm	345,000	北京保利	2022-07-26
齐白石 蝴蝶雁来红 立轴	86cm×29cm	345,000	北京保利	2022-07-26
齐白石 荷花蜻蜓 立轴	47.5cm×29cm	345,000	北京保利	2022-07-26
齐白石 1951年作 三寿图 成扇	19cm×52cm	345,000	保利厦门	2022-10-22
齐白石 篆书四言联 立轴	101.5cm×34cm×2	345,000	荣宝斋（南京）	2022-12-07
齐白石 梅花蜜蜂 镜心	100cm×34cm	345,000	中国嘉德	2022-12-13
齐白石 富贵大寿 立轴	91cm×33cm	345,000	广东崇正	2022-12-25
齐白石 桃花雏鸡 立轴	58cm×32cm	345,000	广东崇正	2022-12-25
齐白石 富贵坚固 立轴	101cm×34cm	331,092	中国嘉德	2022-10-07
齐白石 墨松 立轴	78cm×43cm	324,470	佳士得	2022-12-02
齐白石 金息候 水族图·金文立轴	51cm×19cm	322,000	北京保利	2022-07-26
齐白石 枇杷 立轴	51cm×36cm	322,000	广东崇正	2022-08-11
齐白石 红梅八哥 镜片	62cm×33cm	322,000	广东崇正	2022-12-25
齐白石 竹鸡捕蝶 扇面	18.5cm×52.5cm	310,500	北京保利	2022-07-26
齐白石 五世清闲 镜框	33cm×33cm	302,420	佳士得	2022-05-29
齐白石 群虾图 立轴	137cm×34cm	287,500	中国嘉德	2022-05-28
齐白石 对虾 镜心	27cm×34cm	287,500	中国嘉德	2022-05-30
齐白石 1936年作 玉堂富贵 立轴	69cm×30cm	287,500	广东崇正	2022-12-25
齐白石 青蛙蟋蟀 镜框	33cm×31cm	278,117	佳士得	2022-12-01
齐白石 1948年作 四蟹图 镜心	68cm×35cm	275,910	中国嘉德	2022-10-07
齐白石 大富贵 成扇	18cm×50cm	264,500	开拍国际	2022-01-07
齐白石 荷塘清趣 镜心	51cm×23cm	264,500	中国嘉德	2022-09-27
齐白石 牵牛花 镜心	125.5cm×41.5cm	264,500	保利厦门	2022-10-22
齐白石 东篱闲情 立轴	86cm×33cm	253,000	北京银座	2022-01-12
齐白石 汪吉麟 1941年作 行书词二阕·双色梅花 成扇		253,000	中国嘉德	2022-05-28
齐白石 王雪涛 1934年作 石榴双鹌 立轴	101cm×34cm	253,000	中国嘉德	2022-05-28
齐白石 螃蟹 立轴	64cm×33.5cm	253,000	中国嘉德	2022-06-26
齐白石 紫藤 立轴	41cm×33cm	253,000	北京保利	2022-07-26
齐白石 荷花 立轴	134cm×33cm	230,000	中国嘉德	2022-09-27
齐白石 群虾图六开集珍 镜心	17cm×22.5cm×6	230,000	中鸿信	2022-09-11
齐白石 栩栩欲飞 立轴	19.5cm×54cm	230,000	中国嘉德	2022-06-27
齐白石 海棠 镜心	画26cm×33cm	230,000	永乐拍卖	2022-07-25
齐白石 柿柿如意 成扇	19cm×50cm	230,000	保利厦门	2022-10-22
齐白石 项骧 山茶花·行书七言诗 成扇	19cm×48cm×2	230,000	保利厦门	2022-10-22
齐白石 黄啸岩 蔬果图·行书词句 成扇	18cm×49cm×2	230,000	保利厦门	2022-10-22
齐白石 张霆若 蜻蜓莲藕·秋江图 成扇	17cm×47cm×2	230,000	保利厦门	2022-10-22
齐白石 草虫秋意 镜心	32cm×66cm	218,500	中国嘉德	2022-05-28
齐白石 稚子怜鱼 立轴	59cm×9.5cm	218,500	北京保利	2022-07-27
齐白石 行书 镜心	19.5cm×27.5cm	218,500	保利厦门	2022-10-22
齐白石 1935年作 蟹肥酒香 镜片	28cm×26cm	184,000	广东崇正	2022-12-25
齐白石 陈半丁 清凉世界 立轴	68cm×35cm	173,823	佳士得	2022-12-02
齐白石 万安图 镜心	20.5cm×24cm	172,500	开拍国际	2022-01-07
齐白石 海棠花 扇面镜心	16cm×51cm	172,500	北京银座	2022-01-12
齐白石 腊梅图 立轴	43.5cm×14cm	172,500	北京银座	2022-01-12
齐白石 世世大贵 成扇	18.5cm×48cm	172,500	北京银座	2022-09-16
齐白石 1948年作 报喜图 立轴	123cm×34cm	172,500	中国嘉德	2022-09-27
齐白石 蟹 立轴	109cm×33cm	172,500	朵云轩	2022-12-08
齐白石 清白人家 镜片	88.5cm×46.5cm	172,500	朵云轩	2022-12-08
齐白石 瓶菊螃蟹 立轴	67cm×33cm	161,000	中国嘉德	2022-05-28
齐白石 玉米 立轴	64cm×31cm	161,000	中贸圣佳	2022-10-27
齐白石 书法 镜片	29cm×93cm	155,250	广东小雅斋	2022-05-25
齐白石 芦花双鹁 立轴	131cm×34cm	149,500	上海嘉禾	2022-01-01
齐白石 兰雀图 立轴	69cm×37.5cm	149,500	中鸿信	2022-09-11
齐白石 海棠 镜片	15.5cm×51cm	149,500	广东崇正	2022-08-11
齐白石 群蟹 镜心	101cm×33cm	138,000	中国嘉德	2022-05-28
齐白石 1937年作 玉兰花开 立轴	88.5cm×31.5cm	138,000	上海嘉禾	2022-11-20
齐白石 鱼戏图 立轴	33cm×47cm	138,000	上海嘉禾	2022-11-20
齐白石 1942年作 榴开百子图 镜心	69cm×33cm	126,500	中国嘉德	2022-09-27
齐白石 1948年作 六龙图 立轴	69cm×33cm	126,500	中国嘉德	2022-09-27
齐白石 齐良迟 齐良已 齐子如 清供图 立轴	101cm×34cm	120,750	华艺国际	2022-07-29
齐白石 芝兰图 立轴	49cm×34cm	115,000	中国嘉德	2022-05-28
齐白石 花卉 立轴	133cm×32.5cm	115,000	广东小雅斋	2022-05-18
齐白石 玉兰双碟 立轴	100cm×33cm	109,250	中鸿信	2022-09-11
齐白石 大富贵 成扇	18cm×50cm	109,250	北京保利	2022-07-26
齐白石 红果图 镜心	32cm×40cm	103,500	中国嘉德	2022-09-27
齐白石 稻穗蚂蚱 镜心	19.5cm×52cm	103,500	中国嘉德	2022-06-27
齐白石 陈云诰 海棠·楷书七言诗 扇面		97,750	中国嘉德	2022-09-29
齐白石 王梦白 1929年作 致梅兰芳作大利图 立轴	134.5cm×32cm	97,750	中鸿信	2022-09-12
齐白石 素食有益 立轴	87cm×33cm	97,750	广东小雅斋	2022-05-25
齐白石 葡萄 立轴	96cm×32cm	97,750	广东小雅斋	2022-05-18
齐白石 胡佩衡 1926年作 策杖行旅图·行书 成扇	20cm×54cm×2	92,000	中鸿信	2022-09-11
齐白石 大年 立轴	87.5cm×35cm	89,700	上海嘉禾	2022-01-01
齐白石 兰草双雀 镜心	32cm×35cm	86,250	中国嘉德	2022-09-29
齐白石 赵椿年 1940年作 丛菊秋虫·行书五言诗 折扇		86,250	中国嘉德	2022-09-29
齐白石 胡絜青 蛙声十里出山泉 镜片	95cm×32cm	86,250	西泠印社	2022-01-22
齐白石 篆书 "礼以为后" 立轴	88cm×33cm	80,500	北京保利	2022-07-27
齐白石 "有道室" 横额 镜心	30cm×68cm	80,500	中贸圣佳	2022-10-27
齐白石 1935年作 虾趣图、清供图 成扇		74,750	中国嘉德	2022-09-29
齐白石 官上加官 成扇		74,750	中国嘉德	2022-09-29
齐白石 1924年作 红花蟋蟀 扇面	17cm×48cm	69,000	中国嘉德	2022-05-30
齐白石 1925年作 山茶天牛 镜心	27cm×34cm	63,250	中国嘉德	2022-05-28
齐白石 牵牛蜜蜂 扇面	17cm×46cm	63,250	中国嘉德	2022-05-30
齐国华 多寿 画心	68cm×35cm	3,720,000	北京传世	2022-12-15
齐国华 龙行天下 画心	68cm×35cm	3,560,000	北京传世	2022-12-15
齐慧娟 2021年作 牵牛蜻蜓 镜心	98cm×49cm	97,750	中鸿信	2022-09-11
齐慧娟 2021年作 事事皆喜 镜心	98cm×49cm	86,250	中鸿信	2022-09-11
齐慧娟 2021年作 福寿康宁 镜心	98cm×49cm	86,250	中鸿信	2022-09-11
齐慧娟 2021年作 丰年 镜心	98cm×49cm	63,250	中鸿信	2022-09-11
齐可来 龙腾 画心	68cm×34cm	3,820,000	北京传世	2022-12-15
齐可来 纵横四海 画心	68cm×35cm	3,750,000	北京传世	2022-12-15

2022书画拍卖成交汇总(续表)

(成交价RMB: 6万元以上)

拍品名称	物品尺寸	成交价RMB	拍卖公司	拍卖日期
齐良迟 1988年作 益寿延年 立轴	137cm×68.5cm	138,000	北京荣宝	2022-07-24
齐良迟 秋菊 立轴	138cm×34cm	92,000	华艺国际	2022-09-23
齐良已 瓜虫 立轴	136.5cm×69.5cm	138,000	北京荣宝	2022-07-24
齐一志 春夏秋冬四条屏 画心	138cm×38cm×4	1,750,000	北京传世	2022-12-15
齐雨 风生水起 画心	240cm×100cm	1,600,000	北京传世	2022-12-15
齐子如 居高声远 立轴	69cm×29.5cm	69,000	北京银座	2022-09-17
祁传华 梅开五福 画心	180cm×70cm	1,150,000	北京传世	2022-12-15
祁传华 花开富贵 画心	180cm×70cm	980,000	北京传世	2022-12-15
祁崑 1933年作 前游赤壁 手卷	12.5cm×138.5cm	230,000	中贸圣佳	2022-12-31
祁崑 启功 凌波仙子·节临《十七帖》成扇	19cm×52cm	276,000	北京诚轩	2022-08-08
祁崑 1941年作 云峰清流图 立轴	200cm×91cm	115,000	中国嘉德	2022-06-27
祁崑 1929年作 溪桥幽居 镜片	135cm×67cm	92,000	广东崇正	2022-08-11
祁崑 1938年作 秋山读书图 镜心	99cm×32cm	66,700	北京保利	2022-07-26
启功 1976年作 行书诗文 册页(二十六开)	31.5cm×32cm×26	5,175,000	华艺国际	2022-07-29
启功 1981年作 行书论诗绝句 手卷	画心 33.5cm×208.5cm	2,070,000	北京银座	2022-01-12
启功 潇湘春雨、行书七言联 镜心	画 100cm×34.5cm	1,840,000	中国嘉德	2022-06-26
启功 闲舟图 立轴	99cm×32cm	1,150,000	北京荣宝	2022-07-24
启功 夏山消闲图 镜框	102cm×34cm	1,150,000	北京荣宝	2022-07-24
启功 1989年作 行书杜甫诗 立轴	138cm×67.5cm	1,150,000	北京保利	2022-07-26
启功 1988年作 行书杜甫诗 镜框	128cm×61.5cm	1,035,000	北京荣宝	2022-07-26
启功 1983年作 行书七言诗 立轴 水墨纸本	134cm×62cm	1,035,000	北京荣宝	2022-07-24
启功 1983年作 行书"如意吉祥"立轴	97.5cm×49.5cm	1,012,000	中国嘉德	2022-12-13
启功 1987年作 行书《兰亭水次信手偶拈》立轴	136cm×68cm	920,000	北京荣宝	2022-07-24
启功 行书七言联 镜心	134.5cm×31.5cm×2	874,000	北京保利	2022-07-26
启功 1980年作 行书论词绝句 镜框	67cm×135.8cm	864,057	香港苏富比	2022-04-30
启功 1980年作 行书七言诗 镜心	136.5cm×70cm	862,500	中国嘉德	2022-06-26
启功 1981年作 行书宋人诗 镜心	134cm×66cm	805,000	北京荣宝	2022-07-24
启功 行书七言联 镜心	103cm×33cm	805,000	北京荣宝	2022-07-24
启功 1994年作 行书五言诗 立轴	138cm×68.5cm	759,000	北京银座	2022-01-12
启功 1984年作 行书新春颂 立轴	135.5cm×65cm	759,000	北京银座	2022-09-16
启功 1980年作 行书七言诗 镜心	132cm×68cm×2	747,500	北京银座	2022-09-16
启功 1986年作 朱竹奇石 立轴	68cm×42.5cm	713,000	开拍国际	2022-01-07
启功 1988年作 双清图 镜心	87cm×53cm	690,000	中国嘉德	2022-05-28
启功 行书自作诗 镜心	68cm×137cm	690,000	北京荣宝	2022-07-24
启功 1988年作 行书七言联 镜心	130cm×32cm×2	690,000	北京银座	2022-09-16
启功 白雪石 黎雄才 等集锦 册页(十开)	40.5cm×59.5cm×10	690,000	中国嘉德	2022-06-26
启功 1986年作 竹石图 立轴	64cm×45cm	678,500	北京荣宝	2022-07-24
启功 1984年作 行书吉语 镜心	125cm×70.5cm	667,000	中贸圣佳	2022-07-24
启功 1982年作 竹石图 镜框	104.5cm×29.5cm	632,500	北京荣宝	2022-07-24
启功 1981年作 雨过风清 镜心	97cm×107cm	598,000	保利厦门	2022-10-22
启功 1991年作 行书东坡句 镜心	66cm×133cm	575,000	开拍国际	2022-01-07
启功 1977年作 行书《念奴娇·鸟儿问答》立轴	132cm×60.5cm	575,000	北京银座	2022-01-12
启功 1993年作 行书释法泰偈七首其一 立轴	136cm×37cm	575,000	北京荣宝	2022-07-24
启功 行书七言联 立轴	131cm×32cm×2	575,000	北京保利	2022-02-03
启功 行书诗 镜片	132cm×65cm	575,000	广东崇正	2022-08-11
启功 1990年作 行书李白诗 镜片	132.8cm×66.5cm	575,000	广东崇正	2022-08-11
启功 1982年作 朱石翠竹 立轴	134.5cm×68cm	575,000	上海嘉禾	2022-08-28
启功 行书节临《瘗鹤铭》镜心	39.5cm×61.5cm	575,000	中国嘉德	2022-12-13
启功 1995年作 行书张旭《桃花溪》镜心	67cm×135cm	552,000	中贸圣佳	2022-07-23
启功 楷书《毛主席和郭沫若同志》立轴	177cm×92.5cm	552,000	中贸圣佳	2022-07-23
启功 1987年作 墨竹春笋 镜框	50cm×82.5cm	518,434	佳士得	2022-05-29
启功 1989年作 朱竹图 立轴	画心 49cm×69cm	517,500	中鸿信	2022-09-11
启功 隶书斋额"苏斋"立轴	31cm×19.3cm	517,500	中国嘉德	2022-12-25
启功 1980年作 行书自作诗《题松花江绿石砚》镜心	133cm×68cm	517,500	中国嘉德	2022-12-13
启功 1975年作 行书《七律·答友人》镜心	131.5cm×62cm	517,500	中国嘉德	2022-12-13
启功 1978年作 行书李白诗两首 立轴	118cm×48cm	506,000	北京荣宝	2022-07-24
启功 1985年作 朱竹图 立轴	67cm×43.5cm	506,000	北京银座	2022-09-17
启功 1986年作行书"平安"镜心	64.5cm×29cm	506,000	中国嘉德	2022-12-13
启功 1987年作 行书杜甫《瀼西寒望》立轴	104cm×57cm	483,000	北京银座	2022-01-01
启功 行书唐人诗 立轴	101cm×33cm	483,000	北京荣宝	2022-07-24
启功 1998年作 行书五言联 镜心	127.5cm×31cm×2	483,000	华艺国际	2022-07-29
启功 1987年作 行书六言诗 镜心	128cm×64cm	483,000	中国嘉德	2022-12-12
启功 1983年作 行书《踏莎行·自题小照》立轴	132cm×64cm	483,000	中国嘉德	2022-12-13
启功 临黄山谷草书 镜心	65.5cm×43.5cm	460,000	开拍国际	2022-07-24
启功 1976年作 行书毛泽东《清平乐·会昌》镜心	96.5cm×33.5cm	460,000	北京荣宝	2022-07-24
启功 1985年作 行书东坡赋中语 立轴	64cm×41.5cm	460,000	北京荣宝	2022-07-24
启功 行书宋唐子西诗 镜片	98.5cm×32.5cm	460,000	西泠印社	2022-01-22
启功 1978年作 竹石图 立轴	82cm×33.5cm	460,000	中国嘉德	2022-06-27
启功 行书五言律诗一首 立轴	137cm×67cm	460,000	北京保利	2022-07-27
启功 行书七言联 镜片	130cm×31cm×2	460,000	广东崇正	2022-08-11
启功 1991年作行书贺诗一首 立轴	130cm×62cm	460,000	保利厦门	2022-10-22
启功 1985年作 行书五言诗 立轴	96cm×31.5cm	441,456	中国嘉德	2022-10-07
启功 1990年作 行书常建《三日寻李九庄》立轴	68cm×61.5cm	437,000	北京银座	2022-09-16
启功 行书六言联 镜心	103.5cm×26cm×2	437,000	华艺国际	2022-07-29
启功 1987年作 书法录唐人句 立轴	138.8cm×47cm	432,028	佳士得	2022-05-29
启功 1945年作 春山如冶 立轴	94.5cm×36cm	425,500	华艺国际	2022-07-29
启功 溥忻 1949年作 仿米家山水·行书 成扇	18.2cm×47cm	419,383	中国嘉德	2022-10-07
启功 行书宋人诗 镜框	137cm×34cm	414,000	北京荣宝	2022-07-24
启功 1989年作 行书七言诗 镜心	134.5cm×67cm	414,000	北京银座	2022-09-16
启功 行书"顺兴和斋"镜心	30.5cm×118.5cm	414,000	华艺国际	2022-07-29
启功 书法 镜框	46.5cm×96.5cm	410,427	佳士得	2022-05-29
启功 1981年作 行书《游同乐园》镜心	138cm×68cm	408,250	中鸿信	2022-09-12
启功 1988年作 行书李白诗 镜心	95cm×44.5cm	402,500	北京荣宝	2022-07-24

2022书画拍卖成交汇总(续表)

(成交价RMB：6万元以上)

拍品名称	物品尺寸	成交价RMB	拍卖公司	拍卖日期
启功 1984年作 行书七言诗 立轴	138cm×69.5cm	402,500	永乐拍卖	2022-07-25
启功 行书宋人诗 立轴	103cm×33cm	391,000	北京荣宝	2022-07-24
启功 1983年作 行书七言诗 立轴	101cm×41.5cm	379,500	北京银座	2022-01-12
启功 1990年作 行书"寻梦斋" 镜心	44cm×67cm	379,500	北京荣宝	2022-07-24
启功 1985年作 涉世无如本色难 立轴	120.5cm×29.5cm	368,000	开拍国际	2022-07-24
启功 竹石图·行书杜甫诗 成扇	18cm×50cm	368,000	北京荣宝	2022-07-24
启功 1942年作 深山观瀑 立轴	99cm×33.5cm	368,000	中国嘉德	2022-06-26
启功 草书五言诗 镜心	68cm×37cm	368,000	北京保利	2022-07-27
启功 1985年作 行书"罢儿童之抑搔" 立轴	64cm×41.5cm	356,500	北京银座	2022-01-12
启功 行书元人诗 立轴	103cm×34cm	356,500	北京荣宝	2022-07-24
启功 1991年作 行书"百景堂" 镜心	33.5cm×82.5cm	356,500	北京银座	2022-09-16
启功 1988年作 兰竹贞石图 立轴	99cm×49.5cm	356,500	广东崇正	2022-12-25
启功 1992年作 行书唐人诗 镜心	67cm×44cm	345,000	北京荣宝	2022-07-24
启功 秀峰幽居图 镜框	70cm×28.5cm	345,000	北京荣宝	2022-07-24
启功 1982年作 行书自作诗 镜心	103cm×34.5cm	345,000	北京荣宝	2022-07-24
启功 1979年作 行书温庭筠诗 立轴	69cm×32cm	345,000	北京荣宝	2022-07-24
启功 罗惇曧 山居图·行书谢朓诗 成扇	18.5cm×50cm	345,000	西泠印社	2022-01-23
启功 1976年作 行书座右铭 镜心	26cm×85cm	333,500	北京荣宝	2022-07-24
启功 1989年作 行书七言诗 镜心	82cm×48.5cm	331,092	中国嘉德	2022-10-07
启功 1994年作 行书五言诗 镜框	65.5cm×43.5cm	310,500	华艺国际	2022-07-29
启功 四言联 镜片	75cm×27cm×2	299,000	江苏汇中	2022-08-17
启功 万宝园 镜心	24cm×56cm	299,000	华艺国际	2022-09-23
启功 1989年作 行书"菩提" 镜心	50cm×35cm	287,500	中国嘉德	2022-05-31
启功 行书"自强不息" 镜心	32cm×43.5cm	287,500	北京银座	2022-09-16
启功 1980年作 行书七言诗 立轴	66.5cm×32cm	287,500	上海嘉禾	2022-11-20
启功 1985年作 行书赞兰诗 镜心	100cm×34cm	276,000	北京荣宝	2022-07-24
启功 1989年作 行书苏轼诗 立轴	66cm×44cm	264,500	北京荣宝	2022-07-24
启功 1989年作 行书唐人诗 镜框	64cm×39cm	264,500	北京荣宝	2022-07-24
启功 行书兰亭字帖 镜心	69.5cm×35cm	264,500	中国嘉德	2022-06-27
启功 1987年作 行书"寿" 镜框	64cm×40.5cm	264,500	北京保利	2022-07-26
启功 1985年作 行书七言诗 立轴	96cm×41.5cm	264,500	北京保利	2022-07-26
启功 1979年作 临王献之《送梨帖》立轴	64cm×31cm	253,000	北京荣宝	2022-07-24
启功 行书自作诗 镜心	67cm×45cm	253,000	北京荣宝	2022-07-24
启功 1987年作 行书七言诗 立轴	96cm×44cm	253,000	中国嘉德	2022-09-27
启功 春夜谈诗 立轴	65.5cm×33.5cm	253,000	中国嘉德	2022-06-27
启功 十六字令 镜框	27cm×31cm	253,000	华艺国际	2022-09-23
启功 1986年作 行书题鹤岸堂四言诗 镜心	76cm×63cm	253,000	中国嘉德	2022-12-12
启功 行书七言联 立轴	128cm×32.5cm×2	253,000	中国嘉德	2022-12-12
启功 草书五言诗 镜心	69cm×37.5cm	253,000	中国嘉德	2022-12-12
启功 1982年作 行书《论书绝句》（其一）镜心	102cm×34cm	241,500	开拍国际	2022-01-07
启功 1985年作 行书五言诗 镜心	46cm×68.5cm	241,500	北京银座	2022-09-16
启功 拟元人山居图 镜心	111cm×31.5cm	241,500	中鸿信	2022-09-11
启功 草书"望天门山" 镜心	100cm×51cm	238,761	保利香港	2022-10-12
启功 行书"怡云" 镜框	53cm×35cm	237,615	佳士得	2022-05-29
启功 行书王羲之《长素帖》镜框	101cm×34.5cm	231,764	佳士得	2022-12-02
启功 行书自撰诗《题画白莲》镜心	87cm×46cm	230,000	北京银座	2022-01-12
启功 1984年作 行书五言诗 镜心	62cm×34cm	230,000	中国嘉德	2022-05-30
启功 1999年作 行书自作诗 立轴	68cm×43cm	230,000	北京荣宝	2022-07-24
启功 1996年作 行书韩愈《进学解》节句 镜心	67cm×45cm	230,000	北京荣宝	2022-07-24
启功 行书金源诗 镜心	65cm×30.5cm	230,000	北京荣宝	2022-07-24
启功 1948年作 拟米元晖云山图·行书陆游诗 立轴		230,000	北京银座	2022-09-17
启功 行书自作诗 立轴	132.5cm×65.5cm	230,000	中国嘉德	2022-06-27
启功 1990年作 行书七言诗 镜心	69cm×46cm	230,000	中国嘉德	2022-12-13
启功 1976年作 行书《西江月·井冈山》立轴	94.5cm×34.5cm	230,000	中国嘉德	2022-12-13
启功 书法	100cm×50cm	229,925	荣宝斋（香港）	2022-11-26
启功 1994年作 行书"淡泊明志" 镜心	35.5cm×58.5cm	218,500	中国嘉德	2022-12-13
启功 行书"妙香" 镜框	29.5cm×51.5cm	216,014	佳士得	2022-05-29
启功 行书七言联 立轴	131.5cm×30.5cm×2	216,014	佳士得	2022-05-29
启功 1980年作 行书陆游诗 立轴	66cm×45cm	207,000	中国嘉德	2022-05-28
启功 1941年作 青山独钓图 镜心	52cm×25cm	207,000	中贸圣佳	2022-07-24
启功 周肇祥 1938年作 拟米南宫笔意·节临《礼器碑》成扇	18cm×47cm	207,000	北京荣宝	2022-07-24
启功 1990年作 行书 镜片	114cm×52cm	207,000	广东崇正	2022-08-11
启功 1986年作 为马栋臣作行书王安石诗 立轴	98.5cm×33.5cm	207,000	西泠印社	2022-08-21
启功 1986年作 竹石图 立轴	89.5cm×94.5cm	207,000	上海嘉禾	2022-11-20
启功 1990年作 楷书"业精于勤" 镜框	34cm×53cm	207,000	上海嘉禾	2022-11-20
启功 1980年作 行书唐诗 立轴	67cm×33.5cm	207,000	中国嘉德	2022-12-13
启功 1986年作 行书 镜心	67cm×44.5cm	207,000	朵云轩	2022-12-08
启功 1987年作 行书自作诗 立轴	67cm×44.5cm	201,250	北京荣宝	2022-07-24
启功 行书苏轼《虔州八境图八首》立轴	98.5cm×33cm	201,250	北京银座	2022-09-16
启功 山水 行书 立轴	画19.5cm×53cm	198,655	中国嘉德	2022-10-07
启功 兰石图·红梅 镜心	33cm×44cm×2	189,750	中鸿信	2022-09-11
启功 1941年作 烟雨人家 立轴	101cm×32.5cm	184,000	北京银座	2022-01-12
启功 行书七言联 对联	126cm×30cm×2	184,000	西泠印社	2022-01-23
启功 行书自作七言诗 立轴	66cm×44.5cm	184,000	中国嘉德	2022-12-13
启功 1985年作 行书"山清水秀花好月圆" 立轴	59.5cm×44.5cm	184,000	中国嘉德	2022-12-13
启功 1988年作 行书杜甫诗 立轴	67cm×43cm	184,000	广东崇正	2022-12-25
启功 书画合璧扇 成扇	19cm×50cm	178,250	北京诚轩	2022-08-08
启功 1979年作 行书七言诗 镜心	109cm×33cm	172,500	中国嘉德	2022-09-27
启功 1990年作 竹石图 镜片	97cm×44.5cm	172,500	上海嘉禾	2022-01-01
启功 1988年作 行书五言诗 镜心	68cm×44.5cm	172,500	中国嘉德	2022-06-27
启功 1982年作 行书五言诗 立轴	98cm×33cm	172,500	北京保利	2022-07-27
启功 楷书五言联 软片	132cm×32.5cm×2	172,500	江苏汇中	2022-08-17
启功 诗、书、画（二帧）镜片	32cm×23.5cm×2	172,500	广东崇正	2022-12-25
启功 行书七言联 双挖镜框	66cm×17.5cm×2	162,010	佳士得	2022-05-29
启功 1996年作 行书《诗品二十四则·委曲》节句 镜心	68.5cm×46cm	161,000	北京荣宝	2022-07-24
启功 行书"竹同斋" 横披	42cm×86cm	161,000	北京银座	2022-09-16

2022书画拍卖成交汇总(续表)

(成交价RMB: 6万元以上)

拍品名称	物品尺寸	成交价RMB	拍卖公司	拍卖日期
启功1990年作 行书"松柏长春" 镜心	41cm×53cm	161,000	中国嘉德	2022-09-27
启功1982年作 行书"大埔中学校" 镜心	68cm×138cm	161,000	北京保利	2022-07-26
启功 行书自作五言诗 镜心	97cm×35.5cm	161,000	保利厦门	2022-10-22
启功1987年作 行书"竹冈斋" 镜心	50cm×91.5cm	155,250	北京银座	2022-09-16
启功1978年作 行书七言诗 立轴	68.5cm×33.5cm	154,509	中国嘉德	2022-10-07
启功1981年作 行书王羲之《何如帖》 镜框	70cm×34.5cm	150,646	佳士得	2022-12-02
启功1981年作 行书《瓶水斋论画诗》 镜框	67cm×34cm	150,646	佳士得	2022-12-02
启功1983年作 行书禅偈 镜心	89cm×31cm	149,500	中国嘉德	2022-05-31
启功1989年作 行书七言诗 镜心	137.5cm×68.5cm	149,500	北京银座	2022-09-16
启功1948年作 仿米家山水 镜心	33cm×32cm	149,500	中国嘉德	2022-06-27
启功1987年作 行书"竹冈斋" 镜心	50.5cm×92cm	143,750	北京银座	2022-01-12
启功1987年作 美意延年 镜心	51.5cm×32.5cm	138,000	开拍国际	2022-01-07
启功1983年作 钱珝《江行无题》 镜心	63cm×41cm	138,000	北京诚轩	2022-08-08
启功1986年作 行书王安石《梅花》 立轴	68.5cm×45cm	138,000	北京银座	2022-09-16
启功1986年作 书画册页(五开)	24cm×36cm×5	138,000	上海嘉禾	2022-01-01
启功1989年作 水仙 立轴	56cm×37cm	138,000	上海嘉禾	2022-01-01
启功1986年作 朱竹 立轴	67cm×44cm	138,000	上海嘉禾	2022-01-01
启功1984年作 丹凤清泉 镜心	38.5cm×30cm	138,000	中国嘉德	2022-06-27
启功 行书南雪翁句 立轴	100cm×34cm	138,000	中国嘉德	2022-12-13
启功 行书谢灵运《登池上楼》 镜框	69.5cm×46cm	127,470	佳士得	2022-12-02
启功2003年作 行书元人句 立轴	129cm×31.5cm	126,500	北京银座	2022-09-16
启功 行书自作诗 镜心	67cm×45cm	126,500	华艺国际	2022-07-29
启功1987年作 行书五言诗 镜心	98cm×57cm	115,000	中国嘉德	2022-05-31
启功 行书少陵诗 立轴	143cm×42.5cm	115,000	保利厦门	2022-10-21
启功 行书六言诗 镜片	34cm×69cm	115,000	上海嘉禾	2022-11-20
启功1993年作 行书格言 镜心	65cm×79cm	109,250	中国嘉德	2022-05-31
启功 行书 立轴	119cm×34.5cm	109,250	上海嘉禾	2022-11-20
启功 行书"太白酒楼" 镜心	15.5cm×38cm	103,500	北京银座	2022-09-16
启功 行书 节录毛泽东《十六字令》	18.8cm×28.8cm	103,500	中国嘉德	2022-12-13
启功1983年作 丹林春永 立轴	69.5cm×43.3cm	103,500	上海嘉禾	2022-11-20
启功1985年作 行书自作诗 镜心	55.5cm×49cm	103,500	广东崇正	2022-12-25
启功 临《柏酒帖》 镜心	32.5cm×46.5cm	92,000	北京银座	2022-01-12
启功 楷书"苏成馆" 镜框	23cm×58cm	92,000	北京荣宝	2022-07-24
启功1987年作 行书七言诗 镜心	30cm×45.5cm	92,000	北京银座	2022-09-16
启功 书法 立轴	68cm×44.5cm	92,000	江苏汇中	2022-08-17
启功 行书岑嘉州《醉里送裴子赴镇西》诗句 镜心	82cm×47cm	92,000	保利厦门	2022-10-22
启功1988年作 行书唐韩偓《两处》诗句 镜心	97cm×36cm	92,000	保利厦门	2022-10-22
启功 行书自作诗 镜框	80cm×43cm	86,911	佳士得	2022-12-02
启功 兰花水仙·拟元人笔意 立轴		86,250	中鸿信	2022-09-11
启功1985年作 行书五言诗 镜心	69cm×47cm	80,500	中国嘉德	2022-05-28
启功1982年作 行书七言诗句 镜心	47cm×54cm	80,500	中国嘉德	2022-05-31
启功 行书自作五言诗 立轴	67cm×42cm	80,500	保利厦门	2022-10-22

拍品名称	物品尺寸	成交价RMB	拍卖公司	拍卖日期
启功 祁崑 溥忻 杨源 严惠宇 方善济 秋林牧马·楷书诗 成扇	18.5cm×50cm	78,200	中国嘉德	2022-06-27
启功 行书"言必信" 圆光	32cm×32cm	74,750	中国嘉德	2022-09-28
启功 寒江秋霁 立轴	66cm×32cm	69,000	中鸿信	2022-09-11
启功 书法 立轴	67cm×45cm	69,000	广东小雅斋	2022-05-25
启功 胡定九1978年作 五言诗人物图(两件) 镜片		69,000	江苏汇中	2022-08-17
启功1983年作 咏梅诗一首 立轴	101cm×49cm	69,000	江苏汇中	2022-08-17
启功 行书"积庆" 镜心	30cm×61cm	63,250	中国嘉德	2022-09-27
启功1980年作 行书七言诗 镜心	135cm×32cm	63,250	中国嘉德	2022-09-27
启功1987年作 行书七言诗 镜心	138cm×23cm	63,250	中国嘉德	2022-09-28
钱化佛 红衣罗汉 立轴	147cm×40cm	149,500	中贸圣佳	2022-12-31
钱化佛 庞国钧 钟馗图·书法 成扇	18cm×50.5cm	63,250	西泠印社	2022-01-23
钱君匋1993年作 隶书巨幅李白诗 画心	240cm×70cm	86,250	西泠印社	2022-01-23
钱君匋1997年作 隶书杜甫诗卷 镜心	46.5cm×311cm	74,750	中国嘉德	2022-06-26
钱玲萍 绰约新妆玉有辉 镜片	68cm×136cm	758,000	北京中贝	2022-04-11
钱穆1971年 双钩"半僧草堂" 镜心	25.5cm×75cm	356,500	开拍国际	2022-01-07
钱穆 行书放翁诗 镜心	69cm×32.5cm	161,000	华艺国际	2022-07-29
钱穆 行书七言诗 镜心	71cm×41cm	126,500	华艺国际	2022-07-29
钱穆 行书"乐读轩" 镜心	26cm×56cm	92,000	北京荣宝	2022-07-24
钱穆1964年作 行书十一言联 立轴	135cm×11cm×2	69,000	保利厦门	2022-10-22
钱瘦铁1964年作 东风时雨·大地皆春 立轴	179cm×78cm	230,000	上海嘉禾	2022-08-28
钱瘦铁 山水扇面(四帧) 立轴	18cm×52cm×4	97,750	中国嘉德	2022-12-13
钱瘦铁 听风听水 立轴	132.5cm×33.5cm	92,000	永乐拍卖	2022-07-25
钱瘦铁 黄山西澥 横披	69cm×137.5cm	66,700	朵云轩	2022-12-08
钱松喦1974年作 锦绣山河春常在 镜心	251cm×470cm	28,750,000	开拍国际	2022-07-24
钱松喦1945年作 越大夫归隐图 立轴 设色纸本	134cm×68cm	2,300,000	北京荣宝	2022-07-24
钱松喦 黄洋界 立轴	51cm×41cm	2,185,000	中国嘉德	2022-06-27
钱松喦1980年作 古北口 镜心	133cm×67cm	2,070,000	中国嘉德	2022-06-26
钱松喦 江南锦绣 镜框	42cm×46.5cm	1,380,000	北京荣宝	2022-07-24
钱松喦 幽居图 镜片	67cm×49cm	1,127,000	西泠印社	2022-01-23
钱松喦 亚明 宋文治 魏紫熙 黄山云景四屏 镜心	68.5cm×45.5cm	1,092,500	中国嘉德	2022-06-26
钱松喦 三峡新城 镜片	69cm×39cm	920,000	江苏汇中	2022-08-16
钱松喦 南山积翠 立轴	135.5cm×67cm	632,500	中国嘉德	2022-06-26
钱松喦 秋山清趣 立轴	68cm×46cm	632,500	江苏汇中	2022-08-16
钱松喦 延安颂 镜心	44cm×55cm	575,000	中鸿信	2022-09-11
钱松喦 江山胜概 镜心	33cm×43cm	575,000	中国嘉德	2022-06-27
钱松喦1973年作 江南鱼米乡 镜心	62cm×33.5cm	563,500	北京银座	2022-01-12
钱松喦1979年作 溪山胜概 立轴	98cm×51.5cm	552,000	中国嘉德	2022-06-27
钱松喦 山高水长 镜心	130.5cm×67cm	540,500	北京银座	2022-01-12
钱松喦 湖山永好图 立轴	70cm×41cm	517,500	西泠印社	2022-01-23
钱松喦1964年作 征服昆仑 立轴	69.5cm×38.5cm	517,500	中国嘉德	2022-06-27
钱松喦 拂水岩 立轴	107cm×38.5cm	494,500	北京银座	2022-01-12
钱松喦 碧石观海 镜心	53.5cm×38cm	483,000	中国嘉德	2022-06-26
钱松喦 泰山劲松 立轴	127cm×72cm	460,000	永乐拍卖	2022-07-25
钱松喦1960年作 百丈飞泉 镜片	53.5cm×35.5cm	460,000	广东崇正	2022-08-11
钱松喦1981年作 喜鹊迎客来 立轴	68cm×44cm	437,000	北京荣宝	2022-07-24
钱松喦1963年作 海角石林 镜片	55cm×36cm	368,000	广东崇正	2022-08-11

拍品名称	物品尺寸	成交价RMB	拍卖公司	拍卖日期	拍品名称	物品尺寸	成交价RMB	拍卖公司	拍卖日期
钱松嵒 1930年作 苍松绶带图 立轴	172cm×93.3cm	355,179	香港苏富比	2022-10-08	乔一铭 2021年作 清泉韵深 镜心	68cm×68cm	5,237,000	北京中贝	2022-03-16
钱松嵒 1976年作 高路入云端 立轴	68.5cm×39cm	345,000	中国嘉德	2022-06-26	乔一铭 2021年作 踏花归来马蹄香 镜心	68cm×68cm	4,973,000	北京中贝	2022-03-16
钱松嵒 2013年题 南湖 立轴	画39.5cm×26cm	333,500	江苏汇中	2022-08-16	乔宜男 报春 画心	138cm×68cm	800,000	北京传世	2022-12-15
钱松嵒 泰岱朝晖 立轴	51.5cm×39.5cm	287,500	中贸圣佳	2022-07-23	乔宜男 秋实 画心	138cm×68cm	750,000	北京传世	2022-12-15
钱松嵒 白云深处有人家 立轴	68cm×46.5cm	242,800	中国嘉德	2022-10-07	乔宜男 2022年作 秋实 镜心	137.5cm×68cm	218,500	北京荣宝	2022-07-24
钱松嵒 黄山秀色 立轴	68cm×40cm	230,000	中国嘉德	2022-06-27	乔宜男 2022年作 春讯 镜心	137cm×68cm	184,000	北京荣宝	2022-07-24
钱松嵒 钱心竹 万户迎春 立轴	93.5cm×34cm×2	230,000	中国嘉德	2022-06-27	秦艾 2014年作 鹿	117cm×233cm	460,000	北京保利	2022-07-25
钱松嵒 1940年作 岁朝图 立轴	150cm×84cm	230,000	江苏汇中	2022-08-17	秦艾 2011年作 盒子里的鹿	64.5cm×125cm	230,000	华艺国际	2022-09-23
钱松嵒 囍临门 镜框	31cm×41.5cm	207,000	浙江佳宝	2022-03-13	秦古柳 1929年作 柳荫牧童 立轴	134cm×67cm	80,500	中国嘉德	2022-12-13
钱松嵒 长江万里图 立轴	81.5cm×44cm	172,500	北京银座	2022-01-12	秦国举 2022年作 念奴娇·赤壁怀古	138cm×34cm	236,000	北京伍佰艺	2022-09-17
钱松嵒 1955年作 拔杨签图 立轴	95cm×64.5cm	172,500	北京银座	2022-09-17	秦国举 2022年作 天道酬勤	138cm×34cm	212,000	北京伍佰艺	2022-09-17
钱松嵒 苹果丰收 镜心	35cm×28cm	149,500	中国嘉德	2022-06-27	秦少甫 秋声 画心	138cm×68cm	770,000	北京传世	2022-12-15
钱松嵒 1941年作 秋山人在画中行 镜心	148cm×79.5cm	138,000	中国嘉德	2022-06-27	秦少甫 春归 画心	138cm×68cm	660,000	北京传世	2022-12-15
钱松嵒 太湖光明亭 立轴	画心 45cm×37cm	138,000	北京保利	2022-07-26	秦嗣德 2005年作 岁月如诗 镜心	60cm×98cm	896,000	北京中贝	2022-03-16
钱松嵒 姜叔骞 1924年作、1950年作 桃园问津·行书七言诗 成扇	18cm×50cm	126,500	北京银座	2022-01-12	秦嗣德 2007年作 吉祥图 镜心	68cm×68cm	795,000	北京中贝	2022-03-16
钱松嵒 月下双喜 镜心	83cm×35.5cm	126,500	中国嘉德	2022-06-27	秦嗣德 2018年作 问学图 镜心	68cm×68cm	728,000	北京中贝	2022-03-16
钱松嵒 红树青山好放船 立轴	33.5cm×34cm	115,000	北京荣宝	2022-07-24	秦修平 2014年作 舞台 镜心	77cm×282cm	138,000	中国嘉德	2022-06-29
钱松嵒 1964年作 远山近帆 立轴	39cm×26cm	115,000	上海嘉禾	2022-01-01	秦修平 2022年作 白鹿 镜心	77cm×134cm	115,000	中国嘉德	2022-12-15
钱松嵒 浪淘沙 立轴	67cm×42cm	115,000	保利厦门	2022-10-21	丘挺 2009年作 雪霁图 镜心	画248cm×105.5cm; 诗堂29cm×105.5cm	322,000	中国嘉德	2022-06-29
钱松嵒 1937年作 双寿菊花 立轴	100cm×36cm	103,500	中国嘉德	2022-05-28	邱炯炯 2022年作 地仙儿咏春图	120cm×239cm	276,000	永乐拍卖	2022-07-26
钱松嵒 1980年作 江南三月 镜片	26.5cm×38.5cm	97,750	江苏汇中	2022-08-17	邱炯炯 2011年作 中秋图	122cm×176cm	126,500	北京保利	2022-07-25
钱松嵒 1979年作 长江滚滚 镜心	46.5cm×34cm	93,809	中国嘉德	2022-10-07	邱炯炯 2006年作 猴儿一号	90cm×79cm	63,250	中贸圣佳	2022-07-24
钱松嵒 山水对屏 镜心	28cm×18cm×2	92,000	北京保利	2022-02-03	曲柏思 祥云托日映马飞 画心	178cm×68cm	860,000	北京传世	2022-12-15
钱松嵒 王鼎铭 渔舟唱晚·楷书黄庭坚《跋奚移文》成扇	18.5cm×49cm	92,000	中国嘉德	2022-06-27	曲胜利 2014年作 白云岩际出 镜心	60cm×177cm	289,000	北京中贝	2022-03-16
钱松嵒 1980年作 金山烟雨 镜片	38cm×24.5cm	92,000	江苏汇中	2022-08-17	曲胜利 2021年作 苍松图 镜心	68cm×136cm	117,000	北京中贝	2022-03-16
钱松嵒 1959年 大同风景 镜片	25cm×34cm	80,500	西泠印社	2022-01-22	饶宗颐 2013年作 六合通屏(六帧) 卡纸	99.5cm×23cm×6	2,875,000	广东崇正	2022-08-11
钱松嵒 1960年作 蔬果虫趣 镜心	34.5cm×29.5cm	80,500	上海嘉禾	2022-01-01	饶宗颐 意在千里 册页(十一开)	绘画24cm×32cm×9; 书法24cm×32cm×2	1,782,500	华艺国际	2022-09-23
钱松嵒 1979年作 益寿延年 镜心	46cm×34cm	80,500	中国嘉德	2022-06-27	饶宗颐 2012年作 花好月圆人寿·行书五言联一堂 镜框	画心60cm×50cm; 对联60cm×16.5cm×2	1,610,000	华艺国际	2022-09-23
钱松嵒 长城万里 立轴	54cm×41cm	69,000	北京保利	2022-02-03	饶宗颐 1983年作、1999年作 富贵有余一堂 镜片	画134cm×41.5cm	1,472,000	广东崇正	2022-12-25
钱松嵒 杞菊延年 立轴	82cm×48cm	69,000	江苏汇中	2022-08-17	饶宗颐 六朝僧造像·行书七言联一堂 立轴	画136cm×34cm	1,472,000	广东崇正	2022-12-25
钱松嵒 荆溪老屋 立轴	24.5cm×31.5cm	63,250	上海嘉禾	2022-01-01	饶宗颐 2012年作 朱砂篆书五言联 镜框	180cm×31.5cm×2	1,150,000	华艺国际	2022-09-23
钱松嵒 鱼满千舟 立轴	139.5cm×95cm	9,085,000	上海嘉禾	2022-11-20	饶宗颐 2007年作 行书六屏 镜片	137.5cm×35cm×6	908,500	广东崇正	2022-12-25
钱松嵒 黄洋界 镜心	53cm×37.5cm	1,495,000	荣宝斋(南京)	2022-12-07	饶宗颐 真腊游踪 立轴	131cm×25cm	862,500	广东崇正	2022-12-25
钱松嵒 1964年作 《满江红》词意 立轴	68.5cm×46cm	632,500	中国嘉德	2022-12-12	饶宗颐 2006年作 行书"香港的骄傲" 镜框	91cm×38.2cm	702,046	佳士得	2022-05-29
钱松嵒 1943年作 翠微山外 立轴	143cm×80cm	598,000	朵云轩	2022-12-08	饶宗颐 钟馗 镜片	119cm×44.5cm	690,000	广东崇正	2022-12-25
钱松嵒 1977年作 梅园新村 立轴	114.5cm×68.5cm	460,000	中国嘉德	2022-12-13	饶宗颐 1999年作 行书四言巨联 镜片	231cm×51cm×2	667,000	广东崇正	2022-08-11
钱松嵒 溪山烟雨 立轴	67cm×45cm	368,000	广东崇正	2022-12-25	饶宗颐 1981年作 敦煌供养人像 立轴	110.6cm×40.5cm	648,043	香港苏富比	2022-04-30
钱松嵒 杨寿机 溪山行旅·行书 成扇	18.5cm×47cm	207,000	荣宝斋(南京)	2022-12-07	饶宗颐 松竹双清 镜片	88cm×43.5cm	575,000	广东崇正	2022-08-11
钱松嵒 1928年作 无量寿佛 立轴	105cm×44cm	195,500	中国嘉德	2022-12-13	饶宗颐 山高水长图 镜片	62cm×29cm	575,000	广东崇正	2022-12-25
钱松嵒 陕北高秋 立轴	68cm×32.5cm	184,000	荣宝斋(南京)	2022-12-07	饶宗颐 1983年作 暮雨 立轴	137.8cm×34.5cm	554,967	香港苏富比	2022-10-08
钱松嵒 山村霁雨 立轴	43cm×34cm	115,000	中国嘉德	2022-12-13					
钱松嵒 1961年作 石涛诗意 立轴	44cm×41cm	103,500	中国嘉德	2022-12-13					
钱松嵒 邹泳生 1941年作 关山行旅图·金文临古 成扇	18cm×51cm	86,250	中国嘉德	2022-12-13					
钱玄同 隶书十一言联 立轴	132cm×21cm×2	69,000	中鸿信	2022-09-12					
乔大壮 1946年作 行楷自作诗 立轴	54cm×17.5cm	86,083	中国嘉德	2022-10-07					

拍品名称	物品尺寸	成交价RMB	拍卖公司	拍卖日期
饶宗颐 2008年作 行书七言联 镜框	234cm×52cm×2	540,500	保利厦门	2022-10-21
饶宗颐 2003年 书法八帧 镜心	36cm×7.1cm×8	540,036	香港苏富比	2022-04-30
饶宗颐 1988年作 岁朝清供 镜心	133.5cm×33.5cm	517,500	保利厦门	2022-10-21
饶宗颐 2014年作 行书五言联 镜心	175cm×46.5cm×2	517,500	华艺国际	2022-09-23
饶宗颐 2003年作 楚简十一言联 立轴	136cm×16.5cm×2	471,500	华艺国际	2022-09-23
饶宗颐 1977年作 达摩面壁图 立轴	画49cm×61cm	460,000	广东崇正	2022-08-11
饶宗颐 2010年作 篆书四言联 镜心	134cm×33cm×2	460,000	华艺国际	2022-09-23
饶宗颐 2010年作 篆书四言联 镜心	135cm×34cm×2	425,500	华艺国际	2022-09-23
饶宗颐 2006年作 行书张雨《登南峰绝顶》手卷	34cm×276cm	425,500	华艺国际	2022-09-23
饶宗颐 寿桃 镜片	138cm×34cm	425,500	广东崇正	2022-12-25
饶宗颐 1991年作 隶书五言联 立轴	133cm×32cm×2	391,000	华艺国际	2022-09-23
饶宗颐 2010年作 隶书五言联 镜心	136cm×34cm×2	379,500	华艺国际	2022-09-23
饶宗颐 1982年作 松涛清韵 立轴	137.5cm×33.7cm	378,025	佳士得	2022-05-29
饶宗颐 2004年作 隶书五言联 镜心	132cm×35cm×2	368,000	华艺国际	2022-09-23
饶宗颐 2007年作 篆书五言联 镜片	138cm×34.5cm×2	345,000	广东崇正	2022-08-11
饶宗颐 1992年作 行书七言联 立轴	135cm×22cm×2	333,500	华艺国际	2022-09-23
饶宗颐 1976年作 行书七言联 立轴	134cm×33.3cm×2	332,980	香港苏富比	2022-10-08
饶宗颐 1999年作 隶书七言联 立轴	136×30.5cm×2	329,164	佳士得	2022-05-29
饶宗颐 1986年作 行书五言联 镜心	135cm×35cm×2	322,000	华艺国际	2022-09-23
饶宗颐 2011年作 行书七言联 镜片	136cm×34cm×2	322,000	广东崇正	2022-12-25
饶宗颐 2012年作 行书七言联 镜片	138cm×34cm×2	322,000	广东崇正	2022-12-25
饶宗颐 1987年作 隶书七言联 立轴	131.5cm×32cm×2	288,583	香港苏富比	2022-10-08
饶宗颐 1985年作 隶书七言联 立轴	108cm×23cm×2	287,500	华艺国际	2022-09-23
饶宗颐 湖山胜处 册页（八开）	10cm×12.7cm×10	280,818	香港苏富比	2022-04-30
饶宗颐 2018年作 行书"时和岁乐年年丰" 镜心	34cm×138cm	276,000	华艺国际	2022-09-23
饶宗颐 1990年作 秋居图 镜心	76cm×38cm	264,500	华艺国际	2022-09-23
饶宗颐 墨荷 成扇	15cm×44cm	264,500	华艺国际	2022-09-23
饶宗颐 2005年作 篆书"鹤寿" 镜片	34cm×130cm	258,750	广东崇正	2022-12-25
饶宗颐 1971年作 题画杂诗廿首 镜片	29cm×298cm	254,940	佳士得	2022-12-02
饶宗颐 2010年作 行书"玉兔送福" 镜片	34cm×136cm	253,000	广东崇正	2022-12-25
饶宗颐 2012年作 行书"南无阿弥陀佛" 镜心	35cm×137cm	253,000	广东崇正	2022-12-25
饶宗颐 2006年作 章草七言联 镜片	138cm×34.5cm×2	253,000	广东崇正	2022-12-25
饶宗颐 2004年作 篆书五言联 镜心	137cm×34cm×2	253,000	广东崇正	2022-12-25
饶宗颐 2005年作 篆书七言联 镜片	128cm×31cm×2	253,000	广东崇正	2022-12-25
饶宗颐 隶书"吉祥如意" 镜片	35cm×137.5cm	241,500	广东崇正	2022-12-25
饶宗颐 寿 立轴	54cm×53cm	236,587	华艺国际	2022-05-29
饶宗颐 2010年作 书法"长乐延年"（两幅）立轴	64.5cm×64.5cm×2	231,764	佳士得	2022-12-02
饶宗颐 2013年作 篆书"如意吉祥" 镜片	34cm×136cm	230,000	广东崇正	2022-08-11
饶宗颐 2010年作 行书"平安是福" 镜心	68cm×68cm	230,000	华艺国际	2022-09-23
饶宗颐 2007年作 行书"日日是好日" 镜心	34cm×138cm	230,000	华艺国际	2022-09-23
饶宗颐 2006年作 隶书七言联 镜片	136.5cm×35cm×2	230,000	广东崇正	2022-12-25
饶宗颐 2007年作 隶书五言联 镜片	133.5cm×33cm×2	230,000	广东崇正	2022-12-25
饶宗颐 2016年作 行书六言联 镜片	68cm×17cm×2	218,500	广东崇正	2022-08-11
饶宗颐 2011年作 篆书"花好月圆人寿" 镜心	34cm×138cm	218,500	华艺国际	2022-09-23
饶宗颐 1989年作 且插繁花向晴吴 立轴	137cm×33.7cm	208,587	佳士得	2022-12-02
饶宗颐 烟云山山川图 立轴	79cm×34cm	207,000	华艺国际	2022-09-23
饶宗颐 2011年作 行书"南无阿弥陀佛" 镜心	34.5cm×137cm	195,500	华艺国际	2022-09-23
饶宗颐 2013年作 篆书"六合同春" 镜片	34cm×136cm	195,500	广东崇正	2022-12-25
饶宗颐 2011年作 行书"以茶会友" 镜心	34cm×136cm	189,750	华艺国际	2022-09-23
饶宗颐 行楷"风调雨顺" 镜片	35cm×138cm	184,000	广东崇正	2022-12-25
饶宗颐 2012年作 行书"德艺至淳" 镜心	35cm×137cm	178,250	北京银座	2022-01-12
饶宗颐 2005年作 隶书"长乐康宁" 镜框	33cm×135cm	178,250	华艺国际	2022-09-23
饶宗颐 2011年作 楷书"安康富贵" 镜框	34.7cm×137.7cm	177,589	香港苏富比	2022-10-08
饶宗颐 1990年作 书法 镜心	65.5cm×134.5cm	172,500	北京保利	2022-07-27
饶宗颐 2014年作 隶书五言联 镜片	67cm×13cm×2	172,500	广东崇正	2022-08-11
饶宗颐 春树平湖 立轴	97cm×34cm	172,500	广东崇正	2022-12-25
饶宗颐 2003年作 笔透鸿蒙 镜框	34.5cm×132cm	166,490	香港苏富比	2022-10-08
饶宗颐 2011年作 行书五言联（两幅）立轴	138cm×41.2cm×2	162,235	佳士得	2022-12-02
饶宗颐 蕉石图 镜心	139cm×35cm	161,000	华艺国际	2022-09-23
饶宗颐 1999年作 峡谷帆影 立轴	127cm×21cm	161,000	华艺国际	2022-09-23
饶宗颐 楷书"长乐" 镜片	半径31.5cm	158,700	广东崇正	2022-08-11
饶宗颐 2011年作 行书"长乐延年" 镜心	34cm×137cm	155,250	华艺国际	2022-09-23
饶宗颐 拟龚贤笔意 甲骨文《武丁卜辞》双挖 立轴	绘画30.5cm×25cm	154,296	华艺国际	2022-05-29
饶宗颐 1977年作 行书五言联 立轴	132.5cm×33.3cm×2	151,210	佳士得	2022-12-02
饶宗颐 幸福 镜框	31.2cm×31.2cm	140,409	香港苏富比	2022-04-30
饶宗颐 1987年作 三余图 立轴	137.5cm×33.5cm	138,000	上海嘉禾	2022-01-01
饶宗颐 2010年作 篆书七言联 立轴	137cm×31cm×2	138,000	华艺国际	2022-07-29
饶宗颐 佛门四事之一 镜心	119.5cm×22.5cm	126,500	中国嘉德	2022-06-26
饶宗颐 2015年作 篆书"如意吉祥" 镜心	33.5×136.5cm	123,436	华艺国际	2022-05-29
饶宗颐 2014年作 行书"德业双辉" 镜框	34.7cm×138.5cm	122,009	香港苏富比	2022-08-01
饶宗颐 傅山五言诗 镜心	137cm×34.5cm	121,400	华艺国际	2022-11-27
饶宗颐 福 镜框	31.2cm×31.2cm	118,807	香港苏富比	2022-04-30
饶宗颐 2004年作 行书"天道酬勤" 镜片	35cm×138cm	115,000	广东崇正	2022-08-11
饶宗颐 1980年作 古木寒泉图 镜片	21cm×93cm	115,000	广东崇正	2022-12-25
饶宗颐 行书米芾《吴江舟中诗卷》立轴	176.5cm×38.5cm	108,007	佳士得	2022-05-29
饶宗颐 隶书"心无挂碍" 镜框	34.5cm×13cm	103,500	华艺国际	2022-09-23
饶宗颐 1977年作 幽山访友 扇面镜框	18.3cm×50.5cm	102,606	香港苏富比	2022-04-30
饶宗颐 1998年作 行书七言诗 立轴	141cm×34cm	97,120	中国嘉德	2022-10-07

2022书画拍卖成交汇总(续表)

(成交价RMB：6万元以上)

拍品名称	物品尺寸	成交价RMB	拍卖公司	拍卖日期
饶宗颐 行书"吉祥" 镜片	半径31.5cm	86,250	广东崇正	2022-12-25
饶宗颐 水远山长 立轴	57cm×32cm	86,083	中国嘉德	2022-10-07
饶宗颐 行书录青天歌句 立轴	131cm×32cm	80,500	北京保利	2022-07-26
饶宗颐 大吉 团扇	直径33cm	80,500	华艺国际	2022-09-23
饶宗颐 隶书"福" 镜片	34cm×34cm	80,500	广东崇正	2022-12-25
饶宗颐 2007年作 行书《吐鲁番夕宴诗》镜框	33cm×133.5cm	75,605	佳士得	2022-05-29
饶宗颐 2012年作 行书"光辉岁月"镜框	116.5cm×34.8cm	75,323	佳士得	2022-12-02
饶宗颐 2007年作 行书《九日杂诗》镜框	137cm×33.3cm	70,204	佳士得	2022-05-29
饶宗颐 2010年作 行书《禅诗第四首》镜框	135cm×33.5cm	64,804	佳士得	2022-05-29
任桂英 2022年作 春色满园 镜心	68cm×136cm	790,000	北京中贝	2022-03-16
任桂英 2022年作 阳春三月 镜心	68cm×136cm	680,000	北京中贝	2022-03-16
任建国 2016年作 山城暮色 镜心	123.5cm×238cm	3,105,000	永乐拍卖	2022-07-25
任率英 1964年作《苏武》年画四条屏原稿十六帧(全) 镜心	23.5cm×31cm×16	517,500	西泠印社	2022-01-22
任率英 1981年作 洛神图 镜心	133cm×68cm	402,500	北京荣宝	2022-07-24
任率英 等 1958年作《貂蝉》年画四条屏原稿十五帧 画心	22cm×29cm×15	402,500	西泠印社	2022-01-22
任率英 1986年作 洛神图 立轴	106cm×55.5cm	97,750	北京银座	2022-01-12
任鸣 国色迎春	136cm×68cm	82,000	北京伍佰艺	2022-09-17
任鸣 2021年作 观鱼乐	136cm×68cm	78,000	北京伍佰艺	2022-09-17
任鸣 湘西吕洞山苗寨写生之水寨	48cm×58cm	75,000	北京伍佰艺	2022-09-17
任南熹 任燕 绿水青山 画心	68cm×138cm	790,000	北京传世	2022-12-15
任佩韵 2022年作 秋艳 镜片	87cm×48.5cm	575,000	朵云轩	2022-12-08
任佩韵 行书《人间词话》镜片	71cm×136.5cm	66,700	朵云轩	2022-12-08
任文彪 2021年作 清气若兰 镜心	138cm×34cm	69,000	荣宝斋(南京)	2022-12-07
任重 2011年作 松荫高士 立轴	144cm×75cm	920,000	上海嘉禾	2022-11-20
任重 2013年作 泛舟图 镜心	76cm×144cm	690,000	北京荣宝	2022-07-24
任重 2021年作 玉虎璧山 镜心	71cm×68cm	667,000	北京保利	2022-02-03
任重 2009年作 入眼荒寒一洒然 镜心	67cm×43cm	517,500	永乐拍卖	2022-07-25
任重 2021年作 秋江抚琴 镜心	68cm×35cm	276,000	北京保利	2022-02-03
任重 2005年作 骰句图 立轴	104cm×44.5cm	230,000	永乐拍卖	2022-07-25
任重 2004年作 桐荫清阅 镜心	92cm×36cm	184,000	北京荣宝	2022-07-24
任重 春溪泛舟 成扇	25cm×28cm	138,000	保利厦门	2022-10-21
任重 2019年作 红叶翠鸟 镜片	86cm×55cm	138,000	广东崇正	2022-12-25
荣宗锦 1937年作 楷书八言联 立轴	197cm×38cm×2	115,000	中贸圣佳	2022-12-31
容庚 万里长江图 手卷	25cm×680.5cm	690,000	中贸圣佳	2022-07-23
容庚 1935年作 篆书七言对联 立轴	130cm×30cm×2	82,800	开拍国际	2022-01-07
阮潘正 1932年作 切甘蔗的女子	60cm×50.5cm	3,024,201	佳士得	2022-05-26
伞靖瑶 2019年作 达摩老祖	68cm×68cm	80,000	北京伍佰艺	2022-09-17
伞靖瑶 2020年作 墨竹图	136cm×68cm	70,000	北京伍佰艺	2022-09-17
沙孟海 行书五言诗 镜片	104cm×34cm	310,500	上海嘉禾	2022-08-28
沙孟海 行书《江南词》立轴	136cm×65cm	310,500	中贸圣佳	2022-10-27
沙孟海 1987年作 行书孙绰《兰亭集后叙》立轴	101cm×59cm	287,500	开拍国际	2022-01-07
沙孟海 行书四言对联 镜心	105cm×27cm×2	264,500	开拍国际	2022-01-07
沙孟海 行草五言联 立轴	222cm×50cm×2	218,500	中鸿信	2022-09-12
沙孟海 行书王安石诗 立轴	68cm×42cm	207,000	北京荣宝	2022-07-24
沙孟海 行书"莺歌燕舞" 镜片	34cm×101cm	184,000	上海嘉禾	2022-11-20
沙孟海 行书毛主席诗 镜心	107cm×39.5cm	176,582	中国嘉德	2022-10-08
沙孟海 陆抑非 诸乐三 陆维钊方增先 卢坤峰 夏承焘 孔仲起 朱恒邓瑞和 无声诗思 册页(十一页)	32cm×24.5cm×11	172,500	西泠印社	2022-01-22
沙孟海 行书五言联 镜心	136cm×33cm×2	161,000	北京保利	2022-07-26
沙孟海 为尹怀樗作行书五言联对联	109.5cm×32.5cm×2	149,500	西泠印社	2022-01-22
沙孟海 草书"多思" 镜心	34cm×89.5cm	149,500	中国嘉德	2022-06-26
沙孟海 草书十六字令 镜心	98.5cm×52cm	143,473	中国嘉德	2022-10-07
沙孟海 行书毛主席词 立轴	69.5cm×34cm	138,000	上海嘉禾	2022-08-28
沙孟海 行书鲁迅《自题小像》立轴	88cm×48cm	115,000	中贸圣佳	2022-07-23
沙孟海 行书李白诗 立轴	179cm×46.5cm	115,000	中国嘉德	2022-06-27
沙孟海 行书节选《沁园春·雪》镜心	34.3cm×67.6cm	115,000	中国嘉德	2022-12-25
沙孟海 书法 立轴	137cm×69cm	93,070	浙江佳宝	2022-03-13
沙孟海 行书 立轴	86cm×46cm	92,000	上海嘉禾	2022-08-28
沙孟海 行书七言诗 镜心	133cm×35cm	74,750	中国嘉德	2022-05-28
沙孟海 行草五言诗 立轴	99cm×34cm	69,000	中国嘉德	2022-09-28
商笙伯 孙儆 汪琨 等 书画扇面(十一帧) 镜心	尺寸不一	63,250	中贸圣佳	2022-10-27
尚涛 2005年作 双吉 镜框	138cm×68cm	552,000	华艺国际	2022-09-24
尚小云 秋夜孤舟 立轴	68.5cm×28.5cm	540,036	佳士得	2022-05-29
尚扬 2009年作 天书	96.5cm×130cm	575,000	朵云轩	2022-12-08
邵帆 2017年作 山水野兔	270cm×200cm	2,052,136	佳士得	2022-05-27
邵帆 2016年作 盘坐的老猿	179cm×149cm	1,404,093	佳士得	2022-05-27
邵洛羊 1992年作 松竹梅菊四屏 镜心	179cm×48.5cm×4	69,000	中国嘉德	2022-06-26
邵强 2021年作 陋室铭	136cm×68cm	680,000	北京伍佰艺	2022-09-17
邵强 2022年作 观海听涛	180cm×70cm	580,000	北京伍佰艺	2022-10-28
邵强 2022年作《三国演义》开篇词	180cm×70cm	450,000	北京伍佰艺	2022-10-28
邵强 2022年作 曾国藩语录	180cm×70cm	390,000	北京伍佰艺	2022-10-28
邵强 2022年作 家和万事兴	136cm×68cm	280,000	北京伍佰艺	2022-09-17
邵强 2022年作 赤壁怀古	180cm×70cm	266,000	北京伍佰艺	2022-10-28
邵强 2022年作 融通四海	136cm×68cm	225,000	北京伍佰艺	2022-09-17
邵强 2022年作 顺	136cm×68cm	198,000	北京伍佰艺	2022-10-28
邵强 2022年作 厚德载物	136cm×68cm	150,000	北京伍佰艺	2022-09-17
邵淘美 行楷节录《一个人的谈话》扇面	15cm×50cm	437,000	中贸圣佳	2022-10-27
邵逸轩 1938年作 遗世独立 立轴	112cm×51.5cm	69,000	北京荣宝	2022-07-24
邵仄炯 2006年作 山色图 镜片	123cm×112cm	92,000	朵云轩	2022-08-07
邵章 余绍宋 高时丰 为沈炳儒作 杭州东皋诗社雅集 镜片(扇面双挖)		92,000	西泠印社	2022-01-23
邵章 1942年作 题明贤旧物拓本 成扇	18cm×49cm	80,500	西泠印社	2022-01-23
畲声俊 击水逐浪	138cm×68cm	110,364	荣宝斋(香港)	2022-11-26
畲声俊 道法自然	68cm×138cm	91,970	荣宝斋(香港)	2022-11-26
申石伽 四时幽竹图 四屏	96cm×45cm×4	63,250	西泠印社	2022-01-22
申世辉 2022年作 山川无尽·春岩瀑泉乡音 扇面二帧 扇面	20cm×60cm×2	115,000	北京荣宝	2022-07-24
申万胜 钟南山	97cm×180cm	834,274	香港贞观	2022-06-18
申万胜 滁州西涧	137cm×70cm	578,884	香港贞观	2022-06-18

拍品名称	物品尺寸	成交价RMB	拍卖公司	拍卖日期
申万胜 题画	137cm×70cm	502,267	香港贞观	2022-06-18
申万胜 桃花溪	137cm×70cm	493,754	香港贞观	2022-06-18
申万胜 浪淘沙	137cm×70cm	493,754	香港贞观	2022-06-18
申万胜 瀑布联句	137cm×70cm	493,754	香港贞观	2022-06-18
沈本千 栀子花图 镜心	46cm×78cm	115,000	浙江御承	2022-08-28
沈曾植 1921年作 临汉魏书四屏 立轴	113cm×36.5cm×4	862,500	中贸圣佳	2022-07-23
沈曾植 行书七言联 立轴	143cm×39.5cm×2	632,500	北京银座	2022-09-16
沈曾植 为朱积诚作行书五言诗 立轴	138.5cm×39	483,000	西泠印社	2022-01-23
沈曾植 行书自作诗三首 镜心	29cm×207cm	460,000	开拍国际	2022-01-07
沈曾植 1921年作 行书苏轼诗 立轴	170.5cm×45cm	460,000	西泠印社	2022-08-21
沈曾植 1921年作 行书黄庭坚诗 立轴	123cm×51.5cm	356,500	中贸圣佳	2022-12-31
沈曾植 草书临阁帖 立轴	171cm×46cm	345,000	北京银座	2022-01-12
沈曾植 行书七言联 立轴	144cm×35cm×2	276,000	中国嘉德	2022-06-27
沈曾植 行书东坡《南堂》诗帖 镜框	140cm×39.7cm	233,086	香港苏富比	2022-10-08
沈曾植 行书七言对联 立轴	127cm×30.5cm×2	230,000	开拍国际	2022-01-07
沈曾植 行书七言联 对联	161cm×37cm×2	218,500	北京保利	2022-07-27
沈曾植 行书七言联 对联	137.5cm×32cm×2	212,750	西泠印社	2022-01-23
沈曾植 行书七言联 立轴	171cm×38.5cm×2	207,000	中国嘉德	2022-06-26
沈曾植 行书五言诗 立轴	145cm×40cm	161,000	中国嘉德	2022-06-26
沈曾植 行书七言联 立轴	143cm×38cm×2	138,000	中国嘉德	2022-06-26
沈曾植 行书七言 对联片	107cm×30cm×2	92,000	朵云轩	2022-12-09
沈曾植 行书八言联 镜心	164cm×42.5cm×2	86,250	荣宝斋(南京)	2022-12-07
沈曾植 1922年作 秋山涧溪 立轴	60cm×32cm	74,750	中国嘉德	2022-05-28
沈曾植 《鸟飞》杂抄一通	23.5cm×24.5cm	69,000	华艺国际	2022-07-29
沈曾植 行书七言诗 立轴	72cm×21.5cm	63,250	保利厦门	2022-10-21
沈从文 为沈培作草书七言诗 镜片	138.5cm×30cm	224,250	西泠印社	2022-01-23
沈从文 行书论怀素书 镜框	90cm×26cm	216,014	佳士得	2022-05-29
沈从文 1975年作 章草杂记 镜心	59cm×12cm	138,000	北京银座	2022-09-16
沈从文 草书王维诗 立轴	100cm×24cm	92,000	北京银座	2022-09-16
沈从文 行书《千字文》句 镜心		74,750	中国嘉德	2022-06-27
沈从文 章草《草书势》未装裱 镜框	51cm×34.8cm	64,804	香港苏富比	2022-04-30
沈建林 2021年作 太行万睿白云浮 镜心	136cm×68cm	289,000	北京中贝	2022-03-16
沈建林 2021年作 深夜山中雨 镜心	68cm×136cm	272,000	北京中贝	2022-03-16
沈建文 鸡蛋花开夏日芬 画心	197cm×98cm	128,000	北京传世	2022-12-15
沈觉初 唐云 来楚生 栖禽图·节临黄道周书法 成扇	18.5cm×50cm	172,500	西泠印社	2022-08-21
沈钧儒 1959年作行书七言诗 镜心	64.5cm×29cm	71,300	北京银座	2022-09-17
沈梅 清江云瀑绕柴门 画心	180cm×68cm	850,000	北京传世	2022-12-15
沈梅 山谷清泉 画心	136cm×68cm	490,000	北京传世	2022-12-15
沈鹏 草书佛经 镜心	250cm×806cm	2,185,000	北京保利	2022-07-27
沈鹏 2010年作 行书《沁园春·雪》镜心	66cm×291cm	1,150,000	北京荣宝	2022-07-24
沈鹏 草书诗句 镜心	174cm×46cm×2	345,000	北京荣宝	2022-07-24
沈鹏 草书孟浩然诗 镜心	69.5cm×142.5cm	287,500	北京银座	2022-09-16
沈鹏 2000年作 行书自作诗 手卷	33cm×388.5cm	287,500	中国嘉德	2022-12-15
沈鹏 行书古诗 镜心	62cm×172.5cm	264,500	中国嘉德	2022-06-29
沈鹏 草书王勃句 镜心	151cm×82.5cm	218,500	中国嘉德	2022-06-29

拍品名称	物品尺寸	成交价RMB	拍卖公司	拍卖日期
沈鹏 2000年作 草书《望海潮》词卷 手卷	33cm×388cm	207,000	北京保利	2022-07-27
沈鹏 1998年作 杨慎《临江仙》镜心	77.4cm×158.5cm	172,500	北京诚轩	2022-08-08
沈鹏 书法	120cm×55cm	165,546	荣宝斋(香港)	2022-11-26
沈鹏 书"琵琶湖泛舟" 镜心	136.5cm×68cm	161,000	中国嘉德	2022-12-15
沈鹏 1987年作 草书《忆江南》立轴	138cm×68cm	143,750	华艺国际	2022-07-29
沈鹏 草书《孟冬寒气至》镜心	138.5cm×69cm	138,000	北京荣宝	2022-07-24
沈鹏 草书杜少陵诗 立轴	99cm×63cm	126,500	北京荣宝	2022-07-24
沈鹏 1982年作 草书朱熹《春日》镜心	68cm×137cm	126,500	北京银座	2022-09-16
沈鹏 1982年作 为徐元作草书七言联及信札文献一批 画心(三帧)		103,500	西泠印社	2022-01-22
沈鹏 1984年作 草书七言诗 镜心	138cm×69cm	97,750	中国嘉德	2022-05-29
沈鹏 草书陆游诗 镜心	67cm×136cm	92,000	开拍国际	2022-01-07
沈鹏 草书毛泽东《沁园春·雪》(姜东舒上款)	46.5cm×36cm	92,000	中国嘉德	2022-12-13
沈鹏 1986年作 行书七律诗句 立轴	136cm×31cm×2	86,250	北京荣宝	2022-07-24
沈鹏 2010年作 草书放翁诗 镜心	134cm×70cm	74,750	中国嘉德	2022-05-29
沈鹏 草书五言联 对联	136cm×34cm×2	74,750	中国嘉德	2022-05-29
沈鹏 2002年作 草书杜牧《江南春》立轴	137cm×33.5cm	69,000	北京银座	2022-01-12
沈鹏 草书八言联	110cm×22cm×2	69,000	中国嘉德	2022-12-13
沈鹏 草书五言联 对联	137cm×34cm×2	63,250	中国嘉德	2022-05-29
沈鹏 2013年作 草书十一言联文 镜心	132cm×66cm	63,250	中国嘉德	2022-09-27
沈鹏 草书苏轼诗 横披	69.5cm×135cm	63,250	中鸿信	2022-09-11
沈勤 水田 镜心	138cm×67cm×4	460,000	中国嘉德	2022-12-15
沈勤 有树的风景 镜心	139cm×69cm	109,250	中国嘉德	2022-06-29
沈勤 2020年作 山	42cm×34cm	92,000	华艺国际	2022-09-23
沈勤 荷塘 镜心	50cm×69cm	86,250	中国嘉德	2022-06-29
沈柔坚 吴青霞 应野平 唐云 1989年作 梅寿图 镜片	67.5cm×134cm	115,000	上海嘉禾	2022-01-01
沈塘 松亭爽籁·溪畔结庐 成扇	25.2cm×74.5cm	120,750	北京诚轩	2022-08-08
沈卫 行书诗论 立轴	178cm×93cm	172,500	中国嘉德	2022-09-28
沈心海 1917年作 仕女 册页	31cm×37.5cm×12	126,500	中贸圣佳	2022-12-31
沈延毅绝笔 聂成文补题 登鹳雀楼	135cm×47cm	578,884	香港贞观	2022-06-18
沈延毅 行书苏轼《中山松醪赋》镜心	154cm×40cm×8	195,500	北京银座	2022-09-16
沈尹默 1957年作 行书《书谱》卷 手卷	21.5cm×1056cm	5,520,000	朵云轩	2022-12-08
沈尹默 临《宋人法书》第一至第四册全本	38cm×28cm	977,500	泰和嘉成	2022-07-30
沈尹默 篆书李阳冰谦卦卷 手卷	31.5cm×1131cm	897,000	开拍国际	2022-01-07
沈尹默 致贺师俊信札 册页	37.5cm×23cm	575,000	泰和嘉成	2022-07-30
沈尹默 杂书 册页(二十六开五十一页)	尺寸不一	517,500	朵云轩	2022-12-08
沈尹默 行书七言联 立轴	136cm×36cm×2	437,000	中鸿信	2022-09-12
沈尹默 行书四条屏 镜片	129cm×32cm×4	402,500	泰和嘉成	2022-07-30
沈尹默 行书宋苏轼撰《赤壁赋》手卷	33.5cm×266cm	368,000	泰和嘉成	2022-07-30

2022书画拍卖成交汇总(续表)

(成交价RMB: 6万元以上)

拍品名称	物品尺寸	成交价RMB	拍卖公司	拍卖日期
沈尹默 1945年作 执笔五字法 镜心	32.5cm×97.5cm	333,500	开拍国际	2022-07-24
沈尹默 行书并跋唐孙过庭撰《书谱》手卷	22.5cm×613cm	299,000	泰和嘉成	2022-07-30
沈尹默 1965年作 行书自作《满江红》词镜片	65.5cm×20.5cm	230,000	西泠印社	2022-01-22
沈尹默 行书周文璆《山居书事》立轴	129.5cm×18.5cm	218,500	中贸圣佳	2022-12-31
沈尹默 楷书四言对联 立轴	108cm×36.5cm×2	207,000	开拍国际	2022-01-07
沈尹默 行书李商隐《送崔珏往西川》立轴	109.5cm×15.5cm	207,000	北京银座	2022-09-16
沈尹默 行书 镜片	94.5cm×28cm	195,500	广东崇正	2022-12-25
沈尹默 1934年作 行书 立轴	130cm×31cm	184,000	北京荣宝	2022-07-24
沈尹默 1948年作 行书王安石诗四屏 立轴	118cm×24cm×4	172,500	中贸圣佳	2022-07-23
沈尹默 墨竹·行书 成扇	18cm×50.5cm	172,500	上海嘉禾	2022-11-20
沈尹默 行书七言联 立轴	130cm×24cm×2	161,000	保利厦门	2022-10-22
沈尹默 临宋苏轼撰行书《赤壁赋》手卷	29cm×218cm	155,250	泰和嘉成	2022-07-30
沈尹默 行书诗稿三开 镜心	24.5cm×53.5cm×3	149,500	开拍国际	2022-01-07
沈尹默 1947年作 致陈道隆书法 立轴	99cm×49cm	138,000	北京保利	2022-07-26
沈尹默 临晋王羲之草书《十七帖》手卷	24.5cm×349cm	126,500	泰和嘉成	2022-07-30
沈尹默 1947年作 行书节录《世说新语》横披	38.5cm×124cm	115,882	佳士得	2022-12-02
沈尹默 1962年作 行书七言诗 立轴	92cm×30cm	115,000	开拍国际	2022-01-07
沈尹默 1947年作 行书苏轼诗一首 立轴	76cm×49.5cm	115,000	北京荣宝	2022-07-24
沈尹默 草书 立轴	135cm×41.5cm	115,000	西泠印社	2022-01-23
沈尹默 1947年作 行书七言诗 立轴	81cm×21.5cm	115,000	华艺国际	2022-09-23
沈尹默 行书七言 对联片	127cm×30cm×2	115,000	朵云轩	2022-12-08
沈尹默 褚保权 1965年作 书法(二帧) 立轴 镜片		105,800	广东崇正	
沈尹默 行书七言诗 立轴	87cm×31cm	103,500	中贸圣佳	2022-10-27
沈尹默 行书杜甫《春日江村》诗立轴	61cm×27cm	97,750	西泠印社	2022-01-23
沈尹默 草书李白诗二首 立轴	67.5cm×33cm	97,206	佳士得	2022-05-29
沈尹默 行书岑参《终南东溪中作》立轴	68cm×25cm	92,000	北京荣宝	2022-07-24
沈尹默 行书五言诗 镜片	71cm×33cm	92,000	西泠印社	2022-01-23
沈尹默 行书陶渊明诗 镜框	52cm×18cm	92,000	中贸圣佳	2022-10-27
沈尹默 行书 立轴	131.5cm×27.5cm	92,000	朵云轩	2022-12-08
沈尹默 行书七言诗 立轴	134cm×33cm	89,700	上海嘉禾	2022-11-20
沈尹默 1948年作 行书陶渊明诗 镜框	27.2cm×82.7cm	86,405	香港苏富比	2022-04-30
沈尹默 撰《批判胡适佛学思想》手稿 镜片	25.5cm×123cm	80,500	泰和嘉成	2022-07-30
沈尹默 行书节录《世说新语》扇面	28.5cm×55cm	80,500	中国嘉德	2022-06-27
沈尹默 行书苏轼诗 立轴	64cm×22cm	80,500	华艺国际	2022-07-29
沈尹默 1947年作 四君子屏 立轴	37.5cm×14.5cm×4	80,500	保利厦门	2022-10-22
沈尹默 1947年作 行书陆放翁诗 立轴	107cm×47.5cm	71,300	广东崇正	2022-08-11
沈尹默 书法 立轴	76cm×29.2cm	69,000	中贸圣佳	2022-07-27
沈尹默 1948年作 行书游记 镜心	27cm×131cm	69,000	中国嘉德	2022-09-28
沈尹默 1948年作 行书杜甫诗 立轴	92cm×32cm	69,000	中国嘉德	2022-06-27
沈尹默 行书十八言长联 立轴	118cm×14cm×2	69,000	江苏汇中	2022-08-16
沈尹默 行书《减字木兰花》镜心	30cm×51cm	69,000	中贸圣佳	2022-10-27
沈尹默 行书七言联 对联	107cm×22cm×2	69,000	朵云轩	2022-12-08
沈尹默 竹石图 镜片	44cm×95cm	66,700	上海嘉禾	2022-01-01
沈尹默 临元赵孟頫行书宋苏轼撰《前后赤壁赋》手卷	29cm×261cm	166,750	泰和嘉成	2022-07-30
沈尹默 行书 镜片	107.5cm×30.5cm	63,250	朵云轩	2022-12-08
沈云霞 百花图卷 手卷	37.5cm×345cm	92,000	中贸圣佳	2022-07-23
盛灿明 沁园春·雪 镜片	50cm×175cm	168,000	开禧国际	2022-12-28
盛灿明《三国演义》开篇词 镜片	70cm×139cm	145,600	开禧国际	2022-12-28
师恩钊 春夏秋冬四屏 镜片	137cm×34cm×4	552,000	保利厦门	2022-10-22
施大畏 1976年作 英雄人民创奇迹 立轴	100.5cm×61cm	97,750	中鸿信	2022-09-11
石虎 九秋图 镜心	48.5cm×96.5cm	287,500	中国嘉德	2022-06-29
石虎 1999年作 鹿思图 镜心	67cm×44.7cm	253,000	中国嘉德	2022-12-15
石虎 1990年作 林中少女	135.7cm×67cm	220,728	中国嘉德	2022-10-09
石虎 礼易 镜心	70.5cm×80cm	176,582	中国嘉德	2022-10-07
石虎 2000年作 文歌 重彩	59.2cm×41cm	86,250	北京诚轩	2022-08-09
石虎 2000年作 布依 重彩	58.5cm×41.6cm	74,750	北京诚轩	2022-08-09
石虎 夕阳牧归 镜心	68cm×68cm	69,000	开拍国际	2022-01-07
石虎 2000年作 报晓 重彩	57.6cm×40.6cm	69,000	北京诚轩	2022-08-09
石虎 1986年作 林间 镜心	67cm×90cm	69,000	中国嘉德	2022-06-29
石家豪 2009年作 周润发试衣间 镜框	68.5cm×68.3cm	64,804	佳士得	2022-05-29
石金库 2022年作 三牛精神 镜心	130cm×60cm	460,000	荣宝斋(南京)	2022-12-07
石金库 2022年作 天际通神 镜心	120cm×75cm	402,500	荣宝斋(南京)	2022-12-07
石静 竹石图 画心	210cm×70cm	1,280,000	北京传世	2022-12-15
石开 2022年作 篆书四屏 镜心	137cm×34cm×4	207,000	中国嘉德	2022-12-15
石开 篆书《水调歌头》镜心	138.5cm×70cm	92,000	北京荣宝	2022-07-24
石鲁 月季 立轴	122cm×47.8cm	5,469,811	香港苏富比	2022-10-09
石鲁 深山行旅图 立轴	80.5cm×50cm	3,852,500	中贸圣佳	2022-12-31
石鲁 行书格言 立轴	132cm×64.5cm	1,840,000	中贸圣佳	2022-12-31
石鲁 1956年作 阅览室一景 镜心	37cm×50cm	1,380,000	中贸圣佳	2022-12-31
石鲁 草书 立轴	130cm×35cm	1,035,000	北京银座	2022-01-12
石鲁 1971年作 黄河飞荡图 立轴	134cm×65cm	943,000	江苏汇中	2022-08-16
石鲁 1954年作 速写 镜心	34cm×44cm	701,500	中贸圣佳	2022-12-31
石鲁 行书 立轴	123.5cm×55cm	690,000	广东崇正	2022-12-25
石鲁 渭华起义 镜心	71cm×21.5cm	575,000	中国嘉德	2022-12-12
石鲁 1972年作 双吉 镜心	49.5cm×38cm	230,000	中国嘉德	2022-06-27
石鲁 1985年题 画稿 立轴	46cm×35cm	138,000	江苏汇中	2022-08-17
石明 心经 镜心	34cm×136cm	135,520	开禧国际	2022-12-28
石齐 壮志凌云 镜心	103.5cm×96cm	4,370,000	上海嘉禾	2022-11-20
石齐 相思三月三 镜心	70cm×68.5cm	747,500	中国嘉德	2022-12-15
石齐 凝香惜玉闻佳影 镜心	135cm×69cm	690,000	北京荣宝	2022-07-24
石齐 佛心图 镜心	95cm×178cm	586,500	北京保利	2022-07-27
石齐 悠乐 镜心	94cm×87cm	552,000	北京荣宝	2022-07-24
石齐 人物 镜心	68.5cm×68.5cm	437,000	中国嘉德	2022-06-29
石齐 新疆少女 立轴	134.5cm×69.5cm	345,000	中国嘉德	2022-06-29
石齐 远去的歌声 立轴	138cm×68cm	299,000	北京保利	2022-07-27

拍品名称	物品尺寸	成交价RMB	拍卖公司	拍卖日期	拍品名称	物品尺寸	成交价RMB	拍卖公司	拍卖日期
石齐 1978年作 傣女玉金 镜心	194cm×70cm	218,500	中贸圣佳	2022-12-31	宋美龄 蒋介石 节节高·楷书"茂德" 立轴	画心 77.5cm×36cm	106,950	北京银座	2022-09-17
石齐 1978年作 养鸡图 立轴	95cm×59cm	207,000	北京荣宝	2022-07-24	宋明远 2020年作 梅花图 镜心	34cm×67cm	3,480,000	北京中贝	2022-03-16
石齐 1987年作 昭君出塞 镜心	68cm×68cm	149,500	中国嘉德	2022-12-15	宋唯源 雨细烟池 镜心	158cm×50cm	218,500	中国嘉德	2022-06-29
石齐 1979年 雨后 立轴	97cm×61cm	112,700	北京保利	2022-07-27	宋唯源 一点香惺 镜心	158cm×50cm	195,500	北京保利	2022-07-27
石齐 1984年作 山高水长 立轴	66.5cm×45cm	103,500	中国嘉德	2022-06-29	宋文治 1958年作 长江之晨 镜心	56cm×177cm	3,795,000	上海嘉禾	2022-11-20
石齐 饲鸡图 立轴	137cm×67.5cm	92,000	北京银座	2022-09-17	宋文治 1976年作 梅园长春 镜心	72cm×46cm	1,092,500	中国嘉德	2022-06-27
石齐 藏女 立轴	69cm×45cm	80,500	北京保利	2022-07-27	宋文治 1981年作 黄山松云 镜心	95cm×178cm	920,000	永乐拍卖	2022-07-25
石齐 1979年作 少女与马 镜片	68.5cm×45cm	63,250	广东崇正	2022-08-11	宋文治 轻舟已过万重山 镜心	59cm×39cm	690,000	中国嘉德	2022-06-27
石山石 拓荒牛 画心	69cm×68cm	680,000	北京传世	2022-12-15	宋文治 1993年作 坚松挺翠源流 长 镜片	画心 137cm×68cm	667,000	上海嘉禾	2022-11-20
石山石 晨曲 画心	50cm×50cm	580,000	北京传世	2022-12-15	宋文治 1979年 南浦轻帆 立轴	97.5cm×56.5cm	586,500	开拍国际	2022-01-07
史国良 丰收图 镜框	93.5cm×177cm	2,070,000	北京荣宝	2022-07-24	宋文治 1965年作 长征第一关 立轴	45cm×39cm	517,500	北京荣宝	2022-07-24
史国良 1990年作 捡土豆 镜心	71cm×178.5cm	1,495,000	北京荣宝	2022-07-24	宋文治 1984年作 青山绿水好放船 镜心	34cm×102cm	471,500	永乐拍卖	2022-07-25
史国良 2004年作 天山之舞四屏 镜框	64.5cm×34cm×4	1,322,500	北京保利	2022-07-27	宋文治 春风又绿江南岸 镜心	67cm×68cm	471,500	荣宝斋（南京）	2022-12-07
史国良 扎西德勒 镜心	69cm×138cm	1,092,500	北京保利	2022-07-27	宋文治 白云秋涧图 镜框	37.2cm×44.1cm	453,630	香港苏富比	2022-04-30
史国良 1999年作 暮归图 镜心	68cm×136cm	862,500	北京荣宝	2022-07-24	宋文治 庐山松云图 卡纸	45cm×52.5cm	448,500	广东崇正	2022-12-25
史国良 2001年作 天山之舞 镜框	136cm×68.5cm	805,000	北京荣宝	2022-07-24	宋文治 1982年作 蜀江晓发图 立轴	95cm×59.5cm	437,000	中国嘉德	2022-06-27
史国良 天山之舞 镜框	136cm×66cm	759,000	北京荣宝	2022-07-24	宋文治 1986年作 江南春朝 镜心	43.5cm×59.5cm	368,000	中国嘉德	2022-06-26
史国良 天山之舞 镜心	48cm×178cm	690,000	北京荣宝	2022-07-24	宋文治 1982年作 匡庐佳胜 立轴	121cm×40cm	356,500	广东崇正	2022-12-25
史国良 阿娜尔罕 镜心	98.5cm×55cm	632,500	北京荣宝	2022-07-24	宋文治 蜀江云 立轴	89cm×52cm	333,500	中贸圣佳	2022-07-23
史国良 2021年作 家有大福常拱门 镜心	137.5cm×44.5cm	632,500	北京荣宝	2022-07-24	宋文治 1979年作 庐山飞泉 立轴	96cm×44cm	322,000	中国嘉德	2022-06-26
史国良 1999年作 天山之舞 镜心	52cm×136cm	483,000	中国嘉德	2022-06-29	宋文治 1978年作 蜀江云 立轴	95.5cm×62.5cm	309,019	中国嘉德	2022-10-07
史国良 2007年作 佛号声声 镜心	68cm×68cm	345,000	北京银座	2022-09-17	宋文治 1974年作 洞庭秋色 镜心	34cm×45cm	299,000	北京银座	2022-01-12
史国良 2003年作 维族少女 镜心	68cm×68cm	345,000	北京银座	2022-09-17	宋文治 1981年作 松风涧泉图 立轴	76.5cm×55cm	287,500	北京荣宝	2022-07-24
史国良 2001年作 天山之舞 镜心	69.5cm×69cm	345,000	北京保利	2022-07-27	宋文治 1992年作 轻舟已过万重山 镜心	36.5cm×101.5cm	287,500	中国嘉德	2022-06-26
史国良 2002年作 金秋 镜心	35cm×104cm	322,000	中国嘉德	2022-12-15	宋文治 1961年作 松壑云泉 镜心	28cm×56.5cm	253,000	中国嘉德	2022-06-27
史国良 2006年作 赶鹅图 镜心	68cm×68cm	310,500	北京保利	2022-02-03	宋文治 1983年作 北海云起图 镜心	67.5cm×45cm	235,750	华艺国际	2022-07-29
史国良 舞天山 镜心	69cm×68.5cm	287,500	中国嘉德	2022-06-29	宋文治 1980年作 皖南小景 镜心	31.5cm×40.5cm	230,000	中国嘉德	2022-06-26
史国良 库尔勒姑娘 镜心	103cm×34.5cm	230,000	中国嘉德	2022-12-15	宋文治 1981年作 松风涧泉 立轴	96.5cm×45cm	218,500	中国嘉德	2022-06-26
史国良 童趣 镜心	67cm×67cm	207,000	北京荣宝	2022-07-24	宋文治 1996年作 云壑松风 镜心	32.5cm×101cm	218,500	中国嘉德	2022-06-27
史国良 2004年作 佛号声声 镜心	26.5cm×86cm	184,000	中鸿信	2022-09-11	宋文治 1977年作 轻舟已过万重山 立轴	123cm×59.5cm	207,000	广东崇正	2022-12-25
史国良 2003年作 收获时节 镜框	28cm×72cm	184,000	北京保利	2022-07-27	宋文治 江南三月春音流 立轴	68cm×48cm	176,582	中国嘉德	2022-10-07
史国良 2002年作 江南春雨 立轴	69cm×35cm	172,500	北京保利	2022-07-27	宋文治 晴岚江帆 立轴	69cm×46cm	172,500	华艺国际	2022-07-29
史国良 1988年作 搓线图 镜心	67.5cm×67.5cm	172,500	北京保利	2022-07-27	宋文治 1990年作 松 镜片	52.5cm×75cm	172,500	广东崇正	2022-08-11
史国良 1988年作 故土难忘 镜心	67cm×67cm	92,000	北京荣宝	2022-07-24	宋文治 北海云起 镜心	66cm×111cm	161,000	荣宝斋（南京）	2022-12-07
史国良 1984年作 纺织图 立轴	74cm×59.5cm	69,000	中鸿信	2022-09-11	宋文治 1980年作 黄山暮霞 立轴	75.5cm×42cm	161,000	朵云轩	2022-12-08
史国良 1978年作 牧鸭图 镜心	41cm×34cm	63,230	中国嘉德	2022-06-07	宋文治 1981年作 太湖帆影 立轴	67cm×45cm	149,500	中国嘉德	2022-12-12
舒同 1984年作 行书四言联句 立轴	130cm×64cm	230,000	北京荣宝	2022-07-24	宋文治 1983年作 李白诗意 镜心	画37.5cm×45cm	149,500	中国嘉德	2022-12-13
舒同 行书诗句 立轴	138cm×67cm	178,250	保利厦门	2022-10-22	宋文治 江南三月 镜框	29.5cm×39.4cm	144,291	香港苏富比	2022-10-08
舒同 行书题词 镜心	177cm×96cm	103,500	中贸圣佳	2022-10-27	宋文治 春风又绿江南岸 立轴	画68cm×45cm	138,000	中贸圣佳	2022-12-31
舒同 行书"鹤岸堂" 镜心	142cm×63.5cm	103,500	中国嘉德	2022-12-12	宋文治 1979年作 黄山晴岚 镜心	74cm×40.5cm	138,000	中国嘉德	2022-06-27
水竹村人 1923年作 翠玉鸣春 立轴	128cm×61cm	115,000	北京保利	2022-07-27	宋文治 江南清晓 立轴	88cm×48cm	132,436	中国嘉德	2022-10-07
司徒惠霞 丰年乐 镜心	138cm×69cm	1,814,400	开禧国际	2022-12-28	宋文治 1981年作 巫山新绿 镜片	35cm×48cm	126,500	广东崇正	2022-08-11
司徒惠霞 母亲 带框	69cm×69cm	470,400	开禧国际	2022-12-28	宋文治 1993年作 嘉陵云帆 镜心	45cm×53cm	115,000	中国嘉德	2022-05-30
司徒惠霞 苗寨汉子 镜心	69cm×69cm	436,800	开禧国际	2022-12-28	宋文治 江南春色 镜心	51cm×33cm	103,500	荣宝斋（南京）	2022-12-07
司徒惠霞 春风佳韵 镜心	138cm×69cm	392,000	开禧国际	2022-12-28					
司徒惠霞 T台风姿 镜心	69cm×138cm	358,400	开禧国际	2022-12-28	宋文治 渔村瑞雪图 立轴	72cm×48cm	103,500	朵云轩	2022-12-08
宋伯鲁 拟古山水 册页（八开）	30cm×33.5cm×8	184,000	中贸圣佳	2022-10-27	宋文治 1985年作 江南春 镜心	67cm×47cm	97,750	北京保利	2022-07-27
宋军 2021年冬月作 蕉阴宜人	136cm×68cm	350,000	保利厦门	2022-01-13					
宋军 2021年冬月作 冠上加冠	136cm×68cm	300,000	保利厦门	2022-01-13					
宋陵 1990年 无意义的选择？58号（一组六件）	89.5cm×68cm×6	1,035,000	中国嘉德	2022-06-28					
宋陵 1985年 人·管道4号	90cm×146.5cm	460,000	中国嘉德	2022-12-14					

(成交价RMB: 6万元以上)

拍品名称	物品尺寸	成交价RMB	拍卖公司	拍卖日期
宋文治 1988年作 春风又绿江南岸 镜心	36cm×44cm	92,000	北京保利	2022-02-03
宋文治 无限风光在险峰 立轴	69cm×45.5cm	92,000	保利厦门	2022-10-21
宋文治 嘉陵小景 立轴	60cm×35cm	92,000	荣宝斋(南京)	2022-12-07
宋文治 1980年作 黄山烟云 立轴	50cm×40.5cm	89,700	上海嘉禾	2022-11-20
宋文治 1985年作 太湖春晓 立轴	68cm×47cm	74,750	中国嘉德	2022-05-30
宋文治 江南三月 镜心	34.5cm×44.5cm	74,750	中国嘉德	2022-06-26
宋文治 1980年作 群岚叠嶂 立轴	69cm×42cm	74,750	江苏汇中	2022-08-16
宋文治 1983年作 峡江图 镜心	46cm×70cm	69,000	中国嘉德	2022-05-28
宋文治 桐江帆影 立轴	108cm×32.5cm	69,000	华艺国际	2022-09-23
宋文治 1973年作 峡江之晨 镜心	44.5cm×33.5cm	68,425	中国嘉德	2022-10-08
宋文治 1996年作 蜀江壮观 镜心	43cm×63cm	67,850	北京银座	2022-09-17
宋文治 1991年作 山居图 镜心	45cm×53cm	63,250	中国嘉德	2022-09-29
宋文治 百滩奔流 镜心	23.5cm×46cm	63,250	荣宝斋(南京)	2022-12-07
宋文治 1980年作 钟阜春晓 立轴	68.5cm×34cm	62,100	北京银座	2022-09-17
宋雨桂 1991年作 雪月 镜框	131cm×82.5cm	594,039	佳士得	2022-05-29
宋雨桂 2006年作 海天任遨游 镜心	48cm×257cm	402,500	北京保利	2022-07-27
宋雨桂 2002年作 芦滩归暮 镜心	192cm×98cm	345,000	北京保利	2022-07-27
宋雨桂 荷花 镜心	68.5cm×91.5cm	322,000	中国嘉德	2022-06-29
宋雨桂 1993年作 塞外三月 镜心	68cm×136cm	230,000	中贸圣佳	2022-12-31
宋雨桂 寿比南山 立轴	135cm×67cm	138,000	中国嘉德	2022-12-15
宋雨桂 2004年作 花卉 四屏镜片	136cm×36cm×4	63,250	上海嘉禾	2022-01-01
宋玉明 1997年作 香港 镜心	83cm×187cm	872,100	保利香港	2022-07-12
苏葆桢 1945年作 松鹤延年 镜片	107cm×57.5cm	71,300	广东崇正	2022-12-25
苏崇铭 2021年作 曲水云山 镜框	69.5cm×137cm	92,705	佳士得	2022-12-02
苏崇铭 2021年作 平湖晓色 镜框	96cm×87cm	64,804	佳士得	2022-05-29
苏珊 2022年作 秋染家山 镜心	70cm×183cm	1,820,000	北京中贝	2022-03-16
苏珊 2020年作 龙腾飞影 镜心	70cm×183cm	1,650,000	北京中贝	2022-03-16
苏士澍 道法自然	138cm×68cm	310,000	北京伍佰艺	2022-09-17
苏维贤 天歌 镜片	135cm×69.5cm	69,000	广东崇正	2022-12-25
苏志刚 清雅龙顺 镜片	300cm×50cm	69,800	北京中贝	2022-04-11
孙宝元 2022年作 南山飞龙披白月 镜心	68cm×136cm	189,000	北京中贝	2022-03-16
孙博文 1996年作 春湖归帆 扇面	36cm×94cm	402,500	中国嘉德	2022-05-29
孙博文 2000年作 云山孤棹 扇面	38cm×96cm	172,500	中国嘉德	2022-05-29
孙晨 2021年作 荷花	68cm×136cm	800,000	保利厦门	2022-01-13
孙晨 2021年作 山水	136cm×68cm	600,000	保利厦门	2022-01-13
孙川牧 金龙戏水(金虾) 画心		2,670,000	北京传世	2022-12-15
孙传芳 书法 镜片	143.5cm×39cm	69,000	广东崇正	2022-12-25
孙浩 2019年作 万水千山 镜心	280cm×800cm	8,280,000	中国嘉德	2022-06-29
孙浩 2022年作 紫气东来 镜框	180cm×124cm	579,411	佳士得	2022-12-02
孙浩 莫避春阴上马迟	132cm×97cm	460,000	中贸圣佳	2022-07-24
孙浩 柠月如风	125cm×97cm	460,000	中贸圣佳	2022-10-27
孙浩 2017年作 少年心气 镜心	123cm×47cm	230,000	北京保利	2022-07-27
孙浩 2021年作 大吉 镜框	129cm×90cm	140,409	佳士得	2022-05-29
孙宏涛 终南真境	200cm×100cm	182,000	北京乔禧	2022-12-25
孙宏涛 戈壁高原	198cm×97cm	165,000	北京乔禧	2022-12-25
孙宏涛 自然物语	39cm×65cm	66,000	北京乔禧	2022-12-25
孙菊生 三百一猫图 手卷	52cm×3499cm	198,655	中国嘉德	2022-10-07
孙科 行书"声应气求" 镜心	26cm×15cm	115,000	北京银座	2022-01-12
孙其峰 霍春阳1979年作 山花烂漫 镜心	171.5cm×307cm	506,000	开拍国际	2022-01-07
孙其峰 霍春阳 1979年作 山花烂漫 镜心	171cm×307cm	322,000	北京保利	2022-07-27
孙其峰 2002年作 白鹰 镜心	137.5cm×69cm	218,500	中鸿信	2022-09-11
孙其峰 红梅白鹰 镜心	77cm×47cm	195,500	北京荣宝	2022-07-24
孙其峰 1981年作 松鹤延年 立轴	68cm×45cm	184,000	北京荣宝	2022-07-24
孙其峰 1983年作 春意十分 镜心	96cm×67.5cm	172,500	北京荣宝	2022-07-24
孙其峰 花鸟 册页(八开)	34.5cm×44.5cm×8	172,500	荣宝斋(南京)	2022-12-07
孙其峰 1992年作 猿戏图 立轴	96.5cm×57cm	94,300	北京保利	2022-07-26
孙其峰 1998年作 英雄独立 立轴	68.5cm×68cm	92,000	北京银座	2022-09-17
孙其峰 鹰 镜心	79.5cm×49cm	92,000	永乐拍卖	2022-07-25
孙其峰 松鼠 立轴	68cm×52cm	86,250	北京荣宝	2022-07-24
孙其峰 群雀图 立轴	88.5cm×47cm	86,250	北京荣宝	2022-07-24
孙其峰 1994年作 小憩图 立轴	68cm×67cm	80,500	中贸圣佳	2022-12-31
孙其峰 2002年作 山鹰图 镜心	60cm×134cm	78,200	中鸿信	2022-09-11
孙其峰 麻雀 立轴	76cm×45cm	69,000	中国嘉德	2022-05-29
孙其峰 1987年作 洞庭木落·草书古人诗 成扇	18cm×48cm	63,250	北京荣宝	2022-07-24
孙清祥 清夏图 镜心	134cm×110cm	69,000	北京银座	2022-01-12
孙文 天下为公 镜框	127.3cm×62.8cm	3,888,259	香港苏富比	2022-04-30
孙文 楷书 镜框	61cm×129cm	1,207,500	朵云轩	2022-12-08
孙文 行书博爱 镜心	35cm×95cm	379,500	北京保利	2022-07-26
孙文 博爱 镜片	37cm×92.5cm	207,000	广东崇正	2022-08-11
孙文 行书"豪气" 镜心	22cm×37cm	74,750	中鸿信	2022-09-12
孙文 行书"博爱" 立轴	96.5cm×39.5cm	69,000	中鸿信	2022-09-12
孙文 楷书"仁" 立轴	17.5cm×20.5cm	69,000	保利厦门	2022-10-22
孙翔 2021年作 雪中芭蕾 镜心	68cm×136cm	88,000	北京中贝	2022-03-16
孙翔 2021年作 红衣罗汉 镜心	68cm×136cm	69,000	北京中贝	2022-03-16
孙小惠 2022年作 松风秀千峰 镜心	70cm×183cm	1,360,000	北京中贝	2022-03-16
孙晓云 1993年作 行书七言诗五首 手卷	书法 30.5cm×507cm	575,000	中贸圣佳	2022-07-23
孙晓云 先贤论书卷 手卷	33cm×527cm; 33cm×107cm	460,000	中贸圣佳	2022-10-27
孙晓云 1993年作 行书唐宋词 手卷	30cm×510cm	345,000	中贸圣佳	2022-07-23
孙晓云 书法 镜心	96cm×180cm	310,500	中贸圣佳	2022-07-10
孙晓云 2000年作 行书李清照词六首 手卷	33.5cm×270cm	287,500	上海嘉禾	2022-08-28
孙晓云 2004年作 行书录李清照词五首 手卷	24cm×225cm	264,500	中贸圣佳	2022-07-23
孙晓云 行书"观海听涛" 镜心	69cm×136cm	115,000	荣宝斋(南京)	2022-12-07
孙岩峰 四大美人图 画心	137cm×68cm×4	328,000	北京传世	2022-12-15
孙云生 1988年作 泼墨山水 镜框	85cm×243cm	299,244	罗芙奥	2022-12-03
孙云生 1960年作 巨然晴峰图 立轴	170cm×84cm	178,250	华艺国际	2022-09-23
孙云生 1986年作 风荷图 镜心	51.5cm×98cm	172,500	北京银座	2022-09-16
孙云生 1986年作 晚山凭眺 镜心	50cm×104cm	74,750	中国嘉德	2022-05-30
孙云生 1979年作 长护美人衣 镜心	92cm×174cm	63,250	中国嘉德	2022-05-29
孙征 黄山四千仞 三十二莲峰	138cm×68cm	2,280,000	北京伍佰艺	2022-09-17
孙征 大鹏展翅山云间	138cm×68cm	1,580,000	北京伍佰艺	2022-09-17
孙中山 博爱 镜心	35cm×73cm	92,000	永乐拍卖	2022-07-25
孙中山 楷书"辅车相依"	137.5cm×39cm	74,750	中国嘉德	2022-12-13
孙宗慰 1942年 赴庙会途中	106cm×62cm	345,000	中国嘉德	2022-06-28
孙宗慰 1942年作 蒙藏双人舞 镜心	102cm×63cm	138,000	开拍国际	2022-01-07

拍品名称	物品尺寸	成交价RMB	拍卖公司	拍卖日期
台静农 1973年作 行书敦敏赠曹雪芹诗 镜框	45.6cm×68.2cm	151,210	香港苏富比	2022-04-30
台静农 楷书七言联 镜框	100cm×16.5cm×2	149,622	罗芙奥	2022-12-03
台静农 1988年作 行书书法 镜框	33cm×39cm	141,336	罗芙奥	2022-06-04
台静农 寿而康 镜框	33.3cm×93.6cm	118,807	香港苏富比	2022-04-30
台静农 1987年作 隶书七言联 立轴	131cm×32cm×2	108,816	罗芙奥	2022-12-03
台静农 1979年作 梅花 镜心	13.5cm×53.5cm	78,200	北京银座	2022-01-12
台静农 墨梅 镜框	69cm×34.5cm	75,605	香港苏富比	2022-04-30
台静农 1973年作 录法书 册页	28cm×21cm×5	71,300	北京银座	2022-09-16
台静农 1984年作 行书康有为《论书诗》立轴	69.3cm×33.8cm	70,204	香港苏富比	2022-04-30
苔岑集册页 (二十二开选十二)	27cm×36cm×22	138,000	广东崇正	2022-12-25
太虚 行书《登鹳雀楼》立轴	134cm×63cm	207,000	中贸圣佳	2022-10-27
太虚 行书 镜片	22.5cm×12.5cm	112,700	广东崇正	2022-08-11
太虚 行书七言联 立轴	179cm×36cm×2	63,250	中国嘉德	2022-06-26
泰祥洲 2020年 天象·飘湶星流	90cm×60cm	322,000	中国嘉德	2022-06-28
泰祥洲 2017年作 天象·身隐云山	177cm×88cm	1,380,000	北京荣宝	2022-07-24
覃火德 天赐寿果 画心	138cm×68cm	156,000	北京传世	2022-12-15
覃连杰 仙桃贺寿 画心	138cm×68cm	426,000	北京传世	2022-12-15
谭建丞 1984年作 天际归帆 立轴	143cm×47cm	75,900	上海嘉禾	2022-01-01
谭延闿 行书临米芾书法四屏 镜片(四帧)	137cm×33cm×4	368,000	西泠印社	2022-01-23
谭延闿 行书七言 对联	151cm×38cm×2	138,000	朵云轩	2022-12-09
谭延闿 行书四屏 立轴	169.5cm×36cm×4	80,500	中国嘉德	2022-06-26
谭翼珪 陆俨少 1993年作 行书钱绚盒诗·富春江一角 成扇	18.5cm×50cm	97,750	中贸圣佳	2022-07-23
谭泽闿 楷书八言联 镜心	202.5cm×42.5cm×2	80,500	中国嘉德	2022-12-14
谭长德 2020年作 南山金秋烟树清	48.6cm×180cm	207,000	保利厦门	2022-10-22
谭正坤 春云 画心	140cm×70cm	388,000	北京传世	2022-12-15
汤思云 紫春 画心	183cm×97cm	890,000	北京传世	2022-12-15
汤哲明 2022年作 峨眉金顶 镜片	166.5cm×354cm	5,750,000	上海嘉禾	2022-11-20
汤哲明 2020年作 雪色烟岚 镜框	67cm×135.5cm	276,000	朵云轩	2022-12-08
汤哲明 2022年作 思秋图 镜片	43.5cm×105.5cm	172,500	上海嘉禾	2022-11-20
唐国富 锋 画心	69cm×69cm	990,000	北京传世	2022-12-15
唐国富 随缘 画心	69cm×69cm	498,000	北京传世	2022-12-15
唐国富 乾坤 画心	69cm×69cm	398,000	北京传世	2022-12-15
唐家伟 1997年作 天界 (No.311)	96.5cm×180cm	144,009	华艺国际	2022-05-29
唐家伟 抽象山水 镜框	66cm×38.5cm	81,005	佳士得	2022-05-29
唐庆年 毛驴四绝 画心	100cm×50cm×4	280,000	北京传世	2022-12-15
唐勇力 黎明前夜 镜心	248cm×153.5cm×3	1,035,000	北京银座	2022-01-12
唐云 苍鹰图 镜片	180cm×96cm	644,000	上海嘉禾	2022-11-20
唐云 一唱雄鸡天下白 镜心	110.5cm×58.5cm	414,000	北京银座	2022-01-12
唐云 陈佩秋 春风如意 镜片	65.5cm×126.5cm	350,750	上海嘉禾	2022-11-20
唐云 1985年作 荷塘清趣 镜心	95cm×178cm	345,000	北京荣宝	2022-07-24
唐云 1975年作 养鸡场一角 立轴	74cm×68cm	345,000	中国嘉德	2022-06-26
唐云 山间幽居图 镜片	105cm×50.5cm	333,500	西泠印社	2022-08-21
唐云 朱文侯 1957年作 松泉双虎 镜框	111cm×40cm	333,500	上海嘉禾	2022-11-20

拍品名称	物品尺寸	成交价RMB	拍卖公司	拍卖日期
唐云 1980年作 红梅八哥 立轴	96cm×56.5cm	322,000	上海嘉禾	2022-11-20
唐云 竹雀图 立轴	148cm×79cm	299,000	中贸圣佳	2022-10-27
唐云 1949年作 沙鸟老松图 立轴	124cm×44cm	287,500	上海嘉禾	2022-11-20
唐云 1939年作 仿石涛山水 册页	画心 29cm×29.5cm×6	287,500	上海嘉禾	2022-11-20
唐云 1936年作 夏蝉鸣禽图 立轴	132cm×34cm	253,000	西泠印社	2022-01-22
唐云 1940年作 寿星 立轴	93cm×24cm	230,000	保利厦门	2022-10-22
唐云 仿石涛册页	29cm×30cm×12	207,000	永乐拍卖	2022-07-25
唐云 1976年作 荷花游鱼 立轴	109cm×54cm	207,000	广东崇正	2022-08-11
唐云 1977年作 花鸟小品 册页(十开)	24cm×36cm×10	207,000	上海嘉禾	2022-11-20
唐云 1962年作 栖枝禽趣图 立轴	52cm×38cm	184,000	西泠印社	2022-08-21
唐云 祓除不祥 立轴	136.5cm×67.5cm	172,500	上海嘉禾	2022-11-20
唐云 面壁图 镜心	86cm×58cm	161,000	北京银座	2022-09-17
唐云 1939年作 午瑞图 屏轴	133.5cm×33cm	161,000	朵云轩	2022-12-08
唐云 汪大铁 合绘双蕙堂图卷 手卷	镜心 17.5cm×269cm	149,500	中鸿信	2022-09-11
唐云 马一浮 柳蝉·草书索靖《草书状》成扇	18cm×48cm	149,500	中贸圣佳	2022-10-27
唐云 1989年作 荔枝松鼠 镜片	99.5cm×50cm	149,500	上海嘉禾	2022-11-20
唐云 岁寒清韵图 立轴	72.5cm×26.5cm	149,500	上海嘉禾	2022-11-20
唐云 1944年作 钟进士 立轴	画33cm×21cm	149,500	中国嘉德	2022-12-13
唐云 白蕉 姚虞琴 来楚生 等 1949年作 花果图 镜片	93.5cm×57cm	138,000	西泠印社	2022-01-23
唐云 猴 立轴	79cm×37cm	126,500	北京荣宝	2022-07-24
唐云 1986年作 祓除不祥 立轴	68cm×46cm	126,500	广东崇正	2022-12-25
唐云 1938年作 水村烟树图 立轴	122.3cm×32.5cm	115,882	佳士得	2022-12-02
唐云 1973年作 大吉图 镜心	71cm×53cm	115,000	北京银座	2022-01-12
唐云 1974年作 山居图 镜心	34cm×22cm	115,000	北京银座	2022-09-17
唐云 1986年作 芦砚草堂 镜框	33cm×87.5cm	109,250	上海嘉禾	2022-01-01
唐云 赖少其 1989年作 青松 立轴	88cm×46cm	109,250	中国嘉德	2022-06-26
唐云 蟋蟀 镜心	12cm×8cm	109,250	中国嘉德	2022-06-27
唐云 枇杷斑鸠 立轴	132cm×68cm	107,825	浙江佳宝	2022-03-13
唐云 1982年作 松鹰图 镜片	98.5cm×47.5cm	105,800	朵云轩	2022-12-08
唐云 1979年作 荷花游鱼 镜片	110cm×54cm	103,500	上海嘉禾	2022-01-01
唐云 1962年作 红荷翠鸟 立轴	102cm×40cm	103,500	中鸿信	2022-09-11
唐云 鹭鸶 立轴	88cm×47cm	101,500	北京保利	2022-07-26
唐云 1976年作 荷花游鱼 立轴	90cm×48cm	97,750	北京保利	2022-07-27
唐云 1987年作 夏日荷香 镜片	101cm×49cm	97,750	朵云轩	2022-12-08
唐云 1945年作 钟馗·印蜕 成扇	18cm×49cm	89,700	上海嘉禾	2022-11-20
唐云 1977年作 钟馗立 立轴	104cm×50cm	86,250	中鸿信	2022-09-11
唐云 湖山览胜图 镜心	26cm×128cm	86,250	中鸿信	2022-09-11
唐云 谢稚柳 程十发 杂画册 镜心(八开)	43cm×67cm×8	86,250	中国嘉德	2022-06-26
唐云 1981年作 蝶恋花 镜片	98cm×44.5cm	86,250	朵云轩	2022-12-08
唐云 1986年作 得鱼图 立轴	95cm×60cm	80,500	广东崇正	2022-08-11
唐云 1982年作 樱桃雏鸡 镜片	68cm×44cm	80,500	上海嘉禾	2022-11-20
唐云 1941年作 画眉声里听春雨 立轴	106.8cm×46.8cm	74,750	北京诚轩	2022-08-08
唐云 1987年作 兰言竹笑 镜片	30cm×84.5cm	74,750	朵云轩	2022-12-08
唐云 沈尹默 溪山雨霁·行书词一曲 成扇	18cm×50cm	71,300	中贸圣佳	2022-10-27
唐云 1949年作 幽栖图 镜心	80cm×27cm	69,000	开拍国际	2022-01-07
唐云 陈佩秋 谢稚柳 1971年作 菊石芭蕉 立轴	131cm×47cm	69,000	上海嘉禾	2022-01-01

2022书画拍卖成交汇总(续表)

(成交价RMB：6万元以上)

拍品名称	物品尺寸	成交价RMB	拍卖公司	拍卖日期
唐云 一片天机 镜心	64cm×36.5cm	69,000	中国嘉德	2022-06-27
唐云 徐生翁 闲居论道·行书论句 成扇	20cm×55cm	69,000	中国嘉德	2022-12-13
唐云 邓散木 1946年作 鸣蝉 行书七言诗 成扇	18.5cm×51cm	69,000	中国嘉德	2022-12-13
唐云 1975年作 菡萏游鱼 镜片	30cm×84cm	66,700	朵云轩	2022-12-08
唐云 1983年作 春花小鸟 立轴	86.5cm×47cm	66,218	中国嘉德	2022-10-07
唐云 行书十二言联 立轴	246cm×30cm×2	64,400	荣宝斋(南京)	2022-12-07
唐云 竹雀图 镜片	137cm×56cm	63,250	江苏汇中	2022-08-17
唐云 红梅报春 镜片	73.5cm×27.5cm	63,250	上海嘉禾	2022-11-20
唐云 等1944年作 双清图 扇轴双挖	18cm×50cm×2	63,250	朵云轩	2022-12-09
唐云 1976年作 荷塘清趣 立轴	69.5cm×57.5cm	63,250	广东崇正	2022-12-25
陶冷月 月下探梅 立轴	105cm×33cm	724,500	中贸圣佳	2022-10-27
陶冷月 郭兰馨 韩天衡 红梅 绿梅 坤扇 书法（对扇四把）成扇	13.5cm×41cm×2; 19cm×51cm×2	517,500	中贸圣佳	2022-10-27
陶冷月 风外泉声 立轴	101cm×33.5cm	402,500	开拍国际	2022-01-07
陶冷月 松月高节 镜框	45cm×30.5cm	345,000	中贸圣佳	2022-10-27
陶冷月 松下吟月 立轴	62cm×33cm	322,000	中贸圣佳	2022-12-31
陶冷月 庞国钧 良宵鼓浪·楷书元遗山句 成扇	18cm×50cm	310,500	中贸圣佳	2022-10-27
陶冷月 四景山水（四幅）镜片	32.5cm×22.5cm×4	299,000	朵云轩	2022-12-08
陶冷月 钱君匋 1972年作 洞庭秋月·草书七言诗 成扇	18cm×51cm×2	287,500	北京银座	2022-09-17
陶冷月 楼前茫茫天地阔 立轴	72cm×36cm	287,500	中国嘉德	2022-06-26
陶冷月 冰清玉洁 立轴	128cm×25cm	241,500	中贸圣佳	2022-10-27
陶冷月 龙山第一峰 镜心	123cm×59.5cm	207,000	北京银座	2022-01-12
陶冷月 沈尹默 源远流长·行书节录《山谷集》成扇	18.5cm×50cm	172,500	中贸圣佳	2022-12-31
陶冷月 太白诗意 镜心	27cm×67cm	132,436	中国嘉德	2022-10-07
陶冷月 为陆澹安作山居观瀑图 立轴	85.5cm×27.5cm	126,500	西泠印社	2022-01-23
陶冷月 孤峰溪林 立轴	138cm×39cm	126,500	中贸圣佳	2022-10-27
陶冷月 云山瀑布 镜心	83cm×41cm	103,500	中贸圣佳	2022-07-23
陶冷月 眉寿图 立轴	61cm×24cm	103,500	中贸圣佳	2022-10-27
陶冷月 蕉叶图·墨梅图 成扇	18.5cm×50cm	97,750	西泠印社	2022-01-23
陶冷月 墨梅 镜框	79cm×39cm	94,300	上海嘉禾	2022-01-01
陶冷月 百龄图 镜心	68cm×27.5cm	86,250	朵云轩	2022-12-09
陶冷月 革命洪流 镜心	15.5cm×53cm	69,000	中贸圣佳	2022-10-27
陶冷月 1936年作 绿梅图 立轴	113.5cm×23cm	63,250	中贸圣佳	2022-12-31
陶冷月 山水页 册页（十二开）	11cm×16cm×12	63,250	中鸿信	2022-09-11
陶冷月 白梅 镜框	22cm×26cm	63,250	中贸圣佳	2022-10-27
陶六一 2022年作 家山云起	136cm×68cm	82,000	北京伍佰艺	2022-09-17
陶雪华 滕王阁序 镜片	34cm×68mcm×4	147,200	保利厦门	2022-10-22
陶一清 1977年作 百舸争流 镜心	90cm×169.5cm	126,500	中贸圣佳	2022-07-23
陶一清 幽居深谷 立轴	138cm×68cm	115,000	北京荣宝	2022-07-24
陶一清 黄山雨雾 立轴	138.3cm×68.7cm	61,046	香港苏富比	2022-10-08
陶樱 2020年作 万事如意 镜片	68cm×15cm×2	89,700	西泠印社	2022-01-22
滕传辉 千山层峦 镜心	70cm×180cm	925,000	北京中贝	2022-03-16
滕同军 锦绣前程 画心	130cm×98cm	196,000	北京传世	2022-12-15
滕振博 2020年作 北京胡同 镜心	直径33cm	1,460,000	北京中贝	2022-03-16
田汉 1964年作 篆书"百花齐放 推陈出新" 立轴	84.5cm×33cm	63,250	中鸿信	2022-09-12
田黎明 大都市 镜框	135cm×69cm	2,300,000	北京荣宝	2022-07-24

拍品名称	物品尺寸	成交价RMB	拍卖公司	拍卖日期
田黎明 村姑 镜心	140cm×68cm	460,000	北京荣宝	2022-07-24
田黎明 清风 立轴	137cm×69.5cm	460,000	北京荣宝	2022-07-24
田黎明 静静的河 镜心	137.5cm×68.5cm	402,500	北京荣宝	2022-07-24
田黎明 清风徐来 镜心	48.5cm×70cm	138,000	北京荣宝	2022-07-24
田黎明 大吉图 镜心	35.5cm×46.5cm	138,000	北京保利	2022-07-27
田世光 1948年作 国色珍禽 立轴	100cm×50cm	1,897,500	开拍国际	2022-07-24
田世光 1948年作 岁朝清供 立轴	126cm×67cm	1,288,000	开拍国际	2022-01-07
田世光 白猿图 立轴	132cm×67cm	632,500	北京银座	2022-01-12
田世光 拟宋人笔意 立轴	100cm×33.5cm	425,500	保利厦门	2022-10-22
田世光 1982年作 白猿 镜片	136cm×68cm	322,000	上海嘉禾	2022-08-28
田世光 双鹭 立轴	68cm×68cm	287,500	中国嘉德	2022-12-12
田世光 1987年作 猿啼幽谷枝头上 立轴	132cm×62cm	207,000	北京荣宝	2022-07-24
田世光 白猿 镜心	67.5cm×68.5cm	207,000	北京荣宝	2022-07-24
田世光 竹林四喜图 立轴	132.3cm×63.5cm	194,412	佳士得	2022-05-29
田世光 1946年作 茶花绶带 镜心	105cm×34cm	184,000	中国嘉德	2022-09-27
田世光 竹报平安 镜框	54cm×30cm	166,490	香港苏富比	2022-10-08
田世光 1945年作 花卉小鸟（四幅）镜框	65.3cm×20.8cm×4	162,235	佳士得	2022-12-02
田世光 登枝 镜心	45cm×51cm	149,500	北京荣宝	2022-07-24
田世光 1942年作 凌霄蜜蜂 镜心	96cm×32.4cm	149,500	北京诚轩	2022-08-08
田世光 1946年作 红叶双禽 立轴	65.5cm×64cm	138,000	华艺国际	2022-09-23
田世光 1946年作 山茶幽禽图 立轴	100cm×29.5cm	92,000	上海嘉禾	2022-01-01
田世光 1957年作 幽禽图 镜心	96cm×60cm	92,000	保利厦门	2022-10-22
田世光 1944年作 绿竹生春 立轴	36cm×30cm	74,750	中国嘉德	2022-09-27
田世光 1983年作 迎春 立轴	85cm×53cm	69,000	中国嘉德	2022-05-31
田世光 田聪 小园山雀·杜甫《房兵曹胡马诗》成扇	18.7cm×50cm	69,000	北京诚轩	2022-08-08
田世光 洪怡 溥忻 等 牡丹锦鸡 立轴	124cm×49cm	63,250	中国嘉德	2022-05-30
田世光 春禽栖息 镜框	65.5cm×43cm	63,250	上海嘉禾	2022-01-01
田祥 画册（十二幅）镜心	25.5cm×26cm×12	184,000	浙江御承	2022-08-28
田耀平 云水相依天地间 画心	322cm×142cm	498,000	北京传世	2022-12-15
田志刚 鹰 镜心	68cm×46cm	1,150,000	荣宝斋(南京)	2022-12-07
仝天庆 2018年作 礼佛图 镜片两幅	180cm×97cm×2	86,405	佳士得	2022-05-29
佟铸 鲲鹏展翅	127cm×33cm	153,234	香港贞观	2022-06-18
佟铸 春晓	67cm×44cm	127,695	香港贞观	2022-06-18
童中焘 2003年作 黄河刘家峡 镜心	41.5cm×82cm	345,000	中国嘉德	2022-06-29
童谆辉 金山雄风 镜片	136cm×68cm	1,560,000	北京中贝	2022-04-11
童谆辉 银山秋韵 镜片	136cm×68cm	1,530,000	北京中贝	2022-04-11
童谆辉 家山烟云 镜片	136cm×68cm	1,180,000	北京中贝	2022-04-11
童谆辉 家山春韵 镜片	136cm×68cm	980,000	北京中贝	2022-04-11
屠鸿辉 《游观》之一 镜心	34cm×134cm	115,000	北京荣宝	2022-07-24
妥木斯 1958年作 润之在农村 镜片	47cm×80cm	517,500	西泠印社	2022-01-22
万钧 云漫家山 镜心	170cm×70cm	92,000	北京保利	2022-07-27
汪采白 1936年作 逸笔真趣八帧 镜心（四屏八帧）	20.5cm×32.4cm×8	115,000	北京诚轩	2022-08-08
汪采白 听泉图 镜片	100cm×33cm	97,750	泰和嘉成	2022-07-30
汪曾祺 水仙	34cm×34cm	86,250	中国嘉德	2022-06-27
汪曾祺 一年容易又秋风	3.5cm×34cm	86,250	中国嘉德	2022-12-13
汪家芳 2006年作 秋高无尽 镜框	183cm×82cm	126,500	朵云轩	2022-12-08
汪精卫 书法对联	136cm×34cm×2	551,820	荣宝斋(香港)	2022-11-26

拍品名称	物品尺寸	成交价RMB	拍卖公司	拍卖日期	拍品名称	物品尺寸	成交价RMB	拍卖公司	拍卖日期
汪洛年 1915年作 梦游峨眉图 手卷	画心 33cm×310cm	218,500	中贸圣佳	2022-12-31	王福厂 1946年作 隶书宋元四家诗 立轴四屏	144.3cm×38.6cm×4	199,788	香港苏富比	2022-10-08
汪洛年 拟古山水 册页（十二开）	23cm×29cm×12	149,500	中贸圣佳	2022-10-27	王福厂 1940年作 篆书"美意延年"镜框	31cm×104cm	149,500	上海嘉禾	2022-11-20
汪铭录 紫气兆祥	204cm×62cm	1,880,000	北京乔禧	2022-12-25	王福厂 1947年作 隶书十六言联 镜框	78cm×10cm×2	138,000	朵云轩	2022-12-08
汪铭录 行书《沁园春·雪》	302cm×53cm	180,000	北京乔禧	2022-12-25	王福厂 马公愚 袁希濂 贺健 1939年作 四体书屏 立轴	131cm×33cm×4	115,000	中国嘉德	2022-06-26
汪溶 园中雅趣 镜心	95cm×33cm	115,000	北京荣宝	2022-07-24	王福厂 1944年作 篆书七言联 立轴	130.5cm×20.5cm ×2	103,500	中国嘉德	2022-06-27
汪慎生 李盛铎 1927年作 闲舟安坐任晚潮·王士禛诗 成扇	23cm×66.5cm	82,800	北京诚轩	2022-08-08	王福厂 1948年作 书法 立轴	130cm×66cm	97,750	永乐拍卖	2022-07-25
汪亚尘 1946年作 百余图（十二幅）镜框	30cm×40cm×12	287,500	朵云轩	2022-12-08	王福厂 1931年作 篆书七言联 对联	138.5cm×32cm ×2	92,000	朵云轩	2022-12-08
汪亚尘 1972年作 鱼乐黄鹂 镜片	135cm×67cm	80,500	广东崇正	2022-08-11	王福厂 1951年作 篆书 镜片	27cm×66cm	92,000	广东崇正	2022-12-25
汪兆铭 1942年作 行书 立轴	129cm×58cm	207,000	朵云轩	2022-12-09	王福厂 1971年作 隶书七言联 镜心	98cm×22cm×2	80,500	中贸圣佳	2022-07-23
汪兆铭 犬养毅 翰墨集锦 成扇 镜心		86,083	中国嘉德	2022-10-07	王福厂 1946年作 篆书七言联 立轴	134cm×21cm×2	80,500	中贸圣佳	2023-01-01
王保强 中华有神龙 镜片	230cm×160cm	403,200	开禧国际	2022-12-28	王福厂 隶书八言联 立轴	132cm×21cm×2	80,500	中贸圣佳	2022-12-31
王保强 惠风祥吉（四条屏）画心	138cm×34cm×4	280,000	北京传世	2022-12-15	王福厂 933年作 篆书十言联 立轴	159cm×26.2cm ×2	79,350	北京诚轩	2022-08-08
王伯敏 2005年作 燕山落墨 册页（共十一页）	34.5cm×34.5cm ×11	126,500	西泠印社	2022-08-21	王福厂 1948年作 隶书集宋人句联 立轴	125cm×29cm×2	75,605	香港苏富比	2022-04-30
王昌和 2022年作 秋水无生 镜心	68cm×136cm	621,000	北京中贝	2022-03-16	王福厂 篆书十言联	175cm×26cm×2	69,000	中国嘉德	2022-12-13
王昌和 2022年作 寒林晚秋 镜心	68cm×68cm	347,000	北京中贝	2022-03-16	王福厂 篆书八言联 立轴	121cm×21cm×2	69,000	中贸圣佳	2023-01-01
王成喜 1991年作 铁骨生春 镜心	124cm×243cm	379,500	北京银座	2022-01-12	王福厂 1948年作 隶书七言联 立轴	127cm×21cm×2	69,000	广东崇正	2022-12-25
王成喜 1987年作 傲雪迎春 镜心	145cm×362cm	322,000	北京荣宝	2022-07-24	王福厂 1951年作 隶书五言联 镜片	84cm×20.5cm ×2	66,700	广东崇正	2022-12-25
王成喜 1991年作 不尽生机 镜心	94cm×176.5cm	264,500	北京银座	2022-09-17					
王成喜 1982年作 独俏一枝春 立轴	136cm×67.5cm	184,000	北京银座	2022-09-17	王福厂 陶沫 1944年作 篆书·桃园溪行 成扇	18.5cm×48cm	63,250	开拍国际	2022-01-07
王成喜 1993年作 红梅报春 镜心	68cm×137cm	161,000	中国嘉德	2022-05-07	王福厂 隶书朱柏庐先生《治家格言》（一幅）	63cm×190cm	207,000	中鸿信	2022-09-12
王成喜 1983年作 春 镜心	132.5cm×65cm	138,000	北京银座	2022-09-17	王个簃 1938年作 贵寿无极 立轴	140.5cm×68cm	149,500	上海嘉禾	2022-11-20
王成喜 1985年作 春归天地 立轴	98.5cm×68.5cm	126,500	北京银座	2022-09-17	王个簃 1933年作 三秋图 立轴	125cm×59cm	69,000	北京银座	2022-01-12
王成喜 1993年作 红梅傲寒 镜心	137cm×68cm	103,500	中国嘉德	2022-05-28	王关兴 巴山秋韵 画心	97cm×180cm	230,000	北京传世	2022-12-15
王成喜 傲雪红梅 镜心	137.5cm×68cm	81,396	保利香港	2022-10-12	王冠军 2010年作 往事如烟 镜框	64cm×60cm	184,000	北京荣宝	2022-07-24
王川 2013年作 2013A–No.5	92.4cm×96.5cm	126,500	华艺国际	2022-09-23	王国维 书柯劭忞《留别伯羲祭酒》立轴	86cm×34cm	3,450,000	西泠印社	2022-01-23
王传峰 2007年作 鱼	258cm×81cm	546,480	罗芙奥	2022-12-04	王国维 为谢国桢书柯劭忞七绝二首 立轴	63.5cm×32cm	2,645,000	西泠印社	2022-08-20
王传利 书法	180cm×68cm	210,000	北京乔禧	2022-12-25					
王传利 书法	136cm×34cm	210,000	北京乔禧	2022-12-25	王国维 1926年作 耶律楚材《西域河中十咏》扇片	20cm×54cm	598,000	朵云轩	2022-12-09
王春之 2021年作 前贤诗钞 镜心	32cm×640cm	480,000	北京中贝	2022-03-16	王国维 行书自作词五首 镜心	15cm×51cm	218,500	开拍国际	2022-01-07
王聪 2022年作 祥瑞云山 镜心	137.5cm×68.5cm	552,000	北京荣宝	2022-07-24	王国维 行书致田叔诗句 立轴	76cm×48cm	69,000	中鸿信	2022-09-12
王丛林 海纳百川 画心	138cm×68cm	1,550,000	北京传世	2022-12-15	王弘力 2004年、2009年作 唐宋八大家造像集及书法 画心	99cm×49cm×16	402,500	西泠印社	2022-01-22
王丹 海纳百川，有容乃大，壁立千仞，无欲则刚	70cm×137cm	493,754	香港贞观	2022-06-18	王鸿强 2021年作 江山如画 镜心	60cm×180cm	624,000	北京中贝	2022-03-16
王丹 天地乘龙卧，关山跃马过	137cm×70cm	476,728	香港贞观	2022-06-18	王鸿强 2021年作 山水清音之二 镜心	48cm×180cm	525,000	北京中贝	2022-03-16
王德硕 石颂 镜片	260cm×68cm	920,000	北京中贝	2022-01-14	王鸿强 2021年作 鸿运当头 镜心	68cm×136cm	496,000	北京中贝	2022-03-16
王德硕 梅兰竹菊 镜片	136cm×33cm×4	402,500	北京中贝	2022-01-14	王鸿强 2021年作 山水清音之一 镜心	48cm×180cm	488,000	北京中贝	2022-03-16
王德硕 天赐洪福 镜片	136cm×68cm	310,500	北京中贝	2022-01-14	王鸿强 2021年作 江山如画 镜心	68cm×136cm	458,000	北京中贝	2022-03-16
王德硕 中堂鳜鱼 镜片	136cm×68cm	207,000	北京中贝	2022-01-14	王鸿强 2022年作 黄山烟云 镜心	68cm×136cm	423,000	北京中贝	2022-03-16
王德硕 踏雪寻梅 镜片	260cm×68cm	172,500	北京中贝	2022-01-14	王鸿强 2021年作《沁园春》书法 镜心	70cm×282cm	355,000	北京中贝	2022-03-16
王德硕 舍得·吉祥·如意·无忧 镜片	90cm×50cm×4	172,500	北京中贝	2022-01-14	王鸿强 2021年作 事事如意 镜心	68cm×136cm	267,000	北京中贝	2022-03-16
王定奎 春和景明 画心	180cm×70cm	1,780,000	北京传世	2022-12-15	王鸿强 2021年作 清韵 镜心	60cm×180cm	249,000	北京中贝	2022-03-16
王定奎 2022年作 溪山泉涌 镜心	68cm×136cm	136,000	北京中贝	2022-03-16					
王东华 清风竹影 画心	68cm×68cm	780,000	北京传世	2022-12-15					
王发荣 2017年作 云锁峡江山更美 镜心	75cm×180cm	207,000	荣宝斋（南京）	2022-12-07					
王凤云 秋塘溢醉 画心	135cm×210cm	200,000	北京传世	2022-12-15					
王福厂 1935年作 篆书七言 对联	143cm×25cm×2	575,000	朵云轩	2022-12-08					
王福厂 篆隶四屏（四幅）屏轴	144cm×39cm×4	287,500	朵云轩	2022-12-09					
王福厂 篆书四屏 镜心	64cm×32cm×4	241,500	永乐拍卖	2022-07-25					

2022书画拍卖成交汇总(续表)

(成交价RMB: 6万元以上)

拍品名称	物品尺寸	成交价RMB	拍卖公司	拍卖日期
王鸿强 2021年作《沁园春·长沙》书法 镜心	70cm×180cm	220,000	北京中贝	2022-03-16
王鸿强 2021年作《陋室铭》书法 镜心	68cm×136cm	160,000	北京中贝	2022-03-16
王璜生 2018年作 游象·181008	69cm×70cm	80,500	广东崇正	2022-08-10
王挥春 山野秋韵图 镜心	246cm×123	6,800,000	北京中贝	2022-03-16
王挥春 威震山岳	68cm×68cm	105,000	北京伍佰艺	2022-09-17
王吉习 双王子 画心	180cm×90cm	760,000	北京传世	2022-12-15
王己千 1968年作 雪色峻岭 立轴	61.5cm×97cm	88,795	香港苏富比	2022-10-08
王季迁 春山云霭 镜心	101cm×72cm	155,250	中国嘉德	2022-06-27
王季迁 1974年作 秋山晚照	43cm×67cm	69,000	中国嘉德	2022-06-28
王建华 仙鹤图 画心	100cm×50cm×4	580,000	北京传世	2022-12-15
王建平 44075 回眸·听风	134cm×45cm	225,400	保利厦门	2022-10-22
王建伟 思农 龙门印象(四篇《心经》组合) 画心	130cm×40cm	718,000	北京传世	2022-12-15
王建伟 思农 心经 画心	100cm×40cm	650,000	北京传世	2022-12-15
王建伟 思农 古琴谱造像(两篇《心经》组合) 画心	80cm×45cm	525,000	北京传世	2022-12-15
王劼音 2013年作 无题	274cm×69cm	89,700	朵云轩	2022-12-08
王景召 佛 画心	136cm×68cm	860,000	北京传世	2022-12-15
王景召 福 画心	136cm×68cm	680,000	北京传世	2022-12-15
王君 2021年作 花开秋艳	136cm×68cm	160,000	北京伍佰艺	2022-10-28
王俊杰 2019年作 水洗山峦 镜心	48cm×90cm	9,800,000	北京中贝	2022-03-16
王俊杰 2021年作 松云观瀑 镜心	88cm×69	9,565,000	北京中贝	2022-03-16
王俊杰 1997年作 牵牛花 镜心	56cm×70cm	5,670,000	北京中贝	2022-03-16
王俊杰 2017年作 古诗书法 镜心	48cm×113cm	2,130,000	北京中贝	2022-03-16
王克文 江南春晓娱情怀 镜片	450cm×46cm	8,600,000	北京中贝	2022-06-09
王克文 春夏秋冬四条屏 镜片	34cm×138cm×4	4,800,000	北京中贝	2022-06-09
王克文 秋后风光雨后山 镜片	136cm×68cm	3,200,000	北京中贝	2022-06-09
王克文 春风又绿江南岸 镜片	136cm×68cm	2,800,000	北京中贝	2022-06-09
王克文 幽壑村居留情意 镜片	68cm×6cm	1,660,000	北京中贝	2022-06-09
王来文 纵横四海 镜心	39.5cm×54.5cm	80,500	荣宝斋(南京)	2022-12-07
王兰若 1986年作 归牧图 立轴	136cm×68cm	103,500	华艺国际	2022-09-24
王兰若 九如图 立轴	134cm×66cm	92,000	华艺国际	2022-09-24
王兰若 1974年作 曹雪芹像 镜心	87cm×66cm	74,750	华艺国际	2022-09-24
王兰若 1976年作 梅兰竹菊 镜片	96cm×35cm×4	74,750	广东崇正	2022-12-25
王利军 虎子 镜片	68cm×68cm	805,000	北京中贝	2022-01-14
王连廉秀 巨龙竹画——兴旺发达 画心	180cm×70cm	450,000	北京传世	2022-12-15
王连廉秀 巨龙竹画——晨阳 画心	130cm×63cm	360,000	北京传世	2022-12-15
王连启 2021年作 山光水色云影动 镜心	69cm×180cm	520,000	北京中贝	2022-03-16
王琳 星火点微尘	172cm×104cm	115,000	中贸圣佳	2022-07-24
王凌云 2021年作 论道深山时 镜心	68cm×136cm	289,000	北京中贝	2022-03-16
王凌云 2021年作 锦绣河山 镜心	68cm×125cm	268,000	北京中贝	2022-03-16
王鲁湘 行书顾炎武文 镜心	48cm×179.5cm	92,000	中国嘉德	2022-06-29
王梦白 1929年作 桃花流水鳜鱼肥 立轴	113cm×39cm	82,800	上海驰翰	2022-02-19
王梦白画 姚华题 枯树图 立轴	101.5cm×25cm	178,250	中贸圣佳	2022-12-31
王明明 2003年作 金色池塘 镜心	96cm×180cm	1,782,500	北京荣宝	2022-07-24
王明明 2004年作 七贤雅集图 镜心	97cm×178cm	1,207,500	北京荣宝	2022-07-24
王明明 1994年作 芦汀闲逸图 镜心	68cm×137.5cm	632,500	中国嘉德	2022-06-26
王明明 高原晨曦 镜心	68cm×137.5cm	575,000	北京荣宝	2022-07-24
王明明 2004年作 春晴闲逸图 镜心	68cm×136cm	552,000	北京荣宝	2022-07-24
王明明 1999年作 林泉兴会图 镜心	69cm×138cm	483,000	北京荣宝	2022-07-24
王明明 绿荫满塘 镜片	67cm×67.5cm	322,000	西泠印社	2022-01-22
王明明 2000年作 天涯芳草绿 镜心	67.5cm×68cm	287,500	北京银座	2022-01-12
王明明 1991年作 连年有余 镜心	96.5cm×180cm	220,728	中国嘉德	2022-10-07
王明明 溪山清远图·行书七言联 镜框	画68cm×68cm	218,500	北京荣宝	2022-07-24
王明明 2005年作 金秋赏菊图 镜心	画63cm×106cm	207,000	中国嘉德	2022-06-29
王明明 1983年作 秋趣图 立轴	134cm×65cm	172,500	北京荣宝	2022-07-24
王明明 1983年作 松下小憩图 镜心	67cm×120cm	149,500	北京荣宝	2022-07-24
王明明 1985年作 聚饮图 镜心	136.5cm×68cm	149,500	中国嘉德	2022-06-29
王明明 1988年作 苗乡三月 镜心	68cm×68cm	138,000	北京荣宝	2022-07-24
王明明 1994年作 白居易诗意 镜心	68cm×136cm	138,000	北京荣宝	2022-07-24
王明明 杜甫诗意图 镜心	67cm×68cm	126,500	中鸿信	2022-09-11
王明明 1983年作 曹雪芹像 立轴	132cm×66.5cm	115,000	北京保利	2022-07-27
王明明 1988年作 达摩面壁 镜心	93cm×177cm	110,364	中国嘉德	2022-10-07
王明明 杨延文 等2004年作 翰墨集萃 册页	37.5cm×54cm×9	103,500	北京保利	2022-07-27
王明明 1990年作 青山如故人 镜心	68cm×68.5cm	103,500	中国嘉德	2022-12-15
王明明 1985年作 观荷图 镜心	125cm×63cm	92,000	中国嘉德	2022-05-29
王明明 1991年作 万壑松风图 镜心	68cm×85.5cm	92,000	中国嘉德	2022-12-15
王明明 1990年作 荷塘清暑 镜心	67cm×68cm	90,498	中国嘉德	2022-10-07
王明明 岁寒然后知松柏 立轴	96cm×50cm	82,800	北京保利	2022-07-27
王明明 妇女孩童 镜片	68cm×68cm	72,450	上海驰翰	2022-02-19
王明明 1986年作 牧归图 镜心	67cm×44.5cm	69,000	开拍国际	2022-01-07
王明明 1999年作 芦汀清梦图 镜心	44cm×61cm	69,000	北京保利	2022-07-27
王明明 曹无 袁武 放鹤图 镜心	97cm×180cm	69,000	北京保利	2022-07-27
王明明 1987年作 唐人王维诗意图 镜心	67cm×68cm	69,000	北京保利	2022-07-27
王明明 渔家女 镜心	67cm×67cm	68,425	中国嘉德	2022-10-07
王明明 1991年作 万壑松风 镜心	67.5cm×85cm	66,690	保利香港	2022-07-12
王明明 1985年作 东坡先生饮酒图 立轴	82.5cm×73cm	66,690	保利香港	2022-07-12
王明明 1987年作 暮归图 立轴	68.5cm×68cm	63,250	北京保利	2022-07-27
王明明 1981年作 摘尽枇杷一树金 镜片	67cm×68cm	62,100	上海驰翰	2022-02-19
王明明 1986年作 牧归图 立轴	66cm×65cm	61,560	保利香港	2022-07-12
王牟云驰 2022年作 文殊菩萨	38cm×48cm	115,000 RMB	保利厦门	2022-10-22
王启江 2020年作 敦煌伎乐天	108cm×64cm	360,000	北京伍佰艺	2022-09-17
王启江 2020年作 敦煌五十七窟观世音菩萨	116cm×48cm	290,000	北京伍佰艺	2022-09-17
王青芳 1954年作 陶然亭春色图 手卷	27.3cm×296.7cm	140,409	香港苏富比	2022-04-30
王清州 2020年作 风始之地 镜框	69cm×69cm	333,500	北京荣宝	2022-07-24
王秋人 梵谷系列	71cm×207cm	212,750	中贸圣佳	2022-10-27
王蘧常 1973年作 章草民歌三首 立轴	147.5cm×67.5cm	598,000	开拍国际	2022-01-07
王蘧常 1979年作 章草《隆中对》镜心	132.5cm×64cm	552,000	开拍国际	2022-01-07
王蘧常 1973年作 章草民歌 立轴	147cm×67.5cm	529,000	北京银座	2022-09-16
王蘧常 章草四言联 立轴	105.5cm×30.5cm×2	414,000	北京银座	2022-01-12
王蘧常 1984年作 章草八言对联 立轴	134cm×32cm×2	402,500	开拍国际	2022-01-07
王荣昌 悟禅 镜片	68cm×68cm	183,000	北京中贝	2022-06-09

拍品名称	物品尺寸	成交价RMB	拍卖公司	拍卖日期
王瑞林 蝶恋花 画心	68cm×68cm	120,000	北京传世	2022-12-15
王森然 松鹤延年 镜心	136cm×68cm	138,000	北京银座	2022-09-17
王森然 雄鹰睥睨 镜心	137.5cm×69.5cm	138,000	北京银座	2022-09-17
王森然 荷塘蛙趣 镜心	138cm×69cm	132,250	北京银座	2022-09-17
王少桓 2020年作 落花微雨，绿翠红晕	25cm×200cm	120,000	北京伍佰艺	2022-09-17
王绍强 2021年作 远不若之八	138cm×70cm	253,000	华艺国际	2022-09-23
王绍强 2020年 碧天天之二	124cm×126cm	218,500	中国嘉德	2022-06-28
王申勇 2021年作 熊猫 镜心	139cm×65cm	276,000	北京荣宝	2022-07-24
王生南 遥望瀑布挂前川 镜心	68cm×135cm	396,000	浙江御承	2022-12-17
王生南 行见江山且吟咏 镜心	137cm×68cm	126,500	浙江御承	2022-08-28
王生南 登高壮观天地间 镜心	136cm×68cm	92,000	浙江御承	2022-08-28
王世利 2022年作 金涛涌动入东海 镜心	96cm×180cm	920,000	荣宝斋（南京）	2022-12-07
王世襄 书法蟋蟀谱自嘲诗六首	50cm×160cm	713,000	中贸圣佳	2022-07-13
王世襄 1986年作 行书自作诗 立轴	133.5cm×67.5cm	287,500	开拍国际	2022-01-07
王世襄 1986年作 行书七言诗 立轴	134cm×68cm	195,500	中国嘉德	2022-06-27
王世襄 1965年作 楷书"古砚墨香楼" 镜心	34cm×138.5cm	178,250	北京银座	2022-01-12
王世襄 楷书八言联 镜心	137cm×35cm×2	138,000	中国嘉德	2022-06-26
王世襄 书法"静穆大方" 带原框照片	33cm×10cm	115,000	中贸圣佳	2022-07-13
王世襄 1998年作 行书七言联 镜心	138cm×34.5cm×2	80,500	北京银座	2022-01-12
王世襄 1996年作 行书五言绝句 立轴	94cm×56.5cm	80,500	中鸿信	2022-09-11
王世襄 万宝园 镜心	42.5cm×89cm	80,500	华艺国际	2022-09-23
王世襄 2000年作 行书"听雨楼" 镜框	26.5cm×74cm	80,500	朵云轩	2022-12-08
王世襄 1965年作 行书"窥古集珍楼" 镜心	33cm×134cm	69,000	北京银座	2022-09-16
王世襄 宝燕楼 横披	31cm×81cm	69,000	华艺国际	2022-09-23
王寿霖 山居艇钓图 镜片	178cm×48cm	253,000	保利厦门	2022-10-22
王寿彭 楷书八言联	169.7cm×40.2cm×2	92,000	中国嘉德	2022-12-13
王书平 志在高处	68cm×45cm	168,000	北京伍佰艺	2022-09-17
王叔晖 红楼人物（四帧）镜心	38cm×26.5cm×4	172,500	中国嘉德	2022-06-27
王淑芳 2022年作 阳春白雪映花红 镜心	68cm×136cm	921,000	北京中贝	2022-03-16
王淑芳 2022年作 桦林映雪 镜心	68cm×136cm	866,000	北京中贝	2022-03-16
王树榛 唐李忱瀑布联句 画心	69cm×138cm	180,000	北京传世	2022-12-15
王天胜 1976年作 千里野营学大寨 镜片	70cm×130cm	69,000	西泠印社	2022-01-22
王文增 中国梦	68cm×139cm	172,500	保利厦门	2022-10-22
王无邪 1980年作 孤高之二 镜框	138.5cm×70cm	463,528	佳士得	2022-12-02
王无邪 1997年作 遥思 镜框	46cm×221cm	280,818	佳士得	2022-05-29
王西京 1983年作 曹雪芹先生小像 镜心	103cm×103cm	220,800	北京保利	2022-07-27
王西京 1981年作 太白听松图 镜心	134cm×68cm	155,250	北京保利	2022-07-27
王西京 1998年作 大唐诗意 镜心	55cm×178cm	115,000	北京荣宝	2022-07-24
王西京 1984年作 钟馗读书 镜心	66cm×134cm	103,500	北京保利	2022-07-27
王西京 2006年作 唐人诗意 镜片	69.5cm×135cm	63,250	广东崇正	2022-08-11
王遐举 1986年作 行书"艺中游"·对联 立轴	133cm×64.5cm×2	92,000	北京银座	2022-01-12
王晓 2017年作 金生丽水 镜心	59cm×89cm	2,306,000	北京中贝	2022-03-16
王晓东 2021年作 云龙出谷 镜心	68cm×136cm	407,000	北京中贝	2022-03-16

拍品名称	物品尺寸	成交价RMB	拍卖公司	拍卖日期
王效敏 秋韵	68cm×68cm	91,970	荣宝斋（香港）	2022-11-26
王心竟 1944年作 洗桐图 立轴	108cm×32cm	97,750	保利厦门	2022-10-22
王新峰 江山永固 镜心	70cm×180cm	1,848,000	开禧国际	2022-12-28
王新峰 黄河颂歌 画心	180cm×70cm	1,370,000	北京传世	2022-12-15
王新亮 对联 画心	128cm×69cm	80,000	北京传世	2022-12-15
王兴才 2018年作 秋山图	136cm×68cm	800,000	保利厦门	2022-01-13
王兴才 2020年作 山水卡纸	60cm×60cm	390,000	保利厦门	2022-01-13
王雪涛 花鸟四屏 镜框	100cm×33.8cm×4	1,775,894	香港苏富比	2022-10-08
王雪涛 1948年作 松鹤延年 立轴	180cm×48cm	1,322,500	上海嘉禾	2022-01-01
王雪涛 1945年作 青白传家手卷 手卷	40cm×378cm	1,265,000	北京荣宝	2022-07-24
王雪涛 闹春图 镜心	126cm×99.5cm	1,150,000	北京银座	2022-01-12
王雪涛 蝴蝶牡丹 镜片	81cm×51cm	1,127,000	北京荣宝	2022-07-24
王雪涛 花卉草虫 册页（十开十选六）	画心 26cm×33cm×10 书法 26cm×33cm×2	1,012,000	上海嘉禾	2022-11-20
王雪涛 大吉图 立轴	100cm×48cm	977,500	开拍国际	2022-07-24
王雪涛 国色天香 镜框	94.2cm×55.2cm	811,175	佳士得	2022-12-02
王雪涛 蓝鹊石榴图 镜框	69.5cm×106.5cm	811,175	佳士得	2022-12-02
王雪涛 花果清供册 镜心	21.5cm×21.5cm×8	747,500	开拍国际	2022-07-24
王雪涛 春江水暖鸭先知 立轴	103cm×34cm	690,000	北京荣宝	2022-07-24
王雪涛 1979年作 大吉图 立轴	97.5cm×45.5cm	690,000	北京荣宝	2022-07-24
王雪涛 20世纪60年代作 三吉图 立轴	100cm×47cm	690,000	中贸圣佳	2022-12-31
王雪涛 1979年作 清趣 立轴	133cm×67cm	667,000	北京保利	2022-07-26
王雪涛 紫藤雏鸡 镜框	69cm×109cm	648,043	佳士得	2022-05-29
王雪涛 1979年作 荷花鸳鸯 立轴	69cm×46cm	609,500	北京荣宝	2022-07-24
王雪涛 仿林良松鹰图 镜心	106cm×68cm	575,000	开拍国际	2022-01-07
王雪涛 1981年作 斗鸡图 立轴	93.5cm×61.5cm	575,000	中国嘉德	2022-06-26
王雪涛 花卉四帧 镜心	直径31cm×4	563,500	开拍国际	2022-07-24
王雪涛 1942年作 临涧跳踯 立轴	101cm×33cm	552,000	北京荣宝	2022-07-24
王雪涛 绶带腊梅 立轴	164.5cm×40cm	552,000	北京银座	2022-09-17
王雪涛 国色天香 镜框	69.2cm×106.9cm	540,036	佳士得	2022-05-29
王雪涛 1979年作 四季有喜 立轴	90.5cm×55cm	523,250	北京银座	2022-01-12
王雪涛 鹰雀图 立轴	104cm×43cm	517,500	北京荣宝	2022-07-24
王雪涛 梅竹四喜 立轴	94cm×33.5cm	506,000	北京荣宝	2022-07-24
王雪涛 牡丹 立轴	75.5cm×49.5cm	483,000	北京荣宝	2022-07-24
王雪涛 花鸟四屏 立轴	98cm×26cm×4	471,500	上海嘉禾	2022-11-20
王雪涛 1979年作 雄鸡牵牛花 立轴	106cm×52.6cm	460,000	中国嘉德	2022-12-12
王雪涛 1956年作 红梅八哥 立轴	105cm×67cm	448,500	北京荣宝	2022-07-24
王雪涛 花卉草虫（六帧）镜心	33.5cm×46cm×6	448,500	华艺国际	2022-07-29
王雪涛 喜鹊登梅 立轴	70cm×48cm	437,000	北京荣宝	2022-07-24
王雪涛 高冠大吉 立轴	122.5cm×33.5cm	402,500	北京银座	2022-01-12
王雪涛 荷花蜻蜓 镜心	67cm×45.5cm	402,500	北京荣宝	2022-07-24
王雪涛 1945年作 为秋斋主人作 福猪图 立轴	画心 95cm×57cm	402,500	中鸿信	2022-09-11
王雪涛 眉寿 镜心	68cm×36cm	391,000	北京荣宝	2022-07-24
王雪涛 金玉满堂 镜心	66.5cm×40cm	379,500	北京银座	2022-09-17
王雪涛 梅花 镜心	76cm×45cm	368,000	北京荣宝	2022-07-24
王雪涛 枫叶八哥 镜心	106.5cm×38cm	368,000	北京银座	2022-09-17
王雪涛 玉兰花下 立轴	85cm×53cm	368,000	朵云轩	2022-12-08
王雪涛 1943年作 秋趣 立轴	99cm×33cm	356,500	开拍国际	2022-07-24
王雪涛 1979年作 玉兰八哥 镜心	69.5cm×45cm	345,000	北京荣宝	2022-07-24
王雪涛 荷花翠鸟 立轴	68cm×45.5cm	345,000	北京荣宝	2022-07-24
王雪涛 蝶恋花 立轴	136cm×64.5cm	345,000	北京保利	2022-02-03

2022书画拍卖成交汇总(续表)

(成交价RMB: 6万元以上)

拍品名称	物品尺寸	成交价RMB	拍卖公司	拍卖日期
王雪涛 牡丹双蝶 立轴	68cm×45cm	345,000	中国嘉德	2022-06-26
王雪涛 秋趣图 镜心	99.5cm×34cm	322,000	北京银座	2022-01-12
王雪涛 金瓜草虫 镜框	102cm×34cm	310,782	香港苏富比	2022-10-08
王雪涛 喜鹊登枝 镜心	93×34cm	310,500	北京荣宝	2022-07-24
王雪涛 富贵迭来 立轴	70×47cm	310,500	北京保利	2022-07-27
王雪涛 富贵大吉 立轴	68.5×45.5cm	287,500	北京银座	2022-01-12
王雪涛 富贵大吉 立轴	108×33cm	287,500	北京银座	2022-09-17
王雪涛 双吉图 镜框	69.5cm×46.5cm	278,117	佳士得	2022-12-02
王雪涛 大吉 立轴	130×50.5cm	278,117	佳士得	2022-12-02
王雪涛 双鸭图 镜框	34×46cm	276,000	北京荣宝	2022-07-24
王雪涛 登枝图 立轴	130.5cm×34.5cm	253,000	北京荣宝	2022-07-24
王雪涛 东篱一角 镜框	104×34cm	253,000	北京保利	2022-07-26
王雪涛 花鸟（二帧）镜心	34.5cm×46cm×2	242,800	中国嘉德	2022-10-07
王雪涛 巧合唤东风 立轴	69cm×46.5cm	241,500	北京银座	2022-01-12
王雪涛 1979年作 多子多利 镜心	28.5cm×93.5cm	241,500	华艺国际	2022-07-29
王雪涛 1979年作 荷花蜻蜓 立轴	80×48cm	230,000	北京荣宝	2022-07-24
王雪涛 黄鹂葡萄 立轴	65×39cm	230,000	北京荣宝	2022-07-24
王雪涛 牡丹水仙 立轴	59cm×31.5cm	230,000	北京荣宝	2022-07-24
王雪涛 迟园秋夕 立轴	102×34cm	230,000	北京荣宝	2022-07-24
王雪涛 1940年作 长寿 立轴	114×32.5cm	218,500	北京银座	2022-01-12
王雪涛 红梅八哥 镜心	69×30cm	218,500	北京荣宝	2022-07-24
王雪涛 徐世章 1943年作 蔬果·行书苏辙诗 成扇	19.5cm×56cm	218,500	中国嘉德	2022-06-27
王雪涛 雄鸡 立轴	68.3cm×46.5cm	216,014	佳士得	2022-05-29
王雪涛 花鸟（二帧）镜心	34cm×46cm×2	209,691	中国嘉德	2022-10-07
王雪涛 大吉图 镜心	68×46cm	207,000	中国嘉德	2022-05-28
王雪涛 1982年作 红艳 立轴	48cm×42.5cm	207,000	北京荣宝	2022-07-24
王雪涛 潘龄皋 1938年作 柿柿如意 楷书 成扇	18cm×50cm	207,000	朵云轩	2022-12-09
王雪涛 1979年作 夏塘幽韵 立轴	81.5cm×59cm	195,500	北京银座	2022-01-12
王雪涛 大吉图 镜心	85×43cm	195,500	保利厦门	2022-10-22
王雪涛 1978年作 红荷蜻蜓 镜心	68cm×44.5cm	189,750	北京银座	2022-01-12
王雪涛 1978年作 清趣 立轴	69×47cm	184,000	中国嘉德	2022-05-28
王雪涛 四喜图 立轴	84×38cm	184,000	上海驰翰	2022-02-19
王雪涛 心花意蕊 镜心	44.5cm×57.5cm	184,000	中国嘉德	2022-06-26
王雪涛 1975年作 群芳荟萃 镜心	60cm×90cm	172,500	中国嘉德	2022-05-28
王雪涛 牡丹水仙 镜心	66.8cm×47.8cm	172,500	北京诚轩	2022-08-08
王雪涛 曹克家 花间猫趣图 立轴	100cm×34cm	172,500	西泠印社	2022-01-22
王雪涛 清灯课子图 镜心	72cm×30cm	172,500	中鸿信	2022-09-11
王雪涛 1943年作 秋色 立轴	102cm×34.5cm	172,500	中国嘉德	2022-06-26
王雪涛 荷塘清趣 立轴	102cm×34cm	172,500	中国嘉德	2022-06-26
王雪涛 1933年作 清供 镜心	129cm×33.5cm	172,500	中国嘉德	2022-12-13
王雪涛 花鸟（二帧）镜心	34.5cm×46cm×2	165,546	中国嘉德	2022-10-07
王雪涛 董华奇 花鸟（三帧）镜心		165,546	中国嘉德	2022-10-07
王雪涛 梅花小鸟 立轴	45×45cm	161,000	中国嘉德	2022-05-29
王雪涛 1941年作 冠上加封 镜心	111cm×34cm	161,000	中国嘉德	2022-05-31
王雪涛 1938年作 花卉小鸟 立轴	102.5cm×42.5cm	161,000	中贸圣佳	2022-07-23
王雪涛 1936年作 猫趣图 立轴	130cm×41.5cm	161,000	北京荣宝	2022-07-24
王雪涛 陈半丁 居高饮洁·行书七言诗 成扇	18cm×49cm	161,000	北京荣宝	2022-07-24
王雪涛 1933年作 百合寿石 立轴	100cm×41cm	161,000	北京银座	2022-09-16
王雪涛 1945年作 葡萄麻雀 镜片	96.5cm×35cm	161,000	上海嘉禾	2022-01-01
王雪涛 红梅报春 镜心	67cm×47.5cm	161,000	中鸿信	2022-09-11
王雪涛 桃花八哥 立轴	68.5cm×44.5cm	161,000	中国嘉德	2022-06-26
王雪涛 鹤寿千岁 立轴	130cm×57.5cm	161,000	北京保利	2022-07-27
王雪涛 安居乐业 镜心	68.5cm×33cm	154,509	中国嘉德	2022-10-07
王雪涛 浩态狂香 立轴	98.5cm×33.5cm	149,500	开拍国际	2022-01-07
王雪涛 1940年作 秋色秋声 立轴	91×45cm	149,500	中国嘉德	2022-05-28
王雪涛 秋趣图 立轴	79×34cm	149,500	北京保利	2022-07-27
王雪涛 黄鹏翠柳 立轴	129×34cm	149,500	广东崇正	2022-08-11
王雪涛 富贵大吉 镜片	92×51cm	149,500	江苏汇中	2022-08-16
王雪涛 牡丹 镜心	42×44.5cm	149,500	中国嘉德	2022-12-13
王雪涛 1942年作 松鹰图 立轴	101.5cm×32.5cm	141,086	保利香港	2022-10-12
王雪涛 心花意蕊 镜心	44.5cm×57.5cm	138,000	北京银座	2022-01-12
王雪涛 1945年作 枝头秋信 镜心	135×66cm	138,000	中国嘉德	2022-05-29
王雪涛 牡丹蛱蝶 镜心	69cm×49cm	138,000	中国嘉德	2022-09-27
王雪涛 1950年作 荷塘鸳鸯 立轴	135×67cm	138,000	中国嘉德	2022-09-29
王雪涛 清供 立轴	120.5cm×30cm	138,000	中国嘉德	2022-06-26
王雪涛 花鸟 立轴	98×32cm	138,000	永乐拍卖	2022-07-25
王雪涛 玉兰蝴蝶 立轴	68.5cm×34cm	132,250	北京荣宝	2022-07-24
王雪涛 1977年作 有余图 立轴	68×45cm	132,250	北京荣宝	2022-07-24
王雪涛 松蝶锦鸡 镜心	98×33.5cm	126,500	北京银座	2022-01-12
王雪涛 马邻翼 1938年作 梧叶秋声·行书 成扇	18.5cm×49cm×2	126,500	北京银座	2022-01-12
王雪涛 富贵牡丹 成扇	18.3cm×50.5cm	126,500	北京荣宝	2022-07-24
王雪涛 赵汝谦 1948年作 秋趣图·行书七言诗 成扇	19.5cm×53cm×2	126,500	北京银座	2022-09-17
王雪涛 1982年作 为徐昌酩作《珍馐清茶图》及信札 画心（二帧）		126,500	西泠印社	2022-01-22
王雪涛 1946年作 富贵无忧 镜心	100cm×33cm	126,500	北京保利	2022-07-27
王雪涛 黄抃 1941年作 秋趣图·篆书节录庚信《枯树赋》成扇	18cm×46.5cm	115,882	佳士得	2022-12-02
王雪涛 1981年作 蔬果 镜心	70cm×45cm	115,000	中国嘉德	2022-05-28
王雪涛 丝瓜草虫 立轴	135cm×34.5cm	115,000	北京荣宝	2022-07-24
王雪涛 1934年作 竹石小鸟 立轴	98×40cm	115,000	北京荣宝	2022-07-24
王雪涛 1934年作 花卉草虫 立轴	100cm×33cm	115,000	北京荣宝	2022-07-24
王雪涛 大富贵 镜心	24cm×33.5cm	115,000	北京银座	2022-09-17
王雪涛 1944年作 蔬果图 横披	18cm×78.2cm	115,000	中国嘉德	2022-06-26
王雪涛 柿子松鼠 立轴	104.5cm×34cm	115,000	中国嘉德	2022-06-26
王雪涛 牡丹双蝶图 立轴	82.5cm×38cm	115,000	保利厦门	2022-10-22
王雪涛 秋斋遣兴 立轴	52cm×32cm	112,700	北京银座	2022-09-16
王雪涛 月季蝴蝶蜜蜂 镜心	69cm×34.5cm	112,700	华艺国际	2022-07-29
王雪涛 1962年作 采菊图 立轴	84cm×38cm	109,250	中国嘉德	2022-09-27
王雪涛 曹克家合作 秋园猫趣 立轴	102cm×34cm	109,250	中国嘉德	2022-09-27
王雪涛 夏荷翠鸟 镜心	70cm×47cm	103,500	中国嘉德	2022-05-28
王雪涛 群鸡 镜心	65cm×90cm	103,500	中国嘉德	2022-09-27
王雪涛 牡丹蝴蝶 立轴	66.5cm×44cm	103,500	华艺国际	2022-07-29
王雪涛 蝶恋花 立轴	97×34cm	103,500	上海嘉禾	2022-11-20
王雪涛 诸仙祝寿 镜心	94.8cm×30.9cm	101,200	北京诚轩	2022-08-08
王雪涛 花鸟、书法 成扇	18cm×46cm	101,200	荣宝斋（南京）	2022-12-07
王雪涛 1978年作 荷塘小景 立轴	65cm×44cm	97,750	中国嘉德	2022-05-28
王雪涛 1981年作 梅花八哥 镜心	72cm×42cm	97,750	中国嘉德	2022-05-28
王雪涛 大吉图 立轴	48cm×32cm	97,750	北京荣宝	2022-07-24
王雪涛 香带风远 立轴	68cm×45cm	97,750	北京荣宝	2022-07-24
王雪涛 马邻翼 夏趣 行书节录《格言联璧》成扇	18.5cm×50cm	97,750	中国嘉德	2022-06-27
王雪涛 鹦鹉图 立轴	84cm×38cm	97,750	江苏汇中	2022-08-17
王雪涛 豆荚草虫 镜框	26cm×23cm	94,300	华艺国际	2022-07-29

拍品名称	物品尺寸	成交价RMB	拍卖公司	拍卖日期	拍品名称	物品尺寸	成交价RMB	拍卖公司	拍卖日期
王雪涛 1931年作 蜂竹云雀 立轴	100.5cm×32cm	92,000	北京银座	2022-01-12	王瑶卿 魏铖 1914年作 花卉书法 册页(八开)	31.5cm×62cm×8	103,500	中贸圣佳	2022-07-23
王雪涛 王家槐 1951年作 蜂竹图·行书 成扇	18cm×49cm×2	92,000	北京银座	2022-01-12	王耀宇 海纳百川 画心	138cm×68cm	1,580,000	北京传世	2022-12-15
王雪涛 孔培新 1937年作 荷花游鱼·行书 成扇	18cm×50cm×2	92,000	北京银座	2022-01-12	王翊 理天下之道 画心	36cm×26cm	100,000	北京传世	2022-12-15
王雪涛 马叙伦 1944年作 春意闹·行书 成扇	18cm×49cm×2	92,000	北京银座	2022-01-12	王铺 沈氏砚林·阿翠像砚精拓卷 手卷	26cm×255cm	402,500	北京荣宝	2022-07-24
王雪涛 秋安 立轴	34cm×33cm	92,000	北京荣宝	2022-07-24	王铺 2011年作 滕王阁序 手卷	22cm×650.5cm	402,500	中国嘉德	2022-12-15
王雪涛 陈玄庵 梅竹 立轴	126cm×32cm	92,000	北京荣宝	2022-07-24	王铺 2011年作 行书长卷 手卷	33cm×296.5cm	368,000	中国嘉德	2022-06-29
王雪涛 东方人 1981年作 红梅绶带 立轴	84cm×39cm	92,000	北京银座	2022-09-17	王铺 2012年作 行书诗文四屏 镜框	98cm×21cm×4	276,000	北京荣宝	2022-07-24
王雪涛 1944年作 花鸟扇面 镜心	18cm×51cm	92,000	中贸圣佳	2022-12-31	王铺 行书四条屏 镜心	66cm×33cm×4	276,000	北京荣宝	2022-07-24
王雪涛 1941年作 松鼠红柿图 立轴	116cm×47cm	92,000	上海嘉禾	2022-01-01	王铺 2021年作 行书五言诗 镜心	130cm×65cm	230,000	北京荣宝	2022-07-24
王雪涛 贺培新 1937年作 荷花游鱼·行书东坡《南堂》绝句 成扇	18cm×50cm×2	92,000	中国嘉德	2022-06-27	王铺 2011年作 砖文笔记六则 镜心	34cm×136cm	161,000	北京荣宝	2022-07-24
王雪涛 葡萄草虫 立轴	107.8cm×33cm	92,000	永乐拍卖	2022-07-25	王铺 行书五言联 立轴	136cm×34cm×2	103,500	北京银座	2022-09-16
王雪涛 1940年作 花卉草虫 镜框	102cm×32.5cm	92,000	北京保利	2022-07-26	王铺 2021年作 行书徐文长诗二首 镜心	32cm×64cm	78,200	北京荣宝	2022-07-24
王雪涛 竹石锦鸡图 立轴	96cm×50cm	92,000	保利厦门	2022-10-22	王铺 隶书节录金农《研铭》立轴	92cm×81cm	66,700	中贸圣佳	2022-12-31
王雪涛 荷塘清趣 立轴	67cm×47cm	92,000	荣宝斋(南京)	2022-12-07	王铺 2001年作 万壑苍松图 镜心	73cm×72cm	63,250	北京保利	2022-07-27
王雪涛 1947年作 富贵无极 立轴	72cm×42cm	86,822	保利香港	2022-10-12	王永刚 鹏程万里(指画) 镜片	136cm×68cm	253,000	北京中贝	2022-01-14
王雪涛 1940年作 盆菊秋虫 立轴	89cm×30cm	86,250	中国嘉德	2022-05-28	王永革 江山如画 画心	134cm×45cm	960,000	北京传世	2022-12-15
王雪涛 牡丹图双挖 立轴	34.5cm×46cm×2	86,250	中鸿信	2022-09-11	王永革 厚德载物 画心	134cm×34cm	380,000	北京传世	2022-12-15
王雪涛 迟园秋夕图 立轴	123cm×41cm	86,250	北京保利	2022-07-26	王政 2005年作 青藏高原一人家 镜心	120cm×245cm	270,250	北京保利	2022-07-27
王雪涛 荷花蜻蜓 立轴	45.5cm×30cm	86,250	华艺国际	2022-07-29	王云科 胡杨古韵 画心	138cm×70cm	750,000	北京传世	2022-12-15
王雪涛 花蝶图 立轴	101cm×34cm	80,500	中国嘉德	2022-05-30	王允偁 将进酒 画心	240cm×70cm	1,780,000	北京传世	2022-12-15
王雪涛 曹克家 猫蝶图 立轴	90cm×42cm	80,500	中国嘉德	2022-05-30	王允偁 赤壁怀古 画心	240cm×70cm	870,000	北京传世	2022-12-15
王雪涛 1945年作 寿桃瓶菊 镜心	73cm×33cm	80,500	中国嘉德	2022-05-31	王运良 2021年作 赏月图 镜心	96cm×176cm	350,000	北京中贝	2022-03-16
王雪涛 珠光带水新 镜心	33.5cm×33.5cm	80,500	北京诚轩	2022-08-08	王运良 2021年作 荷塘佳趣 镜心	68cm×136cm	210,000	北京中贝	2022-03-16
王雪涛 1963年作 富贵天香 立轴	97cm×47cm	80,500	北京保利	2022-09-17	王运良 2022年作 春晓 镜心	68cm×136cm	180,000	北京中贝	2022-03-16
王雪涛 李苦禅 任尔三公乱横行 立轴	102cm×51cm	80,500	中国嘉德	2022-09-29	王运良 2022年作 梅开五福 镜心	48cm×122cm	120,000	北京中贝	2022-03-16
王雪涛 松下双吉 镜心	122.5cm×64.5cm	80,500	北京保利	2022-07-26	王运良 2022年作 春华秋实 镜心	44cm×89cm	109,000	北京中贝	2022-03-16
王雪涛 红荷翠鸟 立轴	52cm×34cm	80,500	广东崇正	2022-08-11	王长征 归真 画心	128cm×69cm	82,000	北京传世	2022-12-15
王雪涛 1941年作 花圃一隅 立轴	97cm×32cm	78,200	朵云轩	2022-12-08	王振出 山水灿然	138cm×68cm	322,000	中贸圣佳	2022-07-24
王雪涛 凌霄八哥 立轴	86cm×37cm	74,750	中国嘉德	2022-09-27	王振羽 2022年作 金壁叠翠	68cm×34cm	82,800	北京保利	2022-07-25
王雪涛 双吉图 立轴	73cm×42cm	74,750	中国嘉德	2022-09-29	王震 1919年作 无量寿佛 立轴	110cm×48cm	345,000	中国嘉德	2022-12-12
王雪涛 荷塘清趣 镜片	19cm×50cm	71,300	浙江佳宝	2022-03-13	王震 1933年作 红衣钟馗 镜片	148cm×82cm	333,500	广东崇正	2022-08-11
王雪涛 牡丹花 镜心	26cm×23cm	69,000	北京银座	2022-01-12	王震 1925年作 一苇渡江图 立轴	176.5cm×95cm	287,500	保利厦门	2022-10-21
王雪涛 1978年作 蔬果图 镜心	26cm×23cm	69,000	北京银座	2022-01-12	王震 无量寿佛 镜心	130cm×61cm	207,500	荣宝斋(南京)	2022-12-07
王雪涛 蜜蜂紫藤 镜心	34cm×42cm	69,000	北京银座	2022-01-12	王震 1920年作 观音 立轴	175cm×90cm	287,500	北京保利	2022-02-03
王雪涛 红叶草虫 立轴	36.5cm×27cm	69,000	北京银座	2022-01-12	王震 1937年作 贵寿无极 立轴	153cm×80cm	258,750	北京保利	2022-07-27
王雪涛 萱花小雀 镜心	32cm×33cm	69,000	中国嘉德	2022-05-28	王震 1933年作 锡福报喜 镜心	149cm×81cm	253,000	北京保利	2022-07-26
王雪涛 凌霄八哥 立轴	120cm×34cm	69,000	中国嘉德	2022-05-28	王震 1917年作 无量寿佛 立轴	137cm×67.7cm	230,000	北京诚轩	2022-08-08
王雪涛 花卉虫蝶 立轴	93cm×44cm	69,000	中国嘉德	2022-05-29	王震 1925年作 蟠桃芝石 立轴	173cm×92.5cm	230,000	朵云轩	2022-12-08
王雪涛 秋趣·行书芭蕉诗 镜心	19cm×51cm	66,700	北京保利	2022-07-27	王震 1925年作 西池桃熟立轴	128.8cm×57.8cm	216,014	香港苏富比	2022-04-30
王雪涛 阆苑仙葩 镜心	110cm×45cm	63,250	中国嘉德	2022-05-28	王震 1924年作 富贵平安 立轴	170cm×92cm	210,887	香港苏富比	2022-10-08
王雪涛 墨荷 镜心	90cm×56cm	63,250	中国嘉德	2022-05-29	王震 1917年作 梧桐凤凰 立轴	178cm×93cm	207,000	上海嘉禾	2022-11-20
王雪涛 荷花鸳鸯	67cm×46cm	63,250	中国嘉德	2022-05-30	王震 1913年作 听泉论道图 镜片	94.5cm×23.5cm	172,500	西泠印社	2022-01-23
王雪涛 紫藤八哥 立轴	96cm×49cm	63,250	中国嘉德	2022-05-30	王震 赤壁夜游 镜框	34cm×68cm	149,500	中贸圣佳	2022-10-27
王雪涛 松鹤长寿 立轴	102cm×53cm	63,250	中国嘉德	2022-05-31	王震 1934年作 达摩 立轴	138cm×40cm	138,000	上海嘉禾	2022-01-01
王雪涛 秋桐虫趣 立轴	86.5cm×34cm	63,250	北京诚轩	2022-08-08	王震 岁朝清供 立轴	137cm×63cm	138,000	中贸圣佳	2022-10-27
王雪涛 牵牛虫趣 镜片	37cm×42cm	63,250	上海嘉禾	2022-11-20	王震 1921年作 雪蓑钓归图 立轴	146.5cm×39.8cm	129,608	香港苏富比	2022-04-30
王雪涛 松树·行书宋词 成扇	17.5cm×50cm	63,250	中国嘉德	2022-12-13	王震 1926年作 英雄独立图 立轴	136.5cm×67.5cm	126,500	北京银座	2022-09-17
王雪涛 1945年作 九如图立轴	98cm×34.5cm	61,560	保利香港	2022-07-12	王震 1920年作 参禅图 立轴	95.5cm×44cm	115,882	佳士得	2022-12-02

2022书画拍卖成交汇总(续表)

(成交价RMB：6万元以上)

拍品名称	物品尺寸	成交价RMB	拍卖公司	拍卖日期
王震 1919年作 鱼篮观音 立轴	115cm×29.5cm	115,000	北京诚轩	2022-08-08
王震 吴昌硕 1915年作 罗汉图·行书五言诗 成扇	13cm×40.5cm	109,250	中贸圣佳	2022-12-31
王震 1929年作 和合万年 立轴	151cm×83cm	103,500	江苏汇中	2022-08-17
王震 荷塘憩禽 立轴	146.5cm×80cm	103,500	中国嘉德	2022-12-13
王震 1934年作 鹤寿 立轴	142cm×31cm	92,000	中鸿信	2022-09-11
王震 罗汉 镜心	41cm×30cm	88,291	中国嘉德	2022-10-07
王震 寒山大士 立轴	127cm×38cm	86,250	中贸圣佳	2022-10-27
王震 荷塘双鸭 镜心	136cm×67cm	86,250	中鸿信	2022-09-11
王震 1922年作 闲趣图 立轴	144cm×40cm	80,500	北京荣宝	2022-07-24
王震 1924年作 玉堂富贵图 立轴	153cm×81cm	80,500	西泠印社	2022-01-23
王震 耄耋图·行书七言联 立轴·对联		80,500	西泠印社	2022-01-23
王震 1934年作 丹葩瑞鸟 立轴	137cm×67.5cm	78,200	朵云轩	2022-12-08
王震 1915年作 一饮一斗酒 立轴	33.5cm×31.5cm	74,750	北京诚轩	2022-08-08
王震 1931年作 行书"本来无一物" 立轴	99.5cm×15cm	74,750	中国嘉德	2022-06-27
王震 1922年作 达摩图 立轴	137.5cm×34cm	74,750	西泠印社	2022-01-23
王震 博古清供图 立轴	134cm×66cm	74,750	中鸿信	2022-09-11
王震 程瑶笙 合作 吴昌硕 题 1915年作 竹雀图 立轴	142.5cm×46cm	69,000	中贸圣佳	2022-07-23
王震 1922年作 清淡甘味最长久 立轴	150cm×40cm	69,000	北京诚轩	2022-08-08
王震 1928年作 钟馗 软片	145cm×82cm	69,000	上海嘉禾	2022-01-01
王震 1992年作 梅雀图 立轴	150cm×80cm	69,000	永乐拍卖	2022-07-25
王震 花荫小犬 镜框	27cm×23cm	69,000	中贸圣佳	2022-10-27
王震 1935年作 一苇渡江 立轴	100cm×32.5cm	66,700	朵云轩	2022-12-08
王震 1922年作 安居图 立轴	129cm×40cm	66,700	北京荣宝	2022-07-24
王震 花卉 立轴	140cm×35cm	63,250	中贸圣佳	2022-12-31
王震 1924年作 吉苏先生像 横披	34.5cm×102.5cm	63,250	中国嘉德	2022-12-13
王震 1977年作 行书七言 对联	169.5cm×31.5cm×2	63,250	朵云轩	2022-12-08
王震 1922年作 喜上眉梢 立轴	128cm×62cm	63,250	朵云轩	2022-12-08
王震 1925年作 达摩渡江图 立轴	104cm×49cm	63,250	西泠印社	2022-01-23
王震 1930年作 "秋江独钓" 行书 立轴	画71cm×44cm	63,250	广东崇正	2022-12-25
王褆 叶为铭 钟毓龙 高时丰 为孙智敏作篆书四屏	66.5cm×32.5cm×4	184,000	西泠印社	2022-01-22
王褆 1929年作 为吴熊作篆书西都赋二轴 立轴(二轴)	130.5cm×32.5cm×2	143,750	西泠印社	2022-01-22
王褆 隶书七言诗 立轴	146.5cm×39.5cm	97,750	西泠印社	2022-08-21
王褆 篆书临金文 对屏	102cm×19.5cm×2	63,250	西泠印社	2022-08-21
王志安 王岭沐新翠、唐泉涌华章 镜片	137cm×69cm	345,000	保利厦门	2022-10-22
王志立 2022年作 行书《游张提举园池》诗 镜心	136cm×69cm	74,750	北京荣宝	2022-07-24
王志远 万里山河红 镜心	50cm×180cm	4,575,000	北京传世	2022-12-15
王仲清 1957年作《皇历迷》连环画稿一册页(六开)	38cm×27cm×6	287,500	西泠印社	2022-01-22
王铸九 春晓图 立轴	136cm×69cm	156,400	保利厦门	2022-10-21
王锟 跃然纸上 镜心	180cm×97cm	172,500	中国嘉德	2022-12-15
王锟 富贵坚固 镜心	69cm×138cm	69,000	北京荣宝	2022-07-24
王子武 曹雪芹像 镜心	179.5cm×95.5cm	2,760,000	中贸圣佳	2022-10-27
王子武 1984年作 李白吟诗图 镜心	136cm×69cm	2,530,000	北京银座	2022-09-16
王子武 1983年作 喜鹊·隶书七言联 镜心	99cm×68cm；114cm×26.5cm×2	690,000	北京银座	2022-09-17
王子武 1982年作 双鹰 立轴	136.5cm×67.5cm	637,352	佳士得	2022-12-02
王子武 1976年作 虎威图 镜片	100cm×101.5cm	632,500	广东崇正	2022-12-25
王子武 1983年作 梅花双喜图 镜心	68cm×44cm	437,000	北京银座	2022-01-12
王子武 山水 镜片	120cm×41cm	287,500	广东崇正	2022-08-11
王子武 竹枝麻雀 镜心	69cm×138cm	253,000	北京银座	2022-09-17
王子武 雄鸡 镜心	56cm×46cm	253,000	中国嘉德	2022-12-13
王子武 黄山云海 镜心	128cm×30.5cm	230,000	北京银座	2022-09-17
王子武 1988年作 竹林翠鸟 镜心	69cm×45cm	218,500	中鸿信	2022-09-11
王子武 1982年作 梅妃 立轴	69cm×46cm	216,014	佳士得	2022-05-29
王子武 1979年作 丹顶鹤 立轴	104.5cm×47cm	212,750	北京银座	2022-09-17
王子武 1984年作 国色天香图 立轴	137cm×34.5cm	207,000	西泠印社	2022-01-23
王子武 1978年作 大吉图 立轴	69cm×47cm	195,500	北京银座	2022-09-17
王子武 女孩像 镜心	45.5cm×34cm	195,500	北京银座	2022-09-17
王子武 1978年作 鹤舞图 立轴	98cm×56cm	184,000	北京保利	2022-07-27
王子武 1977年作 绿柳喜鹊 镜片	68cm×45cm	184,000	广东崇正	2022-08-11
王子武 1946年作 临徐悲鸿喜鹊登梅 镜心	137cm×48cm	172,500	中鸿信	2022-09-11
王子武 荷塘 镜心	69.5cm×43.5cm	172,500	荣宝斋(南京)	2022-12-07
王子武 1980年作 有余图 立轴	68.5cm×44.5cm	161,000	北京银座	2022-09-17
王子武 1981年作 鹰 立轴	67cm×44cm	161,000	北京保利	2022-07-27
王子武 仿悲鸿大吉图 镜心	65cm×43cm	143,750	华艺国际	2022-09-23
王子武 1982年作 雄鹰图 画心	88.5cm×68.5cm	126,500	西泠印社	2022-01-22
王子武 富贵见喜 镜心	45.8cm×34.2cm	115,000	开拍国际	2022-01-07
王子武 1981年作 秋菊图 镜心	67cm×45.5cm	115,000	北京银座	2022-09-17
王子武 草书诗词三首 镜心	34.5cm×91.5cm	115,000	北京银座	2022-09-17
王子武 林壑云风·隶书十言联 镜心		115,000	保利厦门	2022-10-22
王子武 栖禽图 画心	97cm×43.5cm	109,250	西泠印社	2022-01-22
王子武 1984年作 蛙趣图 镜心	136cm×69cm	103,500	华艺国际	2022-09-23
王子武 1981年作 教子图 镜心	65cm×43.5cm	92,000	中国嘉德	2022-12-12
王子武 雄鹰独立 镜片	70cm×46cm	92,000	广东崇正	2022-12-25
王子武 1988年作 灯笼喜鹊 立轴	100cm×66cm	80,500	上海嘉禾	2022-01-01
王子武 1977年作 双吉图 镜心	135cm×33cm	69,000	华艺国际	2022-09-23
王子武 1981年作 鱼乐图 镜心	68cm×45cm	69,000	广东崇正	2022-12-25
王子武 1984年作 群鸡图 立轴	84cm×69cm	64,400	北京荣宝	2022-07-24
危道丰 行书七言联 镜片	144cm×34cm×2	86,250	西泠印社	2022-01-23
卫九春 和谐家园 画心	236cm×153cm	482,000	北京传世	2022-12-15
魏思东 嘎拉桃花村 画心	180cm×96cm	1,000,000	北京传世	2022-12-15
魏云飞 2022年作 春山行旅 镜心	181.5cm×97cm	747,500	中国嘉德	2022-06-29
魏紫熙 1989年作 鄱阳湖秋色 镜心	143.5cm×419cm	9,200,000	中国嘉德	2022-06-26
魏紫熙 云涌玉屏峰 镜心	68cm×108.5cm	920,000	荣宝斋(南京)	2022-12-07
魏紫熙 1977年作 满目青山夕照明 镜心	101cm×288cm	690,000	北京荣宝	2022-07-24
魏紫熙 1979年作 无边落木萧萧下 镜心	137.5cm×68cm	690,000	中国嘉德	2022-06-27
魏紫熙 1979年作 凤城山色 镜心	68cm×139cm	621,000	中国嘉德	2022-06-27
魏紫熙 山水(三帧) 镜心	尺寸不一	507,674	中国嘉德	2022-10-07
魏紫熙 1987年作 黄山奇峰 镜心	136cm×68cm	345,000	中国嘉德	2022-06-26
魏紫熙 1981年作 黄山高秋 立轴	68cm×45cm	287,500	中国嘉德	2022-06-26
魏紫熙 橘树经霜分外红 立轴	69cm×46.5cm	281,750	中贸圣佳	2022-10-27

拍品名称	物品尺寸	成交价RMB	拍卖公司	拍卖日期
魏紫熙 春雪 立轴	35.5cm × 25.5cm	258,750	中贸圣佳	2022-10-27
魏紫熙 1988年作 黄海浩歌 镜心	96cm × 60cm	253,000	中国嘉德	2022-09-27
魏紫熙 1963年作 剥海蛎 立轴	68cm × 45cm	253,000	中国嘉德	2022-06-27
魏紫熙 1992年作 太行秋色 镜心	51cm × 96cm	207,000	北京荣宝	2022-07-24
魏紫熙 1983年作 万山红遍 镜心	68cm × 136cm	207,000	北京荣宝	2022-07-24
魏紫熙 1978年作 黄山松云 立轴	90.5cm × 48.5cm	195,500	中国嘉德	2022-06-27
魏紫熙 1974年作 为房震作劲松红岩图 立轴	69.5cm × 46cm	184,000	西泠印社	2022-01-22
魏紫熙 1979年作 巴基斯坦写生 镜心	54cm × 68cm	172,500	中贸圣佳	2022-07-23
魏紫熙 清晓 立轴	66cm × 45.5cm	161,000	中贸圣佳	2022-10-27
魏紫熙 1986年作 秋山红叶 镜心	69cm × 45.5cm	126,500	中国嘉德	2022-12-13
魏紫熙 1961年作 黄山写生 册页(九开)	21cm × 25cm × 9	109,250	中国嘉德	2022-06-27
魏紫熙 1987年作 晴空雨雪三千丈 立轴	66cm × 43cm	97,750	北京荣宝	2022-07-24
魏紫熙 1985年作 雪山夕照 镜心	65cm × 132.5cm	97,750	中国嘉德	2022-06-27
魏紫熙 1977年作 红叶秋山 镜心	34cm × 43.4cm	92,000	中国嘉德	2022-06-27
魏紫熙 1984年作 秋山飞瀑 镜心	70cm × 46cm	80,500	中国嘉德	2022-05-28
魏紫熙 徐子鹤 为黄穗作黄山云海图·奇松图 立轴(二轴)		80,500	西泠印社	2022-01-22
魏紫熙 1985年作 黄山秋高 镜片	68cm × 44cm	80,500	广东崇正	2022-12-25
魏紫熙 秋山图 镜框	66cm × 45cm	78,200	中贸圣佳	2022-10-27
魏紫熙 1987年作 松山观瀑图 立轴	67cm × 43.5cm	69,000	北京银座	2022-01-12
魏紫熙 1973年作 黄山瑞雪 镜心	22.5cm × 68.5cm	69,000	中国嘉德	2022-06-27
魏紫熙 1960年作 山水册页	25cm × 33.5cm × 11	69,000	永乐拍卖	2022-07-25
魏紫熙 1966年作 橘树经霜分外红 立轴	61.5cm × 45cm	66,700	上海嘉禾	2022-01-01
魏紫熙 1981年作 梅花又报一年春 立轴	画70cm × 46cm	63,250	中国嘉德	2022-06-27
温骧 2020年作 飞瀑流泉 镜心	123cm × 62cm	161,000	北京荣宝	2022-07-24
温骧 2021年作 戒台古松 镜心	68.5cm × 137cm	92,000	北京荣宝	2022-07-24
温瑛 2021年作 花香果香茶香恭沉香也	68cm × 68cm	210,000	北京伍佰艺	2022-09-17
温永琛 1987年作 十八罗汉图 镜心	95cm × 171cm	69,000	华艺国际	2022-09-24
文春兰 红红火火好日子 画心	138cm × 68cm	182,000	北京传世	2022-12-15
文蔚 2021年作 轻舟到天涯	98cm × 356cm	3,100,000	十竹斋拍卖(北京)	2022-08-02
文蔚 2021年作 境	180cm × 47.5cm	770,000	十竹斋拍卖(北京)	2022-08-02
文蔚 2020年作 水映空山秀 镜心	50cm × 100cm	517,500	北京保利	2022-07-27
文蔚 2021年作 思君来慕	120cm × 35cm	370,000	十竹斋拍卖(北京)	2022-08-02
文蔚 2021年作 何处是家山	120cm × 35cm	370,000	十竹斋拍卖(北京)	2022-08-02
文蔚 2021年作 桂枝脉脉	70cm × 46cm	280,000	十竹斋拍卖(北京)	2022-08-02
文蔚 2021年作 东风醉	69cm × 34cm	200,000	十竹斋拍卖(北京)	2022-08-02
闻朝 2020年作 鸿运当头 镜心	68cm × 136cm	520,000	北京中贝	2022-03-16
闻朝 2020年作 一马当先 镜心	68cm × 136cm	470,000	北京中贝	2022-03-16
闻朝 2020年作 雄风万里 镜心	68cm × 68cm	190,000	北京中贝	2022-03-16
闻一多 1937年作 篆书 立轴	79cm × 36cm	287,500	北京荣宝	2022-07-24
闻一多 1938年作 石鼓文八言联 镜心	129cm × 21cm × 2	69,000	中鸿信	2022-09-12
巫晓芳 牡丹 画心	34cm × 68cm	488,000	北京传世	2022-12-15
吴宝林 药王孙思邈 画心	138cm × 69cm	180,000	北京传世	2022-12-15
吴宝林 发菩提心—传喜法师 画心		66,000	北京传世	2022-12-15
吴昌硕 1916年作 花卉四屏 立轴	126cm × 40.6cm × 4	17,825,000	上海嘉禾	2022-11-20
吴昌硕 日下部鸣鹤 花卉书法屏风	150.5cm × 40.3cm × 16	11,500,000	北京保利	2022-07-26
吴昌硕 1921年作 "贵寿无极" 巨幅屏风	155cm × 343cm	7,130,000	中鸿信	2022-09-11
吴昌硕 1915年作 绵绵图 立轴	151cm × 81cm	7,130,000	上海嘉禾	2022-11-20
吴昌硕 1909年作 篆书 "活泼泼地" 镜心	41.5cm × 147cm	6,670,000	中国嘉德	2022-12-12
吴昌硕 1904年作 致朱砚涛 "富贵多寿" 四屏 立轴	186cm × 42.5cm × 4	6,056,224	中国嘉德	2022-10-07
吴昌硕 1902年作 花卉四屏 镜心	114cm × 30.5cm × 4	4,370,000	中国嘉德	2022-06-26
吴昌硕 1920年作 国色天香 立轴 设色纸本	136.5cm × 68cm	3,680,000	北京荣宝	2022-07-24
吴昌硕 1920年作 节临《石鼓文》四屏 镜心	109.5cm × 33.5cm × 4	3,450,000	中国嘉德	2022-06-26
吴昌硕 1926年作 多子图 立轴	116cm × 51.5cm	3,392,500	中贸圣佳	2022-07-23
吴昌硕 1917年作 一花先发高枝 立轴	138.5cm × 41.5cm	3,277,500	开拍国际	2022-07-24
吴昌硕 1906年作 退龄多子图 立轴	116cm × 54cm	3,220,000	中贸圣佳	2022-07-23
吴昌硕 1926年作 行书十二言对联 镜心	174cm × 34cm × 2	3,047,500	开拍国际	2022-01-07
吴昌硕 1919年作 富贵神仙 立轴	169cm × 69cm	2,875,000	北京荣宝	2022-07-24
吴昌硕 1897年作 朱竹墨石图 立轴	114.8cm × 41.7cm	2,760,000	开拍国际	2022-01-07
吴昌硕 篆书 "晚翠轩" 镜心	33cm × 113cm	2,645,000	中贸圣佳	2022-10-27
吴昌硕 1919、1923年作 岁朝清供并篆书八言联 立轴	绘画 132cm × 33.5cm	2,530,000	开拍国际	2022-07-24
吴昌硕 1921年作 三千年结实之桃 镜片	135cm × 65.5cm	2,185,000	上海嘉禾	2022-11-20
吴昌硕 1918年作 为知危临《石鼓》四屏 立轴	136.5cm × 33.5cm × 4	2,127,500	开拍国际	2022-07-24
吴昌硕 1919年作 松旭寿图 立轴	147.5cm × 63cm	2,070,000	北京保利	2022-07-26
吴昌硕 1913年作 昌石酒瓷图 立轴	135cm × 67.5cm	2,012,500	西泠印社	2022-01-22
吴昌硕 1919年作 石鼓文十言联 立轴	173cm × 31cm × 2	1,897,500	上海嘉禾	2022-11-20
吴昌硕 1926年作 为尊山作行书八言联 镜心	136cm × 23.5cm × 2	1,840,000	开拍国际	2022-07-24
吴昌硕 1919年作 行书七言诗 立轴	138cm × 34.5cm	1,840,000	中国嘉德	2022-06-26
吴昌硕 1917年作 贵寿多福图 立轴	148cm × 81cm	1,725,000	西泠印社	2022-01-22
吴昌硕 1921年作 芦橘黄如金 镜片	158cm × 74.5cm	1,725,000	江苏汇中	2022-08-17
吴昌硕 虞山邹巷古藤 立轴	138cm × 68.8cm	1,725,000	上海嘉禾	2022-11-20
吴昌硕 1914年作 富贵寿考图 立轴	138.5cm × 34cm	1,679,000	北京银座	2022-01-12
吴昌硕 1915年作 书法 横披	35.5cm × 165cm	1,667,500	中贸圣佳	2022-12-31
吴昌硕 1919年作 竹石图 镜心	138cm × 67cm	1,610,000	永乐拍卖	2022-07-25
吴昌硕 花果四屏 立轴	66.5cm × 33.5cm × 4	1,610,000	中国嘉德	2022-12-12
吴昌硕 1915年作 篆书 "怀德惟明" 镜心	34cm × 139cm	1,495,000	中鸿信	2022-09-11
吴昌硕 1925年作 墨牡丹 立轴 水墨纸本	138.5cm × 34cm	1,380,000	北京荣宝	2022-07-24
吴昌硕 1916年作 竹石图 立轴	145cm × 56cm	1,380,000	中国嘉德	2022-06-26

拍品名称	物品尺寸	成交价RMB	拍卖公司	拍卖日期	拍品名称	物品尺寸	成交价RMB	拍卖公司	拍卖日期
吴昌硕 1921年作 神仙富贵大中堂 立轴	176.5cm×107cm	1,322,500	江苏汇中	2022-08-16	吴昌硕 1918年作 篆书七言联 对联	145.5cm×37.5cm×2	782,000	西泠印社	2022-01-22
吴昌硕 1924年作 篆书"玉人和月折梅花" 镜心	131cm×36.5cm	1,265,000	中贸圣佳	2023-01-01	吴昌硕 1919年作 菊石延年 镜片	180cm×95.5cm	782,000	上海嘉禾	2022-01-01
吴昌硕 1915年作 芝荷图 立轴	180cm×47.5cm	1,265,000	中贸圣佳	2022-12-31	吴昌硕 墨荷图 立轴	132.5cm×66cm	782,000	西泠印社	2022-08-21
吴昌硕 1903年作 篱边秋菊图 立轴	145.5cm×72cm	1,265,000	西泠印社	2022-01-22	吴昌硕 1913年作 古梅 立轴	132.5cm×42cm	759,000	上海嘉禾	2022-08-28
吴昌硕 1892年作 篆书四屏 立轴	127cm×31cm×4	1,150,000	永乐拍卖	2022-07-25	吴昌硕 1914年作 东篱丛菊笑西风 立轴	138.8cm×50cm	736,000	北京诚轩	2022-08-08
吴昌硕 1918年作 旧时月色 镜框	144cm×65cm	1,150,000	上海嘉禾	2022-11-20	吴昌硕 1916年作 怪石老梅图 立轴	135.5cm×32cm	713,000	华艺国际	2022-07-29
吴昌硕 1912年作 金带围 立轴	137cm×68cm	1,150,000	上海嘉禾	2022-11-20	吴昌硕 1915年作 四时花卉屏 大漆屏风	111cm×40cm×4	713,000	江苏汇中	2022-08-16
吴昌硕 1914年作 秋山闲亭 立轴	127cm×39.5cm	1,150,000	朵云轩	2022-12-08	吴昌硕 1911年作 菊石图 立轴	131.5cm×35cm	713,000	上海嘉禾	2022-11-20
吴昌硕 1914年作 峦秀图 手卷	画心 40.5cm×198cm	1,127,000	北京保利	2022-07-26	吴昌硕 1920年作 为桥本先生书十六言龙门对 镜心	197cm×49cm×2	690,000	中鸿信	2022-09-11
吴昌硕 1916年作 水仙幽石图 立轴	137cm×34cm	1,115,500	中鸿信	2022-09-11	吴昌硕 1925年作 菊石图 立轴	134cm×35cm	690,000	上海嘉禾	2022-11-20
吴昌硕 1916年作 胡庐诗画 立轴	133.5cm×27cm×2	1,100,880	佳士得	2022-12-02	吴昌硕 1925年作 行书 立轴	106cm×43.5cm	690,000	朵云轩	2022-12-09
吴昌硕 1924年作 篆书"谈瀛洲" 额镜心	33cm×68cm	1,092,500	开拍国际	2022-01-07	吴昌硕 1907年作 寿桃 立轴	83cm×35cm	667,000	北京荣宝	2022-07-24
吴昌硕 兰石图 立轴	134cm×67cm	1,092,500	北京银座	2022-09-16	吴昌硕 1915年作 荒崖寂寞无俗情 立轴	117cm×56cm	667,000	中鸿信	2022-09-11
吴昌硕 1904年作 为刘世珩作水仙红豆图 立轴	140cm×69cm	1,092,500	西泠印社	2022-01-22	吴昌硕 瓶花欲笑 立轴	136cm×40cm	646,950	浙江佳宝	2022-03-13
吴昌硕 1915年作 秋菊图 立轴	116.3cm×49cm	1,092,500	中国嘉德	2022-12-12	吴昌硕 1910年作 缶庵奇石 立轴	103cm×51.5cm	644,000	开拍国际	2022-01-07
吴昌硕 曼倩携来 立轴	96cm×45.5cm	1,058,000	保利厦门	2022-10-22	吴昌硕 菜蔬图 立轴	77cm×40.5cm	644,000	中鸿信	2022-09-11
吴昌硕 1918年作 行书六三园和笙伯 立轴	147.5cm×46.5cm	1,035,000	开拍国际	2022-01-07	吴昌硕 篆书临金文 立轴	136cm×32cm	632,500	西泠印社	2022-01-22
吴昌硕 多体书七言联 立轴	144cm×19.5cm×2	1,035,000	北京保利	2022-07-26	吴昌硕 1924年作 节临《石鼓文》立轴	130.5cm×65cm	632,500	中国嘉德	2022-06-26
吴昌硕 1914年作 墨竹 立轴	132.5cm×67.5cm	977,500	北京银座	2022-09-17	吴昌硕 1917年作 五月天热换葛衣 立轴	120cm×64.5cm	621,000	中鸿信	2022-09-11
吴昌硕 1918年作 篆书节临《石鼓文》立轴	142.5cm×53.5cm	977,500	西泠印社	2022-01-22	吴昌硕 天竹拳石 立轴	180cm×47cm	598,000	北京保利	2022-07-27
吴昌硕 1912年作 卢橘夏熟图 立轴	152.5cm×48cm	977,500	永乐拍卖	2022-07-25	吴昌硕 篆书七言联 立轴	132cm×33cm×2	598,000	中贸圣佳	2022-10-27
吴昌硕 1917年作 篆书"圣寿万岁" 立轴	114cm×49cm	920,000	开拍国际	2022-07-24	吴昌硕 1915年作 篆书"翰古斋" 镜心	34.5cm×113cm	586,500	中鸿信	2022-09-11
吴昌硕 1916年作 双色菊花 立轴	139cm×67cm	920,000	北京荣宝	2022-07-24	吴昌硕 1906年作 枇杷 立轴	132.5cm×64cm	579,411	佳士得	2022-12-02
吴昌硕 1890年作 行书古诗三首四屏	129cm×30.5cm×4	920,000	西泠印社	2022-01-23	吴昌硕 篆书节临《石鼓文》立轴	180cm×59.5cm	575,000	西泠印社	2022-01-23
吴昌硕 缪荃孙 樊增祥 姜筠 等 1918年作 为吴石友作爱日楼图 手卷	画心 40cm×218cm	920,000	西泠印社	2022-01-22	吴昌硕 1912年作 荷香图中堂	151cm×68cm	575,000	江苏汇中	2022-08-16
吴昌硕 1915年作 达摩图 立轴	99cm×46.5cm	920,000	西泠印社	2022-01-23	吴昌硕 1921年作 菜根香 立轴	131cm×32.5cm	575,000	朵云轩	2022-12-08
吴昌硕 1900年作 花卉 立轴	165cm×40cm	920,000	永乐拍卖	2022-07-25	吴昌硕 1911年作 为吴征作玉兰图 立轴	138cm×36cm	552,000	西泠印社	2022-01-23
吴昌硕 1915年作 节临《石鼓文》銮车篇(四屏) 立轴	136cm×34cm×4	920,000	北京保利	2022-07-26	吴昌硕 1906年作 破体书七言联 镜心	148.5cm×39cm×2	552,000	中国嘉德	2022-06-26
吴昌硕 1918年作 明珠 立轴	176cm×59cm	920,000	上海嘉禾	2022-11-20	吴昌硕 钟进士图 立轴	81cm×32cm	552,000	中贸圣佳	2022-10-27
吴昌硕 1888年作 梅菊双清 镜片	32.5cm×136cm	920,000	上海嘉禾	2022-11-20	吴昌硕 1919年作 国色天香 立轴	136cm×67.5cm	529,000	上海嘉禾	2022-01-01
吴昌硕 1904年作 水仙红豆图 立轴	140cm×69cm	920,000	上海嘉禾	2022-11-20	吴昌硕 1912年作 碎玉 立轴	137cm×40.5cm	517,500	中贸圣佳	2022-12-31
吴昌硕 1908年作 蔬果册页(四幅) 屏轴	25.5cm×32cm×4	920,000	朵云轩	2022-12-08	吴昌硕 1921年作 行书《剑门看竹》立轴	127.5cm×33cm	517,500	中国嘉德	2022-06-26
吴昌硕 1916年作 花卉册页 镜心	32cm×47cm×7	897,000	北京保利	2022-07-26	吴昌硕 1919年作 红花曼陀罗 立轴	148cm×39cm	517,500	广东崇正	2022-12-25
吴昌硕 1914年作 石鼓文五言联 立轴	131cm×30.5cm×2	828,000	中鸿信	2022-09-11	吴昌硕 1918年作 双色梅花 立轴	132.3cm×40.5cm	486,032	香港苏富比	2022-04-30
吴昌硕 1904年作 天竺水仙 立轴	141cm×82cm	828,000	中鸿信	2022-09-11	吴昌硕 1921年作 行书《招饮六三园》立轴	130.5cm×33.5cm	483,000	中贸圣佳	2022-12-31
吴昌硕 1915年作 寿石图 立轴	142cm×72cm	828,000	江苏汇中	2022-08-16	吴昌硕 1916年作 岁寒三友图 立轴	149.5cm×77.5cm	483,000	中鸿信	2022-09-11
吴昌硕 1915年作 菊石图 立轴	113cm×46cm	805,000	华艺国际	2022-09-23	吴昌硕 1918年作 秋菊 立轴	132cm×33cm	483,000	广东崇正	2022-12-25
吴昌硕 错落珊瑚珠 立轴	106cm×40.5cm	782,000	北京荣宝	2022-07-24	吴昌硕 1898年作 楷书诗咏 立轴	134cm×33cm	460,000	中贸圣佳	2022-12-31
					吴昌硕 1914年作 石榴 立轴	126cm×40cm	460,000	永乐拍卖	2022-07-25
					吴昌硕 王震 吴征 程璋 何研北 等 1926年作 春满华堂 立轴	173cm×92cm	460,000	北京保利	2022-07-24
					吴昌硕 1915年作 牡丹寿石图 立轴	137cm×33cm	460,000	江苏汇中	2022-08-17

拍品名称	物品尺寸	成交价RMB	拍卖公司	拍卖日期
吴昌硕 1924年作 篆书八言联 对联	150.5cm×25cm×2	460,000	上海嘉禾	2022-08-28
吴昌硕 1914年作 独树老夫家 立轴	130cm×33cm	460,000	朵云轩	2022-12-08
吴昌硕 1909年作 敬天安道 镜心	24.2cm×110.5cm	448,500	北京诚轩	2022-08-08
吴昌硕 郑孝胥 春梅图·行书节录《文心雕龙》成扇	19cm×56.5cm	448,500	西泠印社	2022-01-23
吴昌硕 1922年作 石鼓文 立轴	148.5cm×39.5cm	448,500	上海嘉禾	2022-11-20
吴昌硕 1920年作 古艳 立轴	133cm×33cm	437,000	中国嘉德	2022-05-28
吴昌硕 1920年作 竹石图 立轴	151cm×41cm	437,000	中贸圣佳	2022-07-23
吴昌硕 1891年作 沽酒图 镜片	79cm×47cm	437,000	西泠印社	2022-01-23
吴昌硕 手绘蜡笺为盛宣怀行书中堂 立轴	131cm×65cm	437,000	中鸿信	2022-09-11
吴昌硕 1898年作 宝盘红玉 立轴	152cm×82cm	437,000	中国嘉德	2022-06-27
吴昌硕 松石图 立轴	135cm×33cm	437,000	荣宝斋（南京）	2022-12-07
吴昌硕 行书五言联 立轴	104cm×20cm×2	437,000	中国嘉德	2022-12-12
吴昌硕 1914年作 高阁赏雨图 立轴	138cm×68cm	414,000	上海嘉禾	2022-01-01
吴昌硕 1921年作 奇石图 立轴	131cm×33cm	414,000	上海驰翰	2022-02-19
吴昌硕 1926年作 行书五言诗 镜框	114.5cm×47.5cm	405,587	佳士得	2022-12-02
吴昌硕 破荷 立轴	169cm×47cm	402,500	北京银座	2022-09-17
吴昌硕 1912年作 富贵神仙 立轴	102cm×37.5cm	402,500	上海嘉禾	2022-01-01
吴昌硕 1920年作 为凤池作篆书七言联 立轴	131cm×30.5cm×2	402,500	中鸿信	2022-09-11
吴昌硕 贵寿无极 立轴	151cm×34cm	402,500	北京保利	2022-02-03
吴昌硕 芭蕉枇杷图 立轴	117.5cm×36.5cm	402,500	北京保利	2022-02-03
吴昌硕 1908年作 行书 立轴	60cm×43.5cm	402,500	朵云轩	2022-12-09
吴昌硕 书法四条屏	133cm×33cm×4	380,000	香港贞观	2022-01-16
吴昌硕 1909年作 墨荷 镜心	86.5cm×47cm	368,000	开拍国际	2022-01-07
吴昌硕 1918年作 红梅图 镜片	153cm×51cm	368,000	朵云轩	2022-12-08
吴昌硕 1906年作 篆书七言联 立轴	138cm×33cm×2	368,000	广东崇正	2022-12-25
吴昌硕 郑文焯 等 蝶因图 立轴	98.5cm×32.5cm	356,500	朵云轩	2022-12-08
吴昌硕 梅花酿新酒 立轴	91.5cm×38.5cm	353,164	中国嘉德	2022-10-07
吴昌硕 《石鼓文》书法 立轴	140cm×76.2cm	347,646	佳士得	2022-12-02
吴昌硕 篆书八言联 对联	131cm×28cm×2	345,000	中国嘉德	2022-05-28
吴昌硕 行书《三石多寿诗》镜心	29.5cm×29.5cm	345,000	开拍国际	2022-07-24
吴昌硕 1887年作 篆书节临《石鼓文》立轴	130.5cm×31.5cm	345,000	西泠印社	2022-01-23
吴昌硕 1921年作 朱砂绘松寿图 立轴	120.5cm×51cm	345,000	中鸿信	2022-09-11
吴昌硕 1917年作 篆书七言联 立轴	143.5cm×35.5cm×2	345,000	中国嘉德	2022-06-27
吴昌硕 松下高士 立轴	140cm×40.5cm	345,000	永乐拍卖	2022-07-25
吴昌硕 杏花 镜心	83cm×52cm	345,000	北京保利	2022-07-26
吴昌硕 1920年作 风竹 立轴	151.5cm×41cm	345,000	广东崇正	2022-08-11
吴昌硕 1911年作 水竹幽居图 立轴	100.5cm×31cm	345,000	保利厦门	2022-10-22
吴昌硕 1917年作 美意延年 立轴	90cm×30cm	345,000	上海嘉禾	2022-11-20
吴昌硕 1917年作 长松 立轴	132cm×33.5cm	345,000	中国嘉德	2022-12-12
吴昌硕 节临《石鼓文》立轴	91cm×48cm	333,500	北京荣宝	2022-07-24
吴昌硕 1915年作 错落珊瑚 立轴	130cm×31.5cm	333,500	中鸿信	2022-09-11
吴昌硕 1913年作 梅石图 立轴	127cm×54cm	333,500	中国嘉德	2022-12-12
吴昌硕 1920年作 罗浮梦醒 立轴	138.5cm×36.3cm	332,980	香港苏富比	2022-10-08
吴昌硕 为端方作篆书八言联 镜片	172cm×36.5cm×2	322,000	西泠印社	2022-01-23
吴昌硕 何维朴 百合红柿图·书法 成扇	17.5cm×50cm	322,000	西泠印社	2022-01-23
吴昌硕 1916年作 行书《赠沈石友七言诗》立轴	139cm×35cm	322,000	北京保利	2022-07-26
吴昌硕 1922年作 卢橘夏熟 立轴	106.5cm×33cm	322,000	中国嘉德	2022-12-13
吴昌硕 1892年作 篆书 "筒盦" 镜框	21cm×72.5cm	310,782	香港苏富比	2022-10-08
吴昌硕 1899年作 行书 镜框	74.5cm×34cm	310,500	上海嘉禾	2022-08-28
吴昌硕 篆书七言联 立轴	119cm×29cm×2	287,500	北京银座	2022-01-12
吴昌硕 任伯年 金德鉴 陆兰生 等 1887年作 山斋清品 镜心	121.5cm×48.5cm	287,500	北京银座	2022-01-12
吴昌硕 1909年作 暖烘烘 镜心	174cm×31.5cm	287,500	开拍国际	2022-07-24
吴昌硕 "习静居" 横披 镜心	29cm×82cm	287,500	中贸圣佳	2022-12-31
吴昌硕 1919年作 篆书七言联 镜心	137cm×33cm×2	287,500	中鸿信	2022-09-11
吴昌硕 篆书四言联 立轴	132cm×33cm×2	287,500	中国嘉德	2022-06-26
吴昌硕 1915年作 松高长寿 立轴	147cm×41cm	287,500	中国嘉德	2022-06-27
吴昌硕 1918年作 口进明珠 立轴	160cm×39cm	287,500	江苏汇中	2022-08-17
吴昌硕 紫藤 立轴	147cm×40cm	287,500	保利厦门	2022-10-22
吴昌硕 篆书《芦台杂诗》镜框	132cm×27cm	287,500	中贸圣佳	
吴昌硕 1925年作 行书书法 横披	40.5cm×130.5cm	280,818	佳士得	2022-05-29
吴昌硕 1914年作 秋英图 立轴	116.5cm×35.5cm	276,000	北京银座	2022-09-17
吴昌硕 行书 阳羡舟中诗 扇页	51cm×18cm	276,000	西泠印社	2022-01-23
吴昌硕 1920年作 篆书《石鼓文》中堂 立轴	120cm×51cm	276,000	中鸿信	2022-09-11
吴昌硕 石鼓文八言联 立轴	157cm×32cm×2	276,000	江苏汇中	2022-08-16
吴昌硕 兰石图 立轴	150cm×40cm	276,000	中国嘉德	2022-12-13
吴昌硕 清香 镜片	81cm×68.5cm	276,000	广东崇正	2022-12-25
吴昌硕 王震 1915年作 剑门偕游 立轴	134cm×41.5cm	266,384	香港苏富比	2022-10-08
吴昌硕 1918年作 书法 立轴	152cm×38cm	264,500	永乐拍卖	2022-07-25
吴昌硕 1923年作 篆书七言联 立轴	137cm×33cm×2	264,500	江苏汇中	2022-08-16
吴昌硕 1923年作 美意延年 立轴	139cm×33cm	264,500	朵云轩	2022-12-08
吴昌硕 石鼓文节录《庄子·齐物论》立轴	128cm×50cm	258,750	中贸圣佳	2022-10-27
吴昌硕 1914年作 篆书八言联 立轴	170.5cm×34.5cm×2	246,240	保利香港	2022-07-12
吴昌硕 雅蒜 立轴	134cm×32.5cm	241,500	北京保利	2022-02-03
吴昌硕 1918年作 墨梅 立轴	140.7cm×40.8cm	237,615	佳士得	2022-05-29
吴昌硕 1924年作 竹石图 立轴	133cm×33cm	231,764	佳士得	2022-12-02
吴昌硕 翠豪夜湿天香露 立轴	136cm×61cm	230,000	中贸圣佳	2023-01-01
吴昌硕 1923年作 红梅图 镜心	109cm×52cm	230,000	北京保利	2022-07-26
吴昌硕 1921年作 摘来秋色供萧斋 立轴	136cm×34.5cm	230,000	保利厦门	2022-10-22
吴昌硕 拟清湘老人笔意 立轴	135.5cm×33cm	230,000	中国嘉德	2022-12-13
吴昌硕 1922年作 篆书八言联 对联	169cm×36cm×2	230,000	朵云轩	2022-12-08
吴昌硕 1904年作 岁寒图 立轴	179cm×47cm	220,728	中国嘉德	2022-10-07
吴昌硕 1891年作 秋菊图 立轴	69.5cm×30cm	218,500	北京银座	2022-09-17
吴昌硕 1919年作 篆书 七言联 对联	127cm×29cm×2	207,000	西泠印社	2022-01-22
吴昌硕 1918年作 篆书七言联 立轴	150.5cm×34cm×2	207,000	保利厦门	2022-10-22
吴昌硕 1917年作 菊石图 立轴	132cm×33.5cm	207,000	中国嘉德	2022-12-13
吴昌硕 篆书八言联 立轴	130cm×31cm×2	207,000	广东崇正	2022-12-25
吴昌硕 1888年作 为顾潞作篆书题画诗 横披	132cm×21cm	195,500	西泠印社	2022-01-23
吴昌硕 王震 书法山水双挖 立轴	山水 34.5cm×27.5cm	195,500	华艺国际	2022-09-23

2022书画拍卖成交汇总(续表)

(成交价RMB：6万元以上)

拍品名称	物品尺寸	成交价RMB	拍卖公司	拍卖日期
吴昌硕 盛宣怀 旧时月色 楷书苏轼《和董传留别》成扇	17cm×49cm	195,500	中贸圣佳	2022-10-27
吴昌硕 1921年作 三寿作朋 镜心	137cm×33.5cm	195,350	保利香港	2022-10-12
吴昌硕 1912年作 篆书五言联 立轴	107cm×17cm×2	187,618	中国嘉德	2022-10-07
吴昌硕 1888年作 白菜图 立轴	95.5cm×32cm	184,000	西泠印社	2022-01-23
吴昌硕 1908年作 篆书七言联 立轴	110cm×31cm×2	184,000	中鸿信	2022-09-11
吴昌硕 1914年作 行书七言诗 立轴	134cm×33cm	184,000	中鸿信	2022-09-12
吴昌硕 石鼓文七言联 对联	130cm×31cm×2	172,500	中国嘉德	2022-05-28
吴昌硕 1916年作 墨牡丹图 立轴	130cm×36cm	172,500	北京荣宝	2022-07-24
吴昌硕 1890年作 松树灵芝 立轴	119.5cm×42.5cm	172,500	北京银座	2022-09-17
吴昌硕 乾坤清气图 立轴	96.5cm×32.5cm	172,500	西泠印社	2022-01-23
吴昌硕 程璋 胡郯卿 五瑞图 立轴	136cm×68cm	172,500	西泠印社	2022-01-23
吴昌硕 书画"习静居" 镜片	30cm×83cm	172,500	西泠印社	2022-01-23
吴昌硕 沈心海 汪洛年 等1921年作 祝寿绘画六帧 镜片	36cm×28cm×6	172,500	西泠印社	2022-01-23
吴昌硕 1920年作 观泉图 立轴	149cm×54.5cm	172,500	中国嘉德	2022-06-27
吴昌硕 "观复斋" 匾	74cm×178cm	172,500	北京保利	2022-07-26
吴昌硕 "怡园会琴记" 匾	39cm×175cm	172,500	北京保利	2022-07-26
吴昌硕 1920年作 益者三友 立轴	136cm×66cm	172,500	北京保利	2022-07-26
吴昌硕 1886年作 墨梅图 镜心	74cm×36cm	172,500	北京保利	2022-07-26
吴昌硕 1919年作 岁寒三友图 立轴	108.5cm×30.5cm	172,500	江苏汇中	2022-08-16
吴昌硕 1915年作 浅水芦花 立轴	105.5cm×37.5cm	172,500	朵云轩	2022-12-08
吴昌硕 1912年作 行书五言诗 立轴	154.5cm×26cm	161,000	中国嘉德	2022-12-13
吴昌硕 1902年作 篆书七言联 对联	175cm×45cm×2	149,500	中国嘉德	2022-05-28
吴昌硕 梅石图 立轴	121cm×55cm	149,500	朵云轩	2022-12-08
吴昌硕 1917年作 斑斓秋色 立轴	128cm×33cm	138,000	中国嘉德	2022-09-29
吴昌硕 王震 商笙伯 1914年作 年年有鱼图 立轴	102.5cm×55cm	138,000	西泠印社	2022-01-23
吴昌硕 1918年作 姚黄魏紫 立轴	130cm×32.5cm	132,250	朵云轩	2022-12-08
吴昌硕 1915年作 绶带坚固 立轴	116.5cm×35cm	119,380	保利香港	2022-10-12
吴昌硕 1914年作 年丰人寿世太平 镜心	37cm×23.5cm	115,000	中鸿信	2022-09-11
吴昌硕 黄山寿 倪田 三秋图 立轴	111cm×52cm	115,000	中国嘉德	2022-06-27
吴昌硕 陆恢 耐寒清操 立轴	86cm×29.5cm	112,700	中鸿信	2022-09-11
吴昌硕 1918年作 篆书节临《銮车鼓碑》立轴	144cm×49cm	109,250	中鸿信	2022-09-11
吴昌硕 1906年作 清供 立轴	119cm×34cm	103,500	中国嘉德	2022-05-28
吴昌硕 沈心海 等 花鸟人物册(七页) 册页	31.5cm×26cm×7	103,500	西泠印社	2022-01-23
吴昌硕 1892年作 集金文八言联 立轴	161cm×31.5cm×2	103,500	中国嘉德	2022-12-25
吴昌硕 1915年 行书 立轴	49cm×30cm	101,200	中鸿信	2022-09-11
吴昌硕 1923年作 石鼓文集联句 镜心	129cm×31cm	92,000	中国嘉德	2022-05-30
吴昌硕 高邕 1895年作、1897年作 梅石图·行书词句 成扇	17.5cm×50cm×2	92,000	保利厦门	2022-10-22
吴昌硕 篆书"鹤寿" 镜心	34cm×122cm	92,000	保利厦门	2022-10-22
吴昌硕 1915年作 寿桃 立轴	65cm×32cm	92,000	上海嘉禾	2022-11-20
吴昌硕 何其昌 梅花·书法 成扇	18.5cm×51cm	90,498	中国嘉德	2022-10-07
吴昌硕 枇杷图 立轴	151cm×40cm	86,250	中国嘉德	2022-05-31
吴昌硕 篆书八言联 立轴	125cm×28.5cm×2	86,250	荣宝斋(南京)	2022-12-07
吴昌硕 杏花春雨江南 镜心	32cm×39cm	80,500	中国嘉德	2022-12-12
吴昌硕 1921年作 石鼓文八言联 对联	142cm×32cm×2	74,750	中国嘉德	2022-05-31
吴昌硕 1918年作 芝石图 立轴	87cm×26cm	74,750	中国嘉德	2022-09-27
吴昌硕 1921年作 松芝延寿 镜心	151cm×33cm	74,750	中国嘉德	2022-09-29
吴昌硕 杏子初华 立轴	131cm×40cm	74,750	中国嘉德	2022-09-29
吴昌硕 1921年作 红梅图 立轴	107.5cm×32cm	74,750	中鸿信	2022-09-11
吴昌硕 1915年作 口进明珠打雀儿 镜心	136cm×67cm	71,300	中鸿信	2022-09-11
吴昌硕 1921年作 修竹降暑 立轴	138cm×34cm	69,000	中国嘉德	2022-05-28
吴昌硕 1913年作 篆书节临《石鼓文》四条屏	128cm×29cm×4	69,000	中国嘉德	2022-05-31
吴昌硕 1915年作 福禄 立轴	151cm×40.5cm	69,000	中鸿信	2022-09-11
吴昌硕 篆书四言联 立轴	132.5cm×33cm×2	69,000	中国嘉德	2022-06-26
吴昌硕 1922年作 篆书临《石鼓文》立轴	18.5cm×52.4cm	68,425	中国嘉德	2022-10-07
吴传麟 1984年作 水从天外来 镜心	69cm×42cm	80,500	中国嘉德	2022-05-29
吴大恺 2021年作 家园 镜心	168cm×168cm	1,688,000	北京中贝	2022-03-16
吴大恺 2021年作 禅林雪韵 镜心	68cm×136cm	510,000	北京中贝	2022-03-16
吴大恺 2021年作 雪域圣地 镜心	68cm×68cm	467,000	北京中贝	2022-03-16
吴大恺 2021年作 寒江独钓 镜心	34cm×68cm	268,000	北京中贝	2022-03-16
吴大羽 周碧初 1980年作 风景、花卉双挖 立轴		195,500	中贸圣佳	2022-07-23
吴待秋 1924年作 春水晚山图 立轴	171cm×45.5cm	287,500	北京银座	2022-09-16
吴待秋 1944年作 花石图 立轴	133.5cm×66.5cm	230,000	北京荣宝	2022-07-24
吴待秋 1941年作 深林幽居 立轴	129.5cm×65.5cm	101,200	上海嘉禾	2022-01-01
吴待秋 1940年作 雪夜渔归 立轴	121.5cm×50cm	89,700	上海嘉禾	2022-01-01
吴待秋 山水 立轴	102cm×33cm	86,250	浙江佳宝	2022-03-13
吴待秋 1938年作 无量寿佛 立轴	126cm×32.5cm	63,250	北京保利	2022-07-26
吴茀之 1959年作 晚翠 立轴	123cm×60cm	230,000	北京荣宝	2022-07-24
吴茀之 1963年作 硕果图手卷	画心 40.5cm×296cm	149,500	上海嘉禾	2022-01-01
吴茀之 1963年作 海棠晴丝 立轴	94cm×34.5cm	143,750	北京银座	2022-01-12
吴茀之 1962年作 花卉 四屏立轴	137cm×33.5cm×4	66,700	北京银座	2022-01-12
吴冠中 贵州侗家村寨 镜心	90cm×95cm	19,506,837	中国嘉德	2022-10-07
吴冠中 1988年作 紫藤 镜框	66.6cm×131.5cm	12,249,388	香港苏富比	2022-04-30
吴冠中 1979年作 林 镜框	97cm×90.5cm	12,055,117	香港苏富比	2022-10-08
吴冠中 1997年作 荷塘 镜心	124cm×246cm	9,200,000	北京保利	2022-07-26
吴冠中 1991年作 松魂 镜框	68.2cm×138.2cm	5,549,670	香港苏富比	2022-10-08
吴冠中 江南小镇 镜框	69cm×85cm	5,327,683	香港苏富比	2022-10-08
吴冠中 漓江小镇 镜框	67.5cm×93.3cm	5,214,699	佳士得	2022-12-02
吴冠中 网师园 镜片	68cm×123cm	5,175,000	上海嘉禾	2022-11-20
吴冠中 1982年作 水田 镜框	88.9cm×95.7cm	4,968,331	香港苏富比	2022-04-30
吴冠中 1979年作 无锡梅园 镜框	66.8cm×70.5cm	4,428,295	佳士得	2022-05-29
吴冠中 水乡 镜框	67cm×77cm	4,212,280	佳士得	2022-05-29
吴冠中 松曲 镜框	70cm×69cm	4,171,759	佳士得	2022-12-02
吴冠中 1978年作 古树长城 镜心	67.5cm×82cm	3,795,000	中国嘉德	2022-12-12
吴冠中 20世纪80年代作 园林春色	89cm×95.5cm	3,680,000	永乐拍卖	2022-07-26
吴冠中 1991年作 龙潭湖之春 镜框	68cm×64cm	3,456,230	佳士得	2022-05-29
吴冠中 海边 镜心	45cm×48.5cm	3,335,000	中国嘉德	2022-06-26
吴冠中 1987年作 忆印度牧羊人 立轴	67cm×44.8cm	3,244,701	佳士得	2022-12-02
吴冠中 1993年作 大渔岛村	71cm×68.8cm	3,220,000	西泠印社	2022-01-22
吴冠中 1989年作 莫奈故居池塘	69cm×71cm	3,220,000	中国嘉德	2022-06-28
吴冠中 1991年作 花前细语 镜心	44.5cm×66cm	2,875,000	开拍国际	2022-01-07

拍品名称	物品尺寸	成交价RMB	拍卖公司	拍卖日期
吴冠中 1979年作 川北大竹河 镜框	43cm × 46.3cm	2,592,172	香港苏富比	2022-04-30
吴冠中 1989年作 荷池夏曲 镜框	32.3cm × 44.5cm	2,549,408	佳士得	2022-12-02
吴冠中 根与瀑 镜框	69cm × 67.8cm	2,441,855	香港苏富比	2022-10-08
吴冠中 1977年作 春笋 镜框	48.6cm × 45.2cm	2,441,855	香港苏富比	2022-10-08
吴冠中 奔流 镜心	89cm × 95cm	2,428,008	中国嘉德	2022-10-07
吴冠中 1987年作 帆树图 镜心	68.5cm × 68.5cm	2,428,008	中国嘉德	2022-10-07
吴冠中 1993年作 墙上秋色 镜心	44.5cm × 48.5cm	2,415,000	中国嘉德	2022-12-12
吴冠中 1986年作 园林一角 镜框	49cm × 70cm	2,376,158	香港苏富比	2022-04-30
吴冠中 1990年作 山麓人家 镜框	67.5cm × 49.5cm	2,376,158	佳士得	2022-05-29
吴冠中 稻田 立轴	59cm × 69cm	2,317,644	佳士得	2022-12-02
吴冠中 1987年作 小村 镜框	51.5cm × 44cm	1,969,997	佳士得	2022-12-02
吴冠中 1979年作 日出东方 立轴	38cm × 40cm	1,955,000	开拍国际	2022-07-24
吴冠中 1983年作 朱家角 镜框	34cm × 43cm	1,854,115	佳士得	2022-12-02
吴冠中 儿时记忆 镜心	69cm × 68.5cm	1,844,976	保利香港	2022-10-12
吴冠中 1987年作 江南春早 镜框	68cm × 45cm	1,725,000	北京保利	2022-07-26
吴冠中 竹涧图 镜框	45cm × 48cm	1,725,000	北京保利	2022-07-26
吴冠中 1972年作 花溪 镜框	37.8cm × 25.5cm	1,620,108	香港苏富比	2022-04-30
吴冠中 1991年作 白桦林 镜心	53cm × 70.5cm	1,610,000	中国嘉德	2022-06-27
吴冠中 1984年作 清泉 镜框	66cm × 48cm	1,610,000	北京保利	2022-07-26
吴冠中 1987年作 燕语乡音 镜心	69cm × 69cm	1,590,300	保利香港	2022-07-12
吴冠中 1993年作 戒台寺白皮松 镜框	41cm × 30cm	1,296,086	香港苏富比	2022-04-30
吴冠中 紫藤 镜心	42cm × 136cm	1,269,186	华艺国际	2022-11-27
吴冠中 苏州园林 镜心	35cm × 46.5cm	1,265,000	北京银座	2022-01-12
吴冠中 1980年作 公园小景 镜心	45cm × 45cm	1,265,000	华艺国际	2022-09-23
吴冠中 1988年作 渡口 立轴	46.3cm × 37cm	1,158,822	佳士得	2022-12-02
吴冠中 江畔 镜心	53cm × 63cm	1,150,000	开拍国际	2022-07-24
吴冠中 1980年作 鲁迅家乡 镜心	46cm × 49cm	1,150,000	北京荣宝	2022-07-24
吴冠中 1997年作 紫藤	53cm × 67.5cm	1,103,640	中国嘉德	2022-10-09
吴冠中 1989年作 雪山之春 镜框	66cm × 33cm	1,035,000	上海嘉禾	2022-08-28
吴冠中 幽山 镜心	68.5cm × 68.5cm	1,035,000	中国嘉德	2022-12-12
吴冠中 1987年作 江南水乡 镜框	43cm × 47cm	972,064	佳士得	2022-05-29
吴冠中 1987年作 鱼之乐 镜框	34cm × 45.7cm	864,057	香港苏富比	2022-04-30
吴冠中 1985年作 长白山天池 镜心	46cm × 42cm	793,500	北京诚轩	2022-08-08
吴冠中 1997年 春在	47cm × 38.5cm	747,500	中国嘉德	2022-06-28
吴冠中 1989年作 竹海泊舟图 镜心	68cm × 45cm	713,000	中贸圣佳	2022-12-31
吴冠中 初春 镜心	66cm × 68.5cm	713,000	保利厦门	2022-10-22
吴冠中 20世纪80年代作 鹭鸶	46cm × 34cm	667,000	西泠印社	2022-08-20
吴冠中 1985年作 拂堤杨柳 立轴	47cm × 44cm	598,000	广东崇正	2022-12-25
吴冠中 1985年作 佛堤杨柳 立轴	47cm × 44cm	575,000	永乐拍卖	2022-07-25
吴冠中 1981年作 京郊山村 镜框	22.8cm × 39.5cm	554,967	香港苏富比	2022-10-08
吴冠中 荷塘 镜心	30.5cm × 39cm	483,000	保利厦门	2022-10-22
吴冠中 诗画恩怨 墨海银丝、水乡		460,000	永乐拍卖	2022-07-26
吴冠中 1984年作 大足卧佛 镜心	28.5cm × 48cm；30cm × 49.5cm	441,456	中国嘉德	2022-10-07
吴冠中 1979年作 湖畔林间 镜心	33cm × 44cm	437,000	北京保利	2022-07-26
吴冠中 1981年作 冰湖速写 镜框	28.6cm × 24.1cm	388,477	香港苏富比	2022-10-08
吴冠中 1988年作 江南山居 镜心	68cm × 68cm	368,000	中国嘉德	2022-09-27
吴冠中 1997年作 鹤舞 镜片	68cm × 137cm	368,000	上海嘉禾	2022-11-20
吴冠中 1983年作 云冈石窟 镜心	28cm × 23.5cm	368,000	中国嘉德	2022-12-15
吴冠中 1993年 村庄 镜心	60cm × 47cm	322,000	中鸿信	2022-09-11
吴冠中 鹦鹉天堂	68cm × 70cm	321,895	荣宝斋（香港）	2022-11-26
吴冠中 1979年作 江南水乡 镜心	38.5cm × 35cm	287,500	中鸿信	2022-09-11
吴冠中 1979年作 太湖帆影 镜心	27.5cm × 39.5cm	217,056	保利香港	2022-10-12
吴冠中 1983年作 天坛 镜心	28cm × 23.5cm	207,000	中国嘉德	2022-12-15
吴冠中 水乡	18cm × 54cm	172,500	中贸圣佳	2022-07-24
吴冠中 2005年作 卿卿性命	44cm × 47cm	172,500	华艺国际	2022-07-28
吴冠中 2005年作 孤峰夕照	47cm × 44cm	172,500	华艺国际	2022-07-28
吴冠中 拙政园写生 镜框	31cm × 43.5cm	105,800	保利厦门	2022-10-21
吴冠中 1980年作 鱼乐图 镜片	44cm × 33cm	101,200	广东崇正	2022-08-11
吴冠中 埃菲尔铁塔 镜框	40cm × 30.5cm	101,200	保利厦门	2022-10-21
吴冠中 2005年作 大栄园 镜心	44.5cm × 48cm	92,000	北京银座	2022-01-12
吴光宇 1947年作 五子图 立轴	65cm × 30cm	86,250	西泠印社	2022-01-22
吴海友《金刚经》《道德经》画心	220cm × 70cm	360,000	北京传世	2022-12-15
吴海友 乐游图 画心	180cm × 68cm	160,000	北京传世	2022-12-15
吴晗 手稿一 册页	26.5cm × 19cm	207,000	中贸圣佳	2022-12-31
吴灏 1982年作 为赵汉光作嘉藕图 镜片	96cm × 59.5cm	149,500	西泠印社	2022-01-22
吴湖帆 1936年作 晓云碧嶂 立轴	112.5cm × 47cm	10,456,283	香港苏富比	2022-10-08
吴湖帆 1944年作 仿董北苑溪山图 镜框	95cm × 45cm	3,680,000	上海嘉禾	2022-11-20
吴湖帆 1936年作 出水芙蓉 立轴	94cm × 33cm	2,070,000	朵云轩	2022-12-08
吴湖帆 1934年作 泥絮禅心图 手卷	画25cm × 66cm	1,610,000	中国嘉德	2022-06-26
吴湖帆 1939年作 拟各家山水 册页	24.5cm × 29cm × 8	1,380,000	北京保利	2022-07-26
吴湖帆 1935年作 快雪时晴 立轴	83cm × 30.5cm	1,380,000	中国嘉德	2022-12-13
吴湖帆 潘静淑 草虫卷 手卷	绘画 20cm × 161cm	1,150,000	华艺国际	2022-09-23
吴湖帆 1934年作 仕女图 镜片	130.5cm × 46cm	977,500	朵云轩	2022-12-08
吴湖帆 1943年作 蜀葵 立轴	44cm × 30.2cm	754,755	香港苏富比	2022-10-08
吴湖帆 徐玥 朱梅邨 等 荷塘采莲图 镜框	66cm × 39cm	667,000	中贸圣佳	2022-10-27
吴湖帆 1935年作 磐庐图卷 手卷	23cm × 243cm	632,500	中国嘉德	2022-06-26
吴湖帆 沈卫 1940年作 松下高士图·楷书南卓《羯鼓录》成扇	20.5cm × 53cm	552,000	中贸圣佳	2022-12-31
吴湖帆 1932年作 青绿山水 册页八开	21.5cm × 28.5cm × 8	463,528	佳士得	2022-12-02
吴湖帆 1930年作 云山幽居图 立轴	108.5cm × 53cm	460,000	西泠印社	2022-01-22
吴湖帆 1947年作 篆书七言联 立轴	138cm × 22cm × 2	437,000	上海嘉禾	2022-11-20
吴湖帆 行书五言联 镜框	70.2cm × 15.8cm × 2	399,576	香港苏富比	2022-10-08
吴湖帆 潘静淑临《华山碑》四屏 立轴	46.5cm × 15.5cm × 4	345,000	开拍国际	2022-01-07
吴湖帆 临吴墨井峰峦雨意图 立轴	106cm × 48cm	333,500	中贸圣佳	2022-10-27
吴湖帆 行书抄古诗八首（一幅）	29.5cm × 182cm	322,000	中鸿信	2022-09-12
吴湖帆 潘静淑 溥儒 吴昌硕 陈半丁 白蕉 书画扇面集珍 册页	尺寸不一	322,000	中鸿信	2022-09-11
吴湖帆 书法横披 镜心	32.5cm × 88cm	310,500	中贸圣佳	2022-10-27
吴湖帆 1955年作 仿方壶笔意图 镜心	13cm × 74.5cm	287,500	北京荣宝	2022-07-24

2022书画拍卖成交汇总（续表）

（成交价RMB：6万元以上）

拍品名称	物品尺寸	成交价RMB	拍卖公司	拍卖日期
吴湖帆 叶恭绰 王福厂 余绍宋 等 书法八屏 立轴	105.5cm×27.5cm ×8	287,500	中国嘉德	2022-06-26
吴湖帆 郑午昌 等 海上三十六家"寿"字册页（三十八开）		276,000	广东崇正	2022-12-25
吴湖帆 行书七言 对联	131cm×28cm ×2	253,000	朵云轩	2022-12-08
吴湖帆 叶恭绰 1942年作 荷花·竹石图 成扇	19cm×50cm×2	241,500	北京银座	2022-09-17
吴湖帆 1953年作 松溪仙隐 立轴	70cm×30cm	230,000	中国嘉德	2022-06-26
吴湖帆 行书七言联 对联	132cm×21.5cm ×2	230,000	上海嘉禾	2022-08-28
吴湖帆 1962年作 月窗竹影 立轴	86.4cm×45cm	218,500	北京保利	2022-07-26
吴湖帆 1962年作 山中云烟 镜框	24cm×33cm×2	195,500	上海嘉禾	2022-01-01
吴湖帆 行书七言联 立轴	125cm×20.5cm ×2	184,000	永乐拍卖	2022-07-25
吴湖帆 吴华源 松竹（二帧）镜心	95.5cm×43cm×2	176,582	中国嘉德	2022-10-07
吴湖帆 行书七言联 立轴	129cm×21.5cm ×2	172,500	北京银座	2022-09-17
吴湖帆 行书七言联 对联	131cm×32cm×2	172,500	西泠印社	2022-01-22
吴湖帆 1946年作 墨竹 立轴	107cm×38cm	172,500	上海嘉禾	2022-01-01
吴湖帆 行书八言联 立轴	144cm×33cm×2	172,500	北京保利	2022-07-26
吴湖帆 行书七言联 立轴	146cm×37cm×2	172,500	中贸圣佳	2022-10-27
吴湖帆 行书七言联 立轴	131cm×27cm×2	149,500	北京保利	2022-07-26
吴湖帆 行书十言联 镜片	107.5cm×21cm ×2	149,500	广东崇正	2022-08-11
吴湖帆 松阴高士 立轴	106cm×38cm	138,000	浙江佳宝	2022-03-13
吴湖帆 行书七言联 立轴	140cm×32.5cm ×2	138,000	上海嘉禾	2022-11-20
吴湖帆 行书七言联 立轴	137cm×33cm×2	132,250	中贸圣佳	2022-10-27
吴湖帆 1919年作 墨竹图立轴	83cm×39cm	126,500	西泠印社	2022-01-23
吴湖帆 1929年作 夕阳秋影 镜心	56.5cm×32.5cm	126,500	中国嘉德	2022-06-27
吴湖帆 许慰高 1955年作 行书 脸谱 成扇	17cm×48.5cm	115,000	广东崇正	2022-08-11
吴湖帆 1948年作 朱丝栏行楷七言联 立轴	169cm×24cm×2	115,000	江苏汇中	2022-08-16
吴湖帆 1936年作 君子之交 镜心	18cm×52cm	101,200	北京保利	2022-07-26
吴湖帆 1926年作 云壑幽居 立轴	106cm×52.5cm	92,000	上海嘉禾	2022-01-01
吴湖帆 行书七言联 镜心	133cm×30cm×2	92,000	中鸿信	2022-09-11
吴湖帆 篆书七言联 立轴	134cm×28cm×2	92,000	上海嘉禾	2022-11-20
吴湖帆 1942年作 金文临古 立轴	121cm×53.5cm	92,000	中国嘉德	2022-12-12
吴湖帆 1944年作 楷书"听琴观鹤" 镜片	29cm×78.5cm	86,250	上海嘉禾	2022-08-28
吴湖帆 行书七言联 镜心	132.3cm×31.9cm ×2	80,500	北京诚轩	2022-08-08
吴湖帆 1949年作 翠竹 扇面镜心	18.5cm×51.5cm	74,750	北京银座	2022-01-12
吴湖帆 行书七言联 镜心	148cm×27cm×2	74,750	中鸿信	2022-09-12
吴湖帆 朱梅邨 行书元结诗·春醉霞觞 成扇	18cm×50cm	74,750	中国嘉德	2022-06-27
吴湖帆 行书八言联 镜心	140cm×25.5cm ×2	69,000	北京银座	2022-01-12
吴湖帆 行书"大观" 镜心	34.5cm×77.5cm	69,000	中国嘉德	2022-06-27
吴湖帆 行书七言联 镜心	132cm×26cm×2	69,000	中贸圣佳	2022-10-27
吴湖帆 樊浩霖 行书五言诗·竹石灵芝 成扇	19cm×50cm	69,000	中国嘉德	2022-12-13
吴湖帆 郑沅 枫桥夜泊·章草 成扇	18cm×51cm×2	63,250	江苏汇中	2022-08-17
吴湖帆 陈摩 行书七言诗·花卉 成扇	19cm×49cm	63,250	中国嘉德	2022-12-13
吴华源 辞曹归汉 立轴	94cm×40cm	80,500	中贸圣佳	2022-10-27
吴华源 高士闲吟图 立轴	87cm×43cm	73,600	中贸圣佳	2022-10-27
吴欢 2022年作 龙凤呈祥 镜框	131cm×46cm	874,000	北京保利	2022-07-27
吴建军 2022年作 青山碧水 镜心	68cm×136cm	480,000	北京中贝	2022-03-16
吴金师 东方之声 画心	140cm×70cm	980,000	北京传世	2022-12-15
吴静山 西塞山前白鹭飞 桃花流水鳜鱼肥	68cm×68cm	88,000	北京伍佰艺	2022-09-17
吴镜汀 1954年作 黄山百丈泉 横披	78.5cm×140.5cm	402,500	北京银座	2022-09-16
吴梅 行书四屏 立轴	66.5cm×35.5cm ×4	92,000	广东崇正	2022-08-11
吴宓 1957年作 行书苏轼《水调歌头》立轴	87.5cm×34cm	86,250	中鸿信	2022-09-12
吴明锡 听溪观云 镜片	96cm×178cm	257,600	开禧国际	2022-12-28
吴佩孚 为张荐秋书七言联 对联	145cm×38cm×2	184,000	西泠印社	2022-01-23
吴佩孚 行书七言对联 立轴	137cm×33.5cm×2	161,000	开拍国际	2022-01-07
吴佩孚 行书五言联 立轴	146cm×39cm×2	138,000	中国嘉德	2022-06-26
吴佩孚 草书七言联 立轴	180cm×46cm×2	115,000	北京银座	2022-01-12
吴强(润松) 2022年作 见龙在田 镜框	6.5cm×48cm	86,405	佳士得	2022-05-29
吴樵六 2018年作 花卉 镜框	69cm×46cm	75,323	佳士得	2022-12-02
吴琴木 王午亭 1936年作 紫气东来图 立轴	149cm×80cm	195,500	西泠印社	2022-01-23
吴琴木 1946年作 湖山放棹 立轴	102.5cm×50.5cm	184,000	北京银座	2022-01-12
吴琴木 1949年作 为叶潞渊作花卉扇 成扇	19.5cm×53cm	184,000	西泠印社	2022-01-23
吴琴木 1941年作 山居图 立轴	136cm×67.5cm	161,000	西泠印社	2022-01-23
吴琴木 四时山水（四幅）屏条	40cm×20cm×4	155,250	朵云轩	2022-12-08
吴琴木 瞿宣颖 1958年作 端阳即景·楷书《燕郊杂咏诗》成扇	18.5cm×45cm	140,409	香港苏富比	2022-04-30
吴琴木 云壑松荫 立轴	169cm×51.5cm	97,750	朵云轩	2022-12-08
吴琴木 盘庐放马图卷 手卷		96,600	中贸圣佳	2022-10-27
吴琴木 草堂闲居图 立轴	111cm×52.5cm	95,450	北京银座	2022-01-12
吴琴木 1933年作 寒鸦飞瀑图 立轴	135cm×34cm	89,700	上海嘉禾	2022-01-01
吴琴木 任堇 1936年作 湖天清晓·节录陆游《老学庵笔记》成扇	18.8cm×51cm	74,750	北京诚轩	2022-08-08
吴琴木 1947年作 渔舟晚泊图 立轴	105.5cm×52cm	69,000	西泠印社	2022-01-23
吴青霞 1941年作 雁沐秋光 镜心	133.5cm×68.5cm	517,500	北京银座	2022-09-16
吴青霞 渔家乐 立轴	73.5cm×40.5cm	276,000	朵云轩	2022-12-08
吴青霞 杂画 册页（八开）	尺寸不一	253,000	朵云轩	2022-12-08
吴青霞 1995年作 翠岚苍巘 立轴	115cm×40cm	230,000	朵云轩	2022-12-08
吴青霞 1988年作 巨幅芦雁图 立轴	234cm×117cm	207,000	西泠印社	2022-01-22
吴青霞 1942年作 桐荫煮茶图 镜片	40.5cm×104cm	207,000	上海嘉禾	2022-11-20
吴青霞 1977年作 飞腾万里 镜片	79cm×255cm	184,000	广东崇正	2022-12-25
吴青霞 1994年作 江边芦雁 立轴	115cm×49cm	115,000	中鸿信	2022-09-11
吴青霞 1981年作 跃渊腾云 立轴	138cm×67cm	115,000	中国嘉德	2022-06-26
吴青霞 1988年作 江滩芦获 镜片	99.5cm×49.5cm	115,000	上海嘉禾	2022-11-20
吴青霞 1982年作 为欧初作芦雁图 镜片	89cm×48cm	92,000	西泠印社	2022-01-23
吴青霞 清供图 立轴	103cm×39cm	92,000	中鸿信	2022-09-11
吴青霞 芦雁图 立轴	80.8cm×36.2cm	86,250	中贸圣佳	2022-10-27
吴青霞 双鲤图 镜心	89cm×48cm	69,000	中贸圣佳	2022-10-27
吴青霞 1951年作 鱼水和谐 镜片	68cm×137.5cm	69,000	上海嘉禾	2022-11-20
吴青霞 1990年作 月色半窗 镜片	89cm×47cm	69,000	朵云轩	2022-12-08
吴青霞 1977年作 神州无恙 立轴	137cm×67cm	69,000	朵云轩	2022-12-08

2022书画拍卖成交汇总（续表）
（成交价RMB：6万元以上）

拍品名称	物品尺寸	成交价RMB	拍卖公司	拍卖日期
吴青霞 1944年作 得利图 镜心	106cm×53cm	68,425	中国嘉德	2022-10-08
吴青霞 1980年作 双鲤图 立轴	89.5cm×48cm	65,550	朵云轩	2022-12-08
吴青霞 1972年作 有余图 镜心	20cm×26.5cm	62,100	北京诚轩	2022-08-08
吴瑞汾 张志鱼 1928年作 桃源图·篆书《桃花源记》成扇	19.5cm×52cm	97,120	中国嘉德	2022-10-07
吴山苍 竹石图 画心	138cm×68cm	600,000	北京传世	2022-12-15
吴山明 人物（三帧）立轴		187,618	中国嘉德	2022-10-07
吴山明 2017年作 2018年作 南无观世音菩萨 行书七言联 镜框 对联		166,750	上海嘉禾	2022-01-01
吴山明 1978年作 山茶 镜片	51cm×43.5cm	143,750	西泠印社	2022-01-23
吴山明 2008年作 牧牛汉子 镜片	67.5cm×44.5cm	69,000	西泠印社	2022-08-21
吴山明 达摩 挂轴	68cm×136cm	63,480	浙江当代	2022-01-03
吴石仙 1907年作 仿李思训山水 立轴	173cm×92cm	218,500	广东崇正	2022-08-11
吴石仙 高邕 1908年作 溪桥风雨图·行书诗 成扇	17cm×49cm	97,750	西泠印社	2022-01-23
吴石仙 1907年作 烟溪泛舟图 立轴	146cm×77.5cm	69,000	西泠印社	2022-01-23
吴泰 1985年作 竹林大士像 立轴	230.8cm×94.3cm	151,210	香港苏富比	2022-04-30
吴同利 2018年作 山色清音 册页	40.5cm×29cm×8	230,000	中国嘉德	2022-12-15
吴熙曾 溪山云霁图	137cm×67cm	386,274	荣宝斋（香港）	2022-11-26
吴救木 花卉山水 册页（二十六开选九）	28cm×40.5cm×26	138,000	上海嘉禾	2022-01-01
吴一峰 赶场 镜心	47cm×59cm	172,500	永乐拍卖	2022-07-25
吴一峰 1948年作 春境山水 镜心	57cm×38cm	101,200	华艺国际	2022-09-23
吴虞 行书四屏 立轴	133cm×30.5cm×4	402,500	泰和嘉成	2022-07-30
吴虞 行书六言联 立轴	133cm×30.5cm×2	207,000	泰和嘉成	2022-07-30
吴玉如 诗书 册页（二十开）	19.5cm×25.5cm×20	154,509	中国嘉德	2022-10-07
吴悦石 2022年作 听松 镜心	178cm×96cm	1,725,000	北京荣宝	2022-07-24
吴悦石 荷花蜻蜓 立轴	103.5cm×34cm	437,000	北京荣宝	2022-07-24
吴悦石 2008年作 钟进士神威宝像 镜心	136cm×68cm	368,000	北京荣宝	2022-07-24
吴悦石 2008年作 福来 立轴	136cm×68cm	218,500	北京保利	2022-07-27
吴悦石 2005年作 松下纳凉图 镜心	92cm×41cm	172,500	北京荣宝	2022-07-24
吴悦石 2005年作 西山览胜 镜心	69.5cm×69cm	149,500	北京荣宝	2022-07-24
吴悦石 2005年作 荷塘鸣翠 镜心	98cm×67.5cm	126,500	北京荣宝	2022-07-24
吴悦石 2000年作 春江水暖鸭先知 镜心	78cm×47cm	97,750	北京荣宝	2022-07-24
吴悦石 2021年作 心经 镜心	34cm×136cm	80,500	北京荣宝	2022-07-24
吴征 1944年作 岁朝清供 立轴	129cm×65cm	126,500	中国嘉德	2022-12-13
吴征 1943年作 桃源图 镜框	39cm×74cm	120,750	朵云轩	2022-12-08
吴征 1939年作 湖石杏花 镜心	133.5cm×66cm	109,250	中国嘉德	2022-12-13
吴征 山居图 立轴	169cm×90cm	92,000	中贸圣佳	2022-12-31
吴征 1939年作 秋山图 立轴	165cm×80cm	80,500	中贸圣佳	2022-12-31
吴征 蔡铣 行书袁枚诗·双兔图 成扇	18.5cm×50cm	78,200	西泠印社	2022-01-23
吴征 1939年作 秋山图 立轴	161cm×78cm	195,500	西泠印社	2022-01-22
吴征 王禔 1935年作 盘庐读经图 手卷	画心 22cm×122cm	172,500	西泠印社	2022-01-22
吴征 1923年作 山居图 镜心	34cm×174cm	82,773	中国嘉德	2022-10-07

拍品名称	物品尺寸	成交价RMB	拍卖公司	拍卖日期
吴征 1943年作 朱松 立轴	74cm×40.8cm	74,750	北京诚轩	2022-08-08
吴忠兰 量子虾 画心	175cm×95cm	180,000	北京传世	2022-12-15
吴子深 1949年作 翠袖舞春（四幅）镜框	104cm×39cm×4	109,250	朵云轩	2022-12-08
吴书 山水	136cm×69cm	400,000	北京乔禧	2022-12-25
吴书 秋色红天	136cm×69cm	400,000	北京乔禧	2022-12-25
吴书 远方的诗	136cm×69cm	400,000	北京乔禧	2022-12-25
吴子书 书法"北国风光"	306cm×50cm	350,000	北京乔禧	2022-12-25
吴子书 书法"大江东去"	300cm×50cm	300,000	北京乔禧	2022-12-25
吴作人 1961年作 千里云山 立轴	133cm×67cm	713,000	开拍国际	2022-07-24
吴作人 英雄独立 立轴	118cm×45cm	667,000	中贸圣佳	2022-10-27
吴作人 1990年作 长天碧草 镜心	画心 68.5cm×45.5cm	552,000	北京银座	2022-01-12
吴作人 1984年作 池趣 镜心	134cm×54.5cm	483,000	中国嘉德	2022-12-13
吴作人 1963年作 熊猫自在图 立轴	101cm×51cm	414,000	中国嘉德	2022-12-12
吴作人 1977年作 任重道远 镜心	48cm×370cm	345,000	北京保利	2022-07-26
吴作人 1987年作 任重道远 镜片	67cm×138cm	345,000	朵云轩	2022-12-08
吴作人 1977年作 击日千里 立轴	136cm×51cm	345,000	朵云轩	2022-12-08
吴作人 熊猫 立轴	59cm×40cm	287,500	中贸圣佳	2022-07-23
吴作人 1985年作 芦塘天鹅 立轴	83cm×54cm	253,000	中鸿信	2022-09-11
吴作人 1984年作 三余图 镜心	38cm×52.5cm	218,500	北京银座	2022-09-11
吴作人 1988年作 奔牦图 镜心	67.5cm×67.5cm	195,500	北京银座	2022-01-12
吴作人 1987年作 藏原奔牦 镜心	84.5cm×37cm	172,500	北京银座	2022-01-12
吴作人 仙鹤 镜片	33.5cm×33.5cm	172,500	朵云轩	2022-12-08
吴作人 朝夕相伴 镜心	69.5cm×34.5cm	161,000	北京银座	2022-01-12
吴作人 1975年作 竹味可餐 镜心	62.5cm×40cm	149,500	北京银座	2022-01-12
吴作人 1975年作 熊猫 镜心	69cm×46cm	143,473	中国嘉德	2022-10-07
吴作人 1987年作 天鹅 镜框	58.2cm×42.6cm	139,058	佳士得	2022-12-02
吴作人 1989年作 鱼乐 镜框	46.5cm×28.5cm	138,000	上海嘉禾	2022-08-28
吴作人 1964年作 双驼 立轴	68cm×50cm	138,000	中国嘉德	2022-12-13
吴作人 1988年作 游鱼 镜心	45cm×38cm	126,500	中国嘉德	2022-05-30
吴作人 1981年作 篆书"求吾所好" 镜心	34.5cm×58.5cm	126,500	中国嘉德	2022-12-12
吴作人 1976年作 草书武则天诗 立轴	140cm×68cm	115,000	中国嘉德	2022-12-12
吴作人 1962年作 熊猫 立轴	68cm×39.5cm	103,500	中国嘉德	2022-06-27
吴作人 1984年作 玄鹭 镜心	102cm×39cm	92,000	永乐拍卖	2022-07-25
吴作人 1987年作 鱼戏图 镜心	65cm×43.5cm	88,291	中国嘉德	2022-10-07
吴作人 1977年作 熊猫啖竹 镜心	53cm×43cm	80,500	中国嘉德	2022-05-28
吴作人 幸福院初稿 镜心	27.5cm×31cm	80,500	中国嘉德	2022-06-26
吴作人 1981年作 通天河畔 镜片	43cm×65cm	79,350	上海嘉禾	2022-01-01
吴作人 1984年作 熊猫 镜框	36cm×39cm	69,000	北京荣宝	2022-07-24
吴作人 1981年作 大吉图 镜片	37.5cm×54cm	69,000	广东崇正	2022-08-11
吴作人 1979年作 金鱼 镜心	42cm×42cm	63,250	中国嘉德	2022-05-28
吴作人 池趣 立轴	65cm×32cm	63,250	中国嘉德	2022-05-28
吴作人 1975年作 熊猫苹果 镜心	50cm×39cm	63,250	中国嘉德	2022-12-13
伍建群 2013年作 大家风范 镜心	125cm×45cm	330,000	北京伍佰艺	2022-09-17
伍建群 2021年作 金刚经句 镜心	125cm×45cm	270,000	北京伍佰艺	2022-09-17
武艺 2017年作 佛本生故事 镜心	49cm×822cm	437,000	中国嘉德	2022-12-15
夏德辉 2022年作 边关月	136cm×68cm	86,000	北京伍佰艺	2022-10-28
夏方明 此君节操独凌寒 画心	136cm×68cm	236,000	北京传世	2022-12-15
夏荷生 2022年作 太湖石 镜心	136cm×68cm	690,000	中国嘉德	2022-06-29
夏吉宏 梦里家山 画心	180cm×95cm	386,000	北京传世	2022-12-15
夏敬观 黄孝纾 临吴湖帆旧藏王原祁山水 册页	32.5cm×20.5cm×16	276,000	中贸圣佳	2022-12-31

2022书画拍卖成交汇总(续表)

(成交价RMB: 6万元以上)

拍品名称	物品尺寸	成交价RMB	拍卖公司	拍卖日期	拍品名称	物品尺寸	成交价RMB	拍卖公司	拍卖日期
夏明 2020年作 杜牧《山行》隶书横幅	52cm×232cm	575,000	保利厦门	2022-10-22	萧耀彩 笑满乾坤福满门 画心	167cm×90cm	1,400,000	北京传世	2022-12-15
贤宗法师 佛 画心	68cm×138cm	190,000	北京传世	2022-12-15	萧耀彩 国色天香 画心	112cm×64cm	700,000	北京传世	2022-12-15
萧冰 虎 画心	68cm×136cm	60,000	北京传世	2022-12-15	萧耀彩 清水芙蓉 画心	110cm×64cm	600,000	北京传世	2022-12-15
萧海春 数峰远春 镜片	103cm×220.5cm	207,000	朵云轩	2022-12-08	萧耀彩 献寿图 画心	104cm×64cm	600,000	北京传世	2022-12-15
萧海春 雁石泉壑图 立轴	246.5cm×123.5cm	127,470	佳士得	2022-12-02	萧耀彩 塔吉克小姑娘 画心	92cm×67cm	200,000	北京传世	2022-12-15
萧红 1937年作 致萧军书简 镜心		109,250	北京保利	2022-07-26	小室翠云 1934年作 鹤羽留香 对屏		63,250	中国嘉德	2022-05-30
萧晖荣 2020年作 平安和谐图 镜心	192cm×487cm	11,270,000	华艺国际	2022-09-24	肖伏清 2020年作 乾隆御马 镜心	136cm×68cm	580,000	北京中贝	2022-03-16
萧晖荣 2015年作 莲花 纸板镜框	40cm×60cm	291,619	佳士得	2022-05-29	肖伏清 2021年作 智水仁山 镜心	136cm×68cm	360,000	北京中贝	2022-03-16
萧晖荣 2022年作 甲骨文 镜框	30.5cm×20cm	81,117	佳士得	2022-12-02	肖伏清 2021年作 山高水长 镜心	136cm×68cm	340,000	北京中贝	2022-03-16
萧建初 张大千 1944年作 人马图 立轴	画60.5cm×43cm	80,500	广东崇正	2022-08-11	肖勇 2020年作 山色苍苍树色秋 镜心	138cm×69cm	184,000	北京荣宝	2022-07-24
萧俊贤 张大千 1945年作 仿吴镇山水·临《瘗鹤铭》成扇	19cm×49.5cm	103,500	中贸圣佳	2022-12-31	解澜涛 2022年作 山花烂漫 镜心	144cm×108cm	149,500	中国嘉德	2022-06-29
萧俊贤 1931年作 李日华诗意 立轴	108.5cm×54cm	63,250	中国嘉德	2022-06-27	解澜涛 2022年作 花卉 镜心	72.5cm×144cm	63,250	中国嘉德	2022-12-15
萧朗 苍鹰图 立轴	165cm×95cm	322,000	北京荣宝	2022-07-24	解维础 临夏圭溪山清远图卷 手卷	32cm×718cm	97,750	中国嘉德	2022-05-29
萧朗 八百遐龄 镜心	132cm×67cm	322,000	北京荣宝	2022-07-24	解维础 1964年作 临石溪溪山无尽图卷 手卷	34cm×486cm	86,250	中国嘉德	2022-05-29
萧朗 瓜栅蝴声 镜心	68cm×69cm	299,000	北京荣宝	2022-07-24	解维础 二老观瀑图 立轴	136cm×69cm	69,000	中国嘉德	2022-05-29
萧朗 红冠 镜心	68cm×69cm	264,500	北京荣宝	2022-07-24	解维础 1974年作 军民鱼水情 立轴	83cm×59cm	69,000	中国嘉德	2022-05-29
萧朗 芦鸭 镜心	85cm×79.5cm	241,500	北京荣宝	2022-07-24	解维础 1998年作 泰岳四季屏 四条屏	152cm×42cm×4	63,250	中国嘉德	2022-05-29
萧朗 信步 镜心	67cm×45cm	172,500	北京荣宝	2022-07-24	谢公展 1938年作 为刘湖涵作十分春色图 立轴	173.5cm×94.5cm	80,500	西泠印社	2022-01-23
萧朗 桐月 镜心	65cm×44cm	109,250	北京荣宝	2022-07-24	谢瑞阶 1982年作 中流砥柱 立轴	51cm×67cm	132,250	广东崇正	2022-12-25
萧朗 贾宝珉 等 1979年作 西沽荷风 镜心	147cm×273cm	103,500	开拍国际	2022-01-07	谢天成 石破月来花弄影 镜心	200cm×192cm	7,700,000	北京中贝	2022-03-16
萧朗 梧桐八哥 立轴	69cm×45.5cm	97,750	北京荣宝	2022-07-24	谢无量 行书诗文 册页	29cm×17.5cm×50	1,035,000	北京保利	2022-07-26
萧朗 葡萄草虫 立轴	66cm×42cm	92,000	北京荣宝	2022-07-24	谢无量 行书卷 手卷		644,000	泰和嘉成	2022-07-30
萧朗 美人蕉草虫 立轴	66.5cm×45cm	92,000	北京荣宝	2022-07-24	谢无量 行书七言联 立轴	140.5cm×35cm×2	575,000	北京银座	2022-09-16
萧朗 秋色秋声 立轴	67cm×46cm	80,500	北京荣宝	2022-07-24	谢无量 1948年作 行书四屏（四幅）镜片	127.5cm×33cm×4	575,000	朵云轩	2022-12-09
萧朗 家常菜 镜心	67.5cm×44cm	63,250	北京荣宝	2022-07-24	谢无量 行书横披 镜心	41cm×128cm	563,500	中贸圣佳	2022-12-31
萧平 蕉荫高士 镜心	60cm×83cm	92,000	荣宝斋（南京）	2022-12-07	谢无量 自书诗稿 册页	29cm×32cm	483,000	泰和嘉成	2022-07-30
萧谦中 1937年作 秋山图 立轴	137.5cm×45cm	184,000	广东崇正	2022-12-25	谢无量 行书李煜《相见欢》镜心	131.5cm×64.5cm	402,500	开拍国际	2022-01-07
萧谦中 1925年作 王维诗意图 立轴	132cm×51.5cm	172,500	西泠印社	2022-01-22	谢无量 楷书七言联 立轴	145cm×38cm×2	299,000	泰和嘉成	2022-07-30
萧谦中 1923年作 策杖独步 立轴	133cm×65cm	126,500	中贸圣佳	2022-12-31	谢无量 兰渚遗风 镜片	28.5cm×56.5cm	253,000	泰和嘉成	2022-07-30
萧淑芳 山花烂漫 镜心	108cm×86.5cm	391,000	中国嘉德	2022-12-12	谢无量 行书七言诗 镜心	69cm×34cm	184,000	北京银座	2022-09-16
萧淑芳 1982年作 缀群芳 镜心	88.5cm×119cm	345,000	北京银座	2022-09-17	谢无量 为桂诗成作行书七言联 镜片	132cm×32.5cm×2	184,000	西泠印社	2022-01-22
萧淑芳 1979年作 岭南二月花 立轴	85cm×67.5cm	172,500	北京银座	2022-09-17	谢无量 楷书七言联 立轴	136cm×34cm×2	172,500	泰和嘉成	2022-07-30
萧淑芳 报春 镜心	56cm×39cm	105,800	中鸿信	2022-09-11	谢无量 行书成都杂诗 横披	31.5cm×114cm	172,500	中国嘉德	2022-06-27
萧淑芳 1957年作 大连夏令营 镜心	28cm×68cm	92,000	中国嘉德	2022-06-27	谢无量 行书七言联 立轴	167.5cm×42.5cm×2	172,500	广东崇正	2022-12-25
萧淑芳 1976年作 多彩 镜心	67cm×38cm	80,500	中国嘉德	2022-06-26	谢无量 行书七言联 镜片	133.5cm×33cm×2	166,750	广东崇正	2022-08-11
萧卫华 多子多福多吉利 画心	138cm×68cm	4,820,000	北京传世	2022-12-15	谢无量 行书七言联 立轴	128cm×34cm×2	161,000	中鸿信	2022-09-11
萧卫华 吉祥富贵 画心	138cm×68cm	4,720,000	北京传世	2022-12-15	谢无量 为吴文藻作行书陶渊明诗 立轴	127cm×58.5cm	161,000	西泠印社	2022-08-21
萧卫华 高瞻远瞩 画心	138cm×68cm	4,510,000	北京传世	2022-12-15	谢无量 行书 立轴	107cm×31cm	126,500	荣宝斋（南京）	2022-12-07
萧卫华 双雄图 画心	138cm×68cm	4,160,000	北京传世	2022-12-15	谢无量 行书七言诗 立轴	131cm×22cm	115,000	开拍国际	2022-01-07
萧卫华 英雄天地 画心	138cm×68cm	3,990,000	北京传世	2022-12-15	谢无量 行书七言联 立轴	133cm×32cm×2	115,000	中国嘉德	2022-12-13
萧卫华 2021年作 江山神韵 镜心	70cm×183cm	1,570,000	北京中贝	2022-03-16	谢无量 行书杜甫诗（四幅）立轴	135.5cm×32.8cm×4	110,088	佳士得	2022-12-02
萧卫华 2019年作 山水清音 镜心	70cm×183cm	1,460,000	北京中贝	2022-03-16	谢无量 行书 立轴	79.5cm×45cm	103,500	上海嘉禾	2022-11-20
萧娴 隶书《水调歌头》立轴	107cm×94cm	115,000	中国嘉德	2022-06-26					
萧娴 行书四言联 立轴	178cm×47.5cm×2	103,500	中国嘉德	2022-06-26					
萧娴 书匾"逸趣斋" 镜片	272.5cm×86cm	78,200	西泠印社	2022-08-21					
萧愻 1934年作 观潮图 镜心	100.5cm×32.5cm	172,500	中国嘉德	2022-06-27					
萧愻 雨霁天绅 立轴	134.5cm×49cm	115,000	中国嘉德	2022-06-27					
萧愻 1942年作 楼殿参差倚夕阳 立轴	99cm×32cm	86,405	香港苏富比	2022-04-30					

拍品名称	物品尺寸	成交价RMB	拍卖公司	拍卖日期
谢无量 行书七言联 立轴	139cm×30cm×2	94,300	广东崇正	2022-08-11
谢无量 行书赠王商一旧作 镜心	82cm×36.5cm	92,000	中贸圣佳	2022-12-31
谢无量 1945年作 行书九言联 立轴	133.5cm×16cm×2	92,000	保利厦门	2022-10-22
谢无量 行书 立轴	128cm×33cm	80,500	广东崇正	2022-08-11
谢无量 巴州光福寺楠木诗 立轴	141cm×52.5cm	78,200	泰和嘉成	2022-07-30
谢无量 行书七绝 立轴	114cm×39.2cm	64,804	香港苏富比	2022-04-30
谢月眉 1948年作 荷花鸳鸯 镜片	130cm×65cm	69,000	江苏汇中	2022-08-17
谢赠生 青春乐章 画心	180cm×200cm	288,000	北京传世	2022-12-15
谢之光 张石园 幸福一代 镜心	65cm×128cm	287,500	中国嘉德	2022-06-26
谢之光 叔叔讲故事 立轴	122.5cm×70cm	195,500	中国嘉德	2022-12-12
谢之光 花卉小品 册页（十二开）	画40.5cm×46cm×12	103,500	广东崇正	2022-12-25
谢之光 万壑千岩 立轴	178.5cm×75cm	92,000	朵云轩	2022-12-08
谢之光 抚琴仕女 镜片	45.5cm×31cm	80,500	上海嘉禾	2022-01-01
谢稚柳 层峦清响 立轴	147cm×95cm	6,900,000	上海嘉禾	2022-11-20
谢稚柳 双松湖石 立轴	112.5cm×66cm	5,520,000	朵云轩	2022-12-08
谢稚柳 高唐神女图 镜片	127cm×59cm	5,002,500	上海嘉禾	2022-11-20
谢稚柳 叠嶂层云 立轴	151cm×81cm	4,255,000	北京银座	2022-09-16
谢稚柳 1989年作 碧岭松泉 立轴	91cm×78cm	4,025,000	上海嘉禾	2022-11-20
谢稚柳 刘旦宅 1977年作 为于丁作《雪芹著书图》卷 手卷	画心 30.5cm×130cm	3,220,000	西泠印社	2022-01-22
谢稚柳 1977年作 莺歌燕舞图 立轴	129.5cm×64cm	3,047,500	西泠印社	2022-01-22
谢稚柳 1980年作 岩泉幽居 镜片	122cm×246cm	2,530,000	上海嘉禾	2022-11-20
谢稚柳 1991年作 云水山村 镜框	135.5cm×68cm	2,185,000	上海嘉禾	2022-11-20
谢稚柳 1991年作 青山飞瀑 镜框	49cm×180cm	2,070,000	上海嘉禾	2022-11-20
谢稚柳 1983年作 松山幽居 镜片	画心 68.5cm×137.5cm	1,725,000	上海嘉禾	2022-11-20
谢稚柳 陈佩秋 1976年作 春江水暖 立轴	137cm×68cm	1,725,000	上海嘉禾	2022-11-20
谢稚柳 陈佩秋 1969年作 2005年作 山居图 手卷		1,610,000	上海嘉禾	2022-11-20
谢稚柳 1948年作 霜枝翠羽图 立轴	98cm×43cm	1,552,500	中鸿信	2022-09-11
谢稚柳 1949年作 松溪策杖 立轴	63cm×29.5cm	1,380,000	北京保利	2022-07-26
谢稚柳 1983年作 1986年题 荷花鹌鹑卷 手卷	画心 36cm×239cm	1,380,000	江苏汇中	2022-08-16
谢稚柳 1986年作 翠岭松泉图 立轴	135cm×67.5cm	1,380,000	上海嘉禾	2022-11-20
谢稚柳 1954年作 松壑幽居 镜片	97.5cm×41cm	1,380,000	朵云轩	2022-12-08
谢稚柳 1906年作 林泉丘壑图 镜片	95.5cm×89cm	1,150,000	西泠印社	2022-01-22
谢稚柳 1973年作 荷花鹌鹑 镜片	95cm×60cm	943,000	上海嘉禾	2022-11-20
谢稚柳 1950年作 霜叶秋禽 立轴	画心 112cm×42.5cm	931,500	中鸿信	2022-09-11
谢稚柳 1982年作 松谷飞泉 镜片	33.5cm×113.5cm	920,000	上海嘉禾	2022-11-20
谢稚柳 山桃伯劳 立轴	65cm×38cm	920,000	上海嘉禾	2022-11-20
谢稚柳 1955年作 荷塘鹌鹑 立轴 设色纸本	76.5cm×57cm	816,500	北京荣宝	2022-07-24
谢稚柳 1944年作 为谢无量作 茶花白鸽 镜心	64cm×39.5cm	805,000	中鸿信	2022-09-11
谢稚柳 1955年作 红叶禽戏图 镜心	89cm×36.5cm	690,000	中鸿信	2022-09-11
谢稚柳 1982年作 山泉奔流图 镜片	125cm×60cm	690,000	上海嘉禾	2022-11-20
谢稚柳 山泉高致 立轴	25cm×75cm; 108cm×75cm	667,000	中贸圣佳	2022-10-27
谢稚柳 1941年作 仿宋人花鸟卷 手卷	28cm×162cm	575,000	中鸿信	2022-09-11
谢稚柳 柳岸春帆 镜心	136cm×68cm	575,000	中贸圣佳	2022-10-27
谢稚柳 陆俨少 等 1976年作 1977年作 1978年作 1979年作 百家争鸣 册页（二十三开）	27cm×38.5cm×23	575,000	朵云轩	2022-12-09
谢稚柳 董巨风韵 镜心	80cm×57cm	552,000	中鸿信	2022-09-11
谢稚柳 1989年作 千峰秋色 立轴	90cm×77.5cm	517,500	北京荣宝	2022-07-24
谢稚柳 1985年作 碧嶂松瀑图 横披	91.5cm×68cm	494,500	西泠印社	2022-01-22
谢稚柳 松泉图 立轴	121cm×55cm	471,500	江苏汇中	2022-08-16
谢稚柳 松谷鸣泉 镜心	68cm×135cm	460,000	北京荣宝	2022-07-24
谢稚柳 1979年作 高山流水 立轴	128.5cm×64.5cm	460,000	朵云轩	2022-12-08
谢稚柳 1957年作 密林深处 镜片	27cm×32.5cm	437,000	广东崇正	2022-12-25
谢稚柳 1989年作 春山水瀑 镜心	68cm×136cm	425,500	中鸿信	2022-09-11
谢稚柳 1936年作 仿陈老莲春秋图 镜心	99cm×32cm	425,500	中鸿信	2022-09-11
谢稚柳 1978年作 溪山飞瀑 立轴	137cm×68cm	402,500	中鸿信	2022-09-11
谢稚柳 1977年作 石榴图 镜心	画心 73cm×47cm	402,500	上海嘉禾	2022-08-28
谢稚柳 1946年作 山水清音 立轴	80.5cm×39.5cm	402,500	朵云轩	2022-12-08
谢稚柳 1954年作 青山村居 镜心	18.5cm×51cm	391,000	中国嘉德	2022-12-12
谢稚柳 1942年作 梨花绶带 立轴	99cm×36cm	379,500	中鸿信	2022-09-11
谢稚柳 1986年作 黄山松峰图 镜片	68.5cm×68cm	345,000	西泠印社	2022-01-22
谢稚柳 1983年作 荷塘鹌鹑 镜片	34cm×124.5cm	345,000	上海嘉禾	2022-11-20
谢稚柳 1965年作 层峦清音 立轴	101cm×41cm	304,750	江苏汇中	2022-08-16
谢稚柳 南湖一景 立轴	68cm×45cm	299,000	中贸圣佳	2022-10-27
谢稚柳 1982年作 丛山晴雪 立轴	68cm×46cm	287,500	中国嘉德	2022-06-26
谢稚柳 松瀑图 立轴	89cm×47.5cm	287,500	上海嘉禾	2022-11-20
谢稚柳 1982年作 松山飞瀑 立轴	71cm×43cm	287,500	上海嘉禾	2022-11-20
谢稚柳 1976年作 狂草初试 手卷	画心 34cm×193cm	287,500	上海嘉禾	2022-11-20
谢稚柳 1944年作 玉兰山鹊 镜片	42cm×53cm	276,000	江苏汇中	2022-08-16
谢稚柳 1994年作 江村图 镜心	112.5cm×44cm	264,500	朵云轩	2022-12-08
谢稚柳 1957年作 王子献看竹图·书法扇面双挖镜框	18.7cm×52.5cm×2	259,217	佳士得	2022-05-29
谢稚柳 荷花 立轴	60cm×48cm	253,000	北京荣宝	2022-07-24
谢稚柳 行书七言诗 镜片	96cm×180cm	253,000	上海嘉禾	2022-08-28
谢稚柳 1981年作 林峦秋色 镜心	100cm×49.5cm	242,800	中国嘉德	2022-10-07
谢稚柳 1979年作 拒霜芙蓉 镜片	34cm×130.5cm	230,000	上海嘉禾	2022-01-01
谢稚柳 1982年作 青绿山水 立轴	71cm×44cm	230,000	中国嘉德	2022-06-26
谢稚柳 层峦飞泉 立轴	78.5cm×37cm	230,000	北京保利	2022-07-27
谢稚柳 1991年作 莲塘风露 立轴	画心 68.5cm×45cm	230,000	上海嘉禾	2022-08-28
谢稚柳 陈佩秋 为黄西爽作山水·书法扇 成扇	18cm×49cm	218,500	西泠印社	2022-01-23
谢稚柳 1993年作 拟范宽笔意 立轴	74.5cm×35cm	218,500	上海嘉禾	2022-11-20
谢稚柳 1947年作 荷塘双雀 立轴	64cm×43cm	207,000	中国嘉德	2022-05-29
谢稚柳 1984年作 青山红树图 镜心	40cm×59cm	207,000	中贸圣佳	2022-12-31
谢稚柳 落墨葡萄 镜片	39cm×67cm	201,250	上海嘉禾	2022-08-28
谢稚柳 1996年作 草书自作诗卷 手卷	50cm×368cm	195,500	中国嘉德	2022-06-26
谢稚柳 秋葵图 镜心	69.7cm×49cm	195,500	中国嘉德	2022-06-26
谢稚柳 1982年作 荷花 镜片	99cm×48cm	195,500	朵云轩	2022-12-08
谢稚柳 1971年作 山居图 镜心	39cm×58cm	172,500	中鸿信	2022-09-11
谢稚柳 茂林幽泉·行书《闵行行》成扇	19.5cm×50cm	172,500	中国嘉德	2022-06-26
谢稚柳 徐邦达 1981年作 翠竹斑鸠·行书诗 成扇	19cm×50cm×2	172,500	江苏汇中	2022-08-16

2022书画拍卖成交汇总(续表)

(成交价RMB: 6万元以上)

拍品名称	物品尺寸	成交价RMB	拍卖公司	拍卖日期	拍品名称	物品尺寸	成交价RMB	拍卖公司	拍卖日期
谢稚柳 吴青霞 潘伯鹰 等 杂画 册页(十二开)	25cm×33cm×12	172,500	中贸圣佳	2022-10-27	谢稚柳 1988年作 红叶小鸟·行书 立轴	画心 67.5cm×39.5cm	74,750	上海嘉禾	2022-11-20
谢稚柳 1985年作 苍松图 镜片	100cm×50.5cm	172,500	广东崇正	2022-12-25	谢稚柳 1978年作 芙蓉 立轴	65cm×44cm	72,450	华艺国际	2022-09-23
谢稚柳 1943年 墨梅 立轴	95.2cm×44cm	166,490	香港苏富比	2022-10-08	谢稚柳 芙蓉花 立轴	89.5cm×48.5cm	69,000	北京银座	2022-01-12
谢稚柳 书法	130cm×34cm	165,546	荣宝斋(香港)	2022-11-26	谢稚柳 1987年作 春梅图 立轴	76cm×38cm	69,000	中国嘉德	2022-05-29
谢稚柳 1983年作 松泉图 立轴	88cm×46cm	165,546	中国嘉德	2022-10-07	谢稚柳 1981年作 花蝶图 镜心	77cm×35cm	69,000	中国嘉德	2022-05-31
谢稚柳 1979年作 芙蓉并蒂 立轴	67.7cm×47.8cm	162,010	香港苏富比	2022-04-30	谢稚柳 行书七言联	136cm×31.5cm×2	69,000	中国嘉德	2022-06-27
谢稚柳 1977年作 荷韵 立轴	95cm×33.5cm	161,000	中贸圣佳	2022-07-23	谢稚柳 拒霜图 立轴	88cm×47cm	69,000	江苏汇中	2022-08-16
谢稚柳 徐邦达 1980年作 红叶竹禽·行书诗 成扇	19cm×50cm×2	161,000	江苏汇中	2022-08-16	谢稚柳 1984年作 牡丹 镜片	66cm×41cm	69,000	江苏汇中	2022-08-16
谢稚柳 1955年作 红叶栖禽图 立轴	123cm×33cm	149,500	中鸿信	2022-09-11	谢稚柳 等艺苑雅集 册页(八开)	24cm×32.5cm×8	69,000	江苏汇中	2022-08-17
谢稚柳 1994年作 江村图 镜心	113cm×44.5cm	138,000	中贸圣佳	2022-07-23	谢稚柳 1981年作 红果小鸟 软片	68cm×40cm	66,700	江苏汇中	2022-08-16
谢稚柳 1981年作 松瀑图 镜心	82cm×48cm	138,000	中鸿信	2022-09-11	谢稚柳 行草五言联 立轴	97cm×33.5cm×2	65,550	江苏汇中	2022-08-16
谢稚柳 松山飞泉 立轴	画心 90cm×47.5cm	138,000	中鸿信	2022-09-11	谢稚柳 1975年作 兰草图 立轴	69cm×35cm	63,250	中国嘉德	2022-05-29
谢稚柳 1980年作 山居图卷 手卷	33cm×138cm	138,000	中鸿信	2022-09-11	谢稚柳 梅竹双清 立轴	66cm×45cm	63,250	中国嘉德	2022-06-27
谢稚柳 徐邦达 1981年作 霜叶小鸟·行书诗 成扇	19cm×50cm×2	138,000	江苏汇中	2022-08-16	谢稚柳 1977年作 红叶小鸟 镜片	81cm×46cm	63,250	江苏汇中	2022-08-16
谢稚柳 徐邦达 松树八哥 行书七律诗一首 成扇	19cm×50cm×2	138,000	江苏汇中	2022-08-16	谢稚柳 红梅 单面成扇	17cm×51cm	63,250	江苏汇中	2022-08-16
谢稚柳 秋晚归舟 立轴	53.5cm×40cm	135,700	北京银座	2022-09-17	谢稚柳 芙蓉花 软片	69cm×45cm	63,250	江苏汇中	2022-08-16
谢稚柳 庞国钧 1948年作 烟雨江南·楷书书法 成扇	18cm×49cm	132,250	永乐拍卖	2022-07-25	谢稚柳 明珠满架 镜片	99cm×39cm	63,250	上海嘉禾	2022-08-28
谢稚柳 1981年作 夏山飞瀑 立轴	68cm×35cm	132,250	江苏汇中	2022-08-16	辛鹏 十二生肖国画 画心	68cm×137cm×14	426,000	北京传世	2022-12-15
谢稚柳 潘伯鹰 兰花·行书书法 成扇	18cm×49cm	132,250	中贸圣佳	2022-10-27	辛鹏 书画套组二十四条屏 画心 条屏		286,000	北京传世	2022-12-15
谢稚柳 1978年作 拒霜芙蓉 立轴	81.5cm×39cm	126,500	上海嘉禾	2022-08-28	星云 阿弥陀佛	69cm×36cm	275,910	荣宝斋(香港)	2022-11-26
谢稚柳 行书七言联 镜框	130cm×33.5cm×2	126,500	上海嘉禾	2022-11-20	星云 行书 镜心	95.5cm×180cm	172,500	中鸿信	2022-09-12
谢稚柳 1980年作 海棠小鸟 镜片	42cm×55.5cm	115,000	江苏汇中	2022-08-16	星云 行书五言联 立轴	136cm×34.5cm×2	115,000	荣宝斋(南京)	2022-12-07
谢稚柳 1985年作 竹石红梅 镜框	20cm×64.5cm	115,000	上海嘉禾	2022-08-28	星云 行书七言联 镜心	137cm×34cm×2	112,860	保利香港	2022-07-12
谢稚柳 潘伯鹰 绿竹图·行书七言诗 成扇	18.5cm×46cm	101,534	中国嘉德	2022-10-07	星云 行书"日日好日,事事好事"镜心	90cm×42cm	75,969	保利香港	2022-10-12
谢稚柳 1985年作 霜叶白头 镜片	68cm×44cm	101,200	江苏汇中	2022-08-16	星云 行书七言联 镜心	137.5cm×35cm×2	65,116	保利香港	2022-10-12
谢稚柳 1971年作 毛主席《念奴娇》词托片	42cm×79cm	97,750	江苏汇中	2022-08-16	邢亚峰 江山永固 画心	180cm×70cm	1,870,000	北京传世	2022-12-15
谢稚柳 山茶花 立轴	73cm×37cm	94,300	上海嘉禾	2022-08-28	熊斌 2022年作 庐山谷 镜心	70cm×50cm	287,500	荣宝斋(南京)	2022-12-07
谢稚柳 凌霄晴竹图 镜心	画心 35cm×36cm	92,000	北京银座	2022-09-17	熊秉明 水牛 彩墨	31.5cm×44cm	138,000	开拍国际	2022-01-07
谢稚柳 1996年作 行书"大道自然"镜片	67.5cm×27cm	92,000	西泠印社	2022-01-22	熊红钢 2009年作 碧树江村 镜心	96.5cm×179cm	345,000	北京银座	2022-01-12
谢稚柳 1991年作 秋菊 镜框	69cm×45.5cm	92,000	上海嘉禾	2022-01-01	熊红钢 2018年作 拙溪流翠 镜心	69cm×138cm	92,000	中贸圣佳	2022-07-23
谢稚柳 行书七言联 立轴	176cm×44cm×2	92,000	广东崇正	2022-08-11	熊红钢 荷花 镜心	137cm×67cm	92,000	北京保利	2022-07-27
谢稚柳 1995年作 十二言联 立轴	152cm×25cm×2	92,000	江苏汇中	2022-08-16	熊红钢 2010年作 湖畔渔人 镜心	136cm×68cm	82,800	北京银座	2022-09-17
谢稚柳 1985年作 梅香 立轴	65.5cm×45cm	90,850	北京银座	2022-09-17	熊松泉 高野侯 大犬图·隶书临《张迁碑》成扇	18cm×50cm	97,750	西泠印社	2022-01-23
谢稚柳 行书"读古今书画"镜心	32cm×143cm	89,700	中鸿信	2022-09-11	熊希龄 行书七言联 立轴	147cm×39.5cm×2	379,500	北京银座	2022-01-12
谢稚柳 1979年作 白梅图 立轴	67.6cm×44.8cm	88,795	香港苏富比	2022-10-08	熊希龄 行书七言联 镜心	146cm×38cm×2	97,750	中国嘉德	2022-12-14
谢稚柳 李天马 江南春暮图·楷书杜诗 成扇	17.5cm×47.5cm	86,250	北京保利	2022-01-22	熊希龄 行书《春晓》立轴	141.5cm×38.5cm	80,500	中贸圣佳	2022-07-23
谢稚柳 1980年作 芙蓉绣球 镜心	34.5cm×93cm	80,500	北京银座	2022-01-12	熊希龄 行书七言联 镜心	180cm×46cm×2	69,000	中国嘉德	2022-12-14
谢稚柳 1982年作 梅竹双清 镜心	84cm×40.5cm	80,500	中国嘉德	2022-12-12	熊宣皓 源远流长 画心	80cm×192cm	160,000	北京传世	2022-12-15
谢稚柳 春禽鸣高枝 立轴	68cm×34.5cm	78,200	江苏汇中	2022-08-16	胥建设 2022年作 金山叠翠	138cm×68cm	95,000	北京伍佰艺	2022-09-17
谢稚柳 层峦飞泉 立轴	78cm×37cm	75,900	广东小雅斋	2022-05-18	虚云 行书《楞严经》句 立轴	66.8cm×30cm	183,612	香港苏富比	2022-04-30
					虚云 1921年作 楷书节录《送李愿归盘古序》立轴	143.5cm×40.5cm	64,011	中国嘉德	2022-10-07
					徐邦达 1997年作 暮云公秋树 镜片	66cm×66cm	207,000	朵云轩	2022-12-08
					徐邦达 1938年作 浮峦暖翠 立轴	101.5cm×44cm	149,500	中国嘉德	2022-06-27

拍品名称	物品尺寸	成交价RMB	拍卖公司	拍卖日期
徐邦达 1988年作 云岭松樾图 立轴	113cm×67cm	138,000	广东崇正	2022-12-25
徐邦达 为赵汉光书匾"紫罗兰室"画心	68cm×28cm	103,500	西泠印社	2022-01-22
徐邦达 榕树牧童 立轴	68cm×47cm	92,000	中贸圣佳	2022-07-23
徐邦达 1999年作 西山幽居 立轴	137cm×61cm	78,200	中鸿信	2022-09-11
徐邦达 启功 洛神图·行书 成扇	19cm×50cm×2	74,750	中鸿信	2022-09-11
徐邦达 1982年作 溪山密林 立轴	84cm×43cm	69,000	保利厦门	2022-10-22
徐邦达 1948年作 山林幽居 立轴	61cm×47cm	63,250	中贸圣佳	2022-12-31
徐悲鸿 范曾 六朝诗意图·行书七言联 镜心 水墨纸本	画心 92cm×176cm；书法 129.5cm×29cm×2	13,800,000	北京荣宝	2022-07-24
徐悲鸿 1943年作 三吉图 立轴	94cm×44.5cm	11,500,000	上海嘉禾	2022-11-20
徐悲鸿 1939年作 天高地阔任翱翔 立轴	155cm×82cm	8,050,000	北京保利	2022-07-26
徐悲鸿 1944年作 费宫人 镜框	96cm×41cm	8,050,000	朵云轩	2022-12-08
徐悲鸿 倘得优游销岁月 镜心	68cm×97cm	7,820,000	荣宝斋(南京)	2022-12-07
徐悲鸿 1943年作 三马图 立轴	103.5cm×74.5cm	6,785,000	北京保利	2022-07-26
徐悲鸿 1943年作 平安大吉 立轴	150cm×55cm	6,325,000	北京保利	2022-02-03
徐悲鸿 1941年作 三骏图 立轴	104.8cm×100.8cm	4,968,331	佳士得	2022-05-29
徐悲鸿 1935年作 乳虎 镜心	22cm×33.5cm	4,830,000	开拍国际	2022-01-07
徐悲鸿 1940年作 暖春 镜心	109.5cm×35cm	4,830,000	开拍国际	2022-01-07
徐悲鸿 1939年作 骏马图 镜心	111cm×55cm	4,830,000	永乐拍卖	2022-07-25
徐悲鸿 1943年作 辍耕之牛 立轴	85cm×59cm	4,197,500	北京银座	2022-09-16
徐悲鸿 1948年作 奔马图 镜心	65cm×103cm	4,025,000	中鸿信	2022-09-11
徐悲鸿 1937年作 奔马 镜心	78cm×132cm	4,025,000	北京保利	2022-02-03
徐悲鸿 1945年作 回首立马 立轴	134cm×67cm	4,025,000	永乐拍卖	2022-07-25
徐悲鸿 1939年作 奔马 镜框	70cm×98.5cm	3,884,769	香港苏富比	2022-10-08
徐悲鸿 1948年作 竹报平安 立轴	132cm×59cm	3,507,500	北京银座	2022-01-12
徐悲鸿 1939年作 春风得意马蹄疾 立轴	95cm×68cm	3,450,000	中国嘉德	2022-06-26
徐悲鸿 1943年作 奔马图 镜框	35.5cm×42.5cm	3,277,500	上海嘉禾	2022-11-20
徐悲鸿 双雁竞爽 立轴	画66cm×55cm	2,990,000	中贸圣佳	2022-12-31
徐悲鸿《游鸭图》并信札一组 立轴	画心 67cm×34.5cm	2,875,000	中贸圣佳	2022-07-23
徐悲鸿 1940年作 冬风迎春阳 镜框	103.8cm×89.2cm	2,808,187	佳士得	2022-05-29
徐悲鸿 1943年作 竹石高冠图 立轴	87.5cm×54cm	2,357,500	西泠印社	2022-01-23
徐悲鸿 奔马 镜框	111.5cm×108.5cm	2,317,644	佳士得	2022-12-02
徐悲鸿 1936年作 喜君占得最高峰 立轴 设色纸本	103.4cm×34cm	2,300,000	北京荣宝	2022-07-24
徐悲鸿 1938年作 草枯马蹄轻 立轴	148.5cm×84.1cm	2,160,144	佳士得	2022-05-29
徐悲鸿 1946年作 立马图 立轴	95.5cm×34cm	2,070,000	中贸圣佳	2022-07-23
徐悲鸿 寿桃 镜心	38cm×49cm	2,047,000	中贸圣佳	2022-07-23
徐悲鸿 1937年作 迥立向苍苍 立轴	130cm×77cm	2,012,500	北京银座	2022-09-16
徐悲鸿 1944年作 蜀葵 镜心	80cm×34cm	1,955,000	华艺国际	2022-07-29
徐悲鸿 1941年作 奔腾 立轴	86.8cm×80.3cm	1,854,115	佳士得	2022-12-02
徐悲鸿 长河饮马 立轴	102cm×46cm	1,728,115	佳士得	2022-05-29
徐悲鸿 1943年作 猫石图 立轴	61.5cm×48.5cm	1,725,000	西泠印社	2022-01-22
徐悲鸿 1942年作 饮马图 立轴	82cm×33cm	1,725,000	上海嘉禾	2022-08-28
徐悲鸿 松鹰轴 立轴	100cm×43cm	1,633,000	中贸圣佳	2022-10-27
徐悲鸿 1939年作 春风得意马蹄轻 镜框	88.3cm×95cm	1,620,108	佳士得	2022-05-29
徐悲鸿 1937年作 在张书旂家中作 猫石图 立轴	110cm×53cm	1,610,000	西泠印社	2022-01-22
徐悲鸿 1938年作 奔马 镜心	51cm×74cm	1,610,000	永乐拍卖	2022-07-25
徐悲鸿 1941年作 猫石图 立轴	48cm×44cm	1,495,000	朵云轩	2022-12-08
徐悲鸿 1941年作 行书六言联 立轴	98cm×47cm×2	1,380,000	中国嘉德	2022-06-26
徐悲鸿 1943年作 迥立向苍苍 立轴	65cm×38cm	1,380,000	北京保利	2022-07-26
徐悲鸿 大吉图 立轴	84cm×34.5cm	1,380,000	荣宝斋(南京)	2022-12-07
徐悲鸿 1944年作 奔马图 立轴	61.5cm×59cm	1,380,000	朵云轩	2022-12-08
徐悲鸿 1941年作 猫石图 立轴	49cm×44cm	1,357,000	华艺国际	2022-09-23
徐悲鸿 1943年作 柳枝喜鹊 立轴	82cm×26.5cm	1,150,000	中国嘉德	2022-12-13
徐悲鸿 芳草憩马图 立轴	86.5cm×48cm	1,150,000	朵云轩	2022-12-08
徐悲鸿 1936年作 平安大吉 立轴	104.7cm×33.2cm	1,127,000	开拍国际	2022-01-07
徐悲鸿 1930年作 奔马 立轴	74.5cm×53cm	977,500	广东崇正	2022-12-25
徐悲鸿 1944年作 枇杷 立轴	80cm×37cm	920,000	北京荣宝	2022-07-24
徐悲鸿 1945年作 双喜 立轴	绘画 77.5cm×27cm	897,000	华艺国际	2022-07-29
徐悲鸿 1948年作 双猫图 镜框	37cm×46.4cm	874,344	华艺国际	2022-05-29
徐悲鸿 1940年作 牧马 镜框	101cm×51.5cm	869,116	佳士得	2022-12-02
徐悲鸿 1942年作 大喜图 立轴	67cm×33cm	793,500	江苏汇中	2022-08-16
徐悲鸿 1945年作 猫石图 镜心	83cm×35cm	770,500	北京银座	2022-01-12
徐悲鸿 1941年作 墨竹 镜框	111cm×63cm	721,457	香港苏富比	2022-10-08
徐悲鸿 1936年作 行书四言联 镜心	100.5cm×25.5cm×2	690,000	中国嘉德	2022-12-12
徐悲鸿 1947年作 行书五言联 镜心	131cm×32cm×2	666,900	保利香港	2022-07-12
徐悲鸿 1932年作 泽畔鱼鹰 立轴	39.5cm×34cm	598,000	北京诚轩	2022-08-08
徐悲鸿 1939年作 行书七言联 立轴	134.5cm×33.5cm×2	575,000	中国嘉德	2022-06-26
徐悲鸿 1942年作 雄鸡 立轴	88.5cm×43cm	575,000	中国嘉德	2022-06-27
徐悲鸿 1939年作 耄耋图 镜片	63cm×44cm	575,000	上海嘉禾	2022-11-20
徐悲鸿 陈树人 1942年作 三友图 镜心	111cm×38.5cm	575,000	中国嘉德	2022-12-12
徐悲鸿 1941年作 墨竹 立轴	95cm×39cm	552,000	北京荣宝	2022-07-24
徐悲鸿 1945年作 柏树 立轴	132cm×32cm	552,000	北京保利	2022-07-26
徐悲鸿 1946年作 大吉 立轴	画心 76cm×47cm	551,820	中国嘉德	2022-10-07
徐悲鸿 枇杷图 立轴	47cm×33cm	517,500	中贸圣佳	2022-12-31
徐悲鸿 1942年作 喜上眉梢 立轴	84cm×25cm	517,500	中国嘉德	2022-06-27
徐悲鸿 1944年作 雄鸡一唱天下白 镜心	37.5cm×43cm	517,500	北京保利	2022-07-26
徐悲鸿 1932年作 竹石图 立轴	110cm×32.5cm	517,500	中国嘉德	2022-12-12
徐悲鸿 1940年作 青云直上 立轴	121.5cm×41.3cm	499,470	香港苏富比	2022-10-08
徐悲鸿 1937年作 行书七言诗 立轴	86cm×45cm	460,000	北京荣宝	2022-07-24
徐悲鸿 1947年作 向日葵 立轴	79.5cm×32.5cm	460,000	上海嘉禾	2022-01-01
徐悲鸿 1941年作 枳城即景 立轴	109cm×107cm	460,000	江苏汇中	2022-08-16
徐悲鸿 1943年作 竹石图 镜框	91cm×28cm	460,000	朵云轩	2022-12-08
徐悲鸿 1941年作 行书《易经》句 立轴	141.3cm×34.3cm	421,775	香港苏富比	2022-10-08
徐悲鸿 柳枝喜鹊 镜框	25.8cm×20.9cm	410,427	香港苏富比	2022-04-30
徐悲鸿 楷书节临《张猛龙碑》镜心	101cm×33cm	345,000	中国嘉德	2022-06-26
徐悲鸿 1939年作 行书《孟子》章句 立轴	115.5cm×65cm	322,000	中国嘉德	2022-06-27
徐悲鸿 1943年作 立马图 立轴	68cm×37cm	287,500	保利厦门	2022-10-22
徐悲鸿 1943年作 猫趣图 镜心	88cm×44cm	253,000	中国嘉德	2022-09-27
徐悲鸿 1932年作 卧牛图 镜心	81.5cm×43.5cm	241,500	北京银座	2022-09-16

2022书画拍卖成交汇总（续表）

（成交价RMB：6万元以上）

拍品名称	物品尺寸	成交价RMB	拍卖公司	拍卖日期
徐悲鸿 1941年作 猫 镜框	65.5cm × 37cm	231,764	佳士得	2022-12-02
徐悲鸿 1942年作 雄鹰图 镜心	18cm × 52cm	207,000	中贸圣佳	2022-07-23
徐悲鸿 行书"仁爱" 镜片	35cm × 84.5cm	195,500	广东崇正	2022-12-25
徐悲鸿 英雄独立 镜心	68cm × 27cm	166,750	中贸圣佳	2022-10-27
徐悲鸿 1937年作 奔马图 镜心	48cm × 57cm	162,792	保利香港	2022-10-12
徐悲鸿 1939年作 骏马图 镜片	36.5cm × 27cm	161,000	上海嘉禾	2022-01-01
徐悲鸿 1934年作 松 立轴	107.5cm × 39.5cm	161,000	中国嘉德	2022-12-13
徐悲鸿 1941年作 柳荫立马 立轴	91cm × 41.5cm	138,000	上海嘉禾	2022-01-01
徐悲鸿 1942年作 竹石猫趣 镜心	19cm × 51cm	138,000	中鸿信	2022-09-11
徐悲鸿 枇杷 立轴	117cm × 40cm	120,750	泰和嘉成	2022-07-30
徐悲鸿 1942年作 古松 立轴	镜心 48cm × 21cm	115,000	中鸿信	2022-09-11
徐悲鸿 墨竹 立轴	101cm × 49cm	101,200	广东小雅斋	2022-05-18
徐悲鸿 张蒨英 1944年作 雄鸡竹石图 镜片	78cm × 41cm	92,000	上海嘉禾	2022-01-01
徐悲鸿 马 立轴	88cm × 51cm	92,000	广东小雅斋	2022-05-18
徐悲鸿 赵少昂 1934年作 芳草飞雀 镜片	57.5cm × 69.5cm	92,000	朵云轩	2022-12-08
徐悲鸿 1939年作 跋董其昌画册 镜心（二帧）	26.8cm × 15.6cm × 2	86,250	北京诚轩	2022-08-08
徐操 问道图 镜心	101cm × 41cm	460,000	北京银座	2022-09-17
徐操 1941年作 春晖永慕卷 手卷	34cm × 98cm	345,000	北京诚轩	2022-08-08
徐操 邵章 1940年作 风尘侠侣图·行书 成扇	19cm × 45cm	254,940	佳士得	2022-12-02
徐操 三顾茅庐图 镜框	169cm × 51cm	230,000	保利厦门	2022-10-21
徐操 1940年作 驯马图 立轴	119.5cm × 43.2cm	172,500	中贸圣佳	2022-12-31
徐操 朱守珍 1943年作 竹径清娱·楷书《文赋》节录 成扇	18.5cm × 49cm	155,250	中贸圣佳	2022-12-31
徐操 等 桃花仕女 立轴	115cm × 44cm	149,500	浙江佳宝	2022-03-13
徐操 1939年作 秋宵闲庭 镜心	120.5cm × 46cm	149,500	北京保利	2022-07-26
徐操 1936年作 竹坡仕女 立轴	129cm × 37.5cm	138,000	中贸圣佳	2022-07-23
徐操 闲庭梳妆图 立轴	105.5cm × 40cm	109,250	华艺国际	2022-09-23
徐操 1936年作 隆中三顾图 立轴	18cm × 51.5cm	80,500	北京保利	2022-07-27
徐操 仕女图 立轴	100cm × 33cm	74,750	中贸圣佳	2022-07-23
徐操 1934年作 北京戒台寺护塔松 立轴	129cm × 31.8cm	69,000	北京诚轩	2022-08-08
徐操 1940年作 梧桐仕女图 立轴	112cm × 37cm	69,000	保利厦门	2022-10-22
徐德义 渡 镜框	72cm × 119.5cm	75,323	佳士得	2022-12-02
徐豪 西藏盛世 画心	200cm × 200cm	426,000	北京传世	2022-12-15
徐华翎 2007年作 侠女1号	99.5cm × 80cm	185,155	华艺国际	2022-05-29
徐华翎 2022年作 花园VIII 镜框	44cm × 41cm	108,007	佳士得	2022-05-29
徐华翎 2016年作 香	32cm × 42cm	89,700	中贸圣佳	2022-07-24
徐济华 1932年作 舞马图 立轴	123.8cm × 47.5cm	80,500	北京诚轩	2022-08-08
徐菊庵 韩登安 等 人物·书法（两把） 成扇		97,750	西泠印社	2022-01-23
徐乐乐 1998年作 竹林二贤 镜心	35cm × 136cm	402,500	永乐拍卖	2022-07-25
徐乐乐 2004年作 无敌罗汉猫图 镜心	46cm × 70cm	184,000	中国嘉德	2022-06-27
徐乐乐 人物 镜心	48cm × 45cm	138,000	中贸圣佳	2022-07-10
徐乐乐 2003年作 谢鲲折齿图 镜心	38cm × 49.5cm	126,500	中国嘉德	2022-06-27
徐乐乐 2002年作 晨妆图 镜心	34cm × 45cm	126,500	北京保利	2022-07-27
徐乐乐 埃及艳后 镜心	42cm × 33cm	115,000	中国嘉德	2022-06-29
徐乐乐 1985年作 《柳娘》 连环画原稿二十五帧（全） 画心	26cm × 23cm × 25	112,700	西泠印社	2022-01-22

拍品名称	物品尺寸	成交价RMB	拍卖公司	拍卖日期
徐乐乐 画屏琴思图 镜心	34cm × 45cm	105,800	中贸圣佳	2022-08-14
徐乐乐 兰草图 镜心	68cm × 48cm	103,500	荣宝斋（南京）	2022-12-07
徐乐乐 2006年作 吉象图 镜心	45cm × 53cm	103,500	中国嘉德	2022-12-15
徐乐乐 2006年作 乘槎探河图 立轴	90.5cm × 28cm	97,750	中国嘉德	2022-06-29
徐乐乐 笼香图 镜心	37cm × 58.5cm	92,000	中国嘉德	2022-12-15
徐里 2022年作 大壑流泉图 镜心	136cm × 68cm	1,472,000	北京荣宝	2022-07-24
徐立 荷香清翠 镜心	68cm × 138cm	336,000	开禧国际	2022-12-28
徐培晨 山高水长 镜心	145cm × 360cm	62,100	中贸圣佳	2022-07-10
徐生翁 行书七言联 对联	143.5cm × 36.5cm × 2	529,000	西泠印社	2022-01-23
徐生翁 行书 镜片	33cm × 134cm	310,500	朵云轩	2022-12-09
徐生翁 1937年作 绿蕉红花·行书七言联 一堂		115,000	中国嘉德	2022-05-29
徐世昌 1937年作 心同石坚图 立轴 设色纸本	176cm × 87cm	1,495,000	北京荣宝	2022-07-24
徐世昌 行书五言联 立轴	241.5cm × 59cm × 2	598,000	北京银座	2022-01-12
徐世昌 行书八言联 对联	205cm × 47cm × 2	437,000	朵云轩	2022-12-09
徐世昌 1921年作 草书《书谱》手卷	35.5cm × 1023.5cm	368,000	中国嘉德	2022-06-26
徐世昌 行书五言联 立轴	238cm × 58.5cm × 2	310,500	北京银座	2022-09-17
徐世昌 1934年作草书自作诗卷手卷	33cm × 534.5cm	264,500	西泠印社	2022-01-23
徐世昌 行书七言联·飞瀑图 镜心	山水 83cm × 45cm	241,500	中贸圣佳	2022-07-23
徐世昌（款）芙蓉春晖	184cm × 53cm	196,570	香港福羲国际	2022-12-28
徐世昌 行书"荷塘思源" 镜心	33cm × 132cm	194,940	保利香港	2022-07-12
徐世昌 草书十二言联 立轴	129cm × 20cm × 2	184,000	中贸圣佳	2022-10-27
徐世昌 行书五言诗 立轴	233cm × 57cm	161,000	北京银座	2022-01-12
徐世昌 楷书"俭以养廉"	127cm × 33cm	161,000	中国嘉德	2022-06-27
徐世昌 行书苏轼诗句 立轴	233cm × 57cm	149,500	北京荣宝	2022-07-24
徐世昌 双清图 立轴	90.5cm × 48cm	149,500	中鸿信	
徐世昌 行书节录《陪郑广文游何将军山林》镜心	130cm × 63cm	149,500	中鸿信	2022-09-12
徐世昌 1934年作 为徐绪根作山水 立轴	129.5cm × 65.5cm	138,000	中国嘉德	2022-06-27
徐世昌 1925年作 草书临帖 册页	28cm × 17cm × 28	126,500	中国嘉德	2022-09-27
徐世昌 行书七言联 立轴	151cm × 31cm × 2	115,000	广东崇正	2022-12-25
徐世昌 行书五言联 立轴	108.5cm × 33.8cm × 2	110,917	香港苏富比	2022-08-01
徐世昌 1932年作 松下高士图立轴	125.5cm × 42cm	89,700	中鸿信	2022-09-12
徐世昌 草书七言诗·松风图 镜心	12cm × 64cm	74,750	中国嘉德	2022-09-29
徐世昌 1925年作 夹竹桃 镜心	84cm × 52cm	74,750	中国嘉德	2022-06-27
徐世昌 草书七言联 立轴	161cm × 33.5cm × 2	69,000	北京银座	2022-01-12
徐世昌 草书对屏 立轴	142cm × 34.5cm × 2	63,250	中国嘉德	2022-06-26
徐世昌 题徐思庄书法册页	32.1cm × 18cm	63,250	中贸圣佳	2022-07-27
徐庶之 1984年作 通天河饮马 镜心	96cm × 178.8cm	184,000	北京诚轩	2022-08-08
徐文清 2021年作 万里江山 镜心	70cm × 183cm	1,300,000	北京中贝	2022-03-16
徐文清 2020年作 竹林七贤 镜心	70cm × 183cm	1,280,000	北京中贝	2022-03-16
徐希 2002年作 山城之夜 镜心	143cm × 180cm	483,000	北京保利	2022-07-26
徐希 2002年作 满月初升 镜心	144cm × 182cm	402,500	永乐拍卖	2022-07-25
徐希 2004年作 清漓渔家 镜心	144cm × 182cm	402,500	永乐拍卖	2022-07-25
徐希 2006年作 山城之夜 镜心	68cm × 68cm	63,250	永乐拍卖	2022-07-25

拍品名称	物品尺寸	成交价RMB	拍卖公司	拍卖日期
徐小阳 龙马精神 画心	138cm×35cm	1,900,000	北京传世	2022-12-15
徐展 2020年作 人物 镜心	137.5cm×69cm	552,000	中国嘉德	2022-06-29
徐枝贵 佛光普照度众生 画心	98cm×180cm	280,000	北京传世	2022-12-15
徐志摩 行书李商隐《无题》立轴	102cm×62.5cm	529,000	开拍国际	2022-01-07
徐志摩 行书七言联 立轴	121cm×21cm×2	78,200	中鸿信	2022-09-12
徐子鹤 赖少其 1973年作 雀迎岁寒 立轴	82.5cm×42.5cm	80,500	上海驰翰	2022-02-19
徐子鹤 拟陈老莲陶渊明故事图卷 手卷	30.5cm×313cm	69,000	中贸圣佳	2022-07-23
徐宗浩 徐燕孙 等 1926年作 湛华馆 手卷	24cm×105cm	76,950	保利香港	2022-07-12
许麟庐 1993年作 “英雄本色” 巨幅 立轴	246cm×125cm	149,500	中鸿信	2022-09-11
许麟庐 高瞻远瞩 镜心	119cm×41cm	138,000	北京荣宝	2022-07-24
许麟庐 1964年作 荷满塘 镜心	75cm×167cm	126,500	北京荣宝	2022-07-24
许麟庐 荷花鳜鱼 镜心	82cm×52cm	115,000	北京荣宝	2022-07-24
许麟庐 2004年作 加官图 镜框	67cm×68.5cm	115,000	北京荣宝	2022-07-24
许麟庐 萱花小鸟 立轴	138cm×68cm	103,500	华艺国际	2022-09-23
许麟庐 亚明合作 寒山归骛 镜心	135cm×67cm	86,250	北京银座	2022-09-16
许麟庐 墨牡丹 镜心	112cm×34cm	80,500	北京保利	2022-07-27
许麟庐 花鸟 立轴	138cm×68cm	80,500	广东崇正	2022-12-25
许麟庐 花鸟 四屏轴	136cm×46cm×4	74,750	江苏汇中	2022-08-17
许麟庐 民间艺术 镜心	69cm×138cm	69,000	华艺国际	2022-09-23
许麟庐 1983年作 松鹰图 立轴	135cm×66cm	69,000	广东崇正	2022-12-25
许麟庐 亚明 吴素秋合作 1985年作 新春大利 镜心	67cm×136cm	63,250	北京银座	2022-09-16
许麟庐 鲲鹏展翅 立轴	138.5cm×68cm	63,250	朵云轩	2022-12-08
许寿裳 1939年作 行书鲁迅诗 立轴	89cm×42cm	69,000	广东崇正	2022-08-11
许晓彬 2015年作 孔雀挑竹 镜框	68cm×136cm	103,500	华艺国际	2022-09-24
许昭 玉影倩姿 立轴	42cm×48.5cm	97,750	朵云轩	2022-12-08
薛金龙 和气致祥 画心	48cm×180cm	368,000	北京传世	2022-12-15
薛亮 2022年作 太行深处有人家 镜心	64.5cm×38.5cm	287,500	中国嘉德	2022-12-15
薛亮 长风破浪 镜心	49cm×49cm	230,000	中国嘉德	2022-06-27
薛亮 红松平远图 镜心	22cm×59cm	178,250	中贸圣佳	2022-07-10
薛亮 2021年作 芳原凝碧图 镜心	29cm×38cm	149,500	北京保利	2022-07-27
薛亮 黄山欲晓 镜心	68cm×68cm	115,000	荣宝斋(南京)	2022-12-07
薛亮 2001年作 烟云黄山 镜片	95cm×58cm	80,500	上海嘉禾	2022-01-01
薛亮 山水 镜心	20cm×40cm	75,900	荣宝斋(南京)	2022-12-07
薛林兴 贵妃醉酒 画心	138cm×68cm	280,000	北京传世	2022-12-15
薛宣林 黄土情 立轴	76.5cm×83cm	1,380,000	荣宝斋(南京)	2022-12-07
荀慧生 1962年作 源远流长	119cm×42cm	63,250	中国嘉德	2022-05-30
亚明 1978年作 幽谷云雨 立轴	138cm×68cm	172,500	广东崇正	2022-08-11
亚明 1984年作 观瀑图 立轴	135.5cm×67.5cm	149,500	中国嘉德	2022-06-27
亚明 暮归 立轴	43cm×66cm	149,500	中贸圣佳	2022-10-27
亚明 苍松 立轴	画138cm×68cm	138,000	中贸圣佳	2022-10-27
亚明 1993年作 山村雨 镜心	68cm×69cm	115,000	中贸圣佳	2022-07-23
亚明 峡江云 镜片	69cm×136cm	115,000	上海嘉禾	2022-01-01
亚明 1978年作 清溪春色图 立轴	136.5cm×68cm	92,000	开拍国际	2022-07-24
亚明 1982年作 峡江图 立轴	88cm×47.5cm	92,000	中贸圣佳	2022-07-23
亚明 许麟庐 1978年作 荷塘小鸟 立轴	128cm×80cm	92,000	北京荣宝	2022-07-24
亚明 1979年作 峡红云 镜心	97cm×179.5cm	92,000	中贸圣佳	2022-12-31
亚明 1963年作 登泰山 镜心	47cm×69.5cm	75,047	中国嘉德	2022-10-07
亚明 1981年作 一望大江开 镜心	68.5cm×46cm	74,750	中国嘉德	2022-06-26
亚明(款)玉屏峰观云图	65.5cm×45.5cm	73,713	香港福羲国际	2022-12-28
亚明 1979年作 黄山烟雨 镜心	136cm×67.5cm	69,000	北京银座	2022-09-17
亚明 1987年作 云深不知处 镜心	135cm×67cm	69,000	北京银座	2022-09-17
亚明 水乡 镜心	55cm×96cm	69,000	荣宝斋(南京)	2022-12-07
亚明 1982年作 山高水长 立轴	67cm×45.5cm	69,000	中国嘉德	2022-12-12
亚明 1998年作 苏子游赤壁 镜片	66.5cm×44cm	69,000	朵云轩	2022-12-08
亚明 1961年作 灯火渔家 镜心	27.5cm×39.5cm	63,250	中国嘉德	2022-06-27
亚明 1993年作 烹茶图 镜心	69cm×68.5cm	63,250	中国嘉德	2022-06-27
闫贵海 待发	120cm×80cm	793,500	浙江当代	2022-01-03
闫红岩 2022年作 王者之风	122cm×244cm	5,120,000	北京伍佰艺	2022-09-17
闫红岩 2022年作 松林听风	122cm×244cm	4,600,000	北京伍佰艺	2022-09-17
严树森 沁园春·雪 镜心	180cm×96cm	1,299,200	开禧国际	2022-12-28
严树森 陋室铭 镜心	180cm×70cm	638,400	开禧国际	2022-12-28
严树森 曾国藩十六字箴言 镜心	137cm×68cm	313,600	开禧国际	2022-12-28
严树森 厚德载物 镜心	137cm×68cm	89,600	开禧国际	2022-12-28
严水龙 佛 镜心	69.5cm×46cm	345,000	荣宝斋(南京)	2022-12-07
严水龙 微书《岳阳楼记》镜心	15.5cm×53cm	74,750	荣宝斋(南京)	2022-12-07
严修 任伯年 等 诸家书画 册页(十一开)	尺寸不一	253,000	华艺国际	2022-09-23
严修 赵元礼 王襄 徐金度 等 行书节录古文 册页(共二十二页)	17cm×10.5cm×22	86,250	西泠印社	2022-01-23
严修 行书八言联 立轴	163.5cm×42cm×2	63,250	中国嘉德	2022-12-13
阎福涛 秘镜幽林 画心	67cm×137cm	980,000	北京传世	2022-12-15
阎福涛 清风图 画心	34cm×67cm	580,000	北京传世	2022-12-15
阎锡山 朱玖莹 行书龙门对·行书八言联 立轴		287,500	北京银座	2022-09-17
阎锡山 行书致新井参谋诗 立轴	140cm×34cm	201,250	中鸿信	2022-09-12
阎锡山 行书格言 镜心	50.5cm×22cm	143,750	北京银座	2022-09-17
阎锡山 行书格言 立轴	82cm×30.5cm	94,300	北京银座	2022-09-17
阎锡山 行书格言 镜心	83cm×30cm	92,000	北京银座	2022-09-17
阎中柱 瑞雪报春 画心	124cm×122cm	600,000	北京传世	2022-12-15
阎中柱 冷艳奇芳早报春 画心	180cm×90cm	500,000	北京传世	2022-12-15
颜伯龙 1944年作 花鸟 镜心	124cm×247cm	460,000	保利厦门	2022-10-22
颜伯龙 1928年作 罗汉图 册页(八开)	25.5cm×27.5cm×8	345,000	中鸿信	2022-09-11
颜伯龙(款)猫蝶图	117cm×53cm	275,198	香港福羲国际	2022-12-28
颜伯龙 1944年作 旭日龟寿松鹤延年 立轴	132cm×57.5cm	218,500	中鸿信	2022-09-11
颜伯龙 1939年作 春意闹 立轴	106cm×43cm	184,000	北京银座	2022-01-12
颜伯龙 1947年作 富贵白头 立轴	100cm×33.5cm	103,500	北京银座	2022-01-12
颜伯龙 寿石工 1936年作 猫蝶成扇·楷书七言诗 成扇	10cm×28.5cm	86,250	中贸圣佳	2022-12-31
颜伯龙 1948年作 国色天香 立轴	99.7cm×33.5cm	70,204	香港苏富比	2022-04-30
颜伯龙 1945年作 花鸟 镜心	92cm×33cm	69,000	永乐拍卖	2022-07-25

2022书画拍卖成交汇总(续表)
(成交价RMB：6万元以上)

拍品名称	物品尺寸	成交价RMB	拍卖公司	拍卖日期	拍品名称	物品尺寸	成交价RMB	拍卖公司	拍卖日期
颜伯龙 1946年作 山茶绶带 立轴	99.5cm×34cm	65,116	保利香港	2022-10-12	杨金瑞 2022年作 仕女图 镜片	34cm×138cm	240,000	北京中贝	2022-06-09
颜梅华 1969年作 智取威虎山 镜片	69cm×45cm	287,500	西泠印社	2022-01-22	杨金瑞 2022年作 黛玉葬花 镜片	34cm×138cm	230,000	北京中贝	2022-06-09
颜梅华 1984年作 钟馗嫁妹 立轴	135cm×67cm	149,500	中鸿信	2022-09-11	杨金瑞 山水四屏 镜片	136cm×33cm×4	230,000	保利厦门	2022-10-22
颜梅华 鸟语花香 画心	尺寸不一	86,250	西泠印社	2022-01-22	杨金瑞 2022年作 为有暗香来 镜片	34cm×138cm	220,000	北京中贝	2022-06-09
颜梅华 1981年作 春娇图 立轴	96cm×44cm	69,000	中鸿信	2022-09-11	杨金瑞 2022年作 当窗对镜贴花黄 镜片	34cm×138cm	200,000	北京中贝	2022-06-09
颜泉 多子多福 画心	100cm×68cm	690,000	北京传世	2022-12-15	杨金瑞 2022年作 繁荣昌盛 镜心	96cm×242cm	184,000	华艺国际	2022-09-23
颜泉 2022年作 仁者寿	170cm×68cm	655,000	北京伍佰艺	2022-09-17	杨昆 高山流水 画心	240cm×102cm	68,000	北京传世	2022-12-15
颜泉 朝晖 画心	136cm×34cm	590,000	北京传世	2022-12-15	杨雷 荷花·香尘 画心	68cm×68cm	320,000	北京传世	2022-12-15
颜泉 荷花鸳鸯 画心	136cm×34cm	590,000	北京传世	2022-12-15	杨丽凤 2019年作 水墨牡丹花 镜心	121cm×121cm	5,476,000	北京中贝	2022-03-16
颜泉 2021年作 秋江冷艳	40cm×90cm	500,000	保利厦门	2022-01-13	杨丽凤 2022年作 绣球花四条屏 镜心	34cm×66cm×4	3,127,000	北京中贝	2022-03-16
颜泉 2022年作 一堂和气	136cm×34cm	320,000	北京伍佰艺	2022-09-17	杨丽凤 2021年作 鸿运当头 镜心	68cm×136cm	2,838,000	北京中贝	2022-03-16
颜泉 暖阳 画心	68cm×34cm	280,000	北京传世	2022-12-15	杨丽凤 2021年作 一帆风顺 镜心	68cm×136cm	2,691,000	北京中贝	2022-03-16
颜泉 2022年作 鹤寿 中堂	68cm×68cm	268,000	北京伍佰艺	2022-09-17	杨丽凤 2021年作 龙腾虎啸 镜心	68cm×136cm	2,582,000	北京中贝	2022-03-16
颜泉 高洁 画心	68cm×34cm	260,000	北京传世	2022-12-15	杨明义 2022年作 千自发万木春 镜心	70cm×138.5cm	195,500	中国嘉德	2022-12-15
颜泉 2020年作 凌霄	68cm×34cm	188,000	北京伍佰艺	2022-09-17	杨明义 2004年作 江南新绿 镜心	68.5cm×137cm	172,500	中国嘉德	2022-06-29
颜泉 2020年作 江岸	68cm×34cm	176,000	北京伍佰艺	2022-09-17	杨明义 旭日红帆 镜心	68cm×136cm	149,500	荣宝斋（南京）	2022-12-07
颜文梁 王福厂 1946年作 寒林雪霁·篆书 成扇	18cm×50cm	414,000	朵云轩	2022-12-09	杨明义 2003年作 明义水墨江南 册页（十二开）	画34cm×46cm×12	126,500	中国嘉德	2022-06-29
颜文樑 1976年作 颐和冬韵 镜心	30cm×39.5cm	437,000	中国嘉德	2022-06-26	杨明义 2000年作 江南秋雨后 镜心	70cm×136.5cm	115,000	中国嘉德	2022-06-29
颜文樑 宁济 乡间雪霁图·楷书《郑文公碑》成扇	19cm×49.5cm	143,473	中国嘉德	2022-10-07	杨善深 1941年作 合家欢 镜框	94cm×173cm	5,520,000	华艺国际	2022-07-29
颜文樑 朱屺瞻 黄永玉 陈秋草 黄幻吾 应野平 韩尚义 1980年作 花间禽趣图 画心	138cm×69cm	126,500	西泠印社	2022-01-22	杨善深 1945年作 群鸡图 立轴	120cm×62.5cm	466,172	香港苏富比	2022-10-08
颜新辉 三峡山水 画心	240cm×96cm	1,160,000	北京传世	2022-12-15	杨善深 1977年作 彩荷蜻蜓 立轴	120cm×29.5cm	288,583	香港苏富比	2022-10-08
晏济元 张大千 1947年作 花鸟镜片	133cm×66cm	713,000	广东崇正	2022-08-11	杨善深 1990年作 双虎图 镜心	73cm×180cm	253,000	中贸圣佳	2022-07-23
晏济元 1946年作 清湘 立轴	97.5cm×35cm	115,000	北京银座	2022-09-17	杨善深 荷塘 镜心	41.5cm×109cm	176,582	中国嘉德	2022-10-07
晏济元 仕女 立轴	131cm×50cm	115,000	华艺国际	2022-09-23	杨善深 1967年作 花卉 立轴	64cm×32.5cm	154,509	华艺国际	2022-11-27
晏济原 1935年作 仕女图 立轴	81cm×39cm	74,750	保利厦门	2022-10-22	杨善深 1957年作 苇畔双兔 镜框	93.3cm×36cm	151,210	香港苏富比	2022-04-30
杨宝录 2022年作 溪山云起	136cm×68cm	260,000	北京伍佰艺	2022-09-17	杨善深 1989年作 春山探梅图 立轴	133cm×66cm	143,750	中鸿信	2022-09-11
杨秉娴 齐白石 花卉 册页（十四开）	20.3cm×26cm×14	98,499	佳士得	2022-12-02	杨善深 1989年作 多情月偷云 镜心	102cm×38cm	126,500	北京保利	2022-02-03
杨成喜 松龄鹤寿 画心	180cm×68cm	1,780,000	北京传世	2022-12-15	杨善深 1943年作 居人思客客思家 托片	132cm×66cm	115,000	江苏汇中	2022-08-16
杨成喜 万山红遍 画心	180cm×96cm	1,650,000	北京传世	2022-12-15	杨善深 1991年作 寒天栖禽图 镜片	134.5cm×33.5cm	92,000	上海嘉禾	2022-01-01
杨成喜 七英图 画心	180cm×69cm	1,340,000	北京传世	2022-12-15	杨善深 梅兰竹菊 镜心（四开）	34cm×34cm×4	92,000	华艺国际	2022-09-24
杨度 篆书临古四屏 镜心	169cm×46cm×4	115,000	中国嘉德	2022-12-14	杨善深 2004年作 荷塘蜻蜓 镜心	35cm×138cm	90,498	中国嘉德	2022-10-07
杨度 1925年作 楷书王维《酬虞部苏员外过蓝田别业不见留之作》镜心	80.5cm×40.5cm	103,500	中国嘉德	2022-12-14	杨善深 1992年作 大吉图 镜心	114cm×36.5cm	88,291	中国嘉德	2022-10-07
杨度 隶书五言联 立轴	178cm×46cm×2	92,000	荣宝斋（南京）	2022-12-07	杨善深 幼虎图 镜框	93cm×30cm	69,000	华艺国际	2022-09-24
杨度 隶书五言联 立轴	145cm×39cm×2	74,750	中国嘉德	2022-12-14	杨拴明 人贵有志 学贵有恒	70cm×44cm	183,940	荣宝斋（香港）	2022-11-26
杨富军 2020年作 春山独秀 镜心	68cm×136cm	2,670,000	北京中贝	2022-03-16	杨拴明 有容乃大	69cm×46cm	128,758	荣宝斋（香港）	2022-11-26
杨刚 雪中驼队 镜心	70.5cm×102.5cm	345,000	北京荣宝	2022-07-24	杨天壁 秋云如练图 立轴	96cm×47.5cm	69,000	荣宝斋（南京）	2022-12-07
杨刚 中的 镜框	88cm×147cm	230,000	北京保利	2022-07-27	杨文科 2002年作 墨竹图 镜片	137.5cm×58.5cm	172,500	西泠印社	2022-01-23
杨建军 2021年作 六榴大顺图 镜心	68cm×136cm	3,970,000	北京中贝	2022-03-16	杨文学 飞梦天涯	96cm×184cm	834,274	香港贞观	2022-06-18
杨建军 2021年作 飞瀑春山间 镜心	48cm×180cm	3,650,000	北京中贝	2022-03-16	杨文学 廊桥旧梦	102cm×68cm	493,754	香港贞观	2022-06-18
杨建军 2021年作 高翔图 镜心	20cm×60cm	695,000	北京中贝	2022-03-16	杨文学 家乡的小河	68cm×68cm	383,085	香港贞观	2022-06-18
杨建军 2021年作 精气神 镜心	20cm×60cm	680,000	北京中贝	2022-03-16	杨新顺 红高粱 镜心	120cm×240cm	2,655,000	北京中贝	2022-03-16
杨洁 2021年作 山水系列之一 镜心	68cm×68cm	180,000	北京中贝	2022-03-16	杨杏佛 书自作诗《不寐》二首 画心	71.5cm×17cm	368,000	西泠印社	2022-01-23
杨金瑞 2022年作 太湖绝佳处	136cm×68cm	2,650,000	北京伍佰艺	2022-09-17					
杨金瑞 2021年作 锦绣山河 镜心	180cm×78cm	253,000	荣宝斋（南京）	2022-12-07					
杨金瑞 2022年作 锦绣山居	136cm×68cm	250,000	北京伍佰艺	2022-09-17					

拍品名称	物品尺寸	成交价RMB	拍卖公司	拍卖日期
杨杏佛 行书自作《游栖霞山》绝句四首 画心	51.5cm×17cm	184,000	西泠印社	2022-01-23
杨杏佛 为岳母祝寿书辛弃疾《临江仙》词 镜片	43.5cm×33cm	103,500	西泠印社	2022-01-23
杨杏佛 楷书 寿 镜片	34cm×20.5cm	97,750	西泠印社	2022-01-23
杨秀峰 2021年作 旺山清溪图 镜心	68cm×136cm	268,000	北京中贝	2022-03-16
杨秀峰 2019年作 硕果图 镜心	44cm×70cm	98,000	北京中贝	2022-03-16
杨彦 1979年作《心经》向日葵 镜心	65cm×39cm	105,800	中贸圣佳	2022-07-23
杨运高 山水 镜心	192cm×500cm	448,500	北京保利	2022-07-27
杨运高 苍山问道 镜心	213cm×270cm	230,000	北京荣宝	2022-07-24
杨运高 驼队 镜心	96cm×178cm	86,250	中国嘉德	2022-09-28
杨之光 1990年作 塔希的的鹦鹉 镜片	68cm×130cm	920,000	广东崇正	2022-08-11
杨之光 2002年作 拥抱草原 镜心	68cm×137cm	862,500	华艺国际	2022-09-24
杨之光 1992年作 现代舞 镜框	68cm×96cm	632,500	华艺国际	2022-09-24
杨之光 2005年作 行书《观沧海》 镜心	144cm×366cm	575,000	华艺国际	2022-09-24
杨之光 红日照征途 镜心	103cm×90cm	529,000	中鸿信	2022-09-11
杨之光 2004年作 西班牙女郎 镜心	68cm×137cm	460,000	华艺国际	2022-09-24
杨之光 1999年作 葡萄熟了 立轴	137cm×69cm	437,000	广东崇正	2022-08-11
杨之光 2004年作 卡门 镜心	68cm×137cm	379,500	开拍国际	2022-01-07
杨之光 2000年作 西班牙舞 立轴	94cm×56cm	333,500	广东崇正	2022-12-25
杨之光 1995年作 日本舞 立轴	121.5cm×68cm	287,500	华艺国际	2022-09-24
杨之光 1980年作 孔雀舞 镜心	70cm×139cm	230,000	中国嘉德	2022-12-13
杨之光 1979年 宝贝 镜片	68cm×46cm	207,000	上海嘉禾	2022-11-20
杨之光 海瑞造像 镜心	137cm×68.5cm	126,500	开拍国际	2022-07-24
杨之光 2001年作 魔笛 镜框	50cm×75cm	115,000	北京荣宝	2022-07-24
杨之光 2005年作 行书"寄怀堂" 镜框	32cm×109cm	115,000	华艺国际	2022-09-24
杨之光 刘炳森 舞蹈人物·隶书五言句 镜心、立轴		103,500	中国嘉德	2022-12-13
杨之光 藏族新娘 镜片	70cm×46cm	92,000	广东小雅斋	2022-05-25
杨之光 孔雀舞 立轴	67cm×45cm	92,000	华艺国际	2022-09-24
杨之光 恒河之舞 立轴	70cm×46cm	92,000	华艺国际	2022-09-24
杨之光 1981年作 独舞 镜心	67cm×42.5cm	80,500	中国嘉德	2022-06-27
杨之光 1977年作 舞蹈 立轴	67cm×42cm	80,500	广东崇正	2022-08-11
杨之光 1983年作 傣族舞 镜片	69cm×52cm	80,500	广东崇正	2022-08-11
杨之光 1980年作 舞蹈人物 镜心	63.5cm×49cm	74,750	中国嘉德	2022-12-13
杨之光 2004年作 天鹅 镜框	直径21cm	69,000	华艺国际	2022-09-24
杨之光 恒河之舞 立轴	69cm×47cm	69,000	广东崇正	2022-12-25
杨之光 1990年作 藏族新娘 镜心	69.5cm×46cm	69,000	广东崇正	2022-12-25
杨忠华 2022年作 山村新绿 镜心	68cm×136cm	879,000	北京中贝	2022-03-16
杨忠华 2022年作 山村秋色 镜心	68cm×136cm	861,000	北京中贝	2022-03-16
杨忠华 2022年作 和风细雨 镜心	68cm×136cm	620,000	北京中贝	2022-03-16
杨周东 风和日丽 镜片	68cm×68cm	85,000	北京中贝	2022-04-11
杨专 落在脚下 画心	136cm×68cm	100,000	北京传世	2022-12-15
杨专 中国梦 画心	136cm×68cm	89,000	北京传世	2022-12-15
姚华 楷书十言联 立轴	135.5cm×32.5cm×2	172,500	北京银座	2022-01-12
姚华 1924年作 山居共吟图 横披	21cm×122.5cm	172,500	北京银座	2022-01-12
姚华 何威风 1882年作 凤凰图 立轴	181.5cm×48.5cm	126,500	西泠印社	2022-01-22
姚华 兰花（四帧） 镜心	27cm×54cm	126,500	中国嘉德	2022-06-27
姚华 1923年作 苍山萧寺 立轴	159.5cm×52cm	92,000	北京银座	2022-01-12
姚华 1927年作 仿董北苑环山图 立轴	179cm×59cm	86,250	中贸圣佳	2022-07-23
姚华 1919年作 溪山幽居 镜心	19cm×57cm	69,000	北京保利	2022-07-26
姚霁月 一眼万年	112cm×82cm	367,880	荣宝斋（香港）	2022-11-26
姚梅梅 2022年作 花团锦簇 镜心	136cm×68cm	805,000	荣宝斋（南京）	2022-12-07
姚文藻 1919年作 松风虚壑 立轴	100.5cm×33cm	115,000	中国嘉德	2022-06-27
姚晓冬 2019年作 紫风缩绶 镜心	245cm×125cm	345,000	中国嘉德	2022-06-29
姚媛 2022年作 山水 镜心	137cm×69.5cm	80,500	中国嘉德	2022-06-29
叶阿林 鹿谷游舟诗话兴 镜心	137.5cm×64cm	320,000	北京中贝	2022-03-16
叶阿林 瀑潭静钓 镜心	64cm×67cm	115,000	北京中贝	2022-03-16
叶恭绰 邓邦述 陈衍 易君左 张比德 等 1936年作 画仕女读书图 立轴	104.5cm×45.5cm	402,500	西泠印社	2022-01-23
叶恭绰 行书十言联 对联	141cm×23.5cm×2	356,500	朵云轩	2022-12-08
叶恭绰 行书长言联 对联	165cm×26cm×2	172,500	西泠印社	2022-01-23
叶恭绰 雪竹图 立轴	64cm×39cm	155,250	北京银座	2022-01-12
叶恭绰 1918年作 山中飞泉 镜框	29.5cm×54cm	129,608	佳士得	2022-05-29
叶恭绰 双色梅花 立轴	100cm×48cm	116,150	华艺国际	2022-09-24
叶恭绰 王师子 行书 游鱼图 镜心	24cm×68cm×2	103,500	中贸圣佳	2022-07-23
叶恭绰 行书八言联 立轴	168.5cm×36cm×2	80,500	北京银座	2022-09-16
叶恭绰 行书七言联 镜心	133cm×32cm×2	69,000	中贸圣佳	2022-10-27
叶恭绰 楷书八言联 立轴	144cm×37cm×2	69,000	广东崇正	2022-12-25
叶恭绰 行书八言联 立轴	133.5cm×26.4cm×2	66,596	香港苏富比	2022-10-08
叶烂 2022年作 月色荷塘	136cm×68cm	245,000	北京伍佰艺	2022-10-28
叶烂 2022年作 独往独来	68cm×68cm	165,000	北京伍佰艺	2022-10-28
叶曼叔 仕女四屏 镜框	110cm×26cm×4	138,000	中贸圣佳	2022-10-27
叶曼叔 四季仕女（四幅） 镜片	74.5cm×21cm×4	74,750	朵云轩	2022-12-08
叶浅予 1959年作 苗族姑娘绣花图 立轴	102cm×52cm	724,500	开拍国际	2022-01-07
叶浅予 1990年作 凉山舞步 立轴	94cm×90.5cm	713,000	北京荣宝	2022-07-24
叶浅予 1984年作《红灯记》李铁梅造像 立轴	137cm×69cm	391,000	开拍国际	2022-07-24
叶浅予 为大为绘 "于阗装" 镜心	83cm×50cm	391,000	中鸿信	2022-09-11
叶浅予 1978年作 印度舞 立轴	69cm×46cm	322,000	中国嘉德	2022-06-26
叶浅予 1979年作 印度双花卉 镜心	70cm×49cm	276,000	北京银座	2022-09-16
叶浅予 1978年作 印度舞 立轴	66cm×45cm	172,500	北京保利	2022-07-26
叶浅予 1962年作 舞女 立轴	69cm×46cm	138,000	北京荣宝	2022-07-24
叶浅予 1964年作 夏河装 立轴	68cm×44cm	126,500	西泠印社	2022-08-21
叶浅予 1945年作 尼泊尔少女 镜心	50.5cm×30.5cm	126,500	中国嘉德	2022-12-13
叶浅予 1962年作 献花 镜框	51.5cm×39cm	102,606	佳士得	2022-05-29
叶浅予 1960年作 长鼓舞 镜心	69.5cm×45.5cm	92,000	北京银座	2022-09-17
叶浅予 1982年作 巴基斯坦舞姿 立轴	67cm×40cm	92,000	北京保利	2022-02-03
叶浅予 1959年作 舞蹈人物 镜片	70cm×46.5cm	92,000	广东崇正	2022-08-11
叶浅予 1962年作 共饮一江水 镜心	108cm×55cm	80,500	中国嘉德	2022-06-26
叶浅予 1980年作 印度舞 立轴	69cm×46.5cm	63,250	中国嘉德	2022-12-13
叶圣陶 1980年作 行书观弘一法师论有感 横披	33.5cm×79cm	264,500	开拍国际	2022-01-07
叶圣陶 1973年作 行书旧作诗 镜心	92cm×33cm	149,500	中贸圣佳	2022-12-31
叶圣陶 篆书节录魏晋·陶渊明《答庞参军》 镜心	131cm×30cm	69,000	中鸿信	2022-09-12

2022书画拍卖成交汇总(续表)

(成交价RMB:6万元以上)

拍品名称	物品尺寸	成交价RMB	拍卖公司	拍卖日期
叶为铭 朱枯生 为协笾先生书联二副 对联(两对)		86,250	西泠印社	2022-08-21
叶向阳 2021年作 一泓飞瀑洒清气 千峰耸翠散异香	138cm×68cm	1,920,000	北京伍佰艺	2022-09-17
叶昀 1934年作 历史人物四屏 镜心	128cm×33cm×4	176,582	中国嘉德	2022-10-07
叶昀 达摩 立轴	150cm×69cm	161,000	保利厦门	2022-10-22
一了 2014年作 语世系列	145cm×365cm	322,000	中贸圣佳	2022-07-24
伊立勋 1924年作 隶书九言联 立轴	195.6cm×31.6cm	776,954	香港苏富比	2022-10-08
伊立勋 1936年作 隶书八言联 立轴	177cm×44cm×2	74,750	中国嘉德	2022-06-28
伊瑞 2016年作 飞蛾扑火系列二	123cm×155cm	86,250	中贸圣佳	2022-10-27
衣雪峰 2018年作 临金文 镜心	179cm×97cm	69,000	北京保利	2022-07-27
怡僧法师 2017年作 江南春色 镜心	68cm×136cm	1,280,000	北京中贝	2022-03-16
怡僧法师 2021年作 湖光山色 镜心	68cm×68cm	680,000	北京中贝	2022-03-16
怡僧法师 2021年作 秋山日暮 镜心	68cm×68cm	660,000	北京中贝	2022-03-16
弋鸿儒 临江仙 镜心	180cm×70cm	930,000	北京传世	2022-12-15
佚名 1967年作《伟大的共产主义战士——白求恩》插图原稿十五帧(全) 画心	尺寸不一	71,300	西泠印社	2022-01-22
易大庵 行书九言联 立轴	107.5cm×18cm×2	63,250	中国嘉德	2022-12-25
易大厂 袁克文 观瀑图·行书 成扇	17cm×49cm	178,250	上海嘉禾	2022-01-01
殷梓湘 1950年作 人马图 镜心	56cm×124cm	138,000	永乐拍卖	2022-07-25
殷梓湘 1960年作 洞庭秋色 镜片	69cm×132.5cm	138,000	上海嘉禾	2022-11-20
殷梓湘 童大年 1944年作 春荫牧马·金文临古周召伯虎敦 成扇	18cm×49.5cm	126,500	中国嘉德	2022-06-27
殷梓湘 1959年作 万马奔腾 镜心	66cm×135cm	97,750	中国嘉德	2022-12-13
殷梓湘 1987年作 松山牧牛图 镜心	144cm×38cm	92,000	中鸿信	2022-09-11
应野平 普陀晓雾 镜心	64cm×65.5cm	97,750	北京银座	2022-01-12
应野平 1959年作 和平五十八号 镜片	140cm×97.5cm	86,250	朵云轩	2022-12-08
应野平 武夷九曲泛舟图 手卷	画心 20.5cm×238cm	80,500	中鸿信	2022-09-11
应野平 1976年作 庐山胜境 镜片	99.5cm×49.5cm	69,000	朵云轩	2022-12-08
于大海 和谐家园 镜片	70cm×180cm	713,000	北京中贝	2022-01-14
于大海 2021年作 山谷幽居	68cm×68cm	230,000	北京伍佰艺	2022-09-17
于大海 2021年作 溪山行旅图	68cm×68cm	225,000	北京伍佰艺	2022-09-17
于大海 2022年作 山水清音	136cm×68cm	165,000	北京伍佰艺	2022-09-17
于非闇 1944年作 富贵白头 立轴	102cm×52cm	3,591,000	保利香港	2022-07-12
于非闇 1947年作 御苑牡丹 镜心	98.5cm×52cm	2,300,000	开拍国际	2022-07-24
于非闇 红叶蝴蝶 镜框	51.5cm×23cm	1,150,000	上海嘉禾	2022-01-01
于非闇 1957年作 彩蝶 镜心	30cm×136cm	989,000	中鸿信	2022-09-11
于非闇 1955年作 朱砂双鸽 镜心	47cm×60cm	943,000	开拍国际	2022-01-07
于非闇 1941年作 富贵锦鸡图 立轴	102cm×36cm	943,000	上海嘉禾	2022-11-20
于非闇 1940年作 仿宋徽宗《桃花鹦鹉蛱蝶图》 镜心	70cm×39cm	920,000	中鸿信	
于非闇 1940年作 蝶恋花 立轴	101cm×33cm	828,000	上海嘉禾	2022-01-01
于非闇 四喜图 立轴	143cm×80cm	810,054	佳士得	2022-05-29
于非闇 1936年作 红梅仙蝶 立轴	117cm×44.5cm	575,000	开拍国际	2022-07-24
于非闇 1936年作 山茶白鹊 镜心	111.5cm×30.5cm	575,000	中国嘉德	2022-12-13
于非闇 1943年作 玉兰鹦鹉 镜心	90cm×54cm	506,000	中鸿信	2022-09-11
于非闇 1938年作 鹦鹉湖石 镜框	99.5cm×25cm	460,000	保利厦门	2022-10-21
于非闇 1948年作 御苑牡丹 立轴	100cm×48.5cm	440,352	佳士得	2022-12-02
于非闇 1944年作 白菜蝴蝶 立轴	66cm×31cm	322,000	中国嘉德	2022-12-13
于非闇 1945年作 红叶八哥 成扇	18.7cm×47.5cm	310,782	香港苏富比	2022-10-08
于非闇 菊花草虫 立轴	134cm×33cm	299,000	中贸圣佳	2022-10-27
于非闇 五爵图	92cm×34cm	294,304	荣宝斋(香港)	2022-11-26
于非闇 1947年作 梨花鹦鹉 镜心	90cm×45cm	253,000	中国嘉德	2022-09-27
于非闇 1948年作 荷塘鸳鸯图 镜心	125cm×57cm	253,000	中鸿信	2022-09-11
于非闇 1944年作 朱竹喜鹊 扇面	18cm×50.5cm	253,000	中国嘉德	2022-12-13
于非闇 1949年作 荷塘虫儿忙 成扇	19cm×46.5cm	230,000	北京诚轩	2022-08-08
于非闇 王师子 1941年作 春满枝头 立轴	98cm×50cm	218,500	中鸿信	2022-09-11
于非闇 曹克家 耄耋图 立轴	101cm×32.5cm	209,691	中国嘉德	2022-10-07
于非闇 邵章书法·花鸟成扇 成扇	18.5cm×50cm	207,000	永乐拍卖	2022-07-25
于非闇 商衍鎏 1956年作 赤果图 行书 成扇	18.5cm×48.5cm	207,000	上海嘉禾	2022-11-20
于非闇 1944年作 鼠趣图 立轴	105cm×38.5cm	172,500	永乐拍卖	2022-07-25
于非闇 王大隆 1945年作 翠鸟佳果·篆书 镜心	18cm×50cm×2	161,000	保利厦门	2022-10-22
于非闇 杨千里 1936年作 书法·花鸟成扇	18.5cm×50cm	149,500	永乐拍卖	2022-07-25
于非闇 张海若 1941年作 红荷、书法扇面(二帧) 镜心	23cm×75cm×2	88,291	中国嘉德	2022-10-07
于非闇 1946年作 富贵大吉图 镜心	137cm×40cm	86,250	中鸿信	2022-09-11
于非闇 1947年作 库绢楷书七言联 立轴	170cm×35cm×2	69,000	中鸿信	2022-09-11
于非闇 任嘉义 心里美萝卜·书法 成扇	18.5cm×50cm×2	63,250	江苏汇中	2022-08-17
于海华 2022年作 峡江秋色	100cm×244cm	865,000	北京伍佰艺	2022-09-17
于海华 2022年作 鸣泉	68cm×68cm	385,000	北京伍佰艺	2022-09-11
于海华 2022年作 林泉清音	68cm×68cm	380,000	北京伍佰艺	2022-09-17
于海华 2022年作 李白诗意图	136cm×68cm	370,000	北京伍佰艺	2022-09-17
于海华 2022年作 云壑鸣泉	136cm×68cm	362,000	北京伍佰艺	2022-09-17
于建华 江山万里图 画心	68cm×136cm	908,000	北京传世	2022-12-15
于建华 朝辉 画心	68cm×68cm	566,000	北京传世	2022-12-15
于立群 隶书七言联 立轴	131cm×33.3cm×2	172,500	上海嘉禾	2022-11-20
于立群 1973年作 隶书《满江红》 镜心	78cm×162cm	92,000	中国嘉德	2022-06-26
于立群 1977年作 隶书 镜片	49cm×37cm	71,300	西泠印社	2022-01-22
于立学 2020年作 鹿鸣	136cm×68cm	62,000	北京伍佰艺	2022-09-17
于普光 有为无为 画心	35cm×135cm	320,000	北京传世	2022-12-15
于水 2022年作 煮茶图 镜心	68cm×136cm	184,000	北京荣宝	2022-07-24
于希宁 1996年作 梅魂 册页	60cm×84cm×12	1,725,000	北京银座	2022-01-12
于希宁 为苏毅然作岁寒之交卷 手卷	34.5cm×276cm; 32.5cm×134cm; 33cm×94cm	517,500	西泠印社	2022-01-23
于希宁 2003年作 红梅铁骨手卷	51.5cm×232cm	322,000	北京银座	2022-01-12
于希宁 张登堂 蒋维崧 魏启后 等 1990—1991年作 艺林雅集册 册页(二十二开)	27.5cm×38.8cm×22cm	103,500	开拍国际	2022-01-07
于希宁 铁骨玉肌 镜片	69cm×68cm	80,500	上海嘉禾	2022-08-28
于新 2021年作 雅士清芳 镜心	124cm×124cm	520,000	北京中贝	2022-03-16
于右任 草书《后赤壁赋》手卷 手卷	33cm×526cm	6,440,000	北京荣宝	2022-07-24

拍品名称	物品尺寸	成交价RMB	拍卖公司	拍卖日期	拍品名称	物品尺寸	成交价RMB	拍卖公司	拍卖日期
于右任 草书唐人诗四屏 立轴	136cm × 32.5cm × 4	1,840,000	中贸圣佳	2022-10-27	于右任 行书七言联 立轴	135cm × 32.8cm × 2	402,500	北京荣宝	2022-07-24
于右任 沈尹默 1947年作 行书四屏 镜心	84.5cm × 21cm × 4; 67cm × 16cm × 4	1,265,000	北京银座	2022-09-16	于右任 草书五言联 镜片	135.5cm × 32.5cm × 2	402,500	西泠印社	2022-01-23
于右任 草书陶诗二首 镜心	243.5cm × 123cm	1,265,000	中国嘉德	2022-12-12	于右任 行书五言联 立轴	240cm × 55.5cm × 2	402,500	中鸿信	2022-09-11
于右任 书法 立轴	320.5cm × 67cm	1,150,000	永乐拍卖	2022-07-25	于右任 草书五言联 立轴	123.5cm × 23cm × 2	402,500	中国嘉德	2022-12-12
于右任 草书陈恭尹《邺中》四屏 立轴	134cm × 32.5cm × 4	1,150,000	中贸圣佳	2022-10-27	于右任 1948年作 草书八言联 镜心	133.5cm × 33cm × 2	368,000	中国嘉德	2022-12-13
于右任 行书论军事 立轴	173cm × 88.5cm	1,138,500	北京银座	2022-09-16	于右任 行书孙中山语 立轴	132cm × 66cm	345,000	中贸圣佳	2022-07-23
于右任 1932年作 行书《明史·何如宠列传》册页	23.5cm × 40.5cm × 26	1,127,000	北京银座	2022-01-12	于右任 草书王维诗手卷	50cm × 300cm	345,000	北京荣宝	2022-07-24
于右任 行书《梅花诗》四屏 立轴	134cm × 31.5cm × 4	1,035,000	中贸圣佳	2022-07-23	于右任 1956年作 草书辛弃疾词六屏	146cm × 27cm × 6	345,000	西泠印社	2022-01-23
于右任 文山传书法 六屏	158cm × 330cm	1,035,000	江苏汇中	2022-08-16	于右任 草书王维诗 立轴	136.5cm × 33.5cm	345,000	中国嘉德	2022-06-26
于右任 1932年作 行书节录《明史》册页（二十六开）	23.5cm × 40.5cm × 26	920,000	华艺国际	2022-07-29	于右任 1948年作 草书五言联 立轴	131.5cm × 32cm × 2	333,500	北京银座	2022-01-12
于右任 行书五言联 立轴	170cm × 42.5cm × 2	862,500	北京荣宝	2022-07-24	于右任 草书节录《史记·廉颇蔺相如列传》镜心	95cm × 42cm × 4	322,000	北京保利	2022-02-03
于右任 行书七言联 立轴	172cm × 45.5cm × 2	782,000	北京银座	2022-01-12	于右任 草书 "为万世开太平" 立轴	133cm × 33.5cm	322,000	中国嘉德	2022-06-26
于右任 行书五言联 立轴	146cm × 39.5cm × 2	598,000	中贸圣佳	2022-07-23	于右任 草书五言联 镜心	171cm × 41cm × 2	287,500	北京荣宝	2022-07-24
于右任 行书五言 对联	146cm × 38cm × 2	586,500	朵云轩	2022-12-09	于右任 行书八言联 立轴	135cm × 34cm × 2	264,500	北京荣宝	2022-07-24
于右任 行书五言联 立轴	147.5cm × 40cm × 2	575,000	北京荣宝	2022-07-24	于右任 草书五言联 立轴	132cm × 33cm × 2	253,000	北京荣宝	2022-07-24
于右任 隶书七言联 立轴两幅	每幅 228.5cm × 52.5cm	518,434	佳士得	2022-05-29	于右任 行书七言联 立轴	130cm × 32cm × 2	253,000	北京荣宝	2022-07-24
于右任 草书五言联 立轴	150cm × 40cm × 2	517,500	北京荣宝	2022-07-24	于右任 行草七言联 立轴	1145cm × 31.5cm × 2	230,000	北京荣宝	2022-07-24
于右任 行书校园杂事诗 镜框	74cm × 50cm × 2	517,500	北京荣宝	2022-07-24	于右任 草书题赠张群	32.5cm × 155.5cm	230,000	中国嘉德	2022-12-13
于右任 行书五言联 立轴	143.5cm × 37.5cm × 2	517,500	北京银座	2022-09-16	于右任 1948年作 草书格言 镜心	131.5cm × 33.5cm	230,000	中贸圣佳	2022-12-31
于右任 1948年作 草书五言联 立轴	162cm × 39cm × 2	494,500	北京银座	2022-09-16	于右任 1948年 草书五言联 立轴	170cm × 43cm × 2	230,000	中鸿信	2022-09-12
于右任 行书五言书法对联 立轴	147cm × 39cm × 2	483,000	开拍国际	2022-07-24	于右任 1952年作 草书陆游《跋渊明集》立轴	138cm × 33.5cm	230,000	中国嘉德	2022-12-12
于右任 草书五言联 立轴	178.5cm × 45cm × 2	471,500	北京荣宝	2022-07-24	于右任 1948年作 草书杜甫诗 立轴	144.5cm × 46cm	230,000	中国嘉德	2022-12-12
于右任 行书五言联 立轴	143cm × 38.5cm × 2	460,000	北京荣宝	2022-07-24	于右任 行书 镜片	130.5cm × 66cm	230,000	朵云轩	2022-12-09
于右任 草书庾子山《哀江南赋》立轴	150cm × 40cm × 4	460,000	北京荣宝	2022-07-24	于右任 草书节录李白《扶风豪士歌》镜心	161cm × 47.5cm	218,500	中国嘉德	2022-12-12
于右任 草书朱舜水先生杂说 立轴	143cm × 57cm	460,000	北京荣宝	2022-07-24	于右任 1953年作 草书节录《孙子兵法》立轴	93cm × 35cm	218,500	中国嘉德	2022-12-12
于右任 草书录康德黎先生著述 立轴	150cm × 82cm	460,000	北京荣宝	2022-07-24	于右任 行书五言联 立轴	180cm × 47cm × 2	218,500	广东崇正	2022-12-25
于右任 行书五言联 对联	149cm × 40.5cm × 2	460,000	朵云轩	2022-12-08	于右任 草书七言联 立轴	145cm × 39cm × 2	212,750	中贸圣佳	2022-10-27
于右任 行书五言联 立轴	145.5cm × 39cm × 2	437,000	北京荣宝	2022-07-24	于右任 行书六舟和尚诗 立轴	138cm × 39cm	212,750	中贸圣佳	2022-10-27
于右任 1945年作 草书《歌永壮》册页（十二开）	25.5cm × 17.5cm × 12	437,000	北京荣宝	2022-07-24	于右任 草书五言联 对联	142cm × 38cm × 2	207,000	中国嘉德	2022-05-31
于右任 草书丁鹤年诗·七言联 立轴		437,000	北京银座	2022-09-16	于右任 草书丘逢甲诗 立轴	135.5cm × 46cm	207,000	中贸圣佳	2022-12-31
于右任 行书七言联 对联	161cm × 45cm × 2	425,500	上海嘉禾	2022-08-28	于右任 1964年作 行书《闻金马战事》立轴	139cm × 34cm	207,000	中贸圣佳	2022-12-31
于右任 行草李白诗四屏 立轴	133cm × 33.5cm × 4	414,000	北京荣宝	2022-07-24	于右任 1950年作 草书七言联 镜心	142.5cm × 38.5cm × 2	207,000	华艺国际	2022-07-29
					于右任 草书五言句 立轴	94cm × 34cm	207,000	中国嘉德	2022-12-12
					于右任 草书黄庭坚诗 立轴	136cm × 34.5cm	207,000	中国嘉德	2022-12-12
					于右任 行书五言联 对联	139.5cm × 35cm × 2	207,000	朵云轩	2022-12-09
					于右任 行书 屏轴	151cm × 38cm	207,000	朵云轩	2022-12-09
					于右任 1949年作 草书八言联 镜心	111cm × 17.5cm × 2	205,200	保利香港	2022-07-12

2022书画拍卖成交汇总(续表)
(成交价RMB：6万元以上)

拍品名称	物品尺寸	成交价RMB	拍卖公司	拍卖日期
于右任 草书五言联 镜心	148cm×40cm×2	195,500	北京荣宝	2022-07-24
于右任 草书五言联 镜心	133.5cm×31.5cm×2	195,500	北京银座	2022-09-16
于右任 草书七言联 立轴	151cm×40cm×2	184,000	北京银座	2022-01-12
于右任 行书"南无阿弥陀佛"	127cm×26.5cm	184,000	中国嘉德	2022-06-27
于右任 行书七言联 立轴	130cm×30cm×2	184,000	北京荣宝	2022-07-24
于右任 1948年作 草书五言联 立轴	145cm×36cm×2	184,000	中国嘉德	2022-06-26
于右任 行书五言联 立轴	163cm×50cm×2	184,000	中国嘉德	2022-06-27
于右任 草书祝寿诗 立轴	67.5cm×30.5cm	184,000	中国嘉德	2022-12-12
于右任 草书八言联 立轴	39cm×8cm×2	178,250	保利厦门	2022-10-22
于右任 1950年作 草书七言对联 镜心	143cm×39cm×2	172,500	开拍国际	2022-01-07
于右任 楷书五言联 立轴	144cm×39cm×2	172,500	北京荣宝	2022-07-24
于右任 草书节录《文心雕龙》立轴	150cm×40cm	172,500	北京荣宝	2022-07-24
于右任 草书杜甫《重过何氏其三》立轴	148cm×39cm	172,500	北京银座	2022-09-16
于右任 行书《咏宣州笔》镜心	48cm×157.5cm	172,500	北京银座	2022-09-16
于右任 草书节录《孟子》镜心	47cm×140cm	172,500	北京银座	2022-09-16
于右任 1963年作 草书张母许太夫九十寿言 手卷		172,500	北京银座	2022-09-16
于右任 草书佛语 镜心	14cm×54cm	172,500	北京保利	2022-07-26
于右任 草书八言联 立轴	135cm×33.5cm×2	172,500	华艺国际	2022-07-29
于右任 草书八言联 镜心	108.5cm×19cm×2	164,160	保利香港	2022-07-12
于右任 草书五言联 立轴	144cm×38.5cm×2	162,235	佳士得	2022-12-02
于右任 草书八言联 镜心	125cm×24cm×2	161,000	北京荣宝	2022-07-24
于右任 草书五言联 立轴	138.5cm×36.5cm×2	161,000	北京荣宝	2022-07-24
于右任 草书"为万世开太平"立轴	125cm×31cm	161,000	中国嘉德	2022-09-27
于右任 行书五言联 立轴	135cm×32cm×2	161,000	广东崇正	2022-08-11
于右任 草书五言联 立轴	131cm×31cm×2	161,000	中贸圣佳	2022-10-27
于右任 草书李白诗 立轴	137.5cm×33.5cm	161,000	中国嘉德	2022-12-12
于右任 草书五言联 立轴	148cm×39cm×2	149,500	北京荣宝	2022-07-24
于右任 草书五言联 立轴	135cm×34cm×2	149,500	北京荣宝	2022-07-24
于右任 草书五言联 立轴	130.5cm×32.7cm×2	149,500	北京诚轩	2022-08-08
于右任 草书节录《孟子·尽心章句》立轴	136.5cm×67.5cm	149,500	中鸿信	2022-09-12
于右任 草书五言联 镜心	131cm×31cm×2	149,500	中贸圣佳	2022-10-27
于右任 草书录阳明诗 立轴	145.5cm×40.5cm	144,291	香港苏富比	2022-10-08
于右任 草书五言对联 立轴	150cm×37.5cm×2	143,750	开拍国际	2022-01-07
于右任 草书七言联 立轴	104cm×17cm×2	143,640	保利香港	2022-07-12
于右任 1948年作 吕新吾语 立轴	121cm×42cm	138,000	北京荣宝	2022-07-24
于右任 草书《后赤壁赋》镜心	29cm×22cm×10	138,000	北京保利	2022-07-26
于右任 草书节录王守仁《百湾诗》立轴	68cm×34.5cm	138,000	中国嘉德	2022-12-12
于右任 行书"争先万里途"镜心	48cm×176cm	132,250	北京银座	2022-09-16
于右任 书法四条屏 立轴	150cm×39cm×4	132,250	永乐拍卖	2022-07-25
于右任 行书"明德及群"镜心	55.5cm×173cm	126,500	北京银座	2022-01-12
于右任 行书五言联	179.5cm×46.5cm×2	126,500	中国嘉德	2022-06-27
于右任 行书五言联 镜心	125cm×32cm×2	126,500	中贸圣佳	2022-07-12
于右任 行书五言联 镜心	120cm×31cm×2	126,500	北京银座	2022-09-16
于右任 草书五言联	151cm×39.5cm×2	126,500	中国嘉德	2022-12-13
于右任 草书八言联 对联	174cm×25.5cm×2	126,500	西泠印社	2022-01-23
于右任 草书七言联 镜心	141cm×31.5cm×2	126,500	华艺国际	2022-07-29
于右任 集陶句草书十言联 立轴	150cm×26cm×2	126,500	华艺国际	2022-09-23
于右任 草书七言对联 镜心	97cm×17.6cm×2	115,000	开拍国际	2022-01-07
于右任 1964年作 行书 镜心	102cm×110cm	115,000	北京银座	2022-01-12
于右任 行草《呻吟语》句 镜心	107cm×38.5cm	115,000	北京荣宝	2022-07-24
于右任 草书五言联 镜心	136.5cm×33.5cm×2	115,000	北京荣宝	2022-07-24
于右任 草书五言联 立轴	77cm×18cm×2	115,000	北京荣宝	2022-07-24
于右任 草书《题朴园书藏》二首 镜心	135.5cm×32cm	115,000	北京荣宝	2022-07-24
于右任 草书李白诗 镜心	33.5cm×102cm	115,000	北京银座	2022-09-16
于右任 草书五言联 镜心	91cm×23cm×2	115,000	北京保利	2022-02-03
于右任 行书渔父诗 立轴	135.5cm×34cm	115,000	中国嘉德	2022-06-27
于右任 行书 镜片	95.5cm×178cm	115,000	广东崇正	2022-08-11
于右任 十二言龙门大联 镜片	176cm×44cm×2	115,000	江苏汇中	2022-08-16
于右任 草书陆游诗 立轴	91cm×29cm	115,000	中国嘉德	2022-12-12
于右任 草书自作诗《题民元照片》立轴	152cm×41cm	115,000	中国嘉德	2022-12-13
于右任 草书 镜框	64cm×31cm	115,000	朵云轩	2022-12-08
于右任 草书五言联	151cm×41.3cm×2	109,250	中国嘉德	2022-06-27
于右任 草书"自力更生"横披	37.5cm×66.5cm	109,250	北京荣宝	2022-07-24
于右任 行草《论语》句 立轴	133cm×33cm	109,250	北京荣宝	2022-07-24
于右任 草书五言 镜片	84cm×38cm	109,250	朵云轩	2022-12-08
于右任 草书五言联	149cm×37cm×2	103,500	中国嘉德	2022-06-27
于右任 1948年作 行书 立轴	131.5cm×33cm	103,500	广东崇正	2022-08-11
于右任 1955年作 行书《浪淘沙》立轴	58.5cm×23cm	97,750	北京荣宝	2022-07-24
于右任 1955年作 草书五言联 立轴	140cm×26cm×2	97,750	北京荣宝	2022-07-24
于右任 行书杜牧诗一首 横披	37cm×135cm	97,750	北京荣宝	2022-07-24
于右任 草书五言联 立轴	69.5cm×19.5cm×2	97,750	北京银座	2022-09-16
于右任 草书五言联 镜心	136cm×33cm×2	97,750	北京银座	2022-09-16
于右任 草书放翁诗 镜心	132cm×32cm	97,750	中国嘉德	2022-06-26
于右任 1948年作 草书五言联 立轴	143cm×35.5cm×2	97,750	中国嘉德	2022-06-27
于右任 草书五言对联 镜心	100cm×34cm×2	92,000	开拍国际	2022-01-07
于右任 草书九言联句 镜心	69cm×31cm	92,000	北京荣宝	2022-07-24
于右任 行书"仁者寿"立轴	74cm×43cm	92,000	北京荣宝	2022-07-24
于右任 书法 镜片	33cm×130cm	92,000	浙江佳宝	2022-03-13
于右任 草书《中庸》章句 立轴	129cm×44cm	92,000	中国嘉德	2022-06-26
于右任 草书自作诗 镜心	102.5cm×34.5cm	92,000	中国嘉德	2022-06-26
于右任 草书六言联 镜心	151.5cm×39.5cm×2	92,000	中国嘉德	2022-06-27
于右任 草书七言诗 镜心	134.5cm×33cm	92,000	华艺国际	2022-07-29
于右任 草书五言联 立轴	68cm×16.5cm×2	92,000	华艺国际	2022-07-29
于右任 行书七言联 立轴	172cm×46cm×2	92,000	保利厦门	2022-10-22
于右任 1956年作 草书四屏 镜心	128cm×33cm×4	92,000	保利厦门	2022-10-22
于右任 隶书五言联 立轴	162cm×40cm×2	87,400	江苏汇中	2022-08-16
于右任 草书杜甫《题玄武禅师屋壁》立轴	65cm×31cm	86,250	北京荣宝	2022-07-24

拍品名称	物品尺寸	成交价RMB	拍卖公司	拍卖日期	拍品名称	物品尺寸	成交价RMB	拍卖公司	拍卖日期
于右任 草书 寿 镜片	67cm×32cm	86,250	西泠印社	2022-01-23	余承尧 1988年作 连峰曲水 镜框	136cm×56cm	129,608	佳士得	2022-05-29
于右任 楷书五言联 镜心	165cm×34cm×2	86,250	永乐拍卖	2022-07-25	余觉 行书《圣教序》四屏 镜心	148cm×82cm×4	92,000	北京荣宝	2022-07-24
于右任 行书 镜片	22.5cm×74cm	86,250	广东崇正	2022-08-11	余任天 山水 镜心	95cm×61cm	660,000	浙江御承	2022-12-17
于右任 草书《点绛唇·天山之行》立轴	68cm×24cm	86,250	中国嘉德	2022-12-12	余任天 山水 镜心	42cm×108cm	495,000	浙江御承	2022-12-17
于右任 草书《礼记》句 立轴	67cm×45.2cm	81,005	香港苏富比	2022-04-30	余任天 山水图 镜心	112cm×42cm	483,000	浙江御承	2022-08-28
于右任 草书"中兴大任" 立轴	65.5cm×32.5cm	80,500	北京银座	2022-01-12	余任天 山水人物 镜心	38cm×83cm	440,000	浙江御承	2022-12-17
于右任 楷书八言联 对联	223cm×37cm×2	80,500	中国嘉德	2022-05-31	余任天 山水 镜心	46cm×68cm	418,000	浙江御承	2022-12-17
于右任 草书五言联 对联	144cm×35cm×2	80,500	中国嘉德	2022-05-31	余任天 山水严陵滩上 镜心	48cm×70cm	352,000	浙江御承	2022-12-17
于右任 草书李白《岘山怀古》立轴	121cm×25cm	80,500	北京荣宝	2022-07-24	余任天 霜叶西风入画图 镜心	45cm×69cm	330,000	浙江御承	2022-12-17
于右任 草书《题蚝墩忠迹诗册》立轴	94cm×34cm	80,500	北京荣宝	2022-07-24	余任天 山水十二开 立轴	34cm×46cm×12	310,500	北京荣宝	2022-07-24
于右任 1950年作 草书八言联 对联	158cm×35cm×2	80,500	中国嘉德	2022-09-27	余任天 1960年作 荷花东坡词意 镜心	70cm×136cm	308,000	浙江御承	2022-12-17
于右任 草书五言联 立轴	125cm×31cm×2	80,500	中贸圣佳	2022-12-31	余任天 山水画 镜心	40cm×69cm	275,000	浙江御承	2022-12-17
于右任 草书五言联 立轴	132.5cm×30cm×2	80,500	中国嘉德	2022-06-27	余任天 山水人物 镜心	50cm×82cm	242,000	浙江御承	2022-12-17
于右任 草书五言对联 镜心	131cm×31cm×2	74,750	开拍国际	2022-01-07	余任天 山水、书法 横披		230,000	浙江御承	2022-08-28
于右任 草书节录《中庸》	130cm×32cm	74,750	中贸圣佳	2022-07-23	余任天 山水画白居易诗 镜心	34cm×35cm	220,000	浙江御承	2022-12-17
于右任 草书亭林书札句 镜心	97cm×43cm	74,750	北京荣宝	2022-07-24	余任天 山水画庚申九月 镜心	41cm×68cm	176,000	浙江御承	2022-12-17
于右任 1959年作 行书岳飞《满江红》 镜心	33cm×119.5cm	74,750	北京银座	2022-09-16	余任天 山水 镜心	23cm×34cm	77,000	浙江御承	2022-12-17
于右任 草书王维诗 立轴	136cm×51cm	74,750	广东崇正	2022-08-11	余任天 王伯敏孔仲起 黄养辉乔木 同一上款山水花卉册 画心·镜片(共七帧)		63,250	西泠印社	2022-01-22
于右任 龙门书房联合裱轴	57cm×13.5cm×2	74,750	江苏汇中	2022-08-17	余绍宋 梁启超 1926年作 柳亭相送、自作词三首 成扇	17.7cm×49.5cm	345,000	北京诚轩	2022-08-08
于右任 1960年作 草书 "为万世开太平" 镜心	93.5cm×24.5cm	74,750	中国嘉德	2022-12-13	余绍宋 1932年作 海绡楼填词图 手卷	画20cm×89cm	172,500	广东崇正	2022-12-25
于右任 草书题黄克强先生遗诗 立轴	82.5cm×37cm	71,300	开拍国际	2022-01-07	余绍宋 1935年作 山水四屏 立轴	114cm×30.5cm×4	138,000	中国嘉德	2022-12-13
于右任 梁寒操 草书五言联、草书对联 镜心		69,000	中国嘉德	2022-09-28	余绍宋 1938年作 行书诗稿 册页	26cm×34cm×16	103,500	中国嘉德	2022-05-28
于右任 为曹仲谦书五言联 对联	136cm×33.5cm×2	69,000	西泠印社	2022-01-23	余胤升 草书李梦阳诗 镜心	17cm×51.5cm	69,000	中贸圣佳	2022-07-23
于右任 书法 对联	138×29cm×2	69,000	广东小雅斋	2022-05-25	俞涤凡 周梦坡 等 摹冒襄董小宛病榻小影 立轴	65.5cm×40cm	310,500	西泠印社	2022-08-20
于右任 草书五言诗 立轴	140cm×70cm	69,000	北京保利	2022-07-26	俞平伯 楷书《春赋》 立轴	79cm×32cm	220,728	中国嘉德	2022-10-07
于右任 1958年作 草书诗 镜片	40cm×120cm	69,000	广东崇正	2022-08-11	俞平伯 1978年作 行书《石头记》之《唐多令》未装裱镜框	87.2cm×32.8cm	151,210	香港苏富比	2022-04-30
于右任 草书钱起诗 立轴	110cm×33.5cm	69,000	中国嘉德	2022-12-13	俞平伯 行书录偈颂 镜心	67cm×33cm	69,000	华艺国际	2022-09-23
于右任 草书五言联 立轴	70cm×16cm×2	69,000	中国嘉德	2022-12-13	俞淑瞻 山重水复疑无路 镜心	135cm×70cm	918,400	开禧国际	2022-12-28
于右任 草书五言联 镜心	148cm×36cm×2	66,700	永乐拍卖	2022-07-25	俞淑瞻 喜上眉梢 镜心	100cm×50cm	840,000	开禧国际	2022-12-28
于右任 草书圣人句 立轴	87cm×41cm	66,700	北京保利	2022-07-26	俞淑瞻 青山绿水好风光 镜心	60cm×30cm	772,800	开禧国际	2022-12-28
于右任 书法对联、川		64,400	广东小雅斋	2022-05-25	俞雨华 万山红遍大全套		886,800	北京伍佰艺	2022-10-28
于右任 行草张敦仁《藏书纪事诗》镜心	104cm×35cm	63,250	北京荣宝	2022-07-24	俞原 1910年作 读碑图 立轴	101.5cm×47cm	97,750	西泠印社	2022-01-23
于右任 行草陶渊明诗 立轴	65cm×31cm	63,250	北京荣宝	2022-07-24	俞致贞 摹大千居士真本 镜心	81.5cm×154cm	5,520,000	上海嘉禾	2022-11-20
于右任 黄庭坚诗 镜心	134.2cm×33.8cm	63,250	北京诚轩	2022-08-08	俞致贞 1986年作 蔬果图 手卷	36cm×188cm	1,840,000	上海嘉禾	2022-11-20
于右任 1948年作 草书 "为万世开太平" 立轴	133cm×32cm	63,250	中国嘉德	2022-09-28	俞致贞 1979年作 海上观音像 镜片	113cm×53cm	1,495,000	上海嘉禾	2022-11-20
于右任 草书五言联	35.5cm×136.5cm	63,250	中国嘉德	2022-12-13	俞致贞 百合鸣禽 镜片	117.5cm×57cm	1,012,000	上海嘉禾	2022-11-20
于右任 狄膺 书法二种(春林先生上款)		63,250	中国嘉德	2022-12-13	俞致贞 摹历代帝王图 镜片	96.5cm×57cm	943,000	上海嘉禾	2022-11-20
于右任 草书五言诗 镜心	94.5cm×38cm	63,250	中国嘉德	2022-06-27	俞致贞 唐人驭马图 镜片	56cm×79.5cm	897,000	上海嘉禾	2022-08-28
于右任 行书仁者寿 镜心	61.5cm×27.5cm	63,250	保利厦门	2022-10-22	俞致贞 1984年作 牡丹蛱蝶 镜片	124cm×64cm	897,000	上海嘉禾	2022-11-20
于佑任 行书题词 册页	12cm×6.5cm×5	92,000	北京荣宝		俞致贞 1983年作 荷塘翠鸟 镜片	109cm×64cm	805,000	上海嘉禾	2022-08-28
于志学 1986年作 雪景 立轴	135cm×65.5cm	172,500	北京荣宝	2022-07-24	俞致贞 1982年作 驭马图 镜片	65cm×92.5cm	759,000	上海嘉禾	2022-01-01
于志学 2001年作 塞外风光 镜心	96cm×354cm	138,000	北京荣宝	2022-07-24	俞致贞 1982年作 青城山红叶 镜片	107.5cm×45cm	747,500	上海嘉禾	2022-08-28
余承尧 蜀山旧怀 镜框	115cm×43cm	190,260	罗芙奥	2022-06-04	俞致贞 洛阳春永 镜片	66cm×66cm	690,000	上海嘉禾	2022-01-01
					俞致贞 1982年作 玉兰 镜片	88.8cm×59cm	667,000	上海嘉禾	2022-08-28
					俞致贞 1983年作 耄耋图 镜片	96.5cm×64.5cm	517,500	上海嘉禾	2022-11-20
					俞致贞 1986年作 时蔬虫螺 镜片	65.5cm×65.5cm	460,000	上海嘉禾	2022-01-01
					俞致贞 1980年作 晴鸽 镜片	64.5cm×65cm	391,000	上海嘉禾	2022-11-20
					俞致贞 积伶积俐 镜片	64.5cm×65cm	368,000	上海嘉禾	2022-11-20

拍品名称	物品尺寸	成交价RMB	拍卖公司	拍卖日期
俞致贞 1986年作 双喜图 镜片	130cm×64cm	218,500	朵云轩	2022-12-08
俞致贞 富贵双栖 镜片	65cm×65cm	184,000	上海嘉禾	2022-08-28
俞致贞 蕃女醉舞图 镜片	84cm×52cm	184,000	上海嘉禾	2022-08-28
俞致贞 1983年作 桃花小鸟 镜片	59.5cm×65cm	172,500	上海嘉禾	2022-08-28
俞致贞 春日融和 镜片	65cm×64.5cm	172,500	上海嘉禾	2022-08-28
俞致贞 寿石工 霜叶红于二月花、楷书复堂诗 镜心	23cm×69cm×2	138,000	北京荣宝	2022-07-24
俞致贞 1985年作 一枝红芳 镜心	38.5cm×45.5cm	89,700	朵云轩	2022-12-08
羽空 2020年作 荷塘月色 镜心	70cm×180cm	115,000	北京荣宝	2022-07-27
羽空 2019年作 八方来财 镜心	180cm×96cm	115,000	北京荣宝	2022-07-27
羽空 2020年作 花卉 镜心	70cm×180cm	115,000	北京保利	2022-07-27
羽空 老渝河古镇 镜心	180cm×96cm	103,500	北京保利	2022-07-27
郁达夫 行书八言联 镜片	135cm×33cm	1,035,000	广东崇正	2022-08-11
郁达夫 张维翰 1941年作 行书自作诗 行书七言诗	郁：77cm×41cm；张：40cm×33.3cm	453,630	佳士得	2022-05-29
郁达夫 行书 镜框	26.5cm×24cm	230,000	朵云轩	2022-12-09
喻慧 吉祥如意图 镜心	65cm×133cm	63,250	中贸圣佳	2022-10-27
喻继高 瑞鹤迎春 镜心	141cm×363cm	1,863,000	中贸圣佳	2022-10-27
喻继高 1986年作 松鹤长春 立轴	145cm×83cm	463,528	中国嘉德	2022-10-07
喻继高 2004年作 晴雪 镜心	85cm×225cm	276,000	北京保利	2022-07-27
喻继高 1981年作 荷塘双鸭 立轴	115cm×56.5cm	253,000	北京银座	2022-09-17
喻继高 1981年作 荷塘双鸭 立轴	114cm×56cm	184,000	广东崇正	2022-12-25
喻继高 2001年作 早春二月 镜心	57cm×57.5cm	138,000	中国嘉德	2022-06-27
喻继高 2001年作 新春 镜心	92cm×52cm	120,750	北京保利	2022-07-27
喻继高 早春 镜心	58cm×59cm	103,500	中贸圣佳	2022-07-10
喻继高 和平颂 镜心	67cm×71cm	98,900	中贸圣佳	2022-08-14
喻继高 2013年作 和平新春 镜心	62cm×103cm	86,250	北京保利	2022-07-27
喻仲林 1978年作 紫薇孔雀 镜框	94.5cm×174cm	544,080	罗芙奥	2022-12-03
喻仲林 1978年作 翠藤红羽 镜框	92cm×61cm	119,697	罗芙奥	2022-12-03
喻仲林 1966年作 雄视八荒 镜框	136cm×67.5cm	114,256	罗芙奥	2022-12-03
喻仲林 1962年作 红叶白鸽 镜框	120cm×60cm	86,976	罗芙奥	2022-06-04
喻仲林 1981年作 双鸡图 镜框	66.5cm×128cm	81,612	罗芙奥	2022-12-03
喻仲林 玉簪花及雪中鸳侣(两件一组) 镜框	直径33cm；35cm	65,289	罗芙奥	2022-12-03
元涛 2021年作 雷动九州 镜心	95cm×176cm	6,980,000	北京中贝	2022-03-16
元涛 2021年作 春华秋实 镜心	68cm×136cm	1,280,000	北京中贝	2022-03-16
袁国利 2021年作 上善若水 镜心	68cm×136cm	835,000	北京中贝	2022-03-16
袁克文 行书五言联 对联片	180.5cm×42cm×2	1,288,000	朵云轩	2022-12-09
袁克文 行书五言联 立轴	178cm×47.5cm×2	759,000	开拍国际	2022-07-24
袁克文 行书五言联 镜心	131.5cm×31cm×2	517,500	中国嘉德	2022-06-26
袁克文 行书五言联 立轴	145.5cm×48.5cm×2	460,000	北京银座	2022-09-16
袁克文 行书五言联 立轴	132cm×32cm×2	345,000	中国嘉德	2022-06-26
袁克文 行书七言对联 立轴	131cm×31cm×2	287,500	开拍国际	2022-01-07
袁克文 蝶恋花八首 镜心	38cm×116cm	246,240	保利香港	2022-07-12
袁克文 行书五言联 立轴	141cm×37.5cm×2	138,000	北京银座	2022-09-16
袁克文 赵叔孺隶书七言诗·山水 成扇	18cm×51cm	138,000	西泠印社	2022-01-23
袁克文 行书五言联 立轴	136cm×33.5cm	132,250	中鸿信	2022-09-12
袁克文 行书七言诗 立轴	94.5cm×37cm	115,000	北京银座	2022-01-12
袁克文 行书四言联(一对)	101cm×29cm×2	92,000	中鸿信	2022-09-12
袁克文 隶书扇面 镜心	17.5cm×52cm	92,000	北京荣宝	2022-07-24
袁克文 绿梅图并行书书法 成扇	18.5cm×48cm	69,000	中贸圣佳	2022-10-27
袁克文 隶书五言联 镜心	138cm×34cm×2	63,250	中鸿信	2022-09-12
袁励准 1931年作 为杨宗翰书自作诗 立轴	79.5cm×40.5cm	92,000	西泠印社	2022-01-23
袁平 2021年作 花香清风 镜心	74cm×141cm	791,000	北京中贝	2022-03-16
袁平 2022年作 花开吉祥	136cm×68cm	150,000	北京伍佰艺	2022-09-17
袁世凯 1909年作 节临古诗《咏钱》四屏巨幅 立轴	191cm×88cm×4	920,000	中鸿信	2022-09-11
袁世凯 行书"松菊轩" 镜心	34cm×82.5cm	120,750	中鸿信	2022-09-12
袁世凯 楷书致横田大雅诗 立轴	125cm×45cm	97,750	中鸿信	2022-09-12
袁世凯 行书词句 立轴	157cm×36.5cm	80,500	保利厦门	2022-10-22
袁松年 1958年作 桃源问津图 立轴	136cm×67cm	402,500	华艺国际	2022-09-24
袁松年 1949年作 四时山水 镜心	73cm×32cm×4	103,500	中国嘉德	2022-05-28
袁松年 1943年作 山水对屏 立轴	132.5cm×33cm×2	69,000	北京银座	2022-01-12
袁松年 1940年作 庐山高 立轴	134cm×54cm	69,000	中国嘉德	2022-06-27
袁武 2013年作 高士四条屏 镜心	135cm×35cm×4	368,000	北京荣宝	2022-07-24
袁武 2018年作 老人与牛 镜心	112cm×185cm	368,000	中国嘉德	2022-12-15
袁武 1999年作 陆游诗意 镜心	69cm×138cm	97,750	北京荣宝	2022-07-24
袁武 寒钓图 镜心	65cm×136cm	80,500	中国嘉德	2022-05-29
袁晓岑 1977年作 孔雀 镜心	138cm×69cm	391,000	北京银座	2022-09-17
袁晓岑 1984年作 孔雀 镜心	66cm×66cm	69,000	保利厦门	2022-10-22
袁月 2022年作 青山绿水去无声	136cm×68cm	130,000	北京伍佰艺	2022-09-17
月照山人 量大福大 镜心	68cm×68cm	402,500	荣宝斋(南京)	2022-12-07
曾德新 2020年作 老区家园 镜心	136cm×68cm	1,820,000	北京中贝	2022-03-16
曾德新 2021年作 大浦陶古韵 镜心	136cm×68cm	1,690,000	北京中贝	2022-03-16
曾梵志 1998年作 面具系列习作	16cm×16cm	460,000	永乐拍卖	2022-07-26
曾健勇 2011年作 少年 镜心	110cm×246cm	184,000	中国嘉德	2022-06-29
曾健勇 2011年作 假如你是我的唯一 镜心	103cm×103cm	63,250	中国嘉德	2022-12-15
曾来德 蜀山清晓图	129cm×248cm	14,301,840	香港贞观	2022-06-18
曾来德 俊杰 八马竞驰图	146cm×362cm	11,492,550	香港贞观	2022-06-18
曾来德 曾迎春 玉林等合作画 繁花幽鸟图	362cm×146cm	10,726,380	香港贞观	2022-06-18
曾来德 曾来德诗	248cm×129cm	2,213,380	香港贞观	2022-06-18
曾来德 潇散	96cm×58cm	1,021,560	香港贞观	2022-06-18
曾来德 梅花	137cm×35cm	834,274	香港贞观	2022-06-18
曾来德 竹里馆	137cm×35cm	834,274	香港贞观	2022-06-18
曾来德 宝邸	137cm×70cm	749,144	香港贞观	2022-06-18
曾来德 雪梅	240cm×60cm	493,754	香港贞观	2022-06-18
曾宓 2002年作 梵音 镜心	97cm×60cm	1,357,000	中国嘉德	2022-12-15
曾宓 1995年作 古道西风 镜片	89cm×96cm	632,500	西泠印社	2022-01-22
曾宓 1995年作 归舟 镜片	96.5cm×89cm	632,500	西泠印社	2022-01-22
曾宓 2008年作 青山长在人长寿 镜心	82cm×50cm	552,000	中国嘉德	2022-06-29
曾宓 1980年作 西湖山水 册页(十二开)	15.5cm×21.5cm×12	437,000	开拍国际	2022-01-07
曾宓 1991年作 秋意浓 镜片	74.5cm×100cm	402,500	西泠印社	2022-08-21
曾宓 繁花 镜片	66cm×67cm	356,500	西泠印社	2022-01-22

拍品名称	物品尺寸	成交价RMB	拍卖公司	拍卖日期	拍品名称	物品尺寸	成交价RMB	拍卖公司	拍卖日期
曾宓 2002年作 山水 镜心	70cm×46.5cm	184,000	中国嘉德	2022-06-29	张伯驹 潘素 楷书长短句·山居野趣 成扇	18.5cm×50cm	218,500	中贸圣佳	2022-07-23
曾宓 竹石图 镜片	132cm×38cm	80,500	西泠印社	2022-08-21	张伯驹 1979年作 梅花庆瑞年 立轴	94.8cm×30.2cm	207,000	北京诚轩	2022-08-08
曾思德 澹月清辉 立轴	180cm×47cm	667,000	保利厦门	2022-10-22	张伯驹 潘素 梅石图 立轴	66cm×32.5cm	184,000	北京荣宝	2022-07-24
曾熙 1926年作 书匾 古墨书斋 横披	169.5cm×48.5cm	270,250	西泠印社	2022-01-23	张伯驹 行书七言嵌名联 镜心	67cm×16.5cm×2	161,000	北京银座	2022-01-12
曾熙 1926年作 行书六言联 镜心	204cm×43cm×2	218,500	中国嘉德	2022-12-14	张伯驹 行书七言联 镜心	68cm×18cm×2	149,500	北京保利	2022-07-27
曾熙 行书八言联 立轴	171cm×34cm×2	140,409	佳士得	2022-05-29	张伯驹 绿萼梅 镜心	45cm×36.5cm	138,000	北京银座	2022-01-12
曾熙 1917年作 四体书法 四屏	49cm×33cm×4	138,000	西泠印社	2022-08-21	张伯驹 兰蕙齐芳 镜心	52.5cm×23cm	138,000	北京银座	2022-09-17
曾熙 1926年作 石岸霜柯图 立轴	105cm×40cm	109,250	西泠印社	2022-01-23	张伯驹 1973年作 行书七言联 镜心	100cm×22.5cm×2	138,000	华艺国际	2022-09-23
曾熙 楷书六言联 立轴	202cm×42.5cm×2	74,750	中国嘉德	2022-06-26	张伯驹 潘素 梅竹双清	23cm×25.5cm	115,000	中国嘉德	2022-06-27
曾熙 行书七言联 镜心	205.5cm×43.5cm×2	69,000	中国嘉德	2022-12-14	张伯驹 四君子图 手卷	画17cm×128cm	109,250	中国嘉德	2022-06-27
曾熙 1920年作 楷书五言联 立轴	167cm×44cm×2	63,250	北京银座	2022-01-12	张伯驹 行书七言联 立轴	101cm×22.5cm×2	92,000	中贸圣佳	2022-01-12
曾习经 楷书谢朓诗词二首	31cm×127cm	207,000	中国嘉德	2022-06-27	张伯驹 陈半丁 1951年作 行书自作词·秋色平分 成扇	18cm×49cm	92,000	中贸圣佳	
曾晓浒 2011年 好云无处不遮山 镜心	71cm×141cm	459,200	湖南逸典	2022-09-17	张伯驹 行书七言联 镜心	64cm×16cm×2	86,250	华艺国际	2022-09-23
曾晓浒 2001年 林得随云过 镜心	69cm×138cm	392,000	湖南逸典	2022-09-17	张伯驹 万宝园 镜心	30cm×67cm	74,750	华艺国际	2022-09-23
曾晓浒 1988年 石烂文章出 镜心	69cm×45.5cm	358,400	湖南逸典	2022-09-17	张伯驹 行书七言联 镜心	117cm×23.5cm×2	69,000	北京银座	2022-09-16
曾晓浒 1993年 绿雨 镜心	68cm×97cm	313,600	湖南逸典	2022-09-17	张伯英 1943年作 为赵椿年书先贤句四屏 镜心	131cm×64cm×4	1,150,000	开拍国际	2022-01-07
曾晓浒 1988年 潇濆晴岚 镜心	69cm×47cm	201,600	湖南逸典	2022-09-17	张伯英 启功 1942年、1943年作 行书书论·高士图 成扇	20cm×53.5cm	552,000	中贸圣佳	2022-01-07
曾晓浒 1988年 一路秋声绕溪回 镜心	62cm×69cm	201,600	湖南逸典	2022-09-17	张伯英 1941年作 楷书十四言联 立轴	257.5cm×30.5cm×2	483,000	北京银座	2022-09-16
曾晓浒 1989年 峰高不障日 镜心	68.5cm×68.5cm	190,400	湖南逸典	2022-09-17	张伯英 行书节录孙过庭《书谱》句 立轴	131cm×33cm×4	402,500	开拍国际	2022-01-07
曾晓浒 1987年 青崖藏幽 镜心	60cm×69cm	179,200	湖南逸典	2022-09-17	张伯英 褚纪雯 1930年作 楷书八言联、行书中堂 立轴、镜心		230,000	北京荣宝	2022-07-24
曾晓浒 1987年 空若入清淑梦境 镜心	68cm×46cm	179,200	湖南逸典	2022-09-17	张伯英 为赵椿年楷书八言对联 镜心	141.5cm×39cm×2	149,500	开拍国际	2022-01-07
曾晓浒 幽谷清音 镜心	68cm×47.5cm	168,000	湖南逸典	2022-09-17	张伯英 阿难陀信十言联 软片	131cm×32cm	149,500	上海驰翰	2022-08-28
曾晓浒 1989年 一径清幽入翠微 镜心	99.5cm×48cm	168,000	湖南逸典	2022-09-17	张伯英 1940年作 行书 立轴	175cm×90cm	138,000	朵云轩	2022-12-08
曾晓浒 1987年 巴冈映旭霞 镜心	68cm×68cm	168,000	湖南逸典	2022-09-17	张伯英 傍山带江九言联 软片	131cm×32cm×2	120,750	上海驰翰	2022-08-28
曾晓浒 1993年 山影海市楼 镜心	69cm×69cm	156,800	湖南逸典	2022-09-17	张伯英 楷书八言联 立轴	129cm×31cm×2	115,000	北京银座	2022-01-12
曾晓浒 山水 镜心	68cm×45cm	145,600	湖南逸典	2022-09-17	张伯英 行书龙门对 立轴	129.5cm×29.5cm×2	115,000	北京银座	2022-09-16
曾晓浒 变幻云峰入画屏 镜心	68cm×47cm	134,400	湖南逸典	2022-09-17	张伯英 楷书七言联 立轴	133cm×25cm×2	103,500	北京荣宝	2022-07-24
曾晓浒 1983年 晓看红湿处 镜心	137cm×69cm	134,400	湖南逸典	2022-09-17	张伯英 楷书八言对联 立轴	143cm×37.5cm×2	92,000	开拍国际	2022-01-07
曾晓浒 山洞秋瑟瑟 镜片	68cm×68cm	134,400	湖南逸典	2022-09-17	张伯英 1940年作 楷书七言联 对联	130.5cm×30.5cm×2	92,000	朵云轩	2022-12-08
曾晓浒 金谷园里醉归人 镜片	68cm×135cm	112,000	湖南逸典	2022-09-17	张伯英 楷书"懿淑遐龄" 横披	58.5cm×126.5cm	86,250	北京银座	2022-09-16
曾晓浒 2004年 君爱密叶翠 镜心	70cm×68cm	72,800	湖南逸典	2022-09-17	张伯英 为陈三立书题颜鲁公《裴将军诗》镜心	130cm×31cm	80,500	开拍国际	2022-01-07
曾晓浒 1981年 游川东兴文石林 镜框	89cm×50cm	67,200	湖南逸典	2022-09-17	张伯英 1931年作 为王云五书倪宽赞句 镜心	131.5cm×32cm	63,250	开拍国际	2022-01-07
曾宓 2002年作 归法 精心神	136cm×60cm	3,680,000	保利厦门	2022-10-22	张伯英 1939年作 行书《送李审之桂州谒中丞叔》立轴	129.5cm×30.5cm	63,250	开拍国际	2022-01-07
曾昭桂 2018年作 云山入梦图 镜心	35cm×136cm	63,250	中国嘉德	2022-05-29	张伯远 云上淡境 画心	138cm×68cm	66,000	北京传世	2022-12-15
载瀛 鞠花聰 立轴	画73.5cm×81cm	126,500	中国嘉德	2022-06-27	张超 万紫千红	340cm×100cm	26,800,000	北京传世	2022-12-15
载瀛 溥忻 溥儒 溥修 溥俊 松荫立马 四家书法 成扇	20.5cm×54cm	109,250	中国嘉德	2022-12-13	张充和 楷书调寄《望江南》镜框	32.2cm×42.7cm	237,615	香港苏富比	2022-04-30
臧家伟 沃土	237cm×188cm	1,011,670	荣宝斋(香港)	2022-11-26					
臧克家 1981年作 行书七言诗 镜心	62cm×29cm	92,000	华艺国际	2022-09-23					
张安全 长征 镜心	240cm×70cm	1,160,000	北京传世	2022-12-15					
张安全 沁园春·雪 画心	180cm×70cm	830,000	北京传世	2022-12-15					
张斌 幸福年华 画心	78cm×48cm	1,000,000	北京传世	2022-12-15					
张斌 天山双娇 画心	70cm×140cm	1,000,000	北京传世	2022-12-15					
张斌 八骏腾飞 画心	70cm×180cm	1,000,000	北京传世	2022-12-15					
张伯驹 1973年作 行书十一言联 立轴	132cm×21cm×2	368,000	中贸圣佳	2022-12-31					

2022书画拍卖成交汇总(续表)
(成交价RMB: 6万元以上)

拍品名称	物品尺寸	成交价RMB	拍卖公司	拍卖日期
张充和 1981年作 行书《观书有感》《桃花鱼》诗集 镜心、诗书集	行书 32cm×32cm	187,618	中国嘉德	2022-10-07
张充和 1987年作 众芳惟牡丹 镜框	画心 30.3cm×29.5cm	151,210	香港苏富比	2022-04-30
张充和 隶书《放陶孙诗评》镜心	21.5cm×57cm	75,047	中国嘉德	2022-10-07
张充和 1984年作 行书自作诗 镜心	32cm×32cm	71,736	中国嘉德	2022-10-07
张充和 隶书云林绝句三首 扇面 镜框	21.5cm×57.5cm	70,204	香港苏富比	2022-04-30
张充和 1945年作 行书七言诗 镜框	48cm×7.5cm	66,700	上海嘉禾	2022-08-28
张充和 2004年作 倪云林七绝三首 扇面镜框	21.7cm×57.5cm	64,804	香港苏富比	2022-04-30
张充和 水村人家 镜心	35cm×25cm	63,250	中国嘉德	2022-12-13
张春波 秋润苍山 画心	180cm×97cm	358,000	北京传世	2022-12-15
张聪玉 2020年作 水似青罗带,山如碧玉簪	95cm×190cm	529,000	保利厦门	2022-10-22
张大千 1947年作 仿王希孟《千里江山图》立轴	133.6cm×72.8cm	317,588,314	香港苏富比	2022-04-30
张大千 长生殿图 立轴	113cm×62cm	49,450,000	上海嘉禾	2022-11-20
张大千 1947年作 拟周文矩《戏婴图》立轴	138cm×74cm	43,700,000	中国嘉德	2022-06-26
张大千 1949年作 江山无尽 立轴	132.6cm×71.7cm	32,307,000	香港苏富比	2022-10-08
张大千 1936年作 五色荷花 立轴 设色纸本	185cm×94.7cm	32,200,000	北京荣宝	2022-07-24
张大千 1937年作 陶圃松菊图 立轴	165cm×64.5cm	28,520,000	华艺国际	2022-07-24
张大千 1969年作 溪山春雪 镜心	68cm×138cm	26,220,000	北京保利	2022-07-26
张大千 1940年作 太平景象 立轴	125cm×54.5cm	24,687,360	华艺国际	2022-05-29
张大千 1940年作 青城远眺峨眉图 镜心	146cm×81cm	18,400,000	中国嘉德	2022-12-12
张大千 1968年作 秋山岚翠 镜心	61cm×94cm	17,250,000	北京保利	2022-07-26
张大千 1965年作 瑞士风雪 镜框	43.5cm×59cm	16,100,000	华艺国际	2022-07-24
张大千 1950年作 碧荷 立轴	140cm×69cm	15,943,920	华艺国际	2022-05-29
张大千 1968年作 遥峰雪霁 镜框	45.2cm×75.5cm	15,785,728	香港苏富比	2022-10-08
张大千 1981年作 泼彩红荷 镜框	82cm×167cm	15,180,000	华艺国际	2022-05-29
张大千 1929年作 松下观瀑 镜心	361cm×140.5cm	14,950,000	华艺国际	2022-07-29
张大千 1938年作 拟小李将军海岸图 立轴	180cm×49cm	13,800,000	中国嘉德	2022-12-12
张大千 1979年作 晚山图 镜心	66cm×117cm	13,570,000	开拍国际	2022-07-24
张大千 1980年作 谷口人家 镜心	85cm×176.5cm	12,420,000	永乐拍卖	2022-07-25
张大千 仿王诜《连山断碉图》立轴	画心 222cm×87.5cm	11,799,000	保利香港	2022-07-12
张大千 1968年作 秋山瑞霭 镜框	61.6cm×94.5cm	11,700,780	佳士得	2022-05-29
张大千 1976年作 翠云晴岚 镜心	102cm×53cm	10,926,036	华艺国际	2022-11-27
张大千 1935年作 少陵诗意 手卷	画心 45cm×603cm	10,580,000	永乐拍卖	2022-07-25
张大千 1979年作 千山尚绿肥 镜心	60.5cm×127cm	9,200,000	北京银座	2022-09-16
张大千 1960年作 荷香图 立轴	193.5cm×102.5cm	9,200,000	中国嘉德	2022-12-12
张大千 1968年作 瑞士山色 镜心	61.5cm×94.5cm	8,970,000	中国嘉德	2022-06-26
张大千 1949年作 秋林人醉图 镜心	画心 95cm×48.5cm	8,280,000	北京银座	2022-01-12
张大千 1947年作 韩幹双骥图 立轴	130cm×63cm	8,050,000	中国嘉德	2022-06-26
张大千 1968年作 秋山岚翠 镜框	61.6cm×94.8cm	7,769,538	香港苏富比	2022-10-08
张大千 1975年作 天光云影 镜心	66cm×51cm	7,590,000	开拍国际	2022-07-24
张大千 1965年作 秋树晴岚 木板镜框	81cm×38.8cm	7,560,504	佳士得	2022-05-29
张大千 1970年作 水殿风来暗香满 镜框	179.2cm×89.8cm	7,020,468	香港苏富比	2022-04-30
张大千 1949年作 白鸽巢登览图 立轴	80cm×39.5cm	6,900,000	上海嘉禾	2022-08-28
张大千 江山晚兴 立轴	104.5cm×40.5cm	6,727,500	北京银座	2022-01-12
张大千 1967年作 浮峦暖翠 镜框	68.8cm×96cm	6,721,167	佳士得	2022-12-02
张大千 1970年作 松岩苇岸 镜框	60.1cm×45.3cm	6,659,604	香港苏富比	2022-10-08
张大千 1976年作 谷口人家 镜框	55cm×78cm	6,325,000	北京保利	2022-07-26
张大千 红衣画眉 立轴	92.5cm×44.5cm	6,210,000	北京银座	2022-09-16
张大千 江山片帆 镜框	60.2cm×45cm	6,104,637	香港苏富比	2022-10-08
张大千 (款) 雄狮侧目	65.5cm×102cm	6,093,670	香港福義国际	2022-12-28
张大千 1975年作 山水四帧 镜心	23.5cm×26.5cm×4	5,865,000	中国嘉德	2022-06-26
张大千 春困图 镜心	27cm×24cm	5,841,014	中国嘉德	2022-10-07
张大千 1973年作 云山 镜框	45.1cm×60cm	5,771,657	香港苏富比	2022-10-08
张大千 1934年作 仿六如《仕女图》立轴	112.5cm×57.5cm	5,750,000	北京银座	2022-01-12
张大千 1978年作 水竹幽居 镜框	50.3cm×109.6cm	5,508,367	佳士得	2022-05-29
张大千 1953年作 隔岭有人家 镜心	89.5cm×44cm	5,462,500	北京保利	2022-07-26
张大千 1949年作 青城天师栗 横幅	65cm×147cm	5,175,000	中国嘉德	2022-06-26
张大千 1928年作 黄山扰龙松 立轴	137.5cm×68.5cm	5,143,200	华艺国际	2022-05-29
张大千 1961年作 秋居图 镜框	89cm×48.5cm	4,937,472	华艺国际	2022-05-29
张大千 1972年作 烟雨姑苏 纸板镜框	39.5cm×78.5cm	4,860,324	佳士得	2022-05-29
张大千 1977年作 泼墨山水 涵碧楼远眺 镜心	48.2cm×106.7cm	4,715,000	永乐拍卖	2022-07-25
张大千 1982年作 红妆照水 立轴	89.5cm×44.5cm	4,715,000	中国嘉德	2022-12-12
张大千 1966年作 三十六陂秋色 镜框	75.3cm×143.5cm	4,635,288	佳士得	2022-12-02
张大千 1980年作 独往秋山 镜心	69cm×136cm	4,600,000	开拍国际	2022-07-24
张大千 1967年作 一帆烟雨过姑苏 镜框	44.5cm×59.5cm	4,550,729	香港苏富比	2022-10-08
张大千 1930年作 自画像钟馗 镜心	153.5cm×65.5cm	4,542,500	华艺国际	2022-07-29
张大千 1962年作 白莲 立轴	135cm×68.5cm	4,536,302	香港苏富比	2022-04-30
张大千 1968年作 烟岚云岫 镜心	90.5cm×57.5cm	4,427,500	开拍国际	2022-07-24
张大千 1950年作 杖经图 镜心	87cm×50cm	4,255,000	北京银座	2022-01-12
张大千 黄山始信峰 立轴	119.5cm×45cm	4,140,000	北京银座	2022-09-16
张大千 1951年作 红莲 镜心	27cm×24cm	3,973,104	中国嘉德	2022-10-07
张大千 1938年作 黄山始信峰 立轴	181cm×70cm	3,898,800	保利香港	2022-07-12
张大千 亭亭玉立 镜框	132cm×56cm	3,852,500	北京保利	2022-07-26
张大千 1946年作 萧斋鼓琴 镜心	121cm×40cm	3,795,000	开拍国际	2022-07-24
张大千 1982年作 相怜得莲 相偶得藕 镜心	43.5cm×104.5cm	3,795,000	中国嘉德	2022-06-26
张大千 1975年作 松峰帆影 镜片	117cm×45cm	3,680,000	广东崇正	2022-08-11
张大千 1966年作 江山帆影 立轴	91.5cm×62cm	3,680,000	中国嘉德	2022-12-12
张大千 1931年作 一帆风顺 镜心	168.5cm×70.5cm	3,680,000	中国嘉德	2022-12-13
张大千 1961年作 接天莲叶无穷碧 镜框	67.8cm×133.8cm	3,551,789	香港苏富比	2022-10-08
张大千 1973年作 粉荷 镜框	69.5cm×136.5cm	3,456,230	佳士得	2022-05-29
张大千 春风帆影 立轴	174cm×75.5cm	3,392,500	北京银座	2022-09-16
张大千 秋江独钓 镜框	45.5cm×34cm	3,335,000	上海嘉禾	2022-11-20

拍品名称	物品尺寸	成交价RMB	拍卖公司	拍卖日期
张大千 1966年作 峻岭碧翠 镜框	52.7cm×40.6cm	3,329,802	香港苏富比	2022-10-08
张大千 1978年作 云峰图 镜心	53.2cm×75cm	3,220,000	中国嘉德	2022-06-26
张大千 1948年作 夏山图 立轴	97cm×48cm	3,220,000	中国嘉德	2022-12-12
张大千 溥儒 1942年作 煮茶图对屏 立轴、镜心	124cm×48cm；103cm×50cm	3,105,000	北京银座	2022-09-16
张大千 1976年作 四时花卉 镜框	68.5cm×135cm	3,024,201	佳士得	2022-05-29
张大千 1978年作 水村温泉 镜心	50.5cm×105cm	2,990,000	永乐拍卖	2022-07-25
张大千 1932年作 黄山 镜片	94cm×44.5cm	2,990,000	上海嘉禾	2022-11-20
张大千 太华山峰 立轴 设色纸本	174cm×63cm	2,875,000	北京荣宝	2022-07-24
张大千 1935年作 兰亭诗意 镜心	131cm×55cm	2,760,000	开拍国际	2022-07-24
张大千 1973年作 夏荷图 立轴	125cm×61cm	2,760,000	广东崇正	2022-08-11
张大千 1946年作 东坡闲步图 立轴	118cm×50cm	2,748,500	北京保利	2022-07-27
张大千 人物 镜片	134cm×50cm	2,645,000	广东崇正	2022-08-11
张大千 北魏平棋 镜框	45.3cm×46.3cm	2,592,172	香港苏富比	2022-04-30
张大千 1965年作 归帆图 纸板镜框	45cm×59.5cm	2,592,172	佳士得	2022-05-29
张大千 弥勒佛 镜框	94.4cm×63.2cm	2,552,848	香港苏富比	2022-10-08
张大千 1948年作 山阴销夏 镜心	112cm×33cm	2,538,372	中国嘉德	2022-10-07
张大千 仿石涛《松水石桥图》镜心	132cm×51.5cm	2,530,000	中贸圣佳	2022-07-23
张大千 阳朔兴平道中小景 立轴	92cm×47.5cm	2,530,000	荣宝斋(南京)	2022-12-07
张大千 (款) 梧桐高士图	176cm×78cm	2,457,125	香港福羲国际	2022-12-28
张大千 1979年作 登山临水图 镜框	66.5cm×134cm	2,310,300	罗芙奥	2022-06-04
张大千 1975年作 振衣千仞岗 镜心	89.5cm×36cm	2,300,000	北京银座	2022-01-12
张大千 1960年作 碧树平冈 立轴	133.5cm×66.5cm	2,300,000	北京银座	2022-09-16
张大千 1933年作 元人诗意 立轴	136cm×54cm	2,242,500	华艺国际	2022-09-23
张大千 1963年作 泽畔行吟 立轴	98.5cm×61.5cm	2,185,000	北京银座	2022-09-16
张大千 1978年作 朱衣翠裳 镜心	86.1cm×34.7cm	2,160,144	香港苏富比	2022-04-30
张大千 1924年作 临青藤石涛十六种花卉诗卷 手卷	画心 34cm×826cm	2,127,500	北京银座	2022-01-12
张大千 水殿罗衣 立轴	134.5cm×65.5cm	2,127,500	北京银座	2022-09-16
张大千 1981年作 京江至江宁一角 镜框	52.5cm×110.5cm	2,085,879	佳士得	2022-12-02
张大千 1973年作 空山古寺 镜框	34cm×51cm	2,085,879	佳士得	2022-12-02
张大千 暗香 立轴	121.5cm×67.5cm	2,070,000	开拍国际	2022-01-07
张大千 1981年作 环荜盦种梅 镜心	47.5cm×98cm	2,070,000	华艺国际	2022-07-29
张大千 1945年作 红衣达摩 立轴	116cm×65cm	2,070,000	广东崇正	2022-08-11
张大千 1968年作 瑞士雪山 镜片	43cm×61cm	2,070,000	上海嘉禾	2022-11-20
张大千 1978年作 牡丹 成扇	25.5cm×74.5cm	2,052,000	保利香港	2022-07-12
张大千 1948年作 迎喜图 立轴	81.7cm×38cm	2,012,500	开拍国际	2022-01-07
张大千 1945年作 松下高士 立轴	117cm×46.5cm	1,955,000	开拍国际	2022-01-07
张大千 1978年作 桐江帆影 镜框	74cm×53cm	1,944,129	佳士得	2022-05-29
张大千 1963年作 子猷观竹 立轴	99cm×53cm	1,897,500	北京银座	2022-09-16
张大千 1946年作 凉月芙蕖 镜心	99cm×37cm	1,897,500	北京银座	2022-09-16
张大千 1962年作 白荷 立轴	134cm×68cm	1,854,115	佳士得	2022-12-02
张大千 1973年作 水殿幽香 立轴	132.5cm×64cm	1,817,000	北京银座	2022-01-12
张大千 1982年作 荷风轻拂 镜心	108cm×54.5cm	1,782,500	开拍国际	2022-01-07
张大千 1978年作 臞廊绮暑 镜框	49.2cm×96.5cm	1,728,115	佳士得	2022-05-29
张大千 1971年作 天峰飞瀑 镜心	90cm×61cm	1,725,000	开拍国际	2022-07-24
张大千 1949年作 秋思图 立轴	90cm×41cm	1,667,500	北京保利	2022-07-26
张大千 1972年作 荷塘逸趣 镜框	67.6cm×135cm	1,620,108	香港苏富比	2022-04-30
张大千 1973年作 凌云 镜框	134cm×67cm	1,620,108	佳士得	2022-05-29
张大千 1977年作 涵碧楼远眺 镜心	48.2cm×106.7cm	1,610,000	开拍国际	2022-01-07
张大千 1934年作 抚松盘桓 立轴	137.5cm×70cm	1,545,096	中国嘉德	2022-10-07
张大千 1973年作 山寺空翠 镜框	27cm×34cm	1,512,100	佳士得	2022-05-29
张大千 1981年作 环荜庵观梅 镜心	48cm×98cm	1,495,000	开拍国际	2022-01-07
张大千 1934年作 罗浮山积寺 立轴	97.5cm×32cm	1,495,000	中国嘉德	2022-06-26
张大千 1959年作 秋海棠 立轴	58cm×34cm	1,495,000	北京保利	2022-07-25
张大千 1980年作 宜富当贵 镜心	96cm×46.5cm	1,449,000	北京银座	2022-09-16
张大千 1959年作 登高远思图 镜心	123cm×52cm	1,437,500	中贸圣佳	2022-12-31
张大千 1963年作 风荷图 立轴	166cm×83cm	1,437,500	北京保利	2022-07-26
张大千 1980年作 云破月来花弄影 镜片	34cm×95.5cm	1,437,500	朵云轩	2022-12-08
张大千 1970年作 松寿图 镜框	137.5cm×70.1cm	1,404,093	香港苏富比	2022-04-30
张大千 1965年作 清荷 镜框	141.5cm×73.8cm	1,404,093	佳士得	2022-05-29
张大千 1936年作 罗浮梦影 镜片	135.5cm×50.5cm	1,380,000	广东崇正	2022-08-11
张大千 1937年作 水阁消夏 立轴	136.3cm×67.7cm	1,337,232	华艺国际	2022-05-29
张大千 溥儒 1946年作 秋江钓艇·楷书七言诗	19.5cm×53cm×2	1,322,500	北京银座	2022-01-12
张大千 1978年作 松寿图 镜框	92.5cm×49cm	1,296,086	佳士得	2022-05-29
张大千 1933年作 拟大涤子笔意 立轴	151cm×40cm	1,265,000	北京荣宝	2022-07-24
张大千 1932年作 七里泷 立轴	102.5cm×40.5cm	1,265,000	华艺国际	2022-09-23
张大千 松下高士 立轴	92.5cm×40cm	1,150,000	北京荣宝	2022-07-24
张大千 1947年作 南山晋寿 立轴	108cm×53cm	1,104,000	北京保利	2022-07-27
张大千 1970年作 观河图 立轴	126cm×69.7cm	1,100,880	佳士得	2022-12-02
张大千 1930年作 荷花 立轴 设色纸本	135cm×54cm	1,092,500	北京荣宝	2022-07-24
张大千 仿董华亭临大痴老人法 立轴 设色纸本	139cm×38cm	1,092,500	北京荣宝	2022-07-24
张大千 1973年作 黄山光明顶图 镜框	96.3cm×60cm	1,080,072	香港苏富比	2022-04-30
张大千 野林论诗 立轴	128cm×69cm	1,058,000	荣宝斋(南京)	2022-12-07
张大千 1935年作 竹溪高士 立轴	118cm×42cm	1,046,500	北京保利	2022-07-25
张大千 1936年作 高士图 立轴	93cm×48cm	1,035,000	北京荣宝	2022-07-24
张大千 谢稚柳 等 1943年作 缤纷册(八幅) 镜框	21cm×24cm×8	1,035,000	朵云轩	2022-12-08
张大千 1974年作 振衣千仞冈 镜框	68.2cm×44.5cm	1,026,068	香港苏富比	2022-04-30
张大千 独往图 镜框	96.5cm×60.5cm	1,026,068	佳士得	2022-05-29
张大千 1931年作 松峰高士 立轴	114cm×34cm	977,500	北京银座	2022-09-16
张大千 1947年作 携酒访友 立轴	100cm×50cm	977,500	朵云轩	2022-12-08
张大千 1935年作 洛水仙帆图 立轴	104cm×39cm	943,000	北京银座	2022-01-12
张大千 仿唐仕女图 镜心	41cm×19cm	943,000	华艺国际	2022-09-23
张大千 摹白足头陀木石图 立轴	85cm×41.5cm	943,000	中贸圣佳	2022-10-27
张大千 1926—1936年作 仿石涛山水 镜心	129cm×65.5cm	920,000	开拍国际	2022-01-07
张大千 1931年作 行书十言联 立轴	188cm×37cm×2	920,000	北京荣宝	2022-07-24
张大千 黄山九龙潭 立轴	133.5cm×33cm	920,000	北京荣宝	2022-07-24
张大千 1938年作 观瀑图 镜心	94cm×42.5cm	920,000	北京银座	2022-09-16
张大千 1982年作 为严孝章作瓜瓞绵长图 镜片	69cm×34.5cm	920,000	西泠印社	2022-01-23
张大千 1973年作 翠屏古屋 镜心	50.5cm×81cm	920,000	中国嘉德	2022-06-27
张大千 1931年作 新安江上行舟 立轴	79cm×31cm	920,000	北京保利	2022-07-26
张大千 惠山一角 立轴	121cm×42.5cm	920,000	荣宝斋(南京)	2022-12-07

2022书画拍卖成交汇总(续表)

(成交价RMB：6万元以上)

拍品名称	物品尺寸	成交价RMB	拍卖公司	拍卖日期
张大千 仿吴小仙《纨扇仕女》立轴	118.5cm×47cm	920,000	中国嘉德	2022-12-13
张大千 1935年作 樊川杜曲 镜框	110.5cm×44.3cm	918,061	佳士得	2022-05-29
张大千 1941年作 孙绰像 镜框	101.5cm×39.6cm	918,061	佳士得	2022-05-29
张大千 游情泊舟 镜心	95.5cm×41cm	908,500	北京银座	2022-09-16
张大千 松下高士 镜片	83cm×44.5cm	897,000	上海嘉禾	2022-01-01
张大千 1953年作 国色天香 镜框	49.7cm×83.5cm	869,116	佳士得	2022-12-02
张大千 1935年作 华山老子丹台 立轴	91cm×33cm	862,500	北京荣宝	2022-07-24
张大千 1935年作 黄山文殊院 立轴	85cm×38cm	862,500	北京荣宝	2022-07-24
张大千 1935年作 执杖高士图 立轴	110cm×40cm	862,500	中鸿信	2022-09-11
张大千 1981年作 泼彩松下论道图 镜片	67cm×86cm	862,500	江苏汇中	2022-08-16
张大千 1960年作 草堂话旧 镜框	89.8cm×46.5cm	832,451	香港苏富比	2022-10-08
张大千 1933年作 黄山西澥门看落日图 镜框	27cm×31cm	811,175	佳士得	2022-12-02
张大千 1972年作 双竹 裱于木框	57.5cm×90.8cm	810,054	香港苏富比	2022-04-30
张大千 1977年作 摩耶精舍置石图 镜心	90cm×46cm	805,000	开拍国际	2022-01-07
张大千 瑞芝松竹 镜框	94.5cm×48.5cm	805,000	北京荣宝	2022-07-24
张大千 岭上人家 镜心	26cm×23cm	805,000	北京银座	2022-09-16
张大千 烟雨幽居 镜心	26cm×23cm	805,000	北京银座	2022-09-16
张大千 泼墨荷花 立轴	140cm×70cm	805,000	永乐拍卖	2022-07-25
张大千 1979年作 岁寒三友 镜心	画心 93cm×48cm	782,000	北京保利	2022-07-26
张大千 1956年作 松荫话旧 纸板镜框	52.3cm×39cm	753,234	佳士得	2022-12-02
张大千 1935年作 仿唐六如沧浪图 立轴	91.5cm×28cm	747,500	中国嘉德	2022-06-26
张大千 1947年作 行书十言联 立轴	158cm×37cm×2	747,500	保利厦门	2022-10-22
张大千 松下高士 立轴	83cm×40cm	747,500	中贸圣佳	2022-10-27
张大千 溥儒 夕崖策杖 镜框	103.8cm×52.8cm	721,457	香港苏富比	2022-10-08
张大千 1945年作 青山归隐图 手卷	21.5cm×135cm	713,000	上海嘉禾	2022-11-20
张大千 1945年作 芍药 镜框	109.5cm×47cm	702,046	佳士得	2022-05-29
张大千 1974年作 水殿红妆 镜心	44.5cm×67.5cm	690,000	北京银座	2022-01-12
张大千 烟岚云岫 镜心	49cm×34cm	690,000	北京银座	2022-09-16
张大千 竹枝湘女图 立轴	117.5cm×52.5cm	690,000	中鸿信	2022-09-11
张大千 1940年作 苏轼行吟图 立轴	153cm×40cm	690,000	永乐拍卖	2022-07-25
张大千 1926年作 仿宋徽宗《观瀑图》立轴	132cm×54cm	690,000	北京保利	2022-07-26
张大千《后赤壁赋》诗意 立轴	133cm×38cm	690,000	北京保利	2022-07-27
张大千 秋山观瀑图 镜片	47cm×73cm	690,000	上海嘉禾	2022-11-20
张大千 东方朔偷桃 镜框	117cm×51cm	690,000	朵云轩	2022-12-08
张大千 1936年作 仿石涛山水 屏幅	129cm×65cm	690,000	朵云轩	2022-12-08
张大千 1980年作 行书"知俭堂"横额 镜心	81cm×225.5cm	667,000	开拍国际	2022-01-07
张大千 1978年作 红杏 镜框	67.7cm×41.3cm	665,960	香港苏富比	2022-10-08
张大千 黄君璧1944年作 柳荫仕女 镜框	75.8cm×27.2cm	665,960	香港苏富比	2022-10-08
张大千 书法龙门对	136cm×34cm×2	662,184	荣宝斋(香港)	2022-11-26
张大千 1945年作 峡江春霭并行书七言诗 成扇	80cm×28cm×2	655,500	开拍国际	2022-01-07
张大千 马一浮 仿巨然《山居图》·行书五言诗 成扇	18.5cm×49.5cm×2	655,500	北京银座	2022-01-12
张大千 1939年作 松下高士 镜框	88cm×37.5cm	648,043	佳士得	2022-05-29
张大千 1944年作 竹篁仕女 立轴	40.5cm×47cm	644,000	上海嘉禾	2022-11-20
张大千 1966年作 嘉果图 镜框	93.2cm×42.8cm	637,352	佳士得	2022-12-02
张大千 1944年作 闲钓图 镜心	110.5cm×47.5cm	632,500	中贸圣佳	2022-12-31
张大千 1930年作 枯木竹石图 立轴	85cm×41.5cm	632,500	西泠印社	2022-01-23
张大千 春郊帆影 立轴	68cm×34.5cm	632,500	上海嘉禾	2022-01-01
张大千 1945年作 执扇湘女 立轴	112cm×44cm	632,500	上海嘉禾	2022-08-28
张大千 山水、湖上雁行 立轴	尺寸不一	632,500	荣宝斋(南京)	2022-12-07
张大千 江山帆影 立轴	139cm×51.5cm	632,500	中国嘉德	2022-12-12
张大千 仿宋人邱余庆笔 立轴	129cm×50cm	598,000	泰和嘉成	2022-07-30
张大千 1930年作 疏枝玲蕊散寒香 镜心	90cm×44cm	598,000	北京荣宝	2022-07-24
张大千 1969年作 风荷 镜框	45.5cm×65cm	594,039	佳士得	2022-05-29
张大千 1979年作 行书"思源亭"横额 镜心	49cm×108cm	575,000	开拍国际	2022-01-07
张大千 1940年作 拟古人意 立轴	73.5cm×34cm	575,000	北京荣宝	2022-07-24
张大千 1942年作 泽畔行吟 镜心	125cm×31cm	575,000	北京荣宝	2022-07-24
张大千 1942年作 秋江帆影 立轴	111cm×49.5cm	575,000	北京银座	2022-09-16
张大千 黄山蒲团松 镜心	33.5cm×42cm	575,000	北京银座	2022-09-16
张大千 1945年作 持筇高士 立轴	102.5cm×45.5cm	575,000	中国嘉德	2022-06-26
张大千 1980年作 富贵花开 镜心	69cm×108.5cm	575,000	永乐拍卖	2022-07-25
张大千 1940年作 仿王蒙《秋山萧寺图》立轴	98cm×42.5cm	575,000	北京保利	2022-07-26
张大千 1946年作 红叶小鸟 镜片	83cm×36cm	575,000	上海嘉禾	2022-11-20
张大千 溥儒 1945年作 秋江载酒 立轴	136cm×62.5cm	575,000	朵云轩	2022-12-08
张大千 赤壁夜游 立轴	111cm×33.5cm	552,000	中鸿信	2022-09-11
张大千 1978年作《雅歌》之《沉香》篇 镜心	29cm×33cm	552,000	北京保利	2022-02-03
张大千 1940年作 湖上秋泛图 立轴	72.5cm×34cm	540,500	江苏汇中	2022-08-16
张大千 1961年作 松崖白练 镜框	45.6cm×25cm	540,036	香港苏富比	2022-04-30
张大千 1927年作 碧峰飞泉 镜框	122.5cm×56.5cm	540,036	佳士得	2022-05-29
张大千 富贵平安图 立轴	141cm×63.8cm	540,036	佳士得	2022-05-29
张大千 1976年作 国色天香 镜框	36cm×42.5cm	540,036	佳士得	2022-05-29
张大千 1968/1978年作 清荷/书法 成扇	20cm×51cm	518,434	佳士得	2022-05-29
张大千 泉石清泉 立轴	75.5cm×41.5cm	517,500	北京银座	2022-09-16
张大千 贵荷能心清 立轴	129cm×32cm	517,500	中贸圣佳	2022-10-27
张大千 1942年作 仕女 镜片	114cm×32cm	517,500	广东崇正	2022-12-25
张大千 1971年作 芍药 镜框	60.6cm×45.2cm	499,470	香港苏富比	2022-10-08
张大千 1947年作 行书七言联 立轴	132cm×22cm×2	483,000	中国嘉德	2022-06-26
张大千 1947年作 南山松寿 立轴	134cm×68cm	483,000	北京保利	2022-07-27
张大千 1971年作 行书八言联 立轴	132cm×20.6cm×2	483,000	广东崇正	2022-08-11
张大千 1974年作 春江泛舟 镜框	70cm×50cm	483,000	上海嘉禾	2022-11-20
张大千 泊舟图 立轴	105cm×40cm	483,000	中国嘉德	2022-12-13
张大千 1971年作 芝寿图 镜片	97cm×52cm	483,000	广东崇正	2022-12-25
张大千(款)溪山秋色	138cm×40cm	471,768	香港福羲国际	2022-12-28
张大千 1981年作 福 镜框	66.5cm×66.5cm	466,172	香港苏富比	2022-10-08
张大千 1944年作 高士种梅 立轴	69cm×33.5cm	463,528	中国嘉德	2022-10-07

拍品名称	物品尺寸	成交价RMB	拍卖公司	拍卖日期
张大千 1943年作 竹荫仕女 镜心	107cm×39.3cm	463,528	中国嘉德	2022-10-07
张大千 张善孖 于非闇 1935年作 岁朝清供 立轴	109cm×42.5cm	460,000	北京银座	2022-09-16
张大千 1947年作 虎啸 立轴	62.5cm×33cm	460,000	北京银座	2022-09-16
张大千 1930年作 竹石图 镜心	85cm×41.5cm	460,000	北京保利	2022-07-26
张大千 溥儒 泼彩山水 镜框	44.5cm×33cm	460,000	上海嘉禾	2022-11-20
张大千 1941年作 江干行吟 立轴	100cm×40cm	460,000	朵云轩	2022-12-08
张大千 1979年作 梅花 立轴	76cm×44.5cm	448,500	广东崇正	2022-08-11
张大千 集《泰山经石峪》字七言对联 立轴	132.5cm×22cm×2	437,000	开拍国际	2022-01-07
张大千 黄山高士 镜心	150cm×40cm	437,000	开拍国际	2022-01-07
张大千 1947年作 行书七言联 立轴	135cm×32.5cm×2	437,000	北京银座	2022-01-12
张大千 1927年作 山水有清音 立轴	175cm×93cm	437,000	上海嘉禾	2022-01-01
张大千 1936年作 玉簪花 立轴	131cm×39cm	437,000	中国嘉德	2022-06-26
张大千 仿张大风高士图 立轴	103cm×50cm	437,000	华艺国际	2022-09-23
张大千 1940年作 相赏有松石间意 立轴	96.5cm×29.5cm	437,000	中国嘉德	2022-12-13
张大千 吴子深1947年作 游山图·竹石图成扇	18.8cm×51cm	432,028	佳士得	2022-05-29
张大千 1935年作 黄山胜景 立轴	124cm×31cm	432,028	佳士得	2022-05-29
张大千 竹溪图 镜框	17.3cm×127.8cm	421,775	香港苏富比	2022-10-08
张大千 柳下牧牛图 镜心	98cm×27cm	414,000	北京银座	2022-01-12
张大千 1957年作 摩诘山园 纸板镜框	27cm×24cm	410,427	佳士得	2022-05-29
张大千 1946年作 白描仕女图 立轴	130.5cm×59.5cm	402,500	中贸圣佳	2022-12-31
张大千 1972年作 夏荷图 镜心	26.5cm×23.5cm	391,000	北京银座	2022-01-12
张大千 范曾 1961年作 古松 立轴	163cm×82cm	391,000	北京银座	2022-09-16
张大千 墨荷 纸板镜框	36cm×43.5cm	378,025	佳士得	2022-05-29
张大千 黄山不老松图 镜心	38cm×84cm	368,000	中国嘉德	2022-05-28
张大千 1949年作 观泉图 立轴	99cm×46cm	368,000	中国嘉德	2022-09-27
张大千 1976年作 双清图 扇面	直径24cm	368,000	北京保利	2022-07-26
张大千 1982年作 山厨清供 镜心	33cm×67cm	368,000	北京保利	2022-07-26
张大千 松下高士图 立轴	110.5cm×27cm	368,000	荣宝斋（南京）	2022-12-07
张大千 1930年作 松下望山 镜片	119.5cm×57.5cm	368,000	朵云轩	2022-12-08
张大千 菜单（一）镜框	30cm×39.6cm	355,179	香港苏富比	2022-10-08
张大千 陈夔龙 1945年作 风荷清影·行书七律一对 扇面镜框	10cm×33.8cm×2	345,623	香港苏富比	2022-04-30
张大千 寿桃 镜框	直径25.5cm	345,623	佳士得	2022-05-29
张大千 1969年作 节录《石门铭》立轴	135cm×52.5cm	345,623	佳士得	2022-05-29
张大千 林清霓 溪涧竹树图 立轴	100.5cm×49cm	345,000	西泠印社	2022-01-23
张大千 1973年作 荷塘清韵 镜片	132.5cm×57cm	345,000	上海嘉禾	2022-01-01
张大千 红衣达摩 立轴	144cm×39cm	345,000	中鸿信	2022-09-11
张大千 1935年作 行书龙门对 立轴	186cm×50cm×2	345,000	中鸿信	2022-09-12
张大千 1971年作 芝寿图 镜心	96cm×52cm	345,000	永乐拍卖	2022-07-25
张大千 1979年作 墨荷 立轴	96cm×31cm	345,000	广东崇正	2022-08-11
张大千 林泉高致 镜框	51cm×40cm	345,000	上海嘉禾	2022-08-28
张大千 1946年作 高士图 镜心	29.8cm×41.2cm	345,000	华艺国际	2022-09-23
张大千 1959年作 双清 镜框	36.3cm×48.4cm	332,980	香港苏富比	2022-10-08
张大千 松下高士 纸板镜框	26.7cm×23.5cm	324,470	佳士得	2022-12-02
张大千 1972年作 行书《普门品》裱于木框	57.5cm×90.8cm	324,021	香港苏富比	2022-04-30

拍品名称	物品尺寸	成交价RMB	拍卖公司	拍卖日期
张大千 1933年作 高士童 镜框	101cm×39cm	324,021	佳士得	2022-05-29
张大千 1951年作 芍药 木板镜框	69.5cm×39cm	324,021	佳士得	2022-05-29
张大千 独往秋山 镜框	73.3cm×40.5cm	324,021	佳士得	2022-05-29
张大千 1965年作 临流清话 木板镜框	49.3cm×31.2cm	324,021	佳士得	2022-05-29
张大千 1974年作 行书自作诗 立轴	136cm×69.5cm	322,000	中贸圣佳	2022-07-23
张大千 幽闺仕女 立轴	79cm×31.5cm	322,000	中国嘉德	2022-06-26
张大千 梅竹双清 立轴	83.5cm×38cm	322,000	荣宝斋（南京）	2022-12-07
张大千 1982年作 柿柿如意 镜片	39.5cm×65.5cm	322,000	上海嘉禾	2022-11-20
张大千 策杖听钟 立轴	121.5cm×31cm	322,000	上海嘉禾	2022-11-20
张大千 1930年作 高士图 立轴	109cm×40.5cm	322,000	广东崇正	2022-12-25
张大千 1971年作 行书七言联 立轴	135.8cm×33cm×2	310,782	香港苏富比	2022-10-08
张大千 1947年作 行书七言联 镜片	131cm×21cm×2	310,500	广东崇正	2022-12-25
张大千 1949年作 峨眉双顶 镜框	30.3cm×38.5cm	302,420	佳士得	2022-05-29
张大千 1950年作 行书十四言联 镜心	125cm×20cm×2	299,000	北京保利	2022-07-26
张大千 1950年作 卧牛图 镜片	69cm×32cm	299,000	江苏汇中	2022-08-16
张大千 1933年作 人物 成扇	18cm×50cm	293,250	永乐拍卖	2022-07-25
张大千 1947年作 高士图 立轴	79cm×44cm	287,500	中国嘉德	2022-05-28
张大千 1928年作 松溪飞瀑 立轴	105cm×44cm	287,500	中国嘉德	2022-05-28
张大千 林清霓 古木幽篁 立轴	100.5cm×49cm	287,500	北京荣宝	2022-07-24
张大千 梁寒操 1959年作 峡江帆影·行书七言联 镜心、对联		287,500	中国嘉德	2022-09-27
张大千 溥忻 书法·山水成扇 成扇	19.5cm×53.5cm	287,500	永乐拍卖	2022-07-25
张大千 1963年作 一帆风顺 扇面	20cm×53cm	287,500	华艺国际	2022-09-23
张大千 1961年作 梅寿图 立轴	69cm×33cm	287,500	朵云轩	2022-12-08
张大千 1935年作 1947年作 海棠·行书"载酒寻春"镜心	31.5cm×40cm；33cm×41.5cm	276,000	北京银座	2022-09-16
张大千 1948年作 行书七言联 立轴	147cm×26cm×2	276,000	北京保利	2022-02-03
张大千 秦斯应 1947年作 子猷看竹 立轴	137cm×68cm	276,000	朵云轩	2022-12-08
张大千 仿梅清山水 立轴	130cm×40cm	264,500	中贸圣佳	2022-07-23
张大千 1947年作 芙蓉花 镜心	68cm×44cm	264,500	中国嘉德	2022-09-27
张大千 1932年作 海棠 成扇	10cm×32.5cm	259,217	佳士得	2022-05-29
张大千 1947年作 折枝海棠 立轴	136cm×50cm	253,000	中国嘉德	2022-05-30
张大千 1944年作 赏松观瀑 镜心	33cm×24.5cm	253,000	北京诚轩	2022-09-08
张大千 1935年作 秋思·花卉 成扇	19cm×50cm×2	253,000	中鸿信	2022-09-11
张大千 1939年作 秋江访友 镜心	80.5cm×29.5cm	253,000	永乐拍卖	2022-07-25
张大千 1962年作 老来读书图 立轴	120cm×46cm	253,000	江苏汇中	2022-08-16
张大千 1953年作 松下高士 镜心	46cm×30cm	242,800	中国嘉德	2022-10-12
张大千 1935年作 闹红一阿 镜心	100cm×42cm	241,500	中国嘉德	2022-09-27
张大千 徐雯波 查良钊 等1950年1月31日作 致印度友人达摩像及题辞三挖	23.5cm×18cm×3	230,000	西泠印社	2022-01-23
张大千 仿八大山人枯树寒雀图 镜心	34.5cm×45cm	230,000	中鸿信	2022-09-11
张大千 1976年作 梅石图 扇面	直径24cm	230,000	北京保利	2022-07-26
张大千 秋水钓翁图·题山水诗 成扇	13.5cm×40cm×2	230,000	江苏汇中	2022-08-17
张大千 观瀑图 立轴	78.5cm×41.5cm	230,000	荣宝斋（南京）	2022-12-07
张大千 1974年作 行书七言诗 立轴	136cm×69cm	230,000	上海嘉禾	2022-11-20

2022书画拍卖成交汇总(续表)

(成交价RMB：6万元以上)

拍品名称	物品尺寸	成交价RMB	拍卖公司	拍卖日期
张大千 罗浮山色 镜心	120cm×40.5cm	230,000	中国嘉德	2022-12-13
张大千 荷花 镜片	27cm×24cm	230,000	广东崇正	2022-12-25
张大千 行书 "情亲于宜"	93.5cm×33cm	224,250	中国嘉德	2022-06-27
张大千 1944年作 百龄图 立轴	30cm×24.5cm	218,500	北京银座	2022-09-16
张大千 仿八大孤鸟图 镜心	32cm×45cm	218,500	中鸿信	2022-09-11
张大千 仿仇十洲人物 镜心	134cm×29cm	218,500	中贸圣佳	2022-10-27
张大千 1967年作 松江泛舟 立轴	86cm×42cm	207,000	中国嘉德	2022-05-28
张大千 张善孖 吕凤子合作 1932年作 柳荫高士 立轴	95cm×31cm	207,000	中贸圣佳	2022-07-23
张大千 1945年作 江山遥望图 扇页	16.5cm×49cm	207,000	西泠印社	2022-01-23
张大千 1936年作 仿石涛笔意 立轴	114cm×39.5cm	207,000	上海嘉禾	2022-01-01
张大千 仕女牡丹 成扇	12cm×37cm	207,000	中贸圣佳	2022-10-27
张大千 西山曳杖 镜心	108.5cm×20.5cm	207,000	荣宝斋(南京)	2022-12-07
张大千 1947年作 行书七言联 立轴	134cm×31.5cm×2	201,250	广东崇正	2022-08-11
张大千 1978年作 行书 "寿" 镜心	47.5cm×47.5cm	198,655	中国嘉德	2022-10-07
张大千 芍药 立轴	28cm×53cm	195,500	北京银座	2022-01-12
张大千 水仙竹菊 镜心	111cm×38cm	195,500	中国嘉德	2022-09-29
张大千 1962年作 兰石图 圆光	直径43.5cm	187,618	中国嘉德	2022-10-07
张大千 1950年作 草菇 立轴	88.3cm×32.5cm	185,411	佳士得	2022-12-02
张大千 竹菊图 立轴	76cm×33cm	184,000	上海嘉禾	2022-01-01
张大千 抱秋 拟石涛山水·螃蟹 成扇	18.5cm×50cm	184,000	北京保利	2022-07-26
张大千 1947年作 行书九言联 镜心	143cm×31cm×2	184,000	中国嘉德	2022-12-13
张大千 陈小翠 富贵牡丹 牡丹 成扇	17.5cm×49cm	178,250	上海嘉禾	2022-01-01
张大千 1983年作 眉寿无疆 镜心	24cm×27cm	176,582	中国嘉德	2022-10-07
张大千 1979年作 行书 "赏心怡情" 镜心	31.6cm×8.2cm	172,500	开拍国际	2022-01-07
张大千 1929年作 行书七言联 立轴	136cm×34cm×2	172,500	中贸圣佳	2022-07-23
张大千 果蔬册页（六开） 镜心	27cm×33.5cm×6	172,500	中贸圣佳	2022-07-23
张大千 1947年作 清水芙蓉 镜心	32cm×33cm	172,500	北京银座	2022-09-16
张大千 1978年作 果蔬 镜心	95cm×41cm	172,500	中国嘉德	2022-09-27
张大千 1926年作 松下高士图 立轴	67cm×26cm	172,500	中国嘉德	2022-09-27
张大千 1951年作 为于右任绘红衣达摩图 立轴	125cm×50.5cm	172,500	中鸿信	2022-09-11
张大千 1971年作 行书 竹菊双清图 立轴	76cm×41cm	172,500	中鸿信	2022-09-11
张大千 1951年作 行书曾绍杰篆刻直例 镜心	21cm×60.5cm	172,500	中国嘉德	2022-06-26
张大千 1928年作 行书十三言长联 立轴	215cm×39.5cm×2	172,500	江苏汇中	2022-08-16
张大千 1927年作 黄山光明顶·行书 成扇	18.5cm×52cm×2	172,500	江苏汇中	2022-08-17
张大千 刘评游山 镜片	67cm×55.5cm	172,500	朵云轩	2022-12-08
张大千 张伯英 1932年作 山水·行书 成扇	19.5cm×52cm	172,500	广东崇正	2022-12-25
张大千 1963年作 为陈巨来作山居图 立轴	99cm×32.5cm	161,000	中鸿信	2022-09-11
张大千 1934年作 西江月·华山云海 立轴	135cm×68cm	161,000	北京保利	2022-07-26
张大千 柳梢蝉鸣图 立轴	84.5cm×25cm	149,500	西泠印社	2022-01-23
张大千 夏江远跳 镜心	66cm×31cm	149,500	北京保利	2022-07-26
张大千 赤壁观涛 镜心	91cm×28cm	149,500	中贸圣佳	2022-10-27
张大千 菜单（二） 镜框	13.9cm×34.8cm	144,291	香港苏富比	2022-10-08
张大千 山水 立轴	92.5cm×47cm	138,000	泰和嘉成	2022-07-30

拍品名称	物品尺寸	成交价RMB	拍卖公司	拍卖日期
张大千 清泉独钓 立轴	67cm×30.5cm	138,000	上海嘉禾	2022-01-01
张大千 墨兰图 立轴	76cm×33cm	138,000	上海嘉禾	2022-01-01
张大千 行书 "书超画哉" 镜心	33cm×122cm	138,000	中鸿信	2022-09-12
张大千 1947年作 行书画论 立轴	133cm×34cm	138,000	中国嘉德	2022-06-26
张大千 岁朝清供 立轴	59.5cm×29.5cm	138,000	中国嘉德	2022-06-27
张大千 牡丹图 立轴	30cm×41cm	138,000	保利厦门	2022-10-22
张大千 1979年作 行书 立轴	126cm×48.5cm	132,250	中鸿信	2022-09-11
张大千 长臂猿 镜心	32cm×45cm	126,500	中国嘉德	2022-05-30
张大千 1947年作 红叶小雀 镜心	36cm×47cm	126,500	中国嘉德	2022-09-27
张大千 仿八大鸟石图 镜心	16cm×50cm	126,500	中贸圣佳	2022-10-27
张大千 1948年作 贝叶秋蝉 镜心	44cm×26cm	115,000	中国嘉德	2022-05-28
张大千 1934年作 黄山奇肖 扇面	18cm×50.5cm	115,000	中鸿信	2022-09-11
张大千 1976年作 行书杂诗 镜心	51cm×79.5cm	115,000	保利厦门	2022-10-22
张大千 1939年作 高士策杖 镜片	33cm×47.5cm	115,000	朵云轩	2022-12-09
张大千 1934年作 双清图 立轴	149cm×40cm	109,250	中国嘉德	2022-09-27
张大千 简经纶 松竹湖石 立轴	88.5cm×46.8cm	108,007	香港苏富比	2022-04-30
张大千 1931年作 扇面双挖 镜心	19.5cm×53cm×2	103,500	中贸圣佳	2022-07-23
张大千 1945年作 海棠 立轴	97cm×53.5cm	103,500	上海嘉禾	2022-01-01
张大千 1948年作 行书七言联 对联	145.5cm×38.5cm×2	103,500	朵云轩	2022-08-07
张大千 1948年作 十言联 镜片	135cm×21cm×2	101,200	江苏汇中	2022-08-16
张大千 金笺荷花 镜心	26.5cm×23.5cm	92,000	开拍国际	2022-01-07
张大千 行书 "万事如意" 镜心	27cm×24cm	92,000	北京银座	2022-01-12
张大千 溥儒 1946年作 深宵猿影 立轴	88cm×26cm	92,000	中国嘉德	2022-09-29
张大千 1938年作 为何冠五作仕女图 扇页	50.5cm×18.5cm	92,000	西泠印社	2022-01-23
张大千 1933年作 远浦归帆 立轴	90cm×26cm	92,000	上海嘉禾	2022-01-01
张大千 1949年作 红叶 立轴	105cm×24cm	92,000	上海嘉禾	2022-01-01
张大千 1945年作 红叶小鸟 镜框	直径33cm	92,000	上海嘉禾	2022-01-01
张大千 1976年作 行书 "鹤寿" 镜片	81cm×41cm	92,000	上海嘉禾	2022-01-01
张大千 荷花 镜片	38cm×60cm	92,000	广东小雅斋	2022-05-18
张大千 1934年作 高士赏秋·行书 扇片	18.5cm×53cm×2	92,000	上海嘉禾	2022-08-28
张大千 吴镜汀 行书七言诗·江畔竹亭 成扇	19.5cm×55cm	92,000	中国嘉德	2022-12-13
张大千 蔬果图 镜框	27cm×46cm	89,700	华艺国际	2022-09-23
张大千 行书五律 镜框	27cm×23cm	88,795	香港苏富比	2022-10-08
张大千 1948年作 行书七言诗 立轴	130cm×29cm	86,250	江苏汇中	2022-08-17
张大千 1958年作 行书七律诗 立轴	85cm×52cm	86,250	江苏汇中	2022-08-17
张大千 向迪琮 巫峡江船·行书自作词 成扇	18cm×49cm	86,250	中贸圣佳	2022-10-27
张大千 1972年作 利市三倍 镜心	32cm×43cm	82,800	中鸿信	2022-09-11
张大千 谢稚柳 郑午昌 等合绘 松竹梅石花卉 立轴	104.5cm×33.5cm	80,500	中贸圣佳	2022-07-23
张大千 1933年作 仿石涛山水 立轴	78cm×31.5cm	80,500	中贸圣佳	2022-07-23
张大千 张朝墉 策杖游山·李商隐《九成宫》 成扇	18.8cm×47.5cm	80,500	北京诚轩	2022-08-08
张大千 1952年作 行书 "勤慎" 镜心	32cm×48cm	80,500	中国嘉德	2022-09-28
张大千 1934年作仕女·书法 成扇	13cm×39cm×2	80,500	江苏汇中	2022-08-17
张大千 (传) 持剑图 镜框	29cm×59.5cm	80,500	保利厦门	2022-10-21
张大千 画稿一组（38张）	尺寸不一	75,900	中贸圣佳	2022-12-31

2022书画拍卖成交汇总(续表)

(成交价RMB: 6万元以上)

拍品名称	物品尺寸	成交价RMB	拍卖公司	拍卖日期
张大千 1926年作 倚松看云·打猎图 成扇		74,750	中国嘉德	2022-05-30
张大千 高士图 立轴	94cm×31cm	74,750	广东小雅斋	2022-05-18
张大千 1929年作 行书七言联 立轴	106.5cm×25cm×2	74,750	中国嘉德	2022-06-27
张大千 1951年作 高士图·行书 成扇	18cm×50cm	74,750	北京保利	2022-07-26
张大千 观瀑图 镜片	120.5cm×40.5cm	74,750	朵云轩	2022-08-07
张大千 1949年作 行书五言诗 镜心	20cm×91cm	69,000	中国嘉德	2022-09-28
张大千 佛像 立轴	136cm×66cm	69,000	浙江当代	2022-01-03
张大千 1977年作 红叶小鸟 镜心	16cm×30.5cm	69,000	中鸿信	2022-09-11
张大千 1946年作 元人诗意图·行书七言诗 成扇	20cm×51cm×2	69,000	保利厦门	2022-10-22
张大千 赵冷月 1940年作 白云溪居·行书 成扇	18.5cm×48cm	69,000	上海嘉禾	2022-11-20
张大千 折枝海棠 立轴	107cm×35.5cm	69,000	朵云轩	2022-12-08
张大千 菜单 镜片	30.5cm×70.5cm	69,000	广东崇正	2022-12-25
张大千 张善孖 江天铎 1960年作 伏虎图·行书七言诗 成扇		63,250	中国嘉德	2022-05-30
张大千 致张目寒信札一通六页 镜心	27cm×16cm×6	63,250	中贸圣佳	2022-12-31
张大千 蕉下观书图 立轴	113cm×33cm	63,250	朵云轩	2022-08-07
张大千 1979年作 一枝春 镜片	45cm×53cm	63,250	朵云轩	2022-08-07
张大千 1951年作 水墨牡丹扇页 镜片	16cm×51cm	63,250	江苏汇中	2022-08-17
张大壮 荷塘生意卷 手卷	画心 18cm×136.5cm	132,250	北京银座	2022-01-12
张大壮 1962年作 翠羽春晖 立轴	179cm×96cm	115,000	中国嘉德	2022-06-26
张大壮 荷塘生意卷 手卷	画 18cm×136.5cm	115,000	中贸圣佳	2022-10-27
张大壮 海鲜图 镜片	68cm×44cm	69,000	西泠印社	2022-01-23
张登堂 2010年作 秋山观瀑	68cm×68cm	188,000	北京伍佰艺	2022-09-17
张仃 1994年作 祁连晴岚 立轴	138cm×68cm	2,462,400	保利香港	2022-07-12
张仃 海边古木 镜心	46cm×69cm	345,000	北京银座	2022-01-12
张仃 1986年作 鱼岛朝雾 立轴	93.5cm×176cm	287,500	中国嘉德	2022-12-15
张仃 2002年作 黄崖关长城 镜心	68cm×44cm	230,000	北京荣宝	2022-07-24
张仃 2002年作 漓江烟雨 立轴	68cm×45cm	207,000	北京荣宝	2022-07-24
张仃 1991年作 山水 立轴	67.5cm×66.5cm	195,500	中国嘉德	2022-06-26
张仃 2006年作 篆书苏轼词 镜心	59cm×248cm	165,546	中国嘉德	2022-10-07
张仃 颐和园写生 镜心	35cm×44cm	103,500	中国嘉德	2022-06-26
张仃 2006年作 篆书《衡阳与梦得分路赠别》镜心	59cm×198.5cm	92,248	保利香港	2022-10-12
张仃 2003年作 篆书王维诗 立轴	138cm×69cm	77,254	中国嘉德	2022-10-07
张仃 1976年作 孙悟空三打白骨精 镜心	35cm×34.5cm	74,750	中国嘉德	2022-06-26
张东林 2015年作 童趣二	34cm×68cm	380,000	北京伍佰艺	2022-09-17
张东林 2015年作 童趣一	34cm×68cm	360,000	北京伍佰艺	2022-09-17
张东升 2021年作 夏日清流 镜心	68cm×136cm	9,980,000	北京中贝	2022-03-16
张发奎 楷书"培才报国" 镜心	26cm×16cm	80,500	北京银座	2022-01-12
张发祥 2022年作 行书《晚泊岳阳》诗 镜心	177cm×96cm	64,400	北京荣宝	2022-07-24
张凤云 吉祥富贵 画心	100cm×200cm	970,000	北京传世	2022-12-15
张高峰 大吉大祥 画心	138cm×69cm	159,000	北京传世	2022-12-15
张谷雏 1933年作 水竹居图 立轴	106cm×38cm	69,000	华艺国际	2022-09-24
张谷年 陈书蓁 1946年作 为庞莱臣作山水书法图 成扇	50.5cm×19cm	78,200	西泠印社	2022-01-23
张光宇 1963年作 碎珍小集(十二幅) 镜心	尺寸不一	97,750	朵云轩	2022-12-08
张光宇绘《大闹天宫》人物形象画稿等一批	尺寸不一	345,000	中鸿信	2022-09-12
张桂铭 红叶小鸟图 镜片	137cm×68cm	66,700	西泠印社	2022-01-22
张辉 鸿运当头 画心	180cm×70cm	2,180,000	北京传世	2022-12-15
张江舟 人物 镜心	137.5cm×69cm	977,500	永乐拍卖	2022-07-25
张江舟 2022年作 晨光 镜心	136cm×68cm	920,000	荣宝斋(南京)	2022-12-07
张江舟 正午阳光 镜片	139cm×70cm	862,500	保利厦门	2022-10-22
张捷 2016年作 林泉高致 镜心	180cm×25cm	402,500	中国嘉德	2022-06-29
张锦芳手书《金刚般若波罗蜜经》册页(四十开)	22.2cm×27.5cm×40	82,998	香港苏富比	2022-04-27
张进 2021年作 好日子 镜心	68.5cm×137cm	172,500	中国嘉德	2022-06-29
张进 随手拾得山中物，无由写来小合心 镜心	136.5cm×34cm×4	149,500	中国嘉德	2022-12-15
张进 2018年作 响午的太阳	130cm×66cm	126,500	中贸圣佳	2022-10-27
张晋 苏州园林四景 镜片	27.5cm×39.5cm×4	230,000	广东崇正	2022-08-11
张君绶 松柏长青 立轴	134cm×32cm	138,000	朵云轩	2022-12-08
张澜 1936年作 行书七言联 立轴	136cm×31.5cm×2	68,425	中国嘉德	2022-10-07
张乐平 三毛人物 镜框	36.5cm×48cm	161,000	中贸圣佳	2022-10-27
张立辰 蝶恋花	68cm×45cm	460,000	北京伍佰艺	2022-09-17
张利 哈尼族少女	60cm×50cm	901,306	荣宝斋(香港)	2022-11-26
张栗铭 八卦福国图 画心	169cm×110cm	600,000	北京传世	2022-12-15
张良松 丝丝关情 镜片	68cm×136cm	79,350	浙江当代	2022-01-03
张朋 1982年作 猫蝶图 立轴	66cm×41cm	74,750	北京荣宝	2022-07-24
张庆钧 梦荷	50cm×50cm	74,914	香港贞观	2022-06-18
张人杰 行书五言联 镜片	131cm×33cm×2	149,500	广东崇正	2022-12-25
张人杰 行书 集石鼓文五言联对联	129cm×31.5cm×2	101,200	西泠印社	2022-01-23
张榕山 溪边小景 镜框	22cm×131cm	230,000	北京保利	2022-07-27
张瑞 2022年作 和美家园 镜心	68cm×136cm	761,000	北京中贝	2022-03-16
张润南 2022年作 春日融融小鸡啾啾(指画) 镜心	40cm×180cm	1,480,000	北京中贝	2022-03-16
张润雨 2022年作 灵猿献寿图 镜心	96cm×180cm	1,280,000	北京中贝	2022-03-16
张若谷 岳飞《满江红》	100cm×500cm	294,304	荣宝斋(香港)	2022-11-26
张三友 山雨欲来	68cm×68cm	830,000	保利厦门	2022-01-13
张三友 汉江素描	68cm×68cm	640,000	保利厦门	2022-01-13
张善孖 1939年作 虎踞龙蟠 镜心	219cm×199cm	4,600,000	中国嘉德	2022-06-26
张善孖 1936年作 玄猿图 立轴	144cm×69cm	2,415,000	朵云轩	2022-12-08
张善孖 1939年作 万邦和谐图 镜心	131cm×66cm	862,500	北京保利	2022-07-26
张善孖 1931年作 豪气如云 立轴	168.5cm×92.5cm	793,500	开拍国际	2022-01-07
张善孖 张大千 松下闲读 立轴	129cm×52cm	690,000	永乐拍卖	2022-07-25
张善孖 1931年作 为戴季陶作 虎啸林泉图 立轴	134.5cm×47cm	598,000	西泠印社	2022-01-23
张善孖 孝道可风 立轴	144cm×60cm	517,500	中贸圣佳	2022-12-31

2022书画拍卖成交汇总(续表)

(成交价RMB: 6万元以上)

拍品名称	物品尺寸	成交价RMB	拍卖公司	拍卖日期
张善孖 叶恭绰 江小鹣 钱瘦铁 陆维钊 张光宇 徐悲鸿 邵洵美 等 1930年、1931年作 为郎静山、雷佩芝结婚典礼作书画 册页(三十二页)	29cm×19cm×32	517,500	西泠印社	2022-01-22
张善孖 睡眼双欢 立轴	135cm×67cm	460,000	北京银座	2022-09-17
张善孖 双虎图 立轴	166cm×84.5cm	402,500	西泠印社	2022-01-22
张善孖 1939年作 勇猛精进 镜心	137cm×69cm	402,500	中国嘉德	2022-06-26
张善孖 虎啸图 立轴	134.5cm×67cm	368,000	中鸿信	2022-09-11
张善孖 1928年作 虎啸凌云 立轴	128cm×68cm	287,500	中贸圣佳	2022-07-23
张善孖 竹林虎啸图 立轴	103.5cm×50.5cm	287,500	北京银座	2022-09-17
张善孖 1931年作 黄山盖鹤松 立轴	107.8cm×47.5cm	270,250	北京诚轩	2022-08-08
张善孖 1928年作 草泽英雄 立轴	137cm×55cm	259,217	佳士得	2022-05-29
张善孖 1930年作 训虎图 立轴	135cm×34cm	230,000	中鸿信	2022-09-11
张善孖 虎 立轴	108cm×55cm	230,000	北京保利	2022-02-03
张善孖 1927年作 林壑双雄 立轴	148.5cm×80.5cm	230,000	中国嘉德	2022-06-27
张善孖 1929年作 秋叶双虎 立轴	132cm×57cm	230,000	中国嘉德	2022-12-13
张善孖 1935年作 白马 立轴	119cm×44cm	230,000	广东崇正	2022-12-25
张善孖 1923年作 无量寿佛 立轴	142.5cm×72cm	207,000	广东崇正	2022-08-11
张善孖 1927年作 雄心百兽惊 立轴	105cm×51.5cm	205,213	佳士得	2022-05-29
张善孖 猛虎下山图 立轴	135.5cm×67cm	172,500	保利厦门	2022-10-21
张善孖 1934年作 雪驴诗思 立轴	67cm×26.5cm	172,500	中国嘉德	2022-12-13
张善孖 1935年作 福寿无量 立轴	75cm×39cm	172,500	朵云轩	2022-12-08
张善孖 1938年作 草莽雄风图 立轴	110cm×47.5cm	155,250	北京银座	2022-09-16
张善孖 1934年作 云海遨游 立轴	91cm×37.5cm	149,500	北京荣宝	2022-07-24
张善孖 1929年作 绿丛三鹿 立轴	147.8cm×39.2cm	149,500	北京诚轩	2022-08-08
张善孖 1935年作 虎啸 镜心	120cm×51cm	138,000	北京保利	2022-07-26
张善孖 1937年作 读书图 立轴	130.5cm×47cm	126,500	北京荣宝	2022-07-24
张善孖 斗谷于夔 立轴	138.5cm×47.5cm	115,882	佳士得	2022-12-02
张善孖 万杆吟风 立轴	130.5cm×39cm	115,000	北京荣宝	2022-07-24
张善孖 1935年作 秋波一转 立轴	139cm×68cm	115,000	中国嘉德	2022-06-27
张善孖 双虎 立轴	103.5cm×37.5cm	115,000	北京保利	2022-07-26
张善孖 1930年作 双虎图 立轴	130cm×33cm	112,700	北京荣宝	2022-07-24
张善孖 1922年作 虎啸图 立轴	126cm×61cm	103,500	保利厦门	2022-10-22
张善孖 房庞卿 风云际会 立轴	136.5cm×45.5cm	102,600	保利香港	2022-07-12
张善孖 虎视眈眈 立轴	134.5cm×66.5cm	92,000	北京银座	2022-09-17
张善孖 1929年作 天伦乐事图 立轴	151cm×38cm	92,000	北京保利	2022-02-03
张善孖 1930年作 双虎图 立轴	116cm×38.5cm	89,700	北京银座	2022-09-17
张善孖 雪驴诗思 立轴	67cm×26cm	86,250	上海驰翰	2022-08-28
张善孖 1922年作 弥勒佛像 立轴	102cm×33cm	82,800	北京银座	2022-09-17
张善孖 1928年作 非洲半岛一角 镜心	47.5cm×58cm	80,500	北京保利	2022-07-26
张善孖 饮 镜心	47cm×58cm	80,500	北京保利	2022-07-26
张善孖 虎啸图 镜片	94cm×45cm	80,500	广东崇正	2022-12-25
张善孖 1931年作 黄山云巢胜景 立轴	124cm×33cm	78,200	上海嘉禾	2022-01-01
张善孖 1932年作 虎 立轴	141cm×57.5cm	71,736	中国嘉德	2022-10-07
张善孖 山林野火 立轴	178cm×64cm	71,300	中贸圣佳	2022-10-27
张善孖 虎 立轴	133cm×54.5cm	68,425	中国嘉德	2022-10-07
张善孖 1931年作 竹溪虎憩 镜框	55.2cm×103cm	259,217	香港苏富比	2022-04-30
张善孖 1938年作 草泽雄风 镜框	94cm×43cm	216,014	香港苏富比	2022-04-30
张善孖 1931年作 翠涧啸虎 立轴	104.2cm×33.5cm	91,806	香港苏富比	2022-04-30

拍品名称	物品尺寸	成交价RMB	拍卖公司	拍卖日期
张石园 1923年作 山水四景 四屏	149cm×44cm×4	287,500	西泠印社	2022-01-22
张石园 王禔 1933年作 松下清斋图·篆书节录《东都赋》成扇	19cm×50.5cm	230,000	西泠印社	2022-01-23
张石园 1948年作 仿黄鹤山樵山水 立轴	129cm×64.5cm	86,250	中国嘉德	2022-06-27
张石园 1935年作 书画合璧扇 成扇	19cm×50cm	80,500	北京诚轩	2022-08-08
张石园 1952年作 松溪玄言·行书 成扇	18.5cm×42.5cm	75,605	香港苏富比	2022-04-30
张书旂 1948年作 牡丹国色 立轴	131cm×63.5cm	264,500	北京银座	2022-01-12
张书旂 1935年作 孔雀 镜心	131cm×64.5cm	220,728	中国嘉德	2022-10-07
张书旂 1947年作 寒花飞禽 镜片	123cm×62cm	172,500	上海嘉禾	2022-01-01
张书旂 1948年作 双色牡丹 立轴	131cm×63.5cm	149,500	中国嘉德	2022-06-27
张书旂 春江水暖鸭先知 立轴	77cm×42cm	74,750	广东小雅斋	2022-05-25
张书旂 1933年作 双吉 立轴	122cm×37cm	149,500	北京荣宝	2022-07-24
张书旂 1947年作 闲趣图 立轴	81cm×48cm	120,750	北京荣宝	2022-07-24
张天文 嫩芽初上柳梢头 画心	69cm×46cm	75,000	北京传世	2022-12-15
张惟廉 书法四屏 立轴	146cm×36.8cm×4	80,500	北京荣宝	2022-07-24
张维增 天生忠义 镜片	98cm×180cm	920,000	北京中贝	2022-01-14
张维增 立足千秋展宏图 镜片	68cm×138cm	644,000	北京中贝	2022-01-14
张维增 紫气东来 镜片	68cm×138cm	402,500	北京中贝	2022-01-14
张卫军 2021年作 江山揽胜图 镜心	68cm×136cm	397,000	北京中贝	2022-03-16
张卫军 2021年作 云深太行 镜心	68cm×136cm	345,000	北京中贝	2022-03-16
张文臣 2020年作 远上寒山石径斜 镜心	49cm×99cm	5,800,000	北京中贝	2022-03-16
张文臣 2020年作 云晴阔山 镜心	49cm×99cm	5,720,000	北京中贝	2022-03-16
张文臣 2021年作 荷气志祥 镜心	63cm×189cm	3,200,000	北京中贝	2022-03-16
张文臣 2021年作 有余图 镜心	68cm×136cm	2,560,000	北京中贝	2022-03-16
张辛国 呦呦鹿鸣 画心	138cm×69cm	180,000	北京传世	2022-12-15
张辛稼 1979年作 幽谷春深 立轴	136cm×65cm	92,000	北京荣宝	2022-07-24
张馨 2022年作 锦羽生晖 镜心	138cm×69cm	184,000	北京荣宝	2022-07-24
张馨 2022年作 高歌图 镜心	138cm×69cm	184,000	北京荣宝	2022-07-24
张鑫 四美图 画心	68cm×68cm×4	2,000,000	北京传世	2022-12-15
张鑫 花开富贵四条屏 画心	50cm×180cm	1,800,000	北京传世	2022-12-15
张学良 自作五言诗	65cm×62cm	425,500	中国嘉德	2022-12-13
张学良 为陶公大妇戏画《有鱼图》	42cm×34cm	287,500	中国嘉德	2022-12-13
张学良 楷书箴言 镜心	94cm×46cm	287,500	保利厦门	2022-10-22
张学良 行书八言联 立轴	164cm×40cm×2	149,500	中鸿信	2022-09-12
张学良 题赠陶鹏飞张闻娓夫妇	42.5cm×61.5cm	126,500	中国嘉德	2022-06-27
张学良 行书 "尊德性 道问学"	18cm×31cm	126,500	中国嘉德	2022-12-13
张学良 为元配于凤至题诗		97,750	中国嘉德	2022-06-27
张学良 草书 "格物致知"	137cm×70cm	92,000	中国嘉德	2022-06-27
张学良 行书 "寓理帅气"	69.5cm×30cm	92,000	中国嘉德	2022-06-27
张学良 关于基督教题词	12.6cm×20.4cm	74,750	中国嘉德	2022-06-27
张学良 不服老题词	61cm×43cm	63,250	中国嘉德	2022-06-27
张雪峰 2022年作 虎虎生威 镜心	68cm×136cm	787,000	北京中贝	2022-03-16
张雪峰 2022年作 猛虎图 镜心	68cm×136cm	639,000	北京中贝	2022-03-16
张耀公 2021年作 溪山访友 镜心	70cm×183cm	1,730,000	北京中贝	2022-03-16
张耀公 2022年作 "马到成功" 书法 镜心	70cm×183cm	810,000	北京中贝	2022-03-16
张宜 醉钟馗 镜心	138cm×69cm	92,000	北京保利	2022-07-27
张义宾 屏山秋色 画心	85cm×85cm	238,000	北京传世	2022-12-15
张义花 2020年作 云藏远岫起茶烟 镜心	68cm×136cm	289,000	北京中贝	2022-03-16

拍品名称	物品尺寸	成交价RMB	拍卖公司	拍卖日期
张义花 2022年作 芙蓉花 镜心	46cm×68cm	112,000	北京中贝	2022-03-16
张咏梅 2022年作 清韵冲霄 镜心	68cm×136cm	1,426,000	北京中贝	2022-03-16
张咏梅 2022年作 仙鹤咏梅 镜心	68cm×136cm	1,380,000	北京中贝	2022-03-16
张勇 融化的冰雪 画心	96cm×48cm	350,000	北京传世	2022-12-15
张勇 高山流水 画心	96cm×48cm	300,000	北京传世	2022-12-15
张勇 林泉清幽 画心	180cm×96cm	160,000	北京传世	2022-12-15
张宇 溪山秋韵 画心	138cm×69cm	80,000	北京传世	2022-12-15
张宇 山斋客至 画心	138cm×69cm	70,000	北京传世	2022-12-15
张宇初 1406年作 春山远渚 立轴	48cm×29cm	60,950	朵云轩	2022-08-08
张羽材 墨龙图 立轴	111.5cm×38cm	201,250	中鸿信	2022-09-12
张元济 楷书十九言 对联	158cm×27cm×2	230,000	朵云轩	2022-12-08
张月岗 万里长城映春晖 镜片	97cm×240cm	529,000	北京中贝	2022-01-14
张月岗 太行红韵图 镜片	180cm×98cm	409,400	北京中贝	2022-01-14
张月岗 秋山雅韵泉生春 镜片	180cm×70cm	296,700	北京中贝	2022-01-14
张月岗 源远流长 镜片	180cm×70cm	290,950	北京中贝	2022-01-14
张月岗 长城金秋图 镜片	180cm×70cm	290,950	北京中贝	2022-01-14
张跃玫 2021年作 忆江南春 镜心	68cm×136cm	2,810,000	北京中贝	2022-03-16
张跃玫 2021年作 云龙山谷 镜心	68cm×136cm	2,780,000	北京中贝	2022-03-16
张跃玫 2021年作 江南春 镜心	68cm×136cm	2,690,000	北京中贝	2022-03-16
张跃玫 2021年作 山中人家 镜心	68cm×136cm	2,490,000	北京中贝	2022-03-16
张跃玫 2021年作 山水清音 镜心	68cm×136cm	2,340,000	北京中贝	2022-03-16
张跃玫 2021年作 秋山晚翠图 镜心	68cm×136cm	2,120,000	北京中贝	2022-03-16
张长印 鸿业千秋江山永固 画心	360cm×100cm	1,760,000	北京传世	2022-12-15
张长印 锦绣山河 画心	360cm×100cm	1,680,000	北京传世	2022-12-15
张正依 回归岁月峥嵘	136cm×68cm	257,516	荣宝斋（香港）	2022-11-26
张正宇 1964年作 猫戏图·书法 镜片	63.5cm×33cm（画心）	74,750	西泠印社	2022-01-22
张志中 2017年作 荷花 镜心	69cm×140cm	2,780,000	北京中贝	2022-03-16
张志中 2012年作 荷花 镜心	84cm×58cm	1,450,000	北京中贝	2022-03-16
张子旭 映日 画心	180cm×97cm	290,000	北京传世	2022-12-15
张自忠 书法 镜心	80.5cm×36.5cm	207,000	永乐拍卖	2022-07-25
张祖翼 1913年作 隶书八言联 立轴	179cm×46cm×2	86,250	中国嘉德	2022-06-28
张祖翼 1913年作 正草隶篆四屏 立轴	132cm×32cm×4	74,750	中国嘉德	2022-06-28
张祖翼 隶书八言联 立轴	217cm×41cm×2	63,250	中鸿信	2022-09-12
张作霖 行书 "松龄鹤算" 五言联 镜心	133cm×22cm×2	78,200	中鸿信	2022-09-12
章炳麟 隶书录左思咏史中堂 立轴	132cm×64.5cm	207,000	开拍国际	2022-07-24
章炳麟 篆书 节录古文 立轴	114cm×55cm	149,500	西泠印社	2022-01-23
章炳麟 篆书 "见素抱朴" 镜心	41cm×82cm	115,000	中国嘉德	2022-06-02
章炳麟 行书七言联 立轴	141cm×35cm×2	103,500	中国嘉德	2022-06-26
章炳麟 篆书七言对联 立轴	144.5cm×34.5cm×2	97,750	开拍国际	2022-07-24
章炳麟 篆书谢灵运诗句 立轴	163cm×35cm×2	89,700	中鸿信	2022-09-12
章炳麟 1926年作 篆书节录曹植《七启》镜心	130cm×32cm	86,250	中国嘉德	2022-06-26
章士钊 1943年作 临《圣教序》手卷	39cm×692cm	851,000	中贸圣佳	2022-07-23
章士钊 行书五言联 立轴	173.5cm×44cm×2	218,500	北京银座	2022-09-16
章士钊 1968年作 临兰亭 镜心	24.5cm×127cm	126,500	中国嘉德	2022-12-14
章士钊 1948年作 行楷重九诗 立轴	100cm×31cm	80,500	中国嘉德	2022-12-14
章太炎 篆书八言联 立轴	102cm×35cm×2	414,000	北京银座	2022-09-16
章太炎 民国廿二年(1933年 篆书八言联 立轴	155cm×22.5cm×2	322,000	中鸿信	2022-09-12
章太炎 1926年作 篆书曹植七启句 镜心	130cm×31.5cm	74,750	开拍国际	2022-01-07
赵白山 溪亭观瀑图 立轴	134cm×64cm	92,000	中国嘉德	2022-05-28
赵半丁 2022年作 翰墨神韵 镜心	68cm×136cm	2,780,000	北京中贝	2022-03-16
赵半丁 2022年作 秋实图 镜心	68cm×136cm	2,184,000	北京中贝	2022-03-16
赵半丁 2021年作 金秋硕果 镜心	68cm×136cm	1,860,000	北京中贝	2022-03-16
赵半丁 2022年作 秋韵 镜心	68cm×68cm	987,000	北京中贝	2022-03-16
赵伯驹 青绿山水卷 手卷		103,500	保利厦门	2022-10-21
赵丹 1978年作 龙潭纪游图 手卷	446.5cm×19cm	195,500	西泠印社	2022-01-22
赵丹 1979年作 双鱼图 立轴	67.5cm×44.5cm	92,000	西泠印社	2022-01-22
赵丹 1978年作 龙潭纪游于 手卷	19.5cm×446cm	92,000	中国嘉德	2022-12-12
赵丹 瓶花水仙图 立轴	47.5cm×47.5cm	69,000	西泠印社	2022-01-22
赵恩鹏 竹韵蝉声 画心	138cm×68cm	300,000	北京传世	2022-12-15
赵浩公 1943年作 白鹦鹉 镜框	127cm×33cm	71,300	华艺国际	2022-09-24
赵宏本 1976年作 金猴奋起千钧棒 镜片	67cm×45cm	103,500	西泠印社	2022-01-22
赵建成 2022年作 弘一大师像 镜心	168cm×83cm	322,000	中国嘉德	2022-12-15
赵金平 2018年作 家山秋色	180cm×95cm	122,000	北京伍佰艺	2022-09-17
赵敬于 1949年作 仿郎世宁穆王八骏图 立轴	137cm×67cm	80,500	中贸圣佳	2022-12-31
赵明 2021年作 飞流直下三千尺 镜心	68cm×136cm	3,240,000	北京中贝	2022-03-16
赵明 2021年作 浊世清流 镜心	68cm×136cm	2,810,000	北京中贝	2022-03-16
赵明 2021年作 天下雄关 镜心	68cm×136cm	2,680,000	北京中贝	2022-03-16
赵朴初 1987年作 正气歌 镜片	93.5cm×256cm	3,047,500	上海嘉禾	2022-11-20
赵朴初 行书《清净歌》镜心	66cm×31cm	805,000	开拍国际	2022-01-07
赵朴初 1979年作 行书自作诗 立轴	93cm×51cm	747,500	广东崇正	2022-08-11
赵朴初 弘一法师语 镜心	67cm×30cm	506,000	永乐拍卖	2022-07-25
赵朴初 行书寄赠大谷莹润长老 立轴	81cm×32cm	483,000	开拍国际	2022-01-07
赵朴初 1986年作 行书自作《临江仙》词 镜心	90cm×65cm	483,000	北京保利	2022-07-26
赵朴初 1986年作 行书自作诗一首 立轴	63cm×28cm	471,500	北京荣宝	2022-07-24
赵朴初 1986年作 行书《游白云山》诗 镜心	60.5cm×97cm	437,000	北京保利	2022-07-26
赵朴初 1979年作 行书《调寄四海欢》镜心	139cm×67cm	402,500	北京银座	2022-09-16
赵朴初 1965年作 行书《依样葫芦》镜心	23cm×94cm	402,500	华艺国际	2022-07-29
赵朴初 1979年作 行书 立轴	75.5cm×46cm	379,500	永乐拍卖	2022-07-25
赵朴初 新疆春色诗一首	44cm×29cm	294,304	荣宝斋（香港）	2022-11-26
赵朴初 行书《般若》镜心	64cm×41cm	293,250	北京银座	2022-01-12
赵朴初 行书《洪湖曲》镜心	34cm×68cm	287,500	中贸圣佳	2022-10-27
赵朴初 行书吉语 立轴	82.5cm×32.5cm	253,000	开拍国际	2022-01-07
赵朴初 1997年作 行书录林则徐词 立轴	75.5cm×41cm	253,000	开拍国际	2022-01-07
赵朴初 1979年作 行书自作诗 立轴	67cm×39cm	253,000	中国嘉德	2022-06-26
赵朴初 书法 镜心	70cm×36cm	241,500	永乐拍卖	2022-07-25
赵朴初 1992年作 行书 镜片	67cm×33cm	241,500	朵云轩	2022-12-08

2022书画拍卖成交汇总（续表）

（成交价RMB：6万元以上）

拍品名称	物品尺寸	成交价RMB	拍卖公司	拍卖日期
赵朴初 1979年作 书法《登比睿山望京都有作》镜心	74cm×146cm	218,500	中贸圣佳	2022-07-23
赵朴初 1978年作 行书 镜片	70cm×34.5cm	218,500	广东崇正	2022-12-25
赵朴初 1992年作 行书《寄赠大谷武先生》镜心	53cm×31.5cm	207,000	开拍国际	2022-01-07
赵朴初 1988年作 行书杜甫句立轴	75cm×37cm	195,500	北京银座	2022-09-16
赵朴初 1978年作 行书自作词立轴	68.5cm×34cm	195,500	中国嘉德	2022-06-27
赵朴初 行书普贤菩萨十大行愿 立轴	68.5cm×22cm	181,700	北京银座	2022-01-12
赵朴初 1983年作 行书《西江月》镜心	68.5cm×34.5cm	172,500	北京银座	2022-09-16
赵朴初 1986年作 为世界宗教和平会议国际理事会自撰联 画心	34.5cm×15.5cm	172,500	西泠印社	2022-01-23
赵朴初 1978年作 行书自作诗立轴	61cm×34.5cm	166,750	北京银座	2022-09-16
赵朴初 1980年作 行书俳句二首 镜心	35cm×59cm	161,000	北京保利	2022-07-26
赵朴初 1982年作 行书自作诗镜心	56cm×78cm	161,000	北京保利	2022-07-26
赵朴初 1978年作 为万年同志作《万松园诗》立轴	94cm×44cm	149,500	中鸿信	2022-09-12
赵朴初 1977年作 行书自作词立轴	61cm×35cm	143,750	广东崇正	2022-12-25
赵朴初 行书东坡词 镜心	69cm×34cm	138,000	北京保利	2022-07-26
赵朴初 1980年作 行书自作诗 镜心	69cm×33cm	138,000	北京保利	2022-07-26
赵朴初 1992年作 行书 镜心	51.5cm×16.5cm	118,450	保利厦门	2022-10-22
赵朴初 1971年作 行书《反听曲》镜心	28.5cm×60cm	115,000	中国嘉德	2022-06-27
赵朴初 1978年作 行书自作词立轴	78.5cm×28cm	105,800	广东崇正	2022-08-11
赵朴初 1986年作 行书七言诗镜框	67cm×35cm	103,500	华艺国际	2022-09-23
赵朴初 1984年作 行书 立轴	65cm×27.5cm	103,500	朵云轩	2022-12-08
赵朴初 行书对屏 对屏	92cm×18cm×2	97,750	中国嘉德	2022-05-31
赵朴初 1984年作 行书宋人诗句镜心	66cm×22cm	92,000	北京保利	2022-07-26
赵朴初 行书自作诗 镜心	56cm×23cm	92,000	北京保利	2022-07-26
赵朴初 行书"鉴真斋" 镜片	33cm×68cm	92,000	广东崇正	2022-08-11
赵朴初 1974年作 行书诗句 镜心	34cm×84cm	92,000	保利厦门	2022-10-22
赵朴初 1988年作 行书《金缕曲》一首 立轴	84cm×33cm	92,000	保利厦门	2022-10-22
赵朴初 1991年作 行书 镜片	40.5cm×64cm	89,600	上海嘉禾	2022-07-31
赵朴初 1993年作 行书七言诗镜心	19cm×52cm	86,250	开拍国际	2022-01-07
赵朴初 1983年作 行书五言诗句 镜心	35cm×23cm	86,250	中国嘉德	2022-09-27
赵朴初 题词	尺寸不一	80,500	中国嘉德	2022-05-28
赵朴初 行书《浙东纪游诗》四首（姜东舒上款）	42.5cm×36.5cm	69,000	中国嘉德	2022-12-13
赵朴初 1973年作 行书词一首 镜心	96cm×34cm	69,000	保利厦门	2022-10-22
赵朴初 行书 立轴	96.5cm×43cm	69,000	荣宝斋（南京）	2022-12-07
赵朴初 行书《水调歌头》句立轴	70.5cm×41cm	69,000	中国嘉德	2022-12-13
赵朴初 等 1983年作 题辞签名 册页（八开）	50cm×70cm×8	66,218	中国嘉德	2022-10-07
赵朴初 1985年作 行书四言联 对联	65cm×23cm×2	63,250	中国嘉德	2022-09-28
赵朴初 1979年作 行书《感遇》一首 立轴	65cm×32cm	63,250	中国嘉德	2022-12-13
赵普 2022年作 迟日江山丽(杜甫)	138cm×68cm	138,000	保利厦门	2022-10-22
赵谦之 2021年作 和气满堂 镜心	68cm×136cm	190,000	北京中贝	2022-03-16
赵谦之 2020年作 远瞻图 镜心	68cm×136cm	178,000	北京中贝	2022-03-16

拍品名称	物品尺寸	成交价RMB	拍卖公司	拍卖日期
赵谦之 2020年作 天寒有鹤守梅花 镜心	68cm×136cm	160,000	北京中贝	2022-03-16
赵谦之 2020年作 福寿康宁 镜心	68cm×136cm	157,000	北京中贝	2022-03-16
赵少昂 1933年作 花鸟百开 册页	尺寸不一	2,645,000	开拍国际	2022-01-07
赵少昂 1986年作 草泽雄风 镜心	134cm×66.5cm	1,380,000	中国嘉德	2022-06-26
赵少昂 1970年作 漓江图 镜心	145cm×71cm	1,322,500	华艺国际	2022-09-24
赵少昂 1984年作 雪竹群雀 镜心	123cm×247cm	1,300,000	北京银座	2022-01-12
赵少昂 1986年作 红棉喜鹊 镜心	184cm×94.5cm	1,150,000	北京银座	2022-09-16
赵少昂 1930年作 老树鸣蝉 立轴	144cm×57.5cm	690,000	中国嘉德	2022-06-26
赵少昂 1936年作 荷塘白鹭 立轴	150cm×47.5cm	648,043	香港苏富比	2022-04-30
赵少昂 1934年作 月柳寒蝉 立轴	169cm×57cm	621,000	北京银座	2022-01-12
赵少昂 草泽雄风 镜心	60cm×102cm	575,000	中国嘉德	2022-12-12
赵少昂 蝉月图 立轴	127cm×38cm	540,036	佳士得	2022-05-29
赵少昂 1960年作 秋江斜晖 立轴	105cm×57cm	517,500	广东崇正	2022-08-11
赵少昂 1948年作 喜上眉梢 立轴	131.5cm×66cm	460,000	北京银座	2022-09-16
赵少昂 1934年作 鼎湖山补山亭 镜心	113cm×43cm	441,456	中国嘉德	2022-10-08
赵少昂 柳荫双燕 镜框	58.4cm×104.5cm	347,646	佳士得	2022-12-02
赵少昂 1990年作 阳朔胜景 镜心	75cm×142cm	322,000	中贸圣佳	2022-07-23
赵少昂 1968年作 春风得意 镜心	102cm×50.5cm	275,910	中国嘉德	2022-10-07
赵少昂 1985年作 玉兰香四溢 镜框	32.5cm×99cm	259,217	佳士得	2022-05-29
赵少昂 1986年作 蕉林小鸟 镜心	135cm×56cm	253,000	北京保利	2022-02-03
赵少昂 1982年作 红棉翠鸟 镜片	46.5cm×96cm	253,000	广东崇正	2022-12-25
赵少昂 1936年作 花鸟四屏 镜心	96cm×74cm×4	220,728	中国嘉德	2022-10-08
赵少昂 行书"福禄寿喜祥"（五帧）镜心	54cm×29cm×5	218,500	华艺国际	2022-09-24
赵少昂 1988/89年作 花鸟四帧 双挖镜框（两幅）	29.5cm×37.5cm×2	216,014	佳士得	2022-05-29
赵少昂 五子登科 镜心	30cm×37.5cm	209,691	中国嘉德	2022-10-08
赵少昂 1980年作 竹蝉图 镜心	50cm×128cm	207,000	华艺国际	2022-09-24
赵少昂 1971年作 柳荫泛舟图 镜心	38cm×76cm	198,655	中国嘉德	2022-10-08
赵少昂 花鸟（六帧）镜片	30cm×38cm×6	195,500	广东崇正	2022-12-25
赵少昂 四时花鸟 镜心	37cm×30cm×4	184,000	华艺国际	2022-09-24
赵少昂 桃花泊舟 镜心	29.5cm×37.5cm	176,582	中国嘉德	2022-10-08
赵少昂 1965年作 桃花游鱼 镜框	96.5cm×47cm	173,823	佳士得	2022-12-02
赵少昂 1957年作 桃花飞鸟 立轴	89.5cm×42cm	166,750	华艺国际	2022-07-29
赵少昂 桃花双雀 镜心	94cm×43cm	161,000	华艺国际	2022-09-24
赵少昂 1957年作 桃花飞鸟 立轴	89.5cm×42cm	155,250	华艺国际	2022-09-24
赵少昂 1990年作 根味士大知 镜框	46.5cm×96.5cm	151,210	佳士得	2022-05-29
赵少昂 1970年作 蝉鸣荔熟 镜框	95.5cm×37.5cm	150,646	佳士得	2022-12-02
赵少昂 江岸扁舟 镜框	53.5cm×84.3cm	150,646	佳士得	2022-12-02
赵少昂 1985年作 鸟鸣花吐芳 立轴	87cm×46cm	138,000	中鸿信	2022-09-11
赵少昂 1952年作 玄武春色 镜心	106cm×60cm	126,500	中鸿信	2022-09-11
赵少昂 胡姬花 镜框	56cm×37cm	123,436	华艺国际	2022-05-29
赵少昂 锦鲤图 立轴	95cm×47cm	121,400	中国嘉德	2022-10-08
赵少昂 1971年作 草书七言联 立轴	116cm×27cm×2	118,807	佳士得	2022-05-29
赵少昂 1988年作 花鸟（四帧）镜心	30cm×37cm×4	115,000	中国嘉德	2022-06-27
赵少昂 花鸟（四帧）镜框	28.5cm×36cm×4	109,250	华艺国际	2022-09-24
赵少昂 花鸟草虫（四帧）镜心	37cm×30cm×4	109,250	华艺国际	2022-09-24
赵少昂 1964年作 秋江夜泊·书法 双挖镜框		108,007	佳士得	2022-05-29
赵少昂 1946年作 梅雀 立轴	109cm×41cm	103,500	华艺国际	2022-09-24
赵少昂 1935年作 桃花双燕 立轴	110cm×26cm	97,750	华艺国际	2022-09-24
赵少昂 叶少秉 紫荆鸣雀 立轴	111cm×36.5cm	92,000	华艺国际	2022-09-24

拍品名称	物品尺寸	成交价RMB	拍卖公司	拍卖日期
赵少昂 1948年作 红棉螳螂 镜片	43cm×57cm	92,000	广东崇正	2022-12-25
赵少昂 1969年作 竹梢小鸟 镜框	78.5cm×23.9cm	91,806	香港苏富比	2022-04-30
赵少昂 1962年作 美人蕉 镜片	95cm×40.5cm	86,250	广东崇正	2022-12-25
赵少昂 桃花翠鸟 立轴	95cm×54cm	80,500	中鸿信	2022-09-11
赵少昂 欧豪年 1970年作 柳树八哥 镜心	95cm×56cm	78,200	华艺国际	2022-09-24
赵少昂 1948年作 多男图 镜心	30.5cm×37.5cm	75,047	中国嘉德	2022-10-07
赵少昂 匡仲英 赵天明 等 1985—1987年作华林撷芳册册页(二十开)	33.5cm×47cm×20	74,750	开拍国际	2022-01-07
赵少昂 1980年作 墨竹螳螂 镜心	39.5cm×59.5cm	74,750	北京银座	2022-09-16
赵少昂 1985年作 福鼠 立轴	96cm×36cm	69,000	华艺国际	2022-09-24
赵少昂 竹叶秋虫 镜心	82cm×39cm	69,000	华艺国际	2022-09-24
赵少昂 乔松螳螂 镜心	82cm×34cm	69,000	中贸圣佳	2022-10-27
赵少昂 春江水暖 镜心	30cm×37.5cm	68,425	中国嘉德	2022-10-08
赵少昂 柳荫金鱼 镜心	29cm×36cm	66,218	中国嘉德	2022-10-08
赵少昂 1989年作 月下螳螂 扇面 镜框	24cm×72.5cm	63,735	佳士得	2022-12-02
赵少昂 翠鸟·文殊兰(二帧) 镜片	37cm×30cm×2	63,250	西泠印社	2022-01-23
赵少昂 1979年作 行书"龙种" 镜框	51cm×96cm	63,250	华艺国际	2022-09-24
赵少昂 行书"福""寿"(两帧) 立轴	49.5cm×33cm×2	63,250	广东崇正	2022-12-25
赵少昂 白腊梅 镜心	30cm×37.5cm	60,700	中国嘉德	2022-10-08
赵叔孺 1933年作 篆书十三言联 立轴两幅	每幅256cm×28.5cm	302,420	佳士得	2022-05-29
赵叔孺 1943年作 圉官骏马 立轴	120cm×58cm	195,500	北京诚轩	2022-08-08
赵叔孺 1937年作 柳桃双鹂图 立轴	107cm×52cm	149,500	中国嘉德	2022-12-13
赵叔孺 1935年作 富贵寿考 屏风	120cm×32.5cm	138,000	朵云轩	2022-08-08
赵叔孺 1924年作 摹郎世宁鹣鹣鹅图 立轴	106cm×27.5cm	126,500	西泠印社	2022-01-23
赵叔孺 1933年作 为叶潞渊作虫趣图·幽禽图 成扇	19cm×51cm	115,000	西泠印社	2022-01-23
赵叔孺 1939年作 篆书八言联 对联	165.5cm×27cm×2	103,500	朵云轩	2022-12-09
赵叔孺 1943年作 马 立轴	95.5cm×33.5cm	92,000	北京荣宝	2022-07-24
赵叔孺 1941年作 百寿图 立轴	135cm×67cm	86,250	朵云轩	2022-07-24
赵叔孺 1925年作 金文八言联 对联	140cm×28cm×2	80,500	中国嘉德	2022-09-28
赵叔孺 红旗骏马图 立轴	104cm×52cm	80,500	中贸圣佳	2022-10-27
赵叔孺 1944年作 临赵孟頫《兰亭十三跋》立轴	50.5cm×31.5cm	74,750	中贸圣佳	2022-07-23
赵叔孺 1944年作 行书七言联 对联	133.5cm×32.5cm×2	69,000	西泠印社	2022-01-23
赵叔孺 松荫立马 镜心	104cm×48.5cm	69,000	保利厦门	2022-10-22
赵叔孺 1924年作 柳阴牧马 镜心	101cm×37cm	64,011	中国嘉德	2022-10-07
赵叔孺 1941年作 行书十言联 镜心	98cm×20.5cm×2	63,250	北京银座	2022-09-17
赵叔孺 1925年作 仙寿无疆 镜心	180cm×66cm	63,250	中国嘉德	2022-09-29
赵叔孺 1931年作 篆书 镜片	145cm×41cm	63,250	朵云轩	2022-12-08
赵望云 乡村街头 立轴	75cm×49cm	1,380,000	中贸圣佳	2022-10-27
赵望云 1960年作 孤舟帆影 立轴	156cm×67cm	920,000	北京荣宝	2022-07-24
赵望云 1947年作 桐荫仕女 立轴	87.5cm×33.5cm	414,000	中贸圣佳	2022-07-23
赵望云 1973年作 河西走廊之春 成扇	20cm×56.5cm	230,000	北京荣宝	2022-07-24
赵望云 1960年作 陕北生活 立轴	105cm×39cm	230,000	江苏汇中	2022-08-16
赵望云 牧驴图 立轴	97.5cm×53.5cm	218,500	中贸圣佳	2022-10-27

拍品名称	物品尺寸	成交价RMB	拍卖公司	拍卖日期
赵望云 1978年作 长堤水域 成扇	16cm×49cm	126,500	北京银座	2022-09-17
赵望云 人物 立轴	92cm×42cm	115,000	中贸圣佳	2022-10-27
赵望云 1936年作 山村小景 立轴	78.5cm×48cm	103,500	北京银座	2022-09-17
赵望云 1931年作 西山路上 立轴	133.5cm×34cm	92,000	北京保利	2022-07-26
赵望云 1944年作 行旅图 立轴	75.5cm×35cm	86,250	中贸圣佳	2022-07-23
赵无极 1951年作 静物	40.8cm×31cm	968,612	香港苏富比	2022-10-06
赵小石 2018年作 传经布道 镜心	136cm×68cm	121,000	北京伍佰艺	2022-10-28
赵鑫 禅问敦煌观音 画心	68cm×65cm	760,000	北京传世	2022-12-15
赵胥 2019年作 禁院藏石 镜片	78cm×182cm	230,000	广东崇正	2022-12-25
赵胥 2022年作 皱云石 屏风	33cm×100cm	115,000	广东崇正	2022-12-25
赵云壑 1946年作 荷塘 立轴	135cm×67cm	230,000	北京荣宝	2022-07-24
赵云壑 1915年作 四时花鸟屏 四屏	133cm×33cm×4	166,750	西泠印社	2022-01-23
赵云壑 1928年作 菊石图 立轴	136.5cm×68.5cm	138,000	上海嘉禾	2022-01-01
赵云壑 1923年作 含芳春色 立轴	135cm×66.5cm	69,000	北京银座	2022-09-17
赵云壑 1919年作 墨梅图 立轴	141cm×40cm	69,000	朵云轩	2022-12-08
赵振祥 白鹰图 画心	136cm×68cm	920,000	北京传世	2022-12-15
赵正科 草书 镜心	32cm×176cm	115,000	朵云轩	2022-12-08
赵之云 1939年作 石鼓诗四屏 立轴	202cm×41cm×4	69,000	中贸圣佳	2022-07-12
赵子忠 瑞雪兆丰年 画心	187cm×86cm	996,000	北京传世	2022-12-15
照诚 书法对联 镜心	61.5cm×21.5cm×2	402,500	北京保利	2022-07-27
甄清 徐悲鸿雄风十六骏 镜片		1,127,000	北京中贝	2022-01-14
郑百重 走向香格里拉 镜心	65cm×180cm	86,250	中贸圣佳	2022-12-31
郑柏林 春风拂来春草萌发	136cm×68cm	86,000	北京伍佰艺	2022-09-17
郑炳林 2022年作 春山积翠 镜心	68cm×136cm	268,000	北京中贝	2022-03-16
郑嘉钰 大象先元	50cm×100cm	965,685	荣宝斋(香港)	2022-11-26
郑奎飞 抱道御物	50cm×100cm	1,011,670	荣宝斋(香港)	2022-11-26
郑力 一帘幽梦 镜心	68cm×134cm	172,500	中国嘉德	2022-05-28
郑曼青 楷书《蒋公六旬晋六寿言》镜心	49cm×162cm	115,000	北京银座	2022-09-17
郑默 2021年作 江山锦绣图 镜心	68cm×136cm	680,000	北京中贝	2022-03-16
郑慕康 1929年作 仕女图 立轴	108.5cm×32.5cm	161,000	西泠印社	2022-01-22
郑慕康 1958年作 欢乐的节日 镜框	39cm×67cm	161,000	上海嘉禾	2022-01-01
郑慕康 熊松泉 吴琴木 缪谷瑛 1947年作 山水花卉人物四屏 镜心	135cm×33cm×4	79,462	中国嘉德	2022-10-08
郑乃珖 田野鹅群 镜片	130.5cm×67.5cm	345,000	朵云轩	2022-12-08
郑乃珖 1982年作 朝飞满塘 镜心	140cm×69cm	287,500	北京保利	2022-02-03
郑乃珖 双吉图 镜心	137cm×69.5cm	187,618	中国嘉德	2022-10-07
郑乃珖 柿柿吉祥图 立轴	131cm×66cm	172,500	西泠印社	2022-01-23
郑乃珖 1993年作 有余图 立轴	137.5cm×69cm	172,500	保利厦门	2022-10-21
郑乃珖 雄鹰图 立轴	136cm×66.5cm	71,300	北京银座	2022-01-12
郑乃珖 吉祥富贵 镜心	65cm×43cm	69,000	中贸圣佳	2022-12-15
郑瑞勇 2020年作 翻晒幸福的过往 镜心	94cm×88cm	230,000	保利厦门	2022-10-21
郑瑞勇 2020年作 戏剧人物 镜框	40.5cm×40.5cm	69,000	保利厦门	2022-10-21
郑诵先 1959年作 为张克威作"行书苏轼诗" 立轴	94cm×32cm	115,000	中鸿信	2022-09-12
郑簠 1930年作 楷书《诫子书》立轴	131cm×32cm	172,500	北京银座	2022-09-17
郑簠 1930年作 行书"励精朴学" 横披	40.5cm×174cm	103,500	北京银座	2022-09-17
郑苏戡 行书节录《文心雕龙》立轴	132cm×65.5cm	82,800	北京银座	2022-09-17

2022书画拍卖成交汇总(续表)

(成交价RMB: 6万元以上)

拍品名称	物品尺寸	成交价RMB	拍卖公司	拍卖日期
郑文娟 穿越 镜框	96cm×109cm	69,529	佳士得	2022-12-02
郑午昌 1947年作 知足居图 镜片	114cm×53cm	690,000	朵云轩	2022-12-08
郑午昌 狮峰观瀑 立轴	138cm×67cm	517,500	中国嘉德	2022-06-26
郑午昌 1943年作 庐峰秋帆 立轴	105cm×50cm	460,000	北京银座	2022-01-12
郑午昌 1939年作 剡源垂钓 立轴	118.5cm×53cm	460,000	中贸圣佳	2022-12-31
郑午昌 1943年作 为庞莱臣作山水书法扇 成扇	18.5cm×50.5cm	322,000	西泠印社	2022-01-23
郑午昌 1943年作 山高水长 立轴	106.5cm×33.5cm	264,500	中国嘉德	2022-12-13
郑午昌 1926年作 邻谷草庐图 镜框	100.2cm×31cm	233,086	香港苏富比	2022-10-08
郑午昌 1946年作 时鲜图 立轴	100cm×33cm	155,250	朵云轩	2022-12-08
郑午昌 1926年作 邻谷草庐图 镜框	100.2cm×31cm	144,291	香港苏富比	2022-10-08
郑午昌 看山图 立轴	63cm×33cm	143,750	中贸圣佳	2022-10-27
郑午昌 1941年作 秋山叠嶂 立轴	102.5cm×34cm	138,000	北京诚轩	2022-08-08
郑午昌 黄炎培 峻岭险峰·行书自作诗三首 成扇	18.5cm×48.5cm	138,000	中贸圣佳	2022-12-31
郑午昌 1935年作 百仙迎日 镜心	175.5cm×47cm	101,200	北京诚轩	2022-08-08
郑午昌 红树窒图 立轴	79cm×34cm	92,000	中贸圣佳	2022-10-27
郑午昌 马公愚 莲峰暮霭·隶书节临《孔彪碑》成扇	19cm×50cm	92,000	中国嘉德	2022-12-12
郑午昌 1945年作 云山初晓·行书 成扇	19cm×49cm	78,200	朵云轩	2022-12-09
郑显慧 2021年作 峡江观远图 镜心	96cm×180cm	8,000,000	北京中贝	2022-03-16
郑显慧 2021年作 秋风送香气 镜心	68cm×136cm	4,600,000	北京中贝	2022-03-16
郑显慧 2021年作 戏荷趣雨图 镜心	65cm×135cm	4,600,000	北京中贝	2022-03-16
郑显慧 2020年作 云雾绕金山 镜心	77cm×176cm	3,800,000	北京中贝	2022-03-16
郑显慧 2020年作 和气盛世万里香 镜心	68cm×136cm	3,300,000	北京中贝	2022-03-16
郑显慧 2021年作 新水墨霜竹 镜心	68cm×68cm	1,800,000	北京中贝	2022-03-16
郑显慧 2021年作 清趣图 镜心	70cm×136cm	1,800,000	北京中贝	2022-03-16
郑显慧 2021年作 虚怀竹品贤 镜心	50cm×100cm	800,000	北京中贝	2022-03-16
郑显慧 2021年作 拓片书法 镜心	34cm×136cm	680,000	北京中贝	2022-03-16
郑孝胥 临汉碑四品 立轴	145cm×38cm×4	460,000	开拍国际	2022-01-07
郑孝胥 1924年作 行书《述书赋》四屏 立轴	157cm×36.5cm×4	402,500	华艺国际	2022-07-29
郑孝胥 楷书八言联 立轴	250cm×54cm×2	345,000	广东崇正	2022-12-25
郑孝胥 致湖涵行书八言巨联 立轴	235cm×49cm×2	287,500	中鸿信	2022-09-12
郑孝胥 行书《述书赋》立轴	134cm×67cm	230,000	北京荣宝	2022-07-24
郑孝胥 朱益藩 冯煦 陈曾寿 等 为陈曾寿作袖珍诗文 册页(二册)		207,000	西泠印社	2022-01-23
郑孝胥 行书四屏 立轴	135cm×40.5cm×4	172,500	广东崇正	2022-12-25
郑孝胥 行书"昭文鼓琴"横披 镜心	32.7cm×109cm	149,500	中贸圣佳	2022-07-25
郑孝胥 行书四屏 立轴	149cm×39cm×4	149,500	中贸圣佳	2022-12-31
郑孝胥 行书节录《世说新语》四条屏	178cm×47cm×4	138,000	中国嘉德	2022-05-28
郑孝胥 行书八言联 立轴	170cm×36cm×2	138,000	中贸圣佳	2022-12-31
郑孝胥 行书八言联 对联	167.5cm×35cm×2	138,000	西泠印社	2022-01-23
郑孝胥 行书《法言义疏》立轴	146cm×77cm	138,000	西泠印社	2022-01-23
郑孝胥 1907年作 行书四屏 立轴	178cm×47cm×4	138,000	广东崇正	2022-08-11
郑孝胥 1928年作 松壑图 立轴	133cm×50.5cm	126,500	保利厦门	2022-10-21
郑孝胥 行书 立轴	137cm×66cm	103,500	泰和嘉成	2022-07-30
郑孝胥 行书八言联 立轴	168cm×36.5cm×2	103,500	中贸圣佳	2022-12-31
郑孝胥 金城 陆游诗·山光松影图 成扇	18.5cm×52.5cm	97,750	西泠印社	2022-01-23
郑孝胥 行书 镜框	25cm×93cm	94,300	朵云轩	2022-12-09
郑孝胥 刘春霖 樊增祥 赵世骏 书法四屏 立轴	82cm×21cm×4	92,000	保利厦门	2022-10-22
郑孝胥 行书陆放翁诗四屏 立轴	149.5cm×39.5cm×4	86,822	保利香港	2022-10-12
郑孝胥 行书七言联 对联	138cm×33.5cm×2	86,250	上海嘉禾	2022-08-28
郑孝胥 行书七言联 对联	132cm×30.5cm×2	86,250	朵云轩	2022-12-09
郑孝胥 行书《述书赋》节录 立轴	134cm×65cm	80,500	中贸圣佳	2022-07-23
郑孝胥 隶书七言联 立轴	145cm×34.5cm×2	80,500	北京荣宝	2022-07-24
郑孝胥 书法 立轴	132cm×31.5cm	80,500	浙江佳宝	2022-03-13
郑孝胥 行书七言联 对联	130cm×26.5cm×2	80,500	西泠印社	2022-01-23
郑孝胥 1936年作 行书 立轴	137cm×66cm	80,500	上海嘉禾	2022-08-28
郑孝胥 行书八言联 立轴	175cm×34cm×2	69,000	中鸿信	2022-09-12
郑孝胥 行书八言联 立轴	175cm×40cm×2	63,250	中鸿信	2022-09-12
郑孝胥 行书七言 对联	146cm×38cm×2	63,250	朵云轩	2022-12-09
郑孝胥 行书八言联 立轴	168cm×36cm×2	60,950	中贸圣佳	2022-10-27
郑益坤 富贵牡丹图 镜框	38.5cm×39cm	69,000	保利厦门	2022-10-21
郑吟平 松鹤延年	136cm×68cm	183,940	荣宝斋(香港)	2022-11-26
郑长青 西域风景图 画心	45cm×900cm	1,980,000	北京传世	2022-12-15
郑志忠 百猴图 画心	900cm×45cm×24	1,170,000	北京传世	2022-12-15
郑志忠 四条屏 画心	100cm×50cm×4幅	890,000	北京传世	2022-12-15
郑重宾 2015年作 穿越的白光	178cm×158cm	308,592	华艺国际	2022-05-29
钟调梅 双兔花石 立轴	140cm×33.5cm	63,250	中国嘉德	2022-06-27
钟荣光 行书"与年俱进" 镜心	16cm×9.5cm	143,750	北京银座	2022-01-12
钟泗宾 1961年作 河景	45cm×95.5cm	185,411	佳士得	2022-12-01
钟武红 来 镜心	68cm×43cm	60,950	北京荣宝	2022-07-24
钟增亚 1988年作 合家欢 立轴	136cm×69cm	138,000	广东崇正	2022-12-25
钟增亚 1999年作 硕果累累 镜心	69cm×138cm	92,000	华艺国际	2022-09-23
钟质夫 玉兰孔雀 镜心		161,000	中贸圣佳	2022-12-31
周宝军 高山流水	135cm×68cm	350,000	北京乔禧	2022-12-25
周宝军 马鞠图	42cm×42cm	110,000	北京乔禧	2022-12-25
周宝军 得道老子	42cm×42cm	100,000	北京乔禧	2022-12-25
周宝军 惠女风情	42cm×42cm	100,000	北京乔禧	2022-12-25
周昌谷 书画 (四帧) 镜框	56cm×34cm×4	552,000	上海嘉禾	2022-11-20
周昌谷 少女与羊等人物四屏 立轴	34cm×45cm×4	460,000	西泠印社	2022-01-22
周昌谷 牡丹佳人图 镜心	83cm×51.5cm	218,500	北京银座	2022-01-12
周昌谷 十二版纳 立轴	56cm×40cm	86,250	中贸圣佳	2022-10-27
周昌谷 花村牧羊 镜心	27.5cm×33.8cm	80,500	北京诚轩	2022-08-08
周昌谷 张辛稼 溪边 翠鸣 立轴		74,750	中贸圣佳	2022-10-27
周峰 室雅兰香 画心	68cm×180cm	1,000,000	北京传世	2022-12-15
周峰 万里江山开鸿运 画心	70cm×180cm	1,000,000	北京传世	2022-12-15
周峰 沁园春·雪 画心	68cm×180cm	1,000,000	北京传世	2022-12-15
周峰 双赢 画心	50cm×98cm	1,000,000	北京传世	2022-12-15
周峰 天道酬勤 画心	48cm×180cm	1,000,000	北京传世	2022-12-15

2022书画拍卖成交汇总（续表）

（成交价RMB：6万元以上）

拍品名称	物品尺寸	成交价RMB	拍卖公司	拍卖日期
周峰 厚德载物 画心	48cm×180cm	1,000,000	北京传世	2022-12-15
周峰 金山迎朝辉 画心	68cm×180cm	1,000,000	北京传世	2022-12-15
周峰 鸿业腾飞 画心	48cm×180cm	1,000,000	北京传世	2022-12-15
周峰 行稳致远 画心	48cm×180cm	1,000,000	北京传世	2022-12-15
周光汉 溪山访友图	136cm×68cm	478,244	荣宝斋（香港）	2022-11-26
周怀民 祖国四季建设忙 镜心	38.5cm×53.5cm×4	126,500	中国嘉德	2022-06-27
周怀民 1991年作 滕王阁 立轴	108cm×68cm	97,750	广东崇正	2022-08-11
周怀民 1990年作 眺海图 镜心	137cm×68cm	94,300	北京保利	2022-07-26
周怀民 罢钓归来 立轴	136cm×59cm	86,250	中国嘉德	2022-12-13
周怀民 1975年作 太湖渔歌图 立轴	92.5cm×43cm	69,000	西泠印社	2022-01-22
周怀民 1982年作 天下第一关 镜心	62.4cm×112.5cm	63,250	北京诚轩	2022-08-08
周慧珺 1998年作 行书《出师表》镜心	32cm×180cm	287,500	中国嘉德	2022-06-26
周慧珺 行书唐诗四屏 立轴	95cm×32.5cm×4	172,500	中国嘉德	2022-06-29
周慧珺 2003年作 行书五言诗 镜片	69cm×135cm	138,000	上海嘉禾	2022-08-28
周慧珺 行书 立轴	136cm×67cm	115,000	上海嘉禾	2022-11-20
周慧珺 1990年作 行书 镜心	113.5cm×83.5cm	97,750	朵云轩	2022-12-08
周慧珺 1997年作 行书《陋室铭》镜心	32cm×178cm	86,250	中国嘉德	2022-06-26
周慧珺 草书七言联 镜心	138cm×34cm×2	69,000	中贸圣佳	2022-10-27
周慧珺 行书韩翃诗 镜心	95cm×43.5cm	63,250	中国嘉德	2022-06-29
周建明 山乡晨曲 画心	138cm×68cm	293,000	北京传世	2022-12-15
周金山 深山访友 镜片	50cm×90cm	172,500	北京中贝	2022-01-14
周晶 2021年作 海天佛国普陀山 镜心	50cm×100cm	85,000	北京中贝	2022-03-16
周克林 佛法无边 画心	180cm×49cm	262,000	北京传世	2022-12-15
周炼霞 吴青霞 1945年作 采菱图·行书宋人诗 成扇	19cm×50cm	63,250	西泠印社	2022-01-23
周炼霞 1946年作 月下美人琵琶图 镜片	25cm×32cm	92,000	上海嘉禾	2022-01-01
周绿云 抽象 镜框	66cm×136cm	108,007	佳士得	2022-05-29
周绿云 绽放 镜框	134.5cm×66.2cm	81,117	佳士得	2022-12-02
周梦蝶 1972年作 为王绍璠新婚书管运龙色情白话诗《鱼》横披	30cm×96.5cm	402,500	西泠印社	2022-01-23
周梦蝶 1993年作 楷书孟浩然《宿建德江》诗 横披	17.8cm×63.5cm	118,807	香港苏富比	2022-04-30
周启刚 行书 镜心	26cm×15cm	63,250	北京银座	2022-01-12
周汝昌 行书《葬花吟》手卷	33.5cm×226.5cm	108,007	香港苏富比	2022-04-30
周韶华 2013年作 边陲秋风 镜心	68.5cm×69.5cm	805,000	北京保利	2022-07-27
周韶华 1987年作 雨后沐春光 镜心	101cm×86cm	172,500	北京银座	2022-09-17
周思聪 1981年作 曦岭 镜心	166cm×164.5cm	4,370,000	中国嘉德	2022-06-29
周思聪 1982年作 山色空蒙雨亦奇 镜心	101cm×103cm	862,500	中国嘉德	2022-12-15
周思聪 自画像 镜心	71cm×52cm	517,500	中国嘉德	2022-06-29
周思聪 如梦（暗香浮动月黄昏）镜心	54cm×100cm	437,000	北京诚轩	2022-08-08
周思聪 敬爱的周总理 镜心	69cm×45cm	402,500	北京荣宝	2022-07-24
周思聪 嬉水图 镜心	68.5cm×69cm	402,500	中国嘉德	2022-06-29
周思聪 丰收图 镜心	59cm×78.5cm	345,000	中国嘉德	2022-06-29
周思聪 荷 镜心	59cm×55.5cm	345,000	中国嘉德	2022-12-15
周思聪 1990年作 夜归 镜心	65cm×68.5cm	331,092	中国嘉德	2022-10-07
周思聪 童趣图 镜心	45cm×138cm	299,000	中国嘉德	2022-06-29
周思聪 1981年作 枇杷熟了 立轴	74cm×49.5cm	287,500	永乐拍卖	2022-07-25

拍品名称	物品尺寸	成交价RMB	拍卖公司	拍卖日期
周思聪 过桥图 镜心	68.5cm×69cm	287,500	中国嘉德	2022-12-15
周思聪 1990年作 童趣图 镜心	51.5cm×57cm	276,000	中国嘉德	2022-12-15
周思聪 1987年作 枇杷少女 镜心	69cm×44.5cm	253,000	北京荣宝	2022-07-24
周思聪 水墨少女 镜心	47cm×69cm	230,000	中国嘉德	2022-12-15
周思聪 傣族姑娘 立轴	69cm×44.5cm	224,250	北京保利	2022-07-27
周思聪 荷花 镜框	55.5cm×100.8cm	221,987	香港苏富比	2022-10-08
周思聪 水墨彝女 镜心	70cm×46.5cm	218,500	中国嘉德	2022-06-29
周思聪 挑水图 镜心	69cm×46cm	218,500	中国嘉德	2022-06-29
周思聪 纺线图 镜心	69cm×69cm	218,500	中国嘉德	2022-12-15
周思聪 墨荷 镜心	59.5cm×70cm	207,000	中国嘉德	2022-12-15
周思聪 荷塘深处 镜心	69cm×69cm	207,000	中国嘉德	2022-12-15
周思聪 1981年作 汲水图 镜心	71cm×46cm	184,000	中国嘉德	2022-05-28
周思聪 1961年作 丰收图 立轴	67cm×45cm	178,000	中鸿信	2022-01-25
周思聪 闽南风情 立轴	40.5cm×50.5cm	172,500	北京银座	2022-01-12
周思聪 1983年作 人物 镜心	68cm×45cm	172,500	中贸圣佳	2022-12-31
周思聪 泊船图 镜心	69cm×69cm	161,000	中国嘉德	2022-06-29
周思聪 1979年作 黄山写生（一）镜心	69cm×45.5cm	149,500	中国嘉德	2022-06-29
周思聪 1979年作 汲水图 镜心	69cm×47cm	149,500	北京保利	2022-07-27
周思聪 线描挎篮少女 镜心	60cm×43cm	149,500	中国嘉德	2022-12-15
周思聪 秋日负薪图 镜心	69cm×69cm	138,000	中国嘉德	2022-06-29
周思聪 1984年作 少女 镜心	69cm×46cm	138,000	中国嘉德	2022-06-29
周思聪 黄山写生（二）镜心	67.5cm×46cm	138,000	中国嘉德	2022-06-29
周思聪 1978年作 惠安少女人物 镜心	69cm×45cm	138,000	永乐拍卖	2022-07-25
周思聪 落木萧萧 镜心	68cm×68cm	138,000	华艺国际	2022-07-29
周思聪 池边读书图 镜框	33.5cm×50cm	132,250	北京荣宝	2022-07-24
周思聪 1983年作 蕉荫少女 镜心	67cm×45cm	126,500	开拍国际	2022-01-07
周思聪 1981年作 幽谷 立轴	59cm×47cm	126,500	西泠印社	2022-01-22
周思聪 山居图 镜心	69cm×69.5cm	126,500	中国嘉德	2022-06-29
周思聪 少女 镜心	70cm×46cm	126,500	中国嘉德	2022-12-15
周思聪 1984年作 少女 镜心	68cm×48.5cm	120,750	北京银座	2022-01-12
周思聪 1977年作 速写 镜心	69.5cm×46.5cm	117,300	北京银座	2022-09-17
周思聪 1973年作 童趣图 镜心	34cm×48cm	115,000	中国嘉德	2022-06-29
周思聪 渡远荆门外 镜心	68.5cm×69cm	115,000	中国嘉德	2022-06-29
周思聪 汲水图 镜心	68cm×39cm	115,000	北京保利	2022-07-26
周思聪 陌上 镜框	44cm×74cm	115,000	北京保利	2022-07-27
周思聪 1983年作 戴月归 镜心	68cm×44.5cm	109,250	中鸿信	2022-09-11
周思聪 1905年作 少女读书 镜心	69cm×47cm	103,500	北京保利	2022-07-26
周思聪 1978年作 秋趣图 镜框	64cm×42cm	103,500	北京保利	2022-07-27
周思聪 读书图 镜心	69cm×46cm	103,500	中国嘉德	2022-12-15
周思聪 1978年作 闽南五月 镜心	63.5cm×44.5cm	97,120	中国嘉德	2022-10-07
周思聪 1992年作 彝家女孩 镜心	63cm×68cm	92,000	北京银座	2022-01-12
周思聪 人物 镜心	57cm×68cm	92,000	永乐拍卖	2022-07-25
周思聪 炊烟 镜心	55.5cm×66cm	92,000	中国嘉德	2022-12-15
周思聪 1978年作 汲水图 立轴	69cm×44cm	92,000	广东崇正	2022-12-25
周思聪 1980年作 汲水图 镜心	69cm×47cm	89,700	北京银座	2022-09-17
周思聪 山村童子 立轴	67cm×44cm	88,291	中国嘉德	2022-10-07
周思聪 1990年作 汲水图 镜心	68cm×45cm	86,250	北京荣宝	2022-07-24
周思聪 1979年作 少女 镜心	47cm×48cm	80,500	华艺国际	2022-09-23
周思聪 黄山写生 镜心	70cm×47cm	80,500	中国嘉德	2022-12-15
周思聪 1972年作 村趣图 镜心	44cm×34cm	75,047	中国嘉德	2022-10-07
周思聪 1978年作 傣家少女 镜心	68.5cm×46cm	69,000	北京银座	2022-09-17
周思聪 墨荷 立轴	43cm×63.5cm	69,000	北京保利	2022-07-27
周思聪 1976年作 蕉荫读书 立轴	48.5cm×41.5cm	69,000	中国嘉德	2022-12-13

2022书画拍卖成交汇总（续表）

（成交价RMB：6万元以上）

拍品名称	物品尺寸	成交价RMB	拍卖公司	拍卖日期	拍品名称	物品尺寸	成交价RMB	拍卖公司	拍卖日期
周思聪 山水清音 镜心	46cm×34.5cm	69,000	中国嘉德	2022-12-15	朱梅邨 1946年作 江山无尽（六幅）镜心	43cm×26.5cm×6	69,000	朵云轩	2022-12-09
周思聪 1978年作 杜甫草堂写生 镜心	55.5cm×40cm	63,250	中国嘉德	2022-12-15	朱梅邨 张珩 竹溪空翠·陆放翁诗 成扇	18.5cm×50cm	64,400	永乐拍卖	2022-07-25
周同祥 2021年作 鸣秋图	68cm×68cm	988,000	保利厦门	2022-01-13	朱乃正 1996年作 草书《琵琶行》镜心		184,000	中国嘉德	2022-06-26
周午生 2022年作 荷花鸳鸯 镜心	84cm×91cm	552,000	北京保利	2022-07-27	朱其石 烟波钓叟 立轴	131cm×36.5cm	69,000	朵云轩	2022-12-08
周小军 2017年作 秋山晚翠图 镜心	68cm×136cm	7,230,000	北京中贝	2022-03-16	朱屺瞻 1977年作 溪畔山家 镜框	70cm×69cm	499,470	香港苏富比	2022-10-08
周修镇 银岭霞光 镜片	136cm×68cm	977,500	北京中贝	2022-01-14	朱屺瞻 1992年作 雨姿晴态总成奇 立轴	136.5cm×68cm	432,028	香港苏富比	2022-04-30
周修镇 金山云岭 镜片	136cm×68cm	977,500	北京中贝	2022-01-14	朱屺瞻 1992年作 柳条银塘 立轴	138cm×68.5cm	425,500	朵云轩	2022-12-08
周扬波 2021年作 听泉品茗图	136cm×68cm	368,000	北京伍佰艺	2022-09-17	朱屺瞻 1991年作 秋日晴光 镜心	137cm×68.5cm	402,500	开拍国际	2022-07-24
周扬波 2019年作 山居图二	136cm×68cm	338,000	北京伍佰艺	2022-09-17	朱屺瞻 1987年作 秋山归帆图 镜心	66cm×133cm	402,500	中鸿信	2022-09-11
周扬波 2021年作 飞雪迎春图	136cm×68cm	325,000	北京伍佰艺	2022-09-17	朱屺瞻 1992年作 秋日清光 镜心	137.5cm×69cm	368,000	中国嘉德	2022-06-27
周扬波 2020年作 山居图	136cm×68cm	320,000	北京伍佰艺	2022-09-17	朱屺瞻 陆俨少 吴昌硕 事事如意、山水及梅花（三件一组）立轴		353,652	罗芙奥	2022-12-03
周一白 2021年作 古田会 镜心	68cm×136cm	289,000	北京中贝	2022-03-16	朱屺瞻 1980年作 紫藤 立轴	136.8cm×67.5cm	345,623	香港苏富比	2022-04-30
周一白 2021年作 山静居 镜心	136cm×47cm	264,000	北京中贝	2022-03-16	朱屺瞻 1984年作 山村树木深处	111cm×83cm	253,000	中国嘉德	2022-06-27
周一白 2021年作 幽静山居 镜心	68cm×136cm	248,000	北京中贝	2022-03-16	朱屺瞻 1974年作 岁岁东风 立轴	96cm×40cm	230,000	中国嘉德	2022-06-26
周恰挺 失传古文字(福禄寿) 画心	140cm×210cm	1,850,000	北京传世	2022-12-15	朱屺瞻 春山图 立轴	68cm×68cm	230,000	中贸圣佳	2022-10-27
周艺文 白石意象	178cm×96.5cm	1,955,000	保利厦门	2022-10-21	朱屺瞻 1986年作 云山古寺 镜框	68cm×67cm	226,300	华艺国际	2022-05-29
周肇祥 山水（八帧）册页	27cm×32cm×8	92,000	保利厦门	2022-10-22	朱屺瞻 1979年作 盆上红梅 镜心	137cm×67cm	209,691	中国嘉德	2022-10-07
周之江 2021年作 行书五言联 对联片	136cm×35cm×2	345,000	朵云轩	2022-12-08	朱屺瞻 书匾 金石书画三绝 镜片	138cm×34cm	207,000	西泠印社	2022-01-22
周知堂 1938年作 行书谈话录 镜心	18cm×51cm	103,500	北京保利	2022-07-27	朱屺瞻 1988年作 牡丹图 立轴	126.5cm×48cm	207,000	西泠印社	2022-01-22
周志星 鸿福满堂 画心	136cm×68cm	166,000	北京传世	2022-12-15	朱屺瞻 1989年作 江山初晓 立轴	68.5cm×68cm	205,200	保利香港	2022-07-12
周子刚 秋月	70cm×137cm	834,274	香港贞观	2022-06-18	朱屺瞻 1990年作 江流来自万山中 立轴	137cm×69cm	198,655	中国嘉德	2022-10-07
周子刚 秋月	70cm×137cm	834,274	香港贞观	2022-06-18	朱屺瞻 1987年作 一抹斜红不肯无 镜心	89cm×48cm	195,500	中国嘉德	2022-06-27
周子刚 秋月	70cm×137cm	817,248	香港贞观	2022-06-18	朱屺瞻 1990年作 锦帆点点 立轴	68.2cm×68.2cm	194,412	香港苏富比	2022-04-30
周作人 录宋人诗词	70cm×32cm	287,500	中贸圣佳	2022-10-27	朱屺瞻 1991年作 飞流直下 镜心	68cm×68.5cm	184,000	中国嘉德	2022-06-27
周作人 行书十言 对联	132cm×31cm×2	287,500	朵云轩	2022-12-09	朱屺瞻 1980年作 名花倾国 立轴	144cm×67cm	184,000	朵云轩	2022-12-08
周作人 1962年作 行书"听雨楼" 镜框	27.8cm×88.3cm	172,811	佳士得	2022-05-29	朱屺瞻 1979年作 端午风味 镜框	94cm×171.5cm	183,612	佳士得	2022-05-29
周作人 1962年作 行书自作儿童杂事诗二章 立轴	66cm×32cm	172,500	开拍国际	2022-01-07	朱屺瞻 1985年作 日长无客到山家 镜心	69.5cm×69.5cm	174,420	保利香港	2022-07-12
周作人 行书自作《花牌楼》诗 镜心	33cm×45cm×4	138,000	中贸圣佳	2022-10-27	朱屺瞻 1979年作 颜色好 镜心	93cm×74cm	172,500	北京保利	2022-07-26
周作人 1943年作 行书自作诗 镜心	36cm×33cm	103,500	中鸿信	2022-09-12	朱屺瞻 1988年作 水仙 镜心	94cm×106cm	172,500	北京保利	2022-07-26
周作人 行书七言诗 立轴	83cm×40cm	82,800	中贸圣佳	2022-10-27	朱屺瞻 花石图 镜心	137cm×68cm	172,500	中贸圣佳	2022-10-27
朱道平 松风图 镜心	133.5cm×64.5cm	86,250	中国嘉德	2022-12-15	朱屺瞻 1978年作 江山如画 立轴	111cm×68.5cm	165,546	中国嘉德	2022-10-07
朱德群 1952年作 苏轼《赤壁怀古》	66.9cm×67.3cm	911,635	香港苏富比	2022-10-07	朱屺瞻 1989年作 深山藏古寺 立轴	69.5cm×68.5cm	164,160	保利香港	2022-07-12
朱德群 1984年作 柳桥龙跳 镜心	38cm×100cm	448,500	开拍国际	2022-01-07	朱屺瞻 1977年作 峡江行舟 镜片	93.5cm×44cm	161,000	朵云轩	2022-12-08
朱德群 1995年作 构图	36.5cm×46cm	207,000	华艺国际	2022-07-28	朱屺瞻 1991年作 青山碧水 镜片	67cm×68cm	132,250	朵云轩	2022-12-08
朱桂林 中国梦 画心	138cm×69cm	988,000	北京传世	2022-12-15	朱屺瞻 四君子 镜心	22.5cm×33.5cm×4	115,000	荣宝斋（南京）	2022-12-07
朱国好 四友图 画心	500cm×34cm	1,680,000	北京传世	2022-12-15	朱屺瞻 1939年作 墨竹 镜框	112cm×40.5cm	90,520	华艺国际	2022-05-29
朱国好 坐看云起 画心	136cm×68cm	820,000	北京传世	2022-12-15	朱屺瞻 1978年作 苍松 镜框	65.1cm×130.6cm	88,795	香港苏富比	2022-10-08
朱海滨 云山清韵 画心	70cm×180cm	98,000	北京传世	2022-12-15	朱屺瞻 1986年作 岁岁平安 镜框	69×45cm	77,148	华艺国际	2022-05-29
朱洪周 沁园春·雪 画心	97cm×1030cm	480,000	北京传世	2022-12-15	朱屺瞻 累累马乳 立轴	90.5cm×47.5cm	74,750	荣宝斋（南京）	2022-12-07
朱建国 2022年作 献寿图	136cm×68cm	66,800	北京伍佰艺	2022-10-28	朱屺瞻 行书七言联 立轴	135cm×32.5cm×2	63,250	中国嘉德	2022-06-26
朱梅邨 1958年作 建设新动脉 镜片	63cm×92.5cm	333,500	西泠印社	2022-01-22	朱屺瞻 1984年作 秋山 镜片	67cm×62.5cm	63,250	广东崇正	2022-08-11
朱梅邨 1960年作 出铁 立轴	138cm×69cm	287,500	广东崇正	2022-12-25					
朱梅邨 1937年作 载酒浮春图 扇页	18.5cm×51cm	184,000	西泠印社	2022-01-23					
朱梅邨 1987年作 国家森林公园写景二帧 镜片（二帧）		109,250	西泠印社	2022-01-22					
朱梅邨 西湖小景图 镜片	64.5cm×41.5cm	89,700	西泠印社	2022-01-23					
朱梅邨 林壑烟峦图 立轴	65cm×34cm	86,250	西泠印社	2022-01-23					
朱梅邨 1978年作 万壑松风 镜心	34cm×131cm	86,250	北京保利	2022-07-26					
朱梅邨 钱崇威 夏荷图·书法 成扇	19cm×49cm	69,000	西泠印社	2022-01-23					

2022书画拍卖成交汇总（续表）
（成交价RMB：6万元以上）

拍品名称	物品尺寸	成交价RMB	拍卖公司	拍卖日期
朱屺瞻 墨荷 立轴	94cm×57cm	63,250	荣宝斋（南京）	2022-12-07
朱乔 奇石 册页（十开）	17cm×25.5cm×10	149,500	荣宝斋（南京）	2022-12-07
朱伟 2020年作 仿八大画鹿图	96.5cm×58cm	437,000	北京荣宝	2022-07-24
朱文侯 吴待秋 戈湘岚 马万里 王福厂 吴梅 丹青翰墨集 镜心（十九选十八）	34.5cm×11.5cm×19	69,000	保利厦门	2022-10-22
朱锡忠 牡丹花开富贵 画心	138cm×69cm	180,000	北京传世	2022-12-15
朱晓清 深山古寺 镜框	32cm×85cm	70,204	佳士得	2022-05-29
朱孝臧 行书十三言联 对联	129cm×26cm×2	195,500	朵云轩	2022-12-08
朱新建 花鸟四屏 镜心	138cm×35cm×4	632,500	中国嘉德	2022-12-15
朱新建 金瓶梅图 册页（十开）	尺寸不一	287,500	中国嘉德	2022-06-29
朱新建 1990年作 鸳鸯 镜心	50cm×47.5cm	253,837	中国嘉德	2022-10-07
朱新建 明月即佳客 镜心		235,750	中贸圣佳	2022-07-23
朱新建 1992年作 慧能大师造像 镜心	136cm×68cm	230,000	中国嘉德	2022-06-29
朱新建 1997年作 美人颜色古人诗 镜心	65.5cm×55.5cm	195,500	中国嘉德	2022-06-27
朱新建 1991年作 美人图（六帧） 镜心		176,582	中国嘉德	2022-10-07
朱新建 1992年作 采花大盗图 镜心	66.5cm×45cm	149,500	中国嘉德	2022-06-29
朱新建 1997年作 将军图	52cm×64cm	149,500	广东崇正	2022-12-24
朱新建 1991年作 观花图 镜心	136cm×33.5cm	138,000	中国嘉德	2022-06-29
朱新建 赏梅图 镜心	69.5cm×136cm	138,000	中国嘉德	2022-06-29
朱新建 行书 镜心	48cm×181cm	138,000	中国嘉德	2022-06-29
朱新建 正是江南好风景 镜心	65cm×65cm	126,500	中国嘉德	2022-06-29
朱新建 1996年作 猫 镜心	33.8cm×136.4cm	115,000	中国嘉德	2022-12-15
朱新建 美人图 镜心	51.5cm×68cm	115,000	中国嘉德	2022-12-15
朱新建 美人图	65cm×65cm	115,000	广东崇正	2022-12-24
朱新建 1993年作 当有好酒	17cm×52cm	112,700	广东崇正	2022-12-24
朱新建 1993年作 风流只在一点	17cm×52cm	112,700	广东崇正	2022-12-24
朱新建 湖边秋色 镜心	68.5cm×45.5cm	103,500	中国嘉德	2022-06-29
朱新建 美人图三帧 镜心	65cm×66cm×3	94,300	中贸圣佳	2022-07-23
朱新建 1990年作 一轮明月出山来 镜心	40cm×66cm	92,000	中国嘉德	2022-12-15
朱新建 美人图 镜心	68.5cm×46.5cm	86,250	中国嘉德	2022-12-15
朱新建 苦瓜和尚写梅图 镜心	69cm×44.5cm	86,250	中国嘉德	2022-12-15
朱新建 高山流水图 镜心	60cm×16cm	82,000	中贸圣佳	2022-08-14
朱新建 人情怀旧之 镜心	64.5cm×34cm	80,500	中国嘉德	2022-12-15
朱新建 落叶常疑雨 镜心	138cm×34cm	74,750	中国嘉德	2022-06-29
朱新建 人物 镜心	137cm×34cm	69,000	中贸圣佳	2022-08-14
朱新建 访友图 镜心	68cm×46cm	69,000	中贸圣佳	2022-10-27
朱新建 山路图 镜心	68cm×46cm	69,000	中贸圣佳	2022-10-27
朱新建 梅花书屋 镜心	68cm×46cm	69,000	中贸圣佳	2022-10-27
朱新建 春风满路香 镜心	68cm×46cm	69,000	中贸圣佳	2022-10-27
朱新建 1997年作 连年有余 镜心	44.6cm×63.4cm	69,000	中国嘉德	2022-12-15
朱新建 山水 立轴	68.5cm×33.5cm	69,000	中国嘉德	2022-12-15
朱新建 1992年作 卡拉OK图 镜心	40cm×69.5cm	63,250	中国嘉德	2022-06-29
朱新建 美人图 镜心	64.5cm×64.5cm	63,250	中国嘉德	2022-06-29
朱一水 王者雄风 画心	138cm×68cm	1,360,000	北京传世	2022-12-15
朱跃勤 鸿运当头 画心	136cm×68cm	2,850,000	北京传世	2022-12-15
朱跃勤 风醉满山春 画心	136cm×68cm	2,360,000	北京传世	2022-12-15
朱仲秋 鸿运当头 画心	240cm×96cm	1,680,000	北京传世	2022-12-15
朱竹云 山水四屏 镜框	50cm×30cm×4	86,250	中贸圣佳	2022-10-27

拍品名称	物品尺寸	成交价RMB	拍卖公司	拍卖日期
朱祖国 2022年作 神鹰护主 镜片	123cm×245cm	4,312,500	上海嘉禾	2022-11-20
祝大年 1980年代作 盛开的二月兰	53.5cm×45.5cm	92,000	西泠印社	2022-01-22
宗其香 长江万里 横披	61cm×147cm	172,500	中贸圣佳	2022-12-31
宗其香 1960年作 辅导员的关怀 镜心	59cm×90cm	74,750	中国嘉德	2022-12-13
邹丽 2019年作 米芾拜石 镜心	68cm×136cm	388,000	北京中贝	2022-03-16
邹丽 2021年作 空山新雨后 镜心	68cm×136cm	367,000	北京中贝	2022-03-16
左古山 2021年作 神威震乾坤 镜心	50cm×100cm	785,000	北京中贝	2022-03-16
左古山 2022年作 清气 镜心	68cm×136cm	472,000	北京中贝	2022-03-16
左继君 《论语》摘要 画心	138cm×68cm	600,000	北京传世	2022-12-15
鲁迅笔名印谱卷 手卷	尺寸不一	230,000	北京银座	2022-09-16
年代不详作者				
释迦牟尼像 立轴	164cm×82cm	241,500	中贸圣佳	2022-07-12
阿氏多尊者像 立轴	181cm×104cm	1,495,000	中贸圣佳	2022-07-23
对山散人 山水卷 手卷	30cm×781cm	149,500	荣宝斋（南京）	2022-12-07
冯广忠 山居秋暝图 立轴	132cm×234cm	805,000	北京荣宝	2022-07-24
黄河 秋居图 立轴	188cm×86.5cm	102,864	华艺国际	2022-05-29
姜义才 云中桃源 镜框	153cm×69cm	70,730	罗芙奥	2022-12-03
禄星图轴 立轴	165cm×93cm	74,750	中贸圣佳	2022-07-23
韦驮菩萨像 镜心	145cm×82cm	115,000	中贸圣佳	2022-07-23
无款 元/明 婴戏图 立轴	140cm×77cm	1,026,068	佳士得	2022-05-28
无款 清 百蝶图 手卷	38.2cm×200cm	81,005	佳士得	2022-05-28
徐会丰 楷书贴落 立轴	62cm×147cm	63,250	中贸圣佳	2022-10-27
徐士洪 三顾茅庐图 立轴	155cm×79cm	92,000	荣宝斋（南京）	2022-12-07
佚名 梅花群鸟 立轴	122.5cm×78.5cm	460,000	中国嘉德	2022-06-26
佚名 秋山瑞霭图 镜心	216.5cm×84.3cm	32,200,000	中贸圣佳	2022-12-31
佚名 万花春睡 圆光	直径27cm	23,000,000	北京保利	2022-07-27
佚名 四大天王(法海寺壁画粉本) 镜心	137.5cm×69.5cm×4	19,550,000	北京荣宝	2022-07-24
佚名 腊梅芦雁图 立轴	140.5cm×89.5cm	14,375,000	荣宝斋（南京）	2022-12-07
佚名 圉人立马图 立轴	84cm×64.5cm	13,225,000	荣宝斋（南京）	2022-12-07
佚名 寒山行旅图 立轴	335cm×98cm	7,475,000	北京荣宝	2022-07-24
佚名 王羲之《兰庭序》手卷	26.3cm×63cm	5,706,162	香港苏富比	2022-04-27
佚名 嵩阳大将军柏 立轴	136cm×72cm	5,290,000	北京荣宝	2022-07-24
佚名 阳生启瑞图 镜心	95.5cm×62.5cm	4,600,000	中国嘉德	2022-06-26
佚名 瓜草图 册页一开 镜框	27cm×28.5cm	4,550,729	香港苏富比	2022-10-08
佚名 行楷七言诗 立轴(二轴)	122cm×25cm；26cm×28cm	3,450,000	西泠印社	2022-01-22
佚名 大般若波罗蜜多经第二百九十二 手卷	24.5cm×927cm	3,090,192	华艺国际	2022-11-27
佚名 大般若波罗蜜多经第五百卅七 手卷	24cm×808.5cm	3,090,192	华艺国际	2022-11-27
佚名 新年接喜图 立轴	画心56.5cm×40.5cm；书法37.5cm×40.5cm	2,300,000	北京保利	2022-07-27
佚名 宋人宫苑图 立轴	144.5cm×71cm	2,300,000	华艺国际	2022-07-29
佚名 梅竹图 立轴	58cm×38cm	1,817,000	永乐拍卖	2022-07-25
佚名 柳荫婴戏 立轴	162.5cm×77cm	1,667,500	永乐拍卖	2022-07-25
佚名 松鹤遐龄 镜心	135cm×79cm	1,610,000	北京荣宝	2022-07-24

2022书画拍卖成交汇总(续表)

(成交价RMB：6万元以上)

拍品名称	物品尺寸	成交价RMB	拍卖公司	拍卖日期
佚名 闽海出使图(石涛等人题跋) 手卷	30.5cm×186cm	1,552,500	广东崇正	2022-08-10
佚名 康熙御题"初秋咏竹图" 立轴	132cm×63.5cm	1,288,000	中鸿信	2022-09-12
佚名 婴戏图 立轴	142cm×73cm	1,265,000	北京保利	2022-07-27
佚名 峒关蒲雪图 立轴	95cm×51.8cm	977,500	北京荣宝	2022-07-24
佚名 海棠图 镜片	54cm×31.5cm	920,000	西泠印社	2022-01-22
佚名 寒梅九翁图 镜心	188cm×86cm	747,500	北京荣宝	2022-07-24
佚名 御制释迦牟尼佛佛像 镜片	画心 176.5cm×94cm	690,000	广东崇正	2022-12-24
佚名 松荫鹤鸣图 立轴	161cm×90cm	632,500	北京荣宝	2022-07-24
佚名 顺治帝御题(元一明)观音大士像 立轴	画 146cm×77.5cm	598,000	中鸿信	2022-09-12
佚名 归樵图 立轴	91cm×52.5cm	575,000	北京荣宝	2022-07-24
佚名 人物故事六条屏	186cm×54cm×5; 186cm×45cm	552,000	中国嘉德	2022-05-28
佚名 杨维桢《三香图》立轴	34.5cm×26.5cm	529,747	中国嘉德	2022-10-08
佚名 道仙图 册页(十六开)	49cm×40.5cm×16	529,000	中贸圣佳	2022-10-27
佚名 禾丰花瑞 镜心	158cm×215cm	494,500	中国嘉德	2022-09-27
佚名 卧龙高隐 立轴	161cm×81cm	483,000	中国嘉德	2022-05-28
佚名 仕女六条屏		483,000	中国嘉德	2022-05-28
佚名 旧拓彩绘弥勒佛像 立轴	147cm×71cm	483,000	中贸圣佳	2022-07-23
佚名 行旅图 团扇	24.5cm×23.5cm	483,000	华艺国际	2022-07-29
佚名 骑猎图 横披	60.4cm×331.6cm	460,000	中国嘉德	2022-12-14
佚名 罗汉 册页	34.5cm×24.5cm×6	437,000	永乐拍卖	2022-07-25
佚名 松荫谈议图 镜心	25cm×28.3cm	402,500	北京荣宝	2022-07-24
佚名 茄子图 立轴	23cm×23cm	402,500	西泠印社	2022-01-22
佚名 十六罗汉圣像图对屏 镜心	96cm×41cm×2	402,500	中鸿信	2022-09-12
佚名 货郎图 镜心	82cm×52cm	402,500	永乐拍卖	2022-07-25
佚名 骑牛敲句图 镜心	23.8cm×23.8cm	368,000	北京荣宝	2022-07-24
佚名 虞美人 镜框	29cm×32cm	360,024	华艺国际	2022-05-29
佚名 多子多孙 镜心	195cm×151cm	345,000	中国嘉德	2022-09-27
佚名 楼台赏月图 立轴	159cm×90cm	345,000	中国嘉德	2022-09-27
佚名 赏荷图·御苑 镜心	72cm×107cm	345,000	永乐拍卖	2022-07-25
佚名 滚尘马图 手卷		331,994	香港苏富比	2022-04-27
佚名 湖山隽永卷 手卷	55cm×460cm	322,000	中国嘉德	2022-05-28
佚名 元人出游图 镜心	116cm×227cm	322,000	中国嘉德	2022-06-02
佚名 狮子图 立轴	32cm×12cm	322,000	中贸圣佳	2022-10-27
佚名 人马图 立轴	40cm×222cm	299,000	保利厦门	2022-10-22
佚名 1427年作 隶书节录《法苑珠林》卷 手卷	25cm×301cm	287,500	中贸圣佳	2022-07-23
佚名 乾隆帝像 镜心	82cm×50cm	287,500	中鸿信	2022-09-12
佚名 花鸟 立轴	138.5cm×66.5cm	287,500	永乐拍卖	2022-07-25
佚名 青山雅集图 镜心	187cm×96cm	276,000	北京保利	2022-07-27
佚名 铁拐李像 立轴	134.5cm×92.5cm	276,000	北京保利	2022-07-27
佚名 清明上河图卷 手卷	30cm×641cm	253,000	中国嘉德	2022-09-27
佚名 深山访友图 立轴	155.5cm×44.5cm	253,000	北京保利	2022-07-27
佚名 水月观音 立轴	106cm×63.5cm	253,000	北京保利	2022-07-27
佚名 释本铁 观音、楷书十三言联一堂 镜心	绘画 120cm×60cm	253,000	华艺国际	2022-09-23
佚名 篆书 镜片	139cm×70cm	253,000	上海嘉禾	2022-11-20
佚名 溪山高远图 立轴	180.5cm×93cm	250,700	香港苏富比	2022-10-09
佚名 西园雅集图 立轴	192cm×82cm	241,500	北京保利	2022-07-27
佚名 高晋像 立轴	189cm×96cm	230,000	中国嘉德	2022-09-27
佚名 花鸟手卷	32.5cm×228cm	230,000	中贸圣佳	2022-12-31
佚名 闲庭对弈图 立轴	49cm×73cm	230,000	中鸿信	2022-09-12
佚名 菩萨像 镜心	121cm×58cm	230,000	中鸿信	2022-09-12
佚名 秋庭婴戏图 镜心	直径22cm	230,000	中鸿信	2022-09-12
佚名 嘉庆觅句图 镜心	117cm×71.5cm	230,000	永乐拍卖	2022-07-25
佚名 释迦牟尼佛 镜心	141cm×69cm	230,000	北京保利	2022-07-27
佚名 明人相马图 镜框	51cm×79cm	230,000	华艺国际	2022-07-29
佚名 雪景 立轴	229cm×102cm	230,000	中贸圣佳	2022-10-27
佚名 楷书书法 立轴	24.5cm×32cm	230,000	中贸圣佳	2022-10-27
佚名 秣马图 立轴	画心 76cm×59.5cm	218,500	西泠印社	2022-01-22
佚名 洗桐图 镜心	177cm×96cm	212,750	北京保利	2022-07-27
佚名 星出象 镜片	121.5cm×60cm	207,496	香港苏富比	2022-04-27
佚名 荷塘消夏图 立轴	123cm×90cm	207,000	中贸圣佳	2022-10-27
佚名 围猎图 镜心	162cm×100cm	195,500	中国嘉德	2022-06-01
佚名 水阁晚凉图 立轴	163cm×92.5cm	195,500	北京荣宝	2022-07-24
佚名 罗汉图 立轴	144cm×78cm	195,500	西泠印社	2022-01-22
佚名 胡人牵马图 立轴	67.5cm×46.5cm	195,500	上海嘉禾	2022-01-01
佚名 渔人归棹图 立轴	90.5cm×43.5cm	193,722	香港苏富比	2022-10-09
佚名 人物故事图 立轴	162cm×98.5cm	184,000	保利厦门	2022-10-22
佚名 丛菊图 立轴	147cm×67.5cm	184,000	广东崇正	2022-12-24
佚名 汉宫仕女图 团扇面	18.5cm×21cm	182,327	香港苏富比	2022-10-09
佚名 竹林七贤 立轴	画心 40cm×43.5cm	176,582	中国嘉德	2022-10-08
佚名 箕山 镜框	26cm×34cm	174,800	上海嘉禾	2022-01-01
佚名 山水手卷	53cm×461cm	172,500	中贸圣佳	2022-07-23
佚名 青绿楼阁山水 镜心	180cm×97cm	172,500	北京荣宝	2022-07-24
佚名 春江渔钓图 手卷	25.5cm×187cm	172,500	中鸿信	2022-09-12
佚名 观瀑图 镜片	30cm×39cm	172,500	广东崇正	2022-08-10
佚名 双盘姿八大菩萨座像 立轴	174cm×91.5cm	172,500	西泠印社	2022-08-20
佚名 山水 立轴	画43cm×28.5cm	172,500	广东崇正	2022-12-24
佚名 烟云杂居卷 手卷	19cm×226cm	161,000	中国嘉德	2022-05-28
佚名 二仙炼丹图 立轴	159cm×92cm	161,000	中国嘉德	2022-09-27
佚名 说法图 立轴	109cm×47cm	161,000	中国嘉德	2022-09-30
佚名 人物·郊原牧马 手卷	34.5cm×110.5cm	161,000	永乐拍卖	2022-07-25
佚名 祝圣寺藏帝释天下凡巡游图 立轴	130cm×56cm	149,500	中贸圣佳	2022-12-31
佚名 宫廷风格矿彩设色如意轮观音像 立轴	132cm×70cm	149,500	中贸圣佳	2022-12-31
佚名 松隐图 镜片	15.5cm×12.5cm	149,500	西泠印社	2022-01-22
佚名 宫廷绘制天王像 立轴	165cm×81cm	138,000	中鸿信	2022-09-12
佚名 佛像 立轴	81cm×73cm	138,000	中贸圣佳	2022-10-27
佚名 江岸送行图 立轴	109.5cm×57.5cm	138,000	上海嘉禾	2022-11-20
佚名 宋人鸳鸯珍禽图 立轴	118cm×60cm	126,500	中鸿信	2022-09-12
佚名 富贵长寿 立轴	151cm×82.5cm	126,500	北京保利	2022-07-27
佚名 元人佛像 立轴	111cm×67.5cm	126,500	保利厦门	2022-10-22
佚名 采荷图 立轴	79cm×47cm	126,500	中贸圣佳	2022-10-27
佚名 芭蕉三雀 立轴	176cm×90cm	126,500	荣宝斋(南京)	2022-12-07
佚名 门神像 镜片(两幅)	230cm×65cm×2	124,498	香港苏富比	2022-04-27
佚名 宫廷绘栈道图页 册页(十二开)	25.5cm×35cm×24	120,750	中贸圣佳	2022-12-31
佚名 怡亲王像 镜心	124cm×64cm	115,000	中国嘉德	2022-06-02

拍品名称	物品尺寸	成交价RMB	拍卖公司	拍卖日期
佚名 瀛洲保障图 手卷	50cm×125cm	115,000	中国嘉德	2022-09-27
佚名 姑苏繁华图 镜心	54cm×153cm	115,000	中国嘉德	2022-09-27
佚名 仙山楼阁图 立轴	99cm×41cm	115,000	中国嘉德	2022-09-30
佚名 讲经图 镜心	229cm×107cm	115,000	中国嘉德	2022-09-30
佚名 以介眉寿图 立轴	97cm×87cm	115,000	西泠印社	2022-01-22
佚名 人马图卷 手卷	30.5cm×80cm	115,000	中鸿信	2022-09-12
佚名 佛像 立轴	94.5cm×40cm	115,000	保利厦门	2022-10-22
佚名 群仙图 立轴	190cm×120cm	115,000	保利厦门	2022-10-22
佚名 楷书书法 镜心	26cm×140cm	115,000	中贸圣佳	2022-10-27
佚名 罗汉卷 手卷	33cm×390.5cm	115,000	广东崇正	2022-12-24
佚名 日直功曹使者水陆画 立轴	151cm×84.5cm	109,250	北京保利	2022-07-27
佚名 杨鸾问字图卷 手卷	43cm×68cm	103,500	中国嘉德	2022-06-02
佚名 行书十一言单联 镜心	289cm×37.5cm	103,500	中贸圣佳	2022-07-12
佚名 清明上河图卷 手卷	32cm×804cm	103,500	中国嘉德	2022-09-27
佚名 说法图 立轴	96cm×37cm	103,500	中鸿信	2022-09-12
佚名 火神 立轴	169.5cm×87cm	103,500	保利厦门	2022-10-22
佚名 孙毓汶旧藏双龙出海图 立轴	86.5cm×47cm	103,500	广东崇正	2022-12-24
佚名 攀猿图 镜心	直径29.5cm	99,327	华艺国际	2022-11-27
佚名 韦驮像 镜心	134cm×65cm	97,750	中国嘉德	2022-09-27
佚名 早期风格菩萨像 镜心	91cm×39.5cm	97,750	中贸圣佳	2022-12-31
佚名 午息图 镜心	29.5cm×29.5cm	97,750	中鸿信	2022-09-12
佚名 江山万里图 手卷	721cm×32cm	97,750	西泠印社	2022-08-20
佚名 芦花鹇鹁 立轴	29.5cm×32.5cm	97,120	中国嘉德	2022-10-08
佚名 荷塘清韵 手卷	28cm×213.5cm	94,300	朵云轩	2022-12-09
佚名 雅集图卷 镜片	43cm×293cm	92,000	泰和嘉成	2022-07-30
佚名 松下对弈图 镜心	99.5cm×50cm	92,000	中贸圣佳	2022-12-31
佚名 西湖全景图 立轴	65cm×60.5cm	92,000	西泠印社	2022-01-22
佚名 富贵平安图 镜心	29cm×30.5cm	92,000	中鸿信	2022-09-12
佚名 货郎图 镜心	直径25cm	92,000	中鸿信	2022-09-12
佚名 雪意幽禽图 镜心	29.5cm×19cm	92,000	中鸿信	2022-09-12
佚名 秋江泛舟 镜心	23cm×24cm	92,000	中鸿信	2022-09-12
佚名 临赵幹秋涉图 立轴	151cm×32cm	92,000	中贸圣佳	2022-10-27
佚名 青绿山水 立轴	144cm×81cm	92,000	广东崇正	2022-12-24
佚名 如来授经图 立轴	画心 52cm×50.5cm	89,700	中鸿信	2022-09-12
佚名 秋虫图 镜心	26cm×29.5cm	89,700	中鸿信	2022-09-12
佚名 人物故事八条屏 八条屏		86,250	中国嘉德	2022-05-28
佚名 农作图四条屏 立轴	57cm×19.5cm×4	86,250	北京荣宝	2022-07-24
佚名 金碧山水 立轴	102cm×47cm	86,250	北京保利	2022-07-27
佚名 庆寿 立轴	124cm×80.5cm	86,250	保利厦门	2022-10-22
佚名 松下高士 立轴	149cm×84cm	82,800	中贸圣佳	2022-07-12
佚名 罗汉尊者像 立轴	104cm×64cm	82,800	中国嘉德	2022-09-30
佚名 春山宫苑图 立轴	27.5cm×24cm	82,800	中鸿信	2022-09-12
佚名 赏荷图 圆光	直径24cm	80,500	中国嘉德	2022-06-02
佚名 清明上河图卷 手卷	29cm×588cm	80,500	中国嘉德	2022-09-27
佚名 雪山行旅图 立轴	141cm×61cm	80,500	中鸿信	2022-09-12
佚名 修竹仕女图 镜心	34.5cm×24.5cm	80,500	中鸿信	2022-09-12
佚名 白描昭君出塞图 镜心	画心 21cm×268cm	80,500	北京保利	2022-07-27
佚名 玉堂富贵 镜心	94.5cm×179cm	80,500	保利厦门	2022-10-22
佚名 偕友游山图 立轴	130cm×65cm	78,200	朵云轩	2022-12-09
佚名 赏花图 镜心	65cm×128cm	74,750	中国嘉德	2022-06-02
佚名 诰命夫人像 立轴	157cm×93cm	74,750	中国嘉德	2022-06-02
佚名 亲王像 立轴	158cm×92cm	74,750	中国嘉德	2022-06-02
佚名 神仙故事图卷 手卷	53cm×498cm	74,750	中国嘉德	2022-09-27
佚名 王爷像 镜心	73cm×53cm	74,750	中国嘉德	2022-09-30
佚名 礼佛图 镜心	170cm×87cm×2	74,750	中国嘉德	2022-09-30
佚名 楼阁人物图 镜片	40cm×32cm	74,750	西泠印社	2022-01-22
佚名 松鹰图 立轴	132cm×54cm	74,750	中鸿信	2022-09-12
佚名 仙鹤图 镜心	163cm×93cm	74,750	北京保利	2022-07-27
佚名 腊梅报喜 立轴	119cm×63.5cm	72,623	香港苏富比	2022-04-27
佚名 独乐园图卷 手卷	33cm×580cm	69,000	中国嘉德	2022-06-01
佚名 人物肖像 册页	26cm×28cm×8	69,000	中国嘉德	2022-06-02
佚名 青绿山水图卷 手卷	45cm×942cm	69,000	中国嘉德	2022-09-12
佚名 仙后图 镜心	122cm×67cm	69,000	中国嘉德	2022-09-12
佚名 圣君图 镜心	131cm×74cm	69,000	中国嘉德	2022-09-30
佚名 狩猎图 立轴	116cm×83cm	69,000	西泠印社	2022-01-22
佚名 罗汉像 立轴	134cm×66.5cm	69,000	上海嘉禾	2022-01-01
佚名 瓜果图 镜心	24cm×24cm	69,000	中鸿信	2022-09-12
佚名 佛像 立轴	204cm×91cm	69,000	保利厦门	2022-10-22
佚名 亭台楼阁 镜心	直径25.5cm	69,000	荣宝斋（南京）	2022-12-07
佚名 文殊菩萨坐像 立轴	37.5cm×74cm	66,700	西泠印社	2022-08-20
佚名 竹枝八哥 圆光	24cm×30cm	63,250	中国嘉德	2022-06-01
佚名 匠人 册页	30cm×26cm×12	63,250	中国嘉德	2022-06-02
佚名 群仙像 镜心	179cm×70cm	63,250	中国嘉德	2022-09-30
佚名 水陆道场天官图 镜心	160cm×91cm	63,250	中贸圣佳	2022-12-31
佚名 幽窗图 镜心	22.5cm×25cm	63,250	中鸿信	2022-09-12
佚名 溪亭高话图 镜心	22.5cm×24cm	63,250	保利厦门	2022-10-22
佚名 佛像 立轴	144cm×73.5cm	63,250	保利厦门	2022-10-22
佚名 书法 镜心	23.5cm×42.5cm	402,500	中贸圣佳	2022-07-23
佚名 出游图 镜心	170cm×123cm	184,000	中国嘉德	2022-05-28
佚名 观音 镜片	91cm×58cm	632,500	广东崇正	2022-08-10
佚名 书法	24.2cm×963cm	126,500	中贸圣佳	2022-10-27
元—明 灰泥彩绘天女图壁画	57.5cm×2.5cm×89cm	275,910	中国嘉德	2022-10-09
佚名 职贡图 镜心	32cm×25cm×12	598,000	中贸圣佳	2022-12-31
伐阇罗弗多罗尊者像 立轴	182cm×98cm	1,495,000	中贸圣佳	2022-07-23
卢舍那佛像 镜心	163cm×85cm	1,104,000	中贸圣佳	2022-07-23
迦诺迦伐蹉尊者像 立轴	186cm×107cm	977,500	中贸圣佳	2022-07-23
道教诸神像 立轴	125.5cm×73.5cm	805,000	中贸圣佳	2022-07-23
慈航道人像 立轴	183cm×104cm	603,750	中贸圣佳	2022-07-23
上学图（无款）镜心	95.5cm×180cm	322,000	北京银座	2022-01-12
华光大帝像 立轴	190cm×99cm	276,000	中贸圣佳	2022-07-23
道教诸神像 立轴	195cm×98cm	230,000	中贸圣佳	2022-07-23
书法——二十五年结婚纪念日赋赠孟恒、仲蕴 立轴	115cm×51.7cm	216,014	佳士得	2022-05-29
道德天尊像 立轴	160cm×68.5cm	184,000	中贸圣佳	2022-07-23
南无十方诸佛像 立轴	124cm×64cm	166,750	中贸圣佳	2022-07-23
护法八大金刚像 立轴	145cm×75cm	161,000	中贸圣佳	2022-07-23
十六臂观音菩萨像 立轴	150cm×75cm	115,000	中贸圣佳	2022-07-23
诸罗汉像 立轴	140cm×76cm	115,000	中贸圣佳	2022-07-23
十地菩萨像 立轴	130cm×67cm	63,250	中贸圣佳	2022-07-23

素描

拍品名称	物品尺寸	成交价RMB	拍卖公司	拍卖日期
安娜·帕克 2020年作 这值得么？	132cm×107cm	3,476,466	佳士得	2022-11-30
保罗·毕加索 1963年作 速写手稿	40cm×30cm	287,500	西泠印社	2022-01-22
常玉 人体速写（三帧）	25.5cm×18cm×3	1,817,000	中鸿信	2022-09-12
常玉 站姿女人	55.5cm×43.5cm	594,039	佳士得	2022-05-27
常玉 1929年作 掐腰女子	45cm×28.3cm	483,000	中国嘉德	2022-12-14

2022书画拍卖成交汇总（续表）

(成交价RMB：6万元以上)

拍品名称	物品尺寸	成交价RMB	拍卖公司	拍卖日期
常玉 20世纪20—30年代作 穿扣饰鞋的女子坐像	45.5cm × 28cm	386,274	中国嘉德	2022-10-09
常玉 裸女速写（两帧）镜心	46cm × 29cm; 46cm × 22.5cm	353,164	中国嘉德	2022-10-07
常玉 1920—1930年作 裸女	32.5cm × 55cm	299,000	华艺国际	2022-07-28
常玉 戴帽女子像	47.5cm × 30cm	286,946	中国嘉德	2022-10-09
常玉 约20世纪60年代作 阅读的女子	45cm × 27.7cm	266,760	保利香港	2022-07-13
常玉 20世纪20—30年代作 伸臂女子坐像	28.5cm × 45cm	264,873	中国嘉德	2022-10-09
常玉 卧	45cm × 29cm	253,000	中国嘉德	2022-06-28
常玉 翘脚的裸女	44cm × 26.5cm	253,000	西泠印社	2022-08-20
常玉 裸女（双面画）	45.5cm × 32.5cm	230,000	西泠印社	2022-01-22
常玉 1920—1930年作 人物肖像（双面作）	31.2cm × 24.2cm	230,000	华艺国际	2022-07-28
常玉 1920—1930年作 梳妆裸女	57cm × 31cm	207,000	华艺国际	2022-07-28
常玉 1920—1930年作 瓶花	14cm × 9cm	207,000	华艺国际	2022-07-28
常玉 20世纪20—30年代作 女子伸展像	45cm × 28cm	198,655	中国嘉德	2022-10-09
常玉 写作中的女士	43cm × 26.5cm	194,412	佳士得	2022-05-27
常玉 站姿女人	48.8cm × 28.9cm	174,420	保利香港	2022-07-13
常玉 1920—1930年作 叉腰裸女（双面作）	41.5cm × 33cm	172,500	华艺国际	2022-07-28
常玉 20世纪20—30年代作 背影女子坐像	45cm × 28.3cm	165,546	中国嘉德	2022-10-09
常玉 无题	44.6cm × 25.3cm	162,792	保利香港	2022-10-10
常玉 20世纪20—30年代作 侧脸女子像	34cm × 33cm	132,436	中国嘉德	2022-10-09
常玉 1931年作 猫的速写	11.5cm × 18.5cm	103,500	华艺国际	2022-07-28
陈逸飞 蔡江白 凝寒大地——纪念周文雍、陈铁军烈士	152cm × 200cm	483,000	中鸿信	2022-09-12
陈子庄 速写 册页（八开）	13cm × 18cm × 8	126,500	中鸿信	2022-09-11
程十发 黄山速写 册页（二十开选十五）	29.5cm × 22cm × 20	977,500	广东崇正	2022-08-11
程十发 韩美林 1957年作《孔雀》插图原稿五帧、封面一帧	28cm × 20.5cm × 5; 9.5cm × 10.5cm（封面）	299,000	西泠印社	2022-01-22
程十发 1964年作 记住阶级仇 立轴	105cm × 69cm	115,000	广东崇正	2022-08-11
方瑶民 1982年作《破襄阳》连环画原稿一百三十四帧（全）	15.5cm × 22cm × 134	287,500	西泠印社	2022-01-22
古斯塔夫·克林姆特 女人体	57cm × 37cm	690,000	西泠印社	2022-01-22
亨利·马蒂斯 1941年作 女人头像	52.5cm × 40.5cm	529,747	华艺国际	2022-11-27
胡也佛 1962年作《蔡文姬》连环画原稿一百一十三帧（全）	15cm × 21cm × 113	1,414,500	西泠印社	2022-01-22
靳尚谊 女人体 镜心	109cm × 76cm	483,000	荣宝斋（南京）	2022-12-07
居斯塔夫·库尔贝 沙发上的泽利·库尔贝	30.5cm × 44.5cm	460,000	西泠印社	2022-01-22
林语堂 罕见自画像 素描	20.5cm × 17cm	126,500	西泠印社	2022-08-20
刘炜 头像群组	7.5cm × 7.5cm × 9	172,500	西泠印社	2022-08-20
陆青 20世纪60年代作《大闹天宫》动画线稿一批	尺寸不一	103,500	西泠印社	2022-01-22
奈良美智 无题	31.5cm × 24cm	4,635,288	佳士得	2022-12-01
奈良美智 2007年作 无题	41.6cm × 29.2cm	1,836,122	佳士得	2022-05-27
奈良美智 2013年作 Haze Day（雾霾天）	27.3cm × 21.6cm	1,512,100	佳士得	2022-05-27
庞薰琹 1946年作 回望（一组两件）	28cm × 36.5cm × 2	437,000	中国嘉德	2022-06-28
史国良 朝山 镜心	151cm × 427cm	920,000	永乐拍卖	2022-07-25
藤田嗣治 站姿	65cm × 31cm	448,500	中贸圣佳	2022-10-27
藤田嗣治 1928年作 睡	21.8cm × 25.2cm	359,100	保利香港	2022-07-13
藤田嗣治 20世纪60年代作 猫	22.5cm × 23cm	172,500	华艺国际	2022-07-28
王叔晖 1956年作《桑园会》连环画原稿六十九帧（全）	17cm × 23cm × 69	1,840,000	西泠印社	2022-01-22
吴冠中 1976年作 松林与海港	39cm × 60cm	770,500	西泠印社	2022-01-22
吴冠中 1980年作 苏州网师园	22.5cm × 32cm	607,002	中国嘉德	2022-10-09
谢南星 1995年作 素描	71cm × 102cm	493,747	华艺国际	2022-05-29
谢志高 华其敏 1982年作《青春之歌》（上）连环画原稿一百七十五帧（全）	16cm × 24cm × 174; 29cm × 37cm（封面）	126,500	西泠印社	2022-01-22
周春芽 1988年作 公牛1	118cm × 84cm	287,500	永乐拍卖	2022-07-26
周春芽 1988年作 公牛2	123cm × 87.5cm	287,500	永乐拍卖	2022-07-26
周春芽 约1990年作 人体	100cm × 70cm	264,500	永乐拍卖	2022-07-26
周春芽 1988年作 面具2	59cm × 41cm	115,000	永乐拍卖	2022-07-26

版画

拍品名称	物品尺寸	成交价RMB	拍卖公司	拍卖日期
KAWS（考斯）2015年作 三件作品：没人在家，保持镇静，安慰的事物（共三件）	91cm × 76cm; 73.6cm × 85cm; 91cm × 73cm	307,800	保利香港	2022-07-13
KAWS 2011年作 三件作品：KAWSBOB(红)，KAWSBOB(黑)，KAWSBOB(黄)	50.8cm × 50.8cm × 3	266,760	保利香港	2022-07-13
KAWS 2017年作 睡梦中的食人鱼	152.5cm × 116.8cm	153,900	保利香港	2022-07-13
KYNE 2020年作 无题	48cm × 60cm	125,028	中诚国际	2022-05-08
MR. 2019年作 Following a Call to Action（遵循行动号召）	直径68cm × 6	103,500	西泠印社	2022-01-22
Mr.(岩本正胜) Pharrell Williams（法瑞尔·威廉姆斯）2019年作 Following a Call to Action（六件一组）	直径68cm × 6	103,284	中诚国际	2022-05-08
安迪·沃霍尔 1975年作 米克·杰格	111cm × 73cm	386,274	中国嘉德	2022-10-09
安迪·沃霍尔 1986年作 席廷·布尔	91.5cm × 91.5cm	308,592	华艺国际	2022-05-29
巴布罗·毕加索 吉洛特头像 20世纪40年代原版	31cm × 23cm	115,000	中鸿信	2022-09-12
草间弥生 1992年作 红色南瓜	72.3cm × 60.5cm	570,780	中诚国际	2022-05-08
草间弥生 1993年作 跳舞南瓜	74.5cm × 95.5cm	410,400	保利香港	2022-07-13
草间弥生 2005年作 花A	61cm × 51cm	353,164	中国嘉德	2022-10-09
草间弥生 1998年作 波(1)	59.8cm × 47.8cm	244,620	罗芙奥	2022-06-04
草间弥生 1989年作 街道	45.4cm × 37.5cm	198,655	中国嘉德	2022-10-09
草间弥生 1989年作 晓	52.8cm × 45.5cm	190,260	中诚国际	2022-05-08
草间弥生 2011年作 恋人絮语	46cm × 56cm	163,080	罗芙奥	2022-06-05
草间弥生 2012年作 人像	45cm × 52cm	143,473	中国嘉德	2022-10-09
草间弥生 1999年作 黄南瓜	44cm × 36.5cm	115,000	中鸿信	2022-09-12
草间弥生 2004年作 南瓜BT	33cm × 27cm	115,000	广东崇正	2022-08-10
草间弥生 1982年作 Pumpkin（南瓜）	54.5cm × 46.5cm	322,000	北京荣宝	2022-07-24
草间弥生 2004年作 A Pumpkin（一个南瓜）YB-B	46.5cm × 55cm	253,000	北京荣宝	2022-07-24
常玉 20世纪30—40年代 浴女	28cm × 21.7cm	172,500	中国嘉德	2022-12-14

2022书画拍卖成交汇总（续表）

（成交价RMB：6万元以上）

拍品名称	物品尺寸	成交价RMB	拍卖公司	拍卖日期
常玉 裸女	20cm × 25.5cm	125,350	香港苏富比	2022-10-06
陈庭诗 1972年作 日与夜 #19	61cm × 122cm	114,156	罗芙奥	2022-06-05
达明安·赫斯特 2007年作 Duomo	120cm × 120cm	193,200	永乐拍卖	2022-07-26
达明安·赫斯特 2011年作 Phendimetrazine and Controlled Substances Spot Print（苯二甲嗪及受控物质斑点打印）		109,250	永乐拍卖	2022-07-26
丁雄泉 明信片、版画及签名手稿（三十三件一组）	尺寸不一	130,464	罗芙奥	2022-06-04
丢勒 木版画《凯旋战车》	45.5cm × 230cm	552,000	北京保利	2022-07-27
方力钧 2003年作 2003.3.1	397cm × 121.5cm × 7	920,000	永乐拍卖	2022-07-26
方力钧 1998年作 1998.11.15（一组五幅）	490cm × 606cm	920,000	华艺国际	2022-07-28
方力钧 1996年作 无题No.16（三联画）	224cm × 122cm × 3	805,000	中国嘉德	2022-06-28
方力钧 1996年作 1996.1	486cm × 122cm × 3	517,500	永乐拍卖	2022-07-26
古元 1949年作 鞍钢的修复	39.5cm × 30.5cm	143,750	西泠印社	2022-01-22
关羽姑苏版画	112cm × 54cm	195,500	永乐拍卖	2022-07-25
凯斯·哈林 1989年作 普普商店III	34.3cm × 42cm	165,546	中国嘉德	2022-10-09
赖少其 师松岭 陶天月 林之耀 1976年作 淮北人民学大寨	172cm × 91cm	184,000	西泠印社	2022-01-22
赖少其 海港灯光（版画）镜片	45cm × 62.5cm	115,000	广东崇正	2022-08-11
雷子人 2021年作 潮汐	200cm × 120cm × 2	287,500	中贸圣佳	2022-07-24
冷冰川 2001年作 野香	50cm × 34.5cm	115,000	广东崇正	2022-08-10
六角彩子 四幅套装丝网版画纸卡板	59.5cm × 44.5cm	1,012,000	中鸿信	2022-09-12
六角彩子 早生进行曲	59.5cm × 44.5cm	920,000	上海嘉禾	2022-11-20
罗伊·利希滕斯坦 1990年作 米奈娃女神的倒影	90cm × 116.1cm	433,027	香港苏富比	2022-10-06
奈良美智 1999年作 浪游浮世（一组十六幅）	41.5cm × 29.5cm × 12；29.3cm × 41.5cm × 4	1,367,453	香港苏富比	2022-10-06
奈良美智 2012年作 无题（眼罩）	68cm × 48cm	810,054	香港苏富比	2022-04-28
奈良美智 2001年作 箱子里的女孩	30.5cm × 30.5cm	217,440	罗芙奥	2022-06-05
奈良美智 2010年作 Gypsy Song Girl as Passing By（吉卜赛歌女正路过）	42cm × 29cm	632,500	北京荣宝	2022-07-24
邱志杰 记忆考古系列之近代报纸刊物题头	89cm × 89cm × 25	1,127,000	中贸圣佳	2022-10-27
提奥·麦迪 2013年作 美国黑人研究:他们怎么看我们	196.5cm × 59.5cm	257,160	华艺国际	2022-05-29
吴冠中 2007年作 紫藤	134cm × 260cm	322,000	中国嘉德	2022-06-28
吴冠中 2007年作 海棠	58cm × 60cm	207,000	中国嘉德	2022-06-28
吴冠中 1994年作 老虎	70cm × 140cm	205,213	香港苏富比	2022-04-28
吴冠中 2007年作 舟群 版画	81cm × 81cm	161,000	北京诚轩	2022-08-09
吴冠中 2008年作 伴侣 版画	80cm × 80cm	151,800	北京诚轩	2022-08-09
吴冠中 2008年作 华章 版画	67cm × 133cm	149,500	北京诚轩	2022-08-09
武艺 舍身饲虎	120cm × 243cm	437,000	中贸圣佳	2022-10-27
张大千 百财图	69.4cm × 42.2cm	287,500	中贸圣佳	2022-07-24
张大千 牛气冲天	34cm × 69.7cm	184,000	中贸圣佳	2022-07-24
张大千 山茶花	34.6cm × 63.7cm	172,500	中贸圣佳	2022-07-24
张大千 栀子花	33.9cm × 60cm	161,000	中贸圣佳	2022-07-24

拍品名称	物品尺寸	成交价RMB	拍卖公司	拍卖日期
1769—1774年 士绅收藏《乾隆平定西域得胜图》版画（十一幅）	51.6cm × 89.4cm	702,046	香港苏富比	2022-04-29

水粉水彩

拍品名称	物品尺寸	成交价RMB	拍卖公司	拍卖日期
Nikki 2021年作 a.纽约怪物（男孩）；b.纽约怪物（女孩）	80cm × 80cm × 2	135,900	中诚国际	2022-05-08
艾米莉·梅·史密斯 2014年作 工作室（大西红柿）	97cm × 69cm	378,025	佳士得	2022-05-27
安迪·迪克森 2019年作 佳士得（伯纳德·法灵登勋爵府）	124.5cm × 124.5cm	159,536	香港苏富比	2022-10-06
巴布罗·毕加索 1919年作 吉他和高脚盘	11cm × 16.5cm	3,090,192	华艺国际	2022-11-27
彼得·麦当劳 2020年作 弯曲	140cm × 200cm	398,840	香港苏富比	2022-10-06
草间弥生 1979年作 蝶	27cm × 24cm	978,480	罗芙奥	2022-06-05
草间弥生 1979年作 我记忆中的花	24.2cm × 27.2cm	309,019	中国嘉德	2022-10-09
常玉 20世纪20—30年代作 阅读中的黄裙女子	44cm × 27cm	1,188,079	佳士得	2022-05-27
常玉 20世纪20—30年代作 灰袍女士	39.4cm × 26.5cm	811,175	佳士得	2022-12-01
陈席慧 胡杨 画心	75cm × 53cm	258,000	北京传世	2022-07-13
陈席慧 浪漫清晨 画心	73.5cm × 50cm	233,000	北京传世	2022-07-13
陈逸飞 凝思	48cm × 44cm	172,500	西泠印社	2022-08-20
陈逸飞 2004年作 长发女郎	48cm × 43cm	172,500	西泠印社	2022-08-20
费南度·波特罗 2013年作 静物与蓝色咖啡壶Coffee Pot	82.2cm × 92.1cm	1,026,068	香港苏富比	2022-04-28
耿建翌 1999年 无法命名 No.4	39cm × 27.1cm	161,000	中国嘉德	2022-06-28
关根伸夫 1987年作 G120-10 近邻	131cm × 194cm	242,800	中国嘉德	2022-10-09
关良 峨眉山景	43cm × 57cm	345,000	西泠印社	2022-01-22
关良 约20世纪40年代作 徐州饮鹤泉	27cm × 38cm	242,800	中国嘉德	2022-10-09
关良 终南山	26.5cm × 19.5cm	184,000	西泠印社	2022-08-20
关良 安顺桥	27cm × 38.3cm	149,500	西泠印社	2022-08-20
关良 广元风光	19.3cm × 26.7cm	109,250	西泠印社	2022-08-20
关良 华山	19cm × 26.6cm	109,250	西泠印社	2022-08-20
关良 广元山水	18.7cm × 26.7cm	103,500	西泠印社	2022-08-20
哈维尔·卡勒加 2018年作 Team（队）	32cm × 45cm	345,000	华艺国际	2022-07-28
哈维尔·卡列哈 2017年作 01980，眼睛先生（共两件）		307,800	保利香港	2022-07-13
胡怡翔 1939年作 大观园贾元春归省庆元宵	44cm × 69cm	189,750	西泠印社	2022-01-22
金梅生 徐寄萍 20世纪50年代作 爱祖国 爱和平	75.5cm × 53cm	161,000	西泠印社	2022-01-22
金梅生 母与子	74cm × 49cm	109,250	西泠印社	2022-01-22
孔令生 陈安定 等 1976年作 泼水佳节新气象	170cm × 79cm	184,000	西泠印社	2022-01-22
乐氏琉 园中两孩	60cm × 46cm	5,400,360	香港苏富比	2022-04-28
黎谱 1962年作 午后的茶叙	56cm × 76cm	9,640,904	香港苏富比	2022-10-07
黎谱 约1940年作 女子与玫瑰	61cm × 42cm	4,867,052	佳士得	2022-12-01
黎谱 约1938年作 母爱	45cm × 28.5cm	2,592,172	佳士得	2022-05-27
黎谱 约1936年作 百合花束	55cm × 72.5cm	2,549,408	佳士得	2022-11-30
黎谱 约1940年作 母子	33cm × 21.5cm	1,026,068	佳士得	2022-05-27
李维世 甘南秋色 镜片	80cm × 120cm	365,000	北京中贝	2022-04-11
梁缨 京狮	214cm × 139.5cm	322,000	中贸圣佳	2022-07-24
刘炜 2007年作 人物，静物	19.5cm × 19.5cm × 2	310,500	永乐拍卖	2022-07-26

2022书画拍卖成交汇总（续表）

(成交价RMB：6万元以上)

拍品名称	物品尺寸	成交价RMB	拍卖公司	拍卖日期
刘炜 2007年作 苹果	19.2cm×19.2cm	170,932	香港苏富比	2022-10-06
刘野 2014年作 无题之三	76.9cm×58cm	575,000	北京保利	2022-07-25
马克·夏加尔 1924年作 死亡	34.9cm×42.9cm	8,210,334	纽约苏富比	2022-05-17
梅忠恕 疲劳	33cm×46cm	3,240,216	香港苏富比	2022-04-28
梅忠恕 1943年作 风景中的小女孩，手里拿着一朵花	46cm×27.5cm	3,024,201	香港苏富比	2022-04-28
梅忠恕 1943年作 优雅的思考	55.5cm×46cm	4,055,877	佳士得	2022-11-30
梅忠恕 1969年作 母与子(白色长袄)	35cm×19cm	918,061	佳士得	2022-05-27
梅忠恕 1968年作 戴绿围巾的白衣女子	39cm×18cm	756,050	佳士得	2022-05-27
尼古拉斯·帕蒂 2016年作 静物	50cm×41.5cm	2,052,136	香港苏富比	2022-04-28
倪耕野 1941年作 红缯金瓯进桃图	74.5cm×47cm	138,000	西泠印社	2022-01-22
萨波尔齐斯·博佐 2020年作 无题	160cm×130cm	364,654	香港苏富比	2022-10-06
萨尔瓦多·达利 1968年作 沐浴春光	52cm×45cm	2,428,008	华艺国际	2022-11-27
萨尔瓦多·达利 1966年作 一千零一夜——逃出杯子的巨人(渔翁和魔鬼)	39cm×28.5cm	598,000	华艺国际	2022-09-23
谭军 游离	76.5cm×216cm	109,250	中贸圣佳	2022-07-24
唐晖 2015年作 奈良鹿	79cm×109cm	115,000	永乐拍卖	2022-07-26
藤田嗣治 1950年作 抱着小猫的女孩	37cm×27.2cm	1,512,100	香港苏富比	2022-04-28
藤田嗣治 1933年作 弥坚	44cm×32cm	920,000	华艺国际	2022-07-28
藤田嗣治 1932年作 凝望	47cm×30cm	668,616	华艺国际	2022-05-29
藤田嗣治 1917年作 戴帽子的女雕塑家	17.5cm×10.5cm	207,000	华艺国际	2022-07-28
王俊杰 2018年作 攀登	40.6cm×30.5cm	1,026,068	佳士得	2022-05-27
王音 2011年作 习作1	23cm×35cm	149,500	永乐拍卖	2022-07-26
王音 2013年作 习作2	34cm×49cm	138,000	永乐拍卖	2022-07-26
王音 2011年作 习作5	23cm×36cm	126,500	永乐拍卖	2022-07-26
王肇民 1992年作 侧卧的女人体	57cm×79cm	437,000	华艺国际	2022-09-23
王肇民 1983年作 年桔(橘)	39.5cm×54cm	368,000	华艺国际	2022-09-23
吴大羽 公园一角	30cm×23cm	287,500	西泠印社	2022-08-20
吴冠中 1976年作 龙须海 镜框	37cm×40cm	4,403,523	佳士得	2022-12-02
吴冠中 1980年作 早春	52cm×39cm	3,680,000	中国嘉德	2022-12-14
吴冠中 1960年作 海南岛之晨	29cm×41cm	1,012,000	西泠印社	2022-08-20
吴冠中 2007年作 紫藤	134cm×260cm	322,000	中国嘉德	2022-06-28
吴少云 1939年作 红尘三侠	73cm×48cm	172,500	西泠印社	2022-01-22
吴少云 1938年作 贾宝玉神游太虚境	69.5cm×45.5cm	172,500	西泠印社	2022-01-22
五木田智央 2014年作 永不道歉的猴子	116.7cm×116.7cm	517,500	永乐拍卖	2022-07-26
武高谈 约1935年作 女子肖像	23cm×17cm	702,046	佳士得	2022-05-27
席德进 1980年作 山光水色	56cm×75cm	309,019	中国嘉德	2022-10-09
席德进 1980年作 山下农家	57cm×77cm	127,746	中诚国际	2022-05-08
席德进 1980年作 身在九九峰中	57cm×77cm	116,874	中诚国际	2022-05-08
席德进 1973年作 蟹兰吸春	53cm×45cm	101,534	中国嘉德	2022-10-09
席德进 1979年作 日出	56.7cm×70cm	402,500	北京荣宝	2022-07-24
夏俊娜 2001年作 梳妆	54.5cm×38.9cm	115,000	永乐拍卖	2022-07-26
萧芬琪 2021年作 欢歌和鸣 镜框	100.5cm×9.5cm	110,917	香港苏富比	2022-08-01
徐悲鸿 1927—1928年作 东方之美——徐悲鸿绘世音像	146cm×77cm	92,000,000	华艺国际	2022-07-28

拍品名称	物品尺寸	成交价RMB	拍卖公司	拍卖日期
薛嘉惠 年画	158cm×110cm	360,000	北京传世	2022-07-13
言师仲 1977年作 团结	97cm×75cm	138,000	西泠印社	2022-01-22
塩田千春 2014年作 光	38.9cm×28.8cm	162,792	保利香港	2022-10-10
塩田千春 2014年作 红气球	39.6cm×29.4cm	151,939	保利香港	2022-10-10
塩田千春 2014年作 书	40cm×30cm	149,490	罗芙奥	2022-06-05
颜文樑 湖光山色	28cm×41cm	540,500	西泠印社	2022-01-22
颜文樑 山水秋景	18.5cm×23cm	287,500	西泠印社	2022-01-22
佚名 1977年作 无限信任	64cm×105cm	115,000	西泠印社	2022-01-22
张充仁 1948年作 街角写生	31cm×24.5cm	126,500	北京荣宝	2022-07-24
张光宇 1955年作 寄畅园深秋	27cm×39cm	345,000	开拍国际	2022-01-07
张荔英 榴莲、山竹与红毛丹	43.5cm×59.5cm	1,512,100	佳士得	2022-05-27
赵无极 1968年作 无题	38cm×56.5cm	1,512,100	香港苏富比	2022-04-28
赵无极 1967年作 静峡清潭	28cm×37.5cm	827,730	中国嘉德	2022-10-09
赵无极 1972年作 无题	50cm×38cm	594,039	香港苏富比	2022-04-28
赵无极 1972年作 无题	23cm×31cm	460,000	西泠印社	2022-08-20
周春芽 1978年作 彝族妇女	49cm×35cm	218,500	北京荣宝	2022-07-24
朱德群 1960年作 构图第25号	55.7cm×37.1cm	1,265,000	永乐拍卖	2022-07-26
朱沅芷 1952年作 带着球的女人	59cm×48cm	756,050	香港苏富比	2022-04-28

油画

拍品名称	物品尺寸	成交价RMB	拍卖公司	拍卖日期
Bernard Buffet (贝尔纳·布菲) 1965年作 花瓶里的红杜鹃	81cm×65cm	1,836,122	佳士得	2022-05-27
ABOUDIA 2014年作 无题	126cm×200cm	1,404,093	佳士得	2022-05-27
KAWS(考斯) 2011年作 会不会发生	173cm×218.7cm	6,257,638	佳士得	2022-11-30
KAWS 2014年作 TEE-HEE	139.7cm×144.8cm	3,910,000	永乐拍卖	2022-07-26
KAWS 2010年作 永远不能说	直径172cm	1,744,200	保利香港	2022-07-13
KAWS 2002年作 无题(ORIGINAL FAKE系列)	15.2cm×12.7cm	359,100	保利香港	2022-07-13
KYNE 2016年作 无题	65.8cm×50.5cm	453,630	佳士得	2022-05-27
MADSAKI 2018年作 Side A(A面)	100cm×100cm	402,500	永乐拍卖	2022-07-26
涂鸦先生 2020年作 黄色花朵	213cm×198cm	2,592,172	佳士得	2022-05-27
MR. 2017年作 Misaki-绿色森林	120cm×148.7cm	3,476,466	佳士得	2022-12-01
MR. 2004年作 我想赶上早餐 Oyo	73cm×100.3cm	648,043	佳士得	2022-05-27
Super Future Kid 2020年作 除草人	140cm×130cm	149,490	罗芙奥	2022-06-05
阿布迪亚 2018年作 无题	148cm×148cm	1,026,068	香港苏富比	2022-04-28
阿德里安娜-奥利弗 2019年作 三姐妹肖像	150cm×150cm	153,900	保利香港	2022-07-13
阿德里安娜·奥利弗 2021年作 温柔时光	120cm×150cm	217,440	罗芙奥	2022-06-05
阿尔伯托·贾柯梅蒂 卡露莲	91.4cm×71.1cm	111,268,671	纽约苏富比	2022-11-14
阿尔布雷希特·德·弗里恩特 1870年作 古董商	80cm×54.5cm	172,500	北京荣宝	2022-07-24
阿尔丰斯-穆夏 纹章骑士	89.5cm×116cm	1,725,000	北京荣宝	2022-07-24
阿凡迪 1974年作 巴厘岛赌徒	99.5cm×129.5cm	2,697,458	香港苏富比	2022-04-27
阿凡迪 1968年作 斗鸡	140cm×230cm	2,317,644	佳士得	2022-12-01
阿凡迪 1976年作 叼着烟斗的自画像	110cm×120cm	1,728,115	佳士得	2022-05-27
阿索·萨维尼 读信	34cm×24.5cm	115,000	北京荣宝	2022-07-24
阿弗烈·希斯里 五月早上的阵风	73cm×60cm	12,981,519	纽约苏富比	2022-11-14
阿曼达·鲍德温 2018年作 热情热烈 热切	84cm×106.5cm	118,807	佳士得	2022-05-27
阿曼德·萨达利 1968年作 橙色背景构图	115cm×94.5cm	4,357,432	香港苏富比	2022-04-27

拍品名称	物品尺寸	成交价RMB	拍卖公司	拍卖日期
阿莫奥克·博福 2019年作 橙色衬衫	162.6cm × 152.4cm	8,760,000	佳士得(上海)	2022-03-01
阿莫奥克·博福 2019年作 艺术家与他的画作	165cm × 136cm	6,480,432	佳士得	2022-05-27
阿莫奥克·博福 2019年作 无题	89cm × 70cm	1,836,122	佳士得	2022-05-27
埃德加·普兰斯 2011年作 爵士心灵机器	100cm × 100cm	756,050	香港苏富比	2022-04-28
埃杜·卡里略 2021年作 我们一起度过世界末日吧	162cm × 162cm	227,909	香港苏富比	2022-10-06
埃拉·克鲁延斯卡娅 2018年作 幽灵骑士	226cm × 190.5cm	193,722	香港苏富比	2022-10-07
埃拉·克鲁延斯卡娅 2019年作 上下翻转	203.5cm × 162.8cm	108,007	香港苏富比	2022-04-28
埃尼瓦耶-奥卢瓦塞伊 2020年作 无题	152cm × 152cm	237,615	佳士得	2022-05-27
艾德里安-格尼 2014年作 馅饼斗室 12	284cm × 350cm	69,484,632	佳士得	2022-05-26
艾德里安·格尼 2018年作 退化艺术(以割耳后的文森特·凡·高作自画像)	180cm × 200cm	52,284,945	佳士得	2022-11-30
艾德里安·格尼 2014年作 1945年的自画像	199.5cm × 140.1cm	9,129,180	佳士得	2022-05-26
艾迪·马丁内斯 2020年作 无题(黄色背景盆花)	182.9cm × 152.4cm	4,320,288	佳士得	2022-05-26
艾迪·马丁内斯 2006年作 傻子的蓝调	152.5cm × 213.5cm	1,080,072	佳士得	2022-05-27
艾芙莉·辛格 2017年作 无题	101cm × 76cm	1,728,115	佳士得	2022-05-27
艾芙莉·辛格 2016年作 无题	48cm × 61cm	648,043	佳士得	2022-05-27
艾佛莉·辛雅 2013年作 伟大缪斯	220cm × 196cm	21,383,025	佳士得	2022-11-30
艾佛莉·辛雅 2017年作 无题	199cm × 156cm	18,901,260	佳士得	2022-05-26
艾利·斯密特 1992年作 美人蕉花	114cm × 92cm	410,427	佳士得	2022-05-27
艾莉森·祖克曼 2017年作 罗马节庆	254cm × 274.5cm	1,188,079	佳士得	2022-05-27
艾米莉·梅·史密斯 2017年作 谜语	170.2cm × 129.5cm	11,282,390	香港苏富比	2022-10-07
艾瑞克·帕克 2019年作 重要时刻	210cm × 270.5cm	3,132,208	佳士得	2022-05-27
艾娃·尤斯凯维奇 2014年作 无题	70cm × 60cm	3,276,000	佳士得(上海)	2022-03-01
艾娃·尤斯凯维奇 2018年作 无题	80cm × 60cm	3,240,000	佳士得	2022-05-27
艾轩 1983年作 野风	72cm × 90cm	1,955,000	北京保利	2022-07-25
艾轩 2003年作 西藏女孩	62cm × 62cm	805,000	中国嘉德	2022-12-14
艾轩 西藏女孩 镜框	51cm × 60.5cm	432,028	佳士得	2022-05-29
艾轩 2009年作 圣山	190cm × 220cm	23,000,000	北京荣宝	2022-07-24
艾轩 2005年作 远方	78.5cm × 78.5cm	1,840,000	北京荣宝	2022-07-24
艾中信 1988年作 晚潮(海门)	53cm × 89cm	198,655	中国嘉德	2022-10-09
安德莉亚·玛丽·布雷林 2021年作 星光灿烂	243.4cm × 198.1cm	322,000	开拍国际	2022-07-24
安德烈·布拉吉利 1986年作 朝霞	78cm × 105cm	205,200	保利香港	2022-07-13
安德烈·布策 2020年作 无题	81.9cm × 49.5cm	205,200	保利香港	2022-07-13
安德烈·布拉吉利 2014年作 湖畔六骏	160cm × 205cm	3,112,452	香港苏富比	2022-04-27
安德烈·布拉吉利 1962年1月4日作 盛大巡游	65cm × 92cm	2,734,906	香港苏富比	2022-10-07
安德烈·布拉吉利 1983年作 蓝山	180.5cm × 243.5cm	1,823,270	香港苏富比	2022-10-06

拍品名称	物品尺寸	成交价RMB	拍卖公司	拍卖日期
安德烈·布拉吉利 粉红色的大天空	180cm × 245cm	1,512,100	香港苏富比	2022-04-28
安德烈·布拉吉利 卢佩涅的冬天	180cm × 245cm	1,404,093	香港苏富比	2022-04-28
安德烈·布拉吉利 2017年作 塔德努瓦的夜晚	89.5cm × 130cm	740,704	香港苏富比	2022-10-06
安德烈·布拉吉利 梦中人	81cm × 130cm	706,517	香港苏富比	2022-10-06
安德烈·布泽尔 2020年作 无题	175.4cm × 287.2cm	2,808,187	佳士得	2022-05-26
安德烈·布泽尔 2018年作 无题	182.8cm × 121.8cm	1,296,086	佳士得	2022-05-27
安德烈·德安 塞纳-马恩省河畔的沙图	73.7cm × 123.8cm	20,561,612	纽约苏富比	2022-11-14
安东尼·库达西 2019年作 翅膀	152.3cm × 122cm	273,491	香港苏富比	2022-10-06
安吉斯·阿格雷拉 2021年作 比尔马	200cm × 150cm	864,057	佳士得	2022-05-27
安娜·维扬特 2020年作 约瑟芬	91.4cm × 61cm	3,456,230	香港苏富比	2022-04-28
安娜·维扬特 2019年作 无题(花)	61cm × 50.8cm	1,823,270	香港苏富比	2022-10-06
安娜贝尔·D. 胡亚特 2014年作 石涛(一)	190cm × 290cm	1,380,000	华艺国际	2022-07-28
安奇帮 2022年作 梦境升华	50cm × 70cm	2,185,000	荣宝斋(南京)	2022-12-07
安奇帮 2019年作 风景 镜心	53cm × 74.5cm	1,207,500	永乐拍卖	2022-07-25
安奇帮 高原黎明 镜心	50cm × 60cm	897,000	北京得逸	2022-09-24
安奇帮 2022年作 无题	120cm × 120cm	2,185,000	北京荣宝	2022-07-24
安奇帮 草原、山川风景(两幅)	23cm × 33cm × 2	1,265,000	北京荣宝	2022-07-24
皮耶-奥古斯特·雷诺阿 1913年作 少女浣纱	29cm × 34cm	5,657,520	华艺国际	2022-05-29
奥斯汀·李 2014年作 Dance Class Cancellation(舞蹈课取消)	137cm × 137cm	345,000	永乐拍卖	2022-07-26
巴布罗·毕加索 桌上吉他	100cm × 80.7cm	258,186,055	纽约苏富比	2022-11-14
巴布罗·毕加索 1969年3月29日作于穆然 画框中的男子半身像	92cm × 73cm	149,967,140	佳士得	2022-05-26
巴布罗·毕加索 冠冕女子与国王饼	91.7cm × 73cm	69,051,844	香港苏富比	2022-10-07
巴布罗·毕加索 裸女坐像	114.3cm × 146cm	47,045,999	纽约苏富比	2022-11-14
巴布罗·毕加索 1969年7月29日作 坐着的男子	128cm × 50cm	20,444,220	佳士得	2022-05-26
巴尔蒂斯 1930年作 玩空竹的小女孩	80cm × 66cm	8,970,000	保利香港	2022-07-12
巴尔杜·赫尔加森 2019年作 瑞士画家阿诺德·勃克林的自画像	71cm × 55.6cm	432,028	香港苏富比	2022-04-28
巴尔杜·赫尔加森 2019年作 游走花园	76.2cm × 60.9cm	410,427	佳士得	2022-05-27
白发一雄 约1967年作 宇治川(宇治の战)	183cm × 273cm	16,843,980	佳士得	2022-05-27
白发一雄 1963年作 江户的深色	60cm × 90cm	8,826,588	香港苏富比	2022-04-28
白发一雄 1961年作 BB85	80cm × 116.5cm	8,546,580	香港苏富比	2022-10-07
白发一雄 1975年作 因陀罗	117cm × 91cm	4,320,288	香港苏富比	2022-05-27
白发一雄 1964年作 无题	90.6cm × 73cm	3,418,632	香港苏富比	2022-05-27
白发一雄 1965年作 无题	40cm × 31cm	2,916,194	佳士得	2022-05-27
白发一雄 元永定正 吉原治良 吉原通雄 吉田稔郎 岛本昭三 村上三郎 具体派的七人作品		897,000	中鸿信	2022-09-12
白发一雄 1981年作 无题	22.9cm × 15.9cm	250,700	香港苏富比	2022-10-06
白发一雄 曲流	31.5cm × 22.5cm	690,000	北京荣宝	2022-07-24

2022书画拍卖成交汇总(续表)

(成交价RMB: 6万元以上)

拍品名称	物品尺寸	成交价RMB	拍卖公司	拍卖日期
保罗·高更 阿旺桥的乡村生活	73.4cm×93cm	63,119,590	纽约苏富比	2022-11-14
贝尔纳·布菲 1989年作 篮中静物	100cm×81cm	1,630,800	罗芙奥	2022-06-05
贝尔纳·布菲 1971年作 仙女般的丹妮尔·布菲	146cm×97cm	2,074,968	香港苏富比	2022-04-27
贝尔纳·布菲 1996年作 静物篮子	73cm×100cm	1,512,100	香港苏富比	2022-04-28
贝尔纳·布菲 1990年作 特雷伯当	81cm×116cm	1,367,453	香港苏富比	2022-10-06
贝尔纳·布菲 1976年作 教堂与圣让池塘	89.9cm×130cm	1,367,453	香港苏富比	2022-10-06
贝尔纳·布菲 1960年作 池塘边的房子	81cm×130cm	1,188,079	香港苏富比	2022-04-28
贝尔纳·布菲 1995年作 猫头鹰	46cm×38cm	756,050	佳士得	2022-05-27
贝尔纳·布菲 1950年作 鱼	50cm×65cm	324,021	香港苏富比	2022-04-28
皮耶-奥古斯特·雷诺阿 1917年作 坐姿浴女	30cm×27cm	6,302,000	朵云轩	2022-12-08
皮耶-奥古斯特·雷诺阿 1917年作 普罗旺斯的风景	21.7cm×33.2cm	4,536,302	佳士得	2022-05-27
皮耶·苏拉吉 1962年作 画作 97×130公分（97cm×130cm），1962年6月5日	97cm×130cm	33,302,220	佳士得	2022-05-26
皮耶·苏拉吉 1949年作 绘画 130×97公分（130cm×97cm），1949年	130cm×97cm	20,279,385	佳士得	2022-11-30
彼得·德·霍赫 两个士兵和抱鲁特琴的女孩	44cm×35cm	701,500	西泠印社	2022-01-22
彼得·多伊格 1999年作 乡村摇滚(后视镜)	194.9cm×270cm	68,012,689	香港苏富比	2022-10-07
彼得·多伊格 1984年作 赤色羽翼	55cm×80cm	1,495,000	永乐拍卖	2022-07-26
毕建业 2012年作 马和绿布	120cm×150cm	109,250	开拍国际	2022-07-24
博尔斯瓦夫·冯·桑科夫斯基 提篮子的年轻女子	84cm×72cm	161,000	北京荣宝	2022-07-24
博纳德·弗瑞兹 2007年作 Ela	227cm×290.5cm	1,380,000	永乐拍卖	2022-07-26
卜镝 2015年作 2015-6#	200cm×180cm	598,000	北京保利	2022-07-25
卜镝 2012年作 无题	200cm×200cm	575,000	北京保利	2022-07-25
布莱恩·宇兴 2020年作 小红帽	44cm×34cm	324,021	香港苏富比	2022-04-28
布丽奇·莱利 1983年作 德洛斯	214.5cm×184.8cm	18,942,658	香港苏富比	2022-10-07
布特·莫达 1968年作 村庄	98cm×78cm	453,630	佳士得	2022-05-27
才树新 2020年作 亚青	120cm×100cm	805,000	保利厦门	2022-10-21
蔡国强 2003年作 人类、老鹰与天空之眼	230cm×75cm×4	2,990,000	开拍国际	2022-07-24
蔡江白 女人体	65.5cm×106cm	230,000	中鸿信	2022-09-12
蔡杰 2021年作 浮红	50cm×50cm	264,500	广东崇正	2022-12-24
蔡锦 2014年作 风景93	120cm×150cm	138,000	北京荣宝	2022-07-24
蔡磊 2020年作 0102#	180cm×152cm×5cm	640,111	华艺国际	2022-11-27
蔡亮 1986年作 地铁二重奏——巴黎艺人组画之三	90cm×85cm	977,500	朵云轩	2022-12-08
蔡万霖 2021年作 YY之梦	150cm×150cm	2,070,000	中国嘉德	2022-06-28
蔡万霖 2021年作 重点培养	160cm×120cm	1,840,000	北京荣宝	2022-07-24
曹力 2006年作 龙马系列之六	90cm×140cm	517,500	西泠印社	2022-08-20
曹力 2000年作 都市喧嚣	115cm×100cm	230,000	北京保利	2022-07-25
曹力 2016年作 不安的修行	60cm×50cm	402,500	北京荣宝	2022-07-24
草间弥生 2006年作 无限之网(TWHOQ)	194cm×130.3cm×3	48,974,025	佳士得	2022-11-30
草间弥生 2015年作 无限金网	145.5cm×145.5cm	44,725,011	中国嘉德	2022-10-09

拍品名称	物品尺寸	成交价RMB	拍卖公司	拍卖日期
草间弥生 2009年作 蝶	97cm×130.3cm	27,130,380	佳士得	2022-05-26
草间弥生 2007年作 夕阳(TOXAT)	160cm×130cm	18,901,260	佳士得	2022-05-26
草间弥生 1995年作 南瓜	31.8cm×41cm	17,872,620	佳士得	2022-05-27
草间弥生 2015年作 无限之网(BSGK)	162cm×162cm	16,929,000	保利香港	2022-07-12
草间弥生 2017年作 无限之网(KGFZH)	162cm×162cm	16,843,980	佳士得	2022-05-26
草间弥生 2000年作 花	45.5cm×37.5cm	7,560,504	佳士得	2022-05-27
草间弥生 1990年作 夜的灵魂	91cm×72.7cm	5,518,200	中国嘉德	2022-10-09
草间弥生 1996年作 花	18cm×14cm	5,297,472	中国嘉德	2022-10-09
草间弥生 1991年作 金南瓜	16cm×20cm	3,220,000	中贸圣佳	2022-10-27
草间弥生 2003年作 花（Aower)	33.3cm×24.2cm	2,808,187	佳士得	2022-05-27
草间弥生 1990年作 南瓜	16.5cm×22.5cm	2,530,000	中鸿信	2022-09-12
草间弥生 1981年作 烟灰缸	15.8cm×22.7cm	1,304,640	罗芙奥	2022-06-05
草间弥生 1978年作 海底的传说	27.2cm×24.1cm	441,456	中国嘉德	2022-10-09
常青 静物	73cm×60cm	287,500	西泠印社	2022-01-22
常书鸿 1975年作 阅尽人间春色	59cm×48cm	4,830,000	中国嘉德	2022-06-28
常书鸿 1989年作 君子兰	82cm×62cm	862,500	中国嘉德	2022-06-28
常玉 1956年作 红底瓶枝	130cm×195cm	78,404,245	香港苏富比	2022-10-07
常玉 约1930—1940年间作 花鹿	26.5cm×21.5cm	9,129,180	佳士得	2022-05-27
常玉 1995年作 圆点黄洋装女士	130.3cm×89.3cm	1,481,407	香港苏富比	2022-10-07
陈城梅 1981年作 诗人别墅	99cm×123cm	108,007	佳士得	2022-05-27
陈丹青 1986年作 一对年轻的牧羊人	100cm×74.5cm	15,429,600	华艺国际	2022-05-29
陈丹青 1988年作 牧羊女	76cm×102cm	5,520,000	中贸圣佳	2022-10-27
陈丹青 1985年作 坐在街沿的藏人	31cm×40.5cm	920,000	中国嘉德	2022-12-14
陈丹青 1998年作 董其昌系列	50.5cm×61cm	460,000	中鸿信	2022-09-12
陈城浓 碧水芙蓉	178cm×148cm	12,300,000	北京传世	2022-07-13
陈飞 2008年作 勤劳致富	200cm×180.5cm	4,485,000	开拍国际	2022-07-24
陈飞 2017年作 阿蔓达家的午后	200cm×300cm	2,415,000	中国嘉德	2022-12-14
陈飞 2007年作 我的安全气囊打开了	140cm×180cm	2,160,144	佳士得	2022-05-27
陈飞 2013年作 忧伤的农夫	直径150cm	864,057	佳士得	2022-05-26
陈飞 2013年作 草民里的文艺复兴	59.7cm×79.8cm	777,651	佳士得	2022-05-27
陈飞 2007年作 六必治	100cm×80cm	667,000	永乐拍卖	2022-07-26
陈钧德 2015年作 瓶花	80cm×60cm	690,000	西泠印社	2022-08-20
陈钧德 1998年作 山林图	100cm×100cm	632,500	朵云轩	2022-12-08
陈钧德 1997年作 青岛蒋公馆	80cm×70cm	368,000	西泠印社	2022-01-22
陈钧德 村口	59cm×69cm	299,000	北京保利	2022-02-03
陈俊穆 2021年作 舞蹈	180cm×160cm	345,000	中国嘉德	2022-06-28
陈可 2006年作 英雄归来	215cm×215cm	2,468,736	华艺国际	2022-05-29
陈可 2007年作 珍珠	160cm×160cm	2,207,280	中国嘉德	2022-10-09
陈可 2005年作 泉	110cm×110cm	1,265,000	永乐拍卖	2022-07-26
陈可 2004年作 甜蜜的果实	110cm×89cm	1,104,000	中贸圣佳	2022-07-26
陈可 2009年作 流星 最后只好躺下来	150cm×150cm	805,000	中国嘉德	2022-12-14
陈可 2009年作 我家就在奉节岸上住	100cm×80cm	1,725,000	荣宝斋(南京)	2022-12-07
陈文骥 1987年作 绳子	75.5cm×57cm	2,070,000	中国嘉德	2022-06-28
陈文骥 2009年作 涵·九识	115cm×200cm	920,000	中国嘉德	2022-06-28
陈文骥 2016年作 红·色页	90cm×175cm	632,500	永乐拍卖	2022-07-26

拍品名称	物品尺寸	成交价RMB	拍卖公司	拍卖日期
陈文希 约20世纪50年代作 晒网	91cm × 107cm	1,944,129	佳士得	2022-05-26
陈文希 约20世纪50—60年代作 渔村	53.7cm × 63.2cm	455,818	香港苏富比	2022-10-06
陈衍宁 2007年作 茶缘	117cm × 137cm	1,380,000	西泠印社	2022-01-22
陈衍宁 2001年作 元宵	156.5cm × 159.5cm	1,150,000	中国嘉德	2022-06-28
陈衍宁 2009年作 檀香扇——昨夜星辰	142cm × 127cm	920,000	永乐拍卖	2022-07-26
陈衍宁 1994年作 新蕾	100cm × 120cm	667,000	永乐拍卖	2022-07-26
陈逸飞 1991年作 夜宴	137cm × 208cm	44,891,768	香港苏富比	2022-04-27
陈逸飞 1996年作 静物·花卉	200cm × 200cm	19,929,900	佳士得	2022-05-26
陈逸飞 1998年作 上海滩	179cm × 121.2cm	14,030,000	北京保利	2022-07-25
陈逸飞 1999年作 期盼	170cm × 160cm	7,383,000	朵云轩	2022-12-08
陈逸飞 水乡回望	100cm × 80cm	4,025,000	西泠印社	2022-01-22
陈逸飞 午后威尼斯 镜框	49cm × 69cm	3,795,000	上海嘉禾	2022-11-20
陈逸飞 1984年作 水乡	76cm × 106.5cm	3,680,000	永乐拍卖	2022-07-26
陈逸飞 1989年作 等待演出	73cm × 60cm	3,450,000	北京保利	2022-07-25
陈逸飞 1998年作 使命	100cm × 100cm	2,990,000	永乐拍卖	2022-07-26
陈逸飞 1989年作 法国号1	60cm × 73cm	2,990,000	西泠印社	2022-08-20
陈逸飞 满载而归	76cm × 107cm	2,702,500	西泠印社	2022-01-22
陈逸飞 1999年作 姐妹	165cm × 115cm	2,085,879	佳士得	2022-12-01
陈逸飞 1999年作 白塔	100cm × 120cm	1,728,115	佳士得	2022-05-27
陈逸飞 南塘桥	60cm × 103cm	690,000	中贸圣佳	2022-10-27
陈逸飞 水乡	60.5cm × 80cm	690,000	西泠印社	2022-01-22
陈逸飞 圣火	76cm × 61cm	1,725,000	北京荣宝	2022-07-24
陈英杰 2021年作 龙系列58	127.2cm × 67.2cm	108,528	保利香港	2022-10-10
陈彧君 2011年作 临时家庭——美式风格	180cm × 260cm	402,500	永乐拍卖	2022-07-26
陈彧君 2010年作 亚洲地境——5.6平方米 No.20100611	200cm × 260cm	368,000	华艺国际	2022-07-28
陈彧君 2011年作 临时家庭——纽约花园	150cm × 180cm	253,000	北京保利	2022-07-25
陈彧君 2010年作 临时家庭——起居室No. 4	150cm × 110cm	149,500	开拍国际	2022-07-24
陈彧君 2009年 亚洲地境1.3平米 No.21	130cm × 100cm	138,000	中国嘉德	2022-06-28
陈昭宏 1970—1971年作，补签于2015年 两个她	178cm × 179cm	753,234	佳士得	2022-11-30
陈昭宏 1979年作 海滩62号	137cm × 137cm	353,164	中国嘉德	2022-10-09
程丛林 1984年作 华工船	183cm × 183cm	31,050,000	中国嘉德	2022-12-14
程心怡 2010年作 开胃酒	105cm × 90cm	3,780,252	香港苏富比	2022-04-27
程心怡 2017年作 理发师	105cm × 90.6cm	2,317,644	佳士得	2022-12-01
程心怡 2017年作 石榴汁	60cm × 70cm	402,500	开拍国际	2022-07-24
仇晓飞 2005年作 小凉亭	100cm × 140cm	1,150,000	永乐拍卖	2022-07-26
仇晓飞 2002年作 看图识字（十六件一组）	15cm × 22cm × 16	1,058,000	开拍国际	2022-07-24
仇晓飞 2004年作 记忆	50cm × 70cm	690,000	中国嘉德	2022-06-28
崔洁 2014年作 停车场入口	150cm × 100cm	862,500	开拍国际	2022-07-24
崔洁 2019年作 钢拉索玻璃幕墙 2	210cm × 250cm	672,116	佳士得	2022-12-01
崔洁 2008年作 火柴小姐（一组二十五件）	40cm × 40cm × 25	345,000	中国嘉德	2022-06-28
崔洁 2015年作 地面入侵图30号	59.6cm × 79.9cm	194,412	香港苏富比	2022-04-28
崔开玺 1996年作 雨霁	120cm × 100cm	3,800,000	北京嘉翰	2022-04-10
崔开玺 2007年作 月升	50cm × 60cm	2,300,000	北京嘉翰	2022-04-10
崔开玺 1998年作 岚风生翠	25cm × 26cm	1,100,000	北京嘉翰	2022-04-10
村上隆 2015年作 紧握双手	180.2cm × 240.3cm	9,794,805	佳士得	2022-11-30

拍品名称	物品尺寸	成交价RMB	拍卖公司	拍卖日期
戴娜·舒茨 2009年作 演讲	228.9cm × 203.2cm	6,267,492	香港苏富比	2022-10-07
戴维·霍克尼 2017年作 尼科尔斯峡谷三	121.9cm × 243.8cm	81,262,560	佳士得	2022-05-26
戴维·霍克尼 1987年作 一对红瓶	91cm × 61cm	10,157,820	佳士得	2022-05-27
丹龙黄 1993年作 回归乡村	64cm × 93cm	324,470	佳士得	2022-12-01
丹妮尔·奥查德 2020年作捂住女人的嘴	101.5cm × 76cm	486,032	香港苏富比	2022-04-28
德温·香榭 纳木因巴 2021年作 崛起而闪耀	230.5cm × 200cm	513,000	保利香港	2022-07-12
邓箭今 2010年作 火焰山下的爱情	50cm × 60cm	103,500	华艺国际	2022-09-23
翟倞 2017年作 流浪者	250cm × 180cm	345,000	中国嘉德	2022-12-14
底谓 2019年作 关闭第二宇宙	80cm × 60cm	149,500	上海嘉禾	2022-01-01
刁德谦 1973年作 无题	216cm × 168cm	2,185,000	中国嘉德	2022-06-28
刁德谦 2019年作 对巴尼特·纽曼绘画的比例解构	199cm × 336cm	1,725,000	中国嘉德	2022-06-28
丁方 1983年作 浇灌	122.5cm × 199cm	2,070,000	中国嘉德	2022-06-28
丁方 1987年作 城系列 No.5	60cm × 73cm	257,160	华艺国际	2022-05-29
丁设 2022年作 116202207022045	180cm × 150cm	184,000	西泠印社	2022-08-20
丁雄泉 1961年作 海水溅起浪花	127cm × 152cm	597,960	罗芙奥	2022-06-05
丁雄泉 1959年作 无题	235cm × 177.5cm	569,772	香港苏富比	2022-10-06
丁雄泉 三美图 镜心	177.3cm × 96cm	345,000	永乐拍卖	2022-07-25
丁雄泉 20世纪90年代作 双鹦双扇三美图	179cm × 98.6cm	309,019	中国嘉德	2022-10-09
丁雄泉 双美图	131cm × 60cm	253,000	西泠印社	2022-01-22
丁雄泉 1989年作 馋猫	50cm × 67cm	230,000	西泠印社	2022-08-20
丁雄泉 繁花少女	56.5cm × 80cm	207,000	西泠印社	2022-08-20
丁雄泉 1975年作 六美图	37.5cm × 48.5cm	138,000	华艺国际	2022-07-28
丁衍庸 1969年作 橘色仕女	91cm × 60.5cm	8,050,000	中国嘉德	2022-12-14
丁衍庸 1971年作 瓶花	61cm × 46cm	6,670,000	中国嘉德	2022-06-28
丁衍庸 1969年作、1972年作 抽象三角及瓶花静物	92cm × 61cm × 2	9,643,500	佳士得	2022-05-26
丁乙 1989年作 十示1989-5	50cm × 60cm	28,750,000	中贸圣佳	2022-07-24
丁乙 1998年作 十示 98-4（三联作）	200cm × 140cm × 3	4,867,052	佳士得	2022-11-30
丁乙 2008年作 十示2008-34	140cm × 120cm	3,795,000	中贸圣佳	2022-07-24
丁乙 1999年作 十示系列99 - 10（双联作）	198cm × 134cm × 2	3,565,000	永乐拍卖	2022-07-26
丁乙 1997年作 十示系列97 - 43	260cm × 80cm	1,725,000	永乐拍卖	2022-07-26
丁乙 2012年作 十示2012-10	120cm × 140cm	1,552,500	华艺国际	2022-07-28
董小蕙 2013年作 静日——石榴花	91cm × 72.5cm	331,092	中国嘉德	2022-10-09
董小蕙 2021年作 丽日——金色海棠	91cm × 72.5cm	275,910	中国嘉德	2022-10-09
董小蕙 2014年作 春赞——海棠	91cm × 72.5cm	231,030	罗芙奥	2022-06-05
杜春辉 2022年作 孟春	200cm × 150cm	345,000	北京保利	2022-07-25
段建伟 2016年作 水库一	130cm × 160cm	460,000	中国嘉德	2022-12-14
段建伟 2010年作 他的名字叫红	181cm × 217cm	3,220,000	开拍国际	2022-07-24
段建宇 2008年作 山顶	187cm × 218cm	1,840,000	中国嘉德	2022-12-14
段建宇 2014年作 杀，杀，杀马特 No.2	181cm × 217cm	1,539,000	保利香港	2022-07-12
段平佑 1931年作 有酒瓶的静物（双面画）	45cm × 73cm	552,000	中国嘉德	2022-12-14
段正渠 2003年作 静物	50cm × 60cm	103,500	广东崇正	2022-12-24
厄尼·巴恩斯 1980年作 听好了！	76.2cm × 101.6cm	6,480,432	佳士得	2022-05-26
恩里科·巴赫 2014年作 B.T.D.T（Magenta）	300cm × 240cm	552,000	中国嘉德	2022-06-28

2022书画拍卖成交汇总(续表)

(成交价RMB: 6万元以上)

拍品名称	物品尺寸	成交价RMB	拍卖公司	拍卖日期	拍品名称	物品尺寸	成交价RMB	拍卖公司	拍卖日期
恩里科·巴赫 2022年作 LBRRBR	160cm×120cm	281,750	中贸圣佳	2022-10-27	高瑀 2009年作 这样的夜晚我们该如何相爱	200cm×300cm	1,840,000	中国嘉德	2022-12-14
恩里科·巴赫 2019年作 FUSG	195cm×155cm	253,000	中贸圣佳	2022-07-24	高瑀 2007年作 生于1964	300cm×200cm	1,380,000	西泠印社	2022-01-22
儿岛善三郎 1953年作 蔷薇	53cm×45cm	324,021	佳士得	2022-05-27	高瑀 2006年作 飞越黄昏眼泪的桥	200cm×298cm	920,000	中国嘉德	2022-06-28
儿岛善三郎 1943年作 蝉声	45.5cm×53cm	216,014	佳士得	2022-05-27	高瑀 2008年作 睡醒了的小男孩	200cm×200cm	920,000	北京保利	2022-07-25
饭田桐子 2018年作 箱庭之鸟1	72.7cm×116.7cm	220,728	中国嘉德	2022-10-09	高瑀 2006年作 国宝	200cm×250cm	838,766	中国嘉德	2022-10-09
饭田桐子 2020年作 小船	60.6cm×72.7cm	102,600	保利香港	2022-07-13	高瑀 2010年作 高士图	160.3cm×98.5cm	575,000	永乐拍卖	2022-07-26
范勃 2008年作 花开花落之十	230cm×120cm	1,380,000	华艺国际	2022-09-23	高瑀 2018年作 如爱，请沉默	150cm×150cm	517,500	开拍国际	2022-07-24
范学贤 2021年作 少女	100cm×50cm	103,500	广东崇正	2022-08-10	高瑀 2004年作 悠久的文化开出灿烂的花	150cm×150cm	402,500	西泠印社	2022-01-22
方君璧 1963年作 长安花	63.5cm×68.5cm	3,450,000	开拍国际	2022-01-07	高瑀 2003年作 熊猫GG的头像	110cm×140cm	287,500	中国嘉德	2022-06-28
方君璧 1955年作 樱花	53.3cm×73.7cm	920,000	中国嘉德	2022-12-14	高瑀 2003年作 受精卵	120cm×140cm	161,000	华艺国际	2022-07-28
方君璧 1955年作 白色康乃馨	53cm×46cm	904,984	中国嘉德	2022-10-09	格奥尔格-巴塞利兹 2001年作 教一个朋友——弗拉基米尔-彼得罗夫	直径200cm	7,820,000	永乐拍卖	2022-07-26
方力钧 1992年作 系列二(之四)	200cm×200cm	63,825,000	中国嘉德	2022-06-28	格奥尔格-巴塞利兹 1976年作 静物1	160.9cm×129.9cm	16,968,465	佳士得	2022-11-30
方力钧 2010—2011年作 2010-2011	400cm×175cm×5	8,855,000	北京保利	2022-07-25	格奥尔格-巴塞利兹 2003年作 胜利日 31.VII.03	208cm×166cm	5,940,396	佳士得	2022-05-27
方力钧 2000年作 2000.1.10	356cm×249.2cm	8,050,000	永乐拍卖	2022-07-26	格哈德-里希特 1990年作 抽象画	225cm×200cm	181,280,649	香港苏富比	2022-10-07
方力钧 2015年作 无题	250cm×360cm	2,300,000	永乐拍卖	2022-07-26	格哈德-里希特 1997年作 抽象画	100cm×90cm	31,437,810	香港苏富比	2022-04-27
方力钧 2013年作 2013春	110cm×90cm	364,654	香港苏富比	2022-10-06	耿建翌 1992年作 花边5号	60cm×89.5cm	862,500	中国嘉德	2022-12-14
方力钧 2001年作 2001.8.20	91cm×60.5cm	254,940	佳士得	2022-12-01	宫立龙 2006年作 白 油画	33cm×53cm	149,500	北京诚轩	2022-08-09
菲利普-科尔伯特 2018年作 寻梦(三联作)	270cm×585cm	2,468,736	华艺国际	2022-05-29	古斯塔夫-卡勒波特 小热讷维利耶的野生花园	63.7cm×74.2cm	15,508,216	纽约苏富比	2022-11-14
费尔南多-阿莫索洛 1945年作 休息中	30.5cm×46cm	648,043	佳士得	2022-05-27	关良 20世纪60年代作 繁花吐艳	71cm×50cm	9,200,000	中国嘉德	2022-12-14
费南度-索培尔 1975年作 马石Ⅱ	120cm×150cm	2,376,158	香港苏富比	2022-04-27	关良 1957年作 红墙教堂	28cm×35.5cm	4,025,000	开拍国际	2022-07-24
费南度-索培尔 特鲁埃尔的恋人(网格Ⅴ)	120cm×120cm	1,937,225	香港苏富比	2022-10-06	关良 20世纪70年代作 钟馗	40cm×47cm	3,703,000	开拍国际	2022-07-24
费南度-索培尔 约1964—1965年作 无题	144cm×112.5cm	3,942,439	香港苏富比	2022-04-27	关良 1979年作 雄鸡	35cm×61cm	3,358,000	西泠印社	2022-08-20
费南度-索维尔 1979年作 小水坝 第四号	60cm×60cm	972,064	佳士得	2022-05-27	关良 海伦	46cm×37cm	2,875,000	西泠印社	2022-01-22
冯大康 依依	50cm×50cm	480,000	北京传世	2022-07-13	关良 1980年作 鸢尾花	41.5cm×34cm	1,955,000	中国嘉德	2022-06-28
冯大康 女儿	22cm×30cm	380,000	北京传世	2022-07-13	关良 堤岸风景	26cm×34cm	1,322,500	西泠印社	2022-01-22
冯法祀 2005年作 长白山天池	47cm×148cm	322,000	中鸿信	2022-09-12	关良 20世纪50年代作 山区风景 油画	18.5cm×27.5cm	690,000	北京诚轩	2022-08-09
冯法祀 2003年作 挑水的傣族少女	95cm×72cm	207,000	华艺国际	2022-07-28	关良 1976年作 静物	27cm×20cm	253,000	中贸圣佳	2022-07-24
冯法祀 1986年作 演剧队的晨会(创作色稿)	38.7cm×54.5cm	138,000	华艺国际	2022-09-23	关良 河畔	20cm×25cm	184,000	中鸿信	2022-09-12
冯国东 1978年作 树树树	56.5cm×76.5cm	138,000	中国嘉德	2022-12-14	关伟 1987年作 无题	73cm×39cm	138,000	华艺国际	2022-07-28
冯国东 1977年作 写生8	54cm×38cm	115,000	北京荣宝	2022-07-24	关音夫 2013年作 作品16号	244cm×366cm	483,000	中国嘉德	2022-12-14
冯丽鹏 幻殿	100cm×300cm	345,000	保利厦门	2022-10-22	关音夫 2020年作 慢以至于更慢	244cm×244cm×13cm	368,000	北京保利	2022-07-25
冯骁鸣 2015年作 N° 08.05.15	100cm×81cm	1,728,115	佳士得	2022-05-27	关音夫 201604#	60cm×140cm	138,000	中贸圣佳	2022-07-24
冯玉琪 2008年作 黄竹	75cm×60cm	460,000	华艺国际	2022-07-28	郭润文 2009年作 新年	80cm×50cm	690,000	华艺国际	2022-07-28
冯玉琪 2000年作 向日葵	75cm×66cm	402,500	华艺国际	2022-07-28	郭润文 1996年作 肖像	60cm×50cm	460,000	西泠印社	2022-08-20
冯玉琪 2012年作 蝴蝶兰	51cm×61cm	207,000	广东崇正	2022-12-24	郭润文 2007年作 凝视	50cm×40cm	287,500	西泠印社	2022-01-22
俸正杰 2007年作 中国肖像系列 No.8	150.6cm×150.6cm	136,745	香港苏富比	2022-10-06	郭润文 1998年作 困倦的早晨	100cm×80cm	747,500	北京荣宝	2022-07-24
傅瑶 2017年作 出逃记No.30	200cm×280cm	2,185,000	中国嘉德	2022-12-14	郭伟 2022年作 龙虾	100cm×120cm	322,000	广东崇正	2022-08-10
高松次郎 1966年作 站姿女子之影	183cm×228cm	2,376,158	佳士得	2022-05-26	哈吉·维达雅 1986年作 森林	145cm×300cm	280,818	香港苏富比	2022-04-28
高伟刚 2015年作 海浪	190cm×150cm	287,500	开拍国际	2022-07-24	哈吉·维达雅 1981年作 热带雨林	102cm×201cm	280,818	香港苏富比	2022-04-28
高小华 1989年作 雨中行	71cm×89cm	138,000	北京荣宝	2022-07-24	哈里·蔡斯 今天的收获	40cm×75cm	138,000	北京荣宝	2022-07-24
高野绫 2006年作 所多玛和蛾摩拉之地	182cm×227.5cm	1,506,468	佳士得	2022-11-30	哈莫尼·科林 2018年作 抽搐的勺子	184.2cm×155.6cm	805,000	开拍国际	2022-07-24
高野绫 2008年作 Rongo Rongo,从遗忘中苏醒	182cm×227cm	1,035,000	永乐拍卖	2022-07-26	哈维尔·卡勒加 2018年作 不要碰	116cm×100cm	6,048,000	佳士得(上海)	2022-03-01
高瑀 2012年作 防川(四联作)	380cm×157cm×4	4,255,000	华艺国际	2022-07-28	哈维尔·卡勒加 2017年作 SOMEBODY（某人）	195cm×162cm	5,400,360	佳士得	2022-05-26

拍品名称	物品尺寸	成交价RMB	拍卖公司	拍卖日期
哈维尔·卡勒加 2017年作 红发男孩	46cm×55cm	1,150,000	开拍国际	2022-07-24
哈维尔·卡勒加 2019年作 信念	80cm×65cm	4,104,273	佳士得	2022-05-27
韩冰 2016年作 双屏	182cm×152cm	345,000	中国嘉德	2022-12-14
郝量 2015年作 由仙通鬼 II	135cm×61cm	6,440,000	开拍国际	2022-07-24
何多苓 2007年作 自画像	75cm×55cm	287,500	北京保利	2022-07-25
何多苓 1978年作 肖像	53cm×38cm	287,500	北京荣宝	2022-07-24
何汶玦 2014年作 日常影像·稳稳的幸福 No.2	130cm×200cm	402,500	广东崇正	2022-08-10
何翔宇 2016年作 九颗柠檬	100.5cm×72.5cm	231,764	佳士得	2022-12-01
河钟贤 1984年作 接合 84·06	182cm×227.3cm	2,085,879	佳士得	2022-12-01
河钟贤 2017年作 接合 17·15	91cm×116.8cm	1,404,093	香港苏富比	2022-04-28
河钟贤 1997年作 接合 97·217	72cm×90cm	378,025	香港苏富比	2022-04-28
荷西·荷雅 杂音	86.4cm×116.8cm	2,051,179	香港苏富比	2022-10-06
荷西·荷雅 1957年作 无题	81.5cm×122cm	927,057	佳士得	2022-12-01
贺慕群 1970年作 蹲	115cm×89cm	874,000	北京诚轩	2022-08-09
贺慕群 1972年作 帮忙	100cm×81cm	575,000	中国嘉德	2022-12-14
贺慕群 1972年作 工忙	80cm×80cm	441,456	中国嘉德	2022-10-09
贺天飞 百财	60cm×90cm	480,000	北京传世	2022-07-13
赫尔南·巴斯 2016年作 现代性的曙光	213.4cm×182.9cm×3	19,313,700	华艺国际	2022-11-27
赫尔文·安德森 2005年作 屋子	150cm×237cm	17,954,054	香港苏富比	2022-04-27
亨德拉·古拿温 1958年作 花商	149cm×100cm	2,376,158	香港苏富比	2022-04-28
亨德拉·古拿温 风景与水牛	100cm×150cm	1,253,498	香港苏富比	2022-10-06
亨德拉·古拿温 在河流边洗涤	138.5cm×97cm	1,139,544	香港苏富比	2022-10-06
亨德拉·古拿温 1974年作 豆贩	150cm×95cm	854,658	香港苏富比	2022-10-06
亨德拉·古拿温 1962年作 买花者	150cm×82cm	2,268,151	佳士得	2022-05-27
亨德拉·古拿温 1958年作 卖菠萝蜜	90cm×135cm	2,074,968	香港苏富比	2022-04-27
亨德拉·古拿温 约1975—1980年作 女子与小孩	94.5cm×135.5cm	1,556,226	香港苏富比	2022-04-27
亨利·杜兰德·布拉格 1870年作 诺曼底海岸	30cm×50cm	138,000	北京荣宝	2022-07-24
亨利·鲁索 插上长（常）春藤枝的花瓶（第一版本）	46.4cm×33cm	10,990,787	纽约苏富比	2022-11-14
亨利·托马斯·沙费尔 1884年作 旋律	57.5cm×97cm	172,500	北京荣宝	2022-07-24
弘一 渔归	39.5cm×54.5cm	1,150,000	荣宝斋（南京）	2022-12-07
洪浩昌 瓦猫 画心	60cm×80cm	1,850,000	北京传世	2022-03-22
洪浩昌 正午于百合 画心	50cm×60cm	1,150,000	北京传世	2022-03-22
洪救国 1979年作 思想者	80.5cm×60cm	669,644	佳士得	2022-05-27
洪救国 1986年作 受难	102cm×36cm	648,043	佳士得	2022-05-27
洪救国 1978年作 坐像	59.5cm×39.8cm	405,587	佳士得	2022-12-01
洪救国 1986年作 无题	60.5cm×60.5cm	378,025	香港苏富比	2022-04-28
洪凌 1995年作 秋溪图	64cm×99cm	115,000	北京保利	2022-07-25
洪凌 2005年作 茂谷秋声	60cm×72cm	115,000	北京荣宝	2022-07-24
侯佳男 2021年作 倒霉的草地中了我的圈套	180cm×230cm	230,000	中国嘉德	2022-12-14
胡安·米罗 1965年1月11—24日间作 星夜漫步	100cm×73cm	13,471,038	香港苏富比	2022-10-07
胡善馀 1979年作 杜鹃花	74cm×61cm	3,335,000	开拍国际	2022-07-24
胡善馀 1993年作 西湖	44cm×36cm	138,000	北京荣宝	2022-07-24
黄本蕊 2017—2018年作 月亮变奏曲(四联作)	51cm×40.5cm×4	331,092	中国嘉德	2022-10-09
黄本蕊 2019年作 一样风景两季心情：春天	71cm×55.7cm	307,800	保利香港	2022-07-13
黄本蕊 2019年作 当所有落叶都幻化成了花朵，秋天便成就了它的第二春(之二)	76cm×60.7cm	119,380	保利香港	2022-10-10
黄佳 2005年作 日常-2	80cm×60cm	230,000	华艺国际	2022-07-28
黄建南 2019年作 浩瀚	48cm×48cm	575,000	保利厦门	2022-10-22
黄建南 2020年作 锦绣前程	118cm×240cm	52,900,000	北京荣宝	2022-07-24
黄进曦 2018年作 大东山(从伯公坳到梅窝码头)	200cm×150cm×2	984,998	佳士得	2022-11-30
黄锐 1980年作 民主墙草稿	54.5cm×78.2cm	148,141	香港苏富比	2022-10-06
黄锐 1984年作 空间结构84-5	61cm×69cm	517,500	北京荣宝	2022-07-24
黄显之 1977年作 万紫千红总胜春	73.5cm×60.5cm	920,000	开拍国际	2022-01-07
黄一山 2015年作 神圣婚礼的颂 No.2	100cm×80cm	322,000	开拍国际	2022-07-24
黄一山 2014年作 浴室	100cm×80cm	195,500	广东崇正	2022-08-10
黄宇兴 2015年作 乐园	370cm×545cm	16,100,000	永乐拍卖	2022-07-26
黄宇兴 2015—2019年作 万疆	200cm×400cm	12,553,905	佳士得	2022-11-30
黄宇兴 2019年作 樱花峪	160cm×120cm	5,940,396	佳士得	2022-05-27
黄宇兴 2016—2018年作 白石秘境	200cm×300cm	5,166,000	佳士得(上海)	2022-03-01
黄宇兴 2014年作 河流丨塞纳河的雨	145cm×230cm	4,772,500	北京保利	2022-07-25
黄宇兴 2018年作 星空	115cm×170cm	4,140,000	开拍国际	2022-07-24
黄宇兴 2017年作 生命之树	220cm×300cm	3,795,000	永乐拍卖	2022-07-26
黄宇兴 气泡 镜框	100cm×150cm	3,335,000	上海嘉禾	2022-11-20
黄宇兴 2008年作 萤火虫	250cm×340cm	2,300,000	北京保利	2022-07-25
黄宇兴 2018年作 气泡	125cm×200cm	2,300,000	华艺国际	2022-07-28
黄宇兴 2017年作 赤壁	125cm×200cm	1,949,400	保利香港	2022-07-12
黄宇兴 2016年作 临河天文台	125cm×200cm	1,840,000	中国嘉德	2022-06-28
黄宇兴 2011年作 平安夜	175cm×275cm	1,655,460	中国嘉德	2022-10-09
黄宇兴 2019年作 气泡	115cm×150cm	1,587,000	永乐拍卖	2022-07-26
黄宇兴 2012年作 树丛	150cm×200cm	1,440,096	华艺国际	2022-05-29
黄宇兴 2019年作 北京老城的初冬	100.2cm×149cm	1,274,704	佳士得	2022-12-01
黄宇兴 2008年作 改变中的生命史	230cm×152cm	1,092,500	西泠印社	2022-08-20
黄宇兴 2006年作 马	180cm×120cm	897,000	永乐拍卖	2022-07-26
黄宇兴 2008年作 而我们终光也会远离	131cm×151cm	540,500	西泠印社	2022-01-22
黄宇兴 2010年作 光芒	85.5cm×150cm	460,000	永乐拍卖	2022-07-26
黄宇兴 2001年作 山的少年时期之九	70cm×90cm	460,000	保利厦门	2022-10-21
黄宇兴 2002年作 当初	120cm×160cm	437,000	中国嘉德	2022-06-28
黄宇兴 2013年作 河流中的宝藏	45.5cm×65cm	410,400	保利香港	2022-07-13
黄宇兴 1999年作 天使	60cm×69.5cm	184,000	华艺国际	2022-07-28
黄宇兴 2004年作 圣诞快乐之三	120.3cm×106.3cm	172,500	中国嘉德	2022-06-28
黄宇兴 2016年作 无题	25cm×25cm	172,500	北京保利	2022-07-25
霍刚 2011年作 承合之三	200cm×200.5cm	1,481,407	香港苏富比	2022-10-06
霍刚 2014年作 无题	150cm×150cm	1,188,079	香港苏富比	2022-04-28
基思·凡·东根 1908年作 戴项链的女子	100.3cm×81.2cm	23,160,000	佳士得(上海)	2022-03-01
吉格·克鲁兹 2021年作 生命的贡奉	200cm×170cm	1,337,232	华艺国际	2022-05-29
吉原治良 1971年作 无题	45.5cm×52.8cm	1,512,100	佳士得	2022-05-27
季大纯 2002年作 星期天的老头	150cm×110cm	230,000	北京保利	2022-07-25

2022书画拍卖成交汇总(续表)

(成交价RMB：6万元以上)

拍品名称	物品尺寸	成交价RMB	拍卖公司	拍卖日期
季大纯 2008年作 罐子	100cm×80cm	172,500	朵云轩	2022-12-08
季鑫 2020年作 午后	130cm×90cm	1,026,068	佳士得	2022-05-27
季鑫 2015年作 无题	126cm×135cm	368,000	北京保利	2022-07-25
加贺温 2019年作 9月15日，京都	61cm×46cm	984,998	佳士得	2022-12-01
加贺温 2018—2021年作 身体是不朽的：灵魂却不是	40cm×30cm	164,160	保利香港	2022-07-13
加藤泉 2012年作 无题	250.4cm×180cm	4,558,176	香港苏富比	2022-10-06
加藤泉 2016年作 无题	194cm×130.3cm	3,805,200	罗芙奥	2022-06-05
加藤泉 2012年作 无题	180cm×250cm	3,456,230	香港苏富比	2022-04-28
加藤泉 2017年作 无题	137.5cm×91cm	2,916,194	佳士得	2022-05-27
加藤泉 2009年作 无题	145.5cm×111.5cm	2,770,200	保利香港	2022-07-12
加藤泉 2010年作 无题	80.3cm×60.6cm	1,188,079	香港苏富比	2022-04-28
加藤泉 2004年作 无题	34.8cm×60.2cm	319,072	香港苏富比	2022-10-06
加藤泉 2005年作 无题	33.5cm×33.5cm	307,800	保利香港	2022-07-13
贾蔼力 2009年作 面包车(双联作)	110cm×200cm×2	9,200,000	永乐拍卖	2022-07-26
贾蔼力 2014年作 无题	133.8cm×97.5cm	4,751,170	佳士得	2022-12-01
贾蔼力 2016年作 燃烧的少年与赫拉克勒特	132cm×113cm	4,025,000	中国嘉德	2022-12-14
贾蔼力 2007年作 无题	220cm×300cm	4,600,000	北京荣宝	2022-07-24
贾米安·朱利安诺·维拉尼 2018年作 红场	122cm×76cm	410,427	佳士得	2022-05-27
贾斯汀·利亚姆·奥布莱恩 2019年作 再见，黑鸟	51cm×40.6cm	125,350	香港苏富比	2022-10-06
江上越 2021年作 彩虹 2021-T-1(双联作)	200cm×580cm	2,468,736	华艺国际	2022-05-29
江上越 2022年作 彩虹-2022-t-10	202cm×325.5cm	1,214,004	华艺国际	2022-11-27
江上越 2016年作 语言交流游戏	200cm×300.5cm	575,000	华艺国际	2022-07-28
江上越 2021年作 彩虹-2021-T-14	200cm×140cm	529,000	永乐拍卖	2022-07-26
江上越 2019年作 擦肩而过的困惑	30cm×30cm×4	241,500	永乐拍卖	2022-07-26
江上越 2018年作 时空扭曲系列	120cm×80cm	205,200	保利香港	2022-07-13
江上越 2019年作 擦身而过的困惑2019-128	80cm×100cm	176,582	中国嘉德	2022-10-09
江上越 2021年作 脸	53.6cm×78.8cm	153,900	保利香港	2022-07-13
江上越 2016年作 JOJ-2	150cm×150cm	126,500	永乐拍卖	2022-07-26
江小华 2021年作 星河·系列1	150cm×200cm	552,000	保利厦门	2022-10-22
姜亨九 1998年作 自画像	194cm×130cm	129,608	香港苏富比	2022-04-28
姜明姬 2021年作 百日草	101cm×89cm	945,822	香港苏富比	2022-10-06
姜锡铉 2008年作 对抗	162cm×130cm	102,864	华艺国际	2022-05-29
蒋焕 2009年作 哀悼超人	210cm×200cm	678,500	北京华辰	2022-09-21
杰哈德·李希特 1984年作 Besen	224.7cm×200cm	68,503,138	佳士得	2022-05-26
解澜涛 阳朔胜境	50cm×250cm	172,500	华艺国际	2022-07-28
解澜涛 2021年作 山村毛竹	100cm×75cm	120,750	保利厦门	2022-10-21
金昌烈 1978年作 水滴第2M号	182cm×228cm	6,048,403	佳士得	2022-05-26
金昌烈 1978年作 水滴系列 ENS 50	73cm×60cm	1,042,939	佳士得	2022-12-01
金昌烈 2003年作 SP 05001	130cm×194.5cm	820,800	保利香港	2022-07-13
金昌烈 1983年作 水滴	27cm×19cm	486,032	香港苏富比	2022-04-28
金昌烈 1975年作 水滴	46cm×38cm	419,383	中国嘉德	2022-10-09
金东宇 2007年作 玛丽莲·梦露	161cm×130cm	127,470	佳士得	2022-12-01
金力 意外的天体	60cm×80cm	1,850,000	北京传世	2022-07-13
金梦 2020年作 爱很美味	182.9cm×152.4cm	521,469	佳士得	2022-12-01
金田 2008年作 西北行	100cm×130cm	276,000	西泠印社	2022-01-22
金田 2013年作 回音	130cm×130cm	207,000	中国嘉德	2022-12-14
金田 2012年作 晴窗之语	100cm×130cm	172,500	西泠印社	2022-08-20
金田 2007年作 亚维侬的阳光	100cm×130cm	138,000	中国嘉德	2022-06-28
金田凉子 2020年作 锅浴	65.5cm×91.1cm	303,878	保利香港	2022-10-10
金一德 1979年作 建设者	110cm×150cm	368,000	西泠印社	2022-08-20
靳尚谊 1997年作 老桥东望	74cm×54cm	19,550,000	中国嘉德	2022-06-28
靳尚谊 1978年作 憩	65cm×101cm	3,220,000	中国嘉德	2022-06-28
靳尚谊 1972年作 周树桥肖像	46cm×33cm	805,000	广东崇正	2022-08-10
井田幸昌 2017年作 女士	116.8cm×80.3cm	594,039	佳士得	2022-05-27
鞠婷 2017年作 无题020817	124cm×104.5cm	138,000	中国嘉德	2022-06-28
卡尔·古斯塔夫·皮洛工作室 汉诺威王后路易斯像	81cm×67cm	161,000	北京荣宝	2022-07-24
卡雷尔·范贝尔 1921年作 天使	149cm×97cm	115,000	北京荣宝	2022-07-24
卡米耶·毕沙罗 杜乐丽花园雪景	64.6cm×54.4cm	9,612,588	纽约苏富比	2022-11-14
卡苏·塞义杜 2018年作 我们笑了，这很好	110cm×219cm	432,028	佳士得	2022-05-27
卡塔琳娜·格罗斯 2016年作 无题	101cm×67cm	322,000	开拍国际	2022-07-24
凯瑟琳·伯尔哈特 2016年作 无题	182.8cm×152.4cm	2,700,180	佳士得	2022-05-27
凯瑟琳·伯尔哈特 2017年作 无题	182.9cm×152.4cm	1,035,000	永乐拍卖	2022-07-26
康海涛 2020年作 乐园(三联作)	246cm×485cm	3,085,920	华艺国际	2022-05-29
康海涛 2019年作 荆棘	177cm×119cm	747,500	西泠印社	2022-08-20
康海涛 2012年作 二分之一黑暗	73.5cm×201cm	667,000	永乐拍卖	2022-07-26
康海涛 2011年作 无题	107cm×76.5cm	172,500	西泠印社	2022-08-20
柯林斯·奥比加库 2020年作 无题	127cm×107cm	140,409	佳士得	2022-05-27
克劳德·莫奈 贝勒岛的风暴	60.5cm×73.8cm	42,247,361	纽约苏富比	2022-11-14
克里丝汀·艾珠 2014年作 黑色1号	180cm×200cm	10,693,570	香港苏富比	2022-04-27
克里丝汀·艾珠 2010年作 透视01	170cm×150cm	2,916,194	香港苏富比	2022-04-28
克里丝汀·艾珠 2008年作 无题	100cm×100cm	2,484,165	香港苏富比	2022-04-28
克里斯蒂娜·班班 2021年作 在睡觉的克里斯蒂娜·德米格尔	122cm×91.5cm	433,027	香港苏富比	2022-10-06
克里丝汀·艾珠 2016年作 最高玩家01	170cm×200cm	9,463,713	佳士得	2022-11-30
克里丝汀·艾珠 2009年作 几公斤 #1	100cm×120cm	864,057	佳士得	2022-05-27
克里丝汀·艾珠 2013年作 藏身层迭(叠)之中	180cm×200cm	11,186,460	佳士得	2022-05-26
肯尼·沙夫 1998年作 马雷维娃	123.2cm×199.4cm	2,808,187	香港苏富比	2022-04-27
孔令楠 2011年作 飘逝的半岛II(三联作)	190cm×157cm×3	207,000	永乐拍卖	2022-07-26
奎斯·博奇韦 2019年作 喇叭	153cm×142.2cm	151,210	佳士得	2022-05-27
莱昂·科莫尔 躺着的女子	40.5cm×50.5cm	172,500	北京荣宝	2022-07-24
劳尔·杜菲 1907年作 瓶花	55cm×46.4cm	756,050	佳士得	2022-05-27
劳拉·阿尔玛·塔德玛 维苏威玫瑰	59.5cm×89.5cm	172,500	北京荣宝	2022-07-24
劳伦·奎恩 2021年作 热映射	104cm×193cm	2,962,814	香港苏富比	2022-10-07
勒迈耶 约1954—1957年作 勒迈耶家中的峇里四美	89.5cm×111cm	5,706,162	香港苏富比	2022-04-27
勒迈耶 约1954—1957年作 花园里的峇里三美	75cm×90.5cm	4,149,936	香港苏富比	2022-04-27
勒迈耶 约1954—1957年作 沙努尔海滩上进供(贡)的峇里双美	75cm×90.5cm	1,659,974	香港苏富比	2022-04-27
勒迈耶 约1928年作 圣特罗佩的码头	90cm×120cm	432,028	香港苏富比	2022-04-28

2022书画拍卖成交汇总(续表)

(成交价RMB: 6万元以上)

拍品名称	物品尺寸	成交价RMB	拍卖公司	拍卖日期
雷内·马格利特 1950年作 天方夜谭	40cm × 30cm	58,622,173	纽约苏富比	2022-11-14
雷双 2010年作 禅风溢动	146cm × 114cm	287,500	中国嘉德	2022-06-28
冷军 1993年作 文物——新产品设计	97cm × 127cm	48,300,000	中国嘉德	2022-06-28
冷军 2013年作 画室中的提琴手	40cm × 80cm	3,680,000	华艺国际	2022-09-23
冷军 2013年作 竹石双友	70cm × 50cm	1,380,000	西泠印社	2022-01-22
冷军 2022年作 紫气东来	50cm × 130cm	2,300,000	北京荣宝	2022-07-24
黎谱 庭园人物	175cm × 69.5cm × 3	14,755,328	香港苏富比	2022-04-27
黎谱 插花	113cm × 145cm	4,860,324	香港苏富比	2022-04-28
黎谱 春宴	147.5cm × 97cm	3,240,216	香港苏富比	2022-04-28
黎谱 1985年4月30日作 牡丹瓶花	192cm × 258cm	3,190,723	香港苏富比	2022-10-07
黎谱 母爱	74cm × 100.5cm	2,108,156	香港苏富比	2022-10-06
黎谱 花卉		2,052,136	香港苏富比	2022-04-28
黎谱 约1975年作 花园里	114.5cm × 146.5cm	2,052,136	佳士得	2022-05-27
黎谱 花卉	90cm × 71cm	1,944,129	香港苏富比	2022-04-28
黎谱 约1970年作 花园里的母与子	117cm × 81.3cm	1,854,115	佳士得	2022-12-01
黎谱 花园中的彩排	73cm × 92cm	1,709,316	香港苏富比	2022-10-06
黎谱 构图	92cm × 60.5cm	1,620,108	香港苏富比	2022-10-06
黎谱 花卉	100cm × 73cm	1,512,100	香港苏富比	2022-10-06
黎谱 约1975年作 阅读	90cm × 116.5cm	1,512,100	佳士得	2022-05-27
黎谱 玫瑰和丁香	101cm × 101cm	1,404,093	香港苏富比	2022-04-28
黎谱 少女与大丽花	81.5cm × 100cm	1,367,453	香港苏富比	2022-10-06
黎谱 红牡丹	81cm × 65cm	1,188,079	香港苏富比	2022-04-28
黎谱 信	92cm × 65cm	1,139,544	香港苏富比	2022-10-06
黎谱 约1970年作 玫瑰与丁香	92cm × 73cm	972,064	佳士得	2022-05-27
黎谱 约1971—1972年作 花卉	100cm × 81.6cm	968,612	香港苏富比	2022-10-06
黎谱 约1970年作 少女与花卉	66cm × 81.5cm	918,061	佳士得	2022-05-27
黎谱 中式花瓶	46cm × 27cm	810,054	香港苏富比	2022-10-06
黎谱 约1970年作 花篮	46cm × 60.5cm	810,054	佳士得	2022-10-06
黎谱 花园中	60cm × 73.5cm	740,704	香港苏富比	2022-10-06
黎谱 鲁昂花瓶	74cm × 92.5cm	683,726	香港苏富比	2022-10-06
黎谱 约20世纪70年代作 罂粟花与孩童	46cm × 38cm	648,043	佳士得	2022-05-27
黎谱 1968年作 大丽花	68.2cm × 53cm	626,749	香港苏富比	2022-10-06
黎谱 花卉	72.5cm × 92cm	569,772	香港苏富比	2022-10-06
黎谱 花卉	41cm × 30.2cm	546,981	香港苏富比	2022-10-06
黎谱 牡丹	41cm × 27cm	546,981	香港苏富比	2022-10-06
黎谱 花卉	59.5cm × 36.5cm	512,795	香港苏富比	2022-10-06
黎谱 苹果花和红色郁金香	35.5cm × 19.5cm	478,608	香港苏富比	2022-10-06
黎谱 母与子	46cm × 27cm	478,608	香港苏富比	2022-10-06
黎谱 花卉	45cm × 31cm	410,236	香港苏富比	2022-10-06
黎清妍 2013年作 重量	100cm × 80cm	4,320,288	佳士得	2022-05-26
黎清妍 2012年作 The Yellow Water（黄色的水）	46cm × 61cm	1,512,100	佳士得	2022-05-27
李-阿吉纳多 1958年作 墙二号	77cm × 114.5cm	486,032	佳士得	2022-05-27
李昂 2021年作 夏之翠	50cm × 65cm	322,000	北京荣宝	2022-07-24
李成民 木芍流韵 画心	100cm × 80cm	280,000	北京传世	2022-07-13
李成民 木芍流韵 画心	60cm × 60cm	150,000	北京传世	2022-07-13
李大方 2007年作 条纹衬衫	190cm × 210cm	126,500	开拍国际	2022-07-24
李贵君 2011年作 感觉你的存在	156cm × 62cm	1,150,000	北京荣宝	2022-07-24
李国良 2021年作 瑕日	70cm × 60cm	980,000	北京中贝	2022-03-16
李国良 2021年作 雪山之巅	70cm × 70cm	936,000	北京中贝	2022-03-16
李国良 2021年作 致敬梵高（凡·高）	60cm × 60cm	920,000	北京中贝	2022-03-16
李国良 2021年作 映日红	71cm × 51cm	860,000	北京中贝	2022-03-16
李国良 2021年作 江南水乡	71cm × 51cm	796,000	北京中贝	2022-03-16
李华弌 1924年作 月柏图	30.2cm × 64.8cm	3,418,632	香港苏富比	2022-10-07
李继开 2007年作 大猛犸	200cm × 300cm	1,725,000	华艺国际	2022-07-28
李继开 2014年作 睡袋	200cm × 148cm	517,500	中贸圣佳	2022-07-24
李继开 2009年作 流	150cm × 150cm	460,000	永乐拍卖	2022-07-26
李继开 2014年作 黄昏	200cm × 200cm	437,000	西泠印社	2022-08-20
李继开 2013年作 点火	200cm × 146cm	402,500	开拍国际	2022-07-24
李继开 2004年作 世界因你而存在	145cm × 185cm	345,000	北京保利	2022-07-25
李继开 2010年作 荒原	80cm × 200cm	322,000	华艺国际	2022-09-23
李继开 2006年作 破土而出	200cm × 145cm	276,000	西泠印社	2022-01-22
李继开 2007年作 火堆	100cm × 145cm	184,000	西泠印社	2022-08-20
李继开 2014年作 高台上的男孩	100cm × 80cm	149,500	华艺国际	2022-07-24
李继开 2001年作 风景	81cm × 100cm	138,000	西泠印社	2022-08-20
李继开 2016年作 果壳	100cm × 80cm	126,500	中贸圣佳	2022-07-24
李继开 2005年作 眺望	170cm × 40cm	115,000	西泠印社	2022-01-22
李继开 2005年作 泡泡风景	90cm × 90cm	105,800	西泠印社	2022-08-20
李继开 2006年作 流逝	90cm × 90cm	103,500	西泠印社	2022-08-20
李继开 2007年作 树林与石头	81cm × 100cm	102,864	华艺国际	2022-05-29
李继开 2017年作 蘑菇风景	147cm × 270cm	1,150,000	北京荣宝	2022-07-24
李磊 2016年作 金陵花重	100cm × 80cm	172,500	朵云轩	2022-12-08
李龙飞 2022年作 诸葛亮·星辰	150cm × 200cm	115,000	保利厦门	2022-10-21
李骆公 1945年作 松花江畔之一	38cm × 45.5cm	644,000	开拍国际	2022-07-24
李曼峰 织女	122cm × 60cm	972,064	香港苏富比	2022-04-28
李曼峰 1983年作 金鱼	60.6cm × 122cm	486,032	佳士得	2022-05-27
李青 2005年作 栖雪图（一组两件）	49.5cm × 120cm × 2	138,000	中国嘉德	2022-06-28
李青 2005年作 大家来找茬之六	97cm × 75cm	126,500	开拍国际	2022-07-24
李青萍 1980年作 茶山春早	52cm × 64cm	230,000	广东崇正	2022-12-24
李然 2018年作 迈向未来	90cm × 120cm	149,500	开拍国际	2022-07-24
李山 1997年作 李山1号·生命的逻辑	180cm × 150cm	3,220,000	西泠印社	2022-01-22
李山 1996年作 林荫下的周庄水巷	70cm × 60cm	253,000	西泠印社	2022-01-22
李山 1982年作 初始	85.5cm × 108cm	250,700	香港苏富比	2022-10-06
李圣子 1961年作 突如其来的法律	146cm × 113cm	4,860,324	佳士得	2022-05-27
李圣子 1961年作 无题	145.5cm × 96.5cm	1,854,115	佳士得	2022-11-30
李圣子 1959年作 春夜	80.8cm × 59.7cm	648,043	佳士得	2022-05-27
李圣子 1962年作 La Source jaillis pai le soleil	81cm × 60cm	594,039	佳士得	2022-05-27
李松松 2010年作 妖怪（双联作）	210cm × 210cm × 2	2,012,500	永乐拍卖	2022-07-26
李铁夫 1947—1948年作 白菜胖头鱼	63.5cm × 79.5cm	2,932,500	华艺国际	2022-09-23
李铁夫 1947年作 鱼	60.5cm × 73cm	1,725,000	中国嘉德	2022-06-28
李秀实 1986年作 甲骨遐思之一	72.8cm × 90.9cm	483,000	北京荣宝	2022-07-24
李禹焕 1974年作 始于线 No.218	90cm × 72cm	2,897,055	佳士得	2022-12-01
李禹焕 2001年作 对应	16cm × 21.5cm	432,028	香港苏富比	2022-04-28
李煜明 2006年作 寂寞荏苒（二）	160cm × 100cm	115,000	北京荣宝	2022-07-24
李真 1952年10月作 水漾套组	65cm × 50cm	2,962,814	香港苏富比	2022-10-07
李宗津 20世纪40年代作 瓶花和水果	51cm × 61cm	690,000	中国嘉德	2022-12-14
李宗津 1964年作 晚霞	26cm × 37.5cm	207,000	华艺国际	2022-09-23
丽贝卡·奈丝 2019年作 起源	150.5cm × 301cm	1,728,115	佳士得	2022-05-27
利奥诺拉·卡林顿《食人族盛宴》初步草稿	87.9cm × 149.1cm	13,402,635	纽约苏富比	2022-11-14
梁远苇 2010年作 双联绘画2010-1	250cm × 300cm × 2	17,250,000	中国嘉德	2022-12-14

2022书画拍卖成交汇总(续表)
(成交价RMB: 6万元以上)

拍品名称	物品尺寸	成交价RMB	拍卖公司	拍卖日期	拍品名称	物品尺寸	成交价RMB	拍卖公司	拍卖日期
梁远苇 2006—2008年作 生活的片断	28cm × 24.5cm × 14	4,887,500	永乐拍卖	2022-07-26	刘虣虣 2022年作 阿芙洛狄忒的游乐园No.2	120cm × 120cm	101,200	广东崇正	2022-12-24
廖国核 浩瀚夫人	198cm × 218cm	230,000	北京保利	2022-07-25	刘小东 1990年作 人鸟	167cm × 120cm	18,400,000	中国嘉德	2022-06-28
林葆灵 2021(A)及2018年(B)作 欲望IV(A)、没有名字的小家伙(B)(一组两件)		176,582	中国嘉德	2022-10-09	刘小东 2000年作 观看	200.5cm × 200.5cm	3,646,541	香港苏富比	2022-10-06
林葆灵 2021年作 出走	146cm × 82cm	154,509	中国嘉德	2022-10-09	刘小东 2010年作 两个人	150cm × 140cm	3,105,000	北京保利	2022-07-25
林风眠 宝莲灯	72cm × 74cm	4,600,000	永乐拍卖	2022-07-26	刘小东 2005年作 童年的记忆——大草沟	200cm × 200cm	1,231,200	保利香港	2022-07-13
林风眠 约1959年至20世纪60年代作 中国戏曲系列: 刺王僚(鱼肠剑)	58.4cm × 47.8cm	4,558,176	香港苏富比	2022-10-07	刘小东 1993年作 少女闲读	76cm × 63cm	1,025,590	香港苏富比	2022-10-06
林风眠 1959年作 金鱼与静物	67cm × 67.3cm	2,207,280	中国嘉德	2022-10-09	刘小东 2009年作 何帅	100cm × 90cm	734,448	香港苏富比	2022-04-28
林风眠 湖边秋色 镜框	48.5cm × 63.5cm	2,093,000	浙江佳宝	2022-03-13	刘小东 1996年作 睡 21	33cm × 38cm	341,863	香港苏富比	2022-10-06
林风眠 暮色 镜框	17.5cm × 25.5cm	115,000	上海嘉禾	2022-01-01	刘小东 2001年作 野炊	33.5cm × 38.5cm	287,500	西泠印社	2022-01-22
林风眠 莲花 镜心	30cm × 30cm	105,800	中鸿信	2022-09-11	刘晓辉 2013—2014年作 海平面上	145cm × 165cm	1,610,000	中国嘉德	2022-06-28
林肯·汤利 2021年作 培根的赌场之夜	83cm × 59cm	918,061	香港苏富比	2022-04-28	刘晓辉 2015—2016年作 家务练习·晾衣服	160cm × 140cm	1,495,000	开拍国际	2022-07-24
林寿宇 1970年作 七	88.9cm × 101.6cm	1,197,000	佳士得(上海)	2022-03-01	刘野 1998年作 拿红旗的海军	120cm × 140cm	32,273,580	佳士得	2022-05-26
林寿宇 1965—1966年作 绘画浮雕	101.5cm × 101.5cm	1,188,079	佳士得	2022-05-27	刘野 2009—2010年作 小画家	30cm × 20cm	7,184,696	佳士得	2022-12-01
林寿宇 1966年作 绘画 1966.11	55.9cm × 55.9cm	1,028,640	华艺国际	2022-05-29	刘野 1996年作 男孩与鱼No.1	24cm × 24cm	5,290,000	中国嘉德	2022-12-14
琳恩·德雷克斯勒 1959年作 演奏会	116.8cm × 135.3cm	7,407,036	香港苏富比	2022-10-07	刘野 1998年作 蒙德里安与荷兰硬币	24cm × 24cm	1,296,086	香港苏富比	2022-04-28
刘斌 小汐	120cm × 72cm	505,835	荣宝斋(香港)	2022-11-26	刘易斯·弗拉蒂诺 2017年作 金莲花	23cm × 30cm	648,043	香港苏富比	2022-04-28
刘冰 2017年作 回到小时候	160cm × 160cm	184,000	永乐拍卖	2022-07-26	刘溢 春	121.5cm × 91cm	1,380,000	中鸿信	2022-09-12
刘晟 2021年作 纽带	180cm × 150cm	138,000	广东崇正	2022-12-24	刘溢 2000年作 进阶之路	121.5cm × 181cm	632,500	华艺国际	2022-09-23
刘锋植 2001年作 红黄	100cm × 150cm	402,500	西泠印社	2022-01-22	刘溢 2001年作 四季之冬	122cm × 91cm	598,000	永乐拍卖	2022-07-26
刘锋植 2001年作 玩偶	100cm × 182cm	402,500	北京保利	2022-07-25	刘自鸣 1952年作 坐在地上的裸女	61cm × 50cm	345,000	开拍国际	2022-01-07
刘锋植 2001年作 写意广场	145cm × 182cm	333,500	华艺国际	2022-07-28	六角彩子 2021年作 无题	180cm × 140cm	8,820,588	佳士得	2022-05-26
刘锋植 2000年作 风景	100cm × 80cm	138,000	北京保利	2022-07-25	六角彩子 2020年作 无题	111.3cm × 161.2cm	4,370,000	开拍国际	2022-07-24
刘港顺 2015年作 不要放弃这艘船	180cm × 210cm	172,500	开拍国际	2022-07-24	六角彩子 2018年作 无题	75cm × 145.3cm	3,348,223	佳士得	2022-05-27
刘港夫 2017年作 冷山(六)	190cm × 150cm	1,296,086	香港苏富比	2022-04-28	六角彩子 2016年作 无题	43.5cm × 60.5cm	860,839	中国嘉德	2022-10-09
刘港夫 2019年作 花-5	160cm × 120cm	774,890	香港苏富比	2022-10-06	六角彩子 2015年作 无题	31cm × 53cm	597,960	罗芙奥	2022-06-05
刘港夫 2013年作 敞15	93cm × 165cm	434,112	保利香港	2022-10-10	龙家升 2017年作 甜蜜的梦想家	30cm × 40cm	286,946	中国嘉德	2022-10-09
刘国枢 20世纪80年代作 凝视	53cm × 38cm	115,000	北京荣宝	2022-07-24	龙家升 2017年作 精灵的彩色国度	29cm × 41cm	264,873	中国嘉德	2022-10-09
刘海粟 1962年作 上海庙会	80cm × 61cm	43,700,000	中国嘉德	2022-12-14	龙力游 2003年作 读书	165cm × 110cm	4,025,000	北京荣宝	2022-07-24
刘海粟 1982年作 福州鼓山	76cm × 100cm	33,350,000	中国嘉德	2022-06-28	娄申义 2015年作 西洋宫——水晶	200cm × 150cm	276,000	华艺国际	2022-07-28
刘虹 迷失的鱼	150cm × 130cm	103,500	中鸿信	2022-09-12	娄申义 2016年作 辉煌	200cm × 150cm	258,750	中贸圣佳	2022-07-24
刘建文 2019年作 1+1=3(1930)	90cm × 75cm × 10.5cm	195,500	永乐拍卖	2022-07-26	卢卡斯·阿鲁达 2014年作 无题	30cm × 37cm	1,955,000	开拍国际	2022-07-24
刘菁华 2021年作 超越	130cm × 300cm	920,000	盈昌国际	2022-04-14	卢卡斯·阿鲁达 2017年作 无题	24.5cm × 30cm	2,185,000	永乐拍卖	2022-07-26
刘抗 1949年作 路边摊贩	98.5cm × 131.5cm	984,998	佳士得	2022-11-30	路易丝·伯内特 2020年作 莲蓬头	76.2cm × 101.6cm	5,241,902	香港苏富比	2022-10-07
刘抗 1948年作 岸边的渔民	71cm × 120.5cm	410,427	佳士得	2022-05-27	路易丝·伯内特 2015年作 溜冰者	132cm × 127cm	4,860,324	香港苏富比	2022-04-28
刘炜 1992年作 全家福	200cm × 200cm	57,500,000	中国嘉德	2022-06-28	露西·布尔 2019年作 时光珠子	101.6cm × 76.5cm	6,837,264	香港苏富比	2022-10-07
刘炜 2004年作 风景三号	106cm × 76cm	5,980,000	开拍国际	2022-07-24	罗比·迪·安东诺 2019年作 Asih	200cm × 180cm	2,160,144	佳士得	2022-05-27
刘炜 1999年作 无题	259cm × 148.5cm	4,370,000	永乐拍卖	2022-07-26	罗比·迪·安东诺 2020年作 静脉	130cm × 180cm	2,051,179	香港苏富比	2022-10-07
刘炜 2005年作 风景	148.5cm × 200cm	2,484,165	佳士得	2022-05-27	罗比·迪·安东诺 2014年作 割静脉	80cm × 60cm	648,043	佳士得	2022-05-27
刘炜 2006年作 风景	76cm × 75cm	2,070,000	中国嘉德	2022-12-14	罗比·迪·安东诺 2013年作 拉马莱拉长	80cm × 60cm	486,032	香港苏富比	2022-04-28
刘炜 2005年作 肖像	49.5cm × 59cm	1,035,000	永乐拍卖	2022-07-26	罗比·迪·安东诺 2017年作 情意 #1	128.5cm × 120cm	170,932	香港苏富比	2022-10-06
刘炜 2013年作 白色风景	47.5cm × 57.5cm ×6cm (带框架)	718,200	保利香港	2022-07-13	罗德尔·塔帕雅 2021年作 彩虹雨伞	183cm × 243cm	514,320	华艺国际	2022-05-29
刘炜 2007年作 花	19.5cm × 38.7cm	529,000	华艺国际	2022-07-28	罗德尔·塔帕雅 2008年作 第一只鸟	192.5cm × 152.5cm	237,615	香港苏富比	2022-04-28
刘炜 2000年作 无题	49.5cm × 40cm	437,000	西泠印社	2022-08-20	罗尔纯 1980年作 躺姿的女人体	80cm × 70cm	1,104,000	西泠印社	2022-01-22
刘炜 2002年作 风景	150cm × 150cm	3,450,000	北京荣宝	2022-07-24					
刘铧 2005年作 钻石	202cm × 252cm	1,150,000	开拍国际	2022-07-24					

拍品名称	物品尺寸	成交价RMB	拍卖公司	拍卖日期	拍品名称	物品尺寸	成交价RMB	拍卖公司	拍卖日期
罗尔纯 2007年作 夏日	99.5cm×149cm	1,035,000	西泠印社	2022-08-20	马轲 2013年作 咆哮	200cm×200cm	1,092,500	永乐拍卖	2022-07-26
罗尔纯 西藏风光	54cm×73cm	517,500	中贸圣佳	2022-07-24	马轲 2002年作 读书系列——黑色	200cm×150cm	1,012,000	北京保利	2022-07-25
罗尔纯 1985年作 小憩	80cm×80cm	437,000	西泠印社	2022-08-20	马轲 情人节	200cm×150cm	713,000	开拍国际	2022-07-24
罗尔纯 2012年作 西关小镇	60.5cm×80.5cm	322,000	西泠印社	2022-08-20	马轲 2006年作 观渔	120cm×210cm	690,000	中国嘉德	2022-06-28
罗尔纯 2000年作 向日葵	51cm×50cm	287,500	中贸圣佳	2022-07-24	马轲 2003年作 读书系列·海	150cm×200cm	437,000	朵云轩	2022-12-08
罗尔纯 20世纪70年代作 南方稻谷煤场	53.5cm×29cm	172,500	西泠印社	2022-08-20	马轲 2002年作 揪辫子	153cm×118cm	425,500	西泠印社	2022-08-20
罗尔纯 乡村	52cm×40cm	138,000	西泠印社	2022-01-22	马轲 2002年作 肖像	72cm×59cm	230,000	北京保利	2022-07-25
罗尔纯 2000年作 黄菊花	50cm×50cm	138,000	西泠印社	2022-01-22	马轲 2001年作 南湖渠夜景	58cm×71cm	195,500	中贸圣佳	2022-10-27
罗尔纯 1986年作 小镇一角	38cm×48.5cm	138,000	西泠印社	2022-08-20	马轲 吹气球	59cm×72cm	195,500	西泠印社	2022-08-20
罗尔纯 2014年作 公园一角	68cm×58cm	667,000	北京荣宝	2022-07-24	马轲 1999年作 信息	71cm×59cm	149,500	中贸圣佳	2022-10-27
罗讷德·温杜拿 2014年作 嘉年华	182.7cm×122cm	1,296,086	香港苏富比	2022-04-28	马轲 2005年作 赤子情怀	250cm×200cm	1,495,000	北京荣宝	2022-07-24
罗奇 2010年作 所有的人散乱而匆忙的(地)消失了	109cm×217cm	115,000	华艺国际	2022-09-23	马克·帝格朗尚 2019—2020年作 假期末感伤(双联作)	163cm×130cm×2	299,000	永乐拍卖	2022-07-26
罗贻 风景油画 画心	100cm×80cm	5,110,000	北京传世	2022-03-22	马克·夏加尔 约1979年作 飞翔的艺术家	129.8cm×97cm	20,831,205	佳士得	2022-12-01
罗中立 2001年作 打豹子	250cm×400cm	15,230,232	华艺国际	2022-11-27	马克·夏加尔 1968年作 丁香花	81cm×100.3cm	18,960,000	佳士得(上海)	2022-03-01
罗中立 1996年作 吹渣渣	150cm×119cm	4,485,000	朵云轩	2022-12-08	马克·夏加尔 约1978年作 桌上的花束	73cm×60cm	15,301,020	佳士得	2022-05-26
罗中立 1987年作 暖阳	92cm×71.5cm	2,645,000	中国嘉德	2022-12-14	马克·夏加尔 1955—1956年作 骑行或骑士	68.3cm×79.2cm	8,614,860	佳士得	2022-05-26
罗中立 2013年作 过河	150cm×130cm	2,300,000	华艺国际	2022-07-28	马克西米利安·卢斯 塞纳-马恩省河畔的圣米歇尔桥	89.2cm×116.2cm	30,668,403	纽约苏富比	2022-11-14
罗中立 1994年作 荷花池	95.5cm×130cm	2,300,000	永乐拍卖	2022-07-26	马文婷 2010年作 致爱丽丝之一	120cm×170cm	138,000	永乐拍卖	2022-07-26
罗中立 1983年作 推磨	150cm×130cm	2,207,280	华艺国际	2022-11-27	马一平 1983年作 小街	55.5cm×56.3cm	109,250	中国嘉德	2022-06-28
罗中立 1989年作 初冬	98cm×78.5cm	2,070,000	华艺国际	2022-07-28	玛莉娜·克鲁斯 2015年作 红色水平纹上的白线	114.6cm×101.6cm	242,800	中国嘉德	2022-10-09
罗中立 1987年作 岁月	92cm×71.5cm	2,070,000	中国嘉德	2022-12-14	玛莉娜·克鲁斯 2017年作 绯红与疤痕	152.3cm×122cm	540,036	佳士得	2022-05-27
罗中立 2004年作 雨中夜行	100cm×80cm	2,012,500	中鸿信	2022-09-12	毛旭辉 1993年作 黑色古钟四号	162cm×112cm	954,500	永乐拍卖	2022-07-26
罗中立 2008年作《重读美术史·西洋部分》静物	150cm×130cm	1,667,500	广东崇正	2022-08-10	毛旭辉 1998年作 打开的黑灰色剪刀	150cm×180cm	402,500	永乐拍卖	2022-07-26
罗中立 1999年作 牧归	90cm×100cm	1,610,000	西泠印社	2022-01-22	毛旭辉 2011年作 永远·月夜	200cm×200cm	345,000	中国嘉德	2022-12-14
罗中立 1990年作 藏族青年	79.5cm×59cm	943,000	西泠印社	2022-01-22	毛旭辉 2001年作 灰色剪刀	120cm×104cm	322,000	中国嘉德	2022-06-28
罗中立 1984年作 绣花的少女	75.5cm×50cm	747,500	西泠印社	2022-08-20	毛焰 2009年作 大托马斯肖像之二	400cm×200cm	17,250,000	中国嘉德	2022-12-14
罗中立 最后一张牌	54cm×39cm	460,000	西泠印社	2022-08-20	毛焰 2011年作 托马斯肖像2011 No.1	114cm×75cm	4,600,000	保利厦门	2022-10-21
罗中立 1984年作 提水妇女	60cm×49.8cm	378,025	佳士得	2022-05-27	毛焰 1999年作 H的肖像	61cm×50cm	1,782,500	西泠印社	2022-01-22
罗中立 故乡情之拥抱	55cm×40cm	322,000	北京诚轩	2022-08-09	毛焰 2002年作 俯视的托马斯	106cm×76cm	575,000	开拍国际	2022-07-24
罗中立 20世纪90年代作 故乡组画——喝水	58cm×39cm	138,000	朵云轩	2022-12-08	毛焰 2005年作 托马斯肖像	35.6cm×27.3cm	379,848	保利香港	2022-10-10
罗中立 1988年作 何处是归家	79cm×65cm	1,725,000	北京荣宝	2022-07-24	毛焰 2002年作 托马斯 5号	105.5cm×75cm	143,640	保利香港	2022-07-13
洛伊·霍洛韦尔 2018年作 感性的物体	121.9cm×91.4cm×7.6cm	10,672,140	佳士得	2022-05-26	梅忠恕 1965年2月15日作 百合静物	46cm×60.5cm	3,646,541	香港苏富比	2022-10-07
洛伊·霍洛韦尔 2014年作 绿衣女郎	162.6cm×121.9cm	6,609,355	香港苏富比	2022-10-07	梅忠恕 1989年作 母与子	30.3cm×60cm	2,734,906	香港苏富比	2022-10-07
洛伊·霍洛韦尔 2015年作 舔舔橙色和蓝色	162.6cm×121.9cm	6,480,432	香港苏富比	2022-04-27	梅莉莎·布朗 2017年作 卡顿街跳蚤市场	101.6cm×152.4cm	259,217	佳士得	2022-05-27
洛伊·霍洛韦尔 2015年作 棕色和绿色的舔舔	71.1cm×53.3cm	3,427,000	永乐拍卖	2022-07-26	米高·卡根 2019年作 球显然是落在在线!	61cm×61cm	118,807	佳士得	2022-05-27
洛伊·霍洛韦尔 2014年作 月亮下的曲线	30.5cm×22.9cm	594,039	香港苏富比	2022-04-28	米斯尼亚迪 2021年作 忘了	150cm×100cm	702,046	佳士得	2022-05-27
吕斯百 20世纪60年代作 玉兰	81cm×65cm	977,500	开拍国际	2022-01-07					
吕斯百 晨练	40.5cm×50.5cm	287,500	开拍国际	2022-07-24	摩根·布莱尔 2019年作 我也不知道,我只是告诉你邮轮总监琳达·克里米尼告诉我的事情,而且我倾向于相信任何拥有核子心理学博士学位的邮轮总监建议我始终按照自己的意愿行事。	直径152cm	162,010	佳士得	2022-05-27
吕斯百 1956年作 延安	35cm×45cm	287,500	广东崇正	2022-12-24					
马蒂亚斯·桑切斯 2021年作 山上的画家	73cm×60cm	108,528	保利香港	2022-10-10					
马刚 秋之至冬之始 画心	100cm×73cm	498,000	北京传世	2022-12-15					
马轲 2007年作 成before故事	200cm×150cm	1,725,000	中国嘉德	2022-06-28					
马轲 2012年作 沙尘暴	219cm×390cm	1,495,000	北京保利	2022-07-25					
马轲 1997年作 坐在树上的读书人	180cm×150cm	1,150,000	朵云轩	2022-12-08					

2022书画拍卖成交汇总(续表)

(成交价RMB：6万元以上)

拍品名称	物品尺寸	成交价RMB	拍卖公司	拍卖日期	拍品名称	物品尺寸	成交价RMB	拍卖公司	拍卖日期
莫里斯·勒洛尔 采樱桃	61cm×49cm	276,000	北京荣宝	2022-07-24	潘德海 2010年作 过去了——上班	170cm×200cm	230,000	华艺国际	2022-09-23
莫雄 富贵双锦图	170cm×140cm	287,500	西泠印社	2022-08-20	潘鸿海 2003年作 美丽洲	116cm×163cm	1,955,000	西泠印社	2022-08-20
莫雄 2015年作 锦晖图	160cm×140cm	241,500	西泠印社	2022-01-22	潘玉良 20世纪40年代作 青瓶红菊	81cm×116.4cm	5,469,811	香港苏富比	2022-10-07
纳堤·尤塔瑞 2002年作 汤姆与谢利系列	120cm×110cm	626,441	香港苏富比	2022-04-28	庞均 2004年作 窗外古城	165cm×165cm	1,244,980	香港苏富比	2022-04-27
纳堤·尤塔瑞 2014年作 殖民地国王的庭园	56.5cm×99.4cm	284,886	香港苏富比	2022-10-06	庞均 2020年作 春到我家	150cm×150cm	1,234,368	华艺国际	2022-05-29
纳堤·尤塔瑞 2011年作 神		3,456,230	佳士得	2022-05-26	庞均 2017年作 柳绿花红漓水清	100cm×200cm	1,025,590	香港苏富比	2022-10-06
纳堤·尤塔瑞 2005年作 旧浪漫主义的最后描述	100cm×140cm	734,448	佳士得	2022-05-27	庞均 2006年作 紫蓝色之写意	72.5cm×60.5cm	276,000	中国嘉德	2022-06-28
奈良美智 2014年作 愿世界和平	194cm×162.2cm	83,225,548	佳士得		庞均 2002年作 台南孔庙一角	46cm×53cm	230,000	中国嘉德	2022-06-28
奈良美智 1994年作 Present（礼物）	180.3cm×149.9cm	66,126,430	佳士得	2022-11-30	庞均 1999年作 红花盆	60.5cm×50cm	187,618	中国嘉德	2022-10-09
奈良美智 1993年作 O.T(无题)	150cm×100cm	24,804,309	中国嘉德	2022-10-09	庞均 1996年作 姹紫嫣红	53.5cm×45.5cm	172,500	西泠印社	2022-01-22
奈良美智 2007年作 无题	95cm×95cm×13.5cm	12,553,905	佳士得	2022-11-30	庞茂琨 2020年作 斜倚的妮娜	120cm×150cm	1,285,800	华艺国际	2022-05-29
奈良美智 愤怒的女孩	40cm×31cm	8,165,000	中鸿信	2022-09-12	庞茂琨 2004年作 游离者之五	185cm×140cm	1,265,000	朵云轩	2022-12-08
奈良美智 2012年作 星星	44cm×45cm	7,182,000	保利香港	2022-07-12	庞茂琨 2000年作 红裙子	116cm×91cm	782,000	华艺国际	2022-07-28
奈良美智 1993年作 微笑女孩	75cm×135cm	1,116,753	香港苏富比	2022-10-06	庞茂琨 2011年作 细语之五	130cm×90cm	575,000	华艺国际	2022-09-23
南海岩 春的祈盼	83cm×174cm	655,500	上海嘉禾	2022-01-01	庞茂琨 1991年 垂纱下的舞者	117cm×97.5cm	517,500	中国嘉德	2022-06-28
妮可·艾森曼 2004年作 网球	30.8cm×22.9cm	239,304	香港苏富比	2022-10-06	庞茂琨 2005年作 游离者之六	100cm×80cm	517,500	西泠印社	2022-08-20
尼奥·劳赫 2002年作 乡下人	49.9cm×40cm	820,800	保利香港	2022-07-13	庞茂琨 2005年作 少女	38cm×58cm	105,800	中鸿信	2022-09-12
倪军 2019年作 一片丹心	50cm×60cm	195,500	朵云轩	2022-12-08	庞薰琹 1978年作 百花齐放	55cm×45cm	23,000,000	中国嘉德	2022-06-28
倪贻德 1963年作 工人像	74.5cm×56cm	2,185,000	中国嘉德	2022-06-28	庞薰琹 1948年作 湖畔	33cm×31.5cm	7,130,000	中国嘉德	2022-12-14
倪贻德 20世纪60年代作 绿意	46cm×75.5cm	690,000	中国嘉德	2022-12-14	庞均 2021年作 金秋季节	201cm×250.5cm	1,846,800	保利香港	2022-07-12
诺曼·罗克韦尔 1953年作 烘焙师阅读节食书籍	68.6cm×63.5cm	28,983,938	纽约苏富比	2022-11-14	庞均 2014年作 家在小河杨柳岸	115cm×180cm	1,836,122	香港苏富比	2022-04-28
欧阳春 2012年作 孤独症	260cm×370cm	7,245,000	中国嘉德	2022-06-28	庞均 2012年作 花下一渔舟	91.3cm×117cm	922,488	保利香港	2022-10-10
欧阳春 2007年作 王朝	180cm×500cm	3,680,000	开拍国际	2022-07-24	庞均 2001年作 文明永在	160cm×160cm	864,057	佳士得	2022-05-27
欧阳春 2008年作 王者不死	245cm×160cm	1,955,000	北京保利	2022-07-25	庞均 2005年作 千年村屋	116.5cm×91cm	579,411	佳士得	2022-12-01
欧阳春 2010年作 纯洁	150cm×205cm	1,322,500	中国嘉德	2022-06-28	庞均 2021年作 水上人家	73cm×91cm	540,036	佳士得	2022-05-27
欧阳春 2005年作 璀璨 No.1	220cm×280cm	1,092,500	中国嘉德	2022-06-28	庞均 2017年作 银河在人间	72.5cm×91cm	407,700	罗芙奥	2022-06-05
欧阳春 2005年作 蓝精灵（双联作）	146cm×114cm×2	782,000	永乐拍卖	2022-07-26	庞均 2006年作 江南古巷	72cm×60cm	266,760	保利香港	2022-07-13
欧阳春 2006年作 彩色的陨石	180cm×300cm	782,000	永乐拍卖	2022-07-26	庞均 2007年作 退戍戍桥	59.5cm×71.8cm	260,467	保利香港	2022-10-10
欧阳春 2004年作 露天电影No.7	220cm×280cm	644,000	西泠印社	2022-01-22	庞均 2007年作 500年石板街	60.6cm×72.7cm	217,440	罗芙奥	2022-06-05
欧阳春 2011年作 教室	190.5cm×150cm	632,500	中国嘉德	2022-06-28	裴英超 百财 画心	100cm×70cm	268,000	北京传世	2022-03-22
欧阳春 2004年作 随风摇曳	210cm×210cm	632,500	华艺国际	2022-07-24	彭斯 2006年作 红艕	138cm×68cm	172,500	中贸圣佳	2022-10-27
欧阳春 2005年作 迎接陨石	230cm×180cm	575,000	开拍国际	2022-07-24	彭斯 2012年作 九嶷山与白马	30cm×50cm	115,000	北京荣宝	2022-07-24
欧阳春 2006年作 蓝精灵（三）	146cm×114cm×3	575,000	华艺国际	2022-07-24	皮耶·博纳尔 静物	53.3cm×52.7cm	32,352,868	纽约苏富比	2022-11-14
欧阳春 2005年作 玫瑰园	250cm×180cm	563,500	西泠印社	2022-01-22	皮耶·蒙德里安 构图第II号	51cm×51cm（画布）	354,990,600	纽约苏富比	2022-11-14
欧阳春 2006年作 丢弃绘画No.2	180cm×250cm	529,000	永乐拍卖	2022-07-26	皮耶·苏拉吉 1956年作 画作 195厘米×130 厘米，1956年12月3日	119.5cm×90.5cm	40,829,138	香港苏富比	2022-10-07
欧阳春 2013年作 溪流	200cm×150cm	414,000	北京保利	2022-07-25	平贺敬 1970年作 窗口	100cm×80cm	259,217	佳士得	2022-05-27
欧阳春 2006年作 蓝精灵	149cm×199cm	414,000	西泠印社	2022-08-20	平子雄一 2019年作 Perennial 03	194cm×162.2cm	2,052,136	佳士得	2022-05-27
欧阳春 2004—2005年作 红玫瑰		412,406	保利香港	2022-10-10	平子雄一 2018年作 Cropping 16	72.7cm×91cm	462,060	罗芙奥	2022-06-05
欧阳春 2010年作 画家	150cm×131cm	368,000	北京保利	2022-07-25	平子雄一 2015年作 Full Bloom 5, Green Master 37（两件一组）	53cm×45.5cm×2	380,520	罗芙奥	2022-06-05
欧阳春 2005年作 浪子(双联画)	146cm×114cm×2	322,000	西泠印社	2022-01-22	平子雄一 2018年作 裁剪-19	90.6cm×116.2cm	347,289	保利香港	2022-10-10
欧阳春 2005年作 陨石喷着火焰坠落	150cm×215cm	287,500	永乐拍卖	2022-07-26	平子雄一 2014年作 爬树 5	82cm×102cm	225,720	保利香港	2022-07-13
欧阳春 2008年作 流浪汉	81cm×100cm	264,500	永乐拍卖	2022-07-26	平子雄一 2015年作 盛开2	53cm×45.5cm	198,655	中国嘉德	2022-10-09
欧阳春 2005年作 黑夜怕怕	96cm×96cm	246,873	华艺国际	2022-05-29	奇蒂·纳罗德 2022年作 王子与王妃	160cm×140cm	402,500	华艺国际	2022-07-28
欧阳春 2008年作 万圣节装束	50cm×40cm	149,500	西泠印社	2022-01-22	奇蒂·纳罗德 2021年作 红色背景下的人群	150cm×180cm	368,000	永乐拍卖	2022-07-26
欧阳春 2005年作 画家	81cm×65cm	126,500	永乐拍卖	2022-07-26	奇蒂·纳罗德 2021年作 快乐的人们	80cm×190cm	287,500	中国嘉德	2022-06-28
欧阳春 2005年作 漠视2	190cm×150cm×2	667,000	北京荣宝	2022-07-24	钱德湘 2017年作 牡丹自在	46cm×36cm	207,000	北京荣宝	2022-07-24
帕腾·恩姆贾恩 1974年作 宇宙交响乐	87cm×97cm	927,057	佳士得	2022-12-01					

拍品名称	物品尺寸	成交价RMB	拍卖公司	拍卖日期
乔迪·克威克 2022年作 为我的兄弟Jordan Granger（乔丹·格兰杰）	139.7cm × 160cm	1,620,108	香港苏富比	2022-04-28
乔迪·克威克 2019年作 东京前	99.8cm × 75.5cm	950,463	香港苏富比	2022-04-28
乔迪·里伯斯 2021年作 蓝色的小船向下游	180cm × 180cm	512,795	香港苏富比	2022-10-06
乔迪·里伯斯 2021年作 穿着红色连衣裙的旅行	180cm × 180cm	460,000	开拍国际	2022-07-24
乔纳森·查普林 2018年作 影像画廊（收集与转录）	121.9cm × 213.2cm	1,620,108	佳士得	2022-05-27
乔纳斯·伍德 2008年作 B – BALL9	38.1cm × 39.7cm	287,500	永乐拍卖	2022-07-26
乔瓦尼·桑德鲁奇 传来的消息	83cm × 110cm	115,000	北京荣宝	2022-07-24
乔治·康多 1994年作 无题	165.1cm × 205.7cm	3,240,216	香港苏富比	2022-04-28
乔治·康多 1999年作 泡泡夜里的站姿裸女	151.4cm × 127.5cm	3,024,201	香港苏富比	2022-04-28
乔治·康多 约1983年作 无题	135cm × 119.5cm	2,070,000	华艺国际	2022-07-28
乔治·康多 1994年作 会计师	61cm × 45.5cm	1,404,093	佳士得	2022-05-27
乔治·康多 2000年作 深红色背景前的女子	17.5cm × 12.7cm	690,000	永乐拍卖	2022-07-26
乔治·鲁伊 2019年作 沐浴	180.5cm × 150cm	918,061	佳士得	2022-05-27
乔治·罗伊 2019年作 在窗边等待	180cm × 150.2cm	683,726	香港苏富比	2022-10-06
乔治·马修 1982年作 1429	97cm × 195cm	6,432,400	香港苏富比	2022-04-27
乔治·马修 约1940—1947年作 炽热的放逐	55.5cm × 46.3cm	2,962,814	香港苏富比	2022-10-07
乔治·马修 1990年作 极乐	97cm × 130cm	2,700,180	佳士得	2022-05-27
乔治·马修 1961年作 俯仰今昔	97cm × 130cm	2,489,961	香港苏富比	2022-04-27
乔治·马修 1989年作 天命	89cm × 116cm	1,840,000	永乐拍卖	2022-07-26
乔治·马修 1986年作 相依镜面	65cm × 116.3cm	1,782,500	永乐拍卖	2022-07-26
乔治·马修 1970年作 于克塞莱	89cm × 145.5cm	1,674,111	香港苏富比	2022-04-27
乔治·马修 1964年作 Dahut	97cm × 195cm	1,512,100	佳士得	2022-05-27
乔治·马修 约1990年作 内省	89cm × 116cm	1,196,521	香港苏富比	2022-10-06
秦琦 2005年作 就	190cm × 143cm	2,530,000	中国嘉德	2022-06-28
秦琦 2014年作 无题	280cm × 361cm	2,300,000	中国嘉德	2022-06-28
秦琦 2015年作 告别1	300cm × 300cm	2,127,500	永乐拍卖	2022-07-26
秦琦 2021年作 印度人	88cm × 118cm	793,500	永乐拍卖	2022-07-26
秦琦 2012年作 蓝色背景下的画笔	200cm × 160cm	640,111	中国嘉德	2022-10-09
秦琦 2010年作 叶子	160cm × 200cm	598,000	永乐拍卖	2022-07-26
秦琦 2011年作 常伍	180cm × 210cm	598,000	华艺国际	2022-07-28
秦琦 2010年作 无题	169cm × 220.5cm	563,500	华艺国际	2022-07-28
秦琦 2005年作 椅子可以坐但不可以躺	160cm × 200cm	517,500	开拍国际	2022-07-24
秦琦 2010年作 白帽子	160cm × 200cm	462,888	华艺国际	2022-05-29
秦宣夫 1944年作 磁集口	79cm × 63cm	2,070,000	北京荣宝	2022-07-24
琼·米切尔 1966—1967年作 无题	278cm × 199cm	76,656,995	佳士得	2022-11-30
丘堤 1939年作 两朵山茶花	38cm × 29cm	8,970,000	中国嘉德	2022-12-14
邱光平 2021年作 绿马骑士之二	160cm × 120cm	805,000	广东崇正	2022-12-24
邱光平 2009年作 纵火者16	150cm × 110cm	690,000	广东崇正	2022-08-10
邱瑞祥 2012—2014年作 内部	220cm × 180cm	805,000	中国嘉德	2022-12-14
邱瑞祥 2008年作 无题	130cm × 160cm	333,500	开拍国际	2022-07-24
邱亚才 美男子	117cm × 91cm	231,030	罗芙奥	2022-06-05
全山石 新疆姑娘	100cm × 81cm	920,000	朵云轩	2022-12-08

拍品名称	物品尺寸	成交价RMB	拍卖公司	拍卖日期
让·巴蒂斯特·卡米耶·柯罗 约1870—1875年作 意大利的月光	25cm × 33.5cm	1,234,368	华艺国际	2022-05-29
让·米歇尔·巴斯奎特 1982年作 Untitled（无题）	50.5cm × 40.5cm	1,518,000	中鸿信	2022-09-12
阮潘正 1957年作 中国书法课	92.5cm × 60cm	3,988,404	香港苏富比	2022-10-07
瑞安·莫斯利 2018年作 采石匠的猫	120cm × 95cm	172,500	永乐拍卖	2022-07-26
萨波兹齐斯·博佐 2020年作 无题	160cm × 130cm	1,188,079	佳士得	2022-05-27
萨波兹齐斯·博佐 2019年作 无题	161.7cm × 129.7cm	433,027	香港苏富比	2022-10-06
萨尔曼·图尔 2017年作 屋顶歌手	109.3cm × 165.3cm	4,104,273	香港苏富比	2022-04-27
萨尔曼·图尔 2018年作 男子、手提袋与笔记计算机	91.4cm × 60.9cm	2,506,997	香港苏富比	2022-10-07
萨尔曼·图尔 2012年作 无题	50cm × 40cm	345,623	香港苏富比	2022-04-28
塞尔吉·阿图克维·克洛蒂 2021年作 阿东戈	151.1cm × 122.7cm	594,039	佳士得	2022-05-27
桑亚·康塔洛夫斯基 2012年作 无题	86.3cm × 66cm	453,630	佳士得	2022-05-27
沙耆 1942年作 比国写影——评论家 Stéphane Rey（斯特凡·雷伊）夫人像	92cm × 65cm	1,725,000	中国嘉德	2022-12-14
沙耆 1942年作 比利时画室	80cm × 70cm	920,000	中国嘉德	2022-06-28
沙耆 朱弦玉磬	65cm × 50cm	713,000	西泠印社	2022-01-22
沙耆 20世纪40年代作 红蜻蜓	36cm × 52.5cm	460,000	中国嘉德	2022-06-28
沙耆 20世纪40年代作 锦鸡	51.5cm × 33cm	345,000	中国嘉德	2022-06-28
沙耆 1996年作 水果与暖水瓶	52cm × 42.5cm	235,750	西泠印社	2022-08-20
沙耆 20世纪40年代作 戏曲人物	49cm × 28.5cm	218,500	中国嘉德	2022-06-28
沙耆 1989年作 风景	79cm × 69.5cm	189,750	西泠印社	2022-08-20
沙耆 1990年作 有鱼的静物	56cm × 65.5cm	126,500	西泠印社	2022-08-20
沙耆 1986年作 韩岭雪景	33cm × 43.5cm	103,500	西泠印社	2022-08-20
莎拉·斯拉佩 2017年作 倒影（温特哈尔特）	122cm × 92cm	227,909	香港苏富比	2022-10-06
莎拉·休斯 2016年作 醉醺醺	173cm × 152.4cm	8,619,146	香港苏富比	2022-04-27
莎拉·休斯 2016年作 Wonder Under	172.7cm × 152.4cm	7,020,468	佳士得	2022-05-26
莎拉·休斯 2018年作 通往天堂的阶梯	213.3cm × 177.8cm	4,216,313	香港苏富比	2022-10-07
莎拉·休斯 2007年作 无题	121.5cm × 132cm	1,188,079	佳士得	2022-05-27
莎拉·休斯 2016年作 西兰（蓝）花树	35.6cm × 28cm	275,910	中国嘉德	2022-10-09
山本麻友香 2017年作 鹿与蓝色的熊	162.2cm × 130.5cm	911,635	香港苏富比	2022-10-06
山本麻友香 2020年作 小羊男孩	45.6cm × 33.1cm	569,772	香港苏富比	2022-10-06
山本麻友香 2018年作 企鹅男孩	100cm × 80cm	1,080,072	佳士得	2022-05-27
山本麻友香 2008年作 粉红羊	228cm × 182cm	761,040	罗芙奥	2022-06-05
山本麻友香 2017年作 熊猫	130.3cm × 97cm	761,040	罗芙奥	2022-06-05
山本麻友香 2009年作 黑花	162cm × 130cm	271,800	罗芙奥	2022-06-05
山口长男 1961年作 匐	183.5cm × 183.5cm	10,672,140	佳士得	2022-05-26
山口长男 1955年作 作品	90.5cm × 60.5cm	1,188,079	佳士得	2022-05-27
上前智佑 1970年作 无题	161.5cm × 129.8cm	540,036	香港苏富比	2022-04-28
上条晋 2020年作 若没人在你身旁	248.9cm × 182.8cm	1,512,100	佳士得	2022-05-27
上野洋介 尤莉小猫	117cm × 91cm	543,600	罗芙奥	2022-06-05
尚·保罗·里奥佩尔 1954年作 奥地利之三	195cm × 300cm	39,041,265	佳士得	2022-11-30
尚·米榭·巴斯奇亚 1982年作 领导者	152.4cm × 152.4cm	94,160,000	佳士得（上海）	2022-03-01

2022书画拍卖成交汇总(续表)

(成交价RMB：6万元以上)

拍品名称	物品尺寸	成交价RMB	拍卖公司	拍卖日期
尚·米榭·巴斯奇亚 1981年作 无题	122cm×142cm	90,288,000	保利香港	2022-07-12
尚·米榭·巴斯奇亚 1984年作 Logo（标识）	152cm×122cm	21,546,000	保利香港	2022-07-12
尚塔尔·约菲 2018年作 自画像I，三月	61cm×45.7cm	140,409	香港苏富比	2022-04-28
尚扬 1994年作 诊断-3	193cm×153cm	13,800,000	中国嘉德	2022-12-14
尚扬 1995年作 SALE（出售）	153cm×193cm	5,750,000	北京保利	2022-07-25
尚扬 1992年作 给朋友们	81cm×100cm	1,495,000	西泠印社	2022-08-20
尚扬 1995年作 有阳光的风景之三	61cm×80cm	1,322,500	北京保利	2022-07-25
尚扬 2000年作 M地	66cm×135cm	977,500	开拍国际	2022-07-24
尚扬 2014年作 H地-35	40cm×80cm	920,000	中贸圣佳	2022-10-27
尚扬 1982年作 老哨	95cm×100cm	862,500	永乐拍卖	2022-07-26
尚扬 2002年作 山水画入门-2	93cm×128cm	782,000	永乐拍卖	2022-07-26
邵晶坤 1986年作 格鲁吉亚少女	50cm×42cm	115,000	北京荣宝	2022-07-24
申玲 1996年作 爱情鸟	146cm×112cm	437,000	西泠印社	2022-01-22
申树斌 2018年作 远方的远方No.4	90cm×150.5cm	253,000	中国嘉德	2022-12-14
沈汉武 编织女子	76.2cm×61cm	118,807	佳士得	2022-05-27
沈汉武 采蘑菇	91.4cm×61cm	115,882	佳士得	2022-12-01
沈文燮 2018年作 呈现	113cm×161cm	864,057	佳士得	2022-05-27
施少平 2014年作 莫非·逍遥游系列	245cm×145cm	575,000	广东崇正	2022-12-24
石冲 2006年作 物语、空气、水和身体	50.5cm×35.5cm	218,500	中国嘉德	2022-06-28
石虎 2005年作 双雀图	64cm×48cm	230,000	中国嘉德	2022-06-28
石虎 无题	67.9cm×92.5cm	102,600	保利香港	2022-07-13
石齐 少女	100cm×80cm	1,725,000	开拍国际	2022-07-24
石齐 祥云长在	80cm×60cm	920,000	中国嘉德	2022-12-15
石齐 2015年作 游春 镜框	50cm×40cm	425,500	北京保利	2022-07-27
石锐锋 自愚自乐-空五	80cm×80cm	552,000	保利厦门	2022-10-22
石田彻也 1999年作 囚人	36.5cm×51.5cm	3,531,648	中国嘉德	2022-10-09
时砚亮 2020年作 盛宴	180cm×138cm	109,250	中国嘉德	2022-12-14
史丹利·惠特尼 2013年作 鸟鸣	152.4cm×152.4cm	4,212,280	佳士得	2022-05-26
史丹利·惠特尼 2018年作 简短的历史	183cm×183cm	10,693,570	香港苏富比	2022-04-27
史丹利·惠特尼 2016年作 桑·拉	244.2cm×244.2cm	9,093,742	香港苏富比	2022-10-07
史万杰 2020年作 夜的风景	120cm×150cm	115,000	广东崇正	2022-08-10
史新骥 2011年作 冬山图	200cm×150cm	253,000	永乐拍卖	2022-07-26
斯科特·卡恩 2012年作 大洋彼岸的宅邸	158cm×183cm	9,643,500	佳士得	2022-05-26
斯科特·卡恩 2016年作 进入森林	76.2cm×101.6cm	5,670,000	佳士得（上海）	2022-03-01
斯科特·卡恩 1997年作 天堂鸟	66cm×71cm	3,240,216	佳士得	2022-05-27
斯科特·卡恩 2013年作 热浪	51.1cm×55.9cm	2,376,158	佳士得	2022-05-27
斯科特·卡恩 2020年作 在野外的影射	101.6cm×76.2cm	797,681	香港苏富比	2022-10-06
斯科特·卡恩 2007年作 海芋属叶	50cm×40cm	569,772	香港苏富比	2022-10-06
斯里哈迪·苏达索诺 1987年作 带（戴）面具舞者	99cm×94cm	378,025	佳士得	2022-05-27
斯里哈迪·苏达索诺 2003年作 Oleg Tambulilingan, Gelora Cinta	170cm×140cm	702,046	香港苏富比	2022-04-28
斯里哈迪·苏达索诺 1967年作 稻田	97cm×130cm	518,434	香港苏富比	2022-04-28
斯里哈迪·苏达索诺 1980年作 黄色	85cm×105cm	432,028	香港苏富比	2022-04-28
斯里哈迪·苏达索诺 1992年作 舞者对话	100cm×100cm	378,025	香港苏富比	2022-04-28
松浦浩之 2009年作 鸭子军队（永远快乐）（一组共三件）	尺寸不一	246,240	保利香港	2022-07-13
宋惠民 1993年作 振翅	80cm×80cm	121,400	中国嘉德	2022-10-09
宋琨 2006年作 这就是我的生活（90件）	27cm×35cm×90	4,370,000	开拍国际	2022-07-24
宋琨 2017年作 清风	140cm×180.2cm	1,854,115	佳士得	2022-11-30
宋琨 2015年作 宝藏天女	220cm×140cm	1,725,000	中国嘉德	2022-06-28
宋琨 2009年作 人自老，春长好	140cm×180cm	943,000	北京保利	2022-07-25
宋琨 2002年作 "四月一"眼睛日记No.1~4	50cm×60cm×4	920,000	永乐拍卖	2022-07-26
宋琨 2013年作 木樨	120cm×90cm	828,000	西泠印社	2022-08-20
宋琨 2015年作 水母	137cm×178cm	713,000	永乐拍卖	2022-07-26
宋琨 2005年作 他说他喜欢兔子	136cm×98.3cm	690,000	永乐拍卖	2022-07-26
宋琨 无题	178cm×137cm	609,500	西泠印社	2022-01-22
宋琨 2015年作 鹿园No.6	直径89.7cm	483,000	西泠印社	2022-01-22
宋琨 2003年作 隐匿者No.4	65cm×91cm	425,500	北京保利	2022-07-25
宋琨 2013年作 蛊惑女	45cm×60cm	368,000	中国嘉德	2022-06-28
宋琨 2009年作 东方不败·林青霞	27cm×35cm	161,000	中贸圣佳	2022-10-27
宋琨 2018年作 泛灵族-悠Baby	110cm×145cm	920,000	北京荣宝	2022-07-24
宋琨 2019年作 资本咬合	直径50cm	402,500	北京荣宝	2022-07-24
宋洋 2012年作 海洋之巅1	180cm×200cm	2,530,000	北京荣宝	2022-07-24
宋永平 1993年作 黑雾	64.9cm×64cm	136,745	香港苏富比	2022-10-06
苏加那·克尔顿 1977年作 棕榈酒	124.5cm×148cm	1,620,108	佳士得	2022-05-27
苏珊娜·瓦拉东 1920年作 瓶花与窗帘	61cm×50cm	1,028,640	华艺国际	2022-05-29
苏天赐 1996年作 怒放的鸡冠花	68cm×68cm	1,955,000	中国嘉德	2022-06-28
苏天赐 1978年作 漓江春雨	47cm×106cm	1,897,500	中贸圣佳	2022-07-24
苏天赐 1990年作 春风	62.5cm×98.5cm	1,150,000	西泠印社	2022-08-20
苏天赐 1978年作 漓江新篁	31.5cm×55cm	690,000	中贸圣佳	2022-10-27
苏天赐 1979年作 富春江的早春	31cm×53.5cm	575,000	西泠印社	2022-08-20
苏天赐 1998~1999年作 春山绿水	26cm×37.5cm	517,500	西泠印社	2022-01-22
苏天赐 1977年作 风景	26.7cm×37cm	138,000	西泠印社	2022-08-20
苏天赐 1980年作 肖像	54.5cm×39cm	115,000	中贸圣佳	2022-07-24
苏天赐 1992年作 暮春三月	50.1cm×64cm	1,092,500	北京荣宝	2022-07-24
苏新平 2008年作 干杯 50号	115cm×147cm	460,000	华艺国际	2022-07-28
苏新平 2012年作 干杯	150cm×100cm	230,000	华艺国际	2022-09-23
苏玉云 1942年作 年轻女子肖像	73cm×54cm	4,860,324	佳士得	2022-05-27
苏玉云 约1942年作 少女肖像	61cm×50cm	594,039	佳士得	2022-05-27
苏战国 2020年作 净土	150cm×120cm	552,000	保利厦门	2022-10-22
孙浩 2021年作 潜龙勿用	125cm×97cm	483,000	开拍国际	2022-07-24
孙一钿 2017年作 一双眼睛看两个世界（双联画）	100cm×81cm×2	1,035,000	中国嘉德	2022-12-14
孙宗慰 1942年作 蒙藏人民歌舞图	54cm×68cm	5,750,000	中国嘉德	2022-12-14
孙宗慰 1942年作 塔尔寺宗喀巴塔	38cm×50cm	2,760,000	中国嘉德	2022-12-14
孙宗慰 1947年作 溜冰场	88cm×65cm	2,300,000	中国嘉德	2022-06-28
孙宗慰 1945年作 八月	52cm×44.5cm	460,000	永乐拍卖	2022-07-26
孙宗慰 1942年作 前行	47cm×29cm	345,000	开拍国际	2022-07-24
孙宗慰 1945年作 长寿桥	39cm×81cm	943,000	北京荣宝	2022-07-24
索菲·冯·海勒曼（德国）2000年作 后期制作狂	230cm×330.5cm	1,150,000	华艺国际	2022-07-28

拍品名称	物品尺寸	成交价RMB	拍卖公司	拍卖日期
塔妮雅·马尔莫莱霍 2020年作 我总是回到此处	123.1cm × 196.4cm	626,749	香港苏富比	2022-10-06
塔妮雅·马尔莫莱霍 2018年作 陌生人	107cm × 124cm	378,025	香港苏富比	2022-04-28
塔妮雅·马尔莫莱霍 2017年作 双重诱惑	127cm × 177.8cm	492,480	保利香港	2022-07-13
塔妮雅·马尔莫莱霍 2019年作 让飓风进来	160cm × 169cm	976,752	保利香港	2022-10-10
泰菈·玛达妮 2018年作 无题(横断灯)	139.7cm × 111.8cm	364,654	香港苏富比	2022-10-06
谭平 2006年作 红色背后的红(三联作)	200cm × 480cm	4,600,000	华艺国际	2022-07-28
谭平 2005年作 一剪梅(三联画)	200cm × 325cm	1,092,500	西泠印社	2022-01-22
谭平 2016年作 无题	160cm × 200cm	977,500	中国嘉德	2022-06-28
谭平 2018年作 无题	120cm × 160cm	598,000	永乐拍卖	2022-07-26
谭平 2008年作 无题	160cm × 200cm	517,500	中贸圣佳	2022-10-27
谭平 2019年作 无题	80.5cm × 100cm	410,400	保利香港	2022-07-13
谭平 2021年作 无题	121cm × 150cm	402,500	中国嘉德	2022-06-28
谭平 2013年作 无题	60cm × 80cm	230,000	北京荣宝	2022-07-24
唐晖 2017年作 庄严系列	110cm × 120cm	287,500	永乐拍卖	2022-07-26
唐国刚 1988年作 无题	70cm × 90cm	253,000	北京荣宝	2022-07-24
唐伟民 2014年作 远山	100cm × 80cm	172,500	西泠印社	2022-01-22
唐永祥 2013年作 蓝色背景上有些头像	200cm × 300cm	1,610,000	中国嘉德	2022-06-28
唐蕴玉 1927年作 林间风景	44cm × 58cm	172,500	中国嘉德	2022-12-14
滕振博 2019年作 青绿山水	70cm × 70cm	3,670,000	北京中贝	2022-03-16
藤田嗣治 1956年作 抱猫少女	46cm × 38cm	10,580,000	华艺国际	2022-07-28
藤田嗣治 1956年作 花瓶里的花束——致敬弗拉芒大师	33.5cm × 25cm	3,450,000	中国嘉德	2022-06-28
藤田嗣治 1943年作 娘	41cm × 32cm	1,823,270	香港苏富比	2022-10-06
藤田嗣治 1958年作 红帽女孩	22.3cm × 16.4cm	1,539,000	保利香港	2022-07-12
天野タケル 2021年作 维纳斯	160cm × 130cm	298,980	罗芙奥	2022-06-05
天野健 2016年作 Venus Buttock	131cm × 131cm	207,000	华艺国际	2022-07-28
天野健 2021年作 女神 3	141cm × 101cm	153,900	保利香港	2022-07-13
童雁汝南 2020年作 2003110我是谁	41cm × 33cm	345,000	西泠印社	2022-08-20
涂克 1961年作 花	44cm × 40cm	241,500	西泠印社	2022-08-20
涂曦 神话	200cm × 150cm	115,000	中贸圣佳	2022-07-24
涂鸦先生 鸟山	199.5cm × 299cm	1,949,400	保利香港	2022-07-12
涂鸦先生 2019年作 Doodle小岛的星期日下午	80cm × 130cm	869,760	罗芙奥	2022-07-13
涂鸦先生 2019年作 Doodle 在埃斯塔克	80cm × 130cm	815,400	罗芙奥	2022-06-05
涂鸦先生 2019年作 粉色的心 #1	50cm × 50cm	320,055	中国嘉德	2022-10-09
涂鸦先生 2019年作 涂鸦	60cm × 60cm	287,280	保利香港	2022-07-13
涂鸦先生/Dr Scribble 2018年作 燃烧的房子	91cm × 91cm	242,800	中国嘉德	2022-10-09
涂鸦先生 2019年作 涂鸦	15cm × 15.5cm × 4	241,500	华艺国际	2022-07-28
涂鸦先生 2017年作 旧街方块(共六件)		194,940	保利香港	2022-07-13
涂鸦先生/Dr Scribble 2018年作 堕落魔鬼	152.4cm × 40.6cm	154,509	中国嘉德	2022-10-09

拍品名称	物品尺寸	成交价RMB	拍卖公司	拍卖日期
屠宏涛 2012—2013年作 树的肖像	210cm × 100cm	575,000	中国嘉德	2022-06-28
屠宏涛 2005年作 梦幻城市	150cm × 210cm	402,500	西泠印社	2022-01-22
屠宏涛 2004年作 梦幻剧场之七	130cm × 180cm	287,500	永乐拍卖	2022-07-26
屠宏涛 1998年作 三台山情侣	158cm × 80cm	207,000	中国嘉德	2022-06-28
托马斯·劳伦斯爵士 女子肖像	53cm × 43cm	287,500	北京荣宝	2022-07-24
妥木斯 1988年作 路上	50cm × 60cm	195,500	中国嘉德	2022-06-28
万瑾玉 2022年作 生息系列: 冉	150cm × 150cm	149,500	保利厦门	2022-10-22
汪一 2021年作 追逐(双联画)	200cm × 200cm × 2	920,000	中国嘉德	2022-12-14
汪一 2019年作 猫头鹰	200cm × 200cm	805,000	中国嘉德	2022-06-28
汪一 2021年作 浮潜	150cm × 200cm	448,500	中贸圣佳	2022-10-27
王冰 2021年作 S-252	80cm × 60cm	161,000	中国嘉德	2022-06-28
王驰 2016年作 收获	170cm × 170cm	356,500	西泠印社	2022-01-22
王驰 2013年作 执花	140cm × 88cm	195,500	中国嘉德	2022-12-14
王川 2017年作 宋庄 2017年 第5号	70cm × 130cm	257,160	华艺国际	2022-05-29
王川 1993年作 1993年日记之七	138cm × 119.6cm	162,792	保利香港	2022-10-10
王川 2006年作 欲界	130cm × 199cm	460,000	北京荣宝	2022-07-24
王岱山 2020年作 逆光的花	180cm × 150cm	460,000	北京保利	2022-07-25
王光乐 2006年作 水磨石	180cm × 140cm	3,450,000	中国嘉德	2022-12-14
王光乐 2016年作 160114	280cm × 180cm	3,450,000	开拍国际	2022-07-24
王广义 1987年作 黑色理性	148cm × 198cm	13,800,000	中国嘉德	2022-06-28
王广义 1994年作 大批判——香奈儿	148cm × 98.5cm	851,000	中国嘉德	2022-12-14
王广义 1998年作 VISA	150cm × 150cm	770,500	永乐拍卖	2022-07-26
王广义 1993年作 大批判——统一面	149cm × 119.5cm	626,749	香港苏富比	2022-10-06
王广义 2005年作 影像艺术	200cm × 160.3cm	410,427	佳士得	2022-05-27
王广义 1986年作 后古典——大悲爱的复归(草图)	45cm × 79.5cm	368,000	北京保利	2022-07-25
王广义 2004年作 大批判——可口可乐	70cm × 60cm	345,000	北京荣宝	2022-07-24
王国平 色异之2362	95cm × 65cm	112,700	中贸圣佳	2022-07-24
王怀庆 2008年作 一根红线(双联作)	200cm × 120cm × 2	19,506,837	中国嘉德	2022-10-09
王怀庆 1998年作 门	200cm × 165cm	6,900,000	中国嘉德	2022-12-14
王嘉陵 2012年作 珠峰群	80cm × 180cm	2,070,000	荣宝斋(南京)	2022-12-07
王嘉陵 2021年作 龚滩风景	60cm × 50cm	345,000	荣宝斋(南京)	2022-12-07
王嘉陵 2017年作 四藏系列 韵	50cm × 60cm	310,500	北京荣宝	2022-07-24
王劫音 2010年作 青气	130cm × 65cm	287,500	永乐拍卖	2022-07-26
王劫音 2001年作 诗意山居	80cm × 80cm	218,500	朵云轩	2022-12-08
王劫音 1995年作 无题	60cm × 71cm	161,000	西泠印社	2022-08-20
王克举 2008年作 峨庄秋色	160cm × 180cm	345,000	北京荣宝	2022-07-24
王强 2016年作 树	187.5cm × 250cm	402,500	中国嘉德	2022-12-14
王兴伟 2007年作 无题(小树)	177cm × 170.2cm	2,897,055	佳士得	2022-11-30
王兴伟 2012年作 王华赏 No.3	120cm × 120cm	1,622,350	佳士得	2022-12-01
王兴伟 2008年作 无题(舞台)	110cm × 120cm	1,404,093	佳士得	2022-05-27
王兴伟 2010年作 无题(画家)	150cm × 120cm	594,039	佳士得	2022-05-27
王亚彬 2006年作 虎山	200cm × 150cm	184,000	西泠印社	2022-08-20
王亚彬 2008年作 我的宝石王	200cm × 150cm	138,000	北京保利	2022-07-25
王亚强 2010年作 飞机	120cm × 150cm	345,000	中贸圣佳	2022-10-27
王亚强 2014年作 靠窗	130cm × 150cm	230,000	北京保利	2022-07-25
王巍 2015年作 沧浪幽迹3	300cm × 600cm	977,500	中国嘉德	2022-12-14
王沂东 2007年作 约会春天	146cm × 100cm	12,650,000	华艺国际	2022-07-28
王沂东 2005年作 小石榴	88cm × 88cm	4,025,000	北京荣宝	2022-07-24

2022书画拍卖成交汇总(续表)

(成交价RMB：6万元以上)

拍品名称	物品尺寸	成交价RMB	拍卖公司	拍卖日期
王易罡 2022年作 抽象作品H50号	120cm×150cm	638,250	北京华辰	2022-09-21
王易罡 1984年作 残肢·致敬立体主义	96cm×91.5cm	172,500	西泠印社	2022-01-22
王易罡 2018年作 抽象作品H37	200cm×200cm	172,500	中国嘉德	2022-06-28
王易罡 2021年作 无题	120cm×150cm	184,000	北京荣宝	2022-07-24
王音 2008年作 池塘生春草Ⅰ	180cm×301cm	4,025,000	中国嘉德	2022-06-28
王音 2010年作 无题系列·鞋匠	180cm×230cm	3,220,000	中国嘉德	2022-12-14
王音 2014年作 乐乐	105cm×161cm	1,265,000	中国嘉德	2022-12-14
王音 2007年作 无题	36cm×54cm	345,000	永乐拍卖	2022-07-26
王音 2007年作 裸女	36cm×54cm	322,000	西泠印社	2022-01-22
王音 无题	36cm×52.5cm	184,680	保利香港	2022-07-13
王音 2006年作 肖像	54cm×36cm	184,000	永乐拍卖	2022-07-26
王音 2000年作 无题	54.5cm×79cm	126,500	中国嘉德	2022-06-28
王玉琦 1986年作 琴韵图	58cm×49cm	218,500	北京保利	2022-02-03
王兆中 2010年作 绿意春塬——黄河225	130cm×160cm	149,500	中国嘉德	2022-06-28
王兆中 2021年作 红色沂蒙山	100cm×80cm	115,000	北京保利	2022-07-25
王征骅 1988年作 卧	120cm×100cm	138,000	中国嘉德	2022-06-28
韦海 1979年作 国王之战	48cm×56cm	345,000	北京荣宝	2022-07-24
韦嘉 2008年作 白头到老Ⅱ	240cm×190cm	4,370,000	中国嘉德	2022-12-14
韦嘉 2007年作 不夜城	200cm×300cm	2,415,000	永乐拍卖	2022-07-26
韦嘉 2008年作 白头到老Ⅵ	120cm×150cm	1,380,000	开拍国际	2022-07-24
韦嘉 2004年作 母鸡也上树	200cm×160cm	1,035,000	中国嘉德	2022-12-14
韦嘉 2006年作 快意恩仇	200cm×250cm	920,000	北京保利	2022-07-25
韦嘉 2012年作 站着亮	199cm×149cm	835,665	保利香港	2022-10-10
韦嘉 2008年作 飞行忌	140cm×110cm	575,000	北京保利	2022-07-25
韦嘉 2011年作 幽明微岸Ⅱ	120cm×90cm	483,000	中国嘉德	2022-06-28
韦嘉 2005年作 生日快乐	160cm×200cm	460,000	西泠印社	2022-01-22
韦嘉 2007年作 暴力美学Ⅱ	120cm×100cm	287,500	西泠印社	2022-01-22
韦启美 1991年作 山花	65cm×80.7cm	322,000	中国嘉德	2022-06-28
韦启美 2004年作 群花	73cm×60cm	287,500	北京保利	2022-07-25
伟恩·第伯 2010—2011年作 礼物蛋糕	182.9cm×121.9cm	67,716,000	保利香港	2022-07-12
卫天霖 20世纪50—60年代作 家忆（一组五件）		230,000	中国嘉德	2022-06-28
卫天霖 20世纪30年代作 端门	19cm×29cm	138,000	开拍国际	2022-07-24
吴大羽 20世纪80年代作 千里之势	52cm×38cm	9,200,000	中国嘉德	2022-12-14
吴峰 2021年作 雅物清新	50cm×100cm	632,500	荣宝斋（南京）	2022-12-07
吴冠中 1973年作 红梅	89.6cm×70cm	85,573,491	香港苏富比	2022-04-27
吴冠中 1976年作 山村春暖	46cm×61cm	24,111,000	保利香港	2022-07-12
吴冠中 1977年作 绍兴农家	46cm×61cm	23,015,820	佳士得	2022-05-26
吴冠中 1991年作 桂林	46cm×54.7cm	16,968,465	佳士得	2022-11-30
吴冠中 1982年作 达活泉	左78.9cm×70.1cm×119.8cm；右125.7cm×49.8cm×93.5cm	9,969,201	香港苏富比	2022-10-07
吴冠中 1980年作 侗家山寨	61cm×45.7cm	16,279,200	保利香港	2022-10-10
吴冠中 1974年作 高粱溪流	61cm×46cm	14,375,000	北京荣宝	2022-07-24
吴冠中 1994年作 西双版纳村寨	76.5cm×60.5cm	11,268,229	香港苏富比	2022-04-27
吴冠中 1978年作 西双版纳河畔镜框	33cm×38.5cm	6,900,000	北京保利	2022-07-26
吴冠中 1961年作 格桑花儿开	156cm×82cm	5,750,000	中国嘉德	2022-12-14
吴冠中 1977年作 北戴河之晨	50cm×61cm	5,750,000	开拍国际	2022-01-07
吴冠中 1972年作 太行秋色	40cm×58cm	2,875,000	开拍国际	2022-07-24
吴冠中 1961年作 草原牧歌	40.5cm×72.5cm	2,530,000	中国嘉德	2022-12-14
吴晶玉 2022年作 蜜月月	155cm×120cm×3.5cm	320,055	华艺国际	2022-11-27
吴作人 1960年作 渔帆夕照	49cm×39cm	1,092,500	华艺国际	2022-09-23
吴作人 1941年作 靖生幼年肖像	35cm×25cm	345,000	北京保利	2022-07-25
伍泽枢 1961—1962年作 海港	56cm×81cm	115,000	中国嘉德	2022-06-28
武高谈 1977年作 花园冥想	146cm×114cm	2,376,158	佳士得	2022-05-27
武高谈 神祇	130.5cm×97cm	1,937,225	香港苏富比	2022-10-06
武高谈 1970年作 神逸	92.5cm×73.5cm	1,782,118	香港苏富比	2022-04-28
武高谈 1967年作 神	92cm×73.5cm	1,506,468	佳士得	2022-12-01
武高谈 归来	73cm×60cm	888,844	香港苏富比	2022-10-06
武高谈 1976年作 诗会	50cm×48cm	864,057	佳士得	2022-05-27
武高谈 1966年作 神	59.5cm×48.5cm	810,054	佳士得	2022-05-27
武高谈 母与子	55cm×33cm	740,704	香港苏富比	2022-10-06
武高谈 1976年作 花束	54cm×50cm	648,043	佳士得	2022-05-27
武高谈 约1953—1954年作 年轻女士	35cm×26.5cm	364,654	香港苏富比	2022-10-06
武明中 2006年作 快跑！	199cm×199cm	287,500	永乐拍卖	2022-07-26
武艺 2010年作 莫高窟治沙的人们	40cm×49.8cm	195,500	永乐拍卖	2022-07-26
希拉里·佩西斯 2020年作 大男孩	173cm×137.5cm	7,884,525	佳士得	2022-05-26
希拉里·佩西斯 2019年作 晚餐	101.6cm×91.4cm	2,268,151	佳士得	2022-05-27
习福德 2019—2020年作 太空中的小鸡	200cm×200cm	132,436	中国嘉德	2022-10-09
席德进 1960年作 青年	91.5cm×65.5cm	2,268,151	香港苏富比	2022-04-28
席德进 1962年作 戴手套女仕像	100cm×72.5cm	1,821,060	罗芙奥	2022-06-05
席德进 1960年作 男孩肖像	91cm×65cm	1,566,104	佳士得	2022-05-27
夏俊娜 2003年作 盛装	150cm×130cm	368,000	永乐拍卖	2022-07-26
夏俊娜 2011年作 歌声	139cm×69cm	172,500	华艺国际	2022-07-28
夏俊娜 1998年作 休闲假日	100cm×100cm	103,500	永乐拍卖	2022-07-26
夏俊娜 1996年作 青春年华	180cm×180cm	632,500	北京荣宝	2022-07-24
夏小万 1990年作 不再消逝	150cm×120cm	782,000	永乐拍卖	2022-07-26
夏禹 2020年作 桃园（四联作）	300cm×600cm	2,057,280	华艺国际	2022-05-29
夏禹 2020年作 猫与少女	120cm×90cm	695,293	佳士得	2022-12-01
萧勤 1990年作 永久的花园-59	100cm×130cm	326,160	罗芙奥	2022-06-05
萧勤 1975年作 和平与荣耀	88cm×125cm	322,000	西泠印社	2022-01-22
萧勤 1996年作 天灵之体现	100cm×130cm	307,800	保利香港	2022-07-13
萧勤 1963年作 衡	50.2cm×92.3cm	173,644	保利香港	2022-10-10
萧勤 1966年作 紫色太阳	49cm×49cm	138,000	西泠印社	2022-01-22
萧淑芳 1959年作 佛子岭水库	20cm×29.3cm	391,000	中国嘉德	2022-12-14
小林麻衣子 2013年作 无题 #5	27.5cm×22cm	230,000	华艺国际	2022-07-28
小林麻衣子 2016—2021年作 无题	31.8cm×41cm	108,720	罗芙奥	2022-06-05
小松美羽 2019年作 守护着你	162cm×130.5cm	1,141,560	罗芙奥	2022-06-05
小松美羽 2017年作 守护孩子	145.5cm×112.1cm	869,760	罗芙奥	2022-06-05
小松美羽 2018年作 龙与光重叠的样子	162.2cm×130.5cm	769,500	保利香港	2022-07-13
小松美羽 2019年作 清新气场的交流	45.5cm×45.5cm	205,200	保利香港	2022-07-13
小西纪行 2016年作 无题	145.5cm×194cm	368,000	开拍国际	2022-07-24
肖峰 2000年作 春	60cm×73cm	322,000	西泠印社	2022-08-20
谢楚余 1997年作 伴	120cm×100cm	598,000	华艺国际	2022-09-23
谢景兰 1970年作 花之舞	130cm×89cm	2,317,644	中国嘉德	2022-10-09
谢景兰 1944年作 无题	46cm×55cm	1,481,407	香港苏富比	2022-10-07
谢景兰 1966—1967年作 清晨	60.5cm×45.5cm	540,036	佳士得	2022-05-27

拍品名称	物品尺寸	成交价RMB	拍卖公司	拍卖日期
谢景兰 1973—1979年作 无题	80cm × 80cm	521,469	佳士得	2022-12-01
谢南星 2008年作 第一顿鞭子 No.2(浪 No.2)	219cm × 384cm	3,591,000	保利香港	2022-07-12
谢南星 2003年作 无题 3号	149.5cm × 358.5cm	3,450,000	中国嘉德	2022-12-14
谢南星 2007年作 无题3号	220cm × 385cm	2,300,000	永乐拍卖	2022-07-26
谢南星 2015年作 抽象1号, 抽象2号	100cm × 80cm × 2	966,000	华艺国际	2022-07-28
谢南星 2009年作 我们之三	210cm × 159.5cm	756,050	佳士得	2022-05-27
谢南星 2010年作 英诺森十世——委拉斯贵支	150cm × 200cm	690,000	永乐拍卖	2022-07-26
熊宇 2006年作 世界	230cm × 170cm	287,500	华艺国际	2022-07-28
熊宇 1999年作 无望	199cm × 148.5cm	276,000	永乐拍卖	2022-07-26
熊宇 2007年作 月亮	230cm × 170cm	218,500	永乐拍卖	2022-07-26
熊宇 2003年作 浮光(三联画)	200cm×50cm×2; 200cm × 150cm	218,500	中国嘉德	2022-12-14
熊宇 2007年作 女祭司	230cm × 170cm	207,000	永乐拍卖	2022-07-26
熊宇 2007年作 节制	230cm × 170cm	207,000	华艺国际	2022-07-28
熊宇 2007年作 主宰	230cm × 170cm	207,000	华艺国际	2022-07-28
熊宇 2007年作 战车	230cm × 170cm	172,500	开拍国际	2022-07-24
熊宇 2007年作 两个天使	230cm × 170cm	172,500	西泠印社	2022-08-20
熊宇 2007年作 坠落天使	230cm × 170cm	172,500	西泠印社	2022-08-20
熊宇 2010年作 黄昏的云彩	200cm × 150cm	149,500	北京荣宝	2022-07-24
徐晨阳 2021年作 漂流岛之二	117cm × 91cm	138,000	中国嘉德	2022-12-14
徐晨阳 2011年作 惊蛰	130cm × 194cm	103,500	中国嘉德	2022-06-28
徐里 1999年作 永恒的辉煌	80cm × 150cm	1,633,000	保利厦门	2022-10-21
徐里 2013年作 内蒙(古)胡杨	120cm × 60cm	1,035,000	中国嘉德	2022-12-14
徐里 2009年作 秋韵	89cm × 120cm	3,450,000	北京荣宝	2022-07-24
徐毛毛 2022年作 巫师身猴	200cm × 200cm	138,000	永乐拍卖	2022-07-26
徐毛毛 2005年作 带我回家	150cm × 120cm	115,000	西泠印社	2022-01-22
徐渠 2013—2014年作 对话的阴影Ⅲ	200cm × 250cm	184,000	华艺国际	2022-07-28
徐小国 2013年作 球笼	290cm × 250cm	828,000	开拍国际	2022-07-24
徐小国 2008年作 伐木出血·古松	400cm × 200cm	575,000	北京保利	2022-07-25
徐小国 2013年作 大笼子6	200cm × 300.5cm	184,000	华艺国际	2022-07-28
徐震 光源——灰与黑的协奏曲: 画家母亲肖像	144cm × 163cm	287,500	华艺国际	2022-07-28
许宏翔 2017年作 好风景No.6	200cm × 260cm	402,500	中国嘉德	2022-12-14
许宏翔 2020年作 好风景No.21	200cm × 160cm	389,880	保利香港	2022-07-13
许宏翔 2020年作 交织	280cm × 200cm	368,000	北京保利	2022-07-25
许宏翔 合成No.4	180cm × 120cm	138,000	中贸圣佳	2022-07-24
许宏翔 2021年作 隐匿的花	200cm × 150cm	138,000	西泠印社	2022-08-20
许江 1987年作 织网	101cm × 68cm	782,000	华艺国际	2022-07-28
许幸之 1957年作 旅顺街景	38cm × 40cm	460,000	中国嘉德	2022-06-28
许幸之 牧歌	24.4cm × 34.8cm	437,000	开拍国际	2022-07-24
禤善勤 2016年作 石澳	240cm × 500cm	1,620,108	香港苏富比	2022-04-27
禤善勤 2018年作 Joel和Balltsz	160cm × 200cm	1,188,079	佳士得	2022-05-26
禤善勤 画室	120cm × 155.5cm	621,000	开拍国际	2022-07-24
薛保瑕 2016年 景观	40cm × 40cm × 3	126,500	中国嘉德	2022-06-28
薛峰 2013年作 淹没22	270cm × 200cm	517,500	北京保利	2022-02-03
薛峰 2015年作 纷飞的纷飞的纷飞的	160cm × 240cm	402,500	开拍国际	2022-07-24
薛松 2012年作 罗斯科上的芥子园	120cm × 100cm	810,054	香港苏富比	2022-04-28
亚伯拉罕·范·贝耶伦 水果静物	61cm × 78.5cm	920,000	北京荣宝	2022-07-24
亚德里安·格尼 2016—2018年作 无眼帘	180.4cm × 149.8cm	51,300,000	保利香港	2022-07-12

拍品名称	物品尺寸	成交价RMB	拍卖公司	拍卖日期
亚德里安·格尼 2009年作 内华达州风景	95cm × 200cm	5,348,928	华艺国际	2022-05-29
亚历克斯·加德纳 2019年作 胜券在握	35.5cm × 25.4cm	460,000	华艺国际	2022-07-28
亚历克斯·卡茨 2020年作 红山茱萸 I	183.5cm × 244.5cm	5,616,374	香港苏富比	2022-04-27
闫冰 2011年作 五头牛之五	160cm × 280cm	3,128,000	开拍国际	2022-07-24
闫冰 2018年作 蘑菇No.7	120cm × 150cm	1,782,500	永乐拍卖	2022-07-26
闫冰 2013年作 牛皮9	180cm × 130cm	1,782,500	中贸圣佳	2022-10-27
闫冰 2011年作 两堆土	80cm × 60cm	1,552,500	永乐拍卖	2022-07-26
闫冰 2013年作 牛皮 No.12	100cm × 200cm	1,150,000	中国嘉德	2022-12-14
闫冰 2017—2019年作 摇曳的绿色	60cm × 82cm	805,000	中国嘉德	2022-06-28
闫冰 2012年作 西瓜红	80cm × 100cm	759,000	北京保利	2022-07-25
闫平 2003年作 青庄稼	180cm × 200cm	5,750,000	北京保利	2022-07-25
闫平 1997年作 母与子	120cm × 100cm	598,000	华艺国际	2022-07-28
闫平 1998年作 花卉	50cm × 50cm	172,500	北京保利	2022-07-25
颜文樑 风景	24cm × 33cm	109,250	中贸圣佳	2022-07-24
颜文樑 20世纪60年代作 金蕊流苏	39cm × 21.5cm	5,405,000	中国嘉德	2022-12-14
颜文樑 1950年作 冬渡夕照	24cm × 33.5cm	3,220,000	中国嘉德	2022-12-14
颜文樑 1973年作 雁来红	39cm × 54cm	920,000	西泠印社	2022-01-22
颜文樑 夕阳泛舟	27cm × 37cm	920,000	西泠印社	2022-08-20
颜文樑 公园小景	21.5cm × 33cm	448,500	中贸圣佳	2022-07-24
颜文樑 湖边的桃花	23cm × 31cm	207,000	西泠印社	2022-01-22
杨伯都 2013年作 博物馆中 No.7	120cm × 90cm	195,500	开拍国际	2022-07-24
杨参军 2002年作 家园系列之一	100cm × 100cm	287,500	中国嘉德	2022-06-28
杨飞云 1998年作 自在	161.5cm × 130cm	2,875,000	北京保利	2022-02-03
杨飞云 2007—2008年作 朝向光	185cm × 115cm	5,520,000	北京荣宝	2022-07-24
杨飞云 1987年作 女人与猫	115cm × 125cm	3,450,000	北京荣宝	2022-07-24
杨飞云 红衣少女	130cm × 89cm	2,300,000	北京荣宝	2022-07-24
杨建锋 2021年作 阡陌	80cm × 120cm	575,000	保利厦门	2022-10-22
杨黎明 2018年作 书写 No.3	200cm × 150cm	322,000	北京荣宝	2022-07-24
杨千 2006年作 北京浴室系列 No.16	200cm × 150cm	172,500	华艺国际	2022-09-23
杨识宏 1994年作 宁静之旅	186cm × 242cm	595,965	中国嘉德	2022-10-09
杨识宏 2012年作 飞跃	130cm × 195cm	455,817	保利香港	2022-10-10
杨识宏 2012年作 闲逸	91cm × 179.3cm	419,383	中国嘉德	2022-10-09
杨识宏 2008年作 花开	64.5cm × 90cm	207,000	中国嘉德	2022-06-28
杨识宏 2016年作 漫游	60cm × 80cm	184,000	中国嘉德	2022-12-14
杨述 2006年作 无题No.8	180cm × 258cm	138,000	朵云轩	2022-12-08
杨振中 2018年作 静物与风景33	200cm × 196cm	414,000	西泠印社	2022-08-20
杨之光 2006年作 玫瑰 镜框	73cm × 73cm	552,000	华艺国际	2022-09-24
杨之光 鸥洋 2005年作 荷花仙子 镜框	88cm × 118cm	483,000	华艺国际	2022-09-24
姚继成 罂粟花	100cm × 84cm	1,001,000	北京传世	2022-07-13
叶凌瀚 2017—2018年作 Lucy-C-006	200cm × 150cm	529,200	佳士得(上海)	2022-03-01
叶凌瀚 2019—2020年作 Lucy-F-015	35.5cm × 25.4cm	299,000	中国嘉德	2022-12-14
叶子奇 2020—2021年作 含笑	50.8cm × 50.8cm	309,019	中国嘉德	2022-10-09
伊曼纽尔·塔库 2021年作 健壮	200cm × 127cm	1,638,000	佳士得(上海)	2022-03-01
伊曼纽尔·塔库 2021年作 红双喜	147.3cm × 129.5cm	972,064	佳士得	2022-05-27
伊斯沙克·伊斯梅尔 2018年作 第一纪元	151cm × 126cm	2,300,000	华艺国际	2022-07-28

2022书画拍卖成交汇总(续表)

(成交价RMB：6万元以上)

拍品名称	物品尺寸	成交价RMB	拍卖公司	拍卖日期
伊斯沙克·伊斯梅尔 2020年作 啡色脸孔 9	91.4cm×76.2cm	432,028	佳士得	2022-05-27
伊娃·尤斯凯维奇 2012年作 草帽（临伊丽莎白·维杰·勒布伦作）	170cm×125cm	6,912,460	佳士得	2022-05-26
伊西·伍德 2018年作 蝦蛇表扣	100.3cm×139.7cm	1,080,072	香港苏富比	2022-04-27
伊西·伍德 2017年作 当你我感受	165cm×285cm	747,500	开拍国际	2022-07-24
易英 2019年作 山花	60cm×80cm	1,200,000	北京嘉翰	2022-04-10
尹朝阳 2018年作 红谷	160cm×250cm	2,571,600	华艺国际	2022-05-29
尹朝阳 2008年作 神话之四十三	180cm×150cm	920,000	永乐拍卖	2022-07-26
尹朝阳 2004年作 天安门	130cm×150cm	747,500	西泠印社	2022-01-22
尹朝阳 1999年作 雪	200cm×120cm	747,500	西泠印社	2022-01-22
尹朝阳 2007年作 乌托邦	200cm×230cm	690,000	西泠印社	2022-01-22
尹朝阳 2001年作 神话15	150cm×130cm	690,000	中国嘉德	2022-06-28
尹朝阳 2017年作 风景	130.5cm×150.5cm	690,000	永乐拍卖	2022-07-26
尹朝阳 1998年作 郊外系列	180cm×100cm	690,000	永乐拍卖	2022-07-26
尹朝阳 2004年作 天安门	130cm×150cm	690,000	西泠印社	2022-08-20
尹朝阳 2010年作 正面	150cm×100cm	575,000	广东崇正	2022-08-10
尹朝阳 2002年作 胖子	100cm×80cm	322,000	西泠印社	2022-08-20
尹朝阳 2018年作 嵩山雪迹	60cm×67cm	184,000	朵云轩	2022-12-08
尹朝阳 2001年作 女孩	73cm×60cm	138,000	中国嘉德	2022-06-28
尹朝阳 1997年作 雪狼	150cm×180cm	2,070,000	北京荣宝	2022-07-24
尹朝阳 2016年作 翠谷苍松	150cm×200cm	1,840,000	北京荣宝	2022-07-24
尹亨根 1985年作 赭蓝	73cm×54cm	1,189,079	香港苏富比	2022-04-28
尹亨根 1997年作 烧赭与群青蓝	100cm×80cm	934,426	香港苏富比	2022-10-06
尤金·文森特·维达尔 1879年作 女子肖像	85cm×54cm	172,500	北京荣宝	2022-07-24
由金 2017年作 寻找别处的静谧	150cm×200cm	1,265,000	中国嘉德	2022-06-28
余本 20世纪60年代作 一帆风顺	63cm×75cm	218,500	中国嘉德	2022-06-28
余本 1945年作 蟹与菊	49.8cm×89.8cm	575,000	北京荣宝	2022-07-24
余友涵 2016年作 抽象·彩圆（三）	170cm×170cm	3,488,400	保利香港	2022-07-12
余友涵 1990年作 抽象1990-14	94.5cm×114cm	3,078,000	保利香港	2022-07-12
余友涵 2015年作 抽象 2015 6-1	145cm×143cm	2,185,000	开拍国际	2022-07-24
余友涵 1992年作 毛主席与他来自第三世界的朋友们	165cm×118cm	1,595,362	香港苏富比	2022-10-06
禹国元 2021年作 顺其自然	181.3cm×221cm	1,620,108	佳士得	2022-05-27
喻红 1999年作 繁衍	185cm×230cm	3,047,500	北京保利	2022-07-25
喻红 1992年作 理想境界（双人肖像与鸳鸟）	130cm×97cm	683,726	香港苏富比	2022-10-06
元永定正 1972年作 Kino	65cm×65cm	143,640	保利香港	2022-07-13
袁远 2014年作 地下铁	130cm×200cm	598,000	开拍国际	2022-07-24
袁远 2013年作 博物馆IV	132cm×190cm	486,032	香港苏富比	2022-04-28
袁远 2012年作 酒瓶与酒桶	94.8cm×152cm	220,176	佳士得	2022-12-01
约1740年作 游园	54cm×94cm	161,000	西泠印社	2022-01-23
约翰·卡斯帕·赫特里奇 1871年作 母亲的怀抱	107cm×76.5cm	287,500	北京荣宝	2022-07-24
约翰·麦克林 2002年作 冬天	224cm×151cm	632,500	北京荣宝	2022-07-24
岳敏君 2021年作 百合花	200cm×250cm	7,714,800	华艺国际	2022-05-29
岳敏君 2020年作 花蕊	120cm×100cm	1,851,552	华艺国际	2022-05-29
岳敏君 2002年作 汉字系列：黑色	217.5cm×198cm	1,840,000	永乐拍卖	2022-07-26
岳敏君 2005年作 帽子系列：猫女	79.7cm×80cm	869,116	佳士得	2022-12-01
岳敏君 2006年作 光荣的岗位	321cm×265cm	805,000	北京保利	2022-07-25
曾传兴 2014年作 橙纸新娘	110cm×130.5cm	138,000	中国嘉德	2022-06-28

拍品名称	物品尺寸	成交价RMB	拍卖公司	拍卖日期
曾梵志 1992年作 协和三联画之三	150cm×115cm×3	41,531,340	佳士得	2022-05-26
曾梵志 1997年作 面具系列4号	169cm×199cm	22,486,665	佳士得	2022-11-30
曾梵志 2007年作 无题07-10-8	215cm×330cm	14,375,000	中贸圣佳	2022-07-24
曾梵志 2010年作 江山如此多娇之一	250.2cm×350.2cm×3	14,209,365	佳士得	2022-11-30
曾梵志 2004年作 小女孩	250cm×175cm	5,796,000	佳士得（上海）	2022-03-01
曾梵志 2007年作 乱草	260cm×180cm	5,750,000	西泠印社	2022-01-22
曾梵志 2006年作 自画像	280cm×180cm	4,320,288	香港苏富比	2022-04-27
曾梵志 2004年作 天空 No.1	240cm×162cm	3,456,230	佳士得	2022-05-27
曾梵志 2014年作 雪夜松柏	直径60cm	897,000	永乐拍卖	2022-07-26
曾朴 凝视34	270cm×200cm	207,000	中贸圣佳	2022-10-27
曾一橹 1935—1945年作 寺前古松	57.7cm×47cm	276,000	开拍国际	2022-01-07
詹建俊 1980年作 石林湖	54cm×78cm	402,500	西泠印社	2022-08-20
张充仁 上海街景——乍浦路桥、四川路桥	38cm×46cm；39.3cm×46cm	345,000	北京荣宝	2022-07-24
张恩利 2000年作 盛宴4号	247.7cm×198.1cm	17,250,000	中国嘉德	2022-12-14
张恩利 1999年作 少女	147.5cm×107cm×3	8,614,860	佳士得	2022-05-26
张恩利 2008年作 画展	250cm×200cm	4,715,000	中国嘉德	2022-06-28
张恩利 2012年作 绿色电线	230cm×280cm	4,600,000	华艺国际	2022-07-28
张恩利 2013年作 火	200cm×180cm	3,507,500	北京保利	2022-07-25
张恩利 1995年作 舞	100cm×80cm	3,105,000	开拍国际	2022-07-24
张恩利 2011年作 书架	200cm×250cm	3,024,000	佳士得（上海）	2022-03-01
张恩利 1997年作 女孩	167.6cm×147.3cm	2,897,055	佳士得	2022-11-30
张恩利 2013年作 包裹（一）	150cm×150cm	2,160,144	佳士得	2022-05-27
张恩利 2012年作 一堆货物	250cm×200cm	2,070,000	永乐拍卖	2022-07-26
张恩利 2009年作 玛（马）赛克地面	159.5cm×299.5cm	2,052,000	保利香港	2022-07-12
张恩利 2013年作 秋天的树3	180cm×200cm	1,846,800	保利香港	2022-07-13
张恩利 2013年作 无题	99cm×98.5cm	1,322,500	开拍国际	2022-07-24
张恩利 2014年作 河滨	209.5cm×200cm	1,139,544	香港苏富比	2022-10-06
张恩利 2015年作 小树枝（三）	149cm×129cm	864,057	香港苏富比	2022-04-28
张恩利 2013年作 干掉的果子（七）	122cm×84cm	667,000	永乐拍卖	2022-07-26
张恩利 2005年作 头发	100cm×80cm	648,043	佳士得	2022-05-27
张恩利 2002年作 容器	41cm×30.2cm	302,420	香港苏富比	2022-04-28
张方白 2017年作 鹰017.7	150cm×200cm	322,000	中贸圣佳	2022-10-27
张方白 2016年作 凝固五	160cm×120cm	138,000	中贸圣佳	2022-07-24
张方白 2017年作 鹰	150cm×100cm	115,000	西泠印社	2022-08-20
张飞 2020年作 有雕塑的静物	65cm×102cm	138,000	中国嘉德	2022-12-14
张海鹰 2021年作 盛世夜巡系列	150cm×116cm	115,000	保利厦门	2022-10-21
张洹 2007年作 无题	273cm×430cm	3,220,000	华艺国际	2022-07-28
张晖 2008年作 游泳池	112cm×145cm	144,009	华艺国际	2022-05-29
张晖 2007年作 午后	90cm×130cm	132,250	中贸圣佳	2022-07-24
张慧 2011年作 听·对话（双联作）	112cm×162cm×2	310,500	华艺国际	2022-07-28
张慧 2016年作 光照	200cm×200cm	253,000	开拍国际	2022-07-24
张季 2020年作 浪海花轮盘，择日启航	220cm×240cm	483,000	中国嘉德	2022-12-14
张凯 2012年作 那心中的美丽	119.5cm×100cm	872,100	保利香港	2022-07-13
张凯 2018年作 伊里斯与独角兽	100cm×100cm	540,500	北京保利	2022-07-25
张凯 2008年作 苹果的诱惑	100cm×100cm	437,000	开拍国际	2022-07-24

拍品名称	物品尺寸	成交价RMB	拍卖公司	拍卖日期
张郎郎 2019年作 向何处去悠悠	100cm × 75cm	1,610,000	中国嘉德	2022-06-28
张郎郎 2014年作 随他	56cm × 75.5cm	437,000	中国嘉德	2022-12-14
张郎郎 2018年作 独来独往	47cm × 34cm	184,000	中国嘉德	2022-06-28
张利 爱尼姑娘	80cm × 65cm	552,000	中鸿信	2022-09-12
张荔英 约20世纪60年代作 红毛丹、山竹与菠萝	53cm × 65.2cm	12,002,085	佳士得	2022-11-30
张荔英 1989年作 三色堇花	146cm × 114cm	6,723,310	香港苏富比	2022-10-07
张培力 1986年作 X?系列	80cm × 80cm	3,105,000	永乐拍卖	2022-07-26
张蒨英 1935年作 自画像	78cm × 64cm	805,000	中国嘉德	2022-12-14
张腾远 2021年作 鹦鹉人圣物祭坛画	130cm × 162cm	163,080	罗芙奥	2022-06-05
张天语 2021年作 空气风梨	58cm × 58cm	115,000	北京荣宝	2022-07-24
张伟 1981年作 EXPE5	70cm × 139cm	345,000	北京荣宝	2022-07-24
张向明 2022年作 花朵儿	110cm × 130cm	126,500	保利厦门	2022-10-21
张晓刚 2007—2010年作 血缘——大家庭：全家福No.1	250cm × 330cm	17,250,000	中国嘉德	2022-12-14
张晓刚 2006年作 血缘	199cm × 260cm	13,570,000	华艺国际	2022-07-28
张晓刚 2006—2007年作 戴红领巾的女孩	100cm × 85cm	5,290,000	西泠印社	2022-08-20
张晓刚 1986年作 丛林	90cm × 70cm	2,875,000	永乐拍卖	2022-07-26
张晓刚 2004年作 小博士	130cm × 110cm	2,428,008	中国嘉德	2022-10-09
张晓刚 1990年作 重复的空间4号	54cm × 38.5cm	920,000	永乐拍卖	2022-07-26
张新权 2015年作 古调狮林	90cm × 130cm	1,380,000	中国嘉德	2022-12-14
张义波 2015年作 遥远的地方 镜框	120cm × 160cm	2,530,000	北京保利	2022-07-27
张英楠 2021年作 再见未来	150cm × 200cm	1,100,880	佳士得	2022-12-01
张英楠 2020年作 晚风	130cm × 170cm	1,048,458	中国嘉德	2022-10-09
张英楠 2019年作 岛屿	130cm × 200cm	747,500	开拍国际	2022-07-24
张英楠 2020年作 白杨	150cm × 150cm	636,120	保利香港	2022-07-13
张英楠 2020年作 黑鸟	97cm × 130cm	632,500	永乐拍卖	2022-07-26
张英楠 2012年作 春天	150cm × 150cm	598,000	永乐拍卖	2022-07-26
张英楠 2014年作 遥远的路程	200cm × 150cm	594,039	佳士得	2022-05-27
张英楠 2006年作 梦中人	160cm × 130cm	471,500	中贸圣佳	2022-07-24
张英楠 2005年作 放映厅	130cm × 97cm	379,848	保利香港	2022-10-10
张月薇 2018年作 制图者的梦	210cm × 180cm	920,000	中国嘉德	2022-12-14
张月薇 2015年作 风之收集者	209cm × 180cm	690,000	中国嘉德	2022-06-28
张月薇 2019年作 悬吊沛曲(标签)	95cm × 75cm	437,000	中国嘉德	2022-12-14
张占占 2021年作 迷失	160cm × 120cm	402,500	中国嘉德	2022-06-28
张占占 2021年作 初恋的模样	100cm × 80cm	207,000	永乐拍卖	2022-07-26
张长江 2011年作 we系列·移动城堡	120cm × 150cm	460,000	北京保利	2022-07-25
张长江 塔罗的故事之四·王座	200cm × 150cm	368,000	开拍国际	2022-07-24
张长江 2017年作 星愿系列之12	150cm × 120cm	264,500	永乐拍卖	2022-07-26
张钊瀛 2013年作 泰坦之宴(三联画)	190cm × 120cm × 3	437,000	中国嘉德	2022-06-28
张钊瀛 2022年作 生活道具——奔赴一场华丽的色域绘画展	220cm × 200cm	155,250	广东崇正	2022-08-10
张钊瀛 2022年作 生活道具——曹冲称象，弗里达，阳光，沙滩	200cm × 178cm	103,500	广东崇正	2022-08-10
张子飘 2018年作 红色手风琴	175cm × 140cm	460,000	中国嘉德	2022-12-14
章犇 2015年作 微明	120cm × 180cm	184,000	华艺国际	2022-09-23
章犇 2017—2018年作 金山	90cm × 180cm	164,582	华艺国际	2022-05-29
章犇 2013年作 白光	130cm × 130cm	115,000	华艺国际	2022-07-28
章剑 2005年作 后海	250cm × 140cm	287,500	中国嘉德	2022-06-28
章剑 2008年作 滑雪场	200cm × 140cm	253,000	永乐拍卖	2022-07-26
长井朋子 2010年作 白雪公主	227.5cm × 181.8cm	815,400	罗芙奥	2022-06-05

拍品名称	物品尺寸	成交价RMB	拍卖公司	拍卖日期
长井朋子 2009年作 伴着矿物之声的一晚	163cm × 130cm	359,100	保利香港	2022-07-13
赵半狄 1992年作 小张	214.5cm × 139.6cm	14,950,000	永乐拍卖	2022-07-26
赵半狄 2022年作 Miyou和曾经的朋友	240cm × 260cm	11,036,400	华艺国际	2022-11-27
赵半丁 2021年作 油画静物	70cm × 50cm	1,640,000	北京中贝	2022-03-16
赵博 2013年作 欲望森林-3号	130cm × 200cm	172,500	华艺国际	2022-07-28
赵博 2021年作 神圣森林·诞生	150cm × 250cm	172,500	中国嘉德	2022-12-14
赵大钧 2017年作 作品1726	160cm × 150cm	690,000	中国嘉德	2022-06-28
赵大钧 2018年作 2807	160cm × 150cm	368,000	中贸圣佳	2022-10-27
赵大钧 2018年作 1733	160cm × 150cm	345,000	中贸圣佳	2022-07-24
赵刚 2013年作 散步者	300cm × 400cm	805,000	北京保利	2022-07-25
赵刚 2015年作 茶花	260cm × 180cm	690,000	中国嘉德	2022-12-14
赵刚 1989年作 成为思想者	242cm × 220cm	552,000	中国嘉德	2022-06-28
赵刚 1989年作 无题	242cm × 220cm	230,000	中国嘉德	2022-06-28
赵刚 2009年作 齐心协力	150cm × 180cm	138,000	西泠印社	2022-08-20
赵能智 2016年作 巨人阵No.3	200cm × 600cm	1,150,000	北京华辰	2022-09-21
赵溶 静物	90cm × 60cm	690,000	上海嘉禾	2022-01-01
赵无极 1964年作 29.09.64	230cm × 345cm	238,301,600	佳士得	2022-05-26
赵无极 1983年作 12.05.83	130cm × 162cm	33,523,065	佳士得	2022-11-30
赵无极 2004年作 皇宫酒店之夜	130cm × 195cm	24,360,000	佳士得(上海)	2022-03-01
赵无极 1979年作 22.3.1979	97cm × 130cm	22,142,850	罗芙奥	2022-06-05
赵无极 2014年作 04.01.62	200cm × 250.3cm	17,848,334	香港苏富比	2022-10-07
赵无极 1961年作 24.5.61	100cm × 80cm	17,358,300	佳士得	2022-05-27
赵无极 1988年作 29.4.88	145.5cm × 113.8cm	16,968,465	佳士得	2022-12-01
赵无极 2004年作 海之历史	130cm × 195cm	14,786,700	佳士得	2022-05-27
赵无极 1993年作 11.06.93	130cm × 97cm	14,755,328	香港苏富比	2022-04-27
赵无极 1966年作 23.6.66	81cm × 65cm	14,158,800	保利香港	2022-07-12
赵无极 1967年作 03.12.67	59.5cm × 81cm	13,260,857	香港苏富比	2022-04-27
赵无极 1976年作 20.2.76	55cm × 65cm	8,625,000	西泠印社	2022-08-20
赵无极 1972年作 6.11.72	95cm × 105cm	8,413,200	保利香港	2022-07-12
赵无极 1964年作 14.10.64	46cm × 50cm	6,480,432	佳士得	2022-05-27
赵无极 1964年作 20.6.64	38cm × 45.8cm	4,883,760	保利香港	2022-10-10
赵无极 无题	131cm × 195cm	1,367,453	香港苏富比	2022-10-07
赵无极 风景 镜框	90cm × 62cm	460,000	广东小雅斋	2022-05-25
赵新颖 霸王别姬	45cm × 60cm	1,000,000	北京传世	2022-07-13
赵洋 2018年作 罗马是个湖	200cm × 400cm	839,500	永乐拍卖	2022-07-26
赵洋 2014年作 雪人	133cm × 125.3cm	110,088	佳士得	2022-12-01
赵有臣 2020年作 山水相依	41cm × 45cm	5,190,000	北京中贝	2022-03-16
赵有臣 2020年作 冰河世纪	41cm × 44cm	4,900,000	北京中贝	2022-03-16
赵有臣 2021年作 天潮之美	45cm × 35cm	3,690,000	北京中贝	2022-03-16
赵有臣 2021年作 海峡	43cm × 30cm	3,620,000	北京中贝	2022-03-16
赵有臣 2021年作 五彩世界	45cm × 35cm	3,430,000	北京中贝	2022-03-16
赵赵 2018年作 星空	201cm × 161cm	517,500	中国嘉德	2022-06-28
赵赵 2014年作 天空	250cm × 250cm	430,920	保利香港	2022-07-13
赵赵 2013年作 天空第12号	120cm × 120cm	242,800	中国嘉德	2022-10-09
珍尼维·菲吉斯 2017年作 名媛舞会	150cm × 150cm	4,032,000	佳士得(上海)	2022-03-01
珍尼维·菲吉斯 2019年作 女士与狗(致敬庚斯博罗)	120cm × 100cm	1,193,808	保利香港	2022-10-10
珍尼维·菲吉斯 2017年作 奶油色房间里的情侣	99.8cm × 79.6cm	1,188,079	佳士得	2022-05-27
珍尼维·菲吉斯 2017年作 图书馆中的朋友们	60cm × 79.7cm	1,080,072	佳士得	2022-05-27

拍品名称	物品尺寸	成交价RMB	拍卖公司	拍卖日期
郑国谷 2015年作 与无为交流——扑面而来	192cm×166.5cm	504,033	华艺国际	2022-05-29
郑国谷 2003年作 无题	163cm×238cm	287,500	中国嘉德	2022-06-28
郑国谷 2006年作 消费 No.1	184cm×292cm	115,000	中国嘉德	2022-12-14
郑凯 2021年作 抽象敦煌 21614	100cm×150cm	690,000	华艺国际	2022-09-23
中西夏之 1980年作 Arc·Ellipse IV	194cm×130.5cm	2,376,158	佳士得	2022-05-26
钟涵 1989年作 在激浪里	89cm×116.5cm	322,000	中国嘉德	2022-06-28
钟泗滨 1975年作 归途	82cm×101.5cm	4,635,288	佳士得	2022-11-30
钟泗滨 1962年作 温和	91.5cm×60.5cm	410,427	佳士得	2022-05-27
钟泗滨 1976年作 姐弟	99cm×81cm	2,904,955	香港苏富比	2022-04-27
钟泗滨 1978年作 峇里女子	102cm×81.5cm	2,697,458	香港苏富比	2022-04-27
钟泗滨 1959年作 母与子	65.5cm×34.5cm	307,677	香港苏富比	2022-10-06
钟跃 2022年作 天上的月亮	120cm×80cm	345,000	保利厦门	2022-10-22
周碧初 1984年作 上海宋庆龄故居	73cm×92cm	3,105,000	中国嘉德	2022-06-28
周碧初 1964年作 江西宁冈	50.5cm×70.5cm	586,500	永乐拍卖	2022-07-26
周碧初 1978年作 瓷盘与苹果	37.3cm×54cm	552,000	永乐拍卖	2022-07-26
周碧初 1977年作 井冈山	73cm×100cm	3,450,000	北京荣宝	2022-07-24
周春芽 1998年作 绿狗系列	150cm×120cm	10,465,000	永乐拍卖	2022-07-26
周春芽 2005年作 桃花盛开的季节	250cm×200cm	10,350,000	永乐拍卖	2022-07-26
周春芽 1994年作 雅安上里红石(一)、雅安上里红石(二)	100cm×80cm;100cm×80cm	9,430,000	北京保利	2022-07-25
周春芽 1994年作 中国风景	100cm×80cm	7,820,000	中国嘉德	2022-06-28
周春芽 2007年作 三月桃花开 镜框	200cm×150cm	5,290,000	上海嘉禾	2022-11-20
周春芽 2008年作 站着的TT	220cm×320cm	5,143,200	华艺国际	2022-05-29
周春芽 2011年作 艳丽桃花	120cm×150cm	4,542,500	中贸圣佳	2022-10-27
周春芽 2004年作 绿狗	248cm×198cm	4,370,000	永乐拍卖	2022-07-26
周春芽 1991年作 屹立	145cm×112cm	4,025,000	中国嘉德	2022-06-28
周春芽 2006年作 桃花	120cm×150cm	2,565,000	保利香港	2022-07-13
周春芽 1993年作 瓶中梅	72cm×61cm	2,415,000	西泠印社	2022-08-20
周春芽 2003年作 绿狗系列	114.8cm×90cm	1,265,000	中国嘉德	2022-06-28
周春芽 1997年作 鹦鹉	53cm×45cm	1,150,000	开拍国际	2022-07-24
周春芽 1996年作 朋友篇3号	72cm×60cm	1,150,000	永乐拍卖	2022-07-26
周春芽 1997年作 菊	53cm×45.5cm	1,035,000	永乐拍卖	2022-07-26
周春芽 1996年作 太湖石	59.5cm×71.5cm	713,000	开拍国际	2022-07-24
周春芽 2019年作 八音涧	42cm×59cm	667,000	西泠印社	2022-01-22
周春芽 2005年作 百合花	61cm×51cm	575,000	西泠印社	2022-08-20
周春芽 1991年作 包着头巾的女人	53cm×41cm	419,383	中国嘉德	2022-10-09
周春芽 1981年作 母爱	53cm×36cm	345,000	西泠印社	2022-01-22
周春芽 2020年作 桃花	21.5cm×30cm	310,500	西泠印社	2022-01-22
周树桥 湖南共产主义小组	180cm×250cm	8,050,000	广东崇正	2022-08-10
周树桥《湖南共产主义小组》创作彩稿 第一稿	49cm×70cm	690,000	广东崇正	2022-08-10
周树桥 1975年作 毛主席在棠下	113cm×178cm	575,000	广东崇正	2022-12-24
周树桥 1987年作 花海人潮	138cm×125cm	460,000	广东崇正	2022-08-10
周松 2020年作 关系	160cm×160cm	805,000	中国嘉德	2022-12-14
周涛 空间观念·江南水乡	140cm×170cm	498,000	北京传世	2022-07-13
周铁海 2007年作 骆驼先生	201cm×151cm	184,000	中国嘉德	2022-06-28
周廷旭 20世纪30年代作 普罗旺斯风景	44cm×39cm	230,000	中国嘉德	2022-12-14
周廷旭 1929年作 英伦风景	40.5cm×56cm	172,500	中国嘉德	2022-06-28
周珠旺 2021年作 磊磊	直径100cm	154,509	中国嘉德	2022-10-09

拍品名称	物品尺寸	成交价RMB	拍卖公司	拍卖日期
朱德群 1989年作 迎风	200cm×360cm	28,205,567	香港苏富比	2022-04-27
朱德群 1991年作 微妙的积云	200.4cm×200cm	15,595,200	保利香港	2022-07-12
朱德群 1968年作 第282号	97cm×130cm	13,800,000	西泠印社	2022-08-20
朱德群 1958年作 幻想曲	92cm×73cm	9,890,000	北京保利	2022-07-25
朱德群 1964年作 第182号硕果	91.5cm×72.8cm	8,575,282	佳士得	2022-12-01
朱德群 1998年作 拂岫写意	146cm×114cm	6,257,638	佳士得	2022-12-01
朱德群 1992年作 陌生之地	96.7cm×129.8cm	4,558,176	保利香港	2022-10-10
朱德群 1986年作 远处	57cm×73cm	4,104,273	佳士得	2022-05-27
朱德群 1963年作 第163号构图	60cm×80cm	3,888,259	香港苏富比	2022-04-28
朱德群 1999—2000年作 海岸	81cm×100cm	3,752,376	中国嘉德	2022-10-09
朱德群 1998年作 灵性的光辉	60cm×119.5cm	3,693,600	保利香港	2022-07-12
朱德群 2002年作 灵感的冲激	116cm×89cm	3,654,000	佳士得(上海)	2022-03-01
朱德群 2006年作 闪烁	81cm×98cm	3,450,000	永乐拍卖	2022-07-26
朱德群 1990年作 冥想	100cm×81cm	3,397,500	罗芙奥	2022-06-05
朱德群 1990年作 黄色空间	60cm×72.5cm	3,105,000	西泠印社	2022-01-22
朱德群 1997年作 星河	85cm×99.9cm	2,808,187	佳士得	2022-05-27
朱德群 1981年作 无题	81cm×65cm	2,702,500	永乐拍卖	2022-07-26
朱德群 2005年作 热情的回响	81cm×100cm	2,530,000	北京保利	2022-07-25
朱德群 1970—1972年作 第437号构图	61.6cm×81cm	2,376,158	香港苏富比	2022-04-28
朱德群 1995年作 夏园	73cm×92cm	2,165,134	香港苏富比	2022-10-06
朱德群 1961年作 第78号	54.5cm×46.3cm	1,953,504	保利香港	2022-10-10
朱德群 1973年作 构图第541号	72.5cm×60.5cm	1,655,460	中国嘉德	2022-10-09
朱德群 1988年作 无题	73cm×62cm	1,512,100	香港苏富比	2022-04-28
朱德群 1995年作 仰望莫及	195cm×130cm	20,125,000	北京荣宝	2022-07-24
朱金石 1985年作 潜风景	103cm×75.5cm	747,500	华艺国际	2022-07-28
朱铭 1972年作 太极系列	36.2cm×44.2cm	4,330,267	香港苏富比	2022-10-07
朱屺瞻 1983年作 秋岳云海 镜框	60cm×45cm	4,025,000	上海嘉禾	2022-11-20
朱新建 山风眼界	60.5cm×50cm	632,500	中贸圣佳	2022-10-27
朱曜奎 2012年作 心灵之美	50.2cm×60.2cm	103,500	中国嘉德	2022-06-28
朱沅芷 1940年作 纽约中央公园	63.5cm×80cm	15,800,640	罗芙奥	2022-06-05
朱沅芷 1939年作 巴黎友人画像——安德烈·沙蒙	92.5cm×72.5cm	3,310,920	中国嘉德	2022-10-09
庄哲 1980年作 29495	121.5cm×90cm	174,420	保利香港	2022-07-13
庄喆 2002年作 雪舟破墨山水变奏06	173cm×101cm	516,420	罗芙奥	2022-06-05
庄喆 风景1987—一号	174cm×264.5cm	398,840	香港苏富比	2022-10-06
庄喆 2005年作 步步高	201.3cm×100.8cm	370,823	佳士得	2022-12-01
庄喆 1976年作 风景	120.5cm×84cm	326,160	罗芙奥	2022-06-05
邹操 2021年作 挂竹图一	70cm×90cm	103,500	永乐拍卖	2022-07-26
约1815年作 冬日校射图油画	142cm×95.6cm	432,028	佳士得	2022-05-30
The Love Child 2021年作 浪漫纽约	122.5cm×188.5cm	360,024	华艺国际	2022-05-29
雕 塑				
KAWS(考斯)2020年作 假期(4)	28cm×100cm×40cm	2,520,000	佳士得(上海)	2022-03-01
KAWS 2016年作 此时	28.3cm×13.5cm×8cm	864,057	香港苏富比	2022-04-28
MR. 2018年作 Karin	160cm×50cm×70cm	3,476,466	佳士得	2022-11-30
MR. 2018年作 Hiromi	130cm×50cm×45cm	3,418,632	香港苏富比	2022-10-06

2022书画拍卖成交汇总(续表)

（成交价RMB：6万元以上）

拍品名称	物品尺寸	成交价RMB	拍卖公司	拍卖日期
OKOKUME 2018年作 宇宙女孩：带来希望	180cm × 100cm × 91.5cm	162,010	佳士得	2022-05-27
阿尔伯托·贾梅蒂 威尼斯女子Ⅱ	高122cm	119,148,231	纽约苏富比	2022-05-17
阿尔伯托·贾梅蒂 男子头像	高26.8cm	12,981,519	纽约苏富比	2022-11-14
埃德加·德加 穿长袜的舞者，第一习作	高47cm	3,259,116	伦敦苏富比	2022-03-02
埃德加·德加 行进的骏马	高22.8cm	3,041,842	伦敦苏富比	2022-03-02
埃德加·德加 浴女	高45.5cm	138,000	北京荣宝	2022-07-24
埃莱娜·莱昂·伯托克斯 洗澡的女孩萨拉巴	58cm × 40cm × 25cm	253,000	西泠印社	2022-08-21
埃米尔·安德烈·布瓦索 爱慕·卡普蒂	高105cm；底座直径30cm	230,000	西泠印社	2022-01-23
埃米尔·路易·皮考特 赶海归来	高83cm	207,000	北京荣宝	2022-07-24
艾迪·马丁尼兹 2020年作 方块头灯	13.5cm × 14cm × 15.5cm	143,640	保利香港	2022-07-13
艾蒂安-亨利·迪麦格 演说家卡米尔·德穆兰	98cm × 29cm × 29cm	195,500	西泠印社	2022-01-23
安东尼·葛姆雷 2019年作 Cast VII	193cm × 45cm × 35.5cm	8,411,703	香港苏富比	2022-04-27
安东尼·葛姆雷 2011年作 MEME CCXLVII	37cm × 8.8cm × 6.2cm	1,367,453	香港苏富比	2022-10-06
安东尼·纪梵尼·兰兹罗蒂 与蛇玩耍的少女	高92cm；底部直径30cm	287,500	西泠印社	2022-08-21
安东尼奥奇·沃第 1975年作 沉思	47.5cm × 42cm × 48cm	135,660	罗芙奥	2022-06-04
奥古斯特·罗丹 加莱民众：五尊铜像	43.2cm × 47.7cm	16,350,449	纽约苏富比	2022-11-14
奥古斯特·罗丹 赛姬提灯（亦称赛姬照亮爱神丘比特）	高74.5cm	14,665,984	纽约苏富比	2022-11-14
奥古斯特·罗丹 1909年作 少女像	高84.8cm	4,888,674	伦敦苏富比	2022-03-02
奥古斯特·罗丹 永恒之春	51.8cm × 67cm × 32.5cm	3,631,194	香港苏富比	2022-04-27
巴布罗·毕加索 女子立像	高31.2cm	14,296,838	纽约苏富比	2022-05-17
巴扎诺·彼得罗 抚裙少女	高88cm；底部直径29cm	230,000	西泠印社	2022-08-21
贝纳·维尼 2003年作 弧度 72.5° X9	69.5cm × 43cm Y 30cm	398,840	香港苏富比	2022-10-06
草间弥生 2014年作 南瓜(M)	187cm × 182cm × 182cm	45,446,453	纽约苏富比	2022-11-16
草间弥生 2014年作 金色星夜南瓜	185cm × 214cm × 214cm	34,330,860	佳士得	2022-05-26
草间弥生 2007年作 无题(南瓜雕塑)	100cm × 100cm × 100cm	24,852,008	香港苏富比	2022-10-07
草间弥生 2013年作 我继续与南瓜相伴生活	180cm × 180cm × 30cm	15,644,097	佳士得	2022-11-30
草间弥生 1991年作 南瓜	11.5cm × 16.5cm × 15.3cm	1,836,122	佳士得	2022-05-27
陈可 2008年作 看得见风景的房间（一组十三件）	尺寸不一	862,500	永乐拍卖	2022-07-26
冯国东 1997—1999年作 老冯	20cm × 21cm × 18cm	172,500	北京荣宝	2022-07-24
弗兰考·塞尔维蒂 普赛克	高86cm；底部直径32cm	345,000	西泠印社	2022-01-23
佛朗索瓦·迪谢 狩猎女神阿尔忒弥斯	高80cm；底部直径27cm	230,000	西泠印社	2022-08-21
佛朗索瓦·迪谢 欧律狄刻与丘比特	高78cm；底部直径30cm	218,500	西泠印社	2022-01-23
高松次郎 1966年作 Number 147	100cm × 80cm × 19cm	1,404,093	佳士得	2022-05-27
高桥贤悟 2021年作 Re：Pray	203cm × 145cm × 135cm	3,564,237	香港苏富比	2022-04-28
管怀宾 2021年作 秋籁	63cm × 63cm × 41cm	138,000	北京华辰	2022-09-21
管怀宾 2020—2021年作 倾园	60cm × 60cm × 49cm	103,500	北京华辰	2022-09-21
亨利·摩尔 躺卧人像：英国节	长238.8cm	215,778,600	纽约苏富比	2022-11-14
黄柏仁 2007年作 牧场的主人	28cm × 35cm × 64cm	149,490	罗芙奥	2022-06-04
黄本蕊 2017年作 尼尼	200cm × 92cm × 107cm	410,400	保利香港	2022-07-13
灰原爱 2019年作 犬派，及猫派（共两件）		194,940	保利香港	2022-07-13
加藤泉 2009年作 无题	尺寸不一	2,592,172	佳士得	2022-05-27
井田幸昌 2019年作 维纳斯	127cm × 50cm × 41cm	136,745	香港苏富比	2022-10-06
凯撒·拉皮尼 小牧童	58cm × 40cm × 25cm	287,500	西泠印社	2022-08-21
克洛德·莱兰 1969年构思，1988年铸造 白菜兔子	25cm × 30cm × 20cm	1,139,544	香港苏富比	2022-10-06
空山基 2018年作 机械姬：太空漫游	183cm × 50cm × 40cm	3,024,201	佳士得	2022-05-27
李真 1999年作 大士	118cm × 64cm × 112cm	2,446,200	罗芙奥	2022-06-04
李真 2013年作 烟花	82.5cm × 31cm × 25cm	1,728,115	香港苏富比	2022-04-28
李真 2002年作 观	92cm × 37cm × 31cm	1,359,000	中诚国际	2022-05-08
李真 2010年作 天火	124cm × 54cm × 41cm	1,188,079	佳士得	2022-05-27
李真 2010年作 追烛	41cm × 84cm × 32cm	993,276	中国嘉德	2022-10-09
李真 2000年作 和而不同	62cm × 32cm × 24cm	797,681	香港苏富比	2022-10-06
李真 2018年作 万丈金乌·千葵之一	49cm × 34cm × 26.5cm	672,116	佳士得	2022-12-01
梁任宏 2018年作 转进论 16AS1025	165cm × 64.7cm × 64.7cm	496,638	中国嘉德	2022-10-09
林恩·查德维克 三个厄勒克特拉	最高人像223cm	11,833,738	纽约苏富比	2022-05-17
林良材 1988年作 人与兽	120cm × 50cm × 85cm	149,490	中诚国际	2022-05-08
刘焕章 1987年作 猫头鹰	41cm × 30cm × 30cm	195,500	开拍国际	2022-07-24
卢卡·马德拉西和平女神帕里斯·丽贝塔·蒙迪	高110cm	316,250	西泠印社	2022-08-21
露易丝·布尔乔亚 蜘蛛IV	203.2cm × 180.3cm × 53.3cm	110,754,526	香港苏富比	2022-04-27
露易丝·布尔乔亚 1947—1949年构思，1989年铸造 观察者	198.1cm × 71.1cm × 30.5cm	21,403,845	纽约苏富比	2022-11-17

2022书画拍卖成交汇总(续表)

(成交价RMB：6万元以上)

拍品名称	物品尺寸	成交价RMB	拍卖公司	拍卖日期	拍品名称	物品尺寸	成交价RMB	拍卖公司	拍卖日期
罗讷德·文图拉 2021年作 预备冲刺	137cm×144cm	6,480,432	佳士得	2022-05-27	王克平 1999年作 坦率(文艺复兴)	178cm×84cm×55cm	683,726	香港苏富比	2022-10-06
马吕斯·让·安东尼恩·梅西耶 格洛丽亚·维克斯	高80cm；底部直径11cm	138,000	西泠印社	2022-01-23	温阔 2020年作 温阔	130cm×92cm×85cm	103,500	保利厦门	2022-10-22
马图林·莫罗 维纳斯与丘比特	高69cm；底部直径30cm	276,000	西泠印社	2022-08-21	习福德 亚历山德·尼可拉斯 2021年作 萌芽的小鸡		101,534	中国嘉德	2022-10-09
马图林·莫罗 丘比特与普赛克	高110cm；底座直径33cm	218,500	西泠印社	2022-01-23	席时斌 2022年作 熊兔，星象，探险者	137cm×80cm×116cm	256,500	保利香港	2022-07-13
马图林·莫罗 垂钓的少女	高75cm；底部直径30cm	218,500	西泠印社	2022-08-21	向京 2001年作 空房间	56cm×73cm	253,000	北京荣宝	2022-07-24
马图林·莫罗 丘比特与普赛克	高90cm；底部直径30cm	109,250	西泠印社	2022-01-23	小泉悟 2020年作 空桶	67cm×93cm×152cm	256,500	保利香港	2022-07-13
马图林·莫罗 欧律狄刻的天琴	高115cm；底部直径28cm	230,000	西泠印社	2022-01-23	熊秉明 1997—1998年作 扁肚牛	18cm×45cm×21cm	772,548	中国嘉德	2022-10-09
奈良美智 2007年作 失眠夜(坐着)	30cm×15cm×16cm	485,601	中国嘉德	2022-10-09	熊秉明 20世纪60年代作 猫头鹰	47cm×37cm×22cm	402,500	中国嘉德	2022-06-28
奈良美智 2007年作 失眠夜(坐姿)	15cm×17cm×28cm	410,400	保利香港	2022-07-13	熊秉明 约1952年作 背手女人	12cm×15cm×50cm	203,850	中诚国际	2022-05-08
奈良美智 2012年作 森子，小森子 (一组两件)		275,910	中国嘉德	2022-10-09	熊秉明 20世纪60年代作 公鸡	46cm×20cm×24cm	161,000	中国嘉德	2022-06-28
纽曼·努尔塔 爱巢	114cm×97cm×71cm	324,021	佳士得	2022-05-27	熊秉明 1988年作 面具	20cm×12cm×18cm	116,874	中诚国际	2022-05-08
皮耶–伊夫·特墨 1977年作 黄金鳊	67cm×16.5cm×92.5cm	130,464	罗芙奥	2022-06-04	许东荣 2017年作 摇曳莲华	75cm×44cm×31cm	405,587	佳士得	2022-12-01
青岛千穗 2008年作 小鸡女孩·希望	48.5cm×47.5cm×30cm	132,436	中国嘉德	2022-10-09	岩村远 2019年作 新绳兽：做梦的女孩	40.6cm×36.8cm×38.1cm	540,036	香港苏富比	2022-04-28
全光荣 2008年作 聚合08 —AU022	230cm×200cm×325cm	2,990,000	华艺国际	2022-07-28	塩田千春 2020年作 生存的状态 (解剖学书本)	45cm×80.1cm×45cm	683,726	香港苏富比	2022-10-06
让·阿尔普 躯干	高76.6cm	7,694,644	纽约苏富比	2022-05-17	塩田千春 2020年作 旋转木马	40cm×40.2cm×25.2cm	1,188,079	佳士得	2022-05-27
让·高瑟林 克罗迪尔	85cm×30cm×25cm	103,500	西泠印社	2022-01-23	塩田千春 2011年作 铁路平交道号志	30cm×30cm×30cm	408,346	中国嘉德	2022-10-09
让–莱昂·格雷瓜尔 飞翔的小天使	61cm×25cm×25cm	207,000	西泠印社	2022-08-21	野口勇 1981年作 石守	作品148cm×72.1cm×60cm；花岗岩底座49.8cm×66cm×55.9cm	29,826,171	纽约苏富比	2022-11-17
任哲 2015年作 臻妙境	120cm×67cm×85cm	432,028	香港苏富比	2022-04-28	伊波利特·莫罗 归来	高76cm；底部直径36cm	195,500	西泠印社	2022-01-23
任哲 2020年作 寻白羽	81cm×47cm×91cm	284,886	香港苏富比	2022-10-06	应晶晶 2021年作 以地球之名系列No.3 (IN THE NAME OF EARTH No.3)	310cm×185cm×245cm	425,500	上海嘉禾	2022-11-20
任哲 2013年作 凌云志	雕塑75cm×50cm×110cm；台座4.5cm×50cm×29.5cm	185,411	佳士得	2022-12-01	扎哈·哈迪德 2007年作 Flow (Vase Sculpture)	200cm×100cm×100cm	1,380,000	华艺国际	2022-07-28
任哲 2006年作 气	80cm×310.5cm×99.5cm	183,612	佳士得	2022-05-27	展望 2006年作 假山石96号	98cm×66cm×35cm	433,027	香港苏富比	2022-10-06
邱译农 2017年作 叠罗汉–1	378cm×95cm×95cm	575,000	北京华辰	2022-09-21	展望 2006年作 假山石 第六十二号	174cm×30cm×24cm	347,646	佳士得	2022-12-01
史金淞 2019年作 客厅里的园林 (一组四件)	尺寸不一	230,000	华艺国际	2022-09-23	张充仁 1990年作 吴湖帆胸像	50cm×32cm×50cm	253,000	广东崇正	2022-08-10
隋建国 1992—1993年作 地罡(两件作品)	40cm×49cm×35cm；31cm×41cm×50cm	341,863	香港苏富比	2022-10-06	张充仁 1946年作 齐白石胸像	30cm×18cm×37cm	172,500	广东崇正	2022-08-10
王合内 1963年作 猫	27cm×175cm×40cm	184,000	开拍国际	2022-07-24	张晓刚 2013年作 儿童水手	112cm×62cm×56cm	1,380,000	华艺国际	2022-07-28
王怀庆 2011—2012年作 三足鼎立	200cm×295cm×163cm	1,037,484	香港苏富比	2022-04-27	赵军安 兵圣孙武	75cm×40cm×28cm	726,000	基鸿祥	2022-07-11

2022书画拍卖成交汇总(续表)

(成交价RMB: 6万元以上)

拍品名称	物品尺寸	成交价RMB	拍卖公司	拍卖日期
周春芽 2008年作 绿狗	117cm×90cm×48cm	1,667,500	保利厦门	2022-10-21
周春芽 2005年作 绿狗	21cm×31cm×14cm	126,500	西泠印社	2022-01-22
朱尔斯·鲁洛 飞鹰上的女孩	高53cm	172,500	北京荣宝	2022-07-24
朱铭 1993年作 太极系列——单鞭下势	54.7cm×60cm×38cm	3,476,466	佳士得	2022-12-01
朱铭 2003年作 太极系列——单鞭下势	102cm×58cm×68cm	2,663,640	中诚国际	2022-05-08
朱铭 2002—2004年作 人间系列——彩绘木雕	54cm×69cm×114cm	2,038,500	中诚国际	2022-05-08
朱铭 1977年作 关公	81cm×28.8cm×25.7cm	1,655,460	中国嘉德	2022-10-09
朱铭 1990年作 太极系列	52cm×113cm×36cm	1,404,093	佳士得	2022-05-27
朱铭 1992年作 太极系列——转身踢腿	52.5cm×46.7cm×37.8cm	1,324,368	中国嘉德	2022-10-09
朱铭 1984年作 无题	50.8cm×60.9cm×38cm	1,188,079	佳士得	2022-05-27
朱铭 2000年作 太极系列——太极拱门	81cm×32cm×44cm	761,040	中诚国际	2022-05-08
朱铭 佛	91.6cm×72.1cm×51.8cm	684,256	中国嘉德	2022-10-09
朱铭 1978年作 水牛	18cm×68.5cm×16.5cm	662,184	中国嘉德	2022-10-09
朱铭 1991年作 太极系列	37cm×40.9cm×60.4cm	652,320	罗芙奥	2022-06-05
朱铭 1995年作 太极系列——对打 (一组两件)		551,820	中国嘉德	2022-10-09
朱铭 1997年作 太极系列	43cm×26cm×28cm	432,028	香港苏富比	2022-04-28
朱铭 1976年作 山中群牛	68cm×22cm×42cm	326,160	中诚国际	2022-05-08
朱铭 1995年作 太极系列——十字手	25.1cm×18.7cm×31.3cm	203,850	中诚国际	2022-05-08

摄 影

拍品名称	物品尺寸	成交价RMB	拍卖公司	拍卖日期
芭芭拉·克鲁格 1982年作 无题 (我的脸是是你的财富)	189.2cm×123.8cm	10,875,937	纽约苏富比	2022-11-17
白水 2022年作 浮光	100cm×100cm	230,000	广东崇正	2022-12-24
曹斐 2004年作 角色扮演	75cm×100cm	80,500	中国嘉德	2022-12-14
戴维·霍克尼 2018年作 它会会在内里打开	58.4cm×165.1cm	683,726	香港苏富比	2022-10-06
郎静山 1934年作 春树奇峰	43.4cm×34.5cm	120,750	西泠印社	2022-08-20
郎静山 1957年作 鸲鹆起舞	45cm×32.5cm	109,250	西泠印社	2022-08-20
南·戈尔丁 1999年作 拥抱 6/15	76.2cm×101.6cm	161,000	西泠印社	2022-01-22
邱志杰 1994年作 纹身 II	130cm×105.2cm	108,257	香港苏富比	2022-10-06
世界足坛巨星梅西 亲笔签名照片	40.3cm×30.3cm	172,500	中国嘉德	2022-12-09
宋冬 1996年作 哈气(两张一组)	100.2cm×148cm×2	159,536	香港苏富比	2022-10-06

当代艺术及其他艺术形式

拍品名称	物品尺寸	成交价RMB	拍卖公司	拍卖日期
ABOUDIA 2013年作 无题	100cm×100cm	1,026,068	佳士得	2022-05-27
Ale×Face 2019年作 Faithful Creature（忠诚的生物）No.2	直径46cm	149,490	罗芙奥	2022-06-05

拍品名称	物品尺寸	成交价RMB	拍卖公司	拍卖日期
FUTURA 约2011—2012年作 无题	181cm×267cm	410,427	香港苏富比	2022-04-28
Invader 2017年作 ALIAS VRS-09	71.3cm×61.8cm	1,296,086	香港苏富比	2022-04-28
Invader 约21世纪初期作 红色小精灵	24cm×55cm	220,728	中国嘉德	2022-10-09
KAWS 2016年作 CHUM (KCO18)	153cm×135.3cm	5,127,948	香港苏富比	2022-10-07
KAWS 2014年作 无题 (MBFE8)	188cm×152.5cm	972,064	香港苏富比	2022-04-28
KYNE 2018年作 无题	116.7cm×91cm	1,304,640	中诚国际	2022-05-08
MADSAKI 2018年作 维纳斯的诞生 II	172.5cm×278.5cm	4,104,273	佳士得	2022-05-26
MADSAKI 2018年作 无题	180cm×180cm	1,367,453	香港苏富比	2022-10-06
MADSAKI 2016年作 女神游乐厅的吧台II	130cm×170cm×4cm	972,064	香港苏富比	2022-04-28
MADSAKI 2020年作 无题	60cm×55.5cm	648,043	香港苏富比	2022-04-28
MADSAKI 2017年作 无题	40cm×40cm	266,760	保利香港	2022-07-13
MR. 2016年作 好——！！去吧	160cm×130cm	3,988,404	香港苏富比	2022-10-06
Nikki 2021年作 变身	111cm×111cm	326,160	罗芙奥	2022-06-04
Nikki 2021年作 星夜——那又怎样	100cm×100cm	298,980	罗芙奥	2022-06-04
Nikki 2021年作 Washed Ashore in Lower New York Bay（下纽约湾被拍打的岸边）	100cm×100cm	172,500	华艺国际	2022-07-28
Nikki 2021年作 无题	100cm×75cm	126,500	华艺国际	2022-07-28
Robert Alice（罗伯特·爱丽丝）第34块(51.895167° N, 1,4805° E)心灵肖像系列	直径128.5cm	4,320,288	香港苏富比	2022-04-27
Stickymonger 2019年作 草莓狂热·鲜奶油	直径92cm	734,448	佳士得	2022-05-27
Stickymonger 2019年作 无题	直径90.5cm	364,654	香港苏富比	2022-10-06
阿布迪亚 2012年作 无题	187cm×238cm	2,365,872	华艺国际	2022-05-29
阿布迪亚 2018年作 无题	142cm×151cm	972,064	香港苏富比	2022-04-28
阿布迪亚 2021年作 市长和他的学院	150cm×150cm	626,749	香港苏富比	2022-10-06
阿岱尔·阿贝德赛梅 2018年作 禁色(四联作)	320cm×200cm×4	10,286,400	华艺国际	2022-05-29
阿尔伯特·尔莱恩 1992—2004年作 无题	230cm×180cm	14,665,984	纽约苏富比	2022-11-16
阿尔伯特·威廉 2021年作 大雪纷飞	110.6cm×199.7cm	1,595,362	香港苏富比	2022-10-06
阿尔弗雷德·希斯里 1884年作 圣马梅斯的卢万运河大坝	38.4cm×55cm	5,214,586	伦敦苏富比	2022-03-02
阿曼德·萨达利 1973年作 山脊上的熔金	80cm×65cm	345,623	香港苏富比	2022-04-28
阿莫阿科·博阿佛 2019年作 彤妮卡与艾蒂亚	219cm×147.3cm	7,231,820	纽约苏富比	2022-05-19
阿默·萨达里 1969年作 构图	100.5cm×70cm	810,054	佳士得	2022-05-27
阿雅 2022年作 永恒的活火(111)	240cm×120cm	575,000	北京荣宝	2022-07-24
埃德·鲁沙 1993年作 冷啤酒美丽女孩	213.4cm×152.4cm	127,103,126	纽约苏富比	2022-05-19
埃德·鲁沙 2018年作 窗外景致	101.6cm×152.3cm	5,184,345	香港苏富比	2022-04-27
埃德加·德加 练马师	38.4cm×88.6cm	24,772,775	纽约苏富比	2022-11-14
埃德加·普兰斯 2020年作 颜色	122cm×162cm	4,410,000	佳士得(上海)	2022-03-01
埃德加·普兰斯 2019年作 披萨	100cm×100cm	2,916,194	香港苏富比	2022-04-28
埃德加·普兰斯 2020年作 我是艺术家	167cm×117.7cm	2,160,144	香港苏富比	2022-04-27

2022书画拍卖成交汇总(续表)

(成交价RMB：6万元以上)

拍品名称	物品尺寸	成交价RMB	拍卖公司	拍卖日期
埃德加·普兰斯 2019年作 曲奇	81cm×65cm	2,052,136	佳士得	2022-05-27
埃德加·普兰斯 2019年作 太空	100cm×100cm	2,051,179	香港苏富比	2022-10-06
埃德加·普兰斯 2020年作 艺术笔记II	141.5cm×167cm	1,080,072	佳士得	2022-05-27
埃德加·普兰斯 2006年作 城市工业	100cm×100cm	398,840	香港苏富比	2022-10-06
埃贡·席勒 自画像	45.2cm×30.5cm	32,352,868	纽约苏富比	2022-11-14
埃贡·席勒 1914年作 正在脱下衣裙的少女	48cm×30cm	29,896,472	纽约苏富比	2022-05-17
埃贡·席勒 1910年作 站姿女	55.9cm×34.3cm	15,938,905	纽约苏富比	2022-05-17
埃贡·席勒 1907年作 十字架苦像与暗阳	42cm×42cm	8,126,235	伦敦苏富比	2022-03-02
埃里克·帕克 2006年作 势在必得	175.3cm×153cm	250,700	香港苏富比	2022-10-06
艾安 2018年作 兔子	35cm×35cm	112,700	北京华辰	2022-09-21
艾德加·普连斯 2019年作 向八零年代的涂鸦艺术家致敬	100cm×100cm	2,446,200	罗芙奥	2022-06-05
艾德加·普兰斯 2019年作 绝地武士美食家	53.5cm×46.4cm	974,700	保利香港	2022-07-13
艾德加·普连斯 2019年作 动物英雄	15cm×15cm	298,980	罗芙奥	2022-06-04
艾德加·普连斯 2006年作 公园	38.5cm×55.5cm	163,080	罗芙奥	2022-06-04
艾迪·玛汀尼兹 2018年作 海滩之亡	190.5cm×243.8cm	1,937,225	香港苏富比	2022-10-07
艾芙莉·辛格 2018年作 昆德丽	241.3cm×215.9cm	14,665,984	纽约苏富比	2022-11-16
艾芙莉·辛格 2014年作 正在发生	254cm×304.8cm	35,470,357	纽约苏富比	2022-05-19
艾斯沃思·凯利 1959年作 反弹	174cm×182.2cm	28,934,034	纽约苏富比	2022-05-19
艾斯沃思·凯利 2010年作 灰色曲线浮雕	203.5cm×134cm×6.7cm	13,410,266	纽约苏富比	2022-05-19
安德鲁·魏斯 1964年作 守灵	74.3cm×122.6cm	32,352,868	纽约苏富比	2022-11-14
安迪·沃霍尔 1963年作 白色灾难（白色车祸19次）	367.7cm×210.5cm	594,090,690	纽约苏富比	2022-11-17
安迪·沃霍尔 1963年作 猫王	210.2cm×117.5cm	145,723,544	纽约苏富比	2022-05-19
安迪·沃霍尔 1976年作 美洲印第安人（罗素·米恩斯）	127cm×106.7cm×3	41,759,543	纽约苏富比	2022-05-17
安迪·沃霍尔 1981年作 美元符号	25.3cm×20cm	3,132,208	香港苏富比	2022-04-28
安迪·沃霍尔 1986年作 马莎·葛兰姆（一组三幅）	91cm×91cm×3	797,681	香港苏富比	2022-10-06
安迪·沃霍尔 水晶鞋	21cm×29.5cm	333,500	西泠印社	2022-01-22
安迪·沃霍尔 香水	29.5cm×21cm	230,000	西泠印社	2022-01-22
安迪·沃霍尔 沃霍尔的艺术		195,500	北京荣宝	2022-07-24
安迪·沃霍尔 金宝汤罐头24幅		138,000	北京荣宝	2022-07-24
安迪·沃霍尔 玛丽莲·梦露 波普艺术		126,500	北京荣宝	2022-07-24
安迪·沃霍尔 金宝汤罐头滑板	80cm×20cm×24	103,500	华艺国际	2022-09-23
安迪·沃霍尔 1963年作 自画像	50.5cm×40.4cm	5,980,000	北京荣宝	2022-07-24
安娜·维扬特 2020年作 堕落中的女子	121.9cm×91.4cm	10,959,145	纽约苏富比	2022-05-19
安森·基弗 1982年作 沃尔德之歌	290cm×409cm	5,530,216	纽约苏富比	2022-05-19
奥利·埃普 2017年作 交换	112cm×132cm	702,046	香港苏富比	2022-04-28
巴布罗·毕加索 1932年4月2日作 躺卧女	129.9cm×161.7cm	458,292,701	纽约苏富比	2022-05-17
巴布罗·毕加索 1939年3月27日作 多拉·玛尔	60cm×45.5cm	139,500,428	香港苏富比	2022-04-28
巴布罗·毕加索 1938年作 托腮的女子半身像	61cm×50cm	103,190,683	伦敦苏富比	2022-03-02
巴布罗·毕加索 1969年11月19日作 拥抱	162cm×130cm	95,758,958	纽约苏富比	2022-05-17
巴布罗·毕加索 1927年1月作 扶手椅上的女子	130.5cm×97.2cm	69,439,641	纽约苏富比	2022-11-14
巴布罗·毕加索 1967年5月19日作 抽烟斗的火枪手，半身像	99.7cm×80.6cm	57,556,477	纽约苏富比	2022-05-17
巴布罗·毕加索 1967年2月21日作 男子与女人	99.8cm×80.5cm	34,822,673	纽约苏富比	2022-05-17
巴布罗·毕加索 1964年11月7日作 侧躺女与男子半身像	61cm×120cm	29,075,439	纽约苏富比	2022-05-17
巴布罗·毕加索 男女头像	54cm×80.6cm	21,055,815	纽约苏富比	2022-11-14
巴布罗·毕加索 1936年12月8日作 静物：鱼与煎锅	49.8cm×61.3cm	14,707,355	纽约苏富比	2022-11-14
巴奈特·纽曼 1946年作 无题	60.3cm×44.8cm	12,654,771	纽约苏富比	2022-05-17
班克斯 2006年作 爱在空气中	91.4cm×91.4cm	43,779,775	香港苏富比	2022-04-27
班克斯 2007年作 此处不宜拍照	62cm×72cm	18,163,956	纽约苏富比	2022-05-19
班克斯 2003年作 爱鼠木板	60cm×50cm	5,400,360	香港苏富比	2022-04-28
保罗·德尔沃 1968年作 旅途最终站	160cm×140.4cm	15,742,128	纽约苏富比	2022-05-17
保罗·高更 约1892年作 大溪地河畔风光	27.2cm×32.8cm	60,675,047	纽约苏富比	2022-05-17
保罗·高更 少女与狐狸（《失去童贞》习作）	31.2cm×33.2cm	8,331,838	纽约苏富比	2022-11-14
保罗·克利 1919年作 有绞刑架的风景	36.3cm×46cm	16,350,449	纽约苏富比	2022-11-14
保罗·塞尚 约1895年作 林间空地	100.3cm×81.2cm	282,873,148	纽约苏富比	2022-05-17
保罗·席涅克 1904年春天作 小屋（圣特罗佩）	65.4cm×81.2cm	22,507,172	纽约苏富比	2022-05-17
保罗·席涅克 1924年作 巴黎的洪水（塞纳–马恩省河与艺术桥）	50.2cm×65cm	15,117,871	纽约苏富比	2022-05-17
彼得·麦当劳 2003年作 如此	140cm×200cm	1,296,086	香港苏富比	2022-04-27
彼得·麦当劳 2016年作 马谛斯人物	21cm×29.6cm	129,608	香港苏富比	2022-04-27
彼得·索尔 2018年作 好运相对努力	198cm×244cm	1,709,316	香港苏富比	2022-10-06
博纳德·弗瑞兹 2016年作 景泰蓝	207.9cm×195.2cm	512,795	香港苏富比	2022-10-06
布莱恩·唐纳利 2018年作 最后的日子	20.5cm×18cm×24.5cm	951,300	中诚国际	2022-05-08
布莱恩·唐纳利 2011年作 同伴（Karimoku版本）	12.4cm×6.5cm×27cm	190,260	中诚国际	2022-05-08
蔡国强 2005年作 电视购画	200cm×300cm	2,484,165	香港苏富比	2022-04-28
蔡国强 1995年作 为东京博物馆作的计划：日晷	70cm×125cm	690,000	永乐拍卖	2022-07-26
蔡国强 2008年作 黑牡丹	66cm×36.5cm×8cm	414,000	华艺国际	2022-07-28
蔡国强 1990年作 为外星人做的设计第五号——胎动	50cm×65cm	368,000	华艺国际	2022-07-28
蔡国强 2003年作 为大英博物馆作的计划	55.5cm×76cm	322,000	永乐拍卖	2022-07-26
蔡国强 1990年作 补天-2	45.5cm×53.3cm	230,000	中国嘉德	2022-12-14
蔡国强 2005年作 金圆券——招财平安符一	38cm×28cm	121,400	中国嘉德	2022-10-09

拍品名称	物品尺寸	成交价RMB	拍卖公司	拍卖日期
蔡国强 1988年作 爆破	27.5cm × 36.2cm	108,156	中国嘉德	2022-10-09
蔡磊 2013年作 毛坯之三	196cm × 97cm	368,000	华艺国际	2022-07-28
蔡万霖 YY Fashion5304、5836、6710、6738		172,500	北京荣宝	2022-07-24
草间弥生 1990年作 南瓜	72.5cm × 60.5cm	26,251,750	香港苏富比	2022-04-27
草间弥生 2000年作 南瓜	37.9cm × 45.2cm	13,908,768	香港苏富比	2022-10-06
草间弥生 2014年作 来自哈迪斯的讯息	194cm × 194cm	11,730,782	香港苏富比	2022-04-27
草间弥生 1980—1981年作 柠檬茶	91cm × 72.5cm	9,863,800	香港苏富比	2022-10-06
草间弥生 2006年作 无限网(QPOW)	91cm × 73cm	8,546,580	香港苏富比	2022-10-07
草间弥生 2005年作 水玉强迫-T.W.KEV	162cm × 162cm	5,940,396	香港苏富比	2022-04-28
草间弥生 1979年作 红花与靴子	50.8cm × 65.4cm	3,456,230	佳士得	2022-05-27
草间弥生 1993年作 无限镜屋	59.7cm × 59.7cm × 59.7cm	3,418,632	香港苏富比	2022-10-06
草间弥生 2003年作 花(AFGT)	53.3cm × 46cm	2,376,158	香港苏富比	2022-04-28
草间弥生 1996年作 南瓜 设计手表（一组两件）	17cm × 6cm；23cm × 3.3cm × 1.8cm	2,207,280	中国嘉德	2022-10-09
草间弥生 1981年作 杯	22.7cm × 15.8cm	1,944,129	香港苏富比	2022-04-28
草间弥生 1993年作 圆点积累	53.2cm × 45.6cm	1,937,225	香港苏富比	2022-10-06
草间弥生 1978年作 星空的那方	65cm × 50.5cm	1,103,640	中国嘉德	2022-10-09
草间弥生 1983年作 南瓜	10.5cm × 8.5cm × 8.5cm	797,681	香港苏富比	2022-10-06
草间弥生 1991年作 夕阳下的哈德逊河	23cm × 26cm	353,164	中国嘉德	2022-10-09
草间弥生 1980年作 野	51cm × 65.3cm	341,863	香港苏富比	2022-10-06
草间弥生 2002年作 南瓜（五件一组）		231,030	罗芙奥	2022-06-05
陈可 2014年作 相见欢	直径150cm	1,188,079	佳士得	2022-05-27
陈可 2008年作 × × 留念	160cm × 160cm	902,750	中贸圣佳	2022-10-27
陈可 2015年作 雪山	110cm × 160cm	897,000	西泠印社	2022-01-22
陈可 2015年作 瀑布	18cm × 11cm × 26cm	172,500	西泠印社	2022-01-22
陈可 2007年作 每一天		195,500	中国嘉德	2022-06-28
陈可 2015年作 海	11cm × 9.5cm × 22cm	138,000	西泠印社	2022-01-22
陈可 2010年作 女孩	50cm × 40cm	109,250	西泠印社	2022-08-20
陈席慧 离别 画心	75cm × 53cm	288,000	北京传世	2022-07-13
陈彧君 2021年作 生长 I 星世纪 No.007121	200cm × 110cm	379,500	中贸圣佳	2022-10-27
翠西·艾敏 2017年作 你身然彼方	122cm × 183cm	5,530,216	纽约苏富比	2022-05-19
村上隆 2013年作 菩提树下六十九罗汉	300cm × 1000cm	32,993,628	香港苏富比	2022-04-27
村上隆 2015年作 727	300.5cm × 150cm × 3	18,942,658	香港苏富比	2022-10-07
村上隆 2002年作 蛋怪兽	90cm × 80cm × 185cm（含底座）	5,164,200	罗芙奥	2022-06-05
村上隆 2006年作 然后(方形图案)	100cm × 100cm	2,700,180	香港苏富比	2022-04-28
村上隆 弗吉尔·阿布洛 2019年作 时间的本质	150.5cm × 150cm	2,279,088	香港苏富比	2022-10-06
村上隆 弗吉尔·阿布洛 2018年作 花带	41.7cm × 33.5cm × 4cm	410,427	佳士得	2022-05-27
达米恩·赫斯特 2018年作 幸福生活之花	274.2cm × 183.3cm × 2	37,880,289	纽约苏富比	2022-05-19
达米恩·赫斯特 2008—2009年作 伊迪丝	140cm × 140cm	6,480,432	香港苏富比	2022-04-28
达米恩·赫斯特 1996年作 是的，但你的真实感受如何	200.7cm × 426.7cm × 46.3cm	6,480,432	香港苏富比	2022-04-27
达米恩·赫斯特 2007年作 全知	258.6cm × 258.6cm	3,780,252	香港苏富比	2022-04-27
达明安·赫斯特 2019年作 Sanskrit(梵文)	直径152.4cm	5,232,500	永乐拍卖	2022-07-26
达明安·赫斯特 2008年作 Grief(悲伤)	91.4cm × 91.4cm	3,852,500	永乐拍卖	2022-07-26
戴维·霍克尼 2011年作 它会成功吗	83cm × 60.8cm	225,720	保利香港	2022-07-13
戴娜·舒茨 2003年作 死去的斑马	152.4cm × 167.6cm	6,381,018	纽约苏富比	2022-05-19
戴维 星际先生 怀特 2020年作 在日光下燃烧的白色	152.4cm × 121.9cm	756,050	佳士得	2022-05-27
戴维·海蒙 1975年作 无题(身体印画)	64.8cm × 50.2cm	9,325,064	纽约苏富比	2022-05-19
戴维·海蒙 1975年作 无题(身体印画)	73.7cm × 58.4cm	7,231,820	纽约苏富比	2022-05-19
戴维·海蒙 1975年作 无题(身体印画)	73.7cm × 58.4cm	5,530,216	纽约苏富比	2022-05-19
戴维·霍克尼 2017年作 大峡谷 II	121.9cm × 243.8cm	74,510,708	纽约苏富比	2022-05-19
戴维·霍克尼 1996年作 向日葵与三个橙子	121.9cm × 91.4cm	26,457,240	纽约苏富比	2022-11-17
黛安·阿布斯 1966年作 双胞胎，罗塞尔，新泽西州	38.7cm × 38.4cm	4,679,413	纽约苏富比	2022-05-19
嶋本昭三 2007年作 无题	85.5cm × 97.3cm	313,220	佳士得	2022-05-27
嶋本昭三 2008年作 无题	137cm × 97cm	216,513	香港苏富比	2022-10-06
丁雄泉 1979年作 夏日午后	153cm × 205cm	1,904,280	罗芙奥	2022-12-03
丁雄泉 20世纪90年代作 花鸟合鸣	96cm × 188cm	575,000	广东崇正	2022-12-24
丁雄泉 1977年作 清晨	91cm × 102cm	540,036	香港苏富比	2022-04-28
丁雄泉 美人	97.4cm × 178cm	341,863	香港苏富比	2022-10-06
丁雄泉 静物和鱼	90.5cm × 177.5cm	324,021	香港苏富比	2022-04-28
丁雄泉 20世纪80年代末至90年代初作 花园女人图	176.7cm × 96.2cm	280,818	香港苏富比	2022-04-28
丁雄泉 鹦鹉、花与双美	89cm × 94cm	135,900	罗芙奥	2022-06-04
丁乙 1996年作 十示96-36	139.3cm × 158.8cm	2,268,151	香港苏富比	2022-04-28
丁乙 2008年作 十示 2008-25	120cm × 140cm	1,794,000	西泠印社	2022-08-20
丁乙 2013年作 十示2013-7	100cm × 100cm	1,702,000	中贸圣佳	2022-10-27
丁乙 2008年作 十示 2008-15	120cm × 100cm	974,700	保利香港	2022-07-13
丁乙 1995年作 十示95-B31	52.5cm × 72cm	216,513	香港苏富比	2022-10-06
丁乙 1996年作 十示 96-B2	52cm × 68.5cm	153,900	保利香港	2022-07-13
董小蕙 2010年作 青春时光	100cm × 80cm	327,888	罗芙奥	2022-12-04
恩里科·巴赫 2019年作 FUSW	195cm × 155cm	345,000	北京荣宝	2022-07-24
菲利克斯·崔德威尔 2021年作 豆豆头	160cm × 120cm	170,932	香港苏富比	2022-10-06
菲利普·加斯顿 1958年作 尼罗河	164.8cm × 191cm	122,137,200	纽约苏富比	2022-05-17
菲利普·加斯顿 1969年作 悔恨	121.9cm × 106.7cm	52,621,453	纽约苏富比	2022-05-19
菲利普·加斯顿 1978年作 工作室庆典	132.1cm × 152.4cm	35,061,837	纽约苏富比	2022-05-19
菲利普·加斯顿 1964年作 陌生人	180.3cm × 198.1cm	10,454,821	纽约苏富比	2022-11-17
费尔南·雷捷 1954年作 露营者（习作）	92.1cm × 73cm	48,980,410	纽约苏富比	2022-05-17

2022书画拍卖成交汇总（续表）

（成交价RMB：6万元以上）

拍品名称	物品尺寸	成交价RMB	拍卖公司	拍卖日期
费尔南·雷捷 1929年作 游戏(静物与扑克牌)	92cm × 73.1cm	23,328,205	纽约苏富比	2022-05-17
费尔南·雷捷 1951年作 穿黄衣的少女	65cm × 46.2cm	17,192,682	纽约苏富比	2022-11-14
费尔南·雷捷 1950年作 棕色女人与黄色植物	73cm × 92cm	15,929,333	纽约苏富比	2022-11-14
费尔南·雷捷 1928年作 静物	65cm × 50.2cm	8,647,866	伦敦苏富比	2022-03-02
费尔南·雷捷 1952年作 静物与三只蝴蝶	92cm × 65cm	5,306,183	纽约苏富比	2022-05-17
费卡·里昂 2019年作 炸鸡块	159.4cm × 199.7cm	341,863	香港苏富比	2022-10-06
费南度·波特罗 2013年作 音乐家	123.8cm × 95.3cm	1,620,108	香港苏富比	2022-04-28
冯令刚 暗喜春红	100cm × 50cm	575,000	北京荣宝	2022-07-24
弗吉尔·阿布洛 2019年作 独一无二"灰花"桌	76.5cm × 220cm × 90cm	1,020,963	纽约苏富比	2022-05-19
弗朗索瓦·沙维尔·莱兰 约1965年设计，1968年制造 身披羊毛的绵羊群	每头绵羊 83.8cm × 94cm × 45.7cm；每张脚凳 55.9cm × 76.2cm × 45.7cm	21,824,961	纽约苏富比	2022-11-17
弗朗西斯·培根 1971年作 1962年红衣主教习作（1971年第二版）	198cm × 147.5cm	312,531,458	纽约苏富比	2022-05-19
弗朗西斯·培根 1964年作 卢西安·弗洛伊德肖像习作三幅	35.6cm × 30.5cm × 3	208,818,000	纽约苏富比	2022-11-14
弗朗兹·马克 1907年作 松鼠	70.5cm × 84cm	5,975,046	伦敦苏富比	2022-03-02
高松次郎 1966年作 Number 138	100cm × 80cm × 19cm	1,188,079	佳士得	2022-05-27
高雅瑜 2022年作 宇宙	180cm × 90cm	109,250	保利厦门	2022-10-21
高野绫 1999年作 微尘子之帽	53cm × 45cm	135,900	罗芙奥	2022-06-04
高瑀 2015年作 接不住啊	150cm × 200cm	667,000	北京荣宝	2022-07-24
高瑀 2003年作 宁为鱼肉，不为刀姐	120cm × 140cm	345,000	北京荣宝	2022-07-24
格奥尔格·巴塞利兹 1990年作 德累斯顿的女子——从布拉格切访	150cm × 75cm × 45.7cm	75,896,976	纽约苏富比	2022-05-19
格奥尔格·巴塞利兹 1966年作 陷阱	162.6cm × 130.2cm	56,500,707	纽约苏富比	2022-05-19
格奥尔格·巴塞利兹 1981年作 用玻璃杯喝饮料的女人	162cm × 130cm	24,848,832	纽约苏富比	2022-05-19
格奥尔格·巴塞利兹 1966年作 画家的嘴巴	161.9cm × 129.9cm	12,981,519	纽约苏富比	2022-11-17
格奥尔格·巴塞利兹 1965年作 英雄与旗帜	48.3cm × 33cm	3,573,370	纽约苏富比	2022-05-19
耿建翌 2001年 无题（一组七件）	25cm × 30cm × 6；60cm × 48cm	207,000	中国嘉德	2022-12-14
耿建翌 1999年 两个受光部（一组三件）	32cm × 25cm × 3	161,000	中国嘉德	2022-06-28
古斯塔夫·卡勒波特 1877年作 R先生的肖像	81cm × 105cm	57,619,964	伦敦苏富比	2022-03-02
关根伸夫 1987年作 月之影A&月之影B	65.2cm × 53cm × 2	230,000	中贸圣佳	2022-10-27
关根伸夫 光核相移	90cm × 72cm	138,000	中贸圣佳	2022-10-27
关音夫 2018年作 2018.01	120cm × 120cm × 11cm	138,000	北京荣宝	2022-07-24
郭利伟 2007年作 想园系列之想	180cm × 140cm	1,380,000	中贸圣佳	2022-10-27
哈罗德·安卡特 2016年作 无题	167cm × 132.5cm	4,320,288	香港苏富比	2022-04-27
哈维尔·卡勒加 2018年作 希望你不介意	130cm × 116.4cm	5,724,381	香港苏富比	2022-04-27
哈维尔·卡勒加 2018年作 叫醒我	30cm × 23cm	1,080,072	香港苏富比	2022-04-28
哈维尔·卡勒加 2018年作 沉默	100cm × 140cm	1,026,068	佳士得	2022-05-27
海伦·弗兰肯塔勒 1974年作 喀耳刻	156.2cm × 243.8cm	32,202,196	纽约苏富比	2022-05-19
汉迪威曼·苏普塔拉 2004年作 沙发4号	140cm × 140cm	345,623	香港苏富比	2022-04-28
汉斯·哈同 1973年作 P1973-C3	74.6cm × 104.3cm	540,036	香港苏富比	2022-04-28
汉斯·哈同 P1960-65	65cm × 50cm	296,281	香港苏富比	2022-10-06
汉斯·霍夫曼 1965年作 金晖	121.9cm × 152.4cm	14,665,984	纽约苏富比	2022-11-17
荷西·帕拉 2019年作 匿名方言	242cm × 370cm × 6	626,749	香港苏富比	2022-10-06
赫尔曼·尼特西 2007年作 SI_1_07	200cm × 300cm	1,512,100	香港苏富比	2022-04-28
赫尔南·巴斯 2010年作 精心准备的男孩（或正在逼近的冰川）	183cm × 152.4cm	8,409,132	佳士得	2022-05-26
赫尔南·巴斯 2008年作 蝙蝠和谷仓桥	213cm × 152.5cm × 2	10,346,625	佳士得	2022-11-30
赫尔南·巴斯 2010年作 梣树(头顶枯枝间顿然响起声音)	152.4cm × 182.9cm	3,988,404	香港苏富比	2022-10-07
亨利·埃德蒙·克罗斯 1906—1907年作 山雨欲来(泊船)	65cm × 80cm	12,145,866	纽约苏富比	2022-05-17
亨利·马蒂斯 1923年作 鲜花（画像前的鲜花）	100.3cm × 81.2cm	103,555,382	纽约苏富比	2022-05-17
亨利·马蒂斯 1920年夏天作 埃特雷塔的狂风	38cm × 46cm	2,992,361	纽约苏富比	2022-05-17
亨特·波特 2021年作 又一天	203.2cm × 203.2cm	136,745	香港苏富比	2022-10-06
洪易 2019年作 梅花鹿	76cm × 58cm × 153cm	258,210	罗芙奥	2022-06-05
胡安·米罗 1945年5月7日作于巴塞罗那 女子与星星	114cm × 146cm	123,824,201	纽约苏富比	2022-11-14
胡安·米罗 1945年作 太阳下的女子和雀鸟	40.3cm × 120.6cm	45,446,453	纽约苏富比	2022-11-14
胡安·米罗 1967年1月11日作 女子、鸟与星 II	81.3cm × 54.4cm	13,421,521	纽约苏富比	2022-05-17
黄钢 2020年作 禅	85cm × 52cm	149,500	北京荣宝	2022-07-24
黄积铸 1973年作 玉山祠，河内	100cm × 100cm	1,404,093	佳士得	2022-05-27
黄锐 1993年作 No.18，No.38		126,500	华艺国际	2022-07-28
黄一山 2019年作 毕加索的自画像	120cm × 90cm	1,104,000	北京保利	2022-07-25
黄一山 2012年作 足球机	171cm × 200cm	1,035,000	中国嘉德	2022-06-28
黄一山 2019年作 无题	154.5cm × 110cm	460,000	中国嘉德	2022-12-14
黄宇兴 2019年作 丛林中的白色建筑	120cm × 160cm	3,348,223	香港苏富比	2022-04-27
黄宇兴 2013年作 黑桥的过去	175cm × 275cm	2,279,088	香港苏富比	2022-10-07
黄宇兴 2016—2017年作 地球和小行星	115cm × 150cm	432,028	香港苏富比	2022-04-28
黄宇兴 2018年作 信仰	65cm × 45cm	231,030	中诚国际	2022-05-08
黄致阳 2010年 Zoon-密视 No.1028	140cm × 475cm	149,500	中国嘉德	2022-06-28
灰原爱 2007年作 椅凳上的女孩（失去也是得到）	40cm × 59cm × 177cm	163,080	罗芙奥	2022-06-04
霍刚 1990年作 无题 1990	80cm × 100cm	176,670	中诚国际	2022-05-08
基斯·凡·唐金 1909—1910年作 杂技演员	73cm × 50cm	7,061,418	伦敦苏富比	2022-03-02

2022书画拍卖成交汇总(续表)

(成交价RMB: 6万元以上)

拍品名称	物品尺寸	成交价RMB	拍卖公司	拍卖日期
吉诺·撒维里尼 1913年作 公共汽车（习作）	35.4cm × 27cm	5,975,046	伦敦苏富比	2022-03-02
季大纯 2004年作 变树	140cm × 140cm	276,000	中国嘉德	2022-06-28
季大纯 2000年作 发条橙	150cm × 110cm	230,000	中国嘉德	2022-06-28
季大纯 1997—1998年作 宝塔	109cm × 99cm	115,000	中国嘉德	2022-06-28
季大纯 2005年作 好胃口	140cm × 140cm	517,500	北京荣宝	2022-07-24
加贺温 2020年作 我们在精神上相连（与DHL胶带）	150cm × 120cm	2,052,136	香港苏富比	2022-04-27
加贺温 2020年作 就如一场梦	150cm × 120cm	1,595,362	香港苏富比	2022-10-06
加贺温 2019年作 九月在京都的两只飞猴	60.6cm × 45.5cm	1,026,068	香港苏富比	2022-04-28
加藤泉 2003年作 无题	53cm × 45.5cm	379,848	罗芙奥	2022-06-04
贾蔼力 劳尔·马克 2022年作 风之旅		2,808,187	香港苏富比	2022-04-27
贾蔼力 戴维·埃鲁 2022年作 前程		1,512,100	香港苏富比	2022-04-27
贾米安·朱利安诺·维拉尼 2013年作 午夜小吃	91.4cm × 122cm	918,061	香港苏富比	2022-04-28
键冈安妮·里古莱 2017年作 反射 K-49	80.2cm × 117cm × 6cm	183,612	香港苏富比	2022-04-28
江贤二 2002年作 莲花的联想 02-03	152cm × 122cm	1,005,660	中诚国际	2022-05-08
杰夫·昆斯 1986年作 占边 – J.B.特纳引擎	27.9cm × 43.2cm × 16.5cm	8,100,540	香港苏富比	2022-04-27
杰瑞·法兰奇 约1950年作 替身	57.2cm × 78.4cm	7,267,163	纽约苏富比	2022-05-17
井上有一 草书 "龙"	107.5cm × 78cm	586,500	中鸿信	2022-09-12
井上有一 书法 "茶"	66cm × 68cm	437,000	中鸿信	2022-09-12
井上有一 1971年作 塔	106cm × 164cm	309,019	中国嘉德	2022-10-09
井上有一 龙	88.2cm × 89cm	287,500	西泠印社	2022-08-20
井上有一 1970年作 花	52.2cm × 81.5cm	253,000	北京保利	2022-07-25
卡米耶·毕沙罗 1894年作 克诺克的泽韦科特村庄风景	48.2cm × 65.2cm	6,412,203	纽约苏富比	2022-05-17
凯·萨吉 1940年作 我悄然前行	64.1cm × 54.4cm	7,267,163	纽约苏富比	2022-05-17
凯瑟琳·伯恩哈特 2014年作 苹果电脑＋运动鞋	243.5cm × 304.5cm	5,143,200	华艺国际	2022-05-29
凯瑟琳·伯尔尼哈特 2021年作 地理101	198cm × 183cm	626,749	香港苏富比	2022-10-06
凯斯·哈林 1987年作 无题	241.3cm × 241.9cm	27,299,473	纽约苏富比	2022-11-17
康海涛 2003年作 冬夜	102cm × 161cm	264,500	中贸圣佳	2022-10-27
康海涛 2017年作 夜曲	202cm × 138.5cm	1,725,000	北京荣宝	2022-07-24
康灿贤 2000年作 MIMI乐园	194.0cm × 120.0cm	398,840	香港办富比	2022-10-06
克劳德·莫奈 1908年作 威尼斯大运河与安康圣母教堂	73.5cm × 92.5cm	384,226,668	纽约苏富比	2022-05-17
克劳德·莫奈 1914—1917年作 睡莲	132cm × 84cm	200,276,127	伦敦苏富比	2022-03-02
克劳德·莫奈 1913年作 吉维尼的玫瑰花拱	81.5cm × 93.5cm	158,130,354	纽约苏富比	2022-05-17
克劳德·莫奈 1897年作 菊花	130.7cm × 88.8cm	71,489,313	伦敦苏富比	2022-03-02
克劳德·莫奈 1897年作 在迪耶普附近的悬崖上，夕阳	65cm × 100cm	45,731,950	伦敦苏富比	2022-03-02
克劳德·莫奈 1875年作 阿让特伊的冬天	60cm × 81.3cm	42,743,270	纽约苏富比	2022-05-17
克劳德·莫奈 1882—1985年作 桃与杏	18cm × 38.2cm	11,777,652	伦敦苏富比	2022-03-02
克劳德·维士巴修 1974年作 行走的人	197cm × 167cm	176,670	罗芙奥	2022-06-04
克里·詹姆斯·马歇尔 1993年作 剖析美丽	214.9cm × 252cm	91,413,991	纽约苏富比	2022-05-19

拍品名称	物品尺寸	成交价RMB	拍卖公司	拍卖日期
克里丝汀·艾珠 2007年作 两个有血的演员3号	100cm × 446cm	432,028	香港苏富比	2022-04-28
克里丝汀·艾珠 2001年作 魔法	70cm × 70cm	410,236	香港苏富比	2022-10-06
克里斯蒂安·格琳 2021年作 向蓝色的转变II	80cm × 80cm × 10cm	103,284	罗芙奥	2022-06-04
克里斯蒂安·西尔万 2012年作 在这里	100cm × 100cm	138,000	西泠印社	2022-01-22
克里斯蒂娜·夸尔斯 2019年作 夜幕降临在我们身上	213.4cm × 182.9cm	30,568,115	纽约苏富比	2022-05-19
克里斯蒂娜·夸尔斯 2019年作 点滴	182.9cm × 152.4cm	11,086,495	纽约苏富比	2022-11-16
克里斯托弗·坞尔 2000年作 无题	274.3cm × 183cm	15,626,547	纽约苏富比	2022-11-17
克里斯托弗·坞尔 2004年作 不，不	199cm × 152.5cm	9,750,336	香港苏富比	2022-10-07
肯尼·沙夫 2020年作 Fuzzpurple	直径101.6cm	810,054	佳士得	2022-05-27
肯尼斯·诺兰 1962年作 夏夜的声音	177.2cm × 177.2cm	22,246,077	纽约苏富比	2022-11-17
删连会 2021年作 Happy Birthday（生日快乐）	170cm × 150cm	322,000	中贸圣佳	2022-10-27
奎斯·博奇韦 2018年作 热情的卖家	141.8cm × 152.8cm	410,427	香港苏富比	2022-04-28
拉法·马卡龙 2018年作 尼娜	227.5cm × 144.6cm	872,100	保利香港	2022-07-13
拉法·马卡龙 2018年作 玛蒂尔达	226cm × 184cm	3,456,230	香港苏富比	2022-04-27
拉法·马卡龙 2014年作 宝贵的一天	146cm × 280.3cm	2,160,144	佳士得	2022-05-26
拉法·马卡龙 2021年作 无题	140.5cm × 183.2cm	512,795	香港苏富比	2022-10-06
拉法·马卡龙 2014—2015年作 狗屋	182cm × 182cm	1,836,122	佳士得	2022-05-27
拉萨马纳·利欧 2021年作 宝可梦耿鬼技能开发	98.5cm × 78.5cm	114,156	罗芙奥	2022-06-04
拉希德·约翰逊 2017年作 人群	184.2cm × 245.1cm × 6.4cm	8,619,146	香港苏富比	2022-04-27
拉希德·约翰逊 2017年作 无题·逃离拼贴	185.4cm × 124.5cm × 5.7cm	3,024,201	佳士得	2022-05-26
雷内·马格利特 1961年作 光之帝国	114.5cm × 146cm	512,336,484	伦敦苏富比	2022-03-02
雷内·马格利特 1926年作 诗意世界	98.2cm × 74cm	28,261,191	纽约苏富比	2022-05-17
雷内·马格利特 1927年作 鲁莽之人	99.6cm × 72.4cm	26,612,339	纽约苏富比	2022-05-17
雷子人 2021年作 一河两岸	235cm × 118.5cm × 3	230,000	北京保利	2022-07-25
冷冰川 2005年作 一人之二	150cm × 150cm	207,000	北京荣宝	2022-07-24
冷广敏 2012年作 远景	150cm × 200cm	109,250	西泠印社	2022-01-22
李·克拉斯纳 1955年作 瓷	76.2cm × 122.2cm	25,615,008	纽约苏富比	2022-11-14
李超士 1955年作 瓦舍葵花	28cm × 38cm	920,000	中国嘉德	2022-06-28
李超士 20世纪60年代作 丰收	34.5cm × 44.5cm	368,000	西泠印社	2022-08-20
李登元 初始天地 画心	140cm × 68cm	2,100,000	北京传世	2022-03-22
李华弌 2016年作 寿松	157cm × 173.5cm	4,330,267	香港苏富比	2022-10-07
李继开 激流中的男孩	99.5cm × 92cm	201,250	中贸圣佳	2022-10-27
李继开 2009年作 镜像	100cm × 150cm	276,000	北京荣宝	2022-07-24
李青 2012年作 被切割的风景·牧羊（两幅）	130cm × 170cm; 27cm × 36cm	253,000	北京荣宝	2022-07-24
李山 1999年作 胭脂	82cm × 184cm	2,300,000	中贸圣佳	2022-10-27

2022书画拍卖成交汇总(续表)

(成交价RMB：6万元以上)

拍品名称	物品尺寸	成交价RMB	拍卖公司	拍卖日期
李升泽 1973年作 无题	90cm×130cm	594,039	佳士得	2022-05-27
李向明 2008年作 无题(双联画)	180cm×140cm×2	368,000	中国嘉德	2022-06-28
李晓奇 2022年作 夏日狂想	130cm×180cm	218,500	北京荣宝	2022-07-24
李由 2005年作 T恤	75cm×53cm×8cm×2	184,000	北京华辰	2022-09-21
李元佳 无题	40cm×68cm×8	453,630	香港苏富比	2022-04-28
李真 2005年作 清风云露	80cm×43cm×36cm	1,685,160	罗芙奥	2022-06-05
丽奈特·伊亚登·博亚基耶 2011年作 周日晚上11点	200.7cm×129.9cm	11,776,186	纽约苏富比	2022-05-19
利奥诺拉·卡林顿 1957年作 帕拉塞尔苏斯的花园	85.1cm×120cm	22,096,655	纽约苏富比	2022-05-17
梁铨 2012年作 无题	88cm×117.5cm	195,500	华艺国际	2022-07-28
梁铨 2014年作 无题 镜框	87cm×58cm	108,007	佳士得	2022-05-29
梁缨 2021年作 富贵锦华	139cm×69cm	195,500	北京荣宝	2022-07-24
林风眠 白色茶壶与静物	68cm×98cm	2,279,088	香港苏富比	2022-10-07
林宪茂 2020年作 百花水漾系列	117cm×91cm	135,900	中诚国际	2022-05-08
林学明 触山系列 02-09	78cm×78cm	287,500	广东崇正	2022-08-10
林学明 触山系列 02-10	63cm×78cm	241,500	广东崇正	2022-08-10
刘刚 2018年作 440118102	195cm×182cm	333,500	开拍国际	2022-07-24
刘刚 2017年作 8106071023	100cm×80cm	103,500	华艺国际	2022-07-28
刘国松 距离组织之十一	92cm×44.5cm	486,032	香港苏富比	2022-04-28
刘建文 2022年作 集思广益·花卉系列	200cm×160cm	1,296,086	香港苏富比	2022-04-27
刘玖通 2019年作 烟火云间是人家	158cm×196cm(三联屏)	407,700	中诚国际	2022-05-08
刘玖通 中国水乡系列	79.5cm×149cm	190,260	中诚国际	2022-05-08
刘俊 幻霄	100cm×100cm	367,880	荣宝斋(香港)	2022-11-26
刘抗 1997年作 绑腰带	118.5cm×170cm	2,700,180	佳士得	2022-05-26
刘可 2017年作 圣维克多山天空 综合材料	180cm×163cm	230,000	北京诚轩	2022-08-09
刘可 2016年作 热带雨林之三	165cm×180cm	230,000	华艺国际	2022-09-23
刘时栋 2009年作 花瓶与鸟	130cm×194cm	103,284	罗芙奥	2022-06-04
刘婷 2021年作 后山丛	294cm×155cm	425,500	中贸圣佳	2022-10-27
刘炜 2013年作 无题1-20	70cm×130cm	309,019	中国嘉德	2022-10-09
刘炜 物体	64cm×68cm	299,000	永乐拍卖	2022-07-26
刘炜 2015年作 无题-5	71cm×134cm	287,500	华艺国际	2022-07-28
刘炜 2015年作 无题-5	71cm×134cm	230,000	西泠印社	2022-08-20
刘炜 2015年作 无题-12	71cm×134cm	230,000	西泠印社	2022-08-20
刘炜 2004年作 商人	37.5cm×26.5cm	178,250	永乐拍卖	2022-07-26
刘野 2005年作 夜	220cm×180cm	20,547,084	香港苏富比	2022-04-27
六角彩子 2008年作 无题	100cm×100.2cm	3,780,252	香港苏富比	2022-04-28
六角彩子 2019年作 无题(AR19G-008)	60.2cm×90cm	2,165,134	香港苏富比	2022-10-06
六角彩子 2015年作 无题	18.5cm×45cm	259,217	香港苏富比	2022-04-28
六角彩子 2021年作 无题	39cm×13.8cm×28.7cm	190,260	罗芙奥	2022-06-05
鲁道夫·斯丁格尔 2014年作 无题	241.3cm×193.4cm	7,020,468	香港苏富比	2022-04-27
鲁道夫·斯丁格尔 2017年作 无题	82cm×81.5cm	3,024,201	佳士得	2022-05-26
露西·布尔 2019年作 特别的客人	127cm×83.8cm	6,125,777	纽约苏富比	2022-05-19
罗比·迪·安东诺 2017年作 无题	直径87.5cm	205,213	香港苏富比	2022-04-28

拍品名称	物品尺寸	成交价RMB	拍卖公司	拍卖日期
罗比·迪·安东诺 2020年作 蝉	26cm×25.5cm	113,954	香港苏富比	2022-10-06
罗伯特·戈伯 1993—1994年作 无题	整体142.2cm×95.3cm×86.4cm；青铜格栅 3.8cm×74.3cm×55.8cm；外箱72.4cm×74.3cm×55.8cm；水槽73cm×127cm×86.3cm	25,615,008	纽约苏富比	2022-11-17
罗伯特·马瑟韦尔 1959年作 西班牙共和国挽歌第59号	56.8cm×72.4cm	7,511,438	纽约苏富比	2022-05-17
罗伯特·纳瓦 2018年作 怪兽的脸	185.5cm×144.8cm	3,024,201	佳士得	2022-05-26
罗伯特·纳瓦 2017年作 无题	92.5cm×66cm	486,032	香港苏富比	2022-04-28
罗伯特·欧文 1967年作 无题	直径121.9cm	24,772,775	纽约苏富比	2022-11-17
罗讷德·温杜尔 2013年作 无题	41cm×31cm	163,080	罗芙奥	2022-06-04
罗伊·利希滕斯坦 1967年作 现代画作与小闪电	173.7cm×208.6cm	47,845,772	纽约苏富比	2022-11-17
萝伦·奎因 2021年作 树叶即利箭	182.2cm×182.2cm	3,573,370	纽约苏富比	2022-05-19
萝蜜迪奥丝·法萝 拜访整形外科医生	71cm×35.5cm	21,403,845	纽约苏富比	2022-11-14
马蒂亚斯·桑切斯 2016年作 登山者	73cm×92cm	176,670	罗芙奥	2022-06-05
马轲 2001年作 九朵玫瑰	50cm×70cm	109,250	北京保利	2022-07-25
马克·布拉福德 2006年作 出埃及记	121.9cm×152.4cm	15,659,686	香港苏富比	2022-10-07
马克·格罗亚恩 2018年作 无题(解放卡普利岛)50.54	218.4cm×173.4cm	10,454,821	纽约苏富比	2022-11-16
马克·格罗亚恩 2008年作 无题(金丝雀黄和赤红色蝴蝶823)	50.5cm×40.6cm	1,458,097	香港苏富比	2022-04-28
马克·罗斯科 1968年作 无题	85cm×65.5cm	43,447,021	纽约苏富比	2022-11-14
马克·夏加尔 1972年作 模特儿	81cm×65cm	26,897,326	纽约苏富比	2022-05-17
马克·夏加尔 1979年作 黄色小丑	92cm×65cm	21,686,138	纽约苏富比	2022-05-17
马克·夏加尔 红色构图	116cm×89cm	19,719,379	纽约苏富比	2022-11-14
马克·夏加尔 1968年作 伊斯巴的风景	73cm×54cm	16,993,962	伦敦苏富比	2022-03-02
马克·夏加尔 1969年作 牡丹	92cm×73cm	12,264,543	香港苏富比	2022-04-27
马克斯·贝克曼 1930年作 海边的艺术家	36.2cm×24.1cm	3,802,302	伦敦苏富比	2022-03-02
马克西米利安·卢斯 1892年作 圣特罗佩的女人	129.5cm×161.7cm	30,717,506	纽约苏富比	2022-05-17
马塔 1945—1946年作 唇枪舌剑	139.7cm×195.6cm	5,129,762	纽约苏富比	2022-05-17
玛丽·阔思 2018年作 无题(白色内带斜面白色边)	213cm×152.6cm×10cm	1,512,100	香港苏富比	2022-04-28
玛莉亚·贝利奥 2015年作 恋人 3	182.9cm×182.9cm	10,735,228	香港苏富比	2022-10-07
玛莉亚·贝利奥 2015年作 我们的孩子在战场上	121.9cm×152.2cm	8,100,540	香港苏富比	2022-04-27
玛莉亚·贝利奥 2016年作 恋人 4	182.9cm×182.9cm	6,806,419	纽约苏富比	2022-05-19
米尔顿·艾弗里 1945年作 来鸿	86.4cm×121.9cm	41,183,985	纽约苏富比	2022-05-17
米洛 2021年作 造梦先生	119.5cm×149.5cm	103,284	罗芙奥	2022-06-04
莫里士·刘易斯 1962年作 第4-31号	209.5cm×147.3cm	30,668,403	纽约苏富比	2022-11-17
奈良美智 2013年作 格外的舒适	194cm×161.9cm	95,980,684	香港苏富比	2022-04-27
奈良美智 2020年作 朦胧之日(习作)	220cm×195cm	83,035,781	纽约苏富比	2022-11-16
奈良美智 2008年作 愤怒的蓝色男孩	198cm×193cm	24,177,326	香港苏富比	2022-04-27

拍品名称	物品尺寸	成交价RMB	拍卖公司	拍卖日期
奈良美智 2000年作 仅在我脑海中出现的脸孔	201.5cm × 203.5cm	21,065,690	香港苏富比	2022-04-27
奈良美智 1997年作 无题	70cm × 100cm	4,860,324	佳士得	2022-05-27
奈良美智 2006年作 迷你泡芙	71cm × 160cm × 150cm	2,506,997	香港苏富比	2022-10-06
奈良美智 2015年作 无题(246在高速公路上)	32.5cm × 23.5cm	1,458,097	香港苏富比	2022-04-28
奈良美智 2004年作 无题	32cm × 24cm	1,350,090	香港苏富比	2022-04-28
奈良美智 2000年作 无题	28.7cm × 20.5cm	1,231,200	保利香港	2022-07-13
奈良美智 2004年作 无题(轰炸)	23cm × 12cm	1,188,079	香港苏富比	2022-04-28
奈良美智 2004年作 世界是你的	32cm × 24cm	1,080,072	香港苏富比	2022-04-28
奈良美智 2004年作 剥削大自然的人	32cm × 24cm	1,026,068	香港苏富比	2022-04-28
奈良美智 2003年作 无题	21.5cm × 31.4cm	968,612	香港苏富比	2022-10-06
奈良美智 2003年作 拒绝武器	23.8cm × 33cm	769,500	保利香港	2022-07-13
奈良美智 2012年作 森子	19.5cm × 14cm × 30cm	353,340	中诚国际	2022-05-08
奈良美智 2012年作 森子 & 小森子(两件一组)		298,980	罗芙奥	2022-06-05
奈良美智 2011年作 小狗收音机 × RIMOWA旅行箱		135,900	罗芙奥	2022-06-05
奈良美智 无题	19.8cm × 10.7cm	112,860	保利香港	2022-07-13
奈良美智 2008年作 宇宙女孩——睁眼/闭眼	70.5cm × 49cm × 2	101,200	北京荣宝	2022-07-24
南方2013年作 凡尔赛是不可超越的	140cm × 140cm	138,000	中国嘉德	2022-06-28
内森·帕迪森 2021年作 老虎不是粉红色的	146cm × 179cm	108,720	罗芙奥	2022-06-04
尼古拉·德·斯塔埃尔 1951年作 构图	89.2cm × 116.2cm	11,297,053	纽约苏富比	2022-11-14
尼古拉斯·帕蒂 2018年作 蓝色日落	180cm × 150.2cm	47,870,385	佳士得	2022-11-30
尼古拉斯·帕蒂 2014年作 静物	116cm × 89cm	14,272,380	佳士得	2022-05-27
尼古拉斯·帕蒂 2013年作 肖像	64.5cm × 49.5cm	2,160,144	佳士得	2022-05-27
尼基 2021年作 无题, 猫娘; 无题, 猫娘; 无题; 是的, 先生, 您无法否认; 笨蛋听我说(共五件)	直径41cm × 5	123,120	保利香港	2022-07-13
尼卡西奥·费尔南德斯 2018年作 战斗	43cm × 33.6cm	194,412	香港苏富比	2022-04-28
庞均 1990年作 古都积雪	65.2cm × 80.3cm	190,260	中诚国际	2022-05-08
庞均 2006年作 黄百合与紫海芋	72.5cm × 60.5cm	190,260	中诚国际	2022-05-08
庞均 2008年作 阳朔桂林	72cm × 91cm	597,960	罗芙奥	2022-06-04
庞均 2020年作 春江千帆过	97cm × 130cm	546,480	罗芙奥	2022-12-04
彭薇 好事成双		287,500	西泠印社	2022-01-22
彭薇 2008年作 牧马图之二	56cm × 35cm × 25cm	198,655	中国嘉德	2022-10-09
皮耶-奥古斯特·雷诺阿 1912年作 拭身的女人	65.9cm × 55.3cm	18,402,005	纽约苏富比	2022-05-17
皮耶-奥古斯特·雷诺阿 1884年作 女子侧面半身像	65.1cm × 54.2cm	43,110,000	伦敦苏富比	2022-03-02
平子雄一 2016年作 绿之主45	117cm × 91cm	512,795	香港苏富比	2022-10-06
平子雄一 2020年作 河畔 38	59.5cm × 54cm	341,863	香港苏富比	2022-10-06
朴槿惠 2019年作 苏珊	69cm × 63.9cm	296,281	香港苏富比	2022-10-06
朴栖甫 1994年作 描法系列I #3	75cm × 55cm	280,818	香港苏富比	2022-04-28
乔迪·克威克 2021年作 别致的意象	205cm × 180cm	1,836,122	佳士得	2022-05-27
乔迪·克威克 2021年作 蛇之守护者	58cm × 41.5cm	163,080	罗芙奥	2022-06-04
乔迪·克威克 2021年作 无题	200cm × 250cm	911,635	香港苏富比	2022-10-07
乔迪·克威克 2016年作 无题	69.9cm × 60cm	341,863	香港苏富比	2022-10-06
乔迪·里伯斯 2021年作 无题	180cm × 180cm	1,188,079	香港苏富比	2022-04-28
乔尔·梅斯勒 2020年作 无题(你值得拥有美好的一切)	226cm × 165cm	5,670,000	佳士得(上海)	2022-03-01
乔尔·梅斯勒 2019年作 我快乐欢欣且自由	127cm × 177.5cm	1,709,316	香港苏富比	2022-10-06
乔纳斯·伍德 2010年作 蛇形容器	111.8cm × 76.2cm	1,620,108	香港苏富比	2022-04-27
乔纳斯·伍德2012年作安东尼·戴维斯	147.3cm × 106.7cm	1,404,093	香港苏富比	2022-04-28
乔舒亚·佩奇 2021年作 双重意识	121cm × 91cm	205,728	华艺国际	2022-05-29
乔希·斯博林 2015年作 具有团队精神的人	148.6cm × 148.6cm	626,749	香港苏富比	2022-10-06
乔希·斯博林 2020年作 双泡M	91.9cm × 91.9cm	486,032	香港苏富比	2022-04-28
乔晓光 2022年作动物狂欢节·水族馆(之二)	97cm × 89cm	437,000	北京荣宝	2022-07-24
乔伊·穆鲁加维勒 2021年作 弗兰克	240cm × 165.5cm	264,500	西泠印社	2022-01-22
乔伊·穆鲁加维勒 2022年作 分歧	180cm × 180cm	172,500	西泠印社	2022-08-20
乔治·马修 约1988年作 惬意的流放	92cm × 73cm	1,512,100	香港苏富比	2022-04-28
乔治-亨利-曼扎纳·毕沙罗 1925年 两只暹罗猫	24cm × 44.5cm	126,500	西泠印社	2022-01-23
邱亚才 红衣人物	116cm × 100cm	231,234	罗芙奥	2022-12-03
邱志杰 2021年作 如何成为无知者	40cm × 60cm × 108	690,000	北京保利	2022-07-25
邱志杰 2012年作 说文解字: 草字部	187.5cm × 28cm	103,500	华艺国际	2022-07-28
全光荣 2020年作 聚合 20-SE056	92.8cm × 74.5cm × 6cm	594,039	佳士得	2022-05-27
全光荣 2004年作 聚合04-AU041	163.6cm × 229.5cm	455,818	香港苏富比	2022-10-06
让·阿尔普 淘气的水果	高49cm	17,192,682	纽约苏富比	2022-11-14
让·保罗·里奥皮勒 1950年作 箭	53.9cm × 64.8cm	11,833,738	纽约苏富比	2022-05-17
热尼维·菲吉斯 2019年作 挂毯宴会	100cm × 120cm	1,025,590	香港苏富比	2022-10-07
热尼维·菲吉斯 2014年作 船上	91.4cm × 121.9cm	864,057	香港苏富比	2022-04-27
任哲 2015年作 破天骄	72cm × 38cm × 82cm	258,210	罗芙奥	2022-06-05
阮嘉治 约20世纪40年代作 农民	45cm × 62.5cm	540,036	佳士得	2022-05-27
阮思严 1960年作 纪念旧时光	80cm × 120cm	594,039	佳士得	2022-05-27
萨波尔齐斯·博佐 2020年作 P.M.055	83.5cm × 58.5cm	259,217	香港苏富比	2022-04-28
萨波尔齐斯·博佐 2018年作 C.P.006	41cm × 33cm	216,014	香港苏富比	2022-04-28
萨尔曼·图尔 2019年作 四友人	101.6cm × 101.6cm	10,875,937	纽约苏富比	2022-11-16
萨尔瓦多·达利 1944年作(第一幕)《疯狂的崔斯坦》背幕习作	26.8cm × 48.2cm	6,276,495	纽约苏富比	2022-05-17
塞·托姆布雷 1969年作 无题	200cm × 237.5cm	256,591,200	纽约苏富比	2022-05-19
塞西丽·布朗 2001年作 装聋作哑	203.2cm × 213.4cm	31,510,636	纽约苏富比	2022-11-16

2022书画拍卖成交汇总(续表)

(成交价RMB: 6万元以上)

拍品名称	物品尺寸	成交价RMB	拍卖公司	拍卖日期
桑贾亚·肯卡特 2021年作 赛车手	60cm×50cm	227,909	香港苏富比	2022-10-06
森洋史 2020年作 如果没有金宝汤罐头 TETRIS；如果没有金宝汤罐头 Meiji Milk Chocolate；如果没有金宝汤罐头 Old Fashioned PACMAN；如果没有金宝汤罐头 Consommé with Miffy	36.9cm×28.6cm×3cm×4	184,000	华艺国际	2022-09-23
沙耆 20世纪30年代作 呦呦鹿鸣	64cm×49.5cm	713,000	开拍国际	2022-01-07
莎拉·休斯 2016年作 我是一座孤岛	152.4cm×132.1cm	4,679,413	纽约苏富比	2022-05-19
山口历 2018年作 红4号	112.5cm×102.2cm	280,818	香港苏富比	2022-04-28
山姆·吉利安 1970年作 光线II	124.8cm×274.6cm	12,981,519	纽约苏富比	2022-11-17
上条晋 2019年作 在春天	134.3cm×104cm	648,043	香港苏富比	2022-04-28
上条晋 2018年作 建立关系	81cm×66cm	216,513	香港苏富比	2022-10-06
上野阳介 2020年作 HAPICO机械姬	116.8cm×91.4cm	102,559	香港苏富比	2022-10-06
尚·杜布菲 1967年1月22日作 景致	146.1cm×162.6cm	35,721,799	纽约苏富比	2022-11-14
尚·杜布菲 1976年作 现在成为过去	137.2cm×210.8cm	30,717,506	纽约苏富比	2022-05-17
尚·杜布菲 1971年作 三人行	190.5cm×203.2cm	24,149,239	纽约苏富比	2022-05-17
尚·米榭·巴斯基亚 1986年作 Saxaphone（萨克斯风）	167.6cm×152.4cm	95,133,304	纽约苏富比	2022-11-17
尚·米榭·巴斯基亚 1984年作 象征	218.4cm×248.9cm	25,508,602	香港苏富比	2022-10-07
尚·米榭·巴斯基亚 1982年作 无题	76.5cm×56.5cm	22,397,711	纽约苏富比	2022-05-19
尚·斯卡里 1985年作 歌	228.6cm×279.4cm×28.6cm	13,818,787	纽约苏富比	2022-05-19
尚扬 2018年作 坏山水No.2（双联作）	122cm×218cm×2	12,075,000	永乐拍卖	2022-07-26
尚扬 2009年作 册页-8	100cm×150cm	1,437,500	永乐拍卖	2022-07-26
尚扬 2011年作 董其昌计划37	37cm×28cm	322,000	中国嘉德	2022-06-28
尚扬 2013年作 寂寞的风景	100cm×150cm	5,750,000	北京荣宝	2022-07-24
邵帆 木椅（一组两件）	102cm×63cm×48cm×2	345,000	中国嘉德	2022-12-14
邵帆 2014年作 白兔肖像——甲午（七）	作品224cm×75.7cm；立轴308cm×101.7cm	1,025,590	香港苏富比	2022-10-06
石冲 2004年作 无题	40cm×25cm	203,850	中诚国际	2022-05-08
石虎 秋华图	185.3cm×72.8cm（每件）	2,376,158	香港苏富比	2022-04-28
石虎 1999年作 人物	219cm×154cm	2,051,179	香港苏富比	2022-10-06
石虎 2004年作 朵言图	67cm×49cm	218,500	中国嘉德	2022-12-14
石虎 群像图 镜心	90cm×97cm	103,500	中国嘉德	2022-05-28
石虎 2004年作 傣家少女	83cm×43cm	115,000	北京荣宝	2022-07-24
石晋华 2020年作 父亲的石头#2（一组两件）	11cm×25cm×7cm×2	110,364	中国嘉德	2022-10-09
史丹利·惠特尼 1992年作 激进开放性	207cm×262.9cm	15,044,347	纽约苏富比	2022-05-19
司徒强 2005年作 小红	71.5cm×55cm	122,310	中诚国际	2022-05-08
司徒强 1989—1995年作 如	26.7cm×67cm	108,720	中诚国际	2022-05-08
斯特林·鲁比 2019年作 逃避赫利俄斯(7105)	244cm×320.5cm	1,367,453	香港苏富比	2022-10-06
松谷武判 1986年作 波动50-86		367,224	佳士得	2022-05-27
松谷武判 1983年作 无题	41cm×33cm	170,932	香港苏富比	2022-10-06

拍品名称	物品尺寸	成交价RMB	拍卖公司	拍卖日期
松山智一 2018年作 融汇拼合	266.5cm×189cm	4,320,288	香港苏富比	2022-04-27
松山智一 2019年作 记忆巷回忆录	261cm×222.2cm	2,734,906	香港苏富比	2022-10-07
松山智一 2014年作 空心月球的假设	143.5cm×152cm	2,462,400	保利香港	2022-07-12
松山智一 2013年作 换一个角度看事情	154cm×254cm	1,253,498	香港苏富比	2022-10-06
宋海冬 约1980年作 外星人眼中的地球	56cm×45.5cm×61cm	284,886	香港苏富比	2022-10-06
宋琨 2018年作 天真者 综合材料	40cm×30cm	184,000	北京诚轩	2022-08-09
苏纳里奥 2021年作 献给神圣秩序的祭品	200cm×400cm	432,028	香港苏富比	2022-04-28
苏新平 2004年作 肖像系列（九联作）	330cm×240cm	462,888	华艺国际	2022-05-29
孙浩 2022年作 一路高歌	148cm×338cm	2,070,000	北京荣宝	2022-07-24
孙逊 2016年 通向大地的又一道闪电		287,500	中国嘉德	2022-12-14
孙逊 2017年作 夜兰	198cm×148cm	218,500	中国嘉德	2022-12-14
塔妮亚·马莫列霍 2021年作 午前邂逅	直径131cm	407,700	罗芙奥	2022-06-04
泰瑞·库塔 2018年作 日常生活	151.5cm×127cm×18cm	324,021	香港苏富比	2022-04-28
谭军 猴子 镜心	162.0cm×90.0cm	126,500	中国嘉德	2022-06-29
谭军 2021年作 逍遥游	215cm×200cm	460,000	北京荣宝	2022-07-24
谭平 2018年作 无题	120cm×120cm	740,704	香港苏富比	2022-10-06
谭平 2017年作 无题	80cm×100cm	410,427	香港苏富比	2022-04-28
谭平 2006年作 蓝色瞬间1	200cm×160cm	782,000	北京荣宝	2022-07-24
汤姆·卫索曼 1967—1975年作 迟来的裸体	172.1cm×258.4cm	12,139,286	纽约苏富比	2022-11-17
特雷·阿卜杜拉 2018年作 撰写艺术家声明	152.4cm×91.4cm	1,937,225	香港苏富比	2022-10-07
藤田嗣治 2010年作 半身女子像	98cm×223.5cm	3,418,632	香港苏富比	2022-10-07
藤田嗣治 1954年作 圣母子像	27.2cm×22cm	2,160,144	香港苏富比	2022-04-28
藤田嗣治 1917年作 十字架	67.5cm×43.5cm	1,080,072	香港苏富比	2022-04-28
藤田嗣治 1927—1931年作 自画像	47.7cm×33cm	598,000	中贸圣佳	2022-10-27
藤田嗣治 1924年作 YOUKI肖像	40cm×27.5cm	460,000	北京荣宝	2022-07-24
天野タケル 2016年作 狩猎女神阿缇密丝与阿克泰恩	163cm×206cm	217,440	罗芙奥	2022-06-04
天野タケル 2020年作 维纳斯	116.5cm×73cm	190,260	罗芙奥	2022-06-04
童振刚 2022年作 暗物质空间色	70cm×70cm×8	460,000	北京华辰	2022-09-21
涂鸦先生 2019年作 大猫	200cm×200cm	5,400,360	香港苏富比	2022-04-28
涂鸦先生 2019年作 呐喊	150cm×100cm	4,558,176	香港苏富比	2022-10-07
涂鸦先生 2019年作 戴DOODLE耳环的少女	180cm×120cm	1,944,129	香港苏富比	2022-04-28
涂鸦先生 2019年作 疯狂老虎	200cm×200cm	1,139,544	香港苏富比	2022-10-06
涂鸦先生 2019年作 吻	100cm×100cm	1,092,960	罗芙奥	2022-12-04
涂鸦先生 2019年作 涂鸦31号	100cm×200cm	911,635	香港苏富比	2022-10-06
涂鸦先生 2019年作 Crawing Flower（蠕动的花）	76.5cm×76.5cm	299,000	中贸圣佳	2022-10-27
土屋仁应 2012年作 豹	82cm×38cm×83cm	1,141,560	罗芙奥	2022-06-05
土屋仁应 2019年作 枭	29.5cm×13.7cm×28.5cm	258,210	罗芙奥	2022-06-05
托马斯·哈特·本顿 1944年作 火烧农舍庭院	74.9cm×116.2cm	34,037,334	纽约苏富比	2022-11-14

2022书画拍卖成交汇总(续表)
(成交价RMB：6万元以上)

拍品名称	物品尺寸	成交价RMB	拍卖公司	拍卖日期
托马斯·侯斯亚戈 2016年作 迷幻兄弟	152.4cm×121.9cm	702,046	香港苏富比	2022-04-28
托茵·奥吉赫·奥杜托拉 2018年作 埃乔古古花园内的显赫亲系(阿玛拉宫)	194.3cm×104.1cm	4,330,267	香港苏富比	2022-10-07
瓦西里·康定斯基 1923年作线之桥	38cm×31cm	4,888,674	伦敦苏富比	2022-03-02
王光乐 2013年作 130608	180cm×150cm	2,962,814	香港苏富比	2022-10-06
王俊杰 2018年作 守夜人	152.4cm×122cm	39,819,916	纽约苏富比	2022-05-19
王俊杰 2018年作 长笛演奏家	41cm×30.8cm	2,160,144	香港苏富比	2022-04-28
王励均 易变 画心	150cm×200cm	4,300,000	北京传世	2022-03-22
王玉平 2010年作 70后	200cm×220cm	805,000	中国嘉德	2022-06-28
王玉平 2005年作 画大了，画小了	150cm×120cm	345,000	北京荣宝	2022-07-24
威廉·德·库宁 1969年作蒙托克II	184.2cm×178.4cm	88,145,558	纽约苏富比	2022-11-17
威廉·德·库宁 1987年作 楼上的帽子	195.6cm×223.5cm	74,238,279	纽约苏富比	2022-11-17
威廉·德·库宁 1958年作 威霍肯的黄叶	121.3cm×149.2cm	68,471,471	纽约苏富比	2022-05-17
韦嘉 2007年作 Who Are You（你是谁）II	200cm×160cm	713,000	北京荣宝	2022-07-24
维克多·布罗讷 约1934年作 空间情报员	45.7cm×54.4cm	6,412,203	纽约苏富比	2022-05-17
魏青吉 2014年作 大鸟	123cm×123cm	368,000	华艺国际	2022-09-23
文森特·凡·高 一双恋人，普罗旺斯的田园牧歌	32.5cm×23cm	86,349,330	伦敦苏富比	2022-03-02
文森特·凡·高 风平浪静的席凡宁根海滩	35.5cm×49.5cm	19,719,379	纽约苏富比	2022-11-14
沃恩·斯班 2019年作 又大又黑的彩虹(深度驱动)	203.8cm×214cm	1,709,316	香港苏富比	2022-10-06
邹建安 2015年作《白蛇传新解·青鱼案》之七"白蛇隐道"	245cm×195cm	345,000	中国嘉德	2022-12-14
邹建安 2019—2020年作 白昼的虎，夜晚的虎(一组两幅)	160cm×120cm×2	1,265,000	北京荣宝	2022-07-24
邹建安 2018年作 白日梦——静观内景	154cm×106cm	230,000	北京荣宝	2022-07-24
吴冠中 卿卿性命	44cm×47cm	138,000	西泠印社	2022-08-20
吴冠中 寿非荣	44cm×47cm	138,000	西泠印社	2022-08-20
吴昊 1981年作 舞	100cm×80cm	135,900	中诚国际	2022-05-08
吴日勤 2021年作 奇迹	72.5cm×91cm	103,284	中诚国际	2022-05-08
武高谈 2000年作 坐姿仕女	160cm×130cm	4,558,176	香港苏富比	2022-10-07
武高谈 1953年作 启程	50cm×61cm	1,296,086	佳士得	2022-05-27
武高谈 约1952—1953年作 戴着蓝色围巾的年轻女士	33cm×24cm	546,981	香港苏富比	2022-10-06
武艺 2020年作 复兴路9号	40cm×60cm×111	575,000	北京保利	2022-07-25
西奥·凡·利赛尔伯格 1905年作 罗西尼奥尔海角(莱耶海岬)	73.4cm×85.2cm	10,212,759	伦敦苏富比	2022-03-02
西格马·波尔克 1988年作 西伯利亚玻璃陨石I	300.7cm×223.8cm	23,623,271	纽约苏富比	2022-05-19
西蒙尼·雷伊 2012年作 伯明翰	38.7cm×29.2cm×29.2cm	14,635,827	纽约苏富比	2022-05-19
西瑞·菲兹 2021年作 紫色阿尼玛	130cm×160cm	176,670	罗芙奥	2022-06-04
希拉里·佩西斯 2019年作 市集	111.8cm×81.3cm	3,024,201	香港苏富比	2022-04-27
希拉里·佩西斯 2020年作 海葵与黑色的花瓶	58.4cm×45.7cm	797,681	香港苏富比	2022-10-06

拍品名称	物品尺寸	成交价RMB	拍卖公司	拍卖日期
习福德 2013年作 狂喜	143cm×112cm	153,900	保利香港	2022-07-13
细川真希 2011年作 波弗蒂湾的日落	17.5cm×28.5cm	185,155	华艺国际	2022-05-29
夏阳 1998年作 拾穗	130cm×194cm	951,300	中诚国际	2022-05-08
夏禹 2013年作 姐姐	100cm×150cm	517,500	开拍国际	2022-07-24
萧勤 约1935—1940年作 三昧地-24	74cm×55cm	1,481,407	香港苏富比	2022-10-07
萧勤 1999年作 协奏-5	120cm×180cm	1,141,232	香港苏富比	2022-04-27
萧勤 2013年作 静	120cm×150cm	441,456	中国嘉德	2022-10-09
萧勤 1995年作 永恒的花园—77	60cm×100cm	192,525	罗芙奥	2022-06-04
小泉悟 2017年作 大猫熊	16cm×14.5cm×27.5cm	203,850	罗芙奥	2022-06-05
小松美羽 2019年作 满月下的天九山犬	41cm×41cm×6.4cm	308,592	华艺国际	2022-05-29
小松美羽 2018年作 命运的时刻	65.5cm×53.2cm	266,760	保利香港	2022-07-13
谢景兰 1985年作 蓝色阴影，蓝色群山	81cm×149cm	2,904,955	香港苏富比	2022-04-27
谢兰 2016年作 无题	161.5cm×89cm(每屏)	1,367,453	香港苏富比	2022-10-07
谢景兰 1983年作 无题	48.2cm×98.2cm	594,039	香港苏富比	2022-04-28
谢景兰 20世纪80年代末作 无题	54.5cm×106cm	575,000	永乐拍卖	2022-07-26
谢景兰 20世纪80年代作 无题	105cm×105cm	496,638	中国嘉德	2022-10-09
谢南星 1994年作 老龄族（No.2)	129cm×129cm	432,028	佳士得	2022-05-27
谢桐 2022年作 中式景观	211cm×181cm	115,000	广东崇正	2022-08-10
徐冰 1997年作 新英文书法	150cm×150cm	1,495,000	永乐拍卖	2022-07-24
徐红明 2016年作 不确定空心方形2016.9.1	220cm×220cm	287,500	永乐拍卖	2022-07-24
徐华翎 2005年作 花儿与少年	170cm×130cm	287,500	北京荣宝	2022-07-24
徐渠 2016年作 拉奥孔	300cm×250.4cm	341,863	香港苏富比	2022-10-06
徐渠 2014年作 货币战争·朝鲜	150cm×158cm	108,007	香港苏富比	2022-04-28
徐震 2012年作 无题	161cm×107cm	304,750	中贸圣佳	2022-10-27
许仲敏 2019年作 转山(男)	直径80cm×115cm	109,250	北京华辰	2022-09-21
禤善勤 2021年作 BALLTSZ和JOEL	57cm×76.5cm	237,615	香港苏富比	2022-04-28
薛松 2013年作 与大师对话之四——伊凡·普尼	150cm×150cm	569,772	香港苏富比	2022-10-06
薛松 2011年作 新山水：与弘仁的对话	200cm×150cm	552,000	华艺国际	2022-07-28
薛松 2012年作 溪桥闲步	200cm×100cm	460,000	北京保利	2022-07-25
薛松 2006年作 游春人在画中行——丰子恺诗意	120cm×100cm	258,210	罗芙奥	2022-06-05
薛松 2006年作 秋景山水图——与浙江对话	182cm×121cm	253,000	广东崇正	2022-08-10
亚当·里斯特 2020年作 名画系列——巴斯奇亚	136cm×136cm	176,670	罗芙奥	2022-06-04
亚德里安·格尼 2016年作 堕落艺术	200.7cm×180.3cm	62,707,513	纽约苏富比	2022-05-19
亚德里安·格尼 2016年作 到访	240cm×199.8cm	30,385,800	纽约苏富比	2022-05-19
亚历克斯·卡茨 1979年作 东岸室内	243.8cm×182.9cm	17,086,948	纽约苏富比	2022-05-19
亚历克斯·卡茨 1976年作 雷克斯铎与帕美拉	197.5cm×229.9cm	16,678,428	纽约苏富比	2022-05-19
亚历山大·考尔德 1959年作 十六片黑色	114.3cm×190.5cm	59,042,593	纽约苏富比	2022-11-14
亚历山大·考尔德 1966年作 无题	78.7cm×322.6cm×116.8cm	30,717,506	纽约苏富比	2022-05-17

2022书画拍卖成交汇总(续表)

(成交价RMB: 6万元以上)

拍品名称	物品尺寸	成交价RMB	拍卖公司	拍卖日期
亚美迪欧·莫迪里阿尼 1916年作 朵希华夫人	61.2cm×46cm	119,148,231	纽约苏富比	2022-05-17
塩田千春 2016年作 肌肤	170.5cm×140.5cm	1,519,392	保利香港	2022-10-10
塩田千春 2017年作 无声爆炸（五）	280cm×200cm	1,274,704	佳士得	2022-12-01
塩田千春 2010年作 存在的状态（小女孩洋装）	50cm×30cm×50cm	1,168,740	中诚国际	2022-05-08
塩田千春 存在的状态(乐器)	50cm×30cm×50cm	1,141,560	罗芙奥	2022-06-05
塩田千春 2020年作 存在的状态（红钥匙）	30cm×30cm×30cm	1,060,020	中诚国际	2022-05-08
塩田千春 2020年作 存在的状态（黑钥匙）	30cm×30cm×30cm	978,480	中诚国际	2022-05-08
塩田千春 2019年作 存在的状态（罗盘）	20cm×20cm×20cm	761,040	罗芙奥	2022-06-05
塩田千春 2014年作 红气球	40cm×30cm	163,080	中诚国际	2022-05-08
塩田千春 2018年作 脸	64.5cm×50cm	135,900	罗芙奥	2022-06-04
杨诘苍 1995—1997年作 "大方"之一（"千层墨白"）	118cm×98cm	108,528	保利香港	2022-10-10
杨茂林 2003年作 黑牛大明王	45cm×31cm×74cm	176,670	中诚国际	2022-05-08
杨识宏 1984年作 生命的代价	96.5cm×127cm	135,900	罗芙奥	2022-06-05
一了 2010年作 语世系列 综合材料	187cm×97cm	147,200	北京诚轩	2022-08-09
伊莱恩·斯蒂文特 1991年作 琼斯的白旗	198.5cm×305cm	14,227,307	纽约苏富比	2022-05-19
伊莉莎白·佩顿 2003年作 闭眼的尼克	27.9cm×35.6cm	17,192,682	纽约苏富比	2022-11-16
伊斯沙克·伊斯梅尔 2021年作 情绪11	151.2cm×125.5cm	972,064	香港苏富比	2022-04-28
伊西·伍德 2021年作 双向、习作	170cm×290cm	3,403,210	纽约苏富比	2022-05-19
应晶晶 2018年作 YOU WANT IT DARKER（你想要它更黑暗）No.19	276cm×122cm×3	575,000	上海嘉禾	2022-11-20
余友涵 1986年作 圆系列1986-8	198.2cm×198.4cm	6,837,264	香港苏富比	2022-10-06
袁运生 1996年作 搏	240cm×240cm	6,325,000	中国嘉德	2022-12-14
约翰·格雷 1922年作 弹吉他的悲伤小丑	100cm×81cm	5,975,046	伦敦苏富比	2022-03-02
云尼萨尔 2007年作 文字和红色涂鸦	200cm×150cm	151,210	香港苏富比	2022-04-28
曾梵志 面具系列1999第2号	150cm×180cm	22,102,898	香港苏富比	2022-04-27
曾梵志 1999年作 无题	12cm×14cm	396,758	邦瀚斯	2022-12-03
曾灶财 2002年作 无题	177.5cm×96.5cm	172,811	佳士得	2022-05-27
展望 1998—2008年作 山水家具（桌椅一套五件）	桌子150cm×135cm×175cm；椅107cm×52cm×47cm	4,370,000	华艺国际	2022-07-28
展望 2006年作 假山石 #62	30cm×24cm×74cm（含底座）	652,320	罗芙奥	2022-06-05
展望 2017年作 小宇宙：不锈钢系列4号	120cm×100cm×23cm	322,000	中国嘉德	2022-12-14
张大千 天女散花		3,450,000	北京荣宝	2022-07-24
张培力 1992年作 儿童乐园		805,000	中国嘉德	2022-12-14
张文富 九龙聚财图	220cm×54cm	660,000	北京传世	2022-07-13
张晓东 2009年作 福袋	196cm×130cm	143,750	北京华辰	2022-09-21
张英楠 2015年作 新物质主义	200.4cm×200.2cm	453,630	香港苏富比	2022-04-28
章柱基 2019年作 信念守护者	15cm×15cm×33cm	108,720	罗芙奥	2022-06-05
长井朋子 2020年作 绿野仙踪	50cm×65cm	130,464	罗芙奥	2022-06-04
赵博 2017年作 冷酷仙境	180cm×200cm	207,000	永乐拍卖	2022-07-26
赵无极 1956年作 15.02.65	46cm×60.5cm	70,091,000	香港苏富比	2022-10-07
赵无极 2001年作 15.02.2001	130cm×146cm	12,314,016	罗芙奥	2022-12-04
赵无极 1932年作 故乡	49cm×64cm	11,282,390	香港苏富比	2022-10-07
赵无极 1963年作 03.11.63	50cm×46cm	7,465,440	中诚国际	2022-05-08
赵要 2012年作 精神高于一切1—10	250cm×200cm×8cm	205,118	香港苏富比	2022-10-06
赵赵 2020—2021年作 星空	177cm×135cm	483,000	华艺国际	2022-07-28
赵赵 2018年作 玉璧星空	220cm×160cm	170,932	香港苏富比	2022-10-06
珍妮花·帕克 2012年作 下一次将是烈火	178cm×396.2cm	15,861,388	纽约苏富比	2022-05-19
郑国谷 2006年作 再绣两千年 No.22	200cm×300cm	115,000	中国嘉德	2022-06-28
郑丽云 2019年作 牡丹 19	130cm×134cm	407,700	中诚国际	2022-05-08
郑在东 2018年作 艮岳遗石	200cm×200cm	442,750	中贸圣佳	2022-10-27
中村萌 2013年作 希望之洞#02	19.5cm×19.5cm×29.5cm	380,520	罗芙奥	2022-06-04
钟泗滨 1973年作 绿金银	99cm×86cm	810,054	佳士得	2022-05-27
钟泗滨 1969年作 聊天	76cm×101.5cm	237,615	佳士得	2022-05-27
钟泗滨 1962年9月13日作 采莲	102cm×128cm	1,253,498	香港苏富比	2022-10-07
钟泗滨 1970年作 姐妹	104cm×79cm	410,427	香港苏富比	2022-04-28
钟泗滨 1972作 砂拉越少女	94cm×71cm	341,863	香港苏富比	2022-10-06
周春芽 2017年作 园林·假山	33cm×44cm	437,000	北京荣宝	2022-07-24
周涛 重构与虚无 画心	45cm×60cm	108,000	北京传世	2022-03-22
朱德群 1985年作 春雪（双联屏）	192cm×258cm	20,036,982	香港苏富比	2022-10-07
朱德群 1993年作 深渊中的希望	146cm×114cm	4,098,600	罗芙奥	2022-12-04
朱德群 1961年作 夜之瀑流	60cm×30.3cm	2,279,088	香港苏富比	2022-10-07
朱莉·梅赫雷图 2012年作 突现式算法（巴勒斯坦马纳拉圆环）	150.5cm×225.1cm	33,019,236	纽约苏富比	2022-05-19
朱乃正 1980年作 雪山	41cm×44cm	115,000	北京荣宝	2022-07-24
朱为白 2003年作 唯我·黑	84cm×59cm×3.5cm	122,310	中诚国际	2022-05-08